U0929697

封面照片说明：

交通运输部副部长徐祖远亲切接见“全国五一劳动奖章”获得者、全国“十佳引航员”、交通系统劳动模范姚泽炎（左一）同志。

2008

长江航运年鉴

CHANGJIANG HANGYUN NIANJIAN

长江航运年鉴编纂委员会编

（总第7卷）

长江出版社

图书在版编目(CIP)数据

长江航运年鉴.2008/长江航运年鉴编纂委员会编.
—武汉：长江出版社，2010.4
ISBN 978-7-80708-926-1

Ⅰ.①长… Ⅱ.①长… Ⅲ.①长江—航运—2008—年鉴
Ⅳ.①F552.75-54

中国版本图书馆 CIP 数据核字(2010)第 052304 号

长江航运年鉴.2008 长江航运年鉴编纂委员会 编

责任编辑：江涛
出版发行：长江出版社
地　　址：武汉市解放大道 1863 号 **邮　　编**：430010
E-mail:cjpub@vip.sina.com
电　　话：(027)82927763(总编室)
(027)82926806(市场营销部)
经　　销：各地新华书店
印　　刷：武汉市人大常委会机关劳动服务公司
规　　格：889mm×1194mm 1/16 59.25 印张 52 页插页 1480 千字
版　　次：2010 年 4 月第 1 版 2010 年 4 月第 1 次印刷
ISBN 978-7-80708-926-1/K・116
定　　价：300.00 元

《长江航运年鉴》编辑出版委员会

顾　问：

唐国英　交通部长江航务管理局原局长
高　鹏　交通部长江航务管理局原纪委书记、主任记者
刘恒伟　长江航道局原党委书记、现任广州海事局党委书记
王　镭　湖北省政协委员、长航集团原党委书记
宋　军　江西省交通厅原厅长
胡体淦　长江海事局原局长、高级工程师
傅波华　武汉市社会科学院原副院长、研究员

名誉总编：

金义华　全国政协委员、交通部长江航务管理局原局长、研究员
张永泰　湖北省参事、交通运输部长江航务管理局巡视员、高级工程师
刘锡汉　全国人大代表、中国外运长航集团副董事长、党委书记、研究员
刘开智　武汉市人大代表、长江海事局党委书记、副研究员
李伟红　长江航道局党委书记、副研究员
丁庆领　安徽省交通厅党组成员、副厅长

总　编：

黄　强　交通运输部长江航务管理局党委书记、研究员
唐冠军　交通运输部长江航务管理局局长、高级工程师

副总编：（排名不分先后）

向恢平　交通运输部长江航务管理局原工会主席、助理巡视员、高级政工师
阮瑞文　交通运输部长江航务管理局副局长
但乃越　交通运输部长江航务管理局副局长
王秀峰　交通运输部长江航务管理局副局长
陈　朝　交通运输部长江航务管理局党委副书记兼纪委书记、工会主席
南初明　交通运输部长江航务管理局副巡视员
王茹军　长江海事局局长、二级警监
熊学斌　长江航道局局长
李维太　长江三峡通航管理局局长
罗心发　长江航运公安局局长
王　凯　长江航运总医院院长
陈　实　长江航运总医院原院长、主任医师
朱　宁　中国外运长航集团副总裁、长航集团总经理

周体光　江苏省交通厅运输管理局副局长
梁文革　安徽省铜陵市地方海事局党委书记
程启龙　安庆市地方海事局局长
曾云谋　江西省港航管理局副局长、高级政工师
张克亚　河南省航务管理局局长、高级政工师
陈益农　湖南省航务管理局副局长、高级工程师
乔新民　云南省航务管理局原局长、工程师
邱　江　云南省航务管理局局长
韩剑波　贵州省航务管理局局长、高级工程师
马志东　陕西省航运管理局局长
范志鹏　甘肃省水运管理局局长、高级工程师
李旭东　上海市交通运输和港口管理局
冯　华　宁波市港航管理局局长
李令红　宁波港集团有限公司总裁
梅正荣　江苏太仓港口管理委员会主任
庞顺根　南京市港口管理局局长
潘　俊　泰州市港口管理局局长
蔡年生　泰州港务有限公司董事长、党委书记
金石凯　常熟市港口管理局副局长
徐惠香　南通港口集团有限公司党委书记兼纪委书记
沈江涛　马鞍山港口(集团)有限公司党委书记
吴唐应　安庆市港口管理局党组书记、局长
程　庆　安庆港务总公司总经理
赵建华　张家港港务集团有限公司总经理
刘晓惺　池州市港口管理局局长、党组书记
章刘发　池州港务总公司总经理
陈　乐　江阴港港口集团股份有限公司董事长
陈国平　镇江港务集团有限公司副总裁
李中东　铜陵市港口管理局党委书记、局长
王永根　铜陵港务集团公司副董事长、总经理
刘道林　九江港口管理局局长、九江港口集团公司总经理
于得齐　黄石港口集团有限公司董事长
陈安法　洪湖港航管理局局长
高少明　洪湖港通达实业总公司总经理、工程师
陈发义　宜昌港务集团有限公司董事长
程家振　宜昌市港航管理局局长、党委副书记、高级工程师
黄致敬　湖北省襄樊市航务局局长
董友法　武穴港务有限公司董事长、总经理
范礼建　荆州港务集团公司董事长、党委书记
石　坚　武汉市港航管理局副局长

何跃明　武汉港务集团有限公司董事长、高级经济师
李　力　宜宾市航务管理局局长
李子辉　泸州市航务管理局党总支书记、局长
谭安乐　万州港口集团董事长、总经理
孙万发　重庆港务物流集团公司董事长、党委书记
郭润正　长航局疾病预防控制中心主任
韩继生　长江港口协会秘书长
周家华　《长江航运》杂志社主编
沈祥法　长江引航中心党委书记、高级工程师
胡一经　安庆海事局局长、高级工程师
王　潮　芜湖海事局局长
李文农　九江海事局局长、高级工程师
侯华银　武汉海事局党委书记
曹　成　南京航道局局长
李新书　宜昌航道局局长、高级工程师
王先登　武汉航道局局长
周祥恕　武汉航道工程局局长、高级工程师
姚　勇　重庆航道工程局局长、高级工程师
林七贞　长江航道救助打捞局党委书记
江德敏　《长江航运研究》杂志社社长兼总编
刘海青　长江航运公安局上海分局局长
张早生　长江航运公安局苏州分局局长、党委书记
孙国华　长江航运公安局南京分局副局长
曹建平　长江航运公安局南通分局党委书记、局长
王　江　长江航运公安局安庆分局党委书记、局长
段亚利　长江航运公安局九江分局局长
郑学胜　长江航运公安局武汉分局局长
杨玉良　长江航运公安局泸州分局党委书记、局长
童隆福　浙江省交通厅史志办副编审
赵玉阜　长航凤凰股份有限公司总经理
姚京汉　中石化长江燃料有限公司总经理
张宗福　长航集团珠海公司总经理、党委书记
王人地　长航集团深圳公司总经理、党委书记
徐挺惠　上海长江轮船公司党委书记、高级经济师
严美兰　上海长江轮船公司党委副书记、经济师
王　涛　南京长江油运公司总经理
黄兆华　芜湖长江轮船公司原党委书记、高级政工师
刘清余　芜湖长江轮船公司党委副书记(主持工作)、高级政工师
蔺光龙　武汉长江轮船公司总经理
梅家荣　武汉长江轮船公司副总经理

王嘉玲　重庆长江轮船公司总船长
王　华　重庆长江轮船公司党委书记
董家兴　长航重工总公司党委书记
易崇锡　长航重工青山船厂厂长
吴临元　长航重工电机厂厂长、党委书记
艾　湖　长航重工江东船厂厂长
陈建设　长航重工宜昌船厂厂长、党委副书记
马必海　长航重工金陵船厂厂长
李祖平　中国长航集团航海学院党委书记
余平英　中国长航集团总公司医院副院长
徐　伟　长江航运科研所所长、高级工程师
祝秋菊　长江航运报社社长
胡同福　江西水运集团有限公司董事长
张照建　华中航运集团有限公司董事长兼党委书记
卢国纪　民生实业（集团）有限公司董事长
李颇凡　安徽省航海学会副理事长兼秘书长
马茂棠　安徽省航海学会顾问、教授
王继长　海军工程大学科研部教授
卢先蓉　武汉理工大学副教授
龙汉武　军事经济学院教授
宗　华　武汉市医学科学研究所主编
唐方林　武钢研究所原所长、教授、高级工程师

研究工作者：（排名不分先后）
张旭东　交通运输部长江航务管理局运输处主任科员
张红琼　交通运输部长江航务管理局科技与通信信息管理处主任科员、硕士研究生
高友泉　长江海事局办公室主任、高级工程师
程　杰　长江海事局办公室秘书、工程师
胡晓刚　长江航道局局办主任、副研究员
茅生斌　长江航道局办公室馆员
冯维佳　长江航运公安局主任科员
何　宁　长江三峡通航管理局档案馆员
王春兰　长江航运总医院离退办公室主任
宋　颖　中国长航集团宣传部干事
陈昌慧　中国长航集团宣传部干事
魏　巍　中国船级社南京分社秘书
曹树槐　中国船级社武汉分社办公室主任
熊　军　武汉规范研究所办公室主管、会计师
郭　苒　中国船级社重庆分社
傅若炎　中国船级社重庆分社高级工程师

汪朝清　武汉海事法院研究室负责人
许新荣　武汉海事法院政研室科员
庞耀云　上海市航务管理处办公室副主任
黄　河　浙江省港航管理局办公室主任
吴永平　浙江省港航管理局办公室秘书
钱起远　宁波市交通局编史办副主任、主编
徐秋敏　江苏省交通厅航道局工程师
冯　磊　江苏省地方海事局办公室主任
余金山　江苏省港口管理局工程师
苏宏昶　江苏省运输管理局办公室主任
朱水英　安徽省航海学会办公室副主任
潘永松　安庆市地方海事局安全监督科科长
杨　辉　江西省港航管理局
张兆平　江西省港航管理局
王守明　河南省航务管理局办公室副主任、经济师
梅长权　湖北省交通厅港航管理局办公室副主任
王彦玲　湖北省交通厅港航管理局办公室
蒋龙平　湖南省航务管理局办公室副主任
马翠德　云南省航务管理局办公室主任科员
韦世荣　贵州省航务管理局办公室主任
杨萍艳　贵州省航务管理局办公室秘书
易　翥　四川省交通厅航务管理局科员
余红梅　陕西省交通厅航运管理局党办主任
王星昌　陕西省地方海事局局长助理、高级工程师
陈长春　甘肃省水运管理局办公室主任
阳　斌　重庆市港航管理局助理工程师
陈杰跃　宁波市港航管理局办公室主任
徐卫强　江苏太仓港口管理委员会党政办主任
顾国顺　镇江港务集团有限公司生产业务部经理
宦华健　江阴港口集团股份有限公司宣传部干事
姚卫忠　南京港口集团公司党委工作部科长
须文娟　常熟市港口管理局业务科科长
徐小晶　泰州市港口管理局干事
胡秋明　池州市港口管理局办公室主任、政工师
吴礼宾　池州市港务总公司办公室、主任
李　强　马鞍山市港口管理局
吴玉林　马鞍山港口（集团）有限公司办公室副主任
王龙华　南通港口集团有限公司党工部主管
吴太祥　安庆市港口管理局纪检组副组长兼办公室主任
高锡球　安庆港务总公司港协主任、高级政工师

李亦德　铜陵市交通运输局科长、工程师
闫新荣　铜陵市港务(集团)公司党工部主任、行政部经理
孙凤山　芜湖港口有限责任公司总经办主任
曹惠定　上港集团九江港务有限公司党委工作部副部长
揭任成　南昌市港航处办公室主任
黄孝林　宜昌港务集团有限责任公司企划部经理
金卫兵　黄石市港航管理局局办主任
朱　燚　黄石港口集团有限公司党委工作部部长
余晓帆　洪湖港通达实业总公司总经理助理、助理经济师
喻　慧　武汉市港航局办公室副主任、助理经济师
宋　凯　武汉港务集团有限公司总经理办公室秘书
胡尉红　武穴市港务有限公司副总
饶成君　武穴市港务有限公司工会主席
周尧章　荆州港务集团公司总经理助理、政研室主任、经济师
魏　强　荆州港务集团公司行政办公室主任
曹　玲　泸州市航务管理局办公室主任
韩小云　万州港口集团
陈定科　重庆市万州区港口航务管理局办公室主任
蔡　红　重庆港务物流集团公司副研究馆员
胡悦君　长航局疾病预防控制中心办公室主任
张　猛　长江引航中心党群部部长
王　穆　长江引航中心党群部副部长
陶竞成　长江海事局信息中心党委工作部部长
汤寿芳　安庆海事局党群工作部主任、工程师
熊仁和　九江海事局办公室主任
王海青　武汉海事局党工部部长
黄俊鹏　武汉海事局咸宁处党委书记
肖　征　武汉航道局工会主席
潘　波　武汉航道局办公室主任
黄成梓　宜昌航道局办公室
马正勇　重庆航道工程局办公室主任
曾永红　《长江航运研究》杂志社科长
刘　毅　长江航运公安局南通分局副支队长
张　扬　长江航运公安局安庆分局办公室副主任
郑晓勇　长江航运公安局九江分局办公室主任
唐　亮　长江航运公安局武汉分局办公室副主任
冯达林　长江航运公安局泸州分局办公室副主任
张　艳　长航凤凰股份有限公司主任
胡怀生　长江轮船海外旅游总公司党办主任
洪向荣　中石化长江燃料有限公司政工处处长

李为民　上海长江轮船公司宣传主管
邢煌辉　南京长江油运公司总经办秘书、助理
何根林　芜湖长江轮船公司党委工作部副部长
杨新安　武汉长江轮船公司政工师
王久华　重庆长江轮船公司宣传部部长
王　青　江西水运集团有限公司政工师
詹新胜　华中航运集团有限公司办公室副主任
陈茂云　民生轮船股份有限公司工会主席、宣传部部长、高级政工师

中国航海史研究会长江片委员会
湖北省长江航海史研究会

顾　　问　唐国英　高　鹏　刘恒伟　王　镭　宋　军　胡体淦　傅波华

名誉主任　金义华　张永泰　刘锡汉　刘开智　李伟红　丁庆领

主　　任　唐冠军　黄　强

副 主 任　向恢平　阮瑞文　但乃越　王秀峰　陈　朝　南初明　王茹军　熊学斌
李维太　罗心发　王　凯　朱　宁　肖汉良　王志刚　田　丰　陈秀平
董文虎　方建华　蒋同富　于钦民　王宪龙　陈健强　王宗荣　梁雄耀
孙子健　孙新华　陆海亮

秘 书 长　陆海亮（兼）

副秘书长　崔　文　刘　锋　陈　实　陈　虎

委　　员　（排名不分先后）

胡利民　赵　红　胡冰洁　甘明玉　杨大鸣　陈　俊　方大怀　侯　勇
朱　俊　肖少华　谢　刚　施　华　张　凯　陈　豫　顾思远　郑惠明
王元春　赵能文　周体光　梁文革　程启龙　曾云谋　张克亚　陈益农
乔新民　邱　江　韩剑波　马志东　范志鹏　李旭东　冯　华　李令红
梅正荣　庞顺根　潘　俊　蔡年生　金石凯　徐惠香　沈江涛　吴唐应
程　庆　赵建华　刘晓惺　章刘发　陈　乐　陈国平　李中东　王永根
刘道林　于得齐　陈安法　高少明　陈发义　程家振　黄致敬　董友法
范礼建　石　坚　何跃明　李　力　李子辉　谭安乐　孙万发　郭润正
韩继生　周家华　沈祥法　胡一经　王　潮　李文农　侯华银　曹　成
李新书　王先登　周祥恕　姚　勇　林七贞　江德敏　刘海青　张早生
孙国华　曹建平　王　江　段亚利　郑学胜　杨玉良　童隆福　赵玉阜
姚京汉　张宗福　王人地　徐挺惠　严美兰　王　涛　黄兆华　刘清余
蔺光龙　梅家荣　王嘉玲　王　华　董家兴　易崇锡　吴临元　艾　湖
陈建设　马必海　李祖平　余平英　徐　伟　祝秋菊　胡同福　张照建

卢国纪　李颇凡　马茂棠　王继长　卢先蓉　龙汉武　宗　华　唐方林

研究工作者　（排名不分先后）

张旭东　张红琼　高友泉　程　杰　胡晓刚　茅生斌　冯维佳　何　宁
王春兰　宋　颖　陈昌慧　魏　巍　曹树槐　熊　军　郭　苒　傅若炎
汪朝清　许新荣　庞耀云　黄　河　吴永平　钱起远　徐秋敏　冯　磊
余金山　苏宏袒　朱水英　潘永松　杨　辉　张兆平　王守明　梅长权
王彦玲　蒋龙平　马翠德　韦世荣　杨萍艳　易　翥　余红梅　王星昌
陈长春　阳　斌　陈杰跃　徐卫强　顾国顺　宦华健　姚卫忠　须文娟
徐小晶　胡秋明　吴礼宾　李　强　吴玉林　王龙华　吴太祥　高锡球
李亦德　闫新荣　孙凤山　曹惠定　揭任成　黄孝林　金卫兵　朱　燚
余晓帆　喻　慧　宋　凯　胡尉红　饶成君　周尧章　魏　强　曹　玲
韩小云　陈定科　蔡　红　胡悦君　张　猛　王　穆　陶竞成　汤寿芳
熊仁和　王海青　黄俊鹏　肖　征　潘　波　黄成梓　马正勇　曾永红
刘　毅　张　扬　郑晓勇　唐　亮　冯达林　张　艳　胡怀生　洪向荣
李为民　邢煌辉　何根林　杨新安　王久华　王　青　詹新胜　陈茂云

分片单位及负责人

上游片单位 四川省　云南省　贵州省　甘肃省

陕西省　重庆市　民生公司等港航单位

负　责　人　王宗荣　易　翥（四川省航务管理局）

中游片单位 湖北省　湖南省　江西省　河南省

武汉市　华航集团　宜昌市等港航单位

负　责　人　王宪龙　王彦玲（湖北省港航管理局）

下游片单位 江苏省　安徽省　浙江省　上海市等港航单位

负　责　人　董文虎　徐秋敏（江苏省交通厅航道局）

长航系统片

负　责　人　刘　锋　崔　文

港口片（长江干流港口及支流主要港口）

负　责　人　蒋同富　马　栋（安徽省港航管理局）

吴唐应　高锡球（安庆港口管理局）

《长江航运年鉴》总编室

编　写　说　明

一、《长江航运年鉴》(2008卷)是新中国成立以来长江航运的第七部年鉴。由交通运输部长江航务管理局、中国航海史研究会长江片委员会、湖北省长江航海史研究会、湖北长江航运文化研究中心组织编纂,由《长江航运年鉴》总编室主持编纂。它既是一部全面记述2007年长江水系航运单位改革、建设、发展轨迹和重大事件的专业性年鉴,也是一部集资料、知识、信息高度密集的大型工具书,具有时代特征、行业特色、年度特点。它为认识、研究、建设和发展长江航运提供翔实的资料,为科学决策、指导工作提供可靠数据和最新信息;为"科技兴航"开展教育培训提供纪实教材;为对外开放和西部大开发提供交流"窗口";为总结经验教训、探索航运发展轨迹提供历史见证,力求发挥"资政、教化、窗口、鉴戒和信息"功能。

二、《长江航运年鉴》(2008卷)以马列主义、毛泽东思想、邓小平理论和"三个代表"重要思想为指导,落实科学发展观,坚持为改革开放和社会主义现代化建设服务。交通运输部长江航务管理局系统、中国外运长航集团系统,以及沿江各省市航务、海事、航道、船检、港口、航运(集团)公司、大专院校、科研机构和有关单位供稿,《长江航运年鉴》总编室负责出版工作。

三、《长江航运年鉴》(2008卷)主要记述2007年度内长江航运的发生之事;作为背景资料,有部分条目涉及到2006年度之前的情况;有些方面虽然在前几本《长江航运年鉴》中已有记载,为了方便阅读查检和了解内容的完整性,本年鉴仍予以记载。全卷共设18个分篇,包括特载、大事记、机构、运输、港口、海事、航道、船闸·三峡通航、公安、通信、船检、法院、科教、文卫、工贸、社团报刊、英模专家、统计资料。

四、《长江航运年鉴》(2008卷)采用分类编撰法。事以类聚,以类目分篇为单元。其框架由类目—分目—条目三级结构层次组成,条目是信息资料的基本单位。各类目之首设"概述"分目,分目之后设条目,用以记述各专业、各类事件(件)的活动情况,便于保持各年度间资料的连续和相互比较。全卷共有18个类目,85个分目,1597个条目,共有串文照片数百帧。

五、《长江航运年鉴》(2008卷)取史志之长,兼有史重评论、志重记叙,以资料丰富见长的特点。主要表现形式为记、述、照、图、表、录,并收载专文、条例、法规等,文体采用记叙文和说明文。除各分目之前的"概述"、相关部分的单位介绍和人物之外,均为动态标题,便于突出条目的信息和年度特色;同时还选择相关的资料穿插于有关分目、条目之中,以增强年鉴的实用价值和资料容量。具体编写方法如下:"特载"(专文、重要文件选编)实录摘要;"大事记"采用编年体,以时为经、以事为纬,纵排横写;其他如航运四要素和支持保障系统分篇,基本采用条目记事本末体;"社团报刊"、"英模专家"采用记实条目和表格相结合;"统计资料"则以表格为主。

六、《长江航运年鉴》(2008 卷)对各类目、分目间的交叉重复现象,在分清主次和相互协调基础上,采取平衡删留、详略互见、区别视角等不同记述方法,便于查验和对照。条目是 2007 年度内一个独立主题的信息资料或知识的记述,是全卷的基本单元和主体部分。

七、《长江航运年鉴》(2008 卷)数字词组用汉字(如"十六届三中、四中全会"等),邻近数字并用表示概数用汉字(如七八十种等),星期几、夏历用汉字。

八、《长江航运年鉴》(2008 卷)书写格式:使用 A4 纸(21cm×29.7cm)书写;条目标题打【】顶格书写,正文空一格书写,条目层次另起一行,空两格书写;正文后空两格标明()作者署名;专文标题占一行,作者单位、职务、姓名居中书写。

《长江航运年鉴》(2008 卷)力求做到统一体例篇目、统一优化条目、统一语言文字、统一数字用法、统一法定计量单位、统一书写格式、统一表图式样,努力提高年鉴质量,尽力编纂年鉴"精品"。

总　编　室

2009 年 12 月 31 日

序

《长江航运年鉴》(2008卷)经过缜密的撰写,现在正式出版了。

《长江航运年鉴》(2008卷)包含着船舶运输、长江港口、航道建设、工贸发展,以及海事、船检、三峡通航·船闸、公安、通信、科教、文卫、英模专家、社团报刊、统计资料等方方面面内容。这部百万余字鸿篇巨录,确实是集长江航运大成的一本参考性极强的史料性年鉴。

《长江航运年鉴》是全国内河第一部持之以恒、坚持多年的航运年鉴,值此2008卷出版之际,特表示祝贺!

一

2007年,是党的十七大确定的践行科学发展观重要的一年,也是长江航运根据交通运输部提出的调整交通结构、转变发展方式、推进自主创新、完善行业管理"四个环节",不断提高服务流域经济、服务长江航运发展、服务沿江人民生活"三个服务"水平的关键转折性一年。

这一年里,有许多大事、要事。国家非常重视长江航运发展,中央领导同志对长江航运作出指示达17次。国务院总理温家宝亲自作出批示:"长江航道建设要加强。"交通运输部部长李盛霖、副部长徐祖远先后多次亲临长江检查指导工作,现场办公;多次召开专题会议研究解决长江航运发展的问题,在行业管理、资金投入、技术政策等方面给予了有力的支持。同时,为了实现长江航运向科学化发展,加强国际内河航运交流,新年伊始,中国交通运输部与荷兰王国运输、公共工程和水管理部共同举办、长江航务管理局参与承办的长江航运国际论坛在武汉隆重召开;德国多名专家考察长江三峡"两坝一峡"的水路及航运情况,长江航运发展的国际交流日益增加。

为了合力开发长江黄金水道,沿江各省市领导高度重视。重庆市经市长常务会议审议通过,形成决定,正式明确了加快建设长江上游航运中心的目标和任务;湖北省主要领导率队到中国长航重工青山船厂调研,要求青山船厂打造国内外造船市场品牌产品,赢得更大的市场。

2007年,长江黄金水道作用进一步发挥,运输生产持续快速增长,各项指标创历史新高。长江干线港口完成货物吞吐量9.11亿吨,同比增长15.6%;外贸货物吞吐量1.14亿吨,同比增长19.5%;集装箱吞吐量551.2万标箱,同比增长37%;三峡断面通过量6056万吨,同比增长20.3%。长航局系统完成固定资产投资突破13亿元,实现规费收入10.3亿元。

二

2007年,长江航运由于努力提高"三个服务"的能力和水平,充分发挥了各方面的积极性。坚持统筹规划,合力建设,不断推进理念创新、科技创新、体制创新和管理创新,有了快速发展。长江航运发展的成就,得益于科学发展观的落实,得益于长江航运港航系统进一步深化改革开放,得益于长江全线广大干部职工的团结协作,奋力拼搏。其鲜明特色,有如下五点:

一是实施科学发展观,水运企业加快升级转型,效益大幅度提高。

2007年,科学发展观的认识越来越深入人心,成为长江水运发展的强大推动力。作为长江上最大的航运企业,中国长航实施"长江战略"的第一年就取得显著成效:全年实现营业总收入250.5亿元,利润总额11.2亿元。民生实业(集团)有限公司由于加大开发力度,入选了中国服务性企业500强。创新、创建、创记录,给长江航运带来了新气象。长江船舶设计院设计的长江中下游第一组万吨货轮推驳"一顶一"船队,即5000吨自航货船顶推一艘5000吨级驳船满载试航成功。"长航探索"轮成功首航美国,长航旅游船"长江号"实现当年下水当年赢利……。这些成果,为长江航运不断增光添彩。

二是沿江省市合力加快长江黄金水道建设有大发展。

2007年,长江航运发展进入一个合力建设的大发展时代。"十一五"期合力实施的六大工程正在加快进行,长江航运发展势头强劲。长江干线货运量是密西西比河的2倍和莱茵河的3倍,规模稳居世界内河第一。全国水运工作会议提出到2020年总体实现水路交通现代化的宏伟目标,作出了建设"数字长江、平安长江、阳光长江、和谐长江"的具有战略性的规划,对促进长江航运发展具有极其重要的指导意义。

三是抓住新机遇,发展大好形势。

2007年,长江水系港航单位优化航运结构,提高综合素质,增强自主创新能力,不断提高服务质量和水平。这一年,是长江港口建设继续加速推进的一年。新增万吨级以上泊位39个,至今长江干线港口万吨级以上泊位已达到255个,同比增长18%,从而大大提高了港口吞吐能力。内河港口完成货物吞吐量21.8亿吨,同比增长16.6%。造船市场竞争日趋激烈,而"中国长航重工"对外开拓市场,增接订单;对内加强管理,提高修造船的效率,完成工业总产值与2006年同比,增长了38.85%。

四是长江航运保障系统能力大为加强。

由于以科学发展观为统领,加强现代化管理,大量使用高科技和技术人才,长江航运保障能力大有提高。航道工作克服了长江上游百年一遇的枯水和中游50年一遇的秋旱,保证了全年干线航道的畅通、安全、平稳、有序。三峡船闸、葛洲坝船闸稳定运行、匹配运行、船舶过坝衔接有序，船闸通过率、闸室利用率等责任目标全部完成，安全形势持续稳定。公安工作抓住重点，实现突破，推动“三基”工程建设，深化平安创建，确保了水上治安大局和谐稳定。与此同时，安全通信保障水平跃上新台阶；船检事业平稳、安全、健康、和谐发展；武汉海事法院认真践行“司法为民”方针，全年受理各类案件1035件；科研成果丰硕，发展趋势良好；文教、卫生有很大发展，长江航运总医院组织医疗队深入一线，深受基层员工欢迎。

五是深化“三个服务”，文明创建工作取得新进展。

2007年，遵循“三个服务”的宗旨，长江航运各单位服务于大局，不断提高“三个服务”的能力和水平，使文明创建又上一个新台阶。在充分发挥长江航运比较优势中，“三个服务”的能力和水平落到实处，强化了水上交通监管，切实提高了安全服务能力；加强了干线通航管理，切实提高了畅通服务能力；加快基础设施建设，切实提高了运输保障能力；抓好航运结构调整，切实提高了行业管理能力；推进体制机制改革，切实提高了创新服务能力；加强党建和行业文化建设，切实提高了文明服务能力。因此，长江航运物质文明与精神文明双丰收，呈现蓬勃发展的态势，长江航运行徽、行业歌曲得以确定，先进单位先进个人不断涌现。先后有70余名长航职工荣获全国及省部级劳动模范、先进工作(生产)者、“五一”劳动奖章，有4个港航单位荣获全国和省级“五一”劳动奖状。长江引航再创新高，为长江引领大型船舶首超3万艘次。长江引航员、全国交通系统劳动模范、全国“五一”劳动奖章获得者姚泽炎，在中国引航协会上代表全国1400名引航精英，宣读了《中国引航员服务公约》。他有句座右铭：要把世界引进长江，把长江引向世界。“阳光长江”促进了行风建设，党建、廉政建设促进了班子建设，从而将文明创建工作提高到一个新水平。

2007年长江航运发展的经验说明，只要我们认真领会贯彻党的十七大精神，以科学发展观为统领，认真落实中央领导批示精神，全面贯彻全国交通工作会议精神，坚持好中求快、好中优先、自主创新、以人为本，我们就能为沿江经济社会发展当好先行，做好保障。

三

《长江航运年鉴》至今已编纂出版了七期，交通运输部长江航务管理局首创的这部作为正式出版物的航运年鉴，能持之以恒，每年一期，越办越精，详尽反映长江航运一年中的方方面面，真是难能可贵，功不可没。感谢编辑同志一年来的辛勤劳动！感谢长航局、长航集团系统和沿江各省市及港口等水运部门的大力支持！

《长江航运年鉴》(2008卷)在以往的年鉴编纂工作上又有大的进步，质量大有提高。充分反映了对历史负责的严肃态度及精益求精的严谨文风。

《长江航运年鉴》(2008卷)专业性强，时代特色、年度特色、行业特色更浓。编辑在编纂此卷时，正值全国、整个长江航运系统隆重纪念建国六十周年之际，工作忙、时间紧、任务重，但编辑同志不辞劳苦，高质量、高水平地开展编纂工作，比较全面地反映了长江航运快速发展的全貌。《长江航运年鉴》(2008卷)用确凿的事实和数据,概括了长江航运在年度中承上启下的发展过程,为长江航运留下了宝贵的史料。

《长江航运年鉴》(2008卷)必将更好地发挥"资政、教化、窗口、鉴戒和信息"的功能。长江航运现代化、信息化的建设是方方面面的,而年鉴提供的大量航运资料,有利于作为政府和有关部门今后长江航运发展决策的科学依据,有利于向中外航运部门宣传长江,介绍长江;有利于供航运界、学术界研讨中国经济、长江流域经济的发展。

为此,我希望各级领导加强对《长江航运年鉴》编纂工作的支持。

希望《长江航运年鉴》所提供的资料作为资源,为长江航运各单位、各部门广泛利用。

祝《长江航运年鉴》越办越好。

2009年12月10日

2007年7月21日，中共中央总书记、国家主席、中央军委主席胡锦涛在重庆市视察。

（重庆公司 供稿）

2009年12月10日，中共中央政治局委员、国务院副总理张德江（左二）亲临长江调研内河航运发展，并在武汉出席了内河航运发展座谈会。

（长航局 供稿）

中央政治局委员、中共广东省委书记汪洋（右一）在任重庆市委书记时，视察重庆水运。

（重庆市港航局 供稿）

国务委员、国务院党组成员、公安部部长孟建柱（左三）在任江西省委书记时，视察南昌港集装箱码头。

（江西省港航局 供稿）

2008年5月11日，全国人大常委会副委员长桑国卫（前右一）在三峡船闸集控室调研。

（三峡局吴雅萍 供稿）

2008年4月16日，全国政协副主席王志珍（前右一）在三峡船闸集控室调研。
（三峡局吴雅萍 供稿）

2008年11月2日，全国政协副主席郑万通（前右一）在三峡船闸集控室调研。
（三峡局吴雅萍 供稿）

2009年7月7日至10日，全国政协副主席、中国农工民主党中央常务副主席陈宗兴乘坐长江海外“蓝鲸”轮考察长江。

（长江海外 供稿）

2009年9月10日下午，交通运输部部长李盛霖在湖北省委常委、纪委书记黄先耀，湖北省人民政府副省长段轮一，以及长航局局长唐冠军、党委书记黄强的陪同下，前往武汉二七长江大桥检查施工安全情况。

（长航局 供稿）

2009年6月3日至4日，国务院国资委监事会主席季晓南一行，在中国外运长航集团副总裁、长航集团总经理朱宁等领导的陪同下，分别到所属的江东船厂、长航油运、南京油运和金陵船厂检查指导工作。

（长航集团 供稿）

2009年10月16日，越南总理阮晋勇一行150余人在中国驻越南大使孙国祥，重庆市副市长周慕冰,重庆长江轮船公司党委书记王华、总船长王嘉玲等的陪同下乘“长航朝天宫”游轮游览重庆两江夜景。

（重庆公司 供稿）

·纪　实·

2009年4月8日至10日，长江航海史研究会中游片联席会议在湖北省武当山召开。图为会场。

《长江航运年鉴》副总编、湖北省港航管理局副局长王伟主持会议。

《长江航运年鉴》副总编、中国长江航运（集团）总公司宣传部部长刘锋在会上讲话。

中国长航（集团）总公司、江西省航运管理局、湖北省港航管理局，以及四川省航务管理局等单位的同志在会上发言。

参加联席会议全体代表合影。

在湖北省民政厅与局长邓宏（左二）、处长姜健（左一）、副处长赵霞（右一）合影。

专程拜访湖北省社会科学联合会，与副主席张国强（右二）、学会部主任刘凤刚（左一）合影。

2009年12月10日至14日，《长江航运年鉴》（2008卷）审稿会在交通运输部长江航务管理局召开，图为会场。

副总编马茂棠作“编写航运年鉴的几个问题”学术报告。

总编室主任陆海亮在会上布置审稿工作，并提出具体要求。

与会同志详谈审稿体会和对（2009卷）年鉴的期望，以及如何开好2010年年会暨表彰会进行热烈讨论。

2009年12月10日至14日，《长江航运年鉴》（2008卷）审稿会全体代表合影。

交通运输部长江航务管理局

JIAOTONGBU YUNXU CHANGJIANG HANGWU GUANLIJU

▲ 2010年1月4日，交通运输部长江航务管理局举行揭牌仪式，局长唐冠军（左三）、党委书记黄强（右三）为印有“交通运输部长江航务管理局”的名牌揭牌。

交通运输部长江航务管理局（以下简称"长航局"）是遵照国务院国发[1983]50号文件精神，根据政企分开、港航分管的原则，在原长江航运管理局的基础上于1984年组建的。2002年，中编办《关于交通部长江航务管理局主要职责和人员编制的批复》（中编办复字[2002]7号），进一步明确长航局为交通运输部派出机构，对长江干线航运行使政府行业管理职能，受交通运输部委托或法规授权行使长江干线（云南水富——上海长江口，干线航道里程2838公里）航运行政主管部门职责。

长航局现有6个直属单位，其中长江海事局、长江航道局、长江三峡通航管理局为正局级单位，长江航运公安局为副局级单位，长江航运总医院、中国水运报刊社为正处级单位。局直属单位中下设49个分支机构，其中副局级1个，正处级38个，副处级10个。

长航局拥有固定资产43亿，在职职工19420人，其中干部10242人，专业技术人员5991人。

▲ 2009年12月12日在湖北省武汉市召开的内河航运发展座谈会上，交通运输部部长李盛霖提出，“加快内河航运发展，推进综合运输体系建设”。国务院副总理张德江出席会议并作重要讲话。

▲ 庆祝中华人民共和国成立60周年，长航局组织编写了《大江神韵》系列文化丛书。

联合执法

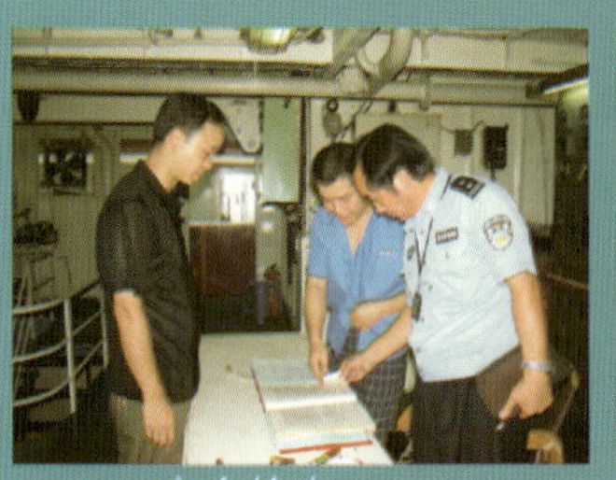

安全检查

通航保障

航运文化

▶ 2009年9月10日下午，交通运输部部长李盛霖（左三）在湖北省委委员、常委和省纪委书记黄先耀同志（左二）、湖北省人民政府副省长段轮一同志（左一）的陪同下，前往武汉关轮渡码头、武汉二七长江大桥施工现场、武汉关航道码头检查水上安全工作，在航道趸船上听取长航局局长唐冠军（左四）、党委书记黄强（右三）的工作汇报。部有关司局领导同志、省交通运输厅、长航局及直属单位领导同志陪同检查。

▲ 2009年4月15日下午，交通运输部副部长高宏峰（前排左一）在长航局局长唐冠军、党委书记黄强陪同下，在长江中游段检查安全工作。

▲ 2009年元月，交通运输部副部长徐祖远（左二）在武汉出席长江航务管理工作会议，并与出席会议的湖北省副省长田承忠（左一）一起看望与会代表。

▶ 长航局积极应对国际金融危机影响，深入开展“春暖行动”，制定“双十条帮扶措施”，全力为港航企业送信心、送温暖、送关怀、送信息。

▼ 长航局大力完善“五项机制”建设，先后与湖北、江苏、重庆、安徽、江西等省市交通运输主管部门、长江水利委员会、交通运输部救捞局、岳阳市政府等签订了加强战略合作的共建协议。

创新管理机制成效显
长航系统联合执法延伸
泸州区段，并与地方海事
门、水利部门首次实施了
合执法，建立了中央与地
单位执法合作机制。

版面设计：李惠明

长江海事局

CHANGJIANG HAISHIJU

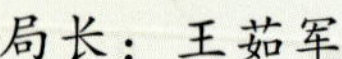
局长：王茹军

党委书记：刘开智

长江海事局是交通运输部14个直属海事局之一，管辖重庆至安徽长江干线约2100公里和支流及汉河道约1000公里水域，以及19个水库、湖泊。下设10个海事分支局和长江引航中心、信息中心、培训中心3个局属单位，设置126个巡航执法与应急动态待命站点（平均20公里一个）。现有职工7394人，房船车趸788座（艘）、固定资产近12亿元。辖区主要港口有27个，年吞吐量3.3亿吨；码头3244座；已（在）建大桥56座；渡口991处，渡船896艘；常年航行辖区船舶5万余艘，涉及船公司2200多家。

2009年，长江海事局全体干部职工开拓创新、克难奋进，全面完成各项工作任务，辖区运输船舶再次实现未发生10人以上群死群伤事故和重大船舶污染事故。再次荣获“全国文明单位”称号，重庆海事局、长江引航中心获创建“全国精神文明建设工作先进单位”称号；姚泽炎同志被评为“60位新中国成立以来感动交通人物”，胡成龙同志被评为交通运输系统先进工作者；创“全国安康杯优胜班组”、湖北省“五一”劳动奖状各1个。保障了5942万人次、816万台次车辆水上出行安全，首次实现了客渡船“零死亡”。船公司、船舶、船员、船检管理明显加强，船舶防污染工作积极推进，确保了辖区2157万吨危险货物的水上运输安全。水上安全通信畅通有序，信息服务及时有效，“三个服务”成效显著。为促进黄金水道建设、保障沿江人民群众安全出行，作出了积极贡献。

地址：武汉市解放大道1525号
电话：（027）82422242
邮编：430016
传真：（027）82426348

王茹军局长陪同国务院副总理张德江、交通运输部部长李盛霖视察长江

刘开智书记陪同交通运输部部长李盛霖视察长江

开展国庆安保活动

联合开展砂石运输船舶专项整治活动

紧急救助“6.5”风灾遇险船员

热情服务沿江人民安全出行

庆祝新中国成立60周年经典红歌演唱会

芜湖船员流动学校免费培训船员

CHANGJIANG HANGDAOJU

局长：熊学斌

党委书记：李伟红

长江航道局是从事长江干线航道维护管理和建设开发的大型事业单位，持有国家建设部颁发的特级施工企业资质证书和国家测绘局颁发的甲级测绘许可证。2005年，长江航道局荣获“全国文明单位”称号。

长江航道局下设宜宾、泸州、重庆、宜昌、武汉、南京5个航道局和重庆、宜昌、武汉、南京4个航道工程局，1个航道救助打捞局，1个航道测量中心，以及航道规划设计研究院和航道专业学校。现有职工11000余人，其中拥有中高级专业技术人员1300余人；拥有各类船舶700余艘，疏浚能力达8000多万方；各种大型施工设备200余台套，其中有我国内河航道上最大、技术最先进的挖泥船和起重能力最大的救捞船，全局固定资产约30多亿元。

长江航道局在“一业为主，多种经营”的方针指引下，凭着雄厚的技术实力，严格的科学管理和良好的施工信誉，先后承接了许多大中型工程的设计和施工，足迹遍及海内外。其中马尾、海口、锦州、深圳、珠海等港口吹填，香港、澳门、上海浦东等机场填海造地，上海金山化工区吹填，长江口深水航道疏浚，缅甸依洛瓦底江疏浚，文莱海岸防护，泰国素拉他尼疏浚，四川内宜高速公路建设及三峡枢纽航道炸礁及清淤等，都是近年来长江航道局总承包或参与建设的较大工程。此外，长江航道局有一批工程项目分别获得国家和交通部科技进步奖、优质工程奖和设计奖。

多年的工程施工实践和航道的维护管理，造就了一支团结敬业、开拓进取、吃苦耐劳、作风顽强、技术精湛、声誉卓著的长江航道职工队伍。新的世纪里，长江航道局将一如既往，遵循“用户第一、质量第一、信誉第一”的宗旨，致力于为客户提供更优质的服务。

地址：武汉市解放公园路16号　　传真：（027）82733795
邮编：430010　　网址：http://www.cjhdj.com.cn
电话：（027）82767633

远程监控

水下探摸

大型救捞船

交通运输部部长李盛霖（右二）听取航道维护情况汇报

交通运输部副部长徐祖远为工程开工剪彩

交通运输部副部长冯正霖（左二）参加新丝绸之路（航道建设成果）展览

交通运输部副部长翁孟勇（左二）考察长江航道

8000方自航耙吸挖泥船

长江下游大型航标船

长江中游瓦口子水道航道整治工程——沉排施工

长江下游黑沙洲水道航道整治工程——水下沉排

上海长江轮船公司

SHANGHAI CHANGJIANG SHIPPING CORPORATION

总经理：张路

党委书记：徐挺惠

上海长江轮船公司（以下简称公司）是国资委监管的中国外运长航集团所属核心成员，成立于1952年，是以船舶修理、件杂货运输、邮轮游船旅游、集装箱运输及相关业务为主，以汽车服务、房地产开发、医疗服务与职业培训为辅的大型综合性航运企业。公司开辟的浦江及长江下游黄经典航线，引领滨水旅游新时尚；集装箱运输，形成洋山港"穿梭巴士"和近洋"长航快航"服务品牌；汽车服务以其规模和服务，跃居行业前列；房产开发，打造长航精品楼盘；医疗与职业培训，为社会提供优质服务。

2009年，公司深入开展学习实践科学发展观活动，积极应对国际金融危机冲击，推进企业科学发展。工业板块实现跨越迈进，船舶工业朝着规模化、专业化方向发展；集装箱运输、外贸运输、游船旅游等航运产业多维拓展，经营管理和市场竞争能力进一步增强；房地产开发、汽车服务、医疗培训等辅业稳步推进，盈利水平和效益支撑能力进一步提高；管理水平显著提升，在财务预算、融资、资金动态监控等方面都有新的突破。全年实现营业收入17.5亿元，利润总额7348万元，比上年增加3297万元。与此同时，坚持以改革创新精神加强和改进企业党建工作，促进和谐的作用进一步发挥。加强企业品牌文化建设，海外旅游、"快乐船长"等品牌的社会知名度进一步提升，已有7个基层单位荣获"上海市文明单位"称号。

公司以长江航运专业化的优势、先进的理念、良好的信誉，竭诚为中外客户提供安全、优质和个性化服务，创造客户价值最大化，寻求公司与客户的友好合作和持续发展。坚持"思路就是财富、变化就是机遇、创新就是出路、坚持就是胜利"和"动成长理念"，营造"企业让员工快乐，员工为企业敬业"的文化氛围；依托集团实力，借助上海区位优势，着力打造集团修船品牌，做强做优航运产业，增强辅业支撑作用，努力构建具有差异化优势、领先细分市场的成长型企业；突出优化产业结构，加快转变经济增长方式，不断提高自主创新能力，实现企业经济平稳较快发展。

自行建造的8000T杂货船"长和"轮正式投入韩国蔚山外贸航线

地址：上海市张杨路800号

邮编：200122

电话：（021）58351688（总机）

传真：（021）58351311

网址：http://www.scsc.com.cn

作为中国外运长航集团投资主体参股浙江东邦造船基地项目

中外运长航集团副总裁、长航集团总经理朱宁，上海长江轮船公司总经理张路、党委书记徐挺惠、南京油运公司等领导为庆典剪彩

认真组织开展学习实践科学发展观活动

南通“长航地中海花园”一期、二期销售火暴，迅速售罄

船长系列游船的新成员“船长5号”在吴淞船厂顺利下水

上海市文明单位上海长航医院三个服务窗口荣获市医疗系统迎世博窗口服务示范岗

长江航运总医院

CHANGJIANGHANGYUNZONG

长江航运总医院·武汉脑科医院领导班子

长江航运总医院创建于1954年，是一所综合性三级医院，湖北省认定的第一所脑科医院，武汉市医疗保险定点医院，武汉市新型农村合作医疗转诊定点医疗机构。

医院占地3万平方米，开放病床552张，设有17个临床科室，42个专业，14个医技科室，34个专家门诊，在职职工800余人（含一个疾控中心），具有中、高级职称技术人员300。脑科医院常年聘请中国工程院院士、世界著名的神经外科专家王忠诚及北京天坛医院神经内、外科及神经介入、放射共十二名专家为医院客座专家，并有脑外科专家常驻医院开展专家门诊及各种神经外科手术，神经内科专家每月定期来医院座诊、会诊。

医院医疗设备齐全，拥有1.5T核磁共振、介入数字血管造影机、螺旋ＣＴ和全身CT、电子手术显微镜、高压氧舱、腹腔镜、彩超及B超系列、经颅多普勒、新型碎石机、各种内窥镜等一系列现代化的医疗设备。已成功开展冠状动脉造影术、PTCA及冠脉内支架置入术、心脏永久起搏器安装术，全髋置换术、肝叶切除术、断肢再植术、体外震波碎石术、前列腺电切术及同位素放射治疗、肿瘤介入及热疗、血液透析及腹膜透析等医疗技术。脑科医院已成功开展各类肿瘤的显微神经外科手术；开展的“卒中单元”以早期溶栓、介入、康复等治疗技术于一体，明显降低伤残率和死亡率。

医院坚持“病人至上、服务第一”的宗旨，信守“医院为社会服务、医生替患者着想、医疗让群众满意”的服务理念，全方位提供优质高效的服务。

地址：武汉市江岸区惠济路1号（澳门路280号）

电话:（027）82426436（24小时值班电话）

网址：http://www.chzyy.com.cn

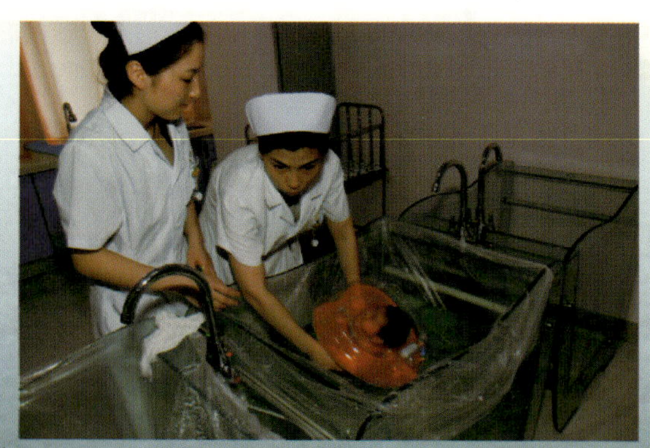

产科婴儿抚触

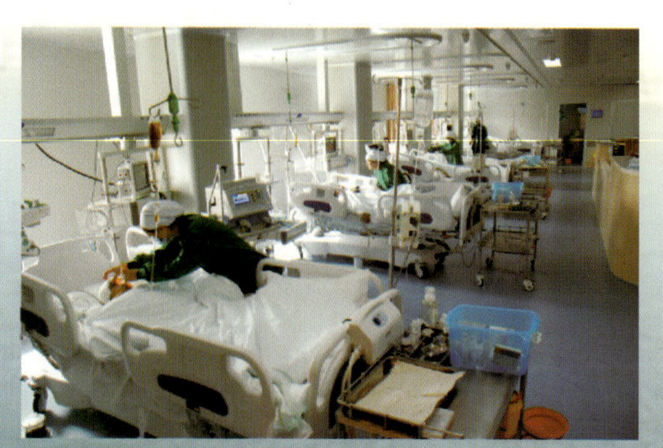

长航总医院、武汉脑科医院ICU病房

长江航运总医院

武汉脑科医院

N·WUHANLAOKEYIYUAN

庆祝武汉脑科医院成立三周年

长航局领导、北京天坛医院领导参加武汉脑科医院成立三周年活动合影

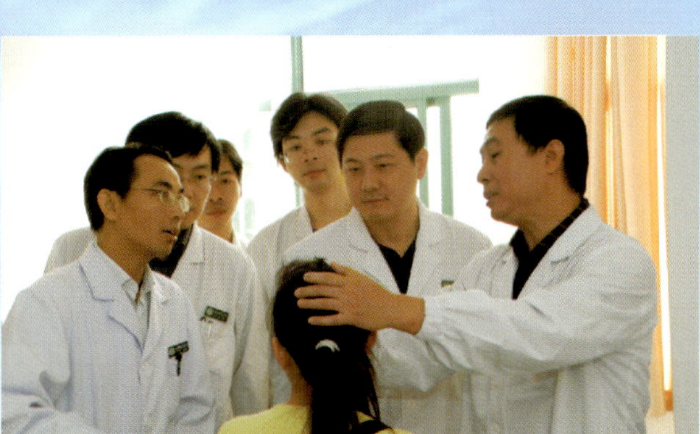

武汉脑科医院神经外科专家胡飞副主任医师（右二）与天坛神经外科专家张冰克主任（右一）一道查房

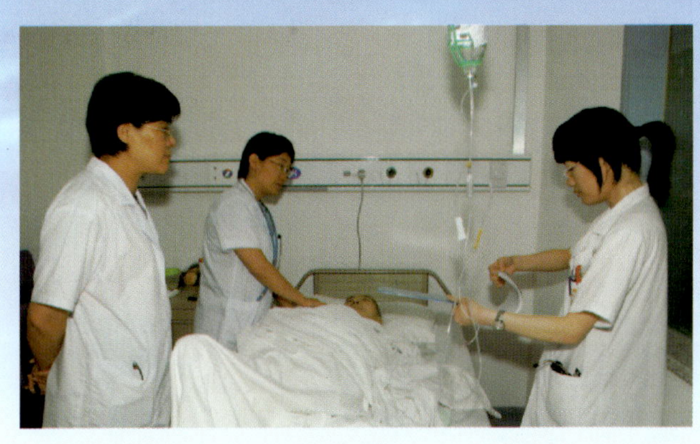

武汉脑科医院神经内科专家陈玉华主任医师与北京天坛医院神经内科专家刘茅茅主任一道查房

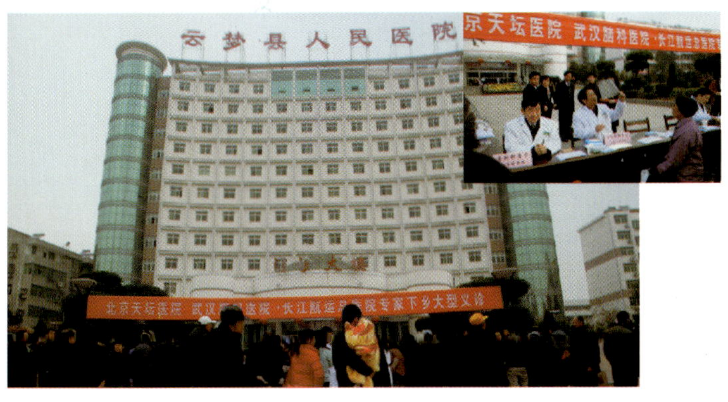

热心公益·服务社会

全国水运系统安全优秀班组（骨科）

导疾控环监工作

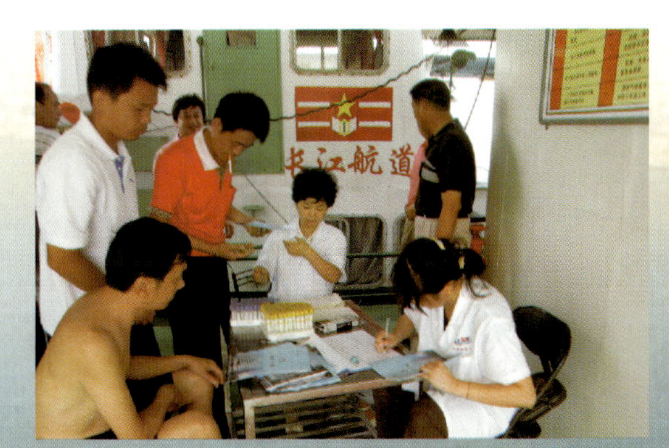

医疗队深入长江一线，为航道职工体检服务

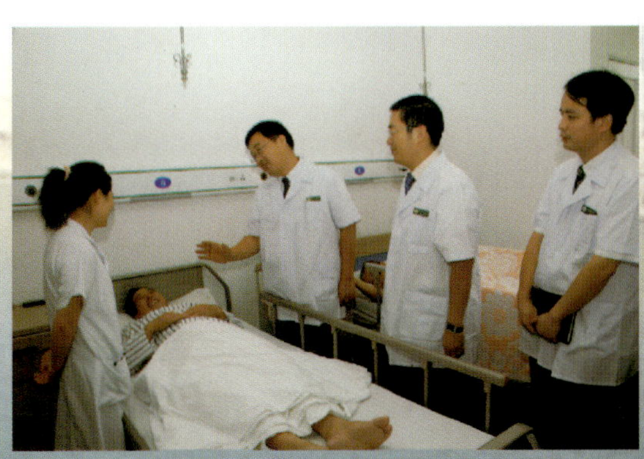

医院领导行政查房

长江引航中心

CHANGJIANG PILOT CENTRE

团结进取的领导班子

长江引航中心是在中华人民共和国长江区港务监督局引航总站基础上成立的一级事业单位。1997年6月18日，长江引航中心在江苏省太仓市挂牌成立，对外代表国家对进出长江的外国籍船舶实行强制引航，对内为港航企业和船舶单位提供引航服务。根据长江航运事业发展的需要，1998年迁址江阴市。经过十多年的发展，长江引航中心在上海宝山至云南水富2838公里的长江干线上，设有武汉、芜湖、南京、镇江、江阴、张家港、南通、常熟、太仓、上海10个引航站和江阴、浏河、宝山3个引航（交接）基地。现有引航职工近600名，其中高级引航员83名，一级引航员41名，二级引航员25名，三级引航员92名，助理及实习引航员51名，是国内最大的引航机构之一。长江引航中心先后荣获“全国精神文明建设工作先进单位”、“全国十佳引航机构”、“江苏省文明单位”，涌现出一批以“60位新中国成立以来感动交通人物”、“全国五一奖章”获得者姚泽炎同志为代表的先进典型。

2009年，长江引航中心克服金融危机带来的不利影响，与港航单位团结拼搏，共克时艰，引领中外船舶超5万艘次，创历史新高，为沿江经济发展、长江黄金水道建设和港航企业发展作出了积极贡献，赢得政府部门、港航企业的高度赞誉。当前，长江引航全体干部职工正以争做“全国引航一面旗”为目标，为长江引航新一轮发展书写新的辉煌！

地址：江苏省江阴市文化西路40号
电话：（0510）86848818
邮编：214431
传真：（0510）86824250

听取需求

再次荣获全国十佳引航机构殊荣

接受中央电视台记者采访

引航团队

全神引航

引领30万吨级中远“川崎52号”轮

刷新拖带“无动力”船舶之最

引航交接

职工培训

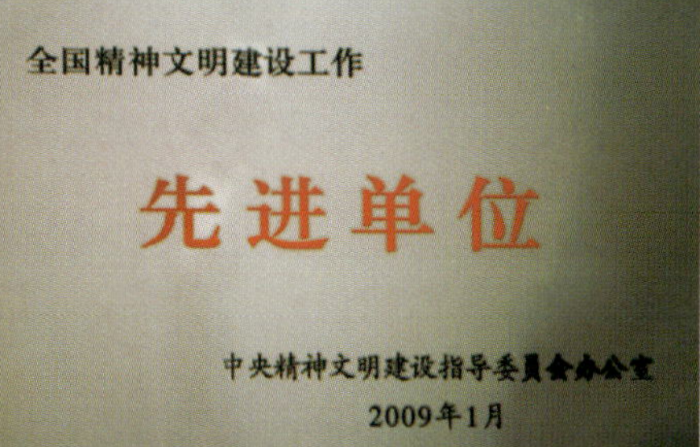

文明创建

贵州省航务管理局

GUIZHOUSHENG HANGWU GUANLI

局长：韩剑波

党委书记：唐金安

贵州省航务局是贵州省交通厅二级机构。1997年，经贵州省机构编制委员会办公室批准，更名为“贵州省航务管理局、贵州省港航监督局、贵州省船舶检验局”。2002年经贵州省机构编制委员会办公室、贵州省交通厅同意，贵州省港航监督局、贵州省船舶检验局合并更名为“贵州省地方海事局”。更名后，贵州省地方海事局与贵州省航务局实行两块牌子，一套人员。

依据有关法律、法规授权和委托，负责全省水上安全监督管理、水路运输行业管理、航道行政管理、港口行政管理和行政执法；水运工程建设管理和水运工程质量监督等公共事务管理。

2009年，内设机构有行政办公室、党委办公室、计划统计科、财务科、安全监督处、船舶检验处、航运管理科、航道工程管理科、技术管理科、水运勘察规划设计所、水运质量监督站。机关在职职工63人。

地址：贵阳市延安中路48号世贸广场A座26楼
邮编：550002
电话：（0851）5952418
传真：（0851）5957360
网址：http://www.gzhshw.com

乌江航运建设工程开工

新建成的渡改桥

运输繁忙的赤水河航道

贵州省地方海事局

JIZHOUSHENG DIFANG HAISHIJU

全国政协提案委员会副主任王显政（右一）、贵州省政协副主席刘鸿庥（右二）、贵州省交通运输厅副厅长刘扬（左一），在北盘江百层码头考察贵州航运情况。

交通运输部专家组检查赤水河航道。贵州省航务局局长韩剑波（左三）向专家们介绍情况。

新建成的赤水河岔角码头

两艘500吨级机动船满载煤炭驶离北盘江百层码头，标志着贵州省船舶出省运输由小型化向大型化发展。

航道管理船巡航赤水河

赤水河鲢鱼溪码头

与时俱进

YUSHI JUJIN DE WUHUGANG

芜湖港总裁、董事长：孙新华

芜湖港地处我国东部沿海经济发达地区和西部内陆地区的结合部，属国家一类口岸，系长江煤炭能源中转第一大港和安徽最大的外贸、集装箱主枢纽港，年通过能力5000万吨。“芜湖港”也是第一支以芜湖冠名的上市股票。港口可常年靠泊5000～10000吨级船舶，库场面积60多万平方米，拥有各类装卸设备115台（套）。港口辐射面可达华东、中南等地区，素有“皖南门户”、“长江巨埠”之美誉，现已和世界上几十个国家和地区建立了业务往来。主营货物装卸、仓储、中转服务、多式联运、集装箱装卸运输、物流配送、电子商务、实业投资等。

芜湖港坚持科学发展观，以先进的企业文化为导向，按照“人无我有、人有我新、人新我奇、人奇我特”创新理念，开拓奋进，生产经营持续稳步增长，实现连续14年盈利。港口品牌日益提升，在同行业率先通过质量、环境、职业安全健康“三标一体化”认证。先后被国家质检总局、交通运输部、安徽省人民政府等授予全国AAA级标准化良好行为企业、中国十大诚信示范单位、全国交通行业文明单位、全国交通文化建设示范单位、全国交通行业文明行业、文明示范窗口和长航系统创建文明行业先进单位、安徽省文明单位、新徽商明星企业、安徽省卫生先进单位、安徽省发展创新先进集体、安徽省劳动保障诚信示范单位等称号；被美中经合组织和中国文化研究会，评为美中经济合作组织中国首席企业和中国港口企业文化建设一级典范。总裁、董事长孙新华连续4年蝉联中国经济百名杰出人物，先后荣获全国质量管理先进工作者、全国自主创新优秀企业家、中国海员工会全国委员会金锚奖、中国港口十大风云人物、交通运输部人事部全国劳动模范、美中经济合作组织中国首席企业家、安徽省首届创业新闻人物、长航全线十大杰出人物、安徽省改革开放30年30人、全国交通运输系统优秀思想政治工作者等称号。

“十一五”期间，芜湖港充分利用长江黄金水道和综合交通枢纽的优势，加速由传统装卸储运企业向现代物流企业的转变。港口先后投资建设了现代煤炭配送中心、国际集装箱码头等一批安徽省“861”重点工程，并建设沿江最大的煤炭储配基地、华东地区最大的煤炭交易市场。形成全方位衔接的多式联运物流网络和完善的服务体系，全力打造一个经营理念超凡、企业精神领先、企业价值观鲜明，长江上最具竞争力、影响力的现代物流港口，谱写芜湖港跨越发展的历史新篇章！

国际集装箱码头

汽车滚装码头

现代配煤中心

裕溪口煤码头

朱家桥外贸码头

学习企业文化

文明创建结硕果

地址：芜湖市长江中路港一路
邮编：241001
电话：（0553）5840501
传真：（0553）5840510

铜陵市港务(集团)公司

TONGLING PORT GROUP CO. LTD

铜陵市港务（集团）有限责任公司，现有15座码头、17个泊位，主要从事国际、国内集装箱和件杂散货的装卸、仓储、中转以及理货、船舶代理、水陆运输、旅游服务等业务。1993年被国务院批准为对外籍轮开放的国家一类口岸；1997年开通国际集装箱内支线航班；2002年被国家交通部《长江干线航道发展规划》确立为万吨级海轮进江终点港；2009年4月被国家交通部确定为海峡两岸三通直航港口。开辟有日本、朝鲜、韩国、中国香港和台湾、东南亚以及欧美等国家和地区的直达或中转航线，是服务铜陵腹地及皖中南地区多功能、综合性、现代化的公共服务性长江干线重要港口之一。

省委副书记、省长王三运在铜陵港外贸码头考察

横港物流园区华路沥青公司永鸿轮首航仪式

铜陵港战略合作重组签字仪式

铜陵港集装箱吞吐量突破一万标箱

铜陵港件杂货码头改扩建工程开工仪式

铜陵港职工踊跃向汶川地震灾区捐款

铜陵港举行奥运安保反恐演练

铜陵港区棚户区改造工程

企 业 文 化 活 动 丰 富 多 彩

江苏江阴港港口

Jiangsu Jiangyin port harbor gr

董事长、党委书记：陈乐

江苏江阴港港口集团股份有限公司（以下简称公司）由始建于1955年的江苏省江阴港务管理局改制而来，为无锡地区唯一经国务院批准对外国籍船舶开放、规模最大的社会公用码头的经营管理实体。公司位于长江A级B级航道的交汇处，有十分完善的公、铁、水交通网，沪宁、沿江、锡澄三条高速公路将公司与腹地进一步拉近，7条干线公路和18条支线公路形成的公路网，为公司货物进出创造了优良的集疏运条件。黄田港处于锡澄运河与长江的交汇口，沟通长江与太湖流域水路的集疏运十分便捷，江阴长江公路大桥将公司的服务范围由苏南扩张到苏中及苏北地区，新长铁路与规划建设中的沿江铁路均为公司的业务创造了新的疏运选择。

公司拥有7个万吨级码头泊位（其中在建2个），码头前沿保证水深为-12米，最大靠泊能力为8万吨级，年货物吞吐量为2000万吨，港区占地面积46.25万平方米。控股子公司有江苏江阴港新港国际港务有限公司、江苏江阴港集装箱有限公司、江阴中理外轮理货有限责任公司、江阴通远货运代理有限公司、江阴港联船务代理有限公司、江阴顺安船务有限公司；公司投资参股公司有江阴苏南国际集装箱码头有限公司、江阴中石化长江燃料有限公司。公司目前主要从事货物装卸、仓储、国际国内船舶代理、货运代理、外轮理货、船舶拖带等业务，是我国内河最大的从事钢材、废钢装卸、仓储、交易的市场，也是我国进口矿产资源等大宗散货海进江集疏、换装最理想的基地。

公司坚持“以制度塑造人，以创新培育人，以目标激励人，以诚信凝聚人”的管理理念，弘扬“团结奋进、求真务实、开拓创新”的企业精神，培养造就爱岗敬业、创新进取的员工队伍，全力打造开放度更大、管理更成熟、效率更高、环境更美、令客户更满意的江阴港。

地址：江苏省江阴市通江北路581号
电话：（0510）86021096；86847663
邮编：214433
传真：（0510）86021238
网址：http://www.jyport.com.cn

江阴港雄姿

繁忙的码头

司股份有限公司

nited liability company

港口东区

码头现场

高耸门机

外轮靠泊

工作现场

江阴港鸟瞰图

目　　录

第一篇　特　载

·全国交通工作会议文件选登·

·长江航务管理工作会议文件选登·

·长航集团工作会议文件选登·

·重要文件选编·

第二篇 大事记

第三篇 机 构

·机 构·

·文明创建·

第四篇 运 输

·长航集团·

·省市航运·

·水运管理·

·客货运输·

·长江旅游·

·基本建设·

·文明创建·

第五篇 港 口

·省市港口·

·港口管理·

·生产经营·

·体制改革·

·基本建设·

·对外开放·

·文明创建·

第六篇　海　事

·执法机构·

·体制改革·

·安全管理·

·船员管理·

·抢险搜救·

· 水运环保 ·

· 规费征稽 ·

· 基本建设 ·

· 文明创建 ·

第七篇 航 道

· 长江航道 ·

· 管理机构 ·

· 工程机构 ·

·行政管理·

·航道养护·

·航道工程·

·规费征收·

·文明创建·

第八篇　三峡通航·船闸

·管理机构·

·通航管理·

·船闸运行·

·通航维护·

·基本建设·

·文明创建·

第九篇　公　安

·公安机构·

·治安管理·

·消防管理·

·乘警工作·

·基本建设·

·表彰奖励·

·文明创建·

第十篇 通 信

·管理机构·

·通信管理·

·通信保障·

·基本建设·

·文化建设·

第十一篇 船 检

·人员培训·

·科研规范·

·文明创建·

第十二篇 法 院

·机构建设·

·工作概况·

·案例分析·

·文化建设·

第十三篇 科 教

·科研机构·

·科技成果·

·院校概况·

·教育培训·

第十四篇 文 卫

·文体活动·

·医疗机构·

·卫生防疫·

·文明创建·

第十五篇 工 贸

·工贸企业·

·物流管理·

·生产经营·

· 船舶修造 ·

· 文明创建 ·

第十六篇 社团报刊

· 社 团 ·

· 报 刊 ·

第十七篇 英模专家

·英 模·

·先进名录·

·专 家·

第十八篇 统计资料

·调查研究·

·领导名录·

· 附　录 ·

第一篇 特 载

·全国交通工作会议文件选登·

认真贯彻党的十七大精神 努力提高交通“三个服务”的能力和水平

——交通部部长李盛霖在2008年全国交通工作会议上的讲话

(2008年1月7日)

2008年全国交通工作会议的主要任务是:认真贯彻党的十七大精神,高举中国特色社会主义伟大旗帜,以邓小平理论和“三个代表”重要思想为指导,深入贯彻落实科学发展观,总结2007年和十六大以来的交通工作,分析交通发展面临的形势和任务,按照中央经济工作会议的部署和要求,安排2008年的工作。

党中央、国务院非常重视和关心支持交通工作。胡锦涛总书记、吴邦国委员长、温家宝总理等中央领导同志多次对交通工作作出重要批示和指示。曾培炎副总理致信交通工作会议,充分肯定了多年来交通工作取得的成绩,就深入贯彻党的十七大精神,落实中央经济工作会议的部署,做好今后一个时期的交通工作提出了明确要求。我们要认真学习,抓好落实。

下面,讲三个问题。

一 2007年和十六大以来的交通工作

2007年,交通工作坚持以科学发展观为统领,深入贯彻中央确定的经济工作大政方针,围绕做好“三个服务”,转变发展方式,调整交通结构,注重推进创新,强化行业管理,促进又好又快发展,完成了各项任务,取得了新的成绩。主要体现在八个方面:

(一)长远发展规划编制提高到新的水平。

去年,国务院先后批准实施《全国内河航道与港口布局规划》、《国家水上安全监管和救助系统布局规划》。这两部规划与《国家高速公路网规划》、《农村公路建设规划》、《全国沿海港口布局规划》等,共同构成了覆盖国家高速公路、农村公路、沿海港口、内河航道与港口、水上安全监管和人命救助等较为完整的交通长远发展规划体系。完成了国家高速公路网路线规划和命名编号方案。发布了《国家公路运输枢纽布局规划》。进一步整合区域交通发展规划,编制完成了《公路水路交通基础设施区域规划纲要》、《西部地区公路水路交通发展规划》。开展了沿海主要港口集装箱港区疏港高速公路方案和建设规划编制工作,启动了流域水运规划修编工作。简化了国家高速公路网建设项目审批程序。出台了进一步加强民族地区交通工作的意见。

(二)公路水路重点项目建设取得新的突破。

全年完成交通固定资产投资7500亿元。经过15年的不懈努力,总规模约3.5万公里的“五纵七横”国道主干线系统比原规划提前13年基本贯通,实现了本届政府的既定目标。国家高速公路青岛至莱芜段、景德镇至鹰潭段、重庆至遂宁段等建成通车,全年建成高速公路近8300公里,是历史上建成里程最多的一年。西部开发8条省际通道,建设完成总量的80%。苏通长江大桥、杭州湾跨海大桥、舟山连岛工程西堠门大桥合龙。预计全年新增公路通车里程11.6万公里。到去年年底,全国公路通车总里程达357.3万公里,其中高速公路5.36万公里。有21个省区市高速公路里程超过1000公里,其中,河南、山东两省突破4000公里,江苏、广东两省突破3000公里,河北、浙江、云南、湖北、安徽、陕西、江西七省超过2000公里。

煤油矿箱等大型深水专业化码头和港口深水航道建设继续推进。上海国际航运中心洋山深水港区二期工程、秦皇岛港煤码头四期和五期扩容工程、营口港鲅鱼圈15万吨级航道工程等竣工验收,上海国际航运中心洋山深水港区三期工程、唐山港曹妃甸港区工程以及长江口深水航道治理三期工程、深圳铜鼓航道工程等项目进展顺利。长江黄金水道建设总体推进方案加快实施。长江航道整治工程、京杭运河扩能改造工程扎实推进,杭甬运河改造工程基本完成。株洲航电枢纽基本建成,松花江大顶子山航电枢纽工程主体完工,嘉陵江、右江、汉江等航电枢纽项目加快建设。全年建成港口泊位300个,其中万吨级深水泊位200个,新增吞吐能力5.37亿吨,改善内河航道里程342公里。到去年年底,我国港口共拥有生产性泊位35753个,其中万吨级深水泊位1403个;内河通航里程12.3万公里,其中50%为等级航道。

加强工程建设质量监管和规范交通建设市场秩序。推进施工企业信用评价体系建设,建立工程质量信息统计分析制度。开展了以高速公路、大跨径桥梁、长大隧道为重点的工程建设质量安全督察和试验检测专项治理活动。内河航运建设质量年活动圆满结束。高速公路路基、路面工程抽检指标总合格率达99.2%,桥梁工程合格率达96.5%。进一步强化了建设项目资金安全与使用效益监管,出台了交通部门预算项目绩效考评试点办法,对重点项目和农村公路项目资金使用进行了检查。

(三)农村交通发展取得新的成效。

按照2006年、2007年中央1号文件的要求,部与29个省(区、市)签署了共建农村公路的意见,建立了部省工作协调机制和建设目标考核制度。进一步加大资金投入,车购税投资同比增长61.5%,占车购税总投资的44.1%。改进了农村公路计划管理方式,完善了农村公路基础数据和电子地图,建立了农村公路项目库和动态更新管理机制。进一步完善了农村公路建设"政府监督为主、群专结合"的质量监管模式,组织开展了质量回访活动。推广了四川仪陇尊重农民意愿、实行民主决策,广东徐闻多渠道筹资建设农村公路的经验。北京、天津、上海、江苏、河南等省市具备条件的建制村全部通了沥青(水泥)路。全年新改建农村公路42.3万公里。到去年年底,乡镇通公路率达98.54%,建制村通公路率达88.15%。农村公路养护管理制度建设和标准规范制定取得进展,起草了《农村公路养护管理暂行办法》和《农村公路养护技术指南》,26个省(区、市)出台了农村公路养护体制改革方案。支持农村公共交通和运输发展,落实农村客运燃油补贴政策,农村路站运协同发展,客运网络化建设加快,进一步提高了农村客货运输的能力和水平。

(四)运输服务和市场监管迈上新的台阶。

公路水路客货运输继续较快增长。预计全年公路水路完成客运量208.2亿人,旅客周转量11522亿人公里,同比分别增长10.6%、12.9%;完成货运量190.1亿吨,货物周转量73440亿吨公里,同比分别增长10.8%、12.6%。港口货物吞吐量达64.1亿吨,同比增长15.1%。营口港进入亿吨港行列,我国已有14个亿吨大港。港口集装箱年吞吐量突破1亿标准箱,达到1.127亿标准箱,同比增长20.4%。

加强运输组织和运力协调,确保煤炭、粮食、石油、铁矿石等重点物资运输,完成了"春运"和"五一"、"十一"黄金周的旅客运输任务。针对全国生猪及猪肉等副食品供应趋紧的状况,加强城镇居民生活必需品运输。积极应对台风、洪涝等恶劣气候影响,抢通水毁公路和通航设施,保障了抢险救灾物资运输和城乡居民正常生活。基本建成了4.3万公里鲜活农产品运输"绿色通道"网络,全年减免通行费约30亿元。建立了全国道路水路运输信息系统,实施部省道路运输管理信息系统联网试点。推进进口能源、重要原材料运输国轮船队建设,完成了三峡船闸完建期和156米蓄水期的通航保障和运输组织。

进一步加强运输市场监管。出台了促进道路运输业又好又快发展的若干意见,制定了道路旅客运输班线经营权服务质量招标投标办法,开展了道路运输和机动车维修企业质量信誉等级评定,积极推进承运人责任险工作。加强交通行业职业资格制度建设,实施驾驶员素质教育工程,进一步规范了从业人员市场准入制度。建立车辆超限超载治理长效机制,完善了全国治超监控网络。加强和规范养路费征管工作,联合开展了车辆外挂专项治理活动、打击盗用伪造军车号牌专项斗争。健全国内航运企业经营资质动态监管措施,整顿班轮运输和无船承运人市场,进一步规范了中日集装箱运输市场。与国家电子口岸成员单位建立了定期沟通协商机制,提高了大通关效率。出台了促进海峡两岸海上直航五项改革措施,扩大了两岸合作与交流。京杭运河已全线完成挂桨机船拆解、改造,长江船型标准化稳步推进。港口引航管理体制改革基本完成。落实中资国际航运船舶特案免税登记政策,壮大五星红旗船队规模,首批25艘、102万载重吨船舶已回国登记。

(五)安全监管和人命救助能力得到新的提高。

完善重点水域、重点船舶、重点时段、重点环节的安全监管和动态待命救助值班制度,加强海陆空立体救助网络建设。开展了船舶“防碰撞、防泄漏”、渡口渡船、低质量船舶、方便旗船舶、危险品运输等专项整治。加快了海船更新改造和老旧客滚船淘汰步伐。与相关部委建立了海上搜救协作联动机制,建立了鼓励社会搜救力量参与海(水)上搜救行动的奖励机制。表彰了在海(水)上搜救工作中表现突出的37个先进单位、75个先进集体和113名先进个人。“南海救111”轮全体船员和潜水员祖旭峰获得国际海事组织首次颁发的“海上特别勇敢奖”。

加强交通安全应急体系建设,提高突发事件应对能力。颁布实施了《防抗台风等极端天气应急预案》和《长江干线水路交通应急预案》,举行了长江三峡库区联合搜救演习、渤海溢油应急演习和港口设施保安演习。成功组织了30多次防抗台风和寒潮大风工作。去年11月下旬组织营救了在西沙、南沙被困的52艘船舶、1022名中外渔民,温家宝总理作出重要批示,充分肯定了交通部门多次成功实施海上救助、保护国内外渔民安全的救助行动。多次组织应急打捞行动,成功打捞“南海一号”南宋古沉船。初步统计,全年水上交通事故件数、死亡人数、沉船艘数、直接经济损失同比分别下降4.5%、1.1%、0.8%和9.3%,组织搜救1861次、救助24277人,救助成功率96.8%。

推进道路运输安全管理长效机制建设。加强道路客运和危险货物运输安全管理,开展安全评估,监督道路运输企业履行安全生产主体责任,继续组织公路交通安保工程、危桥改造工程、干线公路灾害防治工程及公铁立交安全整治工程。

按照国务院要求,组织开展了交通安全生产隐患排查活动。加强交通建设项目施工安全监管。实施《公路水运工程施工安全监督管理办法》,进一步完善了重大生产安全事故快速反应机制,开展了以公路桥梁为重点的交通基础设施安全隐患排查治理专项行动。推进平安交通建设,治安综合治理和港航治安防控体系建设得到加强。

(六)科技创新和节能减排取得新的成果。

国家科技支撑项目“国家高速公路联网不停车收费和服务系统”与苏通大桥、舟山连岛工程等大跨径桥梁建设关键技术研究取得显著进展;“离岸深水港岩基浅埋关键技术研究”、“海难搜救机器视觉技术系统研究”等一批项目列入“国家863”高技术研究计划;冻土、沙漠等特殊地质筑路技术和大深度饱和潜水应用技术等关键技术取得了重大突破;“长江口深水航道治理工程成套技术”等三个项目获得国家科学技术进步一等奖和二等奖。完成了第二批交通行业重点实验室认定工作,实验室已达30个。四川雅泸高速公路等四个科技示范工程、湖北神宜科技环保示范路建设取得明显成效。农村公路建养成套技术、高等级公路路面再生、废旧橡胶粉筑路应用等新材料、新技术得到推广。完成了交通信息基础数据元标准制定。推进了交通管理干部培训工程和交通专业技术、创新人才、技能型人才培养工程。

认真落实国务院关于加强节能减排工作的部署与要求,制定了交通行业节能减排工作方案和加强节能减排工作的意见,开展了交通行业节能中长期规划的研究,完成了交通运输行业能源消耗状况分析及能源标准体系建设研究。制定和修订了一批节能减排行业标准体系。加强了港口新(改、扩)建工程可行性报告节能评估审查、在用车船节能产品(技术)推优和港口集装箱轮胎吊“油改电”等的研发推广工作。组织开展了运输车辆燃油经济性检测方法、营运性车辆燃油消耗市场准入与退出专项行动计划等研究。20个节能示范项目在全行业得到推广。

(七)法制建设和对外交流合作取得新的成绩。

《中华人民共和国船员条例》颁布实施,《海上交通安全法》、《防治船舶污染海域环境管理条例》、《港口间旅客运输赔偿责任限额规定》制定修订工作取得进展,起草了《公路保护条例》、《海上人命搜寻救助条例》、《潜水条例》,制定了12件部门规章,实施了新的《交通法规制定程序规定》。完成了清理行政审批事项和法规规章工作,取消了3项交通行政审批项目,废止了47件部门规章。重庆、广东等地的交通综合执法改革试点工作取得新进展,完善了交通行政执法责任制。实施了《交通部行政复议工作规则》。

交通对外区域、双边、多边交流合作进一步深化。签署了中国—东盟海运协定,承办了中国—东盟港口发展与合作论坛,建立了港口合作机制;通过了大湄公河次区域交通合作第二个十年战略规划,形成了未来十年中亚区域交通合作战略规划框架;推动上海合作组织交通领域合作及便利化运输协定的制定;落实中日韩海上运输及物流行动计划,中韩陆海联运汽车运输合作取得实质性进展,签订了中韩海上搜救合作协定。与欧盟、加拿大等签署了合作谅解备忘录或合作协议,中加政府合作项目"中国西部道路发展"圆满完成。落实中美商贸联委会运输工作组确定的行动计划。积极推动交通企业"走出去",中吉乌公路、马都拉大桥等重点项目进展顺利。马六甲海峡航行安全合作取得阶段性进展。积极参与拆船公约等海运领域国际规则的制定和修正。推动亚太经合组织运输领域的自由化和便利化,启动了港口服务网络建设。举办了第十四届世界智能交通大会暨部长论坛、2007年上海国际海事论坛和中国国际救捞论坛。

(八)行业文明建设和廉政建设取得新的进展。

推出了孔祥瑞、熊文清、青岛港、"李瑞班"等全国先进典型,包起帆、许振超、曹茜当选全国道德模范。各级交通部门开展了"建设服务型机关、努力做好'三个服务'"等主题实践活动。深化了交通文化研究,开展了交通文化示范单位建设。交通新闻宣传工作进一步加强,组织了"老区新路"、"一亿标箱"、"五纵七横"、海上搜救等重大主题宣传报道活动,制定了《交通行业新闻宣传工作管理办法》。

具有交通特色的惩治和预防腐败体系建设稳步推进,交通建设领域商业贿赂专项治理工作不断深化。进一步加强交通基本建设资金、建设项目和领导干部经济责任等内部审计工作。总结推广了河北省高速公路建设"十公开"、江苏省农村公路建设纪检监察巡查制、长江航道局制度防腐三个典型经验。开展了交通部门廉政教育活动。建立和完善了查处公路"三乱"问题快速反应机制。开展了清理评比达标表彰和违规减免"特权车"、"人情车"车辆通行费专项活动。积极推进政务公开,制定了《政府信息公开条例》实施办法,规范公务活动管理。交通信访工作进一步得到加强。

2007年是本届政府的最后一年,经过广大交通干部职工的共同努力,圆满完成了全年任务和本届政府确定的目标。党的十七大对过去五年来交通工作取得的成绩给予了充分肯定。五年来,交通工作最突出的特点,就是发展理念更加科学,发展目标更加明确,发展成果更加显著。建成高速公路2.8万公里,超过过去15年的总和;新改建农村公路130万公里,超过过去53年的总和;港口货物吞吐量、集装箱吞吐量连续五年世界第一,亿吨大港增长一倍达到14个;形成了建设世界级桥梁、隧道工程的成套技术,集装箱装卸设备研发制造达到世界领先水平;初步建成了全方位覆盖、全天候运行的安全监管和救助体系,突发事件应对能力和人命救助能力明显提高;培育和树立了许振超、陈刚毅、孔祥瑞、青岛港等一批在行业内外有重大影响的先进典型。

十六大以来的交通实践,为交通今后发展积累了十分宝贵的经验:

一是要有科学的指导思想。以科学发展观统领交通工作全局,坚持以人为本和全面协调可持续,明确交通发展战略和发展目标,努力做好"三个服务"。

二是要有不竭的发展活力。坚持改革开放,把创新作为交通发展的战略基点,推进理念创新、科技创新、体制机制创新和政策创新,积极探索资源节约、环境友好的交通发展之路,不断破解影响交通发展的难题。

三是要有三个积极性的充分发挥。坚持统筹规划、条块结合、分层负责、联合建设,充分发挥中央、地方和人民群众的积极性,形成促进交通又好又快发展的合力和联动机制,拓宽筹融资渠道,鼓励和引导社会资本参与交通建设。

四是要有有效的行业管理。加强服务型政府建设,推进政府职能、工作作风和工作方法转变,在服务中实施管理,在管理中体现服务,健全完善交通法律法规体系和政策措施,增强政府交通部门的行政执行力和公信力。

五是要有坚强的组织保证和精神动力。不断深化行业文明建设,加强领导班子和领导干部、公务员和高素质人才队伍建设，保持干部职工队伍昂扬向上、风清气正的精神风貌，建立健全具有交通特色的惩治和预防腐败体系，打造廉政交通。

交通发展取得的成绩，是党中央、国务院正确领导的结果，是各有关部委和地方各级党委政府重视关心的结果，是人民群众大力支持的结果，是广大交通干部职工努力拼搏的结果。在此，我代表部党组向关心支持交通事业发展的各有关部委、地方党委政府和人民群众、交通干部职工、离退休老同志表示衷心的感谢！

二 推进交通科学发展面临的形势和任务

党的十七大高举中国特色社会主义伟大旗帜，系统总结了改革开放近30年的历史经验，深刻阐述了科学发展观的科学内涵和根本要求，明确提出了实现全面建设小康社会奋斗目标的新要求，全面部署了建设中国特色社会主义事业的各项任务，突出强调了以改革创新精神全面推进党的建设新的伟大工程。我们要认真学习、深刻领会，结合交通实际，抓住新机遇，落实新要求，谋划新思路，研究新举措，勇于新创造，把党的十七大精神落到实处。

当前和今后一个时期，是我国改革发展的关键时期，也是推进交通科学发展的重要战略机遇期。要深刻认识交通发展面临的新形势，适应新要求，开创新局面。一是要适应经济社会发展对运输的新需求。党的十七大提出，要坚持扩大国内需求特别是消费需求的方针。随着进一步拓展国内消费市场特别是农村消费市场，提高外向型经济水平，物流、人流、信息流将更加活跃，安全、经济、可靠、高效和舒适、便捷、个性化的运输需求更加明显。交通运输要适应经济社会日益增长的新需求，实现规模、速度与质量、效益的协调发展。二是要适应工业化、信息化、城镇化、市场化、国际化的新变化。党的十七大指出，要全面认识工业化、信息化、城镇化、市场化、国际化深入发展的新形势新任务。“五化”反映了经济社会发展在社会分工、科技进步、产业结构升级、人口布局调整、生产方式和交换方式等方面的深刻变革，要求交通进一步发挥好先导和支撑的作用，努力缩小区域、城乡间公共服务差距，促进基本公共服务均等化。三是要适应建设创新型国家的新要求。党的十七大强调，提高自主创新能力，建设创新型国家，是国家发展战略的核心和提高综合国力的关键。交通是国民经济的基础性、先导性产业，要把增强行业创新能力作为交通发展战略的核心，积极推进理念创新、科技创新、体制机制创新和政策创新，加快建设创新型交通行业。四是要适应资源节约和环境友好发展的新路子。党的十七大要求，加强能源资源节约和生态环境保护，增强可持续发展能力。节约资源和保护环境既是紧迫的工作，也是长期的任务，无论是交通建设还是运输生产，都必须把节约土地、降低能耗和保护环境摆到更加突出的位置，以最小的资源消耗和环境代价实现交通又好又快发展。五是要适应加快发展服务业的新任务。党的十七大指出，要发展现代服务业，提高服务业比重和水平。这是加快转变经济发展方式、推动产业结构优化升级的重要内容。交通运输是服务业的重要组成部分。要抓住我国经济发展向第一、第二、第三产业协同带动转变的历史机遇，增强交通运输的服务能力，不断拓展新的发展空间和服务领域。六是要适应发展综合运输体系的新趋势。党的十七大强调，要加强基础产业基础设施建设，加快发展综合运输体系。公路水路交通要进一步发挥技术经济和服务等方面的比较优势，强化在综合运输体系中的基础和骨干作用，促进与其他运输方式的有效衔接，为发展综合运输体系创造更为有利的条件。总之，党的十七大从经济、政治、文化、社会以及生态等方面对全面建设小康社会奋斗目标提出了新要求，确立了新目标。我们一定要把思想统一到党的十七大精神上来，把力量和智慧凝聚到实现党的十七大确定的各项任务上来，推进交通又好又快发展，更好地服务经济社会发展全局，服务社会主义新农村建设，服务人民群众安全便捷出行，为确保2020年实现全面建成小康社会奋斗目标提供交通保障。

去年，在深化对交通运输本质属性认识的基础上，部党组明确提出，交通工作要进一步强化服务意识，增强服务能力，提高服务水平，努力做好“三个服务”。一年多来，“三个服务”作为交通工作的重要指导原则，逐步为广大交通干部职工所认同。实践证明：“三个服务”是对多年来交通实践经验的总结，是对交通发展规律认识的深化，是交通工作贯彻落实科学发展观的本质要求，也是交通工作深入贯彻党的十七大精神、适应新时期新阶段新要求、推进科学发展的出发点和落脚点。

广大交通干部职工要从深入贯彻党的十七大精神、推进交通科学发展的高度,进一步在思想认识上增强做好"三个服务"的自觉性和主动性,在工作实践中提高做好"三个服务"的能力和水平。

贯彻落实党的十七大精神,提高做好"三个服务"的能力和水平,需要不断深化认识新时期交通发展的阶段性特征。新中国成立以来特别是改革开放以来,经过几代交通人的艰辛努力,我国公路水路交通事业取得了举世瞩目的历史成就。基础设施规模不断扩大,运输服务水平明显提高,安全保障能力显著增强,公路水路交通瓶颈制约得到有效缓解,在综合运输体系中的地位和作用进一步加强,为促进经济社会发展和提高人民生活水平作出了重要贡献。在肯定成绩的同时,我们也要清醒地看到,2007 年交通工作会议上提出的新时期新阶段交通发展面临的四个方面的严峻挑战依然存在,六个方面的突出矛盾和问题还没有得到根本性解决,同时,又出现了一些新情况新问题。概括起来:一是公路水路交通基础设施建设成效显著,但规模总量仍显不足,交通结构不尽合理;二是公路水路交通运输快速发展,但部分领域资源利用效率不高,发展方式比较粗放;三是交通行业具备一定的发展实力,但创新能力仍显不足,核心竞争力仍需提升;四是行业管理初步适应建立社会主义市场经济体制的要求,但管理能力和服务水平还比较低,体制机制性障碍仍需进一步消除。这些特征表明,交通发展成绩显著,矛盾和问题也很突出,这是社会主义初级阶段基本国情在交通行业的具体体现。

针对新时期交通发展的阶段性特征,我们曾经提出要推进交通由传统产业向现代服务业的转型。经过积极探索和实践,在认真总结多年来交通发展经验的基础上,部党组认为,交通是国民经济的基础性产业和服务性行业,推进交通由传统产业向现代服务业转型,实质上就是推进现代交通业的发展。要紧紧抓住我国经济发展战略转型的历史机遇,加快发展现代交通业,促使交通继续成为新时期国民经济发展的战略重点。这是进一步提高"三个服务"能力和水平的重要抓手。

发展现代交通业,就是用现代科学技术、管理技术改造和提升交通,提高交通基础设施、运输装备的现代化水平和运营效能;适应现代服务业发展要求,不断拓展交通服务领域;走资源节约、环境友好的发展之路;促进综合运输体系发展,提高交通现代化水平。推进现代交通业的发展,关键在于促进发展方式的根本性转变。要努力做到"三个转变",即交通发展由主要依靠基础设施投资建设拉动向建设、养护、管理和运输服务协调拉动转变;由主要依靠增加物质资源消耗向科技进步、行业创新、从业人员素质提高和资源节约环境友好转变;由主要依靠单一运输方式的发展向综合运输体系发展转变。

推进现代交通业的发展,必须与国民经济和社会发展相适应,与人民生活水平的提高相适应,与实现全面建设小康社会的奋斗目标相适应。党的十七大在十六大确定的全面建设小康社会目标的基础上,对我国到 2020 年的奋斗目标提出了新的更高要求。交通发展要按照十七大确定的全面建设小康社会新的奋斗目标,调整规划,明确新的目标要求。初步考虑,到 2020 年,交通发展的质量和效率显著提高,运输服务和管理显著改善,行业创新实力显著提升,资源节约、环境保护显著增强,基本建成更安全、更通畅、更便捷、更经济、更可靠、更和谐的交通运输服务体系,交通发展成果惠及城乡、人民共享,适应全面建成小康社会的需要,为本世纪中叶实现交通现代化打下坚实基础。

"十一五"后三年,要确保公路水路交通"十一五"规划目标任务的完成,为"十二五"期间交通发展创造良好条件。到 2010 年,基础设施网络化程度、信息化水平和运营管理水平得到提升;运输组织进一步优化,服务质量得到提高,公众交通服务领域得到拓展;资源利用水平明显提高,单位运输能耗和污染物排放量明显下降;安全监管、救助打捞和应急保障能力显著提高;行业创新能力不断增强;基本建立符合社会主义市场经济体制要求的交通管理体制机制,形成比较完善的政策法规体系。

完成上述目标任务,要继续加强"四个环节",在八个方面下功夫。

"四个环节"是:调整交通结构,促进结构的优化升级,增强交通运输服务保障的能力;转变发展方式,建设资源节约、环境友好型交通,增强交通可持续发展的能力;推进自主创新,建设创新型行业,增强交通发展的内在动力;完善行业管理,建设服务型政府交通部门,增强交通公共服务的能力。

八个方面是:

第一,在基础设施结构调整方面。主要是:中央投资继续向中西部地区特别是西部地区倾斜,向公益性强的项目倾斜,突出国家规划的公路水路重点工程、农村交通、科技创新和安保工程建设;加强国家高速公路网和农村公路建设,加大国省干线改造力度;整合港口资源,完善功能,加快以长江黄金水道为重点的内河航运设施建设;加强运输枢纽站场建设,促进各种运输方式有效衔接。

第二,在运输结构调整方面。主要是:优化运输组织结构,发展规模化、集约化、网络化运输,逐步实现货运无缝衔接和客运零换乘;优化运力结构,引导营运车船向标准化、专业化、清洁化方向发展;发展公共客运,构建由快速客运、干线客运、农村客运、旅游客运组成的多层次客运网络服务体系;推进城乡交通一体化和区域交通一体化;优化远洋船队结构,扩大国轮船队规模,适应保障国家经济安全的需要。

第三,在自主创新方面。主要是:加快交通行业科技创新体系建设,加强重点实验室建设,加大促进交通先进生产力发展的重大关键技术攻关力度,保护知识产权;加强智能交通、现代物流、现代管理、信息技术、交通安全、环境保护、减灾防灾以及新材料、新能源等高新技术在交通领域的研发和应用;推进高速公路联网不停车收费与服务系统建设;建立和完善建设创新型交通行业的政策措施和激励机制,加强创新型人才队伍建设;加强交通科技国际交流合作。

第四,在节约能源资源和保护生态环境方面。主要是:把落实节约资源和环境保护贯穿于交通规划、设计、施工、运营的全过程,节约集约利用土地资源和岸线资源,积极推广应用交通节能新技术、新设备、新产品、新工艺;完善运输装备的市场准入和退出机制,严格执行车船排放标准,控制和减少营运车辆、船舶的污染排放。

第五,在拓展交通服务领域方面。主要是:积极发展交通工程总承包、交通设计咨询、交通运输代理、交通商务服务等新兴交通服务业务;扩展科技咨询、技术交易、成果推广、信息服务、检验检测、知识产权等交通科技服务;进一步发挥公路水路技术经济优势,推动现代物流信息公共平台建设和物流技术开发应用,促进现代物流业发展;建立和完善交通行业服务标准体系。

第六,在行业管理方面。主要是:培育和建设统一开放、竞争有序的交通市场体系,进一步规范市场秩序;强化交通建设和运营精细化管理,不断提升质量、技术和服务水平;加强和规范收费公路管理,继续加强超限超载治理,完善鲜活农产品“绿色通道”建设管理;加强交通安全监管和人命救助能力建设,建立健全长效机制;完善交通突发公共事件应急预案和应急体系,提高应急保障能力。

第七,在体制机制改革方面。主要是:进一步完善适应社会主义市场经济体制要求的交通法规体系;推进和完善高速公路管理体制、干线公路养护机制、农村公路管理体制、航道管理及养护体制、航运管理体制以及港口管理体制等改革。

第八,在建设服务型政府交通部门方面。主要是:积极推进交通部门转变政府职能、转变工作作风、转变工作方法,强化公共服务职能,完善交通公共服务体系;减少和规范行政审批,依法行政;厉行节约、反对浪费,建设节约型机关;深化行业文明建设和廉政建设。

推进现代交通业发展是一项创新性很强的工作,要在实践中勇于探索,积极推进。这次会上印发了《关于加快发展现代交通业的若干意见》,提出了发展现代交通业的指导方针、总体要求和重点任务,希望各地交通部门结合实际抓好落实,不断创造出好的经验和好的做法。

三　2008 年的交通工作安排

2008 年是全面贯彻落实党的十七大精神的第一年,是新一届政府工作的开局之年,是改革开放 30 周年和举办北京奥运会之年,也是推进现代交通业发展、搞好“三个服务”的重要一年,做好今年的交通工作非常关键。总体要求是:深入贯彻落实科学发展观,按照中央经济工作会议的部署要求,围绕提高“三个服务”的能力和水平,做到“四个坚持”,即:坚持稳中求进,推进交通科学发展;坚持好字优先,促进交通发展方式转变和结构调整;坚持创新驱动,建设创新型交通行业;坚持以人为本,努力提高交通公共服务能力。

重点做好以下十项工作:

(一)抓好运输保障和市场监管。

全力保障石油、矿石等重点物资和粮食、农副产品、抢险救灾物资及城乡居民生活必需品运输。

根据新的《全国年节及纪念日放假办法》实施后出现的新情况，认真研究和组织协调好春运、黄金周和其他放假节日的旅客运输工作。加强鲜活农产品“绿色通道”建设管理，落实省内外运输车辆无差别减免通行费政策。完善北京奥运会应急运输保障体系。做好三峡库区通航保障和长江干线、京杭运河、西江航运干线保通保畅工作。务实推动海峡两岸直航工作。提高公路水路运输应急反应能力和服务水平，加强恶劣天气条件下公路水路运输保通工作。拓展交通公众信息服务功能。

加强运输市场监管，严格市场准入，打击非法营运，建立运输市场监管信息平台，建设诚信体系。推进道路运输违章处罚和运政稽查信息全国联网，实施新的营运车辆综合性能要求和检测方法，开展道路危险货物运输管理法规、规章和标准执行情况专项检查。继续开展以建立长效机制为重点的车辆超限超载治理工作，坚持政府领导，严格执法，源头监管，责任追究，使车辆超限超载治理纳入法制轨道。开展水运行业管理规范年活动和水路内贸集装箱超载专项治理，进一步规范长江引航秩序。推进长江干线船型标准化，研究推进珠江船型标准化。积极促进现代海运船队建设尤其是油轮船队建设，落实好中资国际航运船舶特案免税登记政策。强化国际客运市场准入管理，完善国际海运市场监管。加强交通统计和经济运行分析，组织开展公路水路运输量专项调查和第三次全国港口普查。进一步发挥社团组织作用，规范社团管理。

(二)抓好重点项目建设。

完成“五纵七横”国道主干线系统收尾工作。推进国家高速公路和西部开发8条省际公路通道建设，全年建成高速公路5000公里。优化路网结构，提高等级标准，继续加大国省干线改造力度，与高速公路和农村公路建设相互衔接，用三年左右的时间，东中部地区力争实现所有国道达到二级以上标准，西部地区(除西藏外)国道达到三级以上标准，基本消灭国道网中的断头路；力争实现中部地区县级、西部地区(除西藏外)地州盟市通二级以上公路，西藏自治区基本实现80%的县通沥青路。积极推进综合运输枢纽建设，重点加强客运站场建设，支持客货运输信息网络建设。统筹区域交通协调发展，整合完善区域交通发展规划，推进区域交通基础设施建设，促进区域交通一体化。组织实施国家高速公路网路线命名编号方案。启动西藏扎墨公路建设，尽快结束墨脱县不通公路的历史。推进煤油矿箱大型专业化码头和港口深水航道建设，加快老码头改造。加大长江黄金水道建设、京杭运河扩能改造、西江航运干线改造的力度，基本建成松花江大顶子山和右江纳吉航电枢纽工程。启动并完成“十一五”规划中期评估与调整工作，开展专项规划编制和重点项目前期工作，抓好主要港口总体规划编制工作。

加强重点工程建设监管。强化公路工程施工许可管理并进行重点督察，公路建设项目未取得用地手续的不得批准施工许可。加快交通建设市场诚信体系建设，严格落实工程质量责任制，开展工程质量执法检查，促进精细化管理。建立信用信息公开制度，加强对从业单位和从业人员的动态管理。开展内河水运建设项目管理绩效考核试点工作。

(三)抓好农村交通工作。

积极落实中央农村工作会议精神，按照今年中央1号文件的要求，大力发展农村公共交通。加大中央和地方财政性资金、国债资金投入力度，继续加强农村公路建设，强化农村公路质量监管，推进农村公路管理养护体制改革，加快实施渡改桥及渡口渡船改造等工程。完善扶持农村公共交通发展的政策措施，推进农村客运网络化，探索农村客运公交化改造，推动城乡客运协调发展。全年计划新改建农村公路27万公里。在继续支持革命老区农村公路建设的同时，加大对边疆地区、少数民族地区、贫困地区农村公路建设支持力度。积极争取将特殊困难地区的农村公路养护纳入公共财政支持范围。开展农村公路交通安全保障工程试点。组织开展农村公路建设质量年活动，用三年时间，进一步规范农村公路建设市场准入，严格合同管理，建立适合农村公路特点的质量保证体系，落实从业单位质量责任制，建立质量责任档案，强化政府监督，推行群众监督。

(四)抓好交通安全工作。

组织实施《国家水上交通安全监管与救助系统布局规划》，强化水上交通安全监管，提高人命救助和应急抢险打捞能力。开展“两防”等专项整治“回头看”活动，落实隐患排查治理和分级管理制度，抓好源头管理，严把船舶检验关、船公司审核准入关、船员适任关。突出重点，强化现场监管手段,加强动态待命值班。加强应急反应能力建设,健全专业力量与社会力量相结合的应急救援联动机制,做好预警预控。建设沿海船舶污染应急反应体系,健全内河船舶污染防治体系,强化危化品运输船舶的管理。加强船舶和港口设施保安工作,做好奥运赛事城市的港口设施保安工作,依法打击码头、相关水域和船舶上的违法犯罪活动。加强交通信访工作,切实维护行业稳定。

完善道路运输安全生产管理长效机制。制定道路客运企业安全评价办法,提高安全管理应急反应和处置能力。加强公路养护管理。加大公路交通安保工程的实施力度,重点支持西南地区和中西部山区公路安保工程建设。推进干线公路灾害防治工作。全面开展危桥集中整治和改造,力争用三年时间基本消灭现有国省干线上的所有危桥、县道中桥以上、乡道大桥以上的危桥。建立危桥改造项目库并实施动态管理,落实桥梁养护工程师制度,明确桥梁养护管理的责任单位和监管单位,建立完善桥梁运行监控机制和养护管理机制。加强对特大型桥隧设施的动态监控,强化临近铁路、交叉的公路桥梁的安全防护。

加强建设项目安全监管。建立桥隧工程设计和施工安全风险评估制度并开展试点工作。建立工程安全监管联络员制度,推动行业安全技术标准建设。继续开展工程建设安全生产专项整治和隐患排查。

推进公路水运工程建设领域职业资格制度建设,加强营运汽车驾驶员以及机动车检测维修、危险货物运输、国际海运、理货等岗位从业人员的职业技能培训和评价工作。

(五)抓好交通科技创新。

加强交通建设、运输、管理关键技术攻关和成果转化、推广。组织落实国家级科技项目和行业重大科技专项研究。开展节约型公路建设、海上船舶溢油应急快速反应、智能交通等重大关键技术研究。与科技部合作开展交通安全专项行动,重点做好道路交通安全科技创新和技术成果推广、农村道路交通安全、预防道路交通伤害社会宣传以及驾驶员素质教育等工作。加快推进交通服务领域标准体系建设,将先进适用科技成果纳入标准规范,强化安全标准和运输服务标准,促进交通服务标准化、规范化。抓好科技示范工程,做好四川雅泸高速公路等科技示范工程和湖北神宜科技环保示范路的推广工作。

加快交通行业信息化建设。完善行业信息化标准体系,制定电子政务标准,完善交通电子政务网络基础设施。积极推动交通管理业务应用系统建设,启动交通电子口岸信息共享平台建设。

加强交通教育培训和人才培养。推进管理干部、专业技术干部、创新人才和技能型、应用型人才培养平台建设,重点加强交通管理干部培训和西部地区交通干部培训。

(六)抓好节能减排工作。

制定下发交通行业贯彻《节约能源法》实施细则,落实国务院节能减排各项政策措施,全面完成国家节能减排工作方案中对我部提出的各项任务指标。组织实施交通行业节能减排中长期规划和能源统计与分析制度,对公路运输、水路运输温室气体排放对气候变化的影响进行重点分析,提出相应的对策措施,探索建立交通节能减排长效机制。继续深入研究交通行业节能减排指标体系和监测、考核体系及配套办法,出台有关标准规范。落实运输环节节能减排措施,发布营运客车、货车燃油消耗量限值及测量方法,组织实施营运车辆准入和退出制度。用先进的科学技术和管理技术武装交通设施装备,提高交通节能减排水平,推进交通发展方式转变,继续抓好交通节能减排示范项目,推出一批新产品、新技术。落实好船舶防污染、防泄漏及港口防污设施建设。努力建设节约型机关,发挥各级交通主管部门节能减排中的示范和表率作用。今年要召开全国交通行业节能减排工作会议,具体部署相关工作。

(七)抓好交通法制建设和体制改革。

积极配合做好《水路运输管理条例》、《公路保护条例》、《海上交通安全法》、《海上人命搜寻救助条例》、《航道法》、《潜水条例》等法律法规的审核修改工作。进一步规范交通行政许可与行政执法,建立和完善行政执法评议考核制、行政执法过错责任追究制、行政执法责任制,加强执法人员资格、证件和执法标志管理,推进交通综合行政执法改革试点工作。建立和落实交通行政复议责任追究制度,逐步推行行政复议人员持证上岗制度。

继续推进交通管理体制改革。逐步建立产权明确、集中统一、依法监管的全国高速公路管理体制。深化收费公路管理体制改革,完善收费公路发展政策,规范收费公路建设、运营、收费、转让行为,按照“调整结构、控制规模、统贷统还、撤并站点、降低收费、政府主导、严格监管”的思路,积极推进东部地区二级公路收费站点撤并试点工作,控制其他地区二级公路收费站点数量。整合资源,加大投入,探索建立界河航道管理新模式。

(八)抓好交通对外交流合作。

继续深化与周边国家的区域合作。加快中国—东盟交通合作战略规划制订,落实海运协定、港口论坛和海事定期磋商机制;推动上海合作组织公路运输通道网络化建设,落实大湄公河次区域和中亚区域交通合作战略规划,推动中韩陆海联运汽车运输合作;促进中俄重点界河桥建设,推动中巴、中吉乌、中蒙俄等重要国际公路运输通道建设。加强与发达国家的交流合作,扩大与发展中国家的交流合作。深化中美、中欧、中日、中韩、中日韩部长会议机制下的务实合作;落实与欧盟及美、加、澳、韩、挪、新等国的合作协议以及中非合作论坛北京峰会成果。继续实施“走出去”战略,支持我国交通企业开拓海外市场;进一步做好CEPA框架下交通领域开放措施的落实工作。加大参与国际组织事务的力度。落实参与国际海事组织事务的机制和程序,深化马六甲海峡等重要能源运输通道的国际合作,分步落实亚太经合组织港口服务网络项目和亚洲公路网后续工作。积极参与WTO市场准入、贸易便利化和双边自贸区谈判工作;完成加入WTO后过渡期交通应对措施研究;完成《2006年海事劳工公约》的研究工作,适时启动批准或加入程序;切实履行国际公约,加强相关国际便利运输公约的研究,推动加入公约的进程。探索建立交通对外咨询、教育服务培训等机制,开拓海外技术服务,加强安全、环境和可持续发展、职业教育等领域的国际合作。

(九)抓好行业文明建设。

今年,我们将迎来改革开放30周年,交通发展在新时期取得的巨大成就源于改革开放,要总结好、宣传好、运用好交通改革开放的宝贵经验,使之成为凝聚广大交通干部职工、不断推进交通科学发展的强大力量。要以改革创新精神推进交通各级党组织建设和领导干部队伍建设,加强思想、作风、制度和反腐倡廉建设,落实科学执政、民主执政、依法执政的要求,建设服务型、节约型政府交通部门。要切实加强对深化“学树创”活动的领导,加强行业文明长效机制建设。开展文明执法主题活动,推行交通行政执法禁令和交通行政执法忌语,推出一批依法行政示范单位、文明执法示范路。开展向交通行业全国道德模范学习活动,发掘落实“三个服务”典型,开展青年文明号、青年岗位能手、巾帼建功标兵、巾帼文明岗的表彰活动。探索建设交通行业精神文明建设监督信息平台,建立精神文明建设先进集体、先进个人管理信息系统。深化交通文化研究和开展交通文化建设实践活动,实施交通文化建设“五个一”工程。关心和支持经国务院批准的上海中国航海博物馆的筹办工作,展示中华民族悠久航海历史,弘扬爱国主义为核心的民族精神。加强交通新闻宣传工作,精心筹划和周密组织好交通重大题材宣传活动。重视和加强离退休干部工作。

(十)抓好交通廉政建设。

坚持标本兼治、综合治理、惩防并举、注重预防的方针,更加注重预防,更加注重治本,更加注重制度建设,扎实推进具有交通特色的惩治和预防腐败体系建设,推进交通廉政文化建设,加强反腐倡廉宣传教育。以加强交通基础设施建设领域廉政工作为重点,探索治理商业贿赂长效机制。加强行风建设,巩固治理公路“三乱”成果,切实解决群众反映强烈的突出问题。严格落实党风廉政建设责任制,认真贯彻党内监督条例,强化内部审计,加强对权力运行重点岗位、重点环节和重点领域的制约和监督。积极推进交通部门政务公开,认真组织实施《政府信息公开条例》。改进会风文风,继续推进政府职能、工作作风和方法转变,简化办事程序,减少行政审批,提高行政效能,降低行政成本。

同志们,今后一个时期交通发展的思路已经明确,2008年交通各项工作任务繁重,我们要在以胡锦涛同志为总书记的党中央领导下,认真贯彻党的十七大精神,深入贯彻落实科学发展观,求真务实,锐意进取,不断提高“三个服务”的能力和水平,加快发展现代交通业,为全面建设小康社会提供交通运输保障作出不懈努力。

·长江航务管理工作会议文件选登·

交通部副部长徐祖远在2008年长江航务管理工作会议上的讲话(摘录)

(2008年1月16日)

这是我第四次参加长江航务管理工作会议,每次的感受都不一样,但都是一次比一次好的感受。2007年是长江航运发展阶段中不平凡的一年,长航局系统全体干部职工深入贯彻落实科学发展观,认真践行"三个服务",经受了三峡船闸单线运行、汛期特大洪水和百年一遇枯水等严峻考验,干得很辛苦,干得很充实,干出了长江航运发展的许多新亮点,为黄金水道的建设作出了新贡献。在运输生产、黄金水道建设、安全监管水平、通航保障能力、体制机制创新、行业管理服务水平、科技创新等方面都取得了新的成绩,社会、地方政府对长航系统专业部门认可度越来越高,对重要部门和单位对当地社会发展作出的贡献给予肯定。这些成绩的取得,表明长航局贯彻部党组的决策部署坚决有力、积极主动、富有成效。部党组对长航局系统的工作是充分肯定的。在此,我代表部党组和盛霖部长,向你们并通过你们向系统广大干部职工、离退休老同志及职工家属表示亲切的问候和衷心的感谢!

刚才,金义华局长在工作报告中全面总结了2007年长江航务管理工作成绩,分析了长江航运发展面临的形势和任务,提出了深化"三个服务"、推进"四个转变"、努力实现长江航运科学发展的工作思路和发展目标,部署了2008年工作任务。报告贯彻了全国交通工作会议精神,下一步的关键就是要靠大家狠抓落实。我相信,在长航局的统一领导和系统广大干部职工的共同努力下,一定能够为长江航运现代化和沿江经济社会发展做出新的更大的贡献。

下面,我讲两点意见。

一 积极践行科学发展观 增强做好长江航运"三个服务"的责任感和使命感

在刚刚结束的全国交通工作会议上,李盛霖部长对交通发展面临的形势和任务做了全面深刻的阐述,指出当前和今后一个时期,是我国改革发展的关键时期,也是推进交通科学发展的重要战略机遇期。交通是国民经济的基础性产业和服务性行业,"三个服务"是多年来交通实践经验的总结,是对交通发展规律认识的深化,是交通工作贯彻落实科学发展观的本质要求,也是交通工作深入贯彻党的十七大精神,适应新时期新阶段新要求、推进科学发展的出发点和落脚点。

长江黄金水道是贯穿东中西部的运输大动脉,是流域综合运输体系的主骨架,在引导长江流域经济布局、服务沿江经济社会发展中具有最突出的基础地位,发挥着越来越重要的作用。发展长江航运,可以充分发挥运量大、占地少、能耗小、污染轻、成本低的优势,有利于节约土地资源、减少能源消耗、保护环境,实现可持续发展;可以为沿江经济欠发达地区的广大人民群众提供公平共享的基础设施和运输服务,为社会不同群众和个体间的交流、沟通提供平台,促进社会的和谐发展;对实现"东部率先、中部崛起、西部开发"战略,增强民族凝聚力和促进民族大团结,加快地区间交流和巩固安定团结的局面都起着举足轻重的作用。

面临新形势新阶段新要求,长江航运的发展要按照部党组"四个坚持"、"三个转变"的要求,发展现代长江航运。要调整航运结构,促进结构优化升级,增强长江航运服务保障的能力;转变发展方式,建设资源节约型、环境友好型航运,增强长江航运可持续发展的能力;推进自主创新,建设创新型行业,增强长江航运发展的内在动力;深化行业管理,建设服务型政府部门,增强长江航运公共服务的能力。

二 抢抓机遇 狠抓落实 加快推进长江航运

发展

2008年是全面贯彻落实党的十七大战略部署的第一年,是实施"十一五"规划承上启下的关键年,是各级政府领导换届后任职期的第一年,大事要事特别多,是长江航运发展史上又一个难得的机遇期。长航系统要全力以赴,以务实的作风做好各项工作的落实。

一要认真学习党的十七大和中央经济工作会议精神,以科学发展观为统领,深入贯彻落实全国交通工作会议的各项工作部署。要结合长江航务管理工作实际,以加快推进长江航运现代化为目标,将任务分解落实到各部门各单位,实行目标责任制,层层抓落实,加强督促检查,确保工作落实和目标实现。要把握不断变化的新情况,推进行政体制改革。2008年,是我国改革开放30周年,长江航运也走过了改革发展30年的经历,长航系统各单位要认真做好总结,围绕政府职能转变,进一步深化改革,凝聚力量,改进工作,努力提高"三个服务"的能力和水平。严格控制并逐步减少机关编制,加强和充实一线力量,切实改变头重脚轻、部门权利不受基层监督的现象,要加强调查研究,切实提高解决问题的能力,使各项政策和工作更加符合客观实际,更加体现以人为本的思想。把功夫下到基层,各级领导干部都要弯下身子为群众服务。

二要突出重点、统筹兼顾,加快发展现代长江航运。要贯彻落实国务院领导关于长江干线航道的批示精神,加强长江航运综合规划制订,加快长江航道建设。就航运而言,营运不能无序,监管不能失控,发展不能失衡。要按照《十一五期长江黄金水道建设总体推进方案》的部署,主动适应加强宏观调控新要求,加强与各有关部门的沟通协调,抓紧开展项目的前期工作,确保长江黄金水道重点建设项目按期开工,已开工的项目要确保质量和安全。要高度重视安全生产工作,不断加强安全现场管理,提高应对各种突发事件的能力,继续做好联合执法工作,切实加强安全事故隐患的整改,要重点做好"两防"工作,要特别重视对危险化学品运输船舶的安全管理,提高市场准入标准,加大监管力度。要抓紧做好三峡175米蓄水前的各项工作,确保三峡通航安全畅通。

三要加强领导班子和干部队伍建设。要认真贯彻落实全国干部人事工作会议精神,全面加强领导班子和干部队伍建设。加快发展现代长江航运,关键在人才队伍建设,特别是领导干部队伍建设,而领导干部队伍建设的关键是两个一把手的使用和考察。要坚持科学的选人用人标准,完善行之有效的选人用人措施,健全完善领导机制和工作机制,不断完善和严格执行责任制度、督查制度、考核制度,切实提高领导班子的战斗力、公信力和执行力。要特别重视年轻干部、后备干部的培养锻炼,加大干部交流和竞争上岗的工作力度。要严格遵守组织人事工作纪律和党风廉政建设的有关规定,树立公道正派的良好形象。这里强调一点,部党组站在交通事业长远发展大局,为进一步加强领导班子建设,经商地方党委,下一步决定在长航系统逐步推进党委改党组,现在已在其他部属单位逐步开始实施。长航系统作为交通部政府职能部门的下级机关,具有行政执法职能,并已明确实行局长负责制的领导体制,党委改党组,有利于长航系统建立起高效、统一的行政指挥系统,也符合社会通行的做法。党委改党组后,继续保持"四个不变"。一是各单位的领导体制不变,仍实行局长负责制,党的工作要继续坚持融入中心工作,为长航事业的发展提供精神动力、思想组织保障和智力支持;二是党组织的隶属关系不变,继续实行以地方为主的属地化管理;三是领导班子职数不变,相应地将党委调整为党组职务,将纪委书记调整为纪检组长;四是干部管理关系不变,继续实行以交通部为主的双重领导。各单位要以此为契机,从加强党的先进性建设和执政能力建设的高度,认真研究、完善在行政首长负责制下,党委改党组后的领导班子运行工作机制,坚持党组的集体领导,坚持重大问题必须经过党组集体研究决定。并注意主动与地方党委和部人劳司加强工作联系,争取指导,实现党委改党组的平稳过渡。

四要做好当前工作。春节即将来临,要根据中央《关于做好2008年元旦、春节期间有关工作的通知》要求,精心组织好春运期间的客货运输工作。要立足于抓早、抓实,做到早准备、早部署、早落实,加强运输组织,完善应急预案,维护运输秩序,切实保障国家重点物资和春节所需物资运输通畅。要加强廉政建设,一律禁止被领导向领导、基层向机关送礼、拜年,禁止赌博,不管哪一级的领导,只要参赌,立即就地免职。发扬勤俭持家的优良传统，事事处处讲节约，点点滴滴不浪费。要切实关心干部职工生活，心系群众冷暖，到群众中去，解决实际问题。要关心系统困难职工和离退休老同志，妥善安排好他们节日期间的生活，让广大干部职工过上一个欢乐、祥和、安全的节日。

（根据录音整理，未经本人审阅）

深化三个服务　推进四个转变
努力提高长江航运科学发展水平

——长江航务管理局局长金义华在2008年长江航务管理工作会议上的工作报告(摘选)

(2008年1月16日)

2007年,长江黄金水道作用进一步发挥,运输生产持续快速增长,各项指标再创历史新高。长江干线港口完成货物吞吐量9.11亿吨,同比增长15.6%,外贸货物吞吐量1.14亿吨,同比增长19.5%;集装箱吞吐量551.2万TEU,同比增长37%;三峡断面通过量达6056万吨,同比增长20.3%。局系统完成固定资产投资突破13亿元。实现规费收入10.3亿元,经营性收入32亿元。

2007年主要取得了八个方面的显著成绩。

一　黄金水道建设步伐加快

狠抓《"十一五"期长江黄金水道建设总体推进方案》落实,航道治理、船型标准化、三峡过坝运输扩能、水运保障及港口建设、干支联动六大工程推进有力。长航局系统在建项目投资总规模达33亿元,全年完成投资超过13亿元,再创历史新高。落实年度建设投资计划9.24亿元,安排建设项目37个,建造船舶47艘,完成工可37项,初设28项,新开工项目29项,竣工验收15项,为实现"十一五"建设目标夯实了基础。

规划工作不断完善。根据《全国内河航道及港口总体布局规划》,研究调整长江水系航运规划报告。配合流域综合规划修编,积极开展长江和西南诸河流域综合规划航运规划工作。开展《长江干线航道发展规划》实施效果评价工作。参与长江水系国家主要港口总体规划审查,关注长江上游和汉江、嘉陵江等主要通航河流梯级开发和规划工作。完成长江航运发展政策创新研究报告。

航道治理工程加快推进。重庆以上建成三级航道298公里,整治中下游重点滩段航道136公里。南京以下继续开展"三沙"治理和12.5米深水航道上延前期工作;南京至安庆段基本完成太子矶水道中段炸礁工程;安庆至武汉段完成东流、罗湖洲航道整治工程;武汉至宜昌段完成陆溪口水道整治,基本完成嘉鱼—燕子窝、马家咀航道整治工程;重庆至水富段基本完成泸渝段航道建设并实现全面夜航。

水运保障工程全面推进。完成武汉、芜湖VTS和汉宜数字传输工程,基本完成三峡航运配套及锚地建设,南浏段数字航道建设示范工程全面推进。资源整合力度进一步加大,4个合建项目进展顺利,全面实施巡航救助一体化建设,配备救助船艇156艘、趸船73艘。启动实施长航局系统趸船标识统一规范工作。

建设管理不断加强。强化基建目标责任制,实现在建项目全覆盖目标管理。树立全寿命周期质量理念,抓关键、抓基础、抓过程、抓示范,强化质量通病治理,启动第二批优质廉政示范工程创建工作,巩固工程建设质量年活动成果,工程质量和管理水平稳步提高。系统总结航道整治工程经验教训,认真落实《航道建设管理规定》。规范基本建设招投标工作,加强工程建设市场监管,信用体系逐步完善,开放程度不断提高。

二　安全形势持续稳定

辖区未发生一次性死亡10人以上的水上交通事故、重大船舶污染事故和恶性案件,实现了全年安全工作目标。全年发生一般及以上等级水上交通事故43起,死亡失踪62人,沉船30艘,直接经济损失1710万元,事故数、直接经济损失同比分别下降6.5%和14.5%,死亡人数和沉船数分别上升37.8%和20%,安全状况综合指数为86.5。受理治安案件14849起,查处14822起,航运治安形势保持稳定。建设施工和生产经营未发生等级事故,未发生引航责任事故,内部安全形势良好。

安全监管水平不断提高。立足长效管理,强化专项整治,以枯水期"三保一创"和洪水期"百日安全"活动为载体,以"四客一危"、"六区一渡"和"三节两会"为重点,全面加强安全管理和治安维护。保障了7866万人次和655万台次车辆的渡运安全。深化"三船"管理,积极探索"五小"船舶管理规律,加强安全信息服务,安全通信保障率100%。加强客船、危险品船消防安全监管,制定过闸船舶消防安全管理办法。严厉打击水运物流犯罪、水上交通肇事逃逸、扰乱航道施工等违法行为。

在全行业深入开展防船舶碰撞防泄漏等专项整治活动,排查隐患8388起,整改8043起。全面排查长江干线水上水下建构筑物通航安全隐患,开展桥梁安全评估。组织开展水运基础设施和施工安全隐患排查,巩固了施工安全的良好局面。

应急体系建设全面推进。完善应急预案体系,实施巡航执法与应急动态待命制度,完善恶劣气候安全预警机制,有序应对恶劣气候和三峡库区地质灾害。实施应急救助441次,成功救助遇险人员7764人次,人命救助成功率99.21%。

成功承办我国内河规模最大、参演船舶最多的三峡水上联合搜救演习。统一指挥,举全系统之力,22家单位、68艘船舶、1架直升机、500余名人员密切配合、协同作战,充分展示和检验了长江水上搜救体系建设成果,树立了长航局系统整体形象。

三　通航保障能力全面提升

航道维护管理水平不断提高。正式提高重庆至芜湖河段分月航道维护尺度,探索提高泸州至宜宾段航道维护标准。干线航道全部按照一类标准配布航标,航道维护尺度保证率达到计划要求,航标维护正常率达到999‰。

重点时段、重点浅险水道通航保障工作进一步强化。整合长航系统资源,充实一线力量,试行夜间禁航疏浚施工,确保了航道畅通。有序应对长江上游百年一遇历史低水位、汛期川渝异常暴雨洪灾和三峡156米蓄水,确保了特殊时段航道畅通和水上安全治安形势的稳定。继续实施大规模应急转载运输,有效缓解枯水期电煤运输与航道水深有限的突出矛盾。

航道行政管理得到加强。把好桥梁净空尺度审核关,完成跨临河建筑物通航管理长效机制研究,起草长江干线桥梁重大通航隐患整改办法,促成荆州大桥防撞设施建设。打击非法采砂、船舶超吃水航行以及谎报、瞒报吃水行为。

四　三峡通航高效有序

三峡船闸通过量再创历史新高。三峡船闸安全运行8087闸次,通过船舶53312艘次。通过货物4686万吨,过闸船舶平均额定货物载量1465吨,同比分别增长18.96%和13.3%。

三峡船闸完建期通航保障工作取得全面胜利。全局上下合力应对船闸单线运行造成的巨大通航压力,狠抓预案落实,确保三峡船闸正常高效运行、坝区通航井然有序和翻坝转运持续进行。强化安全监管和行风建设,优化调度,加强船闸运行维护和管理。坚持全线联动,及时启动应急机制,有效缓解坝区通航压力。统筹协调,推动实施翻坝运输方案,严格执行煤炭船舶总量控制、凭证过闸政策。优质完成葛洲坝二号船闸计划性大修,停航检修时间创历史最短。

三峡通航保障水平不断提高。及时制定通航安全管理规定,妥善应对坝区大风、大雾及大流量等问题。强化服务意识,实施阳光通航,切实提高船闸运行和调度管理水平。完成葛洲坝大江航道实船试验,研究制定新的通航流量标准。协调增加葛洲坝下泄流量,及时缓解枯水期中游航道维护压力。推进建立翻坝转运长效机制。

五　行业管理水平和服务能力不断提高

运力结构继续改善。干线货运船舶大型化、专业化趋势明显,集装箱、汽车滚装、散装、液货危险品等专业化运输船舶增长较快。截至2007年底,水系13省(市)拥有货船13万艘,净载重量6833万吨,平均净载重量523吨。

运输市场调控力度加大。加强省际液货危险品运输船舶、普通货运船舶市场准入管理,强化油船、散装化学品船舶运力调控。加强春运、黄金周期间的运输组织协调,确保旅客运输和集装箱、成品油、矿石、粮油和军事物资运输。积极推动滚装航线延伸和客运旅游市场发展。

政策信息引导进一步加强。定期发布长江航运景气指数、长江航运运价指数,定期通报长江干线航运生产形势,帮助企业掌握市场动态。组织港航单位签署《长江航运节能减排宣言》,推进行业节能工作。评选首届长江航运最佳船型标准化推进奖、安全管理奖和水运建设奖,注重发挥长江港口和船东协会的桥梁纽带作用,引导港航企业发展和航运建设。

稳步推进船型标准化。开展新建船舶和运政检查,对不具备川江及三峡库区航运资质的船舶实施停航整顿。如期完成两坝间非标准川江载货汽车滚装船改造工作。研究提出三峡库区5000吨以上大型化船舶发展意见。

六　体制机制创新稳步实施

贯彻落实交通部指导意见,整合海事、航道、公安消防、通信和运政执法资源,重庆至安徽段2100公里10个区段全面实施联合执法,成立55个工作组,设立61个政务中心,“水上执法一盘棋”、“政务联合一体化”和“水上专项联合执法”机制基本建立,促进文明执法,方便服务对象,节约行政资源,强化了长航系统整体优势。

启动规范引航秩序工作。强化协调,完善引航监督委员会议事规则,组织开展长江引航机构资质审查。加大投入,加强队伍建设,强化行风监管,确保引航服务质量和安全。

体制改革逐步深化。按照上级统一部署,调整长江通信管理局管理关系。扩大航道综合管理模式改革试点范围,全面实施航道工程单位企业化管理改革。深化三峡工程运行期通航管理体制研究,在调查研究基础上,完成了长江航运管理体制上延到云南水富的构想,创设武汉脑科医院。开展内部管理制度清理,积极落实离退休老同志两项待遇,做好法制教育、信访保密、质量管理、工资改革等工作,确保系统内部稳定。

七　科技创新成效初显

科技创新能力不断提高。实施重大科研项目73项,其中省部级项目12项,投入科研经费3267万元。7项成果获省部级科技进步奖。三峡船闸人字门高精度多点同步升降系统研究达到国际领先水平,太阳能一体化航标、船舶火灾隐患跟踪系统等成果得到推广应用。实施《长航局科技项目管理办法》,受交通部委托完成3个西部交通项目招标。与高校及科研单位合作开展重大项目联合申报与攻关,大力开展“五小成果竞赛”等群众性科技活动。

信息化水平进一步提升。开通长航局办公网,搭建全系统网上办公平台。全长2425公里的重庆至上海光纤电路全线贯通。累计开发60多个业务系统和20多个数据库。主网站群建设初具规模,建成67个内外网站,局政府网站在部考评中排名第一。完成长江航运信息化标准体系以及电子航道图等基础性标准研究。以南浏段数字航道示范工程建设为标志,信息化发展逐步跨入统一标准、协同共享、综合服务的新阶段。

八　行业文化建设和党的建设成果显著

大力推进行业文化建设,提炼行业精神、行业理念和核心价值观,设计行业徽标,创作行业歌曲,举办长航之歌演唱会,编辑出版长江航运文化建设成果集锦。评选首届长航十大杰出人物并组织事迹报告会,长航局荣获湖北省最佳文明单位称号,2/3的局属及基层单位已进入省级文明单位行列,5个航区已成为全国“文明样板航道”,新创国家级“青年文明号”5个。注重发挥中国水运报、网站等媒体作用,突出重点,加强宣传,营造良好氛围。维护职工合法权益,关心职工生活,广泛开展“安康杯”竞赛、安全生产月和群众文化体育活动。

党的建设进一步加强。深入学习“三个代表”重要思想、科学发展观和党的十七大精神,抓好党委中心组学习、处级干部集中培训,干部素质不断提高。以党建促发展,深化“五好党组织”创建,基层党组织凝聚力、战斗力进一步加强。加强领导班子和干部队伍建设,努力提高公务员队伍素质,积极培养高层次专业技术人才和技能人才。强化党风廉政建设责任制,落实“八个严禁”,促进领导干部廉洁自律。重点加强基础设施建设领域廉政监督和三峡通航、长江引航行风建设,实现三峡船闸完建期行风零投诉,长江航道局制度防腐典型经验在全国交通行业中交流推广。强化预算执行、专项资金和财务收支检查、审计。加强各级机关作风建设,帮助基层排忧解难,组织处级以上干部在三峡船闸完建期间轮流赴现场协调指导通航保障工作。大力推进长航公安“三基”工程建设,队伍战斗力明显增强。统一战线、综合治理等项工作也不断得到加强。

当前,我国正处于改革发展的关键阶段和工

业化、现代化的重要时期,长江黄金水道建设也面临前所未有的历史机遇。为此,我们必须深刻认识长江航运发展面临的新形势,适应新要求,接受新挑战,开创新局面,围绕“建设黄金水道,服务长江经济”这一中心,不断深化“三个服务”,努力推动长江航运科学发展。

一 合力加快长江黄金水道建设的历史机遇更加显现

2005年11月28日召开的“合力建设黄金水道,促进长江经济发展”座谈会明确了长江航运发展总体目标,提出在“十一五”期合力实施六大工程,标志着长江航运发展进入了一个合力建设的大发展时代。两年多来,长江航运发展势头更加强劲,发展理念更加科学,发展目标更加明确,发展成果更加显著。长江干线货运量突破11亿吨,是密西西比河的2倍和莱茵河的3倍,规模稳居世界内河第一;长江干线港口货物吞吐量由2005年的6.5亿吨增加到2007年的9.11亿吨,年均增长18%,集装箱吞吐量的年均增长率更是高达44%,苏州、南京、南通先后跨入亿吨大港行列;干线航道及支持保障水平明显提高,长江口10.5深水航道已上延到南京,上中下游一批重要航道整治工程完工;船舶运力结构不断改善,长航集团、民生公司等大中型航运企业效益喜人;长江干线安全形势持续稳定,现代监管体系、应急体系与巡航救助一体化建设初见成效,运输监管及信息化服务能力不断增强。同时,沿江省市政府更加重视和关注长江黄金水道建设。各省市更加突出长江水运在经济社会发展中的战略地位,加强沿江产业带的布局、建设和综合开发,纷纷出台一些力度较大、含金量很高的政策,拓宽了投资渠道,加大了资金投入,扩大了建设规模,建设速度进一步加快。

两年多来,长江黄金水道建设进一步得到国家、交通部的高度重视。2006年11月21日,长江水运发展协调领导小组正式成立,交通部与沿江七省二市人民政府共同签署了《“十一五”期长江黄金水道建设总体推进方案》。2007年全国水运工作会议提出了到2020年总体实现水路交通现代化的宏伟目标,要求大力发展内河航运,加快以长江黄金水道为重点的内河航运建设。2007年12月14日,温家宝总理作出“长江航道建设要加强”的重要批示。2008年全国交通工作会议全面贯彻党的十七大精神,明确提出要不断提高三个服务的能力和水平,加快现代交通业发展等等,这对于做好长江航务管理工作,促进长江航运发展具有极其重要的指导意义。

两年多来的实践证明,必须不断提高做好“三个服务”的能力和水平,充分发挥各方面积极性,坚持统筹规划、合力建设,努力推进理念创新、科技创新、体制机制创新和管理创新,才能实现长江航运科学发展。做好“三个服务”,发展现代航运是贯彻党的十七大精神,全面落实科学发展观的本质要求,是适应新时期新阶段新要求、实现科学发展的出发点和落脚点,也正是长航局系统贯彻落实交通部决策部署,进一步深化“三个服务”的重要抓手。

二 深化“三个服务” 努力实现长江航运科学发展

长江航运既是国民经济的基础性产业,也是服务性行业,要紧紧抓住我国经济发展和交通战略转型的历史机遇,不断深化认识新时期长江航运发展的阶段性特征,加快推进长江航运由传统产业向现代服务业转型的进程,发展现代航运,努力实现长江航运科学发展。

第一,实现长江航运科学发展,必须进一步发挥比较优势,着力提高长江航运在流域综合运输体系中的地位。党的十七大明确提出要加快发展综合运输体系,要加强能源资源节约和生态环境保护,增强可持续发展能力。长江黄金水道是我国社会经济可持续发展的重要战略资源,作为长江流域综合运输体系的重要组成部分必须按照全国交通工作会议关于加快现代交通业发展的工作部署,在“十一五”规划和国家综合交通运输发展规划的指导下,加快建设,优化结构,大力发展现代航运,充分发挥长江航运的比较优势。建设资源节约型、环境友好型社会,就是要着力解决长江航运发展与土地、能源等资源紧缺之间的突出矛盾,缓解环境压力,促进长江航运又好又快发展。发展现代交通业的重要举措。从可持续发展的角度看,长江航运的潜能还比较大。坚持走资源节约型、环境友好型发展之路,充分发挥比较优势,着力提高在长江流域综合运输体系中的地位,发展现代航运,是实现长江航运科学发展,更好地服务沿江经济社会发展的必然选择,也是摆在我们面前的一项长期而艰巨的历史任务。

第二,实现长江航运科学发展,必须加快推进行业结构调整和产业升级,大力发展现代航运,着力提高长江航运服务能力。党的十七大明确提出要加快转变经济发展方式,推动产业结构优化调整,发展现代服务业,提高服务业比重和水平,并强调要由主要依靠增加物质资源消耗向主要依靠科技进步、劳动者素质提高、管理创新转变。积极推进长江航运由传统产业向现代服务业转型,是长江流域经济社会和谐发展的需要,是提升长江航运品质的关键,是实现长江航运现代化的必由之路。必须抓住加快发展服务业的机遇,面向市场需求,更新发展理念,推进体制、机制、技术和管理创新,拓展功能,改善结构,提高长江航运核心竞争力。推进长江航运向现代服务业转型,必须大力加快长江航运基础设施建设,着力提高长江航运综合服务能力;必须大力推进信息化与传统航运业融合,加快构建长江航运综合服务信息系统,为行业转型和航运现代化发展提供有力和持久的技术支撑;必须加快航运结构调整,大力发展长江航运现代物流,着力提高长江航运质量和效益;必须深化改革,着力突破制约长江航运发展的体制性和机制性障碍,逐步形成精简、高效的服务型政府部门,着力提高长航局系统做好“三个服务”的能力和水平。

第三,实现长江航运科学发展,必须坚持以人为本,着力提高长江航运安全保障能力。党的十七大明确提出要坚持安全发展,强化安全生产管理和监督,有效遏制重特大安全事故。随着经济社会和水运事业的快速发展,长江航运发展势头良好,水路运输繁忙,船舶流量增大,节假日旅客流量大。加上船型复杂多样,航道和通航环境季节性差异大,加之近年来气候环境变化,极端天气频发,对做好长江水上安全工作提出了新的更高要求,保障安全的责任和任务越来越重。我们必须更加清醒地认识安全形势,更加自觉地增强安全责任感,更加重视以人为本,更加重视解决民生问题,更加注重社会和谐,更加科学地把握水上安全规律。进一步创新长江航运公共服务体制,健全完善长江航运公共服务体系,着力解决长江航运建设、运输管理、安全监管中与人民群众切身利益密切相关的问题,下更大的决心、采取更有力的措施强化安全综合治理,确保长江航运安全畅通,为广大人民群众安全便捷出行,提供满意放心的运输服务。

建设黄金水道,发展现代航运,努力实现长江航运科学发展是一项复杂的系统工程,不可能一蹴而就,需要坚持不懈的努力。我们必须清醒地认识到,当前长江航运发展还存在一些制约因素和薄弱环节。当前,沿江省市纷纷要求加快长江干线航道建设步伐,提高航道尺度标准和三峡坝区综合通过能力,建设需求与资金整体投入不足的矛盾依然突出。黄金水道建设合力有待进一步加强,一些关键技术尚未取得突破,新材料、新工艺、新技术应用不足。长江干线船型标准化程度还较低,专业运输体系还不完善,大型化、专业化码头相对不足,航运结构调整和转型任务繁重。水上安全监管和应急救助能力还较为薄弱,长江航运信息化和公共服务水平有待提高。“统一政令、统一执法、统一布局”的长江航运管理体制尚需完善,行业和系统内部整体联动意识需进一步强化。拔尖人才严重不足,队伍素质和创新能力建设需进一步加强。对这些我们都必须高度重视,并在工作中着力加以解决。

三　长江航务管理工作总体思路

面对新形势,把握新机遇,应对新挑战,创造新成绩,我们必须深化“三个服务”,努力实现长江航运科学发展。总体目标是:到2020年基本实现长江航运现代化,长江运输服务能力和航运管理水平显著提升,质量效率显著提高,行业创新实力显著增强,节约资源、保护环境取得显著成效,形成更安全、更通畅、更便捷、更经济、更可靠、更和谐的长江航运服务体系,长江航运发展成果惠及城乡、人民共享,适应全面建成小康社会的需要。

当前和今后一个时期,重点是认真做好“十一五”后三年的工作,确保长江航运“十一五”规划目标任务的完成,总体要求是:到2010年,长江航运运输保障能力和客货运服务质量明显提高,结构明显改善,效益明显提升,自主创新能力不断增强;航道、港口、船舶及支持保障系统协调发展,基本形成干支协调、江海直达和其他运输方式有效衔接的长江航运网络和统一开放、竞争有序的长江水运市场;初步实现长江航运行业管理信息化、水上监管系统化、应急反应快速化和行政执法规范化;资源利用水平明显提高,单位运输能耗和污染物排放量明显下降;基本建立长江航运管理体制机制,形成比较完善的政策法规体系。

落实上述目标和要求,必须深化“三个服务”,围绕服务沿江经济发展、服务长江航运发展、服务沿江人民群众安全便捷出行,努力推进“四个转变”:

——坚持好中求快,实现从偏重建设规模向高标准、高质量、大规模加快长江航运基础设施建设的转变。认真贯彻落实温家宝总理重要批示精神,适应流域经济社会发展需求和建设综合运输体系的要求,进一步明确长江航运中长期规划目标和近期重点建设项目,坚持高标准、高质量,抓紧研究和完善“十一五”规划特别是长江干线航道建设规划,注重与其他运输方式的有效衔接,推进长江航运科学发展,更好地为沿江经济发展服务。要继续大力推进六大工程,坚持以航道治理工程为核心,进一步加快实施长江干线重点河段整治工程,坚定不移地推进深下游、畅中游、延上游的建设步伐。要站在更高的起点上,注重提高规划研究的前瞻性和系统性,认真分析宏观经济形势变化及调控对长江航运的影响,科学预测航运发展需求,确定一个能够适应到2020年乃至本世纪中叶经济社会发展需求的长江干线航道通航标准、建设标准,包括与之密切相关的长江干线船闸建设标准、船舶尺度标准、桥梁通航尺度标准和码头建设标准等。要加快转变长江航运发展方式,切实提高工程建设质量和效益,特别要提高长江航道整治工程的系统性、协调性和耐久性。

——坚持好字优先,实现从偏重于航运能力建设向航运能力建设和结构优化升级并重的转变。以市场为主导,以结构调整为主线,加快转变长江航运发展方式和结构优化升级。优化运输组织结构,发展规模化、集约化、网络化运输,提高运输组织效率,逐步实现货运的无缝衔接和客运的零换乘。规范市场秩序,强化政策和信息引导,突出节能环保,保障安全畅通,不断推进港口功能物流化、码头专业化、船型标准化和管理信息化。强化运输组织协调,加强政策引导,大力发展干支直达、江海联运、集装箱运输和水上旅游,逐步形成煤炭、矿石、集装箱、石油及液化气、汽车滚装等专业化运输体系。

——坚持自主创新,实现从主要靠增加投资、资源消耗拉动向科技进步、管理挖潜、提高从业人员素质拉动的转变。用现代服务理念拓展长江航运,用现代科技成果武装长江航运,用现代信息技术和管理技术提升长江航运,走资源节约型、环境友好型发展之路,不断提高长江航运现代化水平。坚持科技兴航,着力突破制约发展长江航运先进生产力的重大关键技术,加快建设长江航运综合服务信息系统,加快发展长江航运现代物流。大力推进节能减排,注重节约集约利用土地资源,有效利用岸线资源,加强航运资源的合理开发、高效利用,实现集约发展。整合资源,转变职能,创新体制机制,深化改革,强化长航局系统公共服务、市场监管职能,建设服务型行业主管部门,切实增强长江航运公共服务能力。要不断促进行业文明建设,不断加强领导班子和领导干部、公务员和高素质人才队伍建设,创新人才引进、培养和使用机制,建立实施从业人员职业资格制度,为发展现代航运提供组织保障和智力支持。

——坚持以人为本,实现从满足于走得了向确保走得好、走得安全的转变。不断适应和满足沿江人民群众对长江航运的新需求和新变化,提高运输服务质量,发展水上旅游,保障渡运安全,提供更安全、更经济、更可靠、更高效和舒适、便捷、个性化的运输公共服务。坚持标本兼治,突出重点,强化安全监管和应急保障,推进巡航救助一体化,坚决遏制重特大安全事故和重大船舶污染事故,着力提高人命救助的有效性和快捷性。

总之,我们要深刻领会并认真贯彻党的十七大精神,按照全面建设小康社会的总体战略部署,认真落实温家宝总理重要批示精神,全面贯彻全国交通工作会议的要求,把握机遇,迎接挑战,开拓创新,好中求快,将“三个服务”的要求贯穿到长江航务管理工作的方方面面,推进行业转型,发展现代航运,实现长江航运科学发展,为沿江经济社会发展当好先行,做好保障。

切实提高“三个服务”能力和水平
加快推进现代长江航运业发展

——长江航务管理局党委书记黄强在2008年长江航务管理工作会议上的总结讲话(摘选)

(2008年1月16日)

这次会议,是认真贯彻落实党的十七大精神,按照全国交通工作会议的部署,进一步分析形势、统一思想、总结工作、明确任务,切实提高“三个服务”能力和水平,加快推进现代长江航运业发展的重要会议。交通部徐祖远副部长莅临会议并作了重要讲话,充分肯定了2007年长航系统工作成绩,强调要积极践行科学发展观,增强做好长江航运“三个服务”责任感和使命感,并提出了四个方面工作要求,对于我们深刻领会和贯彻上级精神,创造性地开展工作具有重要指导意义。金义华局长作了一个很好的工作报告,全面总结了2007年工作,在深入分析长江航运新形势的基础上,提出了当前和今后一段时期长江航务管理工作思路,部署了2008年十大工作任务。与会代表围绕徐副部长重要讲话和金局长工作报告进行了分组讨论,提出了许多建设性的意见。会上,有5个单位交流了改革发展中的好经验、好做法,还对三峡水库156米蓄水及船闸完建期通航保障工作等先进集体和个人进行了表彰。这次会议是团结、务实、鼓劲的会议,大家进一步统一了思想,鼓足了干劲,增强了搞好工作的信心。

今后五年是我国全面建设小康社会的关键时期。深入贯彻落实科学发展观,加快推进社会主义现代化建设的新形势,对长江航运发展提出了新要求,也提供了新机遇、新动力。我们必须以科学发展观统一思想认识,切实提高“三个服务”能力和水平,加快发展现代长江航运业步伐。

一　深刻认识科学发展观的新要求

“三个服务”是对多年来交通行业实践经验的总结和发展规律认识的深化,也是长江航运深入贯彻党的十七大精神、落实科学发展观的本质要求。进一步提高“三个服务”能力和水平,加快发展现代长江航运业,是科学发展观对长江航运发展的新要求。一是要求加快发展现代长江航运业。科学发展观的第一要义是发展。坚持好字优先、好中求快,加快发展现代长江航运业是当务之急,也是长期任务。要认真研究经济社会发展对长江航运的新需求,分析航运经济结构的新变化,探索建立具有长江特点的航运发展方式。坚持以加强航道建设为重点,加快航运支持保障系统建设,积极优化运力结构、大力推进船舶标准化,合理布局港口资源、强化物流功能,使长江黄金水道的运输能力不断提升,以更安全、更通畅、更经济、更可靠、更和谐的航运服务体系满足沿江经济社会日益增长的运输需求。二是要求切实提高服务能力和水平。长江航运是国民经济的基础产业和服务性行业,推进长江航运由传统产业向现代服务业转型,实质上就是推动现代长江航运业的发展。发展现代长江航运业,就是用现代科学技术、管理技术改造和提升长江航运,提高长江航运基础设施、运输装备和运营效能;不断拓展长江航运服务领域,走资源节约、环境友好的发展之路;促进沿江综合运输体系发展,提高长江航运现代化水平。发展现代长江航运业,是提高“三个服务”能力和水平的重要抓手,也是加快长江航运发展的出发点和落脚点。我们必须紧紧抓住现代服务业的本质特征,以加快发展现代长江航运业为目标,在提高服务能力和水平上狠下功夫。三是要求加快建设创新型行业。提高自主创新能力,建设创新型国家,是国家发展战略的核心和提高综合国力的关键。推进自主创新,建设创新型行业,是加快发展现代长江航运业的内在动力和必然要求。要围绕理念创新、科技创新、体制机制创新和管理创新,加快长江航运行业创新体系建设,加大促进航运先进生产力发展的重大关键技术攻关力度,加强数字长江、智能航运、现代物流、信息技术、环境保护以及新材料、新能源在长江航运领域的研发和应用;要完善建设创新型长江航运的政策措施和激励机制;要鼓励冒尖,宽容失败,营造良好的创新氛围。我们一定要深刻认识并且积极适应新要求,增强搞好各项工作的主动性和紧迫感。

二 准确把握长江航运的新形势

进入新世纪,特别是交通部与沿江七省二市“合力建设黄金水道、促进长江经济发展”座谈会之后,长江航运发展目标明确,建设合力不断加强,呈现出强劲发展态势。我们必须看到,随着全面建设小康社会步伐加快,经济社会迅猛发展,当前长江航运发展面临着新的形势和任务。一是运输需求旺盛。国内生产发展和社会消费需求的扩大,长江经济带的开发,外向型经济水平的提高,物流、客流和信息流将更加活跃,安全及时便捷舒适的要求更高,对加快发展现代长江航运业提出了新需求。二是地位作用增强。在国家大力推进工业化、信息化、城镇化、市场化和国际化的大趋势下,长江流域特别是沿江的区域经济分工与合作、科技进步与交流、产业结构升级、生产交换方式等都将发生深刻变化,需要长江航运发挥好先导和支撑作用。三是发展优势凸显。建设资源节约和环境友好型社会是落实科学发展观的内在要求。在土地资源有限,能源资源紧张,环境保护日益重要的情况下,水运的比较优势突出,在建立综合运输体系中越来越受到重视。四是行业转型迫切。转变经济发展方式,调整社会产业结构,需要大力发展现代服务业。长江航运作为服务业的重要组成部分,既有向现代服务业转型的压力,更有向现代服务业发展的有利条件,具有不断拓展的发展空间和美好的前景。面对新的形势,我们要清醒认识、科学分析、准确把握,既不盲目乐观又不妄自菲薄,要切实增强加快发展的责任感,不断解决发展中的新问题,开创发展的新局面。

三 紧紧抓住长江航运的新机遇

新要求、新形势对长江航运发展提出了新挑战,也为长江航运发展提供了难得的新机遇。主要体现在:一是党和国家高度重视长江航运发展。去年以来,中央领导同志对长江航运作出指示批示达十七次,温家宝总理明确指示长江航道建设要加强,曾培炎副总理在批示中强调要加快实现水运现代化。去年,交通部李盛霖部长、徐祖远副部长先后多次亲临长江检查指导工作,现场办公,多次召集专题会议研究解决长江航运发展的问题,在行业管理、资金投入、技术政策等方面给予了有力的支持。今年的全国交通工作会议,又进一步明确要加快以长江黄金水道建设为重点的内河航运建设,必将促使长江航运呈现更加良好的发展势头。二是长江黄金水道建设合力不断增强。区域统筹、干支联动、江海直达、上中下游协调发展的态势已经形成。去年长江黄金水道建设的投资规模超过了150亿,其中110多亿是来自于沿江省市地方投资和社会投资。沿江各省市进一步突出长江航运在区域经济社会中的战略地位,通过调整沿江产业带的布局结构,加强对航运资源的建设和综合开发利用,使长江航运与地方经济发展更加紧密结合,互为支撑,投资渠道不断拓宽,建设速度不断加快,整体协调越来越强,长江航运发展的后劲充足。三是长江航运发展空间更加广阔。今后一个时期,国家实施加强基础产业基础设施建设、加快发展综合运输体系的战略,为长江航运进一步发展打开了广阔的空间;大力发展现代服务业的新趋势,为促进现代长江航运业发展开辟了新的领域。面对重要的战略机遇,我们一定要以前所未有的紧迫感,主动作为,乘势而上,加快发展。

四 充分发挥长江航运的比较优势

我们必须在新形势下,加强对长江航运比较优势的深入研究,在充分发挥比较优势方面提出切实有效的措施和办法。一是必须转变发展方式。要通过提高建设发展质量,提高投入产出效益,进一步扩大运输保障能力;要依靠科技进步,优化航运结构,提高综合素质,挖掘管理潜能,进一步降低单位运输能耗和成本;要科学规划,合理布局,完善集疏运体系,形成规模化、集约化的内河航运经营方式,实现与其他运输方式的有效衔接,不断提高长江航运的安全便捷性。二是必须增强自主创新能力。进一步强化长江航运的比较优势必须按照发展现代长江航运业的要求，提高长江航运的科学技术、管理技术的含量。要加大对航运节能、环保、安全等关键技术问题的研究攻关和推广应用，加快推进船型标准化和港口的多功能化；要以电子商务、电子政务、物流技术、系统管理为重点加快长江航运信息化建设；要着力从资源节约和环境友好两个方面发挥长江航运的比较优势，把节约资源和环境保护贯穿于长江航运规划、设计、施工、运营、管理的全过程。三是必须全面提高服务管理质量和水平。要切实通过提高水运安全性和便捷性发挥比较优势。要加强干支航道和枢纽港口建设，最大程度减少运输中转环节，实现长江航运与其他运输方式无缝对接；做到航道、船舶港口协调发展，科学处理船舶大型化与航道建设的关系；支持和鼓励航运企业做大做强，形成规模化经营，集约化发展；切实提高支持保障水平，进一步加强安全监管和救助能力建设；坚持寓管理于服务之中，不断增强服务意识，改进工作作风，提高服务质量。

这次会议的内容很丰富。各单位要准确领会精神，结合工作实际，认真贯彻落实，突出工作重点，把提高“三个服务”的能力和水平落到实处。

一　强化水上交通监管 切实提高安全服务能力

要始终坚持把确保安全作为发展现代长江航运业的首要前提，强化水上交通监管，把提高安全服务能力落到实处。一是要落实安全责任，加强重点监管。重点做好“防船舶碰撞防泄漏”工作，研究制定水上安全评估指南，狠抓隐患整改，抓好源头管理，特别重视对危险化学品运输船舶的安全管理；继续抓好“四客一危”船舶、“六区一渡”水域、节假日、奥运会和“两会”期间的水上安全监管；重点加强洪水期和枯水期安全管理；重点加强客船、危险品船消防安全监管，严厉打击水运物流犯罪。二是要巩固和扩大航路改革成果。推动实施长江干线航路改革总体规划，制定两坝间和丰都至合江段船舶航行规则。三是要完善安全预警机制，提高应急反应能力和服务水平。充分发挥水上安全信息台等媒体的作用，加强安全信息服务引导；加强突发公共事件应急预案演练，完善预案体系；推进巡航救助一体化建设，完善巡航与应急待命制度，提高快速反应和应急救助能力；继续做好“水上110”接处警和应急通信保障工作，做好地质灾害水上安全预警及应急处置工作。

二　加强干线通航管理 切实提高畅通服务能力

要始终坚持把确保畅通作为发展现代长江航运业的中心工作，加强干线通航管理，把提高畅通服务能力落到实处。一是要进一步提高航道维护管理水平。在确保干线航道维护尺度的基础上，根据航道整治工程进展提高航道维护质量，当前要进一步提高重庆至泸州段、泸州至宜宾段分月航道维护尺度。二是要重点加强枯水期、三峡水库蓄水和消落期的航道维护，继续加强重点浅险水道的航道维护，优化禁航疏浚施工方式，更好地方便船舶通行。三是要建立三峡通航管理长效机制。切实提高船闸运行和调度水平；继续发挥坝区通航管理综合优势，强化现场安全监管和维护；继续实施“阳光通航”，加强行风管理，提高过闸船舶满意度；完善细化进一步抬高蓄水位的通航保障预案，继续配合实施好三峡过坝运输扩能工程，协调做好长期翻坝转运相关工作，积极配合升船机建设。四是要加强航道行政管理。逐步健全长江干线航道行政管理体系，加强航道资源及设施保护；做好跨临河建筑物建设管理，把好通航净空尺度和技术要求审核关；加强船舶“超吃水”和非法采砂行为监管，研究加强航道整治建筑物的管理与保护。

三　加快基础设施建设 切实提高运输保障能力

要始终坚持把基本建设作为发展现代长江航运业的重要基础，加快基础设施建设，把提高运输保障能力落到实处。一是不断提高规划水平。高度重视长江流域规划、沿江省市经济发展规划、综合运输规划和航运规划的衔接，开展长江航运发展对沿江经济发展拉动作用的研究，深化长江运量预测研究工作，尽快完成长江干线航道发展规划实施效果评价，调整完善“十一五”规划，启动“十二五”规划编制工作，基本完成长江流域及西南诸河综合规划修编。狠抓重点建设项目前期工作进度质量，确保重点建设项目按期开工。二是重点推进瓶颈河段治理。推进南京以下河段12.5米深水航道上延工作；完成太子矶水道中段炸礁工程，实施黑沙洲水道整治；基本完成武穴水道航道整治；完成嘉鱼—燕窝、马家咀整治工程，实施周天瓦口子水道整治(控导)工程;协调推进三峡库尾娄溪沟至铜锣峡炸礁工程建设;完成泸渝段工程,基本完成叙泸段航道一期工程,建设叙泸段航道二期工程。三是加快实施水运保障工程。实施武汉至上海数字传输系统、三峡库区重庆段、马鞍山 VTS、南浏数字航道、三峡坝区数字航道、金盾网等工程建设,开工建设三峡库(坝)区船舶污染防治一期、巡航救助指挥调度系统一期、重庆至水富 VHF、重庆至宜宾数字传输系统等工程。四是加强建设质量管理,继续深入开展优质廉政示范工程、数字航道示范工程、质量通病治理示范工程创建和"长江杯"工程建设质量奖评选活动。五是加强信息化建设。编制长江航运信息化规划实施方案,加强数据库和标准建设,努力实现长江干线现有 GPS 系统互联互通。加强网站建设,推进数据通信专网、宽带接入网以及无线宽频专网建设。

四　抓好航运结构调整 切实提高行业管理能力

要始终坚持把优化结构作为发展现代长江航运业的有效途径,按照"营运不能失序、监管不能失控、发展不能失衡"的要求,抓好航运结构调整,把提高行业管理能力落到实处。一是要稳步推进长江干线船型标准化。引导推进标准船型研发,发展适应市场需求和航道船闸通过能力的大型化、专业化、标准化运输船舶,重点发展海进江船舶、集装箱船、散货运输船和汽车滚装船四大标准船舶系列,继续推进老旧船舶、技术落后船舶淘汰以及船舶标准化改造工作。二是要规范航运市场,培育新的运输增长点。加强宏观调控,确保长江干线运力运量总体平衡;大力发展集装箱运输,支持滚装航线延伸和水上旅游客运市场开发;研究提高长江干线危险品运输企业和船舶准入标准,加大监管力度化学品运输管理。三是要发挥政策信息引导和行业协会指导作用,促使航运企业加快组织结构调整,整顿取缔不规范经营的企业和船舶。四是要加强节能减排工作。积极开发和推广使用节能新产品、新技术、新工艺、新设备,严格执行船舶防污管理规定,实现船舶污染物达标排放。

五　推进体制机制改革 切实提高创新服务能力

要始终坚持把深化改革作为发展现代长江航运业的强大动力,推进体制机制改革,把提高创新服务能力落到实处。一是要深化联合执法。充分发挥联合执法工作组和水上政务中心的作用,建设政务信息平台,强化现场联合执法,提高水上执法一盘棋的时效性、政务联合一体化的执行力和专项联合执法效果,进一步整合行政资源。二是推进依法行政。深入开展"水运行业管理规范年"活动,依法规范长江航运秩序;不断完善长江航运法律法规体系和行政管理规范;完善执法责任制和执法过错责任追究制,规范执法行为。三是要深化管理体制改革。按照部统一部署,逐步建立责权一致、决策科学、执行顺畅、监督有力、服务高效的长江航务管理体制;深化航道养护单位综合管理模式改革和航道工程单位企业化管理改革;力争圆满解决三峡工程运行期通航管理体制问题;规范引航秩序,落实长江干线一家引航。

六　加强党建和行业文化建设 切实提高文明服务能力

要始终坚持把增强队伍素质作为发展现代长江航运业的有力保障,加强党建和行业文化建设,把提高文明服务能力落到实处。

紧紧围绕中心工作,全面加强党的建设。一是认真学习贯彻党的十七大精神、中央经济工作会议和全国交通工作会议精神,抓好各级党委中心组学习、处级以上党员干部培训和广大干部职工理论教育,提高党员干部理论联系实际解决问题的能力。二是加强各级领导班子和干部队伍建设。要坚持科学的选人用人标准,加强干部交流和竞争上岗工作,加大年轻干部、后备干部培养、锻炼和使用力度。要按照部党组要求,在保持领导体制、党组织隶属关系、领导班子职数、干部管理关系不变的情况下,在长航系统逐步推进党委改党组工作,继续完善领导班子运行工作机制,实现平稳过渡。要深化以党建促发展为主题的"五好党组织"创建活动,不断增强党组织的凝聚力和战斗力。三是大力加强党风廉政建设和政风行风建设,完善惩治和预防腐败体系,规范领导干部从政行为,以基建领域为重点强化廉政监督,加大查办案件和审计监督的工作力度。四是进一步加强领导机关建设,强化服务意识,改进工作作风。

不断深化行业文化建设。一是大力弘扬行业精神。要广泛宣传、深入理解、全面实践长江航运精神文化理念,使"面向全长江,服务全社会"的长江航运宗旨家喻户晓,“同舟共济,扬帆奋进”的长江航运精神人人皆知,使以“服务”为基本内容的长江航运核心价值观入心入脑,“合力建设黄金水道,促进长江经济发展”的使命化为干部职工的自觉行动,逐步把“中国黄金水道,世界内河一流”的愿景变成现实。要唱响行业歌曲,推广行业徽标,做好统一长航系统趸船标识工作。二是继续深入开展“学树创”活动。组织评选第二届长航十大杰出人物和十大杰出青年,力争培养出在全国交通系统有影响的先进典型,开展以“唱响长江之歌,共建黄金水道”为主题的第十二届“文明窗口月”活动,深入开展文明样航道和文明单位创建活动,进一步提高行业文明程度。三是组织开展纪念改革开放30周年系列活动,通过举办发展论坛、组织召开老领导老同志座谈会等多种形式,总结、宣传、运用好长江航运改革开放的宝贵经验,进一步深化改革、凝聚力量、推进工作。四是紧紧围绕长江航运发展中心,坚持正面舆论导向,营造和谐发展舆论氛围。

2008年是贯彻落实党的十七大精神的第一年,也是实施“十一五”规划承上启下的关键之年。长江航务管理工作要求高、任务重、难点多。各单位要及时传达、学习、贯彻好会议精神,采取有效措施狠抓落实,确保全年各项任务圆满完成。

一 加强学习 提高行政能力

要把深入学习贯彻十七大精神作为首要政治任务,认真组织各级党委中心组集中学习和专题研讨,以党校为依托开展处级以上干部集中培训,组织学习与长江航运发展有关的经济、政治、法律、科技和管理知识,不断提高各级领导干部领导长江航运科学发展和驾驭复杂局面的能力。切实组织广大干部职工开展理论和业务学习,全面领会科学发展观的内涵,准确把握推进长江航运科学发展的新要求,认清长江航运面临的新形势、新机遇,增强研究新情况、解决新问题的能力和本领。通过学习,使广大干部职工进一步统一思想、解放思想,拓宽思路、推进工作,深化改革、锐意进取,不断提高做好“三个服务”的能力和水平。

二 落实责任 强化目标管理

各单位要结合徐副部长的重要讲话精神,以加快推进现代长江航运业为目标,根据这次会议明确的十项工作任务,进一步理清发展思路,积极谋划、及早部署、主动作为。建立目标明确、责任明晰、重点突出、保障有力的目标责任体系,逐级分解、细化目标任务,层层落实。要以提高行政效能和工作绩效为重点,注重在落实工作的方法、手段、形式上创新,尊重和鼓励干部职工的首创精神,大胆运用新技术、新的管理方法,注重效率、效益、质量的提高。要善于抓重点、攻难点,强化督查指导,及时解决存在的问题和困难,确保各项工作稳步推进。

三 团结协调 营造和谐氛围

各级领导班子要讲大局讲团结,特别是党政一把手要以身作则作出表率。各部门、各单位要牢固树立“长江一家人、行业一盘棋”的理念,诚恳、诚意、诚心地加强部门之间、单位之间的沟通协调,建立和完善合作、联动机制,切实做到政令畅通、行为规范、运转协调,形成相互理解、相互支持的良好局面。各级宣传部门要大力宣传长江航运发展和行业文化成果,宣传先进人物和典型事迹,鼓舞行业士气、凝聚行业力量。要发挥好各级群团组织桥梁纽带作用。要深入细致地做好职工群众的思想政治工作。要落实好离退休干部政策,引导好、发挥好、保护好职工群众的积极性,确保职工队伍的稳定,努力营造团结协调、争创一流的和谐氛围。

四 改进作风 狠抓工作落实

各级领导干部要克服畏难情绪,始终保持顽强拼搏、奋发有为的精神状态,发扬脚踏实地、埋头苦干的工作作风,在攻坚克难上下功夫,在改革创新上下功夫,重实际、办实事、求实效、雷厉风行。要加强调查研究,使各项决策和工作更符合客观实际、体现以人为本,做到科学决策、民主决策、依法决策。要突出重点,务求实效,进一步精简会议和文件,把功夫放在抓落实上,加强和充实一线力量,切实解决难点问题。要不断改进和创新工作方式,优化工作流程,简化办事程序,提高办事效率,努力建设为民、务实、清廉、高效的服务型机关。要建立健全抓落实的领导机制和工作机制,强化督促检查指导,确保各项工作取得实实在在的成效。

春节即将来临,工作十分繁忙,要高度重视、认真做好岁末年初的有关工作。一是精心组织安排好春运工作。立足早安排、早布置,通过联合执法来协调各方,强化现场指挥、组织、维护、疏导,确保春运平安有序。二是做好枯水期通航管理工作。海事、航道、三峡、公安、通信等部门要按照“三保一创”工作要求,各司其职、相互配合,确保长江航运安全畅通。三是加强春节期间的廉政建设。一律禁止被领导向领导、基层向机关送礼拜访;禁止赌博,无论哪一级干部,只要参赌立即就地免职。广大党员干部特别是领导干部要以身作则、廉洁自律,纪检监察部门要认真履行职责、加强监督检查。四是要关心职工生产生活。各级领导干部要心系职工,关心慰问节日期间坚守岗位的职工,组织开展离退休同志和困难职工的慰问和送温暖活动,把组织的关怀送到职工心中。

以党的十七大精神为指导　团结动员广大职工为长江航运事业又好又快发展作出新贡献

——长航工会主席张燕峰在长航工会全委(扩大)会上的工作报告

(2008年3月3日)

过去的一年,是不平凡的一年。在上级工会的关心和重视下,在长航局党委的领导和行政的支持下,长航系统各级工会组织认真贯彻党的十六届六中全会和十七大精神,坚持科学发展观,围绕年初制订的"一二三五"工会工作目标,以创新的精神,务实的作风,真抓实干,各项工作取得了新的成绩,长航工会荣获2007年度湖北省工会工作先进单位称号。

一　组织开展群众性经济技术创新工程和职工素质工程取得新成果

根据中央领导关于长江黄金水道建设指示精神及长江水运协调领导小组第一次会议精神,按照全国交通工作会议、长江航务管理工作会议的部署,我们广泛组织职工开展"当好主力军、建功'十一五'、和谐奔小康"建功立业活动,积极推进长江航运事业的发展。

配合长航局重点工程建设,会同局行政组织开展三峡船闸完建及农民工平安返乡劳动竞赛,并派人参加三峡船闸完建工作小组,及时协调解决相关问题,保证三峡船闸完建期库区船舶的安全有序通航,有力地支持了长航局重点工作的开展。

组织开展"创优质量、创高效益、创新技术、创低能耗"为基本内容的"四创"活动,大力开展双增双节、节能减排、合理化建议、技术革新、发明创造等活动,努力提高长江航运的可持续发展能力,全年参加竞赛活动的职工达5万人次以上。长江武汉航道局洪湖航道处郑启湘同志立足岗位,经过多年潜心钻研,终于研制出"太阳能一体化航标灯",既节约了能源,又提高了工作效率,获全国职工创新成果优秀奖。重庆港务物流集团工会举办"庆直辖、迎七一"职工创新成果展,并在部分基层单位进行巡回展出。他们所展出的32项创新成果,内容涉及设施和设备技术改造、装卸工艺及工具改造、创新经营方式、消除安全隐患、降本增效等方面,重点反映了在群众性经济技术创新活动中取得的成绩。

保证长江航运安全畅通,建立安全生产和管理的长效机制是工会服务中心工作的着力点。我们以"安康杯"、"安全生产月"、"安全优秀船舶班组"竞赛活动为载体,动员和组织职工参与到安全生产中来,力保企事业安全生产及经济目标的完成。去年,我们对1200名职工和工会干部进行安全生产知识培训,组织参加安全生产知识答题活动,通过学习和培训,有效提高了职工的安全生产能力和水平。一年来,我们继续推行"一法三卡",把企事业安全生产的重点部位纳入到制度化、规范化管理中来,大大减少了安全事故的发生。各级工会重视和加强工会劳动保护监督组织建设,充分发挥工会劳监委、劳监员、安检员的作用,开展安全生产检查,督促落实并切实维护职工的安全健康权利。南京港口集团四公司将农民工队伍的安全管理作为重点来抓,根据农民工大多文化水平不高的实际,他们请公司有着20年装卸经验的当地职工,用最通俗易懂的语言和最能够接受的办法编印了装卸工操作守则,发给农民工学习,收到了很好的效果。马鞍山港务集团注重加强企业的安全文化建设,集团工会在全港职工中开展了"安全生产警言警句"的征集活动,按照"原创性、针对性、实用性、通俗性、简洁性"的标准,筛选出16条警言警句,并制成条幅在生产一线悬挂。

2007年,长航系统群众性安全生产工作取得新成绩，长江航务管理局、马鞍山港口集团有限责任公司、池州市港务总公司获2006年度全国“安康杯”竞赛优胜企业（单位）称号；长江宜昌航道工程局“航浚”18号轮、安庆港五里公司19号机械装卸班获2006年度全国“安康杯”竞赛优胜班组称号；武汉港务集团获全国“安康杯”竞赛活动优秀组织单位称号；长江航务管理局副局长阮瑞文获2006年度全国“安康杯”竞赛活动优秀组织者称号。另外，长航系统有10个班组（船舶）获中国海员建设工会、交通部安委会颁发的2006年度全国水运系统安全优秀船舶、班组称号，长航局、长航工会获优秀组织单位称号。在中国海员建设工会组织开展的“农民工平安返乡安全优质服务竞赛”活动评比表彰中，宜昌港务集团、长江航运公安局、重庆港务物流集团获先进集体称号，朱志刚等3名同志获先进个人称号。

大力推进职工素质工程是新时期工会组织的一项重要工作，也是提高企事业核心竞争力的重要方面。为此，我们举办了“一会一赛”，收到了较好效果。一是在重庆召开长航系统“创争”活动现场会，组织全线各单位有关人员到基层典型单位现场参观学习，相互交流。在全线女职工工作会议上，也组织了会议代表现场参观学习长江航道规划设计研究院检测中心学习型女职工班组的经验。二是在层层选拔、层层比赛、层层培训的基础上，在武汉举办在鄂地区船舶水上搜救技能大赛，一批技术好手展示了他们的高超技艺，有力地推进了基层职工学习基本业务、提高职业技能活动的开展。各基层单位根据实际，每年都组织开展不同工种职工的岗位练兵和技术比武活动。武汉港务集团历来重视职工职业技能的培训学习，开展师徒结对、签订师徒达标合同等活动，年轻职工的职业技能不断得到提高，在他们承办的武汉市第十五届职业技能大赛二类工种（门座起重机）比赛中，他们有6个单位的15名选手参加比赛，一举包揽了前三名。镇江港务集团举办第四届职工技术比武，并承办了镇江市职工技术比武活动。各单位的重视，使长航系统“创争”活动蓬勃开展，形成人才辈出的局面。去年，长江航道规划设计研究院检测中心泥沙组、长江重庆航道勘测处重庆测量队、长江重庆航道工程局机械设备处修理厂获全国学习型先进班组称号；镇江港务集团有限公司荣获江苏省“学习型组织标兵单位”称号。长江三峡通航管理局三峡船闸管理处运行维护四值、武汉港集装箱有限公司营运操作部受理台获湖北省“创争”活动先进集体称号，长江武汉航道局洪湖航道处工程师郑启湘获湖北省创争活动先进个人称号。长江武汉航道工程局“吸扬12号”挖泥船、长江引航中心南通引站、南京港口机械制造厂技术管理部等3个集体获全国交通系统首批“工人先锋号”光荣称号。

二　维权机制建设有了新进展

各级工会认真学习贯彻胡锦涛总书记关于建设“和谐社会”的重要讲话精神，坚持中国特色社会主义维权观，积极创建和谐劳动关系企事业，较好地维护了职工的合法权益。

坚持以职代会为基本形式的企事业职工民主管理，大力推行职代会无记名投票、职工代表巡视督察、职工代表述职等制度，抓好职工代表培训，职代会提案落实率不断提高，职工代表参政议政的能力进一步增强。坚持企事业有关发展的重大决策、改革改制方案、职工下岗分流安置办法等，必须经职代会审议通过。根据新形势，不断探索职工民主管理实现的新形式、新途径。

积极推行厂务公开民主管理制度，建设“阳光工程”。以ISO9000控制程序推行厂务公开的面进一步扩大，长江航道局基层12个单位都建立了ISO9000厂务公开民主管理质量体系。长江海事局结合新版海事管理体系的实施，在武汉海事局试点取得成功经验的基础上，逐步在海事全线推行。厂务公开的进一步深化，职工群众的知情权、参与权、表达权得到充分保障。

大力推行平等协商和签订集体合同制度，积极构建劳动关系和谐企事业。2007年，在各级工会的努力下，在工资集体协商、女职工维权专项协议签订上有了新进展。镇江港、武汉港等单位签订了工资集体合同或协议，没有签订工资集体合同的单位，也将工资集体协商作为签订集体合同的一项重要工作。签订女职工维权专项集体合同工作进展较快，全线已有45个单位（含基层二级或三级单位）签订了女职工维权专项集体合同或协议。长江航道局12个基层单位全部签订了女职工维权专项集体合同。长江通信管理局25个基层处，有23个签订了女职工维权专项集体合同。各级工会积极开展法律法规的学习宣传贯彻，不断增强职工的法制意识，坚持依法科学维权。去年底,鉴于《劳动合同法》即将实施,长航工会在武汉举办了《劳动合同法》知识培训班,全线有21个单位共94名工会干部、基层公司党政领导和劳资部门负责人参加了培训。通过培训,学员们对《劳动合同法》的历史沿革、调整的对象和方法、劳动合同与劳动关系的成立、劳动合同的履行与变更、劳动合同的解除与终止、特殊劳动合同的法律调整、劳动合同法的监督机制等方面有了一定了解,为各单位即将开始的签订劳动合同工作打下了良好基础。同时,我们还开展了贯彻落实《船员条例》情况检查,并将检查情况报告上级工会。各港口单位积极开展创建劳动关系和谐企业活动,对照创建标准,不断改进工作,企业和职工实现双赢。武汉港务集团获武汉市劳动关系和谐企业称号。

2007年,重庆航道局获"全国厂务公开先进单位"称号;长江海事局、长江航道局获2006年度湖北省推动厂务公开民主管理工作先进单位称号;武汉港务集团获2006年度湖北省企事业职工代表大会先进单位称号。

三 为困难职工和农民工送温暖活动取得新成绩

根据长江航务系统长期以来生产设备陈旧、经济效益差、职工收入低、困难职工特别是港口企业困难职工较多、脱贫较难的实际,我们坚持把建立困难职工长效帮扶机制作为我们工作的重中之重,各级党政工齐心协力,投入大量的人力、物力、财力,确保困难职工的基本生活。

建立困难职工帮扶制度,坚持上门慰问困难职工和困难企事业单位。2007年元旦春节期间,长航局党政工领导共慰问特困职工、劳模、一线职工、起义船员、住院职工2200多名,困难企事业单位6个,发送慰问金近70余万元。"五一"、"十一"黄金周及盛夏期间,长航系统各单位党政工都深入基层,慰问一线职工。各企业单位都把"五险一金"的缴纳作为集体合同的重要条款,确保职工社会保险的到位。继续开展"金秋助学"活动,为101名困难职工子女上大学提供救助,长航工会提供救助资金17.75万元。我们还积极响应胡锦涛总书记的号召,发动职工捐款捐物,援助地方困难职工。

积极开展为农民工送健康活动。7月初,我们在武汉港务集团举行为农民工免费体检启动仪式,又先后在黄石港务集团、南京港口集团、宜昌港口集团等单位组织此项活动,共有753名农民工接受了免费体检,长航工会共投入资金8万余元。

全线各单位把为职工办实事办好事作为密切联系群众的一件大事来抓,采取不同形式,加大人力、物力、财力的投入,收到较好效果。长江航道局实施趸船接岸安保工程,投入885万元,83个基层站点,1400多名一线职工受益。镇江港务集团公司建立职工互助基金会,主要用于救助因意外事故、特重病、子女就学等原因导致个人和家庭生活困难的职工。救助对象为困难职工,包括让岗职工。宜昌港务集团工会建立职工重大疾病医疗互助金,在重大疾病医疗互助上按照"群众性、互济性、补充性"的原则,通过"企业贴一点、职工个人交一点、工会帮一点"的方式筹措资金。截至目前,有1698名职工参加,覆盖率达98%。

四 职工队伍建设有了新收获

狠抓队伍建设,发展先进文化,是工会工作的优良传统。为了将"学先进、树新风、创一流"活动引向深入,通过先进典型的榜样作用,带动广大职工勇创一流,为长江航运建设事业作出新贡献。根据长航局党委的部署,在评选表彰长航系统十大杰出人物的基础上,我们又组织姚泽炎等十杰人物在武汉、南京、重庆、宜昌等地区进行巡回演讲,引起现场听众的强烈共鸣。随后,我们又将演讲材料及相关的新闻报道汇编成《风华正茂》一书,下发各基层单位组织学习,一个学先进、赶先进、争当先进的热潮正在全线兴起。去年,在长航局党政的关心支持下,我们继续组织15名省部以上劳模赴境外疗休养,积极开展对困难劳模的慰问,解决劳模的实际困难。

2007年,长航系统加大了企业文化建设的力度,通过富有特色的企业文化展示活动,提升了企事业单位的社会知名度。我们坚持组织开展多种形式的文娱体育活动,满足职工精神文化生活需求。组织系统职工大唱长航之歌——《长江儿女》,邀请全国政协委员、著名歌唱家万山红到长航系统巡回演出。年底在江西景德镇举办了第七届"长江杯"交通职工中国象棋、围棋邀请赛,有20个队120名运动员参赛,盛况空前。在全国交通职工桥牌赛上,长航局代表队取得第五名的好成绩。湖北省劳模、长江三峡通航管理局三峡船闸管理处排挡员罗静同志被推举为宜昌市北京奥运会火炬手候选人,有可能参加2008年的奥运会火炬接力活动。长江海事局举办颇具规模的职工运动会,提出了“快乐工作,健康生活”的理念,丰富了职工的文化生活,增强了职工的体质。

各级工会组织进一步加强职工思想政治工作,引导职工树立社会主义理想、信念,努力践行社会主义荣辱观,培养职工高尚的思想道德情操,为中国特色社会主义伟大事业造就一支“四有”职工队伍。

2007年,长江三峡通航管理局获湖北省五一劳动奖状,长江泸州航道局烟灯房信号台获四川省五一劳动奖状。长航公安局刑侦总队副总队长曾瑞星获湖北省五一劳动奖章,长江重庆航道工程局副处长胡伟才获重庆市五一劳动奖章,长江泸州航道局局长、高级工程师毕方全获四川省五一劳动奖章,池州市港务总公司一公司吊车班班长陈友生获全国五一劳动奖章、安徽省劳动模范称号。刘莉等10名同志获中国海员建设工会第十一届“金锚奖”。俞红霞等5名海员家属受到中国海员建设工会和交通部文明办的表彰。

五　工会自身建设有了新突破

一年来,长航系统各级工会进一步加大自身建设力度,不断提高广大工会干部的工作能力和水平,逐步适应日益发展的工会工作的需要。

加强工会干部的培训。首次组织部分单位工会主席到天津等港口进行考察学习,通过实地考察学习以及与沿海港口工会工作者之间的交流,考察团成员普遍感到收获很大。随后,我们又在北京中国劳动关系学院举办了长航系统第12期工会干部培训班,共有56名工会干部参加了学习培训。中国海员建设工会主席吴子恒接见了学员,并亲自给学员讲了课,使大家受益匪浅。

注重工会组织建设,做好直属单位工会干部的调整和换届选举工作。去年,我们在长江武汉航道局监利和沙市航道处进行工会主席直选的试点,积累了一定的经验,并在省总有关会议上进行了交流。

积极做好农民工入会和管理工作。九江港口集团公司工会十分重视农民工的权益维护和生活环境改善,把发展农民工入会作为集团工会组织建设的重点。他们制定了《九江港口集团公司发展农民工入会的工作意见》,并在职代会、工代会上审议通过。九江港口集团现有较为固定的农民工200余人,分布在港口生产作业和基本建设的前沿一线。在上级的支持下,九江港口集团工会农民工分会正式成立,涵盖面达100%。同时,江西省企业中首家农民工俱乐部也在九江港口集团正式揭牌。

武汉港务集团工会举办了《企业工会工作条例》专题讲座,邀请湖北省总工会有关领导就《条例》产生的背景、基本内容和如何贯彻好《条例》,为集团公司机关各部门的负责人和基层单位的党支部书记、工会主席作辅导。

各级工会干部深入基层,开展调查研究,发现新情况,解决新问题。长航工会为基层20多个单位“建家”提供了指导,并在财力上给予了支持和帮助。铜陵港务集团工会由主席带队到基层就职工思想、工作、生活及工会重点工作等进行调研,针对调研中发现的问题,在党政领导的支持下,采取有效措施,努力加以解决。去年,安庆港务总公司工会获安徽省模范职工之家称号。

2007年,长航工会与重庆港务物流集团一起承办了中国海员建设工会港口联委会年会,31个委员单位的45名代表参加了会议。通过港口联委会等平台,长航系统各单位加强了与兄弟单位的联系,增进了友谊,推进了工作。

2007年,我们召开了长航工会女职委会,针对新形势下女职工工作的特点,有针对性地研究布置了工作。宜昌港务集团工会举办“女职工岗位明星事迹演讲比赛”,参加演讲的女职工通过讲述自己身边女职工岗位明星事迹,宣传了明星女职工的奉献精神,对女职工建功立业活动起到了推进作用。去年,长航工会副主席郭玲获全国优秀女职工工作者称号;武汉航道船厂女子电焊班获全国交通行业巾帼文明岗、湖北省女职工建功立业标兵岗称号;泸州航道局烟灯房信号台获四川省五一巾帼奖;重庆航道局独珠滩信号台台长谷秀全获重庆市十大女杰称号。

一年来,各级工会加强信息宣传,交流工作经验,促进了工会工作的开展。长江航道局赵勇峡、南京港口集团蒋克东被授予全国交通建设系统工会优秀信息员称号。

2007年,我们对工会经费实行税务代收后的情况进行了跟踪,及时协调和解决基层的一些问题。召开了工会财务工作会议,请省总财务部领导对与工会财务人员进行了培训。长航系统经审工作进一步规范,并获得湖北省总工会二等奖。

在肯定成绩的同时,我们应清醒地看到工作中存在的不足和薄弱环节,主要是:全线工会工作的发展还不够平衡;我们对工会工作出现的新情况、新问题研究不够,解决问题的办法和手段不多;工会工作的创新还不够,拿得出、叫得响的品牌不多;工会干部的能力和水平与形势的要求尚有明显差距,等等,这都有待于全线广大工会工作者的共同努力,不断改进和提升长航系统工会工作的整体水平。

·长航集团工作会议文件选登·

重点加强企业管理 持续推进升级转型 为实现又好又快发展再创佳绩

——中国长航(集团)总公司总经理刘锡汉在六届三次职代会暨2008年工作会上的工作报告(摘选)

(2008年2月19日)

这次会议将以党的十七大和中央经济工作会议精神为指导,贯彻落实中央企业负责人会议、全国交通工作会议精神,共商集团新一年经营管理和改革发展大计,动员并带领广大干部职工,进一步统一思想、坚定信心,坚持科学发展,持续升级转型,强化企业管理,深化改革改制,为实现又好又快发展再创新的佳绩。

一 2007年主要工作情况

2007年,是集团加快升级转型、实施"长江战略"取得显著成效的一年。一年来,在国资委、监事会的大力指导、关怀下,长航集团广大干部职工团结协作、奋力拼搏,克服长江枯水期水位低、三峡船闸单线运行、沿江管道全线贯通、燃油钢材成本及港务费增长较快等诸多不利因素的影响,主要经济指标达到或超过目标进度,整体经济效益再创历史新高,较好地实现了国资委年度考核目标,为全面实现"十一五"战略目标奠定了较好基础。

·主要经济指标完成情况

全年实现营业总收入250.5亿元,同比增长18.7%。完成货运量1.28亿吨,同比增长6.3%;货运周转量1832.7亿吨公里,同比增长13.6%;工业总产值93亿元,同比增长40.5%;燃油销售量185万吨,同比增长4%。全年实现利润总额11.2亿元,比2006年翻一番,利润总额首次达到两位数。长航集团超额完成国资委下达的货运周转量、利润总额、净资产收益率、资产负债率等主要考核指标,主要经济指标提前实现"十一五"确保目标。

·经济运行主要特点

1. 整体盈利能力进一步提升。2007年,长航集团在营业收入大幅增加的情况下,主营业务毛利同比增长23%,高于主营收入增幅1.1个百分点;同时,成本费用得到有效控制,成本费用增幅低于主营收入增幅1.1个百分点。长航集团总体盈利能力明显提高,油运、造船工业、干散货及燃油贸易产业单位对集团效益贡献较大,长航集团经济运行质量得到明显改善和提升。

2. 主业发展速度显著加快。长航集团全年完成固定资产投资75.9亿元,同比增长58.4%。其中船舶购置60亿元,占投资总额约80%,同比增长40.7%。新增运力近50万吨,其中油轮运力39.5万吨,干散货运力6.2万吨。基本建设投资15.5亿元,同比增长2.23倍,一大批扩能改建项目有序推进。其中江苏金陵船厂扩建工程及10万吨级船坞、青山船厂蓄水坝、宜昌船厂船台改造、电机厂新厂等工程已完工投入使用,工业造船能力大幅提升。

3. 运输生产经营进一步拓展。一是运输总量稳步增长,货运量和周转量再创历史新高。二是海运比重进一步提升,全年完成海上运量6956万吨,占长航集团货运总量55%,同比增长16%;海运周转量1390亿吨公里,占长航集团货运周转总量76%,同比增长18.3%;海运收入48.3亿元,占长航集团货运收入的71.1%,表明长航集团向海运转型取得明显成效。三是骨干货源运输保持增长,煤炭运量同比增长8.6%,金属矿石运量同比增长14.5%。特种运输增长迅猛,集装箱运量同比增长70.1%，商品车滚装运量同比增长51%。

4.造船工业保持良好发展势头。长航集团船舶工业实现总产值93亿元，同比增长40.3%。长航重工实现总产值84亿元，同比增长38.8%。全年经营接单较好，后续订单比较充足，产品结构逐步优化，非船产品经营持续向好。

5.燃油贸易保持稳步增长。水上燃油贸易销售量继续保持增长，实现销售量185万吨，同比略有增长。其中中长燃公司销售量164万吨，同比增长12.3%。

6.节能降耗对增效的作用明显。在运输生产大幅增长的同时，燃油综合单耗控制在3.6千克/千吨千米，同比下降1.1%，重质燃料油使用比重达72%，同比上升4个百分点，比全部使用轻质油节约燃料费用3.4亿元。

7.安全指标控制情况良好。在企业生产规模扩大、主要产业快速增长的同时，长航集团安全保持了基本稳定。长航集团全年发生水上交通事故11件，同比减少5件；直接经济损失388.8万元，同比减少133.3万元。发生职工工伤事故35件，事故件数持平，其中死亡事故减少1件，死亡人数减少1人。机务设备发生一般事故1件，小事故4件。消防安全发生一般事故5件，环境保护事故为零，实现了年初制定的“五杜绝一控制”的安全目标。

·年度主要工作情况

1.主要产业单位经营发展取得成效。南京公司积极应对沿江管道的替代影响，加快向国际海运战略转型，推进了油运江海重组、海运整体上市。贯彻落实“国油国运”政策，启动研究“十二五”发展战略，加快三支主力船队建设取得新成效。长航凤凰抢抓国际干散货运输市场的机遇，加快远洋、江海直达及长江自航船等运力发展，调整和优化长江运输业务；充分发挥江海联动、油价互动的优势，巩固目标市场取得成效。船舶重工抓住造船市场机遇，积极承接有效订单，主要船厂已排产至2011年。继续抓好工业各厂的技改扩能，合理组织生产、强化集中采购、化解汇率风险等措施成效显著。中长燃公司加快水上燃油贸易网点建设，新建深圳盐田港、安徽巢湖、安庆谭家沟、江西九江等加油站，初步建立了通江达海、江海一体的市场构架。积极拓展多元经营，扩大燃料油经营，保税油经营取得实质性进展。深圳公司进一步加快滚装物流发展，运量、收入和利润再创历史新高，被深圳市授予“物流重点企业”称号。同时，积极启动了改制上市前期调研准备工作。上海公司进一步整合集装箱运输及水上旅游资源，沿海及近洋集装箱运输发展增长明显；积极开拓东南亚等外贸件杂货运输市场，加快修造船发展，探索房地产、汽车服务、特色医疗等项目发展，取得明显成效。长江海外拓展海外旅游市场，游船接待量、收入、平均票价、二次消费等经营指标均有较大增长，效益同比减亏1000多万元。重庆公司积极拓展出口海船建造业务，全力打造西南出口造船基地；优化集装箱运输资源配置，营运效率明显提升；强化水上旅游产品销售及二次消费，巩固了水上旅游市场；房地产、码头物流、汽车服务等工作取得明显突破，实现了减亏控亏。武汉公司工业修造船产值、利润再创新高，4500吨船坞建成下水；液化气运输开辟金陵石化等新兴市场，船舶服务业加快向社会转型步伐，地面产业积极盘活低效资产，减亏控亏效果明显。芜湖公司及江东船厂发挥整体优势，开拓修造船市场，盘活西华基地码头资源，推进海员宾馆、劳务公司等单位的改革改制及关闭退出，实现减亏控亏。其他产业单位也积极抢抓市场机遇，增产增收，控亏增效。武汉汽服加大市场营销和推广力度，商品车销售量、收入及利润保持稳步增长。物资公司进一步强化市场营销，抓好货源组织，销售收入、利润实现大幅增长。设计院、规划院、科研所加大科技创新力度，服务主业发展，取得较好成效。武汉航院积极推进武湖农场新校区建设的各项准备工作，通过国家专业部门的教育评估，教育规模、效益再上新台阶。珠海公司积极配合做好与深圳公司的重组调整工作；工贸公司、生活服务公司、工程公司、置业公司等单位在抓好现有经营、控制成本费用、保持企业稳定等方面都作出了贡献。

2.困难企业“深化改革、实现扭亏”初见成效。长航集团按照建设“和谐长航”的要求，抓好困难企业“深化改革、实现扭亏”总体方案的落实。长航集团决定全年投入支持资金4.15亿元，为困难企业解决债务1亿多元。重庆、武汉、芜湖公司及长江海外通过加快修造船产业发展、优化整合资源配置、改革改制及控制员工总量等多种方式，加大减亏控亏力度，四家企业营运收入同比增长30%，减亏2000多万元，经营发展能力增强。

3."长江战略"的实施取得积极进展。长航集团将"长江战略"作为升级转型战略的重要内容之一,召开了"长江战略"研讨会,分专题进行重点研究,有效推进。干散货运输的经营成本分析及沿江基地清理等工作推进顺利;3000吨油驳进川获得国家有关部委批准,即将置换出22条新平江油轮进入化工品、成品油运输;长江客轮改滚装船、开发400箱位长江集装箱船顺利推进。长航集团还将"长江战略"的实施与困难企业扭亏结合起来,沿江几家相关企业在发展长江码头仓储业务、川江化工品运输、长江修船市场等方面,取得积极成效。

4.资本运营取得明显成效。一是成功签订提前回购债转股股权的相关协议。2007年底,集团与工商银行签订了《购买债转股出资协议》,计划分三期全额回购工行在债转股公司的18.9亿元股权。债转股的提前回购,有利于集团大幅降低债转股成本,也可使集团更有效加快发展。二是实现油运江海重组、整体上市。长航集团通过定向增发,注入优质海运资产,成功实现油运江海重组、海运整体上市,为长航集团油运产业的加快发展,提供了一个全新的、更高层次的经营、融资和发展平台,有利于推进油运产业由江向海的历史性跨越。三是有效探索融资发展新渠道。通过加大银企合资,长航集团与国内外商业银行签订综合融资授信合作协议;截至2007年底,长航集团总体授信额度达500多亿元。长航集团重新启动短期融资债的申报工作,组织专人攻关。目前,长航集团发行8亿元短期融资债获得中国人民银行批准,这是长航集团融资创新工作的又一次重大突破。四是探索航运经营与资本经营的有机结合。利用航运周期的变化规律,长航集团在市场相对高位处置部分老旧、低效船舶运力10多万吨,获取较好的投资效益,同时规避了经营发展的风险。五是开展税收筹划取得显著成效。长航集团改组改制税收政策获得国务院批准,仅长航集团债务重组、散货上市及南京公司江海重组可减少税收支出26.17亿元;各单位争取各种优惠税收政策减税7.14亿元,调整债转股公司内部组织结构,充分利用合并纳税政策,享受所得税优惠9180万元。

5.安全工作扎实开展。长航集团认真贯彻党和国家有关安全生产的系列指示精神,一是进一步强化领导安全责任制,加强对各单位主要负责人的安全履职检查;二是大力推进安全管理体系建设,建立安全长效机制;三是狠抓现场安全预控,加强重点船舶、重点时期、重点季节和重点区域的安全预控;四是加强安全隐患整改和"两防"专项治理,清理挂靠、租赁、代管船舶车辆;五是强化安全培训和教育,不断深化安全文化建设,实现了水上安全事故件数、事故损失金额和每总吨经济损失"三下降",为企业经营发展提供了较为稳定的安全环境。

6.科技创新工作取得实效。长航集团建立和完善了科技创新体系和运行机制,不断加大科技创新力度。在船型开发和改造方面,开发海洋、内河新船型16种;在船舶建造方面,开发和批量建造了5.73万吨和9.25万吨远洋散货船、2000车位滚装船、系列化学品船等新船型,一批技改项目正在有序推进。在科技创新管理方面,长航集团进一步加大科技投入,建立了长航集团多元化、多渠道的科技创新投入体系,一批科技攻关项目和课题研究正稳步推进。同时,长航集团信息化建设逐步启动,研究制定了《信息化建设规划》,建成并运行了国资委视频会议终端系统、总部机关办公自动化(OA),启动了财务管理信息化系统、软件正版化工作,升级了船舶3G监控系统,科技创新的基础工作有所增强。

7.职能管理得到加强。一是风险防范不断强化。长航集团通过严格抵押、担保审批,控制违约风险;通过协调银企关系,妥善解决历史债务问题。通过开展债权债务清理工作,堵塞资金漏洞,同时重点抓好人民币汇利率风险的防范,造船工业通过远期和超远期结汇,套期保值金额达18.4亿美元,相当于规避汇率损失约13.6亿元人民币。二是节能减排不断深入。长航集团贯彻落实国家节能减排工作的有关要求,召开了节能减排专题会议,强化节能减排的激励约束机制,制定完善了节能减排综合工作方案。同时,积极组织和推广游船节能技改、乘潮发航、自航船拖带、扩载扩拖、优化队型等节能措施,节能减排工作日益受到重视,并取得初步成效。三是法律工作不断加强。按照国资委的有关要求,加快推进了以企业总法律顾问为核心的法制建设,召开了首次法律工作会,出台了《工作指导意见》,加强了以合同管理为重点的制度建设,构建了法律风险防范机制,加大法律纠纷案件的指导协调力度,为企业避免了损失。同时,开展了法律大讲堂,深化了"五五"普法工作,各单位初步形成了重视法律工作、防范法律风险的良好氛围。四是品牌质量建设取得成效。长航集团制订完善了《"十一五"期品牌质量建设规划》,深入开展"质量品牌月"、"金牌航线"以及"达标创星"等质量管理活动,服务质量和产品质量稳步提高,"QC"技术创新活动取得积极成果,荣获1个"国优"、15个"部优"成果;中长燃公司、深圳公司、武汉汽服等一批单位荣获国家及省市质量品牌方面的荣誉,长航集团获得中国产品质量协会的质量信用3A等级认证,长航集团品牌形象明显提升。

8. 为职工办实事工作得到较好落实。

长航集团对照年初所承诺为职工办10件实事,狠抓了督办落实:

长航集团继续加大特困职工的帮扶力度,全线共投入扶贫帮困资金708万元,走访慰问各类困难职工、农民工和一线职工3.5万人次;在长航集团效益增长的情况下,职工年均收入保持相应增长,长航集团在册职工人均工资同比增长15.65%。同时,长航集团继续加大安全隐患整改力度,投入901万元整改安全隐患;继续加大职工技能培训力度,全年共投入教育培训经费2200万元,完成各类培训2.5万人次。另外,长航集团在组织劳模先进、特殊工种职工疗休养、职工体检、改造库区航行船舶饮用水系统、改善农民工住宿条件、完善船岸职工文化娱乐设施等方面加大投入,狠抓落实,受到基层职工的好评。

9. 精神文明建设取得新成效。长航集团各级党群组织认真贯彻上级党委的方针政策,围绕企业改革发展中心,深入学习贯彻党的十七大精神,开展以"二次创业"为重点的主题实践活动,积极参与企业经营发展和深化改革活动;切实加强领导班子建设,实施人才强企战略;坚持教育、制度、监督并重,不断深化企业党风建设和反腐倡廉工作;坚持依靠方针,积极推进民主管理和厂务公开工作,深入开展劳动竞赛、文明创建和群众性经济技术创新活动;坚持宣传思想工作与企业文化建设有机融合,不断提升企业品牌形象和核心竞争力,在企业经济工作中发挥了政治核心和保驾护航作用。

"十一五"期以来,长航集团进入加速发展期,经营发展和改革管理取得了较好成绩。在国资委2007年公布的综合业绩考核结果中,长航集团取得B类第19名的好成绩;在国资委中央企业第一任期业绩考评中,长航集团荣获"绩效进步特别奖"。

在总结一年来工作成绩的同时,我们还应清醒地认识到,长航集团在改革发展中还存在较多困难、问题和薄弱环节,有待研究分析和改进:

一是刚性成本增长压力较大。2007年以来,我国进入明显的通胀周期,各类生产生活资料价格大幅上升,燃油、钢材、机电产品及人工成本大幅上升,并将维持高位。长航集团全年仅油价上涨增加燃油成本约1.64亿元。另外,长江港使费、人工成本等增长,对长航集团经济效益带来较大压力。二是经营管理不适应外向型经济发展要求。长航集团在战略管理、国际化经营、海运管理、风险管理等方面,还有待加强;在科技创新、成本控制、节能减排等方面有待深化。三是主业发展中的人才瓶颈有待突破。随着长航集团升级转型步伐的加快,人才瓶颈问题日益突出,尤其是缺乏大量的海运高级技术、国际化经营管理、高科技创新等人才。同时,长航集团在人力资源开发、管理与激励等方面,还有待深化。

二　形势任务与工作思路

·政策环境及经济形势

2008年,企业所面临的经济形势及市场条件,总体上有利于企业继续加快发展,但政策环境及经济形势错综复杂,不确定性因素叠加。研究分析企业面临的政策环境和经济形势,有三个关键词应引起我们高度重视,即"科学发展"、经济"从紧"、"风险压力"。为此,我们应着重从三个层面研究、把握并积极应对:

1. "科学发展"是下阶段经济发展的主旋律。党的十七大对科学发展观进一步深入全面的阐述,使全面协调可持续发展的导向更加明确。未来几年,我国将逐步转变经济发展方式:变以前的单一经济发展为经济、社会、文化等全面发展;变沿海重点发展为全国诸多城市圈等区域经济协调发展;变单一考核GDP等经济规模指标为同时考核绿色GDP等综合指标。国资委要求中央企业重点抓好推进机制创新,进一步增强企业活力。交通部提出了调整交通结构、转变发展方式、推进自主创新、完善行业管理"四个环节",不断提高"三个服务”的水平等要求。我们要按照国资委、交通部的有关要求,结合集团实际,抓好贯彻落实,促进企业又好又快地发展。

2. 经济“从紧”是今年我国经济运行的主基调。2008 年是全面贯彻落实十七大精神的第一年,中央经济工作会提出了经济“从紧”的宏观调控措施,“控总量、稳物价、调结构、促平衡”将成为我国今年宏观调控的主基调。一是货币政策适度从紧。二是产业政策结构性从紧。三是节能减排政策趋紧。“十一五”期,国家将继续稳步推进节能减排工作。

面对这些“从紧”政策,长航集团一方面要积极研究应对,趋利避害,稳健发展;另一方面,要求集团转变传统的经济发展方式,变投资拉动型发展为内涵增长式发展,着力提高发展的质量和效率。

3. “风险压力”是长航集团经营发展有待攻克的主课题。一是航运市场潜伏过剩压力。干散货运输方面,随着世界经济增速减缓,以及运力的大幅投入,尽管波罗的海综合运价指数仍在相对高位,但波动的幅度有所加大,经营风险较大。二是成本费用刚性增长的压力。国际每桶油价开年已经突破 100 美元,国内油价上调的压力进一步加大,将大大增加集团运输成本。三是人民币利汇率的压力。2008 年人民币兑美元升值幅度可能会突破 8%,将给集团外贸运输和工业造船带来较大冲击。四是主要产业人才缺乏的压力。2008 年长航集团将有近 150 万吨船舶相继交付使用,一批在建项目陆续完工,各类人才需求量较大,尤其是高级海员、国际经营管理人员以及大型船舶建造的技术人员等,这都对我们的经营管理工作带来较大压力。五是资金紧张的压力。长航集团近几年船舶及技改在建项目较多,资金需求较大,尤其是债转股公司的股份回购,将进一步加剧集团资金紧张的局面。六是政策和法律环境不断变化的压力。近期,以《物权法》、《船员条例》、《劳动合同法》、《劳动争议调解仲裁法》和《企业所得税法》等一大批与企业密切相关的法律法规都已颁布实施。《联合国统一运输法公约》也将在今年公布。国资委最近也陆续出台了《关于中央企业履行社会责任的指导意见》及国有企业布局调整,加强投融资管理、实行资本预算制度等一系列政策规定。这些都将对集团的生产经营、改革发展产生重大影响,需要我们去学习好、掌握好、适应好,最大限度地争取工作主动。

· 工作思路与目标任务

长航集团确定新一年及下阶段工作思路为:以科学协调发展为主线,更加注重风险防范,重点加强企业管理,持续推进升级转型,积极做好人才工作,全面提升品牌文化,为又好又快实现“十一五”工作目标再创佳绩。

坚持科学协调发展,是全年工作的主线。党的十七大指出,科学发展观的第一要务是发展。尽管今年的发展工作面临一些新的困难和问题,但按“十一五”既定目标加快发展的方向和信心不能动摇。集团近几年通过改革调整推动发展取得明显成效,当前正处于加快发展的“爬坡阶段”,只有坚持不懈、持续有效发展,才能解决因发展相对不快、不优而带来的综合问题。今年及下阶段的发展工作在导向上要注重以下几点:一是注重提升发展质量,转变传统规模扩张的发展方式,实现集约、内涵式发展。二是注重创新发展方式,努力探索兼并重组、低成本扩张、改制上市、合资合作等多种发展模式,有效控制发展风险和降低资产负债率。三是注重相关资源的优化配置,充分发挥航运相关产业之间、主业与非主业之间、主业与配套服务产业之间的资源配置和协同配合,要注重主业与困难企业的互补协调发展,确保发展的协调性、稳定性和可持续性。四是注重发展中的科技创新和节能减排,体现中央企业的示范作用和社会责任。

重点加强企业管理,是下阶段工作的着力点。近几年,随着长航集团资产规模急剧扩张、经营领域不断拓展、海运及外向型经济比重不断增加,对管理工作提出了更高的要求。为此,长航集团决定:以今年“管理年”活动为起点,力争用 3 ~ 5 年或更长的时间,持续加强、改进和创新企业管理,主要通过对标管理、达标认证、信息化建设等系列措施,全面提升管理效率和质量,增强企业“软实力”,通过管理升级促进经营和发展升级,以此促进企业不断升级转型,为集团实现“三大”转型目标奠定坚实的基础。

“管理年”活动总体上按照基础管理、达标管理、创新管理的阶段性目标推进。

基础管理阶段——主要通过完善管理体系,细化管理标准,加强信息化手段的应用,在基础数据、分析、监控等相对静态管理方面加大力度,不断提升财务预算、成本控制、人力资源、绩效考核等管理水平。

达标管理阶段——主要通过达标认证及与国内外同行业先进企业对标,逐步缩小差距,尤其在宏观研究、市场分析、资本营运、资源动态优化与平衡、人力资本调动等相对动态管理方面狠下功夫。

创新管理阶段——主要是对传统管理进行完善、提升,按照建立现代企业制度的要求,创新管理体系和机制,探索具有行业特色的管理模式,提高企业综合管理水平,促进集团向现代化、国际化的航运企业迈进。

当前要重点围绕以下课题,抓好管理攻关:

一是如何有效防范经营发展风险,将风险管理与加快发展同步思考、同步规划,建立和完善风险防范的体系和预警机制,有效控制海运经营、资金、法律等风险。二是如何深化人才和人力资源管理,建立人才任用、培养、留住、激励等机制,营造人才成长的良好环境。三是如何强化和创新绩效考核管理及机制,突出绩效考核的导向、激励作用。四是如何强化成本管理和控制,强化财务预算管理,建立成本核算模式和成本控制机制。五是如何进一步建立和完善管理体系,创新管理模式,落实管理责任。六是如何深化品牌文化建设,进一步完善企业文化建设,丰富文化内涵,提升企业品牌形象,使集团成为国际性的知名品牌。

·生产经营及发展目标

根据宏观经济和市场形势分析,以及"十一五"期前两年集团经营发展的实践,集团有信心、有能力提前完成或超额完成"十一五"既定奋斗目标。同时,我们要积极抢抓航运市场的战略机遇,积极调研、思考和规划好后三年及"十二五"期的战略框架,力争"十一五"期末比2007年实绩再翻一番,向"158"目标奋力拼搏,即运力规模达到1000万吨,营业收入接近500亿元,资产规模达到800亿元,实现又好又快的发展。

以十七大精神为指导 推进中国长航又好又快发展

——中国长航(集团)总公司党委书记王镭在六届三次职代会暨2008年工作会上的讲话(摘选)

(2008年2月19日)

2007年是中国长航发展史上具有重要意义的一年。我们以科学发展观为指导,按照推进升级转型、实施"长江战略"、提升管理创新、建设"和谐长航"的总体思路,抢抓机遇,开拓奋进,加快发展,中国长航的经济效益、规模实力、品牌形象、社会影响都上了一个大台阶,百年长航焕发出万象更新的创业活力,国务院国资委授予长航集团"绩效进步特别奖"。一年来的工作精彩纷呈,特别可圈可点的有以下几个方面:

经济效益大幅提升。2007年长航集团整体经济效益再创历史新高,实现利润总额比2006年翻一番,提前实现"十一五"确保目标,为企业升级转型奠定了较好基础。长航集团运量、收入等规模经济指标已接近或超过美国密西西比河最大航运公司ACL,"世界内河第一"的愿景目标已基本实现。运输、造船工业、水上燃油贸易等主要产业继续发挥了效益支柱作用,旅游、科研院所及其他地面产业也为集团整体效益的提升作出了重要贡献。

改革发展明显加快。2007年,长航集团突出主业发展,在新增运力和基本建设方面进一步加大投资力度,购置和新建了一大批油运和干散货运力,加速推进江苏金陵扩建工程、青山船厂蓄水坝、宜昌船厂总装船台、江东船厂3万吨纵向船台等一批技改扩建工程,使企业规模实力得到进一步提升。"南京水运"完成定向增发后重新挂牌,成立中国长航南京油运股份有限公司,实现了海上油运业务的整体上市,标志着南京油运江海重组战略取得圆满成功。重组后,南京油运形成了江海两个板块,初步形成了江海联动、协调发展的格局。长航集团提前全额回购中国工商银行在中国长江航运有限公司的出资,标志着集团债转股项目进入圆满收官阶段。长航集团向国家争取到重组有关税收政策,为企业改制创造了条件。启动和推进长江战略,积极打造效益增长点,盘活闲置资产,做强做优长江业务,取得了初步成效。

企业管理逐步加强。长航集团和各单位进一步加强成本管理,针对管理"短板",积极采取措施降本增效,促进经济效益提高。进一步加强了投资管理和风险管理,完善企业内控机制,做好投资发展、融资担保、汇率、法律等方面的风险防范工作,防范风险的能力进一步增强。认真落实节能减排责任,大力开展技术节能和营运管理节能创新活动,取得了新的成效。科技创新和信息化建设稳步推进,促进了企业管理水平的逐步提升。

安全保持基本稳定。在企业生产规模扩大、主要产业快速增长的同时,长航集团安全保持了基本稳定,没有发生大事故。各单位落实稳定工作责任制,维护了企业的基本稳定。

一年来,长航集团各级党组织坚持以科学发展观为指导,融入中心,服务大局,加强和改进企业党建工作,创新党组织发挥政治核心作用的途径和方式,紧紧团结和依靠广大职工,为集团推进转型、提升管理、深化改革、和谐发展提供了坚强的思想、政治和组织保证。

一 认真抓好科学发展观的学习贯彻 在武装思想和指导实践两方面取得新成效

长航集团各级党组织以宣传、学习、贯彻科学发展观为主线,在全线深入开展科学发展观、企业形势任务、“二次创业”、“五破五立”等主题教育实践活动,促进了广大干部职工的观念更新和思维创新。党的十七大召开以后,各级党组织认真抓好十七大精神的学习宣传贯彻,通过报刊、电视、网络、会议等多种形式,组织广大党员干部职工迅速掀起学习贯彻十七大精神的热潮。长航集团采取扩大的党委中心组学习的形式,集中班子成员、中层干部、在汉单位班子成员,传达学习十七大精神;汉外单位的主要负责人参加了所在地方党委的传达学习。长航集团在党校举办了中青年干部培训班;长航集团在汉单位班子成员、长航集团中层干部还分两批参加了湖北省委党校学习十七大精神培训班。通过持续的教育引导,增强了各级领导班子的战略思维能力,提高了职工适应市场的应变能力,为促进企业改革发展打牢思想基础。

二　加强和改进企业党的建设 党组织政治核心作用得到较好发挥

——深入开展“四好”班子创建活动,各级领导班子整体素质得到进一步提升。以“政治素质好、经营业绩好、团结协作好、作风形象好”为目标的“四好”班子创建活动,在集团全面展开,组织开展“四好”班子评选,表彰先进,推广典型;建立健全规范职务消费的各项制度,加强对党员领导人员的管理监督;加大了对企业领导人员的培训力度,完善了企业领导人员考核评价机制,去年对14个直属单位领导班子进行了调整,任免领导人员43名,提高了各级领导人员能力素质,优化了班子结构。

——实施推进人才强企战略,人才队伍素质结构得到进一步优化。制定了《关于加强对总经理助理等企业高级管理人员管理意见》,加强了对直属单位后备干部的考核和管理。加大干部培训培养工作力度,长航集团举办了两期企业领导人员培训班和第十四期中青年干部培训班;选送直属单位班子成员、后备干部及业务骨干参加延安干部学院、中央党校国资委分校及地方院校进行培训。加大了人才引进力度,引进各类人才914名,优化了人才队伍结构,人才紧缺的矛盾有所缓解。

——落实“三同时”规定,基层党组织建设得到进一步加强。按照“新建经济组织的同时建立党组织,调整经营管理组织的同时调整党组织的设置,配备经营管理人员的同时配备党务工作人员”的规定,结合企业改革调整实际,进一步规范党组织机构设置和工作制度,重点抓好股份公司、合资公司和改制重组单位的党组织调整设置工作。做好基层党组织换届选举工作,加强了对基层党建工作的考核。通过举办船舶政委内审员培训班和基层党支部书记岗位知识培训班,大力推行船舶政委暨安全监督长兼任船舶内审员职务,加强了基层党务干部队伍建设。

——实施党员“双培工程”,党员先锋模范作用得到进一步发挥。按照把党员培养成生产经营骨干,把生产经营骨干培养成党员的工作目标,深入开展党员创先争优和“三服务、四促进”(服务企业、服务群众、服务社会,促进党员素质提高、促进基层党组织建设、促进企业改革发展、促进和谐长航构建)主题实践活动,树立和弘扬先进典型,促进党员先锋模范作用的充分发挥。对加强农民工党员教育管理工作进行了探索和研究。

——加强党内民主建设,党的创新活力得到进一步增强。长航集团党委把民主生活会作为加强党内民主建设的重要载体,于2007年4月组织召开了党员领导干部作风建设专题民主生活会,岁末年初又按照湖北省委要求召开了领导干部年度民主生活会。各直属单位确保民主集中制原则在企业党内的贯彻执行,促进了班子成员之间的思想交流,增进了团结,增强了班子成员解决自身问题的能力。在涉及企业重大改革发展措施及重要干部任免等重大问题上,各级党组织认真贯彻民主集中制原则,通过召开党委会、党政联席会讨论,统一班子思想、认识和行动,保证决策的科学民主。

三　深入贯彻《实施纲要》党风建设和反腐倡廉工作取得新进展

以领导人员作风建设为重点,深入开展反腐倡廉教育,积极推进企业廉洁文化建设,通过中心组学习、“党风廉政宣传教育月”、专题讲座、廉洁承诺等多种形式的学习教育活动,进一步深化了各级领导人员的廉洁从业意识。围绕加强和完善企业内控机制,修订完善了《防范法律风险指导意见》、《合同管理办法》等系列经营管理制度,进一步规范了权力运作和从业行为。落实党风廉政建设责任制,坚持“一级抓一级,层层抓落实”,层层签订了《党风廉政建设责任书》。对9名违反责任制规定的党员干部进行了责任追究,对贪污、商业贿赂、挪用公款、私设"小金库"、严重侵害职工群众利益的案件进行了重点查办,全年查办案件4件,相关人员已经得到了党纪处分和法律制裁。针对物资采购、工程技改、资产处置、资金与合同管理、清欠催收等企业管理中的关键和薄弱环节实施效能监察,促进了经营管理。

四 深化企业文化建设 企业品牌形象得到新提升

全面推进《中国长航企业文化建设"十一五"规划》的实施,展示表层文化,探索中层文化,宣贯内层文化,为提升企业管理水平,提高员工素质,增强核心竞争力起到了推动和促进作用。充分发挥报刊、杂志、网络、电视等载体的作用,有效借助社会新闻媒体的力量,大力宣传企业改革发展的良好态势,集中反映长航集团三个文明建设成果,全面打造新长航、新品牌、新形象。长航集团企业文化建设经验在全国交通企业文化论坛上进行了交流,并荣获"中国安全文化管理先进单位"称号。总经理刘锡汉同志荣膺湖北省"十大经济风云人物",进一步扩大了中国长航的社会影响,提升了企业品牌形象。

五 落实依靠方针 为企业改革发展凝聚了各方力量

加强厂务公开民主管理制度规范化建设,民主议事、民主评议、民主巡查活动和民主参与、监督、管理的质量不断提高。大力开展创建劳动关系和谐企业活动,把贯彻《劳动合同法》与平等协商集体合同,与为职工办实事结合起来,促进了劳动关系和谐。大力实施职工素质工程,广泛开展"争创学习型企业、争做知识型职工"活动,配合实施"新技师培养带动计划"和技能振兴行动,组织开展"大学习、大练兵、大比武、大竞赛、争奉献"活动,组织开展劳模、先进生产者评选活动,提升了职工队伍的整体素质。以推进职工经济技术创新活动为重点,以"节能降耗、降本增效、绿色环保"为主题,开展合理化建议、劳动竞赛、"安康杯"竞赛等丰富多彩的活动,为集团改革发展献计献策。深化党建带团建,指导和支持共青团组织围绕企业中心工作,团结凝聚广大青年,深入开展青年创新创效、十杰青年评选、青年人才论坛、青年文明号等活动,为企业改革发展凝聚了青春力量。

六 坚持以人为本抓稳定 构建了和谐发展新局面

各单位认真贯彻集团维稳工作会议精神,落实维稳工作责任,加强对矛盾纠纷和职工反映强烈的热点、难点问题的定期排查和调处,完善信访工作流程,发挥基层党组织作用,围绕不同时期、不同阶段的重大问题,积极主动抓好稳定,确保了集团改革改制、江海重组、长江战略、困难企业脱贫扭亏等重点工作的顺利实施和推进。各单位、各级组织针对职工最关心、最直接、最现实的利益问题,努力为职工办实事、办好事,保证了在企业效益增长的同时,职工收入相应增加。深入开展领导结对帮扶、扶贫帮困、送温暖和爱心助学等活动。集团承诺2007年为职工办的10件实事都得到了落实,累计投入700多万元慰问金,惠及35000人次,资助1800名困难职工子女就学。通过上上下下的共同努力,企业基本保持了稳定,和谐因素不断增加,企业的凝聚力和向心力不断增强。

回顾过去的工作,我们也要看到,企业改革发展的任务还很重,要解决的问题还很多。一是按照"三大转型"目标的要求,在转变机制、优化结构、改革开放等方面还要继续深化;二是管理工作与企业发展的要求还不够适应,需要加强;三是随着企业跨越式发展,人才瓶颈问题日益突出,人才工作力度需要进一步加大;四是党建工作需要进一步加强、改进和创新。

在发展中构建和谐　在和谐中加快发展

——中国长航(集团)总公司党委副书记、工会主席肖汉良在六届三次职代会暨2008年工作会上的工作报告(摘选)

(2008年2月20日)

今天,我们站在科学发展的新起点,开始启动长航集团新一轮发展,长航集团职代会和工会工作也将迎来新的更加光荣的任务。

2007年,是长航集团“继续推进升级转型,加快实施长江战略,全面提升管理创新,大力建设和谐长航”之年。一年来,全体职工和广大经营管理者围绕六届二次职代会确定的具有挑战性的目标任务,紧紧抓住难得的市场机遇,克服了生产经营中的一系列困难,努力增产增收,争做贡献,加快发展已成为长航人的共识和共同目标。去年,各级工会坚持把发展作为第一要务,组织了400多项群众性的“降本增效”劳动竞赛,并充分融入到生产经营之中,各单位共征集职工合理化建议2875条,职工对企业发展的关注度正在加强。长江和海上的轮机、驾驶“岗位大练兵、技术大比武”活动,以及“小革新,小发明,小改进,小设计,小建议”活动,有力促进了职工的创新实践。职工代表的劳动安全巡察以及征集安全警句、“妻儿安全寄语”、船员家属安全恳谈会活动,有力地促进了安全管理工作。全体职工立足岗位谋发展的积极性,把企业推向又好又快的发展之路,集团的货运量、货运周转量、营业收入、利润总额等经营指标,全部超额完成了六届二次职代会确定的目标任务。集团“十一五”规划的主要经济指标提前三年实现。这些都凝聚着广大职工的辛勤汗水,凝聚了全体经营管理者的聪明智慧。去年,长航集团荣获国资委“绩效进步特别奖”,并连续第七年荣获全国“安康杯”优胜企业称号。中长燃公司和衢海轮荣获“全国五一劳动奖状”,长江42001轮船长戴焰等一大批职工荣获省、市级劳模和“五一劳动奖章”,广兴洲轮等一批船舶(班组)获全国和省级“工人先锋号”荣誉。

2007年,职代会上刘锡汉总经理承诺的为职工办的10件实事全部兑现。长航集团加大了对困难企业的投入,逐步改善困难企业的生存发展状况;全线加大扶贫帮困工作力度,领导干部与困难职工建立“一帮一”结对帮扶由592人增加到1025人,企业特困职工由799人下降到627人;组织了1200名劳模先进、1023名从事有毒有害工种的职工、农民工疗休养,对1.1万名职工、农民工进行了体检。广大职工,特别是困难职工的权益都得到了保障和维护,企业发展呈现出共建共享的良好局面。

2007年,根据党和国家、国资委、全总的精神,以及企业的实际,企业全面开展了创建劳动关系和谐企业活动。各单位着力加强企业内部利益协调机制、诉求表达机制、矛盾调解机制、权益保障机制的建设,促进企业在发展中增添和谐,在和谐中加快发展。各单位的职代会、劳动合同、集体合同这“三个关键制度”得到了普遍加强。企业的重大改革发展事项,以及涉及职工切身利益的决策,都能经职代会认真审议。民主评议企业领导人,民主议事会扎实推进。职工代表提案件件有回复、有落实,日常职工代表巡查活动,以及职代会为主渠道的厂务公开活动,通过ISO9000厂务公开的推广和实际运作,使职工的知情权和监督权得到较好落实。去年,长航集团各级工会接待上访职工833人次,涉及264件(次),工会参与调解129件(次),调解成功117件(次),全年未发生重大群体事件和恶意侵权行为。在企业改革改制、重组调整过程中,各单位进一步加强劳动关系预警协调,充分发挥预警协调网络的作用,保持了企业劳动关系的总体平稳。

·重要文件选编·

中华人民共和国交通部令

2007年第1号

《公路水运工程安全生产监督管理办法》已于2007年1月25日经第2次部务会议通过，现予公布，自2007年3月1日起施行。

部　长　李盛霖

二〇〇七年二月十四日

公路水运工程安全生产监督管理办法

第一章　总　则

第一条　为加强公路水运工程安全生产监督管理工作，保障人身及财产安全，根据《中华人民共和国安全生产法》、《建设工程安全生产管理条例》、《安全生产许可证条例》，制定本办法。

第二条　公路水运工程建设活动的安全生产行为及对其实施监督管理，应当遵守本办法。

第三条　本办法所称公路水运工程，是指列入国家和地方基本建设计划的公路、水运基础设施新建、改建、扩建以及拆除、加固等建设项目。

本办法所称从业单位，是指从事公路水运工程建设、勘察、设计、监理、施工、检验检测、安全评价等工作的单位。

第四条　公路水运工程安全生产监督管理应当坚持安全第一、预防为主、综合治理的方针。

第五条　公路水运工程安全生产监督管理实行统一监管、分级负责。

交通部负责全国公路水运工程安全生产的监督管理工作。

县级以上地方人民政府交通主管部门负责本行政区域内的公路水运工程安全生产监督管理工作，但长江干流航道工程安全生产监督管理工作由交通部设在长江干流的航务管理机构负责。

交通部和县级以上地方人民政府交通主管部门，可以委托其设置的安全监督机构负责具体工作，法律、行政法规规定不能委托的事项除外。

依照本条规定承担公路水运工程安全生产监督管理职能的部门或者机构，统称为公路水运工程安全生产监督管理部门。

第六条　公路水运工程安全生产监督管理部门的主要职责：

（一）宣传、贯彻、执行有关安全生产的法律、法规，按照法定权限制定公路水运工程安全生产管理规章和技术标准。

（二）依法对公路水运工程从业单位安全生产条件实施监督管理，组织施工单位的主要负责人、项目负责人、专职安全生产管理人员的考核管理工作。

（三）建立公路水运工程安全生产应急管理机制，制定重大生产安全事故应急预案。

（四）建立公路水运工程从业单位安全生产信用体系，作为交通行业信用体系建设的一部分，对从业单位和人员实施安全生产动态管理。

（五）受理公路水运工程安全生产方面的举报和投诉，依法对公路水运工程安全生产实施监督检查和相应的行政处罚。

（六）依法组织或者参与调查处理生产安全

事故,按照职责权限对公路水运工程生产安全事故进行统计分析,发布公路水运工程安全生产动态信息。省级交通主管部门负责向交通部和国务院其他有关部门报送事故信息。

(七)指导下级交通主管部门开展公路水运工程安全生产监督管理工作。

(八)组织公路水运工程安全生产技术研究和先进技术推广应用。

(九)开展公路水运工程安全生产经验交流,普及安全生产知识。

(十)法律、法规规定的其他职责。

第二章 安全生产条件

第七条 从业单位从事公路水运工程建设活动,应当具备法律、行政法规规定的安全生产条件。任何单位和个人不得降低安全生产条件。

第八条 施工单位应当取得安全生产许可证,施工单位的主要负责人、项目负责人、专职安全生产管理人员(以下简称安全生产三类人员)必须取得考核合格证书,方可参加公路水运工程投标及施工。

施工单位主要负责人,是指对本企业日常生产经营活动和安全生产工作全面负责、有生产经营决策权的人员,包括企业法定代表人、企业安全生产工作的负责人等。

项目负责人,是指由企业法定代表人授权,负责公路水运工程项目施工管理的负责人。包括项目经理、项目副经理和项目总工。

专职安全生产管理人员,是指在企业专职从事安全生产管理工作的人员,包括企业安全生产管理机构的负责人及其工作人员和施工现场专职安全员。

第九条 交通部负责组织公路水运工程一级及以上资质施工单位安全生产三类人员的考核发证工作。

省级交通主管部门负责组织公路水运工程二级及以下资质施工单位安全生产三类人员的考核发证工作。

第十条 施工单位安全生产三类人员考核分为安全生产知识考试和安全管理能力考核两部分。考核合格的,由交通部或省级交通主管部门颁发《安全生产考核合格证书》。

第十一条 施工单位的垂直运输机械作业人员、施工船舶作业人员、爆破作业人员、安装拆卸工、起重信号工、电工、焊工等国家规定的特种作业人员,必须按照国家规定经过专门的安全作业培训,并取得特种作业操作资格证书后,方可上岗作业。

第十二条 施工单位在工程中使用施工起重机械和整体提升式脚手架、滑模爬模、架桥机等自行式架设设施前,应当组织有关单位进行验收,或者委托具有相应资质的检验检测机构进行验收。使用承租的机械设备和施工机具及配件的,由承租单位、出租单位和安装单位共同进行验收,验收合格的方可使用。验收合格后30日内,应当向当地交通主管部门登记。

第十三条 从业单位应当对从业人员进行安全生产教育和培训,保证从业人员具备必要的安全生产知识,熟悉有关的安全生产规章制度和安全操作规程,掌握本岗位的安全操作技能。未经安全生产教育和培训合格的从业人员,不得上岗作业。

第三章 安全责任

第十四条 建设单位在编制工程招标文件时,应当确定公路水运工程项目安全作业环境及安全施工措施所需的安全生产费用。

安全生产费用由建设单位根据监理工程师对工程安全生产情况的签字确认进行支付。

第十五条 建设单位在公路水运工程施工招标文件中应当按照法律、法规的规定对施工单位的安全生产条件、安全生产信用情况、安全生产的保障措施等提出明确要求。

建设单位不得对咨询、勘察、设计、监理、施工、设备租赁、材料供应、检测等单位提出不符合工程安全生产法律、法规和工程建设强制性标准规定的要求。不得随意压缩合同规定的工期。

第十六条 勘察单位应当按照法律、法规和工程建设强制性标准进行勘察,重视地质环境对安全的影响,提交的勘察文件应当真实、准确,满足公路水运工程安全生产的需要。

勘察单位应当对有可能引发公路水运工程

安全隐患的地质灾害提出防治建议。

勘察单位及勘察人员对勘察结论负责。

第十七条 设计单位应当按照法律、法规和工程建设强制性标准进行设计,防止因设计不合理导致安全生产隐患或者生产安全事故的发生。

采用新结构、新材料、新工艺的工程和特殊结构的工程,设计单位应当在设计文件中提出保障施工作业人员安全和预防生产安全事故的措施建议。

设计单位和设计人员应当对其设计负责。

第十八条 监理单位应当按照法律、法规和工程建设强制性标准进行监理,对工程安全生产承担监理责任。应当编制安全生产监理计划,明确监理人员的岗位职责、监理内容和方法等。对危险性较大的工程作业应当加强巡视检查。

监理单位应当审查施工组织设计中的安全技术措施或者专项施工方案是否符合工程建设强制性标准。监理单位在实施监理过程中,发现存在安全事故隐患的,应当要求施工单位整改,必要时,可下达施工暂停指令并向建设单位和有关部门报告。

监理单位应当填报安全监理日志和监理月报。

第十九条 为公路水运工程提供施工机械设备、设施和产品的单位,应确保配备齐全有效的保险、限位等安全装置,提供有关安全操作的说明,保证其提供的机械设备和设施等产品的质量和安全性能达到国家有关标准。所提供的机械设备、设施和产品应当具有生产(制造)许可证、产品合格证或者法定检验检测合格证明。对于尚无相关国家标准或者行业标准的设备和设施,应当保障其质量和安全性能。

第二十条 施工单位应当对施工安全生产承担责任。

施工单位主要负责人依法对本单位的安全生产工作全面负责。施工单位应当建立健全安全生产责任制度和安全生产教育培训制度及安全生产技术交底制度,制定安全生产规章制度和操作规程,保证本单位安全生产条件所需资金的投入,对所承担的公路水运工程进行定期和专项安全检查,并做好安全检查记录。

施工单位的项目负责人依法对项目的安全施工负责,落实安全生产各项制度、确保安全生产费用的有效使用,并根据工程特点组织制定安全施工措施,消除安全事故隐患,及时、如实报告生产安全事故。

本条所称安全生产技术交底制度,是指公路水运工程每项工程实施前,施工单位负责项目管理的技术人员对有关安全施工的技术要求向施工作业班组、作业人员详细说明,并由双方签字确认的制度。

第二十一条 施工单位应当设立安全生产管理机构,配备专职安全生产管理人员。施工现场应当按照每5000万元施工合同额配备1名的比例配备专职安全生产管理人员,不足5000万元的至少配备1名。

专职安全生产管理人员负责对安全生产进行现场监督检查,并做好检查记录,发现生产安全事故隐患,应当及时向项目负责人和安全生产管理机构报告;对违章指挥、违章操作和违反劳动纪律的,应当立即制止。

第二十二条 施工单位在工程报价中应当包含安全生产费用,一般不得低于投标价的1%,且不得作为竞争性报价。

安全生产费用,应当用于施工安全防护用具及设施的采购和更新、安全施工措施的落实、安全生产条件的改善,不得挪作他用。

第二十三条 施工单位应当在施工组织设计中编制安全技术措施和施工现场临时用电方案,对下列危险性较大的工程应当编制专项施工方案,并附安全验算结果,经施工单位技术负责人、监理工程师审查同意签字后实施,由专职安全生产管理人员进行现场监督:

(一)不良地质条件下有潜在危险性的土方、石方开挖。

(二)滑坡和高边坡处理。

(三)桩基础、挡墙基础、深水基础及围堰工程。

(四)桥梁工程中的梁、拱、柱等构件施工等。

(五)隧道工程中的不良地质隧道、高瓦斯隧道、水底海底隧道等。

(六)水上工程中的打桩船作业、施工船作业、外海孤岛作业、边通航边施工作业等。

(七)水下工程中的水下焊接、混凝土浇注、爆破工程等。

(八)爆破工程。

(九)大型临时工程中的大型支架、模板、便桥的架设与拆除;桥梁、码头的加固与拆除。

(十)其他危险性较大的工程。

必要时,施工单位对前款所列工程的专项施工方案,还应当组织专家进行论证、审查。

第二十四条 施工单位应当在施工现场出入口或者沿线各交叉口、施工起重机械、拌和场、临时用电设施、爆破物及有害危险气体和液体存放处以及孔洞口、隧道口、基坑边沿、脚手架、码头边沿、桥梁边沿等危险部位,设置明显的安全警示标志或者必要的安全防护设施。

施工单位应当根据不同施工阶段和周围环境及季节、气候的变化,在施工现场采取相应的安全施工措施。施工现场暂时停止施工的,施工单位应当做好现场防护。因施工单位安全生产隐患原因造成工程停工的,所需费用由施工单位承担,其他原因按照合同约定执行。

第二十五条 施工单位应当将施工现场的办公、生活区与作业区分开设置,并保持安全距离;办公、生活区的选址应当符合安全性要求。职工的膳食、饮水、休息场所、医疗救助设施等应当符合卫生标准。

施工现场临时搭建的建筑物应当符合安全使用要求。施工现场使用的装配式活动房屋应当具有生产(制造)许可证、产品合格证。

第二十六条 施工单位应当在施工现场建立消防安全责任制度,确定消防安全责任人,制定用火、用电、使用易燃易爆材料等各项消防管理制度和操作规程,设置消防通道,配备相应的消防设施和灭火器材。

第二十七条 施工单位应当向作业人员提供必需的安全防护用具和安全防护服装,书面告知危险岗位的操作规程并确保其熟悉和掌握有关内容和违章操作的危害。

作业人员有权对施工现场的作业条件、作业程序和作业方式中存在的安全问题提出批评、检举和控告,有权拒绝违章指挥和强令冒险作业。

在施工中发生可能危及人身安全的紧急情况时,作业人员有权立即停止作业或者在采取必要的应急措施后撤离危险区域。

第二十八条 作业人员应当遵守安全施工的工程建设强制性标准、规章制度,正确使用安全防护用具、机械设备等。

第二十九条 施工单位采购、租赁的安全防护用具、机械设备、施工机具及配件,应当具有生产(制造)许可证、产品合格证,并在进入施工现场前由专职安全管理人员进行查验。

施工现场的安全防护用具、机械设备、施工机具及配件必须由专人管理,定期进行检查、维修和保养,建立相应的资料档案,并按照国家有关规定及时报废。

第三十条 施工单位应当对管理人员和作业人员进行每年不少于2次的安全生产教育培训,其教育培训情况记入个人工作档案。

施工单位在采用新技术、新工艺、新设备、新材料时,应当对作业人员进行相应的安全生产教育培训。

新进人员和作业人员进入新的施工现场或者转入新的岗位前,施工单位应当对其进行安全生产培训考核。

未经安全生产教育培训考核或者培训考核不合格的人员,不得上岗作业。

第三十一条 施工单位应当为施工现场的人员办理意外伤害保险,意外伤害保险费应由施工单位支付。实行施工总承包的,由总承包单位支付意外伤害保险费。

第三十二条 建设工程实行施工总承包的,由总承包单位对施工现场的安全生产负总责。总承包单位依法将建设工程分包给其他单位的,分包合同中应当明确各自的安全生产方面的权利、义务。总承包单位对分包工程的安全生产承担连带责任。

分包单位应当服从总承包单位的安全生产管理,分包单位不服从管理导致生产安全事故的,由分包单位承担主要责任。

第三十三条 建设单位、施工单位应当针对本工程项目特点制定生产安全事故应急预案,定期组织演练。发生生产安全事故,施工单位应当立即向建设单位、监理单位和事故发生地的公路水运工程安全生产监督管理部门以及地方安全监督部门报告。建设单位、施工单位应当立即启动事故应急预案,组织力量抢救,保护好事故现场。

第四章 监督检查

第三十四条 公路水运工程安全生产监督管理部门在职责范围内履行安全生产监督检查职责时,有权采取下列措施:

(一)要求被检查单位提供有关安全生产的文件和资料;

(二)进入被检查单位施工现场进行检查;

(三)纠正施工中违反安全生产要求的行为,依法实施行政处罚。

第三十五条 公路水运工程安全生产监督管理部门对从业单位安全生产监督检查的内容主要有:

(一)从业单位安全生产条件的符合情况;

(二)施工单位安全生产三类人员和特种作业人员具备上岗资格情况;

(三)从业单位执行安全生产法律、法规、规章和工程建设强制性标准的情况;

(四)从业单位对安全生产管理制度、安全责任制度和各项应急预案的建立和落实情况;

(五)安全生产管理机构或者专职安全生产管理人员的设置和履行职责情况;

(六)员工的安全教育培训情况;

(七)其他应当监督检查的情况。

第三十六条 公路水运工程安全生产监督管理部门应当对公路水运工程下列施工现场的安全生产情况进行监督检查:

(一)现场驻地;

(二)施工作业点(面);

(三)危险品存放地;

(四)预制厂、半成品加工厂;

(五)非标施工设备组装厂。

公路水运工程安全生产监督管理部门对易发生生产安全事故的危险工程及施工作业环节应当进行重点监督检查。

第三十七条 公路水运工程安全生产监督管理部门对监督检查中发现的安全问题,应当作出如下处理:

(一)从业单位存在安全管理问题需要整改的,以书面方式通知存在问题单位限期整改。

(二)从业单位存在安全事故隐患的,责令立即排除。

(三)重大安全事故隐患在排除前或者在排除过程中无法保证安全的,责令其从危险区域内撤出作业人员或者暂时停止施工。

(四)建设单位违反安全管理规定造成重大生产安全事故的,对全部或者部分使用国有资金的建设项目,暂停资金拨付。

(五)建设单位未列建设工程安全生产费用的,责令其限期改正并不得办理监督手续;逾期未改正的,责令该建设工程停止施工并通报批评。

被检查单位应当立即落实处理决定,并将整改结果书面报检查单位。责令停工的,应当经复查合格后,方可复工。

第三十八条 公路水运工程安全生产监督管理部门应当建立从业单位信用档案,并将监督检查情况和处理结果及时登录在安全生产信用管理系统中。

第三十九条 从业单位整改不力,多次整改仍然存在安全问题的,公路水运工程安全生产监督管理部门将其列入安全监督检查重点名单,登录在安全生产信用管理系统中,并向有关部门通报。

对存在重大安全事故隐患但拒绝整改或者整改效果不明显或者发生重特大安全事故等不再具备安全生产条件的,公路水运工程安全生产监督管理部门应当向安全生产许可证颁发部门通报,建议暂扣或者吊销安全生产许可证,同时向有关资质证书颁发部门建议降低资质等级。

第四十条 公路水运工程安全生产监督管理部门可委托具备国家规定资质条件的机构对容易发生重特大生产安全事故的工程项目和危险性较大的工程施工进行安全评价和监测。

第四十一条 公路水运工程安全生产监督管理部门应当健全内部管理制度,加强对监督管理人员的教育培训,提高执法水平。监督管理人员应当忠于职守,秉公办事,坚持原则,清正廉洁。与监督检查对象有利害关系的监督人员,应当回避。

第四十二条 公路水运工程安全生产监督管理部门应当建立举报制度,及时受理对公路水运工程生产安全事故或者事故隐患以及监督检查人员违法行为的检举、控告和投诉。

第五章 附 则

第四十三条 违反本办法规定,按照《中华人民共和国安全生产法》、《建设工程安全生产管理条例》、《安全生产许可证条例》的相关规定,给予行政处罚。

第四十四条 本办法自2007年3月1日起施行。

中华人民共和国交通部令

2007 年第 2 号

《中华人民共和国国际船舶保安规则》已于 2007 年 3 月 12 日经第 3 次部务会议通过，现予公布，自 2007 年 7 月 1 日起施行。

部　长　李盛霖

二〇〇七年三月二十六日

中华人民共和国国际船舶保安规则

第一章　总　则

第一条　为加强国际航行船舶保安管理，根据经过修订的《1974 年国际海上人命安全公约》（以下简称“SOLAS 公约”）和《国际船舶和港口设施保安规则》（以下简称“ISPS 规则”）的规定，制定本规则。

第二条　本规则适用于下列从事国际航行的中国籍船舶和从事国际航运业务的中国公司以及进入中国管辖海域的外国籍船舶：

（一）客船；

（二）500 总吨及以上的货船；

（三）500 总吨及以上的特种用途船；

（四）移动式海上钻井装置。

适用本规则的船舶以下简称船舶。

本规则不适用于军用船舶和仅用于政府公务用途的船舶。

第三条　交通部主管全国船舶保安工作。中华人民共和国海事局负责具体执行 SOLAS 公约和 ISPS 规则规定的缔约国政府船舶保安主管机关的职责。

交通部在沿海设立的海事管理机构按照本规则具体履行下列职责：

（一）负责管理船舶保安员和公司保安员的培训，对通过规定的船舶保安培训并经考试合格者，签发相应的培训合格证；

（二）接收船舶海上保安信息，并在法定的职责内按照规定的程序采取相应的行动；

（三）向已经进入中国领海或者已经报告拟进入中国领海的船舶提供相应的保安信息，向相关部门通报保安信息，并按照法定职责采取相应的行动；

（四）实施船舶保安监督管理，检查《船舶连续概要记录》、《国际船舶保安证书》、《临时国际船舶保安证书》、保安报警装置、保安演习以及本规则规定的其他船舶保安事项，检查已经批准的船舶保安计划以及修订内容的有效性；

（五）对船舶保安员、公司保安员实施监督管理；

（六）中华人民共和国海事局规定的其他船舶保安职责。

第四条　本规则下列用语的含义是：

（一）特种用途船，是指根据船舶功能的需要而载有 12 名以上特殊人员（包括乘客）的机械自航船舶，包括以下类型：

1. 从事科研、考察及测量的船舶；

2. 用于海上人员训练的船舶；

3. 不从事捕捞的鲸船及鱼类加工船；

4. 不从事捕捞的其他海洋生物资源加工船;

5. 设计特点与作业方式与第 1 目至第 4 目相类似的其他船舶。

(二)船港界面活动,是指船舶与港口之间的人员来往、货物装卸或者接受港口服务时发生的交互活动。

(三)船到船活动,是指从一船向另一船转移物品或者人员且与港口设施不相关的行为。

(四)保安事件,是指威胁船舶、港口设施或者船港界面活动、船到船活动安全的任何可疑行为或者情况。

(五)保安联络点,是指由交通部公布并设立在各直属海事管理机构的联络点。船舶、公司可通过该联络点向海事管理机构就船舶保安事项请求建议或者援助,报告关于其他船舶、动向或者通信的任何保安问题。

(六)保安等级,是指可能导致保安事件或者发生保安事件的风险级别划分。

(七)保安声明,是指船舶与其所从事活动的港口设施或者其他船舶之间达成谅解的书面协议,规定各自的保安措施。

(八)《船舶保安计划》,是指为确保在船上采取旨在保护船上人员、货物、货物运输单元、船舶物料或者船舶免受保安事件威胁的措施而制订的计划。

(九)船舶保安员,是指由公司指定的承担船舶保安责任的船上人员。该保安员对船长负责,其职责包括实施和维护《船舶保安计划》以及与公司保安员和港口设施保安员进行联络。

(十)公司保安员,是指由公司所指定的,负责开展船舶保安评估、制订和报批《船舶保安计划》、实施和维持批准后的《船舶保安计划》,并与港口设施保安员和船舶保安员进行联络的人员。

(十一)港口设施保安员,是指被指定负责落实《港口设施保安计划》的制订、实施、修订和维护工作,并与船舶保安员和公司保安员进行联络的人员。

(十二)公司,是指承担安全与防污染管理责任和义务的航运企业,包括船舶所有人、经营人、管理人和光船承租人。

第二章 船舶保安等级

第五条 船舶保安等级从低到高分为三级,分别是保安等级 1、保安等级 2 和保安等级 3。

保安等级 1 是指应当始终保持的最低防范性保安措施的等级。

保安等级 2 是指由于保安事件危险性升高而应在一段时间内保持适当的附加保护性保安措施的等级。

保安等级 3 是指当保安事件可能或者即将发生(尽管可能尚无法确定具体目标)时应在一段有限时间内保持进一步的特殊保护性保安措施的等级。

第六条 中华人民共和国海事局应当根据威胁信息的可信程度、得到佐证的程度、具体或者紧迫程度以及保安事件潜在的后果确定和调整船舶的保安等级。

前款所称威胁信息包括但不限于以船舶为载体或者工具对下列对象产生威胁的信息:国家安全、公共安全、公共卫生、公共环境、公共资源、海上通信安全、重要设施安全、社会治安等。

第七条 船舶保安等级由交通部发布。

交通部发布船舶保安等级时,可以视情发出适当的指令,并向可能受到影响的船舶提供保安信息。

第三章 船舶和公司的保安要求

第一节 一般规定

第八条 船舶应当按照 SOLAS 公约的要求和中华人民共和国海事局的规定,配备船舶自动识别系统(AIS)、《船舶连续概要记录》,安装船舶保安警报系统,标记船舶永久识别号。

第九条 公司应当履行以下职责:

(一)负责对所属船舶进行船舶保安评估;

(二)负责编制《船舶保安计划》和已批准计划的后续修订;

(三)实施经过批准的《船舶保安计划》;

(四)采取适当的措施,避免泄漏船舶保安评估或者《船舶保安计划》及其相关的保安敏感性、保密性资料；

(五)应当安排一名或者数名人员作为公司保安员，确定每人所负责的船舶，并确保其能够24小时与船舶、港口设施保安员和海事管理机构保持联系；

(六)向船籍港海事管理机构及时提供最新的公司保安员名单以及24小时联络方式等资料；

(七)在每艘船舶上指定一名适合履行船舶保安职责的人员作为船舶保安员；

(八)为船舶保安员、公司保安员、船长履行职责提供必要的条件；

(九)赋予船长在船舶保安以及在必要时请求公司或者海事管理机构提供帮助方面的决定权；

(十)根据确定的保安等级，采取相应的保安措施；

(十一)组织、参加船舶保安培训、训练和演习；

(十二)收集船舶保安信息，并向相关部门报告或者通报。

第十条 在各等级保安状态下，船舶应当按照经批准的船舶保安计划开展工作。

发现保安威胁，在船舶保安等级未确认改变之前，船舶可以按照经过批准的保安计划，采取高于其所处保安等级的保安措施，包括附加保护性措施和特殊保护性措施。

船舶的保安等级高于其拟进入或者所在港口的保安等级，船舶应当立即将此情况通知拟进入或者所在国家的保安联络点。

船舶的保安等级低于其拟进入或者所在港口的保安等级，船舶应当立即按照本船的《船舶保安计划》升高船舶的保安等级至不低于港口的保安等级，并向拟进入或者所在国家的保安联络点报告。

第十一条 船长在职责范围内做出的维护船舶安全或者保安的决定，不受公司或者任何其他人员的限制。其中包括拒绝人员(经确定为SOLAS公约、ISPS规则缔约国政府正式授权的人员除外)及其物品上船或者拒绝装货(包括集装箱或者其他封闭的货运单元)。

不论处于何种保安等级，船长在任何时候对船舶的安全负有最终责任。如果有理由相信执行任何有关指令会危及船舶的安全，船长可以要求澄清或者修改指令。

第十二条 船舶在进入中华人民共和国港口之前、在港口期间，船长和船舶保安员应当履行下列义务：

(一)了解拟挂靠的港口设施履行SOLAS公约和ISPS规则的情况；

(二)与我国海事管理机构公布的保安联络点联系，以确定适合其的船舶保安等级，并掌握有关船舶保安等级的任何变化；

(三)与拟挂靠的港口设施的保安员联系，了解该港口设施的保安等级，并掌握有关港口设施保安等级的任何变化；

(四)如果保安联络点确定了该船需要提升保安等级并就此发出指令，船长和船舶保安员应当向保安联络点确认已收到关于保安等级改变的指令，并确认已开始实施《船舶保安计划》所列明的措施和程序；如果在实施中遇到任何困难，应当与港口设施保安员联系，并协调适当的行动；

(五)如果船舶按照本条第(四)项规定需要提高的保安等级或已处于的保安等级高于其拟挂靠或所在港口的保安等级，船长和船舶保安员应当立即将此情况通知港口所在地海事管理机构和港口设施保安员，并在必要时与港口设施保安员协调适当的行动。

第十三条 在中华人民共和国领海或者拟进入中华人民共和国领海的船舶，发现可能影响所在区域海上保安的任何信息，应当立即向沿岸保安联络点报告。

第二节 船舶保安评估

第十四条 公司保安员应当确保船舶保安评估由具备评价船舶保安技能的人员按照本规则、SOLAS公约和ISPS规则的要求开展，并对船舶保安评估的妥善实施负有最终责任。

公司可以由公司保安员实施保安评估，也可就某一具体船舶的保安评估委托具备船舶保安评估资质的机构实施，实施船舶保安评估的机构应当对评估的结论负责。

第十五条 船舶保安评估应当符合下列要求以及中华人民共和国海事局规定或者认可的

船舶保安评估规范:

(一)确定现有保安措施、程序和操作;

(二)确定并评价应予重点保护的船上关键操作;

(三)确定船上关键操作可能受到的威胁及其发生的可能性,以确定并按优先顺序排定保安措施;

(四)找出船舶设施、设备和重要部位以及方针和程序中的弱点,包括人为因素。

船舶保安评估应当包括现场保安检验。现场保安检验应当检查和评估船上的现有保护措施、指南、程序和操作。

船舶发生重大变化时,应当及时重新进行保安评估。前述重大变化包括:船舶的通信、报警、消防、救生等重要设备结构、功能发生变化,船舶的保安组织机构、职责和协调程序发生重大变化,船舶发生了保安事件等。

第十六条 如果同一公司所有、租赁或者管理的船舶的种类,通信、报警、消防、救生等主要设备、结构相同或者相近,经向海事管理机构说明,可以共同评估并制作一份《船舶保安评估报告》。

第十七条 完成船舶保安评估后,评估人应当制作书面的《船舶保安评估报告》。

《船舶保安评估报告》应当由公司加以审查、接受并保存。

《船舶保安评估报告》应当保密,公司和承担船舶保安评估的机构应当制定并落实防止擅自接触、泄露的措施。

第三节 船舶保安计划

第十八条 《船舶保安评估报告》被公司接受后,公司应当根据船舶保安评估已经确定的船舶特点、潜在威胁和薄弱环节等情况,编制《船舶保安计划》。

《船舶保安计划》应当就本规则定义的三个保安等级作出规定,并至少包括以下内容:

(一)船舶的保安组织机构以及各自职责;

(二)标明船舶保安员和公司保安员,包括公司保安员的24小时联系方式;

(三)船舶与公司、港口设施、其他船舶和具有保安职责的有关主管机关的关系;

(四)保安等级1状态下应当落实的保安措施,以及保安等级提高时应当落实的全部附加和特别保安措施;

(五)《船舶保安计划》的保密措施;

(六)《船舶保安计划》的定期审查和更新程序;

(七)与海事管理机构、港口设施保安员及其他部门联系、报告的程序,船舶内部联系和报告保安事件的程序;

(八)防止将企图用于攻击人员、船舶或者港口的武器、危险物质和装置擅自携带上船的措施;

(九)对限制区域的确定以及防止擅自进入限制区域的措施;

(十)防止擅自上船的措施;

(十一)对保安威胁或者保安状况的破坏作出反应的程序,包括维持船舶或者船港界面的关键操作的规定;

(十二)对缔约国政府在保安等级3时可能发出的指令作出反应的程序;

(十三)在保安威胁或者保安状况受到破坏时的撤离程序;

(十四)保安活动审核程序;

(十五)与计划有关的培训、训练和演习程序;

(十六)确保检查、测试、校准和保养船上装备的任何保安设备的程序;

(十七)测试或者校准船上装备的任何保安设备的频度;

(十八)指明船舶保安警报系统启动点的安装位置;

(十九)船舶保安警报系统的使用,包括试验、启动、关闭、复位和减少误报警的程序、说明和指导;

(二十)保安和监控设备或者系统的类型和维护要求;

(二十一)建立、保持和更新危险货物或者财产及其地点清单的程序;

(二十二)向有关缔约国政府联络点报告的程序;

(二十三)自身要求签署《保安声明》的条件以及如何处理港口设施提出《保安声明》要求的做法;

（二十四）位于非缔约国的港口、与不符合SOLAS公约第XI－2章和ISPS规则A部分的港口设施或者未取得《国际船舶保安证书》的船舶发生界面活动以及与固定、浮动平台或者就位的移动式海上钻井装置进行界面活动时将采取的程序和保安措施。

第十九条 公司应向中华人民共和国海事局或者其指定的海事管理机构提出《船舶保安计划》审查申请。

中华人民共和国海事局或者其指定的海事管理机构应当自受理申请之日起20个工作日内书面做出批准或者不批准《船舶保安计划》的决定。对于批准的，应当出具批准文书，对不批准的，应当书面告知理由。

第二十条 《船舶保安计划》批准后，船舶不得擅自更换该计划中所述的任何保安设备。

船舶更换已经批准的《船舶保安计划》涉及的任何保安设备，应当与本规则和ISPS规则规定的内容等效。更换保安设备后的《船舶保安计划》应当经批准该计划的海事管理机构重新认可后方可实施。

第二十一条 船舶重新进行保安评估，公司或者公司保安员应当对《船舶保安计划》作出相应的修订后，按本节规定的程序提出申请。

第二十二条 《船舶保安计划》应当保密。

在符合下列条件时，执法人员可以查看《船舶保安计划》中与不符合情况有关的具体部分：

（一）有明确理由相信船舶不符合SOLAS公约第XI－2章或者ISPS规则A部分的要求，且只能通过审查船舶保安计划的相关要求验证或者纠正不符合情况；

（二）中国籍船舶征得船籍港海事管理机构或者船长的同意，但对计划中的保密信息未经中华人民共和国海事局另行同意，不能受到检查；外国籍船舶征得其所属缔约国政府或者船长的同意，但对计划中的保密信息未经其所属缔约国政府同意，不能受到检查。

本条前款所述的保密信息包括：

（一）对限制区域的确定以及防止擅自进入限制区域的措施；

（二）对保安状况受到的威胁或者破坏作出响应的程序，包括维持船舶或者船港界面的关键操作的规定；

（三）对缔约国政府在处于保安等级3时可能发出的任何指令作出响应的程序；

（四）船舶上负有保安责任人员的职责和船舶上其他人员在保安方面的职责；

（五）确保检查、测试、校准和保养船上任何保安设备的程序；

（六）指明船舶保安警报系统启动点所在位置；

（七）船舶保安警报系统的使用，包括试验、启动、关闭和复位以及限制误发警报的程序、说明和指导。

第二十三条 如果同一公司所有、租赁或者管理的船舶的种类，通信、报警、消防、救生等主要设备、结构相同或者相近，事先取得船籍港海事管理机构同意，可以共同制作一份《船舶保安计划》。

第四节 审核和发证

第二十四条 从事国际航行的船舶必须持有《国际船舶保安证书》或者《临时国际船舶保安证书》。

《国际船舶保安证书》或者《临时国际船舶保安证书》应当随船携带。

第二十五条 中国籍船舶应当向中华人民共和国海事局或者其指定的海事管理机构申请《国际船舶保安证书》。

中华人民共和国海事局或者其指定的海事管理机构应当自受理申请之日起的10日内，对船舶是否具备取得《国际船舶保安证书》的条件进行审核，并对审核合格的船舶核发《国际船舶保安证书》，审核不合格的，书面告知理由。

有下列情况之一的，中华人民共和国海事局或者其指定的海事管理机构应当核发《临时国际船舶保安证书》：

（一）在交船时或者在投入营运或者重新投入营运之前，船舶没有《国际船舶保安证书》；

（二）船舶从SOLAS公约和ISPS规则的一缔约国政府换旗到另一缔约国政府；

（三）船舶从一非SOLAS公约和ISPS规则缔约国政府换旗到一缔约国政府；

（四）公司承担了其以前未经营过的某一船舶的经营责任。

第二十六条 《国际船舶保安证书》的有效期最长不超过5年,《临时国际船舶保安证书》的有效期最长不超过6个月。

第二十七条 船舶应当按照中华人民共和国海事局的规定,在《国际船舶保安证书》有效期内的第2周年和第3周年之间,至少申请一次船舶保安期间审核。

第二十八条 中国籍船舶有以下情况之一的,应当申请附加审核:

(一)在接受海事管理机构检查时,检查人员有充分理由确认船舶不符合ISPS规则A部分及本规则的要求;

(二)船舶保安计划作出修正并经批准后,公司应当在3个月内申请对船舶进行附加审核,以检查修正后计划的执行情况;

(三)船舶因不满足ISPS规则的要求被滞留、被禁止进港或者驱逐出港。

第五节 船舶保安声明

第二十九条 海事管理机构可以根据船港界面活动或者船到船活动对人员、财产和环境可能造成危险程度的判断,要求船舶与港口设施或者其他船舶签署《保安声明》。

签署《保安声明》的双方,应当确保在船舶与港口设施或者其他船舶之间就各方所分别采取的保安措施达成协议,说明各自的责任,并按照协议开展行动。

第三十条 在下列情况下,船舶可以要求与港口设施或者其他船舶签署《保安声明》:

(一)该船舶所处的保安等级高于其所从事界面活动的港口设施或者另一船舶的保安等级;

(二)在中华人民共和国政府与其他缔约国政府之间有涉及某些国际航线或者这些航线上的特定船舶的关于《保安声明》的协议;

(三)曾经有涉及该船舶或者涉及该港口设施的保安威胁或者重大保安事件;

(四)该船舶位于一个不要求具有和实施经过批准的《港口设施保安计划》的港口设施;

(五)该船舶与另一艘不要求具有和实施经批准的《船舶保安计划》的船舶进行船到船活动;

(六)符合该船舶《船舶保安计划》要求签署《保安声明》的其他条件。

对于上述第(一)项至第(五)项签署《保安声明》的请求,有关港口设施或者船舶应当回应。

船舶接到港口设施或者其他船舶签署《保安声明》的请求,应当予以回应。

第三十一条 《保安声明》应当由船长或者船舶保安员、港口设施保安员代表相关各方签署。

《保安声明》应当根据保安等级变化做相应的改变或者重新签署。

《保安声明》应当留船保存3年。

第六节 船舶保安的训练、演习

第三十二条 为了保证《船舶保安计划》的有效实施,公司应当每隔3个月进行一次船舶保安训练,测试下列威胁保安的因素:

(一)对船舶、货物、船舶基础设备或者系统以及船舶物料的损坏或者破坏;

(二)劫持或者扣留船舶或者船上人员;

(三)未经允许进入船舶的人员(包括藏于船上的偷渡人员);

(四)走私武器或者设备(包括大规模杀伤性武器);

(五)使用船舶载运企图制造保安事件的人员、设备;

(六)使用船舶本身作为损坏或者破坏的武器;

(七)在港或者锚泊时从海上发动的攻击;

(八)在海上时的攻击。

如果一次有25%以上船员发生变更,而这些人员在最近的适当间隔期中没有参加过该船的保安训练,则必须在发生变更后的一个星期内进行训练。

第三十三条 为了保证《船舶保安计划》的有效实施,测试通信、协调、资源共享和应答能力,公司保安员、船舶保安员应当每日历年至少参加一次由公司或者海事管理机构组织的保安演习,最长间隔不超过18个月。

保安演习可以采用实地或者模拟的形式,也可以与相关演习结合进行。

中国籍船舶如果参加国外有关主管当局组织的保安演习,应当事先通报船籍港海事管理机构。未事先通报的,海事管理机构不予承认。

第七节　船舶保安记录

第三十四条　船舶应当保存涉及以下活动的记录：

（一）培训、训练、演习；

（二）保安状况受到的威胁和保安事件；

（三）保安状况受到的破坏；

（四）保安等级的改变；

（五）与船舶保安状况直接有关的通信；

（六）保安活动的内部审核和评审；

（七）对船舶保安评估的定期评审；

（八）对船舶保安计划的定期评审；

（九）对船舶保安计划任何修正的实施；

（十）船舶保安设备的保养、校准和测试，包括对船舶保安警报系统的测试；

（十一）在任何港口进行船港界面活动时其所处的保安等级；

（十二）在任何港口进行船港界面活动时所采取的特别和附加的保安措施；

（十三）任何船到船活动时维持的适当的保安程序；

（十四）其他与船舶保安有关的实用信息（但不包括船舶保安计划的细节）。

第三十五条　船舶应当对船舶保安记录加以保护，防止擅自接触、删除、破坏、修改或者泄露。

船舶应当建立专门的船舶保安记录簿。

船舶保安记录应当存船保留3年。

第八节 对保安员和有关人员的要求

第三十六条　公司保安员和船舶保安员，应当按照ISPS规则的有关要求，完成海事管理机构规定的船舶保安培训，具备履行其职责的知识和能力。

公司和船舶的其他相关人员，应当按照ISPS规则的有关要求，经过相应的培训，具备履行其担任职责方面的知识和能力。

第三十七条　公司保安员履行下列职责：

（一）利用适当的保安评估和其他相关信息，就船舶可能遇到威胁的情况提出建议；

（二）确保船舶保安评估得以开展；

（三）确保《船舶保安计划》得以制定、提交批准以及随后得以实施和维护；

（四）确保对《船舶保安计划》进行适当修改，以纠正缺陷并符合各船舶的保安要求；

（五）安排对保安活动进行内部审核和审查；

（六）安排船舶进行初次和后续的审核；

（七）确保迅速解决和处理在内部审核、定期审查、保安检查和其他审核期间确定的缺陷和不符合项；

（八）加强保安意识和警惕性；

（九）确保负责船舶保安的人员受到适当的培训；

（十）确保船舶保安员和有关港口设施保安员之间的有效沟通与合作；

（十一）及时接收海事管理机构发布的船舶保安信息，并确保将信息及时传递到公司所属船舶；

（十二）确保保安要求和安全要求的一致性；

（十三）若采用了姊妹船或者船队的保安计划，确保每条船舶的计划均准确反映该船具体信息；

（十四）确保海事管理机构为某一特定船舶或者某一组船舶批准的任何替代或者等效措施得以实施和保持。

第三十八条　船舶保安员履行下列职责：

（一）承担船舶的定期保安检查，确保船舶保持适当的保安措施；

（二）保持和监督《船舶保安计划》的实施；

（三）与船上其他人员和有关港口设施保安员协调货物和船舶备品装卸中的保安事项；

（四）对《船舶保安计划》提出修改建议；

（五）向公司保安员报告内部审核、定期审查、保安检查和其它审核期间所确定的缺陷和不符合项，并采取纠正措施；

（六）加强船上保安意识和警惕性；

（七）确保为船上人员提供充分的培训；

（八）报告所有保安事件；

（九）与公司保安员和有关港口设施保安员协调实施《船舶保安计划》；

（十）确保正确操作、测试、校准和保养保安设备。

中国籍船舶的船舶保安员无法履行职责的，海事管理机构出具书面的证明文件，指定其他船员短时间替代船舶保安员的职责,并由船公司通知船舶停靠的下一港口的海事主管当局。

第四章 海上保安报警和处置

第三十九条 中国海上搜救中心总值班室是全国船舶和港口设施保安的总联络点,负责全国船舶和港口设施的保安报警接收和保安信息联络工作。

第四十条 交通部在沿海设立的各海事管理机构的值班室,负责下列事项的对外联系工作:

(一)接收港口保安信息和船舶保安信息,针对接到的保安报警及时按照船舶保安应急反应程序采取通告有关部门等保安行动;

(二)对船舶提供保安建议或者援助;

(三)为拟进入我国领海和港口的船舶提供保安信息和保安通信联系;

(四)按规定程序向中国海上搜救中心总值班室报告保安信息。

第四十一条 当出现威胁船舶、船港界面活动或者船到船活动安全的任何可疑行为或者情况,船长或者船舶保安员应当向船舶所在公司进行船舶保安报警。

公司保安员收到船舶保安报警后,应当立即与保安事件发生地的海事管理机构联系,报告船舶的船名、船籍、位置、船舶种类、船上人员和货物情况、受到的保安威胁等情况,同时通报船籍港海事管理机构;如涉及到港口设施,还应通报港口设施所在地港口行政管理部门。

第四十二条 船舶应当制定并落实有关措施妥善使用船舶保安警报设备,以防止船舶发生误报警。保安报警的测试应当避免采取直接与海上保安联络点之间测试的方式,以保证海上保安报警线路的畅通。

第四十三条 船舶发生误报警,应当采取措施立即消除,并向有关海事管理机构报告;海事管理机构以及其他单位和个人因对误报警采取行动支付的额外费用,由误报警的船舶承担。

第四十四条 中华人民共和国海事局负责统一对外发布除保安等级以外的船舶保安信息,并发布全国性或者局部重要性的船舶保安指令。

各海事管理机构根据中华人民共和国海事局的授权,向相关单位发布船舶保安信息和指令。

第四十五条 海事管理机构收到港口保安事件和其他港口保安信息,应当按照应急反应程序,通知相关的公司和船舶,协调港口设施和船舶的保安行动,同时及时通报港口行政管理部门。

第四十六条 海事管理机构收到中华人民共和国管辖水域内船舶的保安报警后,应当按照规定的程序及时采取应急反应措施。

海事管理机构收到中华人民共和国管辖水域外船舶的保安报警后,应当立即向中华人民共和国海事局报告,由中华人民共和国海事局按照规定的程序采取通知该船舶航行位置附近国家等行动。

第五章 监督检查与法律责任

第四十七条 海事管理机构依法对船舶保安活动实施的监督检查,任何单位或者个人不得拒绝、妨碍或者阻挠。

有关单位或者个人应当接受海事管理机构依法实施的监督检查,并为其提供方便。

海事管理机构的工作人员实施监督检查时,应当出示执法证件,表明身份。

第四十八条 海事管理机构应当对船舶的下列保安事项进行监督检查:

(一)《国际船舶保安证书》或者《临时国际船舶保安证书》及证书签发机关的有效性;

(二)《船舶保安计划》在船上实施的有效性;

(三)《船舶连续概要记录》记载和保存的情况;

(四)船舶永久识别号的标识情况,以及保安报警装置、船舶自动识别系统(AIS)的配备情况;

(五)中华人民共和国海事局规定的其他检查事项。

经检查,海事管理机构有明显理由认为船舶不符合 SOLAS 公约第 V、XI 章、ISPS 规则 A 部分和本规则要求的,海事管理机构可以对船舶采取进一步强制检查、责令船舶立即或者限期纠正、限制操作(包括限制在港内活动)、责令驶向指定地点、禁止进港、滞留船舶、驱逐出港等行政强制措施。

第四十九条 对拟进入中华人民共和国港口的国际航行船舶,海事管理机构可以在其提交国际航行船舶进口岸申请的同时要求提供以下信息,以确保船舶符合SOLAS公约第XI章、ISPS规则和本规则的要求:

(一)船舶当前运营所处的保安等级;

(二)船舶挂靠前10个港口进行船港界面活动时其所处的保安等级;

(三)船舶挂靠前10个港口进行船港界面活动时所采取的特别和附加的保安措施;

(四)船舶挂靠前10个港口进行船港界面活动时维持的适当的保安程序;

(五)船舶挂靠前10个港口与未取得《国际船舶保安证书》的船舶发生界面活动或者与固定、浮动平台或者就位的移动式海上钻井装置进行界面活动时采取的保安程序和保安措施;

(六)其他海事管理机构要求提供的实用保安信息。

对于船舶未按要求提供前款所述的信息,或者海事管理机构认为提供的信息不符合SOLAS公约第XI章、ISPS规则和本规则的要求,海事管理机构可以采取强制检查、责令船舶立即或者限期纠正、责令驶向指定地点、禁止进港等行政强制措施。

第五十条 对外国籍船舶按照第四十八、四十九条规定采取强制检查、责令船舶立即或者限期纠正、限制操作(包括限制在港内活动)、责令驶向指定地点、禁止进港、滞留船舶、驱逐出港的行政强制措施,中华人民共和国海事局应当将此情况通报船旗国海事当局和国际海事组织。

采取禁止进港或者驱逐出港的措施,还应当通知可知的船舶随后拟挂靠港口的国家当局以及其他有关沿岸国。

第五十一条 对于挂靠未按规定取得有效《港口设施保安符合证书》的我国港口设施的船舶,港口所在地海事管理机构应当采取禁止进港或者驱逐出港的行政强制措施。

第五十二条 对于违反本规则规定的中国公司,海事管理机构可以责令改正;情节严重的,可以责令对有关船舶重新进行保安评估或者修订《船舶保安计划》。

第五十三条 违反本规则规定,公司保安员和船舶保安员未经必要的培训,海事管理机构可以责令公司更换;公司保安员和船舶保安员未能履行本规则规定的职责,海事管理机构可以责令其参加保安培训,情节严重的,可以责令公司暂停或者撤销其保安员资格。

第五十四条 对于违反本规则的行为,依法应当给予海事行政处罚的,海事管理机构按照交通部颁布的海事行政处罚有关规定实施行政处罚。

第五十五条 海事管理机构工作人员违反本规则规定,滥用职权,玩忽职守,给人民生命财产造成损失的,由所在单位或者其上级主管机关给予行政处分;涉嫌犯罪的,依法移送司法机关。

第六章 附 则

第五十六条 中华人民共和国海事局可以许可中国籍船舶实施等效于SOLAS公约第XI章、ISPS规则A部分所述措施的其他保安措施。

交通部应当将许可该种保安措施的要求、程序等细节通知国际海事组织秘书长。

第五十七条 中国籍船舶的《船舶保安计划》、《国际船舶保安证书》和《临时国际船舶保安证书》的许可条件和程序,按照交通部颁布的关于海事行政许可条件和程序的有关规定执行。

第五十八条 《国际船舶保安证书》、《临时国际船舶保安证书》的内容和格式,由中华人民共和国海事局按照SOLAS公约和ISPS规则的要求统一制定。

第五十九条 本规则自2007年7月1日起施行。但是,500总吨及以上的特种用途船自2008年7月1日起适用本规则。交通部于2004年6月16日发布的《船舶保安规则》(交海发〔2004〕315号)同时废止。

中华人民共和国交通部令

2007 年第 3 号

《航道建设管理规定》已于 2007 年 3 月 12 日经第 3 次部务会议通过，现予公布，自 2007 年 5 月 1 日起施行。

部　长　李盛霖

二〇〇七年四月十一日

航道建设管理规定

第一章　总　则

第一条　为促进航道事业持续、健康发展，加强航道建设监督管理，维护航道建设市场秩序，根据《中华人民共和国航道管理条例》、《建设工程质量管理条例》和《建设工程勘察设计管理条例》，制定本规定。

第二条　在中华人民共和国境内从事航道建设活动适用本规定。

本规定所称航道建设活动包括航道整治、航道疏浚和航运枢纽、过船建筑物等航道设施及其他航道附属设施的新建、扩建和改建活动。

第三条　航道建设实行统一领导，分级管理制度。

交通部负责全国航道建设的行业管理。具体负责由国家发展改革委批准或核准航道建设项目的项目建议书和可行性研究报告的审核工作，按权限批准项目建议书、可行性研究报告；具体负责国家发展改革委批准或核准以及交通部批准可行性研究报告的航道建设项目的设计文件审批、开工备案、竣工验收以及招标投标等项目实施过程中的监督管理工作。

省级交通主管部门负责本行政区域内航道建设的监督管理。具体负责经省级人民政府有关部门批准的航道建设项目的前期工作和设计文件审批、招标投标、开工备案、竣工验收等项目实施过程中的监督管理工作；负责经省级人民政府核准的航道建设项目的设计文件审批、开工备案和竣工验收工作。

设区的市和县级交通主管部门按照省级人民政府的有关规定负责本行政区域内航道建设项目的监督管理。

第四条　航道建设监督管理的职责包括：

（一）监督国家有关航道建设工作方针、政策和法律、法规、规章、技术标准的执行；

（二）监督航道建设项目建设程序的实施；

（三）监督航道建设市场秩序；

（四）监督航道工程质量和工程安全；

（五）监督航道建设资金的使用；

（六）监督廉政建设情况；

（七）指导、检查下级管理部门的监督管理工作；

（八）依法查处航道建设违法行为；

（九）法律、行政法规规定的其他职责。

第五条　县级以上交通主管部门应当依照有关法律、法规以及本规定对航道建设实施监督管理。

有关单位和个人应当接受县级以上交通主管部门依法进行的航道建设监督检查，并给予支持及配合，不得拒绝或者阻碍。

第六条 航道建设项目应当按照国家有关规定实行招标投标制度、工程监理制度、合同管理制度和廉政监察制度。

第七条 航道建设应当符合航道规划,并考虑行洪安全、水上交通安全和环境保护的要求。

航道建设项目单位应当依法选择勘察、设计、施工、咨询、监理单位,依法采购与工程建设有关的重要设备和材料,办理开工备案,组织项目实施,组织项目交工验收,准备项目竣工验收工作。

第二章 建设程序管理

第八条 航道建设应当按照国家有关建设程序的规定进行。政府投资航道建设项目实行审批制,企业投资航道建设项目实行核准制和备案制。

第九条 政府投资的航道建设项目,按照以下建设程序执行:

(一)根据规划,开展预可行性研究,编制项目建议书;

(二)根据批准的项目建议书,进行工程可行性研究,编制可行性研究报告;

(三)根据批准的可行性研究报告,编制初步设计文件;

(四)根据批准的初步设计文件,编制施工图设计文件;

(五)根据批准的设计文件,组织项目监理、施工招标;

(六)根据国家有关规定,进行施工前准备工作,并向交通主管部门办理开工备案;

(七)开工备案后组织工程实施;

(八)工程完工后,编制竣工资料,办理工程竣工前的各项工作;

(九)交通主管部门组织竣工验收,办理固定资产移交手续。

第十条 企业投资的航道建设项目,按照以下建设程序执行:

(一)依法确定建设项目投资人;

(二)根据规划与需要,编制工程可行性研究报告;

(三)投资人组织编制项目申请报告,按照规定履行核准或者备案手续;

(四)根据核准、备案的项目申请报告,编制初步设计文件;

(五)根据批准的初步设计文件,编制施工图设计文件;

(六)根据批准的设计文件,组织项目监理、施工招标;

(七)根据国家有关规定,进行施工前准备工作,并向交通主管部门办理开工备案;

(八)开工备案后组织工程实施;

(九)工程完工后,编制竣工资料,办理工程竣工前的各项工作;

(十)交通主管部门组织竣工验收,办理固定资产移交手续。

第十一条 县级以上交通主管部门应当按照职责权限负责组织和监督航道建设项目的实施,除国家另有规定外,不得擅自简化建设程序。

县级以上交通主管部门发现开工备案文件存在不符合法律、行政法规以及规章规定内容的,应当在收到备案文件7日内提出处理意见,及时行使监督管理职责。

第十二条 编制航道建设项目建议书,应当符合以下基本要求:

(一)开展航道建设项目工程预可行性研究;

(二)建设方案应符合航道规划;

(三)符合有关编制水运工程预可行性研究和项目建议书的深度要求;

(四)符合国家和行业的有关规定。

第十三条 申请航道建设项目建议书审批,应当提供以下材料:

(一)行政许可申请书;

(二)项目建议书一式5份及其电子文件;

(三)工程预可行性研究报告一式5份及其电子文件;

(四)审批部门根据项目需要要求提供的其他材料。

第十四条 编制航道建设项目可行性研究报告,应当符合以下基本要求:

(一)符合航道规划;

(二)符合经批准的项目建议书;

(三)符合有关编制水运工程可行性研究报告的深度要求;

(四)符合国家和行业的有关规定和技术标准、规范。

第十五条 申请航道建设项目可行性研究报告审批,应当提供以下材料:

(一)行政许可申请书;

(二)工程可行性研究报告一式5份及其电子文件;

(三)有关规定所要求的相关单位的许可、承诺、证明或者评估意见;

(四)根据项目需要要求提供的其他材料。

第十六条 编制项目申请报告,应当包括以下内容:

(一)项目申报单位情况;

(二)拟建设项目情况;

(三)建设用地与相关规划;

(四)资源利用和能源耗用分析;

(五)生态环境影响分析;

(六)经济和社会效果分析。

第十七条 申请航道建设项目核准,应当提供以下材料:

(一)项目申请报告一式5份及其电子文件;

(二)城市规划行政主管部门出具的城市规划意见;

(三)国土资源行政主管部门出具的项目用地预审意见;

(四)环境保护行政主管部门出具的环境影响评价文件的审批意见;

(五)法律法规要求提交的其他材料。

申请航道建设项目备案,应当按照省级人民政府制定的建设项目备案管理实施办法履行备案手续。

第十八条 编制航道建设项目初步设计文件,应当符合以下基本要求:

(一)建设方案符合航道规划要求;

(二)建设规模、标准及内容等符合经批准的可行性研究报告或者经核准的项目申请报告;

(三)符合国家和行业的有关技术标准;

(四)符合有关编制水运工程初步设计文件的要求。

第十九条 申请航道建设项目初步设计文件审批,应当提供以下材料:

(一)行政许可申请书;

(二)初步设计文件一式5份及其电子文件;

(三)经批准的可行性研究报告或者经核准的项目申请报告复印件;

(四)审批部门根据项目需要要求提供的其他材料。

第二十条 由交通部负责审批的初步设计文件,应当向航道建设项目所在地省级交通主管部门提出申请,但是位于长江干线的航道建设项目应当向长江航务管理局或者长江口航道管理局提出申请,并报送相关材料。

省级交通主管部门、长江航务管理局、长江口航道管理局应当在收到上述申请材料后进行符合性审查,提出初步意见,并在收到申请材料之日起7日内将有关材料和处理意见报送交通部。

由省级交通主管部门负责审批的初步设计文件,应当向省级交通主管部门提出申请,并报送相关材料。

列入国家高等级航道且总投资在1亿元(含1亿元)以上的航道建设项目,省级交通主管部门在审批前应当征求交通部意见。

省级交通主管部门批准的初步设计文件,应当在批准后30日内报交通部备案。

第二十一条 审批部门对符合要求的初步设计文件,应当作出予以批准的决定;对不符合要求的初步设计文件,应当作出不予批准的决定,并说明理由,提出对设计方案的优化建议。

审批部门在审批前,应当委托不低于原初步设计单位资质等级的另一设计单位,对初步设计文件进行技术审查咨询。

第二十二条 编制航道建设项目施工图设计文件,应当符合以下基本要求:

(一)符合经批准的初步设计文件;

(二)符合国家和行业有关技术标准;

(三)符合编制有关水运工程施工图设计文件的深度要求;

(四)施工图预算不得突破已批准的初步设计概算。

第二十三条 申请航道建设项目施工图设计文件审批,应当提交以下材料:

(一)行政许可申请书;

(二)施工图设计文件一式5份及其电子文件;

(三)经批准的初步设计文件复印件;

(四)审批部门根据项目需要要求提供的其他材料。

航道建设项目的施工图设计文件应当集中报审。对于工期长、涉及专业多、需分期实施的航道工程项目,可以分期报审。但一个单位工程的施工图设计必须一次报审。

第二十四条 省级交通主管部门负责其管辖区域内航道建设项目的施工图审批工作;但是位于长江干线的航道建设项目施工图审批工作由交通部负责。

审批部门对符合要求的施工图设计文件,应当作出予以批准的决定;对不符合要求的施工图设计文件,应当作出不予批准的决定并说明理由。

审批部门在审批前应当委托不低于原施工图编制单位资质等级的另一设计单位,对施工图设计文件中关于结构安全、稳定、耐久性的内容进行审查。

第二十五条 航道建设项目初步设计文件和施工图设计文件一经批准,应当严格遵照执行,不得擅自修改、变更,不得以肢解设计变更内容的方式规避设计变更审批。

如确有必要对已批准的设计文件作如下重大变更的,应当经原审批部门批准后方可修改:

(一)改变主体工程建设位置;

(二)改变工程总平面布置;

(三)改变主要建筑物结构形式;

(四)改变主要工艺及设备配置;

(五)工程造价超过已批准的概算。

第二十六条 航道建设项目设计变更文件应当由原设计单位编制。经原设计单位书面同意,也可以由其他具有相应资质的设计单位编制。由编制单位对设计变更文件承担相应责任。

第二十七条 申请航道建设项目设计变更审批,应当向审批部门提交以下材料:

(一)行政许可申请书;

(二)设计变更说明书,内容包括该航道建设工程的基本情况、拟变更的主要内容以及设计变更的合理性论证等;

(三)设计变更前后相应的勘察、设计图纸;

(四)工程量、造价变化对照清单和分项概(预)算;

(五)审批部门根据项目需要要求提供的其他材料。

第二十八条 对因紧急抢险造成的航道建设项目设计变更,项目单位可以先行处理,事后按照本规定办理设计变更审批手续,并附相关证明材料。

第二十九条 航道建设项目完工后,应当按照交通部颁布的有关航运建设项目竣工验收的规定进行竣工验收。

航道建设项目经竣工验收合格后,方可交付使用。

第三章 建设市场管理

第三十条 县级以上交通主管部门依据职责,负责对航道建设市场的监督管理,查处航道建设市场中的违法行为,对航道建设投资人、从业单位和从业人员逐步建立信用管理体系,记录航道建设市场信用情况,并向社会公布。

第三十一条 航道建设市场依法实行准入管理。航道建设工程咨询、评估、勘察、设计、施工、监理等从业单位和从业人员应当依法取得有关部门许可的相应资质后,方可进入航道建设市场。航道建设项目单位以及其委托的项目建设管理单位、项目建设管理机构、主要负责人员,应当具备满足拟建项目管理需要的技术和管理能力,符合交通部有关规定的要求。

航道建设市场应当开放,任何单位和个人不得对航道建设市场实行地方保护,不得限制符合市场准入条件的从业单位和从业人员依法进入航道建设市场。

第三十二条 航道建设项目单位必须按照《中华人民共和国招标投标法》和交通部颁布的有关勘察、设计、施工、施工监理招标投标管理工作的规定,依法对建设项目勘察、设计、施工、监理以及重要设备、材料的采购等进行招标。

第三十三条 航道建设项目评标专家应当从交通部和省级交通主管部门两级专家库的相关专业名单中确定。

第三十四条 航道建设项目评标结果应当在与发布招标公告相同的媒介上至少公示7天。公示的主要内容包括评标结果、举报受理方式等。

第三十五条 航道建设从业单位应当在其核定业务范围内承揽工程,禁止无证或者越级承揽工程。

航道建设从业单位必须按照合同规定履行其义务,不得随意压缩建设工期,禁止转包和违法分包。

航道建设从业单位从事航道建设活动,必须遵守有关法律、法规、规章和技术标准,不得损害社会公共利益和他人合法权益。

第四章 工程质量和安全管理

第三十六条 县级以上交通主管部门应当加强对航道建设工程质量和安全的监督管理,对航道建设从业单位的质量与安全生产管理机构的建立、规章制度的落实情况进行监督检查。

第三十七条 航道建设工程实行政府监督、法人负责、社会监理、企业自检的质量管理制度。

航道建设从业单位应当建立健全质量管理的各项规章制度,严格执行有关航道建设质量管理的法律、法规、规章和标准。

第三十八条 航道建设从业单位应当严格执行有关安全生产的法律、法规、规章和标准,建立健全安全生产的制度,明确安全责任,落实安全措施,履行安全管理的职责。

第三十九条 航道建设项目在实施过程中,监理单位应当依照法律、法规、规章、技术标准、设计文件、合同文件和监理规范的要求,采用旁站、巡视和平行检验形式对工程实施监理,对不符合工程质量与安全要求的工程应当责令施工单位返工。

第四十条 工程质量和安全监督管理机构应当认真履行职责,加强对工程质量和安全的监督检查。任何单位和个人不得非法干预或者阻挠监督管理机构的监督检查工作。

第四十一条 航道建设从业单位应当对工程质量和安全负责。工程实施中应当加强对职工的教育与培训,落实质量和安全责任制,保证工程质量和工程安全。

第四十二条 县级以上交通主管部门应当建立工程质量和安全事故举报制度。任何单位和个人发现工程质量事故、质量缺陷和影响工程质量的行为以及安全事故和安全隐患,应当向有关主管部门或者工程质量、安全监督管理机构举报。

第四十三条 航道建设项目发生工程质量事故,项目单位和从业单位应当在24小时内按照项目隶属关系向交通主管部门和有关质量监督管理机构报告,不得拖延和隐瞒。

第四十四条 工程质量事故的调查处理以及生产安全事故的报告、应急救援和调查处理按照国家有关规定执行。

第五章 政府投资项目的建设资金管理

第四十五条 对于使用政府投资的航道建设项目,县级以上交通主管部门应当加强对航道建设资金筹集、使用和管理工作的监督检查。

航道建设项目单位必须按照有关法律、法规、规章的规定,合理安排和使用航道建设资金。

第四十六条 县级以上交通主管部门根据权限履行下列航道建设资金管理的有关职责:

(一)制定航道建设资金管理制度;

(二)按规定审核、汇总、编报、批复年度航道建设资金使用计划;

(三)监督建设项目资金筹集和到位情况,以及工程概(预)算、年度投资计划执行情况,及时纠正违法问题,对重大问题提出意见并报上级交通主管部门;

(四)收集、汇总、报送航道建设资金管理信息,加强航道建设项目投资效益的分析工作;

(五)督促项目单位及时编报工程竣工决算,并及时按规定办理固定资产交付使用手续,规范资产管理。

第四十七条 对政府投资的航道建设项目,需要动用工程预留费的,按照水运建设工程概(预)算编制的有关规定执行。

第六章 工程信息及档案管理

第四十八条 航道建设实行建设项目信息报告制度。

航道建设项目单位应当每月向省级交通主管部门报送工程建设信息。

省级交通主管部门应当按照其管辖范围,每季度汇总工程建设信息,并于每季度结束后10日内报送交通部。

第四十九条 工程信息应当包括以下内容:

(一)项目概况,包括项目审批情况、建设规模、主要建设内容、资金构成、总体实施计划及其他情况;

(二)招投标工作情况;

(三)建设动态状况,包括工程进度、资金到位及投资完成情况、工程质量情况、安全生产情况及其他情况;

(四)其他需要报送的情况。

第五十条 项目单位应及时做好航道建设项目档案资料的搜集、整理、归档工作,并按照有关规定办理工程竣工档案专项预验收。

第七章 法律责任

第五十一条 违反本规定,越权审批、核准或者擅自简化建设程序的,责令其限期改正,并予以警告;造成严重后果的,对全部或者部分使用政府投资的航道建设项目,可暂停项目执行或者暂缓资金拨付,对直接责任人依法给予行政处分。

第五十二条 违反本规定,对全部或者部分使用政府投资的航道建设项目,项目单位侵占、挪用航道建设资金或者非法扩大建设成本的,责令其限期整改,可给予警告处罚;情节严重的,可暂停项目执行或者暂缓资金拨付,对直接责任人依法给予行政处分。

第五十三条 违反本规定,项目单位对工程质量事故、生产安全事故隐瞒不报、谎报或者拖延报告期限的,给予警告处罚,对直接责任人依法给予行政处分。

第五十四条 违反本规定,航道建设从业单位不遵守航道建设基本程序要求的,应当按照《中华人民共和国航道管理条例》、《建设工程勘察设计管理条例》、《建设工程质量管理条例》的有关规定予以处罚。

第五十五条 违反本规定,航道建设从业单位忽视工程质量和安全管理,造成质量或者安全事故的,应当按照《安全生产法》、《建设工程安全管理条例》的有关规定予以处罚。

第五十六条 违反本规定,拒绝或者阻碍航道建设监督检查工作的,责令其改正;构成犯罪的,依法追究刑事责任。

第五十七条 航道建设从业单位有关人员,具有行贿、索贿、受贿行为,损害国家、单位合法权益,构成犯罪的,依法追究刑事责任。

第五十八条 交通主管部门工作人员玩忽职守、滥用职权、徇私舞弊的,依法给予行政处分;构成犯罪的,依法追究刑事责任。

第八章 附 则

第五十九条 本规定所称"航运枢纽"是指以航运开发为主,兼有防洪、发电、灌溉等其他功能的拦河通航建筑物。

第六十条 在国际、国界河流上从事航道建设活动适用本规定,但本规定与我国缔结的政府间协议不一致的,按照有关协议执行。

第六十一条 本规定自 2007 年 5 月 1 日起施行。

中华人民共和国交通部令

2007 年第 5 号

《港口建设管理规定》已于 2007 年 1 月 25 日经第 2 次部务会议通过，现予公布，自 2007 年 6 月 1 日起施行。

部　长　李盛霖

二〇〇七年四月二十四日

港口建设管理规定

第一章　总　则

第一条　为加强港口建设管理，规范港口建设市场秩序，保证港口工程质量，根据《中华人民共和国港口法》、《建设工程质量管理条例》、《建设工程勘察设计管理条例》等法律、行政法规，制定本规定。

第二条　本规定适用于在中华人民共和国境内新建、扩建、改建港口建设项目（包括与其他建设项目配套建设的港口建设项目）及其配套设施的建设活动。

军事和渔业港口的建设活动不适用本规定。

第三条　交通部负责全国港口建设的行业管理工作，并具体负责经国家发展和改革委员会审批、核准和经交通部审批的港口建设项目的建设管理工作。

省级交通主管部门负责本行政区域内港口建设的行业管理工作，并具体负责经省级人民政府有关部门审批、核准的港口建设项目的建设管理工作。

其余港口建设项目的建设管理工作由港口所在地港口行政管理部门负责

以上负责港口建设管理的各级交通主管部门和港口所在地港口行政管理部门统称为港口行政管理部门。

第四条　港口建设应当符合港口布局规划和港口总体规划，执行有关建设法律、法规、规章和技术标准。

第五条　港口建设项目应当按照国家有关规定实行项目法人责任制度、招标投标制度、工程监理制度和合同管理制度。

第二章　港口建设程序管理

第六条　港口建设应当按照国家规定的建设程序和有关规定进行。除国家另有规定外，不得擅自简化建设程序。

第七条　政府投资的港口建设项目的项目建议书和可行性研究报告实行审批制，企业投资的港口建设项目的项目申请报告、备案文件分别实行核准制、备案制。

第八条　政府投资的港口建设项目，按照以下建设程序执行：

（一）开展工程预可行性研究，编制项目建议书；

（二）根据批准的项目建议书，进行工程可行性研究，编制可行性研究报告；

（三）根据批准的可行性研究报告，编制初步设计文件；

（四）根据批准的初步设计，编制施工图设计文件；

（五）根据批准的施工图设计，组织项目监理、施工招标；

（六）根据国家有关规定，进行施工前准备工作，并向港口行政管理部门办理开工备案手续；

（七）备案后组织工程实施；

（八）工程完工后，编制竣工材料，进行工程竣工验收的各项准备工作；

（九）港口行政管理部门按权限组织竣工验收。

第九条 企业投资的港口建设项目，按照以下建设程序执行：

（一）开展工程可行性研究，编制工程可行性研究报告；

（二）根据工程可行性研究报告，编制项目申请报告或者备案文件，履行核准或者备案手续；

（三）根据核准或者备案的项目申请报告或者备案文件，编制初步设计文件；

（四）根据批准的初步设计，编制施工图设计文件；

（五）根据批准的施工图设计，组织项目监理、施工招标；

（六）根据国家有关规定，进行施工前准备工作，并向港口行政管理部门办理开工备案手续；

（七）备案后组织工程实施；

（八）工程完工后，编制竣工验收材料，进行工程竣工验收的各项准备工作；

（九）港口行政管理部门按权限组织竣工验收。

第十条 实行审批制的港口建设项目的项目建议书应当符合以下基本要求：

（一）开展了港口建设项目工程预可行性研究；

（二）建设方案符合港口规划；

（三）符合有关编制水运工程预可行性研究、项目建议书的深度要求；

（四）符合国家和行业的有关规定。

第十一条 申请港口建设项目的项目建议书审批，应当提供以下材料：

（一）申请文件一式2份；

（二）项目建议书一式5份和相应的电子版本1份；

（三）工程预可行性研究报告一式5份和相应的电子版本1份；

（四）审批部门根据项目需要要求提供的其他材料。

第十二条 实行审批制的港口建设项目可行性研究报告应当符合以下基本要求：

（一）符合港口规划；

（二）符合经批准的项目建议书；

（三）符合有关编制水运工程可行性研究报告的深度要求；

（四）符合国家和行业的有关规定和技术标准、规范。

第十三条 申请港口建设项目可行性研究报告审批，应当提供以下材料：

（一）申请文件一式2份（含可行性研究报告）；

（二）工程可行性研究报告一式5份和相应的电子版本1份；

（三）有关规定所要求的相关单位的许可、承诺、证明或者评估意见；

（四）根据项目需要要求提供的其他材料。

第十四条 实行核准制的港口建设项目的项目申请报告应包括以下内容：

（一）项目申报单位情况；

（二）拟建项目情况；

（三）相关规划与建设用地；

（四）资源利用和能源耗用分析；

（五）生态环境影响分析；

（六）经济和社会效果分析。

第十五条 申请港口建设项目的项目申请报告核准，应当提供以下材料：

（一）项目申请报告一式5份和相应的电子版本1份；

（二）建设项目工程可行性研究报告一式5份和相应的电子版本1份；

（三）城市规划行政主管部门出具的城市规划意见；

（四）国土资源行政主管部门出具的项目用地预审意见；

（五）环境保护行政主管部门出具的环境影响评价文件的审批意见；

（六）根据有关法律法规应提交的其他文件。

第十六条 实行备案制的港口建设项目，项目单位应按省级人民政府制定的建设项目备案管理办法的要求,履行备案手续。

第十七条 港口岸线实行行政许可制度。港口深水岸线由交通部会同国家发展和改革委员会批准;港口非深水岸线由港口行政管理部门批准。国家发展和改革委员会批准建设的港口建设项目使用港口岸线,不再另行办理使用港口岸线的审批手续。

港口岸线审批的具体程序和要求另行制定。

第十八条 港口工程设计实行行政许可制度。港口工程设计分为初步设计和施工图设计两个阶段。港口工程初步设计按照第三条规定的权限由相应的港口行政管理部门审批,施工图设计由港口所在地港口行政管理部门审批。

第十九条 港口工程初步设计应当符合以下基本要求:

(一)建设方案符合经审批机关批准的港口总体规划;

(二)项目建设主要内容、规模及标准等符合经审批机关批准的可行性研究报告或者经核准、备案的项目申请报告或者备案文件;

(三)符合国家和行业现行的有关技术标准;

(四)符合港口工程初步设计文件编制规定的要求。

第二十条 项目法人报批初步设计时应当提供以下材料:

(一)申请文件一式2份;

(二)初步设计文件一式2份和相应的电子版本1份;

(三)港口建设项目批准或者核准、备案文件(包括工程可行性研究报告)的复印件1份。

第二十一条 由港口所在地港口行政管理部门负责审批的初步设计文件,项目法人直接向港口所在地港口行政管理部门提出申请,报送相关材料。

由省级交通主管部门负责审批的初步设计文件,项目法人向港口所在地港口行政管理部门报送相关材料,由港口所在地港口行政管理部门向省级交通主管部门转报相关材料。

由交通部负责审批的初步设计文件,项目法人向港口所在地港口行政管理部门报送相关材料,港口所在地港口行政管理部门向省级交通主管部门报送,省级交通主管部门再向交通部转报相关材料。

转报机关收到初步设计的申请材料后,应当在5个工作日内完成转报工作。

第二十二条 港口行政管理部门在审批初步设计时,应当按照规定委托不低于原初步设计文件编制单位资质等级的另一设计单位对初步设计文件进行技术审查咨询。审查咨询单位在完成审查咨询工作后,出具审查咨询报告报港口行政管理部门。

港口行政管理部门应当根据审查咨询报告、其他相关文件和有关部门的意见在法定期限内批复初步设计文件。

第二十三条 初步设计审查咨询工作的主要内容:

(一)对于政府投资的建设项目,应当进行全面的技术(包括概算)审查,并提出设计方案的优化措施;

(二)对于企业投资的建设项目,主要对涉及公共利益、公众安全、工程强制性标准、主体结构安全稳定性等内容及工程概算的编制依据和方法进行复核审查,并提出合理化建议。

第二十四条 港口工程施工图设计应当符合以下基本要求:

(一)符合经审批机关批准的初步设计;

(二)符合国家和行业现行的有关技术标准及规范;

(三)工程主体结构和地基基础稳定性计算正确;

(四)指导性施工方案合理;

(五)图纸、施工说明表述清晰、完整。

第二十五条 项目法人报批施工图设计文件时应当提供以下材料:

(一)申请文件一式2份;

(二)施工图设计文件一式2份;

(三)经批准的初步设计文件1份。

第二十六条 审批部门对符合要求的施工图设计文件,应当作出予以批准的决定;对不符合要求的施工图设计文件,应当作出不予批准的决定并说明理由。

在审批前,审批部门应当委托不低于原施工图编制单位资质等级的另一设计单位,对施工图设计文件中关于结构安全、稳定、耐久性的内容进行审查。

第二十七条 港口工程设计经批准后,应当严格遵照执行,不得擅自修改、变更。如确有必要对已批准的建设规模、标准、内容、工程概算及设计方案、主体结构、主要工艺流程或者主要设备等进行重大调整的,应当报原审批机关批准后方可实施。

第二十八条 港口行政管理部门依法对港口建设项目的招标投标工作进行监督管理。港口项目的项目法人应当按项目管理权限将招标文件、资格预审结果、评标结果报港口行政管理部门备案。

第二十九条 港口建设项目开工应当具备以下条件:

(一)施工图设计文件已经完成并经审查批准;

(二)建设资金已经落实;

(三)征地手续已办理,拆迁基本完成;

(四)施工、监理单位已确定;

(五)已办理质量监督手续。

第三十条 项目法人在开工前应当按照项目管理权限向港口行政管理部门提交以下材料予以备案:

(一)施工图设计批复文件复印件1份;

(二)控制性用地的批复复印件1份;

(三)与施工单位和监理单位签订的合同复印件1份;

(四)质量监督手续材料复印件1份。

第三十一条 开工备案文件存在不符合法律、行政法规以及规章规定内容的,港口行政管理部门应当在收到备案文件之日起7日内提出处理意见,及时行使监督管理职权。

第三十二条 港口建设项目完工后,应当按照交通部《港口工程竣工验收办法》的有关规定进行竣工验收。

港口建设项目经竣工验收合格后,方可交付使用。

第三章 港口建设市场管理

第三十三条 港口工程实行政府监督、法人管理、社会监理、企业自检的质量保证体系。

第三十四条 参加港口建设的勘察、设计、施工、监理等从业单位应当诚实守信,依法取得相应资质后,方可进入港口建设市场。

第三十五条 港口工程实行项目法人责任制度。项目法人对建设项目的策划、资金筹措、建设实施、生产经营、债务偿还和资产保值增值负责,依照国家有关规定对工程建设项目实行全过程管理。

第三十六条 港口工程实行招标投标制度。项目法人应当按照公开、公平、公正、诚实信用的原则,按照《中华人民共和国招标投标法》和交通部颁布的有关勘察设计、施工、施工监理招标投标管理工作的规定,依法对建设项目勘察、设计、施工、监理以及重要设备、材料的采购等进行招标。

任何单位和个人不得将依法必须进行招标的建设项目化整为零或者以其他任何方式规避招标、虚假招标。

第三十七条 港口工程实行合同管理制度。项目法人应当按照招标文件和中标人的投标文件与中标人订立书面合同。项目法人和中标人不得再行订立背离合同实质性内容的其他协议。

按规定应当签订廉政合同的,项目法人应当与施工、监理单位签订廉政合同,并将廉政合同执行情况纳入建设考核范围。

第三十八条 港口工程实行工程监理制度。监理单位应当依照法律、法规及有关技术标准、规范和文件,代表建设单位对工程质量、安全、进度和工程投资进行监控,对合同、信息与资料进行管理,协调有关单位间的关系。

第三十九条 港口工程勘察必须由具备相应资质的单位承担。执行国家和交通部的有关规定,符合国家和行业有关强制性标准、规范,满足不同阶段工程设计和施工需要。勘察单位对勘察成果的质量负责,所提供的地质、测量、水文等勘察成果必须真实、准确、完整。

第四十条 港口工程设计必须由具备相应资质的单位承担,设计单位对设计成果的质量负责。设计文件应当符合国家规定的设计深度要求,注明工程合理使用年限。

第四十一条 设计单位应当做好设计交底工作,并按要求在施工现场派驻设计代表,及时提供设计后续服务。

第四十二条 施工单位对工程的施工质量负责。施工单位应当建立质量责任制,确定项目经理、技术负责人和施工管理负责人。施工单位的有关人员应根据国家有关规定持证上岗。

第四十三条 施工单位必须按照设计要求、技术标准和合同约定,精心组织施工,不得擅自修改工程设计,不得偷工减料。

第四十四条 施工单位应当建立健全各项质量检验制度,检验应当有书面记录和专人签字。

第四十五条 监理单位和监理人员应当依据科学、公正、独立的原则,全面履行监理的权利和义务。监理单位对施工质量承担监理责任。未经施工监理人员签认,不得进行下一道工序施工。

第四十六条 监理工作实行总监理工程师负责制。监理单位应当选派具备相应执业资格的总监理工程师,并根据工作需要,配备总监理工程师代表、专业监理工程师、监理员、测量和试验专业人员等。监理人员应当按照监理规范要求,采取旁站、巡视和平行检验等形式对工程实施监理。

第四十七条 港口工程项目法人、勘察单位、设计单位、施工单位、监理单位及与建设工程安全生产有关的单位,必须坚持安全第一、预防为主的方针,严格执行国家安全生产法律、法规,建立健全安全生产规章制度,项目法人、施工单位、监理单位应当制定安全应急预案,加强职工安全生产教育,落实安全生产责任人,并依法承担建设工程安全生产责任。

第四十八条 港口工程实行质量、安全监督管理制度。港口行政管理部门及其委托的质量监督机构应当依据有关法律、法规、规章、技术标准和规范,遵循科学、客观、公开、公平、公正的原则,实行质量、安全生产监督管理。

第四十九条 项目法人应当在施工前向交通质量监督机构办理质量监督手续。

港口建设从业单位和人员应当接受、配合港口行政管理部门及质量监督机构依法开展的质量、安全生产监督活动,提供的有关资料应当真实、完整。

第五十条 港口行政管理部门应当加强对港口工程从业单位和从业人员市场行为的动态监督管理,逐步建立港口工程建设市场的信用管理体系,将从业单位和主要从业人员在港口建设活动中的信用情况进行记录并公布。

第五十一条 港口行政管理部门应当建立质量投诉举报制度,接受社会监督,并认真落实各类投诉和举报。

第四章 信息报送

第五十二条 港口工程实行建设项目信息报送制度。

第五十三条 项目法人应当指定信息员将工程进展情况及时进行收集、统计和整理,形成书面材料及电子文本,报港口所在地港口行政管理部门。

第五十四条 项目法人应当自工程开工建设之日起将工程建设信息报送港口所在地港口行政管理部门,报送日期为每月的20日之前。

第五十五条 港口所在地港口行政管理部门负责汇总所辖区域内港口工程建设项目信息,并于每月23日前报省级交通主管部门。省级交通主管部门负责汇总本省区域内港口工程建设信息,每季度向交通部报告,报送日期为本季度最后1个月的25日之前。

第五十六条 当发生工程质量事故和安全事故时,事故发生单位应当按照国家的有关规定及时上报有关部门。

第五章 法律责任

第五十七条 项目法人违反港口规划建设港口工程和未经依法批准使用港口岸线的,由港口行政管理部门责令限期改正;逾期不改正的,由港口行政管理部门申请人民法院强制拆除违法建设的设施,并可处5万元以下罚款。

第五十八条 项目法人应当办理设计审批、施工备案手续而未办理的,港口行政管理部门可处1万元以上3万元以下罚款,并责令其限期补办手续。

第五十九条 勘察单位、设计单位、施工单位、监理单位及与建设工程安全生产有关的单位违反本规定的,按照《建设工程质量管理条例》、《建设工程勘察设计管理条例》和交通部有关规定予以处罚。

第六十条 在招标投标活动中违反本规定的,按《中华人民共和国招标投标法》和交通部有关规定予以处罚。

第六十一条 港口工程未经验收合格,擅自投入使用的,由港口所在地港口行政管理部门责令其停止使用,限期改正,可处5万元以下罚款。

第六十二条 质量监督机构不按规定履行质量监督职责,发生重大质量事故的,责令整改,给予通报批评。

第六十三条 未按规定按时报送项目建设信息的,由港口行政管理部门责令项目法人或者上一级港口行政管理部门责令下级港口行政管理部门限期改正。发生质量事故或安全事故后,隐瞒不报、谎报或故意拖延报告的,由其所在单位或者上级主管部门按有关规定给予行政处分;构成犯罪的,由司法机关依法追究刑事责任。

第六十四条 港口行政管理部门或者质量监督机构工作人员滥用职权、玩忽职守、徇私舞弊的,由有关行政主管部门给予行政处分;构成犯罪的,由司法机关依法追究刑事责任。

第六章 附 则

第六十五条 本规定自2007年6月1日起施行。《水运工程建设市场管理办法》(交通部令1997年第1号)同时废止。

中华人民共和国交通部令

2007 年第 6 号

《中华人民共和国航运公司安全与防污染管理规定》已于 2007 年 5 月 9 日经第 6 次部务会议通过，现予公布，自 2008 年 1 月 1 日起施行。

部　长　李盛霖

二〇〇七年五月二十三日

中华人民共和国航运公司安全与防污染管理规定

第一章　总　则

第一条　为提高航运公司安全与防污染管理水平，保障水上交通安全，防止船舶污染水域环境，根据《中华人民共和国海上交通安全法》、《中华人民共和国内河交通安全管理条例》、《国务院对确需保留的行政审批项目设定行政许可的决定》等法律、行政法规以及我国缔结或者加入的相关国际公约，制定本规定。

第二条　本规定适用于航运公司安全与防污染管理体系（以下简称安全管理体系）的建立、实施、保持及其相关活动的监督管理。

第三条　交通部主管全国航运公司安全与防污染工作。

中华人民共和国海事局依照本规定对航运公司安全与防污染活动实施监督管理。

有关海事管理机构依照中华人民共和国海事局确定的职责权限，具体负责本辖区航运公司安全与防污染活动的监督管理。

第二章 航运公司安全与防污染责任

第四条　航运公司应当建立、健全安全与防污染管理制度，完善安全与防污染条件，保障船舶安全，防止船舶污染水域环境。

第五条　航运公司应当确保向船舶提供足够的资源和岸基支持，并对安全与防污染工作进行监控，保持船岸之间的有效联系。

第六条　航运公司应当确定安全与防污染管理的方针和目标，并指定本公司主要负责人为安全与防污染工作的第一责任人。

第七条　航运公司应当具有适任的安全与防污染管理人员，并明确其岗位职责。

航运公司的主要安全与防污染管理人员不得在船上兼职或者跨航运公司兼职。

第八条　航运公司应当为船舶配备满足最低安全配员要求的适任船员。

第九条　航运公司应当确定船长在船舶安全与防污染管理方面的最终决定权。

第十条　航运公司应当建立教育培训制度，加强和规范安全与防污染知识的教育和培训，确保相关人员熟悉安全与防污染的有关规定和操作规程，掌握相应的操作技能，并提高对船舶安全与防污染的应急反应能力。

第十一条　航运公司应当建立船舶安全与防污染监督检查制度，确保对船舶及其设备进行有效的维护和保养。

第十二条　航运公司应当根据船舶的种类、航区等因素制定相应的岸基、船岸和船舶应急预案，并定期组织训练演习。

第十三条 中国籍船舶发生事故、重大险情或者被滞留时，航运公司应当尽快向船籍港所在地的交通部直属海事管理机构或者省级交通主管部门所属的海事管理机构报告。

第十四条 船舶所有人、经营人、光船承租人可以将其所属船舶的安全与防污染管理委托其他航运公司。

航运公司在接受安全与防污染管理委托时，应当与委托方签订安全与防污染管理协议，协议内容应当包括：

(一)当安全与防污染同生产、经营、效益发生矛盾时，应当坚持安全第一和保护环境优先的原则；

(二)本规定所有有关安全与防污染的责任和义务由受托方独立承担；

(三)在不妨碍船长履行其职责并独立行使其权力的前提下，受托方对处理涉及安全与防污染的事务具有最终决定权；

(四)委托方应当向受托方提供足够的资源，确保受托方有效开展船舶安全与防污染管理工作；

(五)委托方船舶的船员配备和调动、船舶及设备维护、应急反应等方面应当服从受托方的指令。

委托方、受托方应当将双方及其船舶的详细情况及船舶管理协议报受托方所在地和船籍港所在地的交通部直属海事管理机构或者省级交通主管部门所属的海事管理机构备案。

第十五条 需要建立安全管理体系的航运公司，应当建立安全管理体系并保持体系的有效性。

需要建立安全管理体系的航运公司的范围，由交通部公布。

第十六条 需要建立安全管理体系的航运公司，除应当符合本章第四条至第十四条规定外，还应当满足以下要求：

(一)制定安全与防污染操作规程；

(二)确保当发生事故、险情和不符合规定情况时得到报告、调查、分析和纠正；

(三)有效控制与安全管理体系有关的所有文件和资料；

(四)对安全管理体系进行内部审核、有效性评价和管理复查。

第十七条 建立安全管理体系的航运公司，应当及时向公司所在地的交通部直属海事管理机构或者省级交通主管部门所属的海事管理机构报告安全管理体系运行过程中发生的重大事项。

第十八条 鼓励第十五条规定范围外的航运公司按照相关要求，建立、实施并保持安全管理体系。

第三章 航运公司安全与防污染管理体系的审核、发证

第十九条 安全管理体系经过审核，由中华人民共和国海事局及其指定的海事管理机构对符合条件的航运公司签发相应的安全与防污染能力符合证明(以下简称符合证明)或者临时符合证明，对符合条件的船舶签发相应的安全管理证书或者临时安全管理证书。

审核、发证应当符合《中华人民共和国海事行政许可条件规定》规定的条件，并按照《交通行政许可实施程序规定》及中华人民共和国海事局制定的审核发证规则和审核发证程序执行。

第二十条 经过初次审核，对符合安全管理体系要求的航运公司，海事管理机构应当签发有效期为5年的符合证明。

第二十一条 船舶应当保存一份符合证明的副本，船舶所持符合证明副本中载明的船舶种类应当覆盖该船舶。

第二十二条 经过初次审核，船上的管理及操作符合安全管理体系要求的，海事管理机构应当向船舶签发有效期为5年的安全管理证书。

第二十三条 航运公司应当在符合证明的周年日前3个月内申请年度审核，船舶应当在安全管理证书第二和第三个周年日期内申请中间审核。海事管理机构根据年度审核、中间审核的结论决定符合证明、安全管理证书是否继续有效。

第二十四条 新成立的航运公司或者对原符合证明增加船种的航运公司应当申请临时审核。经过海事管理机构审核合格的，发给有效期为12个月的临时符合证明。

新建造船舶投入营运前或者航运公司新承

担对某一船舶的安全与防污染管理责任或者船舶更换国籍的,航运公司应当为船舶申请临时审核,经过海事管理机构审核合格的,发给有效期为6个月的临时安全管理证书。

特殊情况下,海事管理机构可以对临时安全管理证书的有效期展期6个月。

航运公司应当在临时符合证明、临时安全管理证书有效期届满前2个月申请初次审核。

第二十五条 航运公司应当在符合证明、安全管理证书有效期届满前3个月申请换证审核;通过审核的,签发新的符合证明、安全管理证书。新签发的符合证明或者安全管理证书自原证书的届满之日起算,有效期为5年。

第二十六条 在年度审核或者换证审核中,发现安全管理体系运行存在严重不符合规定的情况,或者有大量不符合规定的情况并且已经严重影响到安全管理体系运行的有效性时,海事管理机构应当对其在相应审核的6个月后实施跟踪审核。

航运公司所管理的船舶出现发生重大事故、连续发生事故、多次被滞留等情况时,海事管理机构应当对其实施附加审核。

第二十七条 海事管理机构在安全管理体系审核中发现不符合规定情况的,应当要求航运公司限期改正,并按时指派审核人员验证航运公司在规定期限内所采取的纠正措施。

第二十八条 符合证明、临时符合证明、安全管理证书和临时安全管理证书,由中华人民共和国海事局确定格式并统一制作。

第四章 监督检查

第二十九条 海事管理机构应当建立、健全航运公司安全与防污染的监督检查制度,对航运公司的安全与防污染管理活动实施监督检查。监督检查的情况和处理结果应当记录,由监督检查人员签字后归档。

海事管理机构实施监督检查时,有关单位和个人应当予以协助和配合,不得拒绝、妨碍或者阻挠。

第三十条 航运公司所在地海事管理机构发现航运公司在安全与防污染管理方面存在安全隐患时,应当责令其立即消除或者限期消除。

第三十一条 航运公司所在地海事管理机构发现航运公司应当办理符合证明而未办理的,或者航运公司、船舶不再符合签发符合证明、安全管理证书条件的,应当责令航运公司、船舶立即改正。船舶不按照要求改正的,对船舶可以采取责令停航、改航、停止作业、禁止进出港口等行政强制措施。

第三十二条 作出许可决定的海事管理机构发现航运公司未按照第二十三条、第二十四条、第二十五条的要求申请审核,或者审核发现有重大不符合规定情况的,应当注销符合证明、临时符合证明、安全管理证书或者临时安全管理证书;如果注销符合证明或者临时符合证明,所有相关安全管理证书或者临时安全管理证书也应当注销。

第三十三条 作出许可决定的海事管理机构发现航运公司未按照第二十七条的要求对安全管理体系审核中出现的不符合规定情况采取纠正措施的,应当注销符合证明或者安全管理证书。

第三十四条 有关海事管理机构应当建立、健全监督检查制度,对审核、发证及相关活动实施监督。

第五章 法律责任

第三十五条 违反本规定第七条、第九条、第十五条、第十七条规定,由海事管理机构责令改正,并可以对航运公司处以5000元以上3万元以下罚款。

第三十六条 违反本规定第十四条规定,受托航运公司未履行安全与防污染管理责任的,由海事管理机构责令改正,并可以对受托航运公司处以5000元以上3万元以下罚款。

第三十七条 有关审核人员违反本规定以及相应的审核发证规则和程序的,由有关海事管理机构责令改正;情节严重的,追究有关审核人员的行政责任。

第三十八条 违反本规定的其他规定应当进行处罚的,按照《海上海事行政处罚规定》和《内河海事行政处罚规定》执行。

第六章　附　则

第三十九条　本规定下列用语的定义：

（一）航运公司：是指承担安全与防污染管理责任和义务的航运企业，包括船舶所有人、经营人、管理人和光船承租人。

（二）安全管理体系：是指能使航运公司人员有效执行航运公司安全和防污染方针的结构化和文件化的体系。

（三）符合证明：是指签发给航运公司，表明该航运公司安全管理体系符合要求的证明文件。

（四）安全管理证书：是指签发给船舶，表明其航运公司和船上管理已经按照安全管理体系运作的证明文件。

（五）安全管理体系运行的重大事项：是指建立安全管理体系的航运公司发生体系文件改版，体系内重大人事及机构变动，体系内船舶数量和种类变动，航运公司内部审核、有效性评价和管理复查发现体系运行出现重大问题等情况。

（六）不符合规定的情况：是指客观证据表明不满足某一具体规定要求的情况。

（七）重大不符合规定的情况：是指对人员或者船舶安全构成严重威胁或者对环境构成严重危险，并需要立即采取纠正措施的事项或者情况，包括未能有效和系统地实施本规则的有关要求。

（八）周年日：是指符合证明和安全管理证书有效截止日期的每年的该月该日。

第四十条　本规定自2008年1月1日起施行。

中华人民共和国交通部令

2007 年第 7 号

《中华人民共和国船舶签证管理规则》已于 2007 年 5 月 9 日经第 6 次部务会议通过,现予公布,自 2007 年 10 月 1 日起施行。

部　长　李盛霖

二〇〇七年五月三十一日

中华人民共和国船舶签证管理规则

第一章　总　则

第一条　为规范船舶签证行为,保障水上交通安全,依据《中华人民共和国海上交通安全法》和《中华人民共和国内河交通安全管理条例》,制定本规则。

第二条　国内航行船舶在中华人民共和国管辖水域内办理船舶签证,适用本规则。

本规则不适用于军事船舶、渔船、体育运动船舶。但是前述船舶从事营业性运输时,应当按照本规则办理船舶签证。

本规则所称船舶签证,是指海事管理机构根据船舶或者其经营人的申请,经依法审查,对符合船舶签证条件的,准予其航行的行政许可行为。

第三条　中华人民共和国海事局主管全国的船舶签证管理工作。各级海事管理机构具体负责本辖区内的船舶签证管理工作。

第四条　船舶签证管理工作应当符合高效、便民的原则。

第二章　船舶签证

第一节　一般规定

第五条　除本规则另有规定外,船舶有下列情形之一的,应当向海事管理机构申请航次船舶签证:

(一)由港内驶出港外;

(二)由港外驶入港内;

(三)因作业需要在港内航行驶出港内泊位;

(四)因作业需要在港内航行驶入港内泊位;

(五)驶出船舶修造(厂)点、港外作业点、海上作业平台;

(六)驶入船舶修造(厂)点、港外作业点、海上作业平台。

本条第一款第(一)、(三)、(五)项船舶签证统称出港签证,申请人应当在船舶开航前 24 小时内办理。本条第一款第(二)、(四)、(六)项船舶签证统称进港签证,申请人应当在船舶抵达后 24 小时内办理。船舶抵达前 24 小时内已经向拟抵达地海事管理机构报告船舶情况的,进港签证可以与出港签证合并办理。

第六条　船舶签证应当由船舶或者其经营人申请办理。被拖船可由被拖船或者其经营人申请,也可由拖船或者其经营人代为申请。

申请人可以委托代理人办理船舶签证。

第七条 申请办理出港签证的船舶,应当处于适航或者适拖状态。

船舶或者其经营人申请办理航次船舶签证,应当向海事管理机构提交以下材料:

(一)船舶签证簿;

(二)船舶电子信息卡(适用的船舶);

(三)船舶国籍证书;

(四)船舶检验证书;

(五)船舶最低安全配员证书;

(六)船员适任证书;

(七)防止油污证书(适用的船舶);

(八)船舶安全管理证书和公司安全管理体系符合证明副本(适用的船舶);

(九)船舶安全检查记录簿;

(十)船舶港务费缴纳或者免于缴纳证明;

(十一)经批准的船舶载运危险货物申报单(适用的船舶);

(十二)船长开航前声明和车辆安全装载记录(适用的船舶);

(十三)护航申请书(适用的船舶);

(十四)船舶营运证。

第二款第(三)项至第(八)项所列证书信息已经由海事管理机构在船舶签证簿内记载或者存储在船舶电子信息卡的,可以免于提交。

第二款第(十四)项所指船舶营运证仅要求从事国内运输的老旧运输船舶在办理船舶签证时提供。船舶营运证的发证机关应当向海事管理机构提供船舶营运证的相关信息。

第八条 船舶或者其经营人向海事管理机构提交申请材料应当如实反映情况,并对申报内容的真实性负责。

船舶或者其经营人可以通过传真、电子邮件、电子数据交换(EDI)等方式办理船舶签证,可以采用电报、电传、传真、手机信息、电子邮件、电子数据交换(EDI)等方式报告船舶进港情况,并在船舶航海(行)日志内作相应的记载。

报告的内容应当包括船舶名称、种类、尺度、总吨、吃水、客货载运情况、拟靠泊地点。

第九条 海事管理机构负责审查船舶签证的申请材料是否齐全、是否符合申报要求,是否有明显涂改或者伪造现象、是否在有效期内等形式要件。

海事管理机构对船舶签证申请材料内容的真实性有怀疑或者接到相关举报的,应当派执法人员进行现场核查。

第十条 海事管理机构收到船舶签证申请后,应当按照《交通行政许可实施程序规定》的有关规定办理。

海事管理机构对航次船舶签证应当当场办理。签证人员应当在船舶签证簿内签注是否准予签证的意见、海事行政执法证编号、日期并加盖船舶签证专用章。不予签证的,还应当在船舶签证簿内签注不予签证的理由。

第十一条 船舶有下列情形之一的,应当重新申请出港签证:

(一)船长或者履行相应职责的船员发生变动;

(二)船舶结构、有关航行安全的重要设备发生重大变化;

(三)改变船舶航行区域、航线;

(四)出港签证办妥后48小时内未能出港。

第十二条 船舶由于抢险、救生等紧急事由,不能按照规定程序办理船舶签证的,应当在开航前向海事管理机构报告,并在任务完成后24小时内补办船舶签证。

第十三条 船舶因避风、候潮、补给等原因临时进港或者航经港区水域的,免于办理船舶签证。但有下列情形之一的除外:

(一)船长或者履行相应职责的船员发生变动;

(二)上下旅客;

(三)装卸货物。

第十四条 拖驳船队在中途要加解驳船时,加、解的船舶应当申请船舶签证,拖驳船队其他船舶不再办理船舶签证。

第二节 特别规定

第十五条 符合下列情形之一的船舶可以申请短期定期船舶签证取代航次船舶签证:

(一)在固定水域范围内航行的船舶;

(二)定线航行的船舶。

在固定水域范围内航行的船舶,应当向对该固定水域有管辖权的任一海事管理机构提出申请;定线航行的船舶应当向航线始发港和终点港所在地海事管理机构分别提出申请。

第十六条 符合下列情形的船舶可以向船籍港所在地的交通部直属的海事管理机构或者省级交通主管部门所属的海事管理机构申请年度定期船舶签证取代航次船舶签证:

(一)安全诚信船舶;

(二)安装并按规定使用船舶自动识别系统;

(三)在前1个年度签证期内按照规定递交进出港报告;

(四)已经与有关金融机构签订船舶港务费交纳协议。

第十七条 办理定期船舶签证,除需要提交本规则第七条规定的材料外,还应当提交证明其符合第十五条或者第十六条规定情形的证明材料。

第十八条 海事管理机构应当在受理申请之日起7个工作日内办结短期定期船舶签证,在20个工作日内办结年度定期船舶签证。准予定期船舶签证的,还应当在船舶签证簿内注明签证的有效期限、航行区域或者航线。

短期定期船舶签证的有效期限最长不超过3个月。年度定期船舶签证在全国范围内有效,有效期限为12个月。

客船、载运危险货物的船舶只能办理有效期限不超过1个月的短期定期船舶签证。

第十九条 船舶超出定期船舶签证的有效期限、核定航区或者航线航行的,或者签证核定的其他内容发生变化的,应当按照本章第一节的规定申请航次船舶签证。

第二十条 获得定期船舶签证的船舶,在从事本规则第五条规定的活动时,应当按照本规则第八条第二款、第三款规定的方式和内容,向海事管理机构报告船舶情况。

第三章 船舶签证簿

第二十一条 船舶签证簿是办理船舶签证的专用文书,是记载船舶办理签证情况的证明文件,必须随船妥善保管。除海事管理机构外,任何单位、人员不得扣留、收缴船舶签证簿,也不得在船舶签证簿上签注。

船舶签证簿的格式、内容和船舶签证印章的样式由中华人民共和国海事局统一规定。

第二十二条 船舶签证簿由船舶或者其经营人向海事管理机构书面申请核发、换发、补发。

船舶首次申领船舶签证簿以及船舶所有人、船舶经营人、船舶名称变更后申领新船舶签证簿的,应当向船籍港海事管理机构申请核发。

船舶签证簿遗失、灭失的,应当向船籍港海事管理机构申请补发。申请补发时,应当提交最近1次经海事管理机构签证的船舶签证申请单复印件。

船舶签证簿使用完毕或者污损不能使用的,可向船籍港或者签证地海事管理机构申请换发。申请换发时,应当交验前一本船舶签证簿。

第二十三条 符合本规则要求的,海事管理机构应当当场核发、换发、补发船舶签证簿。

海事管理机构核发、换发、补发船舶签证簿,应当将船舶概况填写在船舶签证簿内,并加盖海事管理机构的印章。非船籍港海事管理机构换发的,应当将换发情况书面通报船籍港海事管理机构。

第二十四条 船舶可以向船籍港或者签证地海事管理机构申请在船舶签证簿内记载船舶证书和船员证书的信息,并应当在申请时交验相应证书。

对符合要求的申请,海事管理机构应当在船舶签证簿内记载船舶证书和船员证书的信息,并签署记载人的海事执法证编号、日期并加盖海事管理机构的印章。

第二十五条 船舶签证簿应当连续使用,保持完整,不得缺页或者擅自涂改。使用完毕后,应当在船保存2年。

船舶报废、灭失或者船舶所有人、船舶经营人、船舶名称变更时,船舶应当将船舶签证簿交回船籍港海事管理机构注销。

第二十六条 船舶不得伪造、变造、租借、冒用、骗取船舶签证簿。

第四章 监督检查与法律责任

第二十七条 海事管理机构应当加强对船舶签证的监督检查。海事管理机构实施监督检查时,有关单位和个人应当予以协助和配合,不得拒绝、妨碍或者阻挠。

第二十八条 发现船舶未按照规定办理船舶签证的,海事管理机构应当责令船舶办理签证,并可以责令船舶到指定地点接受查处;拒不改正的,可以采取禁止进港、离港或者停止航行等措施。

第二十九条 发现船舶不再满足办理定期船舶签证条件的,应当要求船舶按照第二章第一节的规定办理航次船舶签证,并通知准予定期船舶签证的海事管理机构撤销有关船舶的定期船舶签证。

第三十条 发现船舶以不正当手段取得船舶签证,尚未出港的,海事管理机构应当撤销船舶签证,并在船舶签证簿内签注撤销的原因、日期并加盖印章;已经出港的,海事管理机构应当进行调查处理或者通知下一抵达地的海事管理机构进行调查处理。

第三十一条 海事管理机构在监督检查过程中对下列事项应当在船舶签证簿中予以记载,并通报船籍港海事管理机构:

(一)船舶受到海事行政处罚的;

(二)船舶发生水上交通事故和船舶污染事故的;

(三)船舶被禁止离港的。

船籍港海事管理机构对收到的上述信息应当予以记录,并协助调查处理。

第三十二条 船舶违反船舶签证管理规定应当给予行政处罚的,按照交通部颁布的海事行政处罚规定执行。

第三十三条 海事管理机构的工作人员有滥用职权、徇私舞弊、玩忽职守等行为的,由其所在单位或者上级机关依法给予行政处分;构成犯罪的,由司法机关依法追究刑事责任。

第五章 附 则

第三十四条 本规则所称安全诚信船舶,是指符合下列条件,被中华人民共和国海事局评定为安全诚信的船舶:

(一)12个月内最近一次船舶安全检查或者港口国监督检查记录良好,无严重缺陷;

(二)取得船舶安全管理证书(SMC)2年以上,且在最近3年内未被实施跟踪审核或者附加审核;

(三)最近3年未发生安全、污染责任事故;

(四)最近3年未受到海事行政处罚;

(五)船龄为12年及以下的船舶,最近3年内船舶安全检查或者港口国监督检查中未发生滞留;船龄为12年以上的船舶,最近5年内船舶安全检查或者港口国监督检查中未发生滞留。

第三十五条 海事管理机构应当逐步建立、完善有关办理船舶签证所需的船舶、船员管理等基础数据平台,方便船舶或者其经营人办理签证和进出港报告。

第三十六条 交通部对高速客船、滚装船等特殊船舶的签证有特别规定的,适用特别规定。

第三十七条 本规则自2007年10月1日起施行。1993年5月17日交通部发布的《中华人民共和国船舶签证管理规则》(交通部令1993年第3号)同时废止。

中华人民共和国交通部令

2007 年第 9 号

《关于废止 47 件交通规章的决定》已于 2007 年 11 月 5 日经第 11 次部务会议通过，现予公布，自公布之日起施行。

部　长　李盛霖

二〇〇七年十一月十四日

关于废止 47 件交通规章的决定

现决定废止下列 47 件交通规章：

编号	发布机关	规章名称	发布文号	发布日期	联合发文部委的意见
1	交通部	关于海区测绘工作的若干规定	(83)交水监字 712 号	1983 年 4 月 11 日	
2	交通部	港口油区安全生产管理规则	(83)交水监字 860 号	1983 年 4 月 12 日	
3	交通部 财政部	对外开放港口港务监督人员服装供应办法、着装年限规定	(83)交水监字 2465 号	1983 年 12 月 27 日	财政部同意废止
4	交通部 国家经贸委	企业专用码头建设和管理试行办法	(84)交海字 17 号	1984 年 1 月 9 日	国家发展和改革委员会同意废止
5	交通部	中华人民共和国磁罗经校正师(员)考核发证办法(试行)	(84)交水监字 1900 号	1984 年 10 月 11 日	
6	交通部	海洋运输危险货物包装检查暂行规定	(84)交海字 2518 号	1984 年 12 月 22 日	
7	交通部	交通部部属高等学校水上运输类专业毕业生分配办法	(86)交政字 923 号	1986 年 12 月 1 日	
8	交通部	交通部港口散粮筒仓防火防爆安全管理规程(试行)	(87)交函海字 7 号	1987 年 1 月 7 日	
9	交通部	交通部关于乡镇运输船舶设计、修造和检验的暂行规定	(87)交船检字 709 号	1987 年 10 月 2 日	
10	交通部	交通运输企业燃油节约奖实施办法	(87)交企字 805 号	1987 年 11 月 5 日	

编号	发布机关	规章名称	发布文号	发布日期	联合发文部委的意见
11	交通部 财政部 国家物价局	贷款修建高等级公路和大型公路桥梁、隧道收取车辆通行费规定	(88)交公路字28号	1988年1月5日	国家发展和改革委员会、财政部同意废止
12	交通部	全国水运行业能源利用监测实施办法(试行)	(88)交企字620号	1988年10月18日	
13	交通部	长江干线在航船舶安全检查暂行规定	(89)交安监字361号	1989年6月30日	
14	交通部	海上安全监督局航标测量财务管理、会计核算暂行规定	(89)交财字648号	1989年11月13日	
15	交通部	运输船舶机务管理指标(体系)考核办法(试行)	(89)交运字700号	1989年12月13日	
16	交通部	出租汽车旅游汽车客运管理规定	(89)交运字709号	1989年12月18日	
17	交通部	港口建筑设备维修设计管理办法	(90)交工字49号	1990年2月2日	
18	交通部	内河航运工程合资项目建设管理办法(试行)	(90)交工字379号	1990年7月9日	
19	交通部	油船作业安全技术要求	(90)交运字517号	1990年9月21日	
20	交通部	汽车运输业车辆综合性能检测站管理办法	交通部令1991年第29号	1991年4月23日	
21	交通部 国家物价局	中华人民共和国交通部国内航线海上救助打捞收费办法	(91)交财字859号	1991年12月14日	国家发展和改革委员会同意废止
22	交通部 国家物价局	中华人民共和国交通部国际航线海上救助打捞收费办法	(91)交财字859号	1991年12月14日	国家发展和改革委员会同意废止
23	交通部	交通档案管理办法	交办发[1992]89号	1992年1月9日	
24	交通部	交通部监察工作规定	交监察发[1992]23号	1992年1月16日	
25	交通部	公路运输企业责任行车事故统计报告办法	交安监发[1992]64号	1992年1月25日	
26	交通部	中华人民共和国验船师考试、考核任职规则	交船检发[1992]986号	1992年11月2日	
27	交通部 国家经济体制改革委员会 国务院经济贸易办公室	全民所有制交通企业转换经营机制实施办法	交体发[1993]18号	1993年1月8日	国家发展和改革委员会、商务部同意废止
28	交通部	道路运输服务业户开业技术经济条件(试行)	交运发[1993]1384号	1993年12月26日	
29	交通部	道路运输货物装卸业户开业技术经济条件(试行)	交运发[1993]1384号	1993年12月26日	

编号	发布机关	规章名称	发布文号	发布日期	联合发文部委的意见
30	交通部	交通部高等院校实习船财务管理办法	交财发[1995]583号	1995年7月11日	
31	交通部	交通部先进工程质量监督站和优秀工程质量监督人员评选办法(试行)	交基发[1995]1145号	1995年11月30日	
32	交通部	集装箱汽车运输规则	交公路发[1995]1283号	1995年12月29日	
33	交通部	道路货物运输服务业管理办法	交公路发[1996]109号	1996年1月26日	
34	交通部	海(水)上安全监督局(港务监督部分)财务管理和会计核算试行办法	交财发[1996]723号	1996年8月13日	
35	交通部	交通部救捞单位成本费用核算办法	交财发[1996]819号	1996年9月20日	
36	交通部	水运工程建设市场管理办法	交通部令1997年第1号	1997年2月21日	
37	交通部	渤海湾海上客运市场管理规定	交水发[1997]352号	1997年6月16日	
38	交通部	公路工程施工招标资格预审办法	交公路发[1997]451号	1997年8月1日	
39	交通部	交通部公路工程优秀勘察奖、优秀设计奖和优质工程奖评审办法	交公路发[1997]501号	1997年8月18日	
40	交通部	交通汽车运输企业安全生产管理办法	交公路发[1997]540号	1997年9月2日	
41	交通部	公路工程节能管理规定(试行)	交体法发[1997]840号	1997年12月24日	
42	交通部	关于降低中国籍船舶在国外滞留率的若干规定	交安监发[1998]68号	1998年2月12日	
43	交通部 国家计委	汽车租赁业管理暂行规定	交通部、国家计划委员会令1998年第4号	1998年2月26日	国家发展和改革委员会同意废止
44	交通部	道路运输行政处罚规定	交通部令1998年第3号发布,经交通部令2001年第5号修正	1998年3月9日	
45	交通部	关于制发统计报表和发布统计资料的暂行规定	交规划发[1999]23号	1999年1月14日	
46	交通部	沿海港口建设工程概算预算编制规定	交水发[1999]133号	1999年3月24日	
47	交通部	因公临时随船人员申办海员证管理规定	交海发[1999]704号	1999年12月21日	

中华人民共和国交通部令

2007 年第 10 号

《中华人民共和国港口设施保安规则》已于 2007 年 11 月 30 日经第 12 次部务会议通过，现予公布，自 2008 年 3 月 1 日起施行。

部 长 李盛霖

二○○七年十二月十七日

中华人民共和国港口设施保安规则

第一章 总 则

第一条 为加强港口设施保安工作，根据经修订的《1974 年国际海上人命安全公约》(以下简称 SOLAS 公约)、《国际船舶和港口设施保安规则》(以下简称 ISPS 规则)和《国际海运危险品规则》，制定本规则。

第二条 为航行国际航线的客船、500 总吨及以上的货船、500 总吨及以上的特种用途船和移动式海上钻井平台服务的港口设施保安工作，适用本规则。

第三条 本规则下列用语的含义是：

(一)船港界面活动，是指船舶与港口之间人员往来、货物装卸或者接受其他港口服务时发生的交互活动；

(二)港口设施，是指在港口发生船港界面活动的场所，包括码头及其相应设施和航道、锚地等港口公用基础设施；

(三)船到船活动，是指从一船向另一船转移物品或者人员的行为；

(四)保安事件，是指威胁船舶、港口设施、船港界面活动和船到船活动安全的任何可疑行为或者情况；

(五)保安等级，是指可能发生保安事件的风险级别划分；

(六)港口设施保安评估，是指港口所在地港口行政管理部门通过对港口设施保安状况进行分析并提出相关保安措施建议的活动；

(七)港口设施保安计划，是指港口设施经营人或者管理人根据保安评估报告为确保采取旨在保护港口设施和港口设施内的船舶、人员、货物、货物运输单元和船上物料免受保安事件威胁的措施而制订的计划；

(八)港口设施保安主管，又称港口设施保安员，是指被港口设施经营人或者管理人指定负责制定、实施、调整《港口设施保安计划》，并与船舶保安员和船公司保安员进行保安联络的人员；

(九)保安声明，是指发生船港界面活动时，港口设施与船舶为协调各自采取的保安措施签署的书面协议(式样见附件 1)；

(十)经指定的保安组织，是指具备相关能力，经交通部指定可以受委托从事港口设施保安评估、编写《港口设施保安评估报告》、制订《港口设施保安计划》、提供港口设施保安咨询服务的组织；

(十一)替代保安协议，是指我国政府与其他 SOLAS 公约缔约国政府就相互间固定短程航线上的港口设施签署的双边或者多边保安协议；

(十二)港口设施保安训练，是指对经批准的《港口设施保安计划》规定内容的部分或者全部保安措施和应急反应程序进行的练习；

(十三)港口设施保安演习，是指为了验证、评价和提高各级保安组织、相关部门、港口设施及人员的综合反应和协调配合能力，通过模拟保安事件，根据经批准的《港口设施保安计划》进行的多单位参与、协同进行的练习；

(十四)港口设施管理人，是指航道、锚地等港口公用基础设施的管理主体。

第四条 交通部主管全国港口设施保安工作，履行下列职责：

(一)制定并发布全国港口设施保安工作制度和技术标准;

(二)确定并发布港口设施保安等级和各保安等级的基本保安措施(内容见附件2)及3级保安状态下的保安指令;

(三)审查《港口设施保安评估报告》,提出修改意见和建议;

(四)批准《港口设施保安计划》;

(五)建立全国港口设施保安管理信息系统,收集、整理、分析港口设施保安信息并按规定向相关单位提供,视情向国际海事组织、相关缔约国政府以及国内其他相关部门通报;

(六)颁发《港口设施保安符合证书》(式样见附件3),监督和检查《港口设施保安符合证书》年度核验工作;

(七)签署替代保安协议;

(八)指定可以受委托从事港口设施保安评估、编写《港口设施保安评估报告》、制订《港口设施保安计划》、提供港口设施保安咨询服务的组织;

(九)组织全国性的港口设施保安演习。

第五条 省级交通(港口)管理部门负责本行政区域内的港口设施保安工作,具体履行下列职责:

(一)负责《港口设施保安符合证书》年度核验工作;

(二)收集、整理、分析并向相关单位提供港口设施保安信息;

(三)组织区域性港口设施保安演习。

第六条 港口所在地港口行政管理部门履行下列职责:

(一)负责组织港口设施保安评估和评估报告的后续修订;

(二)监督检查《港口设施保安计划》的实施;

(三)收集、整理、分析并向有关单位提供港口设施保安信息;

(四)组织本港港口设施保安演习;

(五)对其管理的港口公用基础设施进行保安评估,编写《港口设施保安评估报告》;

(六)受交通部委托,对申请《港口设施保安符合证书》的港口设施实施经批准的《港口设施保安计划》情况进行检查并提交检查报告;

(七)受省级交通(港口)管理部门委托,对申请《港口设施保安符合证书》年度核验的港口设施上一年度的保安工作进行核查并提交核查报告;

(八)监督检查港口设施保安费的征收和使用。

第七条 港口设施经营人或者管理人履行下列职责:

(一)负责制订《港口设施保安计划》和已批准计划的后续修订;

(二)实施经批准的《港口设施保安计划》;

(三)为港口设施保安主管履行职责提供必要的条件;

(四)在3级保安状态下,实施交通部发出的保安指令;

(五)收集、整理、分析并向有关部门提供港口设施保安信息;

(六)进行港口设施保安训练,参加港口设施保安演习。

港口设施经营人按照规定收取港口设施保安费。

第八条 港口设施保安是港口安全管理的重要内容,应当与港口生产经营统筹考虑,遵循节约、环保、资源共享的原则。

第九条 港口设施的保安评估和保安计划的制定及实施的有关费用由港口设施保安费支出。

第二章 保安等级

第十条 交通部应当根据相关情报信息,国内外形势以及影响社会政治稳定的因素,威胁信息的可信程度、威胁信息得到印证的程度、威胁信息的具体或者紧迫程度和保安事件的潜在后果,确定港口设施的保安等级。

地方各级交通(港口)管理部门可以向交通部提出变更港口设施保安等级的建议。

第十一条 港口设施的保安等级从低到高分为三级,分别是保安等级1、保安等级2和保安等级3。

保安等级1是指应当始终保持的最低防范性保安措施的等级。

保安等级2是指由于保安事件危险性升高而应在一段时间内保持适当的附加保护性保安措施的等级。

保安等级3是指当保安事件可能或者即将发生(尽管可能尚无法确定具体目标)时应当在一段有限时间内保持进一步的特殊保护性保安措施的等级。

第十二条 交通部确定港口设施保安等级为2级或者3级的依据消失时,应当及时调整港口设施的保安等级。

交通部确定实施3级保安时,在必要的情况

下应当发出适当的保安指令,并向可能受到影响的港口设施提供与保安有关的信息。

第十三条 港口设施经营人或者管理人应当根据保安等级的变化,按照经批准的《港口设施保安计划》及时调整保安措施。

在3级保安状态下,港口设施的经营人或者管理人应当执行交通部发出的保安指令,省、自治区交通(港口)管理部门和港口所在地港口行政管理部门应当监督保安指令的执行。

第十四条 交通部变更港口设施保安等级,应当根据具体情况及时以适当的方式通知有关的交通(港口)管理部门、海事管理机构、港口设施经营人或者管理人。

第十五条 各级交通(港口)管理部门、海事管理机构、港口设施经营人或者管理人收到港口设施保安等级变更的决定后,应当予以确认,并报告所采取的相应措施。

第十六条 计划入港或者在港的船舶保安等级高于港口设施的保安等级时,港口设施保安主管应当与船舶保安员或者船公司保安员协商,对有关情况做出评估,确定适当的保安措施,签署《保安声明》;计划入港或者在港的船舶保安等级不得低于该港口设施保安等级。

第十七条 港口设施经营人或者管理人应当将港口设施保安等级变更过程中的有关情况予以记录,作为进行港口设施保安评估、编写《港口设施保安评估报告》、制(修)订《港口设施保安计划》、实施经批准的《港口设施保安计划》的参考依据。

第三章　保安评估

第十八条 港口所在地港口行政管理部门负责港口设施保安评估,也可以委托经指定的保安组织进行保安评估。

第十九条 港口设施保安评估应当符合交通部制定的港口设施保安评估规范。

港口设施保安评估应当进行现场保安检验。现场保安检验包括检查和评估港口的现有保安措施、程序和操作。

第二十条 对港口设施进行保安评估应当评估下列事项:

(一)设施的保安状况;

(二)设施的结构、布局情况;

(三)对人员进行保护的安全体系;

(四)保安工作程序;

(五)无线电和电信系统,包括计算机系统和网络;

(六)如被损害或者被用于非法窥测,会对人员、财产或者港口作业构成危险的其他区域。

第二十一条 港口设施保安评估应当进行以下工作:

(一)确定和评估重点保护的财产和基础设施;

(二)对可能威胁财产和基础设施的因素及其发生的可能性进行识别,并确定相应的保安要求;

(三)根据可能威胁财产和基础设施的因素及其发生可能性的识别结果,以及相应的保安要求,对采取的保安措施进行鉴别、选择和优化;

(四)分析港口设施和人员的安全保护体系、运营流程等,确定其中可能导致保安事件的薄弱环节,提出消除薄弱环节或者降低薄弱环节影响的措施。

第二十二条 港口设施保安评估完成后应当编写评估报告。

《港口设施保安评估报告》应当结合港口设施实际情况,全面反映评估的开展情况,内容主要包括:

(一)港口设施的基本情况,包括设施种类、位置、经营人、所有人等情况;

(二)港口设施的保安现状调查及分析;

(三)保安事件预测及风险控制评估;

(四)风险评估方法及应用;

(五)可能导致保安事件的薄弱环节及说明;

(六)消除薄弱环节或者降低薄弱环节影响的措施建议;

(七)评估结论。

第二十三条 《港口设施保安评估报告》完成后应当送交通部征求意见。

第二十四条 交通部应当在收到材料后20个工作日内对《港口设施保安评估报告》提出修改意见和建议。

交通部可以根据需要,建立全国港口设施保安专家库,组织专家开展本条第一款规定的工作。

参加上述工作的人员应当由保安、风险分析、港口行政管理、港口经营、港口设计与工程、船舶经营与管理和海事方面的专家组成。

第二十五条 港口设施的保安评估每5年进行1次。

港口设施发生重大变化时,应当重新进行保安评估。重新进行保安评估及相关程序按照本章规定办理。

前款所称重大变化包括港口主要设施或者其功能发生重大变化,港口设施保安组织、通信系统、保安工作的协调与配合程序发生重大改变,港口设施发生了重大保安事件等。

第二十六条 如果同一经营人所经营的多个港口设施位置、运营方式、设备和设计相类似,可以共同评估并制作1份《港口设施保安评估报告》。

第二十七条 《港口设施保安评估报告》应当保密,港口设施和承担港口设施保安评估的机构应当制定并落实防止擅自接触、泄露的措施。

第四章 保安计划

第二十八条 港口设施经营人或者管理人负责制订《港口设施保安计划》,也可以委托经指定的保安组织制订。

制订《港口设施保安计划》应当根据《港口设施保安评估报告》、交通部提出的修改意见和建议进行。

第二十九条 《港口设施保安计划》应当包含下列内容:

(一)港口设施经营人或者管理人所确定的负责实施《港口设施保安计划》的机构或者部门;

(二)负责实施《港口设施保安计划》的组织与其他有关单位的联系和必要的通信系统;

(三)港口设施保安主管及二十四小时联系方式;

(四)1级保安状态下的保安措施和保安等级提高时的全部附加措施和特殊的保安措施;

(五)根据经验和实际情况对《港口设施保安计划》进行经常性评价,并不断完善的安排;

(六)《港口设施保安计划》保密措施;

(七)向交通(港口)管理部门报告的程序;

(八)港口设施内部报告保安事件的程序;

(九)便利船上人员登岸或者人员变动以及来访者上船的程序和措施;

(十)对保安状况受到的威胁或者破坏做出反应的程序,包括维护港口设施或者船港界面的关键操作的规定;

(十一)对交通部在3级保安状态下发出的保安指令的反应程序;

(十二)在保安状况受到威胁或者破坏的情况下撤离人员的程序;

(十三)负有保安责任的港口设施人员和设施内参与保安事务的其他人员的职责;

(十四)与船舶保安活动进行配合的程序,特别是港口设施的保安等级低于船舶的保安等级时港口设施应当采取的程序和保安措施;

(十五)港口设施内船舶的保安报警系统被启动后做出反应的程序;

(十六)针对与曾靠泊过非缔约国港口的船舶、不适用ISPS规则的船舶以及固定(浮动)平台或者移动式海上钻井平台进行船港界面活动的程序和保安措施。

第三十条 对港口设施重新进行保安评估时,港口设施经营人或者管理人应当按照本规则规定重新制订《港口设施保安计划》。

当港口设施发生本规则第二十五条以外的情况变化时,港口设施经营人或者管理人可以对《港口设施保安计划》进行必要的调整,但交通部声明未经其同意不得改变的内容除外。

第三十一条 《港口设施保安计划》完成后应当报交通部审查批准。

第三十二条 交通部应当在受理后20个工作日内对《港口设施保安计划》审查完毕,必要时可以组织对港口设施的现场检查。

第三十三条 《港口设施保安计划》应当保密。港口设施经营人或者管理人、审查批准计划的机构应当制定并落实防止擅自接触、泄露的措施。未经交通部同意,任何人不得泄露其内容。

在下列条件下,执法人员可以查看《港口设施保安计划》:

(一)各级港口行政管理部门进行港口设施保安现场检查时;

(二)《港口设施保安符合证书》年度核验过程中需要对《港口设施保安计划》内容实施情况进行核实时。

第三十四条 港口设施经营人或者管理人应当全面落实批准后的《港口设施保安计划》,包括配备必要的保安人员,安装使用保安设备设施,制定并执行各项保安制度、措施和程序。

第三十五条 港口设施经营人或者管理人应当按照交通部规定的保安标准配备保安、交通、通信装备,按照规定设置港口设施内的标志。

第三十六条 新建或者改扩建的港口设施的保安设备设施应当与港口设施主体工程同时设计、同时建设、同时验收、同时投入使用。

第三十七条 港口设施经营人或者管理人在执行保安措施时,应当最大限度地减少对乘客、船舶、船上人员和来访者、货物以及相关服务的干扰或者延误。

第三十八条 各级交通(港口)管理部门应当对港口设施经营人或者管理人在执行《港口设施保安计划》过程中涉及海事、海关、公安(边防)、检验检疫等部门的相关事宜给予必要的协调。

第三十九条 非经常性地为国际航行船舶

提供服务的港口设施和处于试生产阶段的港口设施,经港口所在地港口行政管理部门同意,可以不制订《港口设施保安计划》,但应当采取适当的保安措施来达到保安要求。

港口所在地港口行政管理部门应当对港口设施采取的保安措施是否适当进行现场监管。

第五章　港口设施保安符合证书

第四十条　《港口设施保安计划》实施后,港口设施经营人或者管理人应当向交通部申请《港口设施保安符合证书》,并将申请书抄送港口所在地交通(港口)管理部门。

第四十一条　交通部受理申请后应当委托港口所在地港口行政管理部门对《港口设施保安计划》落实情况进行检查并提出检查意见,必要时也可以组织直接检查。对检查合格的,交通部颁发《港口设施保安符合证书》。对检查不合格的,不予颁发证书,并说明理由。

《港口设施保安符合证书》应当自受理之日起20个工作日内完成颁发工作。20个工作日内不能作出决定的,经本机关负责人批准,可以延长10个工作日,并应将延长期限的理由告知申请人。

《港口设施保安符合证书》由交通部指定的负责人签发,并在签发后通知相关交通(港口)管理部门。

第四十二条　《港口设施保安符合证书》的有效期为5年。在有效期内每年由省级交通(港口)管理部门核验1次。

《港口设施保安符合证书》年度核验期限为签发之日起每周年的前3个月和后3个月。

第四十三条　港口设施经营人或者管理人应当于《港口设施保安符合证书》签发之日起每周年的前3个月内,向省级交通(港口)管理部门提出年度核验申请,并提交如下材料:

(一)《港口设施保安符合证书》年度核验申请表;

(二)《港口设施保安符合证书》正、副本;

(三)港口设施保安年度工作报告;

(四)港口设施保安主管及相关人员具备履行其职责的知识和能力的证明;

(五)港口设施保安自评表;

(六)其他需要提交的文件。

前款所称港口设施保安年度工作报告由港口设施保安主管负责编写,港口设施经营人或者管理人应当盖章确认。港口设施保安年度工作报告应当全面反映《港口设施保安计划》的落实情况、接受相关培训情况、保安训练、演习情况及记录、保安事件发生的情况及记录、《港口设施保安计划》修改记录等内容。

第四十四条　省级交通(港口)管理部门应当自受理之日起20个工作日内完成《港口设施保安符合证书》年度核验。20个工作日内不能完成的,经本机关负责人批准,可以延长10个工作日,并应将延长期限的理由告知申请人。年度核验内容包括:

(一)港口设施保安组织结构;

(二)港口设施保安主管及相关人员是否具备履行其职责的知识和能力;

(三)港口设施保安设备状况及运行情况;

(四)港口设施保安通信状况;

(五)港口设施保安规章制度及实施情况;

(六)港口设施保安训练、演习情况;

(七)《港口设施保安计划》所确定保安措施及程序的落实情况;

(八)港口设施保安事件发生及应对情况;

(九)《港口设施保安计划》的年度调整情况;

(十)其他与港口设施保安工作有关的事项。

除前款规定外,港口设施于上1次核验后发生过本规则第二十五条第三款规定的重大变化的,年度核验主管部门应当审查港口设施是否已重新进行保安评估并重新制订《港口设施保安计划》。

年度核验时,省级交通(港口)管理部门可以对港口设施上一年度的保安工作进行核查,也可以委托港口所在地港口行政管理部门核查并接受其提交的核查报告。

第四十五条　下列情况年度核验不得通过:

(一)保安设备设施状况不符合《港口设施保安计划》规定;

(二)港口设施保安主管、港口设施其他保安人员不具备履行其职责的知识和能力;

(三)未按照规定进行或者参加保安训练、演习;

(四)未按照规定收取和使用港口设施保安费。

第四十六条　通过年度核验的港口设施,由省级交通(港口)管理部门主管领导或者其授权的人员(仅限授权1名)在《港口设施保安符合证书》正、副本上签字并加盖专用章。

前款所指的主管领导或者其授权的人员应当向交通部备案。

第四十七条　未通过年度核验的港口设施,由省级交通(港口)管理部门主管领导或者其授权的人员在年度核验申请书上签署意见并退还申请人,责令其限期改正。港口设施经营人或者管理人在期限内改正完毕,可以重新申请《港口设施保安符合证书》年度核验。

第四十八条 省级交通(港口)管理部门应及时将下列情况报交通部备案:

(一)通过年度核验的港口设施;

(二)未通过年度核验的港口设施;

(三)未按本规则第四十二条规定时间申请年度核验的港口设施;

(四)在年度核验过程中隐瞒有关情况或者提供虚假材料的港口设施;

(五)连续两个年度未申请年度核验的港口设施;

(六)发生过本规则第二十五条第三款规定的重大变化但未重新进行保安评估并重新制订《港口设施保安计划》的港口设施。

第四十九条 交通部应当将全国《港口设施保安符合证书》年度核验情况予以公布。

第五十条 《港口设施保安符合证书》记载的内容发生变化或者证书丢失、毁损时,应当向交通部书面申请换发或者补办,并附相关证明材料。

交通部核发新证书时,应当公告原证书作废。

第六章 港口设施保安主管

第五十一条 港口设施经营人或者管理人应当指定具备履行其职责的知识和能力的人员担任港口设施保安主管。

第五十二条 港口设施保安主管应当由专人担任。

1人只能担任1个港口设施的港口设施保安主管。

第五十三条 港口设施保安主管履行下列职责:

(一)配合港口设施保安评估对港口设施进行初次全面保安检查;

(二)确保港口设施按本规则的规定制订《港口设施保安计划》;

(三)对港口设施进行定期保安检查,保证《港口设施保安计划》有效实施;

(四)对《港口设施保安计划》所载内容进行经常性评价和必要的调整;

(五)进行港口设施相关人员保安意识和警惕性的教育;

(六)确保港口设施保安工作人员获得充分的培训;

(七)与相关机构和人员保持信息沟通,向有关部门报告危及港口设施保安的事件并保存事件记录;

(八)与船公司和船舶保安员协调实施《港口设施保安计划》;

(九)签署《保安声明》;

(十)与提供保安服务的机构协调保安工作;

(十一)确保港口设施保安人员符合相关要求;

(十二)确保正确操作、测试、校准和保养保安设施设备;

(十三)在接到船舶保安员请求时,协助其确认登船人员的身份。

第五十四条 当港口设施保安主管被告知船舶在履行SOLAS公约第Ⅺ-2章和ISPS规则的要求或者在实施《船舶保安计划》所列的措施和程序遇到困难时,以及在港口设施处于3级保安的情况下,港口设施的经营人或者管理人执行交通部发出的保安指令遇到困难时,港口设施保安主管和船舶保安员应进行联络并协调适当的行动。

第五十五条 港口设施保安主管在船舶入港之前和船舶在港口期间,应当履行下列义务:

(一)了解船舶履行SOLAS公约和ISPS规则的情况;

(二)与船舶保安员或者船公司保安员联系,了解该船舶的保安等级,并掌握有关船舶保安等级的任何变化;

(三)在与船舶建立联系后,港口设施保安主管应当将港口设施保安等级及其任何后续变化通知港内靠泊船舶和将要靠泊的船舶,并向船舶提供必要的保安信息。

第五十六条 当港口设施的保安等级确定为2级或者3级后,港口设施保安主管应及时确认《港口设施保安计划》所列的对应保安措施和程序得到执行,并应当立即与相关船公司和船舶保安员取得联系并协调适当的行动。

第五十七条 当港口设施保安主管得知船舶所处的保安等级高于港口设施的保安等级时,应当及时报告港口所在地港口行政管理部门,并与船舶保安员取得联系并协调适当的行动,包括按照各自的《保安计划》操作,并可视情填写或者签署《保安声明》。

第七章 保安声明

第五十八条 在下列情况下,应船舶的要

求,港口设施经营人或者管理人应当与船舶签署《保安声明》:

(一)该船所处的保安等级高于与之发生界面活动的港口设施的保安等级;

(二)中国政府与其他缔约国政府之间有涉及某些国际航线或者这些航线上的特定船舶关于《保安声明》的协议;

(三)曾经有过涉及该船或者涉及该港口设施的保安威胁或者保安事件。

第五十九条 在港口设施保安评估所确定的需要引起特别注意的船港界面活动开始前,应港口设施经营人或者管理人的要求,船舶应当与港口设施经营人或者管理人签署《保安声明》。

前款所称需要引起特别注意的船港界面活动,包括在人口密集或者经济上重要的作业场所或者在其附近的设施进行的作业,以及旅客上下船舶、危险货物或者有害物质的过驳或者装卸作业、船舶曾经靠泊过本规则第二条规定以外的港口设施等。

第六十条 港口设施所在地港口行政管理部门可以根据船港界面活动对人员、财产、环境可能造成危险程度的判断,要求船、港双方签署《保安声明》。

第六十一条 《保安声明》由港口设施保安主管与船长或者船舶保安员签署。

第六十二条 《保安声明》应当根据保安等级变化做相应的改变或者重新签署。

第六十三条 《保安声明》应当由港口设施保安主管保存3年。

第八章 港口设施保安培训、训练和演习

第六十四条 港口设施保安主管及下列从事港口设施保安工作的人员,应当按照ISPS规则的有关要求,完成交通部规定的港口设施保安培训,具备履行其职责的知识和能力:

(一)从事港口设施保安行政管理工作的人员;

(二)从事港口设施保安评估的人员;

(三)制订《港口设施保安计划》的人员;

(四)参加《港口设施保安评估报告》、《港口设施保安计划》审查批准和预审工作的人员;

(五)港口设施经营人中主管安全、生产的副总经理。

其他从事与港口设施保安有关工作的人员,应当按照ISPS规则的有关要求,经过相应的培训,具备履行其担任职责方面的知识和能力。

第六十五条 万吨级以上的港口设施应有6人以上具备履行保安职责方面的知识和能力,万吨级以下的港口设施应有3人以上具备履行保安职责方面的知识和能力。

第六十六条 港口设施经营人或者管理人应当对其员工进行相关保安基础知识和岗位保安要求的教育或者培训,使其有针对性地了解并掌握《港口设施保安计划》中与其职责相关的内容,并保证其具备如下知识:

(一)各保安等级的含义和本岗位保安要求;

(二)辨认和探察武器、危险物质和装置;

(三)辨认可能威胁保安者的特点和行为模式;

(四)紧急撤离、简单救护等自我保护技术。

第六十七条 港口设施应当进行保安训练和演习,确保港口设施人员熟练履行其在各保安等级所承担的保安职责,发现并及时改进任何保安缺陷。

第六十八条 港口设施的经营人或者管理人应当保证至少每3个月进行1次港口设施保安训练。

训练应当根据《港口设施保安计划》进行,目的是对经批准的《港口设施保安计划》全部或部分内容进行测试。

第六十九条 各级交通(港口)管理部门应当组织保安演习。保安演习至少每年进行1次,两次演习间隔不得超过18个月。

演习应当结合经批准的《港口设施保安计划》,通过模拟一定保安事件情景,根据船港界面活动所涉及的各项保安要求,由多单位参与、协同进行,验证、评价和提高港口设施保安人员的综合反应能力,加强各级保安组织、各相关部门的整体反应和协调配合能力。

演习应当编制演习方案,并报送上级交通(港口)管理部门备案。

第七十条 港口设施的经营人或者管理人应当参加包括有关部门、船舶保安员共同进行的保安演习。

第七十一条 港口设施保安训练、演习可以采用实地或者模拟的形式,也可以与相关训练、演习结合进行。

第七十二条 训练、演习完成后,应当进行评估并记录存档。

第九章 保安信息与联络

第七十三条 中国海上搜救中心总值班室是全国港口设施保安总联络点,负责全国港口设施的保安报警接收和保安信息联络工作。

各地方港口行政管理部门值班室是所在地港口设施保安联络点,负责下列事项的全天候联系工作:

(一)接收港口设施保安信息,向相关海事管理机构了解船舶保安信息,针对接收到的保安报警及时按照应急反应程序采取保安行动,并视情通报有关部门;

(二)将港口设施保安信息及时通报海事管理机构,并为相关船舶提供保安建议或者援助;

(三)向中国海上搜救中心总值班室报告保安信息。

第七十四条 港口设施保安主管收到保安报警后,应立即与港口所在地港口行政管理部门联系,报告港口设施名称、位置,经营人或者管理人名称,设施内相关船舶、人员和货物,受到的保安威胁等情况。

港口设施保安主管应当随时保持通信联络畅通。

第七十五条 港口所在地港口行政管理部门收到相关船舶保安事件和其他船舶保安信息,应当按照应急反应程序,通知相关的港口设施,协调港口设施和船舶的保安行动。

第七十六条 交通部根据国际公约规定和工作需要,向国际海事组织报送港口设施保安信息,并负责接收和向国内相关部门、机构传送相关信息。

第七十七条 港口设施保安相关信息发生变化后港口设施经营人或者管理人应当向原报送单位及时发出更正信息。

第七十八条 各级交通(港口)管理部门应当建立信息系统,保证港口设施保安信息的及时报送、接收、分析和转发。

第十章 监督检查与法律责任

第七十九条 各级交通(港口)管理部门依法对港口设施保安活动实施的监督检查,任何单位或者个人不得拒绝、妨碍或者阻挠。

有关单位或者个人应当接受港口行政管理部门依法实施的监督检查,并为其提供必要的方便。

港口行政管理部门的工作人员实施监督检查时,应当出示执法证件,表明身份。

第八十条 港口所在地港口行政管理部门应当对港口设施的下列保安事项进行监督检查:

(一)《港口设施保安符合证书》的有效性;

(二)《港口设施保安计划》的实施效果,包括保安措施实施过程中的协调性;

(三)港口设施保安主管和相关人员对保安知识的掌握情况。

第八十一条 交通部应当对《港口设施保安符合证书》年度核验工作进行监督检查,发现不符合规定的,应当要求省级交通(港口)管理部门予以纠正。

第八十二条 未按规定取得有效《港口设施保安符合证书》且不符合本规则第三十九条规定的港口设施,不得为航行国际航线船舶提供服务。

对于违反前款规定,擅自为航行国际航线船舶提供服务的港口设施,由港口所在地港口行政管理部门予以警告并责令停止违法行为,并可处以3万元以下罚款。

第八十三条 对于违反本规则规定,港口设施保安主管和相关人员未经必要的培训,港口行政管理部门可以责令更换;港口设施保安主管和相关人员未能履行本规则规定的职责,港口行政管理部门可以责令其参加保安培训,情节严重的,可以责令暂停或者撤销其港口设施保安主管资格。

第十一章 附 则

第八十四条 交通部通过“中国港口设施保安网”公布与港口设施保安相关的公开信息。

第八十五条 本规则自2008年3月1日起施行。但为500总吨及以上特种用途船服务的港口设施自2008年7月1日起适用本规则。交通部于2003年11月14日发布的《港口设施保安规则》(交水发[2003]500号)同时废止。

附件:1. 保安声明

2. 港口设施基本保安措施

3. 港口设施保安符合证书

附件1：

保 安 声 明

船名：	
船籍港：	
IMO编号：	
港口设施名称：	

本《保安声明》的有效期自………………至………………，针对下列活动(指具体船港界面活动的内容，例如集装箱装卸作业、旅客上下船舶、散油过驳作业等)：

……………………………………………………

所处保安等级：

船舶保安等级：	
港口设施保安等级：	

港口设施和船舶同意以下保安措施和责任，以确保符合《国际船舶和港口设施保安规则》A部分的要求。

	船长、船舶保安员和港口设施保安主管在本栏的签名表示该活动将由其所代表的方面根据经批准的保安计划完成	
活动	港口设施：	船舶：
确保履行所有保安职责		
监控限制区域，确保只有经批准人员才能进入		
对进入港口设施的控制		
对进入船舶的控制		
监控港口设施，包括靠泊区域和船舶周围水域		
监控船舶，包括靠泊区域和船舶周围水域		
货物装卸		
船舶物料交付		
无人照管行李的装卸		
控制人员及其物品上船		
确保船舶和港口之间的通讯联系随时可用		
……		

本声明的签字人证明，在具体活动中港口设施和船舶的保安措施和安排符合经修订的《1974年国际海上人命安全公约》第XI—2章以及《国际船舶和港口设施保安规则》A部分的规定，并将按已批准计划的规定或双方商定的具体安排执行。

签署日期………………………………地点………………………………

代表签字	
港口设施：	船舶：

(港口设施保安主管签名)　　　　(船长或船舶保安员签名)

签字人姓名和职务	
姓名：	姓名：
职务：	职务：

联系细节 （根据情况填写） （写明电话号码或无线电频道或所用频率）	
港口设施方： 港口设施： 港口设施保安主管：	船舶方： 船长： 船舶保安员： 船公司： 船公司保安员：

附件2：

港口设施基本保安措施

下表列举了港口设施在不同保安等级下应采用的基本保安措施，这些措施反映了港口设施保安的基本要求，但未包括针对各类港口设施（如集装箱码头、油港或化工码头等）的特殊措施。这些特殊措施应当在各港口设施制订《港口设施保安计划》时确定。

下表保安等级一栏中的"是"系指在该保安等级下必须执行的措施，"任选"是指在该保安等级下可以选择执行的措施。

1. 保证港口设施保安工作的程序

保安措施	保安等级		
	1	2	3
制订保安计划，对保安计划定期评审和更新	是	是	是
具有独立的保安组织	任选	是	是
相关人员明确并能履行其保安职责、任务	是	是	是
每一港口设施配备港口设施保安主管	是	是	是
港口设施保安主管能与船舶、船公司、相关单位联络并协调保安措施	是	是	是
有一个高效的保安指挥系统	是	是	是
有特别情况下的人员撤离程序	是	是	是
建立保安事件日报制度	是	是	是
所有保安人员穿着成套的、醒目的、有权威性的制服	是	是	是
保安人员针对周边地区和重要区域进行定期的巡查	任选	是	是
与外部保安力量有良好沟通和协助	任选	是	是
按保安计划规定的时间间隔实施保安演习和训练	是	是	是
及时收集、分析港口设施保安信息	是	是	是
规定保安计划的审批程序	是	是	是
保安计划及其内容保密	是	是	是
具有针对未制订保安计划船舶的保安措施	是	是	是

2. 港口设施进入通道的保安措施

保安措施	保安等级		
	1	2	3
建立进港人员身份识别系统	是	是	是
验证进港人员身份	是	是	是
检查进港人员、行李、物品,防止携带违禁武器、危险品和爆炸物进港	是	是	是
要求所有工作人员持证进入限制区域	任选	是	是
证件的设计与外表能让保安人员迅速、肯定地辨别持有人的身份和限制	是	是	是
确保工作人员离职时证件被收回	是	是	是
在指定区域布置值班人员	任选	是	是
在港区设立符合保安行业标准的栅栏或围墙	是	是	是
港口设施的大门、入口的数量应保持最小数量	任选	任选	是
来访者的活动受到全程陪同	任选	是	是
保留来访者的记录	任选	是	是
具有便利船上人员和其他重要人员来访的程序	是	是	是
协助船舶保安员确认上船人员身份	是	是	是
具有应急交通控制方案	任选	是	是
非工作车辆以外的所有车辆都停放在指定停车区域,司机处于保安人员监控的范围内	任选	是	是
停车场与码头的距离大于15米,而且处于围墙、货物装卸区及储存区之外	任选	是	是
涵洞、隧道、桥梁、下水道、公用设施入口、人行电梯等所有开口处都被适当地加以监控	任选	是	是

3. 港口设施内限制区域的保安措施

保安措施	保安等级		
	1	2	3
根据港口设施的性质及作用设置限制区域	是	是	是
密切监控港口内限制区域的出入口	任选	是	是
所有限制区域的入口处设置岗哨	任选	任选	是
所有限制区域的入口处能进行保安联络	是	是	是
安排人员值班或巡逻	任选	是	是
增加限制区域监视频率和范围,包括: (1)巡逻限制区域; (2)设置岗哨连续守卫限制区域; (3)布置人员连续巡逻限制区域的临近地区; (4)保证逃生、撤退和救援通道畅通。	任选	任选	是
所有限制区域入口都设有障碍物	是	是	是
所有限制区域都有人员识别与监控系统	任选	是	是
非工作人员经批准进入限制区域时,处于持续的陪同之下	是	是	是
港口限制区域内的照明系统使用正常	是	是	是
协调船舶与港口设施提供岸边附加灯光照明	任选	是	是
对限制区内重要设施提供附加保安措施	任选	是	是

4. 货物装卸过程中的保安措施

保安措施	保安等级		
	1	2	3
查验货物与清单的一致性	是	是	是
对外来运货车辆进行入港检查	是	是	是
司机凭证件或得到门卫许可方可进入港口设施	是	是	是
有货物的移动与储存的记录	是	是	是
有指定进行货物检查的区域	是	是	是
有指定用于留置观察货物的区域	任选	是	是
在货物验收之前,对电子数据交换(EDI)信息和货物与集装箱的交货单进行检查	任选	是	是
用X－光机、扫描仪、金属探测器、爆炸品探测器等仪器检查货物	任选	是	是
危险货物应有说明以供查验	是	是	是
通过一定方式保留并持续更新所有货物的准确清单、所有设施内的货物、集装箱的位置图	任选	是	是
保安人员了解危险货物的位置,并针对这些货物采取附加的保安措施	是	是	是

5. 船舶物料交付过程中的保安措施

保安措施	保安等级		
	1	2	3
有检查船舶物料的程序	任选	任选	是
检查运送船舶物料的车辆	是	是	是
在港口设施内对物料进行监控	任选	是	是
对船舶物料进行扫描检查	任选	任选	是
对物料交接人进行身份确认	任选	任选	是
设置区域进行船上物料及货物的检查	任选	是	是
设立存储区对部分物料进行留置观察	任选	是	是

6. 无人照管行李的保安措施

保安措施	保安等级		
	1	2	3
无人照管的行李在进入港口设施和在船港之间移动时,能够被确认、辨别、检查	是	是	是
对可疑行李打开检查	任选	是	是
通过功能分区等方法区分已检、未检行李	是	是	是
对可疑行李限制、暂停或拒绝装卸	任选	是	是
设置可疑行李的留置区	任选	是	是
用X－光机、扫描仪、金属探测器、爆炸品探测器等仪器检查无人照管行李	任选	是	是

7. 港口设施保安技术规定

保安措施	保安等级		
	1	2	3
在通道、工作区域、储存区域、岸边设置警示标识和疏散示意图	是	是	是
保安组织间能有效联络并及早报警	是	是	是
警卫的分派、次数以及巡逻路线按间隔进行改变	任选	是	是

保安措施	保安等级		
	1	2	3
保安用车配备有标志、外部或顶部警灯(报)	是	是	是
所有的周边障碍物(栅栏、围墙)和大门都有人值守,并在不用时被锁闭	任选	是	是
如果某一水域形成了障碍物的一部分,能够采取额外的保安措施	是	是	是
照明的检测、修理和更换在合理的时间内完成	是	是	是
照明设备、数量达到标准	是	是	是
所有限制区域的四周都设置有照明	是	是	是
所有车辆和行人入口都有照明	任选	是	是
配备有应急备用电源	是	是	是
保安力量具有自己的通讯系统	任选	是	是
保安通讯中心与各相关单位保持信息沟通	是	是	是
保安通讯中心能满足不同保安等级的要求	是	是	是
通讯系统能够及时向所有保安力量传达指令	是	是	是
配备报警系统	是	是	是
正在工作中的保安人员配备手持通讯终端	任选	是	是
具有对船上报警做出反应的程序	是	中	是
闭路监控系统覆盖限制区域	是	是	是
闭路监控系统覆盖所有港口设施	任选	是	是
对水面(下)进行巡逻和搜索	任选	任选	是
能够对保安威胁事件独立或根据上级指令做出反应,并采取相应的保安措施	是	是	是

附件3:

港口设施保安符合证书

STATEMENT OF COMPLIANCE OF A PORT FACILITY

(套印国徽)

证书编号:

Statement Number:

本证书系根据《国际船舶和港口设施保安规则》B部分的规定签发

Issued under the provisions of Part B of the

INTERNATIONAL CODE FOR THE SECURITY OF SHIPS AHD OF PORT FACILITIES(ISPS CODE)

中华人民共和国

The Government of CHINA

港口设施名称:…………………………………………………

Name of the Port Facility:……………………………………

港口设施地址：…………………………………………

Address of the Port Facility：…………………………

兹证明，经核验本港口设施符合经修订的《1974 年国际海上人命安全公约》第Ⅺ－2 章以及《国际船舶和港口设施保安规则》A 部分的规定，且本港口设施根据经批准的《港口设施保安计划》操作。该计划在以下方面得到批准（以下填写适于停靠的船舶类型、操作类型、其他活动及相关信息）：

This is to certify that the compliance of this port facility with the provisions of chapter XI－2 and part A of the International Code for the Security of the Ships and of Port Facilities（ISPS Code）has been verified and that this port facility operates in accordance with the approved Port Facility Security Plan. This plan has been approved for the following <specify the types of operations, types of ships or activities or other relevant information>：

本《符合声明》有效期至：________________，
但期间未通过核验的，即行失效。

This Statement of Compliance is valid until ----------------------------，
subject to verifications.

签发地点____________

Issued at ------------------

（place of issue of the statement）

签发日期____________ 经授权的官员签字____________

Date of issue ------------------（Signature of the duly authorized official issuing the document）

（发证机关盖章或钢印）

（Seal or stamp of issuing authority）

核 验 签 注

ENDORSEMENT FOR VERIFICATIONS

中华人民共和国政府确定，此符合证书的有效性取决于每年一次的核验。

The government of China has established that the validity of the Statement of Compliance is subject to mandatory annual.

兹证明，本港口设施符合经修订的《1974 年国际海上人命安全公约》第Ⅺ－2 章以及《国际船舶和港口设施保安规则》A 部分的规定。

This is to certify that, during a verification carried out in accordance with paragraph B/16.62.4 of the ISPS Code, the port facility was found to comply with the relevant provisions of chapter XI－2 of the Convention and Part A of the ISPS Code.

第 1 次核验　签署：____________经授权的官员签字
1st VERIFICATION　Signed　(Signature of authorized official)
地点：
Place____________
日期：
Date____________

第 2 次核验　签署：____________经授权的官员签字
2nd VERIFICATION　Signed　(Signature of authorized official)
地点：
Place____________
日期：
Date____________

第 3 次核验　签署：____________经授权的官员签字
3rd VERIFICATION　Signed　(Signature of authorized official)
地点：
Place____________
日期：
Date____________

第 4 次核验　签署：____________经授权的官员签字
4th VERIFICATION　Signed　(Signature of authorized official)
地点：
Place____________
日期：
Date____________

中华人民共和国交通部令

2007 年第 11 号

《港口规划管理规定》已于 2007 年 11 月 30 日经第 12 次部务会议通过，现予公布，自 2008 年 2 月 1 日起施行。

部　长　李盛霖

二〇〇七年十二月十七日

港口规划管理规定

第一章　总　则

第一条　为规范港口规划工作，科学利用、有效保护港口资源，促进港口健康、持续发展，根据《中华人民共和国港口法》，制定本规定。

第二条　本规定适用于港口规划的编制、审批、公布、修订与调整、实施和监督管理等活动。

第三条　交通部负责全国的港口规划管理工作。

省、自治区、直辖市人民政府港口行政管理部门负责本行政区内的港口规划管理工作。

港口所在地的市（指设区的市，下同）、县（包括县级市）人民政府港口行政管理部门或者省、自治区人民政府设立的负责特定港口管理的部门具体实施该港口的规划管理工作。

本规定所称港口行政管理部门，包括承担港口行政管理职能的交通主管部门或者与交通主管部门分设的港口管理部门。

第四条　港口规划应当根据国民经济和社会发展的要求以及国防建设的需要，统筹考虑产业布局、港口资源条件、综合运输网状况等因素制定，体现贯彻科学发展观、合理利用岸线资源的原则。

第五条　港口规划应当符合城镇体系规划，并与土地利用总体规划、城市总体规划、江河流域规划、防洪规划、海洋功能区划、水路运输发展规划和其他运输方式发展规划以及法律、行政法规规定的其他有关规划相衔接、协调。

第二章　港口规划的编制

第六条　港口规划包括港口布局规划和港口总体规划。

港口布局规划是指港口的分布规划。港口布局规划包括全国港口布局规划和省、自治区、直辖市港口布局规划。对港口资源丰富、港口分布密集的区域，可以根据需要编制跨省、自治区、直辖市或者省、自治区行政区内跨市的港口布局规划。

港口总体规划是指一个港口在一定时期的具体规划。

第七条　港口布局规划主要确定港口的总体发展方向，明确各港口的地位、作用、主要功能与布局等，合理规划港口岸线资源，促进区域内港口健康、有序、协调发展，并指导区域内港口总体规划的编制。

港口总体规划主要确定港口性质、功能和港区划分，根据港口资源条件、吞吐量预测和到港船型分析,重点对港口岸线利用、水陆域布置、港界、港口建设用地配置等进行规划。

第八条 直辖市根据实际情况可不编制港口布局规划,仅编制港口总体规划。

第九条 编制和修订、调整港口布局规划和港口总体规划时,应当根据需要编制相关的专项规划。

港口布局规划的专项规划包括分层次港口布局规划、分运输系统港口布局规划、港口资源整合规划及其他专项规划。

港口总体规划的专项规划包括港区总体规划、港口集疏运设施规划和港口仓储、保税、物流等园区规划及其他专项规划。

专项规划是港口布局规划和港口总体规划的组成部分。

第十条 组织编制港口总体规划的部门应当根据经审批的港口总体规划组织编制有关港区、作业区控制性详细规划。

港区、作业区控制性详细规划,是指对港口总体规划中的港区规划的深化方案。

第十一条 全国港口布局规划由交通部组织编制;跨省、自治区、直辖市的港口布局规划由交通部组织有关省、自治区、直辖市人民政府港口行政管理部门共同编制。

省、自治区、直辖市港口布局规划由省、自治区、直辖市人民政府港口行政管理部门组织编制;省、自治区行政区内跨市的港口布局规划由省、自治区人民政府港口行政管理部门组织有关市人民政府港口行政管理部门共同编制。

第十二条 主要港口的总体规划由港口所在直辖市、市人民政府港口行政管理部门或者省、自治区人民政府确定的具体实施港口行政管理的部门编制。

主要港口以外港口的总体规划,由港口所在市、县人民政府港口行政管理部门编制。

第十三条 编制港口规划应当符合以下要求:

(一)有效保护和节约使用港口资源,实现港口可持续发展;

(二)适应国家对外开放和东中西部区域经济协调发展及产业合理布局的要求;

(三)促进现代化综合运输体系协调发展,发挥港口衔接各种运输方式的综合运输枢纽作用;

(四)统筹不同层次港口的合理布局和功能分工,优化港口资源配置,提高港口群体的综合竞争力;

(五)依靠科技进步,适应国际国内航运、现代物流等发展的要求,提高港口专业化、规模化、集约化、现代化水平。

第十四条 跨省、自治区、直辖市的港口布局规划和省、自治区、直辖市港口布局规划应当符合全国港口布局规划。

省、自治区行政区内跨市的港口布局规划应当符合省、自治区港口布局规划。

港口总体规划应当符合相应的港口布局规划。

第十五条 编制和修订、调整港口布局规划和港口总体规划时,涉及新港区开发或者对现有港区功能有重大调整的,应当进行新港区选址论证或者有关专题论证。其中港口总体规划论证完成后应当编制港区总体规划。

第十六条 港区、作业区的控制性详细规划的编制,应当优化港区水陆域总体布局,统筹安排港区内集疏运、给排水、供电、通信信息、安全监督、口岸管理、环境保护等配套设施的布置,并与城市规划的相关设施协调、衔接。

第十七条 港口规划的编制部门在编制港口规划时,应当征求同级发展和改革、城市规划、国土、铁路、水利、海洋等有关部门和有关军事机关以及海事、航道等管理机构的意见。港口管理部门与交通主管部门分设的,还应当征求同级交通主管部门的意见。

第十八条 港口规划应当按照交通部统一制定的港口规划编制内容及文本格式的要求编制。

第十九条 编制港口规划应当依法进行环境影响评价,并符合国家规定的环境影响评价的程序、内容及深度要求。

第二十条 编制港口规划应当符合港口工程相关规范及有关技术要求,并统筹考虑航道、通航安全与港口规划布置的关系。

第二十一条 港口规划的具体编制工作,应当委托具备国家规定的相应资质的单位承担。

港口布局规划、主要港口和地区性重要港口的总体规划(包括相应的专项规划和港区、作业区控制性详细规划,下同),应当委托持有港口河海工程专业甲级工程咨询资格证书或者水运行业甲级工程设计证书的单位编制;其他港口的总体规划,应当委托持有港口河海工程专业乙级以上工程咨询资格证书或者水运行业乙级以上工程设计证书的单位编制。

前款所称地区性重要港口,是指省、自治区、直辖市人民政府按照《港口法》的规定确定的本地区的重要港口。

第三章 港口规划的审批与公布

第二十二条 全国港口布局规划由交通部报国务院批准后公布实施。

第二十三条 跨省、自治区、直辖市的港口布局规划由交通部征求相关省、自治区、直辖市人民政府和国务院有关部门意见后批准并公布实施。

第二十四条 省、自治区、直辖市港口布局规划和省、自治区行政区内跨市的港口布局规划由省、自治区、直辖市人民政府港口行政管理部门报省、自治区、直辖市人民政府审查同意后,书面征求交通部意见。交通部应当自收到征求意见的材料之日起30个工作日内提出意见。交通部同意或者提出的修改意见被采纳或者在上述规定期限内未提出意见的,有关省、自治区、直辖市人民政府可依法公布实施。有关省、自治区、直辖市人民政府对交通部提出的修改意见有异议的,报国务院决定。

第二十五条 主要港口所在城市是直辖市的,其港口总体规划由直辖市人民政府港口行政管理部门报交通部和直辖市人民政府审批。

主要港口所在城市不是直辖市的,其港口总体规划由港口所在市的港口行政管理部门报经市人民政府审核后,由市人民政府报交通部和省、自治区人民政府审批。

港口总体规划范围因特殊原因涉及跨行政区域的,港口总体规划上报前,相关人民政府应当就规划内容协调一致。

交通部会同省、自治区、直辖市人民政府对上报的港口总体规划进行审查,审查过程中应当征求国务院有关部门和有关军事机关的意见。经审查予以批准的,由交通部会同省、自治区、直辖市人民政府公布实施。

第二十六条 地区性重要港口的总体规划由港口所在地的市、县港口行政管理部门报经市、县人民政府审核同意后,由市、县人民政府报省、自治区人民政府审批。

省、自治区人民政府对上报的地区性重要港口的总体规划进行审查,审查过程中应当书面征求交通部意见。经审查予以批准的,由省、自治区人民政府公布实施。港口行政管理部门应当将公布实施的地区性重要港口总体规划报交通部备案。

第二十七条 主要港口和地区性重要港口以外港口的总体规划,由港口所在市、县的港口行政管理部门报市、县人民政府审批。

市、县人民政府对上报的港口总体规划进行审查,审查过程中应当书面征求省、自治区人民政府港口行政管理部门意见。经审查予以批准的,由市、县人民政府公布实施,并报省、自治区人民政府备案。

由县人民政府审批的港口总体规划在征求省、自治区人民政府港口行政管理部门意见前,应当先征得市人民政府同意。

第二十八条 主要港口所在城市是直辖市的,其港区、作业区控制性详细规划由直辖市人民政府港口行政管理部门书面征得交通部同意后,报直辖市人民政府批准并公布实施。直辖市人民政府港口行政管理部门应当将公布实施的港区、作业区控制性详细规划报交通部备案。

主要港口所在城市不是直辖市的,其港区、作业区控制性详细规划由港口所在市人民政府书面征得交通部和省、自治区人民政府同意后批准并公布实施,同时报交通部和省、自治区人民政府备案。

第二十九条 地区性重要港口的港区、作业区控制性详细规划由港口所在市、县人民政府书面征求交通部意见并征得省、自治区人民政府同意后批准并公布实施,同时报交通部和省、自治区人民政府备案。

由县人民政府审批的地区性重要港口的港区、作业区控制性详细规划在征求交通部和省、自治区人民政府意见前,应当先征得市人民政府同意。

第三十条 主要港口和地区性重要港口以外港口的港区、作业区控制性详细规划由港口所在市、县人民政府书面征求省、自治区人民政府港口行政管理部门意见后批准并公布实施,同时报省、自治区人民政府港口行政管理部门备案。

由县人民政府审批的港区、作业区控制性详细规划在征求省、自治区人民政府港口行政管理部门意见前,应当先征求市人民政府意见。

第三十一条 审批部门在审查港口规划时,应当听取相关专家的意见。

第三十二条 审批部门对送审的材料进行审查后,认为需要作重大修改的,应当提出书面审查意见。报审单位应当按照审查意见的要求进行修改。审查部门对修改后的送审材料可以重新组织审查。

第三十三条 交通部和省、自治区人民政府及其港口行政管理部门收到港口总体规划和港区、作业区控制性详细规划相关的专项规划征求意见文件及相关材料后,应当在30个工作日内提出书面意见,逾期视为同意。

第三十四条 报批港口规划,应当提交以下材料:

(一)申请报批的文件;

(二)报批的规划报告和规划文本;

(三)征求意见的情况;

(四)其他相关材料。

规划文本应当基于规划报告编制,是对规划有关内容提出规定性要求的文件。

第三十五条 港口规划经批准后,审批部门应当在其政府信息网站或者其他便于公众知悉的政府信息发布渠道上公布规划文本。国家规定需要保密的除外。

第四章 港口规划的修订与调整

第三十六条 港口规划经批准后,未经规定程序任何单位和个人不得随意更改。

第三十七条 组织编制港口规划的单位可以根据经济社会和港口发展的需要修订或者调整港口规划。

港口规划的修订是指对规划范围、港口性质及功能、岸线利用、港口布局及水陆域布置等进行重大变更。

港口规划的调整是指对港口规划进行局部修改。

第三十八条 修订或者调整港口规划,应当通过编制相应专项规划的方式进行。

第三十九条 对港口规划进行修订的专项规划,按照相应港口规划的编制、审查、批准、公布的程序办理。

对港口布局规划进行调整的专项规划,按照相应港口布局规划的编制、审查、批准、公布的程序办理。

对港口总体规划进行调整的专项规划,由原组织编制单位组织编制,报同级人民政府审批。同级人民政府征得原审批部门同意后批准并公布实施。

第五章 港口规划的实施与监督管理

第四十条 建设港口设施应当符合港口布局规划和港口总体规划,在港口总体规划确定的港区范围内进行。不得违反港口规划建设任何港口设施和其他设施。

需要在尚未纳入港口总体规划的区域建设港口设施或者在港口总体规划中新开发的港区建设港口设施的,应当首先按港口总体规划修订程序编制新港区总体规划,经批准后作为建设港口设施的规划依据。

第四十一条 拟建设港口项目的功能及选址与港口总体规划有较大差异,经专题论证认为确需改变港口总体规划按所选方案建设的,应当按规定程序修订或者调整港口总体规划后,方可办理港口建设项目的审批、核准手续。

第四十二条 建设港口设施使用港口岸线的,必须符合港口规划,并按国家有关规定办理港口岸线使用审批手续,取得港口岸线使用权。

第四十三条 建设码头(包括单点系泊及水上过驳设施)、船坞、船台、滑道等设施的港口建设项目,建设单位在申请水上水下施工作业许可时,应当提交由发展和改革部门、交通主管部门按照规定的权限出具的港口建设项目审批文件和交通主管部门按照规定的权限出具的港口岸线审批文件。海事管理机构在审批上述港口建设项目水上水下施工作业许可时,应当审查申请人是否依法办理了港口建设项目审批和港口岸线审批的相关手续。未依法办理的,海事管理机构不得批准其施工许可。

第四十四条 任何单位和个人需要使用港口总体规划区内的土地和水域,或者建设任何跨越、穿越港口总体规划区水陆域及其上下部相关空间的设施,建设项目的审批部门审批时应当征求港口所在地港口行政管理部门的意见,港口行政管理部门应当出具其是否符合港口规划及是否影响港口规划实施的审查意见。

第四十五条 在港口总体规划区周边建设工程项目,可能引起港口岸线及港区水陆域、通航水域、航道、锚地等水文、地形、地貌变化,从而影响港口规划实施的,建设项目的审批部门在审批前应当征求港口行政管理部门的意见。

第四十六条 交通部和各级港口行政管理部门应当依法对港口规划的实施情况进行监督检查,核查港口建设项目是否依法办理了项目审批和港口岸线审批手续,并公布检查结果。

港口行政管理部门在监督检查中发现未按规定程序取得批准,违反港口规划建设港口、码头及其他设施的行为,应当及时制止,依法查处,并通报相关部门。主要港口的港口行政管理部门应当将上述违法情况及处理意见书面报告交通部和省、自治区、直辖市人民政府港口行政管理部门;其他港口书面报告省、自治区、直辖市人民政府港口行政管理部门。

交通部和省、自治区、直辖市人民政府港口行政管理部门接到书面报告后,对处理意见无异议的,应当检查、督促有关港口行政管理部门落实对违法行为的处理意见;认为处理意见不当的,应当回复书面意见,并予以督促、落实。

第四十七条 任何企业、单位和个人投资、建设、经营港口、码头及相关设施的行为涉及港口规划的,应当接受各级港口行政管理部门依法进行的监督检查,并如实提供有关情况和相关的文件、资料;港口行政管理部门应当为被检查者保守有关技术秘密和商业秘密。

第六章 法律责任

第四十八条 港口规划审批部门违反规定的审批权限和程序批准规划,或者在审批中徇私舞弊、滥用职权或者玩忽职守的,由其上级行政主管机关责令改正,情节严重的,对其直接负责的主管人员和其他直接责任人员依法给予行政处分;构成犯罪的,依法追究刑事责任。

第四十九条 建设项目的审批或核准部门对违反港口规划的建设项目予以批准的,对其直接负责的主管人员和其他直接责任人员,依法给予行政处分。

第五十条 未经依法批准,违反港口规划建设港口、码头及其他设施的,由县级以上地方人民政府或者港口行政管理部门责令限期改正;逾期不改正的,由作出限期改正决定的机关申请人民法院强制拆除违法建设的设施;可以处5万元以下罚款。

第五十一条 港口行政管理部门不依法履行监督检查职责,对未经依法批准违反港口规划建设港口、码头及其他设施的行为不依法予以查处的,对其直接负责的主管人员和其他直接责任人员依法给予行政处分;构成犯罪的,依法追究刑事责任。

第五十二条 港口行政管理部门滥用规划职权导致破坏港口规划的,对其直接负责的主管人员和其他直接责任人员依法给予行政处分;构成犯罪的,依法追究刑事责任。

第五十三条 不依法履行职责,有下列行为之一的,有关部门对其直接负责的主管人员和其他直接责任人员,依法给予行政处分:

(一)未征求港口行政管理部门意见,违反港口规划擅自批准使用港口总体规划区内土地和水域的;

(二)未征求港口行政管理部门意见,违反港口规划擅自批准建设跨越、穿越港口总体规划区水陆域及其上下部相关空间的设施的;

(三)对违反项目审批、岸线使用审批规定的建设项目批准其水上水下施工作业许可的;

(四)对港口总体规划区周边可能影响港口自然条件变化的工程项目,负责审批该项目的部门在审批前不征求港口行政管理部门意见的。

第七章 附 则

第五十四条 本规定自2008年2月1日起施行。交通部1990年2月4日(90)交计字58号文发布的《港口总体布局规划编制办法》同时废止。

关于印发交通部软科学研究项目管理实施细则的通知

厅科教字[2007]51号

各有关单位：

为加强对我部软科学研究项目的管理，促进软科学项目管理的科学化、规范化和制度化，充分发挥交通软科学研究对科学决策的支撑作用，现将《交通部软科学研究项目管理实施细则》印发给你们，请遵照执行。

中华人民共和国交通部办公厅

二〇〇七年三月十五日

交通部软科学研究项目管理实施细则

第一章 总 则

第一条 为加强交通部软科学研究项目管理，促进管理的科学化、规范化和制度化，依据《交通部科技项目管理办法》(交科教发〔2004〕548号印发)，制定本细则。

第二条 交通部软科学研究项目(以下简称软科学项目)是指纳入交通部科学技术项目计划，以实现决策科学化、民主化和管理现代化为目标，综合运用自然科学、社会科学和工程技术等知识，采用定性与定量相结合的分析手段和现代科学技术方法的跨学科、多层次的科研项目。

第三条 软科学项目由部科技主管部门归口管理，管理的主要环节包括：项目申请、组织实施、评审验收等。

第二章 项目申请

第四条 软科学项目的提出和申报应围绕交通发展的全局性、战略性、前瞻性问题，主要包括交通发展理论、结构调整与产业升级、政策与法规、公共管理与体制机制、技术经济分析等方面。

第五条 在每年6月30日之前，申报单位按规定向部科技主管部门提交下一年度软科学项目建议书(包括经费预算明细，一式两份)。

第六条 部科技主管部门会同有关业务主管部门对符合要求的建议项目进行评审，并组织专家(评审专家不少于7人)对建议项目的必要性、可行性、经费预算等提出评审意见，对是否立项提出结论性意见，结论性立项意见分为：急需立项、立项、暂缓立项和不立项。

第七条 部科技主管部门对经专家评审的项目进行审核，提出申报年度预算的软科学项目及其经费预算建议数。

第三章 组织实施

第八条 列入年度预算的软科学研究项目，部科技主管部门将组织有关专家和相关业务主管部门对软科学项目的研究大纲进行评审，采取委托、比选、招标等方式确定项目承担单位和项目负责人。同一年度一位项目负责人承担的软科学项目一般不超过2个。

研究大纲应包括立项背景、目标任务、研究重点与难点、技术路线、成果形式、时间进度、经费安排、承担单位与参加单位分工、研究人员构成与能力等方面的内容。

第九条 列入年度预算的软科学研究项目，在确定项目承担单位后，部科技主管部门（甲方）与项目承担单位（乙方）签订《交通部科技项目任务书（合同）》（以下简称任务书），并列入年度交通部科技项目执行计划。

其他对公路水路交通行业发展和政府部门科学决策有重要作用的研究项目，可由部内有关业务主管部门提出，经部科技主管部门审核同意后，纳入年度交通部科技项目执行计划。

第十条 项目承担单位应加强对软科学项目研究的管理，确保项目研究人员的充分投入和合理配备，确保研究经费的使用符合国家有关财务规定，确保软科学项目研究的进度和质量。

第十一条 软科学项目研究应严格按照任务书确定的时间进度开展，实行执行情况报告制度。项目承担单位须于每年的 5 月和 11 月向部科技主管部门上报《交通部科技项目执行情况报告》（一式两份）。

第十二条 软科学项目实行项目中期检查制度，部科技主管部门通过抽查、会议审查和专家审查等形式，对项目的执行情况、阶段成果和经费使用情况等进行中期检查。

第十三条 项目承担单位对项目研究过程中涉及目标、内容和主要完成人员变更等情况须及时专题报告，未经批准，不得擅自变更任务书内容。

第十四条 在任务书规定的时间内不能完成的软科学项目，项目承担单位须在规定的完成时间前 30 日内，向部科技主管部门提交项目逾期申请，说明逾期原因和预计完成的时间。

第十五条 对于未能按时上报《交通部科技项目执行情况报告》或遇到重大问题未及时专题报告的项目承担单位，部科技主管部门将对其通报批评；对于不能完成软科学项目以及项目逾期未提出申请或申请未经部科技主管部门批准的承担单位，将对其通报批评，责令退回部分或全部部拨经费，并视情节暂停项目承担单位或项目主要负责人承担软科学项目的资格，并予以通报。

第四章 评审验收

第十六条 软科学项目完成后，项目承担单位须向部科技主管部门申请评审验收。未纳入交通部科技项目执行计划的项目，部科技主管部门一般不予评审验收。

第十七条 申请评审验收须提交以下材料（一式两份）：

（一）《交通部科技项目评审验收材料》（含任务书、项目验收申请表、项目工作报告、项目研究报告（须符合《交通科技报告编写规则》）、应用证明、项目经费决算表等）；

（二）相关调研报告、数据分析报告；

（三）反映研究核心思想和成果的文章（3000 字左右，部科技主管部门享有在交通部内部发布的权利）；

（四）项目研究过程中发表的有关论文等。

第十八条 部科技主管部门按照有关规定，对已完成的软科学项目进行评审验收。评审验收的主要内容有：是否达到任务书约定的目标和要求，研究思路和技术路线是否清晰正确，研究成果的水平、作用和创新性，研究成果的经济和社会效益等。

评审验收一般采取会议形式，评审验收专家不少于 7 人。通过评审验收的软科学研究成果由部科技主管部门颁发《软科学研究成果评审证书》和《验收意见通知书》。

第十九条 完成评审验收的软科学项目须按照科技部《科技成果登记办法》进行成果登记，项目承担单位应于评审验收后 30 日内到部科技主管部门履行成果登记手续。

第二十条 项目承担单位应及时将研究成果所形成的调研数据、统计分析资料、决策方案、政策建议和论证结果等上报有关业务主管部门，为制定法律法规和政府管理决策提供支撑。

第二十一条 软科学项目成果涉及国家秘密的，有关单位和人员应遵照《中华人民共和国保守国家秘密法》、《科学技术保密规定》及相关规定执行，切实做好保密工作。

第二十二条 部科技主管部门将评审验收结果及软科学项目成果的应用情况纳入项目承担单位、项目主要负责人的信用记录中，作为其再次承担软科学项目的重要参考依据。

第五章 附 则

第二十三条 本细则中涉及的有关文本格式参照《交通部科技项目管理办法》执行。

第二十四条 本细则自发布之日起实施。

第二十五条 本细则由交通部科技主管部门负责解释。

全国内河航道与港口布局规划

交通部综合规划司

2007 年 7 月 20 日

目　录

前　言

内河水运是综合运输体系和水资源综合利用的重要组成部分,是实现经济社会可持续发展的重要战略资源。积极倡导发展内河水运,符合建设资源节约型、环境友好型社会的要求。

近年来,内河航道、港口设施建设取得了显著成绩,内河水运货运量持续增长,运输船舶大型化、标准化趋势明显,水运市场日趋活跃,内河水运进入了快速发展的较好时期。目前,全国形成了以长江、珠江、京杭运河、淮河、黑龙江和松辽水系为主体的内河水运布局,内河水运的服务腹地有了较大的延伸和扩展,服务质量明显提高,为流域经济社会的持续、快速发展发挥了重要作用。

为贯彻落实科学发展观,体现国家发展内河水运的意志,进一步理清发展思路,更好地指导内河水运健康发展,充分发挥内河水运占地少、运能大、能耗低、污染小的优势,完善综合运输体系,促进水资源综合开发利用,根据有关法律法规,制定《全国内河航道与港口布局规划》。规划重点是内河高等级航道和主要港口。内河其他等级航道、地区重要港口和一般港口由各省(自治区、直辖市)人民政府在各地内河水运规划中明确。规划的实施期限为2006—2020 年。

一、现状评价

(一)发展现状

1. 内河航道

2005 年,全国内河航道通航里程 12.3 万公里,占河流总长的 29%,主要分布在长江、珠江和淮河水系,分别占 50%、13% 和 14%。可通航 500 吨级船舶的四级及以上航道 15328 公里,约占 12%,其中可通航千吨级船舶的三级及以上航道 8631 公里,约占 7%;其他等级航道约占 88%。经过多年的建设与发展,长江干线已成为世界上水运最为繁忙和运量最大的河流,西江航运干线已成为沟通西南与粤港澳地区的重要纽带,京杭运河已成为我国“北煤南运”的水上运输大动脉,长江三角洲、珠江三角洲航道网已成为区域综合运输体系的重要组成部分。

2. 内河港口

2005 年,全国内河港口 1300 多个,生产用码头泊位 30944 个,其中万吨级泊位 187 个,主要分布在长江、珠江、京杭运河与淮河水系,其中长江水系港口760多个,泊位15237个,珠江水系港口110个,泊位2335个,京杭运河与淮河水系港口290个,泊位11608个。

3.内河运输

2005年,全国内河船舶保有量近20万艘,净载重量4481万吨,载客量86万客位,货运船舶平均吨位229吨/艘。完成内河水运货运量14.9亿吨,货物周转量3635亿吨公里,客运量1.26亿人,旅客周转量31.4亿人公里。内河港口完成货物吞吐量18.45亿吨,旅客吞吐量1.29亿人。

(二)存在问题

1.基础设施薄弱。由于历史上对发展内河水运的认识不一致,资金投入严重不足,总体上内河水运发展较为缓慢,内河航道、港口基础设施薄弱,能力不足,制约了内河水运优势的发挥。

2.结构性矛盾突出。内河高等级航道少,干、支航道没有高标准贯通;内河港口通用杂货泊位多,集装箱、液体散货等专业化泊位少;运输船舶吨位小,船型杂乱,标准化程度低,安全性能差,运输装备水平有待提高。

3.协调难度大。内河水运涉及水利、电力、环保、城市发展等方面,受部门、地方对水资源的不同需求驱动,造成了在水资源开发中形成的合力不足,兼顾不够,发展内河水运的协调难度大,水资源综合利用不充分。

4.行业管理有待进一步加强。在内河水运市场准入、行业监管、依法行政等方面有待进一步提高管理和服务水平。

(三)布局评价

1.现有水运布局主要依托于河流分布,体现了河道特性。目前,我国内河水运布局基本反映了我国水资源的分布状况,内河航道和港口布局围绕河流分布展开,并根据河道特性和流域经济发展需求,实现水运资源的开发,内河水运开发程度与水资源利用和流域经济发展水平密切相关。

2.内河水运促进了沿江(河)产业发展和生产力布局。内河水运为沿江(河)产业发展提供了便利的运输条件,保障了原材料和产成品运输,促进了沿江(河)产业带的形成,沿江(河)经济和内河水运互为依存、相互促进。内河航道和港口受水量、季节影响较大,江海连接处的水网密集区域运输需求和港口吞吐量绝对值大,且增长速度快,如长江三角洲、珠江三角洲地区等。

3.内河水运的发展加强了区域间的联系,沟通了沿海运输。长江、珠江、淮河等主要航道沟通了我国东、中、西部地区,促进了区域间的物资交流,加强了区域间的经济联系,并与沿海和远洋运输相对接,形成了开放式的内河水运。

4.港口布局依托内河航道。内河港口是内河运输的节点,是实现与其他运输方式多式联运的枢纽,内河码头等级与航道通航标准相适应,实现内河水运资源内部的合理配置。与运输市场发展相适应,依托内河航道和城镇的分布,我国内河港口初步形成了长江干线、珠江三角洲集装箱运输系统的框架,以及长江干线矿石运输系统,长江水系、珠江水系,京杭运河与淮河水系煤炭运输系统的港口布局。

5.内河水运服务范围有待拓展。受航道通航条件限制,目前内河水运的覆盖面和通达度还有待进一步拓展,干支航道的标准不衔接,影响了内河水运优势的发挥。

6.内河水运涉及面广,较为复杂,开发受到限制。内河水运开发涉及到省市间、行业间、部门间甚至与邻国的协调,水运开发受到限制。

二、功能定位

(一)优势分析

1.占地少。内河水运利用现有河道,基本不占或较少占用土地,中下游航道整治还可以吹填造地,增加土地。

2.运能大。全国内河船舶平均吨位已达229吨/艘,长江干线船舶平均吨位已达800吨/艘,长江干线大型顶推船队已达到3万吨。内河水运在特大型设备和构件运输中具有独特的作用。

3.能耗低。欧美发达国家和我国内河水运的单位能耗均低于铁路、公路。

4.更安全、环保。内河水运安全可靠,尤其在危险品运输方面具有优势,而且由于单位能耗低,污染物排放少,是一种环保的运输方式。受目前我国内河航道、港口基础设施较为薄弱等方面的影响,内河水运的优势还没有得到充分发挥,今后内河水运发展的潜力和空间还很大。

(二)功能定位

在我国广大的内陆江、河流域地区,内河航道和港口是支撑流域经济社会可持续发展的战略资源,是综合运输体系的重要组成部分。科学、合理布局内河航道和港口,体现国家发展内河水运的意志,对发展区域和省际间的客、货运输,实现水资源综合利用,维护国家安全具有重要作用。

三、布局原则

(一)发展目标

按照科学发展观的要求,与水资源开发利用和综合交通网发展相协调,合理开发和有效利用水运资源,用20年左右时间,建成干支衔接、沟通海洋的高等级航道,为船舶标准化、规范化创造基础条件;与航道发展相适应,形成布局合理、功能完善、专业化和高效的港口体系。充分发挥内河水运的优势,提供畅通、高效、安全、环保的运输服务,适应流域经济社会发展和国家安全需要。

远期根据流域经济社会发展要求,结合水资源开发利用,进一步扩展覆盖面,提高通达度,延伸内河水运的服务范围。

(二)布局原则

1. 适应国家战略和流域经济可持续发展要求,促进区域经济协调发展和对外经贸交流。

2. 结合水资源条件,加强协调,贯彻水资源综合利用方针,统筹兼顾水运与防洪、排涝、发电、灌溉、供水等的关系,符合流域综合规划的要求,并与防洪、河道整治、城市总体规划等相关规划衔接,提高内河水运与其他行业协调发展的水平。

3. 坚持内河水运发展与生态环境保护相协调,合理和节约使用内河岸线资源,提高资源利用效率。

4. 充分发挥内河水运优势,加强与其他运输方式的有效衔接,完善综合运输体系。注重航道与港口、船舶以及干线与支线的协调发展。

5. 因地制宜、突出重点、注重效益,妥善处理需要与可能的关系。

四、布局方案

(一)层次划分

全国内河航道划分为两个层次:包括高等级航道和其它等级航道。高等级航道是全国内河航道的核心和骨干,是国家综合运输体系的重要组成部分,有条件的还可与其他交通方式共同组成发展为综合运输大通道,主要指现有的和规划建设为可通航千吨级船舶的三级及以上航道,个别地区的航道受条件限制为可通航500吨级船舶的四级航道。

全国内河港口划分为三个层次:包括主要港口、地区重要港口和一般港口。内河主要港口是指地理位置重要、吞吐量较大、对经济发展影响较广的港口。

本次规划的重点是内河高等级航道和主要港口。内河其它等级航道以及地区重要港口和一般港口由各省(自治区、直辖市)人民政府在各省(自治区、直辖市)内河水运规划中明确。

(二)布局方案

在水资源较为丰富的长江水系、珠江水系、京杭运河与淮河水系、黑龙江和松辽水系及其他水系,形成长江干线、西江航运干线、京杭运河、长江三角洲高等级航道网、珠江三角洲高等级航道网、18条主要干支流高等级航道(两横一纵两网十八线,简称2-1-2-18)和28个主要港口布局。

规划内河高等级航道约1.9万公里(约占全国内河航道里程的15%),其中三级及以上航道14300公里,四级航道4800公里,分别占75%和25%。

规划内河主要港口包括泸州港、重庆港、宜昌港、荆州港、武汉港、黄石港、长沙港、岳阳港、南昌港、九江港、芜湖港、安庆港、马鞍山港、合肥港、湖州港、嘉兴内河港、济宁港、徐州港、无锡港、杭州港、蚌埠港、南宁港、贵港港、梧州港、肇庆港、佛山港、哈尔滨港、佳木斯港。

1. 长江水系

长江水系高等级航道布局方案为"一横一网十线"。

"一横":长江干线。

"一网":长江三角洲高等级航道网。

以长江干线和京杭运河为核心,三级航道为主体,四级航道为补充,由23条航道组成"两纵六横"高等级航道网。两纵:京杭运河—杭甬运河(含锡澄运河、丹金溧漕河、锡溧漕河、乍嘉苏线),连申线(含杨林塘);六横:长江干线(南京以下),淮河出海航道—盐河,通扬线,芜申线—苏申外港线(含苏申内港线),长湖申线—黄浦江—大浦线、赵家沟—大芦线(含湖嘉申线),钱塘江—杭申线(含杭平申线)。

"十线":岷江、嘉陵江、乌江、湘江、沅水、汉江、江汉运河、赣江、信江、合裕线。

长江水系主要港口布局方案为16个:泸州港、重庆港、宜昌港、荆州港、武汉港、黄石港、长沙港、岳阳港、南昌港、九江港、芜湖港、安庆港、马鞍山港、合肥港、湖州港、嘉兴内河港。

2. 珠江水系

珠江水系高等级航道布局为“一横一网三线”。

“一横”:西江航运干线。

“一网”:珠江三角洲高等级航道网。

以海船进江航道为核心,以三级航道为基础,由16条航道组成“三纵三横三线”高等级航道网。三纵:西江下游出海航道,白坭水道—陈村水道—洪奇沥水道,广州港出海航道;三横:东平水道,潭江—劳龙虎水道—莲沙容水道—东江北干流,小榄水道—横门出海航道;三线:崖门水道—崖门出海航道,虎跳门水道,顺德水道。

“三线”:右江、北盘江—红水河、柳江—黔江。

珠江水系主要港口布局方案为5个:南宁港、贵港港、梧州港、肇庆港、佛山港。

3. 京杭运河与淮河水系

京杭运河与淮河水系高等级航道布局为“一纵二线”。

“一纵”:京杭运河。

“二线”:淮河、沙颍河。

京杭运河与淮河水系主要港口布局方案为5个:济宁港、徐州港、无锡港、杭州港、蚌埠港。

4. 黑龙江和松辽水系

黑龙江和松辽水系高等级航道布局为“二线”:黑龙江、松花江。

黑龙江和松辽水系主要港口布局方案为2个:哈尔滨港、佳木斯港。

5. 其他水系

其他水系高等级航道布局为“一线”:闽江。

五、实施方案

《全国内河航道与港口布局规划》是编制内河水运五年规划和建设计划的主要依据,主要任务是根据沿江(河)流域经济社会发展需要和水资源开发引导航道、港口的合理布局,在河流综合开发中指导通航设施的建设与技术标准的确定。近期实施重点是:

1. 长江水系

加快长江干线航道治理。下游实施长江口深水航道治理三期工程,结合水利河势控制工程,适时对主要碍航河段进行治理,适应长江口深水航道向上延伸和海船进江运输需要。中游根据三峡水库清水下泄及河势演变情况,加强航道观测和演变规律分析,实施武穴、瓦口子、沙市、周天、武桥、江口、枝江等航段的控制性工程或航道整治工程,完善三峡翻坝转运设施。上游对水富至重庆段航道进行整治,结合三峡水库分期蓄水,治理库尾航道。

全面推进长江三角洲高等级航道网建设。重点建设通往上海国际航运中心主要集装箱港区的内河集装箱运输通道,实施赵家沟、大芦线、长湖申线、杭甬运河、湖嘉申线、杭申线、锡溧漕河、芜申线、苏申外港线等航道整治工程。

加快实施长江主要支流航电结合、梯级开发工程。建设嘉陵江草街、利泽、沙溪、凤仪场、苍溪和汉江崔家营航电枢纽,以及湘江、赣江等枢纽工程。

加强主要港口基础设施建设。建设泸州、重庆、宜昌、岳阳、武汉、九江、长沙、南昌、嘉兴等港口的集装箱、矿石、煤炭等泊位。

2. 珠江水系

实施西江航运干线扩能工程。整治贵港至肇庆航道,建设桂平二线船闸。

全面推进并基本建成珠江三角洲高等级航道网。实施顺德水道、洪奇沥水道、东江下游航道、白坭水道、东平水道、崖门水道等航道整治工程。

加快实施右江那吉、鱼梁、老口等航电枢纽建设,继续推进红水河复航工程。

相应建设南宁、贵港、梧州、肇庆、佛山等港口的煤炭、集装箱等泊位。

3. 京杭运河与淮河水系

提高京杭运河航道标准和通过能力。实施京杭运河江南段三级航道建设工程和苏北运河二级航道建设工程,整治湖西航道。扩建台儿庄、微山船闸,结合南水北调东线工程,建设济宁至东平湖航道。

结合淮河流域综合治理工程,改善沙颍河、涡河、沱浍河航道通航条件。

建设徐州、无锡、杭州、蚌埠等港口的煤炭、集装箱等泊位。

4. 黑龙江和松辽水系

继续实施松花江航电结合、梯级开发工程。建设松花江、黑龙江主要对俄贸易口岸港口设施。

5. 注重黑龙江、澜沧江等国际河流的航运开发,促进我国边境地区经济发展,增强与周边国家和地区的紧密联系。

六、实施前景

1. 规划的内河高等级航道、主要港口遍及20个省(自治区、直辖市),连接了50万以上人口的城市56个,占全国的25%,连接了国家一类口岸27个,占全国的29%。实现了主要资源腹地和消耗地的有效联接以及主要江河的江海直达运输,可进一步加强区域间的经济和物资交流,促进沿江、沿河产业密集区的形成,发挥区域内主要城市的经济辐射带动作用,推进协调发展。

2. 形成由通航千吨级及以上内河船舶的高等级航道为骨干、主要港口为主体的全国内河航道和港口体系,促进运输船舶大型化、标准化,内河水运资源得到有效的开发利用,内河水运优势充分发挥,并与其他运输方式共同构筑完善的综合运输体系。

3. 到2010年,航道通过能力可在目前基础上提高约40%;到2020年翻一番,船舶航行条件得到明显改善,单位运输成本将比目前明显降低,经济和社会效益显著。

4. 规划的实施,可为国家节约大量土地,尤其是在长江三角洲、珠江三角洲等土地资源匮乏地区建设高等级航道网,是缓解土地资源压力,扩大交通运输能力的有效举措。同时在部分河段可以改善生态环境、减少水土流失,提高河道行洪能力,减轻防洪压力,促进水资源综合利用,有利于可持续发展战略的实施。

七、保障措施

1. 建立长期稳定的建设资金渠道。内河航道是国家重要的公益性基础设施,应以政府投入为主。中央政府建立内河水运建设专项资金渠道,并逐步扩大资金规模,主要用于支持高等级航道建设,适当支持其他等级航道和内河主要港口公用基础设施建设,扶持贫困地区水运设施建设;各级地方政府安排财政性投入,进一步统筹交通建设资金,用于内河航道和港口公用基础设施建设。

2. 鼓励多种形式发展内河高等级航道。积极利用国际金融组织贷款,注重发挥市场配置资源的基础性作用,鼓励和引导社会资金投资内河水运基础设施建设。继续实施航电结合、梯级开发,滚动发展内河水运。

3. 加强与相关行业的协调。建立协调机制,进一步加强水运发展与电力、防洪、灌溉、供水等行业在建设规划、项目前期工作以及实施、运营管理各阶段的沟通和协作,妥善处理规划实施过程中可能产生的问题,实现水运与相关行业的共同、协调发展。

4. 加强法制化管理。在《航道管理条例》基础上,加快《航道法》立法进程,完善法律法规,严格执行与内河水运发展关系密切的《水法》、《港口法》等法律、法规,依法保障规划的顺利实施。

5. 加强港口规划,指导港口建设。进一步做好主要省(自治区、直辖市)内河港口布局规划和主要港口、地区重要港口的总体规划,指导港口发展与建设,完善港口布局,拓展港口功能,调整码头结构,加快建设专业化泊位,改善内河港口落后面貌,提高生产效率和服务水平。

6. 加强标准化建设,提高运输装备技术水平和运输效率。通过采取经济杠杆、技术手段等措施,加快运输船舶结构调整,淘汰技术落后、安全性能差的船型,重点发展内河机动船舶、顶推船队、江海直达船、集装箱船和滚装船,促进运输船舶向标准化、大型化方向发展。

7. 依靠科技创新,实现产业升级。在内河航道和港口建设中依靠科技创新,积极采用新技术、新工艺、新材料,降低工程造价,减少维护成本。同时运用先进、适用的信息技术,逐步建立高等级航道网的智能化船舶运营管理系统,实现产业升级。

8. 注重环境保护,保障安全运营。在规划、设计、施工和运营等环节严格执行国家有关环境保护、安全生产的法律、法规,坚持内河水运建设与生态环境保护相协调,切实采取措施防止水污染,节约土地和岸线资源,消除安全隐患,切实做到可持续发展。

附图:

1. 全国内河高等级航道和主要港口布局方案图(略)

2. 长江三角洲高等级航道网布局方案图(略)

3. 珠江三角洲高等级航道网布局方案图(略)

附表:

1. 全国内河高等级航道布局方案表

2. 长江三角洲高等级航道网布局方案表

3. 珠江三角洲高等级航道网布局方案表

附表1：

全国内河高等级航道布局方案表

航道名称	起讫点	里程（公里）	现状	规划	备注
两横					
1. 长江干线	水富—重庆	412	五～三级	三级	
	重庆—长江口	2426	三～一级	一级	规划城陵矶－武汉利用自然水深通航3000吨级海船；武汉－铜陵利用自然水深通航5000吨级海船；铜陵－南京通航5000吨级海船，利用自然水深通航1万吨级海船；南京－长江口通航5万吨级及以上海船
2. 西江航运干线	南宁—广州	854	五～三级	三级及以上	肇庆－思贤滘通航3000吨级海船
一纵					
1. 京杭运河	梁山—杭州	1052	六～二级	三级～二级	其中梁山－济宁三级，济宁－扬州（含湖西航道）二级，谏壁－杭州三级
两网					
1. 长三角高等级航道网：两纵六横		4330			详见附表2
2. 珠三角高等级航道网：三纵三横三线		939			详见附表3
十八线					
1. 岷江	乐山—宜宾	162	六～四级	三级	
2. 嘉陵江	广元—合川	603	六～四级	四级	
	合川—重庆	95	四级	三级	
3. 乌江	乌江渡—涪陵	594	七～五级	四级	
4. 湘江	松柏—城陵矶	497	六～三级	三级及以上	
5. 沅水	三板溪—常德	667	六级	四级	
	常德—鲇鱼口	192	四级	三级	
6. 汉江	安康—丹江口	352	六、七级	四级	
	丹江口—汉口	617	六～四级	三级	
7. 江汉运河	龙洲垸—高石碑	69	不通航	三级	
8. 赣江	赣州—湖口	606	六～三级	三级及以上	
9. 信江	贵溪—罐子口	244	七～五级	三级	
10. 合裕线	合肥新港—裕溪口	143	六～三级	三级	
11. 淮河	淮滨—正阳关	177	五级	四级	
	正阳关—淮安	383	五～三级	三级	
12. 沙颍河	漯河—沫河口	378	六、五级	五～四级	
13. 右江	剥隘—百色	80	四级	四级	
	百色—南宁	355	六级	三级	
14. 北盘江—红水河	百层—来宾	678	七、六级	四级	
	来宾—石龙三江口	63	六～四级	三级	

航道名称	起讫点	里程（公里）	现 状	规 划	备 注
15. 柳江—黔江	柳州—桂平	284	六、五级	三级	
16. 黑龙江	恩和哈达—伯力	1890	四、二级	三级及以上	根据《中俄额尔古纳河和黑龙江界河段水资源综合利用规划》确定
17. 松花江	大安—肇源	90	四级	四级	
	肇源—同江	886	四、三级	三级及以上	
18. 闽江	南平—外沙	278	六～一级	四级及以上	
规划航道里程约1.9万公里，其中三级及以上航道14300公里，四级航道4800公里，分别占规划航道里程的75%和25%。					

附表2：

长江三角洲高等级航道网布局方案表

航道名称	起讫点	里程（公里）	现 状	规 划	备 注
两纵					
1. 京杭运河—杭甬运河（含锡澄运河、丹金溧漕河、锡溧漕河、乍嘉苏线）	京杭运河：苏北运河—江南运河	800.2	五～二级	三～二级	苏北运河（含湖西航道）二级，江南运河三级
	杭甬运河：三堡—甬江口	238.0	六、四级	四级	
	锡澄运河：黄田港—皋桥	37.0	五级	三级	
	丹金溧漕河：七里桥—溧阳	66.5	六、五级	三级	
	锡溧漕河：宜城—洛社	55.0	五级	三级	
	乍嘉苏线：乍浦—平望	72.2	五级	四级	
2. 连申线（含杨林塘）	连申线：盐河—灌河—通榆河—射阳河—通榆河—通扬运河—如泰运河—焦港河—申张线—苏申内港线	604.7	七～三级	三级	
	杨林塘：巴城—杨林口	40.8	七级	三级	
六横					
1. 长江干线	长江干线：南京—长江口	437.0	一级	一级	通航5万吨级及以上海船
2. 淮河出海航道—盐河	淮河出海航道：洪泽湖南线—灌溉总渠—淮河入海水道—通榆河—灌河	278.5	五～三级	三级	
	盐河：杨庄—武障河闸	95.0	七、六级	四级	
3. 通扬线	通扬线：高东线—建口线—通扬运河—通吕运河	299.0	七～五级	三级	

航道名称	起讫点	里程(公里)	现状	规划	备注
4.芜申线—苏申外港线(含苏申内港线)	芜申线:芜太运河—太湖航线—太浦河	297.0	七~五级	三级	
	苏申外港线:宝带桥—分水龙王庙	64.7	六、五级	三级	
	苏申内港线:瓜泾口—宝钢支线铁路桥	111.0	五级	三级	
5.长湖申线—黄浦江—大浦线、赵家沟—大芦线(含湖嘉申线)	长湖申线:小浦—西泖河口	143.2	五、四级	四~三级	
	黄浦江:分水龙王庙—吴淞口	91.7	三、一级	一级	
	大浦线、赵家沟:赵家沟—大治河;随塘河—黄浦江	51.5	七级	三级	
	大芦线:内河集装箱港区—黄浦江	46.1	七、五级	三级	
	湖嘉申线:闸西—红旗塘	104.0	六~四级	三级	
6.钱塘江—杭申线(含杭平申线)	钱塘江:衢州—赭山	296.0	五、四级	四级	
	杭申线:塘栖—分水龙王庙	123.0	五、四级	三级	
	杭平申线:新市—竖潦泾	138.0	六、五级	四级	
合计	规划航道里程4330公里,其中三级及以上航道3400公里,四级航道930公里。				

附表3:

珠江三角洲高等级航道网布局方案表

航道名称	起讫点	里程(公里)	现状	规划	备注
三纵		395			
1.西江下游出海航道	西江下游出海航道: 思贤滘—百顷头 磨刀门水道:百顷头—挂定角 磨刀门出海航道:挂定角—横州 挂定角—九澳	89 46 28 25	三级 三级 三级 四级	一级	3000吨级海船
2.白坭水道—陈村水道—洪奇沥水道	白坭水道:渡槽桥—珠江大桥	44	五、四级	三级	
	陈村水道:濠滘口—三山口	22	四级	三级	
	洪奇沥水道:板沙尾—洪奇门	41	四、三级	三级	1000吨级江海船
3.广州港出海航道	广州港出海航道: 广州—黄埔前航道 广州—黄埔后航道 黄埔—虎门	20 28 52	一级	一级	1000吨级海船 5000吨级海船 5万吨级海船
三横		381			
1.东平水道	东平水道:思贤滘—广州	76	三级	三级	1000吨级江海船
2.潭江—劳龙虎水道—莲沙容水道—东江北干流	潭江:三埠—熊海口	58	四级	三级	1000吨级江海船
	劳龙虎水道:虎坑口—狗尾	16	六级	三级	1000吨级江海船
	莲沙容水道:南华—莲花山(含均安水道及八塘尾—大沙尾)	108	三级	一级	1000吨级江海船
	东江北干流:石龙—东江口	42	六级	四~三级	

航道名称	起讫点	里程(公里)	现状	规划	备注
3. 小榄水道—横门出海航道	小榄水道:莺歌咀—大南尾 大南尾—横门口	30 15	四级 四级	三级 一级	1000吨级江海船 3000吨级海船
	横门出海航道:横门口—淇澳	36	三级	一级	3000吨级海船
三线		163			
1. 崖门水道—崖门出海航道	崖门水道:熊海口—崖门口 崖门出海航道:崖门口—荷包岛	25 42	三级 三级	一级 一级	5000吨级海船 5000吨级海船
2. 虎跳门水道	虎跳门水道:百顷头—虎跳门口	46	三级	一级	3000吨级海船
3. 顺德水道	顺德水道:紫洞口—火烧头	50	四、三级	三级	
合计	规划三级及以上航道939公里。				

中华人民共和国交通部公告

2007 年第9号

关于国内沿海跨省运输油船化学品船运力调控政策的公告

根据国内沿海跨省运输油船、化学品船运力增长过快的实际情况,我部于2006年5月24日发布了《关于暂停审批新增国内沿海跨省运输油船化学品船运力的公告》(交通部公告2006年第13号),自2006年7月1日至2006年12月31日,暂停了批准新增国内沿海跨省运输油船、化学品船运力。该项运力宏观调控政策的实施,有力地遏制了国内沿海跨省运输油船、化学品船运力的盲目、过快增长,对保持运力供需基本平衡发挥了积极作用。现将国内沿海跨省运输油船、化学品船运力情况和今后运力调控政策公告如下:

一、国内沿海跨省运输油船、化学品船运力情况

截止2006年底,国内沿海跨省运输油船共有1079艘/708.0万载重吨,化学品船(含化学品、油品两用船,下同)173艘/33.6万载重吨。现有成品油船中2000载重吨以下船舶艘数占近1/2,化学品船中2000载重吨以下船舶艘数占近2/3。此外,经我部批准但尚未投入营运的油船还有268艘/193.0万载重吨,占现有油船总载重吨的27.3%;化学品船79艘/33.0万载重吨,占现有化学品船总载重吨的98.2%。

二、今后国内沿海跨省运输油船、化学品船运力调控政策

根据目前国内沿海跨省运输油船、化学品船运力发展情况,在征求有关航运管理部门和部分企业意见的基础上,对今后新增国内沿海跨省运输油船、化学品船运力实施以下调控政策:

自本公告发布之日起,恢复国内沿海跨省运输油船、化学品船运力的审批,但批准新增国内沿海跨省运输成品油船、化学品船运力应同时满足以下条件:

(一)企业经我部批准且在有效期内的新增运力已全部开工建造。

(二)企业与货主签定了真实有效的长期运输协议,且企业自有运力(含在建船舶)明显不能满足协议约定运量的要求;企业自有船舶报废后更新运力的,可不受本条限制。

(三)企业对新增船舶的所有权应不低于51%。

(四)除因航道水深、码头等自然条件限制和市场特殊需求只能使用小型船舶外,新增单船运力应不低于2000载重吨。

(五)新增化学品船、1000载重吨以上的油船应向中国船级社申请国内入级检验或入级检验并取得证书。

中华人民共和国交通部(盖章)

二〇〇七年三月一日

中华人民共和国交通部公告

2007年第10号

关于加强对班轮公会和运价协议组织监管的公告

为促进我国国际集装箱班轮运输市场健康发展，维护国际航运市场公平竞争秩序，保护承运人和托运人的合法权益，根据《中华人民共和国国际海运条例》及其实施细则等相关规定，对涉及中国航线的班轮公会和运价协议组织的相关事项公告如下：

一、班轮公会、运价协议组织应遵守《中华人民共和国国际海运条例》和中国有关法律、法规和规章以及联合国《1974年班轮公会行动守则公约》的相关规定，不得损害国际海运市场公平竞争秩序。

二、各相关班轮公会和运价协议组织应在2007年4月15日前指定派驻在中国境内的联络机构和代表人，在交通部指定的媒体（附后）上公布联络机构名称、地址和代表人的姓名和联系方式，并向交通部报备，同时知会中国境内的托运人或托运人组织。报备材料还应包括：

（一）班轮公会和运价协议组织负责人签发的明确委托事项的委托书；

（二）派驻联络机构的商业登记证明文件复印件；

（三）派驻联络机构的代表人及身份证明。

上述联络机构和代表人如有变更，应在变更之日起15日内公布并报交通部报备，同时知会中国境内的托运人或托运人组织。

三、班轮公会和运价协议组织应当与中国境内的托运人或托运人组织建立有效的协商机制，对调整收费项目、运价、附加费等有关事项进行充分有效的协商。一方在收到另一方的协商请求后，应当及时派出代表进行协商，不得无故拖延。有关各方应尊重和认真考虑彼此的意见和问题，力争达成共识。

四、根据《中华人民共和国国际海运条例》的规定，参与订立涉及中国港口班轮公会协议、运营协议、运价协议的国际班轮公司是协议报备义务人。本条所指的公会协议、运营协议和运价协议为《中华人民共和国国际海运条例实施细则》第三条所列相关协议。

国际班轮公司依照《中华人民共和国国际海运条例》第22条规定履行报备事项，可以自行或委托班轮公会、运价协议组织，通过班轮公会、运价协议组织在中国境内的联络机构，在协议订立之日起15日内将协议复印件向交通部报备。报备材料应包括：

（一）经签字的协议复印件，包括讨论涉及收费项目及其费率、运价或者附加费调整等内容的会议纪要、决议、协议等材料。

相关协议或会议纪要和决议等材料应明确载明相关决定事项对各成员公司不具有约束力，各成员公司有采取独立行动的权利。各成员公司的代表应在协议或会议纪要文本中签名确认。

（二）由班轮公会和运价协议组织负责人签署的关于报备事项的说明书。

如协议涉及收费项目调整及运价或者附加费提高的内容，应详细说明下列事项：

1. 理由和依据；

2. 与中国境内托运人组织的协商情况及各有关方的主要意见；

3. 在中国大陆以外地区的相关情况。

报备材料应当齐备有效。报备材料不符合要求又不及时补充或调整的，交通部将不接受报备。

报备材料应当用中文书写，如使用其他文字的，应随附中文译文。

五、班轮公会和运价协议组织应在相关协议

生效前不少于15天,将协议的主要内容和执行的理由在交通部指定媒体上刊登公布。

六、报备方式

报备义务人除向交通部提交上述书面报备材料外,还应以电子邮件方式向交通部提交上述材料的电子文档。

书面报备材料邮寄地址:

2007年12月31日前:北京市安定门外大街2号,邮编:100013;2008年1月1日后:北京市建国门内大街11号,邮编:100736。

收件单位:交通部水运司,联系电话:(010)65292650。

请在报备信封右上角注明"协议报备"字样。

电子文档接收地址:filing@moc.gov.cn。

特此公告。

中华人民共和国交通部(盖章)

二〇〇七年三月十二日

附件：

交通部指定媒体名单

1. 中华航运网

(http://www. chineseshipping. com. cn)

地址:上海市杨树浦路88号4001室

电话:021 65038781

2.《中国交通报》

地址:北京市安外安华西里三区13号楼

电话:010 64250642/64250640

3.《中国水运报》

地址:武汉市汉口青岛路7号

电话:027 82767376/82836021

4.《航运交易公报》

地址:上海市杨树浦路18号1902室

电话:021 55970334

5.《中国航务周刊》

地址:北京市朝阳区曙光西里甲6号时间国际大厦1号楼5F

电话:010 58678891/58678999 - 138

6. 中国船东协会网站(http://www. csoa. cn)

地址:北京市东长安街6号中国船东协会

电话:010 65212474/65212484

注:“中华航运网”为必选媒体,其他媒体为自选媒体,自选媒体应选择不少于两家。

中华人民共和国交通部通告

2007 年第2号

交通部关于庆祝航海日船舶挂旗并统一鸣笛的通告

经国务院批准,每年7月11日为“航海日”,同时也作为“世界海事日”在我国的实施日期。为营造良好的庆祝氛围,现决定:

一、7月11日当天日出至日落,中国籍民用船舶、中国航运企业拥有或经营的非中国籍船舶挂满旗。我国航运、港口、船舶代理、海事、救助、水运工程等涉海管理机关、企事业单位、科研院校,可参照船舶挂满旗的方式悬挂旗帜。

二、除在限制鸣笛特殊水域或在港作业的船舶外,中国籍民用船舶、中国航运企业拥有或经营的非中国籍船舶实施统一鸣笛,具体时间为:7月11日上午九时整始,持续时间为1分钟。

特此通告。

中华人民共和国交通部(盖章)

二〇〇七年六月十二日

中华人民共和国交通部公告

2007 年第 18 号

关于实施中资国际航运船舶特案免税登记政策的公告

为促进我国航运业健康发展,扩大国轮船队,加强船舶安全监管,维护我国船员权益,经国务院批准,在现有船舶登记等制度基础上,采取特案免税政策,鼓励中资外籍国际航运船舶转为中华人民共和国国籍,悬挂中华人民共和国国旗航行。

根据国务院批准的特案免税政策和财政部确定的实施方案,现将有关事项公告如下:

一、在 2007 年 7 月 1 日至 2009 年 6 月 30 日期间报关进口、办理船舶登记的中资船舶,符合下列条件的,免征关税和进口环节增值税:

(一)在 2005 年 12 月 31 日以前已经在境外登记。

(二)船龄范围:

1. 船龄在 4 ~ 12 年的油船(包括沥青船)、散装化学品船等;

2. 船龄在 6 ~ 18 年的散货船、矿砂船等;

3. 船龄在 9 ~ 20 年的集装箱船、杂货船、多用途船、散装水泥船等。

以上船龄是指船舶自建造完工之日起至 2007 年 7 月 1 日的年限。

二、办理程序:

(一)船舶所有人向交通部提出申请。申请材料包括:

1. 申请书;

2. 船舶登记证书;

3. 船舶法定检验证书、入级证书;

4. 船舶出资人的有关材料。

(二)交通部对申请进行初审汇总,报财政部审定。为便于申请人有计划安排船舶办理特案免税登记,审批机关将分批次集中办理审批手续,申请人可选择在 2007 年 9 月 1 日、2008 年 3 月 1 日、2008 年 9 月 1 日和 2009 年 3 月 1 日之前分别提出申请。

(三)交通部将财政部审定的免税进口船舶清单通知申请人,申请人向海关办理免税报关手续。

(四)船舶所有人应选择上海、天津、大连为船籍港,依照《中华人民共和国船舶登记条例》及相关规定,向当地海事局申请办理船舶登记手续。

三、特案免税登记船舶,原则上应继续从事国际航运,并依照《中华人民共和国国际海运条例》第二十三条的规定,办理营运船舶备案手续;根据国内运输需求和船舶安全技术状况,经交通部批准,可从事国内航运。

四、中国船级社应依照有关规定,针对特案免税登记船舶的实际情况,办理相关进口勘验、法定检验、入级或转级手续,优先受理具有国际船级社协会正式成员船级的船舶。

五、船舶所有人、经营人应按照我国法律法规的相关规定,认真落实船舶安全管理和船员劳动保障等各项措施,确保船舶营运安全,维护船员合法权益。

特此公告。

中华人民共和国交通部(盖章)
二〇〇七年六月十二日

中华人民共和国交通部公告

2007 年第 22 号

关于促进台湾海峡两岸海上直航政策措施及实施事项的公告

为扩大两岸在交通运输领域的合作与交流,推进两岸“三通”,2007 年 4 月 29 日,我部在第三届两岸经贸文化论坛上宣布了五项促进台湾海峡两岸海上直航的政策措施,具体规定如下:

一、鼓励台湾相关企业直接投资参与大陆码头、公路建设和经营。

二、台湾相关航运和道路运输企业可以直接在大陆设立独资船务、集装箱运输服务、货物仓储、集装箱场站、国际船舶管理、无船承运、道路货运和汽车维修企业,以及合资国际船舶代理、道路客运公司。

其中,独资船务公司的业务范围为为母公司拥有或经营的船舶提供揽货、签发提单、结算运费、船舶代理服务和签订服务合同等日常业务服务。

独资集装箱运输服务公司的业务范围为从事订舱、拆装箱、仓储、签发货物收据、收取运费和其他获准服务的费用、维修和保养集装箱及其设备、联系及与卡车公司签订运输服务合同等业务。

三、从事福建沿海与金门、马祖、澎湖海上直接通航的台湾客运公司可以在福建相关口岸设立办事机构,从事相关票务业务。对海峡两岸船公司从事福建沿海与金门、马祖、澎湖海上直接通航业务在大陆取得的运输收入免于收营业税和企业所得税。

四、为台湾船员和潜水员培训、发证提供方便,免收考试、发证费。

五、支持、鼓励两岸民间专业组织在两岸海上搜救、打捞方面开展技术交流与合作,大陆海上救助力量将全力以赴对发生在台湾海峡的自然灾害和海难事故提供紧急救援,共同维护台湾海峡人命和环境安全。

以上政策措施的实施,按下述办法办理:

台湾相关企业欲按照本公告的规定,投资参与大陆码头、公路建设和经营的,应分别参照《港口建设管理规定》(交通部令 2007 年第 5 号)、《港口经营管理规定》(交通部令 2004 年第 4 号)和相关交通基本建设程序办理。

台湾相关航运或道路运输企业欲按照本公告的规定,在大陆投资设立相关独资或合资公司的,应分别参照交通部、原对外经济贸易部 2001 年联合发布的《外商投资道路运输业管理规定》(交通部、外经贸部令 2001 年第 9 号)及补充规定和交通部、商务部 2004 年联合发布的《外商投资国际海运业管理规定》(交通部、商务部令 2004 年第 1 号)办理。设立独资船务公司的,还应符合交通部、原对外经济贸易部 2000 年联合发布的《外商独资船务公司审批管理暂行办法》(交通部、外经贸部令 2000 年第 1 号)所规定的资质条件。

按照本公告享受免征营业税和企业所得税待遇的航运公司应直接或委托其扣缴义务人分别向原应缴纳营业税和企业所得税的所在地国家税务局填报《免征所得税证明表》,向所在地地方税务局填报《免征营业税证明表》,经所在地税务部门核准后,可免予缴纳营业税和企业所得税。但财政部或国家税务总局另有规定的,从其规定。

到大陆参加船员或潜水员培训的台湾船员和潜水员,可由其所在公司或通过台湾海员工会分别与以下部门联系,有关船员培训事宜与交通部海事局联系,有关潜水员培训事宜与交通部救助打捞局救助处联系,由以上部门根据培训要求做出适当安排。

有关两岸海上搜救、打捞技术交流与合作事宜,可通过台湾的“中华搜救协会”与中国海上搜救中心总值班室或中国航海学会救助打捞专业委员会联系。

中华人民共和国交通部

二〇〇七年七月十七日

中华人民共和国交通部通告

2007年第3号

关于公布全国第一批合格港口引航机构名单的通告

根据国务院办公厅《关于深化中央直属和双重领导港口管理体制改革意见的通知》(国办发〔2001〕91号)精神,依照《港口法》和《船舶引航管理规定》(交通部令2001年第10号)等有关规定,经审核,黑龙江引航站等23家引航机构已通过引航资质许可或审查,现予公布(引航机构名单见附件)。

附件:全国第一批合格港口引航机构名单

中华人民共和国交通部

二〇〇七年九月十一日

附件:

全国第一批合格港口引航机构名单

序号	机构名称	上级主管部门	引航具体范围
1	黑龙江引航站	黑龙江省航务管理局	从松花江的三江口至哈尔滨内河干线船舶引航服务,进出黑龙江省对外开放港口区域的船舶引航服务
2	天津港引航中心	天津市交通委员会	进出天津港港口区域和天津市辖区的船舶引航服务,渤海海上油田船舶引航服务
3	唐山港引航站	唐山市港航管理局	进出唐山港港口区域和唐山市辖区的船舶引航服务
4	青岛港引航站	青岛市港航管理局	进出青岛港港口区域和青岛市辖区的船舶引航服务
5	烟台港引航站	烟台市港航管理局	进出烟台港港口区域和烟台市辖区的船舶引航服务
6	威海港引航站	威海市港航管理局	进出威海港港口区域和威海市辖区的船舶引航服务
7	连云港引航站	连云港市港口管理局	进出连云港港口区域和连云港市辖区的船舶引航服务
8	长江引航中心	长江航务管理局	宝山交接区以上的长江干线船舶引航服务
9	温州港引航中心	温州市港航管理局	进出温州港港口区域和温州市辖区的船舶引航服务
10	台州港引航站	台州市港航管理局	进出台州港港口区域和台州市辖区的船舶引航服务
11	舟山引航站	舟山市港航管理局	进出宁波-舟山港舟山港域和舟山市辖区的船舶引航服务
12	嘉兴港引航站	嘉兴市港务管理局	进出嘉兴港港口区域和嘉兴市辖区的船舶引航服务
13	福州港引航站	福州市港务局	进出福州港港口区域和福州市辖区的船舶引航服务
14	厦门港引航站	厦门港口管理局	进出厦门港港口区域和厦门市辖区的船舶引航服务
15	泉州港引航站	泉州市港口管理局	进出泉州港港口区域和泉州市辖区的船舶引航服务
16	莆田港引航站	莆田市港口管理局	进出莆田港港口区域和莆田市辖区的船舶引航服务
17	宁德港引航站	宁德港务局	进出宁德港港口区域和宁德市辖区的船舶引航服务
18	广州港引航站	广州港务局	进出广州港港口区域和广州市辖区的船舶引航服务
19	惠州港引航站	惠州市港务管理局	进出惠州港港口区域和惠州市辖区的船舶引航服务
20	茂名港引航站	茂名市港航管理局	进出茂名港港口区域和茂名市辖区的船舶引航服务
21	深圳港引航站	深州市港务管理局	进出深圳港港口区域和深圳市辖区的船舶引航服务
22	湛江港引航站	湛江市港务管理局	进出湛江港港口区域和湛江市辖区的船舶引航服务
23	钦州港引航站	钦州市港口管理局	进出钦州港港口区域和钦州市辖区的船舶引航服务

中华人民共和国交通部公告

2007 年第 27 号

关于 GB12268－2005《危险货物品名表》国家标准第 1 号修改单的公告

根据国家标准化管理委员会《关于批准 GB12268－2005〈危险货物品名表〉国家标准第 1 号修改单的函》(国标委工－函[2007]48 号),现将该修改单有关内容公告如下:

1. GB12268－2005《危险货物品名表》的表 1 中编号 2800"蓄电池,湿的,不泄露的蓄电",附加如下说明:蓄电池在符合下面两条免除条款时,可按照普通货物运输:(1)电池如果能够经受一定条件下的振动试验和压差试验而没有电解液漏出,可以认为电池是不漏的(试验方法参见联合国《关于危险货物运输的建议书规章范本》);(2)在温度 55℃条件下,密封蓄电池的电解液不会从有裂缝的外壳中流出,而且在包装供运输时对电极作了防短路的保护。

2. GB12268－2005《危险货物品名表》的表 1 中编号 1350,"硫",附加如下说明:硫磺如做成某种形状(如小球、颗粒、丸状、锭状或薄片),可按照普通货物运输。

3. 删除 GB12268－2005《危险货物品名表》的表 1 中编号 2662(即氢醌,也称对苯二酚)的条文。

以上修改内容经国家标准化管理委员会 2007 年 8 月 2 日批准,自 2007 年 9 月 10 日起实施。

中华人民共和国交通部(盖章)

二〇〇七年九月十一日

关于印发水运工程建设标准管理办法的通知

交水发[2007]51号

各省、自治区、直辖市交通厅(委),上海市港口管理局,长江、珠江航务管理局,长江口航道管理局,有关企事业单位:

为加强水运工程建设标准的管理,促进技术进步和创新,保证工程质量,保障公共安全和公众利益,保障人身和财产安全,使标准管理工作科学化、规范化和制度化,根据《中华人民共和国标准化法》、《中华人民共和国标准化法实施条例》和国家有关工程建设的法律、法规,根据目前水运工程建设标准管理的实际情况,在原《交通部水运工程建设行业标准管理办法》(交水发[2001]710号)的基础上,参照《工程建设国家标准管理办法》,重新制定了《水运工程建设标准管理办法》,现印发给你们,请遵照执行。

中华人民共和国交通部(盖章)

二〇〇七年二月十三日

水运工程建设标准管理办法

第一章　总　则

第一条　为加强水运工程建设标准的管理,促进技术进步,保证工程质量,保障人身和财产安全,使标准管理工作科学化、规范化和制度化,根据《中华人民共和国标准化法》、《中华人民共和国标准化法实施条例》和国家有关工程建设的法律、法规,并参照《工程建设国家标准管理办法》,制定本办法。

第二条　水运工程建设标准是水运工程建设的通则、标准、规范、规程和规定的统称,包括水运工程建设管理标准、技术标准和维护标准。水运工程建设标准分为国家标准、行业标准和专项标准。

第三条　本办法适用于水运工程建设行业标准的管理。水运工程建设专项标准的管理参照本办法执行。国务院工程建设行政主管部门委托我部编制的工程建设国家标准按《工程建设国家标准管理办法》等有关规定执行。

第四条　交通部是水运工程建设标准的行政管理部门,交通部水运司或交通部水运司授权的相关组织负责水运工程建设标准的归口管理工作。

第五条　水运工程建设标准的管理工作包括标准体系表及项目库建立和维护、标准项目立项、标准编制、标准发布、标准复审、标准合同管理和标准日常管理等。

第六条　水运工程建设行业范围内需要进行统一规定的下列内容,可制定水运工程建设行业标准:

(一)水运工程建设咨询、规划、勘察、测量、设计、施工(包括安装)、试验、检测、检验、评定、验收、监理、监测、维护和管理等;

(二)水运工程建设专用的安全、卫生、劳动保护、节能、环境保护和信息等;

(三)水运工程建设专用的术语、符号、计量单位和制图方法等。

第七条　水运工程建设行业标准分为强制性标准和推荐性标准。保障人体健康,人身、财产安全,保护环境,节约资源的标准和法律、法规规定强制执行的标准是强制性标准,其他标准是推荐性标准。

第八条　下列标准属于强制性标准:

(一)水运工程建设专用的综合性标准和重

要的质量标准；

(二)水运工程建设专用的有关安全、健康和环境保护的标准；

(三)水运工程建设专用的质量检验和评定标准；

(四)水运工程建设需要强制执行的其他标准。

第九条 水运工程建设行业标准强制性条文是水运工程建设行业标准中直接涉及人民生命财产安全、人身健康、环境保护和其他公众利益,以及考虑了保护资源、节约投资、提高经济效益和社会效益等政策要求,必须严格执行的强制性规定。水运工程建设行业标准强制性条文是参与水运工程建设活动各方执行工程建设强制性标准和政府对执行情况实施监督的依据,必须严格执行。

第二章 标准体系

第十条 水运工程建设标准体系是水运工程建设标准的组成和结构,是水运工程建设标准发展的规划蓝图。《水运工程建设标准体系表》是标准体系的具体体现。

第十一条 水运工程建设标准项目库是包括水运工程建设从规划到维护全过程的标准总汇,包括已颁标准、在编标准和拟编标准。水运工程建设标准项目库依据《水运工程建设标准体系表》编制,是水运工程建设标准立项和编制水运工程建设标准年度计划的主要依据。

第十二条 水运工程建设标准项目库的制定和修订工作按下列程序进行:

(一)交通部水运司根据《水运工程建设标准体系表》提出建立标准项目库的统一要求；

(二)有关规划、建设、设计、施工、科研和院校等单位根据水运工程建设需要,针对水运工程建设标准中的缺项,按要求提出项目建议；

(三)交通部水运司对项目建议进行汇总,征求有关单位意见,召开专家研讨会,编制或修订标准项目库。

第十三条 《水运工程建设标准体系表》和标准项目库由交通部发布。《水运工程建设标准体系表》应相对稳定,标准项目库应实行动态管理。

第三章 标准项目立项

第十四条 水运工程建设标准项目立项工作一般包括立项申请、项目初审、专家评审和编制年度计划等阶段。通过立项评审的项目方可列入年度计划。

第十五条 申请立项的水运工程建设标准项目应根据水运工程建设新技术、新工艺、新材料和新设备的发展,原则上从标准项目库中选取,项目应充分体现国家有关质量、安全、节能、节约资源和环境保护等政策要求,满足水运工程建设的需要。

第十六条 对未纳入标准项目库,但当前工作急需的标准项目,可由交通部水运司或有关单位提出建议,经专家评审、确定立项。

第十七条 水运工程建设标准项目的立项申请报告应于每年 4 月底前向交通部水运司提出,立项申请报告一式 4 份(格式及内容见附件 1)。项目实施后,立项申请报告将作为合同考核的一部分。

第十八条 水运工程建设标准编制工作的主编单位和参加单位应具备下列条件:

(一)具有法人资格；

(二)具有相应的专业人员和必要的技术手段及良好的资信；

(三)承担过与该水运工程建设标准项目相应的工程建设规划、勘察、测量、设计、施工或科研等技术工作；

(四)具有丰富的工程建设经验和较高的技术水平。

主编单位除具备上述条件之外,尚应具有设计、咨询或监理甲级及以上资质,施工一级及以上资质,或与上述资质相当的资质,具有较高的组织管理水平,能组织解决水运工程建设标准编制中的重大技术问题,主编单位应有专门的职能部门负责标准编制的日常管理,并负责归口向交通部水运司报送文件。主编单位和参加单位也可以是具备相关条件的协会组织等。

第十九条 水运工程建设标准编制工作的编写人员应为长期从事相关专业工作、具有丰富的工程建设经验和较高技术水平,并应具有高级职称及以上的工程技术人员。编写组组长和副组长应具有正高级职称或获得高级职称满5年，长期从事与规范内容相关专业，责任心强，并具有一定的组织能力和良好的书面表达能力。标准编制工作的编写人员应接受过标准编制培训，掌握标准编写的有关规定和要求。

第二十条 标准项目立项时应根据标准编制工作的需要一并提出标准专题研究项目。标准专题研究项目承担单位、项目负责人及研究人员具备的条件应按第十八条和第十九条中主编单位、编写组组长及标准编写人员的要求执行。

第二十一条 水运工程建设标准项目立项初审工作由交通部水运司根据水运工程建设标准制定和修订工作的总体要求组织进行，并提出初审意见。

第二十二条 水运工程建设标准项目立项的专家评审由交通部水运司组织进行。参加立项评审会的专家原则上从“水运工程建设标准专家库”中选取，专家人数依据年度立项申请项目数量、项目重要性和复杂性而定，一般不少于20人。

第二十三条 评审专家应在申报单位介绍项目背景的基础上，对申报项目立项的必要性、可行性、主要内容、专题研究、项目经费建议数额和项目主编单位等提出明确评审意见，并按急需立项、立项、暂缓立项或不立项给出是否立项的结论性意见，专家评审意见经各位专家签名后存档备查。

第二十四条 评审委员会的评审意见应包括评审专家结论性意见的统计结果，并经评审组正、副主任委员签名后存档备查。

第二十五条 交通部水运司根据专家评审意见和当年预算情况提出水运工程建设标准立项申请项目审查建议，经部终审后再报财政部。交通部水运司根据财政部对前期费项目预算的批复，与项目主编单位签订“水运工程建设标准项目合同”(格式及内容见附件2)。

第二十六条 水运工程建设标准年度计划由交通部水运司根据财政部对前期费项目预算的批复和“水运工程建设标准项目合同”进行编制。

第二十七条 标准局部修订(包括个别条文修订)可由有关单位根据实际情况不定期向交通部水运司提出申请(申请格式同立项申请报告)，交通部水运司组织专家审查并发文确认是否开展工作，局部修订(包括个别条文修订)成果应在经过交通部水运司组织的专家审查通过后发布。同时在相关媒体上刊登，待标准全面修订时纳入。

第四章 标准编制

第二十八条 标准的编制包括标准的制定、修订和局部修订。标准的编制应贯彻执行国家的有关法律、法规和技术政策，适应工程建设和技术发展的要求，体现安全适用、技术先进、利于环保和经济合理的原则。

第二十九条 标准的编制应积极采用新技术、新工艺、新设备、新材料等方面技术成熟、经济环保的创新成果。

第三十条 标准的编制应及时了解和掌握国际先进标准的发展动态并逐步与国际标准接轨，积极采用经验证符合我国国情的国际标准和国外先进标准。

第三十一条 标准的编制不得与国家政策和法律、法规相抵触，并应与国家现行相关标准相协调，标准之间应避免重复。标准的某些规定低于国家标准规定时，必须有充分的科学依据和理由，并经国家标准的审批部门同意，方可纳入标准。

第三十二条 标准的编制应充分发扬技术民主。对有关技术政策，应认真研究、充分讨论、统一认识；对有争论的技术问题，应在调查研究、试验验证或专题研究的基础上，经过充分论证，做出结论。

第三十三条 标准编制中涉及的关键技术问题或拟纳入标准的新成果应进行专题研究和测试验证。当标准中采用新的设计理论和方法时，应组织试设计。专题研究和测试验证的成果经专家审定适合纳入标准的方可纳入标准。

第三十四条 标准编写的格式和用语应符合现行行业标准《水运工程建设标准编写规定》的相关规定，标准的条文应严谨明确，文字简练。

第三十五条 标准编写组成员的专业覆盖面应满足标准编制的要求，成员应来自设计、施工、科研、建设和院校等两家以上单位。

第三十六条 主编单位应组织编写组成员

学习标准管理办法和标准编写规定,在标准编制过程中对编写成员的编写工作进行经常性督促和检查,并于每年12月5日前向交通部水运司报送"水运工程建设标准年度工作执行情况报告"(格式及内容见附件3)。

第三十七条 标准编制过程中,主编单位应指导参加单位参与标准编制的具体工作,负责传达标准编制的有关信息,参加单位应积极支持主编单位的有关工作,积极参加标准编制的有关活动,提供有关意见并负责分工内容的编制。

第三十八条 标准主编单位应根据批准的工作大纲和标准编制的具体情况及时召开编写组工作会议,工作会议的会议通知和会议纪要应抄送交通部水运司,必要时交通部水运司派人参加。

第三十九条 标准编制过程中的各次重要活动(包括调研、各次工作会议、大纲审查会、专题研究成果审查会、征求意见会、送审稿审查会、总校会、与标准相关的技术交流会等)以简报形式报交通部水运司。简报内容应包括时间、地点、参加人员、活动内容及成果等。

第四十条 标准编制按工作大纲、征求意见稿、送审稿、总校稿和报批稿五个阶段开展工作(各阶段成果资料的格式要求见附件4)。

第四十一条 工作大纲阶段的工作按下列要求进行:

(一)标准主编单位根据合同要求,在前期调研和收集相关资料的基础上编制工作大纲送审稿(格式及内容见附件5)。除合同有明确规定外,大纲送审稿应在年度计划下达后三个月内完成。送审文件及送审稿各报交通部水运司一式4份。

(二)交通部水运司负责组织有关专家对标准的工作大纲进行审查并形成会议纪要,会议纪要的主要内容包括综合评价意见、章节安排和下一步工作安排等。参加大纲审查的专家原则上从"水运工程建设标准专家库"选取。

(三)标准主编单位根据大纲审查会会议纪要提出的具体修改意见对大纲送审稿进行修改,并形成工作大纲报批稿(格式及内容见附件5)。除会议纪要有明确规定外,大纲报批稿应在大纲送审稿审查会后15天内完成报部,报批文件及大纲报批稿各4份,大纲报批稿电子版1份。

(四)标准工作大纲经交通部水运司批准后方可开展标准的编制工作。批准的标准大纲是水运工程建设标准项目合同的重要组成部分,并作为标准编制工作考核的依据之一。在标准编制过程中,工作大纲内容有较大的变动或编写组成员发生变化时,应由主编单位提出书面申请,报交通部水运司批准,批准文件为合同补充文件。

第四十二条 征求意见稿阶段的工作按下列要求进行:

(一)编写组根据标准编制工作大纲开展必要的调查研究,调查对象应具有代表性和典型性,调研工作结束后,应及时提出调研报告,并将整理好的原始调查记录和收集到的国内外有关资料纳入背景资料中。

(二)编写组对标准中存在分歧的主要技术问题,应根据需要邀请有关专家,召开专题研讨会,研讨会应形成结论性意见并写入会议纪要。会议情况报交通部水运司,必要时,交通部水运司派员到会。

(三)专题研究或测试验证应在形成征求意见稿前完成审定工作。

(四)编写组在完成各项准备工作的基础上,编写标准征求意见稿。

(五)征求意见稿应由主编单位报送交通部水运司一式4份,交通部水运司发文至与标准内容有关的单位和专家征求意见,必要时,可上网征求意见。征求意见的期限一般不少于一个月,且不超过三个月。被征求意见的单位和专家应在规定期限内回复意见。

(六)编写组对反馈意见进行归纳整理,在分析研究的基础上提出处理意见。对反馈意见中有争议的主要技术问题可视具体情况进行补充调研或测试验证,必要时,应专门召开征求意见会。征求意见会一般由主编单位组织,并形成会议纪要,会议情况报交通部水运司。编写组对反馈意见的处理应形成反馈意见处理一览表。

第四十三条 专题研究或测试验证的工作分为工作大纲和成果审定两个阶段。

(一)标准专题研究或测试验证工作大纲阶段的工作按标准工作大纲阶段的工作要求执行。专题研究或测试验证工作大纲内容包括:背景和必要性、实施方案或技术路线、预期的研究成果、进度计划、承担单位及项目负责人概况、经费使用计划、参加人员资历等。其中预期的研究成果应提出对标准相关条文的补充或修改意见，拟定的标准条文和条文说明等。

（二）标准专题研究或测试验证审定阶段工作按下列要求进行：

1. 主编单位在专题研究或测试验证完成后应组织召开专家咨询会并形成咨询意见，咨询意见应纳入送审报告。

2. 主编单位向交通部水运司提出审定申请，送审报告及专题研究或测试验证成果送审稿各一式4份。

3. 交通部水运司负责组织有关专家对专题研究或测试验证成果送审稿进行审定并形成审定意见，审定意见明确专题研究或测试验证结论能否纳入标准。参加会议的专家原则上从“水运工程建设标准专家库”选取。

4. 主编单位根据审定意见的要求对成果进行修改完善并形成专题研究或测试验证成果报告。专题研究或测试验证成果资料待标准送审时一并报送交通部水运司。

第四十四条 送审稿阶段的工作按下列要求进行：

（一）编写组根据反馈意见及相应处理意见对征求意见稿进行修改完善形成标准送审稿。标准送审稿包括条文及条文说明。条文中拟确定为强制性条文的内容应用黑体字加以区别。

（二）当标准中采用新的设计理论和方法时，应组织试设计，并进行全面的技术经济比较，提出试设计报告。

（三）送审稿送审前，主编单位应组织主要编写人员和邀请有关专家召开预审查会议并形成预审查意见，预审查意见应纳入送审报告。预审专家应为从事相关专业、具有丰富工程建设经验和较高专业技术水平的技术人员，预审专家不得少于5名。

（四）送审报告的内容应包括任务来源、完成的主要工作、重点内容确定的依据及成熟程度、与国外相关标准的水平对比、对标准的简要评价、存在的主要问题、今后需要进行的主要工作以及主编单位的预审查意见等。

（五）送审稿阶段提交的成果一般包括送审报告、标准送审稿、专题研究报告、测试验证报告、征求意见处理一览表、试设计报告、调研报告、背景资料、成果效益分析报告（格式及内容见附件6）等。

（六）标准的送审文件应以公文的形式和提交成果同时报送交通部水运司，纸质文件4份，电子文件1份（光盘）。

（七）交通部水运司负责组织有关专家对标准送审稿进行审查，主编单位应在审查会议召开15天前将有关送审文件送参加审查会议的专家。参加审查的专家原则上从“水运工程建设标准专家库”选取。

（八）对标准的审查内容主要包括：标准的适用范围与技术内容是否协调一致，标准技术内容是否符合国家的安全、经济和环保政策，是否准确反映水运工程建设的实践经验，标准的技术数据和参数有无可靠依据，是否与相关标准协调一致，以及是否符合标准的编写规定等。审查会应形成会议纪要，会议纪要包括综合评价意见、主要修改意见和下一步工作安排等内容。

第四十五条 总校稿阶段的工作按下列要求进行：

（一）主编单位根据标准送审稿审查会会议纪要的要求，对标准送审稿进行修改完善形成总校稿。

（二）标准的总校工作由交通部水运司组织，主编单位应参加会议并配合做好总校会议工作。除送审稿审查会议纪要有明确规定外，总校工作应在送审稿审查会后三个月内完成。

第四十六条 报批稿阶段的工作按下列要求进行：

（一）主编单位根据总校提出的修改意见对总校稿进行修改，形成报批稿。报批稿中拟定为强制性条文的内容应以黑体字加以区别。

（二）报批稿以公文的形式报交通部水运司一式4份，电子版1份，报批稿报送应在总校工作完成后一个月内完成。对于总校中出现的超出审查会会议纪要要求的修改内容，应在报批公文中予以说明。

第五章 标准的发布

第四十七条 水运工程建设标准编号由交通部水运司负责。水运工程建设标准及其强制性条文由交通部发布。

第四十八条 制定和修订的标准以正式出版物形式发布。局部修订的条文及条文说明以文件形式发布,并在相关媒体上公布,必要时也可发行单行本。

第四十九条 标准的出版由交通部水运司负责组织。标准的出版印刷应符合工程建设标准出版印刷的有关规定。

第六章 标准的复审

第五十条 交通部水运司将根据科学技术的发展和工程建设的实际需要,对发布实施的水运工程建设标准适时地组织复审,以确认其继续有效、修订、局部修订或废止。

第五十一条 标准复审周期一般为5年。属于下列情况之一的,应及时进行复审:

(一)不适应法律法规或科学技术发展需要的;

(二)所引用标准或相关标准进行了重大修改并批准发布的;

(三)标准实施过程中有重要反馈意见需要进行复审的等。

第五十二条 标准的复审工作一般由标准的主编单位承担,主编单位应在接到部复审通知后及时开展复审工作,复审工作包括下列内容:

(一)收集和整理标准执行过程中出现的问题和处理意见;

(二)收集国内外相关标准、技术信息资料和实践经验等,并进行对比分析研究;

(三)针对标准内容,向20个以上与标准有关的单位和熟悉该标准的专家发送复审征求意见函;

(四)对反馈意见进行分析整理并形成复审意见,必要时组织有关专家召开征求意见会。

第五十三条 复审工作应在交通部水运司下达复审通知3个月内完成,并形成复审文件以公文形式报交通部水运司一式4份,复审文件应包括复审报告和复审反馈意见处理一览表。复审报告的内容应包括:

(一)复审的目的和意义;

(二)复审过程中的主要工作;

(三)标准存在的主要问题;

(四)标准复审意见(继续有效、修订、局部修订、废止);

(五)下一步主要工作。

第五十四条 复审结论由交通部水运司确认并由交通部发文公告。

第五十五条 复审需要修订或局部修订的标准不再需要立项评审,而应根据轻重缓急的原则,直接列入下一年度或今后的标准编制计划中,复审意见中应推荐标准修订或局部修订的主编单位。

第七章 标准项目合同管理

第五十六条 标准项目主编单位必须按合同(含批准的工作大纲)要求组织实施标准的编制工作。如在执行合同过程中出现特殊情况需对合同内容进行调整时,主编单位应向交通部水运司提出修改合同的申请,经批准同意并重新签订合同或签订补充合同后,方可实施。

第五十七条 交通部水运司负责对标准项目合同及标准编制情况进行监督和检查,并协调解决标准编制过程中的重大问题。

第五十八条 水运工程建设标准的编制经费,采用一次性核定、按合同规定根据项目进度拨付的办法,分合同签订生效、工作大纲批复和标准发布三个阶段,按年度拨付给标准的主编单位。

第五十九条 标准编制经费的使用必须符合合同规定和批准工作大纲的要求,专款专用,并严格遵守财政部《交通建设发展前期工作经费管理办法》和国家相关财务管理文件的规定。调研经费由主编单位统一支配,用于集体调研。

第六十条 批准的标准工作大纲中要求进行国外调研的,应由主编单位向交通部水运司提出国外调研申请报告,申请报告应说明调研目的、调研内容、调研日程安排、人员组成、经费使用等基本情况。交通部水运司将根据标准编制工作的安排以及申请报告的内容进行研究,提出有关意见并以书面形式告知标准主编单位。国外调研完成后应在一个月内形成调研报告并及时报送交通部水运司。

第六十一条 主编单位应根据合同规定在规定时间向交通部水运司提出经费申请,交通部水运司根据项目完成情况和合同规定向部财务司请款。

第六十二条 主编单位应于次年1月15日前对本年度标准项目经费的使用情况和下一年度经费计划进行总结和说明,纳入"年度工作执行情况报告"中报送交通部水运司。

第六十三条 项目实施过程中,有下列情况之一时,可暂停执行合同:

(一)项目组织和执行不力;

(二)人员配备不符合批准的工作大纲规定或主要技术骨干发生重大变化的;

(三)拖延项目编制进度达六个月以上;

(四)不可抗拒因素。

第六十四条 在项目实施过程中,不能按时报送"年度工作执行情况报告"、配合有关部门对项目实施情况检查不力、遇重大问题没有报告的主编单位,交通部水运司将对其通报批评并责令整改,整改不合格的,可暂停执行合同。

第六十五条 因非不可抗拒因素暂停执行合同后,主编单位仍未能及时采取有效措施而导致项目不能完成的,除终止执行合同外,交通部水运司还将追缴部分或全部已支付经费,并视情节暂停其承担水运工程建设标准项目的资格或给予其他处罚。

第八章 标准日常管理

第六十六条 水运工程建设标准的日常管理工作由交通部水运司负责。水运工程建设标准的日常管理包括标准宣贯、执行情况检查、标准解释、国外相关标准跟踪和发展情况分析、标准及相关技术交流、成果资料管理等。

第六十七条 水运工程建设标准颁布实施后,交通部水运司将根据标准的具体情况组织有关单位进行标准的宣贯培训工作。宣贯培训工作不得以盈利为目的,宣贯培训工作结束后应由培训单位形成总结报告报交通部水运司。

第六十八条 标准发布前应成立标准管理组,标准管理组受主编单位领导,标准管理组由3~5名专业技术人员组成,标准管理组中至少应保留两名标准编写组的成员,主编单位应至少保留一名编写组成员,主编单位标准工作归口职能管理部门应有一名成员。标准管理组的人员组成应符合下列要求:

(一)原则上为不超过55岁的具有高级职称的专业技术人员;

(二)熟悉并掌握标准的技术内容;

(三)熟悉水运工程建设标准编写和管理的有关规定;

(四)具有较高的专业技术水平和丰富的工程经验。

第六十九条 标准发布实施后,标准管理组协助交通部水运司做好标准的日常管理工作。标准管理组的主要任务是:

(一)协助进行标准的解释工作;

(二)参加标准的培训和宣贯工作;

(三)调查了解标准的实施情况,收集和研究国内外相关标准、技术信息资料和实践经验;协助建立完善的标准使用意见反馈机制;

(四)对标准执行过程中出现的问题,及时报告交通部水运司并进行必要的调查研究;

(五)参与标准的复审和再修订的立项工作;

(六)参加有关标准的技术和学术交流活动;

(七)标准发布后,每年12月5日前向交通部水运司提交有关标准实施情况的报告。报告内容应包括实施情况综述、反馈意见及处理情况、标准培训和宣贯情况、国内外相关技术和标准的发展情况、其他与标准有关的情况等。

第七十条 标准管理组了解标准使用情况时,标准使用部门有义务提供有关情况,共同推动标准进步。

第七十一条 水运工程建设标准由交通部水运司组织编写,其知识产权属于交通部。标准专题研究成果及其形成的知识产权,除以保证重大国家利益、国家安全和社会公众利益为目的或合同事先明确约定归交通部所有外,授予项目主编单位所有或按合同约定划分权属,并根据《交通行业知识产权管理办法(试行)》进行管理。在特定条件下,交通部根据需要保留无偿使用、开发、使之有效利用和获取收益的权利。

第七十二条 水运工程建设标准在编制过程中所取得的阶段成果和最终成果应由主编单位进行收集和整理。除按规定向交通部水运司报送的有关资料外,还应按档案管理的有关要求在本单位建立一套包含所有资料的完整档案。

第七十三条 标准专题研究项目实施所取

得的试验报告、数据手稿、图纸、声像及其他形式的科学数据应由主编单位按《科学技术研究课题档案管理规范》和有关科技项目管理规定要求进行收集整理,建立档案。

第七十四条 水运工程建设标准和标准专题研究成果涉及国家秘密的,有关单位和人员应遵照《中华人民共和国保守国家秘密法》、《科学技术保密规定》及相关规定制定,切实做好保密工作。

第九章 奖励

第七十五条 为了鼓励在水运工程建设标准工作中做出突出贡献的单位和个人,调动广大工程技术人员的积极性和创造性,促进水运工程技术进步,交通部设立水运工程建设标准工作"突出贡献奖"。

第七十六条 水运工程建设标准工作"突出贡献奖"自本办法颁布实施的次年开始每两年评选一次,每次授予单位不超出3个,个人不超出5名,在没有合适单位和人员的情况下可以空缺。

第七十七条 水运工程建设标准工作"突出贡献奖"不分等级,对获奖单位和个人颁发证书,获奖个人所在单位可以根据国家有关规定对获奖人员进行奖励。

第七十八条 申报水运工程建设标准工作"突出贡献奖"的单位应为在水运工程建设标准编制和有关研究方面做出突出贡献,并在培养标准工作后备人才方面发挥重要作用,有良好的履约能力和遵守国家法律、法规的单位。

第七十九条 申报水运工程建设标准工作"突出贡献奖"的个人应为在水运工程建设标准工作中长期发挥重要作用,注重跟踪世界先进技术和积极推进技术进步的工程技术人员。

第八十条 水运工程建设标准工作"突出贡献奖"申报工作截止时间为评选活动年的8月14日,个人申报材料应有单位的推荐意见(申报表见附件7)。交通部水运司将组织有关专家对申报材料进行评审,并发文公布评审结果。

第八十一条 水运工程建设标准及标准专题研究成果作为科技成果可以由主编单位向有关部门申报奖励,获奖情况应报交通部水运司。

第十章 附则

第八十二条 本办法由交通部水运司负责解释。

第八十三条 本办法自发布之日起施行。《交通部水运工程建设行业标准管理办法》(交水发[2001]710号)同时废止。

附件:

1.《水运工程建设标准立项申请报告》格式及内容

2.《水运工程建设标准项目合同》格式及内容

3.《水运工程建设标准年度工作执行情况报告》格式及内容

4.水运工程建设标准成果资料格式要求

5.《水运工程建设标准项目工作大纲》格式及内容

6.《水运工程建设标准项目成果效益分析报告》格式及内容

7-1.水运工程建设标准工作突出贡献奖单位申报表

7-2.水运工程建设标准工作突出贡献奖个人申报表

关于加强我国港口引航管理的通知

交水发[2007]174号

各有关省、自治区、直辖市交通厅(委),上海市港口管理局,各港口所在地港口行政管理部门,各直属海事局:

自2006年以来,各地人民政府根据国务院办公厅《关于深化中央直属和双重领导港口管理体制改革意见的通知》(国办发[2001]91号)要求,积极推进引航管理体制改革,取得了较大的进展,为建立公平、公正的引航秩序提供了条件。为进一步加强我国港口引航管理,加快建立良好的港口公共服务环境,全面提升引航服务水平,现将有关事项通知如下:

一.充分认识加强引航管理的重要性,切实加强组织领导。

引航工作关系到船舶航行安全和港口经营安全,关系到港口的综合竞争力和健康发展,关系到国家主权和对外开放的整体形象。加强引航管理,对促进港口业健康有序发展,提升我国港口的综合竞争力和国际地位具有十分重要的意义。随着新的引航管理体制的逐步确立和港口业的快速发展,对引航工作提出了更高的要求。港口行政管理部门要高度重视,切实加强组织领导,把加强引航管理作为今年港口行政管理的一项重点工作,以更高的标准、更严格的要求全面加强对引航机构的管理,尽快提升引航服务水平。

各港口行政管理部门和海事管理机构要密切配合,通力合作,按照各自的职责加强引航管理和监督。

二.严把准入关,加强引航资质管理。

依照《港口法》、《船舶引航管理规定》(交通部令2001年第10号)等有关规定,引航机构须经我部批准,方可从事引航活动。引航机构必须符合国办发〔2001〕91号文件和我部的有关规定且具备《船舶引航管理规定》设定的资质条件。

港口行政管理部门要加强引航机构的准入管理,定期对引航机构的资质进行检查,确保其在符合资质条件下从事引航活动。对已经我部批准的引航机构,因引航体制发生重大变化,要进行一次资质审查;对未经批准的,要报部办理行政许可手续。各地由港口行政管理部门组织并按照《船舶引航管理规定》规定的程序和要求于2007年6月30日前向我部提出引航机构资质审查或行政许可申请。对审查不合格、不符合引航资质条件的,我部将责令其限期整改,整改后仍不能达到引航资质条件的,将依据《行政许可法》等有关规定,撤销其引航资格或不予行政许可。

我部将于2007年下半年公布合格的引航机构名单。对未取得我部批准文件的引航机构,港口行政管理部门和海事管理机构要采取措施制止其继续从事引航活动,我部将组织有关部门和单位重新组建或设置新的引航机构以确保港口运营的正常进行。

严把引航员的准入关。海事管理机构要加强引航员的培训、考试和发证的管理工作,加大对引航员业务技能和实际操作能力的考核和检查的力度。

三.实行科学管理,加强制度建设,全面提升引航服务水平。

引航机构要从引航的计划、组织、控制、协调等方面进行科学的系统管理,做好引航调度计划和引航方案,及时安排和科学调度引航员,不断提升引航的服务质量。制订引航服务标准,体现引航的公正性、公平性、统一性。引航机构要与有关企业、单位密切协作,建立通畅的信息传递渠道,使引航与港口生产紧密衔接,形成有机的港口生产服务链。要加快建立集引航调度指挥、引航服务和引航监管等有关内容为一体的引航服务监管系统,逐步实现引航服务信息化。

各地要建立引航机构的社会监督机制,由港口行政管理部门、口岸有关单位、港航企业、中国引航协会等单位派代表组成引航机构监督委员会,加强对引航的社会监督。

港口行政管理部门要健全引航机构的财务管理制度,实施财务预算管理,加强对引航收费的监督。

四.加强引航队伍规范化建设,全面提升引航队伍素质。

为适应我国港口吞吐能力增长和船舶大型化发展的需要,港口行政管理部门和引航机构要把加强引航队伍建设放在突出重要的位置。

坚持以人为本,根据引航体制变化的新要求,建立一支管理规范、业务精湛、保障有力、公平服务、高效廉洁的港口引航员队伍。一是要抓好引航机构的领导班子建设,培养统揽全局、团结协作、作风精良、科学管理的新型领导班子;二是要加快培养高素质的引航员,加大引航员的培训力度,做好引航员的选拔聘用工作,大力优化引航员队伍结构;三是要建立科学有效的考核奖励制度,实现引航机构的规范管理;四是要加强作风建设,树立良好的引航服务形象。

五.切实加强引航安全管理工作。

港口行政管理部门要着力抓好引航安全工作。要根据港口发展和引航安全工作的需要,加快制定引航机构发展规划和引航装备计划,分阶段、有计划地进行引航设施设备的建设和更新改造,逐步实现引航技术装备的现代化。建立引航安全操作规程和安全管理体系。引航机构要继续强化安全意识,严格遵守有关港口作业和船舶安全航行的规定,在当前生产任务重、引航员相对紧张的情况下,要正确处理好安全与生产的关系,制定安全引航应急预案,确保引航安全。

海事管理机构要加强引航安全监督管理工作。

六.严格监管,规范引航行为。

港口行政管理部门和海事管理机构要加强对引航行为的监督检查,严厉打击非法从事引航活动的行为。对违反规定的,一经发现,要严肃查处,及时纠正违规行为,并追究有关责任人员的责任;对未经批准,擅自从事引航活动的,要采取措施予以制止,并依法给予行政处罚;对违反工作纪律和规定的引航员,要加强教育,并依法给予行政处分。

中华人民共和国交通部(盖章)

二〇〇七年四月十三日

关于开展2008年国内水路运输业及水路运输服务业核查工作的通知

交水发[2007]755号

各省、自治区、直辖市交通厅(委)、上海市港口管理局,长江、珠江航务管理局,中远、中海、长航、中外运集团,部救捞局、各直属打捞局:

根据《行政许可法》、《水路运输管理条例》的有关规定,为加强国内水路运输市场监督管理,规范从业者经营行为,打击非法经营,保护合法经营者利益,维护水运市场秩序,促进我国航运业健康、有序发展,经研究,决定自2008年1月1日至4月30日,在全国集中开展2008年度国内水路运输业及水路运输服务业核查工作。现就有关事项通知如下:

一、核查对象及内容

年度核查对象为已取得国内水路运输业、水路运输服务业经营资格的经营人及其经营的运输船舶。核查内容主要包括:

(一)核查经营人是否存在违法、违规经营行为,是否按规定交纳有关规费。重点核查经营人有无超越经营范围、有无违反规定使用票据等行为。

(二)核查《国内船舶运输经营资质管理规定》(交通部令2001年第1号)要求的公司经营资质条件的保持情况。在核查经营资质条件的保持情况时,要重点核查企业主要管理人员是否到位,是否满足最低运力规模要求,是否存在船舶"挂而不管"行为;要现场核查企业实际在岗人员与已在管理部门备案的主要管理人员是否相符及其劳动合同、相关证书是否真实有效,杜绝企业主要管理人员在船上或其他企业兼职现象。

(三)核查运输船舶是否具有经营资格、相关证书是否齐全、有效,是否存在报废船舶继续营运的情况,有无违章行为及发生事故。

(四)了解经营人的生产经营情况和存在的主要问题以及对行业管理部门的意见和建议。

二、核查具体事项

(一)年度核查《核查报告书》、核查程序等内容参照交通部《关于开展2000年水路运输行业年审工作的通知》(交水发[1999]664号)执行。

(二)为确保不影响经营人的正常经营活动,在其上缴《船舶营业运输证》核查期间,可由核查单位根据需要发给《待理证》,有效期不得超过30天(且不得超过2008年4月30日)。

(三)经审核合格的经营人,其《水路运输(服务)许可证》审核记录的有效期统一注明从2008年1月1日至2009年4月30日。新核发船舶审核记录的有效期统一至2009年4月30日(但不得超过营运证的有效期)。对审核合格的船舶,由审核机关对其《船舶营运证》核发新的审核记录页。对未落实安全管理责任、"挂而不管"的船舶不得核发该记录页。

三、工作分工

各级交通主管部门或其委托的航运管理机构(以下统称"交通主管部门")负责本辖区年度核查工作。具体分工如下:

(一)经我部及长江、珠江航务管理局批准从事跨省运输的水路运输经营人,由经营人所在地地(市)级交通主管部门负责组织逐户上门核查,省级交通主管部门对核查情况进行现场抽查,部水运司及长江、珠江航务管理局视情况参加抽查。部属各打捞局的年度核查工作由部水运司负责。

(二)中央航运企业集团及其控股子公司,由公司所在地省级交通主管部门对其进行核查并签署意见;审查合格的,由部水运司或长江航务管理局按管理权限在其《水路运输许可证》上加盖年审章并为其船舶核发《船舶年审合格证》。请各中央航运企业积极配合当地交通主管部门做好年度核查工作。

(三)省内水路运输经营人、内河个体运输户及水路运输服务业经营人的核查权限和形式由各省级交通主管部门确定。

四、工作要求

(一)本次年度核查工作政策性强、涉及面广、工作量大。各有关单位要高度重视,加强领导,周密组织,务求实效。

(二)各交通主管部门要依法行政,增强服务意识,规范服务行为,提高工作效率。要认真贯彻落实政务公开的有关要求,采用适当方式将核查要求、工作程序等内容告知经营人。

(三)要严格执法,及时纠正违法违规行为,对达不到要求的,不予办理相关手续。对安全管理制度和责任不落实的经营人,要明确提出整改意见;对达不到经营资质条件要求的,要责令限期整改,经过整改仍达不到资质条件的,报相应管理部门取消其经营资格。对在规定期限内无故不参加核查或拒不接受核查的经营人,要依照有关规定,给予相应处罚。

(四)要严肃工作纪律和严格遵守廉政规定,严禁滥用职权,徇私舞弊;要严格遵守有关规定,严禁借核查名义乱收费或搭车收费。

(五)各单位要通过年度核查,做好企业、船舶等基础信息的收集和整理工作,为完善全国水运基础信息做好前期准备工作。目前,我部已完成了全国水路运政管理信息系统的升级改造工作,将在年度核查期间在部分单位试用。试用单位要通过年度核查完善信息系统基础信息。

(六)为掌握各地核查工作情况,请各省(区、市)交通主管部门在核查结束后,将核查工作总结于2008年5月底前报部水运司。长江、珠江水系各有关省(区、市)应同时分别抄报长江、珠江航务管理局。总结及汇总表除以书面形式报送外,还要以电子软盘或电子邮件报送(E-mail:sysgnc@moc.gov.cn)。

(七)请各省(区、市)于2008年1月31日前将我部《关于进一步加强国内船舶运输经营资质管理的通知》(交水发[2006]91号)要求的每年下半年开展的跨省运输企业经营资质抽查工作总结书面报部。

中华人民共和国交通部(盖章)

二〇〇七年十二月二十八日

关于公布违规经营无船承运业务经营者名单的通告

根据《中华人民共和国国际海运条例》及其实施细则的规定,下列经营者(名单见附件)未向交通部申请登记取得无船承运业务经营资格,应立即停止在中国境内经营无船承运业务。各国际集装箱班轮运输经营者不得与违规经营者订立协议运价,不得接受其提供的货物或者集装箱。境内任何单位和个人不得签发未依法登记的提单。交通部将对违规经营者依法予以查处。

本机关提醒中国境内的货主,提高防范意识,不要接受未依法登记的提单,避免合法权益受到侵害。

特此通告。

交通部水运司

二〇〇七年六月十四日

附件:违规经营无船承运业务经营者名单(15家公司)

附件:

违规经营无船承运业务经营者名单

(UNLICENSED NVOCC LIST,JUNE 14,2007)

交通部水运司2007年6月14日公布

序号	公司中文名称	公司英文名称
1	上海凯旭国际货运代理有限公司	SHANGHAI CASH – TRANS INTERNATIONAL CO., LTD.
2	韩中国际货运(上海)有限公司	KORCHINA INTERNATIONAL LOGISTICS (SHANGHAI) CO., LTD.
3	上海旸玺国际货运有限公司	SHANGHAI YOU KI INTERNATIONAL FORWARDING CO., LTD.
4	上海昊联货运代理有限公司	SHANGHAI HAOLIAN FREIGHT FORWARDING CO., LTD.
5	上海韩盟货运公司	PARTNERS LOGISTICS SERVICES
6	上海卓怡国际货物运输代理有限公司	SHANGHAI ZHUOYI INTERNATIONAL TRANSPORTATION CO., LTD.
7	中外通运股份有限公司	CHUGAL INTERTRANS CO., LTD.
8	丹麦运佳货运有限公司	PRIME CARGO A/S
9	法国班瑟国际货运有限公司	BANSARD INTERNATIONAL
10	江苏圣鸿国际运输有限公司	JIANGSU ST. LUCK INTER TRANS CO., LTD.
11	飞力国际货运有限公司	FEILI INTERNATIONAL TRANSPORT CO., LTD.
12	苏州工业园区新运货运有限公司	SUZHOU INDUSTRIAL PARK XINYUN TRANSPORTATION CO., LTD.
13	鸿运国际运输服务有限公司	FORTUNE EXPRESS INTL CO., LTD.
14	可贸船运有限公司	COMAO SHIPPING CO., LTD.
15	富裕船务代理有限公司	AWARDS SHIPPING AGENCY LTD.

关于加强沉船等碍航物安全管理的通知

海通航[2007]137号

各直属海事局、各省(自治区、直辖市)地方海事局,新疆建设兵团地方海事局:

为进一步减少沉船等碍航物对水上航运安全的影响,防止沉船污染水域环境,现将有关要求通知如下,望遵照执行。

一、建立健全沉船等碍航物档案。

为有效跟踪、管理沉船等碍航物,各局应建立健全辖区内的所有沉船等碍航物专项档案,指定专人负责。内容包括:船舶名称、沉没位置、沉没原因、船舶种类、吨位、长度、公司名称、联系方式、建造日期、建造地点;存油种类、型号、数量以及油品化特性、油指纹鉴定材料和最后航次的加油地点;海事部门已采取的措施(如发布航行警告、航行通告、设置标志以及下发强制打捞令等)、取得的效果以及存在的问题。

各海事局要在今年7月中旬前将沉船等碍航物以及建立档案等情况上报部海事局。

各海事局须在每年年底将所辖区域内的沉船等碍航物情况进行汇总和分析,上报部海事局。

二、加强对未清除的沉船等碍航物的管理。

(一)各海事局要积极采取相应措施对辖区内的所有沉船等碍航物重新确认并发布航行通告,同时按有关规定通报海军航海保障部。相关测量和航道部门要积极配合沉船等碍航物的勘测等工作。

(二)各海事局对辖区内所有沉船等碍航物碍航情况进行评估,对航行安全构成重大影响的要按照有关规定设置标志,并重新发布强制打捞令督促所有人采取措施限期打捞清除;对船舶航行安全有一定影响的,督促所有人采取措施进行处置。

(三)各沿海海事局近期要对为沉船等碍航物设置的浮标进行评估,论证后认为沉船等碍航物不会对航行安全构成影响的(或已在海图上进行了正确标绘的),可以撤除为其设置的浮标,但仍需通过发布航行通告等形式使相关单位和人员知晓,并在海图上进行标示。

(四)对不能及时清除的沉船等碍航物,应责成沉船所有人或相关责任人对沉船内存油采取抽油等处置措施,以免造成污染。

三、各海事局应将辖区沉船情况通报当地政府和港口生产部门,明示沉船存在的危害以及对当地经济的影响,建议其采取措施协助清除。对无主沉船等碍航物要建议地方政府和港口生产部门引起重视,筹措资金进行打捞。

四、各海事局对未采取行动的沉船等碍航物所有人进行调查统计,将长期未采取实质行动的船公司要在交通系统进行公示,并向船籍港所在地海事机构或外籍船舶的主管机关以及船公司审核中心进行通报。

五、各海事局要在碍航物未彻底清除前,将该碍航物所在水域作为海事部门巡航的重点内容之一,并积极通过相应手段提醒过往船舶注意避让。海事部门在日常巡航中,要注意跟踪沉船动态以及是否发生水域环境污染,对损坏的浮标及时通报相关部门予以修复。避免因措施不到位发生触碰沉船等事故。

六、建立健全沉船等碍航物应急反应程序。

各海事局要建立健全应对沉船等碍航物安全与防污染应急反应程序,维护畅通的航行安全环境和秩序。制定的程序确保海事部门及时采取有效的应急处置措施,避免堵航、压港以及其他次生事件的发生。采取的应急措施应包括但不限于以下内容:

(一)协调有关部门对沉船等碍航物进行位置扫测定位或探摸,确定沉船等碍航物状况;

(二)及时发布航行警告和航行通告;

(三)对碍航物碍航和潜在污染进行评估;

(四)协调相关部门设置标志;

(五)督促沉船等碍航物所有人限期打捞清除;

(六)对通航安全造成重大影响或存在重大溢油污染威胁的,应及时报告部海事局。

中华人民共和国海事局(盖章)

二〇〇七年四月二日

关于建立水路应急紧急通讯平台的通知

水运综便字[2007]372号

各省、自治区、直辖市交通厅(委),上海市港口管理局,长江、珠江航务管理局,各计划单列市和副省级城市交通主管部门,各主要港航企业:

为贯彻落实《国家应急平台建设指导意见》、交搜救发[2007]296号文件和徐祖远副部长在全国水运工作会议总结讲话的精神,根据《水路交通突发公共事件应急预案》的规定和部党组对强化水路安全管理工作的总体要求,应对洪水、台风、风暴潮等极端天气造成的突发公共事件和各类事故灾害,确保各种紧急状态下水路交通安全运输,迫切需要建立有效、及时、通畅、安全、共享的应急紧急通讯平台,实现对水路交通突发公共事件的应急指挥、信息报送、预测预警、应急响应和辅助决策。我司决定在今年九月份以前完成水路应急紧急通讯平台建设,以建立决策迅速、应对及时的水路应急指挥体系。

水路应急紧急通讯平台采用客户端/服务器应用结构,系统的服务器部署在交通部,各有关单位部署客户端软件,设备最低配置要求:计算机(PC机):处理器Intel P4 1.5G以上,内存256MB或以上,硬盘20GB或以上,显示器1024 * 768,网卡10/100M。软件:操作系统Windows2000或以上版本;浏览器为Microsoft Internet Explorer6.0或以上版本。网络:计算机需能接入互联网。手机:具备接收中文短信功能。各单位要在2007年8月25日前配置好水路应急紧急通讯平台软硬件环境,安装相应的专用软件。建设经费采用分级承担的原则,部建设费用由部承担,各单位计算机软硬件和客户端软件经费由各单位承担。我司综合处具体负责此项工作,有关技术支持可联系交通部服务中心中交网科技有限公司。

请各单位领导高度重视水路应急紧急通讯平台的建设,并指定专人负责落实。各单位要在2007年7月25日前将本单位负责水路应急工作的第一责任人、分管领导、水路应急部门负责人、联系人员的名单、办公电话、手机、电子邮箱上报我司。

水路交通应急人员联系表

单位(全称):

	姓 名	办公电话	手 机	电子邮箱
第一责任人				
分管领导				
部门领导				
联系人				

水运司综合处联系人:麦克,电话:010-65292636,传真:010-65292638,邮箱:sys637@moc.gov.cn。

交通部服务中心中交网科技有限公司联系人:吴有义,电话:010-64443193,13520630193,传真:010-64426668,邮箱:wuyy@ctsn.com.cn。

交通部水运司

二〇〇七年七月十七日

关于印发规范长江引航秩序工作实施方案的通知

厅水字[2007]218号

长江航务管理局，长江、江苏海事局，长江引航中心：

依据《港口法》、《船舶引航管理规定》（交通部令2001年第10号）等有关规定，为保障港口、航运安全，促进长江港航事业健康有序发展，2007年9月29日，部召开了规范长江引航秩序领导小组工作会议，制定了《规范长江引航秩序工作实施方案》。现印发给你们，请遵照执行。

附件：规范长江引航秩序领导小组工作会议纪要

中华人民共和国交通部办公厅（盖章）

二〇〇七年十月十二日

规范长江引航秩序工作实施方案

为贯彻落实国务院办公厅《关于深化中央直属和双重领导港口管理体制改革意见的通知》（国办发[2001]91号）精神，满足长江港航事业发展需要，服务长江流域经济和社会发展，依据《港口法》、《内河交通安全管理条例》、《船舶引航管理规定》（交通部令2001年第10号）等有关规定，按照交通部领导关于规范长江引航秩序的指示精神，部决定对长江引航秩序进行规范。为确保此项规范工作的顺利实施，特制定本方案。

一、规范目标和原则

（一）目标。

取缔所有非法从事长江干线引航活动的组织和个人。长江引航业务在长江引航中心统一实施下，大力提升服务水平和效率，展现良好的服务形象，为长江航运安全、便捷、高效发挥积极作用。

（二）原则。

依法管理、集中统一，统筹规划、分步实施，职责明确、分头把关，平稳过渡、有序衔接，纪律严明、令行禁止，加强监督、密切配合，提高效率、优质服务。

二、时间和范围

时间：自2007年10月1日起至2008年12月31日止。

范围：长江干线（从长江浏河口至水富段）水域的引航活动。

三、组织机构

部成立规范长江引航秩序工作领导小组，名单如下：

组　长：交通部副部长徐祖远

副组长：交通部水运司司长宋德星

交通部海事局常务副局长刘功臣

长江航务管理局局长金义华

成　员：交通部水运司副司长邹斌

交通部海事局副局长王金付

长江航务管理局副局长阮瑞文

江苏海事局局长张同斌

长江海事局局长袁宗祥

领导小组下设办公室，名单如下：

主　任：交通部水运司副司长邹斌（兼）

副主任：王金文、李恩洪、赵洪祥

成　员：刘　亮、李恩东、汪吉发

领导小组负责指导开展长江引航秩序规范工作及重大问题的决策。

领导小组办公室在领导小组的领导下，草拟实施方案并负责方案的组织实施，定期向领导小组汇报规范工作进展情况，协调解决规范工作中出现的问题，遇到重大问题和事项及时向领导小组汇报。

四、实施步骤和工作任务

规范长江引航秩序工作按以下步骤进行：

(一)准备部署(2007 年 10 月 1 日至 10 月 31 日)。

1. 向有关单位下发本实施方案。

2. 长江航务管理局(含长江引航中心)、江苏海事局、长江海事局按照职责分工依据本方案分别制定本单位规范长江引航秩序工作计划，于 2007 年 10 月 25 日前上报领导小组办公室。

(二)规范理顺(2007 年 11 月 1 日至 2008 年 6 月 30 日)。

取缔非法引航单位，禁止从事非法引航活动。2008 年 6 月 30 日前完成。具体实施步骤由各相关单位按照经领导小组确认的规范工作计划进行。

自 2008 年 7 月 1 日起，除长江引航中心外，任务单位和个人不得以任何形式、任何名义从事长江引航服务。需要长江引航服务的船舶必须统一向长江引航中心提出申请。

(三)检查总结(2008 年 7 月 1 日至 12 月 31 日)。

部组织有关单位对本方案的执行情况和实施效果进行检查。

各有关单位要做好规范工作的总结，于 2008 年 12 月 15 日前上报。部将适时对规范工作进行总结评估，并将评估结果予以通报。

五、保障措施和工作要求

(一)提高认识，切实加强组织领导。

随着长江航运的快速发展和港口管理体制改革的逐步深化，对长江引航工作提出了更高的要求。规范长江引航秩序是建设长江“黄金水道”的重要举措，涉及面广，工作难度大。各有关单位和部门要从全面建设长江“黄金水道”、服务长江流域经济和社会发展的高度，顾全大局，充分认识到规范长江引航秩序的重要性和紧迫性。

能否规范长江引航秩序工作关键在于领导。各单位要成立由行政主要领导负责的领导机构，统一组织本单位的规范工作。要精心组织，周密安排，充分考虑到规范工作的复杂性，根据本实施方案要求和职责分工，完善措施，扎实推进，确保规范工作按计划实施。要从全面加强行政能力建设的高度，提高行政执行力，确保规范工作按期保质完成。

(二)各司其职，各负其责，加强沟通与协调。

长江航务管理局全面负责长江引航中心的行政管理和制度建设，具体负责对规范工作实施效果的监督和检查，定期向领导小组汇报长江引航秩序理顺情况和出现的问题。

江苏海事局、长江海事局负责各自辖区内长江引航活动的安全监督管理，做好辖区内原所属引航服务单位的说服教育和稳定工作。江苏海事局负责引航员及持有内河行驶资格证明书的海船船员证书管理工作；在规范期间，增加长江引航员考试次数。两局严把船舶签证和引航员证书关，自非法引航单位取缔工作完成之日起，严禁未持有引航员证书的人员和非长江引航中心聘用的引航员从事引航活动。

长江引航中心要认真研究，切实做好长江引航员、引航站点和设施的配置和管理工作，逐步全面担负起长江引航工作和安全责任。要确保长江引航工作在规范期间不断不乱，做到平稳过渡。要与海事管理部门密切配合，科学、合理地设置引航站点，选拔素质高、技术过硬的引航人员，配备必要的设施和装备。加强引航员队伍建设，强化引航行风管理，规范引航服务，保障引航安全。要尽快建立健全长江引航统一调度指挥管理章程和安全管理体系。

各单位和部门要密切配合，通力合作，形成合力，及时沟通规范工作进展情况和信息。江苏海事局、长江海事局要全力支持长江引航中心承担“作为唯一向航行在长江干线的船舶提供引航服务的单位”的引航责任。

(三)规范工作期间引航员的扩充方式。

近期，长江引航中心对引航员的扩充主要通过短期合同聘任制解决。根据引航业务实际需求，严格按照相关法律、法规签定劳动合同，建立科学、严谨的管理体系，做好引航员的招聘、使用和管理工作，保证引航员队伍的稳定，使长江引航服务质量不断提升，安全更有保障。

(四)加快长江引航站点建设和设施配备。

为使本方案按计划实施，长江航务管理局(含长江引航中心)应按照“精干、高效、节俭”的原则，尽快制定引航站点设置及调整和设施配备计划，按规定程序上报部相关司局，各相关司局将予以大力支持和配合。

(五)建立工作进度书面报告制度。

长江引航中心按照规定的程序经长江航务

管理局于每月20日前将引航员和引航业务量等有关情况上报。长江海事局、江苏海事局于每月28日前将辖区内规范工作进展情况和存在问题上报。领导小组办公室形成月度工作简报,报领导小组。

附件:

规范长江引航秩序领导小组工作会议纪要

2007年9月29日,受徐祖远副部长的委托,部水运司司长宋德星、部海事局常务副局长刘功臣在京共同主持召开了规范长江引航秩序领导小组工作会议(会议人员名单附后)。现纪要如下:

一、会议认真学习了部领导关于“长江引航只能一家”的指示精神,回顾总结了前一阶段的工作,在思想上达到了高度统一。

二、会议原则通过了《规范长江引航秩序工作实施方案》(草案),明确按照“集中统一、平稳过渡、职责明确、密切配合”的原则,实施规范长江引航秩序工作。工作方案经进一步修改后,下发各有关单位落实。

三、会议明确了规范工作时间要求。2008年6月30日前,完成整个长江非法引航行为的禁止和非法引航机构的取缔工作。2008年底前,全面完成规范长江干线引航秩序工作。

四、会议要求,各有关单位和部门要采取切实有效措施,确保长江引航工作在规范期间不断不乱,做到平稳过渡。一是要尽快解决长江引航员不足的问题。长江引航中心要按照“择优录用”的原则,根据引航业务实际需求,做好引航员的招聘、使用和管理工作,尽快充实引航员队伍。二是长江引航中心择优录用的内贸引航员可继续引领内贸船舶至2008年底,其所持有的内贸引航员证书自动有效至2008年底。江苏海事局要增加长江引航员考试次数,并相应加大海船船员内河航线行驶资格证明的培训和考试力度。三是江苏海事局、长江海事局要做好辖区内原所属引航服务单位的说服教育和稳定工作,化解矛盾。

五、会议要求,为保障工作方案的顺利实施,各有关单位和部门要统一思想,高度重视,加强组织领导,狠抓落实。首先要把思想统一到部领导的批示精神上来,统一到方案的落实上来。各单位要成立由一把手负责的领导机构,统一组织本单位的规范工作,切实负起责任。要提高行政执行力,做到令行禁止,稳步推进规范工作。要加大引航监管力度,严厉打击长江非法引航行为。海事管理机构要严把船舶签证和引航员证书关。严禁未持有引航员证书的人员和非长江引航中心聘用的引航员从事非法引航活动。

六、会议强调,要充分考虑到规范工作的复杂性。各有关单位要加强沟通与协调,相互支持和配合。规范工作中遇到重大问题,要及时报部协调解决。

会议参加人员(领导小组:宋德星、刘功臣、金义华、邹斌、王金付、张同斌、袁宗祥;办公室:王金文、李恩洪、赵洪祥、李恩东、汪吉发;人劳司:时骏)。

关于印发《理货人员从业资格管理办法》等三个办法的通知

交水发[2007]575号

各省、自治区、直辖市交通厅(委),上海市港口管理局,长江、珠江航务管理局,有关企事业单位:

为加强对理货人员管理,提高理货从业人员素质,规范理货行为,保障水上运输各方的合法权益,根据《中华人民共和国港口法》、《港口经营管理规定》和国家职业资格证书制度的有关规定,以及目前理货人员从业资格管理的实际情况,制定了《理货人员从业资格管理办法》、《理货人员从业资格考试实施办法》和《理货人员从业资格考核认定办法》,现印发给你们,请遵照执行。

附件:1.理货人员从业资格管理办法

2.理货人员从业资格考试实施办法

3.理货人员从业资格考核认定办法

中华人民共和国交通部(盖章)

二〇〇七年十月二十五日

附件1:

理货人员从业资格管理办法

第一章 总 则

第一条 为加强对理货人员管理,提高理货从业人员素质,规范理货行为,保障水上运输各方的合法权益,依据《中华人民共和国港口法》、《港口经营管理规定》的相关要求,制定本办法。

第二条 本办法所称理货人员,是指为船舶或其他委托方提供理货服务工作的人员。

第三条 交通部成立理货人员从业资格制度领导小组,在交通部职业资格制度领导小组的统一领导下,负责理货人员从业资格管理工作。主要职责如下:

(一)组织实施理货人员从业资格考试,组织编写考试大纲和教材、组织建立试题库、组织考试命题、组织阅卷评分,确定考试合格标准;

(二)负责理货人员从业资格的登记管理、培训和继续教育及监督管理工作;

(三)核发《理货师证书》(见附件)。

领导小组下设办公室,设在交通专业人员资格评价中心,执行领导小组决定,承办相关具体工作。

第二章 考 试

第四条 理货人员实行从业资格考试制度。理货人员通过参加全国统一的考试取得《理货师证书》,并按规定进行登记。

取得《理货师证书》是表明理货人员具备从事理货工作技能的证明,是对理货人员所从事的特定岗位职业素质的基本评价。

第五条 交通部组织成立理货人员从业资格考试专家组,负责编写考试大纲、教材,命制试题,提出成绩合格分数线,阅卷等工作。

第六条 理货人员从业资格实行统一大纲、

统一命题的考试制度,原则上每年举行一次,领导小组可以根据需要增加考试次数,并提前三个月公布考试时间。

第七条 申请参加理货人员从业资格考试应具备以下条件:

(一)年龄满十八周岁;

(二)高中(含高中)以上文化程度;

(三)身体健康,无妨碍从事相应工种作业的疾病和生理缺陷。

第八条 考试合格者,颁发由交通部监制的《理货师证书》。该证书在全国范围内有效。

第三章 登 记

第九条 理货人员从业资格证书实行登记管理。

交通部是理货人员从业资格登记管理的主管部门。交通专业人员资格评价中心是理货人员从业资格登记的受理机构,负责登记管理的具体工作。

第十条 取得理货从业资格证书的人员,应通过所在的聘用单位向受理机构办理登记手续。

理货人员从业资格登记有效期为3年。

第十一条 受理机构自受理之日起10个工作日内对申请材料进行审核,审核合格后,报主管部门进行初始登记。申请人提供的材料不齐全的,受理机构应在收到申请材料后15个工作日内要求申请人予以补正。

第十二条 初始登记者,可自取得理货师证书之日起3年内提出登记申请。逾期未申请者,在申请初始登记时,须符合本办法规定的继续教育要求。

初始登记需要提交下列材料:

(一)《理货人员从业资格登记申请表》(见附表);

(二)《理货师证书》;

(三)与聘用单位签订劳动或聘用合同的复印件;

(四)逾期申请登记人员的继续教育证明材料。

第十三条 登记有效期届满继续从业的,应在届满前30个工作日内,按照本规定第十条规定的程序申请延续登记。

延续登记需要提交下列材料:

(一)《理货人员从业资格登记申请表》;

(二)与聘用单位签订劳动或聘用合同的复印件;

(三)达到登记期内继续教育要求的证明材料。

第十四条 有下列情形之一的人员,不予登记:

(一)不具有完全民事行为能力的;

(二)刑事处罚尚未执行完毕的;

(三)因从事理货相关业务受到刑事处罚,自刑事处罚执行完毕之日起至申请登记之日止不满2年的;

(四)因过失造成重大生产事故,且负主要责任的;发现重大事故隐患,不立即采取消除措施,继续作业的;

(五)法律、法规规定不予登记的其他情形。

第十五条 对不予登记的人员,在重新具备初始登记条件,并符合本规定继续教育要求的,可按本办法第十二条规定的程序申请登记。

第四章 培训和继续教育

第十六条 理货人员应接受规定的业务知识培训,培训内容及要求,由交通部确定。

第十七条 继续教育是理货人员从业资格延续登记、重新申请登记和逾期初始登记的必备条件。在每个登记期内,理货人员应按规定完成继续教育,更新知识,不断提高业务水平。

理货人员从业资格继续教育,分必修课和选修课,必修课和选修课均为24学时。继续教育内容及要求,由领导小组确定。

第十八条 培训和继续教育应由领导小组认定的机构进行。

培训和继续教育机构应将培训计划、培训师资和培训人员等有关资料送领导小组办公室备案。

第五章 监督管理

第十九条 受理机构通过网络、公告等形式定期向社会公布已经取得理货从业资格证书并办理登记或者再登记手续的人员名单。

第二十条 理货人员的从业范围：

（一）国际、国内航线船舶理货业务；

（二）国际、国内集装箱理箱业务；

（三）集装箱装、拆箱理货业务；

（四）货物计量、丈量业务；

（五）监装、监卸业务；

（六）货损、箱损检定业务；

（七）规定的其他业务。

第二十一条 理货单位应加强理货人员从业资格管理。理货人员在完成登记后从事理货业务，必须严格遵守法律、法规和行业管理的各项规定，恪守职业道德。

第二十二条 对以不正当手段取得理货师证书的，由发证机关收回理货师证书，3年内不得再次参加理货人员从业资格考试。

第二十三条 港口所在地港口行政管理部门要依法加强理货人员从业资格管理，对使用失效、伪造、变造的理货师证书的，要责令其停止使用。

第二十四条 相关工作人员有下列情形之一的，依法给予行政处分；构成犯罪的，依法追究刑事责任：

（一）不按规定的条件、程序和期限组织从业资格考试和登记的；

（二）发现违法违规行为未及时查处的；

（三）索取、收受他人财务及谋取其他不正当利益的；

（四）其他违法违规行为。

第六章 附 则

第二十五条 符合《理货人员从业资格考核认定办法》规定条件的人员，可通过考核认定获得《理货师证书》。

第二十六条 本办法自印发之日起设立为期5年的过渡期。

第二十七条 本办法由交通部负责解释，自印发之日起施行。本办法施行前交通部发布的其他文件与本办法不一致的，依照本办法执行。

关于与中小港口企业建立联系工作的通知

厅水字[2007]67号

黑龙江、辽宁、河北、山东、湖北、湖南、江苏、安徽、浙江、福建、广东、广西、四川、江西、海南省(自治区)交通厅,天津市交通委员会,重庆市交通委员会,上海市港口管理局,中国港口协会:

为贯彻落实部领导"建立有效沟通渠道,保障信息畅通"的指示精神,加强与中小港口企业的沟通和联系工作,现就有关事项通知如下:

一、统一思想,提高服务意识。

中小港口企业是我国港口经济中的一支重要力量,是港口市场经济的基础动力,在吸纳劳动力就业、稳定社会秩序、促进港口生产以及区域经济社会发展方面有着不可替代的作用。目前中小港口企业数量多,管理水平、企业规模和人员素质参差不齐,在我国经济发展转型期间,也面临许多发展方面的困难的问题,需要更多关心、支持和理解。中小港口企业和其他大型港口企业一样,都是我们行业管理部门的服务对象,搞好对中小港口企业的服务是各级港口行政管理部门的天职,因此要高度重视中小型港口企业工作,以科学发展观和构建社会主义和谐社会为统领,按照部党组提出的"三个服务"的要求,对中小港口企业问题进行深入研究,提高服务水平。

二、掌握情况,加强协作与资源整合。

各级交通主管部门(港口管理部门)要对本辖区内中小港口企业的现状进行系统的调查,掌握中小港口企业的基本情况,了解中小港口企业的经营状况和发展中存在的问题,研究解决办法。要加强政府及政府管理部门的政策引导,搞好大中小港口企业之间的合作,合理配置资源,发挥整体优势,以进一步增强我国港口的竞争力。

三、建立有效沟通渠道,保障信息畅通。

为及时掌握我国中小港口企业的情况,发现问题,适时调整行业政策导向,形成下情上达、上情下达的畅通渠道,各级港口管理部门要研究建立和形成有效的与中小港口企业的信息沟通机制,要充分利用和发挥好中介机构的作用。中国港口协会和各地港口协会要切实负起责任,重视中小港口企业的发展,建立好沟通联系渠道,形成制度。

各省级港口管理部门、中介机构要切实落实以上要求,于年底前把落实情况报部水运司,并对今后如何进一步做好中小港口企业工作提出意见和建议。

中华人民共和国交通部办公厅(盖章)

二〇〇七年三月三十日

第二篇　大事记

2007年长江航运10件大事

一、2007年1月11日至12日，由中国交通部与荷兰王国运输、公共工程和水管理部共同举办，长江航务管理局参与承办的长江航运国际论坛在武汉隆重举行。交通部部长李盛霖在开幕式上作题为《发挥内河航运优势，服务经济社会发展》的主题讲话，荷兰王国运输大臣卡拉·佩斯女士作题为《未来的运输：随内河航运向前发展》的演讲。开幕式由交通部副部长徐祖远主持，湖北省副省长任世茂到会祝贺，长江航务管理局局长金义华出席开幕式并作大会发言，来自中国、荷兰、欧洲各国和联合国亚经会社的200多名中外代表参加。

二、2007年3月23日上午10时30分，湖北省省长罗清泉率省政府办公厅、发改委、商务厅、国防科工办等部门负责人，来到中国长航青山船厂进行工作调研。中国长航集团领导姚荣建、徐楠、黄国栋、彭晋鸿参加了调研。青山船厂厂长易崇锡向省长罗清泉汇报了青山船厂近两年造船情况，并就进一步扩大产能而进行的技术改造情况及遇到的困难进行了说明。当听到青山船厂在江滩综合开发改造、兴建长江岸壁式码头等技术改造中需要上级部门支持时，省长罗清泉当即表示："省委、省政府和有关部门要给予积极支持。"随后，罗清泉看了正在码头上施工的1100TEU的出口集装箱船后强调说，青山船厂要把18500吨双相不锈钢化学品船、1100TEU集装箱船、3750吨成品油轮等拳头产品，打造成国内外造船市场上的品牌产品；有了品牌，才能赢得市场。

三、2007年4月16日，重庆市市长常务会审议通过，4月28日正式印发了《重庆市人民政府关于充分发挥长江黄金水道作用 进一步加快建设长江上游航运中心的决定》(渝府发[2007]66号)，明确了长江上游航运中心建设的目标和任务，从机制、资金、法规等多方面大力支持水运的发展。5月11日，市政府组织召开了全市加快长江上游航运中心建设动员大会。6月9日，召开了市水运发展协调领导小组第一次会议，确定了航运中心建设推进原则、建设目标和推进措施，对航运中心建设涉及的资金安排、岸线使用费征收管理、集装箱高速路通行费、船舶标准化资金安排、航运企业所得税、集装箱港口综合通行费等六项措施确定了具体工作原则。

四、2007年4月19日，三峡船闸完建期内未发生因设备故障停航事故，南北两线船闸通航率分别达到98.7%、99.54%。两线船闸闸室利用率平均达到77.56%，比双线运行期提高7.68%；日均运行15.3闸次，高出预期1.9个闸次。三峡船闸通过货物2377.5万吨，日均10.4万吨，为双线运行同期的112.44%，比预期提高了44.56%。通过煤炭903.93万吨，日均3.96万吨，比发改委核定通过额度提高了36.6%。每闸次平均通过货物6816.2吨，比双线运行同期提高了70.8%，比2005年提高了72.65%。翻坝转运滚装车辆23.1万台次，折算运量816万吨，坝区货物通过量大大超过预期水平。

五、2007年5月11日至15日，德国航运专家一行7人组成的考察及交流代表团来到长江三峡通航管理局,并与长江三峡通航管理局领导及相关技术人员进行了首次交流。12～13日,代表团分别考察了"两坝一峡"的水路及航运情况。交流活动是根据《中华人民共和国交通部和德意志联邦共和国联邦交通、建设与城市发展部关于内河航运和水路交通的合作协议》,由中国交通部发出的邀请,长江三峡通航管理局是活动的主要承办单位。交通部水运司及长航局科技处相关人员参加了交流活动,长江三峡通航管理局副局长、中国航海学会船闸专业委员会副主任委员、政府特殊津贴获得者高雄全程陪同和主持。先后有40多位专家及技术人员参与了技术研讨,两国技术人员重点就船闸的维护管理、闸阀门技术、水工建筑、电气控制等方面的内容展开交流,经过4天的交流和讨论,彼此受益匪浅,并结下深厚友谊。

六、2007年6月8日,长江航运总医院增挂"武汉脑科医院"院牌庆典大会在长航大酒店礼堂隆重举行。到会的领导和嘉宾有:前卫生部副部长、现中国医院协会会长曹荣桂,中国工程院院士王忠诚,长江航务管理局局长金义华、副局长但乃越,湖北省卫生厅副厅长黄利鸣,武汉市卫生局局长林国生,北京天坛医院院长戴建平、党委书记及副院长高晓兰,湖北省医学会神经外科分会主任委员马廉亭等。曹荣桂会长、金义华局长、黄利鸣副厅长、林国生局长作了热情洋溢的讲话,对武汉脑科医院的发展寄予了厚望。曹荣桂会长和王忠诚院士共同为武汉脑科医院揭牌。湖北省、武汉市行政及卫生系统、长航系统、北京天坛医院、湖北省及武汉市各兄弟医院领导等300多名嘉宾参加了揭牌活动。揭牌庆典完毕后,由武汉脑科医院和湖北省继续教育委员会联合主办的"神经内科、神经外科学术报告会"在长航总医院放射科三楼的会议厅举行,256名临床医师参加了学术活动。此前,长航局党委书记黄强等拜会了曹荣桂会长、王忠诚院长和省市卫生厅局有关领导。

七、2007年6月22日,经国务院批准,国家发改委、交通部联合印发了《全国内河航道与港口布局规划》。本次规划的重点是到2020年,规划内河高等级航道约1.9万公里、形成"两横一纵十八线"高等级航道布局(简称2－1－2－18)和28个主要港口布局。安徽省芜申线、合裕线、淮河、沙颍河被纳入内河高等级航道布局方案,芜湖、安庆、马鞍山、合肥、蚌埠等5个港口被纳入主要港口布局方案。同时在长江干线航道布局中,明确铜陵港为万吨级海轮进江的终点港。这为铜陵市打造区域交通枢纽及港口城市创造了条件,也为铜陵港早日进入全国内河主要港口行列奠定了基础。

八、2007年9月6日下午,连云港港疏港航道工程现场指挥部项目管理办公室与中国建设银行连云港分行在江苏省交通厅航道局签订了32.26亿元工程建设资金监管协议书。协议书明确,双方加强合作,共同加强对疏港航道工程建设资金的全过程管理。对项目承包商在银行开设账户的资金收支情况进行监督,并为承包商提供便捷有效的银行服务。交通厅航道局局长、连云港港疏港航道工程现场指挥部项目管理办公室主任董文虎与中国建设银行连云港分行行长牟纪军代表双方签署合作协议。江苏省交通厅副厅长杨根林、中国建设银行江苏省分行副行长金扬统出席签约仪式并分别致辞。

九、2007年11月14日,由外交部国际司率队,亚太经社会、水利部、云南省等有关部门负责人及专家组成的工作小组,赴柬埔寨暹粒出席了湄公河委员会第十二次对话会。与会官员和专家一致认为,自上湄公河航运开通以来,沿江地区已因此受益,不仅沟通了贸易、人员、信息往来,更重要的是使更多的人看到了湄公河航运的开发可促进沿江经济发展,利用水运是各国发展交通的又一选择。

十、2007年12月14日,温家宝总理作出了“长江航道建设要加强”的重要批示。这是2005年11月28日北京召开“合力建设黄金水道,促进长江经济发展”座谈会,以及2006年11月21日长江水运发展协调领导小组正式成立,交通部与沿江七省二市人民政府共同签署《“十一五”期长江黄金水道建设总体推进方案》之后,国家领导人对长江黄金水道建设的又一次重要批示。

2007 年长江航运大事记

一 月

1 日 长江航务管理局局长金义华、党委书记黄强、副局长阮瑞文、但乃越在黄石、武汉检查安全工作，慰问长江海事、航道、公安、通信一线职工。

△ 零时起，上海市内河航道全面实施挂桨机船禁航措施。

△ 云南省昆明市人民政府发布《关于禁止营运性燃油机动船舶在滇池水域航行和作业的通告》，滇池 143 艘营运性燃油机动船舶全部停止运行。

△ 根据《中华人民共和国车船税暂行条例》及其实施细则的有关规定，重庆市政府发文决定该市新车船税从 2007 年 1 月 1 日起实施。新的车船税船舶只对机动船征收，申报纳税期限为船的登记月份，实行按年计征，全年税款一次性申报缴纳。单位的船，可在每年的 1—4 月集中申报缴纳。税额根据船舶净吨位的大小分四个等次，200 吨及其以下、201～2000 吨、2001～10000 吨、10001 吨及其以上，其计税标准分别为每净吨 3、4、5、6 元。

3 日 湖北省港航海事局针对汉江遭遇百年枯水，部分河段航道出现浅滩，影响船舶顺利航行，制定了《汉江航道应急维护实施方案》，在雅口浅滩航道启动。

4 日 长江海事局授予姚泽炎同志“长江黄金水道服务标兵”荣誉称号，并在湖北省武汉市举办了先进事迹报告会。

△ 奥地利交通部多瑙河航务管理局局长 Michael Fasten Bauer 一行在长江海事局局长袁宗祥等的陪同下，参观了长江水上搜救协调中心。

△ 交通部人劳司副司长陈瑞生、人劳司领导干部处处长曹江洪在长江航道局干部大会上宣布了部党组关于长江航道局领导班子部分调整的决定：李伟红同志任长江航道局党委书记、委员，试用期一年；唐冠军同志任长江航道局党委副书记；免去刘恒伟同志长江航道局党委书记、委员职务；李伟红、李国祥同志任长江航道局副局长。

6 日 为时 2 天的长江航务管理工作会议在安徽省合肥市隆重召开。交通部副部长徐祖远、安徽省副省长黄海嵩出席会议并讲话。长江航务管理局局长金义华作题为“立足三个服务，推进四个创新，努力加快长江航运新一轮发展”的工作报告，党委书记黄强作了“切实做好三个服务，共创黄金水道新的辉煌”的总结讲话。会议期间，徐祖远接见了首届“长航十大杰出人物”。交通部水运司司长宋德星、人劳司副司长沈宏光、海事局副局长李青平、规划司处长毛健，安徽省交通厅厅长宋卫平应邀出席会议，长江航务管理局副局长阮瑞文、但乃越出席会议，局系统正式代表、特邀老领导及列席代表共 140 多名同志参加会议。

10 日 交通部部长李盛霖、副部长徐祖远专程到长江航务管理局检查指导工作，听取长江航务系统工作汇报。李盛霖部长要求长江航务系统进一步认清形势，抓住机遇，应对挑战，全力实践“三个服务”，积极探索促进航运事业实现又好又快发展的方式，努力加快长江航运新一轮发展。

△ 受安徽省政府委托，安徽省交通厅主持召开《池州港总体规划》审查会。

11 日 交通部副部长徐祖远在部水运司司长宋德星、体法司副司长柯林春、部海事局副局长郑和平、长江航务管理局党委书记黄强等陪同下，到长江航道局、长江通信管理局和中国水运报刊社视察工作。

△ 为时 2 天的长江航运国际论坛在湖北省

武汉市召开。中国交通部部长李盛霖、荷兰运输、公共工程和水管理部大臣卡拉·佩斯女士致辞。中国长航集团总经理刘锡汉在会上作了题为“抢抓长江黄金水道新一轮发展机遇,全面实现世界内河航运第一”的演讲。

△ 交通部副部长徐祖远在武汉参加“长江内河航运国际论坛”期间,率部有关司局领导到长江航道局检查指导工作。

12日 长江航务管理局局长金义华到三峡坝区检查指导三峡船闸完建期通航保障工作。

△ 重庆市交通委员会主持召开了《重庆市航道发展规划》审查会议。与会专家及代表经过认真审议,同意《规划》提出的将重庆市内河航道划分为国家高等级航道、地区重要航道和其他航道三个层次及规划布局以长江、嘉陵江、乌江国家高等级航道为骨架,小江、大宁河、梅溪河、綦江、渠江和涪江等重要航道为支撑,其他航道为补充,形成以“一干两支六线”九条主要航道为重点的层次分明、干支贯通、通江达海的叶脉型航道体系,并形成技术先进、管理科学、支持保障系统完善,与其他运输方式协调发展的内河航道体系。

13日 荷兰驻华大使扬范登博格以及在鄂参加长江航运国际论坛的专家,相继抵达中国长航宜昌船厂,出席了宜昌船厂为荷兰达门集团建造的NB567303船铺龙骨合拢剪彩仪式。

△ 为时2天的长江三峡通航管理局工作会、二届四次职代会暨安全工作会议在长江三峡通航管理局坝河口会务中心顺利召开。会议由党委副书记俞国斌主持,长江三峡通航管理局局领导及来自全局各部门、单位的职代会、工作会和安全会代表共132人参加了会议。长江航务管理局局长金义华、航道与通航处处长郭义浩、局办副主任罗军应邀出席了会议。

△ 安徽省交通厅厅长宋卫平到合肥集装箱码头建设新址迎河港区调研集装箱码头筹建工作情况。厅长宋卫平指出,要立即开始集装箱码头前期工作的实质运作,认真分析好桥吊的吊装能力、航道的通过能力、集装箱运营线路等,规划设计好集装箱码头。

15日至16日 由荷兰内河运输企业、港口码头集团公司、物流企业以及相关的研究单位和院校组成的“荷兰运输和物流中国考察团”一行,对重庆市长江流域的运输和物流发展情况进行了为期2天的考察。双方就如何促进长江流域物流和水运发展、对外引资及合作的领域可能性进行了互动交流;就加强合作、增进友谊,共同协作做大做强长江流域运输和物流达成共识。

16日 四川、云南两省在攀枝花市召开金沙江共管水域联席会议。会议主要针对近几年金沙江下游梯级电站建设给水上交通安全管理带来的问题进行研讨,并就共管水域航运发展、船舶检验、监督执法、事故调处、信息沟通等方面进行了广泛探讨,并达成了共识。

17日 湖北省委省直机关工委到长江航务管理局考核检查2006年湖北省级最佳文明单位创建工作,长江航务管理局党委书记黄强主持汇报会

△ 为时3天的全国交通审计工作座谈会在安徽省合肥市召开。交通部副部长黄先耀出席并作会议总结。

20日 长江三峡南线船闸完建后恢复通航开始单线运行,北线船闸正式停航进入完建施工。

△ 交通部副部长徐祖远就长江三峡通航管理局1月15日报送的“关于三峡船闸单线运行4个月情况报告”这一信息批示如下:“三峡船闸单线运行四个月来,取得如此成效,实属不易。这是部机关和长航系统全体同志积极工作、充分协调,攻坚克难的成果,值得表扬。从本月20日起,北闸将开始完建工程,南闸将进行单线通航。望再接再厉,以优质服务为切入点,加强管理和协调配合,确保完建工程取得圆满成功。工程结束后,部将举行总结表彰会。”

22日 长江海事局2007年工作会议暨二届三次职代会在安庆市隆重召开,总结2006年工作,安排部署2007年工作任务,长江海事系统170名代表参加了会议。

23日 湖北省香溪河航道建设工程(一期)通过竣工验收,工程质量优良。香溪河河口至峡口20公里航道升等到三级。

25日 长江干线春运工作电视电话会议在湖北省武汉市召开,长江航务管理局局长金义华主持,副局长阮瑞文部署春运工作。视频会议设置重庆,涪陵,万州,武汉4个分会场。长航局局属各单位、局机关处室,中国长航集团,湖北省港航局代表参加武汉主会场会议。

△ 《长江数字航道建设工程(三峡坝区)工

程可行性研究报告》通过交通部审查。审查会由交通部规划研究院组织召开,交通部综合规划司、水运司,长江航务管理局,长江三峡通航管理局,以及《报告》编制单位中交水运规划设计院等单位的领导、工程技术人员和特邀专家共27人参加了会议。

27日 长江三峡通航管理局在葛洲坝大江上引航道水域开展葛洲坝1号船闸上引航道首次船舶对会试验,并取得圆满成功。

28日 《巢湖港巢城港区工程可行性研究报告》通过了安徽省发改委组织的专家评估组的评估。巢湖港是省政府确定的重要港口之一,巢城港区是其核心港区。

29日 为时2天的长江航务管理局安全工作会议暨安委会第一次会议在湖北省武汉市召开。局长金义华主持并作会议总结,副局长阮瑞文作题为《践行三个服务 强化平安建设 努力为长江航运新一轮发展提供安全保障》的安全工作报告,党委书记黄强出席会议并讲话,副总工黄克艰传达了全国安全生产电视电话会议和全国安全生产工作会议精神。

△ 湖北省公路水路交通工作会议在省交通厅召开。省长罗清泉、常务副省长周坚卫亲临会议并作了重要讲话。

30日 在国务院国资委纪检监察工作会议上,国务院国资委党委和国务院国资委对中央企业纪检监察系统52个先进集体和214名先进个人进行了隆重表彰。中国长航集团上海长江轮船公司纪委被授予“中央企业纪检监察系统先进集体”荣誉称号;中国长航集团江东船厂党委副书记、纪委书记江武建及长航凤凰股份有限公司纪委办公室主任张兴武两位同志被授予“中央企业纪检监察系统先进个人”荣誉称号。

△ 中共江苏省委副书记张连珍为中国长航集团金陵船厂建造的“马士基·好乐宾”号1100TEU快速集装箱船命名。中国长航集团副总经理朱宁、A.P.穆勒-马士基集团执行副总裁高恩深、南京市副市长许慧玲、扬州市市长王燕文、中国前驻丹麦大使杨鹤雄等出席了命名仪式。

31日 投资约4468万元的江西省吉安港石溪头货运码头开工建设。

二 月

1日 为时2天的长江航务管理局廉政工作会议在湖南省岳阳市召开,副局长但乃越主持了会议。中纪委驻交通部纪检组监察局副局长杨军出席会议并讲话,长江航务管理局党委书记黄强作廉政工作报告,局长金义华作重要讲话。

△ 交通部专题调研组在湖北省武汉市召开“荆州长江公路大桥通航有关问题调研会”,长江航务管理局、湖北省交通厅、长江海事局、长江航道局、长江航道规划设计研究院等单位在会上作了汇报。会议各方经过协商和沟通,就航运畅通和大桥安全的有关问题达成了共识。

2日 湖北省崔家营工程泄水闸和船闸液压启闭机第一次设计联络会在武汉召开,会期2天。参加会议的有指挥部相关部门、省交规院、设备制造监理单位、湖北麦克机械设备进出口有限公司、江苏常州液压成套设备有限公司相关代表。

3日 长江航务管理局在湖北省宜昌市召开新闻发布会,党委书记黄强主持会议,新闻发言人阮瑞文介绍了长江干线春运工作,以及三峡北线船闸单线运行情况。局长金义华、副局长阮瑞文,以及长江三峡通航管理局副局长计玉健分别回答记者提问。

△ 长江三峡通航管理局组织对葛洲坝1号闸进行了枯水期高水位情况下单边充水运行试验,取得圆满成功。本次试验突破了1号闸在高水头下不能进行单充运行的禁区,为1号船闸输水分流不停航修理创造了条件。

5日 为有效应对春运期间客流高峰,确保春运“安全、有序、畅通”,长江航务管理局在宜昌召开的长江春运客船应急过闸协调会。宜昌港航局、宜昌地方有关客运港站参加了会议。

6日 交通部党校党委书记、第一副校长徐世强,党委副书记李卫平,常务副校长丘建华等校领导到长江航务管理局参观访问。长江航务管理局党委书记黄强出席访谈会。

△ 为时3天的中国长航(集团)总公司六届二次职代会暨2007年工作会、纪检监察会在湖北省武汉市隆重召开,中国长航集团全体领导及所属各单位党政工及纪检领导、总部机关部室负责人和部分特邀代表、劳模先进、职工代表共188人参加了会议。总经理刘锡汉作工作报告,党委书

记王镭作重要讲话,党委副书记、工会主席肖汉良作六届二次职代会工作报告,国务院国资委监事会领导陈义兵、高喜伟出席了大会。

7日 长江航务管理局局长金义华在长江航道局党委书记李伟红的陪同下,到长江航道规划设计研究院慰问科技工作者。

8日 长江航务管理局离退休干部工作领导小组召开扩大会议,副局长但乃越主持会议,党委书记黄强出席会议并讲话。

△ 中国长航(集团)总公司在湖北省武汉市隆重召开科技创新大会,总结交流"十五"以来集团科技创新工作成绩和经验,研究科技创新思路,部署集团"十一五"科技创新任务,营造创新环境,促进升级转型,建设创新型企业集团。总经理刘锡汉、党委书记王镭到会作重要讲话,副总经理姚荣建作工作报告,党委副书记、工会主席肖汉良宣读表彰决定。国务院国资委监事会领导陈义兵、高喜伟出席了大会,集团全体领导、集团所属各单位党政领导和分管科技工作的领导,集团总部机关部室负责人以及科技进步奖获奖代表共108人参加了会议。

△ 由交通部海事局主办,长江海事局承办的《内河交通事故调查处理规定》宣贯会在武汉召开。

△ 安徽省《六安市港口总体规划》通过专家评审。

10日 中华全国总工会副主席董力,生活保障部副部长李志培,湖北省总工会党组书记、常务副主席黄国庆,副主席李如春,宜昌市委常委、组织部长熊承家等一行,到中国长航集团宜昌船厂就农民工、协力工的工作和生活情况进行了调研。

12日 长江三峡通航管理局发布《春运客船应急过闸方案》,提出因恶劣天气三峡专用公路无法通行时,采取12小时换向或适时换向,优先安排客船过闸。

△ 长江航务管理局局长金义华、党委书记黄强、副局长但乃越分别对局内的20位老红军、老领导进行了走访慰问。

△ 中国长航集团南京油运公司与苏格兰皇家银行在上海签订建造2艘30万吨级超大型油轮的期租融资协议。中国长航集团副总经理、南京油运公司总经理朱宁代表南京长江公司与苏格兰皇家银行在协议上签字,南京油运公司副总经理丁文锦代表南京油运新加坡公司与苏格兰皇家银行在协议上签字。这是苏格兰皇家银行目前在中国的最大融资项目。

13日 国务院三峡办副主任高金榜在北京主持召开三峡船闸完建期综合运输专题工作会议。长江航务管理局局长金义华、长江三峡通航管理局局长李维太汇报三峡船闸单线运行以来通航保障工作及坝区通航管理工作情况,交通部副部长徐祖远出席会议并讲话。

14日 交通部在重庆市组织召开长江干线宜宾合江门至泸州纳溪航道建设二期工程初步设计审查会,交通部水运司副司长曹德胜主持会议。

△ 浍河船闸预可研报告在宿州市通过专家审查。浍河航道是《安徽省内河航运发展规划》中的"五条重要航道"之一,已被列入交通部"十一五"重点建设项目前期工作规划。

△ 中国船级社武汉分社召开全体职工大会,党委书记郑荣军主持会议并传达总部会议精神,总经理王志刚作工作总结和2007年工作思路的报告;武汉规范所党总支书记陈豫作规范所总结报告和2007年工作思路;总工程师邓金树宣读了武汉分社《关于表彰2006年度先进集体、先进工作者的决定》。分社、武汉规范所、武汉分公司的全体干部职工、三级单位负责人等100多人参加会议。

15日 湖北省赤壁市陆水河节堤航运枢纽工程项目获省发改委核准。

17日 交通部部长李盛霖,副部长翁孟勇、徐祖远、黄先耀等部领导,通过海事视频系统向长航系统广大职工及家属拜年并致以节日问候。

24日 15:00,三峡坝上申报通过三峡船闸下行的普通客货船舶均排入过闸计划,这是三峡船闸完建工程施工以来首次实现坝上普通客货船舶零滞留。

25日 春节黄金周期间,长江干线共运送旅客8.55万人次,安全渡运226万人次,未发生一般以上等级水上交通事故和"四客一危"船舶险情,三峡船闸单线运行良好,总体安全平稳有序。交通部部长李盛霖、副部长徐祖远分别批示,给予充分肯定。

26日 中国船级社总裁李科浚一行在中国船级社武汉分社总经理王志刚、党委书记郑荣军及武汉规范所党总支书记陈豫等陪同下访问了武汉钢铁(集团)公司。

28 日　长江航务管理局副局长但乃越赴黄石出席黄石区段联合执法领导小组第二次会议。检查黄石区段联合执法准备工作情况,政策法规处负责人,长江海事局分管领导,黄石区段内的海事、航道、公安、通信等单位主要领导参加会议。

△　10:00,葛洲坝 2 号船闸停航进行计划性大修。

△　长航凤凰股份有限公司与中国船舶重工国际贸易有限公司和渤海船舶重工有限责任公司签订了斥资 15.3 亿元一次性定造 6 艘 5.73 万吨载重散货船建造合同。中国船级社总裁李科浚出席签字仪式并会见了 2 个单位的领导,对中国长航集团实施"长江战略",打造江、海、洋一体现代物流所迈出的坚实步伐表示祝贺。

△　重庆市水运工作会在创世纪宾馆隆重召开。重庆市政府副市长余远牧,市交委主任丁纯、副主任何升平,市安监局副局长陈勇,交通部长江航务管理局驻渝单位负责同志,各区县(自治县)交通局(委)、港航局(处、所),有关港航企业及交通行政执法总队的代表共 200 余人参加了会议。会上,重庆市港航局局长梁雄耀作了题为《求真务实　扎实工作　努力推进水运事业又好又快发展》的工作报告。

三　月

1 日　长江三峡、葛洲坝两坝船闸首次同步实施"无缝调度",标志着两坝船闸统一调度、联合运行进入新阶段。

△　《江苏省航道管理条例》正式施行。与其相配套的《关于贯彻 <江苏省航道管理条例> 若干问题的指导意见》和《江苏省航道管理条例释义》编写出版。

△　《内河船舶法定检验技术规则修改通报》(2007)和《内河小型船舶法定检验技术规则》(2007)正式生效。

2 日　长江航务管理局体育工作会议在应城召开。党委书记黄强、副局长但乃越出席会议并讲话。

△　湖北省引江济汉通航工程勘察设计招标评标工作在武汉圆满结束。

3 日　全国人大代表、中国长航集团总经理刘锡汉在京出席十届全国人大五次会议。

△　交通部海事局批复安徽省交通厅,同意安徽交通职业技术学院筹备在校船舶驾驶、轮机管理专业学生参加全国海船甲类三副、三管轮船员适任证书统考培训。

4 日　在湖北省专业报记协好新闻评选中,《中国水运报》22 篇作品获奖,其中一等奖 4 篇,二等奖 18 篇,连续 3 年蝉联全省 30 多家专业报榜首。

5 日　经交通部批准,长江下游太子矶水道中段航道炸礁工程正式开始爆破施工。

△　湖北省鄂州市委书记吴永文调研鄂州市港口及岸线资源基本情况。

6 日　澜沧江－湄公河商船通航协调联合委员会中方委员会第五次会议在云南省昆明市召开。会议重点讨论了将在缅甸仰光召开的四国联委会第六次会议中方需提出的议题及中方会谈方案。

7 日　葛洲坝 1 号船闸远程视频监控系统安装完毕,上下游视频信号实现网上传输。

8 日　四川省交通厅航务局组织专家组和验收委员会,对南充港一期工程大河坝货运作业区和靖江楼客运作业区进行了竣工验收。

9 日　长江下游重点碍航浅水道－张家洲南港水道航道整治工程正式通过交通部专家组的竣工验收。

10 日　长江航务管理局党委书记黄强到洪湖航道处检查工作,要求航道处发扬已经取得的成绩,在中游航道保安全、畅通工作中再立新功。期间看望和慰问了洪湖航道段老段长秦仁昌同志。

14 日　武汉船舶交通管理系统(VTS)工程通过交工验收并进入 MTBF 测试。

△ 自 2 月 3 日开始为期 40 天的 2007 年春运今天结束。期间,三峡船闸共运行 609 闸次,日均 15.23 闸次;通过船舶 3995 艘次,日均 99.88 艘次;其中客班轮 136 艘次,旅客 38900 人次。货物 405.74 万吨,日均 10.14 万吨;煤炭 150.07 万吨,日均 3.75 万吨;集装箱 3.62 万 TEU。组织应急过闸 6 次,安排 10 个闸次,分流客船 59 艘,旅客 38112 人。滚装船翻坝转运 680 艘次,车辆 33635 台次;翻坝客船 2538 艘次,转运旅客 50.09 万人次。坝上锚地提供泊位服务 7487 日艘次,其中危险品船舶 140 日艘次,靠泊客船 86 艘次。

△　在历时 40 天的春运中,安徽省水路运输

投入客渡船舶 1035 艘、38478 客位,完成客运量 568.05万人次,比去年略有上升,未发生水上安全事故。

16 日　长江航务管理局组织党委中心组(扩大)学习,刚从北京参加“两会”载誉归来的全国政协委员、局长金义华传达了“两会”精神,党委书记黄强作了重要讲话。

△　中国船级社武汉分社召开 2007 年工作会,党委书记郑荣军主持会议,总经理王志刚讲话,中层以上干部、三级单位负责人参加了会议,会议部署了全年各项工作任务。

18 日　在金沙江、岷江、长江三江交汇处的宜宾市地标广场举行的长江干线宜宾至泸州航道建设工程仪式上,长江航道局局长唐冠军宣布:长江干线宜宾合江门至泸州纳溪段航道建设工程正式开工。该工程全部完工后,此段 97 公里航道将从目前的四级航道标准提高到三级,1000 吨级船舶和 3000 吨级船队可实现常年昼夜通航。

△　长江宜宾航道局正式挂牌成立,长江航务管理局党委书记黄强和长江航道局局长唐冠军出席挂牌仪式并为该局揭牌。

△　长江干线宜宾合江门至泸州纳溪航道(叙泸段)建设一期工程开工。叙泸段位于四川省境内,上接金沙江和岷江,自古就是云、贵、川等西南地区物资集散的水运主通道。

20 日　国务院三峡办水库司司长柳地、交通部水运司副司长曹德胜在长江航务管理局副局长阮瑞文陪同下,就船型标准化工作到重庆、万州等地调研。

△　全国人大代表、安徽省交通厅厅长宋卫平主持召开厅长办公会议,传达贯彻十届全国人大五次会议精神,结合安徽交通实际部署了交通重点工作。

21 日　常熟市港口管理局召开了常熟港码头企业“五心”(诚心、虚心、耐心、公心、真心)服务动员会。全港码头、代理、运输及仓储等物流企业共 40 多家的代表参加了会议,会上,兴华等 7 家码头单位进行了签约。

22 日　2007 年长江航务工作座谈会在四川省成都市召开。交通部水运司副司长曹德胜、长江航务管理局局长金义华、党委书记黄强、四川省交通厅副厅长张晓燕出席并讲话,长江航务管理局副局长阮瑞文主持会议。长江水系各港航管理部门、沿江大中型港航企业,以及局直属有关单位负责人共 80 余人参加会议。会议颁发了 2006 年度长江航运最佳船型标准化推进奖、长江航运最佳安全管理奖和长江航运最佳水运建设奖。

24 日　长江春运工作总结表彰会在重庆市召开。长江航务管理局局长金义华、副局长阮瑞文、交通部水运司副处长柳鹏出席会议并讲话。

26 日　长江航务管理局在湖北省武汉市汉口江滩举行长航系统武汉区段联合执法启动仪式。至此,长航系统在长江干线重庆界石盘至安徽慈湖口的 2100 公里范围内全面实施联合执法,建立起“水上执法一盘棋”、“政务联合一体化”和“水上专项联合执法”三种管理机制。长航系统联合执法共设芜湖、三峡、荆州、九江、黄石、岳阳、重庆、宜昌、安庆、武汉 10 个区段。

△　常熟港至香港、澳门近洋件杂货班轮开航签约仪式在常熟市港口管理局举行。市口岸委(港口局)、海事处、引航站、福建安达船务有限公司、江苏旋力集团等 30 多名代表出席了签约仪式。

27 日　中国长航集团总经理刘锡汉、党委书记王镭在重庆长江轮船公司宣布重庆长江轮船公司领导班子调整名单:中国长航集团总公司副总经理徐楠任重庆长江轮船公司总经理(兼);王华任重庆长江轮船公司党委书记;陈胜军任重庆长江轮船公司副总经理、党委副书记。

△　16:11,长江三峡通航管理局自主研发的“大型人字门同步升降系统”,在葛洲坝 2 号船闸停航计划性大修中,成功将高 34m、宽 19.7 m、厚 2.7 m,重达 600 吨的葛洲坝 2 号船闸下游人字门一次性顶升 350mm 的高度,仅用时 40 分钟,门体上升期间四个升降点位置相差在 0.1mm 以内。这是该系统自研制成功以来最大的一次工程运用。

28 日　长江三峡工程右岸下游围堰爆破拆除,三峡大坝实现上下游全线挡水,为三峡右岸电站首期机组投产发电和全面发挥三峡工程防洪效益创造了必要条件。

△　长航集团凤凰股份有限公司所属的“02027”拖轮,顶推着由 6 个千吨级驳船组成的万吨级船队顺利通过长江中游碾子湾水道,这标志着碾子湾水道经过综合整治后,实现了工程预期目标。

△ 交通部和安徽省政府在安庆市联合组织召开了《安庆港总体规划》审查会议。交通部综合规划司副司长任建华、省政府副秘书长曹勇及安庆市委常委、副市长刘苹出席会议并讲话。交通部、安徽省、安庆市等相关部门和《规划》编制单位的领导、代表共60余人参加了会议。

30 日 国务院三峡办在北京主持召开三峡–葛洲坝梯调规程航运协调会,长江航务管理局代表交通部参会并提出初期运行期梯级调度规程的修改意见。

△ 云南省航务管理局召开工会委员会第二次会员大会。会议总结了前十年工会工作,选举了第二届工会委员和女工委员、经费审查委员,并对先进进行表彰。

△ 长江海事局被湖北省委组织部等 9 部委授予"湖北省推动厂务公开民主管理工作先进单位"称号。

△ 湖北省黄石港棋盘洲港区一期工程 0~2、3~4 号泊位可行性研究报告获省发改委核准。

四 月

1 日 江苏省物价局、财政厅、交通厅联合出台《江苏省航道赔(补)偿试行标准》并实施。

2 日 以"学习十杰人物、践行三个服务、共建和谐航运"为主题的长航系统第十一届"文明窗口月"活动正式启动。重点组织开展"五个一"系列活动,即一场学习长航系统十大杰出人物的报告会,一次"加强作风建设、做好三个服务"的征文活动,一次做好"三个服务"的主题实践活动,一次征求服务对象意见和涉水管理部门意见的调查走访活动,一次行业文化建设实践活动。

4 日 按交通部海事局要求,长江海事局统一规范机构名称、机构设置和编制、内设机构主要职责,完善了各分支海事执法模式改革工作。

△ 湖北省武汉港汉阳集装箱二期工程获国家发改委核准。

5 日 长江航务管理局在湖北省武汉市召开 2007 年责任制工作会议。总结 2006 年度长航局责任制工作并兑现 2006 年度责任目标奖,签订 2007 年度目标责任书并部署 2007 年度责任制工作。

6 日 交通部规划研究院受交通部综合规划司委托,在泸州市组织召开《长江泸州航道局泸州综合码头工程可行性研究报告》审查会,交通部综合规划司、水运司、长江航务管理局、长江航道局、长江泸州航道局和《报告》编制单位长江航运规划设计院等单位参加了会议,《报告》顺利通过部审。

7 日 安徽省发改委核准裕溪复线船闸项目。新船闸按照通航标准三级 1000 吨级设计,闸室有效尺度长 200 米、宽 23 米、门槛水深 3.5 米,设计年通航能力 5890 万吨,总投资约 2.37 亿元,计划 2010 年建成投入使用。

8 日 2007 年第 1 期(总第 10 期)长江干线船员理论统考顺利结束,辖区共有 11 个考点,63 个考场,2033 名参考船员。

9 日 为时 2 天的中老缅泰澜沧江—湄公河第六次联委会在仰光召开。四国就继续加大投入,加强协调管理,加强团结合作,促进澜沧江—湄公河国际航运向更高层发展达成共识。

10 日 中共南京市委副书记、常务副市长陈家宝率领南京市经委、发改委、海事、规划、水利、国土资源等部门的负责人到中国长航金陵船厂调研。中国长航金陵船厂厂长马必海、党委书记葛标重点向陈家宝汇报了六合龙袍船舶制造厂的筹建情况。陈家宝要求市政府各相关部门统一思想,把这一项目看作是南京产业结构调整和跨江发展战略的重要组成部分。

10 日至 12 日 由交通部、农业部、安全监管总局、国防科工委 4 部委组成的全国低质量船舶专项治理验收组在交通部海事局李青平副局长带领下,来河南省检查验收低质量船舶专项治理工作。验收组听取了河南省开展专项治理情况汇报,查看了有关台账记录,并深入信阳淮滨县、南湾水库等地,进行现场检查。充分肯定了河南省低质量船舶专项治理工作取得的成效。

11 日 长江航务管理局召开安委会 2007 年第二次会议暨长江航运安全文化建设推进会。局长金义华、党委书记黄强、副局长但乃越出席会议并讲话。

△ 长江航道局就芜湖长江大桥有限责任公司航标维护费纠纷一案正式向武汉海事法院提起诉讼。

12 日至 14 日 交通部、农业部、安监总局、国防科工委 4 部委验收组到安徽省对低质量船舶专项治理活动进行验收。

16 日 国务院总理温家宝在国务院总值班室

第 10 期值班快报关于三峡库区重庆市三处地质滑坡变形加剧情况报告上批示:“要密切观察,注意防范,请三峡办阅并告有关地区。”

△ 长航公安局正式成立了以长航公安局党委书记、局长王茹军为组长,党委副书记、政委陈汉发为副组长的交通公安文化建设研究课题领导小组,负责交通公安文化建设课题研究的组织领导工作。

△ 长江南浏段数字航道与智能航运建设示范工程施工监理合同签订及廉政警示教育仪式在长江南京航道局举行,此举标志着南浏段数字航道建设示范工程进入正式实施阶段。

17 日 长江航务管理局党委书记黄强当选湖北省思想政治工作研究会第十届理事会副会长。

△ 长江航务管理局被评为 2004 - 2006 年度湖北省思想政治工作优秀单位。

△ 中国长航南京油运与中国石油集团签订了 MR 型油轮 2007 年 60 万吨成品油包运合同。南京公司副总经理丁文锦、中国石油集团成品油部总经理张彤代表双方企业在合同上签字。

18 日 “长航十大杰出人物”先进事迹首场报告会在湖北省武汉市举行。长江航务管理局党委书记黄强号召长航系统广大干部职工学习十杰人物、践行三个服务,为长江航运新一轮发展建功立业。

△ 中国长航集团总经理刘锡汉、副总经理沈光汉及深圳长航总经理王人地在中国长航集团大楼贵宾室会见了日本丰藤海运的驹田社长、滨田副社长一行 6 人,双方就 3 年多来合资合作所取得的成绩进行了回顾,并就深圳长航建造的 2000 车位汽车滚装船投入丰田汽车中国沿海运输有关事项进行了探讨。

△ 长江三峡通航管理局启动事故应急预案,成功将因误入三峡河段军事警戒区后横穿隔流堤导致搁浅的长江水产研究所白鲟科考 1 号脱浅。

△ 陕西省交通厅航运管理局在西安举行了汉江(陕西段)喜河库区航运建设工程码头建设项目的开标与专家评审(定)会议。该项目是陕西汉江梯级(电站)开发建设中水资源综合利用航运开发建设的一个项目。

19 日 葛洲坝二号船闸第四次计划性大修经过长江三峡通航管理局 48 天奋战,比计划提前 2 天完成,正式恢复通航,创造了葛洲坝船闸计划性大修的最短记录。

20 日 中国产品质量协会向中国长航集团颁发了《中国 21315 质量信用 AAA 等级证书》,这是中国质量信用最高等级。

23 日至 24 日 长江沿岸中心城市地方水运协调委员会第二十一次会议在重庆召开。来自上海、武汉、南京、重庆 4 城市港航管理部门及水运企业的代表共 70 多人参加了会议。会上,重庆市港航管理局局长梁雄耀代表本届协调委员会主席方作了《团结协作　加强沟通　为合力建设长江黄金水道而努力奋斗》的工作报告。与会代表经过深入交流与探讨,在航运事业发展的许多共性问题上达成了共识。

24 日 由交通部、国防科工委、农业部、安监总局 4 部委联合派出的验收组,对云南省低质量船舶专项整治工作进行验收,为时 3 天。

△ 天津海事局代表交通部海事局向陕西省地方海事局颁发了《中华人民共和国船舶检验机构资质认可证书》。至此,陕西省各级海事机构及所属分支机构将按照证书载明的业务范围,从事相应的船舶法定检验及签发船舶法定检验证书。

25 日 长江航务管理局规划基建工作会议在湖北省宜昌市召开,局长金义华出席会议并讲话,副局长但乃越参加会议并作会议总结。

△ 上海市召开 2007 年精神文明建设工作会议。上海市航务管理处荣获 2005 - 2006 年度文明单位称号。

△ 中国长航长江船舶设计院与中交广州航道局有限公司、中和物产株式会社正式签订了 30 方抓斗式挖泥船设计合同,将填补国内大方抓斗式挖泥船设计空白。中国长航长江船舶设计院院长肖丹和副院长徐伟、广州航道局副总刘少群、中和物产株式会社首席代表张建和参加了签字仪式。

△ 中国长航重工宜昌船厂为香港恒联海运公司建造的万吨级“勇敢”号多用途船顺利下水,这是近几年来宜昌船厂下水月份最早的船舶。

26 日 长江海事局具体承办的全国内河船检法规宣贯会在湖北省武汉市召开。

27 日 国家人事部、旅游局在北京隆重举行表彰全国旅游系统先进集体和个人大会,中国长航长江海外荣获“全国旅游系统先进集体”称号。

△ 三峡北线船闸完建工程通过国务院三峡三期工程枢纽验收专家组的技术预验收,具备恢复通航条件。这标志着世界上规模最大、技术条件最复杂的三峡船闸已按设计要求完成全部建设任务。

28 日 交通部、共青团中央联合表彰 2006 年度全国交通行业“青年岗位能手”和“全国青年文明号”。长江重庆航运工程勘察设计院勘察设计所、长江安庆海事局五里庙办事处、长江水上安全信息台、长江重庆航道局长寿铁路大桥航道站获得“全国青年文明号”的荣誉称号。

△ 受交通部科教司委托,长江航务管理局首次进行 2007 年度西部交通科技项目招标。

29 日 长江航务管理局局长金义华在湖北省武汉市扬子江码头宣布:“从 5 月 1 日起全面提高长江干线重庆 - 芜湖 1891.2 公里河段的航道维护尺度。航道维护水深增幅达 0.2 ~2.5 米。”交通部水运司副处长郑清秀、长江航务管理局党委书记黄强、副局长阮瑞文等领导出席启动和航标抛设仪式。长江航道局在晴川饭店和扬子江游船码头举行长江干线重庆至芜湖河段提高航道维护水深的启动仪式,并抛设航标。交通部水运司副处长郑清秀宣读了交通部关于提高重庆至芜湖段航道维护水深的批复,长江航道局局长唐冠军致辞,长江航务管理局局长金义华发表讲话,长江海事局、长江航运集团、长岭石化等单位代表先后发言。

△ 国务院副总理曾培炎在湖南省委书记张春贤、省长周强的陪同下,乘长江海事局新型海巡艇考察了洞庭湖区治污工作。

△ 在湖北省工会庆祝“五一”国际劳动节暨五一劳动奖状、奖章表彰大会上,长江三峡通航管理局荣获 2007 年湖北省五一劳动奖状。

△ 宜昌港主城港区云池作业区一期工程可行性研究报告获省发改委批准,拟于年内开工建设。此项工程已列入湖北省“十一五”水运发展规划,是宜昌市“十一五”重点建设港口项目。工程估算总投资 31797 万元,建设工期为 24 个月。

30 日 安徽省发改委批准巢湖港巢城港区一期工程立项。此工程位于规划中的亚父路裕溪河大桥下游左岸,设计年通过能力 227.5 万吨。一期工程拟建 5 个 1000 吨级泊位,并配套建设必要的航标泊位和锚泊区。

五 月

1 日 长江三峡船闸恢复双线运行,三峡北线船闸开始试通航,并采取南下北上的运行方式。同日,国家发改委、交通部办公厅《三峡船闸完建期煤炭船舶过闸通行证管理办法(暂行)》停止执行,煤炭船舶配载、签证、过闸不再需要通行证。

△ 08:00,三峡船闸恢复双线运行,并实行南下北上的运行方式。

△ 交通部部长李盛霖在中国水上搜救中心值班室通过视频电话与正在长江水上搜救协调中心值班的长江海事局局长袁宗祥、党委书记刘开智通话,代表部党组向长江海事干部职工致以节日的亲切问候。

△ 正式提高重庆至芜湖 1891.2 公里河段的航道维护尺度。

△ 09:00,中国长江三峡开发总公司在三峡船闸举行三峡船闸完建工程完工仪式,对外宣布三峡北线船闸正式通航。三峡船闸恢复正式双线运行。

5 日 湖南省城陵矶港(松阳湖)新港一期工程开工。新一期工程建设 3 个 3000 吨级(兼顾 5000 吨级)的多用途泊位,可形成集装箱吞吐能力 30 万 TEU/年。

△ 长江三峡船闸完建期客运应急翻坝转运正式结束。

10 日 中国共产党交通部长江航务管理局党员代表会议在湖北省武汉市隆重召开,会议选举党委书记黄强为中国共产党湖北省第九次代表大会代表。

△ 中国长航荣获“全国推动厂务公开民主管理工作先进单位”荣誉称号。

13 日 全国交通政务信息工作会议上,长江航务管理局荣获交通部政务信息工作特等奖,长江航道局、长江三峡通航管理局获一等奖。

△ 长航总医院举办“北京天坛医院领导专家学术报告会”,邀请首都医科大学附属北京天坛医院副院长王拥军、副院长张力伟及护理部王主任就“学科战略管理和学科带头人的素质、医院文化建设带来的思考、护理安全管理与神经科护士要求”作专题报告。

14 日 中纪委驻交通部纪检组组长杨利民、监察局长钟华、部党校副校长丘建华到长江三峡库区视察长江航道,长江航务管理局党委书记黄强、副局长阮瑞文陪同视察。

△ 长江三峡通航管理局职工罗静同志创立的“罗静排档法”被宜昌市总工会、宜昌市职工技术协会评为“宜昌市职工技协优秀技术成果”奖。这是长江三峡通航管理局组建以来首次获得职工技术成果奖。

△ 湖北省港航管理局被命名为“省级最佳文明单位”,沙市区港航管理处被命名为“省级文明单位”;武汉市港航管理局、黄石市港航管理局、宜昌市港航管理局、宜昌市夷陵区港航管理处被重新确认为“省级文明单位”。

16 日 下午 3:00,九江市人民政府与上海国际港务(集团)股份有限公司《关于九江港口集团公司整体改制合作意向书》在上海虹桥宾馆九江市举办的“上海·九江产业对接恳谈会”上签署。

17 日 长江航务管理局组织召开三峡水库 156 米蓄水及三峡船闸通航保障指挥部第三次工作会议,总结三峡船闸完建期通航保障工作。

△ 中国长航集团总公司党委在集团总部机关二楼会议室组织召开了中国共产党中国长江航运(集团)总公司代表会议,严格按照《中国共产党党章》和《中国共产党基层组织选举工作条例》规定程序,采用差额选举办法进行正式选举。候选人刘锡汉同志以全部赞成票通过当选中国长江航运(集团)总公司出席中国共产党湖北省第九次代表大会代表。

△ 以闸门运营处处长孙永大为团长的韩国仁川港湾公社代表团一行五 5 人(含翻译 1 人)访问长江三峡通航管理局,就船闸维护管理等方面的内容进行了考察和交流。长江三峡通航管理局副局长高雄会见了韩国客人,并主持召开了中韩船闸技术交流会。

△ 汉江丹襄段航道整治工程通过竣工验收,工程质量优良。汉江襄樊至丹江口 117 公里航道升等到四级。

18 日 长江三峡通航管理局召开三峡船闸完建期及葛洲坝二号船闸大修总结表彰大会。交通部水运司司长宋德星、国务院三建委水库司巡视员李德刚、长江航务管理局领导,以及渝、鄂、宜等政府部门领导到会并讲话。新华社、湖北日报等十多家新闻媒体记者到会采访。会议表彰了有突出贡献的覃春生等 18 位先进个人、三峡船闸处等先进集体和单位。

△ 中国长航电机厂举行新厂落成典礼。

20 日 财政部经建司处长马敏、预算司处长许文健、交通部财务司副司长徐文兴、处长卢尚艇一行,调研长江通信管理局公益性经费情况,长江航务管理局局长金义华、党委书记黄强、副局长但乃越陪同。

21 日 大连海事大学举行隆重的客座教授聘任仪式,长江航务管理局局长金义华授聘为该校客座教授。

△ 经国家建设部审核批准,长江航道局主项资质升级为港口与航道工程施工总承包特级。

22 日 《内河溢油应急技术手册》通过专家审定,《手册》填补了内河溢油应急研究的空白。

△ 由交通部海事局主办、长江海事局筹办的 2007 年地市级船检局长培训班在交通部武汉培训中心举行,历时 5 天,来自安徽、湖北、江西、重庆、四川、上海、山东等省市的地市级船检局长共 50 多人参加了培训。

24 日 为贯彻落实交通部部长李盛霖、副部长徐祖远、湖北省委书记俞正声、省长罗清泉关于 4 月 16 日发生在长江中游周天航道整治工程工地恶性干扰施工事件的重要批示精神,长江航务管理局带领航道、公安部门以及工程施工和设计单位的有关负责人,与荆州市政府及江陵县政府有关负责人商谈达成共识并签署会议纪要,周天航道整治“4.16”事件得到妥善解决。

△ 长江航运安全文化建设座谈会在芜湖海事局召开。

△ 凌晨 5 时 15 分,从武汉开往上海的“集海之明”号货轮首次停靠九江港,在装载了 38 个出口欧洲货物的标准集装箱后,起锚直航上海洋山港。至此,九江港与上海洋山港成功实现了无缝对接,该航线开通后,九江港的集装箱将直接抵达上海洋山港配载出口,既节省运输时间,又为客户减少了不少中转费用。

25 日 长江航务管理局党委副书记张燕峰对长航所属在渝单位的惩防体系工作进行了检查调研,并对下一步工作提出要求。

△ 交通部批复了安徽枞阳海螺水泥股份有限公司专用码头三期工程使用港口岸线的请示,同意该工程使用长江港口深水岸线 367 米。

26 日 云南省富宁港建设一期工程初步设计

通过省发改委的审查。

28 日　长江航务管理局及所属长江海事局、长江航道局等 29 个单位被继续确认为省级最佳文明单位;长航公安局、长江通信管理局等 24 个单位为新命名的省级文明单位,长江武汉航道工程局等 43 个单位被继续确认为省级文明单位。

30 日　共青团交通部长江航务管理局代表大会在湖北省武汉市召开。

31 日　南京市市长蒋宏坤率南京市经委、发改委、环保局、国土局、规划局等部门的领导来到中国长航重工金陵船厂调研考察,重点听取了龙袍金陵船舶制造厂筹建情况的汇报,同意金陵船厂边施工边审批的工作思路,要求相关部门积极做好协调和服务,勉励金陵船厂加快建设步伐,起点再高一点、速度再快一点,在做大做强南京造船产业链中充分发挥龙头作用。

六　月

1 日　江苏省航道局在南京组织召开《京杭运河之历史与未来》科研项目评审会,由江苏省社科院院长宋林飞、江苏省政协文史委主任黄玉生、江苏省委政策研究室副主任范朝礼、江苏省社科院副院长刘钰等专家组成评审委员会,评审委员会经过认真评审和讨论,对这一课题研究成果给予了较高评价,一致同意《京杭运河之历史与未来》通过评审。

△　长江海事局被授予 2005－2006 年度“湖北省最佳文明单位”,所属长江海事培训中心被授予 2005－2006 年度“湖北省文明单位”,至此,长江海事局局属单位全部跨入省级文明单位行列。

△　即日起,长江安庆至芜湖高安圩段长江航道维护水深全面提高至 7.5 米,安徽段长江主航道万吨级海轮实现通行。

4 日　受交通部委托,长江航务管理局在武汉组织召开《长江港口滚装安全管理规定》编写工作座谈会。

△　交通部党组召开“交通系统廉政建设先进典型宣传报道专题会议”,决定在十七大召开之前,集中宣传报道交通系统基础设施建设工程中反腐倡廉的先进典型经验,长江航道基础设施建设制度防腐经验被列为本次集中宣传报道的三个典型之一。

5 日　长江航务管理局在湖北省武汉市组织召开了规划建设工作座谈会,局直属单位规划、基建、装备部门有关人员参加了会议。会议重点对建设项目前期工作存在的困难和问题进行了认真研究。

△　长江海事局在国际第 36 个世界环境日,围绕“污染减排与环境友好型社会”主题,开展了以“保护长江,我们共同的责任”为主题的系列宣传活动。

6 日　中国航海史研究会长江片委员会、湖北省长江航海史研究会、《长江航运年鉴》总编室在武汉市东湖湖滨客舍召开《长江航运年鉴》(2006 卷)审稿会,有近 20 个单位、20 余位同志参加,审稿 3 天,圆满完成任务。

7 日　《巢湖港巢城港区工程通航安全评估报告》通过评审。新港区工程拟分两期实施。一期工程到 2010 年吞吐量达到 200 万吨;二期工程到 2020 年吞吐量达到 470 万吨,设计代表船型为 1000 吨级。

8 日　长江航务管理局在湖北省武汉市召开 2007 年汛期安全工作会议。通报了国务院和交通部关于今年防汛工作的指示精神和汛期有关情况,局属各单位分别汇报了近期开展的汛期安全工作和下一步工作安排。局长金义华对长航系统各单位所开展的汛期安全工作和下一步工作安排给予了充分肯定,副总工黄克艰代表长航局部署了汛期安全管理工作。

△　武汉脑科医院成立并正式揭牌。武汉脑科医院是长航总医院和北京天坛医院在 2002 年合作组建神经外科协作中心的基础上,经湖北省、武汉市主管部门和长江航务管理局批准成立的。

△　交通部海事局检查组莅临上海市地方海事局检查指导船舶登记工作。

10 日　九江市委到九江港宣布九江港口集团公司和九江港口管理局两套班子。至此,九江港政企正式分开。

11 日　中国共产党湖北省第九次代表大会胜利召开,长江航务管理局党委书记黄强出席。

12 日　长江航务管理局局长金义华代表交通部参加 WWF(世界自然基金会)与中国科学院资源环境科学与技术局在北京联合主办的“中国流域综合管理高级圆桌会议”。金义华作了题为《加快制定长江流域专门法　推进流域综合开发和管理》的发言。

△ 中共江苏省委常委、南京市委书记罗志军率领市委办公厅、市经委、发改委、统计局等部门的领导到长航重工金陵船厂调研考察。在中国长航重工金陵船厂葛标、马必海、高恒元等同志的陪同下,罗志军一行察看了金陵船厂生产厂区模型和主要船舶产品模型,并仔细询问了龙袍金陵船舶制造厂的厂区布局、生产能力、发展前景,耐心听取了目前筹建工作的进展情况汇报。罗志军希望金陵船厂进一步解放思想,加大自主创新力度,充分发挥核心企业的龙头作用。

15 日　长江航务管理局在湖北省武汉市组织召开"交通部 2007 年长江三峡库区水上搜救演习"筹备工作领导小组第一次会议,局长金义华主持会议,会议宣布成立演习筹备工作领导小组。

△ 中国长航南京油运公司与法国兴业银行在香港签订了 1.08 亿美元期租融资协议,此笔资金将用于建造 3 艘 MR 型油轮。

16 日　安徽省交通厅召开《安徽省志 · 交通篇》续修启动工作动员会议。

17 日　武汉长江航道救助打捞局接到交通部救捞局就广东省西江下游发生九江大桥桥面坍塌事故紧急救援的函,立即启动应急应对机制,火速调遣潜水员奔赴广东。救援队一行 6 人于当天下午 17 时 30 分抵达现场,立即乘海事快艇勘察出事现场,同抢险指挥部共同商讨打捞方案。

18 日　长江航务管理局召开贯彻学习动员交通部党组落实《中共中央纪委关于严格禁止利用职务上的便利谋取不正当利益的若干规定》电视电话会议精神大会,局长金义华主持,党委书记黄强、副书记张燕峰、副局长阮瑞文出席。

△ 长江航务管理局副局长但乃越出席长江引航中心文化年暨成立十周年总结大会。交通部水运司、中国引航协会筹备组、长江海事局、长江引航监督委员会成员单位、江阴市领导参加会议。长江引航中心党委书记沈祥法主持会议并致欢迎辞。

△ 全国航海日庆祝活动云南澜沧江"和谐"采水仪式在澜沧江边国家一类开放口岸景洪港举行。

△ 中共重庆市委、重庆市人民政府在重庆市人民大礼堂隆重举行了庆祝重庆直辖十周年大会。会上宣读了《关于表彰重庆十年建设功臣的决定》,并对获得重庆市直辖十年建设功臣殊荣的128 名同志进行了表彰,中国长航重庆公司总船长王嘉玲作为重庆长江航运界的代表,接受了市委书记汪洋同志的颁奖。

19 日　为时 2 天的"中国航海学会航标专业委员会沿海、内河组学术交流暨年会"在昆明召开。来自全国 19 个省、市、自治区的 115 名代表围绕着"交流、合作、创新、发展"的主题开展交流、研讨,扩大合作面。

△ 越南中央政治局委员、政府副总理、司法改革指导委员会常务副主任张永仲先生及随行的越南司法界人士 15 人在中央政法委和重庆市政法委有关领导陪同下,乘坐中国长航长江海外"维多利亚 3 号"游船对长江三峡进行了为期 3 天的游览考察。

△ 在重庆召开的长江干线泸州纳溪至重庆娄溪沟航道建设工程交工验收会上,鲤鱼碛等 7 项滩险整治工程和 11 处整治建筑物修复工程顺利通过了交工验收,标志着长江干线泸渝段航道整治工程全面完工,千吨级船舶可常年昼夜通达泸州。

20 日　《长江武汉航道局荆州和蕲州航道站码头工程初步设计》审查会在武汉召开,并通过了交通部审查。交通部综合规划司、长江航务管理局、长江航道局、长江航务工程质量监督中心站、长江武汉航道局及设计单位——长江航运规划设计院等单位的代表及特邀专家共 30 人参会。

21 日　长江通信管理局召开省级文明单位授牌仪式暨机关作风整顿动员会。会议由党委书记周云霞主持,长江航务管理局党委书记黄强出席会议并讲话。

△ 长江航务管理局在中国船级社武汉分社召开纪委书记会议,汇报交流上半年反腐倡廉工作情况,对下半年工作进行部署。长江航务管理局党委副书记兼纪委书记张燕峰出席会议并讲话,武汉分社党委书记郑荣军致欢迎词,局直属及代管各单位纪委书记、纪检办主任以及长航局纪委各处室领导 20 多人参加了会议。

22 日　长江航务管理局党委中心组成员赴中国革命的摇篮——井冈山,开展以"发扬革命精神、加强作风建设"为主题的教育学习活动。

23 日　云南省西双版纳海事局召开会议,推广澜沧江船舶监控系统。至此,澜沧江船舶动态跟踪监控系统正式推广应用。

25日 交通部体法司法制与文明处黄克清处长、“交通文化建设研究”总课题组执行负责人王先进教授到长航公安局检查、指导交通公安文化建设课题研究工作。

26日 历时2天的第二届内河海事论坛暨长江水系海事第一次联席会议在湖北省武汉市举行。长江水系九省二市区域12家海事机构代表聚集武汉,共商加强水上安全管理工作。

△ 长江中游最大的航道整治工程——罗湖洲水道整治工程中最后两个单项工程通过了长江航务管理局组织的交工验收。标志着罗湖洲水道整治工程全面完工,曾经严重制约长江中游水运发展的“瓶颈”被彻底打通。

27日 在瑞典东约特兰省林雪平市,江苏省航道局局长董文虎代表中华人民共和国京杭运河(江苏段)与瑞典约塔运河总经理克雷斯·约兰·乌斯特伦共同签订协议书,京杭运河(江苏段)与瑞典约塔运河正式结为友好运河。

△ 由国家发改委综合运输研究所、交通部水运科学研究院、长江水利委员会设计院、重庆市港航局等单位组成的专题调研组,在完成了四川、重庆等省市关于长江小南海航电枢纽通航专题调研后,到达云南省水富进行调研,云南省航务局领导及有关专家与调研组进行了座谈。

△ 安徽省《黄山港总体规划》通过专家评审。黄山港由歙县深渡、屯溪区屯溪、黄山区太平三大港区组成。

29日 长江航务管理局召开纪念中国共产党成立八十六周年暨表彰大会。会议由局长金义华主持,湖北省委省直机关工委副书记杨三爽莅临会议并讲话,党委书记黄强作了纪念中国共产党成立八十六周年讲话。长航局有关领导及长航系统各单位主要领导和局机关全体党员干部参加了会议。

△ 长江航道局局长唐冠军在重庆宣布:自7月1日起,长江干线重庆娄溪沟至丰都187公里河段将全面启用新航标。至此,在三峡库区船舶航行将更加畅通安全。

△ 长航总医院召开纪念建党八十六周年暨总结表彰大会,开展“构建和谐医患关系,创建平安医院”活动。

七 月

1日 四川省政府副省长黄彦蓉、省政协副主席杨海洋率队,在泸州市委书记袁本朴、市长朱以庄的陪同下,对泸州港国际集装箱码头进行调研。

△ 长江纳溪至合江段102公里干线航道实现夜航。至此,由长江航道局维护的2688公里长江干线航道,除宜宾至纳溪100公里外,纳溪以下2588公里干线航道已全部实现夜航。

2日 湖北省发改委以鄂发改交通[2007]533号文,对汉江白河至丹江口段航道整治工程可行性研究报告进行批复。工程估算总投资21228万元,建设工期为3年,力争年内开工建设。

5日 长江通信管理局与艾维通信集团在湖北省武汉市联合举行长江无线宽带试验网(武汉段)开通仪式。

△ 交通部西部交通建设科技项目管理中心在宜昌长城宾馆主持召开了《三峡船闸快速检修关键技术研究》可行性研究报告评审会议。会议由长江三峡通航管理局承办。

7日 “长江航运文化建设推进会暨长航政研会年会”在安徽省芜湖市召开,交通部政研会副秘书长、部体法司法制与文明建设处处长黄克清,湖北省政研会秘书长、省委宣传部宣教处处长胡和平出席。长江航务管理局党委书记黄强作题为《同舟共济 扬帆奋进 共同谱写长江航运文化建设新篇章》的讲话。芜湖港口集团、中国长航集团、芜湖海事局、宜昌港、长江航道局5个单位分别在大会上作了交流发言。

8日 长航政研会年会讨论通过《长航思想政治工作研究会章程》,选举长航思想政治工作研究会第六届名誉会长、顾问、理事、常务理事、会长、副会长、秘书长、副秘书长,长江航务管理局党委书记黄强当选为长航政研会第六届会长。

9日 长江航务管理局局长金义华主持召开2007年长江三峡库区水上搜救演习筹备工作领导小组第二次会议。

△ 安徽省港航局确定23家在全省具有一定代表性的水运企业作为重点联系企业,并制定了调研、交流、宣传、考察、协调等项重点水运企业联系制度。以便为企业提供政策咨询,引导建立现代企业制度,引入先进的管理理念,扶持一批骨干水运企业创建品牌,做大做强。

10日 长江航务管理局系统局务会暨安委会第三次会议在湖北省武汉市召开。

10日至20日 “交通公安文化建设研究”课题组组成调研专班，分赴大连、天津、青岛、烟台、上海、宁波、广州港公安局和上海海事公安局等8个“交通公安文化建设研究”课题协作单位开展调研活动。

11日 中国航海日，第一艘集装箱船首先取得长江海事局诚信船舶证明书，享受定期签证优惠措施。

13日 长江航务管理局党委书记黄强带领《中国水运报》记者专程赶赴湖北省宜昌市，冒雨看望并慰问新滩滑坡报警人、全国五一劳动奖章获得者刘必喜。

15日 安徽省《西淝河综合治理交通子规划》通过专家评审。该规划建设方案按照“先通后畅、先下后上”原则，与水利子规划相结合，分期建设1000吨级西淝河船闸，拟按Ⅲ级航道标准整治入淮口至潘（集）谢（桥）铁路桥27.5公里航道，潘谢铁路桥至茨淮新河44.8公里按Ⅴ级航道标准整治。

16日 河南省航务局、省地方海事局在郑州隆重举行航务海事执法车发放仪式，24辆崭新的执法车统一配发全省航务海事执法的第一线。

18日 受交通部档案馆委托，长江航务管理局档案中心会同长航质监站首次对交通部投资，长江三峡通航管理局承建的重大建设项目进行档案专项验收。

19日 《昆明滇池航运发展规划》通过由交通部规划研究院、长江水系规划办、云南省航务管理局和昆明市旅游、规划、环保等相关单位的专家组成的专家组的审查。

△ 陕西省地方海事局拨款人民币10万元用于安徽海事防汛救灾工作。

21日 长江航务管理局局长金义华视察叙泸段一期工程中箐箕背滩险整治施工现场，向职工发放了慰问金，并在施工船舶上召开了工程现场会。

23日 葛洲坝大江航道进行大流量实船试验。葛洲坝入库流量37800米^3/秒，高出原计划的35000米^3/秒。15:20，“民安轮”在巷子口调头进行下行测试；16:21，抵达葛洲坝下镇江阁水域，标志着35000米^3/秒流量级单船试验圆满结束。

24日 交通部部长李盛霖在重庆市副市长余远牧、长江航务管理局局长金义华的陪同下到重庆看望慰问长航系统战斗在暴雨洪灾抢险第一线的干部职工。

△《长江中游航路规范研究报告》通过专家审查。

25日 长江航务管理局完成交通行政执法证件年审工作。共审验执法证件674个，合格606个，注销68个。

27日 中国长航南京油运公司在葫芦岛渤海船舶重工有限责任公司订造的4艘30万吨级超级油轮首船开工建造。全国人大常委、财经委员会副主任委员闻世震，葫芦岛市委书记陈晓珉、市长孙兆林，中国长航集团总经理刘锡汉、副总经理兼南京长江油运公司总经理朱宁，上海长江轮船公司总经理张路，国防科工委系统三司、中船重工集团和渤船重工的领导以及各有关方面100多名来宾参加了开工仪式。

△ 安徽省发改委批复同意安庆港长风港区一期工程立项。该项目是安徽省内河水运“十一五”建设项目和安庆市“3231”重点工程，建设规模为新建5000吨级件杂泊位2个，配套建设仓储、堆场及其他公用服务设施。设计年通过能力131万吨。

28日 交通部部长李盛霖，在云南省副省长顾朝曦的陪同下，考察了澜沧江国际航道景洪港至大橄榄坝航段，以及云南红河经济走廊的发展。

△ 长江航道局在武汉剧院隆重举行建局50周年庆典大会，交通部李盛霖部长和湖北省罗清泉省长分别发来贺信，交通部、湖北省人民政府、武汉市人民政府有关领导和交通系统兄弟单位、沿江七省二市港航管理部门、大型企业、相关行业单位领导和嘉宾300余人以及长江航道局干部职工代表总计1300余人参加了庆典仪式。

30日 交通部在北京召开交通部三峡工程航运领导小组会议，宣布部三峡工程航运领导小组组成人员调整名单，副部长徐祖远部署了2008年三峡航运工作。

八 月

5日 长江航务管理局与长江三峡工程开发总公司在湖北省宜昌市召开座谈会，签署三峡航运协调座谈会备忘录。就三峡水域海事强化现场监督、航道维护、船舶进闸安全管理检查、三峡升船机建设及建立协商制度、完善信息沟通机制等6个方面达成共识。

6日　全国交通系统固定资产投资计划编制工作会议在四川省成都市召开，交通部综合规划司副司长庞松主持会议，长江航务管理局及直属单位派员参加会议。

9日　中国长航集团在湖北省武汉市举行了4艘9.25万吨散货海轮建造合同和武钢集团长期包运合同签字仪式。这次船舶建造合同的签订以及与武钢签订的15年的长期包运合同，标志着中国长航干散货运输业务全面、加速进入沿海及远洋运输市场，实现强强联合，江洋直达又迈出了坚实的一步。

10日　长江航务管理局在湖北省武汉市召开《长江儿女——长航之歌》修改审稿会。

11日　长航工会常委(扩大)会议在四川省成都市召开，会议一致同意推选长江航务管理局党委副书记张燕峰为长航工会委员、常委和主席。

14日　根据中国船级社“社人事字[2007]535号”文“关于成立洛阳检验处的批复”精神，经研究，同意武汉分社在河南省洛阳市设立“中国船级社洛阳检验处”。

15日　长江安庆海事局五里庙办事处荣获“全国青年文明号”称号并予以授牌。

16日　长航凤凰股份有限公司与中国船舶重工国际贸易有限公司、渤海船舶重工有限责任公司，在海滨城市葫芦岛的渤海船厂，隆重举行6艘57300载重吨级散货船续建合同签字仪式。长航凤凰股份有限公司副董事长、总经理叶生威与中国船舶重工国际贸易公司总经理徐子秋、渤海船舶重工有限责任公司董事长兼总经理李天宝在续建合同上签字。

△　交通部海事局组织有关专家，在北京召开《澜沧江国际边境河流船舶监管系统工程初步设计》审查会。与会专家认为：该设计基本符合交通部对本工程可行性研究报告的批复内容，原则同意初步设计的系统建设方案。

18日　“连云港港疏港航道工程现场指挥部”挂牌成立。连云港港疏港航道工程现场指挥部项目管理办公室进驻灌云，当天下午举行了简朴、隆重的揭牌仪式，连云港市委常委丁军华、副市长杨少华，连云港港疏港航道工程现场指挥部副总指挥兼项目办正、副主任董文虎、黄岩，连云港市交通局副局长程广宇，灌云县县长尹哲强、县委常委孙毅等出席了仪式。

21日　武汉海事法院针对芜湖长江大桥桥区航标维护费纠纷案正式作出一审判决：被告(芜湖长江大桥公路桥有限公司)应按照芜湖市价格认证部门认定的价格标准，向原告(长江航道局)支付报酬；支付费用的比例应按照国家有关规定，为桥区航道航标维护费用的一半，即被告承担原告垫付的2005年3月31日至2007年3月31日航道、航标维护费用的一半即2973302.73元。

△　湖北省巴东港、襄樊港、武穴港总体规划经省人民政府批准实施。

22日　长江航务管理局、湖北省交通厅在武汉联合召开“两防”、交通安全隐患和长江湖北段水上水下建筑物安全隐患排查整改工作会议。会议由湖北省交通厅厅长助理李光辉主持，长江航务管理局副局长阮瑞文和湖北省交通厅副厅长陈新武分别讲话。

△　湖北省政府决定2006年从省财政中安排1亿元用于水运发展和长江港口建设资金的政策延长至2010年。

23日　上海市航务管理处组织召开了上海内河港口普查工作动员布置暨培训会，上海内河港口普查工作全面启动。

25日　“岳阳、武汉、黄石三局打击船舶超载、配员不足、逃避签证联合行动”正式启动。

△　“交通公安文化建设研究”课题组在中国人民公安大学召开交通公安文化课题研究座谈会，听取公安大学教授、公安文化研究所所长曹风等专家的指导意见，进一步明晰研究思路。

26日　长江航务管理局在湖北省武汉市组织召开长江引航中心总体布局规划研讨会。

27日　全国内河航运建设工程质量年活动总结会议在浙江省杭州市召开。交通部水运司司长宋德星主持，副部长徐祖远讲话，长江航务管理局受到表彰，党委书记黄强出席会议并作经验交流。

28日　长江航务管理局2007年三峡工程航运领导小组会议在湖北省武汉市召开，副局长阮瑞文主持会议，党委书记黄强、副局长但乃越出席。会议宣布了调整后的长江航务管理局三峡工程航运领导小组组成人员名单。

△　交通部“两防”第六督查组一行8人在交

通部海事局党委书记梁晓安的带领下，分别深入到金沙江和澜沧江水域，现场督查水上“两防”，为时4天。

△ 湖北省荆州港、宜昌港总体规划，通过了交通部和湖北省人民政府的联合审查。

△ 长江黄金水道建设巡礼主题宣传活动皖江段取水仪式在马鞍山市翠螺山脚下（采石矶水域）隆重举行。安徽省交通厅副厅长胡冰和马鞍山市副市长郑超将取自皖江段的长江水倒入写有“皖长江水”的玻璃器皿中，等待9月3日将它注入到接力瓶中。此次活动，是由交通部主办、沿江七省二市交通行政管理部门和长江航务管理局协办的一次大型公益宣传活动。

29日 江西省委书记孟建柱，省委副书记、省长吴新雄在南昌分别会见了前来江西进行投资考察的上海国际港务（集团）股份有限公司总裁陈戌源一行。孟建柱、吴新雄对陈戌源有意参与九江港口和物流园区建设、推动九江沿江开发表示欢迎。

九　月

1日 作为交通部组织的“共建长江黄金水道、共享绿色航运资源”大型宣传接力活动中的一部分，“长江下游黄金水道迈向现代化建设座谈会”在江苏省南京市举行，来自《中国日报》、中央人民广播电台、《中国交通报》等8家国内媒体12名记者齐聚长江南京航道局，对长江航道建设发展成就进行集中采访。

△ 澜沧江五级航道建设一期工程，景洪港至中缅243号界碑段71公里航道整治工程交工验收，总体被评为优良工程。

△ 中国企业家联合会、中国企业家协会在武汉发布中国企业500强名单，中国长航集团再次以雄厚实力上榜，居排行榜第184位，为湖北省10家上榜企业前三甲。同时，在同期推出的中国服务业企业500强排名中，中国长航集团排名第62位。

2日 由交通部水运司司长宋德星带队的交通部“两防”工作第七督查组一行到四川省，对四川省交通厅、四川航务局和宜宾、泸州两市开展的“防船舶碰撞防泄漏”专项整治工作情况进行了督查，为时3天。

△ 在湖北省常务副省长周坚卫的陪同下，水利部副部长矫勇率水利部安全督查组到汉江崔家营航电枢纽工程进行安全督查。督查组一行听取了建设指挥部常务副指挥长程武关于工程建设和安全管理情况汇报，并现场察看了建设工地。

△ 4艘散装化学品运输船停靠在汉江武汉段陈家墩码头等待装载甲醇期间，相继发生爆炸燃烧。

3日 安徽省交通厅副厅长丁庆领在马鞍山市主持长江黄金水道建设巡礼安徽接力仪式。交通部内河处副处长王建斌，省交通厅厅长宋卫平及马鞍山市领导丁海中、姚玉舟出席了仪式，并将取自采石矶江面的水注入接力瓶，此次巡礼活动的主题是“共建长江黄金水道，共享绿色航运资源”。

4日 全国交通系统基础设施建设廉政工作经验交流会在河北廊坊召开，长江航道局作为廉政建设的先进单位在大会上作经验交流。

5日 2007年三峡库区联合搜救演习首次综合预演正式举行，长江海事局局长袁宗祥担任演习现场总指挥。至此，2007年长江三峡库区联合搜救演习第一次综合预演圆满完成。

△ 中共中央政治局常委，中央纪律检查委员会书记吴官正在中纪委副书记、秘书长干以胜，安徽省省委书记郭金龙，省长王金山，省委常委、芜湖市委书记詹夏来，市长陈树隆等陪同下，到中国长航重工江东船厂，围绕造船工业等问题进行视察。中国长航集团党委书记王镭、纪委书记黄国栋及长航船舶重工总公司总经理李文德、党委书记董家兴专程从武汉到芜湖迎接吴官正书记。

△ 黄石海事局大桥执法大队荣获“全国青年文明号”称号并予以授牌。

6日 中国长航集团组织新颁布的《劳动合同法》讲座。

7日 长江三峡通航管理局主持召开船闸大修管理与技术创新研讨会。副局长高雄、计玉健，船闸协会副主任委员俞洪南，长江电力股份有限公司郭剑安，万安、桂平、邵北、三堡、湖申等船闸管理单位的代表，共70余人参加了会议。

8日 泰国外交部东亚司司长率团13人考察景洪港，表示希望中、老、缅、泰四国加强合作，促进澜沧江－湄公河国际航运再上新台阶。

10日 由国家投资4178万元的千吨级航道码头《长江泸州航道局泸州综合码头初步设计》顺

利通过交通部审查。

11 日　长江航务管理局局长金义华到长江南京通信管理局检查指导工作,对安全生产工作提出了要求并查看正在建设中的下游光纤系统南京站。

13 日　中国长航集团总经理刘锡汉接受了《第一财经日报》记者的采访。刘锡汉就集团“十一五”期做强做优核心主业、规避风险、资产重组等改革、经营、发展中的热点问题回答了记者的提问。

17 日　安徽省巢湖市裕溪路东桥及节制闸工程临时航道疏浚通过专家验收。该工程采用桥梁和节制闸合一方式,位于正在使用的年吞吐量 230 万吨的巢湖老港区的裕溪河上,是巢湖市城市重点工程建设的组成部分,也是打通城市一环路的控制性建筑物,具有交通和防洪的双重作用。

18 日　湖北省副省长任世茂,以及省交通厅、省安监局、长江航务管理局及长江海事局等单位领导组成检查组,乘坐“海巡 31505”艇检查武汉水上安全生产工作。长江航务管理局副总工黄克艰参加检查。

19 日　长江航务管理局被评为交通部网站共建工作先进单位。

△　为时 2 天的 2007 年全国海事工作会在成都市隆重举行。

20 日　交通部离退休干部局局长田西京、党委书记王玉臣率部机关离休干部参观考察团一行 70 余人到三峡、荆州考察长江。

22 日　以“关爱生命、珍爱长江、共建平安黄金水道”为主题的“2007 年长江三峡库区水上联合搜救演习”,在长江三峡库区万州港水域成功举行。此次演习系内河规模最大、参演船舶最多、观演人数最多的一次演习,完成得很圆满。

23 日　由交通部主办、沿江七省二市协办的“十一五”长江黄金水道建设巡礼系列宣传主题活动暨 2007 年大型公益接力宣传行动四川站仪式在泸州市隆重举行。

24 日　由交通部组织开展的“十一五”长江黄金水道建设巡礼——2007 年大型公益接力宣传行动结束仪式在云南省昭通市水富县隆重举行。随着金沙江水的缓缓注入,“十一五”长江黄金水道建设巡礼——2007 年大型公益接力宣传行动划上了圆满的句号。

△　由重庆航道工程局承接的重庆寸滩港区二期工程举行开工典礼,标志着长江上游最大的集装箱专用码头正式开工建设。重庆市常务副市长黄奇帆、副市长余远牧等领导出席开工典礼,长江航道局副局长郭晓浩作为施工单位代表出席,并与参加开工典礼的各级领导一道为工程开工奠基。

25 日　长江航运节能减排座谈会在长江第一港——云南水富县召开。长江沿岸七省二市 22 家大型港航企业、航务、海事和航道管理部门 40 多人参会。座谈会交流了节能减排的工作经验,共同签署了“长江航运节能减排宣言”。19 位代表在《宣言》上签字,向社会着重作出长江航运节能减排八项承诺。

△　由长江航道局倡议并承办的“三峡工程运行与长江中游水道研讨会”在武汉东湖宾馆成功召开,国务院三峡办原主任、长江技术经济学会理事长蒲海清,交通部水运司巡视员彭翠红,长航局副局长但乃越等领导和专家在大会开幕式上致辞,国家发改委综合运输研究所所长郭小碚、长江航道局局长唐冠军等作了大会演讲。

△　湖北省港航管理局印发了《关于通航河流跨河桥梁助航标志设置工作的通知》,明确了跨河桥梁设置助航标志的种类以及各类助航标志的功能、尺寸、颜色和配布要求,基本保障了助航标志设置规范。

△　国家质量监督检验检疫总局袁司长一行在常熟国检局领导及市口岸委领导的陪同下,视察了常熟口岸联检服务中心,并参观了口岸视频监控中心。

26 日　长江之歌演唱会首场演出在安徽省芜湖市成功举行。

27 日　四川省十届人大常委会第三十次会议审议通过了《四川省水上交通安全管理条例》。

△　中国长航集团在湖北省武汉市召开宣传思想企业文化工作会议,会期 2 天,中国长航集团党委书记王镭、副书记肖汉良出席会议。

28 日　《重庆市港口管理条例》通过市人大常委会审议,将于 2008 年 1 月 1 日起施行。《条例》对占用港口岸线作了明确规定,港口岸线实行有偿有期限使用制度;《条例》鼓励国内外经济组织或个人投资建设、经营港口;《条例》对船舶延误等也作了规定:客运船舶不能按时运输旅客,港口经营人要及时发布公告。对滞留港口候船的旅客,港口和船舶经营者要维持候船秩序,及时妥善疏散旅客,做好船期变更和旅客退换票工作。

29日 江苏省交通厅厅长潘永和在扬州市副市长纪春明和扬州交通局有关同志的陪同下,实地察看了拓宽后的壁虎河口航道和正在建设中的京杭运河扬州段"三改二"槐泗河口至扬州大桥8公里航道,并认真听取了扬州交通局就充分发挥京杭运河作用,加快扬州干线航道建设,带动扬州内河航道发展的汇报。

30日 湖北省共有港口经营人(企业)973家,已取得《港口经营许可证》的港口经营人684家,持证率为70.3%。其中有118家从事危险货物港口作业,已取得《危险货物港口作业认可证》的港口经营人84家,持证率为71.2%,与港口安全管理形势要求尚存在一定差距。

十 月

1日 长江航务管理局局长金义华、党委书记黄强、副书记张燕峰、副局长阮瑞文、但乃越到宜昌、黄石、武汉检查安全工作并慰问三地一线职工。

△ 西双版纳海事局开始在澜沧江主干流的景洪港和关累码头两个签证点,对国际航运船舶实施新的船舶签证管理规则。

△ 即日起,长江上游宜宾至泸州段将分时分段提高航道维护尺度,以最大限度地增加航道通过能力。

△ 经浙江省十届人大常委会第三十二次会议审议通过的《浙江省港口管理条例》正式实施。

9日 由长江航务管理局主办,长江航道局、武汉港务集团协办的"长江之歌——万山红长航武汉演唱会"在湖北省武汉市黄埔礼堂隆重举行。著名歌剧表演艺术家、歌唱家万山红、孙健的演唱和长江航道局、武汉港务集团、芜湖海员艺术团文艺骨干的倾情演出,深深打动了全场观众,演唱会取得圆满成功。

△ 中国长航集团与中国银行在湖北省武汉市正式签订了《银企合作协议》。中国长航集团总经理刘锡汉,中国银行总行副行长张燕玲及双方有关负责人出席了签字仪式。双方本着自愿平等、互惠互利的原则,经充分协商,明确建立全面合作伙伴关系,年度授信总额达60.13亿元,中国银行在授信、船舶融资、债务保值和中间业务等领域为中国长航集团提供全方位金融服务。

△ 长航总医院·武汉脑科医院派出15名医务人员到新洲区李集镇免费为3000多名参加新型农村合作医疗的农民体检,为期22天,受到广大群众的好评。

11日 长江航务管理局在湖北省武汉市组织召开长江干线芜湖至南京段航路改革配套设施建设工程收尾阶段协调会。

12日 长江航务管理局安委会2007年第四次会议暨长江三峡库区水上联合搜救演习总结表彰会在宜昌召开。局长金义华、副局长阮瑞文出席并讲话。会议表彰了"2007年长江三峡库区水上联合搜救演习"和"汛期百日安全"活动先进集体和个人。

△ 长江之歌——万山红长航重庆演唱会在重庆隆重举行。

△ 全国人大内务司法委员会副主任委员黄镇东在常州市副市长孙国建的陪同下视察了常州运河改线工程。

△ 国务院国资委企业改革局副局长周放生带领国务院及省、市国资委调研检查组,在武汉港口集团董事长何跃明的陪同下,参观了武汉港杨泗集装箱码头及在建的二期扩建码头。

△ 安徽省交通厅和黄山市政府在歙县深渡港举行创建新安江(深街段)"安全畅通文明"航区动员大会暨启动仪式,省交通厅副厅长丁庆领、黄山市政府副市长范典明出席了大会。

15日 长江航务管理局局长金义华率领调研组赴江苏对规范长江引航秩序工作进行调研。

16日 湖北省发改委正式批复同意汉江白河至丹江口航道建设工程初步设计方案,这是十堰市有史以来最大的水运建设工程。

17日 《武汉港口总体规划》在湖北省武汉市通过交通部和湖北省人民政府联合审查。

△ 来自中国长航集团各船舶公司的54名船舶驾驶、轮机技术精英,在南京参加了"中国长航2007年船舶驾驶、轮机技能大赛"。经过2天紧张激烈的角逐,南京公司代表队获得了团体总分第一,并包揽了内河船舶驾驶、轮机和海船驾驶、轮机4个专项的个人第一。重庆公司、长航凤凰分获团体总分第二、三名。

19日 长江航务管理局信息化工作座谈会在

湖北省武汉市召开。副局长但乃越强调,“十一五”期,长江航运信息化工作要以政务公开、信息共享,提高行业监管和服务能力为重点,突出抓好长江航务管理局“政务服务主网站群”建设,全力推进长江航运电子政务建设。

22 日 我国第一代自己设计制造的导弹驱逐舰——“西安舰”,在中国长航集团“长江 22026 轮”及两艘重载驳船和轻载驳船的护送下,安全抵达湖北省武汉市,顺利靠泊武汉港客运码头。

△ 长航总医院根据工作需要,对部分机构进行了调整,成立医院管理评审办公室。

△ 安徽省交通厅和巢湖市人民政府共同举办“安徽省 2007 年巢湖水上搜救演习”。这是新中国成立以来安徽省组织的最大规模的水上搜救演习。副省长黄海嵩,省交通厅厅长宋卫平,巢湖市委副书记、代市长宋国权,省交通厅副厅长胡冰(兼副总指挥)、丁庆领以及省直有关单位代表观摩了演习。

23 日 上午 8:00 时,三峡总公司梯调中心正式宣布,2007 年汛末 156 米蓄水工作结束,三峡水库恢复正常调度。至此,长江航道局 2007 年汛末三峡水库 156 米蓄水期航道维护工作划上了圆满句号。

25 日 长江通信管理局委托长江海事局管理。

△ 交通部海事局行政执法监督检查组一行 10 人来安徽省检查海事行政执法工作。

26 日 中国长航集团在总部机关召开学习贯彻十七大精神大会。在汉直属单位班子成员、总部机关各部门负责人参加了大会。大会由总经理刘锡汉主持。党委副书记肖汉良、副总经理沈光汉分别传达了十七大精神。党委书记王镭从原原本本抓好十七大精神的传达、学习、贯彻和联系实际抓好学习贯彻,推动企业改革发展等方面提出了要求。

30 日 宜昌港云池港区一期工程开工奠基仪式在湖北省宜昌市猇亭区云池村举行,宜昌市委书记李佑才,长江航务管理局局长金义华出席。一期工程投资 3.45 亿元,建 2 个泊位。

△ 由上海港投资的九江港城西港区集装箱码头一期工程奠基暨沿江 20 个重大项目开工仪式正式举行,九江沿江 20 个重大项目总投资约 203 亿元。

△ 九江港城西港区集装箱码头一期工程举行开工奠基仪式,江西省委书记、省长吴新雄出席奠基仪式并下达开工令。江西省、九江市以及上港集团、九江港口集团公司等有关领导出席奠基仪式。工程总投资 4.4 亿元,建设 2 个 5000 吨集装箱专用泊。

31 日 据湖北省港航局运输管理部门统计,全省新增 8 家万吨以上水运企业。至此,全省万吨以上水运企业已达 42 家,126 万载重吨,占全省总运力的 49%。

十一月

1 日 国务院国资委纪委副书记邵春保带领调研组一行,在中国长航纪委书记黄国栋等的陪同下,来到长航重工江东船厂调研。

△ 原国家领导人江泽民同志一行乘坐中国长航长江海外“长江壹号”游船由重庆至武汉考察工作,陪同人员有曾培炎、汪洋、罗清泉、李融荣、李盛霖、王鸿举、成都军区和广州军区司令员政委等。

2 日 长江航务管理局体协在江西景德镇举行了第七届“长江杯”交通职工象棋、围棋邀请赛,党委书记黄强,副书记张燕峰、副局长但乃越,以及各有关单位负责人和长江航务管理局体协理事参加了此次活动。

△ 在京召开的中央企业第一任期业绩考核总结表彰大会上,中国长航集团副总经理沈光汉代表集团从国资委副主任王勇手中接过了“绩效进步特别奖”奖状。这是中国长航集团获得国资委颁发的首个单项特别奖。

△ 长江三峡通航管理局自主研究开发完成的“大型人字门同步顶升系统”科技成果,通过交通部中国航海学会在湖北省宜昌市组织的专家鉴定。

4 日《长航系统联合执法培训教材》、《长航系统联合执法宣传手册》出版。教材共计 23 万字,系统介绍了长航系统联合执法和相关的海事、航道、消防、通信、运政等方面的法律法规和业务知识。

△ 交通部水运司检查组对长江中游马家咀水道航道整治工程项目管理进行了绩效考核复查,为时 2 天。

5 日 昆明市人民政府正式批准了“滇池航运

发展规划”。同意滇池航运发展思路、航道布局、港口规划、环保船型和航运支持保障体系的框架,在有力保护滇池水域环境的同时,发展滇池水上观光旅游和水上交通运输。

6日 长江海事局第一届渡船安全周在全线拉开了序幕。长江海事局在“渡船安全周”共出动执法人员3500余人次,发放宣传材料14534余份。

8日 由湖北省宜昌市三通航运公司投资建造的长江第一条标准船型沥青船“三通801”在宜昌宜都建造完工,即将投入营运。这是长江上第一条标准船型沥青船。

△ 湖北省襄樊市政府与大唐集团公司正式签署投资建设新集水电站协议。襄樊市领导田承忠、唐良智等出席了签字仪式。新集水利水电工程是一个以发电为主,兼顾航运、灌溉等综合利用效益的水利工程。

9日 长江航务管理局在湖北省武汉市召开法制工作暨联合执法表彰会议。

13日 长江航运行业文化建设座谈会在湖北省武汉市召开,同时举行了《扬帆奋进——长江航运文化建设成果集锦》和《长航之歌——长江儿女》行业歌曲首发式。

15日 长江航务管理局局长金义华接受交通部政府网站专访,就长江黄金水道的建设及长江航运的发展情况与网民进行在线交流。

17日 河南省郑州市召开的全国交通行业优秀QC小组活动经验交流暨表彰会上,长航系统24个小组被评为全国交通行业优秀质量管理小组,2个单位被评为交通行业质量管理小组活动优秀企业,2位同志被评为交通行业质量管理小组活动卓越领导者,3位同志被评为2007年度交通行业质量管理小组活动优秀推进者。

18日 长江航务管理局党委中心组(扩大)集中学习十七大精神,党委书记黄强主持会议,局长金义华作中心发言,提出了2008年长江航运工作思路和具体举措。

19日 长航党校在二炮培训中心举办党支部书记培训班,学习贯彻十七大精神。党委书记黄强、副书记张燕峰出席,53名长航系统党支部书记参加培训。

20日 长江三峡坝区船舶污染防治一期工程、长江三峡坝区河段数字航道建设工程、三峡坝区监管救助基地工程初步设计获得交通部批复,概算总额达9270万元。

22日 中国船东协会长江分会第二次理事大会在福建省厦门市召开,选举新一届协会领导班子。长江分会60余个会员单位近90名代表参加。会议讨论通过了《第一届理事会工作报告》和《第二届理事会改革和发展规划》。

△ 上海市地方海事局金山地方海事处与浙江省嘉兴市地方海事局平湖地方海事处联合开展水上交通安全大检查。

△ 长江海事局副局长朱汝明代表长江海事局与华东四局共同签署《长三角与台湾海峡水域船舶污染应急联动协作议定书》。

23日 “中国船级社长江地区委员会2007年年会”在广西桂林成功召开。中国船级社副总裁田晓平,以及来自长江地区航运、造船、产品制造相关业界和武汉分社、重庆分社、武汉规范所的42家单位45名代表参加了会议。

25日 我国中西部最大的武汉船舶配套工业园正式开工。湖北省委书记、省长罗清泉及武汉市委书记苗圩等省市主要领导参加了开工仪式。武汉市委书记苗圩和中国长航集团总经理刘锡汉在仪式上致词。来自世界近20个国家、60多家船级社及船舶配套制造著名企业和国内近百家船舶配套制造著名企业的300余名嘉宾参加了开工仪式。武汉船舶配套工业园是由中国长江航运集团、挪威斯考根海运集团和武汉高科国有控股集团共同出资兴建的中外合资船舶配套工业园,规划占地140万平方米。工业园区建成后,年总产值将超过100亿元。

27日 长江航务管理局局长金义华亲临中游重点浅水道指导通航保障工作,并就通航保障工作作了重要讲话。要求长江海事部门继续把好签证关,做好对超吃水船舶的源头控制。

△ 安徽、河南两省交通部门就沱、浍河航道开发建设、永登(安徽境内为泗许)高速公路、砀永涡(为安徽高速公路网规划中的第三纵)高速公路等三个项目的前期和建设工作衔接等问题进行协商,并达成共识。安徽省副省长黄海嵩出席会议。

△ 常熟市港口管理局组织召开了“常熟港进港航道建设工程施工图设计”审查会。江苏常熟经济开发区、常熟海事处、长江上海航道处、苏州交通工程质量监督站、长江航道规划设计研究院等单位代表及邀请专家共11人参加了会议。

27日至28日 《芜湖港总体规划》通过交通部和省政府组织的专家审查。根据规划,芜湖港将建成以集装箱、煤炭、建材、商品汽车运输为主,具备装卸存储、中转换装、运输组织、临港开发等功能齐全的综合性、现代化港口。

28日 武汉港沌口商品汽车滚装码头开港。湖北省交通厅副厅长徐佑林、省港航海事局局长高玉玲出席开港典礼。

30日 湖北省黄州港、嘉鱼港、仙桃港总体规划经湖北省人民政府批准实施。

△ 长江最大的江海直达沥青船——5000吨级"瑞鹤号"从武汉港码头启航,正式投入运营。该船是目前长江最先进的散装沥青专业运输船,由武汉交通国有控股集团公司投资5000万元打造,主要航行日本、韩国、东南亚等国家和地区以及长江航线,专运中国高速公路建设急需的进口沥青。

十二 月

1日 由湖北省地方海事局组织的为期3天的"船舶签证培训班"在武汉举行,来自全省海事一线现场从事船舶签证的100名执法人员参加了培训,系统学习新的船舶签证规则。

3日 由四川省人民政府副省长黄小祥带队,省口岸办、成都海关、省出入境检验检疫局、省交通四川航务局等相关部门负责同志组成的省政府验收工作组,对宜宾水运口岸进行了验收,为时2天。

5日 世界银行代表团对汉江崔家营航电枢纽工程项目进行了为期2天的第4次现场监测。世行代表团一行听取了指挥部项目进展情况汇报,检查了施工现场,与指挥部管理人员分组针对采购、机电、移民、财务、工程、环保等情况进行了讨论交流,认为崔家营航电枢纽工程按照既定目标有条不紊地推进,对前一阶段的工程建设给予了高度评价。

6日 交通部发文对一批全国水上搜救先进单位、集体和个人通报表彰。湖北省交通厅、湖北地方海事局,恩施州地方海事局"鄂海巡0602"船、荆州市地方海事局"鄂海巡0259"船,宜昌市地方海事局程家振、荆州市地方海事局骆春征,在组织、参与水上搜救工作中表现突出,分别荣获全国海(水)上搜救先进单位、先进集体和先进个人光荣称号。

8日 长江水运发展协调领导小组办公室会议在昆明召开。会议总结了2006年11月在南京召开会议一年来,沿江七省二市推进长江水运发展的成绩和经验,检查《"十一五"期长江黄金水道建设总体推进方案》各项工作开展情况。

10日 交通部部长李盛霖、副部长徐祖远在湖北省常务副省长周坚卫、长江航务管理局局长金义华、武汉航道局局长王先登、党委书记孙志江的陪同下,冒雨登上停泊在窑监水道江面上的"航浚4号"轮,亲切看望奋战在航道一线的职工,视察枯水期航道维护及通航情况,并召开现场办公会。

△ 安徽省委副书记、代省长王三运在省政府秘书长张俊、阜阳市委书记宋卫平的陪同下,视察颍上船闸。宋卫平和省港航投资集团总经理李家俊分别向王三运汇报了阜阳市水运经济发展现状和全省水运工程建设情况。

11日 交通部部长李盛霖、湖北省常务副省长周坚卫冒雨视察荆州长江大桥防撞设施建设情况和太平口水道现场通航保障工作。

12日 温家宝总理、曾培炎副总理在新华通讯社《供中办国办秘书局信息专稿》(第2120期《长江中游窑监水道200多艘船舶积压》一文上做如下批示:"盛霖同志:南方干旱,船舶积压,要采取措施疏导。"曾副总理批示:"请交通部盛霖同志阅。年末物资运输繁重,长江来水偏少,要兼顾疏浚和航道畅通,维护好航运秩序和安全。"

△ 长江航务管理局系统趸船标识标记统一规范方案编制完成,并印发执行。

13日 长江航务管理局召开党风廉政工作汇报会。交通部检查组组长、驻部纪检组一室主任余世成介绍党风廉政工作检查程序及有关要求,局长金义华主持并汇报,局直属(在汉)单位班子成员、局机关处室正副处长、局机关直属单位党政主要领导参加了会议。

△ 交通部长江航务管理局明文同意开通长江中下游载货汽车滚装船运输航线,长江中下游滚装运输市场开发取得阶段性进展。

14日 温家宝总理在交通部呈国务院"关于长江中游水道通航情况的报告"上做如下批示:"长江航道建设要加强。交通部会同发改委、水利部、财政部要制定总体规划。"

△ 长江海事局荣获"全国海(水)上搜救先进单位"称号。

△ 国务院组织召开了"全国海上搜救电视电话会议暨国家海上搜救部际联席会议第三次会议"。河南省设立河南分会场,18个厅(局、委、办)人员以及80多名海事人员参加了会议,河南省政府副省长张大卫、副秘书长张庆义参加了会议。

△ 中国船级社武汉分社举办"学习十七大精神辅导讲座",湖北省社会科学院副院长曾成贵研究员作了《发展中国特色社会主义的政治宣言和行动纲领》的辅导报告。分社、武汉规范所、武汉分公司领导及全体职工聆听了报告。

15日 交通部长江水系航运规划办公室在江西省南昌市组织召开长江水系及西南诸河流域航运规划修编工作会议,江西省交通厅厅长蒲日新、南昌市市长助理戚学林、长江航务管理局局长金义华出席会议并讲话。

16日 中国长航集团和中国工商银行在武汉长航大厦签订《购买债转股出资协议》。中国长航集团总经理刘锡汉、中国工商银行湖北分行行长左新亚分别代表各方在协议书上签字。协议书的主要内容为:中国长航集团提前全额回购中国工商银行在中国长江航运有限公司的18.8881亿元的出资。签字仪式由中国长航集团副总经理、中国长江航运责任有限公司总经理朱宁主持。工商银行湖北分行行长左新亚、中国长航集团总经理刘锡汉先后在签字仪式上讲话。中国长航集团姚平、彭晋鸿、俞光耀、赵玉阜等领导,工商银行湖北分行的有关领导参加了当天的签字仪式。

18日 中国长航集团总部OA(办公自动化)系统开始在网上试运行。

△ 安庆港马窝港区一期标志性工程水工码头完工,整个工程转入设备安装调试阶段。

19日 安徽省交通厅要求安庆、铜陵、芜湖、马鞍山四个沿江开放港口加大港口建设费征收管理工作力度,扎实做好港口建设费征收管理工作。

20日 长江航务管理局政府网站全年访问量突破100万人次。在2007年交通部政府网站共建工作考评中,长江航务管理局荣获部直属单位共建综合考评得分和信息发布两项第一。

△ 交通公安文化建设研究书稿第三稿形成,约25万字,暂定名为《江海鉴忠诚》。

22日 交通部水运司在北京组织召开长江航道系统治理思路研讨会,副司长曹德胜传达了12月14日温家宝总理重要批示,会议就如何落实总理批示、加强长江航道系统治理等有关问题进行了深入讨论和沟通,达成了共识。

△ 交通部公安局在武汉组织召开交通公安文化建设课题研究座谈会,交通部公安局局长张玉胜,交通部精神文明建设办公室主任谷秀英,天津、大连、青岛、宁波、上海、广州等港公安局局长和长航公安局领导参加了座谈会。会上,领导们听取了"交通公安文化建设研究课题组"有关课题研究工作开展情况的汇报,对交通公安核心价值理念、研究书稿框架结构等进行了深入讨论,张玉胜局长对课题研究工作取得的初步成果给予了充分肯定,并对下步工作进行了部署。

23日 2007年第三次长江航道建设前期工作三级联系会议在天津塘沽举行,会议就贯彻温总理批示和航道建设前期工作有关重要事项进行了研究,提出了明确意见。

24日 交通行业精神文明建设检查组,对中国长航集团创建交通行业精神文明建设先进集体的情况,进行了严格检查验收。检查组对中国长航集团近年来文明创建工作给予了充分肯定。

25日 上海市地方海事局青浦区地方海事处联合江苏省昆山市地方海事处举行水上交通事故应急演习。

26日 由交通部救捞局张海平副书记任组长、部体法司熊雅静和马琳同志任组员的考核组,采取听取汇报、座谈提问、检查台账、查看现场等形式,对长江航务管理局创建全国文明行业工作进行了认真的考核。

△ 中国长航集团总经理、南京水运实业股份公司董事长刘锡汉、中国长航集团党委书记王镭共同为中国长江航运集团南京油运股份有限公司揭牌,这标志着南京水运定向增发顺利完成,南京油运江海重组完成。中国长航集团副总经理、南京水运常务副董事长朱宁在揭牌仪式上讲话,中国长航集团党委副书记、工会主席肖汉良主持揭牌仪式。此次江海重组后,南京油运江海两个板块的公司分别是:中国长航集团南京长江油运公司,中国长航集团南京油运股份有限公司。

△ 全国交通行业精神文明建设先进集体检查组一行,对长江海事局精神文明建设工作情况

进行了检查验收。

△ 长江三峡通航管理局三峡船闸处和三峡待闸锚地处顺利通过由中国长江三峡开发总公司枢纽管理局组织的 2006－2007 年度日常运行维护管理协议验收。

27 日 江西省水运工作会议在江西省南昌市召开。

△ 中国长航金陵船厂所属江苏金陵船舶有限责任公司一号 10 万吨船坞正式投产,二号船坞开工兴建。中国长航集团总经理刘锡汉、党委书记王镭、党委副书记肖汉良、扬州市市长王燕文等出席投产、开工仪式。

28 日 中国海员建设工会授予湖北省港航海事局副局长陶维号、省航道处勘测咨询公司经理彭长征第十一届“金锚奖”荣誉称号。中国海员建设工会授予崔家营指挥部工程技术处首届“全国交通建设系统工人先锋号”荣誉称号。

△ 武汉港杨泗二期主体工程通过交工验收,工程质量等级评定为优良。完工部分已投入试运行,武汉港汉阳集装箱港区的集装箱吞吐能力将达到了 50 万 TEU,提前达到“十一五”规划目标。

29 日 由安徽省港航投资集团公司与铜陵港务(集团)公司共同开发建设的铜陵港件杂货码头改扩建工程开工。副省长黄海嵩、省政府副秘书长曹勇、省交通厅厅长梅劲、铜陵市党政主要负责人及相关单位负责人参加了开工仪式。

30 日 江苏省委常委、无锡市委书记扬卫泽宣布苏南运河“四改三”无锡段航道整治工程正式开工。开工仪式由无锡市副市长吴建选主持,无锡市交通局介绍了工程概况,施工单位代表作表态发言,无锡市市长毛小平致辞,省交通厅厅长潘永和作重要讲话,省交通厅航道局局长董文虎等相关负责人出席了开工仪式。

31 日 湖北省 1000 处渡口改造全面完成。投入渡口改造资金近亿元,其中“以奖代补”资金 5000 万元,全省渡口达标率达到 66%。

△ 安徽省颍上船闸公路桥及其连接线建成通车。此工程是省“861”重点工程项目,于 2006 年 2 月开工建设,全长 820 米,设计车速为 60 公里/时,总投资为 1700 万元。

第三篇　机　构

·机　构·

【交通部长江航务管理局(简称长航局)】

·机构职责

长江航务管理局为交通部派出机构,是对长江干线航运行使政府行业管理职能的行政主管机关,受交通部委托或法规授权,行使长江干线航运行政主管部门职责,负责长江干线的航运发展规划、航运行政管理、水上安全监督、三峡坝区通航管理、港航消防治安、航运法制建设、航运科技进步等管理工作,协调长江水系14省、直辖市港航管理机构业务工作和长江水系水资源综合开发中的有关航运工作,指导长江干线水运行业精神文明建设工作。

·机构设置

机关单位　办公室、政策法规处、规划基建处(交通部长江水系航运规划办公室)、财务处、人事处(组织处、卫生监督处)、运输管理处、航道与通航管理处、科技与通信信息管理处、党委办公室(工会办公室)、纪检监察办公室(审计办公室)。

机关直属单位　离退休干部服务中心、机关服务中心、档案中心、长江航运规划研究中心、长江航务工程质量监督中心站、长江三峡工程航运办公室、长江航运信息中心、生活服务公司。

机关下属单位　长江海事局、长江航道局、长江三峡通航管理局、长江航运公安局、长江通信管理局、长江航运总医院、中国水运报(刊)社。

人员编制　2007年职工总人数1.98万人,其中离退休职工8900人。

技术力量　高级职称676人,中级职称2768人,初级职称3289人。

2007年,长航局立足“三个服务”(为长江航运服务、为沿江经济社会服务、为沿江百姓安全服务),推进“四个创新”(理念创新、科技创新、体制创新、管理创新),全面完成年初确定的十大工作任务和主要工作目标。全系统完成固定资产投资突破13亿元,长江干线货运量突破11亿吨,是密西西比河的2倍和莱茵河的3倍,规模稳居世界内河第一。干线航道及支持保障水平明显提高,长江口10.5米深水航道已上延到南京,上、中、下游一批重要航道整治工程完工。船舶运力结构不断改善,中国长航集团、民生公司等大中型航运企业效益显著。长江干线安全形势持续稳定,现代监管体系、应急体系与巡航救助一体化建设初见成效,运输监管及信息化服务能力不断增强。

地　址　武汉市汉口沿江大道134号
邮　编　430014
电　话　(027)82767481
传　真　(027)82818377
网　址　http://www.cjhy.gov.cn

(长航局)

【长江海事局】

长江海事局是1999年10月经国务院批准设置的交通部直属14个海事局之一。其前身是1965年经国务院批准成立的交通部长江航政管理局,1989年7月更名为交通部长江港航监督局,1999年10月成立长江海事局。代表国家依法履行水上安全监督管理职责,管辖长江重庆至安徽段全长2100公里干线、1000公里支流(汉河道)水域和19个水库(湖泊)。辖区主要港口有23个,年吞吐量2.5亿吨;码头1033座;已(在)建大桥53座;渡口1043处,渡船1097艘,年渡运量4000万人次。常年航行辖区船舶6万艘,涉及船公司2000多家。其中“四客一危”船公司300家,“四客一危”船舶5000艘,年客运量5000万人次,危险货物运量25000万吨。管理注册船员8万余人,持证船员3.5万人。

2007年,长江海事局下设重庆、三峡、宜昌、荆州、岳阳、武汉、黄石、九江、安庆、芜湖等10个直属海事局和58个海事处,以及长江通信管理局、长江引航中心、职工培训中心3个局属单位。现有职工7700余人,执法车船800余艘(辆),固定资产9亿多元。局内设16个部门(分别是局办、财务处、计划处、人教处、信息处、装备处、审计处、通航处、船舶处、船员处、船检处、法规处、党办、组织部、纪检办、工会办)和一所三中心(分别是法规研究所、信息中心、离退中心、机关生活服务中心)。

地　址　武汉市解放大道1525号
邮　编　430016
电　话　(027)82422242
传　真　(027)82426348

(长江海事局)

【长江航道局】

·概况　长江航道局隶属交通运输部,是具

有行政管理职能的公益性事业单位。主要从事长江干线航道规划、建设、管理、养护和航养费征稽等工作，在长江沿线七省二市设有南京、武汉、宜昌、重庆、泸州、宜宾等6个区域航道局，下辖17个航道处、115个航道站(航道管理处)、15个勘测处(测量队)、37个通行信号台、25个雾情观察台、4个修造船厂；南京、武汉、宜昌、重庆4个航道工程局及科研、培训、测量、救捞等4个支持保障单位。

2007年，除维护四川宜宾至江苏浏河口2652.3公里的长江干线主航道外，同时还维护海轮航道、缓流航道、副航道、小轮航道、专用航道、支流航道1835.2公里，维护总里程达4487.5公里，共设助航标志5000余座。截至年底，共有职工9275人，在岗职工8136人，其中具有高级职称的275人。持有国家建设部颁发的港口与航道工程施工总承包特级、市政公用工程总承包一级施工企业资质证书和国家测绘局颁发的甲级测绘许可证，并通过了质量、环境、职业健康安全(Q/E/OHS)一体化管理体系认证。全局拥有多种类型配套齐全的工作(程)船舶600多艘，陆地施工设备500台套，拥有固定资产约36亿余元，具有年水下炸礁200万方、年疏浚9000万方、年水道、陆地测绘70000换算平方公里的能力。与此同时，积极开展对外工程经营，业务涉及航道维护整治、疏浚吹填、土石方工程、水工工程、公路工程、市政工程、水利工程、救助打捞、沿海港口及内河水道测量、航标设置、码头、港口航道工程勘察设计及教育培训等。承担了许多大型工程设计和施工任务，足迹遍及海内外。其中马尾、海口、锦州、深圳、珠海等港口吹填；香港、澳门机场填海造地；上海金山化工区、河北曹妃甸工业区吹填、厦门环岛路吹填造地；长江口深水航道疏浚；三峡库区炸礁；界牌、碾子湾、张南等河段综合治理；武汉市龙王庙水下治理、江滩整治、汉江整治工程，以及泰国、缅甸、文莱等国疏浚吹填工程，都是长江航道局近年来总承包或参与建设的较大工程。

面对长江航道发展的黄金机遇，根据交通运输部的统一部署，长江航道局在科学发展观的指引下，按照“深下游、畅中游、延上游”的总体建设思路，大力实施《长江干线航道发展规划》，全面构建“畅通航道、数字航道、文明航道、和谐航道”，不断提升公共服务水平和能力，为长江航运的大发展提供更加有力的技术支持和基础保障，为沿江经济和社会的发展作出更大贡献。

·工作职责　长江航道局按照国家关于航道建设、养护、管理和规费征稽的方针、政策、法律、法规、规章及有关技术标准，对长江干线航道进行维护管理；制定长江干线航道的发展规划，实施航道治理建设；依法进行航道行政管理，保护航道和航道设施；负责长江航道养护费征收。

·机构设置　根据长江航务管理局《关于成立长江宜宾航道局的批复》(长航人[2006]279号)和长江航道局《关于调整长江航道测量中心隶属关系的通知》(航道办人劳字[2007]52号)文件，长江宜宾航道局、长江航道测量中心分别于2007年3月18日和9月30日挂牌成立。长江宜宾航道局成立后，其辖区航道航标由长江泸州航道局代管。

2007年，长江航道局直接从事航道维护管理的下设机构有南京、武汉、宜昌、重庆、泸州、宜宾6个区域航道局和1个长江航道测量中心，17个航道处，115个航道站(航道管理处)，15个勘测处(测量队)，37个通行信号台，10个专职雾情观察台，15个兼职雾情观察台。长江干流庙河－中水门59公里河段航道，由长江三峡通航管理局三峡航道局维护管理，下设4个航道站。

地　址　武汉市解放公园路16号
邮　编　430010
电　话　(027)82767633
传　真　(027)82733794
邮　箱　cjhdjjb@263.net

(长江航道局　茅生斌)

【长江三峡通航管理局(简称三峡局)】　三峡局是交通部长航局设立在湖北省宜昌市，主管长江三峡河段(庙河至中水门，全长59公里)通航业务，具有行政管理职能的事业单位。主要负责长江三峡、葛洲坝水利枢纽通航建筑物及其配套设施的运行、维护、管理和辖区水域的通航安全管理工作。

三峡局以“服务三峡工程建设、服务长江航运事业、服务地方经济发展”为宗旨，以创建全国“文明样板航道”、湖北省“最佳文明单位”为主线，全局广大干部职工团结奋进、务实创新，全面提升三峡通航服务水平，有力保障了辖区水域的安全畅通，树立了交通行业良好的窗口形象。2001－2002年、2003－2004年度被授予省市两级“文明单位”、2003－2004年度省级最佳文明单位。辖区河段2003年被授予全国“文明样板航道”称号、2005年被授予全国交通运输十佳文明畅通工程。局属“三峡水上政务中心”被授予交通部“文明示范窗口”，三峡船闸管理处被中央文明委授予“精神文明建设工作先进集体”，葛洲坝一号船闸集控室被评为全国“青年文明号”单位，三峡船闸集控室被评为省市两级“杰出青年文明号”单位。

2007年4月29日，在湖北省工会庆祝“五一”国际劳动节暨五一劳动奖状、奖章表彰大会上，三峡局荣获2007年湖北省五一劳动奖状，成为长航系统第一个获得湖北省五一劳动奖状的单位。

三峡局着力塑造“服务型通航”品牌形象，提出了“服务沿江经济发展和库区移民、服务三峡工程、服务航运企业”的“三个服务”的管理目标，取得了良好的社会效益。

地　址　湖北省宜昌市三峡坝河口
邮　编　443133
电　话　(0717)6963228
传　真　(0717)6613077

（三峡局　何　宁）

【长江航运公安局（简称长航公安局）】 2002年，国务院、中编办和交通部相继下发《国务院关于长江港航公安管理体制改革有关问题的批复》（国函[2002]1号）、《关于批复长江航运公安局机构设置和人员编制的通知》（中央编办复字[2002]181号）和交通部《关于长江航运公安局主要职责、机构设置和人员编制的通知》（交人劳发[2003]245号），明确长江港航公安机构作为国家治安行政力量和刑事司法力量的重要组成部分，行使跨区域的中央管理水域的公安管理事权，明确长航公安民警纳入国家行政编制，所需经费由中央财政负担。

2007年，长航公安局机关内设8个业务处室、2个党的工作机构和5个实战单位。在长江干线设泸州、重庆、万州、宜昌、荆州、岳阳、武汉、黄石、九江、安庆、芜湖、南京、镇江、苏州、南通、上海等16个公安分局和1所长江航运人民警察学校（交通部公安民警培训中心）。

主要工作职责：一是贯彻执行国家有关法律法规和公安部、交通部有关公安保卫工作的方针、政策；二是负责实施长江中央管理水域治安行政管理工作，查处治安案件，维护治安秩序，保障客货运输安全；三是负责侦破发生在长江中央管理水域的各类刑事案件，预防、制止和打击各类刑事犯罪活动；四是负责长江中央管理水域水上设施、船闸和客运、货运船舶治安保卫工作，负责反恐怖、反劫船等工作，处置突发性事件；五是负责长江中央管理水域航行、停泊、作业的中外民用船舶、水上设施、趸船、码头的消防监督管理工作；六是负责长江中央管理水域外籍船舶、船员、旅客等出入境管理工作，查处涉外案件；七是负责长江中央管理水域的警卫工作；八是负责长江航运公安机关党的建设和队伍建设；九是承办上级交办的其他工作。

地　址　湖北省武汉市黄陂街10号
邮　编　430021
电　话　(027)82766806
传　真　(027)85704586

（长航公安局　桑汉成）

【长江通信管理局（简称通信局）】 通信局为交通部所属的长江干线水上安全通信管理的主管部门，负责泸州至上海2800余公里长江干线水上安全通信的行政管理和保障工作。

其主要职责为：贯彻国家及交通部关于水上安全通信发展战略、方针、政策和法规；拟定长江干线水上安全通信的有关规章制度、技术标准和规范、长江干线水上安全通信发展战略，组织编制长江干线中长期规划和年度计划，报经批准后负责组织实施；负责长江干线无线电台设置审批、船舶电台执照核发、进网船舶登记、发证、年审和备案、通信纪律纠察管理、通信秩序的维护、船舶航行通告、安全警告等各类水上安全信息的发布、长江水上安全通信、应急通信、危险水域及重点控制河段专项通信以及军运、战备、警卫通信保障工作；同时，还要开展对长江干线船舶电信业务岸台费的征收、管理和稽查等工作。

2007年，通信局实行局、直属局、处三级管理体制，下辖重庆、宜昌、武汉、芜湖、南京、上海6个通信管理局和重庆、涪陵、万州、巴东、宜昌等24个通信管理处。全局拥有固定资产近6亿元。

长江安全通信专网是长江船舶安全航行的重

要保证,是长江航运实现可持续发展战略的基础和前提。它在为航运的安全监督、遇险救助、航道维护、调度指挥及管理决策等方面发挥着极其重要的作用。

"面向水系、面向用户、面向市场,创一流服务和效益,质量第一,用户至上,诚信服务"是通信局的工作宗旨。通信局期待长江水系各港航客户及沿江企、事业单位进入长江航运通信网。我们将以准确、迅速、安全、方便的通信服务,为促进长江航运事业的发展作出积极的贡献。

地　址　武汉市江岸区合作路16号
邮　编　430014
电　话　(027)82763944　82767510
传　真　内线:(0310)3631
　　　　外线:(027)82761598

(长江通信局　党委工作部)

【长江航运总医院·武汉脑科医院(简称长航总医院)】 长航总医院隶属交通部长航局,是一所具有50多年发展历史的集医疗、教学、预防保健、科研于一体的三级综合医院,是一所非营利性医疗机构,是武汉市城镇职工基本医疗保险定点医院、江岸区交通事故救治定点医院,武汉市新型农村合作医疗转诊定点医院,是长江"水上110"联动搜救定点医院,武汉大学医学院等10余家院校的教学医院。

2007年,长航总医院在职职工776人,卫生专业人员593人。其中高级职称74人,中级职称259人,初级职称260人,行管工勤人员183人。病床设置为552张,设17个临床科室,42个医疗专业,14个医技科室;下设卫生所4个,社区医疗站及医务室7个,开设专家门诊28个。新增主要医疗设备有:1.5T磁共振(MR)、介入数字血管造影机(DSA)、螺旋CT、彩超、腹腔镜、肾透析机、动脉硬化诊疗仪、数字X光机(DR)、前列腺电切设备、碎石机、高压氧设备等一系列现代化的医疗设备及设施。医院占地面积3万余平方米,建筑面积4万多平方米。

2007年,长航总医院门诊工作量为185558人次,住院病人收治量近4600人次。医疗工作质量:甲级病案率为90.70%,处方合格率为97.7%。医疗事业收入保持了大于5%的增长,医疗服务范围开发工作取得了新成绩。

这一年,长航总医院顺利完成事业单位职工收入分配制度改革的工资套改和工资补发工作。这是20余年来医院涉及资金总量最大的一次工改和工资调整,共800余万元。

地　址　武汉市惠济路1号
邮　编　430010
电　话　(027)82451091
传　真　(027)82451091

(长航总医院　王春兰)

【中国水运报刊社】

·《中国水运报》　《中国水运报》创刊于1984年7月1日,由交通部主管、中国水运报刊社主办,是中国传媒领域唯一报道中国水路运输为主要内容的报纸。《中国水运报》是社会各界了解我国水路运输的权威媒体,也是世界各国全面了解和观察我国水路运输进步和发展的重要窗口。"专业服务行业,新闻创造价值"是《中国水运报》的理念;"行业主流媒体,水运权威报道"是《中国水运报》的追求。

·《中国水运》杂志　《中国水运》杂志创刊于1979年10月,由交通部主管、中国水运报刊社主办,面向全国公开发行的综合性月刊。《中国水运》杂志坚持为我国水运事业发展服务的办刊宗旨,宣传党和国家发展水运的方针政策,阐释国际国内水运法律法规,普及推广水运科技成果,分析水运市场经济形势。是交通运输从业人士的必读刊物。

·中国水运网　中国水运网(www.zgsyb.com)以交通水运行业信息为资源,以打造信息资源平台为己任,依托政府资源、行业资源和关联资源为生产对象,精心整合,全面展示交通水运行业发展趋势,全面快速传播交通行业资讯。

报纸编辑部:
电　话　(027)82767376　82818431
传　真　(027)82836021
记者部:
电　话　(027)82780546(传真)
杂志编辑部:
电　话　(027)82767375
总编室(中国水运网):
电　话　(027)82763414
广告经营中心:

电　话　(027)82767441　82833979
传　真　(027)82830904　82805876
通联发行部:
电　话　(027)82767977
计划财务部:
电　话　(027) 82767409
党政办公室:
电　话　(027)82767465
传　真　(027)82805539
地　址　武汉市青岛路7号青年大厦15楼
邮　编　430014

(中国水运报刊社　吴运福)

【中国船级社武汉分社(简称武汉分社)】　武汉分社是中国船级社(CCS)的直属机构,下辖宜昌分社、九江办事处、黄石办事处、沙市办事处等4个三级单位,船舶检验业务范围上至宜昌、下至九江;船用产品检验业务覆盖湖北、湖南、江西、河南等4省份。

2007年,武汉分社有职工141人,其中专业技术干部136人,占职工总数的96.5%,具有高级技术职称的有82人,占专业技术干部的60.3%;在专业技术干部中具有研究生以上学历的有9名,占在职人员人数的6.4%;有21人具有国外检验的经历,有1人具有参加国际会议的经历;同时,还拥有一批一专多能的专业技术干部。包括ISO9000国家注册审核员6人,ISO14000审核员3人,OHSAS18001职业安全卫生管理体系审核员3人,A类ISM审核员4人,ISPS审核员3人,NSM审核员16人,监理工程师5人,安全评估人员2人,保险公估人员2人,注册资产评估师1人。

武汉分社以科学发展观统领各项工作,坚持以稳定为核心,坚持以发展为前提,坚持以调整为动力,坚持以制度为保证,促进了分社平稳、健康、和谐全面发展。

地　址　武汉市六角亭新路128
邮　编　430022
电　话　(027)85859491
传　真　(027)85856274

(武汉分社　曹树槐)

【中国船级社武汉规范研究所(简称武汉规范研究所)】　武汉规范研究所是中国船级社的直属机构,成立于1985年7月1日(原为中华人民共和国船舶检验局河船规范科研所),1998年7月更名中国船级社武汉规范研究所。2001年3月,正式成为直属中国船级社领导的独立单位。

2007年,武汉规范所党政领导班子在统一思想、提高认识的基础上,提出了发展新思路,即围绕"一个核心、三个重点"的工作目标,认真贯彻落实全国交通工作会议和系统工作会、安全质量工作会,以及全国水运工作会议精神,在确保安全质量的前提下,坚持"安全、质量、改革、发展"的工作方针,切实抓好领导班子建设、党风廉政建设和思想政治工作,认真落实科学发展观,以求真务实的工作作风努力开拓、大力抓好人力资源建设,优化内部管理,使规范科研能力、审图能力得到提高,服务质量受到用户好评。全年承担规范科研项目共26项(其中2007年新立项15项,跨年度项目11项;已通过评审的项目9项;受理审图申请143项,其中入级船舶图纸13套、国内入级船舶图纸63套、国内持证船舶图纸69套。完成各项收入528.96万元,为年计划的105.8%,全面完成总部下达的财务指标和各项工作任务。

地　址　武汉市六角亭新路128
邮　编　430022
电　话　(027)85864953
传　真　(027)85865165

(规范研究所　熊　军)

【中国船级社武汉培训中心(简称武汉培训中心)】　中国船级社武汉培训中心是中国船级社的直属机构,成立于1985年(原为中华人民共和国船舶检验局武汉培训中心)。2001年中国船级社科研体制改革,确定武汉培训中心纳入支持保障体系,其行政关系由武汉规范研究所代管,业务关系由总部直接管理。

武汉培训中心主要负责中国船级社在职干部的培训工作,同时根据总部的指示承担部分地方船检人员的培训。以培训需求信息为纽带,积极参与适应形势要求的CCS基于目标的培训体系(GBTS)的构建工作。2007年先后为系统及地方政府举办各类培训班9期,培训学员640余人次,并编制出第一本为验船师量身订制的无损检测技术教材,填补无验船师无损检测教材的空白,受到行业专家和验船人员的充分肯定,为中国船级社系统干部和地方验船人员知识更新做出了贡献。

地 址 武汉市六角亭新路128

邮 编 430022

电 话 (027)85863924

传 真 (027)85869461

(规范研究所 熊 军)

【中国长江航运(集团)总公司(简称中国长航集团)】 中国长航集团以江海联运为核心能力,是我国航运企业中唯一能实现远洋、沿海、长江、运河全程物流服务的航运企业,也是国家首批57家试点企业集团和计划单列企业集团之一,现为国务院国有资产监督管理委员会管理的大型企业集团。

截至2007年底,中国长航集团拥有资产总额412亿元,从业人员约7万人。现有全资子公司18家、控股子公司1家、境外子公司1家,分布在长江沿线江苏、安徽、江西、湖北、湖南、四川与上海、重庆等6省2市和深圳、珠海两个经济特区,并在沿江沿海各大港口,在美国、德国、新加坡等国家和香港地区设有子公司、合资公司和驻外机构。按照国资委对中央企业主业定位的要求,中国长航集团主要经营水上运输、船舶制造及修理、物流和相关配套服务,其中以水上运输为核心主业。水上运输主业拥有和控制各类运输及辅助船舶2800余艘,载货吨600余万吨,主要提供煤炭、矿石、建材、非金属矿、钢铁等干散货、石油、集装箱运输,液化气、滚装、散装水泥及沥青等特种运输服务。航线覆盖长江干线及主要支流,辐射沿海、近洋、远洋,已开辟了远洋石油环球运输及干散货远洋运输航线。目前,海上运输周转量已占集团总量的70%以上,初步形成了以长江为基础,以江海直达、江海联运为特色,沟通沿海、远洋,跨地区、跨国经营的外向型发展格局。

中国长航集团造船工业有7个大中型船厂。2007年造船产值近100亿元,占长江造船企业总产值的20%以上,能建造10万吨级以下各类型船舶,主要出口到欧美市场,已成为我国造船工业出口创汇的重要基地。同时,还提供机电、港机、钢结构等非船产品业务。旅游产业拥有各类涉外、国内旅游船29艘,其中三至五星级涉外豪华游船18艘,涉外游船年接待量达10余万人次,占长江游船接待量的1/3左右,是长江上最大的旅游企业,曾多次完成党和国家领导人及外国元首政要警卫接待任务。燃油贸易产业与中国石化联营,年销售燃油量突破180万吨,占长江水上燃油销售量的60%以上。此外,还经营房地产开发、汽车服务、酒店餐饮、对外经济技术合作,以及进出口贸易、计算机网络开发等相关多元业务。

中国长航集团坚持“诚信、优质、共赢”的经营理念,长期以安全、优质、高效的服务,支持事关国家命脉产业的发展,创造了较好的经济效益和社会效益,为沿江经济发展和社会进步作出了不可替代的贡献。中国长航集团年货物运输能力近2亿吨,实现的长江货运量占长江水系总量约25%,货运周转量约占50%。其中重点物资如矿石运量约占80%,原油运输达100%。同时,中国长航集团在军事交通战备保障、抗洪抢险以及国家重要接待任务中,发挥了国有企业“主力军”作用,被誉为“长江国家队”、“国宾船队”。

地 址 武汉市沿江大道69号

邮 编 430021

电 话 (027)82767455

传 真 (027)82767043

邮 箱 office@ china - csc. com

网 址 http://www. china - csc. com

(中国长航集团)

【中国长航集团上海长江轮船公司(简称上海公司)】 上海公司是国务院国资委监管的中国长航集团的核心成员。公司成立于1952年,是以游船旅游和航运物流为主体,集船舶修造、房产开发、汽车服务、医疗和培训等经营业务为一体的大型综合性航运企业。

上海公司根据客户需求和市场发展的趋势,致力于服务长江三峡旅游、黄浦江旅游和长江、沿海、近洋集装箱客户以及外贸件杂货客户。同时,公司为客户提供国际船舶代理、国际货物运输代理、集卡运输、码头装卸、船舶修造等航运业务的服务。公司经营的长江三峡旅游船队,其规模是国内最大的涉外船队,具有丰富的专业管理经验和高品质的服务;公司开辟的黄浦江及长江下游经典航线,引领滨水旅游新时尚;公司集装箱运输形成洋山港“穿梭巴士”和近洋“长航快航”的服务品牌;公司汽车服务以其规模和服务跃居行业前列,房产开发打造长航精品楼盘;公司医疗与职业培训为社会提供优质服务。

2007 年,上海公司以长江航运专业化的优势、先进的理念、良好的信誉,竭诚为中外客户提供安全、优质和个性化服务,创造客户价值最大化,寻求公司与客户的友好合作和持续发展。

地　址　上海市张杨路 800 号

邮　编　200122

电　话　(021)58351355

(上海公司)

【中国长航集团南京长江油运公司(简称南京公司)】　南京公司是中国长航集团下属的全资子公司,是以航运业和船舶修造业为主,船舶代理和船舶服务、房地产业和物业管理、油品经营和化工贸易为辅的综合性企业。公司现有员工 4200 多人,净资产为 13.99 亿元人民币。

2007 年底,南京公司实施了江海重组的战略调整,成功地实行海上资产整体上市(长航油运:证券代码:600087)。目前,南京公司持有长航油运 48.96% 的股权。公司秉承“诚信、优质、共赢”的经营理念,致力于企业的生产、经营和管理工作,竭诚为客户提供全方位的水上石油化工品物流和船舶修造及其配套服务,全面提升企业的核心竞争力。公司航运业根据 ISO9001 标准,率先建立了安全管理体系并持续改进;船舶修造业通过中国船级社 ISO9002 质量体系认证;房地产业按照 GB/19001 - 2000idtISO9001:2000 的要求,建立并通过了质量管理体系认证等等。公司党委按照 ISO9000:2000 标准,创建并运行了《南京长江油运公司党群管理体系》;构筑并实施了彰显油运个性的企业文化体系,全面打造并运行了信息化办公平台。

南京公司先后荣获“全国五一劳动奖状”、“全国交通行业先进集体”、“江苏省文明单位”、“中央企业先进基层党组织”、“江苏省企业文化优秀奖”等一系列荣誉称号,公司领导班子被中共中央组织部和国务院国资委党委授予“全国国有企业创建‘四好’领导班子先进集体”荣誉称号。

地　址　南京市中山北路 324 号

邮　编　210003

电　话　(025)58586960

(南京公司)

【中国长航集团武汉长江轮船公司(简称武汉公司)】　武汉公司是中国长航集团下属的全资子公司,其投资经营的范围包括水上交通运输业及配套服务业(燃油、物料、配件供应等)、造船修船业、房地产业、旅游业、酒店餐饮服务业、商贸业(船贷、货贷及钢材代理)、国际劳务输出业、冷气安装业、资产经营等,其中水上交通运输业包含大宗干散货运输、液化气运输、汽车滚装运输等。

2007 年,武汉公司下辖全资子公司 18 家及控股公司 3 家,代管中国长航武汉客司。公司拥有干散货、液化气、汽车滚装及散装水泥船舶 102 艘,主机总功率6614.2 千瓦,总载货28119 吨。公司在抓好干散货及特种运输的同时,坚持走水陆并举的兴企之路,充分发挥地域、管理、技术方面的优势,发展壮大船舶修造以及陆上多元产业。公司所属工业公司——武汉长轮船舶工业修造厂,是经湖北省武汉市两级船检部门评审认可的一级船厂,下辖汉华船厂、汉新船厂、汉英机械设备厂、武昌坞修厂和劳务公司。

地　址　武汉市汉口大兴路 75 号

邮　编　430021

电　话　(027)82763115

传　真　(027)85666056

网　址　http://www.csc - wh.net.cn

(武汉公司)

【中国长航集团重庆长江轮船公司(简称重庆公司)】　重庆公司系中国长航集团在重庆地区的全资子公司。公司历史悠久,其前身可追溯到清朝末年官督商办的长江航运企业。新中国成立后,经过数十年发展,公司已成长为西南地区具有较大规模、综合实力较强,经营水上运输、船舶工业、长江国内轮船旅游、码头物流、房地产开发、汽车服务、酒店、救助打捞等产业的综合性航运企业。

截至 2007 年底,重庆公司拥有资产总额 26 亿元,年销售收入 10 亿余元,拥有各类运输船舶 354 艘、1 万客位、44 万载重吨、10.9 万千瓦主机功率。其中“长航江山”系列国内豪华游船 10 艘,“朝天宫”豪华两江游船 1 艘,新型集装箱船 18 艘,大型拖轮 37 艘,普通自航货船 6 艘,驳船 282 艘。具备年承运长江国内游客 80 万人次、货物 600 万吨、集装箱 10 万 TEU 的运输能力,年造船 8 万综合吨的生产能力。公司拥有全资子公司 15

家,并在长江沿线设有驻外机构。拥有员工7000余人,其中有享受国家级政府特殊津贴的高级专家10余人,中高级专业职称的管理技术人员、高级技工1000余人。公司坚持“诚信、优质、共赢”的经营理念,以优质的产品和高效的服务,为长江流域的经济建设和长江航运的发展作出了突出贡献,创造了较好的经济效益和社会效益。尤其在三峡工程建设及三峡移民运输、军事交通战备保障、抗洪抢险、重点物资及大型设备运输、编制库区新航法和国家重要接待任务中,公司发挥国有骨干企业的“主力军”作用,保证了各项任务的完成。

地　址　重庆市渝中区陕西路22号长航大厦

邮　编　400011

电　话　(023)63772106

传　真　(023)63833782

网　址　http//www.csc-cq.com.cn

（重庆公司）

【中石化长江燃料有限公司(简称中长燃公司)】

中长燃公司是由中国石化集团公司和中国长航集团共同投资组建的全国最大的内河水上成品油销售企业,曾荣获全国“五一劳动奖状”。公司经营范围为石油产品的销售、代供、贸易、运输和储存,并具有外贸船舶保税油经营资质。总部设在武汉,其下辖重庆、万州、宜昌、荆州、岳阳、武汉、黄石、九江、安庆、芜湖、南京、镇江、上海、江苏、宁波、深圳等分公司或控股公司;拥有水上加油站90座,其中行业星级加油站33座,各类船舶200余艘,大型油库4座,分布于长江及沿海八省二市,年水上燃油经营能力200万吨。

2007年,中长燃公司奉行“诚信服务、关爱客户”的经营宗旨,以“三全”为标志,即地域上的“全方位服务”,凡持公司所属任何一个分公司的销售单,便可在分布于长江全线中长燃公司的任何销售点受供;既可定点供应,也可送油到户,具有一票通长江的独特优势。时间上的“全天候服务”——所有销售网点均保证一年365天,天天加油,一天24小时,时时供应。功能上“全品种服务”——除成品油外,还可供应润料、淡水、煤炭,并为客户代购船舶配件及日常生活用品。率先在长江全线实行“六通”工程,即“一证通、一票通、一卡通、一网通、一报通和一信通”。

中石化长江燃料有限公司的成立运作,标志着由两大企业集团优化资源市场,实施强强联合,共同打造的长江水上石油销售航空母舰正式启航。公司将按照现代企业制度的要求,逐步形成以营销管理为中心,基础管理为根本,专业管理为保证的管理体系,以“高起点、高质量、高效率”,创“一流服务、一流品牌、一流效益”,为长江流域的经济发展作出新的贡献。

地　址　武汉市旅顺路1号

邮　编　430010

电　话　(027)51277888;51277900

传　真　(027)51277880

网　址　http://www.zshcr.com.cn

（中长燃公司）

【长航凤凰股份有限公司(简称长航凤凰)】　长航凤凰是我国内河经营干散货专业化运输规模最大,江、海、洋全程物流实力最强的企业,母公司为中央直管企业中国长航(集团)总公司。

长航凤凰总部设在“九省通衢”的武汉,公司拥有和控制各类干散货运输船舶1500艘,载重吨260万吨,主机功率34万千瓦,控股及合资公司12家。

2007年,公司在宁波、上海、南京、徐州、芜湖、重庆等大都市,沿江、沿河、沿海主要港口及境外设有30多家分支机构,建立了辐射长江流域和南北沿海的揽货网络及中转配送服务体系。

地　址　武汉市江汉区民权路39号

邮　编　430021

电　话　(027)85321845;85703197

传　真　(027)82763929

网　址　http://www.csc-hy.com.cn

邮　箱　csc-hy@tom.com

股票简称　长航凤凰

股票代码　000520

（长航凤凰）

【中国长航集团船舶重工总公司(简称长航重工)】　长航重工是中国长航集团下属的全资子公司。下辖金陵船厂、江东船厂、青山船厂、宜昌船厂、红光港机厂、长航电机厂,以及中国长航对外经济技术合作总公司等企业。

长航重工拥有1～5万吨船台25座,10万吨级、20万吨级干船坞各1座,16000吨举力浮坞1座,100～500吨大型门吊24座,以及多条先进的钢材预处理生产线、船体分段加工流水线和高精度数控切割设备。技术力量雄厚,可按照LR、GL、ABS、NK、DNV、BV、CCS等船级社标准,自行设计、建造20万载重吨以下各类化学品船、油轮、集装箱船、干散货轮、滚装船、浮船坞、气体运输船以及海洋工程船舶。目前,长航重工正在积极推进技改工程,2010年年造船能力将超过450万载重吨。

长航重工以"建造一流船舶,提供一流服务"为宗旨,在国际造船市场成功打造了一批产品品牌,其中18500T双相化学品船、MR油轮、3750T全环保型电力推进成品油轮、A380中客车飞机构件专用运输船、10300吨RORO船、19100吨和30000吨重吊船、57000吨和92500吨散货船等船型成为知名品牌。产品出口德国、英国、意大利、挪威、希腊、法国、荷兰、瑞典、香港等20多个国家和地区,深得船东好评。港机产品有5～50吨级各类起重机,广泛应用于港口、铁路等起重作业。电机产品以生产冶金、起重、防爆电机以及特种电机为主,与荷兰阿拉旺斯(ALEWIJNSE)公司合资生产销售船用配电系统,产品已进入国际市场。

地　址　武汉市沿江大道69号
邮　编　430020
电　话　(027)82767455
传　真　(027)82763631

(长航重工)

【上海市航务管理处、上海市地方海事局、上海市船舶检验处(简称上海市航务处)】　上海市航务处隶属上海市港口管理局,同时挂"上海市地方海事局"与"上海市船舶检验处"牌子,行使上海水路运输管理、内河港口管理、地方海事管理以及地方船舶检验职能。内设11个科室、3个中心、5个直属单位,年度占事业编制数317人,专业技术人员196人;大专学历105人,本科学历92人,硕士以上14人;在聘中级职称59人,高级职称8人。

2007年,上海市航务处围绕积极配合建设上海国际航运中心和推进上海内河航运事业发展的主线,以及"加强五项建设,提高五种能力"的工作目标,推动管理创新,构建和谐航务。通过抓薄弱环节强化安全监管,抓信息科技提升管理手段,抓队伍建设推进依法行政,抓海事文明增强"三个服务"理念,加强监督管理力度,突出"四区一线"重点水域,"四客一危"重点船舶,"四季三节"重点时段和"四船一链"重点环节等水运安全监管重点,加大专项整治力度。将经营性挂桨机船禁航范围扩大全市辖区,并对非经营性挂桨机船舶禁航问题进行了研究,水上具体安全四项指标全面下降。与此同时,不断加快信息化建设步伐,内河船员管理信息系统、船舶检验发证管理信息系统相继投入使用,规费稽征、行政执法、港航管理、船舶签证等信息系统正在开发或试运行,危险品码头视频监控系统、应急指挥系统正加紧建设。

2007年,上海市航务处被评为上海市2005－2006年度文明单位。

上海市航务管理处(上海市地方海事局)下属机构名录一览表,详见《长江航运年鉴》(2007卷)第三篇"机构"第247页。

地　址　上海市中山东一路13号
邮　编　200002
电　话　(021)63236995
传　真　(021)63236508

(上海市局　王　涛　龚申庆)

【浙江省港航管理局、浙江省地方海事局、浙江省船舶检验局(简称浙江省港航局)】　浙江省港航管理系统实行"四合一"管理体制,行政上实行条块结合、以块为主的管理模式,即在省交通厅下设浙江省港航管理局,机构规格为副厅级,同时挂省地方海事局、省船舶检验局、省航道管理局的牌子,履行港口管理、航道管理、地方海事管理、水路运输管理和船舶检验等5大职能,实行一套班子领导。

2007年,浙江省港航管理系统共有职工3863人。局机关有职工84人,其中局领导6人。单位内设办公室、组织人事处(监察室)、计划财务处(征收稽查处)、工程建设处、船舶检验处、海事处、运政管理处、港政管理处、航道航政处、综合处(管委员综合处)、科技设备中心等部门。另在杭州、嘉兴、湖州、绍兴、金华、丽水、衢州等7个内河地级市设市港航管理局(处)(行政上隶属所在市交通局领导),在市区设直属港航管理处(所),县(市)设港航管理处(所)[行政上,杭州各处(余杭除外)隶属杭州市港航管理局领导,其他隶属县交通局领导],在水运比较发达的乡镇设港航管理所(站)。履行港口管理、航道管理、地方海事管理、水路运输管理和船舶检验等5大职能。与此同时,在宁波、温州、舟山、台州、嘉兴等沿海港口地级市设港航(务)管理局,宁波市港航管理局在行政上隶属宁波市交通局领导,其他隶属所在市政府领导。温州在市区和各县(市)设分局;宁波在市区、镇海、北仑设直属所,在各县(市)设港航管理所(处)(行政上隶属县交通局领导);台州在各区(县、市)设港航管理所(处、分局),行政上隶属所在区(县、市)交通局领导;舟山在定海、普陀设直属分局,在嵊泗、岱山设港务分局与交通局合署办公。履行港口管理、航道管理、水路运输管理和船舶检验等4大职能。

地　址　杭州市湖墅南路118号文晖大厦

邮　编　310005

电　话　(0571)88909577

传　真　(0571)88909392

（浙江省局　吴永平）

【江苏省交通厅航道局(简称江苏省航道局)】

江苏省航道局隶属江苏省交通厅,受省厅的委托,负责全省航道(不含长江)、交通部门所属通航船闸的建设、维护等行业管理;承担航政管理及内河航道、船闸重点建设资金筹集;承担年度养护收支计划的编制和航道、船闸、规费的征稽管理等工作。

2007年,江苏省航道局领导班子由董文虎等九人组成,科室设置为办公室、政工科、政策法规科、航政科、综合计划科、财务审计科、规费征稽科、工程管理科、养护管理科、科技信息科、纪检监察室等11个。同年8月,根据江苏省交通厅苏交政[2007]98号《关于成立连云港港疏港航道工程建设协调领导小组和现场指挥部的通知》精神,组织成立了"连云港港疏港航道工程现场指挥部项目管理办公室",负责连云港港疏港航道工程建设;在没有增加人员编制情况下,从省厅航道局及全省航道单位抽调人员组成。8月18日正式挂牌办公,属省交通厅领导,省厅航道局管理,两快牌子一套班子。

江苏省航道局领导班子:

总支书记、局长　董文虎

副局长　黄　岩　管　胜

副书记　张鸿飞

助理调研员　孙宝林　王　鹏　姚建卫

连云港港疏港航道工程现场指挥部助理　徐　斌

局长助理　丰　玮

地　址　江苏省南京市七家湾29号

邮　编　210004

电　话　(025)52885800

传　真　(025)52855850

连云港港疏港航道工程现场指挥部项目管理办公室领导班子:

总指挥　杨根林

副总指挥、项目办主任　董文虎

副总指挥、项目办副主任　黄　岩

总指挥助理　徐　斌

办公室下设:综合部、计划部、工程部、财务部。

地　址　灌云县伊山镇盐河东路1号

邮　编　222200

电　话　(0518)88896612

传　真　(0581)88896612

（江苏省局　徐秋敏）

【江苏省交通厅港口管理局(简称江苏省港口局)】　江苏省港口局是经江苏省政府研究同意成立的江苏省交通厅内设副厅级机构。

2007年,江苏省港口局设两个职能处室:港口规划处和港务管理处,编制12名。

主要职责:贯彻执行国家有关港口的方针、政策、法律、法规及规章;拟定全省有关港口的政策法规;组织编制全省港口布局规划;承担港口行业的统计工作;负责对全省港口的岸线、陆域实施统一的行政管理;负责组织对全省港口公用基础设施的建设、维护和管理工作;负责对全省港口建设市场秩序、经营秩序、安全生产、环境保护等实施监督和管理;对企业经营性收费项目和价格,按有关法规实施监督和管理;征收和代征国家有关行政费收;负责协调重点物资、军事及抢险救灾等物资的运输等。

地　址　南京市升州路16号

邮　编　210001

电　话　(025)52853256

传　真　(025)52853259

(江苏省局　谭瑞兵)

【江苏省交通厅运输管理局、江苏省交通厅运政稽查总队(简称江苏省运管局)】 2007年,江苏省运管局受江苏省交通厅委托和法规的授权,负责全省道路和水路运输业、搬运装卸业、运输服务业、汽车驾驶员培训和维修市场、汽车综合性能检测站、车站的行业管理工作。局内设11个科室:办公室、政工科、财务装备科、政策法规科、客运管理科、客运站场管理科、货运管理科、车辆管理科、驾驶员培训管理科、稽查管理科(高速公路运政稽查支队)、信息管理科。

局长、书记、总队长　汪学君

地　址　南京市石鼓路69号 江苏交通大厦

邮　编　210004

电　话　(025)84211910;84211912

传　真　(025)84210888

网　址　http://www.tol.org.cn

(江苏省局　黎济长)

【江苏省地方海事局】 江苏省地方海事局2001年经省编委、省交通厅批准,实行省、市、县(市、区)三级管理,双重领导。是省交通厅主管全省水上交通安全监督管理、船舶技术监督的职能部门。

主要职能:

根据法律、法规授权,负责船舶及船舶设施检验以及除长江干线江苏段和江苏省沿海以外的省内其他通航水域(港口)水上安全监督、防止船舶污染、通航保障、维护水上交通秩序和水上交通事故调查处理等。

主要职责:

贯彻和实施水上交通安全的方针、政策、法规和技术规范、标准;负责全省辖区水上通航秩序管理,组织开展水上安全检查,调查处理水上交通事故;负责船舶登记管理、船舶载运危险货物的安全监督管理和 船舶污染水域的防治监督管理工作;负责船舶适航和船舶技术管理工作;负责全省船舶检验和审图管理工作;负责船用产品监督检验管理工作;负责全省地方船舶修造厂生产技术条件认可和焊工考试发证工作;负责全省 地方海事系统规费征收管理、财务预决算的编制和经费支出管理、审计工作;负责全省海事系统装备的规划、配置和管理工作;指导全省地方海事系统行政执法队伍建设、精神文明建设和行风建设工作;指导和组织全省 各级地方海事机构的现代化管理工作,推进全系统的科技进步。

2007年,江苏省地方海事局系统共设76个机构,即江苏省地方海事局、13个市地方海事局和62个县(市)地方海事处。同时增补船舶检验局、处牌子,实行两块牌子一套班子。另外,经江苏省人民政府批准,市局、县处设置了124个地方海事所。

地　址　南京市石鼓路69号14楼114室

邮　编　210004

电　话　(025)84209358

传　真　(025)84209358

(江苏省局 赵能文)

【安徽省港航管理局、安徽省地方海事局、安徽省船舶检验局(简称安徽省港航局)】 安徽省港航局是经省机构编制委员会办公室批准设置的省交通厅直属的全省水上交通管理机构,正县级建制,核定领导职数6名,机关内设18个处室,事业单位编制160名,实行"一个机构、三块牌子",人、财、物垂直管理,列入自收自支事业单位管理序列。依据国家法律法规的授权,负责全省水上交通安全监督、港口、航道、水上运输市场管理和船舶检验等工作,依法履行海事、运政、航道、港口、船检管理职能。其前身是:2001年11月,经省交通厅批准,安徽省航运管理局(安徽省港航监督船舶检验局)与安徽省航道管理局合署办公;2002年8月,经省机构编制委员会办公室批准,安徽省航运管理局(安徽省港航监督船舶检验局)与安徽省航道管理局合并,更名为安徽省地方海事局(安徽省港航管理局、安徽省船舶检验局)。

2007年,安徽省港航局下设17个市地方海事局(港航管理局),4个市港口管理局,马鞍山船舶证照检查站,皖江、淮河和江淮船舶检验局,淮河航道局,安徽省航运技工学校,安徽省港航发展有限责任公司(安徽省船舶工业公司、安徽省水路运输服务中心)等28个单位。市局下设80个县(市、区)地方海事处(港航管理处)、221个基层地方海事所(港航管理所)。经省政府批准,全省下设20个水上交通安全检查站。全省实行"三级管理、两级核算"管理体制,即省、市、县三级管理,省、市两级核算。皖江、淮河、江淮船舶检验局和马鞍山船舶证照检查站(马鞍山水上交通安全检查站)实行收支两条线管理;淮河航道局、安徽省航运技工学校为拨款单位;县(市)地方海事处(港航管理处)为报账制单位。截至年底,全省有在职职工4222人,离退休职工1602人。

地 址 安徽省合肥市芜湖路27号银环大厦
邮 编 230011
电 话 (0551)2870315
传 真 (0551)2870300
邮 箱 bgs@ msa. ah. cn

(安徽省局 马 栋)

【江西省交通厅航务管理局、江西省地方海事局、江西省船舶检验局(简称江西省航务局)】 江西省航务局为隶属省交通厅的行政事业管理机构。江西省地方海事局(2002年9月13日挂牌)、江西省船舶检验局(2003年2月8日挂牌)相继成立后,实行“一门三牌”合署办公,全面履行江西省内河航道建设、养护与道政管理,水上交通安全监督管理,船舶法定检验三大工作职能。辖有赣州、吉安、宜春、南昌、抚州、鹰潭、景德镇、上饶、九江、新余、萍乡11个设区市副县级建制的航务管理分局(地方海事局、船舶检验局),信江航运建设工程管理处、界牌枢纽管理处(正县级建制),港航、疏浚工程处(副县级建制),航务勘察设计院(科级)共16个单位。其中界牌枢纽管理处、港航工程处、疏浚工程处、航务勘察设计院4个单位实行事业单位企业化管理模式。此外,全省有水运的县(市、区)及主要水上旅游景点设置了地方海事处和船舶检验处(54个)、航道段(22个)等机构,由此形成了自上而下完整统一的三级航务(海事、船检)垂直管理体系。

2007年,全省航务系统在职职工为2048人。其中行政管理人员382人,各类专业技术人员717人(高级职称73人,中级职称247人),工人1086人。有各类工作、工程船舶及其他船舶267艘,27272.95千瓦功率,船舶总原值11680.89万元。其中挖泥船17艘,8249.96千瓦功率,生产能力2180米^3/时;打捞起重船3艘,516.6千瓦功率,打捞起重能力155总吨;机械扒沙船3艘,176.2千瓦功率;拖轮2艘,286千瓦功率;起锚艇17艘,1830.51千瓦功率;交通艇4艘,937.52千瓦功率;道政艇42艘,2701.49千瓦功率;玻璃钢海巡(快)艇53艘,4102.23千瓦功率;海巡艇81艘,7330.9千瓦功率;供油船4艘,144.22千瓦功率;趸船27艘;住宿船10艘,336.48行政功率;泥驳9船。

地 址 南昌市抚江北路25号
邮 编 330008
电 话 (0791)6703895
传 真 (0791)6708359

(江西省局 张兆平)

【江西省交通厅航运管理局(简称江西省航运局)】 江西省航运局对内是省交通厅的职能机构,对外是代表政府对全省港口、水路运输、港航基础设施建设实施全行业管理的行政机关。

2007年,江西省航运局在全省赣州、吉安、宜春、新余、萍乡、南昌、抚州、鹰潭、景德镇、上饶、九江等11个设区市设有港航管理处,是同级交通局负责水运行业管理的职能机构。原双重领导的九江港务局下放地方后,实行政企分开,组建了九江市港口管理局,隶属九江市人民政府管理。11个设区市港航管理处和九江市港口管理局的业务均接受省航运管理局的指导、协调和监督。全省58个县(市、区)设有港航管理(处、所),是同级交通局负责水运行业管理的职能机构,在业务上接受设区市港航管理处的指导、协调和监督。

2007年江西省交通厅航运管理局领导成员变动一览表,详见表3-1。

【江西省交通厅航运管理局领导成员变动一览表】　（表3-1）

单位名称	单位级别	党组织名称	党组织领导成员	行政领导成员
江西省交通厅航运管理局	正处	中共江西省交通厅航运管理局委员会	书　记　熊海清 副书记　纪怀珠 委　员　熊海清　纪怀珠 徐国荣　胡大根 胡卫东　徐　良 王大双(2007.6免) 纪委书记 纪怀珠	局　长　王大双 (2007.6免) 副局长　徐国荣 (保留正处级待遇) 胡大根 胡卫东 徐　良

地　址　南昌市抚河北路21号

邮　编　330008

电　话　(0791)6702905;6243480

传　真　(0791)6702905

（江西省局　许根源　杨　辉）

【河南省交通厅航务管理局、河南省地方海事局（简称河南省航务局）】　河南省航务局(河南省地方海事局)实行“一门两牌”,隶属河南省交通厅。编制定员37人,是自收自支事业单位。

主要职责:

负责全省航道、港口的规划建设与管理,参与编制航运建设中长期规划和年度计划;负责全省水路运输行业管理和运输组织管理;负责全省水运市场的管理及水运科研工作;负责全省水上交通安全监督、船舶检验、船员培训发证工作。

2007年,河南省航务局机关设二办四处,即党委办公室、办公室、计划建设处、运输管理处、安全监督处、财务处。

地　址　河南省郑州市中原路108号

邮　编　450052

电　话　(0371)67165912

传　真　(0371)67165908

（河南省局 王守明）

【湖北省交通厅港航管理局、湖北省地方海事局（简称湖北省港航局）】　湖北省港航局隶属湖北省交通厅,是负责全省水路交通管理工作的行政事业单位,与湖北省地方海事局实行“一门两牌”合署办公,统一管理全省辖区航运、航道、港口、海事安全、船舶检验及水运行业,局长为副厅级。

2007年,湖北省港航局内设16个职能科(处)室;1个直属单位。并在16个市、州及52个县(市),设有港航、海事管理机构,也实行“一门两牌”合署办公。同时在宜昌设葛洲坝过闸管理处,业务上接受省港航海事局管理。

主要职责:

1. 贯彻执行国家和省有关水路运输的方针、政策、法律、法规和规章,编制全省水路运输行业发展总体规划,拟订全省水路运输管理工作的各项规章制度。

2. 负责全省运力发展的宏观调控、水路运输服务、港埠经营资格审查和许可证发放、客运航线审批、客货运输组织、水运市场建设和信息反馈、运价票证管理、运政管理、监督检查以及对水运企业经营管理的指导等。

3. 负责全省航道及其设施的建设、养护和管理,审批与通航有关的拦河、跨河、临河建筑物的通航标准和技术要求,拟定航道技术等级,开展与通航有关河流的综合开发与治理,发布内河航道通告,保护航道及其设施,制止偷盗、破坏航道设施、侵占和损坏航道的行为。

4. 负责全省港口的建设和管理,参与编制和实施港口规划,拟订港口区域界线方案,负责港区内航道及岸线的维护和使用管理,负责港埠经营的监督管理等。

5. 统筹安排全省港航基础设施项目计划和前期工作计划、组织工程项目的可行性研究和初步设计等技术文件审查，对重点工程质量和进度等进行监督管理，组织工程竣工验收。

6. 负责全省船舶登记、船员培训和考试发证、船舶进出港签证、危险货物监督管理、防止船舶污染水域、船舶安全检查、水上水下工程施工监督、渡口安全管理及船舶事故调查处理等水上交通安全管理工作。

7. 负责全省船舶设计图纸的审查、船舶技术档案管理、船舶的建造检验和定期检验、船用产品的检查、船舶修造企业条件认可和焊工考试工作等。

8. 负责全省运管费、航养费、港务费、船舶检验费等的征收和管理。

9. 依据法律、法规的规定和交通主管部门的授权，从事水路交通行政执法的工作。

10. 负责全省水路交通行业精神文明建设，总结先进经验并组织交流推广。

地　址　武汉市沿江大道68号
邮　编　430021
电　话　(027)83465311
传　真　(027)83465318

（湖北省局　罗友稼）

【湖南省航务管理局、湖南省地方海事局、湖南省船舶检验局(简称湖南省航务局)】　湖南省航务局是省交通厅直属的副厅级事业单位，是全省水上行业的管理部门，在湘、资、沅、澧、洞庭湖即“四水一湖”的内河水域，行使海事监管、船舶检验、运输管理、航道管理、港政管理职能，同时还肩负着水运基础设施的规划、建设与管养任务，以及水路交通规费的征稽工作，实行“三块牌子，一套班子”的管理机制。

2007年，湖南省航务局内设机构16个，即办公室、政策法规、计划统计、财务审计、安全监督、船舶船员、船舶检验、基本建设及航道管理、运输综合、规费征稽、科技教育、人事12个职能处室和机关党委、工会、纪检(监察)室、离退休人员管理服务工作办公室4个党群机构。

地　址　湖南省长沙市五一大道982号
邮　编　410005
电　话　(0731)84883888
传　真　(0731)84437896

（湖南省局　蒋龙平）

【云南省交通厅航务管理局、云南省地方海事局、中华人民共和国澜沧江海事局(简称云南省航务局)】　云南省航务局，原名云南省航务管理处，1956年2月经省编委批准成立。1996年1月经省编办批准，更名为云南省航务管理局，与中华人民共和国澜沧江海事局、云南省地方海事局实行“三块牌子，一套班子”的管理机制，为云南省财政全额拨款的事业单位。

2007年，云南省航务局行政编制职数为107名，工勤人员8名，总编制数为115名。处级领导职数6名(局长1名、党委书记1名、副局长3名、纪委书记兼工会主席1名)，调研员3名，科级领导职数36名(其中含总工程师1人、专职工会副主席1人)。下设16个职能处室：行政办公室、综合规划处、资产财务处、基本建设管理处、运输管理处、安全监督处、船员管理处、航道管理处、港口管理处、政策法规处、科技处、人事教育处、港航公安处、党委工作部、纪检监察处(含审计)。

主要职责：

1. 贯彻执行国家交通主管部门有关水路交通行业发展的方针、政策、法律、法规和规章；根据省国民经济和社会发展的需要，研究全省水路交通行业发展战略和具体政策措施，拟定地方水路交通法规、实施办法和细则，经批准后组织实施。

2. 按照国家和省的统一安排，负责编制水路交通行业发展规划；编制水运支持保障系统中长期发展计划，年度计划建议，经批准后组织实施。

3. 按照基本建设程序要求，负责水运建设前期工作管理，参与或组织水运基本建设和技术改造项目的立项和“工可”审查，负责初步设计及施工图纸设计文件的审查、招标投标、项目实施管理、监督协调和竣工验收。

4. 负责航道、港口等水运基础设施的管养工作，依法保护港口、航道产权。

5. 审批与通航有关的拦河、跨河、临河建筑的通航标准和技术要求；配合有关部门开展与通航有关的河流的综合开发与治理，负责协调处理水资源综合利用中与航道有关的事宜。

6. 负责水路运输企业、水运服务企业和航线船舶运力的市场准入管理，指导港口机械设备管理工作。

7. 负责港口行业的业务管理、港埠企业的资质审批和市场准入管理,指导港口机械设备管理工作。

8. 配合有关部门制定水路运输及其辅助业和港口收费标准,维护和监督水运市场价格秩序;组织有关水运规费的征收、使用管理和稽征工作。

9. 负责水运重点物资、军事及抢险救灾等特殊物资紧急运输的组织和协调工作。

10. 负责引航行业的行政管理,指导引航机构的设置和队伍建设。

11. 维护水路运输秩序,协调水运行业、运输船舶和港埠企业之间的关系,处理纠纷;督促提高运输服务质量,查处重大客货运输事故;组织交流先进经验,提高水运管理水平。

12. 负责水路交通行业综合统计工作,及时汇总上报规定的有关统计资料,对主管范围内的水路运输情况进行调查研究,定期发布水运情况分析报告,为水运企业提供信息情报和咨询服务。

13. 负责贯彻执行水运科技政策、地方性技术标准和规范;组织水运科技攻关和专业管理人员的培训,引进、推广新技术,促进科技进步;指导行业协会、学会工作。

14. 负责全省水路交通行业精神文明创建工作及行风建设;负责指导和管理治理水上"三乱"工作。

15. 负责本单位党风廉政建设及队伍建设;负责思茅、西双版纳海事局党务、纪检监察、工会、共青团的归口领导。

16. 完成上级交办的其他工作任务。

局　长　乔新民

党委书记　傅志明

地　址　昆明市环城北路181号

邮　编　650051

电　话　(0871)5126929

(*云南省局　马翠德*)

【贵州省交通厅航务管理局、贵州省船舶检验局(简称贵州省航务局)】 贵州省航务局是贵州省交通厅二级机构。1997年,经贵州省机构编制委员会办公室批准,更名为"贵州省航务管理局、贵州省港航监督局、贵州省船舶检验局"。2002年经贵州省机构编制委员会办公室、贵州省交通厅同意,贵州省港航监督局、贵州省船舶检验局合并更名为"贵州省地方海事局"。更名后,贵州省地方海事局与贵州省航务局实行两块牌子,一套人员。

主要职责:

(一)贯彻执行国家和省水路交通行业发展的有关法律、法规,依据法律法规规定和受省交通厅委托负责全省海事、水路运政、港口行政、航道行政执法及监督检查。

(二)组织编制全省内河航道和港口中长期发展规划、年度基本建设计划并监督实施;拟定全省水运科技发展规划、技术标准和规范。

(三)负责航运信息化建设和水路运输信息发布,做好水路交通行业统计和信息引导;组织开展水运交通新技术、新工艺、新材料的推广应用;承担交通(航运)战备和水上交通通讯的有关工作。

(四)负责全省水路交通基础设施建设、维护、质量监督和水运工程造价管理;实施港口岸线、港口设施建设管理;组织实施我省国家和省重点水运工程建设项目。

(五)负责全省港政、水路运政和航道行政管理。依法实施各项水路交通规费的征收管理;协调省际水路长途客货运输,归口管理水路运输企业审批、水路运输许可证核发;负责港口经营资质审查和经营许可证核发。

(六)负责水上安全监督、海事调处、航行通告发布,承担船舶安全检查、船舶签证、船舶防污管理和船舶载运危险货物监督管理。

(七)负责各类船舶法定登记、检验与发证,船舶审核与发证,船用产品法定检验与发证。

(八)负责航道及其设施维护、航道通行信号指挥、航标维护、航道绞滩服务、过船建筑物航道维护等相关工作;承担航道清障、炸礁与航道整治以及航道观测工作。

(九)协调、指导水运行业体制改革;维护港口经营秩序;维护水运行业的平等竞争秩序。

(十)组织开展船员培训、船员考试等工作;做好水运法律法规和相关政策的宣传教育,开展水运交流与合作;指导水运行业职工队伍建设和精神文明建设。

(十一)承办省交通厅和交通部有关司局交办的其他事项。

2007年,内设机构有行政办公室、党委办公室、计划统计科、财务科、安全监督处、船舶检验处、航运管理科、航道工程管理科、技术管理科、水运勘察规划设计所、水运质量监督站。机关在职职工63人。其中高级职称13人,中级职称22人,初级职称18人,管理人员7人,工人3人(其中技师1人,高级工2人),退休29人。下辖机构:

贵阳市航务管理处
息烽县航务管理所　修文县航务管理所
清镇市航务管理所　开阳县航务管理所
小河区航务管理所
遵义市航务管理处
赤水市航务管理所　习水县航务管理所
仁怀市航务管理所　遵义县航务管理所
桐梓县航务管理所　余庆县航务管理所
黔东南州航务管理处
清水江航管中心站　凯里航运管理站
锦屏航运管理站　白市航运管理站
镇远航运管理站　都柳江航管中心站
榕江航运管理站　从江航运管理站
铜仁地区航务管理处
沿河县航务管理所　德江县航务管理所
思南县航务管理所　铜仁市航务管理所
玉屏显航务管理所　石阡县航务管理所
安顺市航务管理处
普定县航务管理所　关岭县航务管理所
镇宁县航务管理所　西秀区航务管理所
黔南州航务管理处
三都县航务管理所　罗甸县航务管理所
黔西南州航务管理处
毕节地区航务管理处
金沙县航务管理所　黔西县航务管理所

地　址　贵阳市延安中路48号世贸广场A座26楼
邮　编　550003
电　话　(0851)5952418
传　真　(0851)5957360

(贵州省局　杨萍艳)

【四川省交通厅航务管理局、四川省地方海事局、四川省船舶检验局(简称四川省航务局)】 四川省交通厅航务管理局(挂四川省地方海事局、四川省船舶检验局牌子,实行三块牌子,一套机构)是省交通厅领导的事业单位,负责全省水路交通的行业管理。既有专职履行行政执法职能,又具有法律、法规授权承担公共事务管理,被确定为事业单位。

主要职责:

依法管理全省水路客、货运输和航道、港口、水运工业、水运科技、通讯导航、多种经营、政策法规的规划、制订、建设、维护、管理和规费征收等,负责水上交通安全监督管理和船舶技术监督管理工作,并对全省水运管理进行统筹、协调、监督和服务。

2007年,四川省有20个市、州设有航务海事机构,148个县(区、市)设有航务海事处。全省有航道工程(管理)单位5个。改革开放以来,四川水运对促进国民经济发展,加强地区和省际间物资、文化交流,改善水上交通秩序,作出了重要贡献。根据全省航运现状和嘉陵江的特点,及时提出了"综合利用水资源,航电结合,滚动开发,渠化航道,发展航运"的四川航运发展思路,拉动了地方经济发展,促进嘉陵江流域经济带的形成,得到交通部的大力支持,以及四川省委、省政府的高度重视和嘉陵江沿江各级政府的大力支持。同时,加快了泸州港出川水运通道建设。继续抓好进出川运输,积极探索江海联运,开发近海运输,整治维护好大件运输航道,发展集装箱、大件等特种物资运输。与此同时,发展水陆联运;积极参与结合航道整治的水资源综合利用开发,因地制宜地发展旅游客运和快速客运;继续发展多种经营,"以副补运",进一步抓好水上安全管理和执法监督。

地　址　四川省成都市武侯祠大街180号
电　话　(028)85525675
传　真　(028)85525493
邮　编　610041

(四川省局　郭中举)

【陕西省交通厅航运管理局、陕西省地方海事局(简称陕西省航运局)】 陕西省航运局隶属陕西省交通厅,县级事业单位,代表政府对全省水域实施全行业管理,具有行政和事业双重性质。

2007年,陕西省航运局按照交通部的要求,结合全省航运管理工作的需要,进一步明确职能,理顺关系,及时调整了业务职能部门,撤销了航政科,成立了安全监督科和船舶检验管理科,对加强海事管理工作起到了积极作用。全省已在西安、宝鸡、咸阳、渭南、榆林、延安、汉中、安康、商洛10个市级成立了地方海事机构,县(区)级地方海事机构88个。

地 址 西安市药王洞12号
邮 编 710003
电 话 (029)87340116
传 真 (029)87342305

(陕西省局 余红梅)

【甘肃省水运管理局、甘肃省地方海事局、甘肃省船舶检验处(简称甘肃省水运局)】 甘肃省水运局隶属于甘肃省交通厅,是甘肃省水路交通行业主管机关。负责全省水上交通安全监督管理、水路运输市场管理、船舶检验、船员管理与培训,航道、港口行政管理和建设市场管理职能。地方海事船检机构设有兰州市地方海事局、白银市地方海事局、陇南市地方海事局和临夏州地方海事局(下辖临夏州永靖县、临夏县、康乐县、积石山县、东乡县、和政县等7个海事处),省地方海事局对全省各地水上交通安全、船舶检验工作实行业务指导。局内设办公室、组织人事科、船舶检验科、安全监督科、船员管理科、规划工程科、运输管理科、财务资产管理科8个科室。

2007年,甘肃省水运局在册职工65名,有科级干部20名,管理人员32名,专业技术人员19名。其中,高级职称6名,中级9名,工勤人员13名,职工中大学本科以上学历39名。

地 址 甘肃省兰州市北滨河路406号
邮 编 730046
电 话 (0931)8363804

(甘肃省局 陈长春)

【重庆市港航管理局、重庆市地方海事局、重庆市船舶检验局(简称重庆市港航局)】 重庆市港航局成立于2000年8月,为重庆市交通委员会直属的具有对全市水上交通运输行业行政管理职能的副厅级事业单位,同时挂"重庆市地方海事局"、"重庆市船舶检验局"的牌子,实行三块牌子,一套班子,统一定编,合署办公。

行政管理职责和范围:负责全市水路运输行业管理;船舶图纸审验、船用产品检验、船舶检验、船舶焊工培训、考试、发证;市内除长江外的支小河流、湖泊、水库的通航水域水上交通安全管理、载运危险货物的安全监督、防污染监督、水上水下施工作业监督,事故处理及船员的考试、发证及审验;除长江外嘉陵江、乌江等地方航道的管理;全市港政管理;征收航道养护费、运输管理费、船舶港务费、港口规费、船舶检验费、焊工考试费、港监业务管理费等国家规费。

2007年,重庆市港航局有职工943人(其中在职职工509人,离退休职工434人)。局机关设置办公室、组织人事处、计划财务处、政策法规处、科技信息处、运输管理处、地方海事处、船舶检验处、船舶技术处、港口管理处、航道管理处、政务处12个处室。下设6个直属二级单位:重庆市水路客运市场管理处、重庆市港航管理局直属处、重庆市港航管理局重庆航道段、重庆市港航管理局合川航道段、重庆市港航管理局乌江航道段、重庆市港航管理局船闸管理所。此外,还负责指导全市27个水上交通行政管理机构(596名在职职工)开展行政管理工作。

地 址 江北区红石路2号东和银都B塔
邮 编 400020
电 话 (023)89183586
传 真 (023)89183587

(重庆市局 彭然红)

·文明创建·

【长江航运文化建设综述】 2007年,长航局党委将加强长江航运文化建设作为一项长期战略性重点工作,把文化建设与文明行业创建有机结合,高度重视,狠抓落实。充分调动全行业的积极性和创造性,采取有力措施,贯彻落实《长江航运文化建设实施纲要》,积极开展文化建设研究和实践,使长江航运文化建设呈现蓬勃发展的态势,取得良好进展。

·长江航运文化建设力度不断加大。2007年7月,长航局党委在芜湖召开了长江航运文化建设推进会,在总结交流经验的基础上,进一步促进了各单位各级领导和职工群众对加强文化建设重要性的认识,文化建设主动性不断提高,全行业文化建设自觉性普遍增强。许多单位把文化建设与改革发展有机结合,把文化实践融入管理服务之中,精心制订文化建设规划,建立健全了文化建设的工作机制,实现了长江航运文化建设由自发形成、自然存在到自觉建设的根本性转变。2007年1月,黄先耀副部长专程到芜湖港检查指导文化建设工作,对芜湖港长期自觉加强企业文化建设的做法和经验给予了高度评价和充分肯定。芜湖港和芜湖海事局被推荐为全国交通系统文化建设示范单位。

·长江航运文化建设体系基本形成。坚持以社会主义核心价值体系为指导,以长江航运人为主体,以长江航运发展为大背景,以揭示长江航运精神文化内涵为重点,紧密联系实际,组织工作专班积极开展文化研究和实践,从行业精神文化、制度文化、行为文化和物质文化四个层次入手,总结提炼形成了一系列时代特征鲜明、长江特点突出、航运特色明显、内涵极为丰富的行业文化体系。特别是通过首创性地提出根植长江,情系航运,以通为本,以江为魂,是长江航运文化的固有特质;改革创新,开发开放,团结进取,文明服务,是长江航运文化的时代特征;“面向全长江,服务全社会”是长江航运宗旨;“中国黄金水道,世界内河一流”是长江航运愿景;“合力建设黄金水道,促进长江经济发展”是长江航运的光荣使命;大力倡导“同舟共济,扬帆奋进”的长江航运精神,使长江航运文化建设达到了一个新的高度。

·长江航运文化建设实践不断深化。各单位采取多种方式,开展丰富多彩的文化实践活动,积极探索文化建设的载体,营造文化建设的良好氛围。一是坚持以人为本,把培育行业精神作为文化建设的着力点。通过开展评选“长航十大杰出人物”并在长江全线进行巡回报告演讲等系列活动,使充满时代朝气的长江航运精神成为文化建设的主旋律。二是加强文化载体建设,强化行业文化的传播、宣传和展示。各单位普遍重视利用报纸、刊物、局域网、荣誉室为载体,开展文化建设的宣传活动。长航局在政府网站上开辟文化建设专栏,作为宣传行业文化的窗口;长江海事局等单位制作文化手册配发到基层职工;长江三峡局大力开展共唱局歌活动,为文化建设营造了良好的氛围;芜湖港把企业文化作为对职工进行岗位培训的必修课程,坚持对职工进行分类集训;芜湖海事局自办安全文化刊物《一帆风顺》,沟通了与船员进行文化交流的渠道;宜昌港大力开展企业文化体系的宣讲,让职工从中感悟企业文化的魅力;长江宜昌航道局因地制宜建立文化陈列室,成为干部职工了解航道今昔、进行传统教育的好场所;长江重庆航道工程局、长江南京航道局、岳阳海事局注重加强基层文化建设,使工地、船艇、处站呈现出浓郁的文化气息,长航公安局南京分局着力抓好文化理念的提炼和民警精神的培育,取得了很好的效果。三是广泛开展群众性的文体活动,提高了长江航运文化生产力。各单位充分利用图书室、健身房、篮球场等开展形式多样的文体活动,激发干部职工参与文化建设的积极性。“长江杯”象棋、围棋邀请赛,“军交杯”乒乓球比赛以及书画摄影作品展等,成为干部职工交流文化、展示才艺的平台。芜湖港海员艺术团、长江航运公安局武汉分局和重庆分局的警乐团、长江海事局老年合唱团,深受行业内外赞誉。

·长江航运文化建设内容不断丰富。一是长江航运安全文化建设受到普遍重视,拓展了文化建设的领域。各单位深入探索航运安全规律,注重加强对职工的安全教育,完善安全制度建设,把文化力渗透到安全管理工作的全过程,使安全发展的理念深入人心。长江海事局和中国水运报联合举办的“内河航运安全论坛”,引起行业内外广泛关注。中国长航集团、民生公司、华中航运集团和安徽皖江公司等航运企业长期不懈抓安全文化建设,形成了较为完善的企业安全文化体系,在保障船舶航行安全方面发挥了积极作用。二是强化廉政文化建设,成为长江航运文化建设的一个亮点。长航局在全行业开展了廉政警句征集活动,在长航公安局万州分局召开了廉政文化现场会,交流展示了廉政文化建设成果。长江航道局加强制度反腐力度,被交通部树为交通建设工程领域反腐倡廉的典型。长江三峡通航管理局积极开展廉政文化主题教育活动,保证了长江三峡船闸完建期行风根本好转。长江引航中心把廉政文化建设与惩防体系建设紧密结合,充分发挥廉政文化在反腐倡廉中的重要作用。长江南京通信管理局推行全员全方位的廉政警语教育活动,把廉政文化的触角延伸到干部职工家庭。三是形象文化建设稳步推进。许多单位在大力培育文化精神的同时,把树立单位、企业文化形象作为文化建设的重要内容,纷纷建立了各具特色的徽标、歌曲、标准字、标准色等形象识别系统。长江航运徽标征集和行业歌曲设计创作取得重大进展。配合推进长江干线联合执法,长航局系统在长江干线统一趸船标识的工作开始启动。

·长江航运文化建设成果纷呈。为充分挖掘长江航运文化资源,展现长江航运文化建设的理论探索水平，宣传长江航运文化建设的实践成果，长航局党委把编辑出版《扬帆奋进——长江航运文化建设成果集锦》作为今年长江航运文化建设的一件重点工作。从年初开始，就选调精兵强，组成了编委会和工作专班，集中力量，狠抓落实，最终取得明显成效。为做好《扬帆奋进——长江航运文化建设成果集锦》编辑工作，工作专班认真学习领会局党委确定的编辑意图，进行精心策划，开展调查研究，广泛组织素材，反复修订完善。从而使《集锦》站在行业整体的高度，比较全面地反映了长江航运文化建设的主要成果。在编辑过程中，工作专班深入研究长江航运文化的内涵和特质，对长江航运文化主要内容进行归纳、概括和提炼，明确了建设原则和重点任务，形成了统领全书的总纲。同时，对行业内各子系统文化建设的成果、经验和特色案例，对专家学者、干部职工撰写的有关长江航运文化建设的理论文章，进行了广泛征集整理，融会其中，做到了理论与实际相结合，图文并茂，雅俗共赏。全书共分展示篇、实践篇和理论篇三大部分，共23余万字。在《集锦》的编辑过程中，得到了各单位、各方面的大力支持，许多单位毫无保留地提供了文化建设的资料并不厌其烦地加工修改。老局长唐国英对书稿认真审读，提出了富有价值的建设性意见。特别值得一提的是，交通部老部长、中国交通运输协会会长的钱永昌同志，对长江航运文化建设非常关心和支持，欣然命笔为《集锦》作序，盛赞《集锦》的编辑出版填补了我国水运文化建设的一个空白，对《集锦》一书的水平给予了充分肯定。

同年，由长江航运职工撰写编著的《长江大撤退》、《险滩恶水之间》等文学作品陆续问世，扩大了长江航运文化的社会影响。

（长航局　胡利民）

【长江航运行业徽标闪亮登场】 长江航运行业徽标作为行业文化重要组成部分，在广大干部职工共同参与下，2007年创作成功。长江航运徽标作为文化的物质载体，集直观性、艺术性、象征性、独特性于一体，既是长江航运精神理念的外在显示，又是向社会展现长江航运行业形象的窗口，更是长江航运人情感的凝聚和理想的寄托。

2005年11月，长航局发出《关于征集长江航运行业徽标设计作品的通知》，明确了“涵盖行业，简洁明快，集思广益，力求最佳”的设计思路，得到了长江航运广大干部职工以及社会各界的热情支持和积极响应，共收到了投稿作品160余幅，这些作品内容丰富、形式多样，从不同的角度和不同的意境，勾画了长江航运徽标图案，诠释了作者对长江航运的认识、感情、憧憬和向往。投稿作者有的来自于港航企业，有的来自于科研院校，有的来自于行政管理部门，有的来自于关注长江航运事业发展的社会人士，充分表现出社会各界对长江航运的重视和关心，展现了广大长航职工对长江航运的深切之爱和对征集活动的积极支持。从中我们由衷地感受到，长江航运徽标的征集活动不仅是对长江航运行业文化建设推动的过程，也是提高社会对长江航运行业的认知度的宣传过程。

2007年3月，长江航运徽标设计工作小组经过深入研讨，进一步确立了徽标主题构想、精神内涵、基本元素，邀请行业内外专家组成行业徽标会审小组进行会审，明确了长江航运行业徽标设计必须体现“同舟共济、扬帆奋进”的精神理念，具有开放、蓬勃向上的动感和风帆、铁锚等明显的特征。并组织专业美术设计公司进行设计加工，形成长江航运徽标图案样稿，在长航局政府网上再次征求意见和多次微调修改，最终形成了长江航运徽标图案。

长江航运徽标内涵丰富，具有深邃、广泛的寓意。徽标整体造型由外向内看，圆环象征地球、太阳，喻示广阔的发展空间、团结和凝聚力。中心实底反白图案，由巨轮、风帆、铁锚和浩浩长江水组成。由下向上看，简洁而又富有动感的水波纹造型，表现的是长江航运的行业环境——万里长江，她生生不息，源远流长。江水上一只刚劲有力的铁锚彰显了航运业最显著的特征。其上方两条极具动感的弧线，抽象地构成鼓满的劲帆，又恰似一艘劈波斩浪的巨轮，具有锐意开拓、驶向未来的寓意，体现“同舟共济、扬帆奋进”的精神理念。图形正上方的圆点，代表行业合力的凝聚点，与下面的线条组合象征着长江航运人万众一心有着共同的理想，凸显着“长江一家人，行业一盘棋”的理念。纵观整个徽标，像巨手，托起行业的美好希望；又仿佛是一张真挚的笑脸，体现着长江航运的服务宗旨和行业兴旺、人人幸福的新风貌。

附：长江航运行业徽标

（长航局　胡利民）

【长江航运行业歌曲形成系列广为传唱】 通过一年多来的征集评选，绝大多数同志都赞成把《长江之歌》作为长江航运行业歌曲，认为唱响《长江之歌》，能够激发长江航运人的满腔热情，凝聚行业力量，共创长江航运新的辉煌。同时，也有部分同志出于深厚的长航情结，提出了再自创一首歌曲的愿望。2007年8月，长航局组织国内知名的词、曲作家和歌唱家到长江采风，集专家和群众的智慧，专门创作出长航之歌——《长江儿女》。她以长江航运人为核心，以长江为舞台，以时代为背景，把长江航运人对长江深情的融入旋律，使长江航运的核心精神理念跃然纸上，用音符和旋律昭示着长江儿女为实现美好愿景和理想开拓拼搏的决心与信念。通过组织职工群众试唱，并在长航政府网上公开征集意见，得到了广大干部职工的基本肯定。最终把《长江之歌》和《长江儿女》共同作为长江航运行业歌曲，互为补充、形成系列、更有特色。

2007年9月底到10月中旬，长航局分别在芜湖、武汉和重庆组织举办了三场演唱会。这三场演唱会都以长航艺术骨干为基础，以国内知名的专业歌唱家为支撑，以长江航运行业歌曲为主打，以歌咏长江、抒发长航人情怀为主题，气势恢弘，激情迸射，台上台下群情激昂，相互交融，形成强烈反响，对于弘扬长江航运精神文化，推动长江航运文化建设收到了良好效果。

附：《长江之歌》

长江之歌

1=♭B $\frac{4}{4}$
中速.亲切.热情地

作词：胡宏伟
作曲：王世光

你从 雪山走来，春潮是你的风采；你向东海奔
（你从）远古走来，巨浪荡漾着尘埃；你向未来奔

去，惊涛是你的气概。你用甘甜的乳汁，哺育各族儿
去，涛声回荡在天外。你用纯洁的清流，灌溉花的国

女：你用健美的臂膀，挽起高山大海。我们赞美长
土：你用澎湃的力量，推动新的时候。

江，你是无穷的源泉；我们依恋长江，你有母亲的情

怀。你从 怀 啊，长江 啊，长江！

（长航局　胡利民）

【长江海事局文明创建结硕果】

·“四类先进典型”评选揭晓 2007年,长江局按照“学树创”活动的总体要求,对11位先进典型进行了评选表彰,不断挖掘、选树“引领发展的带头人”、“人民满意的执法者”、“爱岗敬业的奉献者”、“勇于创新的开拓者”等四类先进典型。9月17日,在长江局“四类先进典型”表彰暨先进事迹报告会上,党委、行政、工会联合授予陈勇、陈良华等二位同志“引领发展的带头人”称号,授予王昌模、孔静、周自勤等三位同志“人民满意的执法者”称号,授予姚泽炎、陈骏飞、孙玉国等三位同志“爱岗敬业的奉献者”称号,授予胡成龙、曾泽民、熊辉等三位同志“勇于创新的开拓者”称号。

·召开海事文化创新与实践课题评审会暨海事文化建设深化研讨会 9月7日,《长江海事文化创新与实践》课题评审会在黄石召开。长江局党委书记刘开智、副书记闻新祥出席了审查会。来自长江航务管理局、湖北省委宣传部理论信息中心、中国水运报社、内河法规研究所等单位的专家学者共计16人对课题活动及成果进行了充分讨论,并一致通过。专家组认为该课题研究行业特色鲜明,实践过程扎实,成果成效明显,开展课题所形成的《长江海事文化》手册阐述和表现了一个单位的文化建设成果,在长航系统产生了一定影响;同时课题活动所确定的“先行试点、以点带面、再全面铺开”的海事文化建设工作方法和“有组织、有阵地、有活动、有成效”的示范点建设标准,对各单位开展海事文化建设具有普遍的指导意义和借鉴作用。

·举办第三届中国“航海日”暨“世界海事日”庆祝活动 7月11日,长江局在长江海事武汉港区巡航救助基地隆重举行第三届中国“航海日”暨“世界海事日”庆祝活动。局长袁宗祥、书记刘开智及有关处室领导、中国人民解放军34558部队代表、武汉局领导及局机关有关部门负责人、机关青年突击队成员、有关海事处领导及代表、武汉市一元路小学师生代表及新闻媒体记者近百人参加了活动仪式。本届“航海日”活动的主题是“落实科学发展观,构建海洋和谐”,“世界海事日”活动的主题是“应对现有的环境挑战”。

·成功举办“弘扬海事精神 做好三个服务”演讲比赛 6月,长江局举办了“弘扬海事精神 做好三个服务”演讲比赛,来自长江海事全线和三峡海事局的20名选手参加比赛。比赛过程中,参赛选手以细腻的语言、丰富的情感、生动的描述,淋漓尽致地展现了“人和、忧乐、坚韧”的长江海事精神,充分展示了负责任的长江海事人不辞劳苦做好“三个服务”,科学管理确保辖区安全,主动作为促进沿江经济社会发展的感人事迹和高尚情操。最后,三峡局选手获一等奖,安庆局、引航中心选手获二等奖,黄石局、九江局、武汉局选手获三等奖。

·开展“牢记党的宗旨,主动做好服务”主题实践活动 按照部党组和长航局的统一部署,认真组织开展了“牢记党的宗旨,主动做好服务”主题实践活动。活动共组织学习讨论357次,查找问题730条,制定整改措施968条,编发专题简报17期,在岗党员参与率100%。

(长江海事局 程 杰)

【长江航道局文明创建和文化建设双丰收】 2007年,长江航道局申报交通行业文明单位获得成功,已获公示;局属单位中有1个获省级最佳文明单位称号,6个获省级文明单位称号,1个航道处申报交通行业文明示范窗口,1名职工申报交通行业文明职工已获公示;武汉、宜昌航区被交通部正式命名为国家级文明样板航道,14名创文明样板航道先进个人受到交通部表彰。

·精心组织,周密安排,深入扎实抓好干部理论教育工作。以学习两会精神、十七大精神、胡锦涛同志在中纪委七次全会上讲话和6·25讲话为重点,因地制宜,精心组织,开展多层次、多形式的干部理论教育工作。学习中采取观看专题片,到遵义会址及革命纪念馆参观、缅怀先烈精神,举行报告会、研讨会等多种形式,使理论学习主题更加鲜明。党风廉政宣传教育月活动中,组织赴监狱参观,观看反腐电影。

·开展第十一届“文明窗口月”活动,大力推进文明行业创建工作。按长航局党委的统一部署,长江航道局提出以“学习十杰先进、践行三个服务、建设和谐航道”为主题,在全线广泛开展了“文明窗口月”活动,取得良好的效果。一方面抓好局本部文明创建的深化巩固工作,另一方面指导和督促局属各单位抓好各个级别的“文明单位”荣誉的保持和升级的申报准备工作;与此同时,继续扩大文明样板航道创建成果。宜昌局、武汉处航区获得交通部文明样板航道正式命名,丰都、九江航区获得省级文明样板航道正式命名。武汉两局、宜昌两局、研究院、武汉航道学校、救捞局等单位分别获得湖北省最佳文明单位和湖北省文明单位称号。围绕构建“畅通航道,数字航道,文明航道,和谐航道”这一发展目标,局宣传部按照《长江航道文化建设纲要》认真组织了研讨和主题实践活动。局庆50周年完成了《长江航道文化手册》的对外版印制和发放工作,受到参加局庆活动的贵宾的高度赞扬。

·积极开展对内对外宣传工作。长江航道局围绕贯彻落实全国交通工作会议、局工作会议等重要会议精神,围绕长江航道建设发展的重大进展,围绕长江航道三个文明建设的成就,进行了大量卓有成效的宣传报道。先后成功组织了“中游航道行”新闻采访活动,并对2007年零点报平安活动、枯水期长江航道维护、局工作会议、长江中游航道基本建设成就、泸渝段航道整治工程交工验收、张南水道整治工程竣工验收、碾子湾水道实船适航试验、太子矶水道炸礁工程、上游叙泸段航道整治工程开工、提高长江干线渝芜段航道维护尺度、长江娄溪沟至丰都新航标启用仪式、长江航道制度防腐先进经验、长江三峡库区联合搜救演习宣传报道、交通部“共建长江黄金水道,共享绿色航运资源”等重大事件、重大活动进行了集中宣传和采访报道,先后在新华网、中央电视台、中新网、《中国交通报》、《中国水运报》等媒体进行宣传,产生了良好的效果。截至12月底,全局完成对外新闻报道3300篇(次),其中省部级以上350篇(次)。局宣传部全年发稿830篇(次),其中中央人民广播电台和湖北人民广播电台播发新闻18篇次;电视台播发新闻74条(次),其中中央电视台播发50条次,湖北电视台播发24条次,发增刊8期。以党委名义发文20份,出《长江航道建设专刊》5期。在局OA系统、局网站和电子信息屏上发布信息和图片281篇次,《长江航道养护专刊》出刊1期。编辑制作各类专题片、资料片18部500多碟。

·大力开展思想政治工作研究。编辑出版了《长江航运研究》特刊——中游片政研论文集。配合江苏省航道局认真筹办全国航道政研分会秘书长会和分会第22次年会,并编辑印制了全国交通职工政研会航道分会论文集。

·加强对宣传队伍的培训工作,提高宣传人员素质。举办通讯员培训班,组织全线60多名一线骨干参加新闻写作和影像摄制编辑业务技能的业务培训,收到较好效果。认真履行局外网信息审核的新职责,严格网站信息发布管理,规范了长江航道局对突发事件新闻报道的管理。

(长江航道局　茅生斌)

【三峡局荣膺“湖北省五一劳动奖状”】 三峡局以“服务三峡工程建设、服务长江航运事业、服务地方经济发展”为宗旨,以创建全国“文明样板航道”、湖北省“最佳文明单位”为主线,全局广大干部职工团结奋进、务实创新,全面提升三峡通航服务水平,有力保障了辖区水域的安全畅通,树立了交通行业良好的窗口形象。2007年,三峡局荣获湖北五一劳动奖状,成为长航系统第一个获得“湖北省五一劳动奖状”的单位。

·三峡局着力塑造“服务型通航”品牌形象。组建了长江上第一个集海事、航道、调度、锚泊、通信等办公职能的“三峡水上政务中心”,实现了与船方零距离接触,全天候服务。推行服务承诺制,公开承诺事项,接受社会监督;实行行政执法公示制,坚持文明执法,做到执法过程公开、执法结果公示;实行廉政、行风问责制和保证书制度,行风有效举报奖励制度,营造廉洁通航氛围,维护船方利益。

·加大航道基础设施建设投入,全力优化通航环境。加强通航设施建设和助航标志更新改造,航标设施不断大型化,为给过往船舶提供更醒目的导航标志,投资上百万元在两坝间新建了49座塔型标。库区实行定线制,船舶航行安全有了可靠保障,三峡坝上水域实行船舶定线制以来,编发宣传资料千余份,严格执行新的航路规定和坝区水域特别规定,辖区安全指数逐年下降。锚泊功能服务区不断完善,投资1亿多元,共建成锚地4个,有效缓解了船舶锚泊的压力。

·狠抓行风,大力推进“阳光通航”。三峡局结合行业特点,不断创新监督机制,在基层单位、现场工作站点设立船舶过闸登录、申报计划及行政执法公示牌,将三峡局内网与相关管理单位及各地驻宜昌办事处联网。将船舶到达锚地申报时间,过闸计划的安排、执行、调整,气象水情以及船舶过闸总数、锚地容量等信息全部公开,增强了透明度,避免了暗箱操作,达到"阳光通航"的要求。

·坚持管理创新,不断提高三峡船闸通过能力。为提高三峡船闸通过能力,始终坚持以"三个一流"为标准,即"一流的职工队伍,管理一流的三峡船闸,创造一流的工作业绩",最大限度地发挥三峡船闸的通航效率。三峡船闸投入运行以来,船舶通过量大幅度上升。2003 年至 2006 年,三峡船闸共运行 58329 闸次、通过船舶 256087 艘次、旅客 565.71 万人次,通过货物 12559.35 万吨,船闸社会效益和经济效益得到显著提高。

·深入开展三峡通航文化建设为切入点,全面提升职工队伍整体素质。形成了"一切为了通航,一心服务船方"的核心价值观、"奉献三峡通航,团结铸造辉煌"的三峡通航精神、"综合管理创品牌、服务航运保优质、务实创新促发展"的核心理念,构建了三峡通航文化体系。完成了《三峡通航之歌》的创作,编制了《员工手册》。实施贯标认证工作,内部管理再上台阶。

·坚持开展群众性的经济技术创新活动。局内科技含量越来越高,极大地提高了船闸人字门顶门的安全性和效率,较传统的手动机械式对大型人字门的顶升节省人力 66%,工效提高了 6 倍,精度提高了 10 倍。这个项目的研制和成功应用,是大型船闸人字门检修技术上的创新与突破。此外,科技项目"三峡永久船闸运行管理规程"荣获"2005 年度中国航海科学技术二等奖","三峡船闸二闸首输水流程、参数优化"、"间歇开阀方式抑制船闸输水阀门段空化与声振"、"葛洲坝二号船闸深井泵电气控制系统更新改造"三个项目分别获技术创新成果一、二、三等奖;局荣获长航系统经济技术创新活动优秀组织奖单位荣誉称号。有 6 个 QC 小组及活动成果分别荣获 2006 年度长航局优秀质量管理小组奖和全国交通行业优秀质量管理小组及成果表彰。

在开展经济技术活动涌现出了一大批先进人物。青年技术人员曾维勇于创新,在新技术推广应用方面做出了突出贡献,被授予"交通青年科技英才"称号。三峡船闸普通运行工罗静,总结提炼出了一套科学的船舶过闸的排档方法,被命名为"罗静排档法"。作出了重要的贡献,被授予"湖北省优秀女职工"、"湖北省劳动模范"、"三峡工程优秀建设者"、"全国交通技术能手"等光荣称号,荣获湖北省五一劳动奖章,湖北省首届五一巾帼奖。

(三峡局　何　宁)

【长航公安局文明创建有措施有成果】 2007 年,长航公安机关开展形式多样的文明创建活动,取得丰硕成果。长航公安局被湖北省授予 2005 - 2006 年度"省级文明单位"称号,被长航局授予"2006 年度长航系统创建文明行业先进单位"称号,武汉分局被湖北省授予 2005 - 2006 年度"省级创建文明行业工作先进单位"称号,重庆、南通分局分别获得重庆市"市级文明单位"称号和江苏省"省级文明单位"称号,芜湖分局等 6 个分局被所在地评为"地市级文明单位",宜昌分局秭归派出所连续 3 年被共青团中央授予"全国青年文明号"称号;重庆分局连续两年被交通部公安局评为"全国交通公安系统优秀公安局";南京分局浦口派出所、武汉分局汉阳派出所被公安部授予"一级公安派出所"称号;镇江分局刑侦支队、南京分局浦口派出所被公安部评为"全国优秀公安基层单位";有 1 名民警被公安部评为"全国特级优秀人民警察",2 名民警被公安部评为"全国优秀人民警察",有 25 个集体荣立二、三等功,66 名个人荣立二、三等功。

文明创建活动中,长航公安一是认真贯彻落实"三个服务"的要求,教育全体民警牢固树立"人民公安为人民"的服务观念,把服务贯彻到日常管理和执法工作中去,热情服务群众,努力为群众排忧解难,树立起服务型公安机关新形象。二是紧紧围绕中心工作抓创建。积极开展联合执法活动,先后参与了"三保一创"通航管理专项活动、"打击非法采砂,确保通航安全"、"长江水上无线电专项整治活动"、夏季"汛期百日安全活动"、安全生产月等联合执法行动。通过创建活动,广大民警牢固树立了政权意识、执法为民意识和服务意识。三是以"爱民月"、"文明窗口月"等为载体,继续深入开展"创船东满意度指数"活动。宜昌、武汉分局积极协助开展文明样板航道创建工作,宜昌、武汉航区被授予交通部"文明样板航道",长航公安局机关、宜昌、武汉分局 8 名同志被交通部评为"创建文明航道先进个人"。四是广泛开展文明共建活动。长航公安机关积极与长江海事、航道、通讯等单位开展文明共建活动,主动向船东报告工作,征求意见,增进社会群众对长航公安的了解。南京、镇江、苏州、南通分局积极与海事、水利、文化、工商等部门积极开展联合执法活动,提升了长江干线江苏段安全管理水平。泸州、宜昌、九江等分局与航道、海事、港口公司和地方水运企业等企事业单位签订警民共建协议书,以警风警纪监督员座谈会、发放征求意见卡(信)、设立征求意见箱等形式,广泛听取辖区群众意见和建议,扩大文明共建的范围和影响力。

(长航公安局　冯维佳)

【长江通信局文明创建取得新成就】 2007年,长江通信系统文明创建工作取得新成效。通信局、南京局、宜昌局、重庆局及重庆、万州通信处继续保持省部级文明单位称号,长江水上安全信息台荣获全国巾帼文明岗和全国交通行业巾帼文明岗称号,有一个基层单位团支部荣获湖北省“五四”红旗团支部,一名基层职工荣获全国交通系统青年岗位能手光荣称号。

为深入开展行业文明创建工作,有效发挥文明示范窗口的积极作用,局党委于3月底对长江通信系统十大文明示范窗口进行了调整。调整后的十大文明示范窗口是:长江重庆通信管理处市话维修班、长江重庆通信管理局光缆维护中心、长江宜昌通信管理处交换中心、长江武汉通信管理处甚高频话台、长江水上安全信息台、长江安庆通信管理处甚高频话台、马鞍山船舶通信执法检查站、长江南京通信管理处甚高频话台、长江镇江通信管理处甚高频话台、长江南通通信管理处甚高频话台。其中长江重庆通信管理局光缆维护中心、长江水上安全信息台、长江镇江通信管理处甚高频话台属新增的文明示范窗口;长江丰都通信管理站、长江宜昌通信管理处电台、长江武汉通信管理处汉口江岸电台由于业务量萎缩等原因,已失去文明示范窗口的作用,其文明示范窗口称号被撤销。

2007年4月4日上午,湖北省文明办对通信局创建湖北省文明单位工作进行检查。这次检查是继2006年12月湖北省直工委文明委对通信局创建湖北省文明单位工作进行检查之后,省文明办对通信局又一次检查。在上次检查基础上,通信局针对省直工委提出的意见进行了整改,各部门对基础台账进行清理,对文明创建台账进行整理完善,检查组给予高度评价。5月,长江水上安全信息台在被交通部授予全国交通行业“巾帼文明岗”荣誉称号的同时,被全国妇联、中宣部等27家全国妇女“巾帼建功”活动领导小组成员单位共同授予全国巾帼文明岗荣誉称号。2007年共播出安全联播稿件17704份、4569198字,编辑制作热点宣传专题269个,涉及采访人员239人次,9754分钟;播出行业新闻628条,国内(外)新闻61条,免费为船员播出船舶买卖、船员求职招聘信息7422条;接受船公司、船员热线电话308个,接收互动短信380条,转交长航局及各支持保障系统解答问题170个,回复船员问题688个。对交通部长江经济发展座谈会、长江洪水、枯水期、春运航运安全、三峡大坝156米蓄水航运管理、长航局水上无线电秩序整顿等专项重点、热点工作,派记者到现场采访,用第一手资料,做成有特色的专题系列节目,及时有效宣传交通部长江航务管理局的重要航运安全管理制度和政策。交通部共青团中央下发《关于表彰2006年度全国交通行业青年岗位能手和全国青年文明号的决定》,正式授予长江水上安全信息台“全国青年文明号”荣誉称号。

长江通信在深入开展交通行业“三学四建一创”活动和湖北省文明行业创建活动中,立足长江、面向水系、服务航运、保障安全,在三个文明建设中涌现出一批先进单位、集体和个人。其中有1个直属局荣获全国精神文明建设先进单位称号,3个直属局及局本部荣获省级文明单位称号;2个基层单位分别荣获全国青年文明号和全国巾帼建功先进集体称号,有3人分别荣获“全国劳动模范”、“全国五一劳动奖章”和“全国先进女职工”称号,6人分别荣获省(部)级优秀党员、劳动模范称号或荣获五一劳动奖章等奖励。

(长江通信局　陶竞成)

【长航总医院文明创建有措施】 2007年,长航总医院围绕医疗中心工作,开展了“构建和谐医患关系、创建平安医院”和武汉市“创建全国文明城市”、“四城同创”(文明、卫生、环保、生态)等各种文明创建工作。一是加强宣传,组织职工学习四城同创有关知识,在全院职工中开展了四城同创知识竞赛;二是组织开展了“文明城市”宣传活动;三是组织开展义诊咨询服务。并且荣获武汉市江岸区最佳文明单位,长航系统“安康杯”竞赛先进集体称号。9月,在全院开展“服务质量管理月”

活动。一是制订活动方案,成立活动领导小组,加强对活动的组织领导。二是在全院职工中多次进行动员,增强职工危机意识和责任意识,增强职工提高服务质量的自觉性。三是各总支、支部开展自查,查找各自服务中存在的问题和不足,并提出整改措施。四是各职能部门进行服务巡查,主动发现问题。五是根据活动中查找出来的问题,完善制度建设,形成提高服务质量的长效机制。与此同时,深入开展行业文明创建。一是完善机制建设,建立和完善医患沟通机制及投诉处理机制。二是开展职工教育培训,以社会主义荣辱观、医务人员行为规范、医患沟通技巧等为主要内容,组织职工进行学习。三是开展细节服务活动,围绕患者在就医过程中的各项细节,找出存在的不足,优化细节服务、人性化服务。结合"医院管理年"的活动要求,开展了"创建学习型班组、争当知识型职工"、"创新工程示范岗"、"女职工文明示范岗"、"安康杯"和"安全班组"等群众性经济技术创新竞赛活动。把经济技术创新活动与医院管理年活动结合起来,在全院职工中开展以提高职业技能为主题的劳动竞赛,强调立足岗位、立足本职。医院还积极开展职工喜闻乐见的文体活动,丰富职工的业余文化生活,增强医院的凝聚力。

2007年,医院被评为长航系统"安康杯"竞赛先进单位,骨外科、综合科被评为长航系统安全班组。

(长航总医院　王春兰)

【中国水运报刊社积极推进文化建设】　中国水运报刊社按照长航局大力推进长江航运文化建设工作部署,认真贯彻党的十七大精神,按照"十一五"期报刊社"调结构、强质量、拓市场"的战略思路,全面推进党建和精神文明建设。连续三年在湖北省的好新闻评选中位居全省三十多家专业报榜首,还先后收到了中共中央宣传部、中共中央文明办、交通部体法司、中共湖北省委宣传部发来的表扬信。

·用行业文化理念鼓舞人　根据长航党委"关于开展长江航运行业文化建设示范点和征集行业精神、行业理念表述语的通知"要求,在报刊社深入开展行业文化建设示范点工作并以此为契机,大力推进具有行业媒体特征、体现行业精神的文化建设活动。广大职工结合工作实际,提炼出了以"行业主流媒体,水运权威报道"为核心的行业理念、行业文化用语。"坚持舆论导向、引领行业发展、服务水运行业、追求卓越创新","专业服务行业、新闻创造价值",已成为新闻中心全体职工办报的思想理念。"精编细改、字字千钧、千锤百炼、精益求精",已成全体编采人员的座右铭。"踏遍千山万水、走进千家万户、不辞千辛万苦、不惜千言万语、想尽千方百计、服务千次万遍",已成为报刊社全体职工的精神追求和工作准则。

·用行业文化精神塑造人　为了保证新闻报道的真实公正,采编人员都能弘扬正气、把握导向、是非分明、秉公报道、廉洁自律、自重自爱。尤其在采访和编辑发稿中,不得索要和接受被采访报道对象的财物,不接受可能影响新闻报道客观公正的宴请和馈赠,不从事与职业有关的有偿中介活动,不为自己或小团体牟取私利。积极开展以"学习陈刚毅,学习孔祥瑞,学习长航十杰,奉献在岗位"的主题活动,以"三个服务"为宗旨,充分发挥新闻工作者"献身、负责、求实"的精神,树立编辑的良好形象。紧紧围绕"三三三"工程,即做到三个满意——领导满意、行业满意、读者满意;增强三种意识——窗口意识、服务意识、品牌意识;抓好三个提高——队伍素质提高、服务水准提高、报纸质量提高。

·用正确的舆论引导人　发挥行业文化精神在新闻宣传中的潜意识作用。2006年"五一"黄金周,报社编发的"共建厦门湾 安全畅通文明航区"的专题报道受到中央文明委领导的高度评价,并专门致电交通部体法司,称赞这一专题报道:"主题新颖,内容丰富,图文并茂,具有较强的吸引力和感染力,为厦金航线创造了良好的舆论环境,对在特殊地区开展的'迎奥运、讲文明、树新风'有着很好的导向作用,受到社会舆论的广泛关注,影响较好。建议你部对有关媒体及活动主办单位给予表扬。"交通部副部长徐祖远、副部长黄先耀随即作出重要批示。黄先耀副部长在批示中提出:"请体法司对水运报提出表扬并跟踪了解'共建'的情况及成效,必要时请中央媒体进行深度报道。"为了按时保质保量出报,编辑经常加班加点,挑灯夜战至深夜,任劳任怨,从不计较个人得失。报纸质量也因编辑们的努力而明显提高,受到全国交通水运行业广大读者的认可和赞誉。

·行业文化建设促进了职工的精神文明建设

近年来,在不断创新发展中编辑部留下了一串串坚实的足迹:他们连年获中国水运报刊社先进集体、长航局先进集体、长航局"青年文明号"、长航系统安全优秀班组、女职工文明示范岗、长航系统优秀班组等称号;先后有6人被评为长航局优秀专业技术人才、先进工作者、优秀共产党员并入选长航青年人才库;在湖北省专业报协会好新闻评选中位居三十多家行业报榜首,在全国交通行业好新闻、湖北省好新闻奖的评选中均榜上有名。

(中国水运报刊社)

【武汉分社文明创建有特色、有重点】 2007年,武汉分社文明创建以文化建设为核心,以党群工作为载体,营造和谐环境氛围,树立质量船检、诚信船检的良好形象。

·建立具有武汉分社特色的企业文化理念,构建和谐船检。根据新时期构建和谐船检的要求,武汉分社进一步创新思想政治工作的内容和方式,对文化建设的经验和文化理念沉淀,认真进行规范整理、总结升华,形成具有自己特色的企业文化理念:安全文化理念——安全质量是中国船级社的生命线和社会责任;道德文化理念——每一位职工的一言一行代表分社的形象;执行力文化理念——关注细节,追求卓越,重在执行;品牌文化理念——创新求发展;人本文化理念——以人为本,注重人的全面和谐发展。五种文化理念进一步丰富了武汉分社企业文化内涵,增强了企业文化建设的理论性、系统性,有力地促进了武汉分社三个文明建设的协调发展。

·开展"学身边典型,创一流服务"活动,充分调动职工的积极性,主动性。武汉分社召开"学身边典型、创一流业绩"报告会,对职工进行"社会责任感"、"顾全大局意识"、"任劳任怨精神"教育。用身边典型的先进事迹,激励广大职工弘扬"奋斗不止、追求卓越"的拼搏精神,"恪尽职守、任劳任怨"的实干精神,"敢为人先、勇攀高峰"的创新精神,"精诚团结、同舟共济"的团队精神,为年度工作任务的圆满完成奠定坚实的思想基础,进一步促进了执行力效率和效果的提高。

·创新党群工作,将质量体系引入分社党群工作。武汉分社率先组织开展质量体系引入党群工作的试点工作。成立试点工作领导小组和工作小组,制定"关于武汉分社开展党群后勤工作纳入质量管理体系试点工作的实施方案"和"工作安排",编制完成了相关33个质量体系文件,并按要求开始了试运行。

·文明创建工作硕果累累。一是以文化氛围塑造人,以文化氛围促发展,以文化氛围提升市场形象,为武汉分社的三个文明建设在高起点上继续前进,提供了源源不竭的动力。武汉分社继续保持湖北省"最佳文明单位"、交通部"全国交通行业文明示范窗口"等荣誉称号。二是武汉分社专题文章《牢记两个务必,加强反腐倡廉建设,为中国船级社又好又快发展贡献力量》,获得2007年度长航系统纪检监察工作学会武汉地区年会论文一等奖。

(武汉分社 曹树槐)

【武汉规范所规范法规部党支部荣获长航局"五好党组织"称号】 2007年6月27日下午,在纪念中国共产党成立86周年前夕,长航局召开纪念中国共产党成立86周年暨表彰大会,全国政协委员、国家一级演员、著名歌唱家万山红应邀出席了会议并献上了精彩的演出。会上表彰了经长航系统严格考核,网上评选胜出的"五好党组织",武汉规范研究所规范法规部党支部荣获殊荣。武汉规范研究所规范法规部党支部有职工28人,其中党员22人,占78%;高级工程师15人,占54%;研究生(含博士)14人,占50%。规范法规部是武汉规范所的核心业务部门,承担着全国内河船舶及江海通航船舶的规范、法规的制订、维护,以及相关科学技术研究工作,并为客户和现场检验提供规范咨询,为政府水上安全管理提供技术支持。长期以来,规范法规部党支部一直将行政工作上的难点作为支部工作的重点,通过"抓党建,促发展",深入开展保持共产党员先进性教育活动和认真落实整改措施,以"学、树、创"活动为载体,充分发挥支部的战斗堡垒作用和党员的先锋模范作用,支部工作的创造力、凝聚力和战斗力不断增强,圆满完成了总部和上级党组织下达的各项责任目标和工作任务,年年被武汉分社党委评为"先进党支部",这次又被长江航务管理局推选为2007年度长航系统"五好党组织"。

(武汉规范所 熊 军)

【中国长航3个集体荣获"全国交通建设系统工人

先锋号"荣誉】 2007年底,中国海员建设工会表彰"全国交通建设系统工人先锋号",长航凤凰股份有限公司"长江22037"轮、南京长江油运公司"广兴洲"轮、中石化长江燃料有限公司(长燃总站)、南京分公司上元门江北加油站等榜上有名。

2007年,中国长航各级工会组织认真贯彻落实党的十七大精神,组织全体职工围绕全国总工会"当好主力军、建功'十一五'、和谐奔小康"的竞赛主题,广泛开展"节能降耗、降本增效、绿色环保"建功立业劳动竞赛。在竞赛活动中,一批先进船舶、班组以不断发展工人阶级先进性为动力,在创造一流工作、一流服务、一流业绩,做实基层班组工作,做强自主创新技能,做亮劳动竞赛品牌,为促进企业又好又快发展等方面作出了贡献,成为深受工会关注、群众拥护的先进典型。

(中国长航集团 王敏)

【长航集团奖励"贤内助"激励贡献者】 2007年11月21日,在中国长航第十一届优秀船员家属表彰会上,南京长江油运公司大庆432轮船长孟林国妻子吴美等7位"贤内助",被中国海员工会、交通部精神文明办公室联合授予"全国优秀海员家属"称号。其中一批"和谐家庭"、"优秀船员家属"、"优秀船员家属互助队"、"优秀船员家属工作者"受到集团表彰。长航集团党委书记王镭、副书记兼工会主席肖汉良与会看望了代表,并寄语对全线船员家属诚挚问候。

航运企业的特点决定了广大船员远离家庭,广大船员家属为此付出了加倍的艰辛。如何紧紧围绕企业生产经营中心,以创建"和谐家庭"活动为载体,以构建"和谐长航"为目标,组织、动员广大船员家属充分发挥"第二政委"的作用,用亲情全力支持亲人工作,促进企业发展,是一个十分重要的问题。长航集团各级领导干部不懈努力,倾情为船员家属办好实事,为构建"和谐家庭"服好务。

会上,优秀船员家属、优秀船员家属互助队等交流了工作经验。集团授予章丽华等18位"贤内助"为"优秀船员家属"称号;授予李建新、柯俐玲等11户家庭为"和谐家庭"称号;授予封和平4名干部为"优秀船员家属工作者"称号;授予长航凤凰重庆货运分公司南坪船员家属互助服务队等2个集体为"优秀船员家属互助服务队(组)"称号。

(中国长航集团 章异凡 仲义京 王敏)

【上海公司文明创建扎实并有成果】 2007年,上海公司文明创建成绩突出:一是抓好表率文化建设。不断加强企业领导班子建设,组织党的十七大精神系列学习研讨会,组织在申单位研讨《蓝海战略》。大张旗鼓宣传优秀团队,制作《走近他们》电视短片,弘扬改革发展中的先进典型;在世博项目推进中,积极实践"世博让生活更美好"的主题。二是推进品牌文化建设。努力打造企业品牌,制作公司广告片,通过"船长6号"在黄浦江上循环播放。三是加强廉政文化建设。认真贯彻落实《中央纪委关于严格禁止利用职务上的便利谋取不正当利益的若干规定》,编制了《警钟长鸣》动漫教育片,对不良资产管理、招投标管理、"三重一大"执行情况开展效能监察,形成廉政文化氛围,实现企业文化与企业发展战略的和谐统一。文明创建取得了五项成果:

·*以党委中心组学习为载体,学习贯彻科学发展观,领导干部思想建设得到强化。*围绕十七大精神学习、公司发展及党建问题研讨、安全稳定工作研究、"社保案"警示教育、国防形势任务教育等专题,掀起学习贯彻十七大精神高潮。与此同时,认真贯彻科学发展观,组织公司"十一五"发展战略专题中心组学习会,统一思想,完善"十一五"发展战略,逐步形成"两强四支"的产业格局,进一步明确了公司的发展方向。

·*突出班子建设、支部建设,发挥党组织政治核心作用。*以争创"四好"班子为载体,进一步加强基层领导班子建设。党委制定《公司关于创建"四好"领导班子的考核办法》,明确"四好"领导班子考评的标准、内容及方式。"七一"期间,党委对五个"四好领导班子"进行了表彰。与此同时,加强干部队伍建设。通过制定干部分类考核办法,继续推行干部考核前公示、网上述职、网上测评等办法,不断提高考核的效率和质量。推出《公司创建"四有"党支部考核办法》,落实"双培工程",不断推进基层党支部建设上新水平。

·*以警示教育为重点,开展"作风建设年"活动,企业党风廉政建设取得成效。*开展以"勤学进取谋科学发展,勤廉务实创和谐企业"为主题的"作风建设年"活动,进一步强化各级领导自我教育、自我警示、自我提高的意识。此外,支持纪委全面开展重大事项议事决策规则执行情况的监督检查,高度重视信访查处工作和效能监察工作。

·以"三创一争"为抓手,宣传工作和企业文化建设得到深化。在外贸船舶开展"学习衢海轮、争创文明船"活动;在窗口单位开展迎奥运、讲文明、树新风活动,不断深化"三创一争"活动。有4家单位被授予上海市文明单位称号,旅游事业部被推荐为全国交通系统文明单位(窗口)。大力推进企业文化建设,"长江1号"服务品牌具有良好的社会声誉;南通"长航地中海花园"房产,成为2007年影响南通的金奖品牌。宣传部制作的"两强四支"广告片,有效提升了中国长航和上海公司的知名度。

·以建设和谐企业为目标,发挥群团组织作用。按照六中全会《决定》提出的"共同建设,共同享有"的和谐社会要求,维护和谐稳定,共同在实施"两强四支"战略中建功立业。高度重视和做好重大节点的稳定工作,认真做好面上不稳定因素的排查、疏导和化解工作,荣获集团稳定工作先进单位。开展创建平安单位活动,有3家单位申报上海市平安单位,并已通过市建委的抽查。通过开展领导结对帮扶、爱心助学、帮困送温暖工作,积极为职工办实事、办好事。

(上海公司　李为民)

【南京公司文明创建取得积极成果】 2007年以来,南京公司从企业实际出发,以经济效益为中心,以"三创一争"活动为主要载体,扎扎实实地开展了文明创建工作,积极为保增长、促转型作贡献,三个文明建设取得显著成绩。全年主要做了四项工作:

一是加强理论学习,深化宣传教育,促进和谐发展。强化政治理论学习,掀起学习贯彻十七大精神的热潮。组织了由公司党政主要领导带队的学习考察组,先后赴重庆公司、上海公司进行学习考察。通过学习借鉴兄弟单位好的经验、好的做法,推进企业的发展。深化主题教育活动,开展了加强船舶管理、信息化建设、经营管理、人力资源管理、风险管理等方面的专题宣传教育活动,引导广大员工把工作重心转移到聚心聚力促进发展上来。围绕和谐南京公司创建、改革过渡期机关管理、宣传教育工作、经营管理体系改革后的党建思想政治工作、船员队伍职业道德等五个方面,开展了全方位的调研,强化了党建思想政治工作的管理。开展了"创造新业绩、刷新新记录"劳动竞赛、"我为长江发展献一计"合理化建议、"立功杯"英语知识竞赛、职工技能大赛等活动,组织职工代表参与企业民主管理、民主决策、民主监督。通过开展争创"青年文明号"、"青年岗位能手评选"、青年信息研究小组和青年志愿者等活动,积极引导团员青年为企业改革发展建功立业。

二是强化班子建设,完善党的组织,创新党建工作。2007年,公司党委根据上级党组织的要求,坚持以创建"政治素质好、经营业绩好、团结协作好、作风形象好"领导班子为标准,完善了管理制度,落实了班子责任,提高了创建效果。加强党的组织建设,特别是船舶党支部建设为重点,规范了创建的内容,提高了创建的效果。认真组织开展党风廉政建设。坚持将船厂造船发展项目一期工程作为效能监察项目进行立项,通过与施工单位签订廉政协议,监督工程、物资设备的采购招投标,检查合同签订、工程验收和付款等各项工作程序,将项目的所有过程一一纳入效能监察范围,有效提高了监督的效果。坚持信访案件分析会制度,不断加大信访案件的查处力度,促进了企业的健康发展。

三是实施重组改革,夯实基础管理,提升员工素质。根据中国长航集团的部署,公司将全部海上业务资产整体注入上市公司,将长江和其他岸上业务资产置换到非上市公司,实施了江海重组。积极发挥各级党群组织在重组改革中的宣传引导、率先垂范、参与支持、监督保证作用,有效保障了公司江海重组改革的顺利推进。保持了"队伍不散,生产不断,工作不乱,收入不减,资金不漏,安全稳定"的良好局面。加强了船舶管理、人力资源管理、预算管理、风险管理、信息化管理,全面启动信息化工程应用系统建设,有效促进公司管理平台和管理水平的提升以及管理流程的优化。坚持以实施"人才强企"战略为重点,通过培训、外派、引进等加快人才培养,为推进企业的改革发展提供了强有力的人才保证。

四是深化文明创建,积极应对危机,促进协调发展。通过开展"安全生产年"和"安全生产月"活动,进一步明确安全目标,细化安全措施,提高员工安全意识。通过强化安全体系管理,对加强岸上各单位安全管理工作起到十分重要的作用,全年未发生一般及以上水上交通责任事故。涌现了"长江 62023"轮、"长江 62035"轮、"长江 62036"轮安全航行 50 万公里和"大庆 425"轮安全航运 25 周年等一批先进船舶,保持了公司安全局面的持续稳定。同时加强环境保护工作,精心美化办公环境。正确处理好企业发展与环境保护的关系,将环境保护作为企业发展的基础和目标,逐步实现持续发展与环境保护的双赢。组织开展防污染专业知识的培训,对新造和新购船舶,按照要求进行了相关文件、设备的配备,使船舶防污染设备达到现行的船舶检验规范和要求。精心设计了办公楼内、外部及周边环境的美化布局和亮化效果,油运大厦项目在 2007 年荣获"南京市优秀物业管理项目"的基础上,不断提升物业管理品质,经省优评审专家组全方位的考评,被授予"江苏省优秀物业管理项目"称号。

(南京公司　邢煌辉)

【武汉公司文明创建有成效】 2007 年,武汉公司制定了企业精神文明建设规划,并把落实精神文明建设规划同推进企业"二次创业",同企业生产经营管理、安全生产工作以及开展各类群众性的竞赛活动紧密结合起来。同时,结合武汉市地方政府有关部门的要求,创造性地抓好文明创建,深入开展了水上地区平安单位活动和武汉市交通委员会行业文明创建活动。

公司所属峡江公司被评为湖北省国资委文明单位,"长茂 1 号"轮被评为中国长航集团明星船;在武汉市交委第十四轮精神文明创建活动中,中国长航武汉客运公司经营管理公司和长航大酒店被评为文明服务示范窗口,"长茂 1 号"轮评为文明服务示范船,于保健同志被评为精神文明创建先进个人,胡光德和闵华胜同志被评为精神文明创建岗位能手。

(武汉公司　杨新安)

【中长燃以文明创建促进和谐 以突出的业绩铸就品牌】 2007 年,中长燃公司精神文明建设取得很大的成绩。通过大力创新服务,塑造品牌,逐步成长为一个学习型、改革型和发展型的企业。公司在文明创建活动中主要做了五项工作:

一是领导高度重视,形成强大的创建合力。公司始终将文明创建活动作为企业发展的一项大事来抓,在文明创建工作中坚持做到"七个同步"、"三个结合"。即文明创建工作与企业经济工作同步规划、同步部署、同步推进、同步落实、同步检查、同步考核、同步奖惩,并将文明创建的绩效与职工收入相结合、与干部考核相结合、与评先表彰相结合。进一步强化公司各级领导和干部职工的责任意识,有力地保证了精神文明建设各项任务的真正落实。被湖北省评为"2007 年度安全生产红旗单位"、"2007 年中国长航维护稳定工作先进工作单位"等。

二是抓好党建工作,保证创建活动的有效开展。以创建"四好班子"为目标,努力加强各级领导班子建设,发挥好党组织的政治核心作用。正确处理好三个关系,即党政"一把手"和班子其他成员的关系;党政主要负责人之间的关系;班子成员与干部职工之间的关系。公司党委中心组被湖北省评为"2006 - 2007 年度先进党委(党组)中心组",公司党委被湖北省评为"2007 年度先进基层党组织",芜湖分公司党委还被长航集团授予"先进基层党组织"称号。同时以理论学习为重点,抓好各级班子的能力建设。坚持党委中心组学习制度,提高领导班子的政策执行力。坚持党课教育,提高党员干部的政治理论水平。建立"领导联系点"制度,推行"三个一"的"一线工作法",即每月到基层油站、船舶、班组调研一次,每月为基层单位解决一项问题;每月为职工办一件实事。大力加强基层组织建设,发挥好党组织的战斗堡垒作用。公司党委坚持党管干部的原则。通过"班子创四好"、"单位创文明"等活动的开展,进一步深化干部制度改革,探索出一条干部人才工作的新路子,为企业可持续发展提供了人才保障。目前,全线"能者上、平者让、庸者下"的良好竞争氛围已基本形成。

三是推进特色创建,建设强势品牌。中长燃公司把文明创建的重点放在推进企业特色服务建设上,放在一切以客户满意为中心(即实施 CS 战略),全力打造好企业强势品牌上。构建以"五统一"(统一经营理念,统一形象标识,统一资源配置,统一管理规范,统一计质量标准)为标志的大营销、大服务、大连锁格局,积极开展与加油服务相配套的延伸服务和二次服务,推出了许多新的服务方式和项目,完善服务功能,为客户提供精品服务,努力做到"质量零缺陷、操作零失误、服务零投诉”。此外,加大宣传力度,唱响长燃品牌。两年来,在各种媒体刊稿800余篇,公司自办长燃之友报75期,发行突破150万份。宣传了企业品牌形象,交流了企业与客户之间的信息,传播了企业对客户文化和精神关怀。

四是实施“六通”工程,推动企业服务持续创新。公司按照特色化、专业化、差异化、个性化、人性化的要求,全面实施“六通”工程,大力推进服务创新。实现加油结算“一票通”、质量信誉“一证通”、延伸服务“一卡通”——中长燃加油IC卡、资讯查询“一网通”、友情传递“一报通”、信息服务“一信通”。通过与中国移动、中国联通的合作,中长燃短信2006年正式开通后,近两年每天为近万名客户提供短信服务,帮助船友及时了解航道、天气、水文信息。“六通”工程的实施进一步彰显了公司的特色,增强了企业核心竞争力,受到了客户及社会各方面的广泛好评。

五是创建工作与企业管理相融合,企业核心竞争力得到加强。将企业的文明创建工作融合到企业经营管理工作的各个环节之中,促进了企业管理机制的创新和管理的规范化、科学化,有效增强了企业核心竞争力。提出“2118”工程(企业在“十一五”期末年销售量达到200万吨、加油站达到100座、人均销量达到1000吨,市场占有率达到或接近80%)的宏伟战略构想。公司全线现代化管理水平大大提高,在长江上首创并全面实行电脑自动化售油。进一步规范了企业党务工作,并将党建工作的考核进行量化,解决了新时期企业党务工作面临的新课题,促进了企业的平安发展。取得了连续七年无等级以上事故的良好业绩,企业安全管理水平得到提升,安全文化实现了稳步推进,安全状况呈现稳中趋好态势。2007年公司被湖北省评为“安全管理先进单位”。

(中长燃公司　洪向荣)

【上海市局文明创建措施得力 成效显著】 2007年,上海市地方海事局抓队伍建设,以教育为重点,以制度为保障,加强思想建设和组织建设,推进了各项工作的开展。

·抓学习教育,提高干部职工思想道德素质。学习先进人物及先进事迹,评选系统“十佳事迹”,在每期《党建通讯》上推出一位先进人物,将学习孔祥瑞同志先进事迹与向身边先进人物学习活动结合起来。与此同时,深入开展警示教育。组织学习中共中央对陈良宇严重违纪问题的处理决定,创办《廉政教育“每月一案”》,编写发生在本系统的典型违法违纪案例,开展专题警示教育活动。此外,开展“与世博同行,树文明形象,做高素质航务人”大讨论活动,进一步强化工作纪律意识,营造文明和谐的办公环境。

·抓干部培养,强化队伍建设。注重领导班子的自身建设。一是注重中层干部队伍能力建设。针对中层干部在政治素质、作风修养、组织能力等方面普遍存在的问题,有重点地加强培训和教育。严格按照个人述职、群众测评、组织部门和领导考评的方式综合评定,对考核结果不理想或有过错的中层干部给予谈话、诫勉谈话或批评,并与其考核奖直接挂钩。二是积极探索干部选拔任用机制。制定中层干部岗位推行竞争上岗办法,采用竞聘方式,将政治坚定、业务能力强、有事业心和责任感、领导和群众信得过的同志提拔到中层干部岗位。三是完善职称聘任工作。为调动专业技术人员的工作积极性和创造性,制定并实施专业技术职务聘任制度。

·抓党风廉政,增强廉洁自律意识。修订和完善《“三重一大”议事决策规则》。领导班子坚决按决策程序和要求执行,努力扩大监督渠道,加强党务、处务和政务三公开。纪检监察部门列席处党委、党政联席会议和处长办公等重要会议,对决策事项进行全过程监督。

·抓文明创建,树立行业新形象。坚持“两手抓、两手都要硬”的工作方针,把精神文明建设工作的着力点放在提高职工队伍整体素质上,放在树立依法行政的形象上,放在群众反映强烈的焦点、热点、难点问题上,进一步提高社会和职工的满意度。将创市文明单位和全国海事系统文明达标单位工作相结合,通过读书等一系列学习教育活动,增强职工责任感和构建和谐社会、和谐单位意识,同时积极做好结对共建工作,组织参与“特奥会”保障工作、“迎世博”主题活动和其他社会公益活动。

·发挥思想政治工作先导作用。利用《实践中来》交流平台,总结系统职工政治工作经验,提炼理论研究成果,宣传航务(地方海事)行政文化理念,切实推进新形势下思想政治工作。11月,举办了上海市地方海事(航务)系统首届职工文艺汇演。各单位群策群力、克服困难、精心准备,最终展示了一台充满爱党爱国热情、尽显时代风采、洋溢行业特色的精彩演出。此外,机关及11个基层海事处制作和展出了各具单位特色的精神文明建设活动成果展板共25块。

(上海市局　王　涛　张晓雷)

【浙江省局开展"作风建设年"活动】 2007年,浙江省港航局根据上级的有关部署和要求,重点开展"作风建设年"活动。一是切实抓好宣传发动、提高认识,查找问题、边整边改,建章立制、总结提高等三个阶段的工作,全面加强思想作风、学风、工作作风、领导作风和生活作风建设。二是成立"作风建设年"活动领导小组,并进行多层面的动员部署。三是制定《浙江省港航管理局"作风建设年"活动实施方案》、《省港航管理局"作风建设年"活动第三阶段工作实施意见》和机关作风建设整改和评议工作实施方案。四是通过发放征求意见函、召开座谈会、深入基层调研等多种形式,广泛征求意见,制定《浙江省港航管理局"作风建设年"活动整改方案》,明确责任领导和部门,以及详细的整改措施。五是制定《浙江省港航管理局领导干部联系基层制度》,领导干部每季度1次深入联系单位,每年写出1篇有分量的调查报告。六是学习型、服务型、创新型、廉洁型、节约型机关建设得到进一步推进,为建设"四个港航"、构建"和谐港航"奠定了坚实基础。为进一步提高文明创建工作水平,2月,制定了《浙江省港航管理系统"十一五"时期文明创建工作实施意见》,以"学先进、树新风、创一流"为主题,以构建"五个文明"(机关管理文明、行业执法文明、窗口服务文明、诚信从业文明、水运建设文明)为抓手,以确保"三个树立"(树立一流港航队伍形象、树立一批港航先进典型、树立一种港航特色文化)为主要内容,积极开展文明创建工作。12月,省交通厅发出《浙江省交通厅 浙江省文明办 浙江省总工会关于表彰浙江交通十大感动人物的决定》(浙交[2007]325号),边胜荣(嘉兴市城郊港航管理处王江泾检查站站长)获"浙江交通十大感动人物",应扬苹(宁波港航管理局船舶检验科高级船检师)、竺士杰(宁波港吉码头经营有限公司桥吊二班班长)、吴建林(嘉兴市城郊港航管理处三塔检查站副站长)、任卫中(安吉县港航管理处职工)、翁文光(舟山市海峡汽车轮渡有限责任公司舟渡2轮船长)、李培年(舟山港务管理局引航管理站党支部书记、副站长、高级引航员)获"浙江交通十大感动人物"提名奖。

(浙江省局　涂晓嫔)

【江苏省航道行业文明创建展新貌】 2007年,江苏省航道文明创建工作从五个方面开展。一是扎实推进作风建设。切实履行对社会的公开承诺,认真落实新的"八项制度"和"八件实事",深入开展以零距离、零缺陷和零投诉为主要内容的"三零"服务专题活动。二是积极构建和谐航道主题文化。全面开展航道精神的专题研讨,总结提炼出了"和谐领航、服务有道"的新时期江苏航道精神。三是着力增强宣传声势。组织12家中央和省部级主流新闻媒体深入航道重点工程一线和干线航道沿线实地采访,先后在人民日报、新华日报等媒体刊发了一大批有一定社会影响力的报道和"黄金水道"、"新江苏"、"江苏航道迈入发展新时期"专题宣传。四是深入优化文明创建。制订出台了《"十一五"江苏航道系统精神文明建设规划》。五是切实加强党风廉政建设。制订出台《江苏省内河航道重点工程纪检监察工作实施办法》,使行业服务水平得到新的提升,改善了航道发展的舆论环境,进一步增强了廉政教育、制度约束和组织监督的实效性。

与此同时,在全国妇联召开的全国妇女"巾帼建功"第十六次会议上,谏壁船闸水上雷锋服务台被授予"全国巾帼文明岗"称号。谏壁船闸水上雷锋服务台的成员85%都是一线女工,多年来在确保船舶安全、方便、快捷通过的同时,服务台常年给过往船舶提供热情服务,不断通过实际行动打造水上服务品牌,充分体现了"急船民所急、想船民所想"的服务宗旨,树立了良好的社会形象。邵伯船闸女子工班获交通部表彰的全国交通行业"巾帼文明岗"殊荣。邵伯船闸第一工班全部由女同志组成,多年来,该女子工班紧紧围绕单位中心工作,不断加强班组安全生产、运行管理、服务创新等工作,注重持续提高组员素质,树立了良好的对外形象,成为安全过硬、管理规范、形象美好的优秀班组。

(江苏省局　徐秋敏)

【安徽省局扎实开展文明创建活动】 2007年,安徽省港航局的文明创建工作在深化中推进,在巩固中提高,在创新中发展。全年新增11个省厅文明单位,重新确认35个省厅文明单位,全系统11个单位被确认为省厅文明子行业。怀远县地方海事处荣获交通部创建文明行业先进单位称号,新安江创建交通部安全畅通文明航区工作扎实推进。此外,成功举办了全省海事系统职工荣辱故事会比赛和计算机技能比赛;开展了2007年度文明客船和安全优秀船舶(班组)竞赛活动及"合理化建议月"活动和"当好主人翁,建功十一五"为主题的劳动竞赛活动。与此同时,开展便民服务活动,制定公布了11项便民措施。全省统一开通了12395海事搜救电话和局海事网站咨询投诉栏目,明确规定每月第一个工作日作为各级海事机构领导信访接待日。建立了全系统领导干部联系水运企业制度,其中省局领导联系重点水运企业23家。另外,坚持责任追究制度,印发了《关于严肃纪律、严格执行效能建设有关规定的通知》,重申机关工作人员效能建设"五不准"。省局效能办不定期对各单位机关工作作风进行明查暗访,并在海事网站、《安徽水运》上通报暗访结果。全省港航海事系统工作作风明显转变,工作效率明显提高,工作环境明显改善,为基层服务的态度明显好转。

(安徽省局　马　栋)

【江西省局开展"提升服务水平 树立行业形象"和谐创建活动】 2007年,江西省航运局在全省航运系统开展"提升服务水平,树立行业形象"和谐创建活动。和谐创建活动以邓小平理论和"三个代表"重要思想为指导,深入开展"六比六看"活动,即:比品德素质,看宗旨意识是否增强;比言行举止,看服务工作是否规范;比服务质量,看工作流程是否便捷;比服务环境,看软硬件设施是否到位;比公道诚信,看服务是否实现零投诉;比满意程度,看社会各界的整体评价。实施的"六项工程"是:

一是实施航运服务设施文明优质工程。建立健全港口、码头、售票厅、候船室等安全质量保证体系,强化质量目标责任制,严格执行行业建设标准,推动质量管理工作的规范化和制度化;加强软硬件设施建设,进一步综合应用现代技术手段,增加高科技含量的服务设施,提高工作效率。积极营造功能齐全,环境优美、舒适便利的"窗口"环境及和谐与争创一流有机统一的良好环境。

二是实施航运行业"窗口"单位满意服务工程。以方便群众办事,提高服务效率和质量为重点,进一步加强从业人员的职业道德教育,培养"服务人民,奉献社会"的职业道德。各种规章制度、办事流程悬挂在醒目位置,诚恳接受群众的监督。组织开展窗口服务人员的职业道德、岗位技能、服务规范的培训和"文明礼仪"竞赛活动,树立"为民服务,创行业形象"的先进典型人物和宣传他们的事迹。

三是实施水运市场规范工程。继续开展"共铸诚信交通"实践活动,进一步清理整顿市场秩序。各航运企业要向社会公布服务项目、收费标准、工作纪律等,倡导共建诚信服务体系,构建航运诚信形象。为群众提供文明、优质、便捷、高效的服务。

四是实施文明宣传教育工程。深入开展"文明礼仪伴我行"主题活动,加强文明、友情提示,宣传教育广大群众做到遵章守纪,文明礼让,友爱互助,维护公共环境和公共秩序,形成文明和谐的氛围。

五是实施航运系统机关务实高效工程。各设区市港航处及下属单位加强机关工作人员思想政治和职业道德教育,增强大局意识、奉献意识和服务意识。加强机关作风制度建设,制定机关服务承诺制度、考勤制度、报备制度,推行首问责任制。公开机关部门职责,办事程序,岗位职责,推行工作人员去向公示制,提高机关工作透明度。改善办公条件,逐步实现办公现代化,提高办公效率和质量。实行考核奖惩制,开展文明处、所及"十佳"、"先进工作者"的评选,建立激励约束机制。

六是实施航运行政执法素质形象工程。深入开展理想信念教育、服务宗旨教育、民主法制教育,培养行政执法人员树立正确的人生观、价值观,法律观,养成良好的文明执法习惯,做到规范执法、文明执法;实现内强素质,外树形象。认真整顿执法队伍,完善执法人员管理制度,严格审核执法人员岗位适任资格。全面推行政务公开,执法公示制度、执法责任制、执法过错责任追究制和执法行政考核制,强化执法监督。

(江西省局　杨　辉)

【河南省局文明创建取得显著成效】 2007年,河南省局精神文明和党风廉政建设、行风建设得到进一步加强。一是不断加强行业党风廉政建设和反腐败力度,加强行业党风廉政建设。二是扎实有效地开展了"讲正气、树新风"活动,取得了显著成效。三是结合航运实际,发布了《河南省航务海事系统十条禁令》,出台了《举报奖励实施办法》,设立了举报电话。濮阳等4个地方海事局积极参加交通部海事局组织的创建行业文明单位活动,并通过了初次验收。全系统实现"廉政无事件"。

(河南省局 王守明)

【湖北省局不断深化文明创建】 2007年,湖北省港航海事系统精神文明建设始终坚持以邓小平理论和"三个代表"重要思想为指导,坚持落实科学发展观,践行"三个服务",较好地完成了全年各项工作目标。一是积极开展十七大精神的系列学习贯彻活动,在行业内掀起学习贯彻十七大精神的热潮。为充分发挥省局机关的龙头表率作用,狠抓了局机关学习贯彻十七大精神的落实。及时组织支部学习讨论,召开了党委中心组学习、党委中心组(扩大)学习和座谈会,制作了十七大报告内容摘要专栏。机关干部职工30多人进行了书面心得体会交流,各市州学习贯彻十七大精神已见行动。二是深化"学刚毅精神、创文明新风、建和谐水运",开展全省水上安全、规费征稽、港航建设"服务创优"竞赛活动。按照省厅关于深化向陈刚毅学习的五项措施总体部署,制定了"学创建"推进方案,重点组织开展了水上安全、规费征稽、港航建设"服务创优"竞赛活动,并以全省港航海事系统"身边的陈刚毅"——"老劳模新贡献"徐洪流、2006年全省交通系统先进个人覃北平的先进事迹,形成了两篇通讯稿;还根据省厅统一安排,联合湖北卫视公共频道《辉煌的历程》,拍摄了反映"刚毅精神"在湖北水运生根开花和湖北水运发展现状的专题宣传片《刚毅精神:照亮奋进中的湖北水运》,并于9月29日和30日在湖北卫视公共频道分别首播、重播。三是以"迎讲树"活动为重点,进一步推动文明创建上档升级。全年以"迎节会、讲文明、树新风"为主题,以"八比八看"为内容,召开了一次全省水运企业"迎节会、讲文明、树新风"座谈会,参加交通"服务创新——微服私访荆楚行"督查活动,开展了"关爱未成年人、扶贫济困"助学活动,组织了一个青年志愿者服务队开展新风普及行动,统一制作、发放了一批全省文明窗口的文明标牌、温馨提示、服务指南。根据创建目标,局机关同时获得省级、区级最佳文明单位命名。此外,推荐荆州市局和恩施州局申报全国海事系统文明达标单位,推荐宜昌金山公司、荆州通运公司、武穴海铭星公司申报2007年度全国交通行业文化建设十佳单位。同时,在全省进行了"五个十佳"评比表彰活动。年初成功举办全省港航海事系统职工书画摄影展,参加湖北交通"庆七一千人体操迎节会"活动,充分展示了港航海事人的风采。开展了向灾区和贫困地区捐款、捐书活动。局机关职工积极响应号召,共向灾区捐款5360元人民币,向贫困地区捐书777本、音像制品112件。

(湖北省局 罗友稼)

【湖南省局文明创建取得明显成效】 2007年,湖南省水路交通系统文明创建取得明显成效。一是长沙水上交通规费征稽站获得了交通部授予的"全国交通行业文明示范窗口"称号;二是常德市地方海事局局长曾珊山获得了交通部授予的"全国交通行业文明职工标兵"称号;三是常德市地方海事局,株洲市地方海事局、岳阳市地方海事局3个单位获得省局授予的"全省水路交通系统文明单位"称号;四是浏阳市地方海事处,耒阳市地方海事处,芷江县地方海事处,溆浦县地方海事处,双峰县地方海事处,邵阳市地方海事局昭陵地方海事处,汨罗市地方海事处,张家界市武陵源区地方海事处,桑植县地方海事处,株洲市空洲岛地方海事处10个单位获得"全省水路交通系统文明集体"荣誉称号。

(湖南省局 蒋龙平)

【云南省局文明创建取得新成就】 2007年,云南省水运行业文明创建工作取得较好成绩。全省水运系统继续深入开展文明创建工作,表彰了9个文明达标单位,6个文明港口(码头),以及38艘文明船舶。此外,积极推进澜沧江文明航线的创建工作。建立、健全文明创建管理工作台账,创建安全、畅通的文明航线。

(云南省局 马翠德)

【贵州省局扎实开展文明创建活动】 2007年,贵州省局加强精神文明建设,提高了整体文明水平。

·扎实开展文明创建活动。局党委高度重视行业的精神文明建设,列入党委工作的重要日程,作为统一的奋斗目标。制定了《贵州省水路交通行业“十一五”时期精神文明建设工作规划》,明确了文明建设的指导思想、工作目标、主要任务、工作标准、保障措施,以此推进行业的精神文明建设。与此同时,着力抓好文明创建活动,各单位以邓小平理论和“三个代表”重要思想为指导,以科学发展观为统领,围绕全省航运改革发展稳定这个中心,抓住“学先进、树新风、创一流”的活动载体,坚持以人为本,立足“三个服务”,寓服务于航运工作,服务群众,奉献社会。坚持行业和地方条块结合的“两条线”目标创建形式,努力做到行业和地方的文明创建工作相统一、相结合,同步进行。通过文明创建工作,省局被贵阳市委、贵阳市人民政府命名为“贵阳市文明单位”;2007年,省局被交通部列入全国交通行业精神文明建设先进集体候选名单;12月11日,成为全国交通行业精神文明单位。

·开展社会主义荣辱观实践活动。坚持把学习实践社会主义荣辱观贯穿到精神文明建设过程中,把学习宣传、贯彻落实社会主义荣辱观和“八荣八耻”的基本要求,作为“十一五”时期精神文明建设的一项长期任务进行研究部署,列入省局“十一五”精神文明建设规划,作为思想道德的基础性工程和长期目标来实施。利用建设学习型组织的手段,利用党委中心学习组、党课教育、学习讨论会、组织生活、专题辅导、培训、知识竞赛、宣传栏、港口码头标语牌等多种形式,进行思想教育,进一步打牢干部职工的思想道德基础,引导干部职工在遵守基本行为准则的基础上,追求更高的思想道德目标。

·开展“整脏治乱”工作。制定《2007年“整脏治乱”专项行动工作方案和责任分解表》,各单位按照本辖区航运码头的整治范围和整治工作任务,继续抓好整脏治乱工作,进一步杜绝航运码头脏、乱、差现象的反弹,认真维护码头环境卫生和运输安全。与此同时,重点抓好节日期间的整治工作。根据辖区码头实际,在元旦、春节、五一、国庆期间认真开展“整脏治乱”集中统一行动,为节日营造文明祥和、整洁有序的节日氛围。结合开展第六个“公民道德宣传日”活动,自觉践行社会主义荣辱观,争当“文明职工”,以“迎接奥运、讲文明;整脏治乱、树新风”为主题,开展学习教育活动,张贴宣传标语,印发简报,向广大航运职工宣传公民基本道德知识、道德规范和文明礼仪行为,为加强公民道德建设、整脏治乱工作创造了良好的舆论氛围,同时也使干部职工的文明素质和公德意识得到进一步增强。

(贵州省局 杨萍艳)

【四川省局文明创建成果显著】 2007年,四川省航务系统精神文明建设成果显著。修订完善了《四川省文明客运船舶评定标准》和《四川省文明渡口(码头)评定标准》及考核办法。重新制定了《四川省航务海事系统文明执法示范窗口创建与管理办法》。宜宾市地方海事局获得全国海事系统文明达标单位。泸州市航务管理局在发生两次重特大事故被撤销省级文明单位称号后,加快发展步伐,以水上安全为中心,以水运发展为支撑,以文明创建为契机,监管水平、执法能力显著提高,综合能力和发展水平在行业中处于前列;9月20日,顺利通过省级文明单位验收;12月,又通过了厅级文明行业验收。内江市航务局通过厅级文明行业验收。全国海事系统十大窗口标兵达州市地方海事局被部海事局选为组织事迹报告团参团成员。达州市地方海事局与营口市地方海事处结对工作成效显著,营口为达州11个重点码头(渡口)安装了视频监控系统;同时,双方还互派人员交流任职。港航开发有限责任公司不断提高精神文明建设工作质量,11月6日顺利通过省级文明单位验收。在部海事局8月份召开的政风建设工作会上,四川省局以《加强精神文明建设 提升海事队伍形象》为题,作了经验发言。

(四川省局 唐潇潇)

【陕西省局文明创建抓到实处】 2007年,陕西省航运局一是抓好政风行风建设。认真落实全国海事系统政风会议和省厅行风会议精神,注重维护人民群众和农民工利益;深入基层和港口、码头,对重点水域政风行风工作进行检查调研。通过召开座谈会、开展问卷调查等方式进行测评,群众满意度达93%,全系统没有发生一起不正之风事件。二是重视党风廉政建设。把党风廉政工作同航运海事工作一并安排部署和检查考核,落实领导干部一岗双责。与此同时,推行廉政责任目标管理。按照"党风廉政工作任务类别、目标任务要求、负责人、牵头负责人、承办部门、协办部门负责人及时间要求"列表成册,将廉政工作细化到岗位、具体到人,将党风廉政责任制落到实处,全局干部职工无违法违纪案件发生。三是深化行业文明创建工作。以海事文化建设和文明航道建设为重点,继续加大精神文明创建力度。明确目标任务,加强督促检查。经过一年的努力,创建任务基本完成:2 个厅级最佳单位和 1 条厅级文明航道创建任务,已通过厅文明委验收,9 个局级最佳单位、11 个文明执法单位、10 个文明地方海事处、18 艘文明客渡船等创建任务全面完成。四是开展海事文化研究活动。召开陕西省航运海事系统职工政治思想工作研究年会,积极组织干部职工撰写论文,并汇编成为论文集,使海事文化建设成为推动行业精神文明建设的抓手和推动力。五是完成厅级文明航道创建工作。汉江火石岩至紫阳 86 公里厅级文明航道创建工作,是厅党组确定给陕西省航运局的目标任务,也是系统文明创建的一个重点工程。为此,成立了专门机构,制订了《厅级文明航道建设实施方案》和《厅级文明航道验收标准》,在安康召开了文明航道创建工作动员会,对创建工作进行了广泛的宣传动员和具体的安排部署,整个项目通过检查验收已全面完成。文明航道建设成为行业文明建设的亮点和示范窗口。

(陕西省局　余红梅)

【重庆市局文明创建结硕果】

·重庆市港航局获多项"巾帼建功"表彰　2007 年 3 月 23 日,市交委举办了 2007 年"巾帼建功"表彰暨成果展示会,会上表彰了 2007 年全国巾帼文明岗 1 个,巾帼建功标兵 2 名;2007 年全国交通系统巾帼文明岗 4 个,巾帼建功标兵 4 名;2007 年市交委巾帼文明岗 18 个,巾帼建功标兵 27 名。我局信息处处长游晓霞获全国交通系统"巾帼建功标兵"荣誉称号,计划财务处获市交委"巾帼文明岗"荣誉称号。

·重庆市局多人获全国内河水运建设先进荣誉称号　2007 年 4 月 16 日,交通部发布了《关于表彰"九五"和"十五"期全国内河水运建设优秀项目与先进集体及先进个人的通报》(交水发[2007]187 号),重庆市港航管理局、重庆市万州港口(集团)有限责任公司港口建设办公室被授予全国内河水运建设先进集体荣誉称号;重庆市航运建设发展公司副总工程师吴家浩、原重庆市万州区港口航务管理局局长李鸣亮、重庆市国际集装箱码头有限责任公司董事长刘永忠、原江津市港政管理所所长袁跃群、原重庆市港航管理局航道处处长文传平、重庆市交通委员会港航建设管理处主任科员蒋江松、重庆市交委质监站质监处副处长向虹、奉节县港航监督管理所所长龚文被授予全国内河水运建设先进个人荣誉称号。

·民生公司总裁卢晓钟荣获 2006 年度"振兴重庆争光贡献奖"　2007 年 2 月 16 日下午,2006 年度"振兴重庆争光贡献奖"颁奖典礼在重庆电视台演播厅举行。10 位获奖者走上领奖台,领取城市最高奖项。重庆市领导王鸿举、邢元敏、马儒沛、何事忠、马正其、徐敬业、刘光磊、郎友良、程贻举、吴家农、陈邦国等出席颁奖典礼并为 10 位获奖者颁奖。民生公司总裁卢晓钟荣获 2006 年度"振兴重庆争光贡献奖"。

(重庆市局　韩　玲　彭然红)

【重庆市局"执政为民,服务发展"喜结硕果】

2007 年 12 月 28 日,大唐国际武隆水电开发有限公司副总经理杨绍卿亲赴市港航局送去感谢信和感谢匾,对该局在行政审批、行政管理上给予的大力支持表示感谢。特别是在银盘明渠的开通上,感谢重庆市港航局给予的帮助和理解。银盘明渠开通二十多天以来,没有出现一起安全事故,确保了乌江沿岸物流的畅通,有力地保证了上游彭水水电站建设物资的需求,并为即将迎来的春运提供了保障。

重庆市港航局局长梁雄耀和副局长张小勇与杨绍卿一行交换了意见,梁局长表示为企业服务是我们的应尽职责,今后将一如既往地本着"执政为民,服务发展"的理念,大力支持银盘水电站的建设。

(重庆市局　高桂景)

第四篇　运　输

【概　述】 2007年是根据党的十七大确定的科学发展观,长江航运实施科学发展的第二年,科学发展带来了长江航运的飞跃,形势很好。长航集团实施“长江战略”,取得显著成效。全年实现营业总收入同比增长18.7%,完成货运量同比增长6.3%,工业总产值同比增长40.5%,燃油销售量同比增长4%,全年实现利润总额近12亿元,比上年翻一番,利润总额首先达到两位数,超额完成国资委下达的考核指标。体现了运输总量稳步增长,海运比重进一步提升,骨干货源运输保持增长等三大特征。长航凤凰在上市的第一年,实现核算收入23亿元,同比增长1.2亿元,税收利润4.96亿元,创历史最好水平。南京油运公司经受住了管道替代所带来的巨大冲击,保证了持续稳定和经济效益稳步增长的良好局面。全年完成货运量3232万吨,实现利润6.7亿元。江西省由于加大海运和干流运输,货运量与货运周转量2007年分别同比增长10%和26.8%。

·长江航运企业一个显著特征是,共同发展,齐头并进　民生实业(集团)有限公司入选中国服务性企业500强及重庆市100强企业。位于长江三角洲的浙江省水运,全年完成货运量、货运周转量、客运量、客运周转量,分别比上年增长7.6%、13.8%、13.3%和3%。四川省全年完成货运量、货运周转量、客运量、客运周转量,分别比上年增长15%、26.38%、0.7%和0.01%。沿江各省市航运企业经济效益普遍提高。

·航运管理水平不断提高,是促进水运发展的又一特点　中国长航集团和中国工商银行举行了“中国长江航运有限责任公司揭牌仪式”,经国务院批准,2005年成立的中国长江航运有限责任公司,在国内开创了银企合作的新路子。2007年,中国长航集团与中国工商银行签订了《购买债转股出资协议》。南京公司先后与法国东方汇理银行、法国兴业银行、苏格兰皇家银行等境内外银行加强合作,借助国际资本加快WL、MR型油轮等主力船队建设,在境外集资超过7亿美元,用于建造14艘油轮,这在中国航运界实属首例。南京公司“长江62006”轮连续安全航行超50万公里。河南省健全了“横到边”的乡镇船舶管理责任体系,安全监管面达到100%,河南、上海等五省一市水路运政管理联席会在浙江顺利召开。四川省进一步加强营运船舶市场准入管理,《中华人民共和国船员条例》正式颁布实施。这些措施,都使长江水运管理整体上了一个新的台阶。

·创新、创建、创记录,给长江航运带来新气象、新面貌　中国长航集团科技创新大会隆重召开,会议确定了长江船型新发达到国际内河先进水平,企业原生产总值单耗实现不超过0.98吨煤的科技创新指标。长江船舶设计院设计的长江中下游第一组万吨级货轮推驳“一顶一”船队,即5000吨级自航货船顶推一艘5000吨级驳船,在江阴市满载试航成功。“长航探索”轮成功首航美国。长航旅游船“长江号”实现当年下水当年赢利。这些通过科技创新和文明创建而创新的记录,为2007年长江水运增光添彩。

(总编室)

·长航集团·

【中国长江航运(集团)总公司(简称长航集团)】

(详见《长江航运年鉴》(2008卷)第三篇“机构”)

2007年,是长航集团加快升级转型、实施“长江战略”取得显著成效的一年。长航集团克服长江枯水期水位低、三峡船闸单线运行、沿江管道全线贯通、燃油钢材成本及港使费增长较快等诸多不利因素的影响,主要经济指标达到或超过目标进度,整体经济效益再创历史新高,较好地实现了国资委年度考核目标,为全面实现“十一五”战略目标奠定了较好基础。全年实现营业总收入同比增长18.7%。完成货运量同比增长6.3%,货运周转量同比增长13.6%,工业总产值同比增长40.5%,燃油销售量同比增长4%。实现利润总额近12亿元,比上年翻一番,利润总额首次达到两位数。超额完成国资委下达的货运周转量、利润总额、净资产收益率、资产负债率等主要考核指标,主要经济指标提前实现“十一五”确保目标。

长航集团经济运行主要有以下特点:

·整体盈利能力进一步提升　长航集团在营业收入大幅增加的情况下,主营业务毛利同比增长23%,高于主营收入增幅1.1个百分点;同时,成本费用得到有效控制,成本费用增幅低于主营收入增幅1.1个百分点。总体盈利能力明显提高,油运、造船工业、干散货及燃油贸易产业单位对集团效益贡献较大,经济运行质量得到明显改善和提升。

·主业发展速度显著加快　长航集团全年完成固定资产投资同比增长58.4%。其中船舶购置占投资总额约80%，同比增长40.7%。新增运力近50万吨，其中油轮运力39.5万吨，干散货运力6.2万吨。基本建设投资15.5亿元，同比增长2.23倍，一大批扩能改建项目有序推进。其中江苏金陵船厂扩建工程及10万吨级船坞、青山船厂蓄水坝、宜昌船厂船台改造、电机厂新厂等工程已完工投入使用，工业造船能力大幅提升。

·运输生产经营进一步拓展　一是运输总量稳步增长，货运量和周转量再创历史新高。二是海运比重进一步提升。全年完成海上运量占长航集团货运总量的55%，同比增长16%；海运周转量占长航集团货运周转总量的76%，同比增长18.3%；海运收入占长航集团货运收入的71.1%，表明长航集团向海转型取得明显成效。三是骨干货源运输保持增长，煤炭运量同比增长8.6%，金属矿石运量同比增长14.5%。特种运输增长迅猛，集装箱运量同比增长70.1%，商品车滚装运量同比增长51%。

·造船工业保持良好发展势头　长航集团船舶工业实现总产值同比增长40.3%。长航重工实现总产值同比增长38.8%。全年经营接单较好，后续订单比较充足，产品结构逐步优化，非船产品经营持续向好。

·燃油贸易保持稳步增长　水上燃油贸易销售量继续保持增长，销量同比略有增长。其中中长燃公司销售量同比增长12.3%。

·节能降耗对增效的作用明显　在运输生产大幅增长的同时，燃油综合单耗控制在3.6千克/千吨千米，同比下降1.1%。重质燃料油使用比重达72%，同比上升4个百分点，比全部使用轻质油节约燃料费用3.4亿元。

·安全指标情况良好　在企业生产规模扩大、主要产业快速增长的同时，长航集团安全保持了基本稳定。全年发生水上交通事故11件，同比减少5件；直接经济损失，同比减少133.3万元。发生职工工伤事故35件，事故件数持平；其中死亡事故减少1件，死亡人数减少1人。机务设备发生一般事故1件，小事故4件。消防安全发生一般事故5件，环境保护事故为零，实现了年初制定的“五杜绝一控制”的安全目标。

2007年，中国长航集团省际水运企业名录一览表，详见表4－1。

（长航集团　宋　颖）

【2007年中国长航集团省际水运企业名录一览表】　（表4－1）

序号	许可证号	企业中文名称
1	交直XK0004	长江轮船海外旅游总公司
2	交直XK0007	南京扬洋化工运贸有限公司
3	交直XK0015	南京长江油运公司
4	交直XK0017	武汉长江轮船公司
5	交直XK0021	重庆长江轮船公司
6	交直XK0031	武汉长亚航运有限公司
7	交直XK0035	长江交通科技股份有限公司
8	交直XK0062	长航凤凰股份有限公司
9	交长集XK0003	芜湖长江轮船公司
10	交长集XK0005	上海长江轮船公司
11	交长集XK0008	南京水运实业股份有限公司
12	交长集XK0009	武汉长茂液化石油气运贸有限公司
13	交长集XK0010	武汉长燃运输公司
14	交长集XK0011	南京长江油运船务公司
15	交长集XK0014	上海远江集装箱船务有限公司

序号	许可证号	企业中文名称
16	交长集 XK0019	南京长航凤凰货运有限公司
17	交长集 XK0025	武汉峡江长航运输有限公司
18	交长集 XK0028	邳州长航船务有限公司
19	交长集 XK0030	长航武汉汽车物流有限公司
20	交长集 XK0032	武汉长江旅游车船股份有限公司
21	交长集 XK007	中国扬子江轮船股份有限公司
22	交长集 XK022	芜湖长鑫航运有限责任公司
23	交长集 XK034	武汉长强船务有限公司
24	交长集 XK039	上海宝江实业公司
25	交长集 XK040	武汉长航货运物流有限责任公司
26	交鄂 XK0012	武汉长伟国际航运实业有限公司
27	交沪 XK0083	上海长航集装箱发展有限公司

资料来源:交通部长江航务管理局

【长航凤凰股份有限公司(简称长航凤凰)】 (详见《长江航运年鉴》(2008卷)第三篇“机构”)

2007年是长航凤凰上市后的第一个完整工作年,也是企业加速转型之年。公司克服海运运力紧缺、长江运输效益低下、油价大幅飚升、成本刚性增长等诸多困难,全面完成各项经济指标,企业继续保持持续、稳健、快速发展势头。

长航凤凰经济运行有以下特点:

·利润创历史最好成绩　实现核算收入23亿元,同比增加1.2亿元;税前利润4.96亿元,其中投资收益3.06亿元。资金回收率达103.28%。

·收入增长方式在改变　货运周转量增幅较产量增幅高5个百分点,单位运价达到44.49元/千吨千米,同比增长8.52%,运输收入同比增长5.5个百分点,企业增收方式已由过去单纯通过扩大规模增产增收,转变为量、价、效全面提升。

·发展速度进一步加快　投资额是整个“十五”期总投资额的4倍多,远洋合同投资额高达46.28亿元,海运运力较干散货成立初期增长3倍多。长江自航船发展进入快车道,已由优先发展海运,逐步过渡到江、海、洋全面、协调、持续发展。

·投入产出质量得到提高　长江段周转量在同比增加5.57%的情况下,长江月均拖力投入仅11.91万千瓦,同比下降1.47万千瓦,相当于每月减少1942千瓦拖轮6.5艘;自航船、驳船吨天产量分别同比增加3.36吨千米和1.35吨千米。运行质量进一步提高,盈利能力、规模实力持续增强。

地　址　武汉市江汉区民权路39号
邮　编　430021
电　话　(027)85321845;85703197
传　真　(027)82763929
网　址　http://www.csc-hy.com.cn
邮　箱　csc-hy@tom.com
股票简称　长航凤凰
股票代码　000520

(长航凤凰)

【中国长航集团上海长江轮船公司(简称上海公司)】 (详见《长江航运年鉴》(2008卷)第三篇“机构”)

上海公司隶属长航集团。2007年,上海公司继续保持主营收入、利润总额同比增长。经过近几年的持续增长,上海公司已跨入年营收10亿元的企业行列。

上海公司在主业发展上注重效益优先,注重战略性、结构性调整,取得明显成效。

一是旅游板块展现发展前景。根据中国长航集团对上海公司的发展定位和产业调整,上海公司将旅游产业确立为公司的核心主业。通过近几年有效发展,浦江滨水旅游展现出强劲的发展势头,形成各具特色的船长系列游船。与此同时,发展船长酒店连锁店,使船长系列与美林阁大酒店错位经营,形成互补,成为上海公司重要的效益生力军。此外,通过抢抓世博机遇,旅游板块已展现出良好的发展前景。

二是外贸件杂货运输继续担当效益支柱。外贸件杂货运输积极开辟新航线,大举进军东南亚市场,加强对重点港口和货主的渗透力度,快速提高市场份额。此外,加大航次租船经营。全年航次租船收入突破2000万元,利润占到外贸事业部全部利润的10%以上。外贸件杂货运输全年实现主营收入同比上升20%。

三是集装箱运输呈现可喜势头。中国扬子江轮船股份有限公司紧紧围绕“做赢外贸航线,调整内贸航线”的经营思路,加大工作力度。上海新洋山集装箱运输有限公司不断加大“穿梭巴士”运力投入,实施循环顶推模式,ATB实现无缝衔接。同时,将目光集中在拓展长江内支线市场上,经营“南京－洋山”直达航线。全年“穿梭巴士”及长江内支线合计完成箱量23万TEU,同比上升82%,主营收入同比上升120%。武汉长伟国际航运实业有限公司加大自揽货比例,加速经营转型,从纯外贸运输到内外贸并举,自营箱运量同比增长20%。上海宝江实业公司努力克服“宝山湿地工程”对经营业绩的影响,提高存量资产的效益水平,全年利润同比增长15%。船代公司在努力巩固和扩大船代市场业务份额的同时,积极借助中韩班轮航线,提升市场地位。长江国际货物运输代理公司重点抓好长江集装箱关联指标的落实,坚持一季一核的财务监管,确保了业务量与收入同步增长。上海长航船员劳务合作公司抓住航运市场景气周期,加快船员职业化建设,在积极拓展市场、提高效益方面也做了很多有益的探索。

四是水运工业成为正在崛起的效益新军。闵南船厂着力“扩大品牌效益,优化产品结构”,对外及时抓住修船市场趋好的机遇,加强市场开拓力度,巩固老客户,发展新客户,大力承接附加值高的改造船及高产值船,从容应对税制改革;对内深化总管负责制,强化现场管理,大力抓好资金归位。全年主营收入同比增长40%,实现利润同比增加62%。吴淞船厂发扬ATB精神,积极完成400吨集装箱船、船长3号的建造任务,完成船台技术改造工程,达到了可建造1万吨级船舶的生产能力,为工业升级、发展提供了保证。南通驳船厂划归上海公司后,在上海公司的指导和帮助下,采取了一系列的管理措施,使收入同比有一定增长。

五是房地产抢抓市场机遇。“长航地中海花园”项目全面启动,项目从前期开发、工程建设、商品房销售、材料供应到公司的财务管理、基础管理和队伍建设等顺利推进,项目被南通市评为“影响南通品牌盛典——金奖品牌”。项目一期共开发8幢小高层,分4次销售。由于楼盘性价比高,又采取了适应市场的销售策略,目前销售状况良好。

六是汽车服务业努力提升效益。上海长江汽车检测维修有限公司的维修业务坚持品牌效益,实现产量、收入、利润同步增长;检测业务坚持精细化原则,扩大商检车业务,商检车同比增加了85.7%;销售业务坚持市场原则,通过引进职业经理人,整合客户资源,加大广告宣传,实现了业务较快增长,汽车销售量和收入同比增加29.4%和36.1%。全年,汽车服务业实现营业收入同比增长19%。

七是特色医疗服务焕发活力。上海长航医院在新班子领导下,总结骨关节专科特色医疗的合作经验,积极开发特色医疗项目,开展特色体检,推动了全院各科室的发展。2007年8月与美年体检中心达成合作项目协议,2008年1月18日正式对外营业。项目体检日接待量可达300人,每年将为公司医疗产业增加综合收入1000万元以上。

八是培训中心实训场项目在摸索中推进。上海公司及时把握消费升级的战略机遇,发展高尔夫球实训场项目。经过多方努力,项目于2007年9月4日获上海浦东新区规划管理局批复同意。上海长航职业技术培训中心努力克服困难,积极探索。目前工程建设、组织构架、引进专业人员、制定营销方案等方面的工作正在抓紧推进,力争2008年上半年投入营业。

九是安全稳定不断加强。上海公司坚持“安全第一、预防为主、综合治理”的工作方针,狠抓安全第一责任的落实,创造性地开展工作。首先,完成安全管理体系的改版升级,推动上海新洋山集装箱运输有限公司和上海长江轮船公司旅游事业部建立和完善NSM安全管理体系。其次,层层签订《安全生产责任书》和《安全生产承诺书》,层层落实安全生产责任。编制实施《上海公司地面单位安全考核办法》,使上海公司安全管理水平得到进一步提高。第三,通过加强预控,确保季节性、重要阶段、敏感时期的安全。对敏感时期公司安全生产、和谐稳定做到提前部署。共查出事故隐患917项,并全部完成整改。投入整改资金1275.38万元。有效预防了各类生产事故的发生。第四,通过消除死角,强化车辆管理。武汉“8·25”道路交通事故发生后,上海公司迅速下发了《关于加强车辆管理和确保道路行车安全的紧急通知》、《关于坚决清理、清退挂靠车辆的紧急通知》等一系列文件,开展清理船舶车辆挂靠、代管、租赁专项活动,及时消除安全隐患,全力保障公司安全稳定局面。第五,通过综合治理,确保企业和谐。加强综合治理,专人负责接待来信来访,高度重视重大节点的稳定工作。认真做好不稳定因素的排查,做好疏导和化解工作。2007年,上海公司被长航集团评为稳定工作先进单位。

十是企业改革不断深化。上海公司实现从地区性公司向全(长江)流域性公司的转变,按照长航集团“精干主体,有效发展”的思路,服从大局,发挥优势,谋求发展。与此同时,积极参与世博项目,与世博土控公司签定了“世博舟桥”项目合作框架协议,参与“世博舟桥”船舶外观设计。

地　址　上海市张杨路800号2109室
邮　编　200122
电　话　(021)58351355

(上海公司　李为民)

【中国长航集团南京长江油运公司(简称南京公司)】 (详见《长江航运年鉴》(2008卷)第三篇“机构”)

南京公司成立于1975年,专业经营长江干线、中国沿海及远洋原油及其石油制品运输。截至2007年底,南京公司合并报表总资产114亿元人民币,职工6721人。与此同时,加快推进结构调整和战略转型,积极实施经营管理体系改革。筹划江海体制重组、海上整体上市,扩大与大货主、大船厂、大银行的战略合作,通过生产经营与资本经营并举,不断强化各项管理,相继克服了沿江管道替代长江油运、国际油运市场高位回落、燃油和港口费等刚性成本上升等经营困难,经受住了管道替代所带来的巨大冲击,保持了安全局面持续稳定和经济效益稳步增长的大好形势。全年共完成货运量3232万吨、货运周转量953亿吨公里,实现运输收入29亿元人民币、利润6.7亿元人民币。12月26日,在海上三支主力船队初步形成的情况下,为改善资本结构,推进经营机制创新,提升市场竞争能力,有效提高长江、海上两个板块对各自市场的关注度和运作效率,实现整体的和谐有效发展和长远效益最大化。根据长航集团战略决策,实施了江海重组,将海上业务资产整体注入南京水运实业股份有限公司,并将“南京水运实业股份有限公司”更名为“中国长江航运集团南京油运股份有限公司(简称为长航油运)”;同时,将南京水运实业股份有限公司长江和其他岸上业务资产置换到南京长江油运公司(简称为南京公司)。南京公司与长航油运两家公司在产权上为母子公司关系,在管理关系上独立经营管理,独立规划发展,均由中国长航集团直接管理。

2007年,南京公司主要从事长江原油及散化运输经营、修造船业务、房地产开发业务以及国际、国内船舶代理,国际、国内货物代理,油品储存、贸易及陆地运输,船舶洗舱及污油水处理等相关业务。长航油运主要从事海上(沿海及国际)原油、成品油、沥青及化学品运输经营业务。

地　址　南京市中山北路324号
邮　编　210003
电　话　(025)58586960

(南京公司　邢煌辉)

【南京公司代理公司获国际船舶代理资格】 2007年11月,交通部正式批文:南京公司代理公司准予从事国际船舶代理业务。南京公司代理公司是南京油运实业总公司一家下属企业,成立以来一直为南京公司国内船舶代理服务。2006年,南京公司实行经营管理体制改革,将南京公司代理公司、江陵国际代理公司,以及南京公司部分沿海办事处进行重组,成立新的南京公司代理公司。

船舶代理服务在我国属于市场化程度非常高的服务性行业,竞争十分激烈,仅南京市就有数十家。重组后的南京公司代理公司努力提升服务质量,积极开拓市场。他们主动与边防、海事、引航部门、港口、物料供应商等加强交流合作,确保为代理船舶提供更快捷更好的服务。

(南京公司　赵家宏)

【中石化长江燃料有限公司(简称中长燃公司)】

(详见《长江航运年鉴》(2008卷)第三篇"机构")

2007年国内市场全面开放,竞争局面不断加剧,资源供给持续短缺,突发事件不断,中长燃公司在这样的不利情况下,全面完成了经营目标。全年实现销售收入近75亿元,同比增长13.16%;继南京、武汉、芜湖、上海分公司之后,又有江阴和宁波公司销量分别突破10万吨大关;与此同时,南京分公司更创下50万吨的年销量纪录。至此,有力托举公司经营平台的6大销量支柱基本形成。尤在保持柴油主导品种销量稳中有升的前提下,燃料油业务全面拓展,保税油经营初战告捷,汽油和润滑油销售明显改善,公司销售结构逐步由柴油"一支独秀"向多品种"齐头并进"转变。同时,通过刚性约束、过程监控、严格考核等举措,全面控本限费,有效遏制了近年来各项成本开支急剧上升的势头,促使其基本回归到正常水平,为今后公司实行准确可靠的成本核算奠定了基础。

这一年,中长燃公司资源库存一级管理基本实现。加油站账表册单达到规范统一,业务信息管理系统改版升级全面完成,资金流转通过网上银行高效运行,"三基"管理工作受到普遍重视,加油站管理长效机制日趋完善,企业管理基础进一步稳固。随着劳动用工、职业教育、技能培训、绩效考核、品牌建设、工程全程审计等多项改革有序推进,以自动桶装油运输线、船舶油舱液位监测系统、大型电子公益广告显示屏开发运用等为代表的技术创新、服务创新项目不断涌现,企业核心竞争力和比较优势得到进一步提升。

地　址　武汉市旅顺路1号
邮　编　430010
电　话　(027)51277888;51277900
传　真　(027)51277880
网　址　http://www.zshcr.com.cn

(中长燃公司　洪向荣)

【中国长航集团芜湖长江轮船公司(简称芜湖公司)】　芜湖公司成立于1984年,隶属于中国长航集团,注册资本1.6亿元。截至2007年底,公司在册职工768人,资产总额18714万元,主要从事以坞修为主的船舶修造、中职教育、房产物业及餐饮旅游等。公司现有机关职能部门7个,即综合管理部、党委工作部、计划财务部、人力资源部、工会办公室、纪检监察处、实业管理办公室;4个直属单位,即船舶工业部、河运学校、物业公司、非在岗管理部。目前,芜湖公司的主要职能是长航集团芜湖地区陆上产业的发展管理,同时负责长航集团在芜单位的党群领导工作,代表长航集团保持和安徽区段地方政府的工作联系。

·业务范围　①船舶修造。芜湖公司主要从事长江流域的船舶修造业务。2007年,芜湖公司投资4000余万元将4艘3000吨油驳改建为5300吨举力浮船坞,着力打造芜湖公司船舶修造业。②中职教育。芜湖河运学校作为安徽省唯一的一所培养船舶运输专门人才的中专学校,已经逐步构建了以船舶驾驶、船舶轮机为主干专业,机电、电子、旅游等为骨干专业的稳定的专业体系。学校先后向长航集团、芜湖经济技术开发区及外地诸多企业输送了数千名专业技术人才。③物业管理。芜湖长航物业公司成立于1998年,注册资金100万元,为独立法人,隶属于芜湖公司的国有企业。主要从事办公楼、写字楼、住宅小区及企事业单位的物业管理。公司曾被评为芜湖市创建文明行业达标单位和长航系统先进单位。

·管理建设　①安全管理。强化了各级领导的安全责任制,签订了安全生产责任书。加强了安全基础管理。开展"安全生产月"、安全生产隐患专项治理等一系列活动。排查和消除存在的安全隐患,做到责任落实、措施得力、监督到位。实现了全年劳动、消防、食品卫生、行车等安全无事故的目标。②财务管理。加强全面预算管理执行力度的跟踪工作,强化各项费用管理和预算约束,确保预算执行的严肃性。强化财务审批制度,将财务审批权限集中,减少多渠道审批带来的管理漏洞。规范合同签定、审核程序,强化对外经营风险控制。③人事管理。把好人员进口关,控制员工规模。加强劳动合同等基础管理,积极探索新的用工形式。合理配置员工,理顺程序,规范管理。做好社会保险事务。探索薪酬管理模式,逐步完善分配制度。结合企业实际,开展各项职工培训教育工作。④改革工作。按照国家有关政策规定,通过制定改制方案、召开职工大会、职工分流安置等一系列法定程序,依法有序完成了原海员宾馆、劳务公司等下属二级单位的改制和关闭退出工作。

·文明创建 ①思想建设。公司党委把学习宣传党的十七大精神作为首要政治任务。举办了学习十七大精神培训班,聘请专家讲课。抓好领导班子成员的理论和业务学习。全年共组织中心组学习12次,组织两级班子成员参加芜湖市委中心组学习55人次。抓好青年干部的知识更新和业务培训。②党建工作。公司党委开展了以"五破五立"为主要内容的观念更新和教育主题实践活动。公司党委中心组两次专题就"五破五立"活动内容进行学习讨论,分析公司在思想观念、企业发展、体制机制上存在的问题,并采取党员组织生活会、领导干部民主生活会等多种形式进行自查、帮查。③廉政建设。开展了党风廉政宣传教育工作。公司党政领导填写了《落实党风廉政建设责任制自查报告书》。签订了2007年党风廉政建设责任书,组织39名领导人员开展了签订廉洁从业承诺书活动。④民主管理。坚持职代会制度,认真做好职代会民主议事会议题及提案的征集、提交工作。坚持了职代会民主评议公司领导干部制度,不断巩固企业民主管理。推进厂务公开"五项制度",组织职工代表开展了厂务公开巡查、评议活动。加强劳动关系协调,签订了公司第六份《集体合同》。⑤创优活动。深入开展了群众性安全生产竞赛、"创效益、比技能、聚智慧、争安全"劳动竞赛、"创建学习型组织,争做知识型职工"等活动。开展了2006年度劳动竞赛考核评比工作,总结表彰了劳动竞赛先进集体和先进个人。组织开展了"女职工建功立业"竞赛。做好省、市、集团评先推荐工作。⑥帮扶解困。坚持节日慰问与平时帮扶有机结合。开展了"送温暖、献爱心"捐款活动。"两节"期间,共慰问公司劳模、特困职工、离退老同志、复退伤残军人等3627人次,使用慰问金52.91万元。开展困难职工子女上大学"金秋爱心助学"活动。帮扶了29名困难职工子女上学,发放助学金3.5万元。关心劳模生活,对困难劳模进行了调查、帮扶。⑦文体活动。坚持将重大节日的庆祝活动与基层班组的日常小型活动相结合,倡导文明健康生活方式,改变职工心智模式。举办了庆"五一"职工羽毛球赛、庆"国庆"职工乒乓球赛活动,组队参加了中国长航集团2007年职工游泳邀请赛、职工乒乓球赛。开展了纪念"三八"妇女节活动,组织女职工到南京参观大屠杀纪念馆。

地 址 芜湖市江岸路17号
邮 编 241000
电 话 (0553)3806210
传 真 (0553)3806345

(芜湖公司 何根林)

【中国长航集团武汉长江轮船公司(简称武汉公司)】 (详见《长江航运年鉴》(2008卷)第三篇"机构")

2007年是武汉公司全面实施深化改革实现扭亏战略的第一年。武汉公司紧紧围绕深化改革实现扭亏总体目标,突出强身健体谋求发展、瘦身减负实现扭亏两条主线,扎扎实实推进各项工作,公司经济运行情况继续保持较好态势,安全工作和职工队伍保持基本稳定。

·取得了"四个刷新"的好成绩 一是控亏减亏增效刷新了历史记录。经济运行质量比预想的要高很多,指标完成情况比预想的要好很多,中国长航集团下达武汉公司的经济责任指标为控亏7500万元,这是4年来指标压力最大的一年。通过努力,圆满完成下达的效益指标,全年实现利润总额为控亏7350万元,较中国长航集团下达责任目标减亏150万元,同比2006年减亏1050万元。二是主营业务增收刷新历史记录。经营收入突破2亿元大关,同比2006年增幅达42个百分点,超年度预算32个百分点;干散货结构调整以来,经营收入连续4年实现2位数增长。三是投资额度增大,刷新了历史记录。实际投资总额5476万元,其中军山船厂门吊投资248万元,3500吨改建坞投资1842万元,4500吨新建坞投资3386万元。四是效益指标完成面刷新了历史记录。武汉公司下达19个单位效益指标累计为控亏3324万元,同比2006年指标减亏增效幅度为12.3%,减亏额度为463万元。通过艰苦努力,全部完成公司下达的效益指标,完成面为百分之百。经营性亏损单位由9个下降为5个,亏损面由50%下降为31%。

·企业发展工作积极推进 坞修开发是武汉公司凝聚人心、实现扭亏的"一号工程"。2006年12月25日,新建坞顺利实现了下水,改建坞也在2007年上半年完工。与此同时,组织专班对新坞选址定位和人力资源配套进行了专题攻关。此外,抓住造船工业快速发展的机遇,积极争取政策支持。军山船厂扩能改造被纳入长航集团工业发展的整体规划，作为青山船厂“2111”工程的配套工程，促使军山船厂由传统的修船向造船、内河船舶向远洋船舶、国内船舶向国际船舶的有效转型。

·市场开拓亮点纷呈 长茂公司承揽南京炼油厂液化气业务，运输量突破2万吨，为上年同期的近4倍。探索运贸结合的思路，实现贸易收入1220万元。军山船厂在抓紧新坞建造同时，加大市场营销力度，产值突破8000万元，创建厂最高水平。坞修公司成功拓展船舶改建业务，先后承接4项大型改建工程，经营业务从单一的江船修理业务，拓宽到船舶改建、港口机械及油船修理、江海直达货轮修理等业务。汉沙船厂拓展钢结构安装工程业务，立足于水电站管道安装，不断向供水供气、桥梁、结构件等领域延伸，加大盘活闲置资产力度，综合开发荒地渔塘，全年增效40万元。汉英船厂以AHO环保产品为龙头，联合开发了油污水处理器，实现了产品系列化。2007年环保产值首次突破200万元，同比实现翻番。船员公司新承接了新加坡GBLT、中化国际的劳务整租合同，开辟了长江集装箱劳务合作，安全高效完成了集团内部的引航业务。

·企业控亏减亏成绩突出 长航客司围绕年度控亏3000万元的指标盘子，盘活资产，创效增收。加大减员工作力度，对在册职工进行了全面清理、摸底、调查，明确减员重点对象，完成了年度减员指标和效益目标。长航大酒店捕捉市场商机，稳住老客户、开发新客户，圆满完成了“六城会”、“八艺节”接待服务任务。全年减亏100万元，在实现扭亏的道路上迈出坚实的一步。车船公司一手抓船舶对外租赁，一手抓成本费用控制，减少无效开支，同比减亏76万元。目前已初步与首汽达成意向进行清盘，一旦实施，将有望实现灭亏。离退部对离退休人员管理费和行政包干经费实行精细化管理，严格按计划进度控制使用资金，各项经费均控制在年度指标范围内。

·重组转型效益显现 积极与长航凤凰沟通联系，规范操作，完成了吸收合并荆汉公司工作。在南京公司支持下，顺利推进了汉宁船厂和月亮湾基地的置换，为打造坞修效益龙头奠定了基础。物业管理公司积极走向市场，开发后湖幸福人家南苑工程项目，中标崇阳土地整理项目，实现了扭亏持平的目标。峡江公司加快不符合集团“十二字”原则出租船舶的处理工作，克服经营压力，确保了年度效益指标。教育中心以获得再就业及农民工培训定点机构资质为契机，加大营销力度，积极盘活存量房产，实现了效益持平的目标。

·企业管理工作进一步提升 一是强化了人力资源管理。修订完善了《市场用工管理办法》、《岗下人员管理办法》等规章制度，实现了“四个有效控制”，即员工总量有效控制、富余人员有效控制、职工工资总额有效控制、市场用工规模有效控制。二是强化了风险管理。加强了资金风险防范，加强了资产风险防范，严格报废资产的处置手续，规范操作，实行收支二条线。三是加强了法律风险防范。对公司和各二级单位的各类经济合同进行了清理，统一制作了房屋、船舶租赁的格式合同，有效避免了法律风险。

·企业安全和稳定得到了有效保证 一是确保安全。抓好峡江公司出租船舶清理，对不符合中国长航集团“十二字”原则的出租驳船，按照有关资产管理规定，制订了分期分批处理方案，完成首期20艘清理船舶交易挂牌工作，同时启动了第二批驳船的清理工作。此外，积极做好龙宫迁移安全工作，为“龙宫”迁移提供了安全保障。二是确保稳定。认真落实集团“维稳”工作会精神，进一步建立健全了公司及各二级单位稳定工作网络系统，加强不稳定因素排查，做好来信来访接待处理，确保了职工队伍基本稳定。

·为职工办的10件实事全部得到落实 全年职工平均工资同比上年增长10.5%，公司在岗职工收入已经连续4年保持2位数的增长；同时，提高了非在岗人员的基本生活保障。投入96万元对重大安全隐患进行了整改，投入52.5万元培训员工1720人次，投入17万元提高公司40、50人员养老基数，并为女职工续保团体安康保险。

2007年，武汉公司党委和各级党群组织按照长航集团党委要求，深入学习贯彻党的十七大精神，围绕企业改革发展中心，加强领导班子建设；落实依靠方针，推进厂务公开和民主管理；加强基层党组织和党员队伍建设，深入开展文明创建活动和群众性技术创新活动；加强党风建设，建立反腐倡廉长效机制。这些工作扎实有效地推进，为武汉公司改革发展提供了坚强保证。同时，效能监察、武装战备、综合治理、离退休管理、计划生育和后勤保障等方面工作也取得了较好成绩。

地　址　武汉市汉口大兴路75号
邮　编　430021
电　话　(027)82763115
传　真　(027)85666056
网　址　http://www.csc-wh.net.cn

（武汉公司　杨新安）

【中国长航集团重庆长江轮船公司(简称重庆公司)】　(详见《长江航运年鉴》(2008卷)第三篇“机构”)

重庆公司隶属长航集团。是西南地区具有较大规模、综合实力较强,经营水上运输、船舶工业、长江国内轮船旅游、码头物流、房地产开发、汽车服务等航运及相关产业的综合性航运企业。

2007年,重庆公司坚持“诚信、优质、共赢”的经营理念,以优质的产品和高效的服务,创造了较好的经济效益和社会效益。全年实现营业收入同比增长45.1%,其中船舶工业同比增长86.7%;集装箱运输同比增长5.64%;房地产开发同比增长123.8%;国内旅游同比增长20.44%,各主要产业均得到较好发展。

·船舶工业　所属重庆东风船舶工业公司,2007年开始,对船舶工业实施大规模扩能技改,到2010年末将形成年造船总量30万载重吨、产值25亿元的规模,成为重庆市万吨级船舶建造、出口船建造、特种船建造及出口创汇基地。

·水上运输业　主要经营长江全线集装箱和干散货水上运输业务,拥有和控制集装箱船舶18艘,年运量10万TEU。干散货运输的运力由长航集团控制的上市公司长航凤凰经营,年货运量达500万吨以上,公司集装箱、干散货运输量始终处于长江上游航运企业的前茅。

·国内轮船旅游业　作为最大的长江国内旅游企业,拥有豪华国内游船11艘,年接待量达20万人次,占重庆市场份额的33%。“朝天宫”游轮被重庆市政府确定为指定接待用船,曾多次接待党和国家领导人及外国元首政要。

·码头物流业　拥有长明综合物流码头、长石尾商品车专用码头、东风商品车滚装码头3座。长明综合物流码头位于重庆长寿朱家坝地区长江北岸,一期工程于2007年正式投入营运,全部建成后,将形成年通过能力300万吨的大型现代化物流基地。长石尾商品车专用码头位于重庆江北长石尾,系重庆市商品车装卸专用码头,年通过能力15万辆。东风商品车滚装码头位于重庆江北唐家沱,年通过能力达20万辆。

·房地产业　所属重庆长航房地产开发有限公司,具有房地产开发二级资质,技术实力雄厚。主营房地产开发、建筑设计、监理、物业管理、销售和房地产信息服务,每年开发房地产6万平方米,先后成功开发修建了重庆长航大厦、南坪响水洞安居工程、万州长航大厦、南坪响水住宅小区、江峡大厦等项目,其重庆长航金海洋商场已成为西部地区小商品批发的知名品牌。

·汽车服务业　所属长航汽车公司,现已发展成为集汽车销售、维修、检测、CNG改车、汽车仓储物流、信息反馈于一体化的多层次汽车服务企业,是上海大众汽车系列轿车销售代理。拥有日本、美国、德国等国内外全套现代化的高科技汽车检测仪器、维修设备、技术设备。公司实现了设备现代化,计算机网络经营、管理和技术质量监控,在管理、技术、设备、质量、服务等方面,处于重庆市汽车服务行业领先位置,是重庆市AAA一类维修企业和“重庆市机关事业公务用车定点维修单位”。

·航运科研　公司多年来致力于长江航运科技开发,拥有船舶工程设计院、计算机信息中心等科研单位,具有较强的造船、航运技术研发能力。1984年至今,承担国家三建委、重庆市、交通部及长航集团科研项目上百项,完成重点科研项目60个,重点技改项目40个。其中通过科技成果鉴定的项目37个,获国家科学技术进步二等奖1项,获交通部、重庆市科技进步奖18项,获国家发明专利3项。

地　址　重庆市渝中区陕西路22号长航大厦
邮　编　400011
电　话　(023)63772106
传　真　(023)63833782
网　址　http//www.csc-cq.com.cn

（重庆公司　杨承勇）

【中国长航集团长江轮船海外旅游总公司(简称长江海外)】　(详见《长江航运年鉴》(2007卷)第四篇“运输”第283页)

2007年,长江海外经营工作取得了一定成效。

全年完成游船接待量6万余人次,同比增长14.5%;完成主营业务收入1.09亿元,同比增长17%;全年承担接待一级警卫任务1次,重点包船任务20余次,均受到上级和客户的好评。

·坚持以改革促发展 按照中国长航集团和上海公司的统一部署和要求,长江海外稳步推进主辅分离工作,完成了重庆公司与上海公司之间的资产、人员交接及管理关系的转移;正式组建成立了长江海外实业总公司,基本实现了资产、人员、财务三分开,并按主业和辅业分别编制会计报表。

·坚持以抓营销促增量 长江海外高度重视市场拓展和营销工作,先后组织和参加了多次国内、国际旅游交易会和客户联谊会,邀请部分代理商考察长江三峡和公司游船,推行区域市场代理制和驻外代表销售制,开展系列宣传促销活动。相继制定和完善了《游船销售业务流程》、《关于团队清理工作规定》、《游船销售管理办法》及《游船销售标准合同文本》等管理规定,进一步强化了生产经营过程的控制。

·坚持以抓安全质量塑品牌 加强安全隐患的整改,全年共完成安全整改项目461项,整改面达90%,针对部分游船设施老化问题,长江海外利用专项技改资金完成了12艘游船重油掺烧装置的改造,全年重油烧用比例达到32%,节约燃油差价近200万元。通过加强现场质量管理和监督,建立质量巡查和质量指导分船责任制,开展质量品牌月活动和微笑服务活动,加强岗位技能培训和服务员考核定级,推行船舶导游定船制和厨房劳务外包改革等工作,游客满意率达到95%以上,游船二次消费经营提前完成1800万元的年度目标,创历史新高。

·坚持以抓稳定促和谐 坚持以科学发展观为指导,服务大局,深入开展八大主题活动,发挥党组织的政治核心作用和党员的先锋模范作用。加强安全、质量、稳定、廉政教育等各方面工作,做好群众思想工作,努力为基层员工排忧解难,保持了职工队伍的稳定。长江海外先后荣获"全国旅游系统先进集体"、"武汉市旅游诚信企业"等荣誉称号。

地 址 武汉市沿江大道69号
邮 编 430021
电 话 (027)85701025
传 真 (027)85661821
网 址 www.ccotc.com

(长江海外 胡怀生)

【长江轮船海外旅游总公司上海分公司、上海长江旅游公司(简称上海长江旅游公司)】 长江轮船海外旅游总公司上海公司(经营许可证号L-SH-GJ00030)、上海长江旅游公司(经营许可证号L-SH-GN028)(两块牌子、一套班子)隶属于长江海外,创建于1985年4月,曾多次荣获上海旅游优胜单位的称号,多次荣获长江旅游协会的金杯奖,九次被评为全国旅游百强企业,被上级公司评为中国长航集团文明单位。

上海长江旅游公司作为长江海外的全资子公司,全权负责长江海外豪华游轮在上海和周边地区的销售工作。尤其大力开拓"假日专船华东山水游"、"夕阳红新三峡长江万里游"等特色产品,在社会上赢得了良好的声誉。与此同时,公司的出境中心新开辟的"日本夕阳红游线"越来越受到广大市民的青睐。公司拥有一批精通业务的骨干和富有经验的英语、日语、韩语、粤语等素质较高的导游队伍,坚持"游客至上、信誉第一"的宗旨,愿为海内外宾客提供优质服务,与旅游界同仁真诚合作、携手共进。公司热烈欢迎各界朋友参加陶冶情操、回归自然等有益健康的各种旅游。

地 址 上海黄浦区中山南路935号509室
邮 编 200011
电 话 (021)63785522;63785522
传 真 (021)63785522;63785522
网 址 http://www.shcjly.com
邮 箱 cj@shcjly.com

(上海长江旅游公司)

【长江航运物资总公司(简称长航物资总公司)】

长航物资总公司系长航集团所属二级独立法人企业,注册资金1990万元,总资产1.3亿元。主要经营金属材料、机电产品、船舶配套件、五金交电、木材、仓储、拆船等业务。下辖一个子公司、一个分公司,以及三个销售部,分布在武汉、南京、广州等地,拥有库存量10万吨的储运总库。公司为武钢一级特约代理商,马钢指定经销商,与重钢、鄂钢、南钢、上钢三厂、舞钢、邯钢、首钢、太钢等全国各地钢厂有着紧密的业务联系,形成以武汉为基地,一线(长江沿线)多点(辐射华南、华东、华中、西南、华北)的销售网络。全年销售钢材10万吨,年销售收入3亿元,多年为湖北省金属贸易十强企业。

公司秉承“诚信忠实、和谐关爱、严谨勤俭、创新一流”的核心价值理念、按照“诚信、优质、共赢”的经营理念、遵循“信誉第一、文明经营、服务周到、快捷高效”的服务宗旨,竭诚为广大客户提供一流服务。

地　址　武汉市汉口沿江大道89号
邮　编　430014
电　话　(027)82785225
传　真　(027)82763672

(长航物资总公司)

【中国长航珠海长航船务公司(简称珠海公司)】 2007年,珠海公司为贯彻长航集团2007年261号文件精神,生产经营逐步停止。全年完成主营业务收入718万元,主营业务成本804万元,管理费用506.8万元,实现的利润总额为-745.6万元,未能完成年度控亏50万元的目标。

·推进重组改革　根据长航集团“整合关闭”珠海公司精神,珠海长航、汇海公司的船舶资产及珠海长航的壳资源整体对外出售,珠海公司不再从事运输业务,而是转为船员管理公司。珠海公司集中主要力量,采取有效措施,在保证运转正常、生产经营有效退出、整体基本稳定的原则下,主要做了以下工作:一是配合长航集团经济监督部对珠海长航、汇海公司进行审计;二是做好珠海长航资产及股权挂牌交易的准备工作;三是完成大部分船员合同重新签订工作等。

·生产经营艰难　珠三角地区港澳外贸短途集装箱运输市场急剧萎缩,加之竞争激烈,珠海公司船舶出租率锐减,船舶相继停航退租,加上光租的“江海通”投入生产后效益不理想,生产经营陷入艰难局面。珠海公司在这种不利的情况下,想方设法增加收入,跑市场找客户,对集装箱船舶的经营改变了单一期租的经营方式,将珠汇拖2轮光租了半年,将退租下来的“汇海903”轮从事自营业务。由于自营业务效益不好,为了减少亏损盘活资产,对外处置了不适应市场需要的“汇海903”轮。年初,珠海公司光租了“江海通”轮,重新涉足海运。为了做好“江海通”的经营,增加了业务人员,加强了船员管理,完善了船期管理。为了提高“江海通”轮的收入和效益,采取提高运价、扩载、掺烧非标油、降低船员人工成本等措施,努力增收节支。

地　址　珠海市九洲大道东段建设大厦5楼
邮　编　519015
电　话　(0756)3341818
传　真　(0756)3332248
邮　箱　zhgs@ china - csc >com

(珠海公司)

【深圳长航实业发展有限公司(简称深圳长航)】 深圳长航是长航集团的全资子公司,是国内最早、规模最大的专业化汽车滚装物流企业。

公司主要航线为国内沿海航线、长江航线及国际航线。现拥有5家全资及控股公司,并在香港、海口、东莞、广州、上海、天津、武汉、重庆设有办事处和商品车中转库。

2007年,安全和环保是深圳长航极为重视的业务活动。公司于1999年12月通过中国海事局ISM认证审核,取得安全管理体系符合证明(DOC),并同时通过了中国船级社质量认证公司的ISO9002认证审核,取得了质量体系认证证书。

深圳长航主要经营商品车和其他滚装货物运输以及仓储服务。现拥有滚装船舶14艘,年运输商品车能力为30余万辆,常年为天津丰田、广州丰田、海马汽车、一汽大众、武汉神龙等汽车制造企业提供商品车滚装运输和仓储配送服务。

地　址　深圳市南山区工业大道联合大厦6楼
邮　编　518067
电　话　(0755)26679636;26679636

(深圳长航)

·省市水运·

【上海市内河水运概况】 2007年,上海市有在册水路运输企业254户,个体运输105户,水路运输服务企业377户。全市内河运输工具保有量为机动船1575艘、372713总吨,载客量80930客位,标准箱位8399TEU,其中客船136艘、载客量74342客位,客货船36艘、载客量6384客位,全年完成内河货运量3043万吨、货物周转量975888万吨公里。上海船舶运力结构不尽合理，营运船舶还存在技术水平落后、营运效率低下的问题。集装箱船增长较慢，在总运力的构成中比重很小。水路运输（服务）业普遍存在企业规模小、人员素质低、管理水平低的问题。

这一年，上海市应纳入核查范围的对象为735户，其中水路运输企业236户、个体运输户133户，水运服务企业366户。除个体运输户外，实际参加核查的企业为583户，占应参加企业数的96.84%。核查继续以安全管理、严把船舶营运资质关为重点，对委托经营船舶进行严格审核。根据国内船舶运输经营资质规定和企业经营实际情况，对资质信誉评估标准进行修改，完善评估指标体系，并将评估范围从“四客一危”企业扩大到沿海普通货船和内支线运输企业。对安全生产管理制度不健全、未能落实安全管理责任的企业，责令其进行整改。本年核查企业合格率为95.72%。

2007年上海市水路运输工具拥有量一览表、2007年上海市全社会水路客货运输量一览表、2007年上海市全社会水路分货类运输量一览表、2007年上海市全社会水路集装箱运输量一览表、2007年上海市省际水运企业名录一览表，详见表4-2、表4-3、表4-4、表4-5、表4-6。

（上海市局 王涛 许舟华）

【2007年上海市水路运输工具拥有量一览表】 （表4-2）

指标	计算单位	序号	总计		内河		沿海		远洋
				个体		个体		个体	
甲	乙	丙	1	2	3	4	5	6	7
一、机动船 艘数	艘	1	2347		1575		390		382
总吨	吨位	2	15211992				3270261		11941731
总载重量	吨位	3	21952883		383233		4541212		17028438
净载重量	吨位	4	20440137		310658		4541212		15588267
载客量	客位	5	85471		80726		2864		1881
标准箱位	TEU	6	756700		7775		34362		714563
功率	kW	7	8974543		318599		1482484		7173460
1. 客船 艘数	艘	8	142		136		6		
总吨	吨位	9							
总载重量	吨位	10	59101		49790		9311		
净载重量	吨位	11	59101		49790		9311		
载客量	客位	12	76188		74342		1846		
功率	kW	13	102146		84073		18073		
2. 客货船 艘数	艘	14	43		36		1		6
总吨	吨位	15	162806				17156		145650
总载重量	吨位	16	167988		26374		10100		131514
净载重量	吨位	17	53576		26374		10100		17102
载客量	客位	18	9283		6384		1018		1881
标准箱位	TEU	19	1460						1460
功率	kW	20	110785		23954		9600		77231
3. 货船 艘数	艘	21	2022		1287		359		376
总吨	吨位	22	15038177				3242096		11796081
总载重量	吨位	23	21725794		307069		4521801		16896924
净载重量	吨位	24	20327460		234494		4521801		15571165
标准箱位	TEU	25	755240		7775		34362		713103
功率	kW	26	8649038		152044		1400765		7096229
内:油船 艘数	艘	27	334		210		60		64
总吨	吨位	28	2608436				257978		2350458

指 标	计算单位	序号	总计		内河		沿海		远洋
				个体		个体		个体	
甲	乙	丙	1	2	3	4	5	6	7
总载重量	吨位	29	4597587		73022		411057		4113508
净载重量	吨位	30	3966499		73022		411057		3482420
功率	kW	31	748493		34447		118866		595180
集装箱船 艘数	艘	32	398		67		85		246
总吨	吨位	33	8746590				438392		8308198
总载重量	吨位	34	10211794		122712		554944		9534142
净载重量	吨位	35	9673961		122712		554944		8996305
标准箱位	TEU	36	505244		7775		34362		463107
功率	kW	37	6288679		38110		264194		5986375
4. 拖船 艘数	艘	38	140		116		24		
总吨	吨位	39	11009				11009		
功率	kW	40	112574		58528		54046		
二、驳船 艘数	艘	41	431		416		15		
净载重量	吨位	42	208285		127520		80765		
载客量	客位	43							
标准箱位	TEU	44	1608		624		984		

【2007年上海市全社会水路客货运输量一览表】 （表4-3）

指 标	计算单位	序号	总计		内河		沿海		远洋
				个体		个体		个体	
甲	乙	丙	1	2	3	4	5	6	7
一、客运量	万人	1	1419				1417		2
1. 机动船	万人	2	1419				1417		2
2. 驳船	万人	3							
二、旅客周转量	万人公里	4	61332				57864		3468
1. 机动船	万人公里	5	61332				57864		3468
2. 驳船	万人公里	6							
三、货运量	万吨	7	41543		3043		25806		12694
1. 机动船	万吨	8	41543		3043		25806		12694
2. 驳船	万吨	9							
四、货物周转量	万吨公里	10	159338748		975888		37406732		120956128
1. 机动船	万吨公里	11	159338748		975888		37406732		120956128
2. 驳船	万吨公里	12							

【2007年上海市全社会水路分货类运输量一览表】 （表4-4）

指标	序号	货运量(万吨)	货物周转量(万吨公里)
甲	乙	1	2
合计	1	41543	159338748
1. 煤炭及制品	2	9819	16737140
2. 石油、天然气及制品	3	4989	15774889
其中:原油	4	3521	9859328
3. 金属矿石	5	1655	3764323
4. 钢铁	6	280	1451341

指标	序号	货运量(万吨)	货物周转量(万吨公里)
甲	乙	1	2
5. 矿物性建筑材料	7	3939	372095
6. 水泥	8	315	588055
7. 木材	9	29	12462
8. 非金属矿石	10	182	347176
其中:磷矿	11		
9. 化学肥料及农药	12	41	564159
10. 盐	13	22	53392
11. 粮食	14	380	1721844
12. 机械、设备、电器	15	623	1072728
13. 化工原料及制品	16	1	8425
14. 有色金属	17	3	51925
15. 轻工、医药产品	18	31	482906
其中:日用工业品	19		
16. 农林牧渔业产品	20	3	19848
其中:棉花	21		
17. 其他	22	19231	116316040

【2007年上海市全社会水路集装箱运输量一览表】 (表4-5)

指标	序号	箱运量(个)		货运量(吨)	
			远洋		远洋
甲	乙	1	2	3	4
水路标准集装箱合计(TEU)	1	15927080	10631013	194199547	109094224
1.45 英尺	2	59	6	1912	57
2.40 英尺	3	3143128	2345680	53206909	33210664
3.30 英尺	4				
4.20 英尺	5	9640691	5939639	140990726	75883503
5.10 英尺	6				

资料来源:上海市港口管理局

【2007年上海市省际水运企业名录一览表】 (表4-6)

序号	许可证号	企业中文名称
1	交长沪 XK0004	上海环境物流有限公司
2	交长沪 XK0018	上海电力燃料有限公司
3	交长沪 XK0022	上海海鹰船务有限公司
4	交长沪 XK0034	上海嘉望疏运有限公司
5	交长沪 XK0036	上海申帆物流有限公司
6	交长沪 XK0043	嘉定区华亭装卸队
7	交长沪 XK0047	宝山区刘行镇交通运输管理站
8	交长沪 XK0049	上海市宝山区第三航运有限公司
9	交长沪 XK0051	上海市崇明县长兴乡交通运输管理站
10	交长沪 XK0053	上海市宝山区第二航运有限公司
11	交长沪 XK0055	上海市松江区泗泾镇交通运输管理站
12	交长沪 XK0058	上海松江洞泾交通运输管理站

序号	许可证号	企业中文名称
13	交长沪 XK0061	松江区仓桥乡交通运输管理站
14	交长沪 XK0067	上海松江九亭交通运输管理站
15	交长沪 XK0068	上海诂淞船务有限公司
16	交长沪 XK0071	上海永恒船务合作公司
17	交长沪 XK0102	上海市奉贤区祖平运输有限公司
18	交长沪 XK0112	上海申航石油运输有限公司
19	交长沪 XK0121	上海南汇鸿祥船务有限公司
20	交长沪 XK0124	上海南汇区舟盛船务有限公司
21	交长沪 XK0158	上海国欣物流有限公司
22	交长沪 XK0178	崇明县庙镇运输站
23	交长沪 XK0190	崇明县港西运输站
24	交长沪 XK0200	崇明县江口运输站
25	交长沪 XK0213	上海同协运输服务有限公司
26	交长沪 XK0219	上海申燃船务有限公司
27	交长沪 XK0220	上海内河航运有限公司
28	交长沪 XK0221	上海太平洋化工集团口岸船务有限公司
29	交长沪 XK0222	上海同福运输贸易服务部
30	交长沪 XK0223	上海浦龙散装水泥运输有限公司
31	交长沪 XK0238	上海跨海燃料运输有限公司
32	交长沪 XK0239	上海星城船务有限公司
33	交长沪 XK074	上海金山石化物流有限公司
34	交长沪 XK091	上海祥发危险品船务储运有限公司
35	交长沪 XK147	上海浦东内航经贸发展有限公司
36	交长沪 XK166	上海兴旺港口货运有限责任公司
37	交长沪 XK226	上海前荣货运服务有限公司
38	交长沪 XK227	上海横沙交通运输站
39	交长沪 XK229	上海宝英船务贸易有限公司
40	交长沪 XK232	上海汇能运输有限公司
41	交长沪 XK235	上海金朋运输有限公司
42	交长沪 XK236	上海康缘运输有限公司
43	交长沪 XK240	上海志刚船务有限公司
44	交长沪 XK244	上海宝宏航运有限公司
45	交长沪 XK246	上海顺利船务有限公司
46	交长沪 XK248	上海舜锦航运有限公司
47	交长沪 XK249	上海昆泰物流有限公司
48	交长沪 XK250	上海鹏盾石油水上运输有限公司
49	交长沪 XK251	上海长永物流有限公司
50	交长沪 XK252	上海富华石油运输有限公司
51	交长沪 XK254	上海森钢物流有限公司
52	交长沪 XK255	上海亚驰运输有限公司
53	交长沪 XK256	上海岛国船务有限公司
54	交长沪 XK257	上海伟风船务有限公司
55	交长沪 XK259	上海通银石油化工有限公司
56	交长沪 XK260	上海兆平石油运输有限公司
57	交长沪 XK262	上海江畅联运有限公司
58	交长沪 XK264	上海苏翔广明物流有限公司

序号	许可证号	企业中文名称
59	交长沪 XK265	上海荆远船务有限公司
60	交长沪 XK267	上海联达船务有限公司
61	交长沪 XK268	上海诚源石油运输有限公司
62	交长沪 XK269	上海锦途船务有限公司
63	交长沪 XK271	上海万良物流有限公司
64	交长沪 XK273	上海腾翔运输有限公司
65	交长沪 XK275	上海长拓航运有限公司
66	交长沪 XK277	上海欣辰货物运输有限公司
67	交长沪 XK278	上海长庆船务有限公司
68	交长沪 XK279	上海永鸿船务运输有限公司
69	交长沪 XK281	上海强麟石油运输有限公司
70	交长沪 XK282	上海吉麟石油运输有限公司
71	交长沪 XK283	上海科威船务有限公司
72	交长沪 XK284	上海广明物流有限公司
73	交长沪 XK285	上海中蓝船务有限公司
74	交长沪 XK286	上海茂青货物运输有限公司
75	交长沪 XK289	上海东瀚物流有限公司
76	交长沪 XK292	上海锦钰物流有限公司
77	交长沪 XK293	上海忠航水陆运输有限公司
78	交长沪 XK294	上海九济物流有限公司
79	交长沪 XK296	上海天现易航运有限公司
80	交长沪 XK297	上海天锦物流有限公司
81	交长沪 XK298	上海百硕运输有限公司
82	交长沪 XK299	上海定兴货运服务有限公司
83	交长沪 XK300	上海宝才航运有限公司
84	交长沪 XK302	上海宏济大物流有限公司
85	交长沪 XK305	上海锦刚船务有限公司
86	交长沪 XK306	上海鑫联船务有限公司
87	交长沪 XK309	上海宝峰石油化工有限公司
88	交长沪 XK310	上海一秀实业有限公司
89	交长沪 XK311	上海宝山货物运输配载有限公司
90	交长沪 XK313	上海汇宗运输服务有限公司
91	交长沪 XK314	上海惠佳货物运输代理有限公司
92	交长沪 XK315	上海雍顺物流有限公司
93	交长沪 XK316	上海宙泰物流有限公司
94	交长沪 XK320	上海海翊货物运输有限公司
95	交长沪 XK321	上海鑫安石油有限公司
96	交长沪 XK325	上海万谐船务有限公司
97	交长沪 XK327	上海宝臣物流有限公司
98	交长沪 XK328	上海苏翔运输有限公司
99	交沪 XK0082	上海市航运公司
100	交沪 XK0086	上海交运海运发展有限公司
101	交沪 XK0094	上海丰能电力有限公司
102	交沪 XK0184	上海强辉船务有限公司
103	交直 XK0028	上海中燃船舶燃料有限公司

资料来源:交通部长江航务管理局

【上海电力燃料股份有限公司】 上海电力燃料股份有限公司由中国电力投资集团公司、上海电力股份有限公司和上海电力实业总公司联合投资组建。公司资产总额5.345亿元,拥有各类型船只72艘,公司下属五个职能部门及燃料经营部和航运分公司。年营销煤炭约1300万吨,年水上运输约500余万吨,运输区域包括沿海、长江干线各港口和黄浦江各点,保证了上海地区日益增长的电力生产对燃料的需求。

2007年,公司已形成了一定规模的燃料经营网络,拥有一批稳定、可靠的供方和一定规模的水上运输能力,营销能力、调运能力日趋成熟,能够应对市场的各种变化。

法　人　陆得仁
总经理　赵龙弟
地　址　上海市重庆南路310号
邮　编　200025
电　话　(021)64664223

(上海电力燃料股份有限公司)

【上海集海航运有限公司】 上海集海航运有限公司(以下简称"公司")经交通部批准,于2001年9月成立的国内合资航运企业。2006年8月上海国际港务(集团)股份有限公司整体上市,使公司成为上港集团(600018)主要控股的航运产业之核心企业。公司注册资金达2.5亿元人民币。

公司主要从事长江、沿海国际集装箱内支线班轮运输,沿海、内河省际普通货物运输(含集装箱、大件设备运输)、水路货运代理、船舶代理,海上、陆路国际货物运输代理业务。公司经营业务涵盖内、外贸、国际中转箱业务;空、重箱(包括特种箱、超高箱、危险品箱)以及大件设备运输;船代、货代、箱管服务。公司在沿海、长江沿线各主要港口设有业务代理、办事处、投资企业,以方便客户联系业务。

2007年,公司拥有各类船舶100余艘,总载箱量达15000TEU,形成可穿梭于沿海、长江不同水域的系列船队。交通部公布的2005-2007年度国内集装箱船队规模中,公司运力连续三年名列第6位。拥有国际集装箱内支线29条,每月进出上海港的航班达650班。经营航线覆盖上海、江苏、浙江、安徽、江西、湖北、湖南、重庆、四川、山东、辽宁、福建等10个省2个直辖市30多个港口,形成以上海为中心向长江沿线及沿海南北两翼发散的T型经营格局。拥有客户达130多家,并与全球著名的国际班轮公司马士基、长荣海运、日本邮船、韩进海运、美国总统、商船三井、法国达飞、川崎汽船、东方海外、太平船务、以星轮船、地中海航运等班轮公司结成长期业务合作伙伴,与一些货代公司以及其他支线经营人形成良好的伙伴合作关系。

地　址　上海市杨树浦路18号22楼
邮　编　200082
电　话　(021)65128044

(上海集海航运有限公司)

【浙江省水运概况】 2007年,浙江省共有运输船舶24874艘,运力1203.8万载重吨,船舶数比上年同期减少8.2%,载重吨增长4.7%。其中特种运输船舶达到153万载重吨,万吨级运输船舶达到427万载重吨,分别比上年增长10%和10.9%;沿海运输船舶平均吨位达到2485吨,内河运输船舶平均吨位达到144吨,分别比上年提高了9.7%和9.5%。全省完成水路货运量5.11亿吨、周转量4132.7亿吨公里,分别比上年增长7.6%和13.8%;全年完成水路旅客运输量3164万人、周转量6.9亿人公里,分别比上年增长了13.3%和3%。全省运输船舶共发生死亡(失踪)水上交通事故21起(沿海10起,内河11起),死亡(失踪)37人(沿海24人,内河13人)。其中列入省政府考核的运输船舶水上交通责任事故,沿海6起,死亡(失踪)19人,内河10起,死亡(失踪)12人,均控制在考核指标范围内。全年完成水运基本建设投资85.4亿元,为年度计划的112.4%,同比增长5.4%。其中内河项目完成投资27.8亿元,沿海项目完成投资57.6元。共建成码头泊位52个,其中万吨级以上泊位17个,新增吞吐能力6479万吨,新增高等级航道171公里。

2007年浙江省水路运输工具拥有量一览表、2007年浙江省全社会水路客货运输量一览表、2007年浙江省全社会水路分货类运输量一览表、2007年浙江省全社会水路集装箱运输量一览表、

2007年浙江省省际水运企业名录一览表,详见表4-7、表4-8、表4-9、表4-10、表4-11。

（浙江省局　吴永平）

【2007年浙江省水路运输工具拥有量一览表】（表4-7）

指　标	计算单位	序号	总计		内河		沿海		远洋
				个体		个体		个体	
甲	乙	丙	1	2	3	4	5	6	7
一、机动船 艘数	艘	1	23290	16714	19701	16450	3571	264	18
总吨	吨位	2	5600272	51372			4928058	51372	672214
总载重量	吨位	3	12431647	2564013	2918887	2478156	8303739	85857	1209021
净载重量	吨位	4	11865113	2552766	2912475	2474730	7785595	78036	1167043
载客量	客位	5	70690	432	30149	432	40541		
标准箱位	TEU	6	9678	562			8306	562	1372
功率	kW	7	4612813	1574571	1907840	1536282	2519720	38289	185253
1. 客船 艘数	艘	8	1090	36	915	36	175		
总吨	吨位	9	37753				37753		
总载重量	吨位	10	7358	1	476	1	6882		
净载重量	吨位	11	936	1	294	1	642		
载客量	客位	12	55705	432	28649	432	27056		
功率	kW	13	201655	322	57954	322	143701		
2. 客货船 艘数	艘	14	57		3		54		
总吨	吨位	15	50867				50867		
总载重量	吨位	16	15100		633		14467		
净载重量	吨位	17	11866		1		11865		
载客量	客位	18	14985		1500		13485		
标准箱位	TEU	19							
功率	kW	20	60852		528		60324		
3. 货船 艘数	艘	21	21903	16579	18561	16315	3324	264	18
总吨	吨位	22	5507238	51372			4835024	51372	672214
总载重量	吨位	23	12409189	2564012	2917778	2478155	8282390	85857	1209021
净载重量	吨位	24	11852311	2552765	2912180	2474729	7773088	78036	1167043
标准箱位	TEU	25	9678	562			8306	562	1372
功率	kW	26	4288378	1569562	1825276	1531273	2277849	38289	185253
内:油船 艘数	艘	27	571	2	61	1	510	1	
总吨	吨位	28	776811	499			776811	499	
总载重量	吨位	29	1413400	1100	18334	16	1395066	1084	
净载重量	吨位	30	1256427	1000	18203	15	1238224	985	
功率	kW	31	431943	277	9487	59	422456	218	
集装箱船 艘数	艘	32	20				17		3
总吨	吨位	33	103193				87736		15457
总载重量	吨位	34	147106				124220		22886
净载重量	吨位	35	128516				108932		19584
标准箱位	TEU	36	8319				7239		1080
功率	kW	37	61337				51330		10007
4. 拖船 艘数	艘	38	240	99	222	99	18		
总吨	吨位	39	4414				4414		

指　标	计算单位	序号	总计		内河		沿海		远洋
				个体		个体		个体	
甲	乙	丙	1	2	3	4	5	6	7
功率	kW	40	61928	4687	24082	4687	37846		
二、驳船 艘数	艘	41	1584	592	1561	592	23		
净载重量	吨位	42	173095	31573	150259	31573	22836		
载客量	客位	43							
标准箱位	TEU	44							

补充资料:多用途船32艘,总载重量203546吨,净载重量193853吨。

【2007年浙江省全社会水路客货运输量一览表】 (表4-8)

指　标	计算单位	序号	总计		内河		沿海		远洋
				个体		个体		个体	
甲	乙	丙	1	2	3	4	5	6	7
一、客运量	万人	1	3164.00	31	426	31	2738		
1. 机动船	万人	2	3158.00	31	420	31	2738		
2. 驳船	万人	3	6.00		6				
二、旅客周转量	万人公里	4	69099	267	7123	267	61976		
1. 机动船	万人公里	5	69088	267	7112	267	61976		
2. 驳船	万人公里	6	11		11				
三、货运量	万吨	7	51129	21452	24957	21452	25209		963
1. 机动船	万吨	8	49894	21227	23897	21227	25034		963
2. 驳船	万吨	9	1235	225	1060	225	175		
四、货物周转量	万吨公里	10	41326799	2866770	3366009	2866770	29265626		8695164
1. 机动船	万吨公里	11	41132407	2830602	3174558	2830602	29262685		8695164
2. 驳船	万吨公里	12	194392	36168	191451	36168	2941		

补充资料:内河货物运输量中,长江水系1693万吨,118115万吨公里;
京杭运河11002万吨,1089885万吨公里。

【2007年浙江省全社会水路分货类运输量一览表】 (表4-9)

指标	序号	货运量(万吨)	货物周转量(万吨公里)
甲	乙	1	2
合计	1	51129	41326799
1. 煤炭及制品	2	12979	15249755
2. 石油、天然气及制品	3	3046	3297828
其中:原油	4	32	30017
3. 金属矿石	5	1430	5606575
4. 钢铁	6	2209	2469222
5. 矿物性建筑材料	7	19704	4505791
6. 水泥	8	3167	1265920
7. 木材	9	234	266317
8. 非金属矿石	10	1370	547439
其中:磷矿	11	6	565
9. 化学肥料及农药	12	76	231094
10. 盐	13	149	203440

指标	序号	货运量(万吨)	货物周转量(万吨公里)
甲	乙	1	2
11. 粮食	14	658	1224688
12. 机械、设备、电器	15	233	582511
13. 化工原料及制品	16	448	174673
14. 有色金属	17	6	5618
15. 轻工、医药产品	18	83	34926
其中:日用工业品	19	6	3381
16. 农林牧渔业产品	20	271	474428
其中:棉花	21		
17. 其他	22	5066	5186574

【2007年浙江省全社会水路集装箱运输量一览表】（表4-10）

指标	序号	箱运量(个)		货运量(吨)	
			远洋		远洋
甲	乙	1	2	3	4
水路标准集装箱合计(TEU)	1	484072		8623223	
1.45英尺	2				
2.40英尺	3	78403		2275994	
3.30英尺	4				
4.20英尺	5	327266		6347229	
5.10英尺	6				

资料来源:浙江省港航管理局

【2007年浙江省省际水运企业名录一览表】（表4-11）

序号	许可证号	企业中文名称
1	交长浙XK0001	浙江省湖州市航运实业总公司
2	交长浙XK0003	德清县源顺船务有限公司
3	交长浙XK0005	安吉县永顺水路运输有限公司
4	交长浙XK0010	浙江省长兴县长运船务有限公司
5	交长浙XK00172	杭州三航运输有限公司
6	交长浙XK0020	长兴县鸿运航运有限公司
7	交长浙XK0022	德清县清乾航运有限公司
8	交长浙XK0023	德清县内河航运有限公司
9	交长浙XK0028	上虞市新兴航运有限公司
10	交长浙XK0029	上虞市交通运输有限公司
11	交长浙XK0030	绍兴县运输有限公司
12	交长浙XK0031	绍兴县交通实业有限公司
13	交长浙XK0033	绍兴县佳华运输有限公司
14	交长浙XK0034	慈溪市月发航运有限公司
15	交长浙XK0037	龙游县远安航运有限责任公司
16	交长浙XK0039	嘉兴市嘉康船务有限责任公司
17	交长浙XK0040	嘉兴市同济运输有限责任公司
18	交长浙XK0048	嘉善县旅游总公司
19	交长浙XK0049	嘉善华盛船务有限公司

序号	许可证号	企业中文名称
20	交长浙 XK0051 号	海盐县朝阳运输有限公司
21	交长浙 XK0052	海宁市顺胜运输有限公司
22	交长浙 XK0054 号	海宁市华生运输有限公司
23	交长浙 XK0055	桐乡市运河航运有限责任公司
24	交长浙 XK0056	桐乡市崇德内河航运有限责任公司
25	交长浙 XK0072	杭州华元航运有限公司
26	交长浙 XK0078	浙江杭州航运有限公司
27	交长浙 XK008	安吉县溪龙运输有限公司
28	交长浙 XK0084	安吉县远大交通运输有限公司
29	交长浙 XK0092	嘉兴市秀洲区第二交通运输公司
30	交长浙 XK0093	平湖市航运有限责任公司
31	交长浙 XK0094	诸暨市港航运输发展有限公司
32	交长浙 XK0105	嘉兴市灵舟运输有限公司
33	交长浙 XK0131	浙江菱化实业股份有限公司
34	交长浙 XK0136	浙江省长兴县永兴实业公司
35	交长浙 XK0145	德清县油品运输公司
36	交长浙 XK0147	杭州萧山航运有限公司
37	交长浙 XK0148	杭州萧山之江运输有限公司
38	交长浙 XK0151	杭州义桥内河水运服务有限公司
39	交长浙 XK0161	湖州新开元航运有限公司
40	交长浙 XK0163	绍兴市交通运输有限责任公司
41	交长浙 XK0167	安吉县顺航运输有限责任公司
42	交长浙 XK0171	浙江钱江航运有限公司
43	交长浙 XK027	绍兴市航运有限责任公司
44	交长浙 XK166	平湖市永航运输有限责任公司
45	交长浙 XK175	平湖市平联环境工程有限公司
46	交长浙 XK176	湖州恒辉航运有限公司
47	交长浙 XK177	湖州万顺航运有限公司
48	交长浙 XK178	兰溪市三江仓储发展有限公司
49	交长浙 XK180	兰溪市江南航运有限责任公司
50	交长浙 XK181	安吉县远亚运输有限公司
51	交长浙 XK182	临安市嘉安航运有限公司
52	交长浙 XK183	杭州三阳航运有限公司
53	交长浙 XK184	嘉兴市众安危险品航运有限公司
54	交长浙 XK185	浙江翔辉实业发展有限公司
55	交长浙 XK187	湖州伟谊船务有限公司
56	交长浙 XK188	富阳顺航水路运输有限公司
57	交长浙 XK189	浙江省长兴县兴源航运有限公司
58	交长浙 XK190	安吉县鸿顺船舶运输有限公司
59	交长浙 XK191	湖州永大航运有限公司
60	交长浙 XK192	嘉兴市富温航运有限公司
61	交长浙 XK193	浙江长兴申兴物流有限公司
62	交长浙 XK194	湖州富博航运有限公司
63	交长浙 XK195	杭州孙锋水上运输有限公司
64	交长浙 XK197	嘉善三宝船务有限公司
65	交长浙 XK198	浙江省长兴县华泰航运有限公司

序号	许可证号	企业中文名称
66	交长浙 XK199	兰溪市海通航运有限公司
67	交长浙 XK200	德清县万顺水路货运有限公司
68	交长浙 XK201	德清嘉顺运输有限公司
69	交长浙 XK202	海盐秦恒货物运输有限公司
70	交长浙 XK203	安吉亚川船务有限公司
71	交长浙 XK204	浙江省桐乡市宏源航运有限公司
72	交长浙 XK205	桐乡市宏顺船务运输有限公司
73	交长浙 XK206	嘉兴捷达船舶运输有限公司
74	交长浙 XK207	长兴康盛物流有限公司
75	交长浙 XK208	绍兴市通达航运有限公司
76	交长浙 XK209	长兴欣益运输有限公司
77	交长浙 XK210	嵊州市海港船务有限公司
78	交长浙 XK211	上虞市欣瑜物流有限公司
79	交长浙 XK212	桐乡市金舟船务运输有限公司
80	交长浙 XK213	嘉兴市港龙水上运输有限公司
81	交长浙 XK214	绍兴益盛航运有限公司
82	交长浙 XK215	富阳鑫远运输有限公司
83	交长浙 XK216	杭州云宏航运有限公司
84	交长浙 XK217	杭州豪辉航运有限公司
85	交长浙 XK219	杭州博翔航运有限公司
86	交长浙 XK223	浙江众人工贸有限公司

资料来源:交通部长江航务管理局

【浙江省宁波市水运概况】 2007年,浙江省宁波市航运管理单位为宁波市港航管理局。2005年8月3日,宁波市航运管理处更名为宁波市港航管理局。局机关内设机构9个,办公室、组织人事科、港航工程科、法规安全科、港政管理科、运输管理科、船舶检验科、计划财务科、港航稽查科。局设3个派出机构,即宁波市区港航管理所,镇海港航管理所,北仑港航管理所。局机关在编干部职工117人。宁波市港航管理局履行港口管理、航道管理、航运管理、船舶检验管理、安全管理、行政执法、规费稽征等职能。全市共有水运企业108家,拥有各类营运船舶723艘,262.43万载重吨,总运力位居全省第一。其中拥有沿海船舶654艘,261048万载重吨;拥有内河船69艘,0.95万载吨重。完成货运量8511万吨,完成货物用转量920.6万吨。

宁波市运力结构呈现以下特点:

一是运力结构向大特新方向发展。全市航运管理部门严把水运市场准入关。以市场需求为导向。充分发挥市场机制作用,把“质”的提高作为调控重点,控制“小、普、旧”船舶,扶持“大、特、新”船舶发展。到年末,全市万吨级以上船舶达到67艘,167.1万载重吨,占总运力的63.7%。特种船舶达到114艘,24.88万载重吨。新增船舶113艘,70.37万载重吨,淘汰或转出船舶83艘,27.68万载重吨,净增运力42.69万载重吨。省际沿海船舶平均载重吨达5340吨,沿海平均船龄达7.4年。

二是水运企业进一步向规模化,集约化发展。全市航管部门通过政策导向,政府宣传,观念引导,重点扶持等手段,培育和发展了一批有竞争能力的大、中型水运企业作为行业竞争的重要手段,提升市水运行业的整体素质。至年末,全市共有水运企业108家。其中沿海96家,内河12家。运力万吨以上的46家,沿海水运企业平均运力达2.54万载重吨,运力在50万载重吨以上水运企业1家,在10万载重吨以上的水运企业3家,在5万载重吨以上的水运企业6家。

三是运政管理不断加强。其一,完成2007年水路运输(服务)企业年审。参加核查的水运企业

101 家。其中合格 96 家,需整改 5 家(已落实整改措施);全市 99 家水运服务企业参加年审,参加企业及船舶年审率达 100%。其二,开展各类专项整治。在全市开展"进一步落实海运企业委托经营管理责任活动",一定程度上改变了以往委管企业,船主主托不让管,船公司托而不管的现象。全市液货危险品船和客运委管船舶采用组建新公司。企业入股经营或光租等方式完成了经营方式转变,比交通部、省局要求提前了一年。其三,开展水运市场监管专项整治。9 月 24 日至 30 日在全市开展运政大检查,共出动 288 人次,78 车艇次。检查水运企业 23 家,其中客运企业 13 家,货运企业 10 家;检查营运船舶 181 艘次,查处违章船舶 28 艘次。补缴各类规费 2.15 万元,罚款 0.15 万元。警告并责令 4 家企业进行整改。

(宁波市港航管理局)

【浙江省宁波海运集团有限公司】 该公司成立于 1950 年 10 月 16 日,当时称浙江省航运公司宁波分公司。有机动船 15 艘,经营沿海及内河客货运输。1988 年 10 月,公司由原辖省交通厅管理下放给宁波市管理,并更名为宁波海运公司,总运力 24600 载重吨。1992 年 5 月,更名为宁波海运总公司。1997 年 4 月 18 日,宁波海运股份有限公司成立。注册资金 16400 万元,总股本 16400 万股,总资产 23936 万元,净资产 17884 万元,船舶总载重吨 20.2 万吨。1997 年 4 月 23 日,公司股票在上海证券交易所上市。5 月 29 日,交通部发文,同意宁波海运总公司更名为宁波海运集团总公司。

2002 年 12 月 26 日,宁波海运集团总公司整体改制为宁波海运集团有限公司,注册资金为 12000 万元。主要经营国际近、远洋散货及集装箱运输、国内沿海及长江中下游货物运输、海上货物中转、联运、国际货运代理、国际船舶代理等海运相关业务及实业投资。公司拥有全资企业新加坡朗博船务有限公司;拥有控参股企业宁波海运股份有限公司、宁波远洋运输有限公司、宁波江海运输有限公司、宁波海光船务有限公司、宁波北仑船务有限公司、宁波海运国际船舶代理有限公司、宁波交通房地产有限公司等。

2007 年,公司参、控股企业拥有运力 80.3 万载重吨。全年完成货运量 2399.21 万吨,完成货物周转量 351.87 亿吨公里,实现主营业务收入 121501 万元。

地 址 宁波市北岸财富中心 1 幢
邮 编 315020
总 机 (0574)87659066
传 真 (0574)87677709
邮 箱 nbmarine@nbmarine.com
网 址 http://www.nbmarine.com

(宁波市局 沈荣进)

【江苏省水运概况】 江苏东临黄海,长江横贯东西,京杭运河纵贯南北,长江江苏段成为水运发达的"黄金水道"。

2007 年,江苏省水路运输完成货运量 3.79 亿吨、货物周转量 2930 亿吨公里,分别比上年增长 15.2% 和 16.5%。完成客运量 27 万人,与上年持平;旅客周转量 0.33 亿人公里,同比增速达 2.18 倍。与此同时,京杭运河船型标准化示范工程第一阶段挂浆机船拆改、分阶段禁航目标全面完成。4 年来,累计完成拆改钢质挂浆机船 2.29 万艘、88 万总吨位,发放补贴资金 6.88 亿元,拆改船舶占"五省一市"拆改总量的 66%。

这一年,江苏省推广标准船舶 1345 艘。不仅船舶水体、噪音污染明显下降,节能降耗,而且增加了水运运力。全省内河运输船舶由工程实施前的 5.3 万艘下降到 4.49 万艘,而总载重吨、平均吨位分别由 846 万吨和 158 吨提高到 1508 万吨和 342 吨,分别增长 78% 和 116%。

2007 年江苏省水路运输工具拥有量一览表、2007 年江苏省全社会水路客货运输量一览表、2007 年江苏省全社会水路分货类运输量一览表、2007 年江苏省全社会水路集装箱运输量一览表、2007 年江苏省省际水运企业名录一览表,详见表 4-12、表 4-13、表 4-14、表 4-15、表 4-16。

(江苏省局 黎济长)

【2007 年江苏省水路运输工具拥有量一览表】 (表 4-12)

指　标	计算单位	序号	总计		内河		沿海		远洋
				个体		个体		个体	
甲	乙	丙	1	2	3	4	5	6	7
一、机动船 艘数	艘	1	34472	4205	33805	4017	586	188	81
总吨	吨位	2	2497235	144245			1174322	144245	1322913
总载重量	吨位	3	13800819	1142043	9613089	920718	1983778	221325	2203952
净载重量	吨位	4	11904488	774117	8143890	693382	1682054	80735	2078544
载客量	客位	5	37235	6156	36745	5666	490	490	0
标准箱位	TEU	6	27647	676	12425	676	11267	0	3955
功率	kW	7	5101453	402360	4054865	325594	579731	76766	466857
1. 客船 艘数	艘	8	687	203	661	177	26	26	0
总吨	吨位	9	428	428			428	428	0
总载重量	吨位	10	44711	4391	44361	4041	350	350	0
净载重量	吨位	11	42568	3839	42268	3539	300	300	0
载客量	客位	12	34419	6156	33929	5666	490	490	0
功率	kW	13	49619	3749	48184	2314	1435	1435	0
2. 客货船 艘数	艘	14	46	0	46	0	0	0	0
总吨	吨位	15	0	0			0	0	0
总载重量	吨位	16	12257	0	12257	0	0	0	0
净载重量	吨位	17	9464	0	9464	0	0	0	0
载客量	客位	18	2816	0	2816	0	0	0	0
标准箱位	TEU	19	0	0	0	0	0	0	0
功率	kW	20	22316	0	22316	0	0	0	0
3. 货船 艘数	艘	21	32006	3917	31366	3756	559	1610	81
总吨	吨位	22	2496624	143634			1173711	143634	1322913
总载重量	吨位	23	13743851	1137652	9556471	916677	1983428	220975	2203952
净载重量	吨位	24	11852456	770278	8092158	689843	1681754	80435	2078544
标准箱位	TEU	25	27647	676	12425	676	11267	0	3955
功率	kW	26	4706516	387085	3662083	312474	577576	74611	466857
内:油船 艘数	艘	27	2169	5	2096	2	39	3	34
总吨	吨位	28	877329	294			160716	294	716613
总载重量	吨位	29	2220918	807	759450	355	243259	452	1218209
净载重量	吨位	30	2077501	392	697217	227	231030	165	1149254
功率	kW	31	1148473	449	871749	169	77095	280	199629
集装箱船 艘数	艘	32	216	8	187	8	24	0	5
总吨	吨位	33	100246	0			61718	0	38528
总载重量	吨位	34	392388	10936	242272	10936	98266	0	51850
净载重量	吨位	35	364100	10468	232506	10468	84144	0	47450
标准箱位	TEU	36	18900	676	12425	676	2520	0	3955
功率	kW	37	137809	2955	73189	2955	34332	0	30288
4. 拖船艘数	艘	38	1733	85	1732	84	1	1	0
总吨	吨位	39	183	183			183	183	0
功率	kW	40	323002	11526	322282	10806	720	720	0
二、驳船 艘数	艘	41	14228	2270	14228	2270	0	0	0
净载重量	吨位	42	4743419	538093	4743419	538093	0	0	0
载客量	客位	43	1205	1180	1205	1180	0	0	0
标准箱位	TEU	44	0	0	0	0	0	0	0

补充资料:客货船中,滚装船12艘;总载重量190吨;净载重量180吨;载客量350客位;

货船中,多用途船39艘;总载重量247498吨;净载重量245189吨。

【2007年江苏省全社会水路客货运输量一览表】 (表4-13)

指 标	计算单位	序号	总计		内河		沿海		远洋
				个体		个体		个体	
甲	乙	丙	1	2	3	4	5	6	7
一、客运量	万人	1	27.00	0	21	0	6	0	0.00
1. 机动船	万人	2	27.00	0	21	0	6	0	0.00
2. 驳船	万人	3	0.00	0	0	0	0	0	0.00
二、旅客周转量	万人公里	4	3294	0	671	0	2623	0	0
1. 机动船	万人公里	5	3294	0	671	0	2623	0	0
2. 驳船	万人公里	6	0	0	0	0	0	0	0
三、货运量	万吨	7	37858	796	29567	796	5159	0	3132
1. 机动船	万吨	8	25946	727	17806	727	5008	0	3132
2. 驳船	万吨	9	11912	69	11761	69	151	0	0
四、货物周转量	万吨公里	10	29300838	101773	6346517	101773	4503716	0	18450605
1. 机动船	万吨公里	11	25883550	78211	3085127	78211	4347818	0	18450605
2. 驳船	万吨公里	12	3417288	23562	3261390	23562	155898	0	0

补充资料:内河货物运输量中,长江水系8870万吨,1903955万吨公里;

京杭运河5617万吨,1205838万吨公里。

【2007年江苏省全社会水路分货类运输量一览表】 (表4-14)

指标	序号	货运量(万吨)	货物周转量(万吨公里)
甲	乙	1	2
合 计	1	37858	29300838
1. 煤炭及制品	2	8179	2765599
2. 石油、天然气及制品	3	6308	13708002
其中:原油	4	4580	9270206
3. 金属矿石	5	3786	1311590
4. 钢铁	6	1803	1457711
5. 矿物性建筑材料	7	3585	1290351
6. 水泥	8	1122	599760
7. 木材	9	351	263973
8. 非金属矿石	10	566	188556
其中:磷矿	11	15	2666
9. 化学肥料及农药	12	957	1072414
10. 盐	13	1391	406208
11. 粮食	14	1289	886734
12. 机械、设备、电器	15	821	237121
13. 化工原料及制品	16	1991	740983
14. 有色金属	17	66	14789
15. 轻工、医药产品	18	749	105903
其中:日用工业品	19	63	12359
16. 农林牧渔业产品	20	1146	349934

指标	序号	货运量(万吨)	货物周转量(万吨公里)
甲	乙	1	2
其中:棉花	21	38	4863
17. 其他	22	3748	3901210

【2007年江苏省全社会水路集装箱运输量一览表】 (表4-15)

指标	序号	箱运量(个)		货运量(吨)	
			远洋		远洋
甲	乙	1	2	3	4
水路标准集装箱合计(TEU)	1	2112838	185024	18617787	2077640
1.45 英尺	2	1250	0	15311	0
2.40 英尺	3	443297	56681	5940668	1182485
3.30 英尺	4	0	0	0	0
4.20 英尺	5	1223432	71662	12661808	895155
5.10 英尺	6	0	0	0	0

资料来源:江苏省交通厅

【2007年江苏省省际水运企业名录一览表】 (表4-16)

序号	许可证号	企业中文名称
1	交长苏 XK0002	南通市通达航运有限公司
2	交长苏 XK0006	无锡市惠锡运输服务有限公司
3	交长苏 XK0007	南通大达轮船油品供应有限公司
4	交长苏 XK00082	如东县掘港城郊运输站
5	交长苏 XK0012	海安县第二航运公司
6	交长苏 XK0014	海安县银河航运有限公司
7	交长苏 XK0015	靖江市金泰储运有限责任公司
8	交长苏 XK0020	海安通达联运有限公司
9	交长苏 XK0026	高邮市龙川油运有限公司
10	交长苏 XK0027	海安县第五航运有限公司
11	交长苏 XK0032	海安县第六航运有限公司
12	交长苏 XK0035	宿迁市江河航运有限公司
13	交长苏 XK0036	江都市龙川运输有限公司
14	交长苏 XK00389	江苏省镇江长江运输有限公司
15	交长苏 XK0041	张家港保税区兴运船务有限公司
16	交长苏 XK0049	如皋市江海运输服务有限责任公司
17	交长苏 XK0050	如皋市白蒲航运有限公司
18	交长苏 XK0052	如皋市第四航运有限公司
19	交长苏 XK0053	如皋市长顺航运有限公司
20	交长苏 XK0055	南京南扬运输贸易有限公司
21	交长苏 XK0056	如皋市第六航运有限公司责任公司
22	交长苏 XK0057	南京望海石油有限公司
23	交长苏 XK0065	海安县第一航运有限公司
24	交长苏 XK0069	高淳县宁高石油运输有限责任公司
25	交长苏 XK0083	江苏省运河航运有限公司

序号	许可证号	企业中文名称
26	交长苏 XK0083	泗洪县兴达航运有限公司
27	交长苏 XK0086	泗洪县金航船舶有限公司
28	交长苏 XK0089	如东县石屏运输站
29	交长苏 XK0103	通州市石港航运有限公司
30	交长苏 XK0171	徐州市通航运航运有限公司
31	交长苏 XK0172	丰县通达轮船货运有限公司
32	交长苏 XK0174	新沂市窑湾轮船运输有限公司
33	交长苏 XK0175	新沂市江海航运有限公司
34	交长苏 XK0177	铜山县铜航运输有限责任公司
35	交长苏 XK0179	徐州市东风航运有限公司
36	交长苏 XK0182	沛县第三航运公司
37	交长苏 XK0183	江苏省沛县轮船运输总公司
38	交长苏 XK0184	沛县兴业水运有限公司
39	交长苏 XK0186	沛县胡寨航运社
40	交长苏 XK0187	沛县航联运输有限公司
41	交长苏 XK0188	扬州市华顺船务有限公司
42	交长苏 XK0189	扬州宝港油脂运输服务有限公司
43	交长苏 XK0191	邳州市第五航运公司
44	交长苏 XK0197	丰县第二航运公司
45	交长苏 XK0198	丰县第四航运公司
46	交长苏 XK0202	徐州市金联航运公司
47	交长苏 XK0204	睢宁县航运公司
48	交长苏 XK0205	新沂市苏北轮船运输有限公司
49	交长苏 XK0207	新沂市新航运输有限公司
50	交长苏 XK0209	新沂市第五航运公司
51	交长苏 XK0210	铜山县第二航运公司
52	交长苏 XK0212	邳州市航运总公司
53	交长苏 XK0216	沛县第二航运公司
54	交长苏 XK0219	淮安市京杭运河船运有限公司
55	交长苏 XK0222	江苏省农垦运输有限公司
56	交长苏 XK0224	江苏淮安苏石运输有限公司
57	交长苏 XK0226	江苏省港航集团运河技工学校实习工厂
58	交长苏 XK0228	中国石化集团清江石油化工有限责任公司
59	交长苏 XK0231	淮安市清浦区航运处
60	交长苏 XK0234	连云港市连沪航运有限公司
61	交长苏 XK0238	宿迁市航运公司
62	交长苏 XK0239	宿豫县第二航运公司
63	交长苏 XK0241	江苏东华航运有限公司
64	交长苏 XK0242	南京江海轮运有限公司
65	交长苏 XK0243	宿迁市中港船业有限公司
66	交长苏 XK0245	泗洪县航运公司
67	交长苏 XK0247	泗洪县第三航运公司
68	交长苏 XK0248	泗洪县第四航运公司
69	交长苏 XK0254	泗洪县水利局运输队
70	交长苏 XK0255	兴化市航运一公司
71	交长苏 XK0256	宜兴市宜宏航运有限公司

序号	许可证号	企业中文名称
72	交长苏 XK0260	盱眙县永盛运输有限责任公司
73	交长苏 XK0265	盱眙县维桥乡运输服务站
74	交长苏 XK0266	盱眙县春好运输装卸服务公司
75	交长苏 XK0268	盱眙县淮河运输公司
76	交长苏 XK0270	盱眙县观音寺乡镇运输装卸服务站
77	交长苏 XK0273	盱眙县车船交易所船舶运输社
78	交长苏 XK0277	盱眙县第二轮船运输公司
79	交长苏 XK0279	金湖县航运实业总公司
80	交长苏 XK0280	金湖县塔集交通航运站
81	交长苏 XK0285	金湖县良友运输有限公司
82	交长苏 XK0287	金湖县前锋运输社
83	交长苏 XK0290	淮安市京江航运有限公司
84	交长苏 XK0291	淮安市第二航运公司
85	交长苏 XK0292	淮安市第三航运公司
86	交长苏 XK0296	淮安市第七航运公司
87	交长苏 XK0300	邳州市苏运航务有限公司
88	交长苏 XK0301	金坛市金沙航运有限公司
89	交长苏 XK0303	淮安市船舶运输公司
90	交长苏 XK0305	淮安市第四运输公司
91	交长苏 XK0306	淮安市水陆联运公司
92	交长苏 XK0309	淮安市水运公司
93	交长苏 XK0310	淮安市轮船运输公司
94	交长苏 XK0311	淮安市内河航运公司
95	交长苏 XK0314	淮安市水上联运公司
96	交长苏 XK0316	淮安市裕源航运有限公司
97	交长苏 XK0321	淮安市兴达运输公司
98	交长苏 XK0326	江苏省洪泽县航运有限责任公司
99	交长苏 XK0327	洪泽县第二航运公司
100	交长苏 XK0328	洪泽县第三航运公司
101	交长苏 XK0332	洪泽县白马湖航运公司
102	交长苏 XK0334	洪泽县万达航运公司
103	交长苏 XK0337	洪泽县洪祥水运公司
104	交长苏 XK0338	洪泽县共和联运公司
105	交长苏 XK0339	洪泽县通达航运公司
106	交长苏 XK0340	洪泽县迅旺水运公司
107	交长苏 XK0341	洪泽县青云航运公司
108	交长苏 XK0344	涟水县永兴水运有限公司
109	交长苏 XK0345	涟水县同飞航运有限公司
110	交长苏 XK0349	连云港市东海航运实业公司
111	交长苏 XK0354	江苏省盐业头罾航运公司
112	交长苏 XK0356	江苏省盐业陈港航运公司
113	交长苏 XK0357	江苏省连云港盐业航运公司
114	交长苏 XK0360	江苏省盐业公司燕尾航运公司
115	交长苏 XK0362	灌云县物资储运公司
116	交长苏 XK0365	镇江市丹徒区航运公司
117	交长苏 XK0368	句容市安顺航运有限公司

序号	许可证号	企业中文名称
118	交长苏 XK0378	丹阳市第二航运公司
119	交长苏 XK0403	扬州扬农化学品运输有限公司
120	交长苏 XK0404	泰州市海阳实业总公司
121	交长苏 XK0408	华东石油地质局第六普查勘探大队泰州队
122	交长苏 XK0409	华东石油局试采大队水运队
123	交长苏 XK0413	泰州市泰东运输站
124	交长苏 XK0414	泰州市通源运输公司
125	交长苏 XK0415	兴化市航运有限公司
126	交长苏 XK0426	高邮市横泾运输公司
127	交长苏 XK0427	高邮市航运公司菱塘营业站
128	交长苏 XK0428	高邮市川青运输公司
129	交长苏 XK0429	高邮市周山运输公司
130	交长苏 XK0430	高邮市航运公司三垛营业站
131	交长苏 XK0431	高邮市平胜运输公司
132	交长苏 XK0435	高邮市航运公司界首营业站
133	交长苏 XK0436	高邮市营南运输公司
134	交长苏 XK0441	高邮市航运公司送桥营业站
135	交长苏 XK0442	高邮市航运公司临泽营业站
136	交长苏 XK0447	高邮市通源油运有限公司
137	交长苏 XK0450	宝应县宇通运输有限公司
138	交长苏 XK0451	宝应县水上运输公司
139	交长苏 XK0455	宝应县广洋湖运输公司
140	交长苏 XK0457	宝应县柳堡镇运输公司
141	交长苏 XK0458	宝应县沿河运输有限公司
142	交长苏 XK0460	宝应县西湖运输有限公司
143	交长苏 XK0461	宝应县曹甸运输公司
144	交长苏 XK0463	宝应县水泗运输公司
145	交长苏 XK0470	宝应县夏集运输公司
146	交长苏 XK0473	宝应县黄藤运输公司
147	交长苏 XK0476	宝应县望直港运输公司
148	交长苏 XK0479	宝应县射阳湖运输公司
149	交长苏 XK0480	宝应县长沟运输公司
150	交长苏 XK0481	宝应县第四水上运输公司
151	交长苏 XK0482	宝应县泾河运输公司
152	交长苏 XK0483	宝应县兴隆运输服务有限公司
153	交长苏 XK0487	宝应县宏达石化运输有限公司
154	交长苏 XK0491	靖江市航运公司
155	交长苏 XK0511	泰兴市通达航运有限公司
156	交长苏 XK0522	江都市轮船运输有限公司
157	交长苏 XK0524	江都市江洋运输公司
158	交长苏 XK0526	江都市航运有限公司
159	交长苏 XK0528	江都市园通运输有限责任公司
160	交长苏 XK0531	江都市滨湖运输有限公司
161	交长苏 XK0543	扬州市邗江苏中船务有限公司
162	交长苏 XK0546	姜堰市水运公司
163	交长苏 XK0550	姜堰市万达运输有限公司

序号	许可证号	企业中文名称
164	交长苏 XK0551	姜堰市俞垛运输公司
165	交长苏 XK0555	姜堰市里华运输站
166	交长苏 XK0557	姜堰市马庄运输公司
167	交长苏 XK0560	姜堰市第四航运公司
168	交长苏 XK0562	姜堰市梁徐运输公司
169	交长苏 XK0563	姜堰市姜交航运有限公司
170	交长苏 XK0565	姜堰市远东航运责任公司
171	交长苏 XK0567	姜堰市大顺运输有限公司
172	交长苏 XK0568	姜堰市交通物资运输公司
173	交长苏 XK0569	姜堰市大伦运输站
174	交长苏 XK0571	姜堰市桥头运输有限公司
175	交长苏 XK0573	姜堰市六航运输有限公司
176	交长苏 XK0574	姜堰市华港运输有限公司
177	交长苏 XK0576	姜堰市蒋垛运输站
178	交长苏 XK0577	姜堰市第五航运公司
179	交长苏 XK0578	姜堰市第三航运公司
180	交长苏 XK0580	姜堰市苏陈运输公司
181	交长苏 XK0581	姜堰市港航联运输有限公司
182	交长苏 XK0583	姜堰市中海运输有限公司
183	交长苏 XK0584	姜堰市淤溪运输公司
184	交长苏 XK0587	仪征市长江货运有限公司
185	交长苏 XK0591	南京海悦水运有限公司
186	交长苏 XK0596	南京市江宁区宇运航运有限责任公司
187	交长苏 XK0601	常州市盛通航运实业有限公司
188	交长苏 XK0604	金坛市航运有限公司
189	交长苏 XK0608	溧阳市力祥航运有限公司
190	交长苏 XK0620	常州市武进港务有限公司
191	交长苏 XK0641	宜兴市百乐船舶运输有限责任公司
192	交长苏 XK0670	苏州市航运公司
193	交长苏 XK0672	吴江市巨陆油品运输有限公司
194	交长苏 XK0687	张家港市第一航运有限公司
195	交长苏 XK0704	苏州市郭巷运输有限责任公司
196	交长苏 XK0708	常熟市安捷化工物品储运有限责任公司
197	交长苏 XK0731	江苏长博集团有限公司
198	交长苏 XK0732	无锡市大通物流有限责任公司
199	交长苏 XK0746	无锡苏锡航运有限公司
200	交长苏 XK0765	宜兴市新庄运输服务有限公司
201	交长苏 XK0766	宜兴市粮油运输公司
202	交长苏 XK0768	宜兴市西渚镇运输站
203	交长苏 XK0770	盐城市盐都区第六航运公司
204	交长苏 XK0771	盐都县大纵湖第二运输公司
205	交长苏 XK0773	盐城市建龙运输公司
206	交长苏 XK0779	盐城市盐都区楼王航运公司
207	交长苏 XK0782	宜兴市宜航船舶运输有限公司
208	交长苏 XK0786	盐城市丰盛运输公司
209	交长苏 XK0793	盐城市盐都区第九航运公司

序号	许可证号	企业中文名称
210	交长苏 XK0794	盐城市盐都区第三航运公司
211	交长苏 XK0795	盐城市连顺运输公司
212	交长苏 XK0797	盐城市盐都区第二航运公司
213	交长苏 XK0798	盐城市中兴运输打捞公司
214	交长苏 XK0809	盐城市郭猛运输公司
215	交长苏 XK0810	盐城市大冈航运公司
216	交长苏 XK0813	盐城市亭湖区伍佑装卸运输公司
217	交长苏 XK0814	盐城市南洋交通运输服务有限公司
218	交长苏 XK0818	阜宁县第八航运公司
219	交长苏 XK0820	阜宁县第二水陆运输公司
220	交长苏 XK0821	阜宁县第四航运公司
221	交长苏 XK0823	阜宁第三航运公司
222	交长苏 XK0825	阜宁县益林运输公司
223	交长苏 XK0828	阜宁县第十一航运公司
224	交长苏 XK0829	阜宁县鹏程运输公司
225	交长苏 XK0830	阜宁县第二水上运输公司
226	交长苏 XK0831	阜宁县第五航运有限公司
227	交长苏 XK0837	阜宁县第十航运公司
228	交长苏 XK0843	阜宁县第十五航运公司
229	交长苏 XK0845	射阳县第四航运公司
230	交长苏 XK0847	射阳县千秋港航运公司
231	交长苏 XK0848	射阳县第六航运公司
232	交长苏 XK0849	射阳县第二航运公司
233	交长苏 XK0850	射阳县第三航运公司
234	交长苏 XK0852	射阳县陈洋航运公司
235	交长苏 XK0853	射阳县藕耕运输公司
236	交长苏 XK0855	射阳县通海运输公司
237	交长苏 XK0857	射阳县新坍航运公司
238	交长苏 XK0858	射阳县长荡航运公司
239	交长苏 XK0859	射阳县第九航运公司
240	交长苏 XK0860	射阳现迅达航运公司
241	交长苏 XK0861	射阳县新洋航运公司
242	交长苏 XK0863	射阳县银河航运公司
243	交长苏 XK0864	射阳县合德航运公司
244	交长苏 XK0865	射阳县海盐航运公司
245	交长苏 XK0867	大丰市草埝运输站
246	交长苏 XK0869	大丰市龙堤运输站
247	交长苏 XK0870	大丰市金墩运输站
248	交长苏 XK0871	大丰市大中海达运输站
249	交长苏 XK0872	大丰市白驹运输服务站
250	交长苏 XK0876	东台市江海航运公司
251	交长苏 XK0878	滨海县第三航运公司
252	交长苏 XK0880	滨海县第五航运公司
253	交长苏 XK0881	滨海县第六航运公司
254	交长苏 XK0882	滨海县第七航运公司
255	交长苏 XK0883	建湖县远洋航运公司

序号	许可证号	企业中文名称
256	交长苏 XK0884	建湖县冈东交通运输站
257	交长苏 XK0885	建湖县庆丰航公司
258	交长苏 XK0887	建湖县高作航运公司
259	交长苏 XK0889	盐城市振伟航运有限责任公司
260	交长苏 XK0890	建湖县兴达航运公司
261	交长苏 XK0894	建湖县恒通航运公司
262	交长苏 XK0896	建湖县昌顺航运公司
263	交长苏 XK0898	建湖县第六航运公司
264	交长苏 XK0899	盐城市海浦联运有限公司
265	交长苏 XK0900	建湖县兴业航运服务有限公司
266	交长苏 XK0904	响水县航运公司
267	交长苏 XK0905	东台市航运公司
268	交长苏 XK0906	大丰市航运股份有限公司
259	交长苏 XK0909	建湖县第二航运有限公司
260	交长苏 XK0911	江苏河海运输股份有限公司
261	交长苏 XK0918	东台市东水运输有限责任公司
262	交长苏 XK0924	阜宁县合利航运有限责任公司
263	交长苏 XK0932	邳州市航程航运有限公司
264	交长苏 XK0936	徐州市贾汪轮船公司
265	交长苏 XK0938	泰州市通陵运输有限公司
266	交长苏 XK0951	高邮市邮航运输有限公司
267	交长苏 XK0952	高邮市水运公司
268	交长苏 XK0953	高邮市马棚运输公司
269	交长苏 XK0976	邳州市富通建材航运有限公司
270	交长苏 XK0978	淮安兴港轮船运输有限公司
271	交长苏 XK0983	洪泽县水运公司
272	交长苏 XK0985	淮安市清浦区江海航运公司
273	交长苏 XK0986	淮安市发达航运有限公司
274	交长苏 XK0990	淮安市江淮航运有限公司
275	交长苏 XK1001	丰县顺达航运有限责任公司
276	交长苏 XK1003	徐州兴航航运有限公司
277	交长苏 XK1005	邳州市兴达航运有限公司
278	交长苏 XK1006	南通市远邦石油有限公司
279	交长苏 XK1006	徐州宏达航运有限公司
280	交长苏 XK1007	邳州市通达航运有限公司
281	交长苏 XK1018	金湖县涂沟航运站
282	交长苏 XK1019	金湖县石港航运站
283	交长苏 XK1021	金湖县戴楼航运站
284	交长苏 XK1022	金湖县金龙水运有限公司
285	交长苏 XK1023	金湖县闵桥交通运输站
286	交长苏 XK1024	金湖县唐港交通航运站
287	交长苏 XK1025	金湖县金北航运站
288	交长苏 XK1030	南京建庆运输有限公司
289	交长苏 XK1031	南京时顺油运有限公司
290	交长苏 XK1033	南京大厂航运有限责任公司
291	交长苏 XK1035	邳州市万通航运有限公司

序号	许可证号	企业中文名称
292	交长苏 XK1037	泗洪县安信轮船运输有限公司
293	交长苏 XK1038	泰州市江泰运销服务有限公司
294	交长苏 XK1040	南通天益船舶燃物供应有限公司
295	交长苏 XK1041	东台市东联航运有限公司
296	交长苏 XK1042	盐城市中朝石化运输有限公司
297	交长苏 XK1044	常州市武航运输有限公司
298	交长苏 XK1045	盐城市苏石石油运输有限公司
299	交长苏 XK1046	常州常武航运有限公司
300	交长苏 XK1048	东台市兴港航运有限公司
301	交长苏 XK1049	常州市长生轮船运输有限公司
302	交长苏 XK1050	建湖县四海航运有限公司
303	交长苏 XK1052	兴化市兴陵油运有限责任公司
304	交长苏 XK1053	兴化市兴中油运有限公司
305	交长苏 XK1054	泰州市轮船运输总公司
306	交长苏 XK1056	南京江扬顺运输贸易有限公司
307	交长苏 XK1057	泰州市江泰轮水运有限责任公司
308	交长苏 XK1059	淮安市淮阴区运南水运有限公司
309	交长苏 XK1060	淮安安邦运输有限公司
310	交长苏 XK1061	泰州市亨扬运贸有限公司
311	交长苏 XK1062	泰州市苏海运输服务有限公司
312	交长苏 XK1066	昆山市豪顺船务有限公司
313	交长苏 XK1073	江阴船舶燃料供应有限公司
314	交长苏 XK1074	姜堰市正通航运有限公司
315	交长苏 XK1075	泰州市四海水上特种货物运输有限公司
316	交长苏 XK1076	泰州市振陵运输有限公司
317	交长苏 XK1077	泗洪县友安水陆运输有限公司
318	交长苏 XK1078	常州市万联交通运输有限公司
319	交长苏 XK1079	东台市超跃运输有限公司
320	交长苏 XK1081	东台市苏中油运有限公司
321	交长苏 XK1082	东台市南郊航运公司
322	交长苏 XK1083	盐城市金华能运输有限公司
323	交长苏 XK1084	盐城市城区交通运输服务有限公司
324	交长苏 XK1085	盐城市万利物资运输有限公司
325	交长苏 XK1086	东台磊达运输有限公司
326	交长苏 XK1088	建湖县通达航运有限公司
327	交长苏 XK1090	盐城市强达运贸有限公司
328	交长苏 XK1091	阜宁现航运第四有限公司
329	交长苏 XK1095	南京阳江航运有限公司
330	交长苏 XK1096	南京高顺航运有限公司
331	交长苏 XK1097	南京市高凤航运有限公司
332	交长苏 XK1098	南京高翔水运有限公司
333	交长苏 XK1099	沭阳县正航水上运输有限公司
334	交长苏 XK1102	徐州金海洋航运有限公司
335	交长苏 XK1103	新沂市宏通航运有限责任公司
336	交长苏 XK1104	滨海县振航运输有限公司
337	交长苏 XK1105	响水县陈家港航运有限公司

序号	许可证号	企业中文名称
338	交长苏 XK1106	阜宁县河海运输有限公司
339	交长苏 XK1107	阜宁县江海运输有限公司
340	交长苏 XK1108	阜宁县航运第三有限公司
341	交长苏 XK1109	金坛市德顺运输有限公司
342	交长苏 XK1110	阜宁县航运第一有限公司
343	交长苏 XK1111	阜宁县航运第二有限公司
344	交长苏 XK1112	镇江市中兴运输有限公司
345	交长苏 XK1113	通州市同舟运输服务有限公司
346	交长苏 XK1115	江苏省如东县航运有限公司
347	交长苏 XK1116	宜兴市太湖航运有限公司
348	交长苏 XK1120	南通永兴船舶燃料供应有限公司
349	交长苏 XK1123	泰州市海通航务工程有限公司
350	交长苏 XK1128	宜兴市新街交通服务公司
351	交长苏 XK1129	宜兴市金渚航运公司
352	交长苏 XK1131	宜兴市鲸塘水运有限公司
353	交长苏 XK1132	姜堰市洲城航运有限公司
354	交长苏 XK1133	南京哲源水上运输有限公司
355	交长苏 XK1136	姜堰市日进运输有限公司
356	交长苏 XK1138	姜堰市华泰运输公司
357	交长苏 XK1140	江都市华通运输有限公司
358	交长苏 XK1142	南京金航船务有限公司
359	交长苏 XK1143	江苏省镇江市长江石油有限公司
360	交长苏 XK1144	南京双玲运贸有限责任公司
361	交长苏 XK1146	扬州市龙藤油运有限公司
362	交长苏 XK1147	南京正通船务有限责任公司
363	交长苏 XK1148	南京苏晨船务有限公司
364	交长苏 XK1149	泰州市华通船务有限公司
365	交长苏 XK1150	张家港中油泰富运输有限公司
366	交长苏 XK1151	无锡国铁运输有限公司
367	交长苏 XK1153	南通市鑫通水运服务有限公司
368	交长苏 XK1155	江苏寰宇物流有限公司
369	交长苏 XK1156	姜堰市宏源运输有限公司
370	交长苏 XK1157	南京宁远联运有限责任公司
371	交长苏 XK1158	扬州益友船务有限公司
372	交长苏 XK1159	邳州市北方航运有限公司
373	交长苏 XK1160	徐州市红旗航运有限公司
374	交长苏 XK1161	南京连海运输有限责任公司
375	交长苏 XK1163	高邮市邮水运输有限公司
376	交长苏 XK1164	盐城市江海运输有限公司
377	交长苏 XK1165	金湖县金鑫水运有限公司
378	交长苏 XK1168	响水县金达水运服务有限公司
379	交长苏 XK1169	南京江海集团有限公司
380	交长苏 XK1170	南京德荣船务有限公司
381	交长苏 XK1172	徐州河海航运有限公司
382	交长苏 XK1173	宝应县鑫源航运有限公司
383	交长苏 XK1174	洪泽朝阳水运有限公司

序号	许可证号	企业中文名称
384	交长苏 XK1175	连云港市航通运输有限公司
385	交长苏 XK1178	宿迁市苏航运输有限公司
386	交长苏 XK1179	建湖县金广运输有限公司
387	交长苏 XK1181	兴化市万信运输有限公司
388	交长苏 XK1183	盐城市新联储运有限公司
389	交长苏 XK1184	泰州市洲海航运有限公司
390	交长苏 XK1185	泰州市润泰运输有限公司
391	交长苏 XK1187	淮安市淮阴区华民航运有限公司
392	交长苏 XK1189	南京川达船务有限公司
393	交长苏 XK1191	射阳县顺发运输有限公司
394	交长苏 XK1192	盐城市中川运输有限公司
395	交长苏 XK1193	苏州市苏吴航运有限公司
396	交长苏 XK1194	盐城市新二航运有限公司
397	交长苏 XK1195	建湖县华能水运有限责任公司
398	交长苏 XK1196	阜宁县长久航运有限公司
399	交长苏 XK1201	南通包通物流有限公司
400	交长苏 XK1202	仪征市兴昭运输有限公司
401	交长苏 XK1204	连云港市华生运科贸有限公司
402	交长苏 XK1205	南京忠邦运输有限公司
403	交长苏 XK1207	射阳县射轮运输有限公司
404	交长苏 XK1209	兴化市周庄运输有限公司
405	交长苏 XK1210	姜堰市金源运输有限公司
406	交长苏 XK1211	江阴市要塞运输有限公司
407	交长苏 XK1212	兴化市昭东水陆运输有限公司
408	交长苏 XK1213	江苏赛福特国际航运有限公司
409	交长苏 XK1214	兴化市鸿达运输有限公司
410	交长苏 XK1215	盐城市兴盛运输有限公司
411	交长苏 XK1216	南京海高航运有限公司
412	交长苏 XK1217	镇江祥生船务有限公司
413	交长苏 XK1218	东台市东昇物流有限公司
414	交长苏 XK1219	大丰市兴航运输有限责任公司
415	交长苏 XK1220	南京盛飞油运有限公司
416	交长苏 XK1221	泰州市顺航运输有限公司
417	交长苏 XK1222	淮安市京华船务有限公司
418	交长苏 XK1223	建湖县启昌航运有限公司
419	交长苏 XK1225	南京京淳商贸有限公司
420	交长苏 XK1228	建湖县星湖航运有限公司
421	交长苏 XK1229	宿迁市同发运输有限公司
422	交长苏 XK1232	宿迁市宝钢航运有限公司
423	交长苏 XK1235	邳州市河海航运有限公司
424	交长苏 XK1236	兴化市通海运输有限公司
425	交长苏 XK1237	灌南县连运船务有限公司
426	交长苏 XK1240	徐州永裕航运有限公司
427	交长苏 XK1241	泰州市兴良运输站
428	交长苏 XK1242	盐城市亭湖区盛通运输处
429	交长苏 XK1243	兴化市顺安运输有限公司

序号	许可证号	企业中文名称
430	交长苏 XK1244	南通三和顺物流有限公司
431	交长苏 XK1245	泰州市融通航运有限公司
432	交长苏 XK1247	盐城市江河航运有限公司
433	交长苏 XK1248	盐城市恒祥水陆运输有限公司
434	交长苏 XK1249	高邮市华达运输有限公司
435	交长苏 XK1250	宝应县华通航运有限公司
436	交长苏 XK1252	姜堰市振航运输有限公司
437	交长苏 XK1253	南京兴淳船务有限公司
438	交长苏 XK1255	东台市东焦运输有限公司
439	交长苏 XK1256	盐城市恒通储运有限公司
440	交长苏 XK1257	泰州市苏北运输有限公司
441	交长苏 XK1258	泰州市江东运输有限公司
442	交长苏 XK1261	新沂市远通航运有限公司
443	交长苏 XK1262	丰县沙河航运有限公司
444	交长苏 XK1263	泰州市汇通航运有限责任公司
445	交长苏 XK1264	灌南县金诚船务有限公司
446	交长苏 XK1265	淮安市淮阴区华轮航运有限公司
447	交长苏 XK1266	海安县正春航运有限公司
448	交长苏 XK1267	盐城市华川运输有限公司
449	交长苏 XK1268	淮安市京杭物流有限公司
450	交长苏 XK1269	兴化市中远航运有限公司
451	交长苏 XK1270	江苏通海运业有限公司
452	交长苏 XK1271	泰州市德佳航运有限公司
453	交长苏 XK1272	兴化市隆亿达水陆运输有限公司
454	交长苏 XK1273	泰州市中兴船务有限公司
455	交长苏 XK1274	徐州联航航运有限公司
456	交长苏 XK1276	连云港市恒永物流有限公司
457	交长苏 XK1277	丰县宏顺航运有限公司
458	交长苏 XK1278	徐州市润泽航运有限公司
459	交长苏 XK1279	建湖江海运输有限公司
460	交长苏 XK1280	常州市奥海航运有限公司
461	交长苏 XK1281	徐州市鸿运航运有限公司
462	交长苏 XK1282	徐州江海运输有限公司
463	交长苏 XK1283	兴化市海顺运输有限公司
464	交长苏 XK1284	南京琦润物流有限公司
465	交长苏 XK1285	洪泽县兴淮水运有限公司
466	交长苏 XK1287	宝应县京杭物流有限公司
467	交长苏 XK1289	江浦润江航运有限公司
468	交长苏 XK1291	建湖县华盛运输有限公司
469	交长苏 XK1292	镇江港务集团星海国际物流有限公司
470	交长苏 XK1293	宝应县捷安运输有限公司
471	交长苏 XK1296	阜宁县顺达运输有限公司
472	交长苏 XK1297	盐城市恒铭物流有限公司
473	交长苏 XK1298	阜宁县长达航运有限公司
474	交长苏 XK1299	建湖县航联运输有限公司
475	交长苏 XK1300	南京顺业船务有限公司

序号	许可证号	企业中文名称
476	交长苏XK1301	南京东润运输有限公司
477	交长苏XK1302	盐城市亭湖区通榆运输有限公司
478	交长苏XK1305	徐州振丰航运有限公司
479	交长苏XK1307	洪泽县军福水运有限公司
480	交长苏XK1308	江都市顺海运输有限公司
481	交长苏XK1309	徐州金龙舟航运有限公司
482	交长苏XK1310	阜宁县兴发船闸航运有限公司
483	交长苏XK1311	淮安市淮阴区宝顺水运有限公司
484	交长苏XK1312	盐城市东悦航运有限公司
485	交长苏XK1313	沛县安顺航运有限公司
486	交长苏XK1314	泰州市鑫隆运输有限公司
487	交长苏XK1315	徐州市远江航运有限公司
488	交长苏XK1316	镇江港务集团有限公司
489	交长苏XK1317	响水县祥意水上运输有限公司
490	交长苏XK1318	江阴市大河港运输有限公司
491	交长苏XK1319	连云港盛通船务有限公司
492	交长苏XK1320	宜兴市徐舍交通运输有限公司
493	交长苏XK1322	盐城苏捷运输有限公司
494	交长苏XK1324	南通白露洲物流有限公司
495	交长苏XK1325	通州市兴海航运有限公司
496	交长苏XK1326	阜宁县通达航运有限公司
497	交长苏XK1327	南京宁兰船舶运输有限公司
498	交长苏XK1328	连云港市安益水路运输有限公司
499	交长苏XK1329	南通快通物流运输有限公司
500	交长苏XK1331	盐城市荣盛航运有限公司
501	交长苏XK1333	建湖县平安运输有限公司
502	交长苏XK1336	南通华亚航运有限公司
503	交长苏XK1338	江都市通达运输贸易有限公司
504	交长苏XK1342	盐城恒轩船务有限公司
505	交长苏XK1343	江苏三航运输有限公司
506	交长苏XK1345	江苏和海油品运输有限公司
507	交长苏XK1346	海门市东洲航运有限公司
508	交长苏XK1347	扬州市润发长虹集装箱水运有限公司
509	交长苏XK1348	建湖县恒泰运输有限责任公司
510	交长苏XK1349	南通长兴船舶运输有限公司
511	交长苏XK1350	南通长远航运有限公司
512	交长苏XK1354	邳州市东方航运有限公司
513	交长苏XK1355	江苏金翼商贸物流有限公司
514	交长苏XK1356	宿迁市亨通物流有限公司
515	交长苏XK1358	南京江安水陆运输有限公司
516	交长苏XK1359	徐州市港航物流有限公司
517	交长苏XK1360	江苏金阳物流有限公司
518	交长苏XK1361	镇江和兴船务有限公司
519	交长苏XK1366	宿迁市致远物流有限公司
520	交长苏XK1367	太仓天虹运输有限公司
521	交长苏XK1368	镇江港湾物流有限公司

序号	许可证号	企业中文名称
522	交长苏 XK1369	南京华进船务有限公司
523	交长苏 XK1370	溧阳市金峰运输有限公司
524	交长苏 XK1371	扬州市先锋船务有限公司
525	交长苏 XK1373	盐城市腾翔运输有限公司
526	交长苏 XK1374	徐州滨河航运有限公司
527	交长苏 XK1375	徐州建航运输有限公司
528	交长苏 XK1376	淮安鑫成航运有限公司
529	交长苏 XK1377	盐城市阳成交通运输有限公司
530	交长苏 XK1378	盐城汇盛运输有限公司
531	交长苏 XK1379	东台市江淮航运公司
532	交长苏 XK1380	东台市康华运输有限公司
533	交长苏 XK1383	宿迁市鸿福物流有限公司
534	交长苏 XK1384	盐城市成功运输有限公司
535	交长苏 XK1385	江苏苏鲁能源有限公司
536	交长苏 XK1386	扬州添庆运输有限公司
537	交长苏 XK1387	建湖第一航运有限公司
538	交长苏 XK1389	东台市连海航运公司
539	交长苏 XK1391	宿迁市国信物流有限公司
540	交长苏 XK1392	宿迁交通物流有限公司
541	交长苏 XK1393	盐城市华杭运输有限公司
542	交长苏 XK1396	兴化市安航船舶运输有限公司
543	交长苏 XK1397	扬州中航船务运输有限公司
544	交长苏 XK1398	南通振兴货运有限公司
545	交长苏 XK1399	南京天道物流有限公司
546	交长苏 XK1400	徐州鹏波航运有限公司
547	交长苏 XK1401	南通九州运贸有限公司
548	交长苏 XK1402	沛县巨龙运输有限公司
549	交长苏 XK1404	南京润辉物流有限公司
560	交长苏 XK1405	仪征市顺舟船务有限公司
561	交长苏 XK1408	兴化市横港运输有限公司
562	交长苏 XK1410	连云港市大岛山港储运有限公司
563	交长苏 XK1414	南京市振大联运公司
564	交长苏 XK1416	徐州建辉航运有限公司
565	交长苏 XK1419	句容市嘉新运输有限公司
566	交长苏 XK1421	泰兴市联发航运有限公司
567	交长苏 XK1422	南京宁川航运有限责任公司
568	交长苏 XK1424	阜宁县第一汽车运输有限公司
569	交长苏 XK1425	射阳县兴隆航运公司
570	交长苏 XK1428	江阴希望运输有限公司
571	交长苏 XK1432	南京舜源航运有限公司
572	交长苏 XK1434	宿迁市瑞通物流有限公司
573	交长苏 XK1436	溧水县天平航运有限公司
574	交长苏 XK1438	南通宝润运输有限公司
575	交长苏 XK1439	南通驰源船务有限公司
576	交长苏 XK1440	南通华安船务有限公司
577	交长苏 XK1441	海安县广盛运输有限公司

序号	许可证号	企业中文名称
578	交长苏 XK1442	通州市史庄运输有限公司
579	交长苏 XK1443	如东县兴港服务有限责任公司
580	交长苏 XK1444	启东市来舟船舶服务有限公司
581	交长苏 XK1445	如皋市皋航运输有限责任公司
582	交长苏 XK1446	南京张家水运有限公司
583	交长苏 XK1447	南京蘅坤运贸有限公司
584	交长苏 XK1448	南京赛文爱特水运有限公司
585	交长苏 XK1449	南京光正运输发展有限公司
586	交长苏 XK1450	南京东进船务有限公司
587	交长苏 XK1451	江苏苏能物流有限公司
588	交长苏 XK1452	南京天元物流有限公司
589	交长苏 XK1453	南京永航水陆运输有限公司
590	交长苏 XK1454	南京大运河运输有限公司
591	交长苏 XK1455	南京双顺运输有限责任公司
592	交长苏 XK1456	南京东湖航运有限公司
593	交长苏 XK1457	涟水县航运机船大队
594	交长苏 XK1458	涟水县林海水运有限公司
595	交长苏 XK1459	宜兴市周墅运输站
596	交长苏 XK1460	淮安市淮阴区第三航运有限公司
597	交长苏 XK1461	洪泽源鑫水运有限公司
598	交长苏 XK1462	洪泽县西顺河水运公司
599	交长苏 XK1463	金湖县顺通运输有限公司
600	交长苏 XK1471	泰州市高港航运有限公司
601	交长苏 XK1472	泰州市信诚船务有限公司
602	交长苏 XK1473	泰州市江联船务有限公司
603	交长苏 XK1474	泰兴市星宇航运有限公司
604	交长苏 XK1475	兴化市林湖运输有限公司
605	交长苏 XK1476	兴化市垛田水陆运输有限公司
606	交长苏 XK1477	兴化市振兴运输有限公司
607	交长苏 XK1478	兴化市通发运输有限公司
608	交长苏 XK1479	兴化市兴丰航运有限公司
609	交长苏 XK1480	兴化市荻垛水陆运输有限公司
610	交长苏 XK1481	兴化市创源运输有限公司
611	交长苏 XK1482	兴化市城南水陆运输有限公司
612	交长苏 XK1483	兴化市陶庄航运有限公司
613	交长苏 XK1484	兴化市安太运输有限公司
614	交长苏 XK1485	兴化市大垛盛源运输有限公司
615	交长苏 XK1486	徐州建运航运有限公司
616	交长苏 XK1487	徐州鸿盛航运有限责任公司
617	交长苏 XK1488	邳州市盛达航运有限公司
618	交长苏 XK1489	邳州市盛昌建材航运有限公司
619	交长苏 XK1490	丰县润特内河航运有限公司
620	交长苏 XK1491	徐州顺华航运有限公司
621	交长苏 XK1492	徐州环亚船务有限责任公司
622	交长苏 XK1493	邳州市苏航航运有限公司
623	交长苏 XK1494	沛县鑫航运输有限公司

序号	许可证号	企业中文名称
624	交长苏 XK1495	丰县宏达航运有限公司
625	交长苏 XK1496	新沂市苏新轮船运输有限公司
626	交长苏 XK1497	邳州市鑫隆港航有限公司
627	交长苏 XK1502	苏州市茂顺运输有限公司
628	交长苏 XK1503	苏州永盛混凝土有限公司
629	交长苏 XK1504	张家港市鲎威运输有限公司
630	交长苏 XK1505	盐城市华航运输有限公司
631	交长苏 XK1506	盐城市都利运输有限公司
632	交长苏 XK1507	东台市广达航运公司
633	交长苏 XK1508	东台市四通航运公司
634	交长苏 XK1509	东台市顺达航运有限公司
635	交长苏 XK1510	东台市安丰运输中心
636	交长苏 XK1511	东台市东航运输有限公司
637	交长苏 XK1512	大丰市第十运输公司
638	交长苏 XK1513	大丰市裕华交通运输有限公司
639	交长苏 XK1514	大丰市水运公司
640	交长苏 XK1515	滨海县水上运输有限公司
641	交长苏 XK1516	滨海县苏强运输有限公司
642	交长苏 XK1517	阜宁县兴达航运有限公司
643	交长苏 XK1518	盐城双昌运输服务有限公司
644	交长苏 XK1519	常州市华林交通运输有限公司
645	交长苏 XK1520	金坛市东港运输有限公司
646	交长苏 XK1521	常州盘固运输服务有限公司
647	交长苏 XK1536	宿迁市联发港务运输有限公司
648	交长苏 XK1537	宿迁市苏鲁船务运输有限公司
649	交长苏 XK1538	泗阳县兴运轮船运输有限公司
650	交长苏 XK1539	宿迁市龙港航运有限公司
651	交长苏 XK1540	泗阳县运河航运有限公司
652	交长苏 XK1541	沭阳县江海运输有限公司
653	交长苏 XK1542	宿迁市东方运输有限公司
654	交长苏 XK1543	泗洪县振华航运有限公司
655	交长苏 XK1544	宿迁市远航航运有限公司
656	交长苏 XK1545	泗洪县联运有限责任公司
657	交长苏 XK1546	连云港通宇运输有限公司
658	交长苏 XK1550	宝应县鲁垛运输公司
659	交长苏 XK1551	句容市华航航运有限公司
660	交长苏 XK1552	镇江市金海货运代理有限公司
661	交长苏 XK1553	徐州市海润物流有限公司
662	交长苏 XK1554	徐州新运航运有限公司
663	交长苏 XK1555	南通华祥航运有限公司
664	交长苏 XK1556	盐城市新民生运输有限公司
665	交长苏 XK1557	大丰市业绩运输有限公司
666	交长苏 XK1561	南京扬子物流有限责任公司
667	交长苏 XK1564	建湖县盛达航运有限公司
668	交苏 XK0010	南京盛航海运有限责任公司
669	交苏 XK0016	南通利辉国际轮船有限公司

序号	许可证号	企业中文名称
670	交苏 XK0030	南京长江液化气运贸有限公司
671	交苏 XK0032	金坛华城航运有限公司
672	交苏 XK0052	南京清江油运集团有限公司
673	交苏 XK0053	南京粤宁石化运输贸易有限责任公司
674	交苏 XK0066	南京江海油运有限责任公司
675	交苏 XK0081	扬州兴洋船务有限公司
676	交苏 XK2039	南京中港船业有限公司
677	交苏 XK2087	靖江市金马运输有限公司
678	交苏 XK2091	南京连润运输贸易有限公司
679	交长航 XK0025	南通中燃船舶燃料有限公司

资料来源:交通部长江航务管理局

【南京江海轮运有限公司】 南京江海轮运有限公司是2001年7月经南京市交通局宁交经[2001]35号文批准,由原国有南京江海货运总公司实施规范的公司制改造而成立的具有独立法人资格的新公司。公司主要从事化肥、煤炭、建材、化工产品等物资的水路运输,航线辐射苏、皖、浙、沪、赣、鲁、汉等省市的长江及内河港口。公司从事内河运输已有八十多年历史,是江苏省内河大型专业运输企业之一。公司资产总额1500万元,拥有自有产权总运力1万余吨。其中机动货轮48艘,载重吨6828吨;液体罐装货轮5艘,2094吨,主机功率551.1kW。公司连续多年被南京市评定为重合同、守信用企业,被评为省、市级先进单位。公司的生产一线曾涌现出爱船爱货与船匪搏斗的英雄王常;爱岗敬业的全国劳模、党的十五大代表、全国十大杰出工人杨小虎,先后有近40名劳动模范受到市、省、部、国家的表彰。散装化学品船"江苏8001"、"江苏8003"被南京市地方海事局命名为"安全诚信船舶",公司被评为"安全诚信公司",荣获"AAA"资信评级。

南京江海轮运有限公司的企业精神——同舟共济、务实创新;质量方针——优质高效、完好无损;工作作风——高效率、快节奏、满负荷、超常规。公司近年来贯彻ISO9000系列标准,借鉴海尔"OEC"管理,努力向标准化、科学化、文件化的运输质量管理和质量管理保证目标迈进。贯彻实施《国内安全管理规则》,建立安全管理体系,并使之得以有效地运行,以提高公司的经营管理水平,从而实现安全和环境保护目标。2002年,公司安全管理体系通过了部、省、市海事部门组成的联合审核组的审核论证,公司取得了省海事局发放的"符合证明"(DOC),所属散化运输船舶全部取得"安全管理证书"(SMC),是省内第一家通过NSM论证的企业。

地　址　南京市下关区江边路12号
邮　编　210011
电　话　(025)58801525;8801060
传　真　(025)58804430

(南京江海轮运有限公司)

【南京通海水运公司】 南京通海水运公司隶属于南京港的独立法人企业。主要从事长江、沿海集装箱运输及其它货物运输、江海直达货运、特大件运输、工程船舶拖航、船舶和货物代理等业务,并已开通东南亚及港澳航线。公司现有职工近400名,高级船员占船员总数的46%,并拥有一批熟悉进出口贸易及报关、验关、理货、揽货、且具备一定外语水平的业务骨干。拥有各类船舶30余艘,其中集装箱自航船10余艘,总箱位达1300TEU,总运力达3万吨。

作为一家航运企业,公司始终坚持"以市场为导向、以管理为基础、以安全为重点、以优质服务为手段、以发展为目的"的经营理念,对外开拓市场,对内强化管理,依托港口优势,不断提高经营质量。公司始终贯彻"四个坚持"的承诺,即坚持安全正点保班期、坚持把货主的利益当作自己的利益对待、坚持不把自己的困难转嫁给货主,以此赢得货主的信赖。几年来,公司产值平稳增长,软、硬件服务同步跟进,正朝着新的发展方向迈进。

法　人(经理)　王承寅

地　址　南京市中山北路426号万江大厦4楼

邮　编　210011

电　话　(025)58582185;58582195

传　真　(025)58825091

(南京通海水运公司)

【安徽省水运概况】　2007年,安徽省运力结构日趋合理。全省营运船舶约30000艘,1400万载重吨,与2006年相比,船舶平均吨位增加了56吨,达到518吨,船舶正朝着大型化方向发展。初步建立了运力发展预警机制,推进各种运输方式之间协调发展;集装箱船、大型散装船等标准化、专业化、清洁化船舶实行优先发展,中小型普货船舶得到有效调控,集装箱、江海运输船舶比重呈现上升态势;继续推进船型标准化工作,完成挂桨机船舶拆解改造567艘,发放政府补贴资金2070万元,示范工程实施以来累计完成拆改船舶1648艘,发放政府补贴资金6015万元;加大科技开发力度,积极推行标准船型,组织设计单位完成安徽省京杭运河标准化推荐船型“38.8m、43.8m、48.8m货船以及42m驳船”的设计方案,并作为标准船型过渡性图纸下发并免费提供给船东。与此同时,海船建造市场繁荣。2006年以来,由于受沿海、长江下游岸线资源限制,造船成本大、产业结构调整等影响,大批海船进入我省建造,极大地推动我省造船业的发展,现已初步形成和县、无为、池州、当涂、枞阳、望江船舶工业园。目前在安徽省沿江各地开工建造的海船有115艘,5000吨级以上的约占三分之一。船舶建造呈现出量的扩张和质的提升态势,尤其是海船建造规模更是空前繁荣。此外,规费征收平稳增长,较上年增长2%。全年完成水路货运量9828万吨,货运周转量448.6亿吨公里,同比分别增长18%和37.6%;完成水路客运量418万人次,客运周转量8152万人公里,同比分别增长22.9%和26.8%。水运经济实现了又好又快发展。

2007年安徽省水路运输工具拥有量一览表、2007年安徽省全社会水路客货运输量一览表、2007年安徽省全社会水路分货类运输量一览表、2007年安徽省全社会水路集装箱运输量一览表、2007年安徽省省际水运企业名录一览表,详见表4-17、表4-18、表4-19、表4-20、表4-21。

(安徽省局　马　栋)

【2007年安徽省水路运输工具拥有量一览表】　(表4-17)

指　标	计算单位	序号	总计		内河		沿海		远洋
				个体		个体		个体	
甲	乙	丙	1	2	3	4	5	6	7
一、机动船 艘数	艘	1	25139	6899	24991	6899	144		4
总吨	吨位	2	246900				226047		20853
总载重量	吨位	3	13693337	3306359	13291618	3306359	368344		33375
净载重量	吨位	4	13465734	3270055	13085017	3270055	349064		31653
载客量	客位	5	15862	2401	15862	2401			
标准箱位	TEU	6	2439		1929		510		
功率	kW	7	4747926	941163	4616837	941163	121398		9691
1. 客船 艘数	艘	8	437	74	437	74			
总吨	吨位	9							
总载重量	吨位	10	8	3	8	3			
净载重量	吨位	11	8	3	8	3			
载客量	客位	12	15862	2401	15862	2401			
功率	kW	13	22301	1779	22301	1779			
2. 客货船 艘数	艘	14							
总吨	吨位	15							
总载重量	吨位	16							

指　标	计算单位	序号	总计		内河		沿海		远洋
				个体		个体		个体	
甲	乙	丙	1	2	3	4	5	6	7
净载重量	吨位	17							
载客量	客位	18							
标准箱位	TEU	19							
功率	kW	20							
3. 货船 艘数	艘	21	24468	6824	24320	6824	144		4
总吨	吨位	22	246900				226047		20853
总载重量	吨位	23	13693329	3306356	13291610	3306356	368344		33375
净载重量	吨位	24	13465726	3270052	13085009	3270052	349064		31653
标准箱位	TEU	25	2439		1929		510		
功率	kW	26	4671717	939285	4540628	939285	121398		9691
内:油船 艘数	艘	27	500	78	498	78	2		
总吨	吨位	28	4429				4429		
总载重量	吨位	29	213120	25290	206042	25290	7078		
净载重量	吨位	30	208042	25290	201302	25290	6740		
功率	kW	31	86191	10227	83587	10227	2604		
集装箱船 艘数	艘	32	27		24		3		
总吨	吨位	33	6794				6794		
总载重量	吨位	34	47574		37159		10415		
净载重量	吨位	35	46766		36351		10415		
标准箱位	TEU	36	2439		1929		510		
功率	kW	37	13473		10243		3230		
4. 拖船 艘数	艘	38	234	1	234	1			
总吨	吨位	39							
功率	kW	40	53908	99	53908	99			
二、驳船 艘数	艘	41	2254	12	2254	12			
净载重量	吨位	42	759677	2995	759677	2995			
载客量	客位	43							
标准箱位	TEU	44							

补充资料:多用途船45艘、总载重量64380吨、净载重量64380吨。

【2007年安徽省全社会水路客货运输量一览表】 (表4-18)

指　标	计算单位	序号	总计		内河		沿海		远洋
				个体		个体		个体	
甲	乙	丙	1	2	3	4	5	6	7
一、客运量	万人	1	418.00	48	418	48			
1. 机动船	万人	2	418.00	48	418	48			
2. 驳船	万人	3							
二、旅客周转量	万人公里	4	8152	629	8152	629			
1. 机动船	万人公里	5	8152	629	8152	629			
2. 驳船	万人公里	6							
三、货运量	万吨	7	9828	1920	9007	1920	774		47
1. 机动船	万吨	8	9257	1920	8436	1920	774		47
2. 驳船	万吨	9	571		571				

指 标	计算单位	序号	总计		内河		沿海		远洋
				个体		个体		个体	
甲	乙	丙	1	2	3	4	5	6	7
四、货物周转量	万吨公里	10	4486127	924945	3926274	924945	403177		156676
1. 机动船	万吨公里	11	4214876	924945	3655023	924945	403177		156676
2. 驳船	万吨公里	12	271251		271251				

补充资料：内河货物运输量中：长江水系5469万吨；2434990万吨公里。
京杭运河3129万吨；1246470万吨公里。

【2007年安徽省全社会水路分货类运输量一览表】 （表4－19）

指标	序号	货运量（万吨）	货物周转量（万吨公里）
甲	乙	1	2
合计	1	9828	4486127
1. 煤炭及制品	2	1503	686132
2. 石油、天然气及制品	3	168	76667
其中：原油	4	23	10580
3. 金属矿石	5	1162	530515
4. 钢铁	6	368	167942
5. 矿物性建筑材料	7	3654	1667961
6. 水泥	8	1588	724734
7. 木材	9	21	9389
8. 非金属矿石	10	857	391329
其中：磷矿	11	62	28198
9. 化学肥料及农药	12	31	14165
10. 盐	13	9	3916
11. 粮食	14	63	28954
12. 机械、设备、电器	15	5	2187
13. 化工原料及制品	16	90	40910
14. 有色金属	17	24	10756
15. 轻工、医药产品	18	6	2578
其中：日用工业品	19		
16. 农林牧渔业产品	20	7	3095
其中：棉花	21		
17. 其他	22	272	124897

【2007年安徽省全社会水路集装箱运输量一览表】 （表4－20）

指标	序号	箱运量（个）		货运量（吨）	
			远洋		远洋
甲	乙	1	2	3	4
水路标准集装箱合计（TEU）	1	448727		3294385	
1.45英尺	2				
2.40英尺	3	185294		2445147	
3.30英尺	4				
4.20英尺	5	78139		849238	

指标	序号	箱运量(个)		货运量(吨)	
			远洋		远洋
甲	乙	1	2	3	4
5.10英尺	6				

资料来源:安徽省交通厅

【2007年安徽省省际水运企业名录一览表】 (表4-21)

序号	许可证号	企业中文名称
1	交长皖XK0017	当涂县城关水运企业总公司
2	交长皖XK0022	芜湖县航运公司
3	交长皖XK0024	安徽省南陵县航运总公司
4	交长皖XK0028	芜湖县赵桥航运公司
5	交长皖XK0029	芜湖县新丰水运公司
6	交长皖XK0030	芜湖县蒲塘水运公司
7	交长皖XK0031	芜湖县弋江航运公司
8	交长皖XK0032	芜湖市捷源航运有限责任公司
9	交长皖XK0043	铜陵市亚星船务有限责任公司
10	交长皖XK0044	铜陵市铜港水运公司
11	交长皖XK0047	铜陵县安平水上联合运输公司
12	交长皖XK0048	铜陵市大通水上运输公司
13	交长皖XK0053	贵池交通轮船运输公司
14	交长皖XK0054	池州市流坡航运有限责任公司
15	交长皖XK0055	东至县航运公司
16	交长皖XK0057	东至县第三航运公司
17	交长皖XK0058	东至县香口航运公司
18	交长皖XK0060	怀宁县航运公司
19	交长皖XK0072	安庆市曙光航运有限责任公司
20	交长皖XK0076	宿松县汇口运输公司
21	交长皖XK0080	望江县河道局船队
22	交长皖XK0099	皖寿县瓦埠航运公司
23	交长皖XK0100	皖寿县迎河航运公司
24	交长皖XK0104	皖六安市金安区航运公司
25	交长皖XK0107	天长市航运公司
26	交长皖XK0109	明光市航运公司
27	交长皖XK0110	皖明光市第三航运公司
28	交长皖XK0111	皖明光市水运公司
29	交长皖XK0114	滁州市航运公司
30	交长皖XK0115	皖定远县航运公司
31	交长皖XK0119	宿州市航运公司
32	交长皖XK0120	宿州市顺达航运公司
33	交长皖XK0121	灵璧县华联航运公司
34	交长皖XK0122	灵璧县航运公司
35	交长皖XK0123	安徽省泗县泗城航运公司
36	交长皖XK0124	泗县汴河航运公司
37	交长皖XK0125	泗县泗州航运公司
38	交长皖XK0126	泗县航运公司

序号	许可证号	企业中文名称
39	交长皖 XK0127	安徽省淮北市航运公司
40	交长皖 XK0130	淮南市航运公司
41	交长皖 XK0131	淮南市第二航运公司
42	交长皖 XK0132	淮南市第三航运公司
43	交长皖 XK0136	淮南市淮河航运公司
44	交长皖 XK0137	淮南市江淮航运有限责任公司
45	交长皖 XK0139	淮南市架河航运公司
46	交长皖 XK0140	淮南市八公山航运公司
47	交长皖 XK0143	凤台县永顺航运公司
48	交长皖 XK0144	凤台县第二航运公司
49	交长皖 XK0145	淮南市焦岗湖航运公司
50	交长皖 XK0146	凤台县第四航运公司
51	交长皖 XK0147	凤台县第五航运公司
52	交长皖 XK0148	凤台县第六航运公司
53	交长皖 XK0155	安徽省蚌埠市江淮航运有限责任公司
54	交长皖 XK0156	蚌埠市货轮航运有限责任公司
55	交长皖 XK0163	安徽省五河县水上航运公司
56	交长皖 XK0165	安徽省五河县沫河口航运公司
57	交长皖 XK0167	固镇县航运公司
58	交长皖 XK0168	安徽省固镇县新河航运公司
59	交长皖 XK0169	安徽省固镇县新兴航运有限责任公司
60	交长皖 XK0170	安徽省固镇县九湾航运公司
61	交长皖 XK0171	安徽省固镇县淮浍水上航运公司
62	交长皖 XK0174	安徽省怀远县燕集航运公司
63	交长皖 XK0176	怀远县城关航运公司
64	交长皖 XK0178	安徽省怀远县淮河航运公司
65	交长皖 XK0179	怀远县常坟航运公司
66	交长皖 XK0180	安徽省怀远县河溜镇航运公司
67	交长皖 XK0181	怀远县双沟航运公司
68	交长皖 XK0183	怀远县马城航运公司
69	交长皖 XK0192	安徽鸿运轮船有限公司
70	交长皖 XK0196	颍上县永发航运有限公司
71	交长皖 XK0198	皖利辛县第二航运公司
72	交长皖 XK0199	皖利辛县第三航运公司
73	交长皖 XK0201	太和县轮船公司
74	交长皖 XK0202	太和县船务实业公司
75	交长皖 XK0203	皖涡阳县航运公司
76	交长皖 XK0204	涡阳县创业航运有限责任公司
77	交长皖 XK0205	界首市航运公司
78	交长皖 XK0206	临泉县航运公司
79	交长皖 XK0211	蒙城县金舵航运有限责任公司
80	交长皖 XK0214	皖亳州市航运公司
81	交长皖 XK0215	亳州市花戏楼航运公司
82	交长皖 XK0216	皖亳州市大杨水运公司
83	交长皖 XK0218	凤台县三福航运商贸有限责任公司
84	交长皖 XK0218	阜南县航运公司

序号	许可证号	企业中文名称
85	交长皖 XK0219	凤台县淮鑫水运有限责任公司
86	交长皖 XK0221	淮南市江海航运有限责任公司
87	交长皖 XK0222	淮南市金河航运有限公司
88	交长皖 XK0223	淮南市顺航运输有限公司
89	交长皖 XK0226	五河县淮河运输有限责任公司
90	交长皖 XK0227	蚌埠市盛达运输有限责任公司
91	交长皖 XK0229	安徽省腾达航运股份有限公司
92	交长皖 XK0232	芜湖县和平航运有限公司
93	交长皖 XK0234	安徽省宿松县振兴水陆联运有限公司
94	交长皖 XK0236	安徽省凤阳县航运有限责任公司
95	交长皖 XK0237	皖全椒县航运有限责任公司
96	交长皖 XK0238	安徽省凤台县江河航运有限公司
97	交长皖 XK0241	合肥市长江油品运输有限责任公司
98	交长皖 XK0243	皖利辛县航运有限责任公司
99	交长皖 XK0244	皖蒙城县万达实业有限责任公司
100	交长皖 XK0247	皖明光市轮驳公司
101	交长皖 XK0248	芜湖市振发船务有限责任公司
102	交长皖 XK0249	芜湖市富通轮船运输有限责任公司
103	交长皖 XK0253	安徽省芜湖县红杨水上运输公司
104	交长皖 XK0254	安徽盛宁轮船有限公司
105	交长皖 XK0255	芜湖市奥鑫船务有限责任公司
106	交长皖 XK0256	阜阳市万达航运有限公司
107	交长皖 XK0258	巢湖市华瑞船务有限公司
108	交长皖 XK0260	安庆市长阳轮船有限公司
109	交长皖 XK0262	阜阳市远东航运有限公司
110	交长皖 XK0265	巢湖鸿远水运发展有限责任公司
111	交长皖 XK0266	马鞍山市江海轮船有限公司
112	交长皖 XK0267	凤台县航运公司
113	交长皖 XK0269	安徽华润船运有限公司
114	交长皖 XK0271	安徽宁申船务(集团)有限公司
115	交长皖 XK0274	合肥庐东航运有限公司
116	交长皖 XK0275	合肥强盛船务有限公司
117	交长皖 XK0280	滁州鑫联运输有限公司
118	交长皖 XK0281	滁州市胜达化工运输有限公司
119	交长皖 XK0282	滁州久鑫运输有限公司
120	交长皖 XK0283	滁州市金达石油有限公司
121	交长皖 XK0412	凤台县永泰航运公司
122	交长皖 XK0483	合肥市永顺船务有限公司
123	交长皖 XK051	芜湖市海星船务有限公司
124	交长皖 XK056	东至县安东航运有限责任公司
125	交长皖 XK0616	淮北市新文和航运有限责任公司
126	交长皖 XK0617	淮北江海船务有限责任公司
127	交长皖 XK0618	安徽省濉溪县远洋航运有限公司
128	交长皖 XK0619	淮北市丰源航运有限公司
129	交长皖 XK065	枞阳县航运公司
130	交长皖 XK066	安徽省枞阳县白荡航运公司

序号	许可证号	企业中文名称
131	交长皖 XK068	枞阳县老州航运公司
132	交长皖 XK132	铜陵市金利水运有限责任公司
133	交长皖 XK152	蚌埠市治淮航运有限责任公司
134	交长皖 XK154	蚌埠市水上运输有限责任公司
135	交长皖 XK157	蚌埠市光荣航运有限责任公司
136	交长皖 XK164	五河县新集航运公司
137	交长皖 XK166	滁州市鑫航代理有限公司
138	交长皖 XK173	安徽省怀远县荆山航运有限责任公司
139	交长皖 XK181	望江县华阳轮船有限责任公司
140	交长皖 XK225	五河县浍河航运有限责任公司
141	交长皖 XK263	芜湖金航水运有限公司
142	交长皖 XK264	芜湖金宝船务运输有限公司
143	交长皖 XK279	无为县富华水上运输有限责任公司
144	交长皖 XK280	芜湖县长江航运有限责任公司
145	交长皖 XK284	安徽省宏运船务有限责任公司
146	交长皖 XK286	芜湖友谊航运有限责任公司
147	交长皖 XK287	安庆市皖宜船舶运输有限公司
148	交长皖 XK294	芜湖县西河航运有限公司
149	交长皖 XK295	芜湖县昌盛航运有限公司
150	交长皖 XK296	芜湖县张镇水运公司
151	交长皖 XK299	芜湖县台联水上运输有限公司
152	交长皖 XK301	安徽省南陵县顺通航运公司
153	交长皖 XK303	芜湖县湾址水运公司
154	交长皖 XK308	巢湖市通顺运输有限责任公司
155	交长皖 XK309	池州市池通船舶运输服务有限公司
156	交长皖 XK310	芜湖市鸿运航运有限责任公司
157	交长皖 XK311	巢湖市蛟矶航运有限责任公司
158	交长皖 XK313	宣城市泰隆船务运输有限公司
159	交长皖 XK316	淮南市荣昌轮船运输有限公司
160	交长皖 XK317	芜湖市长荣航运有限责任公司
161	交长皖 XK318	巢湖市江芜航运有限责任公司
162	交长皖 XK319	安徽省运通船务有限公司
163	交长皖 XK320	芜湖华隆船务有限公司
164	交长皖 XK322	安徽省繁昌县国强航运有限责任公司
165	交长皖 XK324	铜陵鑫光航运有限责任公司
166	交长皖 XK325	马鞍山市宇华水上运输有限公司
167	交长皖 XK326	铜陵市安海船务有限责任公司
168	交长皖 XK327	安徽省阜南县强胜航运有限公司
169	交长皖 XK328	肥西县明达船务有限公司
170	交长皖 XK329	铜陵永通运贸有限责任公司
171	交长皖 XK332	池州市华鑫船务有限责任公司
172	交长皖 XK333	池州杏村船务有限责任公司
173	交长皖 XK334	颍上县万顺船务有限公司
174	交长皖 XK335	安徽嘉铭水运有限责任公司
175	交长皖 XK336	铜陵市利安达运贸有限责任公司
176	交长皖 XK337	池州市恒达船务有限公司

序号	许可证号	企业中文名称
177	交长皖 XK338	池州金运船务有限公司
178	交长皖 XK339	安徽省庐江县天宇航运有限责任公司
179	交长皖 XK340	巢湖正和船务运输有限责任公司
180	交长皖 XK341	安庆市通海船舶航运有限责任公司
181	交长皖 XK342	安徽省霍邱县仁和航运有限公司
182	交长皖 XK343	芜湖上联顺运船务有限公司
183	交长皖 XK344	青阳县华青运输服务有限责任公司
184	交长皖 XK345	芜湖腾飞运贸有限公司
185	交长皖 XK346	当涂县宏信水运有限公司
186	交长皖 XK347	芜湖市向阳航运有限公司
187	交长皖 XK348	马鞍山东方航运有限责任公司
188	交长皖 XK349	巢湖市鸿运船务有限责任公司
189	交长皖 XK350	巢湖市顺意船务有限公司
190	交长皖 XK351	宣城市长江船务有限公司
191	交长皖 XK352	淮南市通晟物流有限责任公司
192	交长皖 XK353	安徽省临泉县海河运输有限公司
193	交长皖 XK356	安徽省池州市安运船务有限公司
194	交长皖 XK357	芜湖大华物流有限公司
195	交长皖 XK358	安徽庐铜航运有限责任公司
196	交长皖 XK359	芜湖德明船务有限公司
197	交长皖 XK360	芜湖县松园航运有限公司
198	交长皖 XK361	铜陵顺昌运输贸易有限责任公司
199	交长皖 XK362	芜湖市新长江船务运输有限责任公司
200	交长皖 XK363	芜湖广达物流有限公司
201	交长皖 XK364	青阳县祥通船务有限公司
202	交长皖 XK365	芜湖市和顺航运有限公司
203	交长皖 XK366	安徽省巢湖市兴达航运有限公司
204	交长皖 XK367	安徽省巢湖市顺航船务有限责任公司
205	交长皖 XK368	巢湖安顺船舶运输有限责任公司
206	交长皖 XK369	芜湖县大华水运有限公司
207	交长皖 XK370	铜陵滨江船务有限公司
208	交长皖 XK372	芜湖振海轮船运输有限公司
209	交长皖 XK373	芜湖明盛运贸有限公司
210	交长皖 XK374	安徽省凤阳县金港航运有限公司
211	交长皖 XK375	马鞍山市捷运船务有限责任公司
212	交长皖 XK376	芜湖锦程航运有限公司
213	交长皖 XK377	芜湖江阳船务有限公司
214	交长皖 XK378	巢湖市瑞林船务有限责任公司
215	交长皖 XK379	安庆市申宜航运有限责任公司
216	交长皖 XK380	凤阳县鑫河航运有限公司
217	交长皖 XK381	池州远航船务有限公司
218	交长皖 XK383	池州市牛头山船务运输有限公司
219	交长皖 XK384	铜陵市九舟航运有限责任公司
220	交长皖 XK385	铜陵金远物流有限责任公司
221	交长皖 XK387	来安县利华船务有限公司
222	交长皖 XK388	淮南市百善航运有限公司

序号	许可证号	企业中文名称
223	交长皖 XK389	安徽畅通联运有限公司
224	交长皖 XK391	芜湖源发航运有限公司
225	交长皖 XK392	芜湖江运物流有限公司
226	交长皖 XK393	芜湖裕海船务有限公司
227	交长皖 XK394	皖霍邱县航运公司
228	交长皖 XK395	铜陵天威运贸有限责任公司
229	交长皖 XK397	马鞍山市瑞丰水运有限公司
230	交长皖 XK398	安徽省寿县永顺航运有限公司
231	交长皖 XK401	安庆市如意航运有限公司
232	交长皖 XK403	宣城市宏顺航运有限责任公司
233	交长皖 XK404	安徽省南陵县华宇航运有限公司
234	交长皖 XK405	马鞍山市鸿达轮船运输有限公司
235	交长皖 XK409	五河县华运航运有限公司
236	交长皖 XK410	芜湖荣华航运有限责任公司
237	交长皖 XK411	铜陵市红日水路运输有限责任公司
238	交长皖 XK412	铜陵诚大运贸有限责任公司
239	交长皖 XK413	霍邱县永安航运有限公司
240	交长皖 XK414	安徽省海铭星航运有限公司
241	交长皖 XK416	安庆市张港航运有限公司
242	交长皖 XK417	淮南市龙舟航运有限公司
243	交长皖 XK418	芜湖其和航运有限公司
244	交长皖 XK419	芜湖长安运输有限公司
245	交长皖 XK420	当涂县大洋水运有限公司
246	交长皖 XK421	合肥和顺船务有限公司
247	交长皖 XK422	合肥晨光船舶货运有限公司
248	交长皖 XK423	肥西县顺新船务有限公司
249	交长皖 XK424	巢湖市姥下河船务有限公司
250	交长皖 XK425	芜湖大唐物流有限公司
251	交长皖 XK429	合肥海生船务有限公司
252	交长皖 XK430	安徽长江物流有限责任公司
253	交长皖 XK431	当涂县江顺水运有限责任公司
254	交长皖 XK432	芜湖市谊和航运有限公司
255	交长皖 XK433	芜湖市中航航运有限公司
256	交长皖 XK434	芜湖明瑞运贸有限公司
257	交长皖 XK435	芜湖台联船务有限公司
258	交长皖 XK436	铜陵徽源运贸有限责任公司
259	交长皖 XK437	凤台县永盛航运有限公司
260	交长皖 XK438	巢湖市双运船务有限责任公司
261	交长皖 XK439	池州市龙港船务有限责任公司
262	交长皖 XK442	全椒县通联航运有限公司
263	交长皖 XK443	全椒县荣华水上运输有限公司
264	交长皖 XK444	全椒县永盛航运有限公司
265	交长皖 XK445	天长市鑫鸿航运有限公司
266	交长皖 XK449	安庆市东宜航运贸易有限责任公司
267	交长皖 XK452	合肥顺祥船务有限公司
268	交长皖 XK453	合肥市金昌船务有限公司

序号	许可证号	企业中文名称
269	交长皖 XK454	颍上县东方航运有限责任公司
270	交长皖 XK455	宿州市浍河航运有限公司
271	交长皖 XK456	马鞍山市东航船务有限公司
272	交长皖 XK457	灵璧县启荣航运有限责任公司
273	交长皖 XK459	芜湖市东梁山船务运输有限公司
274	交长皖 XK460	芜湖市天门山水上运输有限责任公司
275	交长皖 XK462	池州市同乐船务有限公司
276	交长皖 XK464	安徽省东林船务有限责任公司
277	交长皖 XK465	安徽三江船务有限公司
278	交长皖 XK466	芜湖昂运船务有限公司
279	交长皖 XK467	安徽省芜湖华渝航运有限公司
280	交长皖 XK468	芜湖市祥泰航运有限公司
281	交长皖 XK469	安庆市宏成运输有限责任公司
282	交长皖 XK470	怀远县振远航运有限公司
283	交长皖 XK471	安徽省海圣商贸有限公司
284	交长皖 XK473	巢湖吉兴水运有限公司
285	交长皖 XK474	蚌埠市大正轮船运输有限责任公司
286	交长皖 XK475	池州鑫科船务有限公司
287	交长皖 XK476	池州凯达船务有限公司
288	交长皖 XK478	安徽荻浦货物运输有限责任公司
289	交长皖 XK479	繁昌县天龙轮船运输有限责任公司
290	交长皖 XK480	池州市长顺船务有限公司
291	交长皖 XK481	池州信顺船务有限公司
292	交长皖 XK482	安徽省黄山市圣大航运有限公司
293	交长皖 XK484	巢湖市中信船务有限责任公司
294	交长皖 XK485	霍邱县通源航运有限公司
295	交长皖 XK486	安徽省阜阳市兴隆船务有限责任公司
296	交长皖 XK487	芜湖鸿春运贸有限公司
297	交长皖 XK488	芜湖市兄弟航运有限公司
298	交长皖 XK489	滁州恒顺航运有限公司
299	交长皖 XK490	安庆市凤凰航运公司
300	交长皖 XK491	滁州市华联航运有限责任公司
301	交长皖 XK492	滁州市永安运输有限公司
302	交长皖 XK494	池州市飞达水路运输有限公司
303	交长皖 XK495	安徽省颍上县江淮航运有限公司
304	交长皖 XK496	安庆市庆安航运有限责任公司
305	交长皖 XK497	蚌埠市顾江航运有限责任公司
306	交长皖 XK498	合肥金帆船务有限公司
307	交长皖 XK499	安徽省繁昌县金龙航运有限公司
308	交长皖 XK500	马鞍山市长江水运有限公司
309	交长皖 XK503	安徽金裕物流有限公司
310	交长皖 XK505	铜陵市永昊航运有限责任公司
311	交长皖 XK506	安庆市丰瑞运输有限责任公司
312	交长皖 XK507	芜湖皖东轮驳运输有限责任公司
313	交长皖 XK508	芜湖江海通航运有限公司
314	交长皖 XK509	池州市明达船务有限公司

序号	许可证号	企业中文名称
315	交长皖 XK510	安徽省明志航运有限责任公司
316	交长皖 XK511	宣城市经纬航运有限公司
317	交长皖 XK514	蚌埠市淮河航运有限责任公司
318	交长皖 XK515	芜湖弘帆航运有限责任公司
319	交长皖 XK516	固镇县钓台湖水上运输有限责任公司
320	交长皖 XK517	芜湖市红日航运有限公司
321	交长皖 XK518	安庆市腾丰运贸有限责任公司
322	交长皖 XK519	巢湖市昱冉船务有限责任公司
323	交长皖 XK522	合肥裕隆船务有限责任公司
324	交长皖 XK523	芜湖市江泰物流有限责任公司
325	交长皖 XK524	芜湖市行运航运有限公司
326	交长皖 XK525	马鞍山市汇利航运有限公司
327	交长皖 XK526	合肥金扬物流有限公司
328	交长皖 XK528	合肥武运船务有限公司
329	交长皖 XK529	亳州市鹏远航运有限责任公司
330	交长皖 XK530	合肥仁和船务有限责任公司
331	交长皖 XK531	芜湖天祥船务有限公司
332	交长皖 XK532	阜阳市和合祥航运有限公司
333	交长皖 XK534	当涂县顺意水上运输有限公司
334	交长皖 XK536	芜湖景川航运有限责任公司
335	交长皖 XK538	安徽省龙华航运有限公司
336	交长皖 XK539	池州市弘泰船务有限公司
337	交长皖 XK540	马鞍山市大顺水路运输有限责任公司
338	交长皖 XK541	芜湖吉运物流有限公司
339	交长皖 XK542	蚌埠市风顺航运有限责任公司
340	交长皖 XK544	六安市万顺航运有限公司
341	交长皖 XK545	安徽省庐江县龙桥顺达航运有限公司
342	交长皖 XK547	芜湖共和航运股份有限公司
343	交长皖 XK549	凤阳县业丰航运有限公司
344	交长皖 XK550	芜湖金鹏航运有限公司
345	交长皖 XK551	五河县第二航运有限公司
346	交长皖 XK552	安庆市鑫松航运有限责任公司
347	交长皖 XK553	安徽省澎湃航运有限公司
348	交长皖 XK554	当涂县平安物流有限责任公司
349	交长皖 XK555	芜湖县环宇水上运输有限公司
350	交长皖 XK556	铜陵市通达联运有限责任公司
351	交长皖 XK557	安徽省怀远县民生航运有限责任公司
352	交长皖 XK558	芜湖市运达航运有限公司
353	交长皖 XK562	宣城市华夏航运有限责任公司
354	交长皖 XK564	芜湖市华润轮船运输有限责任公司
355	交长皖 XK565	宣城市江顺水上运输有限公司
356	交长皖 XK566	马鞍山市扬子江联运有限责任公司
357	交长皖 XK567	安徽省顺源轮船运输有限公司
358	交长皖 XK571	安徽省巢湖市光明船务有限公司
359	交长皖 XK572	宣城市江海船务有限公司
360	交长皖 XK574	合肥金运达船务有限公司

序号	许可证号	企业中文名称
361	交长皖 XK575	安徽诺普水运有限公司
362	交长皖 XK576	芜湖鸿杰轮船运输有限责任公司
363	交长皖 XK577	安徽省怀远县远洋航运有限公司
364	交长皖 XK578	芜湖鸿河航运有限公司
365	交长皖 XK580	蚌埠市长庆物流有限公司
366	交长皖 XK581	怀远县华运航运有限公司
367	交长皖 XK582	安徽省怀远县巨龙航运有限公司
368	交长皖 XK585	安庆市兴宜航运有限公司
369	交长皖 XK587	蚌埠市江海航运有限公司
370	交长皖 XK595	安徽省怀远县金航船务有限公司
371	交长皖 XK597	蚌埠市东升航运有限公司
372	交长皖 XK601	五河县交运航运有限公司
373	交长皖 XK603	安徽省繁昌县江海轮船有限公司
374	交长皖 XK607	安徽省当涂县鸿顺水运有限公司
375	交长皖 XK608	池州市祥顺船务有限公司
376	交长皖 XK609	安徽池州市九华船务有限公司
377	交长皖 XK610	池州市宏远船务有限公司
378	交长皖 XK611	安徽省池州市长江船务有限公司
379	交长皖 XK612	安徽池州银通船务有限责任公司
380	交长皖 XK613	池州市东鑫船务有限公司
381	交长皖 XK614	安徽省池州市欣港船务有限公司
382	交长皖 XK615	安徽省池州鸿达船务有限公司
383	交长皖 XK620	巢湖市远洋船务有限公司
384	交长皖 XK621	巢湖市皖中船务有限公司
385	交长皖 XK622	安徽省含山县庆丰船务有限公司
386	交长皖 XK623	铜陵港务有限责任公司
387	交长皖 XK625	铜陵市华远船务有限责任公司
388	交长皖 XK627	安徽中盛航运有限责任公司
389	交长皖 XK628	铜陵顺发船务有限责任公司
390	交长皖 XK629	铜陵江桥运贸有限公司
391	交长皖 XK631	铜陵市灰河金鑫水路运输有限责任公司
392	交长皖 XK632	铜陵市东方航运有限公司
393	交长皖 XK633	铜陵龙威运贸有限责任公司
394	交长皖 XK634	铜陵畅通水运有限公司
395	交长皖 XK635	安徽省海通工贸有限公司
396	交长皖 XK636	合肥葆莱船务有限公司
397	交长皖 XK638	肥东县撮镇航运有限公司
398	交长皖 XK639	芜湖海联航运有限公司
399	交长皖 XK640	芜湖市广鑫船务运输有限公司
400	交长皖 XK641	芜湖市诚信船务有限责任公司
401	交长皖 XK642	芜湖县海丰航运有限公司
402	交长皖 XK643	芜湖市中南船务运输有限公司
403	交长皖 XK644	芜湖县十连航运有限公司
404	交长皖 XK645	芜湖县南阳水运公司
405	交长皖 XK646	芜湖县通达航运有限公司
406	交长皖 XK647	芜湖市华远航运有限责任公司

序号	许可证号	企业中文名称
407	交长皖 XK648	芜湖县利民航运有限公司
408	交长皖 XK649	芜湖远航船舶运输有限责任公司
409	交长皖 XK650	芜湖县花桥水陆运输部
410	交长皖 XK651	芜湖市东汇储运有限责任公司
411	交长皖 XK660	当涂县保国水运有限公司
412	交长皖 XK661	当涂县华洋水运有限公司
413	交长皖 XK662	马鞍山市润达船务有限公司
414	交长皖 XK663	马鞍山市江安航运有限责任公司
415	交长皖 XK664	马鞍山市江东航运有限公司
416	交长皖 XK665	马鞍山市祥云船务运输有限公司
417	交长皖 XK666	安庆市恒锋航运有限公司
418	交长皖 XK667	枞阳县安达船务有限责任公司
419	交长皖 XK668	安庆市袁柏航运有限公司
420	交长皖 XK669	安庆市环球航运有限公司
421	交长皖 XK670	安庆市今正航运有限责任公司
422	交长皖 XK671	望江县华远轮船有限责任公司
423	交长皖 XK673	宣城市国盛水运有限责任公司
424	交长皖 XK674	皖寿县正阳关航运公司
425	交长皖 XK675	皖寿县第四航运有限责任公司
426	交长皖 XK676	皖寿县第一航运公司
427	交长皖 XK677	皖霍邱县蓼城航运有限公司
428	交长皖 XK678	寿县鸿远航运有限公司
429	交长皖 XK679	霍邱县江淮航运有限公司
430	交长皖 XK680	皖霍邱县第二航运公司
431	交长皖 XK681	皖霍邱县新店航运公司
432	交长皖 XK682	皖霍邱县蓝波航运有限责任公司
433	交长皖 XK683	皖舒城县中发船运船务有限公司
434	交长皖 XK684	六安市第六航运公司
435	交长皖 XK686	颍上县第二航运有限责任公司
436	交长皖 XK687	阜阳市航运公司
437	交长皖 XK688	蚌埠市金海航运有限责任公司
438	交长皖 XK689	怀远县龙亢航运有限公司
439	交长皖 XK690	安徽省怀远县宏远航运有限责任公司
440	交长皖 XK691	怀远县荆淮运输有限责任公司
441	交长皖 XK692	固镇县鸣远水运发展有限公司
442	交长皖 XK693	蒙城县金锚航运有限公司
443	交长皖 XK695	宿州市第一航运有限公司
444	交长皖 XK696	宿州市江海航运有限公司
445	交长皖 XK697	宿州市祁县兴实航运有限责任公司
446	交长皖 XK698	宿州市中航船务有限公司
447	交长皖 XK699	宿州市江河航运有限责任公司
448	交长皖 XK700	灵璧县第二航运公司
449	交长皖 XK701	泗县江海船舶有限公司
450	交长皖 XK704	淮南市淮洪航运有限责任公司
451	交长皖 XK705	淮南市运通水上运输有限公司
452	交长皖 XK706	淮南万通航运有限公司

序号	许可证号	企业中文名称
453	交长皖 XK708	利辛县远东航运有限公司
454	交长航 XK0042	安庆港油运船务有限责任公司
455	交长航 XK0018	安庆港轮驳公司
456	交皖 XK0006	安徽省皖江轮船运输公司
457	交皖 XK0008	铜陵有色金属集团铜冠水运有限公司
458	交皖 XK0010	安徽省安庆市轮船有限公司
459	交皖 XK0015	铜陵金江海运贸有限责任公司
460	交皖 XK0017	蚌埠市东方航运有限公司
461	交皖 XK0021	芜湖市信通船务有限公司
462	交皖 XK0028	怀远县怀安船务有限责任公司
463	交皖 XK0042	蚌埠市南方航运有限责任公司

资料来源:交通部长江航务管理局

【安徽远洋运输有限公司】 截至2007年底,安徽远洋运输有限公司共有职工330人,其中大中专以上学历人数为160人,机关员工37人,船员166人,陆上产业职工18人,内退人员28人,其他人员4人,离退休人数77人。全年工资总额871万元(不包括离退休人员工资),人均工资34427元/年。2007年1月,公司购进山东威海造远洋货轮一艘,命名为“新荣”轮。公司拥有货轮4艘,总载重吨33327吨,其中“新安徽”轮,总载重吨17235吨;“新希望”轮,总载重吨7530吨;“新瑞”轮,总载重吨6462吨;“新荣”轮,总载重吨2100吨。经营范围涉及集装箱、散杂货的国际运输,以及远洋货运业务承揽和船舶租赁、船舶管理、船员劳务等业务。主要航行于长江沿岸、中国沿海、西太平洋、印度洋水域内的十几个国家和地区。以4艘船舶计算,全年共经营航次77个,完成货运量35.45万吨,周转量7.1亿吨海里,营运收入5730万元;总资产10055万元,净资产2298万元,资产负债率77%。

·完善资质 2002年1月,《中华人民共和国国际海运条例》颁布实施,要求国内从事国际船舶货物运输的企业应申办“国际船舶运输经营许可证”,同时规定了申办营运许可证的条件,其中包括“有与经营国际海上运输业务相适应的船舶,其中必须有中国籍船舶”。为了规避船舶进口关税,节省船舶购置费用,该公司自2000年将最后一艘中国籍船“皖如”轮出售后,所有船舶都是在境外登记的。这不符海运条例要求,一直无法申办营运许可证。2007年1月,公司筹措400万元,购入了中国籍的“新荣”轮,并以此申办了“国际船舶运输经营许可证”,从而解决了公司经营资质问题。

·开拓经营 公司岸基管理力量强、管理经验丰富,管理公司船队绰绰有余,具有承担更多船舶管理业务的资源优势。2007年初,公司经理部与香港迈高船务公司签订了船舶管理协议,并于2月16日和4月20日,分别接管了迈高公司的“宝运”轮和“宝利”轮。由于船舶管理业务的开展,使得安徽远洋管理和经营的船队规模由以前的4艘,变成了6艘,在巴布亚新几内亚的木材航线上投入的运力,也从6400多吨,增加到将近20000吨,扩大了在市场的影响力。上海分公司的经营也在按计划开展。为了更加贴近市场,公司将航运经营业务整体迁往上海,在做好公司船舶运输经营的同时,积极开展货运经纪业务,并创收13多万元人民币。5月,公司与设在香港的一外资银行亚洲分行签订300万美元的意向性贷款协议。6月25日,在香港签定正式贷款合同。公司获得此款后,立即用于归还香港NOBLE公司为“新希望”轮贷款余额。由于外资银行的贷款利率比NOBLE公司贷款利率少3%,4年累计少支付利息26.4万美元。随着该项贷款业务的成功运作,不仅使公司降低了融资成本,更为重要的是公司也成为该银行在亚洲金融业务中第一家航运企业客户。

·安全管理 2007年,公司及船舶安全管理体系及保安体系(以下简称SMS/ISPS)运行总体情况良好。按SMS体系的要求和年度计划的指标,公司岸基和船舶一线对于SMS的熟悉与培训基本完成。港口国 PSC 检查继续保持零滞留记录,顺利通过海事局组织的 SMS、ISPS 年度外审。公司内审和内部安全检查进一步表现出明确的计划性和目的性,SMS 和 ISPS 体系文件得到进一步完善。针对以往 SMS 体系运行中文件规定与实际运行存在一定脱节的情况,严格按照体系文件要求制定年度计划,并按计划组织学习和培训。发现问题,保持追踪,直到问题解决。全年公司船舶接受港口国检查共 18 次,3 艘次零缺陷通过。结合内外部审查、检查情况和法规要求,对公司的 SMS 和 ISPS 体系文件分别进行修改,细化和完善一些体系操作规定。公司船舶航区气象复杂,有季节性雾区、季风区和台风,"新安徽"轮于 9 月 15 日在孟加拉还遭遇到海啸。为防抗台风,公司召开 2 次专题会议,总结经验教训。岸基部门坚持每周一三五调度会制度,根据船舶的载况和航行等具体情况,结合气象信息及时为船舶提供参考意见,帮助船舶安全航行。2007 年,西太平洋共生成 24 个台风。其中 4 号、6 号、23 号、24 号台风对公司船舶影响较大,印度洋有 2 次强风暴影响公司船舶。经过船岸密切合作,全年应对台风、季风、大雾等灾害性天气造成的船损和船期损失得到有效的控制。

·内部改革　2007 年 2 月 5 日,安徽省国资委印发《关于同意安徽远洋运输有限公司实施人员分流安置的批复》(皖国资改革函[2007]44 号)文件,同意安徽远洋深化内部改革,实施人员分流安置,公司分别与 91 名人员签订了解除劳动关系协议。与此同时,公司从航海院校招聘应届毕业生 19 人。两次调整公司船员工资,调整幅度分别达到涨幅 18% 和涨幅 20%;在船员工资中增设了年休假工资和法定节假日工资,保障了船员应有的各项权利。公司管理制度化、规范化的主要手段是全面采用 ISO9000 理念,全面建设公司内部 QMS 体系。QMS 工作正式纳入总经办的管理职能并启动改版工作,改版的主要理论依据包括:以控制工作质量为目的的全面质量管理(TQC);建立规范化、全过程监控的流程管理;倡导过程规范化的 PDCA 循环工作法等。完成了 QMS 体系管理控制文件和人力资源与船员管理方面的规章制度的编制、颁发。

·文明创建　2007 年,公司呈现出获奖规格高、获奖人员多的新特点。童韬同志一人荣获交通部颁发的"金锚"奖和省交投集团颁发的"安徽省交通投资集团先进个人"2 项殊荣;周义涛船长的爱人张银粉同志作为"全国优秀船员家属"获得了交通部的表彰;"新瑞"轮荣获"安徽省交通投资集团先进集体"称号;安监部获"安徽远洋运输有限公司先进科室"称号;朱同树等 25 位同志获"安徽远洋运输有限公司先进生产者"称号。公司扶贫济困,捐助下岗职工和老区人民。两次为 2 位同事捐款。拨出专项资金慰问离退休老职工、部分生活困难和生病职工以及因公遇难船员家属。开展业余文化活动。新年伊始,组织棋牌赛、保龄球赛和春节团拜活动。组织职工分赴武夷山和张家界游览休假。开展计划生育宣传教育工作,做好统计、报表、审查、领证等工作,保持晚婚晚育率、一孩率、领证率均为 100%。

地　址　合肥市濉溪路 278 号财富广场 20 层
邮　编　230041
电　话　(0551)5601595
传　真　(0551)5601560
邮　箱　OBANGQIU@ COSCOAH. COM. CN

(安徽省局　马　栋)

【江西省水运概况】　2007 年,江西省全社会完成水路货物运输量 4328.1 万吨,货物周转量 896829 万吨公里,同比分别增长 10.9% 和 26.8%。其中矿建材料完成 3611.8 万吨,同比增长 13.1%;周转量 371758 万吨公里,同比增长 55.7%;石油、天然气完成 290.6 万吨,同比增长 10.7%;周转量 282243 万吨公里,同比增长 33.4%;化工原料及制品完成 67.8 万吨,同比减少 2.4%;周转量 25954 万吨公里,同比减少 24.6%;水泥完成 53.5 万吨,同比减少 1.7%;周转量 20682 万吨公里,同比减少 8.7%;旅客运输量 365.6 万人,旅客周转量 5896 万人公里,同比分别下降 1.1% 和 4.5%。内河完成货物运量 4043.5 万吨,货物周转量 59118 万吨公里。其中进入长江干流的货物运量 629.2 万吨,货物周转量 292900 万吨公里;沿海完成货物运量 284.6 万吨,货物周转量 305711 万吨公里,同比分别增长 2.7% 和下降 25.6%。到年底,江西省内河拥有各类运输船舶 5253 艘,同比减少 151 艘;船舶净载重量 1380603 吨位,同比增加 120500 吨位;载客量 14789 客位,同比减少 751

客位;船舶总功率530432千瓦,同比增加36495千瓦。沿海运输船舶42艘,同比减少3艘,净载重量150495吨位,同比增加8078吨位,船舶功率52988千瓦,同比减少3476千瓦。

近年来,水运经济逐渐升温,石油及制品、天然气、钢铁、水泥、木材等大宗的货运物资的水上运输量在不断增长,特别是矿建材料(砂石)一直在持续增长,2007年比2006年完成的运输量增加了419.5万吨。江西省沿海运输呈现的特点是短途货源变化不大,长途货源在不断增加;海轮运输随着货源的变化导致其运量增长不明显,但周转量增长比较大。全省水运经营业户根据市场的变化和需求,依据航道条件的改善,着力更新改造老旧的运输船舶,大力进行经营结构和船舶运力结构的调整,更新改造和新增船舶向"大型化、标准化"方向发展,全省货物运输船舶平均吨位由2006年的257吨上升至2007年的290吨。旅客运输的格局还是长途旅客运输呈萎缩趋势,短途的特别是库区内和旅游景点的旅客运输量在不断上升,客运船舶向安全化和标准化方向发展。

2007年江西省10市水路运输工具拥有量一览表、2007年江西省10市船舶客货运输量一览表、2007年江西省水路运输工具拥有量一览表、2007年江西省全社会水路客货运输量一览表、2007年江西省全社会水路分货类运输量一览表、2007年江西省全社会水路集装箱运输量一览表、2007年江西省省际水运企业名录一览表,详见表4-22、表4-23、表4-24、表4-25、表4-26、表4-27、表4-28。

(江西省局　周国强　涂春如　杨　辉)

【2007年江西省10市水路运输工具拥有量一览表】 (表4-22)

按地市分	运输船舶				
	艘数(艘)	净载重量(吨位)	载客量(客位)	标准箱位(TEU)	功率(kW)
合计	5253	1380603	14789	1641	530432
南昌市	451	257246	396	1190	89437
景德镇市	202	11164	—	—	5678
九江市	590	316331	5497	108	118293
新余市	210	6005	2015	—	5750
鹰潭市	287	6420	1161	—	3373
赣州市	967	74785	3332	—	40833
宜春市	1102	412344	5	145	149358
上饶市	657	77100	1631	198	34487
吉安市	528	130400	752	—	55090
抚州市	259	88808	—	—	28133

【2007年江西省10市船舶客货运输量一览表】 (表4-23)

按地市分	客运量(万人)	旅客运输量(万人公里)	货运量(万吨)	货物周转量(万吨公里)
合计	365.6	5896	4328.1	896829
南昌市	5.3	107	438.4	123680
景德镇市	—	—	10.2	2135
九江市	109.9	776	595.6	385067
新余市	24.4	511	87.8	304
鹰潭市	36.4	255	172.7	1940
赣州市	89.2	891	819.7	58678
宜春市	—	—	1047.5	151434
上饶市	77.5	2820	220.5	37804

按地市分	客运量（万人）	旅客运输量（万人公里）	货运量（万吨）	货物周转量（万吨公里）
吉安市	22.9	536	887.7	98787
抚州市	—	—	48	37000

【2007年江西省水路运输工具拥有量一览表】（表4－24）

指　标	计算单位	序号	总计		内河		沿海		远洋
				个体		个体		个体	
甲	乙	丙	1	2	3	4	5	6	7
一、机动船 艘数	艘	1	5169	2936	5127	2936	42	0	0
总吨	吨位	2	91474	0			91474	0	0
总载重量	吨位	3	1374093	480994	1204544	480994	169549	0	0
净载重量	吨位	4	1355039	480994	1204544	480994	150495	0	0
载客量	客位	5	14789	6152	14789	6152	0	0	0
标准箱位	TEU	6	1305	104	1305	104	0	0	0
功率	kW	7	530432	188639	477444	188639	52988	0	0
1. 客船 艘数	艘	8	456	208	456	208	0	0	0
总吨	吨位	9	0	0			0	0	0
总载重量	吨位	10					0	0	0
净载重量	吨位	11					0	0	0
载客量	客位	12	14789	6152	14789	6152	0	0	0
功率	kW	13	18454	6574	18454	6574	0	0	0
2. 客货船 艘数	艘	14	0	0	0	0	0	0	0
总吨	吨位	15	0	0			0	0	0
总载重量	吨位	16	0	0	0	0	0	0	0
净载重量	吨位	17	0	0	0	0	0	0	0
载客量	客位	18	0	0	0	0	0	0	0
标准箱位	TEU	19	0	0	0	0	0	0	0
功率	kW	20	0	0	0	0	0	0	0
3. 货船 艘数	艘	21	4679	2728	4637	2728	42	0	0
总吨	吨位	22	91474	0			91474	0	0
总载重量	吨位	23	1374092	480993	1204543	480993	169549	0	0
净载重量	吨位	24	1355038	480993	1204543	480993	150495	0	0
标准箱位	TEU	25	1305	104	1305	104	0	0	0
功率	kW	26	505124	182065	452136	182065	52988	0	0
内：油船 艘数	艘	27	100	1	76	1	24	0	0
总吨	吨位	28	70003	0			70003	0	0
总载重量	吨位	29	176729	720	48243	720	128486	0	0
净载重量	吨位	30	162398	720	48243	720	114155	0	0
功率	kW	31	59898	220	16342	220	43556	0	0
集装箱船 艘数	艘	32	22	1	22	1	0	0	0
总吨	吨位	33	0	0			0	0	0
总载重量	吨位	34	26435	1980	26435	1980	0	0	0
净载重量	吨位	35	26435	1980	26435	1980	0	0	0
标准箱位	TEU	36	1305	104	1305	104	0	0	0
功率	kW	37	7518	440	7518	440	0	0	0

指 标	计算单位	序号	总计		内河		沿海		远洋
				个体		个体		个体	
甲	乙	丙	1	2	3	4	5	6	7
4. 拖船 艘数	艘	38	34	0	34	0	0	0	0
总吨	吨位	39	0	0	0	0	0	0	0
功率	kW	40	6854	0	6854	0	0	0	0
二、驳船 艘数	艘	41	84	0	84	0	0	0	0
净载重量	吨位	42	25565	0	25565	0	0	0	0
载客量	客位	43	0	0	0	0	0	0	0
标准箱位	TEU	44	336	0	336	0	0	0	0

补充资料：多用途船1艘；总载重量1569吨；净载重量1080吨。

【2007年江西省全社会水路客货运输量一览表】 （表4-25）

指 标	计算单位	序号	总计		内河		沿海		远洋
				个体		个体		个体	
甲	乙	丙	1	2	3	4	5	6	7
一、客运量	万人	1	366.00	150	366	150	0	0	0.00
1. 机动船	万人	2	366.00	150	366	150	0	0	0.00
2. 驳船	万人	3	0.00	0	0	0	0	0	0.00
二、旅客周转量	万人公里	4	5896	2708	5896	2708	0	0	0
1. 机动船	万人公里	5	5896	2708	5896	2708	0	0	0
2. 驳船	万人公里	6	0	0	0	0	0	0	0
三、货运量	万吨	7	4328	2133	4043	2133	285	0	0
1. 机动船	万吨	8	4294	2131	4009	2131	285	0	0
2. 驳船	万吨	9	34	2	34	2	0	0	0
四、货物周转量	万吨公里	10	896829	141956	591118	141956	305711	0	0
1. 机动船	万吨公里	11	886580	141671	580869	141671	305711	0	0
2. 驳船	万吨公里	12	10249	285	10249	285	0	0	0

补充资料：内河货物运输量中：长江水系4043万吨；591118万吨公里。

【2007年江西省全社会水路分货类运输量一览表】 （表4-26）

指标	序号	货运量(万吨)	货物周转量(万吨公里)
甲	乙	1	2
合 计	1	4328	896829
1. 煤炭及制品	2	29	15312
2. 石油、天然气及制品	3	291	282243
其中：原油	4	0	0
3. 金属矿石	5	15	6698
4. 钢铁	6	30	19275
5. 矿物性建筑材料	7	3612	371758
6. 水泥	8	53	20682
7. 木材	9	51	55330
8. 非金属矿石	10	18	8958
其中：磷矿	11	0	0
9. 化学肥料及农药	12	11	4419

指标	序号	货运量(万吨)	货物周转量(万吨公里)
甲	乙	1	2
10. 盐	13	3	1333
11. 粮食	14	18	9841
12. 机械、设备、电器	15	14	9061
13. 化工原料及制品	16	68	25954
14. 有色金属	17	0	0
15. 轻工、医药产品	18	20	15517
其中:日用工业品	19	0	0
16. 农林牧渔业产品	20	5	3494
其中:棉花	21	0	0
17. 其他	22	90	46954

【2007 年江西省全社会水路集装箱运输量一览表】

(表 4-27)

指标	序号	箱运量(个)		货运量(吨)	
			远洋		远洋
甲	乙	1	2	3	4
水路标准集装箱合计(TEU)	1	43116	0	561120	0
1.45 英尺	2	0	0	0	0
2.40 英尺	3	10571	0	233935	0
3.30 英尺	4	0	0	0	0
4.20 英尺	5	21974	0	327185	0
5.10 英尺	6	0	0	0	0

资料来源:江西省交通厅航运管理局

【2007 年江西省省际水运企业名录一览表】

(表 4-28)

序号	许可证号	企业中文名称
1	交长赣 XK001	江西中海水路运输有限责任公司
2	交长赣 XK0013	吉安市轮船运输有限公司
3	交长赣 XK0014	江西省吉安港航运公司
4	交长赣 XK0016	吉安县航运公司
5	交长赣 XK0020	江西省泰和县航运公司
6	交长赣 XK0021	泰和县船舶运输队
7	交长赣 XK0023	万安县船舶运输公司
8	交长赣 XK0024	万安县航运公司
9	交长赣 XK0025	江西华顺航运管理有限公司
10	交长赣 XK0026	江西省吉水县航运公司
11	交长赣 XK0028	新干县赣新航运有限公司
12	交长赣 XK0031	江西省新干县航运公司
13	交长赣 XK0033	江西省永丰县航运公司
14	交长赣 XK0034	江西省樟树市船舶运输公司
15	交长赣 XK0035	樟树市第二航运公司
16	交长赣 XK0036	丰城市航运公司
17	交长赣 XK0038	高安市航运有限责任公司
18	交长赣 XK0039	江西省上高县航运公司

序号	许可证号	企业中文名称
19	交长赣 XK0045	乐平市航运二公司
20	交长赣 XK0046	乐平市航运一公司
21	交长赣 XK0049	抚州市长江航运公司
22	交长赣 XK0051	抚州市临川区航运公司
23	交长赣 XK0052	金溪县航运公司
24	交长赣 XK0053	南城县航运公司
25	交长赣 XK0054	抚州市玉茗航运有限公司
26	交长赣 XK0059	上饶市航运公司
27	交长赣 XK0061	波阳县航运公司
28	交长赣 XK0062	余干县航运公司
29	交长赣 XK0064	江西省万年县恒通航运有限公司
30	交长赣 XK0065	江西省航运物资供应总公司
31	交长赣 XK0068	南昌市航运公司
32	交长赣 XK0069	南昌市赣江航运有限公司
33	交长赣 XK0074	南昌县航运公司
34	交长赣 XK0076	新建县航运公司
35	交长赣 XK0077	江西省新建县新联航运公司
36	交长赣 XK0079	江西进贤县第二航运公司
37	交长赣 XK0082	中铁大桥局集团有限公司九江船舶分公司
38	交长赣 XK0083	九江市浔阳航运公司
39	交长赣 XK0084	中国石化集团江西九江石油分公司
40	交长赣 XK0097	九江市庐山航运公司
41	交长赣 XK0102	江西省瑞昌市第一航运公司
42	交长赣 XK0112	江西省星子县长江航运有限公司
43	交长赣 XK0113	星子县神灵航运公司
44	交长赣 XK0115	星子县新池航运公司
45	交长赣 XK0124	鹰潭市交通港航经贸公司
46	交长赣 XK0129	江西石油公司泰和支公司
47	交长赣 XK0132	赣州市龙海运输有限公司
48	交长赣 XK0133	江西省银海船务航运有限公司
49	交长赣 XK0134	南昌鄱阳湖航运有限公司
50	交长赣 XK0135	抚州市康达航运有限公司
51	交长赣 XK0136	南昌市新海航运有限公司
52	交长赣 XK0137	江西港航货运有限责任公司
53	交长赣 XK0138	南昌市江龙航运有限责任公司
54	交长赣 XK0140	都昌安达水运有限责任公司
55	交长赣 XK017	吉安市吉州区航运公司
56	交长赣 XK063	余干县白马水上运输公司
57	交长赣 XK095	湖口县航运公司
58	交长赣 XK096	湖口县华安船务公司
59	交长赣 XK104	瑞昌市砂石公司
60	交长赣 XK105	瑞昌市汽车轮渡公司
61	交长赣 XK106	江西省瑞昌市黄沙公司
62	交长赣 XK139	瑞昌市亚航轮船有限责任公司
63	交长赣 XK142	抚州市轮船运输有限公司
64	交长赣 XK143	鄱阳新兴航运有限公司

序号	许可证号	企业中文名称
65	交长赣 XK144	抚州市江河航运有限公司
66	交长赣 XK148	江西远洋交通实业有限公司
67	交长赣 XK150	抚州市江顺航运有限公司
68	交长赣 XK152	抚州市盛达航运有限公司
69	交长赣 XK154	峡江县远行航运有限责任公司
70	交长赣 XK155	九江市顺恒物流有限公司
71	交长赣 XK156	新余市顺达航运有限公司
72	交长赣 XK157	鄱阳县莲湖乡水上客货运输有限公司
73	交长赣 XK158	南昌市利通世纪实业有限公司
74	交长赣 XK159	武宁县顺通船务有限公司
75	交长赣 XK161	武宁县风顺水上货运有限公司
76	交长赣 XK162	九江泓昌物流有限公司
77	交长赣 XK163	都昌县鄱阳湖水运有限公司
78	交长赣 XK164	江西省瑞昌江海运输有限公司
79	交长赣 XK165	都昌县昌江航运有限公司
80	交长赣 XK166	九江港口集团轮船运输公司
81	交长赣 XK167	新干县赣新航运有限公司
82	交长赣 XK168	江西通达航运有限公司
83	交长赣 XK169	江西省华强液化运输有限公司
84	交长赣 XK170	武宁县越通水上货运有限公司
85	交长赣 XK171	南昌炜钦水陆运输有限公司
86	交长赣 XK175	江西赣中航运有限公司
87	交长赣 XK178	江西省天宜航运有限公司
88	交长赣 XK179	都昌县鸿发航运有限公司
89	交长赣 XK180	瑞昌市金海轮船有限公司
90	交长赣 XK181	江西华泰航运有限公司
91	交长赣 XK183	江西东港航运有限公司
92	交长赣 XK184	江西荣顺航运有限公司
93	交长赣 XK185	江西宏顺航运有限公司
94	交长赣 XK186	南昌赣远航运有限责任公司
95	交长赣 XK188	上饶市龙翔航运有限公司
96	交长赣 XK190	九江金顺航运有限公司
97	交长赣 XK191	武宁县鑫力船务运输有限公司
98	交长赣 XK192	吉水县赣华航运有限责任公司
99	交长赣 XK193	瑞昌市亚力船务有限公司
100	交长赣 XK194	万年县天龙航运有限公司
101	交长赣 XK196	武宁县风帆水上货运有限公司
102	交长赣 XK198	武宁县宁航水上货运有限公司
103	交长赣 XK201	永修县龙祥航运有限公司
104	交长赣 XK202	南昌日升航运有限公司
105	交长赣 XK203	九江金宁盛船务有限公司
106	交长赣 XK204	九江市腾友航运有限公司
107	交长赣 XK210	波阳县昌盛航运有限公司
108	交长赣 XK211	峡江县赣荣航运有限责任公司
109	交长赣 XK212	江西省华昌航运有限公司
110	交长赣 XK213	瑞昌鑫力运输有限公司

序号	许可证号	企业中文名称
111	交长赣XK214	瑞昌市金亚船务有限公司
112	交长赣XK215	江西省瑞昌市第二航运公司
113	交长赣XK216	江西省都昌县航运公司
114	交长赣XK217	九江金龙船运有限公司
115	交长赣XK218	九江港航船务有限公司
116	交长赣XK219	都昌县顺达水上运输有限公司
117	交长赣XK220	赣州港物流有限公司
118	交长赣XK221	南昌中远港航运输有限公司
119	交长赣XK222	南昌市全顺航运有限公司
120	交长赣XK253	赣州荣盛航运有限公司
121	交赣XK0002	江西水运集团有限公司
122	交赣XK0005	九江市航运总公司
123	交赣XK0012	永修县航运有限公司
124	交赣XK0013	江西水上液化气运输有限公司
125	交赣XK0014	九江县航运公司
126	交赣XK0023	九江振兴轮船有限公司
127	交赣XK0024	赣州江海航运有限公司
128	交赣XK0026	赣州银航航务有限公司
129	交赣XK0029	江西省抚州航运有限公司
130	交赣XK0030	抚州市安达航运有限公司

资料来源:交通部长江航务管理局

【江西水运集团有限公司】 江西水运集团有限公司是江西省内河水路运输规模最大的国有企业,主要经营船舶运输、港口装卸、大型仓储、多式联运、造船修船、工程机械、物资供应及水上旅游业务。

2007年,公司以邓小平理论和"三个代表"重要思想为指导,认真贯彻落实党的十六届五中、六中全会和十七大精神,深入实践科学发展观,围绕"构建和谐平安水运、实现经济又好又快发展"的主题,克服了百年罕见枯水、燃油价格暴涨导致生产成本剧增等重大困难,在经营和改革发展等方面取得了一定的成绩,基本实现了年初制定的各项工作目标。全年完成营业收入7169万元,同比增长58.5%;完成装卸量136.8万吨,同比增长7.6%;完成货运周转量6714万吨公里,比上年减少17.4%;完成造、修船工业总产值2342万元,同比增长19.3%;合资经营的南昌港国际集装箱码头完成吞吐量38113TEU,同比增长26.9%。

董事长　胡童福
地　址　南昌市沿江北路150号
邮　编　330006
电　话　(0791)6813984
传　真　(0791)6813984

(江西省局　平关正)

【江西港航货运有限责任公司】 江西港航货运有限责任公司拥有各类船舶119艘,A级运力12105吨,B级运力19095吨,辟有赣江、长江中下游运输航线,具有顶推1600吨以上散货、集装箱,顶推1000吨原油、重油、轻质油、化工产品的能力。公司以"货主至上、服务第一"的原则,热情全方位地为省内外客户服务。

董事长(法人)　余良星
总经理　周有发
地　址　南昌市沿江北路150号
邮　编　330006
电　话　(0791)6818550

(江西水运集团有限公司)

【赣州江海航运有限公司】 2007年初,赣州江海航运有限公司拥有船舶5艘,24500载重吨。由于多数船舶船龄偏大,已不能适应航运市场的需要。

为壮大公司实力,提高航运市场竞争力,董事会把2007年定为“船舶结构调整年”。通过多方筹措资金,采取合资新建、光租船舶等形式,对老旧船舶进行逐步淘汰,进一步优化船舶结构,以顺应航运市场的变化需求。筹集资金6000多万元,合资新建油船一艘,光租新船一艘,现有船舶四艘,共23000载重吨。由于营运船舶结构合理,船龄较轻,船质新颖,颇受业户青睐。与2006年相比,船舶货物运输周转速度加快,船舶营运率得到大幅提高,经济效益显著。

通过为期一年的船舶结构调整和优化,为公司实现再次腾飞奠定了坚实的基础。

地　址　赣州市文明大道58号B座一单元501室

邮　编　341000

电　话　(0797)8203128

(江西省局　冯雪辉　杨　辉)

【河南省水运概况】　2007年,河南省水路运输生产保持良好发展势头,呈现出以下几个特点:

一是运输生产呈现持续增长的态势。全省水路运输生产共完成货运量1858万吨、货物周转量84亿吨公里,分别比同期增长23%、27%;完成客运量160万人次、旅客周转量7757万人公里,分别比同期增长62%、40%。二是从事水路运输的企业数量不断扩大。全省从事省际运输的水运企业达到81家(含筹建),比上年同期增长了17%。从事省内封闭水域旅客运输的企业达到16家。三是企业经营范围得到延伸。有7家水运企业取得长江干线的经营资质,市场份额进一步加大,企业效益稳步提升。四是运力结构进一步得到优化。投入运营和在建的标准化船舶近60艘。与此同时,河南省安排了850万元前期工作经费,进一步加快了航运工程开发前期工作步伐,取得明显效果。淮河、涡河、沱浍河这3个重点项目初步设计得到省发改委批准,已报交通部,待列入年度资金计划后即可开工建设。其中淮河航运开发工程已完成招投标,可望成为第一条开工的河流。沙颍河周口至漯河段航运开发工程工可研设计工作已经启动,工程情况的调查和设计资料的收集工作基本完成,标志着河南省航运开发已经开始进入黄金期。

2007年河南省水路运输工具拥有量一览表、2007年河南省全社会水路客货运输量一览表、2007年河南省全社会水路分货类运输量一览表、2007年河南省省际水运企业名录一览表,详见表4－29、表4－30、表4－31、表4－32。

(河南省局 王守明)

【2007年河南省水路运输工具拥有量一览表】　(表4－29)

指　标	计算单位	序号	总计		内河		沿海		远洋
				个体		个体		个体	
甲	乙	丙	1	2	3	4	5	6	7
一、机动船 艘数	艘	1	4957		4957				
总吨	吨位	2							
总载重量	吨位	3	2560348		2560348				
净载重量	吨位	4	2531337		2531337				
载客量	客位	5	11672		11672				
标准箱位	TEU	6							
功率	kW	7	1063663		1063663				
1. 客船 艘数	艘	8	612		612				
总吨	吨位	9							
总载重量	吨位	10	875		875				
净载重量	吨位	11	875		875				
载客量	客位	12	11672		11672				
功率	kW	13	33019		33019				
2. 客货船 艘数	艘	14							

指　标	计算单位	序号	总计		内河		沿海		远洋
				个体		个体		个体	
甲	乙	丙	1	2	3	4	5	6	7
总吨	吨位	15							
总载重量	吨位	16							
净载重量	吨位	17							
载客量	客位	18							
标准箱位	TEU	19							
功率	kW	20							
3. 货船 艘数	艘	21	4321		4321				
总吨	吨位	22							
总载重量	吨位	23	2559473		2559473				
净载重量	吨位	24	2530462		2530462				
标准箱位	TEU	25							
功率	kW	26	1026761		1026761				
内:油船 艘数	艘	27							
总吨	吨位	28							
总载重量	吨位	29							
净载重量	吨位	30							
功率	kW	31							
集装箱船 艘数	艘	32							
总吨	吨位	33							
总载重量	吨位	34							
净载重量	吨位	35							
标准箱位	TEU	36							
功率	kW	37							
4. 拖船 艘数	艘	38	24		24				
总吨	吨位	39							
功率	kW	40	3883		3883				
二、驳船 艘数	艘	41	193		193				
净载重量	吨位	42	47565		47565				
载客量	客位	43							
标准箱位	TEU	44							

【2007年河南省全社会水路客货运输量一览表】　　（表4－30）

指　标	计算单位	序号	总计		内河		沿海		远洋
				个体		个体		个体	
甲	乙	丙	1	2	3	4	5	6	7
一、客运量	万人	1	160.00		160				
1. 机动船	万人	2	160.00		160				
2. 驳船	万人	3							
二、旅客周转量	万人公里	4	7757		7757				
1. 机动船	万人公里	5	7757		7757				
2. 驳船	万人公里	6							
三、货运量	万吨	7	1858		1858				
1. 机动船	万吨	8	1750		1750				

指　标	计算单位	序号	总计		内河		沿海		远洋
				个体		个体		个体	
甲	乙	丙	1	2	3	4	5	6	7
2. 驳船	万吨	9	108		108				
四、货物周转量	万吨公里	10	839514		839514				
1. 机动船	万吨公里	11	795786		795786				
2. 驳船	万吨公里	12	43728		43728				

补充资料:内河货物运输量中,长江水系:1479 万吨,668462 万吨公里;
京杭运河:370 万吨,170782 万吨公里。

【2007 年河南省全社会水路分货类运输量一览表】 （表 4－31）

指标	序号	货运量(万吨)	货物周转量(万吨公里)
甲	乙	1	2
合计	1	1858	839514
1. 煤炭及制品	2	509	244101
2. 石油、天然气及制品	3		
其中:原油	4		
3. 金属矿石	5	141	49455
4. 钢铁	6	198	91887
5. 矿物性建筑材料	7	469	245109
6. 水泥	8	48	21011
7. 木材	9		
8. 非金属矿石	10	161	47934
其中:磷矿	11	60	6500
9. 化学肥料及农药	12	15	9139
10. 盐	13	70	28833
11. 粮食	14	79	31868
12. 机械、设备、电器	15	3	1700
13. 化工原料及制品	16	13	7291
14. 有色金属	17		
15. 轻工、医药产品	18		
其中:日用工业品	19		
16. 农林牧渔业产品	20	1	853
其中:棉花	21		
17. 其他	22	151	60333

资料来源:河南省交通厅航务局

【2007 年河南省省际水运企业名录一览表】 （表 4－32）

序号	许可证号	企业中文名称
1	交长豫 XK0001	河南省沙河航运公司
2	交长豫 XK0002	河南省淮滨县轮船公司
3	交长豫 XK0005	河南省淮滨县港航运输公司
4	交长豫 XK0007	河南省固始县第二航运公司
5	交长豫 XK0008	河南省息县交通局航运公司
6	交长豫 XK0009	河南省淮河管理处淮滨水上运输公司

序号	许可证号	企业中文名称
7	交长豫 XK0011	河南省潢川县航运公司
8	交长豫 XK0012	河南省淮滨县航运公司
9	交长豫 XK0013	河南省新蔡县航运公司
10	交长豫 XK0014	河南省上蔡县航运公司
11	交长豫 XK0016	河南省汝南县航运公司
12	交长豫 XK0017	河南省西平县航运公司
13	交长豫 XK0022	河南省淅川县机船队
14	交长豫 XK0023	河南省淅川县航运公司
15	交长豫 XK0024	河南省唐河县航运公司
16	交长豫 XK0025	河南省新野县航运公司
17	交长豫 XK0026	河南省沈丘县第三航运公司
18	交长豫 XK0029	河南省沈丘县航运公司
19	交长豫 XK003	河南省淮滨县航运二公司
20	交长豫 XK0030	河南省沈丘县第二航运公司
21	交长豫 XK0036	河南省台前县顺通航运有限公司
22	交长豫 XK0037	河南省新野县轮船公司
23	交长豫 XK0038	河南省唐河县万达轮驳大队
24	交长豫 XK004	淮滨县水运公司
25	交长豫 XK0040	河南省鹿邑县第二航运公司
26	交长豫 XK0042	鹿邑县风顺水运有限公司
27	交长豫 XK0043	柘城县顺达水运有限公司
28	交长豫 XK0047	漯河龙汇达航运有限公司
29	交长豫 XK0048	周口市百利船舶运输有限公司
30	交长豫 XK0049	周口万通航运有限公司
31	交长豫 XK0050	新野县曙光水运有限公司
32	交长豫 XK0051	郑州市鸿翔航运有限公司
33	交长豫 XK0052	驻马店市海鸿航运有限公司
34	交长豫 XK0053	平顶山市豫鹰航运有限责任公司
35	交长豫 XK0054	周口江河航运有限公司
36	交长豫 XK0055	新蔡县畅洋航运有限公司
37	交长豫 XK0056	南阳市江海航运有限公司
38	交长豫 XK0058	周口市恒昌航运有限公司
39	交长豫 XK0059	西平恒达船务有限公司
40	交长豫 XK0060	西平县长顺船务有限公司
41	交长豫 XK0061	项城市颍港航运有限公司
42	交长豫 XK0062	驻马店全诚船务有限公司
43	交长豫 XK0063	驻马店市宇洋船务有限公司
44	交长豫 XK0064	驻马店市永顺船务有限公司
45	交长豫 XK0066	永城市诚信航运有限公司
46	交长豫 XK0067	淮滨县万邦航运有限责任公司
47	交长豫 XK057	周口市长顺航运有限公司
48	交长豫 XK065	唐河豫兴物流有限公司
49	交长豫 XK068	南阳市远航运输有限公司
50	交长豫 XK074	固始江顺集装箱航运有限责任公司
51	交长豫 XK087	驻马店市东顺集装箱航运有限公司
52	交长豫 XK088	平舆县联顺航运有限公司

序号	许可证号	企业中文名称
53	交长豫 XK089	鹿邑县祥和航运有限公司
54	交长豫 XK091	漯河市金沙源航运有限责任公司
55	交长豫 XK092	河南省长泰集装箱航运有限公司
56	交长豫 XK093	濮阳市通帆航运有限公司
57	交长豫 XK094	西平鸿源船务有限公司
58	交长豫 XK095	驻马店市安信船务有限公司
59	交长豫 XK096	驻马店市华豫航运有限公司
60	交长豫 XK097	河南省平舆县航运公司
61	交长豫 XK098	河南省固始县航运公司
62	交长豫 XK099	信阳金航集装箱水运有限公司
63	交长豫 XK100	沈丘县沙河航运有限公司
64	交长豫 XK101	周口市昌盛集装箱水运有限公司
65	交长豫 XK102	周口长虹集装箱水运有限公司
66	交长豫 XK103	南阳市安达物流有限公司
67	交长豫 XK103	柘城县天龙水路运销公司
68	交长豫 XK104	开封黄河航运有限公司
69	交长豫 XK140	濮阳市昌龙航运有限公司

资料来源:交通部长江航务管理局

【河南省21家水运企业完成资质审核】 2007年,河南省21家企业办理了筹建、开业、变更经营范围的审核工作,详见表4-33。

【河南省21家水运企业完成资质审核情况一览表】 （表4-33）

序号	企业名称	审核内容	有关资料	备注
1	周口市春光航运有限公司	筹建	4艘、4600吨	豫交航运[2007]18号
2	郑州富通水上运输有限责任公司	筹建	4艘、6000吨	豫交航运[2007]23号
3	西平江河顺船务有限公司	筹建	2艘、2580吨	豫交航运[2007]32号
4	淮滨县万邦航运有限公司	开业	4艘、2430吨	豫交航运[2007]31号
5	周口万通航运有限公司	开业	8艘、18380吨	豫交航运[2007]30号
6	濮阳市昌龙航运有限公司	筹建、开业	4艘、2600吨	豫交航运[2007]29号
7	汝南县聚龙航运有限责任公司	筹建	5艘、8600吨	豫交航运[2007]38号
8	永城市诚信航运有限公司	开业	8艘、4730吨	豫交航运[2007]43号
9	驻马店市永顺船务有限公司	开业	3艘、2930吨	豫交航运[2007]44号
10	西平县源通船务有限公司	筹建	3艘、6000吨	豫交航运[2007]45号
11	固始江顺集装箱航运有限责任公司	筹建	5艘、8180吨	豫交航运[2007]55号
12	固始县长丰航运有限公司	筹建	41艘、26000吨	豫交航运[2007]66号
13	驻马店南海航运有限公司	筹建	3艘、9000吨	豫交航运[2007]81号
14	尉氏县振兴航运有限公司	筹建	2艘、4100吨	豫交航运[2007]83号
15	西平县万鑫船务有限公司	筹建	2艘、3400吨	豫交航运[2007]82号
16	平舆县万海船务有限公司	筹建	3艘、7400吨	豫交航运[2007]92号
17	西平县顺畅航运有限公司	筹建	2艘、3500吨	豫交航运[2007]96号
18	新蔡县鑫运航运有限公司	筹建	2艘、3000吨	豫交航运[2007]98号
19	遂平县永庆航运有限公司	筹建	4艘、7700吨	豫交航运[2007]97号
20	河南省宜源春航务有限公司	筹建	3艘、9000吨	豫交航运[2007]102号

序号	企业名称	审核内容	有关资料	备注
21	驻马店市天顺航运有限公司	筹建	3艘、6000吨	豫交航运[2007]103号

(河南省局 吴国梁 王 凯)

【河南省曙光水运有限公司】 河南省曙光水运有限公司成立于2005年7月,经营120m以下船舶修造、船舶交易和水上运输业务。其船舶常年航行在长江干、支流域,上到宜宾、重庆,下至上海、洞庭湖、大运河。经过几年的拼搏与奋斗,公司已拥有1000~12000吨的各类运输船舶120多艘,总运力达30多万吨。管理人员及专业人员780多名,成为长江干线水上运输企业的一支劲旅。

2007年,公司运输收入达到5.9亿元,上交税利1860万元,在南阳市交通运输企业中排名第二。对长江沿线的工农业建设,三峡建设和城镇居民生产和生活作出了一定的贡献。尤在当前企业面临"金融危机"冲击的严峻形势下,公司以货运量大、运价低、耗能少的优势应对经济动荡。

地 址 河南省新野县西环路北段
邮 编 4735000
电 话 (0377)66293938
传 真 (0377)66017268
网 址 http://www.henanshuguang.com

(河南省局 王守明)

【湖北省水运概况】 2007年,湖北省水路运输围绕全省港航海事工作会议精神,对照年初签订的目标责任书和工作要点,狠抓各项工作的落实,确保了各项工作目标的完成。

·船舶运力稳步增长 积极贯彻落实船舶发展政策,引导资金,各地在发展运力方面加大了力度,出台了行之有效的具体措施,有力地促进了船舶运力的发展。2007年1月至12月,全省净增运力25万吨,占全年运力发展计划的125%;全省新增万吨级企业8家,企业大型化、多样化方向发展趋势明显。截至年底,全省地方船舶运力达258.8万载重吨。全省共投入船舶发展政策引导资金1390475元,涉及5个市(州)的16家企业、38艘船舶、86966载重吨。

·开展服务业年度核查 根据交通部及湖北省交通厅关于开展2007年国内水路运输业及水路运输服务业核查工作的通知精神,全省统一部署,各级港航部门精心组织,如期完成了全年水路运输行业年度核查工作。尤在年度核查工作中,各地呈现出部署早、措施实、把关严、服务意识强的特点。全省共核查企业352家、个体户1574家,核查船舶3569艘、234.7万载重吨、24625客位;核查长航集团所属企业16家,1022艘船舶、186万载重吨、2962客位。

·按期完成补偿方案 根据国务院三峡工程建设委员会办公室《关于三峡船闸完建期碍航对湖北省给予经济补偿的意见》精神,湖北省先后制定了《关于三峡船闸完建期碍航对全省港航企业给予经济补偿工作的实施方案》、《湖北省三峡船闸完建期航运补偿资金分配方案》和《湖北省三峡船闸完建期港口补偿资金分配方案》,按照方案要求已将补偿款直接切块到各个市州财政局,各地港航部门协助当地市州财政局完成三峡船闸完建期碍航补偿资金的拨付工作。此次三峡船闸完建期碍航补偿范围涉及湖北省11个市、州的166家港航企业,210家个体经营户,684艘船舶,共获得补偿资金1923.57万元。按照《国务院办公厅关于转发发改委等部门完善石油价格形成机制综合配套改革方案和有关意见的通知》、财政部《关于认真做好财政落实工作确保石油价格改革顺利实施的紧急通知》(财建明电[2007]3号)精神和交通部、省交通厅、省财政厅相关部门要求,为了做好此次石油价格改革财政补贴资金工作,组织专班对全省满足条件的客渡船经营者的情况进行了测算,拟定了补偿方案,并上报省交通厅、省财政厅审批执行。湖北省满足补偿条件的船舶1831艘,共计补偿资金1700余万元。

·滚装运输取得进展 通过湖北省交通厅、重庆市交委的大力支持,联合向交通部发文请示,目前已取得阶段性成果。交通部已同意中下游市场的开发,并责成长航局具体负责开发长江中下游滚装运输市场的事宜,有关载货汽车船舶调度及中下游滚装码头的筹建工作也正在紧张进行之中。

·过驳运输逐步规范 为推进2007-2008

年长江中游过驳中转运输工作,9月8日,省港航局在宜昌市组织召开了长江中游过驳中转运输工作座谈会。肯定了长江中游过驳中转运输的价值、地位,并呼吁各行业管理部门鼓励和支持长江中游过驳中转运输的发展,以提高长江中游通航效率。

·起草诚信评价办法　通过对航运经营人推行信誉分级管理机制,倡导湖北省水路运输企业诚信经营,打造湖北省水运企业、船舶诚信品牌,逐步在全省水运行业形成市场规范、诚实守信、安全生产、合法经营的良好运输经营环境,不断提高航运企业的经济效益和竞争实力,组织起草了《湖北省水路运输企业、船舶安全诚信评价实施办法》(试行),自2008年起,将按照自愿申请、先点后面的原则在省内万吨级企业中选点试行。

·圆满完成运输工作　全省各级港航海事部门、水路运输企业以构建"和谐运输"为宗旨,贯彻落实"服务创新年"精神,以人为本,加强领导,周密组织,精心安排,实现了"安全、便利、快捷、有序"的水路运输总目标,圆满完成了2007年全省春节及假日旅游水路运输工作。春运40天,全省水路客运投入运力276艘,19841客位,完成旅客运输量68.545万人次,比上年同期下降8.5%;其中,完成农民工运输42.3911万人次。客运量主要是川江进出客流和清江、丹江口水库等库区农民群众流,宜昌、十堰两地为全省春运客流量高密集区,两市水路旅客运输完成量约占全省总量的73%。春运期间共发生投诉16起,比上年下降64%,投诉主要发生在宜昌市。"五一"黄金期间,全省水路交通投入运力428艘、21464客位,完成旅客运输量20.01万人次,比上年同期增长10%。"十一"黄金周期间,全省水路交通投入运力725艘、28365客位,完成旅客运输量26.315万人次,比去年同期增长61%。春运和"五一"、"十一"期间,全省运输船舶无上报事故。

·加强基础管理工作　针对近年水路运输服务业(辅助业)发展快,而个别公司存在经营状况不良、经营资质不能保持、经营行为不规范、安全管理责任不能落实的现状,就如何加强水路运输服务业(辅助业)的资质管理进行了一些探索。重点是建立4项制度,即公司设立时形式审查(审查资料)与实质审查(到公司现场踏看、询问)相结合的制度、公司主要管理人员动态报备制度、经营资质动态检查制度和与公司的联系制度。通过建立4项制度,加强了水路运输服务业(辅助业)的经营资质管理,加强了港航管理部门与公司的联系,为水路运输服务业(辅助业)的健康有序发展创造了公平的竞争环境。同时进一步推行网上运政政务公开制度,通过运政审批政务公开和运政管理规范化建设,提高为港航企业、个体户的服务能力与水平。

2007年湖北省水路运输工具拥有量一览表、2007年湖北省全社会水路客货运输量一览表、2007年湖北省全社会水路分货类运输量一览表、2007年湖北省全社会水路集装箱运输量一览表、2007年湖北省省际水运企业名录一览表,详见表4-34、表4-35、表4-36、表4-37、表4-38。

(湖北省局　王彦玲)

【2007年湖北省水路运输工具拥有量一览表】　(表4-34)

指　标	计算单位	序号	总计		内河		沿海		远洋
				个体		个体		个体	
甲	乙	丙	1	2	3	4	5	6	7
一、机动船 艘数	艘	1	4338	2437	4134	2437	204		
总吨	吨位	2							
总载重量	吨位	3	2962028	726153	2371901	726153	590127		
净载重量	吨位	4	2324030	618873	1758883	618873	565147		
载客量	客位	5	36779	16750	36779	16750			
标准箱位	TEU	6	2693		2693				
功率	kW	7	979479	248901	790971	248901	188508		
1. 客船 艘数	艘	8	745	547	745	547			
总吨	吨位	9							

指　标	计算单位	序号	总计		内河		沿海		远洋
				个体		个体		个体	
甲	乙	丙	1	2	3	4	5	6	7
总载重量	吨位	10							
净载重量	吨位	11							
载客量	客位	12	35554	16750	35554	16750			
功率	kW	13	75064	16032	75064	16032			
2. 客货船 艘数	艘	14	2		2				
总吨	吨位	15							
总载重量	吨位	16	35		35				
净载重量	吨位	17	23		23				
载客量	客位	18	1225		1225				
标准箱位	TEU	19							
功率	kW	20	886		886				
3. 货船 艘数	艘	21	3238	1756	3035	1756	203		
总吨	吨位	22							
总载重量	吨位	23	2961992	726152	2371865	726152	590127		
净载重量	吨位	24	2324006	618872	1758859	618872	565147		
标准箱位	TEU	25	2693		2693				
功率	kW	26	737212	211755	556352	211755	180860		
内:油船 艘数	艘	27	130	6	107	6	23		
总吨	吨位	28							
总载重量	吨位	29	113211	320	71371	320	41840		
净载重量	吨位	30	105776	217	65371	217	40405		
功率	kW	31	36414	204	21972	204	14442		
集装箱船 艘数	艘	32	19		19				
总吨	吨位	33							
总载重量	吨位	34	55033		55033				
净载重量	吨位	35	50326		50326				
标准箱位	TEU	36	2693		2693				
功率	kW	37	14862		14862				
4. 拖船艘数	艘	38	353	134	352	134	1		
总吨	吨位	39							
功率	kW	40	166317	21114	158669	21114	7648		
二、驳船 艘数	艘	41	903	197	902	197	1		
净载重量	吨位	42	1086750	92066	1042880	92066	43870		
载客量	客位	43							
标准箱位	TEU	44							

补充资料:货船中,滚装船 57 艘,净载重量 98868 吨;

多用途船 10 艘,净载重量 48664 吨;

液化气船 1 艘,净载重量 1000 吨。

【2007 年湖北省全社会水路客货运输量一览表】 （表 4－35）

指 标	计算单位	序号	总计		内河		沿海		远洋
				个体		个体		个体	
甲	乙	丙	1	2	3	4	5	6	7
一、客运量	万人	1	727.00	189	727	189			
1. 机动船	万人	2	727.00	189	727	189			
2. 驳船	万人	3							
二、旅客周转量	万人公里	4	53004	10614	53004	10614			
1. 机动船	万人公里	5	53004	10614	53004	10614			
2. 驳船	万人公里	6							
三、货运量	万吨	7	9027	2755	7765	2755	1262		
1. 机动船	万吨	8	8931	2714	7669	2714	1262		
2. 驳船	万吨	9	96	41	96	41			
四、货物周转量	万吨公里	10	4577642	714867	3619317	714867	958325		
1. 机动船	万吨公里	11	4546253	711701	3587928	711701	958325		
2. 驳船	万吨公里	12	31389	3166	31389	3166			

补充资料：内河货物运输量中，长江水系 7765 万吨，3619317 万吨公里。

【2007 年湖北省全社会水路分货类运输量一览表】 （表 4－36）

指标	序号	货运量(万吨)	货物周转量(万吨公里)
甲	乙	1	2
合 计	1	9027	4577642
1. 煤炭及制品	2	1592	1014442
2. 石油、天然气及制品	3	198	163817
其中：原油	4	92	68376
3. 金属矿石	5	1329	1005264
4. 钢铁	6	466	279073
5. 矿物性建筑材料	7	2761	731111
6. 水泥	8	541	262756
7. 木材	9	200	119730
8. 非金属矿石	10	497	244228
其中：磷矿	11	129	74020
9. 化学肥料及农药	12	298	113344
10. 盐	13	11	10037
11. 粮食	14	224	147077
12. 机械、设备、电器	15	12	8413
13. 化工原料及制品	16	94	49594
14. 有色金属	17	14	8468
15. 轻工、医药产品	18	140	90185
其中：日用工业品	19	9	8965
16. 农林牧渔业产品	20	25	29344
其中：棉花	21	13	23163
17. 其他	22	625	300759

【2007 年湖北省全社会水路集装箱运输量一览表】 （表 4－37）

指标	序号	箱运量(个)		货运量(吨)	
			远洋		远洋
甲	乙	1	2	3	4
水路标准集装箱合计(TEU)	1	172134		1544619	
1.45 英尺	2				
2.40 英尺	3	42840		560776	
3.30 英尺	4				
4.20 英尺	5	86454		983843	
5.10 英尺	6				

资料来源：湖北省港航管理局

【2007 年湖北省省际水运企业名录一览表】 （表 4－38）

序号	许可证号	企业中文名称
1	交长鄂 XK0002	鄂州市海江航运有限公司
2	交长鄂 XK0003	鄂州市葛店兴民水运公司
3	交长鄂 XK0004	鄂州市梁子湖水运有限责任公司
4	交长鄂 XK0005	仙桃市航运总公司
5	交长鄂 XK0006	仙桃市翔翔石油运输有限责任公司
6	交长鄂 XK0007	中国石化集团江汉石油管理局
7	交长鄂 XK0009	潜江市通达运输有限公司
8	交长鄂 XK0010	随州市航运公司
9	交长鄂 XK0019	湖北省荆门市航运公司
10	交长鄂 XK0021	湖北省沙洋新生石料厂
11	交长鄂 XK0022	湖北省钟祥市陈集航运公司
12	交长鄂 XK0023	枝江市百里洲车船运输有限责任公司
13	交长鄂 XK0029	姊归县金龙建材总公司
14	交长鄂 XK0035	枝江市江海运输有限责任公司
15	交长鄂 XK0043	宜昌中源化工有限责任公司
16	交长鄂 XK0044	湖北宜昌飞航实业集团有限公司
17	交长鄂 XK0049	宜昌市南方航运有限公司
18	交长鄂 XK0057	黄冈市堤防船队
19	交长鄂 XK0062	湖北省龙感湖航运公司
20	交长鄂 XK0068	湖北省浠水县兰溪航运有限责任公司
21	交长鄂 XK0075	荆州市长江水利水电建设工程公司
22	交长鄂 XK008	潜江市隆昌航运有限公司
23	交长鄂 XK0080	荆州市江陵县水陆运输公司
24	交长鄂 XK0089	洪湖市螺山水运公司
25	交长鄂 XK0096	公安县长安轮船有限责任公司
26	交长鄂 XK0099	公安县长江运输有限责任公司
27	交长鄂 XK0108	巴东县楚天轮船有限公司
28	交长鄂 XK0110	巴东县明星船舶运输有限责任公司
29	交长鄂 XK0113	武汉葛化运输有限责任公司
30	交长鄂 XK0119	武汉市黄陂水运有限责任公司
31	交长鄂 XK0120	武汉市黄陂区滠口水运开发公司
32	交长鄂 XK0125	武汉智兴油料运输有限公司

序号	许可证号	企业中文名称
33	交长鄂 XK0129	武汉市黄陵水运有限公司
34	交长鄂 XK0130	中国石化武汉石油(集团)股份有限公司
35	交长鄂 XK0132	武汉市水上运输总公司长虹分公司
36	交长鄂 XK0135	武汉市阳逻船运有限责任公司
37	交长鄂 XK0142	湖北汉通石油运输贸易有限责任公司
38	交长鄂 XK0144	武汉市阳逻通达水运有限公司
39	交长鄂 XK0151	武汉石化江通公司
40	交长鄂 XK0158	湖北省宜城市航运总公司
41	交长鄂 XK0159	襄樊市富航航运工程有限公司
42	交长鄂 XK0161	谷城县航运公司
43	交长鄂 XK0165	襄樊市余家湖航务所水运中心
44	交长鄂 XK0175	应城市富达水运公司
45	交长鄂 XK0176	云梦县宏昌水运有限责任公司
46	交长鄂 XK0177	云梦县港航水运有限公司
47	交长鄂 XK0178	孝感市振兴航运有限公司
48	交长鄂 XK0190	长江委三峡院水运队
49	交长鄂 XK0217	阳新县楚江水运公司
50	交长鄂 XK0221	鄂州市三江油运有限责任公司
51	交长鄂 XK0224	武汉市沌口航运公司
52	交长鄂 XK0229	浠水县鸿运轮船有限责任公司
53	交长鄂 XK0236	仙桃市水路运输服务公司
54	交长鄂 XK0262	黄石市天泰物资有限公司
55	交长鄂 XK0264	襄阳佳源联运有限公司
56	交长鄂 XK0266	武汉市东兴运贸有限责任公司
57	交长鄂 XK0267	武汉市华春物流有限公司
58	交长鄂 XK0268	武汉中江船务有限公司
59	交长鄂 XK0269	老河口市江达船业有限责任公司
60	交长鄂 XK0271	宜昌弘洋航运有限责任公司
61	交长鄂 XK0272	巴东县金安船舶有限责任公司
62	交长鄂 XK0278	监利县三洲水运有限公司
63	交长鄂 XK0281	黄梅县横坝头运输有限责任公司
64	交长鄂 XK0285	宜昌华捷长江旅游客运有限公司.
65	交长鄂 XK0287	钟祥市万顺船务有限责任公司
66	交长鄂 XK0290	宜昌市金峡客运有限责任公司
67	交长鄂 XK0291	鄂州市瑞德运业有限公司
68	交长鄂 XK0293	鄂州市船发运输有限公司
69	交长鄂 XK0299	武汉市蔡甸区清江水运有限公司
70	交长鄂 XK0302	荆州市洪湖分蓄洪区防汛抢险船舶运输队
71	交长鄂 XK0305	鄂州市永达船舶运输有限公司
72	交长鄂 XK0306	鄂州市乾通船务有限公司
73	交长鄂 XK0307	鄂州市华禹船业有限公司
74	交长鄂 XK0313	鄂州市燕矶航运公司
75	交长鄂 XK0315	武汉经纬液化气船务有限公司
76	交长鄂 XK0318	荆州市荆航船务运输有限公司
77	交长鄂 XK0335	宜昌市天成船务有限责任公司
78	交长鄂 XK077	荆州市政涛水运有限公司

序号	许可证号	企业中文名称
79	交长鄂 XK189	宜昌江运航运有限公司
80	交长鄂 XK195	蕲春县蕲州水运公司
81	交长鄂 XK256	宜昌实华商贸有限责任公司
82	交长鄂 XK282	武汉市启星水运有限公司
83	交长鄂 XK286	黄冈市长孙堤黄砂有限责任公司
84	交长鄂 XK292	荆州市荆鸿石油运贸有限责任公司
85	交长鄂 XK295	宜昌巨能水路运输有限公司
86	交长鄂 XK300	武汉江航水运有限责任公司
87	交长鄂 XK308	宜昌宜峡旅游船有限公司
88	交长鄂 XK316	宜昌交运集团海通股份有限公司
89	交长鄂 XK319	武汉海通船舶运输有限公司
90	交长鄂 XK320	宜昌九五船舶运输有限公司
91	交长鄂 XK323	武汉海宏航运有限公司
92	交长鄂 XK324	宜昌市东海船务有限责任公司
93	交长鄂 XK325	宜昌市民信船务有限责任公司
94	交长鄂 XK326	荆州市顺远运贸有限公司
95	交长鄂 XK329	宜昌市茂达航运有限公司
96	交长鄂 XK330	荆州市顺昌船务有限公司
97	交长鄂 XK333	宜昌众基航运有限公司
98	交长鄂 XK334	宜昌市鸿源航运有限责任公司
99	交长鄂 XK337	宜昌汇胜航运有限责任公司
100	交长鄂 XK338	武汉凯达水上运输有限公司
101	交长鄂 XK339	宜昌合众航运有限公司
102	交长鄂 XK340	宜昌民康船务有限责任公司
103	交长鄂 XK341	宜昌中兴船务有限公司
104	交长鄂 XK343	湖北长信航运有限公司
105	交长鄂 XK345	宜昌吉达船舶运输有限公司
106	交长鄂 XK349	钟祥市阳光船务有限公司
107	交长鄂 XK350	宜昌市今雄船舶运输有限责任公司
108	交长鄂 XK352	宜昌双剑航运有限责任公司
109	交长鄂 XK353	宜城市通达航运有限公司
110	交长鄂 XK355	宜昌市亚东水陆航运有限公司
111	交长鄂 XK356	武汉江安通达运贸有限公司
112	交长鄂 XK357	武汉华超运贸有限公司
113	交长鄂 XK358	宜都市兴创水上客货运输有限公司
114	交长鄂 XK359	云梦县宏顺船务有限责任公司
115	交长鄂 XK360	襄阳通江运输有限公司
116	交长鄂 XK363	宜昌金利船务有限公司
117	交长鄂 XK364	宜昌欣运船务有限责任公司
118	交长鄂 XK365	宜昌黎明船舶运输有限责任公司
119	交长鄂 XK366	武汉市康迅运贸有限公司
120	交长鄂 XK367	武汉捷运船务有限责任公司
121	交长鄂 XK369	武汉中宁物流有限公司
122	交长鄂 XK370	湖北全诚物流有限公司
123	交长鄂 XK371	荆州市荆发航运有限公司
124	交长鄂 XK373	巴东县达江航运有限责任公司

序号	许可证号	企业中文名称
125	交长鄂 XK374	荆州市祥宇物资贸易有限公司
126	交长鄂 XK375	黄冈市华顺船务有限责任公司
127	交长鄂 XK376	巴东县江龙水陆运输有限公司
128	交长鄂 XK377	宜昌飞鹄航运有限公司
129	交长鄂 XK378	宜昌国宇船务运输有限责任公司
130	交长鄂 XK379	宜昌宁宇商贸有限责任公司
131	交长鄂 XK381	武汉华汇国际货运代理有限公司
132	交长鄂 XK381	宜昌市长运船务有限责任公司
133	交长鄂 XK382	武汉五洲行物流有限公司
134	交长鄂 XK383	黄石市大江船舶运输有限公司
135	交长鄂 XK385	大冶有色运输有限公司
136	交长鄂 XK387	罗田县巴水船务有限公司
137	交长鄂 XK390	荆州市荆楚船务有限公司
138	交长鄂 XK391	武汉市康运货运有限公司
139	交长鄂 XK393	武汉戎骏运贸有限公司
140	交长鄂 XK394	武汉江海恒通船务有限公司
141	交长鄂 XK395	宜昌飞航船舶运输有限公司
142	交长鄂 XK396	武汉德仁船务有限公司
143	交长鄂 XK398	长阳夷龙运输有限责任公司
144	交长鄂 XK399	仙桃市长顺运输有限责任公司
145	交长鄂 XK402	枝江市竞成运输有限公司
146	交长鄂 XK403	天门市港航工贸公司
147	交长鄂 XK404	黄冈海鹰如意水运有限公司
148	交长鄂 XK406	武汉健安物流有限公司
149	交长鄂 XK407	宜昌市成林航运有限责任公司
150	交长鄂 XK408	武汉长航江海国际运贸有限公司
151	交长鄂 XK409	武汉市益丽通航运有限公司
152	交长鄂 XK410	鄂州茂阳油运有限公司
153	交长鄂 XK411	黄冈龙达船务有限公司
154	交长鄂 XK414	武汉益信水陆联运有限公司
155	交长鄂 XK415	黄冈市禹杰物流有限公司
156	交长鄂 XK416	武汉航发国际物流有限公司
157	交长鄂 XK418	湖北中海宏达航运有限公司
158	交长鄂 XK419	武汉宝通江船运有限公司
159	交长鄂 XK420	武汉浦江物流有限公司
160	交长鄂 XK421	汉川市鑫鑫水运有限公司
161	交长鄂 XK422	湖北长泰航运有限公司
162	交长鄂 XK423	宜昌市承运商贸有限公司
163	交长鄂 XK424	汉川市宏达水运有限公司
164	交长鄂 XK425	汉川市江顺水运有限公司
165	交长鄂 XK426	武汉曦融船务有限公司
166	交长鄂 XK428	公安县金龙船务有限公司
167	交长鄂 XK430	宜昌市启祥船务有限责任公司
168	交长鄂 XK431	武汉华维中天贸易有限公司
169	交长鄂 XK432	黄冈市京海船务有限公司
170	交长鄂 XK433	黄冈市强盛航运有限公司

序号	许可证号	企业中文名称
171	交长鄂XK435	宜昌市方舟航运有限责任公司
172	交长鄂XK436	武汉船发国际货运有限公司
173	交长鄂XK437	巴东金昌船务有限公司
174	交长鄂XK438	公安县平源船务有限公司
175	交长鄂XK439	武汉文峰船务运输有限公司
176	交长鄂XK440	洪湖港长运船务有限公司
177	交长鄂XK441	武汉星鑫江海航运有限公司
178	交长鄂XK442	巴东县通发船务有限公司
179	交长鄂XK443	洪湖港通达实业总公司
180	交长鄂XK444	武汉华威运输有限公司
181	交长鄂XK445	黄冈市新峰航运有限公司
182	交长鄂XK447	武汉保盛物流有限责任公司
183	交长鄂XK448	武汉华森港埠管理发展有限公司
184	交长鄂XK449	仙桃市一帆运业有限公司
185	交长鄂XK450	石首市港发船务有限公司
186	交长鄂XK451	武汉宏瑞船务有限公司
187	交长鄂XK452	浠水县银河船舶有限公司
188	交长鄂XK453	武汉泰和船务有限公司
189	交长鄂XK455	武汉港申船务有限公司
190	交长鄂XK457	宜昌市楚鹏航运有限责任公司
191	交长鄂XK458	枝江市兴港装卸运输有限责任公司
192	交长鄂XK459	宜都五龙航运有限责任公司
193	交长鄂XK460	宜都市鑫河船业有限责任公司
194	交长鄂XK461	宜昌市荣盛航运有限公司
195	交长鄂XK462	宜昌市华泰砂石有限责任公司
196	交长鄂XK463	宜昌市汇丰航运有限公司
197	交长鄂XK464	秭归县阳光客运有限责任公司
198	交长鄂XK465	秭归县快通船务运输有限责任公司
199	交长鄂XK466	宜昌市中天航运有限责任公司
200	交长鄂XK467	宜昌市三禾集运船务有限责任公司
201	交长鄂XK468	宜昌市宜鑫航运有限责任公司
202	交长鄂XK469	湖北恒发建设有限公司
203	交长鄂XK470	当阳市春林航运有限公司
204	交长鄂XK471	宜昌市民丰船务有限责任公司
205	交长鄂XK472	荆州市渝海航运有限公司
206	交长鄂XK473	荆州市源琪运贸有限公司
207	交长鄂XK474	荆州市江湖航运有限公司
208	交长鄂XK475	荆州市荆轮运业有限公司
209	交长鄂XK476	荆州市万荆船务有限公司
210	交长鄂XK477	荆州市百泰船务有限公司
211	交长鄂XK478	荆州市银河运贸有限公司
212	交长鄂XK479	松滋市鑫港航运有限责任公司
213	交长鄂XK480	公安县荆江分洪区运输公司
214	交长鄂XK481	监利县华清水运有限公司
215	交长鄂XK482	监利福鑫运贸有限公司
216	交长鄂XK484	荆州市航鹏运贸有限责任公司

序号	许可证号	企业中文名称
217	交长鄂 XK485	荆州市楚天航运有限责任公司
218	交长鄂 XK487	巴东县鑫盛船舶运输有限公司
219	交长鄂 XK488	巴东县江盛船舶运输有限公司
220	交长鄂 XK489	巴东县海天船舶运输有限公司
221	交长鄂 XK490	巴东县联发水运有限责任公司
222	交长鄂 XK491	巴东县辉煌船舶运输有限公司
223	交长鄂 XK492	巴东县鑫诚船舶运输有限公司
224	交长鄂 XK493	巴东县楚渝船舶有限公司
225	交长鄂 XK494	武汉市永利运贸有限公司
226	交长鄂 XK495	武汉市江夏区犇鑫航运有限公司
227	交长鄂 XK496	武汉市志刚货运有限公司
228	交长鄂 XK497	武汉市豫兴船务有限公司
229	交长鄂 XK498	武汉市长洋货物运输有限公司
230	交长鄂 XK499	武汉金伟航运有限公司
231	交长鄂 XK500	武汉联华运贸物流有限公司
232	交长鄂 XK501	武汉三民轮船有限公司
233	交长鄂 XK502	武汉亚龙航运有限公司
234	交长鄂 XK503	武汉爱琴海船务有限公司
235	交长鄂 XK504	武汉市民意航运有限责任公司
236	交长鄂 XK505	武汉安达水运有限公司
237	交长鄂 XK512	团风亨通船务有限公司
238	交长鄂 XK513	团风通宝胜船务有限责任公司
239	交长鄂 XK514	团风禹通船务有限公司
240	交长鄂 XK515	团风县顺达运输有限公司
241	交长鄂 XK516	团风振宇船务有限公司
242	交长鄂 XK517	武穴市海铭星(集团)有限责任公司
243	交长鄂 XK518	鄂州市腾辉航运有限公司
244	交长鄂 XK519	鄂州市金航集货运输贸易有限公司
245	交长鄂 XK520	襄樊鑫航运输有限公司
246	交长鄂 XK521	沙洋县永顺船务有限公司
247	交长鄂 XK522	中外运湖北有限责任公司
248	交长鄂 XK523	黄石市展宏水运有限公司
249	交长鄂 XK525	枝江市助力水泥有限责任公司
250	交长鄂 XK53	天门市航运公司
251	交鄂 XK0007	宜昌三峡金山船务有限公司
252	交鄂 XK0008	宜昌三峡国际游轮有限公司
253	交鄂 XK0009	湖北东方皇家旅游船有限公司
254	交鄂 XK0010	湖北扬子江锦绣中华游船有限公司
255	交鄂 XK0037	宜昌三峡旅游船有限公司
256	交鄂 XK0039	宜昌市葛闸实业开发总公司
257	交鄂 XK0040	宜昌长江高速客轮有限责任公司
258	交鄂 XK0042	葛洲坝集团三峡实业有限公司
259	交鄂 XK0047	湖北长舟滚装船运输有限公司
260	交鄂 XK0048	宜昌江顺汽车滚装船运输有限公司
261	交鄂 XK0050	宜昌中电游轮有限责任公司
262	交鄂 XK0052	宜昌腾龙滚装船运输有限公司

序号	许可证号	企业中文名称
263	交鄂 XK0055	宜昌三通航运有限公司
264	交鄂 XK0064	湖北天恩石化气船运有限公司
265	交鄂 XK0066	荆州市鸿兴船务运输有限公司
266	交鄂 XK483	洪湖市航运公司
267	交长航 XK0007	湖北宜都通达船务公司
268	交长航 XK0008	荆州港商务调度中心
269	交长航 XK0013	武汉港五洋轮船公司
270	交长航 XK0015	黄石港口集团船舶运输有限责任公司
271	交长航 XK0016	武穴港轮驳运输公司

资料来源:交通部长江航务管理局

【湖北省水运企业】 2007年,湖北省新增8家万吨以上水运企业。分别为:武汉江裕海运发展有限责任公司、荆州市天利江海运输有限公司、武汉翔海海运有限公司、武汉得通船务有限公司、云梦县港航水运有限公司、孝感市振兴航运有限公司、黄冈龙达船务有限公司、钟祥万顺船务有限责任公司。现全省万吨以上水运企业达42家,126万载重吨,占全省总运力的49%。新增加的万吨企业所拥有的船舶既有普货船,也有海船、集装箱船和化学品船,且大都单船载重量在千吨以上,标志着湖北水运企业朝大型化、多样化方向发展。

11月30日,江海直达沥青船——5000吨级"瑞鹤号"从武汉港码头启航,正式投入运营。该船是目前长江最先进的散装沥青专业运输船,由武汉交通国有控股集团公司投资5000万元打造,主要航行日本、韩国、东南亚等国家和地区以及长江航线,专运我国高速公路建设急需的进口沥青。12月,由武汉江裕海运发展有限公司投资建造的特大"ATB船"(即铰接式推轮和驳船)"国裕海驳1号"正式交付使用。该船总长204.8米,型宽52米,设计吃水9.3米,航速11.5节,主机功率7648千瓦,载重吨位45000吨,是目前国际TAB运输船舶中载重吨位最大、性能最优的平底江海直达船。该船投入营运后,可实现长江中下游和国内沿海的煤炭、铁矿石、钢材、水泥熟料等大宗干散货的江海无缝转运。最大的优点是在点对点运输时,一艘推船可以与2艘以上的驳船组成运输船队,充分利用港口码头装卸货物的时间,缩短运输时间,降低运输成本,提高效益,对长江现有货运物流方式产生深运影响。

(湖北省局 王彦玲)

【华中航运集团有限公司(简称华航集团)】 (详见《长江航运年鉴》(2007卷)第四篇"运输"第284页)

2007年,华航集团各项经济技术指标:①收入指标:实现收入9108万元,增幅17.5%。②利润指标:实现利润83.08万元,增幅39.5%。华航集团财务汇表核算的13家单位中,赢利9家,持平2家,减亏2家。③安全指标:无上报责任交通事故,无火灾事故,无重大刑事案件和恶性治安事件。发生工伤死亡事故一起,工伤死亡一人,系可控指标范围之内。④减员指标:实现减员255人。⑤稳定指标:未发生群体赴省市上访事件。

这一年,华航集团经受了严峻的考验。一方面,资金缺口之大非同一般。市场业务的扩张所需铺垫资金剧增,舵港仓储等发展项目的上马亟待资金,退休职工医疗保险最后解缴期来临,"云鹤"轮沉没案及历史债务纠纷的了结,乃至减员都需要大量资金支撑。另一方面,港航主业所处的运输市场竞争更为激烈。运价下滑、油价大幅飙升,加之先后受到长江汉江百年难遇的枯水期和超长的洪水期等不利因素的影响,运输主业步履维艰;加之华航鞋城面临拆迁,门面出租率和租赁价位受到较大冲击。面对困难和考验,公司员工变压力为动力,加大市场开发力度。经过艰苦努力和卓有成效的工作,继2006年结束多年亏损实现盈利后,保持了较好的经济运行态势、持续盈利的业绩及企业的稳定与和谐。

·企业盈利能力增强,经济运行质量逐步提高 一是盈利增长单位居多。货运总公司全面推行"全员营销战略"和"大客户战略",充分利用华航的品牌优势和有限的人力、财力、物力以及人脉资源,完成收入3000万元,与上年同比增加近1000万元,实现利润698万元。舵落口港埠公司面对铁路提速,车皮计划紧张,导致主打货源煤炭减少;汉江枯水期偏长,有碍港口和船舶装卸作业;私营码头增多,无序竞争加剧等不利局面,坚持以市场为导向,千方百计稳定既有货源,不断开发新的货源。与此同时,加大港口设施设备改造、货场扩展、铁路线延伸的力度,大幅提高了生产能力;新增扩建3座计10000米^{2}的仓库群,有效提升了经济效益。全年完成货物吞吐量80万吨,主业收入1800万元,实现利润115万元,与上年同比增长200%以上。水下公司前几年因种种原因业务量大幅萎缩,一直处于亏损状态。调整后的新班子充分发挥所拥有的特殊行业的宝贵资质和品牌优势,奋力开发市场,既揽大工程,也抓小项目,总产值近800万元,与上年同比增收500余万元,一举结束多年亏损,实现盈利23万元。房地产公司充分发挥整合后的整体优势,在加强市场管理、盘活存量资源,改善经营环境上下功夫,千方百计提高黄金地段的产"金"量。全年实现利润80万元。华航鞋城受龙王庙商业圈升级改造的影响,面临着整体拆迁和周边市场挖租户的冲击,但鞋城的领导和员工没有因此放松经营和管理,而是更加注重服务质量。加强与客户的沟通,有效稳定了市场经营,确保了市场出租率和租赁收入,按时足额向集团公司上缴了236万元资金,如期完成了全年经营责任目标。二是生存能力增强的单位趋多。汉江船厂紧紧围绕求生存、谋发展这条主线,在盘活房地产资源上下功夫,并开展修造船业务,全年盈利10万元。华泰医院面对生存危机,通过"合作办医"、开展"倾注爱心、相约健康"的体检活动,争取市老干局和市医保中心的支持,获准成为老干部定点医院等措施,医疗收入稳定增长,发展到现在每月医疗收入10万元以上。襄樊办事处新班子一手抓稳定,一手抓经营,在稳定的基础上不断增加收入,提高了生存能力。劳服、东方饭店、物供、科技中心等单位从自身实际出发,加大工作力度,增强了自我生存的能力。三是亏损单位减亏力度加大。鄂航股份公司营业利润减亏384.71万元,减亏幅度达33%。大通公司克服经营上的种种困难,积极开拓市场,取得了盈利47.32万元的好成绩。

·发展工作取得实质性进展,企业步入可持续发展的轨道　咬定发展不放松,是华航新班子上任以来一直坚守的重要理念和工作重心。一是营销工作发展迅速。每月货运量保持在30万吨左右,高峰时达到50万吨,企业的市场开发能力、竞争能力、发展后劲大大增强,经济效益持续增长。二是兴建的近万米^{2}的舵落口港仓储物流基地峻工。项目的建成有利于发挥华航港航合一的优势,有利于延伸企业产业链。三是投入资金对王家巷一次性餐具市场进行了扩容改造,不仅有效增加了经营面积,而且大大提升了市场档次。四是挤出200多万元资金回购了一条自航船,增加了企业的自有运力。五是对舵港四码头、五码头的设施设备进行了改造或改善。此外,还投资购置了水下工程急需的空压机、全钻仪、爆破手持机等设施设备。六是在交通控股公司主导下,一艘5000吨级的沥青运输船已建成投入营运,增强了企业的运输实力。七是招商引资200多万元进行改造的东方饭店装饰一新,开始营业,其营业规模、档次、资产的状况都得以大幅提升。

·管理工作成效明显,为企业的经营生产、发展奠定良好的基础　一是规范劳动合同管理。全年共减员255人,有效减轻了企业负担。同时采取劳务输入的方式,规范劳动力管理,满足生产经营的需要。二是层层落实安全生产责任制。大力开展安全生产大检查,对临时工和无证上岗人员进行了清理,制定了防汛抢险应急预案和冬季安全生产方案,对安全设施、设备和薄弱环节进行了多次检查,确保了安全。三是加强培训工作。有针对性地开展了持证上岗、营销技巧、团队建设等方面的培训,完成职业技能培训500余人次,使员工素质及精神面貌得到较大提升。四是妥善解决历史遗留问题。运用法律手段清收陈年老债50万元,减少债务损失近300万元。五是按照上级要求和政策程序的相关规定,完成了物资公司改制挂牌、摘牌、转让的交易程序。

·党建思想政治工作进一步加强　一是以学习贯彻党的十七大精神为重点,进一步强化党员干部理论学习工作。二是加强领导班子建设和党风廉政建设,按照"四好"要求,强化了监督管理工作。三是以贯彻落实共产党员先进性长效机制为契机,加强了基层党组织建设和党员教育管理工作。四是宣传思想工作进一步加强。五是领导和支持群团组织、武装部门开展工作。工会组织进一步推进了民主管理和“双创”劳动竞赛活动,大力开展了送温暖工程。扎扎实实开展老干工作。共青团组织开展了希望工程爱心卡活动。六是进一步加强了稳定信访工作,全年接待来信来访108件次,妥善处理历史遗留问题,维护了企业的稳定。

地 址 湖北省武汉市汉口民权路2号
邮 编 430021
电 话 (027)85663913
传 真 (027)85663913
网 址 http://www.hzshipping.com

(华航集团 詹新胜)

【武汉水运集团有限公司(简称武汉水运集团)】

武汉水运集团系隶属武汉市交通委员会的一家专业运输企业。经营国内沿海、长江干支流、江海直达散货和集装箱货物运输,职业介绍服务中心为各类各等船员提供职业介绍。

武汉水运集团(原名武汉市水上运输总公司)成立于1956年,下设通达航运公司、长江运输公司、集装箱运输公司、江海直达运输公司、石油运输公司、打捞工程公司、水陆联运代理公司、运贸公司等10余家子公司。专业从事长江沿线国内沿海水上货物运输以及水路、水铁、中转联运货物的运输,并在宜昌、黄石、南京、上海、海南、湛江等地设有船务公司及航运营业部。公司现有员工2200人,其中各类高中级技术人员100余人,等级持证船员400余人。共有运力3.5万吨5500千瓦。其中内河运输船舶47艘,包括198~290千瓦推拖轮8艘,2000千瓦的360~610吨驳船30艘,运力2万吨,集装箱运输船舶6艘,280箱位,石油运输船舶3艘2000吨,江海直达货轮3艘5000吨。50~250吨起重船3艘。

地 址 武汉市江汉区大兴路39号
邮 编 430014
电 话 (027)85705395

(武汉水运集团)

【宜昌三峡金山船务有限公司】 宜昌三峡金山船务有限公司是1993年12在湖北省宜昌市注册的中外合资企业,公司注册资金是319万元美元。2001年4月,国旅联合收购了公司75%的股权,2004年5月增资扩股,公司的注册资金变更为4146万元,2004年11月,南京国旅联合汤山温泉开发有限公司收购了公司25%股权。现在公司注册资金为4146万元,国旅联合股份有限公司持股100%。

2007年9月,公司资产总额为7968万元,净资产为4606万元,固定资产净值5373万元。其中性能卓越、时速65公里的俄产流星型水翼船11艘,时速90公里、世界内河最先进的“燕子M”型水翼船2艘,各种车辆14台,其中大客车10台(金龙大客),囤船3艘,浮船坞1艘。现有员工200人,平均年龄35岁,是一批能吃苦耐劳、积极进取并有多年实践经验的年轻团队。

董事长 赵义奎
地 址 湖北省宜昌市东山开发区发展大道28号创业中心A座3楼
邮 编 443003
电 话 (0717)6906906
传 真 (0717)6906068

(宜昌三峡金山船务有限公司)

【湖南省水运概况】 2007年,湖南省内河水路货运量8159.51万吨,同比增长1366.02万吨,增幅20.10%;货运周转量1867553.14万吨公里,同比增长434827.34万吨公里,增幅30.35%。新增省际水路运输企业6家,批准筹建企业3家,扩大经营范围企业4家。与此同时,继续督促落实社会个体客船、液货危险品运输船实行企业化经营管理。全省危险品船均已实行企业化运营,运距10公里以上个体客船公司化率达95%。此外,加强了内支线集装箱运输船舶的市场管理。通过下发《关于实施内支线集装箱运输船舶营业运输备案制度的通知》,明确了运输船舶特别是危险品集装箱运输船舶的经营资质,防止了集装箱船舶的盲目扩张。内河船型标准化工作稳步推进,运力结构调整步伐加快,船舶大型化、专业化趋势发展迅速,现全省船舶平均吨位达154吨。

2007年湖南省水路运输工具拥有量一览表、2007年湖南省全社会水路客货运输量一览表、2007年湖南省全社会水路分货类运输量一览表、2007年湖南省全社会水路集装箱运输量一览表、2007年湖南省省际水运企业名录一览表,详见表4-39、表4-40、表4-41、表4-42、表4-43。

(湖南省局 蒋龙平)

【2007年湖南省水路运输工具拥有量一览表】　（表4－39）

指标	计算单位	序号	总计		内河		沿海		远洋
				个体		个体		个体	
甲	乙	丙	1	2	3	4	5	6	7
一、机动船 艘数	艘	1	8774	7873	8774	7873	1	0	0
总吨	吨位	2	986358	870415	986358	870415	996	0	0
净载重量	吨位	3	1018098	875050	1018098	875050	1636	0	0
载客量	客位	4	78640	70530	78640	70530	0	0	0
标准箱位	TEU	5	4432	2433	4432	2433	0	0	0
功率	kW	6	525478	453397	525478	453397	440	0	0
1. 客船 艘数	艘	7	2704	2425	2704	2425	0	0	0
总吨	吨位	8	44167	37927	44167	37927	0	0	0
净载重量	吨位	9	78280	70530	78280	70530	0	0	0
载客量	客位	10	75482	61859	75482	61859	0	0	0
功率	kW	11	2	0	2	0	0	0	0
2. 客货船 艘数	艘	12	1040	0	1040	0	0	0	0
总吨	吨位	13	30	0	30	0	0	0	0
净载重量	吨位	14	360	0	360	0	0	0	0
载客量	客位	15	0	0	0	0	0	0	0
标准箱位	TEU	16	812	0	812	0	0	0	0
功率	kW	17	5997	5421	5997	5421	1	0	0
3. 货船 艘数	艘	18	937673	830649	937673	830649	996	0	0
总吨	吨位	19	1018068	875050	1018068	875050	1636	0	0
净载重量	吨位	20	4432	2433	4432	2433	0	0	0
标准箱位	TEU	21	438517	387770	438517	387770	440	0	0
功率	kW	22	89	26	89	25	1	0	0
内:油船 艘数	艘	23	26241	4439	26241	4397	996	0	0
总吨	吨位	24	37410	5820	37410	5760	1636	0	0
净载重量	吨位	25	15013	3383	15013	3354	440	0	0
功率	kW	26	41	24	41	24	0	0	0
集装箱船 艘数	艘	27	39377	20693	39377	20693	0	0	0
总吨	吨位	28	55941	30650	55941	30650	0	0	0
净载重量	吨位	29	4378	2379	4378	2379	0	0	0
标准箱位	TEU	30	24973	17325	24973	17325	0	0	0
功率	kW	31	71	27	71	27	0	0	0
4. 拖船艘数	艘	32	5470	1839	5470	1839	0	0	0
功率	kW	33	10667	3768	10667	3768	0	0	0
二、驳船 艘数	艘	34	130	44	130	44	0	0	0
净载重量	吨位	35	41675	17293	41675	17293	0	0	0
载客量	客位	36	47	0	47	0	0	0	0
标准箱位	TEU	37	0	0	0	0	0	0	0

【2007 年湖南省全社会水路客货运输量一览表】 （表 4－40）

指 标	计算单位	序号	总 计		内 河			远洋
				个 体		个 体	交通企业	
甲	乙	丙	1	2	3	4	5	6
一、客运量	万人	1	525.14	411.24	525.14	411.24	113.9	
1. 机动船	万人	2	525.14	411.24	525.14	411.24	113.9	
2. 驳船	万人	3						
二、旅客周转量	万人公里	4	11897.9	8276.08	11897.9	8276.08	3621.81	
1. 机动船	万人公里	5	11897.9	8276.08	11897.9	8276.08	3621.81	
2. 驳船	万人公里	6						
三、货运量	万吨	7	8159.51	57636	8159.51	57636	1202.76	
1. 机动船	万吨	8	7835.53	5747.69	7835.53	5747.69	1008.51	
2. 驳船	万吨	9	323.98	15.91	323.98	15.91	194.25	
四、货物周转量	万吨公里	10	1867553.14	1270700.47	1867553.14	1270700.47	405400.32	
1. 机动船	万吨公里	11	1776773.26	1264367.42	1776773.26	1264367.42	360789	
2. 驳船	万吨公里	12	90779.88	6333.05	90779.88	6333.05	44611.32	

【2007 年湖南省全社会水路分货类运输量一览表】 （表 4－41）

指 标	序号	货运量(万吨)		货物周转量(万吨公里)	
			比例%		比例%
甲	乙	1	2	3	4
合 计	1	8159.52	100.00%	1867553.18	100.00%
1. 煤炭及制品	2	501.26	6.14%	96482.97	5.17%
2. 石油、天然气及制品	3	668.83	8.20%	134850.59	7.22%
其中:原油	4	5.55	0.07%	2955.66	0.16%
3. 金属矿石	5	392.98	4.82%	104225.4	5.58%
4. 钢铁	6	405.45	4.97%	122766.2	6.57%
5. 矿物性建筑材料	7	3976.63	48.74%	640731.71	34.31%
6. 水泥	8	83.64	1.03%	11461.47	0.61%
7. 木材	9	264.66	3.24%	111245.5	5.96%
8. 非金属矿石	10	224.16	2.75%	110537.3	5.92%
其中:磷矿	11	19.66	0.24%	8343.85	0.45%
9. 化学肥料及农药	12	63.9	0.78%	18562.98	0.99%
10. 盐	13	40.48	0.50%	6241.59	0.33%
11. 粮食	14	119.76	1.47%	22313.87	1.19%
12. 机械、设备、电器	15	57.22	0.70%	25006.46	1.34%
13. 化工原料及制品	16	133.67	1.64%	37078.96	1.99%
14. 有色金属	17	75.43	0.92%	38684.2	2.07%
15. 轻工、医药产品	18	81.63	1.00%	58562.94	3.14%
其中:日用工业品	19	12.27	0.15%	10011.74	0.54%
16. 农林牧渔业产品	20	180.26	2.21%	103508.1	5.54%
其中:棉花	21	0.65	0.01%	287.72	0.02%
17. 其他	22	889.54	10.90%	225292.99	12.06%

【2007 年湖南省全社会水路集装箱运输量一览表】 （表 4－42）

指标	序号	箱运量(个)		货运量(吨)	
			远洋		远洋
甲	乙	1	2	3	4
水路标准集装箱合计(TEU)	1	84774	34032	1305721	683000
1.45 英尺	2				
2.40 英尺	3	24548	9111	767980	380000
3.30 英尺	4				
4.20 英尺	5	35678	15810	537741	303000
5.10 英尺	6				

资料来源：湖南省航务管理局

【2007 年湖南省省际水运企业名录一览表】 （表 4－43）

序号	许可证号	企业中文名称
1	交长湘 XK0004	湖南省望城县航运总公司
2	交长湘 XK002	汉寿县荣茂航运有限公司
3	交长湘 XK0028	益阳轮船运输总公司
4	交长湘 XK0029	湖南省益阳市水运公司
5	交长湘 XK0030	湖南省益阳市航运公司
6	交长湘 XK0035	湖南省桃江县航运公司
7	交长湘 XK0038	湖南省安化县航运总公司
8	交长湘 XK006	湖南省水利水电第一工程公司
9	交长湘 XK0063	湖南衡阳远洋航运有限公司
10	交长湘 XK0069	溆浦县航运公司
11	交长湘 XK007	长沙市运贸物资公司
12	交长湘 XK0072	麻阳苗族自治县航运公司
13	交长湘 XK0073	洪江市安江航运公司
14	交长湘 XK0076	辰溪县航运公司
15	交长湘 XK0077	汉寿县城关航运有限公司
16	交长湘 XK0078	汉寿县华兴航运有限公司
17	交长湘 XK008	湖南源海航运有限公司
18	交长湘 XK0084	湖南省沅陵县航运公司
19	交长湘 XK0088	湖南省南县长江航运有限公司
20	交长湘 XK009	湖南湘安国际物流有限公司
21	交长湘 XK0090	湖南津市湘航港务有限公司
22	交长湘 XK0092	益阳江海货运处
23	交长湘 XK0093	南县防汛抢险蓄洪转移机动队
24	交长湘 XK0094	怀化市洪江市水路运输物流中心
25	交长湘 XK0098	澧县民生运输有限责任公司
26	交长湘 XK013	平江县顺风船舶货运公司
27	交长湘 XK015	岳阳经济技术开发区华胜水运有限公司
28	交长湘 XK016	岳阳市申阳航运公司
29	交长湘 XK019	岳阳市黄盖湖水运公司
30	交长湘 XK021	汨罗市航运公司
31	交长湘 XK022	岳阳市兴达运输有限公司
32	交长湘 XK023	湖南湘江船务有限公司

序号	许可证号	企业中文名称
33	交长湘 XK024	湖南富通船务有限公司
34	交长湘 XK026	湖南振湘航运有限公司
35	交长湘 XK027	长沙鑫和船舶运输有限公司
36	交长湘 XK031	上海集海航运有限公司湖南分公司
37	交长湘 XK032	株州海达船务有限公司
38	交长湘 XK036	益阳银港水路运输运输服务有限企业
39	交长湘 XK045	湖南省三力船务有限公司
40	交长湘 XK050	湖南湘平高速航运有限公司
41	交长湘 XK051	湘潭正和船务有限公司
42	交长湘 XK055	攸县航运有限责任公司
43	交长湘 XK062	衡阳市耒水运输有限责任公司
44	交长湘 XK064	衡山县顺达航运有限责任公司
45	交长湘 XK065	衡东县水运公司
46	交长湘 XK066	衡南县航运公司
47	交长湘 XK067	衡阳市清远物流有限公司
48	交长湘 XK085	湖南永泰物流有限公司
49	交长湘 XK086	株州通盛运输贸易有限公司
50	交长湘 XK087	株州安达船舶运输有限公司
51	交长湘 XK096	湖南金和石油实业有限公司
52	交长湘 XK097	常德市金广源船务有限公司
53	交长湘 XK100	湘潭翔海物流有限公司
54	交长湘 XK101	岳阳安顺船务有限公司
55	交长湘 XK104	岳阳长鹰运输有限责任公司
56	交长湘 XK105	湖南常德安凯物流船务有限责任公司
57	交长湘 XK108	桃源县桃花源水运有限公司
58	交长湘 XK111	湖南盛仕达航运有限公司
59	交长湘 XK112	岳阳华能实业总公司
60	交长湘 XK113	常德市恒达船务有限责任公司
61	交长湘 XK114	益阳市大通湖区通发运输有限公司
62	交长湘 XK115	沅江市中兴运输有限责任公司
63	交长湘 XK116	南县盛源运输有限责任公司
64	交长湘 XK117	岳阳市兴航船务有限公司
65	交长湘 XK118	常德万众船务有限公司
66	交长湘 XK119	湖南宇洋航运有限公司
67	交长湘 XK120	株洲市顺达船舶运输有限责任公司
68	交长湘 XK121	常德市西湖区联兴运输有限责任公司
69	交长湘 XK122	安乡县平安运输有限责任公司
70	交长湘 XK123	湘潭金航船务有限责任公司
71	交长湘 XK125	常宁市湖生水运有限责任公司
72	交长湘 XK129	衡阳市云香水上运输有限公司
73	交长湘 XK130	衡阳市强宏物流有限公司
74	交长湘 XK131	株州市江海实业有限公司
75	交长湘 XK132	株洲金运贸易有限责任公司
76	交长湘 XK133	湖南安捷运输有限公司
77	交长湘 XK134	湖南畅达物流有限公司
78	交长湘 XK135	桃江县万通航运有限公司

序号	许可证号	企业中文名称
79	交长湘 XK136	常宁市顺昌航运有限公司
80	交长湘 XK138	湖南微科物流有限公司
81	交长湘 XK139	湖南省八达物流有限公司
82	交长湘 XK141	常德市恒力船务有限责任公司
83	交湘 XK0011	岳阳市水运总公司
84	交湘 XK0090	湘阴县航运总公司
85	交湘 XK0094	益阳市中天石油运输有限公司

资料来源:交通部长江航务管理局

(湖南省局　蒋龙平)

【湖南远洋运输公司】　湖南远洋运输公司成立于1987年,是由湖南省交通厅和中国远洋运输集团总公司合资组建,湖南省唯一具有内河—长江—近洋—远洋梯级运输实力的国际远洋运输实体。

公司下辖长沙外轮代理有限公司、湘远国际有限公司、湖南远洋报关行,以及共同投资的湖南中远国际货远有限公司。公司拥有大型远洋散货船4艘,长江集装自航船7艘,集装箱船队4个,集对外揽货、运输、船舶代理、货运代理、报关业务于一体,依托全球各大集装箱班轮公司(COSCO、MAERSK、CMA、YANGMING、PIL……)运输网络,承接株洲、湘潭、长沙、岳阳、常德及腹地至世界各地的集装箱进出口业务。

总经理　赵　宁

分支机构:上海营销中心、岳阳、株洲、湘潭、常德营业部

地　址　湖南省长沙市芙蓉中路267号东成大厦9楼
9/F. DONGCHENG BLDG. 267# FURONG RD,C,CHANGSHA HUNAN.

邮　编　410011

电　话　(0731)4444826;4444814;4444392

传　真　(0731)4444317;4439325

邮　箱　gbs @ penavicocs. com

(湖南远洋运输公司)

【湘潭航运总公司】　(详见《长江航运年鉴》(2007卷)第四篇"运输"第289页)

地　址　湘潭市雨湖区航运码头45号

邮　编　411100

电　话　(0732)8261259

【云南省水运概况】　2007年,云南省共有水运企业66家,水运服务业5家,共有各类船舶1198艘。全省累计完成客运量599万人次,客运周转量12145万人公里;完成货运量262万吨,货物周转量45921万吨公里。与上年同期相比,客运量增长10.1%,客运周转量增长3.6%;货运量增长5.9%,货物周转量增长8.9%。从近几年内河完成的货运量看,完成的货运量逐年增加。长江水系通道货运承载量达到176万吨,相当于全省货运总发送量的三分之二。其中运输煤炭50万吨,金属矿石16万吨,建材料55万吨,粮食15万吨。由此可见,长江航运不仅在云南省水运交通运输中占有重要地位,而且作为云南省北大门的产业经济发展的重要物资和能源的补给线,为发展长江流域经济发挥了重要支撑作用。

这一年,云南省拥有金沙江－长江运输船舶285艘、41247总吨、38836载重吨、总功率21934千瓦。完成内河运输旅客运输量302万人,旅客周转量4651万人公里。与上年相比,客运量增长10.4%,客运周转量增长1.1%;完成货运量176万吨,货物周转量35735万吨公里,与上年同期相比,货运量增长7.1%,货物周转量增长9.5%。

2007年云南省水路运输工具拥有量一览表、2007年云南省全社会水路客货运输量一览表、2007年云南省全社会水路分货类运输量一览表、2007年云南省省际水运企业名录一览表,详见表4－44、表4－45、表4－46、表4－47。

(云南省局　马翠德)

【2007年云南省水路运输工具拥有量一览表】 （表4－44）

指　标	计算单位	序号	总计		内河		沿海		远洋
				个体		个体		个体	
甲	乙	丙	1	2	3	4	5	6	7
一、机动船 艘数	艘	1	1088	922	1088	922			
总吨	吨位	2							
总载重量	吨位	3	77613	45426	77613	45426			
净载重量	吨位	4	66017	35797	66017	35797			
载客量	客位	5	23796	18354	23796	18354			
标准箱位	TEU	6	10		10				
功率	kW	7	87226	45280	87226	45280			
1. 客船 艘数	艘	8	727	660	727	660			
总吨	吨位	9							
总载重量	吨位	10	14405	10889	14405	10889			
净载重量	吨位	11	8050	6560	8050	6560			
载客量	客位	12	20388	15396	20388	15396			
功率	kW	13	32238	25022	32238	25022			
2. 客货船 艘数	艘	14	162	154	162	154			
总吨	吨位	15							
总载重量	吨位	16	3355	2685	3355	2685			
净载重量	吨位	17	2348	1848	2348	1848			
载客量	客位	18	3408	2958	3408	2958			
标准箱位	TEU	19							
功率	kW	20	7817	5835	7817	5835			
3. 货船 艘数	艘	21	197	106	197	106			
总吨	吨位	22							
总载重量	吨位	23	59853	31852	59853	31852			
净载重量	吨位	24	55619	27389	55619	27389			
标准箱位	TEU	25	10		10				
功率	kW	26	46744	14026	46744	14026			
内:油船 艘数	艘	27	2		2				
总吨	吨位	28							
总载重量	吨位	29	482		482				
净载重量	吨位	30	410		410				
功率	kW	31	948		948				
集装箱船 艘数	艘	32	1		1				
总吨	吨位	33							
总载重量	吨位	34	302		302				
净载重量	吨位	35	240		240				
标准箱位	TEU	36	10		10				
功率	kW	37	367		367				
4. 拖船 艘数	艘	38	2	2	2	2			
总吨	吨位	39							
功率	kW	40	397	397	397	397			
二、驳船 艘数	艘	41	110	110	110	110			
净载重量	吨位	42	952	952	952	952			

指　标	计算单位	序号	总计		内河		沿海		远洋
				个体		个体		个体	
甲	乙	丙	1	2	3	4	5	6	7
载客量	客位	43							
标准箱位	TEU	44							

【2007年云南省全社会水路客货运输量一览表】（表4-45）

指　标	计算单位	序号	总计		内河		沿海		远洋
				个体		个体		个体	
甲	乙	丙	1	2	3	4	5	6	7
一、客运量	万人	1	599.0	386	599	386			
1. 机动船	万人	2	599.0	386	599	386			
2. 驳船	万人	3							
二、旅客周转量	万人公里	4	12145	6536	12145	6536			
1. 机动船	万人公里	5	12145	6536	12145	6536			
2. 驳船	万人公里	6							
三、货运量	万吨	7	262	203	262	203			
1. 机动船	万吨	8	262	203	262	203			
2. 驳船	万吨	9							
四、货物周转量	万吨公里	10	45921	24705	45921	24705			
1. 机动船	万吨公里	11	45921	24705	45921	24705			
2. 驳船	万吨公里	12							

补充资料：内河货物运输量中，长江水系：176万吨，35735万吨公里；
珠江水系：13万吨，152万吨公里。

【2007年云南省全社会水路分货类运输量一览表】（表4-46）

指标	序号	货运量（万吨）	货物周转量（万吨公里）
甲	乙	1	2
合计	1	262	45921
1. 煤炭及制品	2	50	20360
2. 石油、天然气及制品	3		
其中：原油	4		
3. 金属矿石	5	1	326
4. 钢铁	6		
5. 矿物性建筑材料	7	55	1760
6. 水泥	8	4	1230
7. 木材	9	1	215
8. 非金属矿石	10	17	10426
其中：磷矿	11		
9. 化学肥料及农药	12		
10. 盐	13		
11. 粮食	14	34	785
12. 机械、设备、电器	15		
13. 化工原料及制品	16		
14. 有色金属	17		

指标	序号	货运量(万吨)	货物周转量(万吨公里)
甲	乙	1	2
15. 轻工、医药产品	18	6	1330
其中:日用工业品	19		
16. 农林牧渔业产品	20	61	5647
其中:棉花	21		
17. 其他	22	33	3842

资料来源:云南省交通厅

【2007年云南省省际水运企业名录一览表】 (表4-47)

序号	许可证号	企业中文名称
1	交长滇XK006	绥江县乘龙航运有限责任公司

资料来源:交通部长江航务管理局

【大理旅游集团有限责任公司(简称大理旅游集团)】 大理旅游集团有限责任公司于2002年8月28日经大理州人民政府批准组建,9月26日挂牌成立。是由大理省级旅游度假区经济开发总公司和大理省级度假区国有资产经营公司共同出资,大理省级旅游度假区管理委员会负责组建的国有企业,主营旅游服务、景点景区开发经营、旅游产品开发、车船营运服务。集团通过租赁方式拥有三塔、蝴蝶泉、南诏风情岛、洱海公园、天龙八部影视城等苍洱风景区骨干景点和洱海游船的经营管理权。根据大理州人民政府《关于对大理旅游集团组建方案的批复》,大理州人民政府授予旅游集团制定苍洱旅游线路、价格和推介的权利;洱海大型旅游船的独家经营权;统一对外宣传促销大理苍洱景区旅游品牌、线路的权利;成立结算中心,对苍洱之间的旅游消费实行统一结算的权利。按现代企业制度的要求组建和规范运作,建立了规范的法人治理机构,设立了公司董事会和监事会。实行董事会领导下的总经理负责制、经营目标责任制、全员劳动合同制、报酬浮动制。组建旅游集团,对实现旅游资源的重组整合、规范旅游市场,全面提升大理旅游支柱产业的发展,增强大理旅游业的总体竞争力和综合实力,实现旅游产业跨越式大发展具有十分重要的意义。

大理旅游集团实行集中决策、一级法人、两级核算的管理体制,总部按照精简、高效的原则,设立一室五部,即办公室、财务部、经营管理部、外联营销部、人力资源部、企划发展部及由大理旅游集团有限责任公司控股的大理旅游一卡通有限责任公司。

地　址　大理市大理古城绿玉小区
邮　编　671000
电　话　(0872)2677560

(大理旅游集团)

【贵州省水运概况】 2007年,贵州省有船舶2117艘、113907载重吨、30053客位、117181千瓦(拖船3458千瓦)。其中长江水系1483艘、99673载重吨、24429客位、109461千瓦(拖船3282千瓦);珠江水系634艘、14234载重吨、5624客位、27356千瓦(拖船176千瓦)。货运船舶单船平均载重吨继续增加,达到99.2吨。全年完成水路客运量1084.05万人,同比增长14.35%;旅客周转量22932.75万人公里,同比增长19.02%;货运量664.7万吨,同比增长10.97%,货物周转量94182.15万吨公里,同比增长7.27%。

长江水系:客运量864万人,同比增长19.5%;旅客周转量19119万人公里,同比增长31.88%;货运量497万吨,同比下降3.87%;货物周转量88255万吨公里,同比增长3.14%。

珠江水系:客运量220万人,同比下降2.22%;旅客周转量3814万人公里,同比下2.01%;货运量168万吨,同比增长107.7%;货物周转量5927万吨公里,同比增长165.67%。

货种主要是煤炭、化肥及建材,分别占货物总量的39.32%、16.6%、13.22%。

2007年贵州省水路运输工具拥有量一览表、2007年贵州省全社会水路客货运输量一览表、

2007年贵州省全社会水路分货类运输量一览表、2007年贵州省省际水运企业名录一览表，详见表4－48、表4－49、表4－50、表4－51。

（贵州省局　杨萍艳）

【2007年贵州省水路运输工具拥有量一览表】

（表4－48）

指标	计算单位	序号	总计	个体	内河	个体	沿海	个体	远洋
甲	乙	丙	1	2	3	4	5	6	7
一、机动船 艘数	艘	1	1358	1318	1358	1318			
总吨	吨位	2							
总载重量	吨位	3							
净载重量	吨位	4	80037	69489	80037	69489			
载客量	客位	5	24429	24029	24429	24029			
功率	kW	6	89825	81454	89825	81454			
1. 客船 艘数	艘	7	769	763	769	763			
总吨	吨位	8							
载客量	客位	9	24429	24029	24429	24029			
功率	kW	10	35148	34328	35148	34328			
2. 客货船 艘数	艘	11							
总吨	吨位	12							
总载重量	吨位	13							
净载重量	吨位	14							
载客量	客位	15							
功率	kW	16							
3. 货船 艘数	艘	17	573	554	573	554			
总吨	吨位	18							
总载重量	吨位	19							
净载重量	吨位	20	80037	69489	80037	69489			
功率	kW	21	51395	46985	51395	46985			
4. 拖船 艘数	艘	22	16	1	16	1			
总吨	吨位	23							
功率	kW	24	3282	141	3282	141			
二、驳船 艘数	艘	25	125	21	125	21			
净载重量	吨位	26	19636	2872	19636	2872			
载客量	客位	27							

【2007年贵州省全社会水路客货运输量一览表】

（表4－49）

指标	计算单位	序号	总计	个体	内河	个体	沿海	个体	远洋
甲	乙	丙	1	2	3	4	5	6	7
一、客运量	万人	1	864	847	864	847			
1. 机动船	万人	2	864	847	864	847			
2. 驳船	万人	3							
二、旅客周转量	万人公里	4	19119	18298	19119	18298			
1. 机动船	万人公里	5	19119	18298	19119	18298			
2. 驳船	万人公里	6							
三、货运量	万吨	7	497	455	497	455			

指 标	计算单位	序号	总计		内河		沿海		远洋
				个体		个体		个体	
甲	乙	丙	1	2	3	4	5	6	7
1. 机动船	万吨	8	425	417	425	417			
2. 驳船	万吨	9	72	38	72	38			
四、货物周转量	万吨公里	10	88255	80347	88255	80347			
1. 机动船	万吨公里	11	76191	72462	76191	72462			
2. 驳船	万吨公里	12	12064	7885	12064	7885			

补充资料：内河运输量中，长江水系 497 万吨，88255 万吨公里。

【2007 年贵州省全社会水路分货类运输量一览表】 （表 4－50）

指标	序号	货运量（万吨）	货物周转量（万吨公里）
甲	乙	1	2
合 计	1	497	882255
1. 煤炭及制品	2	247.65	59486.96
2. 石油、天然气及制品	3		
其中：原油	4		
3. 金属矿石	5		
4. 钢铁	6	0.39	145.11
5. 矿物性建筑材料	7	75.37	2400.03
6. 水泥	8	10.17	957
7. 木材	9	0.03	2.86
8. 非金属矿石	10	0.14	130.21
其中：磷矿	11		
9. 化学肥料及农药	12	101.69	21696.32
10. 盐	13	0.27	26.22
11. 粮食	14	0.37	150.01
12. 机械、设备、电器	15	0.12	22
13. 化工原料及制品	16	0.54	60.23
14. 有色金属	17		
15. 轻工、医药产品	18	0.06	2.33
其中：日用工业品	19		
16. 农林牧渔业产品	20	1.43	51.96
其中：棉花	21		
17. 其他	22	58.77	3123.76

资料来源：贵州省航务管理局

【2007 年贵州省省际水运企业名录一览表】 （表 4－51）

序号	许可证号	企业中文名称
1	交长黔 XK0001	贵州省赤水轮船公司
2	交长黔 XK0002	贵州省乌江轮船公司
3	交长黔 XK0003 号	赤水市航运公司
4	交长黔 XK0006	赤水市元厚航运社

资料来源：交通部长江航务管理局

【贵州省乌江轮船公司】 2007年,贵州省乌江轮船公司较好地完成了国有资产经营目标,取得了较好的成绩。

2007年的运输生产,是贵州省乌江轮船公司历史上最艰难的一年,甚至比1994年乌江边滩岩崩断航更艰难。彭水电站、沙沱电站施工断航,彭水电站未能如期蓄水,导致龚滩、土沱子绞滩站拆除后,形成两大断航滩。全年乌江货运在7月份以后全线停产,生产船舶待港停航。客运因官石公路和渝怀铁路的开通,受到较大的冲击。思渠至洪渡沿江的场镇均属整体移民搬迁范围,现已迁至离江较远的地方。往昔临江繁华的城镇已不复存在,人们出行水路不再方便,大都改为乘坐汽车,使得沿河至洪渡沿线的客源锐减。思林电站蓄水,致使水位干枯后11月份客运全线停航。公司在面对航道不畅、客货源减少的同时,还要承受着油荒和燃、材料成本节节攀升的困难。尽管运输生产的市场环境恶劣,困难重重,公司还是努力克服困难,积极寻找出路。在龚滩、土沱子停绞断航的情况下,采取自绞过滩、转运过滩等手段开展生产自救,取得了一定的成绩。全年共完成货运量3.3万吨,比上年同期下降46.7%,货运周转量1684万吨公里,比上年同期减少45%,客运量17.1万人,比上年同期下降0.2%,旅客周转量829万人公里,比上年同期增长22.8%。全年共计收入165万元,亏损206.1万元,比上年同期减少收入18.5%和减亏19.5%。

按照公司与贵州省航务局签订的《贵州省属航运企业国有资产经营目标(2007)责任书》对照检查,对2007年度国有资产经营目标的要求除安全、客运指标完成外,其余各项指标均未达到目标要求,自评分为61.4分(总分70分),共性目标完成情况自评分为29.5分(总分30分)。两项合计,国有资产经营目标得分90.9分。全年拥有客船6艘,205总吨,794千瓦,400客位;货船8艘,1674总吨,2033千瓦;驳船2艘,649总吨;囤船5艘,1477总吨。

地　址　和平镇解放北路6号
邮　编　565300
电　话　(0856)8220903

(贵州省局　杨萍艳)

【贵州省赤水轮船公司】 2007年,贵州省赤水轮船公司完成货物运输量30.92万吨,为年计划的93.51%;与2006年同比增加27740吨,增幅为9.85%。完成货物运输周转量5275万吨公里,为年计划的93.67%;与上年同比增加881万吨公里,增幅为20.05%。实现货物运输收入1110.47万元,为年计划的89.5%,与上年同比减少了1.55万元。旅游公司综合经营收入105.80万元,超计划15.80万元,与上年同比增加4.72万元。船舶修造完成公司内部船舶技改修理44艘次,新造机动货船2艘。对外实现船舶修造销售收入91.43万元,超计划1.43万元,与上年同比减少26.17万元。港埠公司实现装卸收入25.50万元,码头租赁收入2万元。全年实现资产租赁收入14.40万元,处置资产变现资金58.08万元。此外,以技改资金的名义向省航务局借款226.5万元。完成固定资产投资222.80万元,其中新建机动货船2艘150万元;新建鲢鱼溪港口消防水池一口及其消防管系12.80万元;增加鲢鱼溪港口“DLQ25型电动轮胎式起重机”一台60万元(含电缆线200米)。

全年安全生产重(特)大责任事故为零,发生事故频率为6次/千万吨公里,已突破计划控制指标;事故经济损失率为4500元/千万吨公里,大幅度超计划指标。实现经营利润-5672698元,与上年相比减少亏损151.60万元。

地　址　赤水市鲢鱼溪码头
邮　编　564707
电　话　(0852)2821598;2885899
传　真　(0852)2821739

(贵州省局　杨萍艳)

【四川省水运概况】 2007年,四川省水运企业130家,拥有各类运输船舶1159艘、22076客位、23.2万载重吨。其中出川货运企业50家,拥有各类货运船舶274艘,运力21.72万吨、1720TEU,其中具有集装箱内支线班轮运输资格的船公司4家、液货危险品企业4家。全省完成水路货运量3642万吨、货物周转量55.98亿吨公里,客运量4113万人次、旅客周转量2.9亿人公里,同比分别增长15%、26.38%、0.71%、0.01%,其中货运量及货物周转量均保持两位数增长,尤其以货物周转量增长幅度较大,增幅较大的主要货类货种有集装箱、重大件、矿石、化工原料及制品等。全年全省共完成港口货物吞吐量4213万吨,同比增长6.79%;旅客吞吐量4376万人,同比增长13.25%。与此同时,全面完成春运、“五一”、“十一”旅游黄金周等重大节假日的水路运输任务。“春运”40天,全省共完成旅客运输1025.2万人次,比上年同期增长21%。“五一”、“十一”黄金周全省分别完成旅客运输158.01万人次和165.11万人次,均比上年同期有所下降。

四川省航务局通过精心组织,采取有力措施,严格落实责任,重大节假日期间,客运秩序井然,未发生一起旅客滞留港口码头和客运船舶重大安全事故。

2007年四川省水路运输工具拥有量一览表、2007年四川省全社会水路客货运输量一览表、2007年四川省全社会水路分货类运输量一览表、2007年四川省全社会水路集装箱运输量一览表、2007年四川省省际水运企业名录一览表,详见表4-52、表4-53、表4-54、表4-55、表4-56。

(四川省局 林 彩)

【2007年四川省水路运输工具拥有量一览表】 (表4-52)

指 标	计算单位	序号	总计		内河		沿海		远洋
				个体		个体		个体	
甲	乙	丙	1	2	3	4	5	6	7
一、机动船 艘数	艘	1	8190	7565	8190	7565	0	0	0
总吨	吨位	2	0	0			0	0	0
总载重量	吨位	3	529863	311804	529863	311804	0	0	0
净载重量	吨位	4	490521	288068	490521	288068	0	0	0
载客量	客位	5	144368	127327	144368	127327	0	0	0
标准箱位	TEU	6	1662	0	1662	0	0	0	0
功率	kW	7	304262	220358	304262	220358	0	0	0
1. 客船 艘数	艘	8	4263	3869	4263	3869	0	0	0
总吨	吨位	9	0	0			0	0	0
总载重量	吨位	10	0	0	0	0	0	0	0
净载重量	吨位	11	0	0	0	0	0	0	0
载客量	客位	12	144168	127127	144168	127127	0	0	0
功率	kW	13	80527	68810	80527	68810	0	0	0
2. 客货船 艘数	艘	14	7	7	7	7	0	0	0
总吨	吨位	15	0	0			0	0	0
总载重量	吨位	16	28	28	28	28	0	0	0
净载重量	吨位	17	28	28	28	28	0	0	0
载客量	客位	18	200	200	200	200	0	0	0
标准箱位	TEU	19	0	0	0	0	0	0	0
功率	kW	20	73	73	73	73	0	0	0
3. 货船 艘数	艘	21	3777	3589	3777	3589	0	0	0
总吨	吨位	22	0	0			0	0	0
总载重量	吨位	23	529835	311776	529835	311776	0	0	0
净载重量	吨位	24	490493	288040	490493	288040	0	0	0
标准箱位	TEU	25	1662	0	1662	0	0	0	0
功率	kW	26	207091	143593	207091	143593	0	0	0
内:油船 艘数	艘	27	32	0	32	0	0	0	0
总吨	吨位	28	0	0			0	0	0
总载重量	吨位	29	40320	0	40320	0	0	0	0
净载重量	吨位	30	38400	0	38400	0	0	0	0

指标	计算单位	序号	总计		内河		沿海		远洋
				个体		个体		个体	
甲	乙	丙	1	2	3	4	5	6	7
功率	kW	31	23040	0	23040	0	0	0	0
集装箱船 艘数	艘	32	23	0	23	0	0	0	0
总吨	吨位	33	0	0	0	0	0	0	0
总载重量	吨位	34	33414	0	33414	0	0	0	0
净载重量	吨位	35	30956	0	30956	0	0	0	0
标准箱位	TEU	36	1662	0	1662	0	0	0	0
功率	kW	37	8756	0	8756	0	0	0	0
4. 拖船 艘数	艘	38	143	100	143	100	0	0	0
总吨	吨位	39	0	0	0	0	0	0	0
功率	kW	40	16571	7882	16571	7882	0	0	0
二、驳船 艘数	艘	41	2142	1789	2142	1789	0	0	0
净载重量	吨位	42	82728	35725	82728	35725	0	0	0
载客量	客位	43	14932	12739	14932	12739	0	0	0
标准箱位	TEU	44	0	0	0	0	0	0	0

【2007年四川省全社会水路客货运输量一览表】 （表4－53）

指标	计算单位	序号	总计		内河		沿海		远洋
				个体		个体		个体	
甲	乙	丙	1	2	3	4	5	6	7
一、客运量	万人	1	4113.00	3477	4113	3477	0	0	0.00
1. 机动船	万人	2	3915.00	3287	3915	3287	0	0	0.00
2. 驳船	万人	3	198.00	190	198	190	0	0	0.00
二、旅客周转量	万人公里	4	28968	24792	28968	24792	0	0	0
1. 机动船	万人公里	5	28339	24185	28339	24185	0	0	0
2. 驳船	万人公里	6	629	607	629	607	0	0	0
三、货运量	万吨	7	3642	3183	3642	3183	0	0	0
1. 机动船	万吨	8	3009	2609	3009	2609	0	0	0
2. 驳船	万吨	9	633	574	633	574	0	0	0
四、货物周转量	万吨公里	10	559813	216861	559813	216861	0	0	0
1. 机动船	万吨公里	11	496964	187873	496964	187873	0	0	0
2. 驳船	万吨公里	12	62849	28988	62849	28988	0	0	0

补充资料：内河货物运输量中，长江水系：3642万吨，559813万吨公里。

【2007年四川省全社会水路分货类运输量一览表】 （表4－54）

指标	序号	货运量（万吨）	货物周转量（万吨公里）
甲	乙	1	2
合计	1	3642	559813
1. 煤炭及制品	2	296	242081
2. 石油、天然气及制品	3	37	43630
其中：原油	4	32	42548
3. 金属矿石	5	52	25162
4. 钢铁	6	4	5844

指标	序号	货运量(万吨)	货物周转量(万吨公里)
甲	乙	1	2
5. 矿物性建筑材料	7	2778	64526
6. 水泥	8	68	5013
7. 木材	9	3	1955
8. 非金属矿石	10	73	27149
其中:磷矿	11	38	8992
9. 化学肥料及农药	12	84	28407
10. 盐	13	33	6049
11. 粮食	14	21	6662
12. 机械、设备、电器	15	13	22345
13. 化工原料及制品	16	103	62215
14. 有色金属	17	1	531
15. 轻工、医药产品	18	0	0
其中:日用工业品	19	0	0
16. 农林牧渔业产品	20	15	287
其中:棉花	21	0	0
17. 其他	22	61	17957

【2007年四川省全社会水路集装箱运输量一览表】 (表4-55)

指标	序号	箱运量(个)		货运量(吨)	
			远洋		远洋
甲	乙	1	2	3	4
水路标准集装箱合计(TEU)	1	2160	0	20550	0
1.45英尺	2	0	0	0	0
2.40英尺	3	0	0	0	0
3.30英尺	4	0	0	0	0
4.20英尺	5	2160	0	20550	0
5.10英尺	6	0	0	0	0

资料来源:四川省交通厅

【2007年四川省省际水运企业名录一览表】 (表4-56)

序号	许可证号	企业中文名称
1	交长川XK0003	宜宾市勇进商贸有限责任公司
2	交长川XK0004	叙永县航运公司
3	交长川XK0005	四川省南溪县安泰船务有限责任公司
4	交长川XK0007	四川省泸州市江阳轮船公司
5	交长川XK0009	广安市河海船务运输有限责任公司
6	交长川XK0011	泸州现代运业牛滩有限公司
7	交长川XK0015	泸州市城区港埠公司
8	交长川XK0016	泸州市天润实业有限责任公司水运分公司
9	交长川XK0017	泸州市贵华水陆运输有限责任公司
10	交长川XK0018	泸州市江源船务有限责任公司
11	交长川XK0019	泸州盛源运业有限公司
12	交长川XK0020	宜宾市轮船公司

序号	许可证号	企业中文名称
13	交长川 XK0021	四川省宜宾市航运公司
14	交长川 XK0022	宜宾惠捷通轮船运输有限公司
15	交长川 XK0024	四川省合江县长远运输装卸有限责任公司
16	交长川 XK0026	四川省江安县水运有限责任公司
17	交长川 XK0027	乐山华航轮船有限公司
18	交长川 XK0030	四川省宜宾县蕨溪航运公司
19	交长川 XK0032	宜宾市长通航运有限责任公司
20	交长川 XK0036	长江泸州航道局船舶修造厂
21	交长川 XK0037	四川省林业轮船运输公司
22	交长川 XK0054	遂宁市永凤航运有限公司
23	交长川 XK0055	四川省广元市轮船股份合作总公司
24	交长川 XK0056	四川夹江凤顺运业有限公司
25	交长川 XK0057	四川省渠县航运公司
26	交长川 XK0061	四川省宜宾勋泰航运有限公司
27	交长川 XK0066	乐山市水运物资经营部
28	交长川 XK0068	乐山市大渡河航运公司
29	交长川 XK0070	乐山市乐庆客货运输有限公司
30	交长川 XK0071	犍为华龙航运有限公司
31	交长川 XK0074	四川省长宁县江宁水运有限公司
32	交长川 XK0083	乐山延伸船务有限责任公司
33	交长川 XK0084	乐山市干氏船务有限责任公司
34	交长川 XK034	泸州市三庆轮船运输有限公司
35	交长川 XK041	乐山玉明船务有限责任公司
36	交长川 XK122	屏山县兴隆航运有限责任公司
37	交长川 XK125	四川省乐山市东航船业有限公司
38	交长川 XK132	宜宾川林轮船运输有限公司
39	交长川 XK133	四川省泸州海兴水运有限公司
40	交长川 XK135	泸州纳溪神舟运业有限公司
41	交长川 XK136	乐山市东乐大件吊运有限公司
42	交长川 XK137	泸州大华船务有限公司
43	交长川 XK138	泸州金梦船务有限公司
44	交长川 XK140	乐山嘉阳船务有限公司
45	交长川 XK141	泸州金甲物流有限公司
46	交长川 XK142	宜宾鹏锦船务有限责任公司
47	交长川 XK143	合江县洪华运营有限责任公司
48	交长川 XK144	泸州纳溪金河运输有限公司
49	交长川 XK145	合江县长运物流有限公司
50	交长川 XK146	合江县易通水陆物流运输有限公司
51	交长川 XK150	乐山祥平装卸运输有限公司
52	交长川 XK151	泸州友运水上运输有限公司
53	交长川 XK152	泸州市泰祥物流有限公司

资料来源:交通部长江航务管理局

【陕西省水运概况】 2007 年,陕西省按照交通部的统一部署,开展全省水路运输业核查和船舶运输经营资质、经营行为的整顿工作。

共核查营运船舶 784 艘,13392 个客位,3980

载重吨,其中不合格船舶13艘;核查水运企业31家,全部合格。通过资质核查和市场整顿,全省水运秩序进一步好转。运输质量和服务水平明显提高,促进了水运生产力的平稳发展,为当地经济发展和人民群众的安全便捷出行发挥了积极作用。与此同时,积极组织、指导、协调水路运输生产,进一步加强水路运输市场的监管和调控。特别是认真安排部署和组织实施"春运"、"五一"、"十一"等水运高峰期的水路运力投放、应急预案准备和运量统计分析上报工作,使全省水路运输生产稳步增长。全年完成客运量369万人次,旅客周转量6290万人公里;货运量118万吨,货物周转量3270万吨公里,分别同比增长3.94%、5.4%、0.85%和8.96%。

2007年陕西省水路运输工具拥有量一览表、2007年陕西省全社会水路客货运输量一览表、2007年陕西省全社会水路分货类运输量一览表,详见表4-57、表4-58、表4-59。

(陕西省局　余红梅)

【2007年陕西省水路运输工具拥有量一览表】　(表4-57)

指　标	计算单位	序号	总计		内河		沿海		远洋
				个体		个体		个体	
甲	乙	丙	1	2	3	4	5	6	7
一、机动船 艘数	艘	1	769	688	769	688			
总吨	吨位	2							
总载重量	吨位	3	26371	25212	26371	25212			
净载重量	吨位	4	15026	14004	15026	14004			
载客量	客位	5	13973	12146	13973	12146			
标准箱位	TEU	6							
功率	kW	7	19138	15908	19138	15908			
1. 客船 艘数	艘	8	507	434	507	434			
总吨	吨位	9							
总载重量	吨位	10	10403	9934	10403	9934			
净载重量	吨位	11	4403	3937	4403	3937			
载客量	客位	12	13603	11776	13603	11776			
功率	kW	13	12194	9752	12194	9752			
2. 客货船 艘数	艘	14	18	18	18	18			
总吨	吨位	15							
总载重量	吨位	16	157	157	157	157			
净载重量	吨位	17	85	85	85	85			
载客量	客位	18	370	370	370	370			
标准箱位	TEU	19							
功率	kW	20	165	165	165	165			
3. 货船 艘数	艘	21	236	236	236	236			
总吨	吨位	22							
总载重量	吨位	23	15811	15121	15811	15121			
净载重量	吨位	24	10538	9982	10538	9982			
标准箱位	TEU	25							
功率	kW	26	6306	5991	6306	5991			
内:油船 艘数	艘	27							
总吨	吨位	28							
总载重量	吨位	29							
净载重量	吨位	30							

指 标	计算单位	序号	总计		内河		沿海		远洋
				个体		个体		个体	
甲	乙	丙	1	2	3	4	5	6	7
功率	kW	31							
集装箱船 艘数	艘	32							
总吨	吨位	33							
总载重量	吨位	34							
净载重量	吨位	35							
标准箱位	TEU	36							
功率	kW	37							
4. 拖船 艘数	艘	38	8		8				
总吨	吨位	39							
功率	kW	40	473		473				
二、驳船 艘数	艘	41	168	168	168	168			
净载重量	吨位	42	480	480	480	480			
载客量	客位	43	1929	1929	1929	1929			
标准箱位	TEU	44							

【2007年陕西省全社会水路客货运输量一览表】 （表4-58）

指 标	计算单位	序号	总计		内河		沿海		远洋
				个体		个体		个体	
甲	乙	丙	1	2	3	4	5	6	7
一、客运量	万人	1	335.00	295	335	295			
1. 机动船	万人	2	335.00	295	335	295			
2. 驳船	万人	3							
二、旅客周转量	万人公里	4	3097	5428	3097	5428			
1. 机动船	万人公里	5	6097	5428	6097	5428			
2. 驳船	万人公里	6							
三、货运量	万吨	7	113	102	113	102			
1. 机动船	万吨	8	113	102	113	102			
2. 驳船	万吨	9							
四、货物周转量	万吨公里	10	3198	2900	3198	2900			
1. 机动船	万吨公里	11	3198	2900	3198	2900			
2. 驳船	万吨公里	12							

【2007年陕西省全社会水路分货类运输量一览表】 （表4-59）

指标	序号	货运量(万吨)	货物周转量(万吨公里)
甲	乙	1	2
合计	1	113	3198
1. 煤炭及制品	2	13	349
2. 石油、天然气及制品	3		
其中：原油	4		
3. 金属矿石	5	2	90
4. 钢铁	6		
5. 矿物性建筑材料	7	52	1516
6. 水泥	8		

指标	序号	货运量(万吨)	货物周转量(万吨公里)
甲	乙	1	2
7. 木材	9		
8. 非金属矿石	10		
其中:磷矿	11		
9. 化学肥料及农药	12	21	544
10. 盐	13		
11. 粮食	14		
12. 机械、设备、电器	15		
13. 化工原料及制品	16		
14. 有色金属	17		
15. 轻工、医药产品	18		
其中:日用工业品	19		
16. 农林牧渔业产品	20	15	379
其中:棉花	21		
17. 其他	22	10	320

资料来源:陕西省地方海事局

【陕西省长江水系运输企业】 2007年,陕西省所属长江水系的水路运输企业共计20家。其中8家水运企业主要从事湖泊、水库、风景区等封闭水域内的旅客运输,其余12家是在汉江自然航道经营的客货运输企业。20家水运企业共拥有客货船舶475艘,载重3766吨,9951客位。

2007年陕西省水运企业名录一览表,详见表4-60。

【2007年陕西省水运企业名录一览表】 (表4-60)

序号	许可证号	企业中文名称
1	XK-006	汉中市兴元湖公园
2	XK-610	汉中凤家沟田园风景区
3	XK-604	石门水库管理局旅游公司
4	XK-404	南郑县南湖风景区管理处
5	XK-407	南郑县水利旅游有限责任公司分公司
6	XK-408	南郑县红寺湖民俗渡假村
7	XK-198	西乡县枣园湖公园
8	XK-188	西乡县汉江旅游发展有限责任公司
9	XK-238	洋县谠河水库水上乐园
10	Zy-323	顺达公司
11	Zy-324	紫汉公司
12	Zy-325	明星公司
13	Zy-326	永久公司
14	Bh-0088	白河县汉源航运置业有限公司
15	Bh-0089	白河县致远水路运输服务公司
16	LG-01	大发水路客运有限公司
17	HB-0298	汉滨区瀛湖飞龙水上运输有限责任公司
18	HB-0288	瀛湖顺发水上运输有限责任公司
19	HB-0269	汉滨区长虹水上运输有限公司
20	HB-0299	汉滨区瀛湖金鹰水上运输有限公司

（陕西省局　余红梅）

【甘肃省水运概况】 2007年，甘肃省水路运输客货运量稳步增长。全省现有水路运输企业41家，各类船舶1438艘。其中营运船舶490艘，总吨8550吨位，总载客11835客位，功率27381千瓦。全年完成客运量246万人，旅客周转量2340万人公里，完成货运量53万吨，货物周转量758万吨公里，分别比去年增加0.4%，1.9%，1.9%，1.7%。水运基础设施截止12月底，完成投资5004.64万元，为年计划的100.09%。与此同时，水运建设市场逐步规范。全年完成投资5004.64万元，为年计划的100.09%。黄河白银四龙至龙湾段航运建设项目一期工程已完工，正在进行交工验收前的准备工作。黄河兰州段航道延伸二期整治建设工程完成投资2400万元，为年计划投资的67.76%。盐锅峡库区航运建设工程自开工以来，累计完成投资790万元。完成了74个农村公路渡口改造，新开工建设的碧口、刘家峡库区吧咪山码头已完工，临夏等地3艘老旧渡船已改造完成。

这一年，甘肃省水运管理部门进一步加大了水运市场的宏观管理。一是严格了水运市场的准入关、资格年审关，建立了老旧运输船舶强制报废制度，推荐了7种标准化内河船型，促进了水路运输企业的船舶结构调整。二是认真部署，专项督察，组织开展了营运船舶年度核查工作。通过周密安排，合理组织，较好地完成了春运、“五一”和“十一”黄金周期间水路运输任务。三是制定印发了《甘肃省水路交通节能减排实施方案》，推介了节能减排船用科技产品，促进了水路交通转入全面协调可持续发展的轨道。

2007年甘肃省水路运输工具拥有量一览表、2007年甘肃省全社会水路客货运输量一览表、2007年甘肃省全社会公路水路分货类运输量一览表、2007年甘肃省水路集装箱运输量一览表，详见表4-61、表4-62、表5-63、表4-64。

（甘肃省局　陈长春）

【2007年甘肃省水路运输工具拥有量一览表】　（表4-61）

指　标	计算单位	序号	总计		内河		沿海		远洋
				个体		个体		个体	
甲	乙	丙	1	2	3	4	5	6	7
一、机动船 艘数	艘	1	437	339	437	339	0	0	0
总吨	吨位	2	0	0			0	0	0
总载重量	吨位	3	2839	2014	2839	2014	0	0	0
净载重量	吨位	4	1782	1619	1782	1619	0	0	0
载客量	客位	5	10207	7308	10207	7308	0	0	0
标准箱位	TEU	6	0	0	0	0	0	0	0
功率	kW	7	27381	20131	27381	20131	0	0	0
1. 客船 艘数	艘	8	358	272	358	272	0	0	0
总吨	吨位	9	0	0			0	0	0
总载重量	吨位	10	1848	1253	1848	1253	0	0	0
净载重量	吨位	11	1195	1162	1195	1162	0	0	0
载客量	客位	12	8048	5249	8048	5249	0	0	0
功率	kW	13	25396	19295	25396	19295	0	0	0
2. 客货船 艘数	艘	14	33	32	33	32	0	0	0
总吨	吨位	15	0	0			0	0	0
总载重量	吨位	16	715	492	715	492	0	0	0
净载重量	吨位	17	433	313	433	313	0	0	0
载客量	客位	18	2159	2059	2159	2059	0	0	0

指　标	计算单位	序号	总计		内河		沿海		远洋
				个体		个体		个体	
甲	乙	丙	1	2	3	4	5	6	7
标准箱位	TEU	19	0	0	0	0	0	0	0
功率	kW	20	525	340	525	340	0	0	0
3. 货船艘数	艘	21	35	35	35	35	0	0	0
总吨	吨位	22	0	0			0	0	0
总载重量	吨位	23	275	275	275	275	0	0	0
净载重量	吨位	24	154	144	154	144	0	0	0
标准箱位	TEU	25	0	0	0	0	0	0	0
功率	kW	26	620	496	620	496	0	0	0
内:油船 艘数	艘	27	1	0	1	0	0	0	0
总吨	吨位	28	0	0			0	0	0
总载重量	吨位	29	40	0	40	0	0	0	0
净载重量	吨位	30	15	0	15	0	0	0	0
功率	kW	31	65	0	65	0	0	0	0
集装箱船 艘数	艘	32	0	0	0	0	0	0	0
总吨	吨位	33	0	0	0	0	0	0	0
总载重量	吨位	34	0	0	0	0	0	0	0
净载重量	吨位	35	0	0	0	0	0	0	0
标准箱位	TEU	36	0	0	0	0	0	0	0
功率	kW	37	0	0	0	0	0	0	0
4. 拖船艘数	艘	38	0	0	8	0	0	0	0
总吨	吨位	39	0	0			0	0	0
功率	kW	40	840	0	840	0	0	0	0
二、驳船 艘数	艘	41	53	53	53	53	0	0	0
净载重量	吨位	42	421	421	421	421	0	0	0
载客量	客位	43	1628	1628	1628	1628	0	0	0
标准箱位	TEU	44	0	0	0	0	0	0	0

补充资料:客货船中,滚装船0艘、总载重量0吨、净载重量0吨、载客量0客位;
贷船中,滚装船0艘、总载重量0吨、净载重量0吨;
多用途船0艘、总载重量0吨、净载重量0吨。

【2007年甘肃省全社会水路客货运输量一览表】 （表4-62）

指　标	计算单位	序号	总计		内河		沿海		远洋
				个体		个体		个体	
甲	乙	丙	1	2	3	4	5	6	7
一、客运量	万人	1	246.00	211	246	0	0	0	0.00
1. 机动船	万人	2	246.00	211	246	0	0	0	0.00
2. 驳船	万人	3	0.00	0	0	0	0	0	0.00
二、旅客周转量	万人公里	4	2340	2005	2340	0	0	0	0
1. 机动船	万人公里	5	2340	2005	2340	0	0	0	0
2. 驳船	万人公里	6	0	0	0	0	0	0	0
三、货运量	万吨	7	53	53	53	0	0	0	0
1. 机动船	万吨	8	53	53	53	0	0	0	0
2. 驳船	万吨	9	0	0	0	0	0	0	0

指　标	计算单位	序号	总计		内河		沿海		远洋
				个体		个体		个体	
甲	乙	丙	1	2	3	4	5	6	7
四、货物周转量	万吨公里	10	758	758	758	0	0	0	0
1. 机动船	万吨公里	11	758	758	758	0	0	0	0
2. 驳船	万吨公里	12	0	0	0	0	0	0	0

补充资料：内河货物运输量中：长江水系0万吨、0万吨公里；

珠江水系0万吨、0万吨公里；

黑龙江水系0万吨、0万吨公里；

京杭运河0万吨、0万吨公里。

【2007年甘肃省全社会公路水路分货类运输量一览表】（表4－63）

指标	序号	货运量（万吨）	货物周转量（万吨公里）
甲	乙	1	2
合计	1	53	758
1. 煤炭及制品	2	7	105
2. 石油、天然气及制品	3	0	0
其中：原油	4	0	0
3. 金属矿石	5	0	0
4. 钢铁	6	0	0
5. 矿物性建筑材料	7	25	373
6. 水泥	8	0	0
7. 木材	9	0	0
8. 非金属矿石	10	0	0
其中：磷矿	11	0	0
9. 化学肥料及农药	12	2	30
10. 盐	13	0	0
11. 粮食	14	6	84
12. 机械、设备、电器	15	0	0
13. 化工原料及制品	16	0	0
14. 有色金属	17	0	0
15. 轻工、医药产品	18	0	0
其中：日用工业品	19	0	0
16. 农林牧渔业产品	20	9	141
其中：棉花	21	0	0
17. 其他	22	4	25

【2007年甘肃省水路集装箱运输量一览表】（表4－64）

指标	序号	箱运量（个）		货运量（吨）	
			远洋		远洋
甲	乙	1	2	3	4
公路标准集装箱合计（TEU）	1	0	—	0	—
1. 45英尺	2	0	—	0	—
2. 40英尺	3	0	—	0	—
3. 35英尺	4	0	—	0	—
4. 20英尺	5	0	—	0	—

指标	序号	箱运量(个)		货运量(吨)	
			远洋		远洋
甲	乙	1	2	3	4
5. 10 英尺	6	0	—	0	—
水路标准集装箱合计(TEU)	7	0	0	0	0
1. 45 英尺	8	0	0	0	0
2. 40 英尺	9	0	0	0	0
3. 35 英尺	10	0	0	0	0
4. 20 英尺	11	0	0	0	0
5. 10 英尺	12	0	0	0	0

资料来源:甘肃省交通厅水运管理局

【重庆市水运概况】 2007 年,重庆市水路运输保持稳定增长。全年完成水路货运量 5904.37 万吨,同比增长 29.76%;货运周转量 699.86 亿吨公里,同比增长 31.26%;港口货物吞吐量 6433.54 万吨,同比增长 18.69%;外贸吞吐量 253.3 万吨,同比增长 4.08%;集装箱吞吐量 43.28 万 TEU,同比增长 28.54%;滚装汽车吞吐量 57.05 万辆,同比增长 19.13%;运输船舶 4220 艘,船舶总运力达 320 万吨;水运平均运距已达 1185 公里,成为综合运输体系中平均运距最长的运输方式。全市 90% 以上的外贸物资是通过水路运输完成的,水路货运周转量占重庆全社会总量的 66.72%。

这一年,重庆市港航局一是继续推行公司化经营,水运企业结构不断优化。继续引导企业规模化经营和规范化服务,引导长江干线的个体货运实施公司化经营,增强了企业的综合竞争力。到年底,全市水运企业已发展到 400 家(其中运输服务企业 130 家),新增企业 29 家。长江干线 90% 以上的普通货运实现了公司化经营,其运力占总运力的 93% 以上。水运企业经营民营化、专业化趋势明显,企业规模明显增大,抗风险能力和综合竞争力增强。二是广泛推广船型标准化、大型化,大力发展散化、集装箱运输,船舶运力结构得到改善。根据交通部的统一部署,重庆市积极推进船舶大型化、专业化、标准化建设,鼓励发展大型化、标准化普货船舶和标准型集装箱船、滚装船、油船及散装化学品船等专用船,有效地改善了运力结构,水运行业竞争力明显提升。全市货运船舶平均载重吨达 1100 吨,同比增长 4.36%,其中长江干线达 1300 吨以上。三是加强客运旅游化转变,客运服务档次不断提升。根据长江客运市场的变化情况,强化对旅游客运市场的管理,着力提高国内旅游客船的服务质量,结合水路旅游客运市场发展情况,适应三峡旅游发展的需要,对原有三峡观光游船技术服务标准进行修订,制定出台新的《重庆市内河旅游船服务质量标准》,并报请重庆市质量技术监督局以地方标准的形式予以颁布,鼓励客船进行技术改造,不断提升客船硬件条件。与此同时,积极引导企业开拓国际市场,吸引国外游客来三峡观光旅游。四是继续做好三峡船闸完建期船舶单线运行期间的运输组织协调工作。搭建平台,积极为航运企业服好务。8 月 10 日,重庆水运服务贵州推介会在贵阳成功举行,渝黔两地 100 多家企业进行了积极沟通和广泛交流,当场达成了多个合作意向。此外,积极协调海关、商检、三峡通航管理局等相关单位,制定集装箱快班轮运行方案,开通了集装箱快班轮运输,大大提高了运输效率。搭建水运银企沟通、互动、合作平台,组织召开了重庆水运银企座谈会,逐步破解水运企业融资难题。五是加强市场监管,进一步规范市场秩序。一方面加强对水运企业资质的动态监管。结合年审及"两防"工作开展水运企业资质核查和专项检查,对不能保持和降低经营资质的企业限期整改,对 205 艘不具备营运条件的船舶注销了营运资格。另一方面加大港口码头监管力度。对全市危险化学品、滚装、客运码头开展了专项整治工作,重点对化危品码头进行了排查治理;开展重点港口码头的安全预评价和安全评价工作,制定了《重庆市港口安全评价实施细则》,相继对涪陵羊驼背码头、寸滩二期、中石油和中石化万州、涪陵、重庆主城等 46 个新建货运码头和已建的危化品码头组织开展了安全评价和专家评审工作。

2007年重庆市水路运输工具拥有量一览表、2007年重庆市全社会水路客货运输量一览表、2007年重庆市全社会水路分货类运输量一览表、2007年重庆市水路集装箱运输量一览表、2007年重庆市省际水运企业名录一览表，详见表4－65、表4－66、表4－67、表4－68、表4－69。

（重庆市局　彭然红）

【2007年重庆市水路运输工具拥有量一览表】

（表4－65）

指标	计算单位	序号	总计		内河		沿海		远洋
				个体		个体		个体	
甲	乙	丙	1	2	3	4	5	6	7
一、机动船 艘数	艘	1	3592	1378	3586	1378			6
总吨	吨位	2							
总载重量	吨位	3	2858075	194282	2816165	194282			41910
净载重量	吨位	4	2598250	176619	2560150	176619			38100
载客量	客位	5	119444	29845	119444	29845			
标准箱位	TEU	6	19808		17136				2672
功率	kW	7	1019203	93752	994843	93752			24360
1. 客船 艘数	艘	8	897	492	897	492			
总吨	吨位	9							
总载重量	吨位	10	32002	1328	32002	1328			
净载重量	吨位	11	29093	1207	29093	1207			
载客量	客位	12	99712	25009	99712	25009			
功率	kW	13	182309	21749	182309	21749			
2. 客货船 艘数	艘	14	159	102	159	102			
总吨	吨位	15							
总载重量	吨位	16	3498	875	3498	875			
净载重量	吨位	17	3180	795	3180	795			
载客量	客位	18	19732	4836	19732	4836			
标准箱位	TEU	19							
功率	kW	20	17843	1996	17843	1996			
3. 货船 艘数	艘	21	2450	779	2444	779			6
总吨	吨位	22							
总载重量	吨位	23	2822575	192079	2780665	192079			41910
净载重量	吨位	24	2565977	174617	2527877	174617			38100
标准箱位	TEU	25	19808		17136				2672
功率	kW	26	733262	69280	708902	69280			24360
内：油船 艘数	艘	27	41		41				
总吨	吨位	28							
总载重量	吨位	29	68738		68738				
净载重量	吨位	30	62489		62489				
功率	kW	31	15663		15663				
集装箱船 艘数	艘	32	120		114				6
总吨	吨位	33							
总载重量	吨位	34	310824		268914				41910
净载重量	吨位	35	282567		244467				38100
标准箱位	TEU	36	19808		17136				2672
功率	kW	37	95569		71209				24360

指　标	计算单位	序号	总 计		内 河		沿 海		远洋
				个 体		个 体		个 体	
甲	乙	丙	1	2	3	4	5	6	7
4. 拖船 艘数	艘	38	86	5	86	5			
总吨	吨位	39							
功率	kW	40	85789	727	85789	727			
二、驳船 艘数	艘	41	628	38	628	38			
净载重量	吨位	42	598349	17025	598349	17025			
载客量	客位	43							
标准箱位	TEU	44	240		240				

补充资料：货船中，滚装船75艘；净载重量125921吨。

【2007年重庆市全社会水路客货运输量一览表】　　（表4－66）

指　标	计算单位	序号	总 计		内 河		沿 海		远洋
				个 体		个 体		个 体	
甲	乙	丙	1	2	3	4	5	6	7
一、客运量	万人	1	1366	584	1366	584			
1. 机动船	万人	2	1356	577	1356	577			
2. 驳船	万人	3	10	7	10	7			
二、旅客周转量	万人公里	4	126311	16452	126311	16452			
1. 机动船	万人公里	5	125478	15679	125478	15679			
2. 驳船	万人公里	6	833	773	833	773			
三、货运量	万吨	7	5904	766	5904	766			116
1. 机动船	万吨	8	5502	757	5502	757			116
2. 驳船	万吨	9	402	9	402	9			
四、货物周转量	万吨公里	10	6998637	329075	6998637	329075			151006
1. 机动船	万吨公里	11	6310456	324723	6310456	324723			151006
2. 驳船	万吨公里	12	688181	4352	688181	4352			

【2007年重庆市全社会水路分货类运输量一览表】　　（表4－67）

指标	序号	货运量（万吨）	货物周转量（万吨公里）
甲	乙	1	2
合 计	1	5904	6998637
1. 煤炭及制品	2	1500	2245770
2. 石油、天然气及制品	3	129	77938
其中：原油	4	19	32385
3. 金属矿石	5	552	741728
4. 钢铁	6	326	567801
5. 矿物性建筑材料	7	767	146623
6. 水泥	8	195	105814
7. 木材	9	2	4438
8. 非金属矿石	10	90	112321
其中：磷矿	11	27	40635
9. 化学肥料及农药	12	238	270962
10. 盐	13	36	18022

指标	序号	货运量(万吨)	货物周转量(万吨公里)
甲	乙	1	2
11. 粮食	14	43	53836
12. 机械、设备、电器	15	306	611594
13. 化工原料及制品	16	83	138371
14. 有色金属	17	4	4575
15. 轻工、医药产品	18	26	30079
其中:日用工业品	19	8	1917
16. 农林牧渔业产品	20	14	17012
其中:棉花	21	1	6
17. 其他	22	1593	1851753

【2007 年重庆市全社会水路集装箱运输量一览表】 (表 4－68)

指标	序号	箱运量(个)		货运量(吨)	
			远洋		远洋
甲	乙	1	2	3	4
水路标准集装箱合计(TEU)	1	649006	139581	8297300	1160000
1.45 英尺	2	4538		332810	
2.40 英尺	3	149376	40573	3443415	675000
3.30 英尺	4				
4.20 英尺	5	340043	58435	4521075	485000
5.10 英尺	6				

资料来源:重庆市港航管理局

【2007 年重庆市省际水运企业名录一览表】 (表 4－69)

序号	许可证号	企业中文名称
1	交长渝 XK284	重庆市万州区利龙运输有限公司
2	交长渝 XK0004	重庆市潼南县航运公司
3	交长渝 XK0005	重庆市铜梁县轮船有限公司
4	交长渝 XK0006	重庆市合川区云门航运公司
5	交长渝 XK0021	重庆九龙水运有限公司
6	交长渝 XK0025	重庆江顺储运有限公司
7	交长渝 XK0030	重庆轮船(集团)有限公司
8	交长渝 XK0032	奉节县港航运输公司
9	交长渝 XK0037	重庆市万州区渝东船务有限公司
10	交长渝 XK0044	重庆河记船务有限公司
11	交长渝 XK0056	重庆市乾峰船务有限公司
12	交长渝 XK0062	重庆市万州区杨河航运有限公司
13	交长渝 XK007	重庆河洋航运有限责任公司
14	交长渝 XK0074	巫山县吉祥船务公司
15	交长渝 XK0086	重庆市中南石油有限公司
16	交长渝 XK0097	重庆市江津区四通轮船有限责任公司
17	交长渝 XK0101	重庆市江津区津洲轮船有限公司
18	交长渝 XK0102	重庆市江津区长兴轮船有限责任公司
19	交长渝 XK0103	重庆市江津区运输有限公司轮驳分公司

序号	许可证号	企业中文名称
20	交长渝 XK0104	重庆市江津区飞达轮船有限责任公司
21	交长渝 XK0106	重庆北碚水运有限公司
22	交长渝 XK0110	重庆市涪陵粮油航运贸易公司
23	交长渝 XK0111	重庆海内观光游轮有限公司
24	交长渝 XK0112	重庆市忠县大扬运业有限责任公司
25	交长渝 XK0113	重庆市万州江南轮船有限公司
26	交长渝 XK0114	巫山县三峡航运总公司
27	交长渝 XK0120	重庆市江津区华通轮船有限责任公司
28	交长渝 XK0122	重庆市江津区鸿生轮船有限责任公司
29	交长渝 XK0123	重庆市江津区津航船业有限责任公司
30	交长渝 XK0124	涪陵江龙船务有限责任公司
31	交长渝 XK0126	重庆市永川区长风航运有限责任公司
32	交长渝 XK0130	重庆金宏祥船务有限公司
33	交长渝 XK0133	重庆市乔泰船务运输有限公司
34	交长渝 XK0135	重庆市涪陵区大为船务有限公司
35	交长渝 XK014	重庆川维物流有限公司
36	交长渝 XK0142	重庆市涪陵益丰船务有限责任公司
37	交长渝 XK0143	重庆市涪陵区强源船务有限公司
38	交长渝 XK0144	重庆市涪陵龙陵实业发展有限公司
39	交长渝 XK0146	重庆市涪陵东方兴隆船务有限公司
40	交长渝 XK0147	重庆市万州区扬江航运有限公司
41	交长渝 XK0148	重庆市涪陵区遂锋船务有限责任公司
42	交长渝 XK0152	重庆市涪陵区恒剑航运有限公司
43	交长渝 XK0156	奉节县开源船务有限公司
44	交长渝 XK0159	云阳县渝鸿船务有限公司
45	交长渝 XK0164	重庆市万州区五星船务有限公司
46	交长渝 XK0166	重庆市涪陵祥瑞水运有限公司
47	交长渝 XK0194	重庆罗诺船运有限公司
48	交长渝 XK0195	重庆市武隆县国通船舶运输有限公司
49	交长渝 XK0196	重庆市海翔船务有限公司
50	交长渝 XK0197	重庆市华龙船务有限公司
51	交长渝 XK0228	重庆市恒鸿运输有限公司
52	交长渝 XK0304	巫山县远宏船务有限公司
53	交长渝 XK0307	重庆市渝涪船务有限公司
54	交长渝 XK0315	巫山县渝胜水陆运输有限公司
55	交长渝 XK0324	重庆市永川区飞龙船务有限公司
56	交长渝 XK0325	重庆海牛运输有限公司
57	交长渝 XK0326	重庆文鑫物流有限公司
58	交长渝 XK0327	巫山县渝山船务有限公司
59	交长渝 XK0328	巫山县红石梁货运码头有限公司
60	交长渝 XK136	重庆市昆运商贸有限责任公司
61	交长渝 XK138	重庆市合川区嘉陵轮船运输有限责任公司
62	交长渝 XK154	重庆市涪陵区呈荣船务有限公司
63	交长渝 XK160	重庆市涪陵三元航运有限公司
64	交长渝 XK161	重庆港务物流集团有限公司
65	交长渝 XK169	重庆市忠县正宏运输有限责任公司

序号	许可证号	企业中文名称
66	交长渝 XK184	重庆市涪陵鑫麟运输有限公司
67	交长渝 XK187	重庆市泽胜船务(集团)有限公司
68	交长渝 XK191	重庆市万州区荣生船务有限责任公司
69	交长渝 XK192	重庆三益物流(集团)有限公司
70	交长渝 XK198	重庆玉祥船舶投资有限公司
71	交长渝 XK200	巫山县康辉航运有限责任公司
72	交长渝 XK201	重庆市涪陵区丰渝船务有限公司
73	交长渝 XK204	重庆市涪陵区坤龙船务有限公司
74	交长渝 XK207	重庆市涪陵双江轮船公司
75	交长渝 XK208	重庆凯美特航运有限公司
76	交长渝 XK209	重庆顺治物流有限公司
77	交长渝 XK210	重庆市万州区万港船务有限公司
78	交长渝 XK211	重庆市龙旺船务有限公司
79	交长渝 XK212	重庆市正海物流有限责任公司
80	交长渝 XK213	重庆铭佳轮船有限公司
81	交长渝 XK214	重庆市江津区茂港船务有限责任公司
82	交长渝 XK215	重庆市夔峡船务有限责任公司
83	交长渝 XK216	重庆市西沱航运有限公司
84	交长渝 XK217	重庆龙昊航运有限公司
85	交长渝 XK218	重庆市万州区齐力船务有限公司
86	交长渝 XK219	重庆市圣洋实业有限责任公司
87	交长渝 XK220	重庆市涪陵区蓝箭船务有限责任公司
88	交长渝 XK221	重庆市航瑞船务有限公司
89	交长渝 XK222	重庆市合川区华海水上货物运输有限公司
90	交长渝 XK223	重庆市万州区圣发船务有限公司
91	交长渝 XK224	重庆坤源船务有限公司
92	交长渝 XK225	重庆和正运输有限公司
93	交长渝 XK226	重庆市清江船务有限公司
94	交长渝 XK229	重庆长庆集团有限责任公司
95	交长渝 XK230	重庆市武航船务有限公司
96	交长渝 XK231	重庆旺辉物流有限责任公司
97	交长渝 XK232	重庆航益船务有限公司
98	交长渝 XK233	重庆任航运输有限公司
99	交长渝 XK234	涪陵江云船务有限公司
100	交长渝 XK235	重庆丰都天朝船务有限公司
101	交长渝 XK237	重庆市万州区金元船务有限公司
102	交长渝 XK238	重庆市康源船运有限公司
103	交长渝 XK239	重庆市祥皓船务有限公司
104	交长渝 XK240	重庆市涪陵区鸿围船务有限责任公司
105	交长渝 XK241	奉节银河航运有限公司
106	交长渝 XK242	重庆市巨航实业有限公司
107	交长渝 XK243	重庆市二航物流有限责任公司
108	交长渝 XK244	重庆市银丰船务有限公司
109	交长渝 XK245	重庆市海发运业发展有限公司
110	交长渝 XK246	重庆市北碚省际运输有限公司
111	交长渝 XK247	重庆市忠县石宝航运有限公司

序号	许可证号	企业中文名称
112	交长渝 XK248	重庆市泓正船务有限责任公司
113	交长渝 XK249	重庆市大展宏图船务有限责任公司
114	交长渝 XK250	重庆宇森船务有限公司
115	交长渝 XK250	重庆云隆船务有限公司
116	交长渝 XK251	重庆市万州港货运有限责任公司
117	交长渝 XK252	重庆滨浩船务有限公司
118	交长渝 XK253	重庆市江津区结盟船舶运输有限公司
119	交长渝 XK254	重庆市银宏运输有限责任公司
120	交长渝 XK255	重庆扬峰船务有限公司
121	交长渝 XK256	重庆市汇龙航运有限责任公司
122	交长渝 XK257	重庆市万州区国发运输有限公司
123	交长渝 XK258	重庆市泽友船务有限责任公司
124	交长渝 XK259	重庆市贵龙船务有限公司
125	交长渝 XK260	重庆市航盛船务有限公司
126	交长渝 XK261	重庆市源辉船务有限公司
127	交长渝 XK262	重庆市世强船务有限公司
128	交长渝 XK263	重庆路航船务有限公司
129	交长渝 XK264	重庆冠泰船务有限公司
130	交长渝 XK265	重庆市涪陵区泰铭船务有限公司
131	交长渝 XK266	奉节县江华航运有限公司
132	交长渝 XK267	重庆市神帆航运有限公司
133	交长渝 XK268	重庆市涪陵区涪洪船务有限公司
134	交长渝 XK269	重庆市万州区生创船务有限公司
135	交长渝 XK270	重庆长青航运有限公司
136	交长渝 XK271	丰都县民联船务有限公司
137	交长渝 XK272	重庆市涪陵区兴舟船务有限公司
138	交长渝 XK273	重庆东洲航运有限责任公司
139	交长渝 XK274	重庆金象货物运输有限公司
140	交长渝 XK275	开县华盛船务有限公司
141	交长渝 XK276	重庆鹏洋船务有限公司
142	交长渝 XK277	重庆市合川区海丰船务有限公司
143	交长渝 XK278	重庆市江津区鸿运轮船有限公司
144	交长渝 XK279	重庆市云祥航运有限公司
145	交长渝 XK280	重庆航宇船务有限公司
146	交长渝 XK281	重庆光华船务有限公司
147	交长渝 XK282	重庆嘉浦通邦船运有限公司
148	交长渝 XK283	重庆长庆船务有限公司
149	交长渝 XK285	云阳县渝鑫船务有限责任公司
150	交长渝 XK286	云阳江泓船务有限公司
151	交长渝 XK289	重庆丰都航兴船务有限公司
152	交长渝 XK291	重庆市发远船务有限责任公司
153	交长渝 XK292	重庆市万州区鸿运船舶修造运输有限责任公司
154	交长渝 XK293	重庆市万州区国茂运输有限公司
155	交长渝 XK294	重庆市万州区开源运输有限责任公司
156	交长渝 XK295	重庆市涪陵区广锋船务有限公司
157	交长渝 XK296	奉节县富发船务有限公司

序号	许可证号	企业中文名称
158	交长渝 XK297	开县兴航船务有限公司
159	交长渝 XK299	重庆市涪陵区江翔船务有限公司
160	交长渝 XK300	重庆市涪陵区恒硕船务有限公司
161	交长渝 XK301	重庆市州际物流有限公司
162	交长渝 XK302	丰都县兴旺航运有限公司
163	交长渝 XK303	重庆市涪陵区富一船务有限公司
164	交长渝 XK306	开县渝宁航运有限责任公司
165	交长渝 XK308	丰都县兴隆船务有限公司
166	交长渝 XK309	重庆市涪陵区阔达船务有限公司
167	交长渝 XK310	巫山县富升水陆联营有限责任公司
168	交长渝 XK311	重庆市利江船务有限公司
169	交长渝 XK312	重庆市万州区欣陇船务有限公司
170	交长渝 XK313	巫山县博航水陆运输有限责任公司
171	交长渝 XK314	重庆市丰都县航进船务有限公司
172	交长渝 XK316	巫山县天中水陆运输有限责任公司
173	交长渝 XK317	重庆市南江船务有限公司
174	交长渝 XK318	开县神通港航有限公司
175	交长渝 XK319	重庆市丰都县航顺船务有限公司
176	交长渝 XK320	重庆华航轮船有限公司
177	交长渝 XK321	重庆市北碚区航塑总公司
178	交长渝 XK322	重庆智全实业有限责任公司
179	交长渝 XK323	重庆市万州区协亨运输有限公司
180	交长渝 XK329	重庆市涪陵区锋源船务有限公司
181	交长渝 XK415	重庆市巴南区生源运输有限公司
182	交长渝 XK417	奉节县明泰船务运输有限公司
183	交长渝 XK418	巫山县海洋船务有限公司
184	交长渝 XK419	重庆远康实业有限公司
185	交渝 XK0001	重庆长江水运股份有限公司
186	交渝 XK0017	重庆市万州区串通滚装运输(集团)有限公司
187	交渝 XK0020	重庆市东江实业有限公司
188	交渝 XK0022	重庆市万州区万港航运有限责任公司
189	交渝 XK0025	重庆市河牛滚装船运输有限公司
190	交渝 XK0027	重庆市万州区江航船务有限公司
191	交渝 XK0028	重庆市万州区渝通滚装运输有限公司
192	交渝 XK0029	云阳县永盛实业有限公司
193	交渝 XK0031	重庆新世纪游轮股份有限公司
194	交渝 XK0032	重庆市万州区江峡船务有限公司
195	交渝 XK0037	重庆市长江三峡旅游船有限公司
196	交渝 XK0039	重庆金航船务有限公司
197	交渝 XK0045	重庆鸿发船务有限公司
198	交渝 XK0003	重庆海晶旅游有限公司
199	交渝 XK0021	重庆顺华滚装船运输有限公司
200	交渝 XK0023	重庆东方轮船公司
201	交渝 XK0034	重庆金峰旅游轮船有限公司
202	交渝 XK0042	巫山县长江船务公司
203	交渝 XK0043	重庆港盛船务有限公司

序号	许可证号	企业中文名称
204	交渝 XK0049	重庆涪陵港江水运有限公司
205	交渝 XK0051	重庆川江船务有限公司
206	交渝 XK288	云阳县龙发运输有限责任公司
207	交长航 XK0028	长江重庆航道工程局
208	交长航 XK0043	重庆港九股份有限公司
209	交长航 XK031	长江重庆航道局丰都航道处船舶公司
210	交长渝 XK157	重庆市中天船务有限公司
211	交长渝 XK330	重庆市丰都县航龙船务有限公司
212	交长渝 XK331	重庆市上庆船舶航运有限公司
213	交长渝 XK0236	云阳县渝多船务有限公司
214	交长渝 XK287	云阳县渝航轮船有限责任公司
215	交直 XK0036	长航万州航道实业开发公司
216	交渝 XK0047	重庆鑫品集装箱船务有限公司
217	交渝 XK0048	重庆国平船务运输有限公司
218	交渝 XK0019	重庆海汇航运有限公司
219	交渝 XK0040	重庆集海航运有限责任公司
220	交渝 XK0050	重庆市海运有限责任公司
221	交渝 XK0005	民生轮船有限公司
222	交渝 XK0054	重庆市远东船务有限公司
223	交渝 XK0053	重庆重海国际货运有限公司
224	交渝 XK0052	重庆中孚航运有限公司
225	交长渝 XK165	重庆市万州区龙腾船务有限公司

资料来源:交通部长江航务管理局

【民生实业(集团)有限公司(简称民生公司)】 2007年,民生公司货运量、周转量和货运收入比上年都有两位数的增长。民生公司入选中国服务性企业500强,重庆市100强企业。

·船舶建造 民生公司长江航运船舶朝着大型化方向发展,建造的长江580标准车位的大型商品车滚装船"民铎"轮投入营运。此外,建造了4艘300TEU长江集装箱船、6艘200TEU长江集装箱船;建造了2艘3000吨干散货船投入长江航运,建造了2艘700TEU集装箱海轮。随着民生公司船舶的不断投入,综合运输能力显著提高。全年共运输集装箱152866TEU,同比增长19.35%;共运输商品车161314辆,同比增长22.8%。

·发展物流 民生公司成立了重庆民生保税仓储有限公司。拓展了物流服务功能,成为一汽丰田的物流供应商。与此同时,承担了四川一汽丰田进口CKD项目。项目是四川省最大的进口项目,承运了四川长虹大型精密设备成套运输项目,标志着公司朝着大型综合物流项目方向发展。

·发展货代 民生货代在2007年中国货代企业评比中,荣获中国国际货代物流100强第18名,海运第11名,民营第3名,陆运第20名。

·广泛合作 2007年,民生公司与四川长虹集团合资组建了四川最大的物流企业——四川长虹民生物流有限责任公司;与重钢集团、港务物流集团等合资组建了重庆新港长龙物流公司;民生集装箱公司与嘉峰物流合资组建了嘉峰民生集装箱运输公司。

董事长 卢国纪

总 裁 卢晓钟

地 址 重庆市渝中区新华路83号民生大厦

邮 编 400011

电 话 (023)63710440

(民生公司 陈茂云 王 维)

【重庆金宏祥船务有限公司(简称金宏祥公司)】

(详见《长江航运年鉴》(2007卷)第四篇"运

输”第290页)

2007年,金宏祥公司有员工415人,其中船员395人。全年实现总收入1079万元,同比增加了283万元;实现利润82万元,保持了7年稳步发展势头。

金宏祥公司在经营活动中,自觉遵守国家法律规章及主管部门要求,做到合法经营。讲信誉,重承诺,同众多川江水运单位、重庆旅游企业建立了良好的合作关系,得到了上级主管部门的充分肯定,更得到同行的赞许。一是借助重庆旅游部门组织的年度旅游广交会、新闻媒体、设置宣传点等形式广泛宣传公司的概况、旅游船舶及服务质量等情况,扩大了公司知名度和影响力。二是公司为拓展业务,于2006年8月成立了“重庆金宏祥船务有限公司宜昌办事处”,2007年11月5日成立了“重庆金宏祥船务有限公司渝中区办事处”,另在沿江的涪陵、丰都、忠县、万州、云阳、奉节、巫山等城市设置了旅游工作联系点,同沿江景点相关部门和单位保持密切联系,争取了更多游客。三是建立了“公司旅游客船网络销售平台”,进一步扩大了公司宣传面,让广大游客零距离感受公司旅游服务,畅通了销售渠道。四是加强了船舶营运过程服务质量管理,让每位游客高兴而来,满意而归,让他们用亲身的经历,切身的感受去给公司作宣传,起到了事半功倍的效果。

金宏祥公司从抓企业管理入手,建立健全了企业安全管理体系、客运质量管理体系、人才管理机制等,使公司逐步向规范化、标准化方向发展。2007年,荣获交通系统“先进企业”称号;“龙飞”轮荣获年度水上交通安全生产“先进船舶”称号。

总经理　方金伟
地　址　重庆市渝中区陕西路9号基良广场B栋16-3号
邮　编　400011
电　话　(023)61689836;61689835
传　真　(023)61689815
邮　箱　jhxcw-66@ tom. com

(金宏祥公司)

·水运管理·

【上海公司实施船员“订单化”操作】 2007年,按照核心船员“自有化”、骨干船员“多元化”、普级船员“社会化”的队伍建设要求,上海公司人力资源部会同船员公司积极拓展船员招收渠道,努力推进船员劳务基地建设,实施船员“订单化”操作,以不断满足公司航运业发展对船员的需求。

上海公司船员公司委托山东惠民船员劳务基地招收并定向培养的43名后备船员,通过入学考试被山东交通学院海运学院录取,学制3年,毕业后符合聘用条件的学员将以劳务形式实现就业。届时,公司操作级船员紧缺矛盾将有所缓解。

3月14日,上海公司船员公司、外贸事业部和人力资源部一行6人专程赴鲁,就该批学员的聘用条件、学籍管理、专业调整等事项与基地和校方深入细致地进行了磋商,并达成了共识。

(上海公司　潘　韬)

【武汉公司所属南通驳船厂移交上海公司管理】

2007年4月28日,在长航集团副总经理姚平的主持下,武汉公司总经理蔺光龙与上海公司总经理张路在南通驳船厂举行南通驳船厂的交接仪式,武汉公司副总经理梅家荣与上海公司副总经理徐志梅进行了交接签字。此次武汉公司所属南通驳船厂成建制划归上海公司管理,是中国长航深化改革,实行内部产业结构调整,建立和谐长航的一项举措。

南通驳船厂建于1972年,是长航集团地处长江下游唯一具备修造条件的修造船工业企业。2003年货运结构调整后,南通驳船厂由上海轮驳公司转入武汉公司管辖,当时的船厂年工业总产值仅为500多万元,年利润为负数。经过2年的努力,到2005年末南通驳船厂年工业总产值已突破1000万元,实现利润9万元。

(徐卫红)

【重庆公司节能创新前景广阔】 2007年,重庆公司的节能创新工作取得了较好的成绩。如“三峡库区环保船的研究与开发”项目填补了西部地区水上垃圾清理及环保船的空白,为三峡工程建设和保护母亲河作出了贡献,产生了良好的社会效益。“小功率柴油机(重油机)实船应用研究”以及“200箱新型集装箱船的研究与开发”项目为节能降耗、优化船型作出了重要贡献。在全国节能宣传周前夕,长航集团副总经理姚荣建在重庆公司调研时,指出重庆公司节能创新前景广阔,同时提出四点要求:一是继续做好集装箱船的船型、船体、发动机、功能匹配等方面的节能创新工作,继续领先川江新型集装箱船的研发技术。二是要继续做好江山游船的掺烧低质油和助烧添加剂、循环水利用、发电机组优化、电瓶应用等技术的攻关工作,力争在节能降耗上为江山公司扭亏多奉献一点力量。三是重点抓好东风船舶工业公司的节能创新工作。造船工业作为重庆公司的核心主业,这几年将大规模实施技改工程。节能创新要逐步转向这一块。重庆公司要对东风公司的造船能耗、老机器运转能耗进行系统分析,比如卷扬机、门吊、滑吊等,节能创新大有文章可做。四是节能创新要主动融入地方经济,争取重庆市政府的支持。要利用好东风公司作为重庆市出口船基地这个资源,向地方政府在税收、创汇、技改上寻求支持。可在从沙滩造船向现代船台造船模式转变、优化传统造船生产流程提升效率等方面立项,向重庆市科委争取技术创新资金支持。

(罗　旭)

【长航凤凰武汉船务为海运输送大批海员】 2007年,长航凤凰武汉船务分公司加大了向海运转型的发展步伐,急需大批航海人才。公司对143名富余船干进行了考海证培训,向企业海运输送人才。同时,加快了对实习船干的培训步伐,新近提拔了50余名技术船干,并对22名实习船长进行岗上培训。

公司培养的海运人才,是既有江证又拿海证的"双料"人才。这种"双料"人才正是以江海一体为特色的长航海运所急需的。

(长航凤凰武汉船务分公司)

【南京公司与法国兴业银行签订期租融资协议】

2007年6月15日,南京公司与法国兴业银行在香港签订了1.08亿美元期租融资协议,此笔资金将用于建造3艘MR型油轮。

南京公司如此大规模与境外银行签订期租融资合同,在中国航运界尚属首例。据境外银行业界人士介绍,境外银团看好南京公司未来油轮市场前景。南京公司此前已经有2艘30万吨级油轮投入中国进口油运输,与国内船厂签订了8艘超级油轮建造合同;与中国石化签订了长期合作协议,为这些超级油轮提供了长期稳定的市场。南京公司还批量建造5万吨级MR型油轮,未来2年其规模超过34艘,将成为远东地区最大的清洁油船队。此外,目前公司拥有的化学品船、液化气船、沥青船队在国内处于领先地位,同期他们又签订了数艘这类船舶的建造合同。

期租融资无需承担表内债务,因此利用期租融资方式发展的项目对企业来说投资风险小、资金成本低,还可以改善企业资本结构,对中国航运界的投资发展具有金融创新意义。期租融资造船在中国长航发展史上是创举,南京公司的期租融资也是到目前为止中国航运界已有的少数几例期租融资中较完善的案例。

(南京公司　邢煌辉)

【长航油运拟实现海运资产整体上市】 2007年3月4日,南京水运实业股份有限公司(以下简称南京水运)第五届董事会第七次会议决定,通过向特定对象非公开发行股票不超过40000万股(含40000万股),控股股东南京公司将通过认购股份,使其海上运输资产全部置入南京水运,从而实现主业资产整体上市目标。

董事会还审议通过了《关于更改公司名称的议案》等议案,为使南京水运的名称更符合公司的行业特性,同意在本次非公开发行股票完成后将南京水运名称变更为南京油运股份有限公司(尚需经工商行政管理部门核准)。

(周大刚)

【上海公司确立"二强四支""十一五"发展战略】

2007年,上海公司在职代会上确立了"二强四支""十一五"发展战略地位。二强,即游船旅游、航运物流;四支,即船舶修造、房地产开发、汽车服务、医疗服务与职业培训。

上海公司按照产业关联度,将现有产业归并为六大类。长江游船旅游、浦江滨水旅游及相关业务归并为游船旅游;集装箱运输及相关业务、外贸运输及码头业务归并为航运物流;医疗服务、职业培训归并为医疗服务与职业培训,其他产业(船舶修造、房地产开发、汽车服务)单列。六大产业中,航运范畴的产业——游船旅游、航运物流为主业,统称"特色航运";非航运范畴的产业——船舶修造、房地产开发、汽车服务和医疗服务与职业培训为支撑产业。在"二强四支"的基础上,上海公司总体战略定位为:“聚焦主导产业,强化支撑产业,加快转型升级。”“十一五”期间,企业发展的指导思想概括为:“聚焦主业,强化支撑,自主创新,转型升级,和谐发展”。

(上海公司　宣传部)

【上海公司跨入年营收10亿元公司行列】 2007年,上海公司尽管受燃油价格持续上涨、市场景气回落、高温台风等自然灾害的影响,但总体经济效益水平仍稳步攀升。截至年底,主营业务收入超12亿元,同比增长54%,超过年初预计17%,一举跨入年营收10亿元公司行列。全年整体利润3060万元,同比增长45%,圆满完成年初确定的目标。

上海公司旅游事业部、上海公司外贸事业部、闵南船厂、上海长江航运实业总公司等成为利润大户。旅游事业部顺利完成预定利润目标;外贸事业部主营收入同比上升22%,利润同比上升61%;闵南船厂主营收入同比增长46%,利润同比增加54%;实业公司的“长航地中海花苑”开发项目自2006年12月26日开工以来,销售火爆,一期房源已经售完,二期、三期销售顺利。公司除主业经营收入有大幅增长之外,在汽车销售、特色医疗、高尔夫实训场项目、陆上集卡运输等四个方面打下良好基础,有望成为2008年经济效益的亮点。

(上海公司　宣传部)

【南京公司确立2007年为战略转型“管理年”】

2007年是南京公司战略转型中最为困难的一年,国内原油运输将大幅减少,国际油运市场明显回落,运输成本继续攀升,人民币升值使之汇兑损失增大。南京公司确定2007年为“管理年”。在“管理年”内,着重抓了三大措施:扩大经营、深化改革和推动战略合作,从而使企业规模和实力显著增强。

*一是实施扩张性经营。*继赵庄沟至栖霞过江原油管道、甬沪宁海进江原油管道建成投产后,沿江管道又于2006年5月下旬建成投产,长江三程原油运量陡然减少。南京公司积极实施扩张性经营,加强对国内外大客户的揽货经营力度,在巩固SHELL、BP、VITOL等原有客户的基础上,逐步发展了EXXON、CHEVRON、TASERO等新客户。公司还积极寻机与大客户签订COA合同。年初公司与中联油签订了COA,优先承运中联油所有进出口成品油,稳定了从中国北方、韩国、日本出口至新加坡的货源。还充分利用公司内外贸兼营的优势,实施内外贸穿插经营,实现船效最大化。

*二是全面推进企业改革。*为适应市场转移对公司经营管理体制的需要,公司按照主辅分离、江海分治的思路,全面推进经营管理体系改革。在主业方面,重组整合了船舶经营、船舶管理和船员管理三大核心业务;进行了职能调整和机构改革,实现了两级管理、监管分开;进行了流程再造和制度创新,推进了干部人事制度、分配制度和用工制度变革。在辅业方面,按照先分离、后重组、再改制的思路,组建了南京油运实业总公司,稳步推进了辅业各单元业务、资本和组织机构重组及改制工作。

*三是推进战略合作。*南京公司与中石化签订了VLCC运价保障协议,在一定程度上控制了VLCC的市场风险;与青岛丽东公司签订了化工品包运协议;与中石化沥青销售分公司签订了长期沥青运输仓储协议,为沥青运输物流化经营奠定了基础。公司先后与中、农、工、建、交等国内大银行签订了战略合作框架协议,共计获得225亿元人民币综合授信;与法国兴业、法国东方汇理、皇家苏格兰等国外大银行签订了长期期租融资协议,期租融资金额累计3.6亿美元。加上前期与渤海等船厂签订的跨“十一五”期的造船协议,公司在具有战略意义的大客户、大供应商和大银行三个领域,均建立了长期战略合作关系。

(朱志勇　赵家宏)

【交通部长李盛霖慰问中国长航职工】 2007年1月10日下午,前来武汉参加“长江航运国际论坛”的交通部部长李盛霖、副部长徐祖远及交通部水运司、体改法规司、海事局等负责人,在长江航务管理局局长金义华的陪同下来到长航大厦,与中国长航集团领导进行了亲切会面。李盛霖部长通过中国长航集团总经理刘锡汉、党委书记王镭,向中国长航全体职工表示亲切慰问。刘锡汉总经理向李盛霖部长、徐祖远副部长赠送了长江号旅游船模型。

刘锡汉总经理向李盛霖、徐祖远等交通部领导简要地汇报了中国长航“十五”期以来锐意改革、开拓市场、加快发展的基本情况。近年来,中国长航通过退出长江客运、油运应对“三江管道”向海上转移、散货运输结构重组、造船工业实现“五统一”管理、与中石化联手经营燃油贸易等五步棋,使中国长航摆脱了困境,走入了良性循环。这些成果的取得,与交通部的大力支持是分不开的。

李盛林部长听了汇报后,高兴地说,看到中国长航集团的大好形势,首先我感到非常振奋。一是为你们的巨大变化感到振奋,二是为你们的发展目标感到振奋。其次就是感觉中国长航更进一步地进入了市场,在市场中壮大了自己。下一步要瞄准市场,不断适应市场的新变化,在市场竞争中提高自己的竞争能力。再就是要切实做好安全工作,坚决克服思想上的麻痹和侥幸心理。对于发现的安全隐患,一定要坚决进行整改。徐祖远副部长也特别强调了安全工作的重要性,并要求中国长航加强船舶安全管理。尤其要通过调研,掌握三峡蓄水后库区气候、水文对船舶航行安全的影响。

(长航集团)

【南京公司成功开发船员信息管理系统】 2007年1月1日,南京公司海员分公司船员信息管理系统投入试运行。

南京公司经营体系改革后,海员分公司专注于公司三支主力船队的自有核心船员资源的开发、管理和经营。分公司现有船员2300多人,服务南京公司内外的船型有油轮、化学品、液化气、集装箱等四种;服务船舶航线涵盖长江、沿海、近洋和远洋。船员结构异常复杂,加上主管机关和石油公司对服务资历的苛刻要求,船员管理的难度大、任务重,船员培养和管理的方方面面正在催生一套船员信息管理系统和共享的船员管理操作平台。

船员信息管理系统分为船员档案、船员动态、船员派遣、船员培养、船员考核、奖惩纪录、船员证书七大部分,基本上涵盖了船员管理的所有内容。船员管理人员各自拥有操作界面,对所分管的内容和数据应进行适时的修改,以保持数据的最新有效。该系统推出后,收到了良好的效果,避免了船员证书管理上的漏洞,避免了船员管理条块之间的盲区,提高了工作效率和信息传递的速度。分公司的相关领导和有关部室管理人员只要安装一套操作软件,就可以通过局域网,进入船员信息管理系统,查询和了解船员现在的状况和动态,增强了船员管理信息的公开性和透明度,减少了中间环节,为分公司船员资源的开发、培养和经营提供了真实可靠的决策依据。

(南京公司)

【长航油运首次实行财产统一投保】 2007年,南京公司对公司本部、全资子公司、控股子公司所涉及的船舶、车辆、房屋、职工家财等各类保险实行统一投保,公开招标,并充分发挥规模优势,实施“集中采购”,大幅降低了成本。

公司经营管理体制改革后,调整了南京公司财产保险委员会成员和职能,由长航集团副总经理、公司总经理朱宁任公司保险委员会主任,公司副总经理、党委副书记李万锦任常务副主任,并在发展部设立保险办公室。公司2007年财产保险投保的基本原则是:统一投保、集中决策、归口管理、分工负责。即公司本部、全资子公司、控股子公司所涉及的各类保险均由公司统一投保,公司保险委员会集中决策,保险办公室归口管理,各相关职能部门分工负责。

公司财产保险统一投保、公开招标过程中,充分利用保险项目多、数量大的规模优势,成功地实施了“集中采购”,大幅降低了投保费用,并展示了公司在选择保险公司以及最终决定竞标价格中的强势地位。

(张建江)

【上海公司扬洋公司又获一张国际“名片”】 2007年1月22日,上海公司扬洋公司获得了由英国劳氏船级社颁发的ISO14001:2004环境管理体系认证证书。英国劳氏船级社有关专家表示,扬洋公司率先取得了ISO14001:2004环境管理体系认证证书,为中国的航运企业建立和实施环境管理体系提供了宝贵的经验。

为了更好地满足BP等国际石油公司的标准,建设符合国际标准的化工品船舶管理公司,实现企业价值、人文环境和自然资源的协调发展,扬洋公司坚持管理体系创新,不断跟踪国际上最先进的管理标准。在已取得质量安全体系认证证书的基础上,2006年公司又专门组织人员研究

ISO14001:2004环境管理标准,9月份特邀了英国劳氏的两位专家,对公司领导和相关人员进行了ISO14001:2004和OHSAS18001:2001标准的培训。同时着手建立了"质量、安全、环境"三合一的管理体系,并进行了规范有效的运行,为通过体系外审打下了良好的基础。

(上海公司)

【芜湖公司强化安全与财务管理】 2007年,芜湖公司强化各级领导的安全责任制,签订了各级领导的安全生产责任书。

加强了各项安全基础管理,开展"安全生产月"、安全生产隐患专项治理等一系列活动,排查和消除存在的安全隐患,做到责任落实、措施得力、监督到位,实现了全年劳动、消防、食品卫生,行车等安全无事故的奋斗目标。与此同时,在财务管理方面,加强全面预算管理执行力度的跟踪,强化各项费用管理和预算约束,确保预算执行的严肃性。强化财务审批制度,将财务审批权限集中,减少多渠道审批带来的管理漏洞。同时,规范合同签定、审核程序,强化对外经营风险控制。

(芜湖公司 何根林)

【"长江62026"轮连续安全航行超50万公里】

2007年3月9日,南京公司在摄山基地召开了表彰大会,隆重表彰"长江62026"轮连续安全航行50万公里无事故。这是南京公司第13艘连续安全航行50万公里 以上的拖轮,中国长航和南京公司分别颁发了嘉奖令。

"长江62026"轮自1997年6月13日以来,实现连续安全航行。船长梁安星介绍了轮船安全航行50万公里的经验。一是以严当头,抓制度执行。严格要求驾引人员不抢航赶点,不开霸王船,不开英雄船,不开赌气船;严肃驾驶台纪律,严格执行规章制度。二是以勤补拙,抓设备保障。轮机部门坚持平时多出力,多流汗,不让设备带隐患,提高对设备的检查频率,缩短检修周期,保证设备安全。三是以我为主,抓航行安全。轮船摈弃"归罪于外"思维模式,积极从自身找原因,找对策;在操作中坚持"以我为主"、你追我避、你抢我让、有理让无理、不伤害自己,不伤害别人,不被别人伤害等安全理念。四是自我加压,抓检修质量。日常检修重点落实为事前主动检修,加强设备的维护。五是相互配合,抓团队合作,有事及时沟通。六是主动参与,抓安全教育。开展深度汇谈,对照自己的习惯做法,查找不足,互相交流心得和经验,鼓励职工为船舶安全生产献计献策。

(南京公司 邢煌辉)

【"大庆412"轮退役前的特别安全保障】 "大庆412"轮于2007年4月完成她31年的运输使命,安全退役。

为确保"大庆412"轮顺利完成退役使命,轮船有针对性地制定了8项"特别安全措施"。一是认真贯彻落实公司有关近期安全生产和管理的重要指示,营造良好稳定的船舶安全生产环境。二是进入3月份以来,该轮行驶的沿海南北地区,气候已明显变化,逐渐回暖,空气潮湿,易产生雾情,要求重点抓好沿海雾季航行安全工作。三是轮船一直为华奥公司南北线运输油品,装卸油已有多次,货运质量得到了良好的肯定,要求在退役时继续维护在货主心目中的良好形象。四是轮驾两部进行近期驾驶航行和轮机管理专题研讨分析和经验交流,交流安全感受和信息,形成知识、技术共享的良好氛围。五是始终坚持安全第一、预防为主、综合治理的要求,有序有力地推进和规范SMS运行。六是加强劳动安全防护和两头港的综治工作及安全防卫工作,确保船和人的共同安全。七是全力做好"安检"工作,确保船舶机电等重要设备以良好的状况去迎接"安检"。八是加强日常人员管理和思想政治教育工作,使大家始终以良好的工作心态和责任心对待安全生产工作。

(南京公司)

【长航凤凰"长申2002"轮勇斗风浪救驳船】

2007年4月22日下午14:35,"长申2002"轮接调度命令:立即前去抢救因受到风浪袭击出现险情的"长江2019"轮船队。

"长江2019"轮邦顶2艘5000吨驳,左边一前一后又挂着2艘中分节,由于当时的偏北风风力已达到8~9级,在风浪的猛烈冲击下,"长江2019"轮后挂的F22009驳前后缆绳先后蹦断,当长申2002轮赶到船队边时,中分节2009正接近失控状态,船队的水手已无法上驳船协助编队,"长申2002"轮必须尽快完成编队控制住驳船。但是超强的风浪使得"长申2002"轮作业面临极大危险,因为船驳靠得太近容易发生碰撞事故,但船驳离得太开又无法实施编队.当班大副邵雄芳发挥了自己的高超驾驶技术,选择了一个最佳角度,应用最合理船速,接近了中分节驳,在船驳接近的一瞬间,当班水手在大副的指挥下冒着危险跳上驳船,在风浪中迅速编队,加强缆绳,努力控制住驳船。尽管风浪暴雨将水手们淋得浑身湿透,但他们毫无惧色,为了企业的财产不受损失,为了公司的利益,为了船驳的安全,全体员工齐心协力,经过近15分钟的拼搏,“长申2002”轮终于将分节22009驳牢牢地绑住,拖带着船队顶住一阵一阵风浪向罗径港码头驶去.

“长申2002”轮在风浪中拼搏了45分钟,终于将驳船安全地送上罗径港2号码头避险。由于中分节干舷太低,为了不让驳船受到风浪的袭击再次发生危险,当班大副又重新编队,由涨水头改为落水头,使自己的船舶在分节驳前挡住风浪的冲击,同时在风浪中及时检查F22009驳的空气仓,轮驾二部合作将里面的积水抽出,保证了驳船的安全,抢救任务顺利完成。

(长航凤凰)

【长航凤凰两拖轮安全航行50万公里】 截至2007年5月,长航凤凰武汉船务分公司所属“长江22021”轮、“长江21014”轮同时突破50万公里安全航行里程。

“长江22021”轮是一艘1940千瓦型顶推轮,“长江21014”轮是一艘883千瓦型顶推轮,均长年担负着汉申线的货物运输任务。10多年来,他们遵循“安全第一、预防为主”的安全理念,始终把安全放在最重要的位置,不断完善安全规章制度,夯实安全管理基础;他们努力强化安全文化建设,通过开展亲人安全寄语活动,用亲情文化培育员工的安全自觉性;他们大力推行积极的安全措施,控成本节能降耗,赶周期多拖快跑,在确保安全的前提下,每年都超额完成了生产任务。

两条船的安全航行里程同时突跛50万公里,与长航凤凰武汉船务长期较稳定的安全局面分不开。2007年上半年,公司杜绝了一般及以上船舶安全等级事故,海损为年计划的13.83%;杜绝了机损、污染、火灾和人身伤亡事故,货运质量继续保持零赔付和货主零投诉。

(长航凤凰)

【中长燃公司安全生产保持稳定】 2007年,中长燃公司通过加大专项投入,加强监督巡察,加快隐患治理,加速设备更新,着力改善企业安全环境,在连续多年保持安全无等级事故记录的基础上,又一次实现事故件数为零、事故损失为零的安全奋斗目标。因此,被长航集团申报为“湖北省安全生产红旗单位”。

中长燃公司始终把安全作为头等大事,切实将其置入重中之重地位。一是营造浓厚氛围。积极按照上级部署和要求,并结合公司实际,认真开展“安全生产月”、“11.9消防安全日”、“安全隐患专项治理”等安全主题活动。二是规范日常管理。全面清理资产挂靠、代管、租赁现象,集中治理安全管理违规行为,明确相关安全责任主体,从源头防范和避免潜在安全问题的发生。三是加强安全督察。充分发挥公司安全督察队作用,组织专业人员深入基层加油站和船舶进行现场督察,具体指导,落实整改。同时统一制作发放安全员袖标和安全警示牌,强化员工岗位安全责任,促进全员安全共管同行机制的建立。四是及时治理隐患。公司坚持为隐患治理设立“绿色通道”,对确实用于隐患治理的资金特事特办,优先支付,专项保障。在近几年持续投入治理隐患的基础上,又重点对地面油库、老旧船舶、水上发电等方面存在的安全隐患加大治理力度,及时排除安全隐忧,有效改善了安全环境。

(中长燃公司 洪向荣)

【南京公司力保江海重组过渡期安全稳定】 2007年,南京公司采取切实措施,踏踏实实地履行安全职责,为江海重组创造了良好的安全工作环境。一是坚持体系管理为主线,持续改进体系。一方面,坚持体系管理不动摇,在不间断培训的基础上,加强对船舶和岸基地的检查和监控,确保体系运行持续有效。另一方面,根据江海重组的实际需要,确保在新机构运行时,江海两个公司的体系能正常运行并及时取证,组织专门人员,修改两个板块的安全管理体系文件。二是加强重点预控,把“以防为主”的安全方针落在实处。在江海重组过渡期,安全工作面临着一系列实际困难。远洋船舶频繁航行于要求高的欧美地区,部分船舶进入高寒地区,长江流域更是出现了多年未见的枯水。故公司对季节转换时期的安全工作高度重视,对江海重组过渡期的安全工作加强领导,详细部署。坚持每星期定期召开安全周会,小结上周以来安全工作,分析、部署后一周及近期的安全重点工作。三是对远洋船舶普遍加强安全培训和评估。岸基地坚持以 TMSA 为管理标准,船舶坚持以 VIQ 为管理标准,切实加强管理,进一步强化了安全工作基础。拖驳管理部门及原油船队在严格执行各项安全规章制度的同时,进一步加强对长江重点航段的安全预控。武汉南油公司针对中上游水枯、航道险窄的现状,进一步严格安全管理制度,加派指导人员随船调研、检查和技术指导。紫金山船厂采取有效措施,加强生产现场的安全管理,强化劳动安全保护等。船舶服务分公司切实抓好以交通车船为重点的安全工作,确保员工交通安全。

(南京公司　汪修明　赵家宏)

【上海长航国际海运公司实行船舶船东代表管理制】 2007 年,长航凤凰上海长航国际海运公司出台了船东代表管理办法。对租用船舶和认为有必要设立船东代表的船舶定期或不定期地委派船东代表,代表公司履行船舶现场管理职能,努力夯实管理基础,规避和防范风险,推动长航远洋又好又快发展。

上海长航国际海运的船东代表原则上由政治坚定,热爱企业,作风端正,能力较强,并具有船舶工作实际经验的大副、大管轮以上任职资格的机关专业技术人员或机关中层以上管理人员担任。船东代表须经党政联席会议讨论决定,公司总经理任命。公司还规范了船东代表的 7 项职能,履行船舶现场管理职能,保证工作指令和要求落实到位,传达上级指示,做好员工的教育和管理。由党员担任船东代表的,在任职期间兼任船舶兼职纪检监察员工作;航次定期向相关职能部门报告,船舶重大问题随时报告。实行船东代表履职报告制度和船东代表工作考核制度,探索和实施船东代表长效管理机制。从而有利于公司政令畅通,现场管理加强,安全生产有保障。公司首批船东代表已上船工作,他们经验丰富,作风扎实,对船舶现场管理给予了实质性的帮助,受到了船员的普遍欢迎和好评。

(陈建国)

【安徽省出台水路交通突发公共事件应急预案】

2007 年 5 月 22 日,安徽省交通厅正式出台《安徽省水路交通突发公共事件应急预案》。该《预案》适用于在安徽省辖区内河通航水域(长江除外)发生重大水路交通事故,通航设施出现重大险情,航道严重堵塞,船舶严重污染水域,湖区和水上风景旅游区船舶遇险,大风、雨雪等自然灾害类公共突发事件,以及与水路交通相关的其他应急事件。

《预案》的预警级别依据发生的水上突发公共事件的危害程度和影响范围,分为特别严重(Ⅰ级)、严重(Ⅱ级)、较重(Ⅲ级)、一般(Ⅳ级)四级。《预案》指出,要成立针对水上突发事件的应急领导、日常运行、现场指挥等机构,通过海事部门与水利、公安、卫生、财政、气象、环保等部门的协同努力,有效应对水路交通突发公共事件,迅速控制事态发展,最大限度地减少人员伤亡、财产损失以及水域环境污染,保证全省水路交通正常运行。

(安徽省局　马　栋)

【安徽省建立重点水运企业联系制度】 2007 年,安徽省港航局为进一步培育全省水路运输市场,引导水运企业健康发展,在综合考虑企业性质、运力规模、经营范围、市场影响力、发展潜力、企业经营人素质等多方面因素的基础上,确定了安徽省腾达航运股份有限责任公司等 23 家在全省具有一定代表性的水运企业作为重点联系企业,并制定了调研、交流、宣传、考察、便利、协调六项重点水运企业联系制度。

该制度的建立,对于为水运企业提供政策咨询和服务,引导全省水运企业建立现代企业制度,引入先进的管理理念,扶持一批骨干水运企业创建品牌、做大做强具有十分重要的意义。

(安徽省局　马　栋)

【江西省人大《综合条例》执法调研组到省航务局调研】 2007 年 6 月 14 日,江西省人大内务司法委员会副主任委员陈梅芳、陈发芳一行 4 人到江西省航务局疏浚工程处就单位贯彻实施《江西省社会治安综合治理条例》情况进行调研。

座谈会上,江西省航务局党委书记王凯林向调研组汇报了本单位贯彻实施《综治条例》,加强社会治安综合治理工作所取得的成绩。一是党政领导班子高度重视,认真落实了综治工作领导责任制度及其目标管理责任制度。二是建立健全了综治组织机构,加大了经费投入,为此项工作的开展提供了可靠保证。三是按照上级综治工作的要求,局综治、纪检、组织人事、监察部门开展工作互动,做到齐抓共管。四是结合工作实际,规范综治成员单位的内业、基础档案建设,从而夯实了综治工作基础。五是切实抓好内部治安防范和火灾隐患整改工作,加大"人防、物防、技防"管理力度。六是全力开展矛盾纠纷排查调处,做好了维稳工作。七是完善了工作机制,加强防范职务犯罪工作。省航务局局长李天碧在汇报时说,在水上交通事故处理过程中,海事执法人员严格按照相关法律法规调查处理,全省未发生因处置不当而引发的群体性上访事件;局属各单位综治工作经费每年都列入专项预算,即使企业化管理单位在经费紧张的情况,也能挤出资金用于综治工作。

执法调研组听取汇报后,详细检查了江西省航务局综治工作内业资料及基础档案,实地察看疏浚工程处内部电视监控系统运行情况。最后,陈梅芳代表调研组对省航务局贯彻落实《综治条例》工作取得的成绩给予了充分肯定。认为态度认真,措施有力,效果明显,主要体现在党政领导高度重视,组织机构比较健全,基础工作比较扎实,防范措施得力有效,责任制做到层层落实,综治经费得到切实保障。

(江西省局　许海远　张兆平)

【江西省局吉安分局竭尽全力为滞港船舶助航】

2007年入秋以来,赣江上游降雨量明显减少,水位持续走低,致使万安水库以下部分河段水枯断航,百余艘较大吨位的货运船舶滞留在吉安、新干等港口,给区域货物流通带来一定影响。为"解救"这些受困船舶,江西省航务局吉安分局本着急船民之所急的理念,积极联系协调有关部门。万安水利发电厂决定于10月23日12时将以1500立方米每秒的流量连续放水15小时,促成滞港船舶航行。

为确保开闸泄水时的船舶通航安全,吉安分局当即部署所属各海事处、航道段提前做好各项准备工作,及时清理占用航道违规作业的船只,加强辖区航道、航标的维护管理。万安水利发电厂开闸放水后,沿线6个地方海事处和4个航道段的9艘船艇及其40余名工作人员守候在各滩口等着水流的到来。随后采取接力棒的形式,由海巡艇上下巡逻,维护通航秩序;航标艇则在前面为运输船舶引航、导航,对临时搁浅的船舶实施救助,一直安全护送到下一站。至26日下午2时许,所有滞港船舶均顺利通过辖区航段,未发生一起堵航、搁浅、碰撞事故。

(江西省局　郭锦浙)

【河南省水运安全工作取得积极进展】 2007年,河南省水运安全取得历史上最好成绩,为全省社会经济进步和交通事业又好又快发展做出了贡献。一是狠抓"四项机制"贯彻落实,安全责任制进一步健全。认真贯彻省厅《关于建立全省水上交通安全生产监督管理"四项机制"的意见》,建立健全了"竖到底"的海事系统安全监管责任制。以"四项机制"的承包制为主要内容,全省水运系统自上而下建立了承包责任制。省到直辖市、直辖市到县(区)三级水运部门共签订水上交通安全监督承包责任书487份,签订面达100%。县级承包到辖区监管(排查)的水域,直至承包到船,并以"承包明示卡"的形式张贴在船上,将承包责任落实到人,进一步加强水上交通安全监管工作。此外,建立健全了"横到边"的乡镇船舶管理责任制体系,敦促和指导县、乡、村、船主落实乡镇船舶管理责任,签订四级责任书976份,签订面达到100%,全省范围内的水域和船舶普查登记率达到100%,辖区通航水域现场安全监管面达到了100%。二是认真开展专项活动,安全隐患得到有效整治。全年共组织开展各类安全督察、检查达240多组次,参加人员达2300多人次,出动执法车辆500多台次,监督艇巡航210多艘次。累计检查船舶6万艘,排查航运企业58家、排查桥梁36座。组织船员、从业人员进行知识更新、安全教育培训1450多人次。通过排查活动,各市共发现和整改各类安全隐患877起,下发整改通知书311份,执行各类处罚227起,取缔违法私设渡口101道,拆解封存不适航劣质渡船583艘,有效地消除了安全隐患。三是安全工作方面,注重了安全宣传,按照"六进"要求,开展了多种形式的宣传教育活动。据统计,共发放教育宣传品12类、85000多册(张),召开安全座谈会、宣贯会100多次,尤其在全省组织的安全宣传周活动中,印制的宣传品成为群众的“抢手货”。

（河南省局　王守明）

【武汉市局安全监管和应急能力得到新的提高】

2007年，武汉市局以开展“抓整改、强管理、保安全”活动为主线，精心组织春运、两个黄金周和枯水期、汛期等特殊时段的水上安全保障工作，实时监控安全航行的薄弱航段，严格控制超吃水船舶进入汉江，实现了第19个春运安全年。市区联动，扎实推进全市渡口渡船改造达标，建立了乡镇渡口电子查询系统，完成62处渡口达标整治；依法拆除9处不达标渡口，提前一年完成省里下达的乡渡整治的任务。与此同时，认真开展“两防”及安全隐患排查专项活动。对74个码头、89处渡口、88家企业、391艘船舶及2个在建工程项目进行了安全检查，查出安全隐患85处，完成整改73处。组织船员安全知识与操作培训，培训船员406人次。在“9·2”事故中，迅速反应、沉稳应对，圆满完成应急救援、沉船打捞、水体保护、事故调查等一系列工作。同时着眼于举一反三、对内从严，全面启动了以“深刻吸取教训、全面自查剖析、切实推进整改”为主题的安全专项工作，举办危险化学品专业知识培训，编制了安全工作手册等。

（武汉市局　喻　慧）

【武汉市局履行社会责任和公共职能再添新业绩】

2007年，武汉市局克服时间紧、任务重、难度大的困难，完成市政府交办的汉江一桥至月湖桥趸船整治任务。迁移趸船15艘，油饰趸船22艘，亮化趸船12艘，设置轮渡旅游码头1座。参与市政府组织的晴川桥渔船综合整治，迁移渔船26艘。联合消防部门开展汉江干校村水域生活船舶消防专项整治，发放了一批救生设备。完成水路交通战备队伍调整工作，成立了水上保障大队，对重点企业、重点码头的战备保障进行了实地检查。面对雨雪冰冻灾害，全力做好水上电煤运输组织工作，准备6个电煤装卸专用码头，对电煤运输船舶进行引航、护航，简化报港手续，有效保证了电煤及时装卸运输。

（武汉市局　喻　慧）

【武汉市行业管理和服务水平迈上新台阶】 2007年，《武汉港总体规划》顺利通过交通部、湖北省政府联合审查。阳逻港区、金口港区控制性详规编制启动前期工作。首次尝试了政、银、企三方合作，促成上海浦发银行在武汉开展船舶抵押贷款业务，华航集团首批2000万元贷款进入实质性审批办理阶段。与此同时，积极争取和落实引导水运行业发展的政策性补助资金，共为31艘船舶、60艘渡船争取到运力发展引导资金，三峡船闸完建期碍航补贴资金和燃油补贴等各类资金91.5万元。此外，开展武汉城市圈港航一体化研究，推进汉鄂两港合作。

针对汉江下游枯水期延长、航道条件恶化的罕见水情，武汉市港航局每天检查航道，及时调整标位，加大引航力度，确保汉江75公里航道畅通和安全。并首次组织开展港口建设项目初步设计、施工图设计审查，加强港口建设监督管理，纠正了2起违规建设行为，有效规范了港口建设秩序。加大水运许可事后监管力度，深度开展水运企业核查和动态检查，注销了10家未达到经营资质的企业。深入开展费收稽查服务万里行活动，全面推动微机裁票工作，微机制票率达到90%以上。

（武汉市局　喻　慧）

【四川省局开展水上交通安全专项整治】 2007年，四川省局为确保水上交通安全形势稳定，在全省开展了一系列专项整治。一是开展采砂船舶专项整治。重点清查采砂船舶业主是否持证采砂，有关审批（许可）手续是否齐备，是否落实安全管理责任及措施；采砂船是否制定相应的安全生产措施和应急预案，安全管理责任是否落实到人，是否经过非法改装，是否超载运输、非法载人，有关证书、消防救生设备等是否齐备、合格，是否超范围、超航区采砂作业；船员是否适任，配员是否满足要求。二是开展渡口渡船专项整治。督促县、乡政府落实渡口渡船安全管理责任制，健全管理和监督制度；加强检查，消除事故隐患，针对性地采取切实有效的整改措施，严厉查处非法运输行为。三是开展防船舶碰撞防泄漏专项整治活动。严格按照“五结合”（专项整治与建立长效机制相结合、安全监管与市场管理相结合、教育和惩处相结合、专项整治与公路危桥改造相结合、专项整治与河道采砂专项整治相结合）和“底数清、措施实、要求严"的要求,全面开展了摸底调查、自查、排查、整治。

(四川省局　何　勇)

【交通部督察重庆市"两防"工作】 2007年9月4日至7日,交通部水运司司长宋德星率部"两防"督查组一行8人对重庆市"两防"工作进行为期4天的督查。工作组对重庆市的"两防"工作开展情况给予了充分的肯定,同时指出了"两防"工作中存在的问题:个别部门、企业有死角,桥梁业主动作慢,不够重视,存在管理部门跟踪不到位的情况。并指出,由于桥梁设计、建造及维护责任体制不明确,安全隐患依然存在。为此,提出下一步的工作要求:跟踪督查要进一步推进,及时反馈意见,并将情况上报工作组;检查、复查工作要延续,对个别不重视的要采取一些手段和措施。要找到企业一把手,采取办培训班等形式,加大宣传,真正让业主重视,要用案件进行教育;对于桥梁,要用国务院安全基础设施检查的机会,向有关部门提出,解决桥梁的安全隐患。

(重庆市局　李少春)

【"巴渝1号"油囤搬迁 消除饮用水源安全隐患】 2007年,重庆市局按照重庆市人民政府饮用水源保护实施方案(渝府办[2007]126号)和市政府环保"四大行动"第七次调度会议精神,会同市环保局、重庆海事局、交通执法总队、巴南区交通局、巴南区环保局、巴南海事处、巴南港航处等相关部门,经过与"巴渝1号"油囤法人代表沈仁道多次沟通和协调,11月28日下午就"巴渝1号"油囤搬迁达成一致意见,业主单位表示坚决执行政府决定。

11月29日上午,重庆市局局长梁雄耀主持召开会议,确定了油囤搬迁办法。11月30日上午,由巴南区政府牵头,在相关部门配合下,"巴渝1号"油囤于10:30时搬迁至鱼洞大沙坝安全水域停泊。该船搬迁后将改善鱼洞饮用水源的安全隐患,确保全区人民用水安全。待加油船到位后,巴南港航处将认真落实地锚设施,并按相关程序协助办理相关手续。

(重庆市局　杨　明)

【《重庆市航运支持保障系统发展规划》审查会议召开】 2007年9月23日,由交通部规划研究院编制的《重庆市航运支持保障系统发展规划》审查会议在重庆市港航局召开。交通部海事局和长江航道局等单位的专家以及市交委相关人员参加了会议。

会议一致认为,航运支持保障系统对于增进通航水域船舶交通安全、防止船舶污染水域、提高水上应急反应能力、提高航运服务水平和港口生产运营效率至关重要。同意《规划》提出的重庆市航运支持保障系统的总体构成、功能定位、发展目标和发展重点,并相应地提出了有关修改建议。《规划》修改完善后,市交委将上报上级部门审批。

(重庆市局　彭然红)

【浙江省提出建设港航强省战略】 2007年6月,浙江省第12次党代会在杭州市召开,省委书记赵洪祝代表省委作工作报告。他在报告中指出:"坚持把发展海洋经济放在更加突出的位置。以宁波-舟山港建设为核心,推进全省港口资源的整合和开发,大力发展海洋运输业,加快建设港航强省。加快规划建设临港产业带,积极发展一批科技含量高、资源消耗低、环境污染少的临港工业,大力开发海洋资源,切实保护海洋生态环境。"浙江省第十二次党代会报告第一次把发展海洋经济单独作为大会工作报告的其中一个内容,也是第一次提出了建设港航强省的战略。

(浙江省局　陈建光)

【《浙江省海运运力发展补助资金管理暂行办法》实施成效显著】 《浙江省海运运力发展补助资金管理暂行办法》自2004年初实施以来,各级交通港航部门认真做好贯彻落实工作。3年来,已对符合条件的运输船舶给予海运运力发展资金补助共计3912.906万元(其中:油船1127.994万元,化学品船211万元,集装箱船535.01万元,普通货船1054.702万元,客船984.2万元)。通过贯彻实施该办法,水路运输发展取得了显著成效:一是促进了浙江省海运运力的发展。截至2007年6月底,全省拥有海运运力1168.19万载重吨,比2003年底净增469.69万载重吨。二是加快了运力结构调整的步伐。全省拥有万吨以上运输船舶401.08万载重吨、特种运输船舶146.55万载重吨,分别比2003年底净增219.57万载重吨和

69.82万载重吨,运输船舶平均吨位进一步提高。据2007年度水路运输业核查分析,浙江省沿海普通货船平均吨位为2115载重吨,比上年增加9.24%;油船平均吨位为2260载重吨,比上年增加15.72%,运力结构日趋合理。

(浙江省局 陈建光)

【浙江省交通系统大力开展防船舶碰撞防泄漏专项整治活动】 2007年,浙江省交通厅为贯彻落实交通部6月28日召开的防船舶碰撞、防泄漏专项整治活动动员会议精神,按照交通部"两防"领导小组的统一部署,浙江省交通系统积极行动,认真部署,大力开展防船舶碰撞防泄漏专项整治活动。一是加强领导。省交通厅成立了以王洪涛副厅长为组长的防船舶碰撞防泄漏专项整治活动领导小组,并设立了专门的领导小组办公室,强化对防船舶碰撞防泄漏专项整治活动工作的领导和协调。二是明确方案。制定了《浙江省防船舶碰撞、防泄漏专项整治活动方案》,对全省交通系统开展两防工作进行全面部署,保持整治时间、内容与交通部一致(浙江省开展"两防"活动时间:2007年7月1日到2007年12月31日)。三是加强督查。7月底,省交通厅由4位副厅长带队分4组在对全省"三防"进行检查的同时,对本次专项行动工作进行落实和督促检查。从检查结果看,全省各地区对"两防"工作作了部署和落实,并正在开展安全隐患排查,大力宣传相关安全法律法规,为后阶段工作开展打好基础。

(浙江省局 陈建光)

【五省一市水路运政管理联席会议在浙江省召开】

2007年9月18日至19日,在浙江省温州市召开浙江、江苏、安徽、山东、河南、上海五省一市港航(运输)管理部门的分管领导及运政(管)部门负责人会议。

会议交流了各省市水路运政管理工作经验,研究部署了挂桨机船淘汰的扫尾工作和京杭运河船型标准化的下一步工作,并就在新形势下如何进一步加强区域合作,推进区域水运市场的统一、有序发展进行了研讨。

(浙江省局 陈建光)

【交通部发布《关于钱塘江内河水运发展的意见》】 2007年10月,交通部对国务院参事室《复兴钱塘江航运势在必行》提出的相关问题与建议进行了研究,发布了《关于发展钱塘江内河水运的意见》。交通部认为,影响钱塘江水运进一步发展以及衢江等水运开发的主要限制因素,是富春江水电站船闸标准低和通过能力不足的问题。浙江省交通厅和沿线地方政府对富春江水电站船闸改造方案进行了深入研究和论证,初步确定了在现船闸下游处新建一座500吨级船闸,将现船闸改为新船闸的上游引航道船闸改造方案。改扩建后的船闸设计年通过能力可达1600万吨,可基本适应未来一定时期钱塘江水运发展需要。

着眼于钱塘江战略位置的重要性,交通部赞同国务院参事室按四级航道标准对富春江船闸实施改扩建工程的意见。建议国家发改委协调华东电网有限公司和浙江省有关部门,尽快确认富春江船闸改扩建方案和船闸调度运行方案,同时明确浙江省为富春江船闸改扩建工程和衢江梯级开发建设的责任主体。交通部将根据具体项目前期工作进展和资金落实情况,在编制全国内河水运"十二五"期建设规划时统筹考虑,全面推进前期工作。

(浙江省局 陈建光)

【交通部内河个体运输船舶公司化管理现场会在杭州召开】 2007年8月27日,交通部在浙江省杭州市召开内河个体运输船舶公司化管理现场会。会议决定在浙江、江苏、安徽等部分省市试点的基础上,稳妥推进内河个体运输船舶公司化管理。会议对前一阶段部分省市开展的试点工作取得的成绩和积累的经验给予了肯定。交通部副部长徐祖远在会上指出,内河个体船舶关系到千家万户船民的切身利益,目前我国内河航运生产力发展水平仍较低,各地区发展水平也很不平衡。要从科学发展观、践行"三个服务"的高度,重视安全发展的高度,既要把握水运行业市场客观规律,又要从实际情况出发,研究利用政策促进和引导行业;做负责任政府部门,提高市场门槛;在船舶融资、保险等方面与银行、行业协会、保险公司等形成协调机制,为下阶段内河航运市场监管开启了管理思路。

(浙江省局 陈建光)

【江苏省外挂船舶管理取得重大进展】 2007年，江苏省开展了外挂船舶集中治理工作。通过集中宣传，召开座谈会，深入基层摸底调查等活动，最大限度赢得社会各界、广大船主和群众的理解和支持。先后印发了“调查登记表”、“外挂船舶认定表”，制定了《江苏省集中治理外挂船舶奖励暂行规定》、《关于明确回港缴纳航养费有关事项的通知》，为船主提供一站式服务；坚持以人为本，依法行政。外挂船舶集中整治工作取得重大成果，全年已有5473艘、99.3万吨外挂船舶回归江苏省落户，征收航养规费4857万元，为更好地实行船舶户籍地管理开辟了新路径。

（江苏省局　徐秋敏）

【江苏省泰州市船舶“治挂”工作取得实效　辖区回归船舶达1649艘】 2007年，江苏省泰州市航道部门认真贯彻省、市关于治理船舶外挂工作的通知精神，成立工作小组，制定工作方案。通过加大宣传力度，做好便民服务，解决船舶回归的困难，及时兑现服务承诺等多项措施，动员外挂船舶回归，使船舶治挂工作取得了良好的进展，辖区船舶回归数字呈不断上升趋势。截至4月23日，泰州市辖区船舶回归上网注册数合计1649艘、225429总吨。

（江苏省局　泰州处）

【安徽省规费征收实行“三个坚持”】 2007年，安徽省规范经营性服务收费，明确经营性服务收费实行“三个坚持”，即坚持“不服务不收费”原则，经营性收费面向市场；坚持不强制性收费，硬性代理；坚持服务内容与收费项目相统一，坚决杜绝不合理收费现象，切实减轻货主、船员负担。

（安徽省局　马　栋）

【江西省水运管理有措施】 2007年，江西省水运管理部门深入贯彻落实科学发展观，规范水路运输行政执法行为。一是认真做好短途砂石船舶运输市场经营行为整顿，继续强化全省水路客运、危险品船舶运输企业的经营资质监管工作，依法规范水路运输管理费收费行为，合力建设平安和谐水运。为此，省局制订了《关于严格按规定要求征收水路运输管理费的通知》、《关于对水路运输业核查工作情况进行检查的通知》、《关于切实做好上访船主教育引导工作维护社会稳定的通知》等规范性文件。与此同时，加强了春运、“五一”和“十一”黄金周旅客运输安全管理和现场监督等工作，严把旅客运输市场准入关，全年实现水路旅客运输“零事故”、旅客“零伤亡”。二是按照交通部《关于开展2007年国内水路运输业及水路运输服务业核查工作的通知》精神，全省港航管理部门认真做好水路运输经营资质监管工作，及时完成对《水路运输许可证》、《船舶营业运输证》、《水路运输服务许可证》年度核查和液货危险品运输船舶营运证的年度核查工作。全省156户水路运输企业中，146户水运企业按时、主动接受了核查，有10户未按时参加年度核查。其中7户水运企业因名存实亡被取消水运经营资格，另有2户水运企业因经营资质不合格也被取消了经营资格。对52户水路运输服务企业进行核查，其中3户船舶管理公司有2户因经营资质不符合交通部规定，被取消了经营资格，另1户船舶管理公司因存在一定问题进行整改。此外，重点核查了52户水路客运、液货危险品运输企业，对376艘液货危险品运输船舶进行了跟踪监管。省局按照交通部《关于进一步加强国内船舶运输经营资质管理的通知》精神，于6月11日至15日，组织2个检查组对17户水路客运、危险品运输企业和2户船舶运输管理企业的经营资质进行现场抽查。按照“谁检查、谁签字、谁负责”的原则，检查组严格把关。对8户经营资质条件存在问题的水运企业当场提出整改意见，限期进行整改；对4户不合格企业，按照水运法规程序取消了企业的水路运输和船舶管理经营资格，使全省水路客运和液货危险品船舶运输经营资质状况明显好转。三是按照省委、省政府“全民创业、富民兴赣”要求，继续做好简化水路运输行政审批手续工作。6月6日，省局下发了《关于开展对江西运输船舶在外省落户经营情况调查的通知》，要求各设区市港航管理部门要认真研究、探讨如何帮助全省外出船主解决回省返乡创业中遇到的实际困难。全省各级港航管理部门对水运业户新建运输船舶，以及从外省购进运输船舶继续实行运输管理费专项补助优惠措施，有力促进了船舶运力的发展。全年全省新增船舶运力141330载重吨，同比增长16.5%，实现了年初提出的年度核查船舶运力达95万载重吨工作目标。纳入管理的营运船舶3192艘、994424载重吨,11104 客位,712TEU、373757 千瓦。营运船舶核查数、载货吨、客位分别比上年增加 101 艘、141330 载重吨、2076 客位,增长 3.26%、16.56%、23%。此外,认真做好水路运政服务工作,切实落实赣江"畅中游"工程,多次帮助水运企业和船舶解决赣江吉安航段枯水断航船舶被堵问题,共使 200 多艘重载货船按时通航。

(江西省局　刘木根　杨　辉)

【江西省局认真抓水路春运措施得力】　2007 年,江西省春节水路运输从 2 月 3 日开始至 3 月 14 日结束,为期 40 天。根据全省 41 条主要水路客运航线客流量情况,共安排客船 190 艘,8900 客位,承担春运期间水路旅客运输任务。为做好水路春运工作,江西省局采取得力措施。一是做好春运宣传工作。在客运站、码头悬挂、张贴春运宣传横幅、标语,编印春运简报,及时宣传春运好人好事和工作亮点。二是港航管理部门与客运企业、客船签订《春运安全责任保证书》。做到"三个确保",即确保安全、确保有序、确保需求;做到"四个到位",即运输组织到位、运力准备到位、安全责任到位、优质服务到位。三是严格执行水路春运准运制度。严把营运客船经营资质准入关,对所有参加春运的客船营运手续、证照及船舶适航状况进行检查,对客船证照不全的或不适航的严禁参加春运。确保春运平安无事故,保证旅客走得及时、走得有序、走得安全、走得满意,圆满完成春运工作任务。

(江西省局　张掌华　杨　辉)

【江西省个体户逐步向企业化过渡】　2007 年,江西省经交通部水运司、交通部长江航务管理局批准筹建的水运企业有 15 户,批准开业的水运企业有 10 户。至此,全省共有各类水运企业 156 户。

此外,有许多水运个体经营业户正在通过横向联合方式和委托经营方式,实现企业化经营,以增强竞争力。

(江西省局　李　明　杨　辉)

【江西省港航规费征收创历史新高】　2007 年是一个不平常的年份,在水位创历史新低的情况下,江西省港航管理部门不断探索行之有效的规费征收方式,增强优质服务意识,提高办事效率,全力打造文明执法、合理征费的良好环境。全年全省航运规费征收共计 12122 万元,同比增长 8.8%,再创历史新高。

(江西省局　陈伟娟　杨　辉)

【南昌市港航处颁布 4 条禁令接受社会监督】

2007 年 7 月,南昌市港航处颁布了行政执法人员 4 条禁令。即严禁利用执法之便谋取不正当利益,为子女、亲属从事本行业的经营行为提供便利;严禁在执法过程中索贿受贿,擅自减免规费,随意降低收费标准;严禁收受业户财物、有价证券和支付凭证等;严禁在执法过程中多收费少开票或只收费不开票。

4 条禁令的颁布,严格规范了港航管理人员在行政执法中的工作行为,对违反禁令的人员根据情节轻重,按照有关规定给予相应的党纪、政纪处分,对情节严重的坚决清除出行政执法队伍。

(南昌市港航处　揭任成)

【武汉市水运生产能力和基本建设取得新发展】

2007 年,武汉市船舶运力规模再创新的飞跃。全市地方运力突破 50 万载重吨,达到 56 万吨,比上年净增 13.5 万吨。船舶大型化势头迅猛,单船平均载重吨达到 1600 吨,比上年提高 26%,首条 4 万吨级散货运输船入籍武汉。集装箱吞吐能力成倍增长,达到 75 万 TEU,比上年净增 44 万 TEU。杨泗集装箱二期改扩建工程、沌口商品汽车滚装码头、东西湖建华管桩码头、蔡甸军山民福通物流轿车码头等项目圆满完成,武钢江北基地码头、明达玻璃码头开工建设,汉江二期航道整治工程、阳逻集装箱二期工程、香港南顺油码头、南车集团金口件杂码头、长航青山船厂舾装重件码头等项目的前期工作有序开展,80 万吨乙烯、全国稻米交易中心、林四房水上煤炭中转基地等港口项目进入研究策划阶段。

(武汉市局　喻　慧)

【泰国外交部率团考察景洪港】　2007 年 9 月 8 日,泰国外交部东亚司司长率团 13 人考察景洪港,表示希望中、老、缅、泰 4 国加强合作,促进澜沧江－湄公河国际航运再上新台阶。

(云南省局　马翠德)

【云南省昆明市政府批准滇池航运发展规划】

2007年11月5日,云南省昆明市人民政府正式批准了"滇池航运发展规划"。同意了滇池航运发展思路、航道布局、港口规划、环保船型和航运支持保障体系的框架,在有力保护滇池水域环境的同时,发展滇池水上观光旅游和水上交通运输。

(云南省局 马翠德)

【四川省开展农村水路客运燃油补贴工作】 2007年,四川省局针对中央财政下达石油价格改革财政补贴资金不包括农村水路客运的情况,通过主动向省交通厅、财政厅汇报、反映,积极争取到2007年度中央财政对四川农村水路客运实施油价补贴,两次合计补贴955万元。同时制定了《全省农村水路客运油价补贴资金分配方案》,配合省财政将油价补贴资金分配落实到位。

(四川省局 林 彩)

【四川省加强水路危险品运输经营资质和申报管理】 2007年,四川省航务局为加强四川省水路液货危险品运输企业经营资质管理和港口危险货物作业管理,一是制定出台了《四川省水路液货危险品运输企业经营资质评估管理规定》(试行),对评估范围,评估组织和人员,评估程序及监督管理作了明确规定。二是制定出台了《四川省港口危险货物作业申报管理规定》(试行),对危险货物作业申报的方式、提交的资料、申报的程序以及监督检查等作了明确规定。

(四川省局 林 彩)

【四川省进一步加强营运船舶市场准入管理】

2007年,四川省航务局为进一步加强以游览、观光为主的旅游客船和货运船舶市场准入管理:一是发出了《关于进一步加强旅游客船市场准入管理的通知》,对进一步加强旅游客船运输经营资质审批管理、营运管理、检验管理和船员管理提出了具体要求,对新建(购买)船长30米以上或载客30人以上旅游客船实行备案制。二是发出了《关于进一步加强货运船舶市场准入管理的通知》,对长江干线货运船舶的管理,支流、湖泊(库区)货运船舶的管理,对新建散装化学品船、液化气体运输船、油船、滚装船市场准入管理以及改建船舶管理提出了具体规定和要求。

(四川省局 林 彩)

【《四川省水上交通安全管理条例》颁布实施】

2007年9月27日,四川省十届人大常委会第三十次会议审议通过了《四川省水上交通安全管理条例》。

该条例共分11章67条,主要对水上交通安全管理职责,船舶和船员管理,船舶航行、停泊和作业管理,渡口管理,船舶设计、制造和维修管理,航道、港口保护和通航保障,事故协助和调查处理,以及监督检查和法律责任等方面的内容进行了调整和规范。条例于2008年1月1日起施行。

(四川省局 法规处)

【《中华人民共和国船员条例》颁布实施】 2007年3月28日,国务院第172次常务会议通过《中华人民共和国船员条例》,并于9月1日起施行。结合《条例》精神和四川船员管理的实际,四川省局组织全省航务海事系统相关人员在绵阳召开了四川省《条例》宣贯会,提出在《条例》出台后全省船员管理工作中新的要求。

(四川省局 干启刚 李小平)

【四川省局重新制定五项行政执法工作制度】

2007年,四川省航务管理局结合水路交通实际,重新制定了《四川省水路交通行政执法监督规定》、《四川省水路交通行政执法错案责任追究制度》、《四川省水路交通行政执法社会监督制度》、《四川省水路交通行政投诉举报管理制度》和《四川省水路交通行政许可跟踪督查制度》五项行政执法工作管理制度。

(四川省局 法规处)

【国务院副总理曾培炎乘船视察黄河兰州段】

2007年9月6日,中共中央政治局委员、国务院副总理曾培炎在甘肃省省委书记陆浩、省长徐守盛等领导的陪同下,乘"甘海巡100"海事监督艇视察了黄河兰州段环境保护、船舶污染、水运海事发展等情况。

曾培炎在调研中,对黄河兰州段近年来在水资源利用、水域环境综合治利等方面取得的成绩给予充分肯定。强调指出:要加强水资源的监控和管理,提高水资源综合利用率,促进水资源节约和集约利用,完善体制机制,明确目标责任,进一步保护好、治理好、利用好母亲河的水资源。

(甘肃省局　陈长春)

【重庆市局加快立法步伐　依法行政能力得到提高】 2007年,重庆市港航局出台了《重庆市水路运输管理条例》、《重庆市水上交通安全管理条例》、《重庆市港口管理条例》,制定了《重庆市乡镇船舶安全管理办法》、《重庆市客船上下乘客数额登记报告制度》等31个规范性文件;进一步简化审批程序,对现行15项行政许可的办理流程等进行了统一、规范、公示,对取消和权限下放的行政许可项目加强后续监管;政务大厅的"一站式"服务做到为民、便民、利民,坚持急事急办,特事特办,执政为民,服务发展。

(重庆市局　彭然红)

【重庆市交委主任到市港航局调研】 2007年12月3日下午,重庆市交委主任丁纯率交委相关处室负责人一行11人到市港航局调研。丁纯在听取局长梁雄耀的汇报后,对港航局近几年来的工作给予了充分肯定,对港航局明年围绕如何建设长江上游航运中心的总体工作思路表示赞同。同时强调,建设长江上游航运中心要以科学发展观为指导,并结合科学发展观的内涵,对今后的水运工作提出四点意见:一是要将加快水运发展作为第一要务,加快嘉陵江、乌江、大宁河、小江等支流航道整治,集中力量搞好主城、万州、涪陵3个枢纽和合川、江津、永川、奉节、武隆5个重点港区的建设。研究并用好相关的西部大开发政策、保税港区政策,搞好银企沟通和周边省市推介,要减政放权,营造良好的发展环境。二是以人为本,狠抓安全工作。完善支持保障系统建设,加大安全监管力度,加快船舶污染治理,推进船舶标准化,实现节能减排,最大限度保障人民群众生命财产安全。三是做好水运可持续发展。支持优势企业做大做强,鼓励支持发展水陆联运、江海联运,实现货畅其流,人便其行。依法监管市场,建立水上监管法规体系,实现依法行政。四是要统筹兼顾,处理好客运与货运、企业与行业、直属单位与区县单位、地方与中央部属相关单位的关系,构建和谐航运。

(重庆市局　彭然红)

【交通部长江上游船舶大型化研讨会在重庆市召开】 2007年12月1日,交通部水运司在重庆组织召开了交通部长江上游船舶大型化研讨会。参加会议的有部水运司、长江航务管理局、长江海事局、中国船级社、武汉河规所、重庆市交委、重庆市港航局、重庆海事局、重庆航道局、CCS重庆分社等单位。部水运司副司长曹德胜、长航局副局长阮瑞文等领导出席了会议。

会上,重庆市港航局局长梁雄耀首先就重庆船舶大型化发展情况进行了通报,指出了目前大型船舶的发展趋势:普通货船达到8000载重吨、集装箱船420TEU、危险品船4500载重吨、旅游客船450客位、载重汽车滚装船60车位、商品车滚装船500车位。同时分析了长江上游船舶大型化发展的主要原因:一是三峡成库航道条件改善、大型化条件成熟;二是三峡船闸完建,大船运行效益增长明显;三是燃油价格持续上涨,运价不高,成本随吨位增加降幅增大;四是大型化是提高三峡船闸通过能力的需要;五是大型船舶有利于航行安全、减少污染。还提出了船舶大型化发展应重点关注的问题:一是中游航段吃水有限;二是部分码头设计靠泊能力不足;三是检验技术规范需要随船舶大型化发展趋势制定完善;四是5000吨级以上船舶标准船型有待设计公布;五是大型船舶必须要全部安装GPS、AIS等助导航仪器,以提高船舶安全性能。与会各部门代表从运输市场、海事监管、航道条件、船检规范、港口能力、政策法规等方面,对长江上游船舶大型化发展的可行性和必要性进行了认真探讨。

最后,曹德胜对长江上游船舶大型化发展工作提出了明确要求:一是各部门要从全局考虑,高度负责,紧密配合,充分调研,搞好长江上游大型化船舶发展研究工作,促进运力有序发展;二是切实加强现有大型船舶的安全管理,保障船舶安全运营;三是要注重市场供求关系,做好市场需求预测;四是要充分调研沿江码头靠泊能力适应性,查找小码头靠大船带来的安全隐患,为如何发展大型船舶及码头扩能建设等提供理论依据;五是注重研究航运经济性问题,要结合目前现实航运条件充分论证大型化船舶在航运业中的经济效益,避免盲目发展带来负面影响。

(重庆市局　闵邦军)

【重庆市港航局召开水运发展座谈会】 2007年1月24日至25日,重庆市港航局分别在万州、涪陵召开了水运发展座谈会。副局长杨大伦、党志胜受局长梁雄耀委托,率局机关主要业务处室负责人参会。11个区县港航局(处、所)主要负责同志,以及万州港、涪陵港、巨航集团、泽胜集团等40余家重点骨干港航企业的主要负责人参加了会议。

会上,港航企业与管理部门就当前重庆市水运发展形势、水运发展思路及发展中存在的主要问题等进行了热烈讨论和积极沟通。会议认真分析了影响、制约当前重庆市水运进一步发展的诸多因素,讨论了解决问题的主要思路和建议。

(重庆市局 黄昌顿)

【荷兰运输部和中国交通部到重庆开展内河航运综合服务信息系统调研】 2007年3月19日,荷兰运输部和中国交通部水运科学研究院专家再次造访重庆市港航局,开展内河航运综合服务信息系统调研。

20日,荷方专家前往重庆港务(集团)有限公司、重庆长江海事局、太平洋集装箱船务有限公司进行了考察,深入了解重庆市航运信息化情况。21日,中荷专家再次在重庆市港航局进行座谈,就考察情况与重庆市局进行了进一步的交流。

(重庆市局 阳 斌)

·客货运输·

【中长燃赢得新造海轮燃供市场】 2007年初,中长燃芜湖分公司西华加油站凭借过硬的长燃品牌战胜多家竞争对手,又一次成功赢得对"海福8号"等两艘新造海轮的柴油、机油、抗磨液压油供应权,这标志着分公司较好地赢得芜湖港口新造海轮燃供市场主动权。

芜湖港口的新造海轮是一个燃料供应新兴市场,每艘新造海轮都以购量大、用油多、品种全吸引皖江数十家竞争对手。芜湖长燃之所以能够在新造海轮市场中战胜各路竞争对手,主要取决于分公司长期以来坚持以质量好、数量足、服务热情而塑造的长燃品牌。2006年10月上旬,分公司长燃12号轮在获知"宏运达"轮每推迟一天出厂将多损失3000多元之后,主动帮老板想办法,并提出"急用先供、分批解决"的办法,帮老板解决了燃眉之急。为克服船厂靠泊难、施工多、码头水浅、环境复杂等困难,长燃12号轮根据先急先供的办法,连续用3天不同的时间段,完成了"宏运达"轮多品种供应。

(中长燃公司 洪向荣)

【万吨级"一顶一"船队满载试航成功】 2007年1月20日,长江船舶设计院设计的长江中下游第一组万吨级货轮推驳"一顶一"船队,即5000吨级自航货船顶推一艘5000吨级驳船,在江阴市满载试航成功。船队主要航行于长江A、B级航区,承担上海至黄石之间铁矿石、焦炭和钢铁成品等的运输,自航船和驳船组成的纵向一列式船型是船队的主要营运方式。

5000吨级自航货船与5000吨级驳船组成的"一顶一"船队首次在国内长江流域定点运输,其新型的联接装置、良好的快速性、适航性和经济性获得用户的好评。此次成功试航,证明了其各项技术指标达到或超过设计要求,标志着长江船舶设计院在船队船型开发上又迈上了一个新的台阶。

(沈 涛)

【南京公司与苏格兰皇家银行签订VLCC期租融资协议】 2007年2月12日,南京公司与苏格兰皇家银行在上海签订建造2艘30万吨级超大型油轮的期租融资协议。中国长航副总经理、南京公司总经理朱宁代表南京公司与苏格兰皇家银行在协议上签字,南京公司副总经理丁文锦代表南京公司新加坡公司与苏格兰皇家银行在协议上签字。这是苏格兰皇家银行目前在中国的最大融资项目。参加签字仪式的还有南京公司副总经理、党委副书记李万锦,总轮机长彭永和,总会计师刘毅彬,以及苏格兰皇家银行、中船贸易、江南造船等单位的有关领导。

南京公司秉承保障国家石油运输安全、服务全球石化的经营理念,加快向国际化、大型化航运企业目标迈进步伐,致力建设VLCC船队、MR型油轮船队和特种运输3支主力船队。这次签订2艘30万吨级超大型油轮期租融资协议是南京公司与苏格兰皇家银行加强合作的新平台、新起点,双方一定能够在中国经济持续发展的大背景下大展宏图。

（岳　军　曹　钢）

【中国长航“梁洲”轮首航马来西亚】 2007年新年初始，南京公司“梁洲”轮修船后的第一航次，就接到了沥青船首航马来西亚 SUNGAI UDANG PORT 的任务。

1月18日，“梁洲”轮出厂试航即开往马来西亚。为了给新涂油漆足够的干燥时间，轮船坚持没有压载，克服了冬季季风和涌浪的影响，从出珠江口开始一路摇晃着开到马来西亚，并克服了船不停摇晃的困难，开展了设备维护、物品归位、甲板油漆及各种码克标识等工作，为港口国和码头检查做好准备。24日船到马来西亚 SUNGAI UDANG PORT 锚地，两名港口国检查官，对该轮进行了2个小时的检查，均OK通过。17:30“梁洲”轮安全靠妥4号码头。26日凌晨02:00“梁洲”轮安全驶离码头，开往泰国，完成了首航 SUNGAI UDANG PORT 的任务。

（南京公司）

【“长江22015”轮奖励船员坐飞机旅游】 长航凤凰武汉船务分公司“长江22015”轮将历次奖励所得都攒起来，于近日利用修船的空闲时机，组织船员及家属30多人，坐着飞机到湖北恩施土家族风景区观光旅游。

“长江22015”轮是一条安全生产先进船，安全航行里程先后突破了50万、70万、80万公里，现在已达83万公里。而每一次突破，上级公司都要给一笔奖励资金。所得的奖金，该轮没有大手大脚挥霍掉，也没有平分掉，而是积累起来，用于组织大家外出旅游。轮船船长李云龙介绍，拖轮船舶组织船员坐飞机外出旅游，这在长航是有史以来的第一次。轮船原准备组织大家坐火车到湖南张家界旅游。后来有船员建议，在水中漂泊一生，没在天上飞过一次，想感受一下坐飞机的感觉。于是轮船领导把旅游线路改在距离相对较近、旅游费用相对较低的恩施土家族风景区，把节省下来的钱用于买飞机票。为了节约，他们只飞了一个单程，主要是为了圆一下大家的飞天梦。

参加旅游的船员及家属都非常激动。轮船水手长杨汉生说：“如果不是单位组织，这一生也许都坐不上飞机。”通过组织旅游，轮船的凝聚力大大增强，其他船的船员想调进来，本船的船员不想调走。轮船政委陈建春说：“我们要利用安全所得促船舶和谐。再用和谐的环境促安全的进一步稳定，实现安全与和谐的良性循环。”

（陈正勋）

【长航凤凰与宝钢签署长期运输合同】 2007年3月8日下午，长航凤凰股份有限公司与宝钢在宝钢宾馆嘉宝堂隆重举行了3+3长期运输合同签字仪式。合同明确，从2007年起，长航凤凰公司为宝钢股份承运的矿、煤、石灰石的运量将由2006年的750万吨增加至1000万吨以上。此举标志着2家央企将强强合作，努力实现共赢。

宝钢1985年9月投产以来，中国长航集团就成为宝钢沿江辅料运输、沿海矿石中转运输及国内煤炭运输业务最主要的承运商。在宝钢发展壮大的过程中，中国长航集团所承担的运量逐年上升，所占份额已达到30%。尤其是长航凤凰公司上市后，加大了对宝钢的运力投入。宝钢副总经理诸骏生在当天的签字仪式上表示，中国长航集团与宝钢的合作有着渊源历史，并建立了十分紧密的关系。长航集团凭借其强大的运力和服务优势、灵活的运力调配，始终为货主提供优质服务，并多次在宝钢生产波动和机械故障的危难时刻及时伸出援手，不计代价地为宝钢原料运输保驾护航，帮宝钢顺利渡过难关。尤其是在国内沿海运力极度紧张的状况下，长航集团始终视宝钢为最重要的合作伙伴，为宝钢提供急需的运输服务，为宝钢的快速发展作出了重要的贡献，双方也在共同的发展中结下了深厚的友谊。宝钢集团为加快新一轮发展，运输需求将进一步增长，国内长江、沿海的矿煤及辅料运量2007年将超过5000万吨。现在宝钢与长航凤凰公司又在这里签下长期运输合同，预示着双方将把合作提升到更高的层次、扩展到更广阔的领域，宝钢将在同等的条件下优先考虑与中国长航集团合作，以实现共同发展和双赢。

（长航凤凰）

【长航“联顺”轮大连港抗击风暴潮】 2007年3月3日中午，长航“联顺”轮第11航次由大连开往揭阳。按照南京公司液化气公司的指令，满载1658吨液化石油气离开大连抵达大连港外锚地抛锚避风。

为了做好避风工作,轮船立即召开抗击风暴潮动员会。船长唐龙生详细布置安全措施,要求对关键性设备进行再检查,甲板上的活动部件进行捆扎加固,确保万无一失。3月4日11:20,由温带气旋引起的强风暴潮初至,风力增至6至7级,轮船起单锚改抛双锚,备车值航行班。19:10,风力增大到8至9级,锚位移动,时值冰雪交加、气温零下2至9度,大副任建峰等3人克服浪上天桥,衣服浸水、安全帽戴不住等困难,到船头再加松双锚链,并用进一挡常车顶风。20:00至23:00风力最大,达到10至12级,狂涛巨浪,轮船加车顶风以利锚位不下移。3月5日14:30,风力减小。"联顺"轮成功抗御50年来罕见的风暴潮,确保了人、船、货安全。3月6日06:00,"联顺"轮拉响气笛,启航续往目的港揭阳。

(长航集团)

【深圳长航打造4+2艘滚装船 朝"沿海第一"进发】 2007年3月23日,深圳长航实业发展有限公司4+2艘2000车位汽车滚装船建造合同签字仪式在金陵船厂仪征分厂隆重举行。

新造船合同金额和规模是深圳公司历史之最,是深圳公司调整滚装船队结构、进一步巩固和扩大在中国滚装运输领域优势的重要战略性举措。这批较大车位滚装船的建造,将极大提升中国长航滚装运输实力和服务水平,不仅为长航滚装"沿海第一"的发展目标奠定了坚实基础,同时也为中国长航集团加快企业升级转型、着力实施"国内领先战略"注入了强劲的动力。

中国长航集团总经理刘锡汉、党委书记王镭、中国船级社副总裁高照杰、海马汽车总裁胡群以及南京、仪征市有关领导见证了签字仪式。深圳公司总经理王人地、金陵船厂厂长马必海分别在建造合同上签字。

根据中国长航滚装"十一五"滚装船队发展规划,深圳公司在未来几年内将进一步增加江、海、洋各类滚装船20余艘。这次订造的4+2艘2000车位汽车滚装船是中国长航滚装船队结构调整的一个良好的开端,将为中国汽车工业的发展和出口提供强有力的运输支撑,保障和促进中国汽车工业的快速发展。

深圳公司这次建造的2000车位汽车滚装船,为单机单桨柴油机驱动远洋型滚装船。总长140.50米、型宽24.40米,型深22米,吃水6.0米,拥有9层载车甲板,一次可最大装载中型轿车约2200辆,在静水深海时航速不少于16节。这批滚装船舶将于2009年初交付使用,计划投入到天津丰田、广州丰田以及海马汽车沿海南北航线运输服务。

(深圳长航)

【长航"洋山1号"顺利下水】 2007年4月8日凌晨2时,上海公司吴淞船厂承建的400TEU集装箱船长航"洋山1号"顺利下水。这是船厂自重新开工以来,以气囊下水方式下水的第一艘大吨位超长度的船舶,代表着吴淞船厂气囊下水技术的又一次质的飞跃。

长航"洋山1号"集装箱船是上海公司为了适应集装箱物流战略调整所建造的船舶。船舶重3000多吨,长122.8米,是吴淞船厂建造的ATB驳船船舶自重的2倍,比长洋驳还长出30米,这给船舶的下水工作带来了难度。船厂员工上下一心,克服船舶位置较为复杂、转向移位的回转余地较小的困难,从4月4日起至8日凌晨反复移位,将这艘超重超长的大船安全顺利地送下水。这次气囊下水技术的创新和突破,为吴淞船厂今后承建这类船舶奠定了基础。

(潘 韬)

【南京公司"大庆454"轮换运油种抢时间洗舱】 2007年3月15日,"大庆454"轮接南京公司调度指令,将由珠海至宁波装燃料油运往镇江。近两年来,由于"大庆454"轮一直担当外贸成品油运输任务。现在需要装运粘度较高的燃料油或原油,就必须用加温管系对其进行加温。为保证装卸油质量和数量,保证货油装卸正常,南京公司要求大庆454轮在抵宁波前对船舶所有货油舱,包括污油舱进行彻底清洗,以确保燃料油、原油的顺利装卸。

15日上午,刚卸完柴油的大庆454轮一离开珠海高栏港码头,甲板部就在大副的带领下开始了洗舱作业。为了抢时间,油轮制定了洗舱计划和安全措施,并进行洗舱作业。海上天气说变就变,在进入第二、第三天作业时,海上风力增大,船舶迎风航行摇摆抖动较厉害。为了不影响进度,在确保安全的前提下,油轮领导亲临现场指挥并参与作业。轮驾两部全体船员克服了风大天气冷、劳动强度大等困难,洗货舱、污油舱,通风、除气,测氧、测毒,排放残水,下舱抹舱等,终于在抵宁波前完成了洗舱工作。3月18日凌晨,顺利抵达宁波马峙锚地抛锚。厂方上船对各货油舱进行测爆并一次性通过,确保本航次由成品油运输改装燃料油、原油运输获得成功。

(黄德明　曹　钢)

【中长燃公司保税油供应首战告捷】 2007年4月3日,中长燃有限公司在南通成功为15万吨级巴拿马籍远洋货轮“浙远杭州”号供应60吨保税柴油,标志着中长燃公司正式吹响了进军国际船舶燃油市场的号角,开启了公司业务发展的新篇章。

首次供应保税油,由于供油程序和供油环境复杂,中长燃公司提前办理海关、边防、船厂等相关部门的各类手续,提前到现场进行供油勘查,并与保税库,供油船密切配合,做好装油和供油的一切准备。在“浙远杭州”轮船方的密切配合下,历经数小时,终于在4月3日22点前将60吨保税柴油圆满地供给了这条远洋巨轮,为公司今后保税油业务的顺利开展积累了经验,铺平了道路。

目前中长燃公司陆续完成了对长江下游的上海等分公司经营证照的工商变更工作,在长江中下游的南京等港口升级改造和租赁了保税油库并已报海关备案,进口的第一批保税油已进入保税油库接受海关监管,投入保税油运输和供应的船舶已达10余艘,基本满足目前保税经营供应的需要。他们将在后期加大硬件投入,不断适应日益增长的保税油供应规模,力争实现保税油经营的良好开局和持续增长。

(王　亮　梁　凌)

【南京公司开通高雄至上海成品油运输航线】
2007年4月10日,南京公司与中国联合石油有限公司成功签订了高雄～上海的航煤运输合同。4月21日悬挂香港旗的“长航勇士”号首次执行高雄至上海的航煤运输租船合同,这是南京公司MR型油轮开辟的一条新航线,标志着南京公司将为海峡两岸的经贸发展作出更大的贡献,也将对南京公司实施扩张性经营产生积极影响。

近几年来,中国进口航煤数量大增,航煤主要从韩国、新加坡和中国台湾等国家和地区进口。“长航勇士”号2007年3月底出厂,由新加坡公司融资建造,并悬挂香港旗,具备航行台湾市场的条件。南京公司航运部经认真分析、研究并积极跟踪市场,通过加大与租家的密切联系,开拓了台湾市场,填补了公司MR船舶这一航线的空白,并为今后优化MR船队经营结构打下了基础。

2007年以来,MR型油轮市场运价在低迷盘整中略有下降,主要原因:一是受到暖冬影响,能源消耗减少;二是市场运力不断新增,远东地区的新船陆续交用;三是货源萎缩,一季度新加坡SHELL、韩国SK等地区炼油厂检修,造成成品油冶炼加工能力降低,货源进一步减少。南京公司航运部门面对市场和2007年目标的双重压力,为提高经营效益,不断加强MR船市场分析,积极把握市场重点,加强与中联油、壳牌、BP等大租家、大货主的联系沟通,调整市场作业方法,努力扩大服务区域,提高市场运作水平。一季度,南京公司成功与中联油续签了一年COA包运协议,确保了中国进口航煤市场的运输份额。

(李谨吟　曹　钢)

【南京公司与中国石油集团签订成品油包运合同】
2007年,南京公司与中国石油集团签订了MR型油轮60万吨成品油包运合同。

南京公司是国内专业化水上油运企业,拥有船舶350多艘,总运力240多万吨,年货运量4000多万吨。近年来,南京公司为了进一步服务好国内和国际成品油运输,已经把MR船队作为南京公司三支主力船队之一进行大力发展。现已拥有9艘MR成品油轮,同时签订落实24艘MR造船合同。到“十一五”期末,南京公司将拥有一支30艘以上规模的MR船队。

(南京公司)

【长航凤凰海运生产首季实现“开门红”】 2007年一季度,长航凤凰股份紧紧抓住水运市场回升的良机,在实施中国长航集团“企业战略转型”过程中,大力推进沿海运输发展并取得不俗业绩。2007年头3个月,公司沿海矿煤运输完成运量、运输周转量、运输收入同比分别增长18.2%、5%、20%,实现首季“开门红”。

2007年,长航凤凰股份继续加大对沿海运力的投入。一季度新加盟的3艘海轮为承担海运经营的上海海运公司开拓市场提供了运力支持。在货源组织上,公司充分发挥江海联运、江海直达的优势,抓住长江三角洲经济飞速发展的机遇,大力开展对沿江大钢厂、大电厂的揽货营销活动,继续完善和深化大客户战略,同时积极关注、培育潜在的大客户,抓住机会拓展货源,为发展提供了充足的货源基础。截至目前,与包括沙钢、宝钢、兴澄钢厂、南钢、常熟电厂、江阴电力、华润电厂等重点货主的年度运输合同已经基本签订。特别是3月8日与宝钢签订的3+3长期运输合同,体现了央企强强合作、携手双赢的趋势,更为长航凤凰海运今后的发展插上了有力翅膀。

在运输经营上,上海海运分公司充分发挥公司的经营特点,由点到线,由线到面。以宁波港为中心,拓展了绿华山、马迹山、日照、青岛、天津、秦皇岛甚至南方的湛江港的进江量,并以进江线为中轴线,面对货主需求和运价变化,及时调整货源结构和航线,改善运行,实行重点兼顾和运作调整。在武钢二程需求减少、直达增加的情况下,经营策略适应变化。公司积极迎合沙钢、宝钢、华润电厂等货主需求,调整运力扩大这些战略货主的运量。一季度,矿石运输完成运量617.26万吨,同比增加15.3%。其中对沙钢、宝钢的运量同比分别增长69.4%、33.6%。而海运煤炭则根据市场需求增加、运价上涨的形势,千方百计调剂运力进北方煤炭进江航线。因此一季度完成的运量达到132万吨,同比增幅34.4%,煤炭运输收入的同比增幅高达69%,创历史同期最高记录。

在开拓市场货源、加强营销的同时,面对船舶租金、燃油价格、港使费等刚性成本同比上升的现实,长航凤凰上海海运分公司努力通过各种提效降本措施,最大程度消除成本上升对经营效益带来的影响。公司抓好年度合同谈判的每个细节,利用良好的客情关系和优质到位的运输服务,使已经签订的年度合同单位运价比上年提高了2~3元/吨。在外租船经营上,公司一方面努力稳住租金水平,另一方面说服船东在外租船舶积极推广以重代轻、乘潮发航等节能措施,有效提升了外租船的赢利水平。在港使费收取政策变化较大的形势下,公司主动上门沟通海事、港口等部门,据理力争控制港使费支出。一季度港使费支出成功控制在总收入的6%以内。另外公司对每一笔港口费单据都进行认真审核,发现疑点及时和相关部门交涉。在运输合同执行中严格合同条款,对货主一方造成船舶滞期、运量不足的,公司与货主充分沟通协商补欠。在油价波动中,公司提前掌握信息,锁价供油,一季度预购燃油2000吨,减少油费支出40万元。正是由于重视了每个增收控本环节,才使公司一季度的经营利润增幅不仅高于收入增幅,而且大大减轻了运输成本上升对效益的负面影响,使企业在2007继续呈现出良性发展的态势。

（王桂钟）

【上海公司宝江公司4月生产创历史新高】 上海公司宝江实业公司上下齐心协力,开拓经营,强化管理,经济发展实现新突破。4月份完成汽车滚装运输与上年同比增长55.86%,钢材装卸量4月份为上年同期的3倍,创历史新高。

宝江公司在炮台湾码头开辟的车辆滚装业务上,积极抓住新机遇,确立新优势。一是紧紧抓住汽车销售市场的逐步复苏的市场机遇,实施“走出去”战略,主动出击,积极走访各有关客户,提供优质服务、给予确保滚装周期,进一步提高汽车滚装船舶靠泊、系缆安全优质服务质量等承诺,保证了车辆滚装业务量。二是积极加强对汽车滚装仓储场地的改、扩建工程,使滚装环境得到了整治和改善。从而使公司及时有效地承揽了日本“丰田”系列轿车的滚装业务,确保了汽车滚装业务收入的提高。三是积极利用车辆为载体,实现了囤船过驳的实践。四是通过合理调度钢材装卸和汽车滚装的时间和节奏,提高了滚装效率,缩短了滚装周期。同时,宝江公司在钢材装卸业务上,通过不断完善钢材装卸的操作程序和管理模式,加强管理和协调。经营人员深入装卸现场协调管理,加强吊车的维护保养,合理调配钢材短驳车辆,确保了钢材装卸、短驳的连续性。通过积极与合作方西本贸易公司加强接洽和协调,对客户人员在装卸业务过程中的安全操作和实绩考核提出合理的建议,使安全和装卸效率得到提高。

（上海公司）

【“梁州”轮主机提速 两月可多跑一重载航次】

南京公司所属“梁州”轮轮机部历经4个多月

努力和辛劳,在公司船舶管理二部的支持和指导下,成功地将轮船主机转速由原来全速130~140转/分提高到160~165转/分,船速在无风流影响情况下提高了2~3节/小时,经测算平均2个月就可以多跑一个重载航次。

“梁州”轮自2007年元月18日出厂开航后,轮机部就加强了对主机工况的测试和调整,做提速前技术分析和准备工作。第一航次时,依据主机工况,轮机人员进行了提速至150转的试验。运转期间,主机先后出现了一些故障,经修复后转速又恢复到原来的140转。轮机部人员没有放弃,轮机长王业林组织轮机部技术骨干召开“诸葛”会议,对这一现象进行剖析。经过一个多月反复试验-检修-调整-试验,使各系统匹配在最佳结合点位置,2月底终于将主机的转速很稳定地提高到了150转/分。积累了经验,找对了根子,依据主机在150转/分的运转工况,对照各项技术参数,轮机部又继续投入到主机试验-检修-调整-试验研究工作中去。又经过一个多月的努力,在4月中旬再次成功地将主机的运转速度提高到160~165转/分,截至目前,主机运转工况很稳定。

(张建东　曹　钢)

【长航凤凰争揽下水货源】 2007年4月份以来,长航凤凰武汉货运分公司与湖北省最大的化肥生产企业——宜化集团成功签定了散装磷酸二胺出口运输协议,开创了武汉货运散装化肥出口运输之先河。同时,公司经营人员锲而不舍,经过刻苦攻关,最终与武钢国贸总公司签定了2007年钢材运输合同。

(长航凤凰)

【南京公司加大“五一”节日运输】 2007年“五一”期间,南京公司与壳牌公司签订了日本四日市到华中地区的混苯运输合同,由宁化417轮于5月19日到日本装货,开辟这一新航线。

为了组织好节日期间的货源,航运部在节前对各细分市场进行了认真分析,加强了与大货主、租家的联系,提前落实安排货源计划;加强了与相关港口的沟通,提前做好节日期间的作业准备;加强与海员分公司、各管船部门的沟通,提前做好船舶、人员的落实,保证了节日期间公司VLCC、MR船、化工船、二程船及长江三程拖驳运输的正常运行。5月1日开始,长江三峡北线船闸施工结束,南北线开始双线运行,为抓住这一有利条件,4月29日开始,新平江油轮加载到2.3米,提高了装载量。航运部还加强与长岭炼厂的沟通协调,重点解决新平江原油中转问题,有效缩短了新平江油轮的运行周期,确保了泸州沥青厂的生产。

(南京公司)

【南京公司批量订造的超级油轮正式开工】 2007年,南京公司在中国船舶工业集团江南长兴造船基地订造的4艘超级油轮(VLCC)开始建造,随后还将有4艘VLCC由中船重工集团建造。

南京公司选择的VLCC船型目前已经成为业界首选船型,这种双底双壳油轮具有环保、安全性好、航速快,卸油快(30万吨原油可以在24小时内卸空)等特点。南京公司第一艘29.7万吨VLCC入级中国船级社(CCS)和美国船级社(ABS),将于2008年国庆前后承运中国进口原油。当前,中国进口原油近90%仍然依赖国外航运公司承运。为保障国家能源安全,国家实施了“国轮国造,国油国运”战略。南京公司与多家中国造船厂签订了大批造船合同。这批油轮将在2009年11月30日前全部建成交付使用。届时,南京公司将拥有12艘30万吨级超级油轮,拥有34艘5万吨级承运国际清洁油的油轮,船队将成为远东地区最大的一支清洁油轮船队。届时,南京公司将成为保障国家进口原油运输安全的一支重要力量。

中国船舶工业集团总经理助理、江南长兴造船有限公司董事长、总经理陈民俊表示:认真履行造船合同的全部条款,按期为南京公司建造出高质量的VLCC油轮。他惊叹南京公司准确把握机遇的战略眼光和胆略。他说,如果稍迟几个月,VLCC的订单不仅造价大幅度上涨,交船也将推迟几年。目前,他们的造船订单已经排到了2011年。

(南京公司)

【长航凤凰开通秦皇岛至铜陵全程物流新航线】

2007年,长航凤凰芜湖货运公司捕捉到安徽徽商集团新能源有限公司拟从山西采购煤炭的信息,公司高度重视,立即组织论证,为安徽徽商集团设计了其采购秦皇岛至铜陵上峰的煤炭全程物流方案,得到了安徽徽商集团的认可。这一航线增加了长航集团长江段运量,实现了物流利润,赢得了客户满意度,拓宽了未来市场空间。

(长航凤凰)

【"长航探索"轮成功首航美国】 2007年6月4日上午,南京公司所属"长航探索"轮平安驶出HONOLULU港口,标志着该轮首航美国夏威夷取得圆满成功。首次美国之行,油轮无缺陷通过美国USCG的检查,取得VRP等证书,卸货操作得到租家的高度赞扬。

为了确保通过美国USCG的检查,油轮船长张绕新组织主要船干对海务部下发的航行美国注意事项进行细致分析,并通过电话和E-mail向兄弟船舶收集USCG检查信息。在航行途中,该轮组织各类设备操作培训,共有效组织8次应变演习。为了保证与USCG检查官交流无障碍,船长张绕新还模拟检查官用英语对轮机部和甲板部进行检查询问。由于船舶准备工作非常充分,5月27日,当USCG检查官开始检查时,全体员工应对有序,对答检查官的问题及时准确。检查官对油轮船员的业务技能给予高度评价,原计划6个小时的检查只用了2个小时,油轮获得无缺陷通过。在夏威夷两码头卸货期间,油轮加大防污染检查力度,甲板部增加了巡回检查的次数,随时保持与码头的联系,大副积极与租家安全员和代理交流沟通,保证满足租家要求。油轮提前5小时将货卸净,得到代理的书面表扬。

(周吉荣 曹 钢)

【南京公司"和洲"轮成功首运一船两票货】 2007年6月1至11日,南京公司所属"和洲"轮首运一船两票货,分别在烟台和莱洲港卸货完毕,满足了货主的需求,受到货主好评。

5月28日,"和洲"轮33航次由台湾装沥青两票货,卸货港分别是烟台和莱洲。由于轮船是首次装运一船两票货,轮船各级领导高度重视,船长李春风立即组织轮机长、大副等相关人员研究对策。本航次计划烟台2900吨,莱洲1200吨。轮船最后决定四排舱装莱洲的货,其他的舱装烟台的货,抵烟台请莱洲商检一道验货,卸完烟台货后前中压载舱压载,尾淡水舱排空,调整好前后吃水,在卸货过程中增加值班人员及检查量舱次数,确保了卸货安全及计量精确。

(南京公司)

【武汉公司长茂公司提前实现"双过半"目标】

2007年以来,武汉公司所属长茂公司积极应对市场变化,努力开辟新的运输航线,上半年完成货运量为年度目标的55.1%,提前实现了"双过半"目标。

由于公路的高速发展,加上陆上液化气槽车运输的门对门物流服务,长茂公司在安庆石化的液化气运输量逐月递减。面对市场变化,长茂公司采取积极对策,在开辟新市场方面下苦功,重点公关金陵石化炼油厂液化石油气增产部分。目前公司每月都能承揽到3000吨以上的货源。同时,对安庆石化船运货源进行了再开发。公司多次专程走访安庆石化及相关客户,就用户关心的安庆石化码头装船核量、装船工艺流程把关以及计量亏吨等问题与销售中心领导进行沟通,与安庆石化公路配送主管就定价策略进行交流。5月,安庆石化船运量及运价均有较大幅度提高。上半年继续开展了运贸一体化业务。

(徐卫红)

【南京公司MR油轮积极进军欧美市场】 2007年5月,南京公司分别与欧美地区的租家WEST PORT签订了"长航探索轮"5年期租合同,与租家KING FISH签订了"大庆451轮"6个月的续租合同。此举表明南京公司MR油轮船队在拓展大西洋等欧美市场方面迈出了坚实的步伐。

通过此次期租合同的签订,将为南京公司MR油轮的运营提供了较为稳定的经济效益,同时也积累了欧美市场MR油轮市场运营经验,培养全球化的船员队伍,为后续出厂的MR油轮运营提供重要的保障。截至2007年5月,先后有6艘MR油轮进入欧美和澳大利亚等运输市场。

(南京公司 邢煌辉)

【南京公司首艘3500米^{3}液化气船"佳顺"轮投入营运】 2007年9月21日,南京公司投资建造的首艘3500米^{3}液化气船"佳顺"轮在中船重工渤海船厂交船投入营运。这是南京公司在渤船重工订造的2艘3500米^{3}液化气船的第一艘。"佳顺"轮的加盟,将进一步提升南京公司在国内液化气运输市场的领先地位，同时表明公司做强做大液化气运输船队正在迈向实质性的一步。

“佳顺”轮出厂后，主要投入到大连至福建、广东等地区的北气南运航线运输市场。目前，南京公司液化气运力规模在国内液化气船东中处于前列，货运量已占全国水运量10%左右。

（南京公司　邢煌辉）

【南京公司新添一艘 MR 油轮】 2007 年 8 月 27 日，渤船重工为南京公司建造的又一艘 4.6 万吨油轮“长航光荣号”顺利出厂并投入营运。这也是南京公司 2007 年出厂的第 7 艘船舶和第 2 艘 MR 型船。

“长航光荣轮”出厂后，将主要以远东市场和欧美市场为主。“长航光荣”的投入营运，使南京公司拥有的 MR 船舶数量达到 11 艘。随着公司 MR 船相继投入营运，目前 MR 船队的运量已占公司货运总量的 32% 以上。

（南京公司　邢煌辉）

【南京公司“长航发展”MR 油轮投入营运】 2007 年 10 月 18 日，南京公司旗下的长航油运新加坡有限公司与法国东方汇理银行融资合作建造的 46000 吨油轮“长航发展”，在金陵船厂交船并投入营运。

这是长航新加坡公司发挥境外公司融资优势，与法国东方汇理银行进行合作，在长航重工金陵船厂建造的第二艘 46000 吨油轮。“长航发展”轮的投入营运，表明南京公司清洁油轮船队的发展已进入收获期和 MR 油轮出厂高峰期。

（南京公司　邢煌辉）

【16.1 万吨级散货远洋船加盟长航凤凰】 2007 年 10 月 6 日，长航凤凰远洋运输业务又添生力军。由长航凤凰所属上海长航国际海运有限公司租赁经营，可进行环球运输的 16.1 万吨级散货远洋船“Sealink Prosperity”（下称“海联昌星”）轮从印度尼西亚顺利接回国内，经短暂修理后将投入公司的国际远洋运输航线。至此，公司实现了由经营 1 万吨级以下中、日、韩航线到经营 6 万吨级巴拿马型近洋运输的跨跃后，再次跃上了经营好望角型船舶环球运输的等级。公司近、远洋运输实力和经营能力得到显著增强。

近 4 年来，上海长航国际海运有限公司发扬“勇担责任、言行一致；忍辱负重、艰苦创业”的企业精神，从一艘船舶重新起步，发展到今天拥有和控制 32 万吨运力规模的近远洋专业航运公司。其中中－韩杂货班轮航线已成为上海港经营该航线最大的杂货班轮公司，享有很高的声誉。

（长航凤凰）

【中国长航集团船舶拖带“西安”舰安全抵汉】

2007 年，中国长航集团接到“西安”舰拖带任务后，该集团迅速组建了三级领导小组，鉴于船舶拖带特大件物品存在的技术难题，及不同的天气、水位、潮水等自然因素对安全航行的不利影响，分管领导，安全、调度部门及管船单位慎之又慎，提前对拖带物品、拖带装置和设备进行考察，向水文气象部门了解拖带期间的气候、水位、潮汐等变化，向海事、航道部门咨询拖带期间航道情况。

11 月 14 日凌晨 3 点，中国长航集团 4 艘驳船和 22026 拖轮所组成的船队从长江口护卫着“西安”舰开始了长江之旅。其中 4 艘驳船没有动力，全靠 1942 千瓦的 22026 拖轮顶推。4 艘驳船中两艘重载、两艘空载。西安舰在左边；空载船在中间，方便西安舰搭靠；重载船在右边。拖轮在后面中间推行。船队与西安舰靠钢缆和尼龙缆绳连接，编成梭形旁挂队形。

“西安”舰由上海吴淞进入长江后，依靠 22026 拖轮船队拖带，沿途过了 14 座长江大桥和 18 个浅滩险滩，百折千回，于 22 日安全运送到武汉港，历时 9 天，圆满完成了长江之旅。武汉港将成为这艘国产第一代导弹驱逐舰的永久驻地，“西安”舰将成为海军工程大学的教学船，并在适当的时候、以适当的形式，发挥国防和爱国主义教育基地的作用。

（长航集团）

【深圳长航加快发展长江汽车滚装运输】 2007 年，深圳长航武汉汽车物流已经运送各型商品小汽车 92483 辆，成为长江上第二大水上商品车运输企业。这些滚装船都是由“江渝 15 号”型客船改造的。“江渝 15 号”已改名为“长航江瀚”。

（深圳长航）

【南京水运再次期租 6 艘 VLCC 油轮】 2007 年，

南京水运在现有发展规模基础上,再次长期期租6艘VLCC油轮,共185.8万载重吨,日期租租金不高于3.8万美元。这6艘VLCC油轮将主要投入到中国进口原油水上运输航线,积极参与"国油国运",重点落实长航集团与中国石化签订的进口原油运输合同。

在这6艘VLCC油轮中,4艘31.6万吨,2艘29.7万吨,均为双壳双底,租期为8~12年。其中,4艘31.6万吨VLCC油轮将分别于2010年8月底、11月底和2012年2月底、5月底交船;2艘29.7万吨VLCC油轮将分别于2010年11月底和2011年3月底交船。以上6艘VLCC油轮投入营运后,将由南京水运有管船资质的子公司管理,或者委托给南京水运认可的专业管船公司进行管理,纳入南京水运整体油轮经营运作体系。

(南京公司)

【安徽省圆满完成春运、"黄金周"水运任务】

2007年,安徽省圆满完成春运和"五一"、"十一"旅游"黄金周"水路运输任务。春运期间,全省投入运力1035艘、38478客位,安全运送旅客568.05万人次;"五一"期间,全省投入运力1063艘、39103客位,安全运送旅客111.15万人次;"十一"期间,全省投入运力1322艘、41072客位,安全运送旅客140.67万人次。

(安徽省局 马 栋)

【江西省核查营运船舶运力继续实现两位数增长】

2007年,江西省共核查营运船舶3192艘、994424载重吨、11104客位、373757千瓦。营运船舶核查数同比增加101艘、141330载重吨、2076客位、44518千瓦。船舶载重吨同比增长16.5%,实现了运力两位数增长的发展目标。

经对比分析,船舶运力增长的主要原因是普通货船特别是砂石运力的增长较快;液货危险品运输船舶运力受水运市场船多货少,以及国家出台液货危险品船舶运力调控政策的双重影响,故增长较慢。

(江西省局 李 明 杨 辉)

【江西省水路春运实现安全、优质、有序、和谐目标】 2007年,江西省水路春运40天,共计投入各类客船195艘,9250客位,累计完成旅客运输量351366人次,与上年同比减少86334人次,下降19.7%,累计运送农民工61570人次。春运期间,未接到一起水路旅客投诉,未发生一起水上旅客安全事故,实现了"安全、优质、有序,和谐平安春运"的工作目标。主要特点:一是鹰潭市龙虎山、新余市仙女湖景区由于春运期间天气较往年要好、气温较高,出游的旅客大增,两景区客运量比上年同期分别净增9841人次、1204人次,同比分别增长67.9%、30.6%。尤其是鹰潭龙虎山,春节黄金周期间举办了国际岩降挑战赛,吸引了许多来自全国各地的旅游客人,客运量达14000人次,与上年同比增长130%。二是赣州市客运量大幅度下降,累计减少82694人次,与上年同比下降64.5%,占全省下降幅度的95.8%。主要原因:其一,赣州市会昌县汉仙岩销毁10余艘木质客船,建起了简易公路,开通了客车。其二,赣州市各县乡公路、桥梁的建成,公路客运班线增加,旅客弃水走陆,导致水路旅客运输量大幅度下降。三是由于公路的高速发展,环鄱阳湖高等级公路圈的形成,公路客运的优势明显。九江、吉安、南昌市水路春运客运量比上年分别减少8589人次、3406人次、1579人次,与去年同比分别下降3.5%、11.3%、94.5%。春运期间,由于赣江鄱阳湖水位枯浅,南昌港乘船的旅客极少,客运站40天的春运期几乎处于停航状态,旅客运输量仅为90余人次。

(江西省局 张掌华 杨 辉)

【南昌—南京内支线运输开通】 2007年10月18日,在江西国际集装箱码头有限责任公司集装箱码头上举行了南昌—南京内支线运输开通仪式。

江西省交通厅厅长蒲日新、南昌市市长助理戚学林和南京海关、南昌海关、南京港务集团、江西省航运局、江西省地方海事局、南昌市交通局、江西远洋运输公司、江西水运集团有限公司等有关单位的领导出席了开通仪式。

南昌—南京集装箱内支线运输,由江西远洋运输公司和南京通海航运有限公司及美国总统轮船有限公司合作,将南昌港的集装箱货物运至南京港中转再运到上海洋山港,江西水运集团有限公司"赣远2号"集装箱船将参与南昌-南京内支线的运输。这条内支线由多家支线船公司共同合作,有着良好的互补性,大型支线船舶和小型支线船舶发挥各自优势，分别承担南京港—上海洋山港和南昌港—南京港之间的运输。在不断发展壮大企业本身的同时，将为江西省外向型经济的发展作出应有的贡献。

（江西省局　平关正　杨　辉）

【江西省首艘106TEU集装箱标准示范船顺利投产】 江西省首艘106TEU集装箱标准示范船，经过江西造船有限责任公司8个月的建造，于2007年10月顺利投产。

集装箱船长68米、宽12.6米、深4.8米，可载106TEU。采用了球鼻艏双尾等节能先进技术，设计航速达到了19公里/时。通过2个月的营运验证，各项指标达到了预期的目标，有望成为淘汰江西省落后集装箱船的示范船。

（江西省局　赖招权　杨　辉）

【河南省水运呈现持续增长】 2007年，河南省水路运输生产共完成货运量1858万吨、货物周转量84亿吨公里，分别比同期增长23%、27%；完成客运量160万人次、旅客周转量7757万人公里，分别比同期增长62%、40%。与此同时，从事省际水路运输的企业数量不断扩大。全省从事省际运输的水运企业达到81家，其中正式开业的69家，筹建开业的12家，比上年同期增长了17%。有7家水运企业取得长江干线的经营资质，投入运营和在建的标准化船舶近60艘。

随着主汛期的到来，驻马店市板桥库区上游河道涨水，部分村民出行受到了一定的限制，个别船主打起了赚钱主意，用油桶非法拼装木排进行营运，存在着极大的安全隐患。经群众举报及当地政府核实后，7月25日，驻马店市地方海事局、泌阳县安全生产监督管理局、县交通局、板桥镇政府、立新乡政府等相关单位联合执法，对存在安全隐患的非法渡运船舶进行了突击检查，共取缔非法拼装渡运船舶6艘。同时，协调了3艘渡船到季节性渡口，方便沿岸群众出行。

（河南省局　王守明）

【澜沧江～湄公河大件运输进展顺利】 2006年12月4日以来，中远物流集团承载的澜沧江电站重大件货物从大连－泰国查林班－景洪港的运输。至2007年底，已完成经泰国清盛港－景洪港湄公河国际航运共15航次，完成吞吐量3000吨。澜沧江－湄公河国际航运又向前推进了一步。

（云南省局　马翠德）

【澜沧江货运规范统一管理】 2007年9月1日开始，澜沧江出口货物结束了过去以“车”为计量标准计算运费，而改为以“吨”为计量单位计算运费的方式，从而规范了澜沧江水路运输市场的管理。

（云南省局　马翠德）

【四川省水路大件运输量创历史最好水平】 2007年，四川省航务局根据省经委提供的采取公水联运方式进出川的大型设备预计72件/台的计划安排，提前安排部署，加强了岷江航道特别是重点滩险日常维护管理，加大了岷江航道巡查力度并开展了非法采砂专项整治活动，确保了航道畅通。尤其在枯水期配合省经委积极协调岷江上游电站泄流调峰，指导船公司借水过滩，确保了枯水期水路大件运输的安全畅通。重点组织协调完成了三峡右岸2号、3号机转轮，以及山东皱县100万火电定子等重特大件水路运输任务。全省全年完成水路大件运输99批次、2.9吨，同比增长61%。

（四川省局　林　彩）

【甘肃省水运在春运和黄金周期间平稳有序】

2007年，甘肃省水运局在春运和“五一”、“十一”黄金周期间，根据交通部和省交通厅对节假日水路旅客运输的有关要求，切实加强组织领导，强化安全监督检查，全面部署了节假日水路旅客运输工作。

各地交通局和海事管理机构针对本地区水路交通的实际情况，排除安全隐患，加强现场监督和值班，合理调配运力，努力提高服务质量，较好地完成了节假日水路旅客运输工作。“五一”黄金周期间，全省水路运输投放客船424艘，客位数9788客位，运输旅客17.7万人，比上年同期增长2.3%。“十一”黄金周期间，全省水路运输投放客船327艘，客位数8515客位，运输旅客16.9万人。因持续阴雨天气，比上年同期下降2.9%。

（甘肃省局　陈长春）

【重庆市云阳县渝鸿公司夺标承运武钢物资】

2007年5月，重庆市云阳县渝鸿船务有限公司与武汉钢铁集团公司正式签订了100万吨物资运输合同。不仅为船舶赢得了稳定的货源,也开创了云阳民营航运企业与国有大型企业“联姻”的先河。

武汉钢铁集团公司年水路货运量达1700多万吨,举行的公开招投标中,100多家航运企业报名,经过资格审查等程序后,23家企业参与角逐。云阳县渝鸿船务公司等3家水运企业以其经营规模适宜,诚信度较高,报价合理等条件一举夺魁中标,成为年度内新增从上海、南通、南京、张家港、镇江等港口,上水运输国外进口矿石,下水承运钢材的运输企业。为此,渝鸿公司已在武汉设立办事机构,组织了20艘3000吨及以上货轮,将安全、优质、高效地完成运输任务。

(重庆市局　朱玉前)

【“十一”黄金周重庆市水路运输平稳有序】 2007年“十一”黄金周期间,重庆市水路旅客运输共投入客船6304艘次,安全运送旅客308077人次。朝天门港10月1日至7日干线发船28艘次,安全运送旅客11467人次,分别是上年同期的-3%、+11%;涉外游船共计发送26艘次,安全运送旅客4157人次,分别是上年同期的+8%、+17%。两江游轮“十一”黄金期间运送旅客33515人次,是去年同期的+53%。

“十一”黄金周水路旅客运输工作,在重庆市港航管理部门和广大航运企业职工的共同努力下,通过开展船舶附加检验、召开各种会议对工作进行布置,采取合理安排运力,由领导带队进行督促检查等措施,做到了安全、优质、有序。

(重庆市局　彭然红)

【寒假期学生乘船享受半价优惠】 经重庆市水路运输行业协会客运分会研究决定,在2007年寒假即2007年1月11日至3月10日期间,凡持有加盖院校公章减价优待学生证的大、中专学生和研究生(新生入学凭入学录取通知书),乘坐协会会员单位所属轮船公司重庆至宜昌的干线客轮、游轮,可享受三等、四等、散席票价的半价优惠。学生购票、乘船时必须出示与之相符的证件,不符合优待条件持有优惠船票,以及持优惠船票在船上要求升换舱位等级时,按《客规》规定处理。

(重庆市局　王　蓉)

【重庆市春运船票不涨价】 2007年,在铁路、公路相继公布春运票价不涨之后,1月中旬重庆市水路运输行业协会客运分会研究决定,春运船票也不涨价,一律按现行票价执行。这是近30多年来第一次春运船票不涨价,航线包括:重庆至宜昌普客、旅游航线;万州至宜昌、重庆至高家镇、重庆至涪陵的客运航线。其中重庆至高家镇的客运航线还将从2月20日起,对三等舱票价下浮11%~13%、四等舱票价下浮12%~15%、散席票价下浮12%~18%,平均降价6~8元。

(重庆市局　彭然红)

【江西省交通厅领导检查环鄱阳湖区渡口安全】

2007年11月5日和8日,江西省交通厅厅长蒲日新率厅办公室主任谢元银、厅运安处副处长秦小辉、江西省航务局局长李天碧先后来到永修、星子、湖口、鄱阳等县,现场检查渡口渡船安全工作,察看撤渡建桥工程。九江市、上饶市政府,以及九江、上饶航务分局有关领导分别陪同检查。

5日,蒲日新一行实地检查了永修县三联、江上渡口;在三联渡口,详细询问了渡口的人流量,有关渡运安全情况等,仔细查看了渡船及船员证书,并反复叮嘱相关部门和渡工要高度重视渡运安全,时刻保持安全意识。在江上渡口,检查了渡口安全管理措施,对当地海事部门在坡岸设置的渡口守则牌表示肯定。接着登上渡船,向渡工宣讲渡运安全知识,与地方政府和交通、海事负责人交谈,听取渡运安全工作的情况汇报。蒲日新要求继续加大工作力度,提升渡运安全管理水平,严防发生重大渡运事故。随后,又来到新建成的撤渡建桥项目——博阳河大桥,对大桥建成后的情况进行查看,并就推进撤渡建桥与在场的政府负责人进行了交流沟通。

8日,蒲日新一行来到位于鄱阳县和湖口县的龙津、黄茅堤渡口。他在龙津渡口,仔细了解当地的渡运情况,查问了渡工的安全驾驶常识。当得知渡口为半义渡时,即与渡工亲切握手赞许。他在黄茅堤渡口,查看了这里的“撤渡改路”工程。这个工程系交通厅为解决当地3个自然村学生和群众出行安全问题,拨付资金建成的6.2公里的水泥公路。他要求工程结束后,立即撤销渡口,开通流泗镇通往各村的公交线路,为村民们的安全出行提供方便。

最后,蒲日新一行来到鄱阳县昌洲公路渡口“渡改桥”工地,对正在建设中的昌洲大桥现场检查。指出撤渡建桥是一项安全工程、民心工程,希望施工单位确保建设质量,同时要充分利用交通部和省政府的政策,多渠道争取建设资金,大力推进全省各地的撤渡建桥工作。

(江西省局　许海远　张兆平)

【重庆市巫山县推行学生渡运“1+5”监管模式】

2007年,重庆市巫山县学生渡运推行“1+5”监督模式。学生渡运主要集中在大昌洋溪河、洋河和抱龙河等库区水域内,中小学生总数达3000人。为确保学生渡运安全,年初巫山县建立了由县政府牵头、交通局、海事处、乡镇、学校、船舶公司共同参与的“1+5”学生渡监管模式。

为预防“学生渡”群死群伤事故的发生,巫山县积极打造学生渡“1+5”管理网络。县政府每月定期组织交通局、海事处、乡镇、学校、船舶公司召开联席会,协调解决渡运中存在的困难和问题。尤在学生渡运工作中,交通局和地方海事处负责安全监管,乡镇与船舶公司统一安排手续齐全、质量保证的船舶营运并签订《安全责任状》和《学生渡运合同》,缴纳安全责任保证金。学生渡运实行分段负责制,学校至码头由学校老师清点人数,护送学生上船。

(重庆市局　彭然红)

【心系群众安全　冒雨检查渡口】 2007年10月26日,重庆市万州区交委副主任向邦林、陈运率交委、港航局相关科室人员冒雨对长滩河渡口、渡船进行安全检查。

检查组逐一对清河、潘家、胡桥、锅厂4个渡口进行了检查,重点检查了渡口专项整治工程质量、渡口审批、渡工持证、渡船救生设施配备和渡船日常运行管理情况。检查中发现个别渡口的停航封渡线标识、渡口警示牌字迹模糊不清,渡船配置的救生衣没按规定放在船上等问题。检查结束后,向帮林、陈运要求长滩镇相关部门及人员,要把渡口安全放在首位,落实安全保障措施,加强对渡口日常和重点时段的安全监控,严禁渡船超载,确保人民群众乘上放心船,过上平安渡;对字迹模糊不清的停航封渡线标识、渡口警示牌要重新制作,确保标识清楚醒目,对救生衣未按照规定放置到位的渡船要监督其放置到位。

(重庆市局　彭然红)

【重庆市云阳县举行“渡口安全周”首日仪式】

2007年11月6日,云阳县安监局、交通局、长江海事处、地方海事处、渡口管理所领导和有关人员、客渡船经营企业和船员代表,在云阳港苦草沱码头隆重举行了第一个“渡口安全周”首日仪式。

(重庆市局　朱玉前)

【重庆市云阳县对客渡船全面“体检”】 2007年12月11日,云阳县港航管理处组织海事、船检、渡口管理人员沿汤溪河而上,拉开了对客渡船全方位安全检查的序幕。针对全县现有86道渡口、93艘客渡船、135名渡工分布广、点多线长、经营状况参差不齐等实际,决定组成检查组集中人力、集中时间,在12月20日前深入“一江四河”对渡口安全、渡船适航、船员适任、救生、消防等安全设施配置、保险和经营行为等情况逐一进行检查。对查出的安全隐患立即或限期进行整改,落实到位,使全县渡口渡船以新的姿态迈进新的一年。

(重庆市局　朱玉前)

【重庆市开通集装箱快班轮】 2007年9月10日上午10点,随着一声汽笛长鸣,由重庆民生轮船公司“民众”号执行的集装箱快班轮船徐徐离开了重庆寸滩港码头,向本次航班目的地——上海港驶去。

经过半年时间的试运行,重庆直达上海“五定”外贸快班轮航班正式开通。

(重庆市局　彭然红)

·长江旅游·

【“长江号”实现当年下水当年赢利】 长江上新一代豪华游轮“长江号”于2006年7月投入正式营运,在短短5个月的营运时间里,共安全航行31个航次,接待中外游客4326人次,并圆满地完成了3次一、二级接待任务,取得了当年下水营运当年实现单船赢利的效益。

面对长江旅游市场逐步复苏和升温,为适应市场需求,中国长航集团领导于2005年初果断决策,将在建的“维多利亚6号”实施升档改建成五星级豪华游轮，并取名为“长江号”。游轮硬件设施一流且充分体现绿色化、健康化和休闲化特色。并将该游轮定位为，在作为任务船负责接待中外政要考察长江同时，面向欧美高端市场，以及国际、国内高端会议市场进行经营性营运。

除了在建造上形成鲜明的个性风格外，硬件设施达到一流，在安全质量上也提供一流的服务和一流的安全。自“长江号”游轮投入营运之时起，中国长航长江海外旅游总公司各级领导就注重加强对“长江号”的安全质量工作的指导。

在游轮上线前，船舶积极抓好员工培训。酒店部在“长江号”营运之初近一个月的时间内，利用工余时间先后组织进行了铺床、时装表演和同乐会节目排练等培训和技能比赛。极大地提高了员工的素质。前台员工为了做到能有问必答，在工作之余，大量地查找相关的信息知识，熟记重庆、上海、北京等地飞机航班和机场电话号码。厨房的厨师们根据来自不同国家和地区客人的生活，有针对性地调剂食谱，保证客人吃得可口满意。遇到有年纪较大、行动不便的游客，酒店部员工更是注重提供特殊服务。一次，一位来自新加坡的老太太，腿脚不方便眼睛也不大好，身边没有亲人跟随，但她在游轮上任何一个地方都受到员工们特别的关照。她一出房门，客房的服务员马上就把准备好的轮椅推到她面前，送她到要去的地方；在酒吧看表演，酒吧服务员专门为她提前留好了座位，这位老太太深受感动。

一趟三峡游，游客在船上要呆3～4天，这就为开展游船促销增收创造了条件。“长江号”员工针对客人喜好，有目的地增加旅游纪念品种类。欧美客人对中国的唐装感兴趣，船舶就多进一些不同颜色的唐装挂在大堂让客挑选。客人在观景台观景时，酒吧服务员将啤酒和饮料用手推车推到客人观景台上便于客人购买。客房升等是游船创收的一大块，他们更是精心做好这方面的促销工作。一次，大堂服务员发现来自德国的一个旅行团，消费能力明显高于其他团队，他们就有意识地向这个团队的客人推介船上的豪华套房，客人听后十分感兴趣，立即要求将标准间换成豪华套房，一次为船舶增加了13000多元的收入。5个月来，在全船员工的共同努力下，实现二次消费收入90余万元，人均创收230多万元。

（长江海外　胡怀生　李高华）

【长江海外游船将实现生活污水达标排放】 2007年1月22日，长江海外豪华游船“长江明珠”轮底舱内焊花飞溅，几名工人已经用钢板搭起两个钢铁平台，这里即将安装2台A－HO－150型生活污水处理装置。这标志着长江海外所属游船将率先实现生活污水的达标排放。

作为长江上最大的国营涉外旅游企业，长江海外一直没有放松对母亲河的保护。早在1998年，长江海外就投入大量资金，对所属多艘游船进行了加装粪便处理装置的改造，还出台相关文件，禁止生活垃圾下江。这些环保措施虽然使长江海外投入了大量的人力物力和财力，但仍然不折不扣地强力执行，取得了较好的成效，同时也在业内赢得了良好的荣誉，号称长江上的“国宾船队”。

2006年9月三峡大坝二次蓄水后，长江水流速度进一步变缓，三峡库区水体的自净能力进一步减弱，但长江上绝大多数船舶每日产生的大量油污水、生活污水和垃圾等都未加任何处理或简单处理后就直接排进了长江，大大超过了国家规定的关于船舶污水排放的有关标准，长江水质面临着更严峻的考验。

为了母亲河的清澈净洁，为了子孙后代的福祉，长江海外作为长江涉外旅游的行业领头羊，在长江涉外旅游恶性竞争，燃润料等经营成本不断上涨的情况下，仍然积极响应国家政策，安排近百万元专项资金对星级游船进行生活污水处理装置的技改工程，并将不具备改造条件的老旧游船予以停封处理。

长江海外工程项目AHO系列生活污水处理装置采用较为先进的水解酸化和生物接触氧化的主体工艺结合物理除渣及消毒等辅助方法，配合先进的自动化控制操作，具有自动化程度高、设备可靠性好、污水处理效果好、能耗低、易管理等优点。到2007年3月游船上线营运前，这些污水处理装置将全部安装调试到位。届时，每艘游船可完全满足满载情况下所产生的全部生活污水处理要求，经处理后排出的水质可达到国家GB8978－1996二级排放标准，符合国家对船舶规定的排放标准，也符合国际海协环保会MEPC决议（VI）的要求及国际废液排放标准。

（长江海外　张红安）

【“长江电力号”旅游船试航】 2007年3月5日

上午,由重庆长航东风公司建造的“长江电力号”旅游船缓缓驶离修船厂码头,进行工厂试航。

“长江电力号”是东风公司船研所按照豪华游轮的标准设计的,游轮除配置内河先进的机电设备外,其装饰设计独特,风格高雅,获得了装饰行业协会的金奖。“长江电力号”长49.9米,型宽10米,型深3.6米,吃水2米,航速26米。

(东风公司)

【长江海外六大突破抓营销】 在长江游船供大于求和激烈的市场竞争面前,生产能力大于营销能力的现象一直困扰着长江海外生产经营活动的开展。为有效地突破生产经营这个瓶颈,长江海外在认真回顾2006年生产经营成功做法的基础上,提出了在营销上要实施六大突破。

一是确保“长江号”游船年度效益有新的突破。“长江号”是公司去年投入营运的一艘新的豪华旅游船,全年航行31个航次,实现了当年下水营运当年赢利的好业绩。2007年进一步扩大“长江号”的对外宣传,面向北美、加拿大、澳新等高档市场,提高预订份额;同时以国内高档商务市场为主,全力拓展会议包租、商务市场空间。以“长江号”销售为契机,带动公司其他游船的销售,实现增收。

二是在旺季增收上要实现突破。4、5、9、10月是长江游船经营的黄金时期,也是公司促销揽客的重要时期,其接待量和收入所占比重较大。在这一时期,公司各营销严格控制船位无序销售,除全年有合同、有定金、有预报的系列预定外,新增的旺季航次床位要严格审批;同时利用价格杠杆提高游船单航次负载率和单航次收入。

三是在长线空位销售上实现突破。大力挖掘部分长线航次的空位和空返航次,有针对性地做好航次特卖,新产品的组合包装,重点是针对内宾及东南亚等特定市场拓展商务和会议包船,力争在基本收款额基础上再增收,进一步凸现长线产品的效益。

四是在特型房销售方式和效益贡献上实现突破。目前游船特型房的销售主要通过客人上船后推销,这种被动的做法,使特型房的销售效果不佳。2007年将特型房的销售纳入市场销售渠道,由专人负责,有针对性地进行策划和销售,力争全年特型房销售收入在2006年的基础上翻两番。

五是在专线产品开发和联合促销上实现突破。加大“宜-奉-宜”、“双神线”及长线产品专线产品销售力度。在销售方式上除自营、区域代理销售和加大暑期学生市场和老年市场的开发与促销外,争取通过联合经营、合作经营等较为紧密型的经营方式,并根据市场特点和国际航班抵达规律,加大这些特色产品在港台、日韩等特定市场的促销,走出单一靠内宾市场单打独斗的局面,扩大市场覆盖面。

六是在会议商务奖励拓展上实现突破。在直销渠道建设上加大投入,针对目标市场设计和包装商务会议奖励旅游产品,通过商务渠道和抓网络建设使会议商务奖励旅游取得新的突破。

长江海外在提出实施六大突破总体营销思路的基础上,对每一项突破都制定了相应的细化方案,定部门、定人、定市场、定指标,一项一项抓好落实。如为使“长江号”真正成为长江游船高品质高价值的品牌形象代表,长江海外利用冬季修船的机会,对影响服务质量的服务设施进行认真整改,相关宣传口印发了长江号的宣传单和光盘,通过境内外代理商和客户进行广泛宣传,提高了长江号在市场上的卖点;在抓好全年销售工作的同时,尤为重视4、5、9、10四个月的促销和预定工作,要求游船预定平衡中心定期清理虚占位和个别航次预定超员现象,以有效地保证游船营运效率。通过实施六大突破,长江海外2007年的游客促销招揽和预定好于往年,元月份以来已接待中外游客近3000人,3月中旬以后,游船将陆续上线投入营运,接待工作将全面展开,境外游客的预定确认工作也在抓紧进行中。

(长江海外 胡怀生)

【重庆长航“朝天宫”游船喜迎全国百杰青年】

2007年6月9日晚,重庆公司“朝天宫”游船迎来了一批特殊的客人——全国历届十大杰出青年代表。航天英雄杨利伟、治癌专家王振国、见义勇为英雄徐洪刚纷纷来到重庆市政府唯一指定的两江游接待船重庆公司“朝天宫”游船,饱览重庆美丽夜景。

6月9日至10日,由共青团中央、中华全国青年联合会等单位共同主办,共青团重庆市委具体承办的“我与祖国共奋进百名杰青汇重庆”主题活动在渝隆重举行。团中央书记处书记、全国青联常务副主席尔肯江·吐拉洪及来自全国各地的70多名历届中国十大杰出青年代表莅渝参加了为期2天的活动,中共重庆市委书记汪洋亲切会见了来渝代表。在渝期间,他们参加了重庆大学城杰青大道命名、共同植下象征杰青精神的“杰青林”、走近全市各类基层单位青年以及举办“责任、使命”论坛等系列活动。

9日晚,70余名历届中国十大杰出青年代表及80余名重庆市十大杰出青年代表到重庆公司“朝天宫”游船上欢聚一堂。共青团重庆市委书记谭家玲、重庆公司总船长王嘉玲陪同杰青们欣赏了重庆民间艺术表演,饱览了美丽的重庆夜景。

(重庆公司)

【越南副总理乘“维多利亚3号”游船考察三峡】 2007年6月19日至6月22日,越南中央政治局委员、政府副总理、司法改革指导委员会常务副主任张永仲先生及随行的越南司法界人士15人在中央政法委、重庆市政法委的同志陪同下,乘坐长江海外“维多利亚3号”游船对长江三峡进行了为期3天的游览考察。

(长江海外)

【浙江省舟山市首家游船公司投入营运】 2007年国庆前夕,浙江省舟山市首家游船公司——浙江省舟山市普陀海星游船有限公司隆重开业。其经营的舟山首艘现代豪华游船“普陀之星”,成为了沈家门十里渔港的一道新景观。

“普陀之星”长45米,宽11米,载客定额300人,总造价约为2280万元,是一艘豪华的游览商务接待船。游船外围是现代化的观光玻璃,船体分三层:一层是休闲观光区,船尾设计有亲水平台;二层设计为相对宽阔的室内空间,设有舞池、演艺台、聚餐厅等场所;三层是主观光平台。

(浙江省局 陈建光)

【江西省新余市仙女湖“五一”黄金周游客创历史新高】 2007年“五一”黄金周,江西省新余市仙女湖游客创历史新高。日最高峰达8000多人次,整个黄金周完成客运量30900余人次。由于各级政府和各有关单位大力协作,确保了仙女湖的水路客运安全。一是各级政府领导重视。“五一”期间,市委书记汪德和、市长王平亲临现场检查工作,仙女湖管委会每天一位主要领导在码头现场值班。二是港航、海事、船检通力合作,抓好每艘船舶的安全性能检查。“五一”期间,海事、港航加强了在码头值班工作力度,按照各自的职责抓好落实。三是加大了宣传力度。“五一”前,仙女湖管委会就到各周边省、市进行宣传,使更多的人了解仙女湖,从而使游客增幅迅猛,比上年增长了50%。四是制定了各项安全管理制度,做到责任落实到人,层层抓落实,确保了今年仙女湖旅游无一起安全责任事故。

(江西省局 周建中 杨 辉)

【“西安”舰定居武汉港】 2007年11月22日下午15时05分,“西安”舰靠泊武汉港20码头,并定居武汉港。

“西安”舰服役36年,先后执行了40多次重大战备训练和军事演习任务,现作为海军工程大学的教学舰,回汉定居武汉港。

(武汉港 陈 军)

【重庆市建造的第一艘浦江豪华游船出厂】 2007年7月5日,东风船舶工业公司承接的上海巴士股份有限公司的浦江豪华旅游客船“巴士旅游1号”出厂。

“巴士旅游1号”采用双体结构,总长40米,型宽14米,乘客定额400人,总造价超过1000万元,是重庆市造船企业建造的第一艘浦江游船。船东对游船的建造质量、工程进度、检验质量等给予了高度评价。游船将于上海世博会开幕前投入使用,将是黄浦江上档次最高、性能最好的浦江游船。

(重庆市局 王拥军)

【重庆市港航局与市交旅集团共谋库区旅游发展】 三峡成库后,虽然重庆市的水上旅游结构发生了重大变化,但长江三峡旅游依然是我国海外旅游市场4大名片之一(另外3个是长城、兵马俑、桂林漓江)。为了进一步打造好三峡旅游市场,促进水上旅游良性发展,2007年8月14日,重庆市港航局局长梁雄耀、副局长杨大伦带领局运输、港口、航道处的相关人员,与市交旅集团董事长李健、党委书记刘崇伟、总经理许仁安及相关人员共谋全市水上旅游发展。

为使重庆市旅游提档升级,市交旅集团按照市政府的要求,接管了沿江旅游景点进行统一开发,并加快景区相关配套设施的建设,打造大型豪华游轮。针对交旅集团的工作目标,大家一致认为:交旅集团对库区旅游景点及配套的旅游码头一并接管,统一整合资源,避免了码头与景点不配套、不协调的弊病。建议采取改造一批、新建一批、淘汰一批的思路,建设豪华游轮体系,使其趋于结构合理,舒适性、安全性更有保障。同时游轮体系的建设与市场开发应紧密结合,以保证客源的稳定。对于旅游码头的建设,一定要跳出原有码头建设的思路,应建设与上下客功能相配套的休闲、娱乐设施,同时注重游船、码头的景观设计,打造一道亮丽的风景。

(重庆市局　刘春华)

【重庆市巫山县强制拆除大宁河小三峡景区碍航设施】　三峡成库后,大宁河小三峡景区鱼类增多,特别是"银鱼"的出现,给沿岸渔民带来了新的商机。大肆非法设置板罾、网箱捕捞"银鱼",既严重影响小三峡景观形象,又对船舶航行带来安全隐患。为此,重庆市巫山县政府高度重视,2007年10月29日,组织农业、风管、旅游、公安、航务、渔政等部门及沿河各乡镇成立综合执法组,对大宁河沿岸非法设置的板罾、网箱实施强制拆除,共拆除板罾32处、拖移网箱11处。

(重庆市局　彭然红)

·基本建设·

【浙江省杭甬运河基本建成】　2007年12月29日,杭甬运河基本建成庆典仪式在杭州新坝船闸举行。浙江省委书记赵洪祝出席仪式并启动通航船闸,交通部副部长徐祖远,浙江省人大副主任叶荣宝,浙江省副省长王永明等领导参加了仪式。标志着惠及浙江三分之一人口,将千年运河延伸入海的惠民工程已经基本建成。

杭甬运河是国家规划建设的长三角高等级航道网"二横六纵"中重要组成部分,为国家主干航道建设重点工程和省重点工程;贯穿浙江最发达的杭州、绍兴、宁波3个地区,是宁波－舟山港的重要疏港通道,也是浙江水运历史上投资最大的项目。杭甬运河起自杭州三堡,经萧山、柯桥、上虞、余姚等城镇,止于宁波甬江口;西与京杭大运河相连,东达宁波－舟山港,全长约239公里。从2002年起,杭甬运河按四级航道标准进行改造(宁波姚江船闸五级),工程概算总投资74.265亿元。根据国家关于工程基础设施建设要贯彻"统筹兼顾、条块结合、分级负责、联合建设"的原则,浙江省交通厅与杭甬运河沿线3个地市人民政府签订了建设协议书;省港航局与市交通局签订了建设责任书,由地方组建项目法人,负责项目的贷款、建设、运营和还贷,部省补助项目投资的49%,其余地方自筹。杭甬运河的建成,是浙江省水运建设中的一个重要里程碑,拉开了港航强省浩大建设工程的序幕,把浙江省水运发展推向了新的高点。杭甬运河的建成通航,使我国东部沿海运输通道和京杭运河南北水运大动脉实现了有机联系,使宁波－舟山港多了一条疏港货运大通道,将有效缓解杭绍甬地区陆路运输压力,促使整个浙东地区内河航运业的复兴、沿线产业带的加速形成和地方经济发展。

(浙江省局　陈建光)

【富春江航运瓶颈改造工程建设方案通过专家评审】　根据国务院领导的批示精神,为进一步做好富春江航运瓶颈改造工程建设方案论证工作,2007年12月25日,浙江省发改委组织了富春江航运瓶颈改造工程建设方案审查会。与会代表和专家听取了设计单位的汇报、踏看了现场,并展开了热烈的评审讨论,一致推荐船闸改造。具体方案为:保留原有船闸不动,紧接原有船闸下闸首在其后重新修建一座500吨级的船闸,原有船闸作为上游引航渠道。此方案施工对大坝安全影响很小,占地少,投资省,工期短,困难相对较小,具有一定的优势。同时,专家们也提出,在对饮水源影响、对"两江一湖"风景区影响、对大坝安全影响、防洪及横流对船舶安全航行的影响等一些问题上,尚需进一步完善和深入研究。

(浙江省局　陈建光)

【全国内河航运建设工程质量年活动总结会在浙江省杭州市召开】　2007年8月27日至28日,全国内河航运建设工程质量年活动总结会在浙江省杭州市西子湖畔召开。来自交通部、部属单位、各省交通主管部门共120余位代表参加了会议。交通部副部长徐祖远在会上作了重要讲话。会议还表彰了全国内河航运建设优秀项目、先进集体和先进个人。浙江省交通厅、长江航务管理局、江苏省交通厅、湖南湘江航运建设开发有限公司等单位在大会上作了经验交流。

（浙江省局　陈建光）

【江苏省高起点规划建设现代水运体系】 江苏正处在人均 GDP 从 3000 美元向 5000 美元攀升的关键时期，处于工业化、城市化、市场化和国际化互动并进的发展阶段，更高层构建现代综合交通运输体系，为经济社会发展提供了更有力支撑，是实现新阶段新发展的重要举措。"十一五"期，江苏省水运交通建设从水运大省向水运强省跨越主要体现在：一是加快建设上海国际航运中心北翼海港群，建成南京港、镇江港、苏州港、南通港、连云港港 5 个亿吨大港；完善海运直达、江海河转运和长江中上游内陆地区中转联运 3 大运输系统，到 2010 年沿江沿海港口年吞吐能力达 8 亿吨，集装箱运输能力达 1200 万 TEU。二是配套建设高等级航道，重点工程有长江深水航道、京杭运河苏北段"三改二"和苏南段"四改三"、苏南干线航道网、连云港港疏港航道等，整治内河航道里程 650 公里，新建船闸 10 座。三是全面推进内河船型标准化工程。目前在高等级航道内已全面禁止水泥船，挂机船。到 2010 年，率先实现长江、京杭运河船型标准化。四是进一步完善水运支持保障系统，搞好港航信息化建设，港口航运配套设施建设及水运与公路、铁路、管道、航空等运输方式的连接，建设集绿化、生态、景观、旅游、休闲于一体的生态港口和生态航道。

（江苏省局　徐秋敏）

【江苏省常州新运河特色鲜明亮点突出】 2007 年，江苏省常州市委、市政府从构建"一体两翼"城市框架的战略高度出发，要求运河项目科学设计、精心组织，建成充分展示现代常州新形象，特色鲜明、亮点突出的"城市名片"和"传世之作"。工程建设指挥部坚持理念创新、科学决策，使常州新运河工程充分展现出四个方面的显著特点。一是建设理念新。将运河土方开挖与公路建设项目有机结合，将新运河与太湖防洪工程——武宜运河共线实施 8 公里，解决了压废与挖废的矛盾，节省了大量土地，体现了统筹兼顾、节约资源、科学发展的时代精神。二是建设标准高。与苏南第一条高等级航道相配套，同步建设综合性航道服务区、航道监控与搜救中心，为船民提供现代化、人性化的生产、生活服务设施；同时兴建年吞吐量 1200 万吨的东西港区，打造全国内河航道示范工程新形象。三是技术含量高。通过精心设计和技术创新，有效解决了部分驳岸工程地质条件差、地基处理难度大的难题，科学选用多种形式的直立式驳岸，确保了工程质量和整体效果。11 座运河桥梁形式多样、结构新颖，不仅广泛采用国内 9 种主流桥型，还在龙城大桥建设中首创新桥型，堪称"小型桥梁博物馆"。四是生态环境美。对新运河与 312 国道的绿化工程进行整体设计，将 17 公里的运河、国道共线建成"一河、一路、三林带"的绿色交通走廊，营造大绿量的城市"绿肺"；桥梁布局呈现"一桥一景"特色，体现"路、河、桥、林"相协调，树立环境友好型水运示范工程新形象。

（江苏省局　常州处）

【交通部水运司领导到赣调研水运建设情况】

2007 年 3 月 10 日，交通部水运司副司长曹德胜一行到赣调研江西省水运建设情况。部调研组在省交通厅副厅长胡琳、厅基建处处长袁望京，以及省航务局、航运局、远洋公司等单位负责人的陪同下，乘船实地考察了赣江航道整治工程和南昌港国际集装箱码头。途中，详细询问了江西内河航道和港口码头的建设使用情况。对于"十五"以来赣江水运主通道的建设速度明显加快所取得的成绩，尤其是赣江（南昌－湖口）Ⅲ级航道整治工程实施后产生的成效给予了充分肯定。调研组认为：江西充分发挥赣江水运的固有优势，致力于其通航条件的不断改善，从而为全省经济社会的发展提供了有效、可靠、安全的内河航运服务。交通部素来对江西内河水运的发展非常关注，希望江西水运部门抓住长江黄金水道建设机遇，进一步加强水运基础设施建设，加快发展本省内河航运步伐，为实现腹地经济社会发展的新跨越做出新贡献。

（江西省局　张兆平）

【江西省水运建设有成果】 2007 年，江西省发改委、交通厅下达全省航务部门基本建设项目投资计划为 15583 万元。款源为：交通部补助资金

3030万元,交通厅补助资金(养路费)7348万元,航务自筹资金5205万元。其中赣江(樟树－南昌)级航道整治工程(续建)6078万元(部补3030万元,厅补3048万元);赣江东河(南昌－瓢山)Ⅳ级航道整治工程(新建)3800万元(厅补2000万元,航务自筹1800万元);赣江石虎塘航电枢纽前期费用1500万元(厅补);江西省水上搜救中心大楼主体工程(新建)2400万元(厅补800万元,航务自筹1600万元);省水上搜救中心鄱阳湖分中心主体工程(新建)660万元(航务自筹);上饶航务分局机修站(江海船厂)拆迁复建工程(续建)255万元(航务自筹);鄱阳县地方海事处及航道段工作用房(新建)200万元(航务自筹);上饶市地方海事处工作用房(新建)200万元(航务自筹);贵溪市地方海事处工作用房(新建)150万元(航务自筹);抚州市地方海事处及航道段工作用房(新建)240万元(航务自筹);高安地方海事处及航道段工作用房(新建)100万元(航务自筹)。

至年底,按江西省发改委、交通厅年度计划完成的航务基本建设项目情况为:赣江(樟树－南昌)Ⅲ级航道整治工程已经通过交工验收;赣江东河(南昌－瓢山)Ⅳ级航道整治工程已经开工建设;赣江石虎塘航电枢纽工程按计划完成前期工作;省水上搜救中心大楼主体工程已开工建设;省水搜救中心鄱阳湖分中心完成初步设计;上饶航务分局机修站(江海船厂)拆迁复建工程已完成征地任务;鄱阳县地方海事处及航道段工作用房调整为与上饶航务分局在建的办公楼合并使用;抚州市地方海事处及航道段工作用房调整为与在建的抚州航务分局合并使用;上饶市地方海事处、贵溪地方海事处工作用房暂缓开工;高安地方海事处及航道段工作用房已完成征地任务。

(江西省局　张兆平)

【河南省库区、渡口建设稳步推进】　2007年,河南省完成21个库区的趸船、港监艇的建造,新开工10个库区管理站房、码头等安全基础设施建设,累计投入1490万元用于渡口改造。这一年,省交通厅和财政厅下发了《河南省农村渡口渡船改造实施管理办法》(豫交计[2007]449号),在原“四有”标准基础上,增加了“有一艘合格渡船”的标准,变为“五有”标准。

此外,规费征收目标圆满完成。2007年,全省各市航务海事部门积极完成省局下达的规费征收目标。其中洛阳市出台了《洛阳市航运规费征收管理规定》、《关于开征货物港务费的通知》,保证了征收工作的顺利开展。全省实际完成2626万元,超额完成年度计划的5%。

(河南省局　王守明)

【云南省加大水运港航基础设施建设步伐】　2007年,云南省加大港航基础设施建设步伐,全省港航基础设施建设共下达计划投资4980万元(交通部补助1210万元,省厅投资3770万元)。其中基本建设项目2800万元(交通部投资800万元,省厅投资2000万元),专项补助费用2180万元(渡口改造1880万元、安全监管设备300万元)。全年预计完成投资5299万元,为下达计划的106%。

(云南省局　马翠德)

【贵州倾力打造乌江洪家渡库区绿色航运经济圈】

2007年8月1日,贵州省“洪家渡库区航运建设工程初步设计审查会”在贵阳市通过审查。

乌江洪家渡库区航运建设工程由交通部和贵州省共同投资3000万元,以及建设九洞天、木空河、云盘和洪家渡等4码头,建设航运信息和安全保障等设施。项目建成后,年客运吞吐量达159万人次,货物吞吐量达35万吨。

洪家渡库区因建设洪家渡水电站蓄水而形成的水库,是乌江梯级水电开发的龙头电站。大坝位于乌江北源六冲河下游的黔西和织金两县交界处,距贵阳165公里,与贵(阳)毕(节)高等级公路仅有30公里,库区水域面积80.52平方公里,涉及大方、织金、黔西、纳雍四县,长达84.8公里,形成高峡出平湖新的自然山水风光。库区有织金洞、百里杜鹃、九洞天、奢香墓等109处自然人文景观,发展水上旅游得天独厚。沿库区周边物产丰富,尤以煤炭、金属矿石、烤烟、矿建材料为大宗。因库区公路等级偏低,路网稀疏,加之山路弯曲,汽车运量小、成本高,资源优势不能充分转化经济优势,交通成为制约当地经济发展的主要因素之一。为此,贵州省交通厅将其列入“十一五”期规划项目。贵州省航务局将该项目定位为“绿色航运”,倾力打造库区航运经济圈。

(贵州省局　杨萍艳)

【"河牛"5000吨级货轮投产】 2007年国庆节前夕,重庆市河牛滚装船运输有限公司新建的"河牛11"、"河牛13"两艘5000吨级标准船型货轮经湖北省宜昌市船舶检验处检验合格,成功首航并交付使用。

为了适应航运发展需要,改善运力结构,提高经济效益,河牛滚装船运输有限公司把握机遇,加快发展。投资4000余万元,由万州区泛舟船舶咨询有限公司设计,在宜昌发中船务有限公司建造了4艘船长110米,宽19.2米、型深5.6米、装机700公里、载重5000吨级的标准船型货轮。先期出厂的两艘投入使用后,正在建造中的另两艘于2007年底2008年初陆续竣工,投入营运。届时企业运输能力得到显著加强。

(重庆市局 朱玉前)

·文明创建·

【长航凤凰"长江22028"轮成功救起两名翻船落水的地方船员】 2007年1月11日,在中游芦席洲作业的长航凤凰"长江22028"轮在风高浪急中,成功救起了两名翻船落水的地方船员。

11日11时,江面刮起了7级大风。在芦席洲作业的"长江22028"轮船长章文惠突然听到附近江面有人喊救命。章船长立即拿起望远镜,透过迷雾在江中搜寻,发现船队左前方有两个人头在江面上下蹿动,旁边还漂着一条底朝天的机划子。

此时江面风力正大,轮船解队施救存在一定的风险。但时值寒冬季节,稍有迟疑两落水船员就会冻僵而生命不保。船长稳好船位,船头压着浪尖,以确保船舶自身的安全。轮船政委向益桥上前指挥施救,先抛救身圈将落水者圈住,再用竹竿捞起。经过30多分钟的努力,成功将两落水者救起。

救起的两名船员,有一名因冻僵而昏迷。轮船船员立即将他们抬进机舱保暖,大管轮和一名水手主动将自己的衣服送给他们换上。经过大家的精心呵护,两落水船员脱离了生命危险。

(陈正勋 吴忠逊)

【中国长航集团开展"送欢乐 下基层"慰问演出活动】 2007年1月18至19日,中国长航集团文艺小分队深入基层慰问演出,所到之处受到长江海员职工群众的欢迎和称赞。

为了贯彻落实中央两办《关于做好元旦、春节期间有关工作的通知精神》,活跃基层文化生活,营造团结奋进、欢乐和谐的节日气氛,中国长航集团工会组织了文艺小分队到基层船舶基地、工厂车间进行了"送欢乐 下基层 促和谐 树新风"慰问演出。文艺小分队由长江海外艺术团、老年艺术团和集团在汉优秀文艺骨干组成,在集团工会副主席陈建华带领下,每到一个单位都受到干部职工的热情接待。长航凤凰武汉船务公司职工说:"我们就像欢迎中央'心连心'艺术团一样,迎接长航心连心艺术团。"

贴近职工是此次慰问演出的特色之一。2天的演出安排因地制宜,场地选择在生产一线,时间穿插在工余休息时段。在长航电机厂新建的厂区一号车间里,文艺小分队因陋就简搭起临时舞台,利用职工吃午饭的时间演出,有的工人端着饭碗,边吃饭边观看节目。场场演出的内容丰富多彩,传统与创新结合,形式新颖的互动演出吸引了职工的观看。在青山船厂有1000多名农民工自发地观看了演出。根据企业形势创作的快板《中国长航喜事说不完》反映了中国长航集团2006年的10件大事,受到职工的欢迎。船员、工人师傅们对文艺小分队精彩的表演、精湛的技艺报以热烈的掌声。

此次演出节目共有独唱、舞蹈、魔术、杂技、群舞等10余个,先后在长航电机厂、青山船厂、中石化长燃、长航凤凰武汉船务公司4个单位慰问演出,行程100多公里。

(赵 勇 阮仕钊 仲义京)

【中国长航集团荣获"湖北省企事业职工代表大会先进单位"荣誉称号】 2007年初,中国长航集团总部和武汉公司分别被湖北省纪委、省组织部、省宣传部、省委高校工委、省国有资产监督管理委员会、省经济委员会、省监察厅、省质量技术监督局、省总工会等联合授予"湖北省企事业职工代表大会先进单位"荣誉称号;长航凤凰上海华泰公司远洋轮船长祝瑞荣等6名职工代表,被上述9部委联合授予"湖北省优秀职工代表"荣誉称号。同时,中国长航集团所属长航凤凰有限公司、中长燃、武汉公司及青山船厂4个单位,被上述9个部门联合授予"湖北省厂务公开民主管理先进单位"

荣誉称号。

近年来,中国长航集团在改革发展中,始终坚持全心全意依靠职工办企业方针,各级领导的民主意识不断提高,广大职工代表的民主参政能力不断增强,职工代表大会制度不断健全,厂务公开向企业改革发展和经营管理各领域不断深入推进。企业民主管理已成为长航集团现代企业管理制度中的重要组成部分,成为团结和动员职工参与和推进企业改革的重要平台,在构建和谐企业和促进改革发展中,发挥着越来越重要的作用。

(仲义京)

【中国长航集团投入700万元送温暖】 2007年春节前后,中国长航集团及所属的二级公司共投入近700万元资金,为劳模、特困职工和困难职工献出一片爱心。

中国长航集团是一个具有百年历史的老企业,由于历史的原因,特困职工相对集中。近几年来,企业的经济效益明显好转。集团党政工不忘曾为企业作出贡献的劳模及特困职工,拿出资金为劳模及特困职工送温暖,并推动送温暖活动向经常化、制度化方向发展,以维护职工队伍稳定。

(刘国山 王 敏)

【中国长航集团纪检工作受到国务院国资委表彰】 2007年,在国务院国资委纪检监察工作会议上,国务院国资委党委和国务院国资委对中央企业纪检监察系统52个先进集体和214名先进个人进行了隆重表彰。这是国务院国资委成立以来,首次对中央企业纪检监察系统涌现出的先进集体和先进个人进行表彰。上海长江轮船公司纪委被授予"中央企业纪检监察系统先进集体"荣誉称号;江东船厂党委副书记、纪委书记江武建、长航凤凰股份有限公司纪委办公室主任张兴武2位同志被授予"中央企业纪检监察系统先进个人"荣誉称号。

(长航集团)

【中国长航集团3集体和3女工获交通部表彰】 2007年,重庆公司江万船厂修船分厂焊工班、宜昌船厂后勤管理中心幼儿园、长江船舶设计院资料档案室等3个集体荣获全国交通行业"巾帼文明岗"称号。重庆东风公司造船厂焊工技师于萍、长江海外"长江号"餐厅主管况雪艳、青山船厂经营部主管石娇萍等3位同志荣获全国交通行业巾帼建功标兵称号。

(长航集团)

【中长燃南京公司举办"春满长江 情系客户"慰问演出】 2007年春节期间,中长燃公司组织文化艺术团来到客户的家乡水阳和湾止,举办了2场主题为"春满长江情系客户"的春节慰问演出,在客户和当地乡邻中引起轰动。

(中长燃公司)

【中国长航集团2名专家被国务院批准享受政府特贴】 2006年度享受政府特殊津贴人员名单于2007年1月31日已经国务院批准。3841名在我国科技、教育、文化、卫生等岗位和在工农业生产第一线,具有高级专业技术职称并有重大贡献和取得突出业绩的专家、学者、技术人员获此殊荣。南京公司总轮机长彭永和、长江航运规划设计院副院长余学峰被批准为2006年享受国务院政府特殊津贴人员。

彭永和先后主持了南京公司3500立方米LPG船、3600吨级不锈钢化工品船及4.6万吨、7万吨、11万吨、15万吨、30万吨级油轮课题研究、设计方案审查及建造工作;组织实施了15项重大船舶技术改造和21项重要科技课题攻关;积极推广多项节能新技术,近5年节约油耗5万吨,节约成本10亿元,为中国长航油运的跨越式发展作出了突出贡献。余学峰将国内、国际上的新技术、新工艺引入港口工程设计实践中,如"大直径薄壁圆筒码头结构"等合理选择设计方案,取得国内领先的技术成果,为国家节约了数百万建设资金;主持了30多个大型工程项目的港口及航道工程设计,多次获得交通部优秀设计奖;对老港口改扩建有较深造诣,计算机辅助设计水平居国内领先,业绩卓著。

政府特殊津贴是党和政府加强知识分子工作、关心和爱护广大专业技术人员的一项重大举措。根据有关规定,享受政府特殊津贴人员每人一次性发放津贴2万元。目前,集团享受国务院政府特殊津贴的高级专家已达80人。

(赵江洪)

【长航国际船舶管理公司荣膺中国最佳船公司及船员劳务公司】 2007年,由航运在线(www.sol.com.cn)主办的"首届中国最佳船公司及船员劳务公司"评选已经揭晓,"2006年度中国十佳船公司"及"2006年度中国十佳船员劳务公司"两份榜单已于2007年3月6日正式出炉。长航国际船舶管理公司榜上有名。

(长航国际船舶管理公司)

【南京公司船技部等获"南京市学习型班组(科室)"称号】 2007年,南京市总工会授予103个班组(科室)为"南京市2005－2006年度学习型班组(科室)"称号,南京公司船舶技术部、广兴洲轮、分节63033驳获此殊荣。

南京公司船技部从2002年开始,在职工中开展了"创建学习型星级班组、争做知识型员工"活动。近几年来,他们分步实施了职工职业道德建设工程、形象塑造工程和素质提升工程,并以"创建学习型班组、争做知识型形象员工"活动为切入点,搭建了具有油运特色的"创争"工作平台,构建了组织推进体系和考核评价体系,提升企业的创新力和核心竞争力,逐步把"创争"工作推向深入。

(南京公司)

【"江山号"3艘游船被评为"AAA级长江安全诚信船舶"】 根据《长江船公司、船舶诚信评价实施办法(试行)》,由长江沿线各航运公司申报,经专家组评审和长航局诚信评价领导小组审定,重庆长公司"江山12"轮、"江山10"轮、"江山3轮"被评为2006年度"AAA级长江安全诚信船舶"。

参加这次评审共有9家航运企业的9艘船舶被评为"AAA级安全诚信船舶"、2艘船舶被评为"AA级安全诚信船舶"。"AAA"级为最高等级。

此次被评为"AAA级长江安全诚信船舶"的"江山12"轮、"江山10"轮、"江山3"轮是常年营运于重庆至宜昌、万州至宜昌及重庆至上海包船旅游航班,其中"江山10"轮、"江山3"轮已累计安全航行百万公里以上。

(周安蜀)

【南京公司液化气公司获"最佳合作伙伴奖"】

镇海炼化碧辟(宁波)液化气有限公司召开2007年度客户联谊会,南京公司液化气公司受邀参加,并荣获该公司历史上第一次向液化气船舶运输公司颁发的特别奖——"最佳合作伙伴奖"。这标志着南京公司液化气公司与镇海炼化碧辟(宁波)液化气有限的战略合作已迈上了一个新的高度。

镇海炼化碧辟(宁波)液化气有限公司是镇海炼化与BP公司合资成立的液化气销售专业公司,统一对镇海炼化生产的国产液化气和宁波大榭国内最大的50万立方地下冷冻库的进口液化气进行销售,是华东液化气水运市场的主要集散地,年水运量达30万吨左右。按照南京公司"大货主合作战略"要求,南京公司液化气公司从镇海炼化碧辟公司2002年正式进入市场运作以来,始终将其作为战略合作的重点,与其签订了《运力与货源保障协议》,并针对华东浙江液化气水运市场的特点,双方共同开辟汕头、福建等地下游终端市场,形成产、运、销合作物流链,实现了货源稳定、运输顺畅,市场稳固,三方共赢的局面。这也使得南京公司液化气公司占有的份额从合作初始的20%左右,提高到目前的40%左右,成为镇海炼化碧辟(宁波)液化气有限公司的核心合作船队。南京公司液化气公司还多次在镇海炼化液化石油气产品发生积压而憋库影响正常生产时,应厂方要求,积极采取临时应急措施进行疏通抢运,解决镇海炼厂的燃眉之急。镇海炼化碧辟公司的中、外方领导一致评价:南京公司液化气公司是我们值得信赖的合作伙伴,获得唯一的最佳合作伙伴奖当之无愧!

(朱　宏　曹　钢)

【中国长航集团荣获湖北省思想政治工作多项大奖】 2007年,中国长航集团荣获了由湖北省委宣传部、组织部、人事厅、国资委、总工会等6家联合表彰的思想政治工作优秀单位光荣称号;中长燃公司党委书记刘延木荣获了优秀思想政治工作者光荣称号;中国长航船舶设计院党委书记胡华仿荣获了思想政治工作研究会建设突出贡献奖。由中国长航集团总公司、长航凤凰和船舶设计院完成的《思想政治工作也是生产力》、《关于长江船员思想状况的调查报告》、《正确认识和把握公平正义的内涵与构建社会主义和谐社会的关系》等3篇论文,分别获得优秀论文(成果)二、三等奖。

（长航集团）

【原长江航运报记者岳非丘写出三峡移民巨著《安民为天》】 2007年4月20日，著名作家、原长江航运报记者岳非丘在三峡库区"卧底"7年，写成40万字的长篇纪实报告文学《安民为天——三峡工程百万移民的历史启示》，该书在重庆全国图书博览会期间的研讨会上得到充分肯定。

（长航集团）

【武汉公司工会以"四比四赛"活动打造工会工作品牌】 2007年5月，武汉公司工会重点围绕效益提高、成本控制、安全管理、素质提升4项内容开展"四比四赛"、"建功杯"劳动竞赛活动。其中，以提高盈利水平为主攻方向，结合解决生产经营中的重点、难点和薄弱点问题，在职工中广泛开展以盘活存量资产，提升盈利能力为主要内容的"小革新、小发明、小改造、小设计、小建议"的职工经济技术创新活动。从严控制成本支出，组织职工开展赛节约、强管理，"我为节约做贡献"活动。围绕队伍创优，比技能提升，赛岗位练兵好。针对企业技工"青黄不接"的现状，广泛开展"争创学习型组织、争做学习型职工"活动。收效良好，做到了把劳动竞赛的工作做深、做细，把劳动竞赛的机制做新、做活，把劳动竞赛的影响做大、做响，把劳动竞赛的效果做实、做强。既注重体现竞赛活动的时代性，把握规律性，富于创造性，又善于发现问题，总结经验，开拓创新，不断从实践中和理论上丰富、完善、深化劳动竞赛活动，使之真正成为具有深厚实践基础和丰富理论支撑的工会工作品牌。

（叶显宏）

【南京公司"大庆451"轮获美国长滩港"绿旗环保成就旗"】 2007年5月底，DORADO油轮管理公司派专人将一面"绿旗环保成就旗"和贺函送到南京公司船舶管理一部，以感谢公司所属"大庆451"轮2006年在美国南加洲减少污染并持续支持长滩港的激励计划中作出的贡献。

（南京公司）

【《船舶柴油机掺烧重质燃油技术及其应用》教材即将问世】 2007年，长航科研所主持编写的《船舶柴油机掺烧重质燃油技术及其应用》船员培训教材在武汉召开审稿会，中国长航集团副总经理姚荣建和评审专家参加了评审会。评审专家对教材的每一个章节都进行了认真的评定，并对教材的内容作了充分的肯定。船舶柴油机掺烧重质燃油技术在长江上已经使用10年了。10年来，这一技术的使用经过广大一线船员不断总结经验和科学探索，为企业的节能降耗工作取得了很大的成效，对企业增强竞争力具有很大的实际意义。编写此教材的目的就是让更多的船员了解和掌握这一技术，为企业的发展作更大的贡献。

（长航集团）

【中国长航集团"船文化"课题阶段性成果获交通部检查组肯定】 2007年，作为交通部部长工程、研究工程、指导工程的交通文化建设丛书，中国长航集团所承担的"船文化"课题已完成初稿15万余字。交通部交通文化建设总课题组对文稿具体写作情况的意见和分析后，充分肯定了"船文化"课题组组织工作的规范性，对课题工作给予了充分肯定。

（长航集团）

【中国长航集团9人荣获"金锚奖"】 2007年，中国海员建设工会为了表彰在全国水运系统中为交通系统三个文明建设做出重要贡献的先进人物，弘扬他们开拓进取、无私奉献的精神，授予144名同志"金锚奖"荣誉称号，中国长航9人榜上有名。

中国海员建设工会每2年进行一次"金锚奖"评比活动。这次被授予第十一届"金锚奖"称号的个人是：东风船厂电焊工于萍、长航凤凰上海船港分公司"长申2002"轮船长谢长德、南京公司轮机长邓利明、上海公司远洋船长周和林、长江海外"长江1号"轮大副廖琪、宜昌船厂船体内业车间装配工王雄、长航凤凰司党委书记方卫建、中长燃公司党委书记刘延木、长航集团船舶重工总公司总经理李文德。

（长航集团）

【中国长航集团大力协助凤凰卫视拍摄《江河水》】 2007年11月，香港凤凰卫视电视台一行20余人，乘坐长江海外豪华游轮长江号，走进长江三峡，拍摄大型电视行动片——《江河水》。中国长航集团对凤凰卫视拍摄《江河水》纪录片给予了大力协助,不仅为纪录片的拍摄提供场地支持,企业文化部还派出专人上船协助作好拍摄保障工作。此举表现了中国长航集团作为国有大型企业的社会责任感。

(长航集团)

【中国长航集团荣获国资委绩效进步特别奖】 2007年,中国长航集团获国资委“绩效进步特别奖”奖。这是长航集团获得国资委颁发的首个单项特别奖。

长航集团整体经营效益的大幅提高,连续3年主要经济指标实现了大幅增长。经严格考核,集团全面超额完成了国资委下达的年度和任期业绩考核指标,其中,2006年实际完成的利润总额和货运周转量分别为5.5亿元和1613亿吨公里,比2004年考核目标分别增长1100%和172%。全线职工收入分配水平2006年比2004年平均增长了20%以上。

(长航集团)

【上海公司实现企业文化与企业发展和谐统一】 2007年,上海公司企业文化在求生存谋发展中发挥了重要作用。上海公司坚持光明思维,谋求科学发展;坚持创新精神,实现持续发展;坚持合作共赢,赢得价值提升;坚持以人为本,保持企业活力;坚持把握大局,实现和谐发展。一是抓好表率文化建设。不断加强企业领导班子建设,组织党的十七大精神系列学习研讨会,组织在汉单位研讨蓝海战略。大张旗鼓宣传优秀团队,制作《走近他们》电视短片,弘扬改革发展中的先进典型,在世博项目推进中,积极实践“世博让生活更美好”的主题。二是推进品牌文化建设。努力打造企业品牌,制作公司广告片,通过船长6号在黄浦江上循环播放。三是加强廉政文化建设。认真贯彻落实《中央纪委关于严格禁止利用职务上的便利谋取不正当利益的若干规定》,编制了《警钟长鸣》动漫教育片,对不良资产管理、招投标管理、“三重一大”执行情况开展效能监察,形成廉政文化氛围,实现企业文化与企业发展战略的和谐统一。

(上海公司　李为民)

【芜湖公司文明创建有成效】 2007年,芜湖公司把学习宣传党的十七大精神作为首要政治任务,举办了学习十七大精神培训班,聘请了专家作十七大精神学习辅导。一年来,共组织中心组学习12次,组织两级班子成员参加芜湖市委中心组学习55人次。与此同时,开展了以“五破五立”为主要内容的观念更新和教育主题实践活动。党委中心组两次专题就“五破五立”活动内容进行学习讨论,分析公司在思想观念、企业发展、体制机制上存在的问题,采取党员组织生活会、领导干部民主生活会等多种形式进行自查、帮查,通过学习讨论、查找差距、整改提高三个阶段的实践活动,取得了较好的效果,转变了职工的思想观念,提升了企业的管理水平。另外,在廉政建设方面,加强了领导人员作风建设。党政领导填写了“落实党风廉政建设责任制自查报告书”,组织党政主要领导及机关部门负责人签订了2007年党风廉政建设责任书,组织39名领导人员开展了签订廉洁从业承诺书活动。通过这些活动的开展,党风廉政建设工作得到了较好的落实。此外,认真做好职代会民主议事会议题及提案的征集、提交工作;坚持了职代会民主评议公司领导干部制度,不断巩固企业民主管理;认真推进厂务公开“五项制度”,组织职工代表开展了厂务公开巡查、评议活动;加强劳动关系协调,签订了公司第六份“集体合同”。尤其在创优活动方面,深入开展了群众性安全生产竞赛、“创效益、比技能、聚智慧、争安全”劳动竞赛、“创建学习型组织,争做知识型职工”等活动;开展了2006年度劳动竞赛考核评比工作,总结表彰了劳动竞赛先进集体和先进个人;组织开展了“女职工建功立业”竞赛,积极做好省、市、集团评先协调推荐工作。坚持节日慰问与平时帮扶有机结合。精心组织好“两节”送温暖工作,在职工中开展了“送温暖献爱心”捐款活动。“两节”期间,共慰问公司劳模、特困职工、离退老同志、复退伤残军人等3627人,使用慰问金52.91万元。同时,积极开展困难职工子女上大学“金秋爱心助学”活动。帮扶了29名困难职工子女上学,发放助学金3.5万元。关心劳模生活,对困难劳模进行了调查、帮扶。

2007年,芜湖公司被评为芜湖市“创争”活动先进单位;船舶工业部被评为芜湖市厂务公开先进单位;船舶工业部800吨浮船坞班组被评为全国水运系统船舶班组安全优秀班组;船舶工业部坞修钳工班长李汉定荣获芜湖市劳动模范称号;

河运学校教务科副科长吴江荣获安徽省“创争”先进个人称号;船舶工业部部长朱胜才荣获长航集团先进生产(工作)者称号;河运学校副校长李雯荣获长航集团“女职工建功立业标兵”称号。

(芜湖公司 何根林)

【宁波市港航局深化文明创建】 2007年,宁波市港航系统文明创建成绩显著。北仑港航管理处被评为全国交通行业文明示范窗口、省级文明单位、省级文明创建先进单位、第十批市级文明单位,获得全市“交邮系统文明创建十佳先进单位”等荣誉称号。镇海区港航管理处被评为宁波市交邮系统文明创建示范窗口,被省局确定为创建“群众满意基层站所”试点单位。全市获省交通厅“三星级”客运站4家,即宁波港大榭港运站、镇海区客运中心、象山县客运中心、象山县西泽客运站。省级文明客运航线2条,即宁波大榭-舟山普陀山、象山西泽-鄞州横山。

(宁波市局 沈荣进)

【盛世修志功在千秋——《京杭运河志(苏南段)》编写工作】 2005年5月,《京杭运河志(苏南段)》编写工作正式启动。编写工作分三个阶段进行:第一阶段组建班子、搜集资料。第二阶段为编写初稿时期,用了一年多的时间;至2006年底,在有关各市处的支持下,经编写组全体人员的共同努力,完成了《京杭运河志(苏南段)》1~12章书稿初稿工作,计80万字。2007年为第三阶段,工作重点是编写组对初稿进行初审后修改完善。全书共12章,先后召开5次审稿研讨会,提出修改意见,力求出精品。2007年9月,书稿下发沿线四市组织审查,进一步修改完成征求意见稿。至年底,全书统稿及图片编辑完成送审稿。

(江苏省局 徐秋敏)

【江西水运集团有限公司被评为南昌市安全生产工作先进集体】 2007年3月5日,江西水运集团有限公司被南昌市人民政府授予“南昌市安全生产工作先进集体”称号。

2006年,江西水运集团有限公司全面落实科学发展观,认真贯彻“安全第一、预防为主、综合治理”的方针,广泛宣传和执行《安全生产法》,完善机制,落实责任,深化安全生产专项整治,强化安全生产现场监管,取得了良好的效果。全公司安全事故发生数、损失金额均比上一年大幅度降低,杜绝了重、特大事故发生,安全生产形势保持了稳定趋好的态势。

(江西省局 平关正 杨 辉)

【江西省航运管理局连续5年获全省交通系统安全工作先进单位称号】 2007年1月17日,在江西省交通工作会议上,省交通厅授予省航运管理局“2006年安全工作先进单位”称号。这是省航运局连续5年获全省交通系统安全工作先进单位称号。

(江西省局 张 翔)

【“十一五”长江黄金水道建设巡礼系列宣传主题活动暨2007年大型公益接力宣传行动四川站仪式在泸州举行】 2007年9月23日,由交通部主办、沿江七省二市协办的“十一五”长江黄金水道建设巡礼系列宣传主题活动暨2007年大型公益接力宣传行动四川站仪式在泸州市举行。

此次活动的主题是“共建长江黄金水道,共享绿色航运资源”。接力宣传行动以传递象征着一江相连、同舟共济的接力瓶为行动视觉主线,以注入沿江七省二市水种为接力标志。接力宣传行动从上海逆江而上,经过江苏、安徽、江西、湖北、湖南、重庆、四川、云南,最后于2007年9月下旬在云南结束,历时1个月。

(四川省局 办公室)

第五篇 港口

【概　述】 2007年,是长江黄金水道作用进一步发挥,运输生产持续快速增长,各项指标创历史新高的一年。

·货物运输　2007年,长江水系内河港口完成货物吞吐量21.8亿吨,同比增长16.6%。其中长江干线港口完成货物吞吐量10.72亿吨,同比增长16.6%;外贸货物吞吐量1.15亿吨,同比增长21%;集装箱吞吐量553.9万TEU,同比增长37.7%。三峡断面通过量达到6056万吨,同比增长20%;其中三峡船闸通过货物4686万吨,同比增长19%;过闸船舶平均额定货物载量1465吨,同比增长13%。长江干线规模以上港口货物吞吐量继续保持增势,其中苏州港、南通港、南京港等三个亿吨大港分别增长19%、18%和7%;其他港口(按增幅高低排列):马鞍山港增长54%,荆州港、枝城港增长48%,宜昌港增长37%,泰州港增长30%,江阴港增长24%,重庆港、镇江港增长23%,芜湖港增长19%,铜陵港增长18%,扬州港增长13%,万州港增长11%,池州港增长7%,宜宾港增长6%,武汉港增长4%,泸州港增长1%,安庆港增长0.5%。长江水系内河港口货物吞吐量同比减少的有:洪湖港减少89%(主因是原油运输由水路改为管道所致),黄石港减少8%,九江港减少3%。从长江水系内河港口6个区段货物吞吐量完成情况来看,长江下游比上游好,上游比中游强。从长江干线港口7个区段货物吞吐量完成情况来看,四川、重庆、湖北、湖南、安徽、江苏等6个区段同比增长,江西区段同比持平,其中增幅最大的是江苏区段。具体指标是:

四川区段完成货物吞吐量1627万吨,同比增长3.2%,占长江港口总量的1.8%。

重庆区段完成货物吞吐量4235万吨,同比增长17%,占长江港口总量的4.6%。

湖北区段完成货物吞吐量7570万吨,同比增长4.3%,占长江港口总量的8.3%。

湖南区段完成货物吞吐量747万吨,同比增长1.8%,占长江港口总量的0.8%。

江西区段完成货物吞吐量758万吨,同比持平,占长江港口总量的0.9%。

安徽区段完成货物吞吐量1.577亿吨,同比增长16.7%,占长江港口总量的17.3%。

江苏区段完成货物吞吐量6.04亿吨,同比增长17.7%,占长江港口总量的66.3%。其中外贸吞吐量1.04亿吨,集装箱吞吐量419.5万TEU,同比分别增长18.9%和41.8%,占长江港口总量的91%和76%。

长江水路运输货种同比增长的有:有色金属增长112%,化学肥料及农药增长44%,轻工医药产品增长40%,金属矿石增长28%,粮食增长26%,煤炭及制品增长20%,钢铁增长19%,矿物性建筑材料增长17%,化工原料及制品增长15%,木材及农、林、牧、渔业产品增长13%,非金属矿石增长8%,盐增长3%。

长江水路运输货种同比减少的有:水泥减少5%,石油天然气及制品减少10%,机械、设备电器减少6%。

从长江干线港口货物吞吐量货类分析来看,金属矿石2亿吨,煤炭及制品1.8亿吨,矿物性建筑材料1.3亿吨。以上三大货类吞吐量占长江港口总量的55.5%,说明了这三大货类非常适合长江水路运输。

2007年,长江引航中心共引领中外籍船舶3.1万余艘,再创历史新高,为长江中、下游港口货物吞吐量快速增长奠定了坚实的基础。

2006年9月15日至2007年5月1日,历时228天,三峡船闸实施完建工程,只能单线运行,由于三峡船闸通过能力有限,三峡坝区一度出现船舶积压现象,待闸船舶最多时达584艘,每艘船舶平均待闸时间超过12天。针对这一情况,长江航务管理局组织相关单位,积极加强协调,严格执行过闸煤炭总量控制。煤船凭证通过,并请沿途各港口分担三峡坝区的通航压力,控制到达三峡坝区的船舶总量。引导大型化船舶过闸,在宜昌港对煤船提供减载、转载服务,使船舶过闸能力比原计划提高30%。过坝船舶采取"先减后加"的形式通过两坝船闸,可称为一次"特殊翻坝"。

·旅客运输　2007年,长江旅客运输继续呈下降趋势,长江港口完成旅客吞吐量434.9万人次,同比下降56.9%。虽然长江中、下游区段早已退出普通旅客运输,但是水上长途观光旅游运输仍占有一定的比重,如因庐山而闻名的九江港,全年完成旅客吞吐量1.7万人次。春运任务圆满完成,实现了客船零事故、旅客零伤亡、旅客零滞留和客服低投诉的目标。期间,共安全运送旅客66.7万人次,同比增长10.8%。长江干线共投入跨省客运船舶117艘、51937个客位,其中重庆市投入68艘、37081个客位，湖北省投入37艘、7154个客位，长航集团投入12艘、7702个客位，船舶运力总体上满足了客流的要求。此时，长江春运正值三峡船闸完建期。三峡船闸单线运行，通过能力不足，绝大部分客船上的旅客以翻坝转运为主，仅在客流高峰时期且超过三峡翻坝转运能力时，才对部分客船实行应急过闸分流。春运期间，正遇长江上中下游近百年来同期的最低水位，长江各港口在航道、海事、通信、公安等部门的互相密切配合下，克服困难，圆满完成了春节旅客运输任务。“五一”黄金周历时7天，共发送旅客11.7万人次，同比增长8.4%，遏止了历年大幅度下滑的态势。因三峡船闸在完建期，5月1日起才恢复双线运行（只限货船），客船从5月3日零时，才恢复从三峡船闸直接通过，但是旅客翻坝转运和客船过闸均做到平稳有序。“十一”黄金周历时7天，共发送旅客10.4万人次，同比增长2.3%。期间，共投入省际客运船舶144艘、59010客位，其中重庆市投入运力81艘、41034客位，湖北省投入运力39艘、6116客位，江苏省投入运力3艘、840客位，长航集团投入运力21艘、11020个客位。对所有上线客船都在交通部长江航务管理局政府网站上进行了公示。此外，4月至10月开辟了长江重庆至上海“长江万里游”旅游航线，沿途可游玩近百个长江上的著名旅游景点。例如，三峡、岳阳楼、黄鹤楼、庐山、南京、无锡古城等。由于受川江客运量变化的影响，2003年以来宜昌三峡坝区、中心城区一度出现港口客运市场秩序混乱的现象，致使宜昌港客运市场恶性竞争加剧，企业效益下滑，服务质量降低。为此，宜昌市决定从产权制度入手，以资产整合为纽带，采用市场经济的方法将宜昌城区、三峡坝区4家客运港站，整合为城区和坝区2家新公司，并于5月31日起正式运转，运营效果良好。根据《湖北省长江三峡国际旅游目的地发展控制性规划》的要求，长江沿岸未来15年将投资147亿建5A景区集群，建立20个国家级景区。针对不同市场，着力营造多个旅游品牌形象，即内河观光目的地、中国最佳漂流旅游目的地、中部避暑旅游目的地、自驾车旅游目的地、休闲养生旅游目的地。

·*港口规划和建设* 2007年，是长江港口建设继续快速推进的一年。新增万吨级以上泊位39个，长江干线港口万吨级以上泊位已达255个，同比增长18%。其中南通港15万吨级泊位2个、5万吨级泊位8个，常熟港10万吨级泊位2个、7万吨级泊位2个、5万吨级泊位2个，镇江港7万吨级泊位1个、5万吨级集装箱泊位1个、3万吨级泊位1个。江苏区段港口，新增万吨级泊位39个，新增吞吐能力1亿吨。未来5年，安徽区段港口投资15亿元，新增吞吐能力1.5亿吨。

随着长江货运量的快速增长，长江港口总体规划作了相应修改。苏州港太仓港港区发展远景规划，通过江苏省人民政府和交通部联合评审。与2000年太仓港区总体规划相比，泊位数从原先的114个调整到现在的172个，港口设计吞吐能力从原来的1亿吨调整到现在的2.82亿吨，集装箱吞吐量从原来的565万TEU，调整到现在的2210万TEU，达到世界级港口的标准。江西省推出九江港区的沿长江开发战略，先后开工沿江20个项目，包括上海港投资建设2个5000吨集装箱码头和2个5000吨级散杂件码头，日本武芷野生物化工株式会社、江西省科学院生物技术有限责任公司投资36亿元建设以L—乳酸为主体的循环经济生物化工项目等。这批项目总投资203亿元，主要分布在城西、城区、金安、金砂湾、马当镇等沿江6大港区。2020年，该省港口货物吞吐量将达到1亿吨，集装箱吞吐量295万TEU。武汉港总体规划和“十一五”规划最后确定，资产规模比“十五”期末翻了一番，达到30亿元。到2010年，货物吞吐量将实现翻番，突破1亿吨，其中集装箱吞吐量为150万TEU，到2020年，货物吞吐量将达1.68亿吨，其中集装箱吞吐量为290万TEU。荆州港、九江港、马鞍山港等港口总体规划，也得到正式批准实施。3月20日，全国政协副主席董建华在南通市委书记、南通市如东洋口港投资方香港保华集团公司主席的陪同下，参观了南通市如东洋口港。董建华指出：“这个工程很伟大！做这样的事情很有远见，希望保华集团继续做好工作，为香港争光。”4月，重庆市奉节港建成长江首个“电梯码头”，奉节港宝塔坪旅游码头紧邻白帝城、瞿塘峡等旅游景点，处于三峡库区旅游发展的黄金地段。码头采用带防雨设计的自动双向扶梯，在国内尚属首例。8月9日，世界500强企业之一的新加坡来宝集团投资兴建，位于南通狼山港区后方的来宝谷物蛋白公司全面投产，日处理和生产2000吨大豆压榨和600吨精炼油，每月产值达1亿元,每月进出南通港货物达到十多万吨。这是典型的"前港后厂"模式。具有运输费用少、生产成本低、进出港口便捷等许多不可比拟的优势,是发展港口经济的一种最佳模式。9月4日,南通港总投资10亿元的两座15万吨通用散货泊位及配套设施工程通过竣工验收,并正式投入生产,矿石接卸效率最高每天4.9万吨,达到世界先进水平。针对港口公共基础设施公益性强,市场化运作余地小,建设资金筹措难度大的特点,南通港积极破解港口公共基础设施建设难题,并取得初步成效。9月24日,重庆寸滩港二期工程开工建设。该工程总投资11亿元,占地884亩,将建设4个3000吨级泊位,设计年集装箱吞吐能力42万TEU,滚装车辆15万辆。建成后,将成为长江上游西部最大的集装箱专用码头。12月31日,铜陵港码头改扩建工程开工建设。该工程总投资4.6亿元,分为两期工程实施,现有5000吨级件杂货泊位,将新建2个1000吨级件杂货泊位,扩建2个5000吨级综合性集装箱泊位和相应的陆域及配套工程。10月6日,国务院副总理回良玉在交通部、江苏省委、省政府的主要领导人的陪同下视察了南通市如东洋口港。回良玉指出:"南通的发展目前拥有良好的机遇、良好的条件、良好的态势和良好的蓝图,南通要注意产业和项目的选择,要有自己的切入点保证大发展。"12月20日,镇江港大港三期集装箱及多用途泊位试投产。该工程总投资14.11亿元,新建1个7万吨级散货卸船专用泊位、1个5万吨级集装箱泊位、1个3万吨级多用途泊位、2个5000吨级江船装船泊位和相应的陆域及配套工程。

·港口物流　2007年,长江港口物流业有了较快发展。重庆港务物流集团公司完成集装箱吞吐量35万TEU,同比增长33%。由于来自重庆周边省区的外贸集装箱占重庆港集装箱总量的45%,重庆港成为长江上游和西部地区的集装箱枢纽港。按照"港口+物流+资本运作+综合发展"的经营模式,重庆港务物流集团公司通过实施"一城一港、港航结合、东推西进、区港联动、综合物流"五大战略,将建成运转高效、物畅其流的西部最大的现代综合物流服务企业。重庆市水路货运周转量已连续三年占重庆市社会总量的60%以上,并在综合运输体系中占据首位。全市90%以上进出口外贸货物都是通过长江出口到世界各地的。1月,宜昌港务集团与香港中港印能源集团有限公司签署了宜昌中港印1000万吨配煤中心投资合作协议。该项目总投资2500万美元,由香港中港印能源集团独资引进国外先进成熟的配煤技术,将不同品质的煤种进行混配,以达到不同企业客户锅炉燃煤需求,填补了我国原煤深加工技术空白,属物流业中原材料配送,加工中心建设项目,也是国家重点鼓励发展的节能产业。建成投产后,将实现年销售收入约40亿元。4月,芜湖港裕溪口配煤项目一期工程试投产。该工程设计年中转能力为300万吨,煤码头可常年停泊5000吨级船舶,配有7台螺旋卸车机、2台斗轮堆取料机、44台往复给料机、总长1500米的皮带机和采用PLC变频技术装船机,是一个节能环保型的物流工程。今后煤炭出现增长时,只需稍加投资即可满足年中转600万吨煤炭的能力。5月23日,香港中国基建集团主席表示,将在3至5年内投资38亿元,在武汉阳逻建设集分销、仓储、保税物流中心于一体的阳逻国际物流基地。湖南省长沙港首次大批量出口澳大利亚火车货厢。这批火车货厢从湘江经长江用船运至江苏张家港,再转海轮出口运到澳大利亚。由于各个运输物流环节衔接较好,得到了货主及有关部门的好评。5月24日,九江港开通至上海洋山深水港集装箱航线,并挂靠上武汉港—九江港—上海洋山深水港集装箱专用班轮航线。至此,九江港集装箱可以直接装班轮到达上海洋山深水港配载出口,无需再到上海外高桥码头中转,节省时间24小时,同时也为客户减少了中转费用。10月下旬,南通港首次完成了下潜式装载作业。装载的驳船组件由南通经华造船厂组装出口荷兰。每艘驳船长135米,宽23米,高15米,共6艘,装载在一艘荷兰籍大型"游艇特快"轮上(该轮长209米,宽32米,是一艘主要装载运输大型游船的半潜式驳船)。11月10日,太仓国际物流城开业。该项目规划建筑面积11万米^2,占地面积135亩,集现代物流信息中心、交易中心、仓储中心、配送中心和转运中心于一体,并在太仓港区内设立10万余米^2 的港口仓储、停车、交易中心作为辅助功能区。12月,南京港龙潭港区保税物流中心已开辟了南京港至日本、韩国的近洋直达集装箱航线,以及南京港至上海洋山深水港的江海直达外贸内支线的直达班轮等。实现各种运输方式的"无缝衔接",形成了以港口为中心的集装箱、能源快速运输的转运体系，降低了物流成本，为建设长江国际航运物流中心奠定了坚实的基础。

·港口节能和环保　2007年10月中旬，在长江上游第一港——云南水富港，长江沿线23家港航企业、管理单位和协会组织代表，共同签署了《长江航运节能减排宣言》，郑重承诺："积极贯彻落实国家节能减排工作方针和要求，全员参与，群策群力，形成共同推进长江航运节能减排工作的新格局……"参与承诺的单位有交通部长江航务管理局、长江海事局、长江航道局及长江沿线有关省市港航管理单位，中国长江航运（集团）总公司等长江航运企业，重庆港务物流集团公司、南京港口集团公司等长江港口企业，中国港口协会长江港口分会、中国船东协会长江分会等。南通港竭力打造资源节约型港口，综合能源单耗为3.22吨标煤/万吨吞吐量，同比下降3.89%，装卸生产能源单耗控制在2.64吨标煤/万吨吞吐量以下。煤驳返仓率为6.76%，同比减少0.48%，来煤检斤率达100%，吨煤耗电0.704千瓦时，同比降低0.02千瓦时。南通港姚港油库针对发货过程中转罐次数频繁，耗电量大、损耗增加的特点，采取大罐直接发货，收到了既降低单位能耗又减少了输转损耗的双重效益。还对油库的所有照明灯具进行改造，更换节能灯具120只，路灯全部改为节能灯。南通港在实施围堤工程前，对滩涂养殖可能造成影响的，事先请专家进行评估测算，并采取恢复的可行性措施，把不可避免的损失降低到最小程度。要求建设施工单位保护现场内外环境，避免由施工引起的排污、粉尘、有害气体污染海洋环境。整个建设过程中，至今没有发生一起环保事故，没有对渔民生产造成负面影响，做到自然环境不破坏，群众利益不损害。

·文明创建　2007年，文明创建是港口发展的一大亮点，好事、新事、喜事不断涌现。

为满足2010年中国世博会场馆建设需求，上海市进一步加快黄浦江两岸新老港区功能转换的工程建设，加大文明创建的物质投入，营造良好的环境，提升文明档次。上海市港口管理局还与南非、中东、东欧和非洲等地区港口的联系，与智利瓦尔帕莱索港、美国旧金山港签署两港友好协议，与日本大阪、横浜、博多等港口商定友好交流项目。常熟市港口局以构建"和谐口岸"为主题，推出了"服务理念到位、业务素质到位、简化手续到位、优化环境到位"的创新工作举措，以文明创建为抓手，多措并举，树立了常熟口岸良好形象，被该市授予口岸系统"文明行业光荣称号。南通港组织开展多种形式安全主题活动，严禁"三违"，排除事故隐患，加大整改力度，成效显著。南通港口集团有限公司荣获江苏省重点物流企业50强、南通市明星企业、南通市安全生产优胜单位等荣誉称号。芜湖港铸造"企业文化年"，按照"人无我有，人有我新，人新我奇，人奇我特"的创新理念，生产经营创佳绩。实现到煤756万吨、发煤747万吨，分别占"三口一枝"（南京浦口、武汉汉口、芜湖裕溪口、湖北枝城）总量的47%、48%。全年外贸量同比增长58.3%，增幅高于全国和长江平均水平。

2007年长江干线港口货物吞吐量分类数据一览表、2005—2007年长江十大吞吐量港口一览表、2004—2007年长江十大集装箱吞吐量港口一览表、2007年长江渝宜段港口春运客运量一览表、2007年长江干线分港口客货吞吐量数据一览表，详见表5-1、表5-2、表5-3、表5-4、表5-5。

【2007年长江干线港口货物吞吐量分类数据一览表】　　（表5-1）

货类＼数据	分货类吞吐量（万吨）		
	2007年	2006年	2007年/2006年（%）
合　计	91822.1	78773.2	116.6
煤炭及制品	17915.6	14871.7	120.5
石油天然气及制品	6631.6	7409.1	89.5
金属矿石	20150.9	15664.9	128.6
钢铁	6366.4	5320.7	119.7
矿物性建筑材料	13034.6	11063.2	117.8
水泥	6922.9	7302.4	94.8

货类 \ 数据	分货类吞吐量(万吨)		
	2007年	2006年	2007年/2006年(%)
木材	1197.9	1057.4	113.3
非金属矿石	4048.2	3760.5	107.7
化学肥料及农药	743.3	515.4	144.2
盐	263.6	256.7	102.7
粮食	1274.8	1006.9	126.6
机械、设备电器	290.6	535.1	54.3
化工原料及制品	3351.8	2920.1	114.8
有色金属	78.4	36.9	212.5
轻工医药产品	727.6	518.5	140.3
农、林、牧、渔业产品	285.3	251.7	113.3
其他	8538.8	6282.1	135.9

【2005—2007年长江十大吞吐量港口一览表】(单位:万吨) (表5-2)

年份	第一位	第二位	第三位	第四位	第五位	第六位	第七位	第八位	第九位	第十位
2005	苏州港	南京港	南通港	镇江港	江阴港	武汉港	芜湖港	马鞍山港	安庆港	泰州港
	11919	10714	8326	5814	4278	4020	3754	2002	1834	1567
2006	苏州港	南通港	南京港	镇江港	江阴港	武汉港	芜湖港	安庆港	铜陵港	池州港
	15402	10386	10091	6318	5786	5034	3929	2839	2405	1952
2007	苏州港	南通港	南京港	镇江港	江阴港	武汉港	芜湖港	马鞍山港	铜陵港	安庆港
	18377	12339	10858	7824	7218	5278	4680	3684	2860	2852

【2004—2007年长江十大集装箱吞吐量港口一览表】(单位:万TEU) (表5-3)

年份	第一位	第二位	第三位	第四位	第五位	第六位	第七位	第八位	第九位	第十位
2004	南京港	张家港港	南通港	武汉港	重庆港	扬州港	太仓港	常熟港	镇江港	江阴港
	47.7	32.2	25.1	16.2	14.8	13.2	9.2	8..8	7.6	7.1
2005	南京港	张家港港	南通港	太仓港	重庆港	武汉港	常熟港	镇江港	扬州港	城陵矶港
	58.7	37.7	30.1	25.1	18.1	17.8	12.5	9.8	9.2	6.8
2006	苏州港	南京港	南通港	武汉港	重庆港	镇江港	扬州港	江阴港	芜湖港	九江港
	124.1	79.9	36.0	34.8	26.3	23.9	13.1	12.5	10.0	7.3
2007	苏州港	南京港	南通港	武汉港	重庆港	江阴港	镇江港	扬州港	芜湖港	九江港
	189.5	105.6	42.8	38.8	35.1	30.7	28.5	17.1	16.5	8.9

【2007年长江渝宜段港口春运客运量一览表】 (表5-4)

港口	客运量(人)	同期比(%)
重庆	76381	98.2
涪陵	23025	69.8
万州	367380	106.6
秭归	60422	181.3
太平溪	140469	328.4
合计	667677	110.8

【2007年长江干线分港口客货吞吐量数据一览表】 (表5-5)

370

【2007年长江干线分港口客货吞吐量数据一览表】

（表5－5）

指标 港名	货物吞吐量（万吨）						集装箱吞吐量（TEU）			旅客吞吐量（万人次）		
	合计			外贸								
	2007年	2006年	同比（%）	2007年	2006年	同比（%）	2007年	2006年	同比（%）	2007年	2006年	同比（%）
合计	91822.1	78773.2	116.6	11554.6	9551.5	121.0	5539350.00	4022924.75	137.7	434.9	1008.4	43.1
宜宾港	614.0	576.5	106.5	0.0	0.0							
泸州港	1017.3	1000.1	101.7	19.8	14.4	137.5	52407.00	38287.00	136.9	103.2	216.5	47.7
重庆航管处	1873.3	1594.5	117.5	5.0	6.1	82.0	24412.00	23383.00	104.4	75.0	171.6	43.7
重庆港	1316.6	1063.5	123.8	216.8	178.7	121.3	351350.00	263411.00	133.4	26.9	102.0	26.4
涪陵港	342.5	311.2	110.1	17.9	42.2	42.4	40131.00	28848.00	139.1	42.1	107.2	39.3
万州港	713.2	639.5	111.5	6.7	17.7	37.9	16861.00	13039.00	129.3	128.5	246.5	52.1
宜昌港口集团公司	407.3	297.2	137.0	18.4	12.9	142.6	31789.00	20757.00	153.1	57.4	157.2	36.5
枝城港口集团公司	326.8	220.8	148.0	0.0	0.0							
荆州港口集团公司	252.7	170.4	148.3	24.6	17.9	137.4	51854.00	38883.00	133.4			
城陵矶港	748.1	733.5	102.0	32.5	0.0		44844.00	43405.00	103.3			
洪湖港口集团公司	16.1	152.5	10.6	0.0	0.0							
武汉市港航管理局	5278.3	5034.4	104.8	259.8	170.8	152.1	388433.75	348091.00	111.6			
黄石市港航管理处	1267.5	1382.0	91.7	122.5	97.6	125.5	16846.00	10529.00	160.0			
九江市交通局	738.5	759.5	97.2	67.5	55.5	121.6	88179.00	73712.00	119.6	1.7	3.4	50.0
安庆市港口管理局	2852.4	2839.1	100.5	8.3	7.0	118.6	9779.00	8996.00	108.7			
池州市港口局	2100.6	1952.1	107.6	24.6	29.3	84.0	932.00	321.00	290.3			
铜陵市港航局	2860.0	2405.4	118.9	39.9	37.8	105.6	8149.00	3996.00	203.9			
芜湖市港航局	4680.6	3929.0	119.1	153.9	98.4	156.4	165008.00	100185.00	164.7			
马鞍山市港口局	3684.5	2393.1	154.0	22.8	33.5	68.1	34062.75	48209.00	70.7			
南京市港口局	10858.9	10090.6	107.6	725.8	709.1	102.4	1056028.75	799847.00	132.0		4.0	0.0
镇江市港口局	7824.7	6318.0	123.8	1350.7	1211.5	111.5	285924.00	239155.00	119.6			
扬州港	1590.1	1397.7	113.8	297.6	265.2	112.2	171659.00	131845.00	130.2			
泰州港	2522.8	1937.0	130.2	399.3	448.3	89.1	69992.00	60024.00	116.6			
江阴港	7218.4	5786.6	124.7	1140.6	886.8	128.6	307162.00	125696.00	244.4			
苏州市港口局	18377.5	15402.6	119.3	4718.5	4244.9	111.2	1895500.50	1241575.50	152.7	0.1		
南通市港口局	12339.3	10386.2	118.8	1881.3	966.1	194.7	428046.25	360730.25	118.7			

（总编室　罗诗刚　丁玉汉）

·省市港口·

【上海市港口管理局】 (详见《长江航运年鉴》(2007卷)第五篇“港口”第423页)

2007年,上海港装卸生产业务继续保持平稳增长,呈现外贸快增,内贸减少的特点。全年完成货物吞吐量5.6145亿吨,同比增长4.5%,连续3年居世界货运港第一位。其中沿海港口完成4.9227亿吨,同比增长4.6%;内河港口完成6918万吨,同比增长3.1%。

上海港外贸货运业务继续保持快速增长。全年完成货物吞吐量2.5574亿吨,同比增长20.2%,继续在国内处于领先地位。其中外贸出口1.2709亿吨,外贸进口1.2865亿吨,同比分别增长23.7%和17.1%;内贸货物吞吐量完成3.05707亿吨,同比下降5.9%。

上海港集装箱运输业务继续保持强劲增势。全年完成集装箱吞吐量2615.2万TEU,同比增长20.4%,超过香港,居世界集装箱港口第二位。其中国际航线吞吐量1987万TEU,内支线吞吐量287.3万TEU,内贸线吞吐量340.9万TEU,分别占全港总量的76.0%、11.0%和13.0%;国际中转集装箱量128万TEU,增幅达到69.5%。截至年底,上海港每月开出的国际国内航班已达2182班,其中国际航班1009班。

洋山深水港区作为上海国际航运中心建设一个最重要的支点,全年完成集装箱吞吐量610.8万TEU。目前经营洋山深水港区的船公司达62家。2007年5月19日,洋山深水港区在对“中海泽布勒赫号”集装箱班轮的装卸作业中,仅用7.5小时就完成5182自然箱装卸作业,平均每小时装卸690.93个自然箱,打破了每小时545.41自然箱的世界纪录;同时,桥吊单机最高效率达到每小时97自然箱,创造了“桥吊单机效率”世界新纪录。

截至2007年年底,上海共有从事国际海上运输及其辅助业经营者1012家,其中国际船舶运输企业40家,国际船舶代理企业132家,国际船舶管理企业57家;无船承运业务企业747家;在沪注册的外商独资船务公司30家,外商独资集运公司6家。全年新增办理注册登记的经营国际海上运输及其辅助业的外商驻沪代表机构18家,总数达到251家。2007年上海国际海上运输及其辅助业经营者一览表,详见表5-6。

【2007年上海国际海上运输及其辅助业经营者一览表】 (表5-6)

企业类型	2006年底总数(户)	2007年底总数(户)	比2006年增减(%)
国际船舶运输	38	40	5.26
国际船舶代理	97	132	36.08
国际船舶管理	46	57	23.91
无船承运业务	472	747	58.26
外商独资船务	30	30	0
外商独资集运	6	6	0
合　计	689	1012	

上海港口基础设施建设取得重大进展。作为上海建设国际航运中心最重要支点的洋山深水港区二期工程通过国家验收;三期工程(A段)建成并投入试运营,码头建设规模为4个10万吨级集装箱泊位,码头岸线长1350m。截至2007年年底,洋山深水港区已建成集装箱泊位13个,码头岸线长4350m。2005—2007年洋山深水港区码头建设规模和吞吐量一览表,详见表5-7。

【2005—2007年洋山深水港区码头建设规模和吞吐量一览表】 (表5-7)

年　份	合计码头长度(m)	合计泊位数(个)	合计年设计码头吞吐能力(万TEU)	当年完成集装箱吞吐量(万TEU)
2005年	1600	5	220	17
2006年	3000	9	430	323.6
2007年	4350	13	710	610.8

为了满足2010年中国上海世博会场馆建设的需要，进一步加快黄浦江两岸老港区功能转换的工程建设，总投资约46.9亿元、设计年吞吐能力4380万吨的罗泾港区二期工程基本建成，并投入试营运，新增码头岸线长2720米，新建1个大型煤炭泊位、2个大型矿石泊位、6个通用散货泊位及相应的水水中转泊位，成为上海港迄今最大的现代化综合性散货码头。此外，外高桥港区六期工程建成2个泊位。北外滩国际客运中心码头基本建成。上海液化天然气(LNG)项目一期工程接收站和码头开工建设，建设规模为一座可停靠8万吨20万米^{3}液化天然气船的码头和3座16.5万米^{3}混凝土全容储罐；外高桥港区六期工程上游段400米多用途码头建设工程正式启动。

上海高等级内河航道建设不断推进。赵家沟航道整治工程完成投资1.7亿元；大芦线航道整治工程(临港新城段)完成投资3亿元。

截至2007年年底，上海港(含沿海港口)共拥有生产性码头泊位616个(其中万吨级以上泊位187个)，码头岸线总延长为62.3公里，年货物吞吐能力达3.73亿吨。其中公用码头生产性泊位121个，码头岸线延长为22.2公里，年货物吞吐能力1.71亿吨；货主专用码头生产性泊位495个，码头岸线延长为40.1公里，货物吞吐能力2.03亿吨。上海市内河港区共有2165个泊位，最大设计靠泊能力为3000吨级。

2007年9月20日，长三角港口管理部门第二次合作联席会议在宁波市召开。会议决定成立“规划与建设”、“市场监管”、“安全与环保”、“信息与培训”等4个合作工作小组。这次会议推进长三角地区港口管理部门之间的合作朝着具有实质内容和可操作性的方向逐步深化。由上海市港口管理局牵头推进的“深化港口合作专题”，被长三角地区城市经济协调会列为“2008年长三角区域合作发展专题”之一。2007年4月和11月，上海国际港务(集团)股份有限公司与宁波港集团有限公司先后两次举行上港集团—宁波港集团恳谈会。双方商定保持业务互动，不断探索和完善自主创新交流等合作机制，全面提升战略合作关系。

上海国际港务(集团)股份有限公司于2007年10月，与香港珏瑞投资有限公司、宝山钢铁股份有限公司、马鞍山钢铁股份有限公司共同投资9900万美元，组建上海罗泾矿石码头有限公司，经营管理罗泾港区二期矿石码头。还参与了江西九江港口集团整体改制，新组建的上港集团九江港务有限公司注册资本为6亿元，上海集团持有股权超过90%。上港集团物流有限公司在江西九江全额投资设立了上海物流(江西)有限公司，公司注册资本4000万元，主要承担九江城西港区物流园区的规划、开发建设和经营管理。

上海市港口管理局加强与南美、中东、东欧和非洲等地区港口的联系，与智利瓦尔帕莱索港、美国旧金山港签署两港友好港协议，与美国洛杉矶港签署了共创绿色港口的交流协议。与日本大阪、横浜、博多等港口商定友好交流项目。

局　长　许培星
地　址　上海市中山东一路13号
邮　编　200002
电　话　(021)63290077
网　址　http://www.chineseshipping.com.cn

(上海市局　茅伯科)

【上海市内河港口概况】　截至2007年年底，上海市共有内河港口经营人1324户，生产性码头泊位1838个，泊位总长度94765米，仓库面积1668997米^2，堆场面积6090950米^2，拥有前沿机械(含起重机械、输送机械、专用机械)2256台、库场机械1669台。

2007年，上海市内河港口完成货物吞吐量6918万吨，其中内河港口危险货物港口作业量为222.5万吨。经上海市港口管理局和上海临港新城管理委员会同意，芦潮港内河集装箱港区纳入上海临港新城总体规划。

芦潮港内河集装箱港区北至A2高速公路，南至同盛大道，西至维4路，东至维5路，总用地面积138公顷，其中水域面积约20公顷；陆域面积约118公顷，包含仓储用地、行政办公用地、对外交通用地、道路广场用地、市政设施用地等。

2007年10月，浦东新区人民政府正式批复外高桥内河集装箱港区控制性详细规划。外高桥内河集装箱港区东至华东路，南至五洲大道，西至100米外环绿带，北至外环绿带及部队用地，总用地面积188公顷，其中水域面积约30公顷；陆域面积约158公顷，包含仓储用地、行政办公用地、对外交通用地、道路广场用地、市政设施用地等。目前,芦潮港内河集装箱港区和外高桥内河集装箱港区一期工程前期工作正在进行。

2007 年上海市港口吞吐量(按港口分)一览表、2007 年上海市港口吞吐量(按货物形态、包装及货类分)(合计)一览表、2007 年上海市港口吞吐量(按货物形态、包装及货类分)(内河合计)一览表,以及 2007 年上海市市管码头企业名录一览表,详见表 5-8、表 5-9、表 5-10、表 5-11。

(上海市局 王 涛 贾海林)

【2007 年上海市港口吞吐量(按港口分)一览表】 (表 5-8)

港口	货物吞吐量				集装箱吞吐量			滚装汽车吞吐量	旅客吞吐量		利用自然岸坡完成船舶货物装卸量
	合计(万吨)	其中:外贸	出港	其中:外贸	箱数(万TEU)	重量(万吨)	(货重)	(万辆)	(万人)	出港	
A	1	2	3	4	5	6	7	8	9	10	11
全市总计	56144.60	25573.93	20665.19	12709.20	2615.24	23850.43	18679.95	34.65	183.73	94.58	671.83
一、沿海港口合计	49226.58	2557.93	19931.87	12709.20	2615.24	23850.43	18679.95	34.65	183.73	94.58	
上海	49226.58	25573.93	19931.87	12709.20	2615.24	23850.43	18679.95	34.65	183.73	94.58	
二、内河港口合计	6918.02		733.32								671.83
1. 黑龙江水系小计											
2. 淮河水系小计											
3. 长江干流小计											
4. 长江支流小计	6918.02		733.32								671.83
崇明	158.88		30.50								
宝山	1730.33		443.74								120.98
嘉定	831.93		28.38								38.47
上海市区	688.21		10.97								
浦东新区	846.84		25.84								30.47
青浦	191.16		3.14								120.14
闵行	926.17		16.38								5.98
南汇	569.55		16.95								236.47
奉贤	272.00										12.89
松江	74.42										31.74
金山	628.53		157.42								74.69
5. 京杭运河小计											

【2007 年上海市港口吞吐量(按货物形态、包装及货类分)(合计)一览表】 (表 5-9)

分类	序号	合计		出港		进港	
			外贸		外贸		外贸
A	B	1	2	3	4	5	6

分类	序号	合计		出港		进港	
			外贸		外贸		外贸
A	B	1	2	3	4	5	6
货物吞吐量合计(吨)	1	561446021	255739315	206651867	127092015	354794154	128647300
1. 液体散货	2	28861125	7091462	11489222	1468454	17371903	5623008
其中:原油	3	3989190	0	102531	0	3886659	0
成品油	4	15629704	3387477	7289829	535559	8339875	2851918
液化气、天然气及制品	5	480112	455290	2632	1844	477480	453446
2. 干散货	6	202836305	32792313	37875207	131278	164961098	32661035
其中:煤炭及制品	7	86394366	1043637	18158014	0	68236352	1043637
金属矿石	8	35801455	17440306	15275943	1510	20525512	17438796
散水泥	9	1875711	0	212870	0	1662841	0
散粮	10	544628	283865	112932	0	431696	283865
散化肥	11	2226428	1318106	612101	0	1614327	1318106
3. 件杂货	12	89133389	13894044	23798690	9409460	65334699	4484584
其中:木材	13	1734067	1010372	229086	16128	1504981	994244
粮食	14	1025321	23790	298754	23790	726567	0
化肥	15	957308	42204	778856	42204	178452	0
水泥	16	5470652	61654	894920	61654	4575732	0
4. 集装箱(TEU)	17	26152378	22742895	13388978	11686056	12763400	11056839
重量(吨)	18	238504302	201592028	132357876	115863209	106146426	85728819
其中:货重	19	186799492	156947744	106073815	93114080	80725677	63833664
5. 滚装船汽车吞吐量(辆)	20	346483	142086	169891	87686	176592	54400
重量(吨)	21	2110900	369468	1130872	219614	980028	149854

补充资料:进出港旅客1837290人,其中出港旅客945773人。

【2007年上海市港口吞吐量(按货物形态、包装及货类分)(内河合计)一览表】 (表5-10)

分类	序号	合计		出港		进港	
			外贸		外贸		外贸
A	B	1	2	3	4	5	6
货物吞吐量合计(吨)	1	69180237		7333162		61847075	
1. 液体散货	2	1236239		719567		516672	
其中:原油	3						
成品油	4	719567		719567			
液化气、天然气及制品	5						
2. 干散货	6	24255984		2169023		22086961	
其中:煤炭及制品	7	1203792		58213		1145529	
金属矿石	8	62331		1135		61196	
散水泥	9	904725		54906		849819	
散粮	10	10705				10705	
散化肥	11						
3. 件杂货	12	43688014		4444572		39243442	
其中:木材	13	12751		735		12016	

分　　类	序号	合　计		出　港		进　港	
			外　贸		外　贸		外　贸
A	B	1	2	3	4	5	6
粮食	14	699419		147479		551940	
化肥	15	70100		5008		65092	
水泥	16	4715116		832956		3882160	
4.集装箱(TEU)	17						
重量(吨)	18						
其中:货重	19						
5.滚装船汽车吞吐量(辆)	20						
重量(吨)	21						

资料来源:上海市港口管理局

【2007年上海市市管码头企业名录一览表】 （表5-11）

序号	企业名称	企业类型	注册地址
1	上海市装卸储运总公司	国有	云岭西路蔡家浜1号1号楼4楼
2	上海海华新型建材制品有限公司	有限责任	嘉定区江桥镇工业园区南首
3	上海建众建材有限公司	国内合资	浦东草高路1828号
4	上海建工材料工程有限公司	国内独资	莲南路340号
5	上海市装卸储运总公司蔡家浜公司	分支机构	云岭西路蔡家浜1号
6	上海市装卸储运总公司纪蕴路公司	分支机构	宝山纪蕴路151号
7	上海市长宁区虞姬墩码头	集体	新泾镇努力村
8	上海住源物资储运有限公司	有限责任	云岭西路蔡家浜3号
9	上海市江桥批发市场经营管理有限公司	国营	曹安路1936号
10	上海纺运金沙江仓库	国营	金沙江路1500号
11	上海金嘉物资储运合作公司	有限责任	方黄路苏州河桥西堍
12	上海机床厂有限公司	有限责任	军工路1146号
13	上海宏成预拌混凝土有限公司	有限责任	草高路1828号
14	上海深试仓储有限公司	股份	华江公路1260弄50号
15	上海中环混凝土砼制品有限公司	有限责任	华庄公路1号桥西首
16	上海申东木材有了限公司	有限责任	眉州路760号
17	上海茶叶进出口公司茶叶总厂	国营	军工路1300号
18	上茶一厂综合服务部	集体	军工路1300号
19	上海市场浦区供销合作社工厂服务部	国营	杨树浦路1810号
20	上海市工艺品进出品公司浦东储运公司	国营	军工路1300号
21	上海建四实业有限公司	有限责任	牡丹路60号
22	上海市第十粮食仓库		
23	上海外贸仓储解放岛储运公司	国营	纪王镇解放岛
24	上海印刷包装机械总公司	国营	中兴路408号
25	上海市土产棉麻公司解放岛仓库	集体	镇解放岛路888号
26	上海华农工贸有限公司	有限责任	吴漕路525号
27	上海五金矿产进出口分公司华江路联营仓库	国集	江桥镇华漕桥西
28	上海西部企业集团建材装潢总汇	国营	志丹路61号
29	上海石粉厂有限公司	有限责任	华庄路1号桥
30	上海福生建材装卸有限公司	有限责任	华庄路1号桥

序号	企业名称	企业类型	注册地址
31	上海市第一市政工程有限公司		
32	上海嘉建混凝土有限公司	中外合作	沪太路1128号
33	上海江桥东环装卸服务中心	集体	江桥镇幸福村
34	上海闵纪储运建材有限公司	有限责任	纪王镇纪东村
35	上海市住欣装饰混凝土制品有限公司	有限责任	沪南路2502号111室
36	上海永业企业集团建筑材料有限公司	有限责任	打浦路339弄1号
37	上海闵行物资总公司建筑材料公司	国营	龙漕路1弄8号
38	上海华展混凝土材料有限公司		
39	上海沙河工贸有限公司	有限责任	华江路1018号
40	上海齐信混凝土制品有限公司	有限责任	丰华路1511号
41	上海华兰德建筑材料有限公司	有限责任	振泾路198弄2号509室
42	上海嘉申混凝土有限公司	外资	虬江码头200号
43	宝山区交通(集团)有限公司装卸运输分公司	集体	宝山区同济路131号
44	上海嘉定娄塘赵斤建材经营部	集体	嘉定区娄塘镇赵厅村
45	上海北发建材经营部	个人独资	上海嘉定华亭镇联一村
46	上海嘉定国汤建材经营部	个人独资	
47	上海盛舟建材有限公司		
48	上海尚石建材有限公司	有限	嘉定区嘉唐公路荠莱桥(嘉定环卫所南侧)
49	上海德业虬桥路基材料厂	有限	上海市嘉定区北区三里桥
50	上海华广建材有限公司	有限	嘉定区娄塘镇娄塘村
51	上海罗依莱实业有限公司路用材料分公司	有限	嘉定区嘉浏公路新浏河大桥南堍东侧
52	上海卓旺建材经营部	个人独资	嘉定区马陆镇沪宜公路2585号2区7楼-A-5
53	上海晓目建材经营部	个人独资	嘉定区娄塘镇娄塘村月芽桥北
54	上海楼诚装卸运输有限公司	有限	上海市嘉定区外岗镇
55	上海强能新型墙村有限公司	有限	嘉定区外岗工业园区A4号地块
56	上海昶埠工贸有限公司	有限	嘉定区马陆镇大治东路27号
57	上海实兴水泥制品构件厂	个人独资	嘉定区马陆镇大裕村大冶东路27号
58	上海开宝凝结剂厂	集体	宝山区铁力路2300弄3号
59	上海启春贸易有限公司	有限责任	宝安公路333号
60	上海求通路基材料有限公司		
61	上海旗杆码头装卸运输有限公司	股份	水产路1438号
62	上海宝明码头	集体	宝山区蕴川路5343号
63	上海宝山月浦物资供销公司	集体	蕴川路4789号
64	上海市宝山区长兴物资中转站	集体	泰和路泰兴桥190号
65	上海市宝山区水利物资供应站	国有	宝山区牡丹江路2001号
66	上海石洞口电力实业有限公司	国内合资	宝山区盛桥镇蕴川路石洞口经济发展区
67	宝山横沙仓储分公司吴淞物资转运站	股份	宝山区泰和路泰兴桥170号
68	宝山区马泾桥码头装卸站	私营	蕴川路2881号
69	上海宝钢生产协力公司内河码头	股份	宝山区漠河路301号
70	上海北翼装卸储运有限公司	有限	宝山区淞兴路163号
71	宝钢内河装卸联营站	全民与集体	宝山区友谊村
72	上海宝山煤炭有限公司	国有	盘古路492号南楼2131室
73	上海富锦市政材料发展有限公司	集体	罗南镇朱家店村南赫生产队
74	上海富锦沥清混凝土有限公司	有限	宝山区湄浦路358号
75	上海华鸿新型墙体材料有限公司	股份	宝山区罗店镇苗圃路669号
76	上海龙博运输有限公司宝山分公司	私营	崇明竖新镇经济小区

序号	企业名称	企业类型	注册地址
77	上海宝山建筑构件厂	民营	罗南经济开发区
78	上海西杨金属材料销售有限公司	有限	沽源路110弄15号401室-2
79	上海盘龙物资利用有限公司	集体联营	上海市宝山区盘古路1158号
80	上海宝冶商品混凝土公司	国有	上海宝山区牡丹江路1325号402室
81	上海悦腾混凝土制品公司	私营	上海市宝山区大场镇小孟家宅以北
82	上海嘉黎码头装卸有限公司	有限	宝山区月浦镇园和路1019号
83	上海超凡装卸有限公司	有限责任	宝山区同济支路65号169
84	上海沈永物资储运有限公司	有限	上海市泰和路717弄65号
85	上海崔龙装卸有限公司	有限责任公司	上海市松江区车墩大浜村
86	上海松江毛竹港深水码头	独立	松江永丰街道ヨ介村
87	松江叶榭交通运输管理站	有限责任公司	松江区叶榭镇西市街南
88	上海申杰石灰有限公司	有限责任	宝山区长逸路28号
89	上海宝山沈杨化工仓库	乡镇	祁连山路3588弄75号
90	上海三元建筑材料厂	国有	宝山顾村镇胡庄村
91	上海前进农场物资装卸中转站	国有	宝山区顾村胡庄村
92	上海吴淞肉类联合加工厂	国有	宝山区安达路241号
93	上海申江储运部	国有	宝山区联谊路31号内
94	上海华丰国际集装箱仓库公司码头	国有	上海市宝山区顾村镇胡庄村
95	宝山区刘行粮食仓库	股份	宝山区刘行沈杨祁连山路底
96	上海市宝山区宝房建筑装潢材料公司	国有	宝山区淞浦路482号3F—225号
97	上海市果品有限公司	集体	外马路820号
98	上海一钢运输公司	国有	宝山区长江路735号
99	上海农工商凯隆物资储运站	国营	上海宁波路70号506室
100	上海凯乐货运有限公司	有限	宝山区锦秋路2455号
101	上海华丰仓储贸易公司	集体	真陈路1600号
102	上海住宅混凝土砌块厂	国营	陈太路葑村路200号
103	上海申宏冷藏储运有限公司	有限公司	周家嘴路4395号
104	上海华谊集团上硫化工有限公司	国营	宝山区蕴藻南路1号
105	上海东海燃料装卸有限公司		
106	上海海光金属冶炼厂有限公司	有限	上海市长逸路88号办公楼D—7
107	上海宝泰设备工程有限公司	民营	宝山区宝杨路2017号A—286
108	上海今江实业有限公司	有限	海滨三村68号底屋
109	上海大中华综合服务公司	国有	逸仙路4318号
110	上海宝山淞化装卸储运站	国有	宝山区逸仙路201弄124号
111	上海纯新羊毛原料有限公司	有限责任	河南南路784号
112	上海宝山场北码头	集体	宝山区南蕴藻路场北村北侧
113	上海藻北物资中转储存有限公司	国集	联谊路610号
114	上海飞翼物资中转站	联营	宝山区联营路587号
115	上海宝联五金储运有限公司	国有	联谊路205号
116	上海市隧道公司码头装卸经营部	国有	龙华路660号
117	上海医保储运公司	国有	陈太路555号
118	上海申鸥码头装卸有限公司	有责	江杨南路2951号
119	上海五钢物流有限责任公司	国有	宝山区同济路332号
120	上海淞浦装卸有限公司	有限	宝山区呼兰路515号
121	上海市市政工程材料公司	国企	静安区顺德路92号
122	上海建筑防水材料厂	国企	上海市宝山区行镇泰和路

序号	企业名称	企业类型	注册地址
123	上海新仓装卸有限公司	有限	宝山区宝安公路333号A区164号
124	上海市宝山区长耘水泥制品加工厂	个人独资	宝山区庙行南蕴藻路塘桥仓库
125	上海扬子江实业总公司	国有	泰和路1424号
126	宝山区红光包装箱仓库石驳岸码头	集体	宝山区祁连山路北底
127	上海建设机场道路工程有限公司	国有	宝山区泰和路1500号
128	上海宝钢运输有限公司	国内有限	浦东新区德本路289号20楼
129	上海交运钢材现货交易市场经营管理有限公司	国内有限	上海市宝山区纪蕴路151号
130	上海前卫运输有限公司	有限责任	上海市真陈路1000号(园区大夏20500)
131	上海交钢物流有限公司	有限责任	宝山区经蕴路151号
132	上海锦惠物业有限公司	合资	宝山区月罗路338号综合楼407室
133	上海汇尔华实业有限公司	有限责任公司	松江区广湖荡镇贵南路9号
134	上海康鑫实业股份有限公司	股份有限	朱泾镇金枫公路410号
135	上海石化仓储航运有限公司	股份有限	金山区石化沪杭公路9048号
136	上海杜林建设工程咨询有限公司	有限责任	朱泾镇公园路246弄52号
137	上海化工实业漕泾内河装卸有限公司	有限责任	漕泾镇护塘村8组
138	上海宏漕混凝土有限公司	有限责任	漕泾镇张漕公路1518号
139	上海漕源建材贸易有限公司	有限责任	漕泾镇东海村2188
140	上海精英化工有限公司	有限责任	金山区镇长春村3015号
141	上海申鹤构件有限公司	有限责任	青浦区白鹤镇
142	上海程晟物流有限公司	有限责任	青浦区白鹤镇
143	上海金戈装卸服务有限公司	有限责任	青浦区白鹤镇
144	上海中油申隆石油有限公司	有限	上海市奉贤区光明镇北侧
145	春奉贤县齐运输装卸社	股份	上海市奉贤齐贤镇
146	上海奉贤建设实业有限公司	有限	上海市奉贤区南桥解放路中路276号
147	上海海光休斯奥石化实业有限公司	有限	奉贤现代农业园区大庄路1号房B区6号
148	上海浦江仓储有限公司	有限	奉贤区邬桥镇叶家村
149	上海奉贤齐贤粮油购销有限公司	有限	上海市奉贤金汇镇齐贤
150	上海浦东星火开发区港务储运站	国有	上海市浦东新区星火开发区民乐路
151	上海奉贤齐贤粮油储运有限公司	有限	上海市奉贤区金汇镇(齐贤)金钱公路2768号
152	上海市奉贤区青村镇钱桥钦公塘大桥建材供应站	个体	上海市奉贤区青村镇钱桥社区海边村五队
153	上海城建道桥工程有限公司	有限	上海市奉贤区南桥镇南奉公路6459号
154	上海南航木材储运有限公司	有限责任	南汇航头大治河桥北西侧
155	上海航头燃料储运有限公司	有限责任	南汇区航头镇北首
156	南汇区宣桥乡交通管理站	集体	宣桥镇南首
157	上海金砖建筑材料有限公司	有限责任	南汇区三墩镇邵村村
158	上海浦东新区张江混凝土构件厂有限公司	有限责任	浦东新区张江路1530号
159	南汇县黄路乡交通管理站	个体	南汇区黄路镇大治河桥西
160	上海建工物资公司浦东分公司	国有	浦东南路1930号
161	上海浦东装卸起重安装总公司	集体	浦东南路3683号
162	上海张江汽车运输有限公司	有限	浦东张江路1535号
163	上海浦东川林建材经营公司	国有	浦东华夏东路1239弄118号
164	上海市浦东新区建设(集团)有限公司	有限	浦东大道2752号1206室
165	上海通恒建筑材料有限公司	有限	浦东东高路385号
166	上海浦东内航经贸发展有限公司	有限	浦东新川路11弄1号
167	上海纺发纪蕴仓库	国有	宝山区纪蕴路581号
168	上海市宝山区宝纪联营装卸站	联营	宝山区呼兰路800号102室A座

序号	企业名称	企业类型	注册地址
169	上海宝业混凝土有限公司		
170	上海泓元投资管理有限公司		
171	上海巨盛化工有限公司	有限公司	沪太路7300弄196号
172	上海宝齐氧化铁有限公司	有限公司	宝山区联水路168号
173	上海赛孚燃油发展有限公司	有限责任	金山区朱泾镇万联村
174	上海市粮食储运公司	国有	浦东新区张杨露88号1302室
175	上海金顿物资有限公司	有限责任	堡镇
176	上海贵弘装卸服务部	个体	堡镇
177	上海市崇明县振兴装卸站	个体	庙镇
178	上海振乾建筑材料有限公司	有限责任	陈家镇
179	上海宝山第四航运有限公司	有限责任	长兴岛
180	上海市长兴岛发电厂综合经营公司	集体	长兴岛
181	上海卓多星工贸有限公司		长兴岛
182	上海宝山区第三航运公司	私营	长兴岛
183	上海中为混凝土有限公司	有限责任	长兴岛
184	宝山区水利工程公司一〇二工程队	国有	长兴岛

资料来源:上海市航务管理处

【浙江省港口概况】 2007年,浙江省港航管理局深入贯彻科学发展观,围绕省委、省政府港航强省战略,统一认识,强力推进港口管理工作,取得了明显成效。一是成立港航强省调研组,历时半年时间,在充分调研的基础上,形成了第一份港航强省调研报告;二是加快立法步伐,《浙江省港口管理条例》于10月1日起正式实施;三是港口规划进展顺利,浙江省人民政府正式批准嘉兴港总体规划和台州港总体规划,宁波—舟山港总体规划已上报交通部、浙江省人民政府待批;四是港口保安工作稳步推进;五是宁波、舟山港口一体化进程不断加快。

这一年,全省港口完成货物吞吐量8.86亿吨,同比增长7.8%。其中沿海港口完成货物吞吐量5.74亿吨,内河港口完成货物吞吐量3.12亿吨,同比分别增长12%和1%;集装箱吞吐量987万TEU,同比增长31.3%;内河集装箱吞吐量800万TEU,同比下降20%。

据全省14个主要港口统计,2007年全省主要港口完成煤炭及制品吞吐量10229.9万吨、石油及天然气及制品吞吐量11830.5万吨、金属矿石吞吐量11515.6万吨,矿石建材吞吐量15051.30万吨,同比分别增长22.7%、1.2%、4.2%和2%。

这一年,全省港口建设投资不断加大,完成沿海港口和陆岛码头项目投资57.6亿元,占年计划的152.4%。新增泊位52个,港口吞吐能力6479万吨,其中万吨级以上的泊位17个。截至2007年年底,全省沿海港口共拥有生产性泊位1107个,港口通过能力4.5亿吨,其中万吨级以上的泊位115个(不含洋山深水港区),形成了以宁波—舟山港为核心,浙北、温台港口为两翼的浙江沿海港口群,以及与之相配套的多种运输方式相结合的便捷高效的港口集疏运网络。现有杭州港、湖州港、嘉兴内河港、绍兴港、宁波内河港、金华兰溪港、丽水青田港等7个内河重点港口,拥有生产性泊位5117个,港口通过能力3.2亿吨。

2007年浙江省主要港口完成货物吞吐量对比表、2007年浙江省港口分货类吞吐量一览表、2007年浙江省港口泊位数一览表、2007年浙江省港口吞吐量(按港口分)一览表、2007年浙江省港口吞吐量(按货物形态、包装及货类分)(合计)一览表、2007年浙江省港口吞吐量(按货物形态、包装及货类分)(内河合计)一览表,详见表5-12、表5-13、表5-14、表5-15、表5-16、表5-17。

(浙江省局　吴永平)

【2007 年浙江省主要港口完成货物吞吐量对比表】 （表 5 – 12）

港口名称	2007 年货物吞吐量（万吨）	2006 年货物吞吐量（万吨）	2007 年比 2006 年 ±%	其中集装箱吞吐量（万吨）
宁波—舟山港	47336.22	42386.88	11.68%	943.06
温州港	3495.91	3275.36	6.73%	35.10
台州港	3311.65	2106.67	57.20%	5.36
嘉兴港	2417.58	2248.12	7.54%	3.71
杭州港	5550.11	5220.65	6.31%	–
湖州港	4204.00	4607.43	–8.76%	–
嘉兴内河港	901.98	795.93	13.32%	–

【2007 年浙江省港口分货类吞吐量一览表】 （表 5 – 13）

货物吞吐量（万吨）				集装箱吞吐量（万 TEU）	汽车吞吐量（万辆）	旅客吞吐量（万人次）
合计	矿石	煤炭	油品			
88661	27861	10229	11830	987	366	2847

【2007 年浙江省港口泊位数一览表】 （表 5 – 14）

泊位长度（m）	泊位个数（个）	泊位年通过能力					
		货物（万吨）			集装箱（万 TEU）	旅客（万人次）	汽车（万辆）
		矿石	煤炭	油品			
300376	6224	9300	7278	11135	615	6051	367

【2007 年浙江省港口吞吐量（按港口分）一览表】 （表 5 – 15）

港口	货物吞吐量				集装箱吞吐量			滚装汽车吞吐量	旅客吞吐量		利用自然岸坡完成船舶货物装卸量
	合计（万吨）	其中：外贸	出港		箱数（万 TEU）	重量					
				其中：外贸		（万吨）	（货重）	（万辆）	（万人）	出港	
A	1	2	3	4	5	6	7	8	9	10	11
全省总计	88661.71	21016.52	38768.16	4345.53	987.34	7855.75	5810.02	366.56	2847.75	1429.49	1399.71
一、沿海港口合计	57439.33	21015.56	21091.45	4345.32	987.26	7854.79	5809.23	366.56	2350.70	1171.72	71.21
嘉兴（沿海）	2417.58	285.28	411.82	10.54	3.72	57.46	49.34				
宁波—舟山	47336.22	20235.87	19641.39	4286.18	943.06	7213.64	5263.26	344.43	2271.53	1135.73	
其中：宁波港域	34518.69	15785.22	13415.12	4198.96	935.00	7167.56	5238.99	174.79	1090.45	539.55	
其中：舟山港域	12817.53	4450.65	6226.27	87.22	8.06	46.08	24.27	169.64	1181.08	596.18	
台州	3311.65	359.60	234.57	4.38	5.37	65.36	54.65	22.13	41.55	20.21	71.21
永安（浙）	8.98		0.50								
松门	42.49		6.73								
坎门	13.59		1.52						0.34	0.16	
楚门	16.85		0.62								
沙山	45.40										
温州	3495.91	134.72	742.11	44.22	35.11				18.81	7.50	
瑞安	396.06	0.09	39.18						6.90	3.50	

港口	货物吞吐量				集装箱吞吐量			滚装汽车吞吐量（万辆）	旅客吞吐量		利用自然岸坡完成船舶货物装卸量
	合计（万吨）	其中：外贸	出港		箱数(万TEU)	重量			（万人）	出港	
				其中：外贸		（万吨）	（货重）				
鳌江	139.55		5.77						11.57	4.62	
龙江	215.05		7.24								
二、内河港口合计	21222.38	0.96	17676.71	0.21	0.08	0.96	0.79		497.05	257.77	1328.50
1.黑龙江水系小计											
2.淮河水系小计											
3.长江干流小计											
4.长江支流小计	5137.36		2401.59								
长安	87.23		0.46								
许村	222.34		1.34								
斜桥	102.55										
袁化	711.84		637.51								
新埭	118.07		32.19								
新仓	737.77		613.55								
平湖	253.65		37.78								
西塘桥	239.30		3.58								
沈荡	431.03		83.12								
武原	199.00		17.80								
官堂	216.98		131.33								
里山											
通元	476.87		395.22								
下甸庙	199.97		84.80								
西塘（嘉善县）	212.58		116.90								
干窑	270.68		133.37								
魏塘	357.01		107.40								
硖石	300.49		5.24								
5.京杭运河小计	22073.40	0.96	13190.61	0.21	0.08	0.96	0.79				
新塍	202.22		36.64								
嘉兴	901.98		191.09								
梧桐	419.50		91.65								
崇福	484.40		248.66								
杭州	5550.11		1071.47								
乌镇	395.46		131.98								
练市	73.13		20.29								
新市	609.00		257.00								
南浔	154.00	0.96	5.00	0.21	0.08	0.96	0.79				
湖州	4204.00		3666.00								

港口	货物吞吐量				集装箱吞吐量			滚装汽车吞吐量（万辆）	旅客吞吐量		利用自然岸坡完成船舶货物装卸量
	合计（万吨）	其中：外贸	出港		箱数（万TEU）	重量			（万人）	出港	
				其中：外贸		（万吨）	（货重）				
新丰	404.75		31.14								
王店	217.85		40.69								
埭溪	1445.00		1433.00								
武康	68.00		21.00								
德清	2685.00		2368.00								
和平	744.00		743.00								
梅溪	268.00		261.00								
安城	183.00		145.00								
和孚	16.00		1.00								
菱湖	262.00		147.00								
双林	65.00		16.00								
善琏	20.00		5.00								
李家巷	608.00		577.00								
泗安	286.00		282.00								
雉城	267.00		75.00								
小浦	1015.00		801.00								
陈湾	131.00		131.00								
座山湾	394.00		393.00								
6. 黄河水系小计											
7. 珠江水系小计											
8. 闽江水系小计											
9. 其他水系小计	4011.62		2084.51						497.05	257.77	1328.50
临安	22.12		4.16								
绿渚	323.91		248.17								
桐庐	488.71		263.46								
富阳	1251.30		648.34								
白沙	50.30		20.23								
梅城	164.10		115.14								
淳安	40.23		4.73						264.88	132.48	
通明	16.00		10.00								
毛竹源	17.24		3.03						176.58	88.32	
乌溪									4.52	2.26	
遂昌									3.04	2.04	
兰溪（浙）	35.00		10.00						2.58	1.29	234.00
横锦									10.90	5.45	
湄池	220.52		77.67								
柯桥	380.75		21.54								
绍兴	221.31		88.40								10.00
东关（浙）	260.33		199.89								

港口	货物吞吐量				集装箱吞吐量			滚装汽车吞吐量	旅客吞吐量		利用自然岸坡完成船舶货物装卸量
	合计(万吨)	其中:外贸	出港		箱数(万TEU)	重量		(万辆)	(万人)	出港	
				其中:外贸		(万吨)	(货重)				
曹娥	70.00		50.00								
蒿坝	80.00		70.00								
三界	83.00		83.00								
姚江	56.96										591.38
红光	16.69		1.77								
三江口	2.60										2.60
黄岩	4.51										4.51
临海	20.47		5.81								
金清	4.23										
卢村	19.07		1.13								8.40
温溪	31.00		31.00						0.40	0.40	76.00
港头	34.00		34.00						0.40	0.40	73.00
鹤城	62.00		62.00								147.00
祯埠	29.00		29.00								91.00
丽水									6.15	4.50	87.00
云和	4.07		2.04						20.68	15.60	1.01
龙泉(浙)	2.20								4.63	3.63	2.20
景宁											

【2007年浙江省港口吞吐量(按货物形态、包装及货类分)(合计)一览表】 (表5-16)

分类	序号	合计		出港		进港	
			外贸		外贸		外贸
A	B	1	2	3	4	5	6
货物吞吐量合计(吨)	1	886617116	210165197	387681623	43455300	498935493	166709897
1.液体散货	2	129317052	71109524	35888931	2586848	93428121	68522676
其中:原油	3	86078612	56327795	16700568	873856	69378044	55453939
成品油	4	28612077	4504871	16335149	1473877	12276928	3030994
液化气、天然气及制品	5	1077417	334444	204941		872476	334444
2.干散货	6	548230123	68054691	255854099	80854	292376024	67973837
其中:煤炭及制品	7	127161895	3835170	17247509		109914386	3835170
金属矿石	8	115286487	61286427	52942552	3039	62343935	61283388
散水泥	9	19379833		14910468		4469365	
散粮	10	4969255	1458074	1580165		3389090	1458074
散化肥	11	95885	91395			95885	91395
3.件杂货	12	74231943	5473661	22362481	787707	51869462	4685954
其中:木材	13	1980358	501154	274374		1705984	501154
粮食	14	2908685		676500		2232185	
化肥	15	1111028	261700	493149	39942	617879	221758
水泥	16	17495458	25321	8757462	25321	8737996	
4.集装箱(TEU)	17	9873323	8689160	5029176	4439680	4844147	4249480
重量(吨)	18	78557459	65527321	45302154	39999891	33255305	25527430

分类	序号	合计		出港		进港	
			外贸		外贸		外贸
A	B	1	2	3	4	5	6
其中:货重	19	58100206	47656013	34848594	30827518	23251612	16828495
5. 滚装船汽车吞吐量(辆)	20	3665557		1840091		1825466	
重量(吨)	21	56280539		28273958		28006581	

【2007年浙江省港口吞吐量(按货物形态、包装及货类分)(内河合计)一览表】 (表5-17)

分类	序号	合计		出港		进港	
			外贸		外贸		外贸
A	B	1	2	3	4	5	6
货物吞吐量合计(吨)	1	312223768	9563	176767079	2066	135456689	7497
1. 液体散货	2	5187941		878618		4309323	
其中:原油	3	676894				676894	
成品油	4	2857509		487187		2370322	
液化气、天然气及制品	5						
2. 干散货	6	270013218		163174958		106838260	
其中:煤炭及制品	7	34416860		7333793		27083067	
金属矿石	8	237157		129815		107342	
散水泥	9	18340324		14901755		3438569	
散粮	10	121314		71594		49720	
散化肥	11	4490				4490	
3. 件杂货	12	37013046		12711437		24301609	
其中:木材	13	847662		150619		697043	
粮食	14	2032867		635880		1396987	
化肥	15	434339		176329		258010	
水泥	16	8594657		6488499		2106158	
4. 集装箱(TEU)	17	766	766	245	245	521	521
重量(吨)	18	9563	9563	2066	2066	7497	7497
其中:货重	19	7905	7905	1513	1513	6392	6392
5. 滚装船汽车吞吐量(辆)	20						
重量(吨)	21						

【宁波—舟山港】 宁波—舟山港是我国沿海主要港口和国家综合运输体系的重要枢纽;是上海国际航运中心的重要组成部分和沿海集装箱运输的干线港;是长江三角洲及长江沿线地区大宗散货中转基地、国家战略物资储备基地;是长江三角洲、浙江省、宁波和舟山市国民经济发展的基础、对外开放的窗口,是发展临港工业和现代物流业的重要依托,是以能源、原材料等大宗物资中转和外贸集装箱运输为主的现代化、多功能的综合性港口。

这一年,宁波—舟山港完成货物吞吐量4.73亿吨,其中集装箱吞吐量943万TEU,再创历史新高。宁波—舟山港航线总数超过200条,其中国际远洋干线有100多条,连接全球100多个国家和地区的600多个港口,吸引了近300家国际海运和中介服务机构落户该港,世界排名前20位的集装箱航运企业在该港设立分支机构。宁波—舟山港共拥有万吨级以上深水泊位84个,其中宁波港域65个,舟山港域19个。根据预测,2010年宁波—舟山港货物吞吐量将达5.8亿吨,其中集装箱吞吐量1300万TEU;2020年货物吞吐量为8.4亿吨,其中集装箱吞吐量2600万TEU。

宁波港域:

地　址　宁波市江东区王隘路106号

邮　编　315041

电　话　(0574)87831368

传　真　(0574)87883407

舟山港域:

地　址　舟山定海码头1号港务大楼

邮　编　316000

电　话　(0580)2067191

传　真　(0580)2067181

(浙江省局　陈建光)

【宁波港务集团有限公司(简称宁波港)】　宁波港位于东海之滨,处于我国大陆海岸线中段,居我国黄金海岸和长江黄金水道交汇处,境内沿海港湾众多,内河水系发达。沿海港域"水深、流顺、风浪小,不冻不淤陆域大",是我国特大型深水泊位和进出10万吨以上巨轮最多的港口。宁波港口由沿海港区和内河港区两部分组成。沿海港区由北仑港区、镇海港区、甬江港区、大榭港区、穿山港区、梅山港区、石浦港区、向山港区等八大港区组成。内河港区由海河联运港区、城郊港区、奉化港区、余姚港区、慈溪港区等五大港区组成。

2002年开始,宁波港实施了人事分配、用工等多项制度改革,体制、机制活力凸显。2004年4月8日,按照国务院、交通部和省市有关港口体制改革的文件精神,宁波港务局实行政企分开,成立了宁波港集团有限公司,这是宁波港管理体制的重大改革,为港口发展注入了新的生机和活力。

10年来,宁波港累计投入77亿元打造港口基础设施建设,超过前50年投资总和。构建起集装箱、矿石、原油、煤炭、液化品运输等"五大体系",是一个集内河港、河口港和海港于一体、大中小泊位配套的多功能、综合性、国际化、现代化大港。截至2007年年底,宁波港共有生产性泊位309个。其中万吨级以上深水泊位60个,5万至25万吨级特大型深水泊位33个,成为我国超大型船舶最大集散港和全球远洋运输节点港。

2007年,宁波港完成货物吞吐量3.45亿吨,年均增长16.9%,位居我国港口第2位、世界港口第4位。连续10年集装箱吞吐量保持30%以上的增幅,从2000年的90.2万TEU增加到2007年的935万TEU,位居我国港口第四、世界港口第11位。宁波港已与全球100多个国家和地区的600个港口建立贸易往来,形成了覆盖全球的集疏运网络。现在资产总额为206亿元,净资产为117亿元,分别为2000年的4.5倍和5.4倍;营业收入和利润分别为2000年的4倍和29.4倍,主要经济指标处于全国港口领先水平。

此外,宁波港加强企业文化建设,着力提升职工整体素质和企业创新能力。先后荣获全国文明单位、中国优秀诚信企业、创建全国交通文明行业先进单位,浙江省国有企业创建"四好"领导班子先进集体及中国港口行业十大影响力品牌等荣誉称号,港口核心竞争力得到全面提升。

地　址　宁波市北仑区明州路301号

邮　编　315800

电　话　(0574)27697305

传　真　(0574)27697253

网　址　http://www.nbport.com.cn

(宁波市局　沈荣进)

【舟山港务集团有限公司(简称舟山港)】　2007年2月1日,舟山港务集团有限公司挂牌成立。舟山港务集团有限公司挂牌运营后,可更好地发挥作为舟山市港口国有资产产权经营、资本运营、招商引资、港口基础设施及临港相关产业开发建设的平台作用。

舟山港务集团前身为舟山市港口投资经营有限公司,是舟山市国有资产管理委员会直接管理的国有企业之一。主要从事港口、码头、桥梁、场站等公共基础设施及相关产业的投资与开发,授权范围内的国有资产管理,投资与咨询,港口设施、设备及港口机械的租赁,货物装卸、驳运、仓储经营,码头和其他港口设施的经营等。

地　址　舟山市定海港码头1号港务大厦

邮　编　316000

电　话　(0580)2067203

传　真　(0580)2067989

邮　箱　wilanchen@163.com

(浙江省局　陈建光)

【台州市港航管理局】　台州港是浙中沿海的水运枢纽,港口资源丰富,海岸线长745公里,占全省的28%,有980公里内河航道网,可江海通达。2003

年,台州市实施港航体制改革,将台州港务管理局和台州市航运管理处合并,组建台州市港航管理局,同时增挂台州市航道管理局、台州市船舶检验局,为正处级单位,实行三块牌子一套班子,承担全市港口管理、航道管理、水路运政和船舶检验等职能。该局机关内设17个职能处室。

2007年2月,浙江省人民政府正式批复台州港总体规划,确定台州港为一港六区,自北而南布置健跳、临海(头门)、黄岩、海门、温岭、大麦屿六个港区。台州港已建、规划建港岸线长约96.23公里,其中深水岸线长为30.75公里,占全市港口岸线的32%。

2007年,该局围绕市委、市政府提出的建设东南沿海现代化港口城市和海洋经济强市的总体要求,突出重点,好中求快,坚持实施"一三五"港航发展思路,实现了"四个转变,一个加强",各项工作取得较好成绩。

负责人　余旭日
电　话　(0576)88859005
传　真　(0576)88859000
地　址　台州市椒江区江滨路46号
邮　编　318000
网　址　www.tzgh.gov.cn

(台州市局)

【嘉兴港】 2007年,嘉兴港务局以科学发展观为统领,坚持以人为本、全面、协调、可持续发展,牢牢把握滨海开发机遇,开拓创新、求实进取,不断加快港口建设步伐、强化港政管理、推进依法治港进程,在生产、建设和管理等方面都取得较好成绩,为推动全港实现又好又快发展打下了坚实的基础。

·港口生产实现稳定增长　嘉兴港独山、乍浦、海盐三港区全年共完成货物吞吐量2418万吨,同比增长7.5%;其中装卸外贸货物285万吨,同比增长7.2%,集装箱完成37174TEU。货物吞吐量、外贸吞吐量两项指标均创新高。公用码头完成货物吞吐量1351万吨,占吞吐总量的55.9%,服务腹地经济能力显著增强。全年到港船舶1890艘次,安全引领船舶974艘次,拖轮助泊1989艘次,完成理货量118万吨,港口相关服务产业呈良好发展态势。

·水运基础设施建设顺利推进　2007年,开工建设独山港区平湖玻璃散杂码头2个万吨级以上泊位,续建富春港务、美福石化、嘉港粮食、嘉港石化4个万吨级以上泊位以及秦山港务和浙江林龙2个千吨级泊位,基本建成乍浦港区三期嘉港石化、独山港区嘉港粮食2个万吨级以上泊位和海盐港区秦山港务和浙江林龙2个千吨级泊位,乍浦港区二期4、5号泊位通过竣工验收。完成外海锚地和独山港区进港航道改建。全港共累计完成投资8亿元,其中乍浦港区3.2亿元、独山港区3.3亿元、海盐港区1.5亿元。截至年底,嘉兴港建成外海万吨级以上深水泊位15个、千吨级泊位8个,年吞吐能力达2038万吨,初步形成了公用、专用泊位相配套、内外贸兼营、集装箱、散杂货及油品装卸功能齐全的综合性港口。港口接卸的主要货物有煤炭、油品、木材、钢铁、粮食、建材、化工等,已与日本、美国、加拿大、澳大利亚等30多个国家和地区的港口建立了运输往来。全年完成货物吞吐量2417万吨,其中外贸285万吨,集装箱3.75万TEU,为嘉兴乃至浙北地区、苏南、皖南的经济社会发展和对外开放发挥了积极作用。

·港口管理进一步强化　2007年,成立独山、海盐港务分局。《嘉兴港总体规划》获交通部、省政府审核批准并实施;编印完成《港口管理法规汇编(一)》、《嘉兴港独山港区控制性详细规划》(送审稿)、《嘉兴港海盐港区控制性详细规划》(送审稿)和《嘉兴港锚地、航道专项规划》(修改稿);出台实施《嘉兴港港口生产计划管理办法》(试行),保障煤炭等重点物资装卸。落实安全生产责任制,完善"三预案、一体系"建设,开展全港交通基础设施安全隐患排查,全年未发生死亡、重大事故。配合嘉兴市发改委、市口岸办共同完成独山、海盐两港区口岸开放规划初稿。秦山港务码头继续临时对外开放,新世纪石油化工码头完成,正式对外开放。开展港口特色产业招商,成功引进注册资本2000万元的神华海运公司和注册资本8000万元的乍浦港区综合物流项目,累计引进内资10150万元,合同利用外资约290万美元。依法开展各项审批,核发经营许可3起,临时经营许可3起、经营许可变更2起、建设项目使用港口岸线审批2起、建设危险货物作业场所许可3起、港口工程竣工初步验收1起、危险货物港口作业认可证(暂定)1份、危险货物港口作业资质延续申请审核4起。许可危险货物港口作业339次,共计404万吨。行政许可全部实现网上流转。全年无行政处罚案件,未发生行政执法投诉与行政复议。

2007年嘉兴港分货类吞吐量统计一览表、2007年嘉兴港泊位数统计一览表,详见表5-18、表5-19。

【2007年嘉兴港分货类吞吐量统计一览表】 (表5-18)

货物吞吐量(万吨)				集装箱吞吐量(万TEU)	汽车吞吐量(万辆)	旅客吞吐量(万人次)
合计	矿石	煤炭	油品			
2418	39.4	1690.3	375.8	3.7	0	0

【2007年嘉兴港泊位数统计一览表】 (表5-19)

泊位长度(m)	泊位个数(个)	泊位年通过能力					
		货物(万吨)			集装箱(万TEU)	旅客(万人次)	汽车(万辆)
		矿石	煤炭	油品			
4821.1	24	0	800	825	10	0	0

注:无专业矿石装卸码头

地　址　平湖市乍浦镇沪杭路351号
邮　编　314201
电　话　(0573)85522755
传　真　(0573)85521144

(浙江省局　刘宏伟)

【嘉兴内河港】 嘉兴内河港位于长三角城市群的中心枢纽位置,是交通部公布的全国28个内河主要港口之一。通过境内高等级航道京杭运河、杭申线、湖嘉申线等,嘉兴内河港可直达上海、苏州、杭州等地;沪杭铁路,沪杭高速公路穿境而过,港口集疏运条件优越。港口所依托经济腹地有长三角经济圈和环杭州湾经济圈,区位优势突出,是浙江省融入长三角的门户和桥头堡。

2007年,嘉兴内河港完成货物吞吐量8164.6万吨,其中进港货物4991.8万吨,占吞吐总量的61.14%,出港货物3172.8万吨,占吞吐总量的38.86%;从货种来看,煤炭及其制品、水泥、矿建材料、非金属矿石、钢铁和粮食依然占据主要地位。内河港口码头发展依然呈现出多而散的局面,截至年底,嘉兴内河港共拥有内河生产用码头泊位2430个,长度8.9公里,能综合通过能力1.09亿吨。

2007年10月份,《嘉兴内河港总体规划》经交通部与省人民政府联合审查通过,嘉兴内河港的港口统计口径也经交通部综合规划司同意后,从2008年开始将原有25个内河港口统一合并为嘉兴内河港一个口径上报。今后几年内,如何提高内河港口码头的生产规模,引导其集约化经营成为港航管理部门在今后几年工作中的重点。

近年来,嘉兴市委、市政府围绕建设经济的主要目标,提出了创建全国文明城市、国家园林城市等战略任务;城市基础设施的建设,有力地推动了水运市场的发展。2007年"港航强市"工程的提出,更为嘉兴内河港的发展注入了一针"强心剂"。《港口法》的实施,为嘉兴内河港的发展和管理提供依据,2005年开始,嘉兴港口行政管理部门开展了《港口经营许可证》核发工作,截至2007年底,累计发放了《港口经营许可证》538份。

·首艘万吨轮入港登记　2007年2月10日,浙江神华海运有限公司的13050吨级的近海散货船进行入港前的检验,这是在嘉兴入港登记的第一艘万吨轮。

·国家发改委副主任张茅考察京杭运河嘉兴段　2007年5月18日,国家发改委副主任张茅率国家发改委交通运输司司长王庆云、交通部综合规划司副司长任建华、交通部水运司副司长曹德胜等一行6人到嘉兴市视察内河航道建设工作,并实地考察了京杭运河嘉兴段和城郊港航处思古桥检查站。

·嘉兴市水运发展规划通过审查　2007年6月22日,嘉兴港航局委托交通部水科院编制的《嘉兴市水运发展规划》通过由嘉兴市发改委和市交通局组织的联合审查。省发改委、交通厅等单位30名领导和专家出席审查会。

·全面排查港口安全隐患　2007年10月29日，嘉兴港航局组织在全市展开水运交通基础设施安全隐患排查工作，对全市运营的500吨级内河港口码头的基础设施安全隐患进行一一排查。11月8日上午，交通部水运交通基础设施安全隐患排查省际互查工作组来我市检查内河港口码头安全隐患排查治理工作。

·最后一艘钢质营运挂桨机船推出水运市场　2007年11月27日，嘉兴地区最后一艘钢质营运挂桨机船——“浙嘉兴挂08440”在嘉善天凝船厂被顺利拆解，这标志着我市钢质营运挂桨机船已彻底退出水运市场。

·撤渡建桥任务彻底完成　2007年12月27日，由嘉善县人民政府主办，嘉善县交通局和嘉兴港航局联合承办的嘉善三店大桥撤渡建桥通车典礼在嘉善三店举行，这标志着嘉兴市撤渡建桥任务彻底完成，“水乡泽国”嘉兴从此告别几千年的渡运历史。

·水运经济发展研讨会召开　2007年12月28日，由嘉善县人民政府和嘉兴市交通局联合主办，嘉善县交通局和嘉兴港航局联合承办的中国·嘉善水运经济发展研讨会在嘉善召开。交通部水科院、规划院、省交通厅、省港航局专家和高校学者代表就嘉善县水运经济发展进行了研讨。

地　址　嘉兴市栅堰路42号
邮　编　314033
电　话　(0573)82132401
传　真　(0573)82132279
网　址　http://www.jxgh.gov.cn

（浙江省局　沈　纲）

【杭州港】　杭州港位于我国东南沿海长江三角洲南翼，浙江省北部，浙江省省会城市杭州市，是全国内河28个主要港口之一。杭州港共设钱江、运河、萧山、余杭、富阳、桐庐、建德、淳安、临安九个港区，岸线长约6.4万米，生产用泊位1384个，主要是由公用码头、企业货主码头和临时泊位组成。2007年，杭州港完成港口货物吞吐量7908万吨，与去年同期比略有增加；其中货物吞吐量出港2379万吨，占30%，货物吞吐量进港5529万吨，占70%。主要货种有煤炭、石油、钢铁及矿建材料等。旅客吞吐量441万人次。

·全面推进港口基础设施建设　杭甬运河杭州段工程2007年完成投资3.52亿元，占年度计划的100.5%，累计完成投资11.88亿元。2007年12月29日杭甬运河全线基本通航仪式在新坝船闸隆重举行，省委书记赵洪祝参加仪式并启动船闸通航按钮，标志着这一众人瞩目的工程项目，历经艰辛，排除万难，终于实现了基本建成的既定目标。大松树集装箱作业区土地报批工作全部结束，施工方正式进场施工，取得了实质性突破。三堡引水工程如期竣工并投入使用，为改善运河水质、提升市民生活质量、打造生活品质之城作出了新贡献。运河危险品临时锚地的建成使用，确保了杭州港危险品运输、装卸、停泊的安全。桐庐综合码头、余杭三大作业区工程均进展顺利。

·加大临时码头的整合力度　规范审批程序，按照集约化、规范化的要求，实施拆、并、转、留等多种方式，完成了18家码头的改造，淘汰了9家临时码头。指导港口企业规范安全标志设置，共有596家港口企业新增和更换了2531块安全标志。

·加快相关规划的编制报批工作　杭州港总体规划报批本于2007年2月份上报至交通部审批，完成杭州港总体规划环评工作，为今后杭州港总体规划的可实施性奠定了基础。根据规划杭州港将向具备开放型、智能化、综合性、多功能的现代化港口方向发展。《杭州市水上巴士总体布局规划》通过了市规划局审查，水上巴士近远期发展目标得以确定，水上巴士濮家站已开工建设，余杭塘河线3个巴士站点的前期工作也在进行中。

·信息化建设向纵深发展　推广信息化服务措施，开发船舶免停靠报港信息系统，加大GPS终端的推广力度，加强水运信息平台的技术与信息维护工作，进一步拓展对外信息服务功能，以优质的公共服务产品，提高管理质量和效率。

2007年杭州港分货类吞吐量统计一览表、2007年杭州港泊位数统计一览表，详见表5－20、表5－21。

【2007 年杭州港分货类吞吐量统计一览表】 （表 5－20）

货物吞吐量（万吨）				集装箱吞吐量（万 TEU）	汽车吞吐量（万辆）	旅客吞吐量（万人次）
合计	矿石	煤炭	油品			
7908	761	851	250			441

【2007 年杭州港泊位数统计一览表】 （表 5－21）

泊位长度（m）	泊位个数（个）	泊位年通过能力					
		货物（万吨）			集装箱（万 TEU）	旅客（万人次）	汽车（万辆）
		矿石	煤炭	油品			
64331	1384		703	322		979	

地　址　杭州市中河北路 108 号港航大厦
邮　编　310014
电　话　（0571）85460010
传　真　（0571）85460011

（浙江省局 陈慧群）

【湖州港】 湖州港是我国 28 个内河主要港口之一，是江南水运网在浙江省的重要港口。

湖州港是湖州市现有的 21 个内河港口之第一大港口。2007 年，湖州港完成货物吞吐量达 4204 万吨，约占全市内河港口货物吐总量的 31%（其中出港 3666 万吨）。主要货种：矿建材料 3553 万吨、水泥 104 万吨、煤炭及制品 144 万吨、成品油 51 万吨、非金属矿石 25 万吨。

湖州港当前总体规划在 1999 年全国港口普查时编制，2000 年由浙江省交通厅、湖州市人民政府联合批准实施，并报交通部、浙江省人民政府备案。它东起八里店，西至杨家埠镇的便南，南始东林镇的青山，北至太湖的小梅口。港界范围内的水域面积为 31.3 平方公里，陆域面积达 486.7 平方公里。湖州港设有 4 个港区，即八里店港区、城南港区、西塞港区和旅游港区，共 9 个作业区。2007 年底，拥有码头单位 84 个，码头泊位 237 个，码头长度 12181 米，最大靠泊能力 1000 吨，港口年综合通过能力 3636 万吨。

随着湖州市经济社会的快速发展和行政区划的调整，原规划已不能适应新的经济形势发展要求。根据社会经济发展对内河运输的要求，必须以提高内河港口整体功能、规模效益为目标，坚持高起点、高标准，瞄准国内内河大港先进水平，统筹规划，对原湖州港港区布局进行合理调整，以整合港口资源，实现湖州港口一体化。为了促进和适应国民经济和水运经济的发展，建设水运强市，湖州市于 2005 年 4 月启动了湖州港总体规划的重新编制工作，在当年 11 月完成了送审稿，并通过了市政府组织的审查，2006 年上半年上报浙江省政府和交通部报批。2008 年 1 月，湖州港总体规划得到交通部和浙江省政府的联合批复。

湖州港新的总体规划思路和目标是：整合港口资源，发挥港口优势，实现港口一体化，打造全国内河大港。实现"一港、六区、十线、千泊、亿吨"的规划目标，即：把全市 21 个内河港组成一个湖州大港；六区：湖州港下设吴兴、南浔、长兴、安吉、德清、太湖旅游六港区；十线：指提升和改造京杭运河、长湖申线、湖嘉申线等十条主干航线；千泊：通过整合和建设，全港达到 1000 多个成规模、现代化程度高的码头泊位；亿吨：指达到上亿吨吞吐量。用 15 年左右时间，建成层次分明的港口体系，为社会提供安全、便捷、高效和有竞争力的运输服务，基本实现内河水运现代化，有力促进沿河产业带形成和资源开发，保障和促进社会经济全面、协调、可持续发展。

为保障湖州市的港口经营秩序，促进港口事业的健康有序发展，根据《中华人民共和国港口法》、交通部 2003 年 9 号令《港口危险货物管理规定》、2004 年 4 号令《港口经营管理规定》等相关规定，并结合湖州市内河港口实际，该市港口行政管理部门从 2005 年 5 月开始了全市港口码头经营秩序清理整治工作，并于 8 月中旬启动港口经营行政许可工作，自 2005 年 9 月 5 日发放第一张《港口经营许可证》以来，2007 年全市共颁发《港口经营许可证》129 张。

为了提升湖州市的港口管理水平,规范港口行政,市港航管理部门着手开发了《内河港口综合管理信息系统》。该系统主要针对内河港口管理需求而开发,主要有三大功能:一是港口的基本信息管理;二是港口统计及港口相关信息查询;三是港口行政许可管理,建立港口信息网络平台,实现港口经营许可、岸线使用许可及危险品作业认可的网络化审批和业务流程控制,从而达到提高港口管理工作效率的目的。

湖州港新的总体规划的实施,将充分体现湖州港作为现代化港口"多元化、全方位"的性质、功能和发展方向。同时,随着港口管理水平和效率的提高,最终达到以港兴城,以城促港,真正实现水运强市的目标。

2001—2007年湖州港港口吞吐量情况一览表,详见表5-22。

【2001—2007年湖州港港口吞吐量情况一览表】(万吨) (表5-22)

年份	吞吐量	出港吞吐量	进港吞吐量
2001年	1272	1082	190
2002年	2190	2000	190
2003年	2338	2156	182
2004年	3324	3136	188
2005年	3869	3585	284
2006年	4607	4298	309
2007年	4204	3666	538

地　址　湖州市南门外南墩
邮　编　313000
电　话　(0572)82505770
传　真　(0572)82505713

(浙江省局　何武敏)

【温州港】　《温州港总体规划》已通过交通部和浙江省政府联合审查,通过专家环评审查,并完成报批稿上报浙江省政府和交通部等待批复。

·各港区详规编制全面铺开　瓯江港区控制性详细规划经市人民政府常务会议通过,已批准实施;乐清湾港区控制性详规通过专家审查,并报市人民政府常务会研究通过;苍南、平阳、瑞安港区控制性详细规划已完成且上报市政府等待市长常务会议研究;大小门岛港区详规目前完成征求意见稿,等待组织专家审查。乐清湾"浅水深用"研究取得了实质性进展。试验结论证明乐清湾"浅水深用"实行大规模开发不仅在技术上可行,而且在经济上有巨大效益,是温州港实行地主型港口开发最好的项目。

·状元岙港区　该港区建成一期工程2个5万吨级(兼靠10万吨级)多用途泊位;开工建设二期工程3个5万吨级集装箱泊位,与疏港高速公路同步建设投产;加快港区配套工程建设。状元岙港区10万吨级液体化工码头已完成预可审查。

·乐清湾港区　该港区规划建设1~7万吨级泊位31个,可形成吞吐能力8200万吨。2007年,乐清湾港区2个5万吨级多用途码头已完成工可研究,2个5万吨级散杂货码头方案设计已完成;新奥集团10万吨级LNG配套码头,完成港区陆域形成方案和平面布置方案,并通过预可审查。

·大小门岛港区　按照大小门岛石化产业发展规划,大小门岛通过围涂形成30平方公里的陆域,发展成为60平方公里的温州石化基地,规划引进1000万吨炼油、100万吨乙烯等大型重化工业项目。小门岛国华煤基多联产项目配套码头及航道工程通过了交通厅审查。

·瓯江港区　以七里、灵昆、龙湾3个作业区为主体,为城市综合保障港区。建设5千到3万吨级以下的泊位40个,吞吐能力约4000万吨。2007年,宁波港集团投资灵昆4个万吨级多用途码头的工可报告通过省交通厅审查,现已完成工可调整并开展项目报批;灵昆作业区多用途码头工程(杨府山老港区搬迁安置项目)建设1个万吨级泊位(兼2个5000吨级),项目建议书已由温州市发改委批复，并开展工程可行性研究。龙湾作业区以散杂货和内贸集装箱为主，承接老港区和杨府山港区货物转移，已建成4个万吨级深水泊位。龙湾港区物流中心港口园区一期工程已完成项目立项。

·瑞安港区　以服务于当地社会经济和临港工业为主。是温州远期发展的深水港区。瑞安北麂岛30万吨级油码头完成预可研究，石化产业基地规划方案同步委托中国石化院开展，并召开专家咨询会议。

·平阳港区　平阳港区货种主要是煤炭、建材和其他杂货，港区以服务于温州南部地区城镇和经济发展为主。根据规划，平阳港区的功能定位为鳌江中下游地区水上客运中心，是服务于鳌江中下游经济发展的水上货运出海口。平阳港区由鳌江老码头作业区、鳌江新码头作业区等两个作业区组成。平阳港区2010年的规划吞吐能力为210万吨，2020年规划吞吐能力为460万吨。

·苍南港区　苍南港区是服务于区域经济和城市发展的地方性中等规模的港区。苍南港区由舥艚作业区、霞关作业区、龙江作业区等三个作业区组成。同时，港区规划与苍南芦浦临港产业基地和华润苍南电厂等重大项目建设紧密结合，有利于带动临港产业联动发展。“十一五”期间，建成舥艚苍南电厂2个3.5万吨级煤码头；开工建设舥艚作业区2个5000吨级泊位。苍南芦浦临港产业基地公用码头，目前已开展苍南舥艚作业区5000吨级码头预可研究。华润苍南电厂配套码头，工程码头和航道工可研究已通过审查。

至2007年底，温州港各类泊位246个，其中万吨级以上泊位13个。分别是：状元岙港区5万吨级泊位2个；浙能电厂3.5万吨级泊位2个；小门岛5万吨级油气泊位1个；七里港区1.5万吨级多用途泊位和2.5万吨级散杂货泊位各1个；磐石电厂2万吨级煤炭泊位2个；龙湾港区万吨级多用途码头和件杂货泊位、散杂货泊位各1个。龙湾码头二期万吨级件杂货泊位2个。年吞吐能力3834万吨，集装箱吞吐能力82万TEU。全年完成港口货物吞吐量完成4246.57万吨，比去年增长8.22%。集装箱吞吐量完成351080TEU，比去年增长24.64%。全年完成旅客吞吐量58.74万人次。共完成水运建设投资9.13亿元，为年度计划的163.04%，创历史新高。

（浙江省局　吴永平）

【绍兴港】　2007年，绍兴港完成港口吞吐量1342万吨（包括利用自然坡岸装卸的装卸量10万吨）。进出港货物，主要以煤、钢铁、非金属矿石、粮食、化工原料为主。

这一年，绍兴港对普通货物码头《港口经营许可证》换发及试行普通货物码头分类管理进行专题讨论，对已发证的小、散码头进行整治。通过整治，对145家各方面均比较规范的港口经营企业换发了《港口经营许可证》，进一步规范了港口企业经营秩序。此外，对11家经营危险货物的港口经营企业核发了《危险货物港口作业认可证》。与此同时，不断推进港口建设。绍兴县滨海三鑫石化码头工程已于2007年下半年开始，该工程地处钱塘江南岸绍兴县围垦区域东北部九七丘二期中片，占地644亩。设计3000吨级三个蝶形码头，靠泊海船1000吨级。工程计划于2008年竣工并通过验收。工程总投资12030万元，2007年已完成投资6000万元。越城港区中心作业区综合码头是一个公益性港口作业区，去年末省发改委已经工可批复，建设500吨级泊位17个，装卸货种为钢铁、煤炭、粮食、建材和集装箱，主要为绍兴市区以及绍兴县区域经济服务，目前项目建设正处于前期阶段，计划2008年底开工。浙江浙能滨海电厂配合卸煤码头与取水口工程2007年11月前完成“施工设计方案”。整个电厂工程在2007年12月前动工，其中码头（含栈桥）与配套的取水口工程已经地质勘探，计划在2008年10月份开工，设计建设500吨级码头6个，年吞吐能力195万吨。

（浙江省局　王绣敏）

【金华兰溪港】　金华兰溪港是浙江省五个主要地方内河港口之一，《金华兰溪港总体规划》已于2006年经金华市人民政府批复。2007年，全港完成货运量277万吨，客运量12.9万人次。随着区域经济的快速发展，兰溪港将成为沟通南北、承东启西的大宗货物水陆中转枢纽，同时也将成为集运供贸为一体具有集装箱作业能力的现代化内河港。兰溪港内现有客运码头两处，分别为城东客运码头和女埠客运码头，这两处客运码头靠泊能力为100吨级，码头结构为重力或斜坡道。港区内有货运作业区四处分别为马公滩作业区、黄湓作业区、下金作业区、临江工业区货主码头；码头泊位总数 14 个，其中 300 吨级泊位 5 个，其余为 100 吨级以下泊位，最大起重能力 5 吨，码头岸线总长 470 米，堆场 3 处，总面积 12300 米^2。

2007 年 3 月 26 日，金华市交通局根据已经批复的《金华市内河航运发展规划》、《金华兰溪港总体规划》精神，专门就规划内港口、航道资源的保护和控制问题向有关县（市、区）交通局发出通知。

·国务院参事室调研金华兰溪港　2007 年 7 月 2 日，国务院参事郭延结、傅正恺和国务院参事室调研员成学谦以及交通部天津水运科研所王益良副总工程师、交通部综合规划司内河规划处毛健处长在浙江省政府、省交通厅、省港航局的有关领导陪同下，来到金华对金华的航运建设和发展进行了调研。

·金华市航运开发公司成立　2008 年 1 月 12 日，金华市人民政府办公室以［2008］4 号抄告单向各县（市、区）人民政府，市政府有关部门下发了《关于组建市航运开发公司的通知》，通知明确，由市国资委、交通局共同出资组建市航运开发公司，注册资金为 2000 万元，主要负责开展金华全市范围内航运建设开发项目的前期工作。航运开发公司的成立，标志着金华市港航开发建设将进入实质性启动阶段。

（浙江省局　祝春发）

【丽水青田港】　青田港地处瓯江中下游，属于浙江省地区性内河重要港口，是浙西南山区物资的主要集散地，丽水市主要水路出口门户，港口水陆域面积 12.8 万米^2，码头岸线长度 1266 米，主要港区有温溪港区、港头港区、平演港区。港区前沿均为感潮河段，水深条件良好；毗邻 330 国道、金丽温高速公路、金丽温铁路，交通集疏运状况良好。

2007 年，港口有 500 吨级兼顾 1000 吨级沿海泊位 2 个；沿海 500 吨级泊位 2 个，沿海 200 吨级泊位 3 个；内河 100 吨级泊位 13 个，港口年吞吐能力 140 万吨，全年吞吐量 156 万吨。主要大宗物资有矿建材料、煤炭、石油、化工原料等。

（浙江省局　朱文华）

【江苏省港口概况】　2007 年，江苏省港口系统立足"三个服务"，推进"三个转变"，团结拼搏、开拓创新，港口工作取得了新的突破，全年各项目标任务顺利完成；江苏省港口在全国的领先地位进一步确立，实现了"四个全国领先"，即港口建设投资完成额全国领先、新增万吨级以上泊位全国领先、港口货物吞吐量全国领先和港口安全监管工作水平全国领先，港口的形象进一步提升，对经济社会发展的支撑作用进一步增强，全省港口又好又快发展的良好局面正在形成。一是主要港口吞吐量持续高速增长。全年江苏省全社会港口吞吐量完成 10.56 亿吨，位居全国第一，增长 22.3%；沿江沿海港口完成货物吞吐量 7.28 亿吨，增长 18.25%，其中外贸吞吐量为 1.56 亿吨，增长 16.63%；集装箱吞吐量 624.6 万 TEU，增长 45.68%。苏州港、南通港、南京港位列全国亿吨大港行列。二是五大国家主要港口继续发挥枢纽作用。连云港港、南京港、镇江港、苏州港和南通港五大主要港口全年共完成货物吞吐量 5.73 亿吨，占沿江沿海货物吞吐量的 78.8%，占全省港口货物吞吐量的 54.3%；共完成外贸货物吞吐量 1.37亿吨，占沿江沿海外贸吞吐量的 87.4%，占全省外贸吞吐量的 87.2%；共完成集装箱吞吐量 566.8 万 TEU，占全省集装箱吞吐量的 90.8%，五大港口物资中转枢纽地位进一步巩固。三是港口集装箱运输取得新进展。全省港口系统加大集装箱运输货源组织力度，积极开辟新航线，加密航班，使集装箱吞吐量继续保持高速增长，全省年吞吐量达 624.6 万 TEU；连云港港集装箱吞吐量全年累计完成 200.31 万 TEU，突破 200 万 TEU，同比增长53.8%；新辟集装箱航线 6 条，使航线总数达到 38 条，其中远洋航线 6 条，近洋航线 21 条。太仓港集装箱吞吐量增长势头迅猛，全年累计完成集装箱 101.88 万 TEU，同比增长 69.5%；新辟集装箱航线 22 条，使航线总数达到 54 条，其中近洋航线 3 条，内贸航线 12 条。南京港累计吞吐量达到 105.6 万 TEU。其他港口集装箱发展均创历史最好水平，其中江阴港增幅达到 144.8%。四是沿江沿海四大运输系统运转良好。除原油受中石化仪长管道投入运行、原油运输结构调整影响，吞吐量继续减少以外，其他主要货种吞吐量增幅均在 20% 以上。其中，煤炭及制品吞吐量完成 15241.35 万吨，增长 21.3%；石油及制品吞吐量完成 5505.07 万吨，减少 5.3%，其中原油吞吐量完成 2047 万吨，减少 24.4%；金属矿石吞吐量完成16934.87万吨，增长24.9%；集装箱吞吐量增长45.7%，其中国际航线完成111.44万TEU，增长32.7%；内支线完成212.32万TEU，增长46.1%；内贸线完成300.84万TEU，增长50.8%。五是港口建设投资稳定增长，通过能力进一步提升。2007年全年港口基础设施建设投资累计达到90亿元，为全年计划的112.5%，比上年增长12.2%。年初确定的港口重点建设项目进度良好，进展顺利，连云港15万吨级航道扩建工程按进度完成投资计划，庙岭三期25号、26号集装箱泊位水工主体完工，陆域堆场大部分完工；南京龙潭二期通用泊位、三期散货泊位、镇江大港三期集装箱泊位和多用途泊位、太仓二期7号、8号集装箱泊位工程已完工，并投入试运行；南通洋口港区起步工程投资完成情况良好。全省港口新增万吨级以上泊位34个，其中新增5万吨级泊位9个，新增货物吞吐能力11055万吨，新增集装箱吞吐能力195万TEU。目前全省港口总通过能力达到91637万吨，其中沿江沿海通过能力61611万吨，同比增长17.2%，集装箱通过能力622万TEU，同比增长45.7%。六是港口经营管理进一步加强。2007年全省累计核发《港口经营许可证》1309份，比2006年新增129份。集装箱航线方面，全省累计开辟各类航线357条，其中内贸线140条、内支线180条、近洋航线31条、远洋航线6条。客货运航线方面，主要集中在连云港和太仓港，连云港开通了两条到韩国的客货运近洋航线，2007年累计客流量达7.12万人次；太仓港开通了到日本的客货运近洋航线，全年累计客流量1290人次。

2007年江苏省全社会港口吞吐量一览表（按水系分）、2007年江苏省全社会港口吞吐量一览表（按市分列）、2007年江苏省沿江沿海港口吞吐量一览表（按市分列）、2007年江苏省港口吞吐量（按货物形态、包装及货类分）（内河合计）一览表，详见表5－23、表5－24、表5－25、表5－26。

（江苏省局 谭瑞兵）

【2007年江苏省全社会港口吞吐量一览表（按水系分）】 （表5－23）

港口	货物吞吐量				集装箱吞吐量			滚装汽车吞吐量	旅客吞吐量		利用自然岸坡完成船舶货物装卸量
	合计（万吨）	其中：外贸	出港	其中：外贸	箱数（万TEU）	重量（万吨）	（货重）	（万辆）	（万人）	出港	
A	1	2	3	4	5	6	7	8	9	10	11
全省总计	105589.81	15662.50	40802.93	5784.89	624.61	6313.89	5032.61	0.75	7.42	3.72	603.99
一、沿海港口合计	9134.59	4989.02	4520.71	2072.36	200.89	2003.94	1601.56	0.00	7.30	3.67	299.93
二、内河港口合计	96455.23	10673.48	36282.22	3712.53	423.72	4309.95	3431.05	0.75	0.12	0.05	304.06
1.淮河水系小计	391.61		207.45								
2.长江干流小计	63655.50	10635.89	23604.91	3701.19	423.72	4309.95	3431.05	0.75	0.12	0.05	
3.长江支流小计	7978.39	31.76	1719.28	11.34							
4.京杭运河小计	24429.73	5.83	10750.58								304.06
5.其他水系小计											

【2007年江苏省全社会港口吞吐量一览表(按市分列)】 （表5－24）

港口	货物吞吐量				集装箱吞吐量			滚装汽车吞吐量	旅客吞吐量	
	合计(万吨)	其中:外贸	出港	出港 其中:外贸	箱数(万TEU)	重量(万吨)	重量(货重)	(万辆)	(万人)	出港
A	1	2	3	4	5	6	7	8	9	10
合计	105589.82	15662.51	40802.93	5784.91	624.61	6313.89	5032.61	0.75	7.42	3.72
南京市	11612.46	725.77	4971.91	409.71	105.60	940.00	726.60	0.75	0.00	0.00
无锡市	10801.50	1081.66	3844.81	196.61	30.72	430.98	369.58	0.00	0.00	0.00
徐州市	4379.33	0.00	3808.34	0.00	0.00	0.00	0.00	0.00	0.00	0.00
常州市	6061.45	180.14	2618.92	7.79	2.28	29.74	24.46	0.00		
苏州市	22714.93	4756.04	6440.79	1526.31	189.56	1908.96	1517.27	0.00	0.12	0.05
南通市	15170.14	1882.32	5622.95	619.59	42.80	422.66	337.13			
连云港市	8954.85	498345	4420.70	2069.93	200.31	1997.53	1596.28	0.00	7.30	3.67
淮安市	3605.96	0.00	1429.27							
盐城市	2892.51	5.57	923.20	2.43	0.58	6.41	5.28			
扬州市	4619.56	297.56	560.01	49.47	17.17	186.18	133.25			
镇江市	8849.10	1350.70	3998.99	717.08	28.59	337.34	280.26			
泰州市	5245.99	399.30	1876.11	185.99	7.00	54.09	42.50			
宿迁市	682.04	0.00	286.93							

【2007年江苏省沿江沿海港口吞吐量一览表(按市分列)】 （表5－25）

港口	货物吞吐量				集装箱吞吐量			滚装汽车吞吐量	旅客吞吐量	
	合计(万吨)	其中:外贸	出港	出港 其中:外贸	箱数(万TEU)	重量(万吨)	重量(货重)	(万辆)	(万人)	出港
A	1	2	3	4	5	6	7	8	9	10
沿江沿海总计	72790.09	15624.92	28125.62	5773.55	624.61	6313.89	5032.61	0.75	7.42	3.72
一、沿海合计	9134.59	4989.02	4520.71	2072.36	200.89	2003.94	1601.56	0.00	7.30	3.67
连云港	8506.84	4983.45	4300.68	2069.93	200.31	1997.53	1596.28	0.00	7.30	3.67
盐城	627.75	5.57	220.03	2.43	0.58	6.41	5.28			
二、沿江合计	63655.50	10635.90	23604.91	3701.19	423.72	4309.95	3431.05	0.75	0.12	0.05
南京	10858.88	725.77	4788.83	409.71	105.60	940.00	726.60	0.75		
镇江	7824.21	1350.70	3292.34	717.07	28.59	337.34	280.26			
苏州	18377.29	4718.45	5866.00	1514.97	189.56	1908.96	1517.27		0.12	0.05
其中:张家港	12020.01	3201.53	4107.23	980.64	61.57	694.06	572.67			
常熟	3314.23	757.61	1099.95	364.76	26.11	251.93	200.25			
太仓	3043.05	759.31	658.82	169.57	101.88	962.97	744.35		0.12	0.05
南通	11775.80	1882.32	4936.41	619.59	42.80	422.66	337.13			
常州	2028.65	180.14	646.48	7.79	2.28	29.74	24.46			
无锡(江阴)	7218.42	1081.66	2150.13	196.61	30.72	430.98	369.58			
扬州	2333.27	297.56	512.61	49.47	17.17	186.18	133.25			
泰州	3238.98	399.30	1412.11	185.98	7.00	54.09	42.50			

【2007 年江苏省港口吞吐量(按货物形态、包装及货类分)(内河合计)一览表】 (表 5-26)

分 类	序号	合 计		出 港		进 港	
			外 贸		外 贸		外 贸
A	B	1	2	3	4	5	6
货物吞吐量合计(吨)	1	964552281	106734829	362822235	37125308	601730046	69609521
1.液体散货	2	90335409	14147574	39952124	1427408	50383285	12720166
其中:原油	3	22057883	263049	7586883	134282	14471000	128767
成品油	4	22243128	1431761	13419889	500417	8823239	931344
液化气、天然气及制品	5	2404536	298750	691816	23369	1712720	275381
2.干散货	6	598167130	34332760	193763108	6537745	404404022	27795015
其中:煤炭及制品	7	211946030	371390	59312029	53450	152634001	317940
金属矿石	8	172596024	21332819	50817459	0	121778565	21332819
散水泥	9	14144149	4127679	7340708	4127679	6803441	0
散粮	10	7210060	122576	4935451	0	2274609	122576
散化肥	11	2781660	0	1725760	0	1055900	0
3.件杂货	12	232833907	39971958	106342149	19467760	126491758	20504198
其中:木材	13	15553087	7740456	4559838	86	10993249	7740370
粮食	14	26725182	4519343	12340027	148898	14385155	4370445
化肥	15	9251062	390910	5215202	384888	4035860	6022
水泥	16	31804134	3905972	16200884	3905972	15603250	0
4.集装箱(TEU)	17	4237152	2035328	2246140	1142397	1991012	892931
重量(吨)	18	43099486	18282537	22753735	9692395	20345751	8590142
其中:货重	19	34310502	14193876	17991116	7392448	16319386	6801428
5.滚装船汽车吞吐量(辆)	20	7516	0	920	0	6596	0
重量(吨)	21	116349	0	11119	0	105230	0

资料来源:江苏省交通厅

【江苏太仓港口管理委员会(简称太仓港)】 (详见《长江航运年鉴》(2007 卷)第五篇"港口"第 444 页)

2007 年,太仓港党工委、管委会紧紧围绕加快把太仓港建设成为"亿吨大港、集装箱干线港"的目标,抢抓机遇,锐意创新,开拓进取,团结拼搏,港口建设和发展步入了快速崛起的新阶段,跃上了新平台。

·港口建设进一步快速推进 2007 年,全港完成港口直接投资 25.2 亿元,为过去三年投资的总和,同上增长 92.3%。全港在建泊位 14 个,其中 9 个泊位将于 2008 年建成投产。集装箱码头二期工程全面竣工投产,全港集装箱设计吞吐能力达到了 235 万 TEU;开工建设设计吞吐能力达 3000 万吨的武港矿石码头,将为建成亿吨大港奠定坚实基础。阳鸿石化码头、万方件杂货码头、集装箱三期后方堆场工程,旅检中心工程建设进展顺利。

·航线航班开辟成效显著 全年新开航线 22 条,其中外贸航线 1 条、内贸航线 5 条、洋山支线和长江内支线 16 条。截至目前,太仓港内外贸航线总数已达到 54 条,集装箱班轮靠泊每月已达 800 多班次。开通了太仓至日本下关的苏州首条国际客运航线,进一步完善了港口功能。内贸航线和长江支线运营网络,基本覆盖了国内沿海和沿江主要港口,"T"字型运输集散体系初步形成,内贸枢纽港和江海中转港特征已经显现。建成了太仓至洋山港集装箱运输快速直达通道,定点、定时、定线提供至世界各地货物的进出口服务。

·港口吞吐量持续高速增长 全年集装箱吞吐量突破百万标箱大关,达到 101.88 万 TEU,同比增长 70%;货物吞吐量首次突破 3000 万吨,达到3043万吨,同比增长35%。

·港口管理服务水平进一步提升 各口岸部门主要力量迁移港口,海关、检验检疫、海事、边防等部门不断加强服务力量、优化工作流程、提升服务水平;港口管理部门强化规划、建设、发展、安全等职能,为港口加快发展提供有力支撑;引航部门千方百计争取引航力量,保障港口发展需要;港口企业不断提升经营管理、作业服务水平;太仓港发展环境得到很大改善,赢得了船公司和货主的好评。

主 任 梅正荣(苏州市副市长)
地 址 太仓市港口开发区北环路8号
邮 编 215438
电 话 (0512)53186572
传 真 (0512)53186510
网 址 http://www.tcport.gov.cn

(太仓港)

【扬州市港口管理局】 (详见《长江航运年鉴》(2007卷)第五篇"港口"第445页)

2007年,扬州市港口管理局积极实施"一港三区"战略部署,科学研究港口发展规划,大力推进港口基础设施建设,有效履行港口监管职能,全面完成了省、市下达的年度工作目标任务,开创了扬州港口工作新局面,为实现我市港口又好又快发展奠定了基础。

·港口设施建设规模空前 全年完成投资39100万元,超额完成省港口局目标50.4%,超额完成市交通局目标30.33%,比上年增长31.6%。六圩港区4号泊位堆场、仪征港区液体化工泊位、京杭运河高邮城北作业区等项目建设加快进程,超额完成计划;六圩港区5号泊位陆域工程年底开工建设。

·港口吞吐能力不断提升 沿江新增3.5万吨级泊位1个,新增吞吐能力110万吨。目前全港已拥有100吨级及以上码头泊位316个,年设计吞吐能力8205万吨。其中,沿江万吨级以上码头泊位14个,千吨级码头泊位17个,年设计吞吐能力5585万吨、20万TEU。

·港口生产经营稳步增长 全年全市完成港口货物吞吐量5616万吨(其中南京港六公司和仪化码头943万吨),同比增长7.5%;其中沿江港口完成货物吞吐量3364万吨,同比增长8.5%;完成集装箱吞吐量28万TEU(含商品箱9万TEU),同比增长19.9%。内河港口完成货物吞吐量2252万吨,同比增长6.0%。

·港口监管工作富有成效 沿江符合条件的码头经营许可工作全部完成,内河码头经营许可工作全面推进;行政执法力度加大,港口经营环境有所改善;港口安全生产形势稳定,全年未发生港口重特大安全责任事故和港口设施保安事件,港口安全生产实现历史性突破;规费征收工作取得新的进展,全年征收各项港口规费221万元。

·港口基础工作再上台阶 政务信息和宣传工作有声有色,共在各种报刊登稿74篇,在电视、报纸作专题报道4期,被上级部门采用信息19条;港口规划、岸线管理、数据统计、内部管理等基础工作全面提高,党风、作风、行风"三风"建设得到加强,及时圆满地完成了上级交办的各项工作任务。

一是坚持以规划为先导,着力提升总体规划,科学编制内河规划。为适应新形势要求,进一步明确扬州港发展方向,科学利用岸线资源,明确各港区的水、陆域空间布局,促进扬州港持续快速发展,于9月委托交通部规划研究院编制新一轮《扬州港总体规划》,现已完成大量前期工作,预计明年初可完成规划初稿。为实现长江、内河港口联动发展,规范内河港口岸线使用,扬州市港口局通过招标委托交通部第四航务工程勘察设计院编制《扬州市内河港口总体规划》,现已完成初稿编制工作,并组织了市级预审。两部规划的完成,将对扬州市港口科学发展、和谐发展发挥积极的作用。二是坚持以建设为重点,大力推进前期工作,加快实施工程投资。为切实提高扬州港口吞吐能力,密切关注重要建设项目的进展,不断进行跟踪督查,确保项目如期开工和完成。一批对地方经济有重大影响力的港口项目前期工作顺利推进:六圩港区5号泊位年底前完成海事、航道、水利等相关行业评审,并通过省港口局岸线评估,陆域工程于年底开工建设;江都港区海昌公用码头于11月开展省级岸线利用评估;仪征港区、六圩港区疏港道路通过省交通厅方案设计评审;京杭运河高邮港区城北作业区码头初步设计通过省港口局审查。一批正在实施的重大港口建设项目快速推进:扬州二电厂万吨级煤炭泊位通过市级初步验收,江都港区3.5万吨级件杂货泊位(2号泊位)

主体工程及前后方配套设施通过交工验收并试运营,仪征舜天船厂两个7500吨级和一个5000吨级舾装泊位全部完工,仪征港区4万吨级和5000吨级液体化工码头、六圩港区4号泊位堆场二期工程、京杭运河高邮港区城北作业区码头工程等项目投资加大,速度加快。为适应扬州地方社会经济发展需要,根据市委市政府意见,及时调整"十一五"港口发展规划,总投资由10.9亿元上调为26.2亿元,将新建或改造万吨级泊位11座、千吨级泊位1个,新增生产能力4250万吨。三是坚持以监管为保障,全面实施经营监管,深入开展安全督查。其一,认真履行港口经营监管职责。2007年,扬州市港口局的经营监管重点是经营许可和岸线管理。经营许可——在2006年取得成绩的基础上,重点推进内河符合要求的港口经营人依法取得港口经营许可证,危险货物港口企业取得危险货物港口作业认可证。全年共核发25家港口经营许可证、4家危险货物港口作业认可证。岸线管理——着重加强深水岸线所处的水陆域保护,积极争取六圩港区集装箱码头后方陆域纵深,为今后发展留下足够空间;加大岸线巡查力度,共查处3起违规占用岸线、建设码头的事件。其二,全面强化港口安全监管活动。港口行业属高危行业,港口安全生产将直接关系到港口业的持续、健康发展,关系到全市经济发展、社会稳定的大局。为确保扬州港口安全,2007年,扬州市港口局坚持"安全第一,预防为主"的工作方针,认真贯彻落实上级有关部门安全生产方面的文件精神,建立健全各项监管制度,积极开展安全专项整治活动。为此,完善了《扬州市港口重、特大事故应急救援预案》,并将列入扬州市应急救援体系;研究制定了《扬州市港口安全事故快速报告制度》,建立了港口安全突发事件快速报告联系网络;开展了内河危险货物运输专项整治,强化危险货物港口作业申报审批;开展了防船舶碰撞防泄漏专项整治活动,要求相关企业整改隐患15条;开展了港口安全生产月活动和港口基础设施安全隐患排查工作,针对安全隐患和问题,现场下发整改通知书共17份,并进行书面通报,存在的安全隐患逐步整改到位。其三,成功举行港口设施保安演习活动。港口设施保安工作具有国际影响。为进一步提高我市港口设施保安工作水平,扬州市港口局根据交通部《〈港口设施保安符合证书〉年度核验办法》和《江苏省〈港口设施保安符合证书〉年度核验工作方案》,结合我市实际研究制定了《扬州市港口设施保安符合证书年度核查实施细则》;组织了符合证书年度核检的初审工作,成功举行了由边防、公安、海关等相关部门及港口企业参与的港口设施保安演习活动,加强了对外开放港口的港口设施保安履约能力。四是坚持以信息为纽带,高度重视政务信息,积极开展新闻宣传。其一,充分利用简报直达、快捷的特点,及时将扬州市港口重要信息通过《扬州港口》向外传递。通过《扬州港口》上报的港口政务信息,引起了扬州市委市政府领导对港口业的高度重视。2007年,市委市政府主要领导、分管领导多次在《扬州港口》上作重要批示,多次听取港口工作情况汇报。2007年8月,副市长带领市政府相关部门领导赴张家港、江阴等地考察港口,进一步强化了扬州港组织领导程度,理清扬州港发展思路,提升扬州港发展环境,推进扬州港加快发展。其二,积极发挥媒体的导向作用,突出对扬州市港口重点主题通过新闻媒介宣传报道。之一是借助我市举办"世界运河名城博览会",抓住运河主题宣传的契机,在扬州新闻台报道我市港口发展成就;之二是结合长三角港口一体化发展形势,科学定位扬州市港口发展目标,在《扬州晚报》作专版宣传;之三是结合扬州市综合交通运输体系的构建,探究港口如何对接,在《扬州晚报》作专版宣传。通过新闻舆论展示了扬州市港口发展新貌和良好前景,引起了社会各界对港口的广泛关注,营造了全市上下推进港口发展的良好氛围。

局　长　朱国林
地　址　江苏省扬州市盐阜东路5号
邮　编　225000
电　话　(0514)87348789;87347950
传　真　(0514)87348161
网　址　http://jtj.yangzhou.gov.cn

(扬州市局)

【江苏省扬州港务集团有限公司(简称扬州港)】

扬州港是以港口装卸运输、货物仓储、船货代理、货运市场经营为主要业务的国有综合性物流企业。集团公司总资产12.72亿元。集团下属有二级单位4个、全资公司3个、控股公司8个、参股公司12个。2007年集团公司被省经贸委、省物流行业协会和省交通物流协会评为“江苏省现代物流50强企业”、“江苏省道路货运质量50佳企业”，2008年被中国交通运输协会评为“中国物流百强企业”。

2007年，扬州港完成货物吞吐量1591万吨，比上年同期增长13.9%；完成集装箱吞吐量25.4万TEU，比上年同期增长13.8%；实现营业收入2.05亿元，比上年同期增长13.9%；完成技改投入12045万元。港口生产经营主要特点：一是牢牢抓住主业、拓展生存空间，经济总量进一步做大。二是整合内部资源、寻求对外合作，经济质态进一步优化。为保证企业持续、健康、快速地发展，果断采取动作，新建、重组四个公司，增资扩股集团公司。三是强化内部改革、建立现代企业制度，管理水平进一步提高。基本建设成就：一是2007年4月集团公司通过筹资5000万元，与扬州远扬国际码头有限公司收购江都港区。二是公铁水物流集聚区新港码头。该项目位于大运河扬州市区段，一期工程投入约8000万元。自6月份正式运作以来，水工部分已经完成，正在进行堆场建设。项目建成后，预计年吞吐能力为800万吨。新港码头的功能定位是：苏北地区有一定影响力的钢材、煤炭中心，面向市区的仓储、配送物流中心。三是六圩港区4号泊位二期工程项目，2007年开工建设，年底初步竣工。该项目总投资2.16亿元，后方陆域场地143.77亩。建成后方堆场10万米^2，其中重箱堆场6万米^2、空箱堆场1.56万米^2、集卡通道2.5万米^2。四是完成集装箱管理电脑控制系统的配置。五是江都港区3号、4号泊位前期工作，完成了总体规划，1800亩土地总平面布置，建设448亩木业物流配送中心堆场。3号、4号泊位建成，预计新增吞吐能力700万吨，从而更好地推动江都市外向型经济的发展。

董事长、总经理　李小军
地　址　江苏省扬州市扬子江南路10号
邮　编　225131
电　话　(0514)87527693
传　真　(0514)87527693
邮　箱　yzport@vip.163.com
网　址　http://www.yzport.com

（扬州港）

【江阴市港口管理局】 （详见《长江航运年鉴》(2007卷)第五篇“港口”第449页）

2007年，江阴市港口管理局紧紧围绕“以港兴城、港以城兴、港城共荣、互动发展”战略，落实科学发展观，按照“又好又快”发展主题，加快港口建设步伐，提升依法治港水平，切实推进港口发展。一是完成《江阴港发展战略研究》课题，开展内河港口调研，建立港口工程开工报备制、建设质量日常监督制，健全港口安全监管网络，建立完善应急救援体系，港口作业秩序不断规范。二是召开港口经营分析和集装箱发展例会，设立“一站式”行政服务窗口，推出八项服务承诺，开发危险货物港口作业网上申报系统，编印《便民服务手册》，服务发展举措不断创新。三是成立港口执法大队，制订行政执法工作流程，加强动态执法检查，依法治港水平不断提高。四是新建万吨级泊位7个，竣工5个，对外开放3个，新辟江阴至韩国釜山、江阴至日本等两条国际近洋航线，港口竞争力不断提升。到年底，江阴港口拥有千吨级以上码头泊位85个，万吨级以上泊位41个，对外开放泊位达27个。全年共完成货物吞吐量7218.42万吨，外贸运量1081.66万吨，集装箱30.7万TEU，同比分别增长25.8%、21.9%和144.7%，港口吞吐量居全国内河港口第五位。

局　长　修华林
地　址　江苏省江阴市滨江中路233号
邮　编　214431
电　话　(0510)86853385
传　真　(0510)86852868
网　址　http://port.jy.cn

（江阴市局）

【江苏江阴港口集团股份有限公司(简称江阴港)】 江苏江阴港港口集团股份有限公司始建于1955年的江苏省江阴港务管理局改制而来，为无锡地区唯一对外国籍船舶开放和规模最大的社会公用码头的经营管理实体。

公司位于长江A级B级航道的交汇处，有十分完善的公、铁、水交通网，沪宁、沿江、锡澄三条高速公路将本公司与腹地进一步拉近，7条干线公路和18条支线公路形成的公路网为公司货物进出创造了优良的集疏运条件。公司拥有7个万吨级码头泊位，码头前沿最枯水位-15米，靠泊能力为8.5万吨级，港区占地面积46.25万平方米，年货物吞吐量为2000万吨,与世界上30多个国家和港澳台地区的港口有通航业务。

公司控股子公司有江苏江阴港集装箱有限公司、江阴中理外轮理货有限公司、江阴通远货运代理有限公司、江阴港联船务代理有限公司、江阴顺安船务有限公司;公司投资参股的公司有江阴苏南国际集装箱码头有限公司、江阴中石化长江燃料有限公司、皋澄国际港务有限公司。公司目前主要从事矿石、化工、钢材、硅钢卷、煤炭、木材、液体化工、粮食、集装箱装卸、仓储、国际船务、货运代理、国内水路、陆路货运代理、外轮理货、进口货物保税、船舶港作业拖带等业务。是我国内河最大的从事钢材、废钢装卸、仓储、交易的市场,也是我国进口矿产资源等大宗散货海进江集疏、换装最理想的基地。

2007年,江阴港口集团完成货物吞吐量907万吨,其中外贸吞吐量为410万吨,集装箱吞吐量为45669TEU。

董事长 陈 乐
地 址 江苏省江阴市通江北路581号
邮 编 214433
电 话 (0510)86847659;86847651
传 真 (0510)86021238
邮 箱 jygkjt@ yeah. net
网 址 http://jyport. com. cn

(江阴港)

【常熟市港口管理局、常熟市口岸管理委员会(简称常熟港)】 (详见《长江航运年鉴》(2007卷)第五篇“港口”第451页)

2007年,常熟港紧紧围绕全市经济社会发展大局,牢固树立科学发展观,以构建“和谐口岸”为主题,以岸线规划为先导,以港口建设为重点,以港政管理为抓手,以发展港口生产为中心,坚持统筹兼顾,突出重点,不断创新工作思路,不断挖掘岸线资源潜力,不断推进港口基础建设,不断加大揽货组船力度,不断优化口岸发展环境,局委上下呈现了分工合作一条心、团结拼搏鼓干劲、廉洁勤政立公心、开拓进取争先进的良好氛围,圆满完成了市委市政府年初下达的工作目标任务。

·岸线规划独创新路子 面对现有码头泊位设计吞吐能力不能适应港口货物吞吐量持续增长需要的矛盾和针对最大制约常熟港发展的岸线资源瓶颈,2006年初,局委首次郑重提出了完整的常熟港“白茆小沙圈围成岛、白茆小沙边滩整治、铁黄沙并陆成岸”和尽快编制出台《常熟港控制性详规》的近、中、远期规划思路和方案。完成了常熟港进港航道建设工程方案的专家论证和常熟边滩整治工程及边滩整治取砂可行性的专家论证,并于11月17日正式开工建设。工程竣工后,将取得开通航道、拓展岸线、围垦土地和降低物流运输成本的综合效应,为常熟港的可持续发展奠定坚实的基础。

·港口生产创下新纪录 2007年,全港共完成货物吞吐量3314万吨,外贸货物吞吐量758万吨,集装箱吞吐量26.11万TEU,分别完成年计划的120.5%、141.7%、118.7%,分别同比增长28.4%、36.2%和41%,各项生产指标均创下了开港11周年来的最好记录。成功开辟了常熟港至香港、澳门、欧洲、美洲和中东的近远洋件杂货定期班轮航线4条,累计6条,月到港航行国际航线船舶70多艘次;新辟3条内外贸集装箱班轮支线,累计31条,月到港集装箱班轮达350多艘次,并与53个国家和地区的255个国际港口通航通商。

·港政管理迈出新步伐 依据《港口法》等法律法规和省、市《关于加强港政管理工作的通知》精神,结合“五五”普法教育,加大了依法治港的宣传力度,坚持了港口经营许可制度,通过开展港口经营秩序整顿、安全专项整治、经营资质审核、日常巡查、纠查违章等措施,强化了港口经营人依法经营的法制意识,进一步营造了常熟港“统一、开放、竞争、有序”的良好港口市场环境。同时,依据《港口安全评价管理办法》等规定,加强了对港口安全评价的监督管理,并认真履行国际SOLAS公约,对各码头单位的港口设施保安演练申请及方案进行审核把关。进一步完善了港口设施保安和视频监控系统的安全设施建设,新建码头单位视频监控系统全部安装到位。严格把好危险货物作业审批关,落实“两防”安全措施,抓好夏季安全生产和秋季“防台”工作,扎实开展了“全国安全生产月”、危险货物港口作业安全专项整治和春运安全生产等活动,确保了全港生产的安全有序,无重大责任事故发生。

·和谐口岸取得新成果 始终把服务全市经济和港口企业的发展放在口岸中心工作的突出位

置,以构建"和谐口岸",共创文明口岸,发挥中心功能为抓手,以"有效协调、凝聚合力、基层满意、企业满意"为工作标准,提出了"建设一个服务平台,完善一套监控网络,实践一个科学理念,创立一种动态模式"的创新工作思路;推出了"服务理念到位、业务素质到位、简化手续到位、优化环境到位"的创新工作举措;创新了口岸中心现有体制框架内的工作机制;实践了多元化投资条件下口岸管理的有效模式;提高了中心工作的绩效和对地方经济的贡献率;融合了口岸各单位"港兴我荣"的凝聚力。通过积极开展争创常熟口岸系统文明行业活动,以文明共建为抓手,多措并举,加强系统内外的互动、联动,坚持"三服务"宗旨,着力优化口岸服务环境、发展环境,树立了常熟口岸的良好形象。今年初,顺利通过市人大、政协和市文明办文明行业考核验收组的验收,得到了市文明行业考核验收组的一致好评。在全市口岸工作会议上,被市委、市政府授予口岸系统"文明行业"光荣称号。

局　长　程忠民
地　址　常熟市碧溪镇通港路88号
邮　编　215513
电　话　(0512)52695041
传　真　(0512)52695035
邮　箱　chengzhm@ mail. changshu. gov. cn
网　址　http://www. cs - port. com

(常熟市局)

【常州市港务管理局(简称常州港)】 (详见《长江航运年鉴》(2007卷)第五篇"港口"第453页)

2007年,常州港建设顺利推进、生产经营稳定发展、港口管理日趋规范、安全生产形势平稳,各项工作按照年度计划稳步实施。

·港口建设项目　一是录安洲多用途码头一期工程。项目年底竣工投产,码头水工部分全部完成,港区东西向主干道通车,码头堆场、道路、房建工程完成,港机设备安装到位,完成投资30200万元。二是京杭运河东、西港区工程。目前,该项目正在加紧施工,明年可望竣工投产。三是录安洲港区化工码头工程。已取得省发改委项目核准,年内协助新北区完成省港口局施工图设计审查,2008年1月开工建设。四是常州港海轮锚地调整工程。年内协调解决原海轮锚地渔民补偿问题,在此基础上完成海轮锚地调整扩建工程并投入使用,促进港口公用设施的完善,同时积极申请省港口局专项资金补助。五是录安洲港区疏港公路工程。作为连接录安洲港区和港口陆域腹地的主要集疏运通道,录安洲疏港公路由港区主干道经录安洲夹江大桥至338省道,录安洲夹江大桥主桥和接线工程已完成,其余道路部分正在加紧实施,积极向省厅申请将此项目列入明年计划予以建设资金补助。六是录安洲港区夹江集疏运码头工程。为满足录安洲港区一期工程万吨级深水码头集疏运的需要,将在录安洲夹江配套建设6个千吨级集疏运泊位。目前正加紧进行海事、岸线、项目核准等审批工作。七是录安洲港区多用途码头二期工程。目前已委托长江航运规划设计院编制《录安洲港区多用途码头二期工程可行性研究报告》,作为录安洲滚动开发二期工程向上级部门进行前期汇报;根据项目审批要求,同时为使今后投资主体明晰,决定组建新的港口投资公司运作该项目。

·港口生产经营　2007年常州港继续保持稳定的发展势头,全年货物吞吐量历史性地突破2000万吨大关,完成2020万吨,比去年同期增长21%。其中外贸货物吞吐量完成180万吨,与去年同期下降28%,这主要是由于常州港主要货种矿砂由印度进口改为巴西、澳大利亚等,在宁波、南通等中转后性质变为了内贸货(预计今年矿砂完成385万吨,比去年增长3.2%,但其中外贸量仅完成85万吨,比去年下降37%);集装箱吞吐量完成24200TEU(以报表为准),比去年增长42%,呈恢复性增长态势。

·港口行业及创新　一是严格依法行政,加强港口行业管理。根据《港口法》的要求,努力加强港口行业管理,加大对港口市场的监管力度,创造港口发展的良好氛围。重点加强对港口经营行为的日常监管,会同运管处开展全市港口经营年度核查和资质评定工作;协调解决建滔石化码头与仓储企业间的收费价格矛盾;探索内河港口工程建设审批监管工作;加强港口建设和经营费收研究,认真探索港口建设费、货物港务费等的收费政策和方式。二是认真做好港口规划计划统计工作。依据《常州港港口总体规划》,贯彻实施常州港"十一五"发展思路和建设计划,完成《常州港录安洲港区控制性详细规划》,促进港口可持续发展;认真贯彻《江苏省港口规划、计划、统计工作管理规定》,做好全市港口计划、统计工作,全面、真实反映常州港建设、经营发展状况。三是全面履行港口安全监督管理职能。紧紧围绕省市有关港口安全的政策精神,认真开展内河运输安全专项整治、防船舶碰撞防泄漏专项整治、水运交通基础设施安全隐患排查工作等一系列活动,切实有效地督促港口企业进一步健全安全管理机制。主要工作重点:一是认真实施港口月度安全专项检查制度,加强节假日、灾害天气等事件的港口安全现场检查,及时发现安全隐患和管理漏洞,督促港口企业进行整改和完善。二是重点做好危险货物港口作业的监管工作,严格执行新增危险货物作业品种安全评估制度;严格执行船舶危险货物港口作业申报审核制度,实行"一船一报",预计全年审核石化码头危险货物港口作业450艘次共75万吨,确保港口危险货物接卸作业安全。三是认真做好港口设施保安工作,组织各港口经营人做好港口设施保安计划的实施工作,落实措施完善硬件设施和软件制度,组织开展有关保安演练。

·存在问题 一是受制于岸线资源紧缺。常州港整体规模不大,综合实力不强,与周边先进港口相比,常州港在深水泊位数量和条件、生产规模和装备、港口功能、口岸软硬件环境等方面还存在一定差距,亟需进行规模升级、结构调整和综合环境整治。二是码头企业主营货种比较单一。抵御风险能力不强,宏观经济环境和主要货主单位经营情况的波动对码头经营影响比较大,录安洲码头建成后与圩塘港区码头的竞争关系有待协调。

局　长　刘文荣(交通局局长兼任)
地　址　常州市龙城大道1280号2号楼B座330室
邮　编　213022
电　话　(0519)85682125
传　真　(0519)85682138
网　址　http://www.czjt.gov.cn

(常州市局)

【常州武进港务有限公司】 (详见《长江航运年鉴》(2007卷)第五篇"港口"第454页)

董事长　封云虎
地　址　江苏省常州市博爱路100号
邮　编　213000
电　话　(0519)88100838
传　真　(0519)88103678
邮　箱　wjg328@126.com
网　址　http://www.czwjg.com

(常州武进港务有限公司)

【泰州市港口管理局】 (详见《长江航运年鉴》(2007卷)第五篇"港口"第4454页)

局　长　潘　俊
地　址　江苏省泰州市海陵区鼓楼路301号
邮　编　225300
电　话　(0523)86881899
传　真　(0523)86881790
网　址　http://www.tzjtj.gov.cn

(泰州市局)

【泰州港务有限公司】 (详见《长江航运年鉴》(2007卷)第五篇"港口"第455页)

董事长　蔡年生
地　址　泰州市高港区长江路18号
邮　编　214500
电　话　(0523)86981379
传　真　(0523)86981848
网　址　http://www.taizhouport.com

(泰州港)

【南通市港务管理局】 (详见《长江航运年鉴》(2007卷)第五篇"港口"第456页)

2007年,南通市港务管理局以邓小平理论和"三个代表"重要思想为指导,认真贯彻落实沿江开发、江海联动等各项战略,按照科学发展观的要求,开拓创新,锐意进取,切实履行港口管理职责,港口建设与生产经营在高位平台上继续保持快速增长的良好态势。全年完成港口建设投资15.7亿元;完成港口货物吞吐量1.23亿吨,同比增长18.8%,为年度计划的102.8%;完成集装箱吞吐量42.8万TEU,同比增长18.7%,为年度计划的112.6%。以上指标均创历史最高记录。这一年,沿江泊位功能调整和升级改造取得重大进展。新建、改建5万吨级以上泊位17座(累计25座),接卸超大型船舶能力明显增强;洋口港开发建设强势推进,黄海大桥工程量完成70%,太阳岛LNG接收站区块围填成功。与此同时,吕四港2个5

万吨级(兼顾船型)散货码头建设正加快步伐。港口基础设施建设不断推进。天生港航道上延工程(九圩港河口以上新开发岸线约5公里)相关报告完成报批工作,横港沙临时航道完成数模分析计算、定、动床模型试验研究报告、工程可行性研究、施工图设计、工程防洪评价报告、通航安全及通航环境评估报告等7项研究报告及其评审论证工作,横港沙简易航道工程实施完毕,为相关企业产品出运提供了通道,打开了航道制约瓶颈。营船港航道改扩建工程完成测量、设计、建设等相关工作,开发水道内3公里非深水岸线为深水岸线,航道正在试运行过程中。同时还开展了吕四港区5万吨级进港航道工程的预可行性研究及其整治工程数模研究,组织推进一期工程实施;如皋港区锚地、南通港危险品锚地以及南通港2号甲锚地完成了立项工作,开展了工程可行性研究,完成了工程相关测量、初步设计等工作。

局　长　施伯香
地　址　江苏省南通市青年西路38号
邮　编　226006
电　话　(0513)83559358;83559357
传　真　(0513)83559359
网　址　http://www.ntport.gov.cn

(南通市局　孙学明)

【南通港口集团有限公司(简称南通港)】　2007年,南通港完成货物吞吐量5782万吨,同比增长29.8%,列长江沿线港口企业第一位;完成集装箱吞吐量37万TEU,同比增长15.6%。主要货种金属矿石完成3402.6万吨,同比增长71.9%;非金属矿石完成515万吨,同比增长18.6%;水泥完成711.2万吨,同比下降39.5%;钢铁完成187.2万吨,同比下降6.9%;煤炭完成307.2万吨,同比增长123.4%;石油完成50.5万吨,同比增长25.8%;化肥完成55.6万吨,同比增长486.4%。全年完成营运总收入6.93亿元,同比增长27%,其中装卸收入完成5.91亿元;实现主营业务利润7500万元。

·强化服务意识,加强揽货力度　各主要生产公司不断强化优质服务意识,加大揽货工作力度,在继续稳定大客户的基础上,用经营的头脑和市场的眼光来开拓新货源,开发有潜力的客户。及时与各供应商、贸易商及生产厂家沟通信息,核算成本,联系分运,最大程度减少客户中间费用,最大程度缩短货物到厂时间。密切关注货运市场尤其是矿石、钢材、铜精矿、水泥熟料、硫磺和化肥市场的变化与走势,逐月分析研究市场,完善信息网络。不断创新两级揽货机制,一手抓货源开发,一手抓服务跟踪,精心培育大客户,扩大优势货源市场份额,形成金属矿石、硫磺、铜精矿等一批较为稳定的基础货源。

·强化生产调度,科学组织生产　继续强化生产调度指挥,科学合理组织港口生产,最大限度发挥集团整体优势,狠抓装卸质量,注重工艺改进,努力提高生产效率。突出超大型船舶安全接卸,继续强化"第一船"意识,准确把握动态信息,加强与货主、船东、代理等各方沟通联系,精心制定作业方案和应急预案,科学高效指挥港口集疏运。全年共安全作业进江海轮1458艘次,其中15万吨级超大型船舶119艘次,同比增长98.3%;7万吨级船舶72艘次。

·规范安全生产,责任层层落实　以规范安全生产为主线,逐级签订责任保证书,层层落实责任。对内部安全制度进行了进一步修订和完善,修订了安全生产新的"十项禁令"。组织开展形式多样的安全主题活动,把"安全生产月"与"安康杯"竞赛相结合,开展"我当一天安全员"、"查隐患、提合理化建议"等活动。深入开展安全知识电视培训,共有1568名员工参加了培训和考核,提高了员工的安全意识,做到安全作业、文明作业。加强生产现场安全检查、督查,通过严查"三违",排除事故隐患,加大整改力度等手段,确保各环节安全措施落实到位,全年共开展各类安全质量检查50多次。集团公司荣获江苏省重点物流企业50强、南通市明星企业、南通市安全生产优胜单位等荣誉称号。

董事长　尹健炉
地　址　南通市青年西路38号
邮　编　226006
电　话　(0513)85167256
传　真　(0513)83514886
网　址　http://www.ntport.com.cn

(南通港)

【张家港市港口管理局、张家港市口岸管理委员会】　2004年5月,顺应《港口法》的颁布实施,经市委、市政府批准,成立张家港市港口管理局,与口岸委合署办公。口岸综合协调和港口行政执法相辅相成,以往港口管理无法可依的局面得到了彻底的改观。随着工作量的增大,原有的机构和人员编制已不能够适应工作需要。

2007年4月,口岸委(港口局)的机构编制由2个科室增加到5个,人员编制由10人增加到18人。机构内设办公室、口岸管理科、港政管理科、安全监督科和财务稽征科。

主要工作职责:

1. 贯彻执行国家有关法律、法规、规章和苏州市地方性法规和管理规定;

2. 负责本港区港口公用设施的建设、维护和管理工作。

3. 负责对本港区经营秩序、安全生产、环境保护等实施监督和管理。

4. 负责登记、初审本港区港埠企业的设立。

5. 负责代征国家行政性港口收费,对本港区港务企业的经营性收费项目和价格,按有关法规和规定实施监督和管理。

6. 负责划定港区内危险作业泊位、库场的区域范围和对港区作业实施全过程的安全监督管理。

7. 承办市委、市政府和上级主管部门授权或交办的其他事项。

·生产运输　2007年,全港共完成货物吞吐量1.2亿吨,集装箱吞吐量615684TEU,分别比上年增长17.6%和35%。主要货种有:金属矿石4098.8万吨、煤炭及制品2486.5万吨、钢铁1630万吨、化工原料及制品617.1万吨、木材513.5万吨、粮食429.9万吨、水泥414.5万吨。除粮食外,其他货种年吞吐量均比上年有所增长。永嘉码头完成集装箱吞吐量601798TEU,被评为中国港口前五强内河集装箱码头。

·港口建设　2007年,完成东海粮油食用油储罐,凯伦仓储化工品储罐、双狮物流化工品储罐、兴港株式会社化工品储罐工程建设,容积40余万米^3。完成苏润码头2个万吨级泊位、孚宝仓储2个万吨级泊位、江海粮油4号泊位、华达码头5个万吨级泊位共11个万吨级泊位的建设工程。至年末,长江沿线已建泊位数达到105个,其中万吨级及以上泊位60个。年内,通过积极对上争取,港口管理局筹集资金1234万元,完成大新公用航道和通沙海轮锚地建设。根据《苏州港总体规划》,于2007年底启动建设张家港海轮锚地和东沙公用航道建设工程。

·港政管理　2007年,加强了对港口经营单位的管理。全年共办理和重新核发"港口经营许可证"83份,受理港口经营许可申请12份,对2份不符合许可条件的申请给予不受理的处理。按照交通部《港口工程建设管理办法》和《港口建设管理规定》要求,加大对港口工程项目的审批、报批程序的管理力度,扎实推进依法行政、依法治港的步伐。先后完成对东海粮油等单位40余万米^{3}储罐的竣工验收工作,完成对苏润码头等单位11个万吨级泊位的竣工初验收工作。协助省港口局完成对江海粮油等单位6个万吨级泊位的竣工验收。完成靠泊能力提升后缓冲期码头的改造监管工作。加强对张家港宏泰码头等6家单位在建工程和拟建工程的管理工作。

·安全监督　张家港港是全国化工品的重要集散地,危险货物进出量大、种类多。为此,港口管理局不断加大安全监管力度,有效杜绝港口安全隐患。全年共审批危险货物港口作业654万吨(其中,外贸441万吨,内贸213万吨);危险品船舶10577艘次(其中外贸船3408艘次,内贸船6773艘次)。组织危险货物岸上作业人员培训1期。同时,按照交通部《港口设施保安规则》要求,加强对码头单位保安演练的管理和指导,共派出20多人次,观摩指导过产业、中油泰富、长江国际等单位十多次保安演练,提高企业对保安履约工作的重视程度和投入力度,增强码头企业应对保安威胁事件的实战能力,为企业生产经营的安全、平稳、有序提供有力保障。12月,张家港港顺利通过交通部水运司对各开放码头港口设施保安履约工作的检查。

局　长　钱德华
地　址　张家港市金德镇长江中路130号
邮　编　215633
电　话　(0512)58331200
传　真　(0512)58331859
网　址　http://www.zjgzwgk.gov.cn

(张家港市局)

【张家港港务集团有限公司(简称张家港港)】

(详见《长江航运年鉴》(2007卷)第五篇"港口"

第458页)

2007年,张家港港紧紧围绕“巩固、发展、提升”的工作思路,始终坚持“引领、服务、协调、推进”的工作方针,沉着应对各种挑战,强化经营、优化管理、推进发展、提升水平,企业经济效益稳中有升,吞吐总量又创新高,发展项目取得突破,重点工作得到落实,企业形象不断提升。这一年,港口完成吞吐量4727.5万吨,为年计划的112.6%,比上年同期增长17.6%。其中外贸吞吐量完成1301.8万吨,为年计划的111.3%。

·主要货种　煤炭、金属矿石、钢铁、木材、水泥等五大货种继续处于主导地位,完成吞吐量3920.4万吨,其中散货仍然是吞吐总量增长中贡献最大的货种。随着港口腹地内集装箱化率提高、公路集疏运网络日趋完善、航线开发不断加强等因素,集装箱吞吐量呈现较强的上升走势。全年完成集装箱吞吐量61.6万TEU,比上年同期增长了35.1%。

·航线运输　集装箱运输全线飘红,国际航线箱量增幅强劲。2007年,国际航线完成集装箱吞吐量6.6万TEU,比上年同期增长了43.5%;内支线完成集装箱吞吐量26.3万TEU,比上年同期增长24.7%;内贸线完成集装箱吞吐量27.3万TEU,比上年同期增长37.2%。

·港口发展　张家港港现有万吨级泊位17个,最大靠泊能力10万吨给,江心浮筒12个,各类大型装卸设备430余台,并可同时停靠万吨级船舶27艘,形成了集装箱、木材、钢材、煤炭、矿石、PTA、水泥等散杂货支柱货种,年吞吐能力近5000万吨。张家港港务集团位于长三角经济圈,港口岸线顺直、河床稳定、水域开阔、不冻不淤,与世界上140多个港口有货运往来。张家港港务集团有限公司与江苏华尔润集团有限公司、张家港保税区物流中心有限公司共同投资组建了社会公共码头张家港保税物流园区苏润集装箱码头有限公司,总投资人民币8亿元。该公司坐落于张家港保税物流园区内,公司前港后区、区港联动,享有保税物流园区优惠政策可实现港航服务、保税仓储、国际贸易“三位一体”的综合服务功能。

2007年张家港港分货类吞吐量统计一览表、2007年张家港港泊位数统计一览表,详见表5-27、表5-28。

【2007年张家港港分货类吞吐量统计一览表】　（表5-27）

货物吞吐量(万吨)				集装箱吞吐量(万TEU)	汽车吞吐量(万辆)	旅客吞吐量(万人次)
合计	矿石	煤炭	油品			
4727.5	15926.2	1189		61.6		

【2007年张家港港泊位数统计一览表】　（表5-28）

泊位长度(m)	泊位个数(个)	泊位年通过能力					
		货物(万吨)			集装箱(万TEU)	旅客(万人次)	汽车(万辆)
		矿石	煤炭	油品			
3424	17	520		61.6			

总　裁　赵建华
地　址　张家港市金港镇长江中路252号
邮　编　215633
电　话　(0512)58319267
传　真　(0512)58332473
邮　箱　yanbf@hotmail.com
网　址　http://www.zjgport.com.cn

（张家港港　颜炳福）

【镇江市口岸和港口管理局】

局　长　高国成
电　话　(0511)85317866
传　真　(0511)85277244
地　址　江苏省镇江市长江路17号
邮　编　212001
网　址　http://www.zjkgj.gov.cn

（镇江市局）

【镇江港务集团有限公司(简称镇江港)】 镇江港是国家开发投资公司控股企业。公司成立于2004年5月,总资产23.92亿元,下辖分公司及控股子公司21个。公司可为客户提供江海直达、铁水联运、水陆换装等货物中转装卸服务以及船货代理、货物配载、外轮服务、工程监理、旅游、物业管理等多元服务。目前集团公司经营的公用码头分布在大港港区和龙门港区,共有生产性泊位23个(万吨级以上泊位12个,前沿水深-11米,5万吨级船舶可常年通航),总延长4092米,通过能力2058万吨;各类装卸机械338台;水上锚地7处;港作船舶22艘。港口培植了铁矿石、水泥熟料、元明粉、硫磺、化肥等一批品牌货种,形成了"大宗散货优势集聚,件杂货合理补充"的市场格局。

2007年,镇江港实施"大客户"战略,继续与沿江大型钢厂及贸易客户深化合作,与舟山港等构建长期战略合作关系,提升服务品质。铁矿石支柱货种2007年完成1157万吨,巩固了集团公司长江铁矿石中转基本港地位。与此同时,集装箱箱源覆盖面在临近地区和长江中上游得到了扩大。国家"西气东输"工程二线钢管接卸工作细致周密,赢得广泛赞誉。相继试产大港三期散货泊位、多功能泊位、集装箱泊位,实施了大港4号~5号泊位加固改造、全回转拖轮建造、码头环保改造、大港二期堆场扩建等工程,提升了集团公司的整体经营实力。深入开展"控本节支、降本增效"专题调研活动,构建精细化的成本管理机制;建立财务会计中心,对集团基层单位财务集中管理;进一步细化指标,建立和完善八大指标和考核体系;开展对标管理和全面风险管理,防范经营风险;强化收入管理、资金回笼。

2007年,镇江港实际完成港口吞吐量、外贸量、集装箱量和自然吨分别为3913万吨、970万吨、19.1万TEU和2110万吨,港口经济运行持续稳定健康发展。

分支机构:

(1)镇江港务集团有限公司商务中心;
(2)镇江港务集团有限公司大港分公司;
(3)镇江港务集团有限公司龙门分公司;
(4)镇江港务集团有限公司集装箱分公司;
(5)镇江港务集团有限公司轮驳分公司;
(6)镇江港务集团有限公司代理分公司;
(7)镇江港务集团有限公司公共事业分公司;
(8)镇江港务集团有限公司物资供应分公司;
(9)镇江港务集团有限公司服务分公司;
(10)镇江港务集团有限公司房产经营分公司;
(11)镇江中理外轮理货公司;
(12)镇江星海国际物流有限公司;
(13)镇江港务集团镇港物流有限公司;
(14)镇江市兴华工程建设监理有限公司;
(15)镇江港湾工程建设有限责任公司;
(16)镇江国际海员俱乐部;
(17)镇江长江旅行社有限责任公司;
(18)镇江港务集团外轮服务有限公司;
(19)镇江江海船舶修理有限责任公司;
(20)镇江兴港房产物业有限公司;
(21)镇江兴达港务机械服务有限公司。

董事长 吴宏平
总经理 戴永胜
地　址 镇江市长江路19号
邮　编 212001
电　话 (0511)85317615
传　真 (0511)85277837
邮　箱 caishunzhong@126.com
网　址 http://www.zhenjiangport.com

(镇江港)

【南京市港口管理局】 (详见《长江航运年鉴》(2007卷)第五篇"港口"第460页)

2007年,南京港共有生产性泊位268个(其中:长江泊位236个,万吨级及以上泊位42个),货物吞吐能力1.34亿吨,拥有集装箱、煤炭、矿石、石油、粮食等专业化码头,以及滚装汽车、液体化学品等特种货物专用码头。全年港口货物吞吐量完成11613万吨,集装箱吞吐量完成105.6万TEU,跻身全国百万标箱港口之列。与此同时,南京港完成港口建设项目投资11.4亿元。

局　长 庞顺根
地　址 江苏省南京市珠江路63—1号
邮　编 210008
电　话 (025)83194500;83194521
传　真 (025)83194509
网　址 http://www.njport.gov.cn

(南京市局)

【南京港口集团公司(简称南京港)】 (详见《长江航运年鉴》(2007卷)第五篇“港口”第460页)

2007年,南京港完成货物吞吐量5568.80万吨,完成装卸自然吨4351.82万吨,全港生产经营健康发展,经济运行质量运转良好,综合经济效益明显提高。合并会计报表预计总收入16.9亿元,同比增长12%;实现净利润950万元,同比增长154%。此外,在岗职工人均年收入增长12%。

·合资合作稳步推进 龙潭二期项目已与太平洋航运亚太财富(香港)有限公司签署了合资经营的相关法律文件,目前已进入政府职能部门的核准和审批程序。龙潭四期项目已明确由南京港龙潭集装箱公司投资建设,并确定了龙潭集装箱公司增资扩股方案,完成了转让股权的财务审计、资产评估等工作。集团公司对龙潭物流基地增资4000万元,股权比例由40%调整为30%;参股龙潭五期,签署了受让15%股权的部分法律文件,上报市国资委审批。与此同时,积极推进龙潭三期项目的对外合作工作。内部完成了NICC业务转移、人员安置、资产处置工作,进一步理顺了港口医院托管机制,整合了宣培中心与通信中心资源,清理整顿了港内多种经营实体。

·港口建设加速实施 全年共完成基本建设、更新改造投入9.78亿元。重点项目建设成绩显著,龙潭港区一期工程荣获国家优质工程银质奖;龙潭港区二期、三期工程建成,分别于9月、12月份投入试生产。更新改造项目按计划有序推进,二公司集装箱堆场扩建工程投资1300万元,新建集装箱场地6000米^2、流动机械停放场地2000米^2。四公司405号泊位技术改造项目投资6000万元,已完工投入使用。惠宁公司新建铜精矿库棚一座。股份公司投资3650万元,新建储罐6座,新增罐容74000米^3。龙潭集装箱公司投资9000多万元,新增机械设备40余台套。重点项目前期工作进展顺利,龙潭四期工程项目已获国家发改委核准,初步设计文件编制完成待审,码头水工已于11月28日开始试桩,完成投资4.7亿元。新生圩液体化工码头储运工程项目已获省发改委核准,初步设计已通过省交通厅审查。龙潭六期工程项目已完成《工可报告》的编制和项目规划选址意见书的批复,目前正在开展项目核准相关支撑文件的编制工作。龙潭七期工程项目前期准备工作已完成。西坝码头还建项目前期工作已启动,现正协调有关单位争取还建补偿费用、落实项目选址。铜井港区二期工程已委托设计院编制《工可报告》。联检锚地扩建项目前期工作已启动。

·内部管理不断加强 积极推进企业发展战略、规划研究,与交通部水运科学研究所合作,完成了《南京港石油、液体化工经营发展战略和实施研究》,开展《南京港口集团港机产业发展战略规划》编制工作,同时启动七坝新港区开发建设规划工作。与此同时,不断创新财务管理。全面推行国有资本经营预算管理制度,建立了集团公司财务信息化系统,积极创新融资形式,优化融资结构,资金储备合理有度,资产结构、资本经营处于安全和良性状态。进一步强化安全管理,以层层落实安全生产责任制为主线,狠抓场内道口交通、危险货物作业安全重点和“五外”(外出船舶、外出安装施工、外用工、对外资产出租和外出长途车)安全难点,深化推行“一法三卡”,加强贯规履约工作,使全港安全生产形势保持了总体稳定。此外,新建码头对外开放工作积极推进。学习贯彻《劳动合同法》,梳理全港各类用工情况,对成建制劳务用工情况进行专项调研,制定了劳务用工管理规定。结合机构调整、资源整合和新项目建成投产,优化人力资源配置,调整中层干部32人次,通过推荐、考核、公示等民主程序新选拔了6名中层干部,按季度对机关管理人员进行了考核。新引进大中专毕业生154人,安置退伍军人34名。全年举办自办培训班98期,培训员工4700余人次。按照“重心下移、工作下沉”的思路,有效地推进了班组建设工作。实施项目负责人制度,加强更新改造和大修理项目的方案论证,抓好特种设备、重要设备的检测检验和机械设备的日常管用养修,较好地保证了装卸生产的需要。严格审计监督,全年对各单位经济活动审计项目共61项,完成了30个50万元以上更新项目审计,有力地促进了各单位内部管理制度特别是财务管理制度的进一步规范。通过加强效能监察,查堵漏洞,建章立制88项。

总经理 孙子健
地 址 南京市下关区江边路19号
邮 编 210011
电 话 (025)58582843
传 真 (025)58811019

网　址　http://www.njp.com.cn

（南京港）

【安徽省港口概况】 2007年，安徽省有港口17个，经交通部批准的全国内河主要港口有5个，即安庆港、芜湖港、马鞍山港、合肥港和蚌埠港；经国务院批准的一类开放口岸有5个，即马鞍山港、芜湖港、铜陵港、安庆港、池州港；经省政府批准的地区性重要港口有8个，即池州港、铜陵港、巢湖港、滁州港、淮南港、阜阳港、亳州港、六安港；一般港口有4个，即淮北港、宿州港、宣城港、黄山港。完成港口吞吐量2.4亿吨，同比增长20%。芜湖港口吞吐量达到4680万吨，位居全国内河十大港口行列；蚌埠港口吞吐量增幅超过100%，滁州、合肥港口吞吐量突破1000万吨。沿江5港完成集装箱吞吐量21.79万TEU，同比增长34.8%。全年新增码头泊位35个、新增港口吞吐能力3200万吨。截至年底，全省拥有生产用码头泊位1281个，泊位总长60181m。其中靠泊能力5000吨级及以上的33个，5000～1000吨级的138个，1000吨级以下的1082个。

2007年安徽省港口吞吐量（按港口分）一览表、2007年安徽省港口吞吐量（按货物形态、包装及货类分）（合计）一览表，详见表5－29、表5－30。

（安徽省局　马　栋）

【2007年安徽省港口吞吐量（按港口分）一览表】　（表5－29）

港口	货物吞吐量				集装箱吞吐量			滚装汽车吞吐量	旅客吞吐量		利用自然岸坡完成船舶货物装卸量
	合计（万吨）	其中：外贸	出港		箱数（万TEU）	重量		（万辆）	（万人）	出港	
				其中：外贸		（万吨）	（货重）				
A	1	2	3	4	5	6	7	8	9	10	11
全省总计	24700.55	249.44	16933.35	130.72	21.79	198.28	155.15	1.85	191.35	161.35	
一、沿海港口合计											
二、内河港口合计	24700.55	249.44	16933.35	130.72	21.79	198.28	155.15	1.85	191.35	161.35	
1.黑龙江水系小计											
2.淮河水系小计	2969.81		2508.49						25.00	25.00	
正阳关	121.20		115.70								
凤台	277.48		277.48								
淮南	581.26		529.15								
蚌埠	168.14		115.60								
怀远	27.38		20.19								
临淮关	182.07		182.01								
五河	39.22		22.13								
霍邱	90.32		83.50								
金寨	1.36		1.36						20.00	20.00	
临泉	7.16		2.24								
杨桥	12.47		11.96								
界首（徽）	55.44		41.77								
太和	95.56		83.56								
阜阳	28.42		22.30								
颍上	73.34		62.94								
杨湖	3.78		3.78								

港口	货物吞吐量				集装箱吞吐量			滚装汽车吞吐量	旅客吞吐量		利用自然岸坡完成船舶货物装卸量
	合计（万吨）	其中：外贸	出港		箱数（万TEU）	重量					
				其中：外贸		（万吨）	（货重）	（万辆）	（万人）	出港	
寿县	16.55		14.35								
插花	11.73		8.09								
茨淮	2.27		2.27								
唐集	0.72		0.26								
上桥	51.61		51.61								
涡阳	44.84		44.22								
蒙城	120.76		118.71								
利辛	25.21		13.81								
双涧	78.22										
固镇	37.18		13.67								
宿县	94.07		64.91								
青龙山	1.04		1.04								
明光	537.30		431.31								
天长	182.55	167.41									
六安	1.16		1.16						5.00	5.00	
3.长江干流小计	17106.35	249.44	11008.34	130.72	21.79	198.28	155.15	1.85	1.00	1.00	
复兴	478.38		470.76								
望江	32.76		28.76								
安庆	1139.14	8.31	846.32	6.22	0.98	13.38	11.19				
枞阳	1191.51		1057.57								
铜陵	2860.12	39.97	2029.98	25.85	0.81	9.61	7.84				
芜湖	4661.44	153.80	3354.43	75.42	16.50	148.77	116.33	1.85			
马鞍山	4642.40	22.79	1402.38	0.89	3.41	25.96	19.43		1.00	1.00	
池州	2100.60	24.57	1818.14	22.34	0.09	0.56	0.36				
4.长江支流小计	4618.47		3414.52						109.95	79.95	
华阳（徽）	8.63		2.75								
土桥	338.80		328.40								
刘家渡	43.00		32.80								
石门湖	1.94		1.94								
南陵	19.15		10.39								
巢湖	207.80		12040						98.00	68.00	
钓鱼台	986.00		943.60								
合肥	918.69		33.23						3.95	3.95	
撮镇	14.04		9.80								
散兵	1276.00		1276.00								
缺口	9.00		8.20								
舒城	9.10		6.16						8.00	8.00	
上派	78.60		2.89								
定埠	10.90		10.90								
水阳	29.00		29.00								
海棠湾	40.60		38.30								

港口	货物吞吐量				集装箱吞吐量			滚装汽车吞吐量（万辆）	旅客吞吐量		利用自然岸坡完成船舶货物装卸量
	合计（万吨）	其中：外贸	出港		箱数（万TEU）	重量			（万人）	出港	
				其中：外贸		（万吨）	（货重）				
乌江	379.00		333.00								
全椒	116.40		103.40								
来安	122.84		117.12								
滁州	8.98		6.24								
5. 京杭运河小计											
6. 黄河水系小计											
7. 珠江水系小计											
8. 闽江水系小计											
9. 其他水系小计	5.92		2.00							55.40	55.40
深渡	5.92		2.00							55.40	55.40

【2007年安徽省港口吞吐量（按货物形态、包装及货类分）（合计）一览表】 （表5－30）

分类	序号	合计		出港		进港	
			外贸		外贸		外贸
A	B	1	2	3	4	5	6
货物吞吐量合计（吨）	1	247005539	2494408	169326937	1307220	77678602	1187188
1. 液体散货	2	4688661		2450015		2238646	
其中：原油	3	705601		1100		704501	
成品油	4	3009949		2035412		974537	
液化气、天然气及制品	5	261246		60010		291236	
2. 干散货	6	217062081	539824	148649027	455424	68413054	84400
其中：煤炭及制品	7	36728761		20579848		16148913	
金属矿石	8	30096742	6800	5366402		24730340	6800
散水泥	9	34863210		34502676		360534	
散粮	10	232657		164133		68524	
散化肥	11	87901		68494		19407	
3. 件杂货	12	23178012	1643577	17236637	780684	5941375	862893
其中：木材	13	434766		290253		144513	
粮食	14	1292455		1202278		90177	
化肥	15	667676	26500	284079	26500	383597	
水泥	16	5279897		3025527		2254370	
4. 集装箱（TEU）	17	217968	23942	108690	3978	109278	19964
重量（吨）	18	1984170	311007	898643	71112	1085527	239895
其中：货重	19	1551374	239529	680028	37982	871346	201547
5. 滚装船汽车吞吐量（辆）	20	18523		18523			
重量（吨）	21	92615		92615			

资料来源:安徽省交通厅

【铜陵市港口管理局】 (详见《长江航运年鉴》(2007卷)第五篇“港口”第464页)

2007年,铜陵市港口管理局完成货物吞吐量2860万吨,同比增长19%,完成年计划的120%;完成外贸货物吞吐量40万吨,同比增长5%;完成集装箱吞吐量8147TEU,同比增长104%。该局被评为全省港航系统先进单位、全省港航系统综合治理模范单位,并连续两次在全省港航(海事)系统目标考核中获得一等奖。同时,继续保持市级文明单位、市安全生产先进单位、市综合治理先进单位、全省交通系统文明单位等称号。此外,铜陵港口规费中心还荣获了全省港航系统先进集体称号。主要工作有:

·依法治港　一是编制完成港口规划。2006年12月7日至8日,根据《港口法》的要求,安徽省环保局对《铜陵港口总体规划》的环境影响评价报告进行了评审,《规划》现正待省政府批复。二是提高履行管理能力。研究制定了《行政处罚内部规定》和《港口码头现场安全检查内容》等,将全港各港口企业纳入行业管理范围。三是切实提高执法水平。依照《港口法》及《安徽省交通执法规范》,成立由局党政负责人任组长的案件审批领导小组,重大案件由领导小组集体讨论决定。进一步明确了行政处罚过程中各部门之间的流程和职责。在具体执法过程中,严格按照程序,层层负责把关,做到公正执法。2007年,做出行政处罚12起,其中中止5起,送交法院2起,没有发生一起执法过错或错案。四是推行政务公开。通过铜陵港口网及橱窗等形式,对外公开办事流程和管理权限。按照“六公开”的要求(即公示执法主体、执法依据、执法程序、执法监督、执法结果和当事人的权利和义务),制定全省港口系统政务公开的统一样式,经省局法规处审核后,在全省推行。积极开展行政执法监督检查。全年开展监督检查12次,未发现行政执法错误现象。五是做好统计工作。按照《港口统计规则》要求,保质保量完成统计工作,受到交通部统计处、铜陵市统计局的好评。

·依法行政　一是做好行政许可。核发“港口经营许可证”和“危货作业认可证”,并在《铜陵日报》、铜陵港口网上公示。对不符合港口规划、不具备生产条件的各类小码头(重点是危险品作业小码头)予以取缔搬迁。2007年没有新发“两证”。全港持“港口经营许可证”的港口经营人39家,持临时“港口经营许可证”的港口经营人10家。该局首次开展了评选优秀港口企业活动。经评选,铜陵海螺公司等4家获此殊荣。二是有序开展岸线管理。一方面加大《港口法》宣传力度,通过召开会议、上门宣传等多种形式,提高业主依法经营意识。另一方面,修定《铜陵市港口岸线巡查办法》,分日巡、月巡两种方式,加大岸线巡查力度。联合公安、海事等部门,开展近20余次行动,加大对违法占用岸线行为的打击力度。制定《市港口局规范民营码头现场管理的指导意见》,从生产经营、基础设施、码头货场、作业工艺及安全管理等5个方面强化码头建设,促进民营港口企业健康有序发展。这是安徽长江5港首部规范民营企业生产经营的指导意见。三是加强法律法规知识培训。2007年,举办执法人员培训班、基层站长及骨干培训班等各类法律知识讲座或法制培训班20余次,参学率100%、参考率100%、合格率100%、优良率80%以上。根据“五五”普法规划,配合铜陵市开展了“法律进机关”活动,制定年度计划,加强对《港口法》及相关法律法规的学习。全年法制教育学习时间30多小时,全局职工撰写学法心得体会64篇,领导干部学法笔记5000多字,其他人员学法笔记3000多字。

·安全监管　一是不断深化港口安全生产管理。召开全市港口安全生产工作会议、港口安全生产领导小组成员会议及安全生产例会,贯彻落实省、市有关会议精神,制定安全生产措施,奖优罚劣。2007年,继续开展了安全生产目标管理先进企业评选工作。中石化安徽铜陵石油分公司等5家单位被评为先进单位,铜陵四顺码头等2家企业获通报表扬,对铜陵市大通青通码头等3家安全生产目标管理不合格企业进行通报批评。狠抓目标管理。研究制定了《安全生产目标管理责任书》、《安全生产目标管理考核标准》、《安全生产目标管理奖惩办法》等制度,率先在全省港口行业实施安全生产风险抵押金制定。与45家港口企业签订了《港口安全生产目标管理责任书》,从安全指标等6方面进行了综合考核,并将考核结果与奖惩挂钩兑现。二是认真抓好危险货物作业管理。做好危险货物作业单位资质年审,实行危货作业申报制,切实强化危险货物港口作业监管。全年完成危险货物吞吐量80余万吨,未发生擅自作业行为。指导铜陵石油分公司、港华燃气公司等5家危货作业开展应急演练。加强对长山化工厂卸载危险货物行为的打击力度。三是扎实开展港口设施保安工作。依据《安徽省港口设施年度考核标准》,经省局港口设施保安工作组考核,铜陵港口设施2006—2007年度保安工作以考核第一的成绩,通过了省局保安工作组年度核核验。四是举办危货作业知识培训班。组织7家危货作业企业的16名人员参加培训,参培人员全部获得了省港航局颁发的上岗资格证书。与市安监局联合举办了港口企业安全资格培训班,计37家港口企业的50名安全生产管理人员获得了资格证书。五是抓好港口安全生产整治活动。成立了以一把手为组长的安全生产整治领导小组,坚持安全生产事故零报告、快报、续报制度及日巡、月查制度。扎实开展专项安全检查。以交通部开展的“百日会战”安全专项行动活动为载体,依法加大对危险品码头的检查和整治力度。全年对45家港口企业、31座码头设施进行了安全隐患检查,出动执法检查人员160人次,巡视车50车次,发放材料120份,整改安全隐患29处,办理危险货物申报核准75次,责令6家无证危险品码头停止作业,杜绝港口违法经营行为。高度重视节日、重大会议及恶劣天气期间港口安全生产工作。通过印发通知、在电视台上滚动走字形式进行安全警示宣传。

·港口建设 一是加快港口建设。全年水运建设完成社会投资8092万元,超计划92万元。其中有色循环园专用码头完成6722万元,市兴港物流有限责任公司完成480万元,皖能滨江公司设备改造870万元等。积极推进铜陵市集装箱专用码头(即铜陵港件杂货码头改扩建工程)建设。2006年底,该局组织完成该工程可行性研究报告编制。按照市交通专题工作会议精神,2007年初,该局将该项目移交市港务(集团)公司组织实施,积极为其寻找合作伙伴,将安徽省港航投资集团列为合作对象并与其积极沟通。2007年12月29日,该工程正式开工建设,共计投资约4.6亿元,力争“十一五”期间铜陵集装箱通过能力为20万TEU,公共码头新增件杂货通过能力500万吨。推动铜陵海螺码头二期、上峰公司专用码头、国电铜陵电厂大件码头等一批专用码头建设进程。二是强化岸线管理。履行港口岸线管理联席会议制度。为加强岸线管理,吴桂和副市长牵头调研港口管理与建设工作。在此基础上,2007年2月,市政府建立了港口岸线管理联席会议制度,加大对港口岸线、配套设施建设、疏港交通体系建设等工作的管理力度。联席会议由市长担任总召集人,分管副市长担任召集人,相关县、区政府及分管秘书长、港口、国土、财政、公安等17家单位参加。作为联席会议制度办公室,该局认真履行职责,按照联席会议意见,全年共办理了9个码头项目选址。开展岸线使用合理性评估及技术方案审查工作。受省港航局委托,2007年,组织召开了金城码头扩建工程、友邦公司码头工程等4个码头的岸线使用合理性评估及技术方案审查会。加大岸线管理力度。重新修订了港口岸线巡查制度,把机关科室与基层征稽站结合起来,增加巡查次数与时间,全年未发生违法占用岸线行为。联合环保部门关闭了一座危险品码头。提高港口工程建设监管水平。从项目报建、设计、招投标到开工竣工验收的全过程,对港口工程实施规范管理。加大港口法律法规宣传力度。通过召开会议、上门讲解等多种方式,提高各港口企业依法使用岸线的意识。三是加强公用基础设施建设。开展港口锚地前期工作,组织编制项目可行性研究报告。《报告》已通过了市发改委的立项批复。省局对可研报告进行了技术评审。完成了项目的航道影响批复及通航安全论证,即将开展具体建设工作。

·规费征收 严格遵守并切实落实皖航运[2006]138号文件,通过向港口经营人、货主发布通告及文件等形式,明确了缴费义务人,从根本上解决了缴费义务人不明确所产生的矛盾。一是从源头上强化规费征收管理。构建由“港口经营人填写装卸单、基层站处审核及稽查科稽查”的三位一体征费模式,杜绝了规费“跑、冒、滴、漏”现象发生。全年无违规或不按规定标准征收行为发生。二是积极维护缴费义务人权益。建立定期联系港口经营人制度,扎实开展“服务港口经营人活动月”和“四个一”活动(即张贴一批标语,展现温馨服务;进行一次走访,拉进彼此距离;开展一次谈心,了解经营人需求;组织一次座谈会,解决经营人实际问题)。三是把规范管理与规费征收有机结合起来。以货物港务费返还为着力点,使规费征收工作由返还促征收、由返还促管理,向由管理促征收阶段迈进,为依法治港打下坚实基础。四是根据港口实际,因地制宜采取了货主缴费、港口经营人代缴、自运自销和包干运输船主缴费等多种缴费方式,切实解决了规费征收等方面存在的一些具体问题,打开了规费征收的良好局面。

局　长　李中东
地　址　安徽省铜陵市北京西路29号有色房地产大厦806室
邮　编　244000
电　话　(0562)2823368
传　真　(0562)2816230
网　址　http://www.tlport.gov.cn

（铜陵市局）

【铜陵市港务(集团)有限责任公司(简称铜陵港)】 2007年,铜陵港以改革发展为主题,以安全生产为基础,以做优、做活、做强为目标,积极推行集约化管理模式,不断提高和完善服务质量,开创了集约化发展新局面,全港完成货物吞吐量428.8万吨,同比增长15%,集装箱8018TEU,同比增长100%,营运收入同比增长12%,职工收入同比增长21%,,全面完成年度任务目标。

·提升商务物流水平,确保增量增收　2007年,港口货源市场,尤其是铜陵江段码头装卸市场的无序与混乱,虽经整治却久治无果,恶性竞争状况依然严峻。面对充满变数的港口货源市场,港口按照"巩固现有的、抓住即期的、挖掘潜在的、争取可能的、发展未来的"经营思路,积极采取应对措施,广泛收集市场信息,努力开辟新增货源,以港口的技术优势、功能优势、品牌优势和综合服务优势,实施腹地拓展与流域扩张等多项举措,外贸货运在争取本地货源的同时,积极开辟省内外以及沿江沿海等内外贸货物中转市场,为年度各项既定目标的实现奠定坚实的基础。

·加强安全管理,为企业发展提供安全稳定环境　2007年,铜陵港以落实"一法三卡"为重点,深入开展安全督察,落实隐患整改,着力推进安全体系建设。针对港务企业生产运行的特点,积极做好安全预案的制定、演练与落实工作。与此同时,积极而卓有成效地开展各种形式的安全宣传教育,强化职工的安全意识,营造出浓厚的安全氛围,做到班组有自查,科队有巡查,每周有小结,月度有考核,确保安全生产形势的稳定。

·加强财会基础工作,提高资金运作效益　2007年,铜陵港为保证生产经营、职工生活、设备技改以及企业发展的需要,在加大资金回收工作力度的同时,全面执行预算管理,规范资金使用程序,加大项目投资的审批力度,压缩非生产性成本支出,建立以预算管理为基础的财务分析体系,使资金的合理运作贯穿于生产经营和建设发展的每一个环节;积极向金融及相关机构进行融资,为企业的可持续发展奠定信用基础。

·加大技改投入,保障生产所需　2007年,铜陵港随着货物吞吐量的增加以及货种结构和船型的多样化、大型化,港口设备已不能完全适应港口需要。为适应运输工具的变化,满足港口生产的需要,消除设备上存在的安全隐患,提高设备的利用率和完好率,经过深入调研,港口建立规范的设备台账管理和维修项目准入制,制定切实可行的设备改造年度计划和设备更新计划,加大对技改的投入力度,全年共投入设备更新及技术改造资金800余万元。

·文明创建结硕果　2007年,铜陵港大力开展丰富多彩的文明创建活动。一是大力推进精神文明建设,塑造铜陵"国门"形象。铜陵市港务集团在企业精神文明建设中,紧紧围绕港口发展的中心工作,以社会主义核心价值观为内核,以创建文明单位和各种系列活动为抓手,以提高服务质量、优化发展环境为重点,以建设文明和谐港口为主线,以推进企业又好又快发展为目标,大力开展丰富多彩的精神文明创建活动,为企业经济工作和港口的和谐发展起到了积极的促进作用。被铜陵市委市政府、交通部长航局等上级组织授予"文明单位"、"思想政治工作优秀单位"、"创建文明行业先进单位"等多项荣誉称号。二是加强企业文化建设,提升企业核心竞争力。铜陵市港务集团公司为适应企业快速发展,着力加强企业文化建设,逐步形成以"忠诚、务实、竞争、创新"的企业精神为灵魂,以"发展港口、创造双赢、惠及民生"的企业核心价值观为支柱,以"做强外贸、提升物流、产权多元、资本扩张、拓展主业、做大做优"的经营理念为先导,以"集散中外文明、服务腹地发展"的企业使命为动力,以"皖中南物流基地和功能完善、竞争力强大的长江一流港口企业"愿景为目标的企业文化理念体系。三是《铜港集团》报创刊十周年。《铜港集团》报是1997年6月创刊的。十年来,她以笔墨记录铜陵港发展的历程,以镜头见证铜陵港历史的变迁,并紧紧围绕港口各时期、各阶段的中心工作,以舆论宣传和企业文化的特有力量,为促进港口的改革发展稳定发挥了积极作用。在《铜港集团》报创刊十周年座谈会上,铜陵市港务集团党委书记、董事长吴照来勉励编辑人员"再接再厉、再攀新高,谱写企业发展新曲,弹奏港口崛起强音"。市委宣传部、《铜陵日报》社、铜陵人民广播电台、铜陵电视台等有关领导参加了座谈会,并对办好企业报提出宝贵意见和建议。

董事长 吴照来
总经理 王永根
地 址 铜陵市滨江大道1228号
邮 编 244013
电 话 (0562)3825806
传 真 (0562)3811808
邮 箱 zhaolaiwu@ tom. com
网 址 http://www. tlport. gov. cn

(铜陵港 周三民)

【马鞍山市港口管理局】 马鞍山市港口管理局内设规划建设科、港务监督管理科、征管科和办公室,事业编制18名。

2007年8月8日,受安徽省交通厅指派,省港航管理局局长蒋同富与马鞍山市政府副市长吕金宝在马鞍山市海兴国际酒店就马鞍山市港口体制调整进程中存在的相关问题进行商谈并签署备忘录。结合备忘录相关内容,马鞍山市港口局积极做好港口体制调整前的各项准备工作,为港口管理体制调整后,各项港口管理工作顺利开展奠定了坚实基础。12月26日,马鞍山市港口局与马鞍山地方海事局在市交通局共同签署了马鞍山市港口管理体制调整交接协议。马鞍山市新的港口管理体制于2008年1月1日起开始运作,马鞍山市港口管理局全面负责全市行政区域内的港口行政管理和行业管理工作。

2007年,马鞍山市港口管理局先后荣获交通部"统计工作单项优秀奖"和"全市行政事业单位财务管理工作先进集体"荣誉称号。全年港口工程建设共完成投资19543万元,完成货物吞吐量3684万吨,比去年同期增长53.96%;集装箱34062TEU,比去年同期下降29.3%;外贸货物吞吐量22.8万吨,比去年同期下降32%。完成货物港务费征收2836万元,同比增长54.7%。另完成代征港口建设费20万元。

其二级机构如下:

当涂港口管理处、雨山港口管理处、花山港口管理处、金家庄港口管理处

局 长、党委书记 雷 宏
地 址 马鞍山市解放路13号7楼
邮 编 243000
电 话 (0555)2473698
传 真 (0555)2489347
邮 箱 web@ masport. org. cn
网 址 http:// www. masport. org. cn

(马鞍山市局 李 强)

【马鞍山港口(集团)有限责任公司(简称马鞍山港)】 2007年,马鞍山港全年完成自然吨1685万吨,比上年同期增长63%,人均劳动生产率首次突破1万吨/年,达到1.38万吨/年,实现新跨越。全年共完成外发冷卷、彩涂卷67.4万吨,其中火车外发9万吨。全年共外发水渣174万吨。港口树立需求方经营战略观念,以低成本战略、信息化战略、竞合双赢和多赢战略、创新战略为措施,努力实现港口从传统型向现代型综合港口转变,逐步建立港口布局组合化、港口业务流程化、港口管理信息化的现代综合性物流企业。到"十一五"末期,公司吞吐量将形成3000万吨的能力,经济指标达全国内河港口先进水平。

·生产持续快速增长,实现新跨越 一是把客户的需要作为各项工作的立足点和出发点,各级领导靠前指挥,深入码头现场解决问题,实行值班制度;二是进一步沟通信息,及时掌握客户物流动态,组织好生产;三是加强与船公司、代理公司的沟通,及时通报码头泊位的实际情况,力争货源均衡到港,快速装卸;四是以钢材库为依托,规范冷轧卷板的验收和进出库的管理,探索第三方物流的实现形式;五是应对马钢新区水渣运输方式,改造水渣装卸工艺,满足客户陆路、铁路水渣进港发货的需要。

·首次通过ISO9001:2000质量体系认证 港口以"推进标准化工作,提高工作质量"为中心,启动标准化建设及贯标工作,制定标准化工作和

贯标工作的三年规划及2007年工作计划。9月份,集团公司及外轮理货公司顺利通过中质协ISO9001:2000质量体系审核。与此同时,标准体系初步建立,各部门和单位开展工作标准、管理标准、技术标准的编写工作,219个标准通过公司标准化委员会的评审。

·港口加快建设步伐　2007年,港口累计完成投资2亿多元,通过能力由年初的3万吨/天,增长到年末的6万吨/天。一是7、8号码头(二期)改扩建工程创造新速度。该工程工期紧,在短短一年半的时间里,超常规地完成码头延伸和设备的配置、皮带机供料系统的改造、堆场及转运站等工程的建设,形成3个3000吨级江驳泊位和2个5000吨级海轮泊位,港口生产能力进一步增强。二是6号码头扩建一期工程、9号码头料廊改造工程全面建成,通过竣工验收,其中6号码头扩建一期工程被评为优良工程。三是人头矶港区(一期)建设工程实质启动,完成土地征迁,并就施工方案与需求进行对接;同时开展2号码头改扩建工程前期工作。四是客户服务中心、生产指挥中心建成相继投入使用,实现了"一站式"服务,切实提高了服务质量。

·大力提高员工素质　2007年,港口为破解在快速发展中人力资源相对不足的难题,不断拓宽人力资源管理思路,利用引进、培养、挖掘等方式,不断满足需要,引进大专院校毕业生12名。另在员工培训中,一方面继续开展工商管理方向研修班教育和工程管理硕士的培养工作,开展清华远程学堂的教育,培养中高级管理和技术人才;另一方面实施《高技能人才培养实施意见》,开展多种形式的岗位培训工作。共培训各类人员2227人次,其中卸船机、皮带机、发动机等新系统项目的培训1800人次;完成首批高级工考核聘用工作,并在分配上向生产岗位高技能人才倾斜,员工整体素质不断提升。

董事长　惠志刚
地　址　马鞍山市长江路47号
邮　编　243000
电　话　(0555)2845963
传　真　(0555)2845474
网　址　http://www.masport.com.cn

(马鞍山港)

【安庆市港口管理局】　(详见《长江航运年鉴》(2007卷)第五篇"港口"第468页)

安庆市港口局为安庆市政府直属正县级事业单位(参照公务员管理),负责安庆市行政区域内港口行政管理工作。依法行使港口规划、港口经营秩序与安全生产监管、港口规费征收等11项港口行政管理职责,业务上接受省港航管理局领导。安庆市港口局内设办公室、组织人事科、规划建设科、港政管理科、规费征稽科、综合法规科、财务科、行政许可科等8个职能科;下辖港政执法监察大队、枞阳、桐城、望江、宿松、怀宁、太湖、迎江、大观、宜秀港口管理处等10个直属事业单位。除港政执法监察大队高配为副县级外,其他单位均为正科级建制。全局在职职工84人,离退休48人。

2007年,安庆市港口局加快马窝区一期工程、长风港区一期工程等重点项目规划建设步伐,深化效能建设,切实加强港口行政管理与安全监督,规范港口规费征管,积极指导港口企业改制,较好完成了年初制定的各项目标任务。全年辖区内完成固定资产投资2.99亿元,实现货物吞吐量2852万吨,其中进口444万吨,出口2408万吨,外贸8.3万吨,集装箱吞吐量9779TEU。安全生产各项指标均控制在年度目标之内,未发生死亡、污染、火灾事故,无重大责任事故。

·经营管理　2007年,安庆市港口局规范港口经营市场秩序。按规定办理11家单位的港口经营许可手续,通过资料审查、现场核查,指导申请人建立健全安全规章制度和操作程序,消除生产中存在的安全隐患。通过执法督察,多数无证经营户按规定办理了相关手续,逐步规范了港口经营市场秩序。

·安全监督　2007年,安庆市港口局强化目标管理。对安庆港务总公司及全市12家港口危险货物作业单位实施安全生产目标责任管理,同时加强与安监、海事、公安等部门沟通与配合,构建和谐高效的联合执法机制。对新递交港口经营申请的7家单位的安全生产管理制度、机械设备操作规程、设施设备的安全技术状况,以及人员的适任情况实施了严格的检查、审核,严把安全准入关。重点时段先后4次会同有关部门对全市危险货物作业码头和在建的马窝港区一期工程进行安全督查,下达23份《安全隐患整改通知书》,并责令2家危货作业码头停业整改。在“防碰撞、防泄漏”、“重特大安全隐患排查”等专项治理工作中,重点对港辖区危险品码头、较大规模以上码头进行了排查。期间,下达10份隐患整改通知书,整改完成9项,1项仍在整改之中。5月下旬,组织港口系统46名特种设备操作人员参加安全技术培训。9月中旬,又举办安全生产管理人员培训班,培训90余人。对2004年版《港口三大应急救援预案》进行修订完善,增强了事故应对能力。

·规划修编 2007年3月28日,交通部和安徽省人民政府在安庆市联合组织召开《安庆港总体规划》(送审稿)审查会议。会议形成专家组评审意见,认为该《规划》建立在深入调查、分析论证的基础上,规划思路清晰,内容比较全面,资料较为翔实,基本达到港口总体规划编制内容与深度的要求;环境影响的评价基本符合实际,环境保护措施基本可行;提出的安庆港岸线利用规划方案基本合理。4月底,交通部会同省政府下发了《关于对安庆港总体规划的审查意见》,同意了专家组审查意见。安庆市港口局按照部审意见,结合沿江县(市)区人民政府的最新建议,对接沿江产业布局规划、铜陵港总体规划和池州港总体规划,对《规划》进行进一步修改完善,形成《安庆港总体规划》(报批稿)。12月17日,省交通厅和市政府以皖政报[2007]59号文联合上报交通部和省政府。

·建设管理 2007年,安庆市港口局完善《使用港口岸线或进行相关水域工程审批程序》,制定《岸线使用评估及审批工作流程图》,严格港口岸线审批程序。落实了安徽枞阳海螺水泥股份有限公司专用码头三期工程使用长江港口深水岸线的转报工作。对枞阳成林水运码头等6家单位使用港口岸线的申请,依据港口总体规划,作出相应的处理决定性。此外,继续做好长江岸线清理整顿工作。在广泛宣传、深入调查摸底的基础上,分析梳理安庆市长江岸线及陆域使用情况,对码头等水上构筑物进行登记造册。经分析汇总,17家为1类码头,5家为2类码头,66家为3类码头,需要重点清理整顿的4类码头有127家。为此,起草《安庆市岸线资源清理整顿各类岸线分类处理办法》上报市政府,待批准后实施。通过执法巡查,对擅自改建码头的宿松县同岸砂石场及擅自改扩建码头设施的西门水塔码头,按照法律法规要求,启动行政处罚程序,经过调查取证,分别给予行政罚款处罚,维护了港口建设市场的正常秩序。

·规费征稽 2007年,安庆市港口局加大规费征收力度。根据《规范收费管理,严格责任追究办法(试行)》的要求按章收费,规范票据使用。与此同时,认真开展规费规费稽查工作,杜绝漏征、少征和不征,对拒不缴纳港口规费的现象,坚决予以制止,确保国家规费应征不漏。全年完成省局下达的货港费征收任务,并按时足额解缴。

·执法监察 2007年,安庆市港口局从内外两个层面加大执法监察力度,进一步规范港口行政管理。一是切实加大港辖区巡查和执法检查力度。对港辖区内存在的无证经营、违法经营、违规改扩建码头、拒不缴纳港口规费等少数现象开展多次执法巡查,并督促港口管理相对人纠正违法行为,落实整改措施。二是开展年度的港政执法大检查。通过听汇报、查台账、随机抽查码头现场、召开部分港口经营人座谈会等形式,全面系统地检查港辖区基层处所的工作。

·廉政建设 2007年,安庆市港口局完善党风廉政建设责任制,加强对权利运行的制约监督。一是加大对大笔金额支出的监督。在交通基础设施招标和管理过程中切实发挥监察职能,全程参与港口工程编标、招标及签订正式合同等各环节。二是建立健全科级干部廉政档案。严格执行公车管理、公务招待、午间饮酒有关规定。三是抓好党风廉政教育。按照惩防并举、教育为先的原则,制定反腐倡廉宣传教育方案;开展警示活动,加强对党员干部的教育管理。

局　长　吴唐应
地　址　安徽省安庆市宜城路1号
邮　编　246030
电　话　(0556)5217008
传　真　(0556)5516115
网　址　http://web.aqport.gov.cn

(安庆市局)

【安庆港务总公司(简称安庆港)】 安庆港是长江干线骨干企业,也是安庆市国有大型直属企业。截至2007年底,港口有职工3075人,其中在职职工1795人,离退休1156人,总资产约1.9亿元,拥有各类机械134台(套),船舶54艘。主要经营货物运输、港口装卸、货物及船舶代理、集装箱运输、港机制造等。航线辐射沿江沿海各地,外贸直达日本、美国、新加坡、香港等国家或地区。全年货物吞吐量完成749.3万吨,集装箱完成9779TEU,总收入实现4958.6万元,创安庆港历史新高。当年实现利润18.5万元,全年安全生产零事故。

2007年,安庆港在困难中求生存,在加强管理中谋发展。在原油运量大幅度下降(下降幅度约占全年货物吞吐量1/3)的情况下,总公司加大货源组织管理工作,巩固煤炭、熟料、球团矿老货源,开拓玄武岩、黄砂、镍矿粉等新货源,拓展船舶出租业务和油运船队运输业务。由于补救措施有力,虽然货物吞吐量减少幅度大,但总收入仍好于历史上任何一年。另在安全管理方面,始终坚持"安全第一,预防为主,综合治理"的方针。加强预防教育,加大督查力度,及时整改安全隐患。全年安全整改费用17.4万元。群众性安全预防、竞赛活动一年比一年扎实有效,2007年,总公司荣获"安庆市安全生产先进单位"称号,全年安全生产零事故。人力资源管理和职工社会保险管理工作比去年也上了一个新台阶,荣获安徽省"劳动保障诚信示范企业"称号。

党委副书记、总经理　程　庆

党委副书记、工会主席　刘舒久

副总经理　胡王明　程学海　龙荣军

地　址　安徽省安庆市沿江中路7号

邮　编　246030

电　话　(0556)5528200

传　真　(0556)5542843

(安庆港　高锡球)

【池州市港口管理局】　2007年是池州市港口经济迎来发展机遇、取得重大进展的一年。池州市港口管理局紧紧抓住长江黄金水道开发与建设的历史机遇,全面落实科学发展观,以机关作风建设、行政效能建设、文明创建和构建和谐港口为契机,坚持以港兴市发展战略,求实奋进,开拓创新,全面完成各项目标任务。港口建设和投资步伐明显加快,港口安全形势稳定,行政规费征收规范有序,全市港口经济呈现出快速发展的良好态势。

全年完成港口货物吞吐量2100.6万吨,与上年同比增148.5万吨,增长7.61%,创历史新高;完成货物港务费595.1万元,与上年同比增长14%,超额完成年度规费征收任务;完成招商引资任务2486万元,超额完成市政府下达的招商任务。

·岸线资源　池州市162公里长江岸线中,一级岸线27.2公里,二级岸线26.6公里,三级岸线108.2公里。其中规划港口岸线64公里。长江干流规划形成10大港区:香口港区、东流港区、吉阳港区、大渡口港区、牛头山港区、钱江口港区、乌沙港区、老港区、江口港区和梅龙港区。支流港区主要规划建设秋浦河杜湖港区和青通河童埠港区。现在泊位87个,其中长江干流泊位70个,支流泊位17个,泊位通过能力1771万吨,集装箱通过能力约1万TEU。

·岸线管理　2007年,池州市港口管理局加强对岸线的统一管理和有序开发。一是做好市人大《关于加强长江岸线管理的议案》(第2号)办理工作;二是对现已占用的各类岸线进行全面调查,建立基础台账;三是完善岸线使用的审批制度,规范运转程序;四是推动岸线资源的开发利用,协同市发改委等相关部门对船舶修造基地等涉岸项目进行选址,加快临港产业发展;五是对池州长江公路大桥、安池长江铁路大桥、宁宜城际铁路的选址,从岸线资源的有效利用和港口建设的角度提出咨询意见;六是在全省率先启动岸线利用合理性评估工作,先后完成华泰化工码头、池州海螺专用码头三期等工程的岸线评估,为规范岸线管理、合理高效利用岸线资源奠定了基础;七是对违规使用港口岸线的项目,及时予以制止并寻求合理的解决办法。

·规划建设　2007年1月10日,安徽省政府组织召开《池州港总体规划》审查会议,审查通过《池州港总体规划》(报批稿)并征得交通部同意后报安徽省政府审批。续建和新开工的工程,主要有池州海螺专用码头三期工程、东盾木业专用码头、牛头山锚地及专用航道维护、九华锚地维护等项目。池州港泥洲锚地的前期工作已完成,取得安徽省交通厅对项目初步设计的批复,并完成泥洲锚地向交通部申请配套补助资金的上报工作。处于前期工作阶段的,还有池州升华碳酸钙专用码头、铜冠公司专用码头、香隅化工园公用码头、博瑞德专用码头和中石油专用码头等。与此同时,池州市政府将发展船舶工业作为全市经济发展的重要战略,引进外资在江口拟建年产20万载重吨的船舶工业园。

12月18日,池州市政府与香港远航投资集团签订协议,投资建设池州现代物流——江口物流基地。该项目由江口港区、江口物流园区和铁路专用线等三个项目组成,是池州市“十一五”期港口基础设施和商贸流通重点建设项目,总投资12亿元。其中2.18亿元投资,建设年设计通过能力329万吨的江口港区二期工程。项目定位于江口,建设成为皖江南岸重要的物流集散中心,发展成为辐射皖南和赣东北地区的区域性物流中心和地区性综合物流枢纽。江口港区二期工程拟于2008年3月开工建设,2009年3月竣工投产。

·经营管理 2007年,池州市港口管理局规范了港口经营管理。一是对港口企业实施规范的港口经营监管,认真把好港口经营入口关,逐步规范港口经营市场。二是鼓励港口经营人公平竞争,制止港口经营人的垄断行为和不正当竞争行为,引导港口企业走上良性循环的道路,促进港口经济健康有序发展。三是共发放“港口经营许可证”30家,发放“港口危险货物作业认可证”6家。四是成立池州市港口协会,承担行业自律、协调、监督的职能,在港口业务培训、货源调查、价格协调、港口政策与企业标准制定等方面发挥积极作用。

·安全监管 2007年,池州市港口管理局召开全市港口安全生产暨建设平安港区工作会议,与28家港口企业、局基层处(直属所)签订《安全生产目标管理责任书》和《建设平安港区责任书》。与此同时,加强对危险品码头的安全监管力度。制订《危险货物港口作业申报的若干规定》,规范危险货物港口作业申报程序,落实便民措施。坚持做好三个黄金周、汛期、枯水期,以及季度、年度安全检查;巩固局、处、所三级安全监管网络和上下联动的工作机制。全市港口企业全年无重大生产安全事故发生。

·行政执行 2007年,池州市港口管理局不断完善法制工作制度建设。成立案件审批领导小组,制订《池州市港口管理局行政执法监督暂行办法》和《池州市港口管理局行政执法考核评议暂行办法》,开展执法考核评议工作。同时加强政务服务中心窗口建设,对港口行政许可事项的受理、办理程序及时限等进行明确规定。发挥社会监督作用,在社会各界聘请5名行政执法监督员,对港口行政执法行为进行监督。建立局领导联系企业制度和局领导信访接待日制度,定期走访港口经营人,听取港口经营人意见。

·廉政建设 2007年,池州市港口局严格执行党风廉政建设责任制。调整局党风廉政建设责任制领导小组,坚持“一岗双责”,层层落实责任制,建立党风廉政建设工作网络。制订《池州市港口管理局2007年纪检监察工作意见》、《池州市港口管理局2007年党风廉政建设和反腐败主要工作任务分解表》,认真落实《池州市港口管理局2005—2007年惩治和预防腐败体系建设实施办法》,建立惩治和预防腐败体系的基本框架;严肃党的纪律,规范领导干部从政行为。通过观看警示教育专题片、党组中心组学习、支部学习、研讨交流、发放诫免卡、廉政备忘录卡、知识测试等形式,提高各级干部子女廉洁自律意识,筑牢思想道德防线。

·法制建设 2007年,池州市港口局加强行政执法宣传教育。制订《池州市港口管理局法制宣传教育第五个五年规划》和《池州市港口管理局2007年依法行政暨法制宣传教育工作计划》,并组织实施;认真贯彻实施《安徽省交通行政执法规范》,开展送法进企业、进乡镇、进社区活动。印制《港口管理法律法规宣传册》200余册,发送至各港口企业、沿江乡镇政府和各社区;组织开展《港口管理法律法规知识问卷》有奖测试活动;举办省交通行政执法规范培训班,组织20名执法人员参加省局年度执法人员抽考。此外,加强社会治安综合治理工作制度建设。

·文明创建 2007年,池州市港口局制定《池州市港口管理局“十一五”时期精神文明建设实施意见》、《池州市港口管理局学先进、树新风、创一流活动实施方案》,以及《池州市港口管理局2007年精神文明建设工作要点》并组织实施。组织参加市文明委安排的交通文明岗、社区文明创建监督岗、池州旅游码头环境卫生整治以及抗雪救灾等工作,开展“送温暖、献爱心”社会捐助、义务献血和文化“三下乡”活动。以“学先进、树新风、创一流”活动为载体,着力提高全体员工的整体素质,着力提高港口行业的凝聚力、战斗力和创造力,为池州港口经济又好又快发展提供思想保证、精神动力和智力支持,被命名为市直文明单位标兵和全省交通系统文明单位。贵池港口管理处通过市直文明单位考核验收,被命名为全省交通系统文明单位;牛头山直属港口管理所被命名为市级青年文明号。

局　长　刘晓惺
地　址　安徽省池州市沿江路1号
邮　编　247000
电　话　(0566)2125225;2125526
传　真　(0566)2125525;2125225
邮　箱　Czport2008@sina.com
网　址　http://www.czport.gov.cn

(池州市局　胡秋明)

【池州市港务总公司(简称池州港)】 池州港系长江沿线25大港口之一,池州市重点骨干企业,由原池州港务管理局政企分开后企业部分组建而成的国有独资企业。截至2007年底,池州港在岗职工731人(含内退职工),离退休职工322人。

2007年,池州港实现装卸自然吨375.9万吨,是上年同期水平的103%,完成年计划的104.4%;集装箱吞吐量为932TEU,增长190%;海螺取送服务量为127.8万吨,完成年度计划的102.3%;游轮停靠174航次,为上年同期的115.2%,2万多人次的欧美游客经由池州港到九华山和黄山游览观光。全年实现营运总收入4489万元,职工人均年收入达1.9万元,经济效益明显提高。

·生产经营　2007年,池州港有效推进大客户战略。建立经营业务对口联系专人负责制度和奖惩激励机制,签订经济责任状,经营方针更加明确,工作思路更加清晰,各项措施更加灵活有效。全年安徽皖宝、青阳宝宏、马钢桃冲矿业等重点客户发运量稳中有升,主要流向如宝钢、马钢方向发运量较上年分别增长12.78%和17.62%。全年外贸货物发运量达99.9万吨,完成年度计划。在稳定原有市场的同时,狠抓开发工作,先后接纳引进金源公司、绿思炜公司等一批新客户。全年方解石发运28.9万吨,较去年增长2.42%。同时积极开展延伸服务,增加收入。继续加强其他钢厂的市场开发工作,发展壮大老客户,形成从货源组织到费用结算的成熟运作服务体系。引导培育新客户,增加沿海方向的发运量。其中福建方向发展较快,全年发运25万吨,较去年增加12万吨。按照"客户至上,优质服务"的经营理念做好件杂货经营,勇闯市场,广揽货源,抢占市场份额。自营业务取得较大发展,共实现件杂货业务28.46万吨,占去年同期的129.4%。此外,继续做好海螺服务工作。建立定期或不定期召开海螺服务协调会议制度,加强信息交流,主动服务。全年共完成127.8万吨,占年度计划的102.3%。设立集装箱业务部,大力拓展集装箱业务。努力做好运力申请和运输协调工作,在运力安排上坚持长航主渠道,坚持对口联系,确保运力及时到位。加强港航协作,认真履行与各船公司的代理和服务协议,增加港口收入。加强与各联检的沟通,完善联检机构在港口执勤、住宿和办公设施,办理了外贸口岸相关经营许可证照和外籍轮挂靠手续。全年共代理外贸船舶74航次,代理外贸船舶净吨9.4万吨,并取得江口沥青进口船舶的独家代理业务,拓展了业务范围。加强对香山公司工作的领导,实现生产经营高速增长。全年装卸自然吨98.46万吨,占年计划的179%。狠抓资金回收工作,建立资金考核机制,健全客户资金信息档案,实行商务合同集中管理。全年共回收资金4709万元,实现了新账基本不欠,老账部分收回的年度资金回收目标。各装卸生产单位紧紧围绕经营工作需要,完成生产任务。根据到发船计划、货场分布情况、码头作业任务轻重、天气和航道情况,确定当天作业计划,做到分清主次,抓主抓重,合理有序。强化现场指挥,对重点作业码头,调度和生产公司坚持现场协调指挥,掌握作业动态,抢抓作业进度。各生产公司积极主动配合经营部门,加强打堆、装卸、理货等各项环节服务,不厌其烦地做好货物转栈和"三标六清"工作,在生产中做到快装快卸,缩短船舶在港停时。

·多种经营　2007年,池州港实现收入4036万元,较上年同比减亏34万元。一是大力开展游轮靠泊服务。积极争取上级支持,采取一系列果断措施,开展与各游轮公司的紧密合作,妥善做好游轮服务工作,年接待游轮量较上年增加23航次。二是拓展对外加工制作服务,积极创收。做好资产租赁工作,在增加租赁收入的同时,加强对租赁资产的安全运行监管,未发生一起生产安全事故。三是切实做好后勤保障工作。尤在油料资源紧张的情况下,多方联系,确保了燃油料的及时充足供应,同时关注柴油市场价格动态,降低购油成本。四是坚持做好计划修理供货和临时性供货工作,保证了机械设备的正常运转。与此同时,协助做好干部职工健康检查。

·基本建设　2007年,池州港在资金十分困难的情况下,安排各项更新改造及大修理项目资金183.58万元。其中基建工程投入55.48万元,完成了新7号货场建设、11号货场围墙加高、牛头山港区趸船地牛等4个新建项目,完成客运站站房下水道改造、江口货场改造后续工程、10号地磅房电子汽车衡加固等7个更新改造项目。机械设备投入128.10万元,完成了一公司318浮吊电气线路更新改造、6号钢引桥挖补防腐、65-11趸船防腐、1512浮吊防腐及线路改造项目,完成池港拖402、501轮坞修,组织解决1512浮吊旋转涡轮箱轴窜动、402轮主机曲轴更换等重大设备隐患。另在工程实施过程中,职能部门严格规范程序,按照合理节约的原则选择最优方案,强化施工现场管理,严格控制工程质量和造价。同时创新思路,以安全可靠运行为原则,运用技术和管理手段,致力于解决影响生产及安全的关键问题和重大生产工艺。提高设备的综合完好率和利用率,加强生产及安全保障能力,确保国有资产保质增值,提升了港口服务功能。

·内部管理 2007年,池州港按照管理创新、制度创新要求,及时制定或修订完善规章制度,重点抓好生产经营、资金、安全、质量、设备、劳动纪律和人事等方面的管理。一是在生产经营方面,制定了内部承包方案以及非承包单位年度工作目标等一系列岗位和部门责任制,实行经营指标与效益挂钩的严格绩效考核考评制度,加强内部审计通报,相继出台了总公司理货管理办法和加强费收确认工作等文件。二是在财务管理方面,认真做好财务核算和管理,合理安排各项财务收支计划,确保职工工资按时发放,各种社保资金、公积金按时缴纳,保证正常的生产性支出和各项更新改造及大修理项目的顺利实施。三是在劳动人事教育方面,加强人力资源和劳动合同动态管理,规范岗位公开招聘;狠抓劳动纪律,重视做好困难职工工作;组织338人次参加各类培训,22人次通过技师社会化考评,18人获得高级工职业资格证书;与此同时,举办首届职工技能大赛,授予5位表现突出的技术工人"总公司优秀技术能手"称号。四是在日常行政管理方面,重点做好节约工作,严格接待标准和接待行为,健全各类基础台账。五是在安全生产方面,坚持"安全第一,预防为主,综合治理"方针,全面落实安全生产责任制和责任追究制,强化劳动保护措施,认真做好各类专项安全工作;建立重大危险源和重点部位的安全防控体系,认真开展季节性安全生产工作,组织参加"全国安全科普知识竞赛"。

·产权制度改革 2007年,香港远航集团到池州港考察,为港口改革发展带来契机。6月28日,远航集团与市政府签订基础设施与产业发展战略合作框架协议书。7月2日,市政府成立了江口物流基地项目协调领导小组。12月,市政府成立池州市港口投资发展有限公司,承接港务总公司改制后的资产,经营池州162公里长江岸线。12月18日,香港远航集团与市港投公司合资设立的江口物流项目暨池州港远航控股有限公司揭牌。同月,市政府成立池州港务总公司深化企业改革工作指导组(以下简称"市改革指导组"),并于当月20日举行第一次会议,明确港务总公司改制的指导方针、工作方针和要求,制定了总公司改制工作时间表。根据市改革指导组的要求,总公司于12月23日调整了改制工作领导小组成员,设立了改制办公室和生产营运组、劳动人事组、资产财务组、房改工作组、综治工作组和信访接待组等六个专项工作小组,分解任务,确立目标,落实责任。目前,总公司领导小组在市改革指导组的指导下,各项改制前期工作全面启动,改制政策宣传、资产清理、职工工龄公示、房改摸底调查等工作正在抓紧进行。有关政策性问题已与市改革指导组全面对接,企业产权制度改革已进入启动阶段。

总经理 章刘发
地　址 安徽省池州市长江北路319号
邮　编 247000
电　话 (0566)2121992
传　真 (0566)2121992
网　址 http://www.czport.com

(池州港)

【芜湖市港航管理局】 (详见《长江航运年鉴》(2007卷)第五篇"港口"第472页)

2007年,芜湖市港航管理局在职职工274人,离退休100人,全年总收入59285908.33元,总支出27580769.14元。完成港口货物吞吐量4680万吨,同比增长19%;集装箱完成16.5万TEU,同比增长64.7%,增速大大超过全国30%的年度平均增长速度。全年完成三项规费收入6156.6万元,与上年度持平。与此同时,完成了《港口设施保安符合证书》年度核验,开展了港口企业安全体系和应急管理工作调研摸底和港口危险货物作业认可证年度核验,强化对港口新开工建设项目的监督管理。港口管理内容涵盖港口岸线坐标的核定、开工报告资料的初审、建设过程安全管理、质量监督、建港投资信息报送、码头试运行及竣工验收资料的初审,以及港口竣工验收全过程。

局　长　李祎贸
地　址　安徽省芜湖市北京西路6号
邮　编　241001
电　话　(0553)3849158
传　真　(0553)3863740
网　址　http://hsj.wh.cn

（芜湖市局）

【芜湖港口有限责任公司、芜湖港储运股份有限公司(简称芜湖港)】　(详见《长江航运年鉴》(2007卷)第五篇"港口"第472页)

2007年,是芜湖港"铸造企业文化年"。一年来,芜湖港按照"人无我有,人有我新,人新我奇,人奇我特"的创新理念,准确把握市场规律,克服了国家宏观调控、市场恶性竞争等不利因素的影响,生产经营创佳绩。实现到煤756万吨、发煤747万吨,分别占"三口一枝"(南京浦口、武汉汉口、芜湖裕溪口、湖北枝城)总量的47%、48%,再度彰显了长江煤炭能源输出第一大港领先地位。芜湖港外贸工作坚持"五大"(大市场、大货主、大外贸、大联合、大通关)经营理念,以芜湖港品牌优势为基础,狠抓长三角经济飞速发展契机,以船、货、港一体化为保障,打造精品航线,提供优质服务,不断开拓外贸生产经营新局面,保持了外贸量、集装箱量快速增长势头。全年实现外贸量159万吨,同比增长58.3%;集装箱量165008TEU,同比增长64.7%,增幅高于全国和长江平均水平。

2007年,芜湖港强化信息管理,进一步优化设备设施和人力资源配置,改善生产工艺和工作流程,不断提高劳动效率和车船直装率,车船直装率达到43.9%。投资1.9亿元的朱家桥集装箱码头一期工程正式开工建设。该工程位于芜湖朱家桥港区外贸码头下游,建设规模为2个5000吨级、兼顾10000吨级集装箱专用泊位,设计年通过能力10万TEU,最大通过能力20万TEU。

2007年,芜湖港加大员工培训力度,举办各类培训班30期,内部培训员工920人次,送外培训10批次327人次。同时,强化工程师、项目经理责任制,着力提高技工技能,524人获得技工技能等级证书,持证上岗率达100%。与此同时,着力提高全员安全意识,完善了安全工作长效机制,加大了季节性安全监督、现场安全监督、安全预警监督和农民工管理力度,全年无重大安全责任事故。

芜湖港负责人:

·芜湖港口有限责任公司负责人
总　裁　孙新华
副总裁　高　明　俞庆安
党委书记　孙新华
党委副书记　高　明

(注:以上领导职务均为2007年12月31日在职统计)

·芜湖港储运股份有限公司负责人
董事长　孙新华
总　裁　孙新华
常务副总裁　方世玉
副总裁　欧业群　郭平正　程　峥　李　健　李昌华
财务总监　符养光
总工程师　汪　力
党委书记　孙新华
党委副书记　欧业群

(注:以上领导职务均为2007年12月31日在职统计)

地　址　芜湖市长江中路港一路
邮　编　241001
电　话　(0553)5840521
传　真　(0553)5840510
网　址　http://www.wuhuport.com

（芜湖港　孙凤山）

【合肥港】　合肥港是国家确定的28个内河主要港口之一,是区域综合运输体系的重要组成部分,是合肥市经济社会发展和城市建设的重要依托,是合肥市沿河产业带形成的重要基础,主要承担合肥市地区所需的矿建材料、化工原料及制品、矿石、油品、钢铁、粮食、农副产品的装卸和中转。合肥港区域位置显著,是合肥地区水陆联运枢纽上的重要纽带。

2007 年底,合肥港共有码头 34 座,陆域总面积约 54.61 万米^2。全港共有泊位 110 个,占用岸线 5969 米,年通过能力 1713 万吨。

·港口运输 2007 年,合肥港港口吞吐量达到 1011 万吨,首次实现了吞吐量超千万吨。其中进港 965 万吨,出港 46 万吨。这一年,港航部门加强辖区水运市场培育工作。以市场为导向,以企业为主体,以民营化为方向,壮大航运企业规模,调整船舶运力结构和运输组织结构。此外,加强与企业的沟通和联系,建立了领导干部与水运港口企业联系制度,为水运港口企业发展创造良好的环境,扶持企业做大做强。根据港口基础设施条件和业务开展的情况,鼓励港口企业开展合理竞争,对港口货源结构进行调整;规范辖区运输市场及企业经营行为,确保水运市场健康发展;做好合裕线治理船舶超载运输工作,维护辖区航道畅通,确保水上运输安全。

·港口建设 2007 年,完成了合肥港总体规划修编资料搜集和现场踏勘、修编报告编制,总体规划经合肥市政府组织审查、市规委会专家咨询会审查,完成了修改稿。做好了合肥港综合码头的运量调查、外业测量钻探工作,完成该工程的预可、工可、环评报告编制和宏评审批上报,12 月,省发改委批复同意合肥港综合码头工程立项。加强船舶运力发展,支持和引导水运企业做大、做强,走规模化、集约化的发展道路,提高全市水运企业的市场竞争力,搭建银行、保险公司、船舶合作平台,保持船舶运力持续增长,优化船舶运力结构。

·临港规划 2007 年,合肥临港工业布局和规划主要依据城市总体规划和水运规划,本着“以港兴市、以市促港”的原则进行,并体现因地制宜的精神;规划紧临合肥新港建设大型物流中心,发展水路物流;规划在大兴集作业区扩大面积建设油品中转仓库;规划在建华作业区建设一个菜籽加工基地,让菜籽产品和副产品通过水路运往合肥周边地区,促进地方特色农业发展和水运发展;规划配套建设化工专用码头,以增加运输通道,降低运输成本,促进化工园的发展。另外,规划为开发区建立大型专用作业区。

地 址 合肥市巢湖路 81 号
邮 编 230001
电 话 (0551)4681369
传 真 (0551)4681300

(合肥港)

【蚌埠港】 蚌埠港是国家确定的 28 个内河主要港口之一,位于淮河中游,地处皖东、皖北和沿淮 3 个经济片的重叠带上,具有沟通东西、联系沿海、发展中原、带动西部的区位功能。蚌埠港现有港区 5 个,分别是蚌埠港区、固镇港区、怀远港区、五河港区。码头作业区 15 个,共有码头泊位 56 个,年吞吐量 100 万吨以上的港口(码头)有 2 座,1000 吨泊位 2 个,300 ~ 1000 吨级码头泊位 8 个(不含 1000 吨级),其中蚌埠新港属于交通部公布的内河 28 个主要港口之一,共有 3 个泊位,最大靠船吨级 1000 吨。蚌埠港水陆域总面积 63.45 米^2,其中陆域总面积约 47.71 万米^2,水域总面积约 15.74 万米^2,港口生产使用自然岸线长 5142 米,生产用库场面积 2.608 万米^2,堆场面积 19.62 米^2,生产用装卸机械 132 台,最大起重能力 16 吨,设计年综合通过能力 368 万吨。

2007 年,蚌埠港货源种类主要为非金属矿石、粮食和化工原料,姚山港主要出口矿物性建筑材料。其他港口方面,五河港主要以矿材、粮食、非金属矿石为主,固镇港主要进口矿物性建材和非金属矿石,怀远港主要出口煤炭及制品。全年共完成港口吞吐量 224 万吨,占年计划的 149%,较上年增长 167 %,其中出口 160 万吨。新港一期工程于 2006 年 6 月竣工,建成 1 个 500 吨级、2 个 1000 吨级泊位,旱闸、件杂仓库、办公楼等房屋建筑面积 8640 米^2、以及其他附属设施等完成投资 5700 万元。2006 年 8 月 28 日试运行以来,已经发挥显著的经济效益。2007 年,蚌埠新港划归安徽省港航建设投资集团,港口发运量不断攀升,目前已达到每月 5 万吨,全年蚌埠新港总收入 191.9 万元,吞吐量 25.1 万吨,目前运营情况良好。年初,安徽省省长王金山到蚌埠新港视察,对新港建设给予了高度评价,对新港今后发展寄予了很高的期望。

地 址 蚌埠市沿淮路 885 号
邮 编 233000
电 话 (0552)3051167
传 真 (0552)3059313
邮 箱 mgl9335@yahoo.com.cn

(蚌埠港)

【巢湖港】 巢湖港位于安徽省中部,濒临长江,环抱五大淡水湖之一的巢湖。巢湖市辖庐江、无为、和县、含山四县和居巢区。港口总面积255.31万米^2,陆域面积92.73万米^2,水域面积162.58万米^2。截至2007年底,港口共有码头泊位190个,其中1000吨级泊位2个,500吨级泊位13个,300吨级泊位64个,100吨级泊位111个,设计吞吐能力1700万吨。港口共有机械设备26台(套),港务船舶3艘,货场102500米^2,仓库3520米^2,铁路专用线960米(其中装卸线560米),港口经营从业人员2873人。

2007年巢湖港完成吞吐量3240万吨,主要货种有:水泥、水泥熟料、石料、白云粉、铁精砂、粮油、化肥、黄砂等。省政府批准的《巢湖港总体规划》中将巢湖港定位为:“安徽省的重要港口,是区域交通基础设施重要组成部分,是该地区乃至周边地区对外开放及发展外向型经济的窗口,是物资进出口、中转、集散的枢纽,是内贸与外贸相结合、客货运兼顾的多功能综合性港口,也是长江中下游地区重要的内河水运集装箱的喂给和疏散港。”港口吞吐量以发运量为主,达3042万吨,占吞吐量的93.89%。货物主要流向省会合肥及经裕溪河、西河、驷马山干渠等航道进入长江运往江苏、浙江、上海一带。货物种类相对单一,以水泥、建材和矿产为大宗。港口企业大多利用巢湖较好的港口岸线建设码头,运输的矿产资源到发达地区。例如,石跋河码头、金固码头、土桥综合货运码头在长江岸边建设了6个泊位,海达港务有限公司在巢湖岸边的散兵港区建设了7个码头,建成后效益显著。巢湖市有一大批水泥项目上马,这些项目大多将投资建设企业自有码头,解决外部运输能力不足问题。例如,安徽瀛浦金龙水泥有限公司码头工程设计吞吐能力380万吨,将投资3269万元在巢湖南岸的散兵港区建设8个泊位,安徽盘景水泥有限公司配套码头年设计吞吐能力420万吨,拟投资1509万元在皖苏界河驷马山干渠右岸建设8个泊位。此外,由于巢湖港长江岸线资源较好,许多造船企业纷纷来此投资建设船厂和专用码头。这些民营企业进入港口经营市场,提升了巢湖港的吞吐能力,通过港口管理部门的正确引导,港口经营市场逐步走向了规范化、现代化的轨道。

2007年,巢湖港建设省重点工程巢城港区一期工程前期工作全面完成,于年底鸣炮开工。该工程总投资1.3亿元,将建设5个1000吨级泊位,设计吞吐能力290万吨。港口基本建设平稳增长,全年新增码头泊位5个,其中500吨级泊位1个,300吨级泊位4个。

巢湖港在市政府和省港航管理局支持下,完成巢湖市港口装卸公司改制,将原事业编制的巢湖市水路运输服务中心,平稳过渡为民办的巢湖市鸿运水运发展有限责任公司。

地　址　安徽省巢湖市东风路50号
邮　编　238000
电　话　(0565)2631491
传　真　(0565)2631004

(巢湖港　路凌云)

【淮南港】 淮南港地处安徽省中北部、淮河中游,境内有淮河、茨淮新河、窑河、西淝河等河流,航道总里程188公里。其中淮河主航道81公里为国家三级航道,可常年通航1000吨级船舶。淮南港分为毛集、凤台、八公山、谢家集、潘集、田家庵、大通计7个港口作业区,拥有生产性泊位107个,港口岸线总长9100米,港域面积192.7万米^2,其中水域面积144.6万米^2,陆域面积48.1万米^2。最大靠泊能力500吨级,单件最大起吊能力为400吨。

2007年,淮南港完成货物吞吐量858.74万吨(出口806.63万吨、进口52.11万吨)。全年新增2个300吨级泊位,形成生产能力40万吨。其中凤台西淝河码头4号泊位占用岸线150米,设计年生产能力20万吨;潘集架河1号泊位占用岸线150米,设计年生产能力20万吨。1月份开工新建的凤台东港码头和凤台中汉码头,总合计投资2369万元,占用淮河滩地266亩和淮河岸线830米,将建成5个500吨级泊位,设计年通过能力200万吨。截至年底,凤台东港码头完成投资1438万元,占总投资的的84.7%,凤台中汉码头完成总投资的40%,预计两个码头将于2008年6月份前建设完工并投入使用。

淮南市地方海事(港航管理)局为一套班子两块牌子合署办公,行使海事、港政、运政、航道、四项水上行政管理职能。下设毛集、凤台、八公山、谢家集、潘集、田家庵、大通7个海事(港航)处8

个海事(港航)所和稽查大队。企业有淮南市新新海事公司和兴航水路服务中心。

地　址　淮南市龙湖南路23号
邮　编　232007
电　话　(0554)6674918
传　真　(0554)6674921

(淮南港)

【滁州港】 滁州港由中心港区(滁城港区)、天长港区、来安港区、全椒港区、凤阳港区、明光港区、定远港区组成,主要承担所辖区域的矿建材料、非金属矿产、煤炭、石油、粮食和农副产品等资源的出口运输和中转运输,其中黄砂、石子、石英砂、长石粉居多。是安徽省8个区域重要港口之一。淮河、滁河、白塔河、池河、襄河、清流河、新白塔河(高邮湖)等12条主要通航(河流)流经该港,总通航里程为560.8公里,其中三级航道87公里,六级航道400.8公里,六级以下航道33公里。

2007年,滁州港港口吞吐量首次历史性突破千万吨大关,达到1150万吨,其中发运量达1007万吨。滁州市港航局在地方政府和上级港口主管部门的关心和支持下,坚持管理和服务并重,积极扶持经营人投资港口建设与经营,全年港务费征缴在切实履行向港口经营人返还50%优惠政策的基础上,征收额达到1538.9万元。此外,坚持港口安全检查常态化和长效化,港口运输生产安全形势稳定,连续20年未发生安全责任事故。

地　址　滁州市紫薇北路1069号
邮　编　239000
电　话　(0550)3025104
传　真　(0550)3025104

(滁州港)

【六安港】 六安港是安徽省重要港口,所在的六安市位于安徽西部,江淮之间,大别山北麓,周边与合肥、巢湖、淮南、阜阳、安庆和湖北省黄冈、河南省信阳等市接壤。六安市辖金安、裕安两区和寿县、霍邱、金寨、霍山、舒城五县,总面积17976平方公里。六安港水陆域总面积为63.73万米^2,其中陆域面积20.63万米^2,水域面积43.1万米^2;港口生产使用自然岸线长5745米。全港共有生产性泊位19个,其中300~500吨级泊位9个,300吨级以下泊位10个;其余为自然岸坡。堆场面积29146米^2,其他堆场面积8846米^2;设计年综合通过能力363万吨。主要货种为矿建材料、铁精粉、煤炭、粮食、油品、工业产品及原材料。全市共有14家港口企业,其中国有1家,股份制3家,其余多为个体。规模较大的有安徽周集港口有限公司、中兴港务有限公司、霍邱县铨增港务有限责任公司、霍邱县利龙物资装卸服务有限公司等4家企业。安徽周集港口有限公司主要从事铁精粉、粮油产品等货物堆存、装卸,年吞吐量50万吨。在横排头、佛子岭水库、万佛湖、响洪甸水库、梅山水库内经营旅游客运的六家企业,年接待能力30万人次,其中舒城县万佛湖游船有限责任公司规模较大。

安徽省六安市港航管理局,隶属安徽省港航管理局,负责全市港口行政管理,下设霍山、金寨、舒城、霍邱县港航管理处,市区的金安、裕安两区下设一个直属港航管理处,共5个管理处,32个基层港航管理所。到2008年底全局共有在职职工218人,其中局机关从事港航管理人员24人,局下属单位从事港航管理人员194人。

2007年,六安港完成货物吞吐量239.69万吨。其中铁精粉年吞吐量约为57.97万吨;煤炭及制品3.23万吨;矿物性建筑材料年吞吐量约为169.07万吨;粮食农副产品年吞吐量为2.78万吨。客运量为33万人。

地　址　六安市大别山路5号
邮　编　237000
电　话　(0564)3312484
传　真　(0564)3336972

(六安港)

【阜阳港】 阜阳港有6个港区,分别是阜阳港区、颍上港区、太和港区、临泉港区、界首港区、阜南港区。阜阳港区为综合港区,以矿建材料、煤炭等公用散货码头为主,主要服务阜阳三区及河南省相邻地区,承担矿建材料、煤炭、粮食、化肥及轻工产品等货种的装卸、储存和中转业务。颍上港区为综合港区,以煤炭出口、矿建材料进口散货专用码头为主,主要服务颍上县境内煤矿和颍上县及周边地区,承担煤炭、矿建材料、粮食等货种的装卸、储存和中转业务。太和港区为综合港区,以煤炭出口、矿建材料进口散货专用码头为主,主要服务太和县及河南省相邻地区,承担矿建材料、煤炭等货种的装卸、储存和中转业务。界首港区为综合港区,以煤炭出口、矿建材料进口散货专用码头为主,主要服务界首市及河南省相邻地区,承担矿建材料、煤炭等货种的装卸、储存和中转业务。临泉港区为综合港区,以散货、危险品码头为主,主要服务临泉县及周边地区,承担矿建材料、化工产品等货种的装卸、储存和中转业务。阜南港区为综合港区,以矿建材料进口散货专用码头为主,主要服务阜南县及周边地区,承担矿建材料、粮食等货种的装卸、储存和中转业务。

截至2007年底,阜阳港水陆域总面积为103.97万米^2,其中陆域面积72.55万米^2,水域面积31.42万米^2,港口生产使用自然岸线长9830米。阜阳港共有生产性泊位46个,其中300吨级泊位9个,300吨级以下泊位37个,设计年综合通过能力433万吨。全港拥有生产用仓库面积13300米^2,堆场面积1007751米^2;拥有生产用装卸机械72台套。

2007年,阜阳港完成港口货物吞吐量347.38万吨,其中出口238.91万吨,占68.77%,主要货种有煤炭、粮食、化肥等。

阜阳市港航管理局隶属安徽省港航管理局,履行港口行政管理职能,在四县三区一市设有港航管理处6个,基层港航管理所6个。全局有职工368人,其中局机关港口管理人员21人,局下属单位港口管理人员89人。

地　址　阜阳市颍上南路118号
邮　编　236012
电　话　(0558)2292323
传　真　(0558)2299225

(阜阳港　柳金项)

【江西省港口概况】 2007年,江西省拥有年吞吐量1万吨以上的港口62个,生产性码头泊位1875个,泊位总长度60462米,最大靠泊能力5000吨级;拥有千吨级以上泊位121个,港口生产性仓库面积89964米^2;铁路专用线总长20005米,其中装卸线5739米;港口装卸机械2212台(套),其中,起重机械1445台(套)、装卸搬运机械242台(套)、输送机械389台(套)、专用作业机械27台(套)、其他装卸机械109台,最大起重能力64吨。

这一年,江西省港口完成货物吞吐量14088万吨,同比下降0.7%。其中出口9865万吨,进口4223万吨,同比出口下降8%、进口增长21%;旅客吞吐量为460.33万人次,同比下降7%。其中出港228.07万人次,进港232.26人次,同比分别下降8%和6%;集装箱吞吐量完成12.63万TEU、128.63万吨,同比分别增长22.5%和24%。

这一年,江西港口生产经营呈现以下几个特点:一是全省港口吞量最大货种为矿建材(砂石),达到11851万吨,占全省港口吞吐量的84.13%,比上年同期减少3%。且采砂点由鄱阳湖区上移至赣江南昌至丰城区域。二是煤炭、水泥等大宗散货运输量逐年以较大的幅度增长,全年煤炭、水泥港口吞量分别达2686.6万吨、415.7万吨,同比分别增长16%和59%。三是全省油品的运输从去年的461万吨锐减至284万吨,与去年同期相比减少38%。其中原油、成品油分别比去年同期减少56%和31%。但成品油的进口量同比增长24%,其中南昌的成品油比去年同期增长14%,其原因是三季度九江炼油厂修整80天,安庆的成品油全部走水路运到南昌(安庆—九江无铁运输),再转由公路运往其他地市。四是随着南昌港集装箱码头的建成投产,南昌港和九江港集装箱吞吐量均有较大幅度的增长,其中南昌港完成集装箱吞吐量3.81万TEU,同比增长30%;九江港完成集装箱吞吐量8.82万TEU,同比增长20%。五是湖库区和短途客运风景区水上旅游客运不断增长,其中新余仙女湖完成48.4万人次,同比增长5%,鹰潭龙虎山景点完成72.8万人次,同比增长9%,会昌汉仙岩景点完成15万人次,同比增长15%,常规客运量继续萎缩。全年完成港口基本建设投资2234万元。其中建筑工程1567万元,其他费用667万元,累计新增固定资产1035万元。施工项目个数17个,其中本年新开工6个,建成项目7个。新增生产能力客泊位6个,通用散货泊位1个,泊位岸线长度270米,新增旅客吞吐量56万人/年,货物通过量4万吨/年。

2007年,投资9650万元的新干港河西货运码头和投资4468万元的吉安港石溪头货运码头完成了码头施工设计和土地征用等系列工作并相继开工建设;吉安港石溪头货运码头完成投资617万元,计划在2008年底建成。届时,江西省赣江的中游将屹立起两座较为大型的货运码头,为当地及全省经济的发展起到一定推动作用。其他中小港站的建设进展顺利,建成投产的码头工程质量合格率为100%。

2007年江西省港口概况一览表、2007年江西省港口吞吐量(按港口分)一览表、2007年江西省港口吞吐量(按货物形态、包装及货类分)(合计)一览表,详见表5-31、表5-32、表5-33。

(江西省局 周国强 杨 辉)

【2007年江西省港口概况一览表】 (表5-31)

序号	港口名称	泊位数		综合通过能力		吞吐量	
		泊位总数	集装箱泊位数	货物(万吨)	旅客人数(万人次)	货物(万吨)	旅客人数(万人次)
合计		1875	3	6436	1040	14087.56	460.33
1	九江	68	1	1567	443	1052.77	24.8
2	南昌	94	2	496	16	766.33	0.02
3	赣州	118		336	7	200.66	
4	吉安	47		78		162.92	4.9
5	樟树	39		208	4	38.63	
6	鄱阳	70		121	128	175.65	67.82
7	湖口	22		244	20	2167.31	17.76
8	彭泽	20		247	45	349.80	52.4
9	蛤蟆石	8		163		2135.67	
10	都昌	8		28	16	1179.63	0.43
11	瑞昌	21		383	100	393.11	22.71
12	武宁	18		18	70	20.07	13.6
13	永修	16		49	35	833.97	12.19
14	德安	9		19			
15	星子	5		20		626.63	
16	赣县	47		98	10	49.20	41.8
17	宁都	35		70		40.00	
18	信丰	65		130		55.00	
19	会昌	32		48	8	23.00	15
20	于都	67		139		60.00	
21	崇义	8		8	4	15.00	3
22	南康	80		167		93.20	
23	上犹	61		162	42	37.60	21
24	龙南	22		100		35.00	0.4
25	寻乌	28		59		15.00	
26	石城	22		44		39.30	
27	兴国	48		21	10	87.00	7.8
28	瑞金	33		67		33.00	0.2
29	万安	31		33	12	85.19	9.6
30	泰和	36		58		111.08	
31	吉安县	6		56		91.93	5.6
32	吉水	37		74		74.67	
33	峡江	13		15	5	32.32	1.9
34	新干	17		17		111.97	
35	永丰	4		4		30.00	
36	遂川	17		3		30.00	
37	分宜	16		49		16.00	0.4

序号	港口名称	泊位数		综合通过能力		吞吐量	
		泊位总数	集装箱泊位数	货物（万吨）	旅客人数（万人次）	货物（万吨）	旅客人数（万人次）
38	新余	49		45	10	71.80	48.4
39	丰城	12		37		835.95	
40	上高	35		34		32.10	
41	高安	73		68	2	91.50	0.82
42	袁州	29		29		17.50	
43	万载	30		18		18.40	
44	奉新	26		10		7.32	
45	宜丰	11		7		11.80	
46	南昌县	7		12		305.00	
47	新建县	3		4	24	454.10	
48	进贤	7		12	1	128.00	5.34
49	景德镇	26		11		3.80	
50	乐平	2		6		5.09	
51	万年	9		37		88.33	0.66
52	弋阳	44		160		44.40	4.42
53	余干	11		25	15	101.40	1.01
54	横峰	2		2		33.20	
55	铅山	32		32		31.60	0.07
56	上饶县	20		40		5.10	0.05
57	玉山	5		10	5	2.26	3.43
58	鹰潭	32		92	8	56.70	72.8
59	贵溪	34		170		76.10	
60	余江	22		110		39.50	
61	金溪	10		10		48.00	
62	南城	20		20		100.00	
63	临川	36		36		210.00	

注：内河港口63个，其中长江水系4个，赣江水系46个，信江水系13个.新增崇义、金溪、遂川、永丰港口。

【2007年江西省港口吞吐量（按港口分）一览表】 （表5－32）

港口	货物吞吐量				集装箱吞吐量			旅客吞吐量		利用自然岸坡完成船舶货物装卸量
	合计（万吨）	其中：外贸	出港		箱数（万TEU）	重量		（万人）	出港	
				其中：外贸		（万吨）	（货重）			
A	1	2	3	4	5	6	7	8	9	10
全省总计	14087.56	72.37	9865.00	48.02	12.63	128.63	103.37	460.33	228.07	1154.15
九江	8758.96	72.37	7921.89	48.02	8.82	82.52	64.88	143.89	81.41	124.35
瑞昌	393.11		315.91					22.71	11.97	
九江县	191.63		176.74					24.80	13.61	102.67
九江（长航）	618.77	72.37	189.78							
九江（城区）	242.37		161.78							
湖口	2167.31		2089.99					17.76	12.18	
彭泽	349.80		345.13					52.40	31.30	18.00

港口	货物吞吐量				集装箱吞吐量			旅客吞吐量		利用自然岸坡完成船舶货物装卸量
	合计（万吨）	其中：外贸	出港		箱数（万TEU）	重量				
				其中：外贸		（万吨）	（货重）	（万人）	出港	
哈蟆石	2135.67		2007.56							
都昌	1179.63		1161.44					0.43	0.27	
武宁	20.07		20.07					13.60	5.98	3.68
永修	833.97		832.25					12.19	6.10	
德安										
星子	626.63		621.24							
赣州	782.96	0.00	9.25	0.00	0.00	0.00	0.00	89.20	44.60	0.00
赣县	49.20							41.80	20.90	
宁都	40.00									
信丰	55.00									
会昌	23.00							15.00	7.50	
于都	60.00									
赣州	200.66		9.25							
南康	93.20									
上犹	37.60							21.00	10.50	
龙南	35.00							0.40	0.20	
寻乌	15.00									
石城	39.30									
兴国	87.00							7.80	3.90	
瑞金	33.00							0.20	0.10	
崇义	15.00							3.00	1.50	
吉安	730.08	0.00	23.34	0.00	0.00	0.00	0.00	22.00	14.00	0.00
万安	85.19		2.15					9.60	5.00	
泰和	111.08		1.99							
吉安	162.92		7.32					4.90	4.90	
吉安县	91.93		0.93					5.60	3.00	
吉水	74.67		5.14							
峡江	32.32		2.74					1.90	1.10	
新干	111.97		3.07							
遂川	30.00									
永丰	30.00									
新余	87.80	0.00	0.00	0.00	0.00	0.00	0.00	48.82	24.40	0.00
分宜	16.00							0.40	0.20	
新余	71.80							48.40	24.20	
宜春	1053.20	0.00	499.26	0.00	0.00	0.00	0.00	0.82	0.41	0.00
樟树（赣）	38.63		3.48							
丰城	835.95		495.78							
上高	32.10									
高安	91.50							0.82	0.41	
袁州	17.50									
万载	18.40									
奉新	7.32									
宜丰	11.80									

港口	货物吞吐量				集装箱吞吐量			旅客吞吐量		利用自然岸坡完成船舶货物装卸量
	合计（万吨）	其中：外贸	出港		箱数（万TEU）	重量		（万人）	出港	
				其中：外贸		（万吨）	（货重）			
南昌	1653.43	0.00	1292.53	0.00	3.81	46.11	38.49	5.36	2.63	869.00
南昌	766.33		417.74		3.81	46.11	38.49	0.02	0.02	464.90
南昌县	305.00		299.39							300.00
新建县	454.10		447.40							104.10
进贤	128.00		128.00					5.34	2.61	
景德镇	8.89	0.00	5.09	0.00	0.00	0.00	0.00	0.00	0.00	0.00
景德镇	3.80									
乐平	5.09		5.09							
上饶	481.94	0.00	113.24	0.00	0.00	0.00	0.00	77.46	24.22	160.80
万年	88.33		10.64					0.66	0.32	20.60
波阳	175.65		60.00					67.82	23.41	47.40
弋阳	44.40							4.42		18.40
余干	101.40		42.60					1.01	0.49	36.80
横峰	33.20									17.20
铅山	31.60							0.07		4.40
上饶县	5.10							0.05		4.40
玉山	2.26							3.43		11.60
鹰潭	172.30	0.00	0.40	0.00	0.00	0.00	0.00	72.80	36.40	0.00
鹰潭	56.70		0.40					72.80	36.40	
贵溪	76.10									
余江	39.50									
抚州	358.00	0.00	0.00	0.00	0.00	0.00	0.00	0.00	0.00	0.00
南城	100.00									
临川	210.00									
金溪	48.00									

【2007 年江西省港口吞吐量（按货物形态、包装及货类分）（合计）一览表】 （表 5－33）

分类	序号	合计		出港		进港	
			外贸		外贸		外贸
A	B	1	2	3	4	5	6
货物吞吐量合计（吨）	1	140875578	723668	98650010	480222	42225568	243446
1. 液体散货	2	3212205	0	1251907		1960298	
其中：原油	3	625231	0			625231	
成品油	4	2217724	0	1107154		1110570	
液化气、天然气及制品	5	76728	0	49622		27106	
2. 干散货	6	129752149	0	93182200		36569949	
其中：煤炭及制品	7	2685895	0	129710		2556185	
金属矿石	8	3167606	0	688608		2478998	
散水泥	9	1960359	0	1489595		470764	
散粮	10	1140	0	200		940	
散化肥	11	2000	0			2000	

分　类	序号	合　计		出　港		进　港	
			外　贸		外　贸		外　贸
A	B	1	2	3	4	5	6
3. 件杂货	12	6624933	0	3425818		3199115	
其中:木材	13	544450	0	530045		14405	
粮食	14	266628	0	87638		178990	
化肥	15	175359	0	20174		155185	
水泥	16	2196917	0	885020		1311897	
4. 集装箱(TEU)	17	126294	80929	62194	40874	64100	40055
重量(吨)	18	1286291	723668	790085	480222	496206	243446
其中:货重	19	1033703	561810	665697	398474	368006	163336
5. 滚装船汽车吞吐量(辆)	20	0					
重量(吨)	21	0					

补充资料:1. 进出港旅客 4603265 人,其中:离港旅客 2280670 人。

2. 利用自然岸坡完成的船舶装卸量 11541481 吨。

资料来源:江西省交通厅

【江西省南昌市港航管理处(简称南昌港)】 2007年,南昌港审验水运业户 113 户。其中港口经营业户 91 家,水路运输服务企业 22 家,营运船舶274 艘,总运力 15.3 万吨,比去年同期增 1.18 万吨,增幅达 8.5%。全市水运货运量完成 438.4 万吨,同比上升 12%;货物周转量完成 123680 万吨公里,同比上升 48%;其中交通部门货运量完成30.6 万吨,同比下降 22%;货物周转量完成 11771万吨,同比下降 23%。全市水运客运量完成 5.3万人,同比下降 17%;旅客周转量完成 107 万人,同比下降 14%。港口吞吐量 1653.4 万吨,同期相比上升 10%,其中集装箱吞吐量达到 3.81 万TEU,同比增长 30%。

·客运方面　2007 年,南昌港全年无旅客运输量,进贤县的旅客运输也只有 10 个月的客运量,并且进贤县仅剩的两艘客船在年底也做了报废处理,因此,如果南昌港仍然持续现在的状况,估计明年的旅客运输量基本上为零。

·货运方面　交通部门的货运量出现了较大幅度的下降趋势,主要是由于交通部门的船舶数今年锐减,由去年的 61 艘下降到现在的 41 艘。船舶数的大幅下降无疑是导致货运量下降的主要原因(其中南昌县航运公司基本到了瘫痪的状态,不排除明年交通部门各主要统计指标仍然会持续下降),另外第四季度赣江水位极枯,达到了历史同期最低水平,对货物运输也造成一定的影响。与之相对应的就是非交通部门的船舶却在呈现大幅增长趋势,比较明显的有两个方面:一是非交通部门的集装箱船舶数增长明显,达到了去年同期的两倍多。二是以前货船的吨位总体都比较小,而非交通部门大吨位船舶有非常明显的增加。加上近几年在南昌经济发展环境不断优化,南昌经济得到较快发展的大前提下,南昌的行业管理也在不断地规范,以及赣江航道不断提升,通航条件大大改善,南昌的货源情况保持良好状态。因此在出现历史最低水位的情况下也没有对全年的货物运输造成很大影响,所以全社会的货运量及货物周转量分别比去年同期增加 12%、48%。

·港口吞吐量　虽然第四季度赣江南昌段出现了历史最低水位,但这并没有对南昌全年的港口吞吐量造成大的影响,不仅出现了新高,而且突破了 1600 万关口。全年的出口砂石达到1139.1万吨,比去年同期增加 3%,另外出口方面增长比较明显的是钢铁类货物,达到了去年同期的 2.3倍。进口方面,除以往占较大比重的货种仍然持续增长趋势外,主要有以下两点情况:一是四季度的枯水位造成赣江航道通过能力大幅降低,一些重点物质尤其是南昌市的油料库存明显下降,南昌的成品油却比去年同期增加 14%,其原因是三季度九江炼油厂修整 80 天,从安庆过来的成品油全部走水路运到南昌(安庆—九江无铁路运输),再转由公路运往其他地市。二是南昌的进口水泥呈现比较大的变化,散装水泥的量远远大于袋装水泥的量,打破了以前以袋装水泥为主的格局,总体比去年同期增长18%。

·集装箱吞吐量 江西国际集装箱码头的建成投产,已经连续两年持续两位数的增长。据了解,主要货主单位仍然是晨鸣纸业、江铃集团和泰丰轮胎,当然还有一些小型的工业企业。由于现在管理的局限性和各工业企业对商业秘密的重视,集装箱主要进出的货种和企业名单很难掌握。因此在南昌经济得到较快发展的大前提下,引起各级领导对集装箱运输的极大关注,集装箱吞吐量将会一直呈现增长的发展趋势。

·旅客吞吐量 旅客吞吐量比去年同期减少17%,主要原因是南昌港全年仅有200人的旅客吞吐量,进贤的旅客运输也在逐步下滑,加上四季度有两个月无旅客吞吐量,其客运船舶在年底也做了报废处理。因此,估计明年很可能出现旅客吞吐量为零的情况。

地 址 南昌市沿江北路150号
邮 编 330006
电 话 (0791)6839204

(南昌港 张科文)

【九江市港口管理局】 (详见《长江航运年鉴》(2007卷)第五篇"港口"第482页)

九江市港口管理局在组建以来短短5个月的时间内,各项工作均取得了显著成绩。全年完成规费征收737万元,占计划的175%。港辖区货物吞吐量1935万吨,集装箱量突破8.8万TEU,沿江20个大项目开工,城西港区项目进展顺利。

·举全局之力,重点服务沿江大开发战略 一是积极服务城西港区项目推进。沿江开发是省委、省政府的重大决策,城西港区建设又是沿江开发的龙头项目。按照省市政府推进工作的总体要求,全局成立了由主要领导参加、精兵强将组成的城西港区项目推进办公室,同时全局上下思想统一,行动迅速,主动服务,超前沟通,克难攻艰,做了大量细致协调工作,甚至是超常规的工作,按时保质地完成了各项基础工作,为城西港区项目顺利推进打下了坚实的基础。在积极协调和推进下,确保了城西港区奠基仪式顺利举行,吴新雄省长亲自主持了奠基仪式。目前,城西港区项目建设各项工作进展顺利。二是完成港口规划编制和报批工作。《九江港总体规划》是指导九江市今后港口建设可持续、健康、有序发展的纲领性文件。全局正式组建运转后,立即调整了港口规划领导小组和办公室人员,克服了人手少、资金匮乏的困难,组成了强有力的工作班底,抓紧规划的修编工作。在规定的时间节点会同省、市有关部门完成了该规划的修订工作,在分别通过了市政府预审和省港口建设协调领导小组审查后,该规划已以市政府名义上报省政府。同时《九江港总体规划环境影响评价报告书》也分别通过了由省环保局和国家环保总局组织的审查组审查。12月27日经吴新雄省长批示同意,《九江港总体规划》由我市上报交通部进行省部联审。三是主动服务企业改制。在九江港口集团改制重组过程中,该局主动服务,牵线搭桥,帮助集团靠大联强,为促进与世界第二大港口上港集团形成战略合作,做了大量协调工作。目前,以上海港为主导的城西港区建设已进入正式实施阶段。根据《上港集团投资建设九江城西港区、物流园区及参与九江港口集团整体改制协议书》,上海港先期投资建设两个集装箱专用泊位,年设计通过能力30万TEU。新组建的上港集团九江港务有限公司也已于2月18日正式挂牌成立。

·完善工作体系,全面启动各项行政管理职能 一是正式启动了港口行政管理职能。在人员到位不到一个月的时间内,成功举办了长江港口行政统一管理启动仪式和全省性的加强港政管理恳谈会。省交通厅副厅长胡琳、省航运局领导班子大部分成员、交通部长航局相关领导、市政府副市长熊永强以及市直有关部门、全省各地市港航管理部门领导和沿江重点企业的代表共计150余人参加了会议。此举在九江市和全省乃至长江沿线都造成了极好的声势,为今后更好地依法行政,全面强化我局港口管理职能,打开了局面。二是全面进行了基层分局挂牌。全局沿江152公里按照行政区化,分设五个基层分局,均为正科建制单位。在不到两个月的时间内,先后成功地举行了挂牌仪式。各分局属地党政主要领导,特别是沿江重点企业、港口经营业户、航运、代理服务等单位部门参加,相关媒体给予了大量报道,在各分局属地形成了良好的舆论影响。三是迅速理顺了人事资产和组织关系。根据市委任命,及时调整了局党组领导班子成员的工作分工。同时经过近5个月的考查,本着干部交流的原则,对机关各科室负责同志、基层各分局领导班子进行了重新配备,提拔任命了28名正副科级中层干部。正式启动以来,紧锣密鼓地做好了人事、资产和党组织关系的交接工作。全局人员上编工作顺利完成,与交通局港航处5个所站的资产划拨也完成交接。经国资委批复,九江港口集团公司资产划拨也基本到位。党员关系也全部完成交接。12月28日,隆重召开了机关党委成立大会,选举产生了第一届机关党委书记、专职副书记和机关党委委员,标志着全局党建工作走上了规范化轨道。四是认真履行了港口行业执法管理。其一,认真履行长江岸线资源管理职能。按照协调性、科学性、规模化、集约化的原则,严格执行了岸线审批制度。其二,认真履行了港口经营业户管理职能。在全面清查整理沿江港口经营业户档案的基础上,建立了辖区经营业户监管信息平台,在做好经营许可换证工作的同时,加强了对新申办港口经营企业的管理。其三,认真履行了规费征收职能。市局领导亲自参加了与亚东、兰丰等重要企业的规费征收协商谈判。在全体干部职工的辛勤努力下,各分局均超额完成了市局下达的规费征收任务。其四,认真履行了港口安全生产监管职能。制定了《危险货物事故应急预案》,重点加强了对港口危货作业人员的培训,对企业安全生产规定和操作规程作业进行了严格监督。11月上旬,交通部水运安全基础设施排查团在我市进行港口设施检查时,对全局的安全监管工作给予了较高的评价。其五,切实加强了机关政风行风建设。全局按照机关效能建设和政风行风“双评”工作要求,建立健全了相关工作制度。在省航运局的统一部署下,积极开展了政风行风建设和文明服务窗口建设活动,集中精力制定了27项管理规章制度并汇编成册。根据市政府政务信息公开的要求,编制了信息公开指南和目录,实行行政许可和办理事项信息公开。建立了提高机关办事效能的长效机制,内部基础管理得到强化。机关和分局在精简办事程序提高效率的同时,经常深入港口经营企业和码头业户,实行上门服务,指导业户办理业务,深受货主好评。

·立足创先,大力开展精神文明建设活动

一是有计划地开展思想政治教育活动,深入贯彻党的十七大精神。党的十七大召开前后,局党组通过组织全体干部职工集中收听收看、专家讲解、书写学习体会等形式,加强十七大精神学习教育。同时,针对新组建单位现状,重点加强了干部职工业务学习培训,印发学习资料,对《港口法》及水运工作相关规定进行了重点学习培训,使干部职工较快地掌握,并熟悉运用业务知识。二是健全党风廉政措施,树立一流文明执法队伍形象。全局组建几个月来,克服机构人员未能全面到位的实际困难,在工作中牢记党纪国法,以外树形象为宗旨,较快建立了党风廉政建设各项措施,设立了举报电话和信箱,主动开展民主评议监督活动,组织机关干部深入一线开展党风廉政纠查,取得了良好效果。三是牢固树立服务宗旨,营造港政管理良好环境。2007年,全体干部职工严格按照局党组关于港政执法既要注重管理,更要注重服务的要求,在严格遵行行政许可审批程序的同时,具体落实了市局印发的《创一流文明执法单位和服务窗口办法》,简化办事程序,建立便民措施,主动上门服务,在上港集团投资城西港区开发和九江钢厂等重大项目中,局领导和相关科室人员深入基层和一线,加强与港口企业的协调沟通,指导业务,赢得了业户好评。四是加强政务信息工作,扩大宣传层面。政务信息及宣传工作是局党组领导班子十分强调的重点工作之一,是全局扩大影响强化港政职能的重要手段,为此,在首批建立的规章制度中就制定了《政务信息工作管理办法》,一把手主抓,形成了领导干部亲自写稿、普通职工热情投稿的良好局面。几个月来,全局对外发稿(市级以上)30余篇,其中含中央电视台新闻联播1篇。《中国水运报》、《中国港口》、《江西交通》、《江西省航运信息》基本期期见稿。为进一步强化信息工作,建立现代化信息工作平台,年前全局又克服经费紧张的困难,为各科室负责人配备了计算机,逐步建立局域网,为实现信息管理现代化打下了坚实的基础。

局　长　刘道林
地　址　江西省九江市滨江路105号
邮　编　332000
电　话　(0792)8231866
传　真　(0792)8232667
网　址　http://www.jjport.cn

（九江市局）

【九江港口集团公司】 （详见《长江航运年鉴》（2007卷）第五篇“港口”第483页）

总经理 刘道林
地　址 江西省九江市滨江路105号
邮　编 332000
电　话 （0792）8436061
传　真 （0792）8237113
网　址 http://www.jj—port.com

（九江港）

【河南省港口概况】 2007年，河南省共有港口（码头）14个，有49个泊位（其中有14个客运泊位）。全省货物吞吐量102.84万吨，其中刘湾港货物吞吐量71.39万吨，旅客吞吐量57.12万人。截止年底，累计完成客运及管理站房13577米^2。

2007年河南省港口分布情况一览表、2007年河南省港口吞吐量（按港口分）一览表、2007年河南省港口吞吐量（按货物形态、包装及货类分）（合计）一览表，详见表5－34、表5－35、表5－36。

（河南省局　王守明）

【2007年河南省港口分布情况一览表】 （表5－34）

序号	港口名称	所在河流	泊位等级（吨级）	泊位数	设计吞吐能力		货类	建成时间	备注
					货运（万吨）	客运（万人次）			
1	刘湾港	沙颍河	300	4	80		煤炭、矿建	1992年	
2	纸店码头	沙颍河	300	2	12		粮食专用	1999年	
3	望岗码头	淮河	100	3	37		散货、件杂	1994年	
4	淮滨港	淮河	100	8	60		散货		自然岸坡
5	练村码头	洪河	100	3	25		粮食	1990年	
6	丹江河南港	丹江	500	11(4)	100	150	矿石/客运	1969年	
7	宋岗—仓房码头	丹江	300	4(2)	12.5	48	矿石/客运	2002年	
8	小浪底中心码头	黄河	300	4(4)		90	客运	2003年	
9	张岭码头	黄河	300	2(2)		32	客运	2003年	
10	孤三峡码头	黄河	300	1(1)		24	客运	2003年	
11	峪里码头	黄河	300	1(1)		34		2004年	
12	南石山码头	黄河	300	1		34		2004年	
13	南村码头	黄河	300	1		21		2004年	
14	周口港	沙颍河	300	4	80			2005年	
合　计				49(14)	406.5	433			

备注：括号内数字为客运泊位。

【2007年河南省港口吞吐量（按港口分）一览表】 （表5－35）

港口	货物吞吐量				集装箱吞吐量			滚装汽车吞吐量	旅客吞吐量		利用自然岸坡完成船舶货物装卸量
	合计（万吨）	其中：外贸	出港		箱数（万TEU）	重量					
				其中：外贸		（万吨）	（货重）	（万辆）	（万人）	出港	
A	1	2	3	4	5	6	7	8	9	10	11
全省总计	101.84		59.67						57.12	26.06	8.03
一、沿海港口合计											
二、内河港口合计	101.84		59.67						57.12	26.06	8.03

港口	货物吞吐量				集装箱吞吐量			滚装汽车吞吐量(万辆)	旅客吞吐量		利用自然岸坡完成船舶货物装卸量
	合计(万吨)	其中:外贸	出港		箱数(万TEU)	重量			(万人)	出港	
				其中:外贸		(万吨)	(货重)				
1. 黑龙江水系小计											
2. 淮河水系小计	93.81		54.80								
淮滨	22.42		22.42								
刘湾	71.39		32.38								
3. 长江干流小计											
4. 长江支流小计	8.03		4.87						39.00	17.00	8.03
丹江口(淅川)	8.03		4.87						39.00	17.00	8.03
5. 京杭运河小计											
6. 黄河水系小计									18.12	9.06	
河南其他河港									18.12	9.06	

【2007 年河南省港口吞吐量(按货物形态、包装及货类分)(合计)一览表】 (表 5-36)

分类	序号	合计		出港		进港	
			外贸		外贸		外贸
A	B	1	2	3	4	5	6
货物吞吐量合计(吨)	1	1018398		596748		421650	
1. 液体散货	2	11400				11400	
其中:原油	3						
成品油	4						
液化气、天然气及制品	5	11400				11400	
2. 干散货	6	927717		518117		409600	
其中:煤炭及制品	7	531075		203075		328000	
金属矿石	8						
散水泥	9						
散粮	10						
散化肥	11						
3. 件杂货	12	79281		78631		650	
其中:木材	13						
粮食	14	50678		50678			
化肥	15	300		300			
水泥	16						
4. 集装箱(TEU)	17						
重量(吨)	18						

分　　类	序号	合　计		出　港		进　港	
			外　贸		外　贸		外　贸
A	B	1	2	3	4	5	6
其中:货重	19						
5.滚装船汽车吞吐量(辆)	20						
重量(吨)	21						

资料来源:河南省交通厅航务局

【湖北省港口概况】 2007年,湖北省有县市级港口51个,国家规划的长江11个内河主要港口,湖北有武汉、宜昌、荆州、黄石等4个主要港口。湖北省确定的重要港口19个,一般港口28个。这些港口主要集中在长江(24个)、汉江(13个),其它河流有14个。全省港口岸线总长1414.7公里,共有泊位2058个,年综合通过能力货运为2.1亿吨,客运为3946万人次。

2007年,湖北省在建港口项目共43个,共完成投资8.4173亿元,完成泊位68个,新增吞吐能力1448万吨、30万TEU和23.9万辆。其中武汉港汉阳集装箱港区改扩建老二期工程完成投资2.47亿元,主体水工结构和1号、4号、7号堆场已全面完工,六台龙门吊安装完成并于12月28日完成交工验收,2号、5号、8号堆场的施工已进入收尾阶段,港口全面投入试运行,港区的吞吐能力达到50万TEU。荆州港盐卡(二期)多用途码头工程完成投资10350万元,码头平台已完成钢管桩沉桩工作,正进行后平台横梁浇筑和引桥钻孔灌注桩施工。黄石港外贸码头扩建工程完成投资4345万元,基础工程、护岸工程已基本完成,正在实施上部结构的预制和现浇。石首港工业综合码头共完成投资3522万元,1号、2号泊位已基本完工,通港道路基本建成。

这一年,湖北省港口吞吐量继续保持增长,煤炭、金属矿石、干散货、集装箱等货源比较充足,生产形势持续良好。全年共完成港口吞吐量15442万吨,同比增长6.1%,增幅较上年增长2个百分点,其中长江干流共完成1.35亿吨,占全省吞吐量的87.7%。排在前五位的武汉、宜昌、黄冈、荆州、黄石,共完成1.31亿吨,占全省货物总量的85%。武汉、宜昌、荆州、黄石、洪湖5个规模港口,共完成吞吐量7988.69万吨,同比增长5%。

这一年,湖北省共完成集装箱吞吐量48.96万TEU,同比增长16.8%。集装箱吞吐量主要集中在武汉、黄石、宜昌、荆州4个主要港口,其中武汉港完成38.83万TEU,占全省集装箱吞吐量的79.3%。荆州市完成5.19万TEU,占全省的10.6%。

2007年,湖北省完成滚装车吞吐量44.78万辆,同比增长31.9%。其中宜昌38.81万辆,同比上升23.1%。近年川江及三峡库区滚装船运输的快速发展,得益于水运方式的节能降耗、运能大等优势,是宜昌滚装船运量上升的主要原因。武汉市2007年商品车运输,共完成5.97万辆,同比增长147.7%,私家车需求的增长为商品车运输发展提供了有效的增长空间。

2007年湖北省港口名录一览表、2007年湖北省港口集装箱吞吐量一览表、2007年湖北省港口吞吐量(按港口分)一览表、2007年湖北省港口吞吐量(按货物形态、包装及货类分)(合计)一览表,详见表5-37、表5-38、表5-39、表5-40。

(湖北省局　罗友稼)

【2007年湖北省港口名录一览表】

(表5-37)

港口分类	序　号	港口名称
长江港口	1	武汉港
	2	黄石港
	3	荆州港
	4	宜昌港

港口分类	序　号	港口名称
长江港口	5	巴东港
	6	秭归港
	7	宜都港
	8	枝江港
	9	石首港
	10	洪湖港
	11	嘉鱼港
	12	鄂州港
	13	黄州港
	14	武穴港
	15	阳新港
	16	松滋港
	17	公安港
	18	监利港
	19	赤壁港
	20	团风港
	21	浠水港
	22	蕲春港
	23	黄梅港
	24	大冶港
	25	江陵港
汉江港口	26	襄樊港
	27	丹江口港
	28	钟祥港
	29	沙洋港
	30	潜江港
	31	天门港
	32	仙桃港
	33	汉川港
	34	郧县港
	35	老河口港
	36	谷城港
	37	宜城港
其他支流港口	38	当阳港
	39	长阳港
	40	兴山港
	41	崇阳港
	42	通山港
	43	十堰港
	44	竹山港
	45	郧西港
	46	京山港
	47	广水港
	48	安陆港
	49	云梦港

港口分类	序　号	港口名称
其他支流港口	50	应城港
	51	孝感港

【2007 年湖北省港口集装箱吞吐量一览表】　（表 5－38）

港　口	集装箱吞吐量(万 TEU)	同比增长%
合　计	48.96	16.8
武汉港	38.83	11.5
荆州港	5.19	33.4
宜昌港	3.18	52.9
黄石港	1.76	55.8

【2007 年湖北省港口吞吐量(按港口分)一览表】　（表 5－39）

港口	货物吞吐量				集装箱吞吐量			滚装汽车吞吐量	旅客吞吐量		利用自然岸坡完成船舶货物装卸量
	合计(万吨)	其中:外贸	出　港		箱数(万TEU)	重　量		(万辆)	(万人)	出港	
				其中:外贸		(万吨)	(货重)				
A	1	2	3	4	5	6	7	8	9	10	11
全省总计	15442.23	433.69	7351.38	202.12	48.96	602.58	462.46	44.78	608.84	355.46	
一、沿海港口合计											
二、内河港口合计	15442.23	433.69	7351.38	202.12	48.96	602.58	462.46	44.78	608.84	355.46	
1.黑龙江水系小计											
2.淮河水系小计											
3.长江干流小计	13105.92	433.69	6024.69	202.12	48.96	602.58	462.46	44.78	415.89	248.69	
巴东	137.00		108.00						45.00	30.00	
茅坪	101.37		94.59						14.31	7.76	
三峡坝区	233.95		218.08						28.10	16.87	
宜昌	2305.56	18.41	1201.27	15.66	3.18	41.10	33.75	38.81	172.48	115.06	
红花	127.28		110.56								
白洋	7.33		3.12								
枝城	140.05		140.05								
洋溪	26.51		19.14								
车阳河	18.63		16.37								
松滋口	6.32		2.84								
姚家	56.33		32.95								
马家店	59.04		38.19								
七星台	16.90		13.56								
百里洲	2.91		1.70								
太平口	15.90		0.35								
新河口	33.31		3.07								
荆州(沙市)	630.15	24.36	187.73	19.69	5.19	60.13	8.55				

港口	货物吞吐量				集装箱吞吐量			滚装汽车吞吐量	旅客吞吐量		利用自然岸坡完成船舶货物装卸量
	合计（万吨）	其中：外贸	出港		箱数(万TEU)	重量		（万辆）	（万人）	出港	
				其中:外贸		（万吨）	（货重）				
斗湖堤	24.91		3.86								
杨家厂	25.50		4.00								
埠河	25.32		4.12								
郝穴	60.95		2.55								
绣林	275.33		55.02								
容城	167.30		15.80								
白螺	77.08		5.13								
柳口	61.91		3.78								
洪湖	88.69		6.10								
赤壁	83.70		19.80						40.00	15.00	
陆溪口	8.30		2.00								
学堂洲	22.01		12.18								
鱼岳	68.50		17.70								
潘家湾	36.00		8.00								
牌州	20.00		6.00								
石矶头	19.50		4.00								
武汉	4786.24	261.58	1417.23	154.96	38.83	480.18	402.47	5.97			
团风	29.53		27.71								
堵城											
黄州	90.32		84.28						80.00	45.00	
鄂城	600.00		185.00								
巴河	630.00		630.00								
兰溪(鄂)	225.90		215.20								
散花											
黄石	1313.60	129.34	795.12	11.81	1.76	21.17	17.69				
茅山	12.20		12.20								
管窑	9.07		8.77								
八里	12.25		11.76								
蕲州	22.09		9.44								
田镇	102.40		77.50								
武穴	138.10		91.00						16.00	9.00	
盘塘	79.10		33.30								
龙坪	25.60		25.60								
李英	17.09		15.94								
小池	12.50		10.70						20.00	10.00	
刘佐	13.05		11.10								
新开											
二套口											
宛市	3.34		1.23								
4.长江支流小计	2336.31		1327.06						192.95	106.77	
罗镜滩	156.29		152.98						38.53	19.05	
武汉	492.05		139.08								

港口	货物吞吐量 合计（万吨）	其中：外贸	出港	其中：外贸	集装箱吞吐量 箱数（万TEU）	重量（万吨）	（货重）	滚装汽车吞吐量（万辆）	旅客吞吐量（万人）	出港	利用自然岸坡完成船舶货物装卸量
黄石	32.60										
新河	6.79		4.99								
新江口	2.50		2.50								
南平（鄂）	1.00		0.40								
狮子口（鄂）	0.90		0.40								
郑公	0.75		0.35								
甘厂	0.90		0.40								
孟家溪	1.00		0.40								
弥市	4.99		0.18								
闸口	1.35		0.55								
夹竹园	1.00		0.40								
黄山头	1.30		0.50								
藕池	1.45		0.55								
主坝	12.00		12.00								
蒲圻	32.00		23.50								
杨林尾	3.40		0.40								
沙湖	0.10										
天河	26.00								9.70	4.80	
黄龙	1.10		0.60						8.70	3.50	
郧县	180.80		28.60						25.30	15.40	
丹江口（丹江口）	98.10		11.25						57.60	29.50	
老河口	50.10		50.10								
南河	4.01		4.01						15.92	15.92	
太平（鄂）	16.96		9.56								
庙岗（鄂）											
白湾	36.93		25.60								
襄樊	105.70		102.70								
清河口	22.26		14.04								
六两河	81.35		53.30								
余家湖	53.26		53.26								
宜城（鄂）	38.11		21.78								
转斗	16.03		16.03								
利河口	37.53		27.10						2.40	1.50	
皇庄	30.77		5.69								
塘港	6.77		4.14								
石牌（鄂）	1.84		0.10								
大同（钟祥市）	0.94		0.34								
马良	9.03		8.83								
旧口	1.34		1.00								
沙洋	93.20		84.54						2.80	1.10	
多宝	2.00										

港口	货物吞吐量				集装箱吞吐量			滚装汽车吞吐量	旅客吞吐量		利用自然岸坡完成船舶货物装卸量
	合计（万吨）	其中：外贸	出港		箱数（万TEU）	重量					
				其中：外贸		（万吨）	（货重）	（万辆）	（万人）	出港	
红旗（鄂）	12.35		1.03								
泽口	34.45		6.41								
张港	6.00		1.00								
岳口	25.00		4.00								
彭市	3.00										
麻洋	7.00		1.00								
仙桃	40.80		2.90								
万福	11.65		0.50								
脉旺	3.10		0.10								
分水	5.82		0.09								
汉川	30.64		0.48								
马口	8.30		0.20								
竟陵	14.00		2.00								
卢市	1.00										
皂市	4.00		1.00								
彭李	0.30		0.30								
应城（鄂）	24.00		24.00								
安陆	25.00		25.00								
护镇	1.40		1.40								
广水	5.00		3.50						32.00	16.00	
长孙堤	347.00		347.00								
天城	31.00		21.00								
七里冲	15.00		13.00								
慈口	8.00		5.00								
燕夏	6.00		4.00								

【2007年湖北省港口吞吐量（按货物形态、包装及货类分）（合计）一览表】 （表5－40）

分类	序号	合计		出港		进港	
			外贸		外贸		外贸
A	B	1	2	3	4	5	6
货物吞吐量合计（吨）	1	154422300	4336900	73517500	2021200	80904800	2315700
1. 液体散货	2	4736191		2066965		2669226	
其中：原油	3	1281336		298197		983139	
成品油	4	1896205		1190838		705367	
液化气、天然气及制品	5	287391		109187		178204	
2. 干散货	6	106581998	1141664	46660454		59921544	1141664
其中：煤炭及制品	7	20359717		11131657		9228060	
金属矿石	8	22529336	220202	1593862		20935474	220202
散水泥	9	1810255		1755955		54300	
散粮	10						
散化肥	11						

分　类	序号	合　计		出　港		进　港	
			外　贸		外　贸		外　贸
A	B	1	2	3	4	5	6
3.件杂货	12	22898011	253420	14538391	196900	8359620	561520
其中:木材	13	18449		12932		5517	
粮食	14	1004952		669820		335132	
化肥	15	2411010		1713790		697220	
水泥	16	4088642		2584248		1504394	
4.集装箱(TEU)	17	489600	300934	247136	159255	242464	141679
重量(吨)	18	6025800	2941816	3412460	1824300	2613340	1117516
其中:货重	19	4624600	2334717	2542623	1503159	2081977	831558
5.滚装船汽车吞吐量(辆)	20	447800		226253		221547	
重量(吨)	21	14180300		6839230		7341070	

资料来源:湖北省港航管理局

【武穴港】 武穴港位于长江中游北岸,湖北省武穴市滨江。港口北侧,有京九铁路穿越,隔江有大沙铁路贯通。北侧还有一条国道干线通过,走向与京九铁路大体一致。水上运输,开通了长江客货运输大轮航线4条,即江申线、宜宁线、江宁线、江深线;小轮航线两条,即:江深线、石穴线;轮渡过江至西码头镇。武穴港是国家规划建设的重要港口,由田镇、盘塘、武穴、龙坪四个港区组成,岸线长度115.4公里,码头总长2.7公里,仓库22219米^2,堆场面积93981米^2,港口装卸机械100台,最大起重能力5吨,共有码头泊位73个,最大靠泊能力3000吨级,年综合通过能力货运为710万吨、客运为270万人次。武穴港区件杂货码头工程的建设,对于提高武穴港区的吞吐能力,改善武穴市的交通条件和投资环境,适应经济社会发展和交通量增长的需要,充分发挥"黄金水道"的作用,具有重要的意义。该工程在长江武穴水道左岸武穴市城西横坝儿建设3000吨级件杂货泊位2个,同时建设相应的配套设施,设计吞吐量70万吨/年;该码头采用高桩梁板式结构,码头长度222米,平台宽度28米,通过2座12米宽的引桥与后方陆域连接。

(武穴港)

【黄石市港航管理局】 (详见《长江航运年鉴》(2007卷)第五篇"港口"第489页)

2007年,黄石市港航局牢固树立和落实科学发展观,围绕"规费征收、项目建设、安全监管"三件大事,以"双学双考"为动力,做到在认识上有新高度,落实上有新措施,创新能力和服务观念上有新提高,优化发展环境,创新工作机制,较好地完成了年度各项目标任务。

·项目建设　全市水运工程固定资产投资完成9143万元,为年计划的114%。

·规费征收　全市"四费"累计完成1735万元(航养费完成81万元、运管费完成289万元、航政费完成124万元、港务费完成1241万元),其中市区完成1164.7万元,阳新所完成563.5万元,大冶所完成6.8万元。剔除黄砂因素,征收数较去年同期增加357万元,同比增长25.9%,完成省局重新调整的1735万元的费收任务。

·水运安全　全面完成19处渡口的改造达标任务。水上安全四项指数全部为零,与去年同期相比持平,船舶安全面100%,安全态势良好。

·行业管理　完成货物起运量725.9万吨,货物周转量558681万吨公里,分别比去年下降39.1%、39%;完成客运量84.3万人、客运周转量505万人公里,与去年同期分别下降11%、10%。全市营运船舶总运力41.3万吨,其中新增运力5.7万吨,为年计划的285%。完成港口货物吞吐量1300万吨,为年计划的81%;剔除黄砂因素,同比增长33%。外贸货物吞吐量129万吨,同比下降11%;集装箱完成17564TEU,同比增加56%。完成检验船舶202艘(其中营运船舶130艘,建造检验船舶72艘),总计216789吨。

·文明创建　认真开展了"学创建"及"服务创优"竞赛活动,成效明显。市局被评为全省交通系统先进单位,黄石港所通过了省交通厅文明示范窗口的复查;涌现了一批省市交通系统的青年岗位能手、征稽能手等先进个人。

·党的建设　在思想政治工作上,局党委认真坚持理论中心组学习制度,着力提高领导班子整体素质;在基层组织建设上,以建设"五好"班子为目标,切实加强基层领导班子建设,基层党组织的凝聚力和号召力进一步增强;在作风建设上,狠抓机关作风建设、行风建设和各级领导干部廉洁自律建设;在社会关注的热点问题上,实施"阳光工程"。

这一年,黄石市港航局的主要工作体现在以下七个方面:

其一,坚持项目带动,着力推进重点工程建设。随着市政府沿江规划的实施和沿江码头的逐步关停,新港区的建设已经迫在眉睫,成立专班履行工作职能,全力做好协调服务工作。一是认真做好棋盘洲新港区的前期准备工作。棋盘洲港区一期工程防洪评估报告通过了长委的批复,0~2号泊位、3~4号泊位工可获得了省发改委的批复。组织完成了设计招标,拟定了设计合同,初步设计已编制完成。组织完成了土地宗地测量,委托阳新国土资源局完成了韦源口镇土地利用总体规划修改,并报市政府初审通过,土地预审申报工作市国土资源局已完成初审。项目主要投资人已经明确,项目法人由以武汉凯迪控股投资公司为主有黄石港口集团等单位参与组建,项目法人组建的具体工作正在商磋中。二是协调做好黄石外贸码头扩建工程建设。2007年,该工程完成投资4345万元。三是阳新兴国港区建设工程工可报告已上报省交通厅待审查批复。

其二,坚持创新手段,着力做好规费征收工作。建立了激励考核机制。成立了领导机构,出台了《规费目标任务分解考核兑现奖惩办法》,明确了责任部门和工作目标。市区实行全员绩效工资挂钩,按月考核,按季兑现;阳新、大冶所则采取人员经费拨付与规费征收入库挂钩、比例回拨、超收补助的方法,调动了干部职工的积极性。此外,创新征收方式。按照省局要求,结合自己实际情况,通过深入码头、船舶设置宣传栏、印制宣传单等形式,加大收费政策的宣传力度;同时创新服务模式,通过信函、短信、电话等方式提醒督促船主缴费;各基层所改8小时工作制为24小时服务制,稽查时间也延伸至晚上12点,增强了收费时效。与此同时,开展专项整治。一是加强报港吨位与实际吨位的核查工作,据实收费。二是组织船检人员对现场稽查人员进行实船丈量培训,对"大船小证"船舶实行登记存档、按时征费。三是狠抓微机裁票管理,加强船舶票证和证照的监管。四是严格执行收支两条线,票款同步。五是建立信息通报制度,按季度将规费的征收、入库、微机裁票、票征基础工作和目标考核情况予以通报。

其三,坚持安全优先,着力维护水上安全形势。第一,建立水上交通安全责任主体管理网络和监管主体网络,签订了县、乡、村、船主四级安全责任状,建立市、县(市)、站、现场人员的海事监管责任制。第二,严把船舶检验、船舶登记管理、船员登记管理三关,从制度和源头上规范安全工作。第三,对码头、水运企业及船舶、渡口渡船实行定期检查与日常检查、全面检查与专项检查相结合,认真做好春运、五一黄金周和安全生产月的安全保障工作。第四,上下联动,确保渡口达标改选工作按期完成。一是争取市政府和市交通局的支持,出台了《黄石市渡口达标改造实施方案》。二是层层分解渡口建设责任,明确各级政府部门和交通主管部门的工作职责。三是抽调精兵强将,不定期日夜吃住在在建渡口的乡镇,加强督办。四是与阳新、大冶地方海事处的负责人签订风险抵押责任状,调动地方的积极性。五是多方筹措资金,并列出20万元作为部分资金困难乡镇渡口建设的启动资金,保证按期完成全年19处渡口达标建设任务。

其四,坚持优化环境,着力加强行业管理。

港口规划:一是全力做好港口规划工作。10月19日,交通部和省政府在磁湖山庄召开审查会,原则通过了《黄石港口总体规则》。二是按照海关总署《关于确认港口口岸开放范围的办法》要求,配合口岸部门重新确定黄石港口开放的水域、岸线和码头范围。三是对冶钢、华新码头改造和西塞化工码头新建临时泊位等建设(改造)问题进行跟踪监督管理。四是对中长燃纬源口加油站、富池加油站使用港口岸线进行了审核上报。

港口经营管理:组织召开了全市港口行业年度会议;针对港口经营市场出现的价格纠纷,组织部分港口经营人召开协调会议,加强行业自律;在全市范围内开展首次港口经营人经营行为定期检查工作;加强了港口经营人报港和港口统计信息质量的跟踪管理。

运政管理方面:在依法行政的同时,开展创"学习型、服务型、廉洁型、文明型"系列活动,规范运输市场,服务水运企业。全年年审企业17家,个体船舶经营户138家,年审船舶266艘。发送整改通知书7份,整改事项20条。

船舶检验:在认真做好船舶营运检验的基础上,重点做好温州、台州的劳务技术协作工作;通过了省有关部门对全市低质量船舶专项整治和船检发证质量的检查验收工作;积极协调海船的引进工作。

其五,坚持上下联动,着力做大做强"两代"业务。

2007年初,代理公司出台了《2007年目标分解和成本管理办法》,以加强现场稽查为核心,以拓展运贸为突破口,加强上下联动,倡导各尽所能,全力增强创收力度。一是督促各分公司加强现场稽查,应收到位。二是进一步提高服务质量,巩固老客户,发展新客户。三是在运贸方面,总公司带领3个分公司积极拓展货源,精心组织运力。四是总公司积极改善各分公司的办公条件,配置了相关硬件设施。五是局党委的大力支持及资金扶持,保证了各分公司运贸工作的正常运转。

其六,坚持教育为主,着力加强职工队伍建设。

一是深入开展"双学双考"活动。按照扩大学习范围、分别按季度列出了学习计划并进行了考核,逐步营造干部职工与时俱进、争行进位的学习风气。二是继续开展各类文明创建活动。通过开展"学、创、建"活动,进一步培养干部职工献身水路交通事业的奉献精神;通过开展"服务创优"、创建省级文明窗口、市级"青年文明号"等活动,不断增强干部职工服务意识、创新意识和效率意识。三是开展创"五型"机关活动。结合"三提高一优化"工作,着力把机关干部培养成为一支政治坚定、业务精湛、作风良好的高素质队伍。四是加强职工培训力度。全年共参加省市各类培训30余人次,举办各类培训100余人次,职工的法制意识进一步加强。五是积极参与各级各类比赛活动。与长江海事局共同举办了迎春联谊运动会,共建"和谐海事";组织参与交通系统"七一"文艺汇演及球类比赛,自编自演的舞蹈快板《港航展新貌》取得交通系统第一名的好成绩,并作为全市唯一代表节目参加了省交通系统文艺汇演,受到好评。

其七,坚持从严治党,着力提高党建工作水平。

党建方面,一是采取以会代训、集中学习等形式,不断强化领导班子成员及中层干部的思想建设。二是完善组织建设。改选了团委班子,增强了团组织和青年职工的活力。三是开展"七一"系列活动。组织党员开展"走进革命圣地、重温入党誓词"活动;表彰了2个先进党支部和11名优秀党员。四是加强党风廉政建设。按月开展"一月一案"主题教育活动,市局与各单位签订了《党风廉政建设责任书》,全面落实岗位目标责任制。五是加强干部的监管。对发现的问题及时作了组织处理,同时对两个基层所的班子进行了及时调整。此外,对外宣传和信息工作不断加强,成果颇丰。全年在省市媒体上发表文章6篇,被市委、市政府和省厅、省局等上级机关刊用政务信息23篇。

局　长　郑治发
地　址　湖北省黄石市交通路特1号
邮　编　435000
电　话　(0714)6226957
传　真　(0714)6216500

(黄石市局　张　斌)

【黄石港口集团有限责任公司(简称黄石港)】

黄石港是国家一类外贸水运口岸和全国28个内河主要港口之一,也是鄂东南地区水陆交通枢纽和龙头港口企业。下设船舶运输、客运、港口机械制造、物业管理、长江旅行社等5个全资子公司和15个直属生产经营单位。旗下还有1个全资独资公司——黄石棋盘洲港口有限责任公司,1个股份——黄石港龙物流有限责任公司。

2007年,黄石港全年完成货物吞吐量759.27万吨,为年计划的113.32%同比增长19.37%,其中外贸货物吞吐量,按官方口径统计为51.2万吨,同比增长10.1%;装卸自然吨完成515.62万吨,同比增长11.24%,其中本港码头完成329.35万吨,同比增长1.64%;集装箱吞吐量完成

17549TEU,同比增长55.88%。全年没有发生职工因工死亡和重大机械设备、重大道路交通事故以及火灾、中暑事故,连续两年被评为湖北省安全生产红旗单位。

·生产经营 经营观念进一步转变。把客户的满意作为港口的工作标准,对客户开展全程跟踪服务,坚持“质量签证单”制度和客户回访制度;经营机构不断调整优化。对商务中心三个业务部门及代理公司的职能重新进行整合,建立了业务人员激励考核办法,初步形成了分工明确、统一协调对外的营销体系;经营手段有所加强。以港口的比较优势,运用价格杠杆调节机制,上调了出口钢铁、进口铬矿等货种价格,全年因此而增收168万元;经营效果比较明显。主营收入有较大增长,全年新增货源量达到36.06万吨,主营收入增收396万元。

·企业管理 生产运营管理效率提高。相继出台了《货场管理办法》、《进出港车辆管理办法》、《船舶靠泊管理办法》、《锚地管理办法》、《生产经营规程》等制度,进一步规范了港口生产秩序。加强了经营合同管理,注重货物在港周转期要求,提高了库场的周转率。强化了对生产现场,提高了作业计划兑现率。

·企业改制 改制工作按照总体方案不断向前推进,并取得了实质性进展。一是在年初积极争取省国资委改革专项资金贷款,将职工购买信达公司债权募款全部退还,为顺利推进改制创造了条件;二是召开了职工代表大会,审议通过了集团《产权制度改革方案》和《职工安置方案》,并对职工工龄情况、资产评估情况进行了公示,为依法依规改制提供了保证;三是加强改制政策的宣传和争取工作,努力维护职工的切身利益,充分尊重职工本人选择意愿,为妥善安置职工奠定了基础。集团《产权制度改革方案》已于12月13日获得市改制办正式审批,公司重新注册登记、资产权属变更等工作已顺利完成。

·项目建设 外贸码头扩建工程进展顺利。水工建筑物和护岸工程标段于2月26日正式开工建设,基础工程、岸坡开挖、护岸等工程的施工已全部完成,面层梁板安装已完工,完成年度投资2350万元,累计完成投资2965万元。工程建设质量和施工安全得到了交通部、省安全督查组专家的充分肯定,并被列为湖北省工程质量通病治理示范项目。棋盘洲新港区建设把握了主动。集团进入并正式接手进行前期工作,由集团出资的黄石棋盘洲港口有限责任公司已成功注册成立,完成了一期工程可行性研究报告和初步设计以及第三方设计院审查工作。两个宿舍房屋开发项目抓紧实施。集团完成了拆迁户调查摸底、拆迁协议签订、土地评估及毛地挂牌转让申请等工作。

·安全生产 黄石港安全生产稳定发展,连续五年保持职工因工死亡、重大设备、重大道路交通和重大船舶安全事故,以及火灾、职工中暑事故为零的好成绩。连续四年被评为黄石市安全生产红旗单位,连续二年荣获湖北省安全生产红旗单位称号。

董事长 陈尚华
地 址 湖北省黄石市交通路9号
邮 编 435000
电 话 (0714)6325156
传 真 (0714)6253662
网 址 http://www.hsport.com

(黄石港 江荣章)

【武汉市港航管理局】 武汉市港航局与武汉市地方海事局实行“一门两牌”合署办公,是武汉交通委员会下属的对全市地方港口、航运、航政、航道以及水路运输行业实行统一管理的行政事业单位。

2007年,武汉市港航局机关内设17个职能部门(办公室、港口处、航道处、航政科、航运科、计划科、财务科、费收科、办证中心、人事教育科、法规科、监察审计室、党办、文明办、离退休干部管理科、总务保卫科、信息中心),其中港口处、航道处高配副处级,另外纪委、工会、团委按有关规定设置;下设15个直属基层单位(8个港航所、2个航道段、船舶检验所、船舶交易所、水路交通检查站),对黄陂、新洲等8个远城区港航海事处实行业务指导。

全局现有干部职工586人,其中在职375人,离退休211人(其中离休6人)。375名在职人员中,干部208人(其中处级9人、科级72人)、工勤人员167人,大专以上文化程度322人(其中本科学历103人,研究生以上学历4人),中级以上职称26人(其中高级8人)。72名科级干部中,本科以上文化程度36人、占50%,女性14人(其中正科级3人)、占19.44%。

2007年,武汉市水路交通业完成货运量1050万吨,同比增长31.64%;完成换算周转量71.43亿吨公里,同比增长19.53%;完成港口货物吞吐量5278万吨,同比增长4.85%。其中集装箱吞吐量38.83万TEU,同比增长15.48%。完成港航建设投资2.4435亿元,为武汉交通和经济社会发展作出了新的成绩和贡献。

2007年,武汉市水路交通业完成货运量1050万吨、同比增长31.64%,完成换算周转量71.43亿吨公里、同比增长19.53%,完成港口货物吞吐量5278万吨、同比增长4.85%,其中集装箱吞吐量38.83万TEU、同比增长15.48%,完成港航建设投资2.4435亿元,为武汉交通和经济社会发展作出了新的成绩和贡献。一是水运生产能力和基本建设取得新的发展。船舶运力规模再创新的飞跃,全市地方运力突破50万载重吨,达到56万吨,比上年净增13.5万吨。船舶大型化势头迅猛,单船平均载重吨达到1600吨,比上年提高26%,首条4万吨级散货运输船入籍武汉。集装箱吞吐能力成倍增长,达到75万TEU,比上年净增44万TEU。杨泗集装箱二期改扩建工程、沌口商品汽车滚装码头、东西湖建华管桩码头、蔡甸军山民福通物流轿车码头等项目圆满完成,武钢江北基地码头、明达玻璃码头开工建设,汉江二期航道整治工程、阳逻集装箱二期工程、香港南顺油码头、南车集团金口件杂码头、长航青山船厂舾装重件码头等项目的前期工作有序开展,80万吨乙烯、全国稻米交易中心、林四房水上煤炭中转基地等港口项目进入研究策划阶段。二是行业管理和服务水平迈上新的台阶。《武汉港总体规划》顺利通过交通部、省政府联合审查,阳逻港区、金口港区控制性详规编制启动前期工作。首次尝试了政、银、企三方合作,促成上海浦发银行在武汉开展船舶抵押贷款业务,华航集团首批2000万元贷款已进入实质性审批办理阶段。积极争取和落实引导水运行业发展的政策性补助资金,共为31艘船舶、60艘渡船争取到运力发展引导资金、三峡船闸完建期碍航补贴资金和燃油补贴等各类资金91.5万元。开展武汉城市圈港航一体化研究,推进汉鄂两港合作。针对汉江下游枯水期延长、航道条件恶化的罕见水情,每天检查航道,及时调整标位,加大引航力度,确保汉江75公里航道畅通和安全。首次组织开展港口建设项目初步设计、施工图设计审查,加强港口建设监督管理,纠正了2起违规建设行为,有效规范了港口建设秩序。加大水运许可事后监管力度,深度开展水运企业核查和动态检查,注销了10家未达到经营资质的企业。深入开展费收稽查服务万里行活动,全面推动微机裁票工作,微机制票率达到90%以上。三是安全监管和应急能力得到新的提高。以开展"抓整改、强管理、保安全"活动为主线,精心组织春运、两个黄金周和枯水期、汛期等特殊时段的水上安全保障工作,实时监控安全航行的薄弱航段,严格控制超吃水船舶进入汉江,实现了第19个春运安全年。市区联动,扎实推进全市渡口渡船改造达标,建立了乡镇渡口电子查询系统,完成62处渡口达标整治,依法拆除9处不达标渡口,提前一年完成省下达乡渡整治的任务。认真开展"两防"及安全隐患排查专项活动,对74个码头、89处渡口、88家企业、391艘船舶及2个在建工程项目进行了安全检查,查出安全隐患85处,完成整改73处。组织船员安全知识与操作培训,全年培训船员406人次。面对"9·2"事故,迅速反应、沉稳应对,圆满完成应急救援、沉船打捞、水体保护、事故调查等一系列工作,着眼于举一反三、对内从严,全面启动了以"深刻吸取教训、全面自查剖析、切实推进整改"为主题的安全专项工作,举办危险化学品专业知识培训,编制了安全工作手册。四是履行社会责任和公共职能再添新的业绩。克服时间紧、任务重、难度大的困难,完成市政府交办的汉江一桥至月湖桥趸船整治任务,迁移趸船15艘,油饰趸船22艘,亮化趸船12艘,设置轮渡旅游码头1座。参与市政府组织的晴川桥渔船综合整治,迁移渔船26艘。联合消防部门开展汉江干校村水域生活船舶消防专项整治,发放了一批救生设备。完成水路交通战备队伍调整工作,成立了水上保障大队,对重点企业、重点码头的战备保障进行了实地检查。面对雨雪冰冻灾害,全力做好水上电煤运输组织工作,准备6个电煤装卸专用码头,对电煤运输船舶进行引航、护航,简化报港手续,有效保证了电煤及时装卸运输。五是行政效能和基础管理有了新的进步。建立行政效能电子监察系统,实行高效、统一的行政审批模式,变"事后监督"为"过程监督",进一步提高行政效能。依法清理公布水路交通行政审批(许可)事项和纳入并联审批范围的行政许可项目,实现所有水路交通行政审批(许可)项目一个“窗口”统一受理。进一步理顺和优化行政审批内部流转程序,重新修改制作了行政审批(许可)流转单。全面清理港口、航道、航运、海事、船检等执法依据,对带有自由裁量权的行政处罚项目进行细分量化,规范了实施权限和程序。全面推进财务管理、票据管理电算化,编制出台了应用会计分录规范。积极探索和尝试科学办事的新路子,初步搭建了法律、技术、商务三个智力支持系统,取得了良好效果。六是党的建设和精神文明建设取得新的成果。局领导班子先后两次召开以作风建设为主题和以落实科学发展观、促进和谐发展为主题的民主生活会,广泛征求各方面意见,认真制订整改措施,班子战斗力得到新的增强。与此同时,深入开展党员示范岗和党员服务明星评选活动,党支部建设和党员先进性建设有了新的拓展。与此同时,认真学习中纪委七次全会、省纪委十一次全会精神,组织党员干部参观洪山监狱,观看《忏悔录》、《公仆》、《暖秋》等警示教育片。开展了廉政教育“九个一”活动,继续开展“禁赌”、“治理商业贿赂”工作,全系统未发现一起违纪违规行为。组织开展“四城同创”和“迎节会、讲文明、树新风”等系列活动,在省厅组织的“千人体操迎节会”活动、市交委组织的“四城同创”知识答题及迎城运会羽毛球比赛等活动中取得优异成绩。深入开展全省港航海事系统“五个十佳”评选和全市交通系统第十四轮精神文明创建活动,努力创建多层次、分布广的“示范窗口、船舶、服务明星、岗位能手”。

局　长　王长青
党委书记　杨录声
副局长　张　勇　周建国　石　坚
　　　　高　汉　朱学军
地　址　武汉市沿河大道237号
邮　编　430030
电　话　(027)83803516
传　真　(027)83801533
网　址　http://www.whghhs.net

(武汉市局)

【武汉港务集团有限公司(简称武汉港)】 武汉港由武汉市国有资产监督管理委员会、上海国际港务(集团)有限公司和上港集团物流有限公司三家合资组建,于2005年6月18日正式挂牌成立,注册资本为94874.96万元人民币。

武汉港位于长江中游、汉水之滨,是国家一类开放口岸、华中地区的主枢纽港,辖沌口、汉阳、汉口、阳逻及左岭五大港区。主要从事煤炭、钢铁、石油、矿石、建材、粮食、化肥、件杂货等各种散装、包装货物运输服务;商品车滚装、化工品(危险品)、国际集装箱装卸运输以及水陆旅客中转运输、旅游服务;驳船水上编解队作业;船舶、货物代理以及房地产开发等业务。

为呼应航运中心的建设,武汉港用3~5年时间投资13亿元再造武汉港,着力加快新港区的建设和老港区的改造,为武汉长江航运中心建设奠定基础。

2007年,武汉港主要生产指标多次刷新历史。全年共完成装卸自然吨877万吨,创建港以来的历史最高纪录,与2006年同比增长22.69%;货物吞吐量完成2632万吨,与2006年同比增长4.82%;集装箱量完成256998TEU,创建港以来的历史最高纪录,与2006年同比增长6.49%;客运量完成230万人,与2006年同比增长101.75%;营业收入3.16亿元,同比增长32.49%;利润总额4833万元,同比增长4328万元。

董事长　何跃明
地　址　武汉市汉口沿江大道91号
邮　编　430014
电　话　(027)82200479
传　真　(027)82836958
网　址　http://www.wuhanport.com

(武汉港务集团)

【监利港】 监利港位于湖北省荆州市监利县,地处长江中游北岸,溯江西行165公里抵荆州港,顺流东下312公里达武汉港。沿沙洪线一级公路向西103公里抵荆州市中心城区,沿监仙线向北107公里抵仙桃市进入宜黄高速公路。监利港共有10个港区,容城、白螺港区分布于长江,三洲、大垸、朱河、福田、毛市、黄歇、新沟、北口港区分布于内荆河、东荆河、螺山干渠等内河支流。监利港港口岸线长度为21.52公里,码头总长1695米,共有泊位73个,其中利用坡岸的40个,占56.3%,最大靠泊能力1000吨级。港口机械129台,88%为搬运车辆,皆集中在长江港区上,内河支流港区除黄歇港区外,皆靠人力进行装卸。库场总面积6.66万米^2,其中仓库面积2.31万米^2。港口年通过能力212万吨。

(监利港)

【洪湖市港航管理局】 根据洪湖市机构改革方案洪办发(2005)15号文件精神为准,将洪湖市港务局与洪湖市港航管理处(洪湖市地方海事处)合并,组建洪湖市港航管理局、洪湖市地方海事局。洪湖市港航管理局与洪湖市地方海事局实行"两块牌子、一套班子",相当正科级事业单位,归口洪湖市交通局,依法统一行使我市辖区内的港航及地方海事行政管理权。

工作职能:

1.负责贯彻执行国家有关港口、航政、航运、航道及海事管理的法律、法规和规章。参与编制全市水路交通发展战略规划,维护水路交通市场秩序,履行航运、航道、海事、港口和规费征稽的管理职能。

2.负责港口规划、建设、保护等港政管理工作,负责港口经营评估、港口岸线使用和危险货物港口作业的审批。

3.负责水路运输管理工作,审批营业性水路运输业、水路运输服务业经营资格,组织实施国家重点物资运输和防汛等紧急运输。

4.负责全市航道设施的建设、管理和养护,组织航道建设计划的实施,发布内河航道通告。

5.负责全市地方海事管理,实施船舶登记、船员考试发证,水上危险货物运输监督;负责船舶污染水域防控、船舶进口签证;负责水上安全管理、水上船舶交通事故调查处理、发布航行通知。

6.负责全市船舶技术管理,包括船舶检验发证、船舶设计图纸审批、船舶建造管理、船舶建造技术证审批及船舶交易监督管理。

7.负责水路交通规费的征稽工作,负责全市水路交通行政执法及监督检查。

8.全面履行法律、法规赋予的其他职责,完成上级交办的其他工作。

内设机构:

内设办公室、人事教育科、财务科、法规稽查科、运政科、海事科、航运科、规费征稽科、湖北省洪湖运政检查站、城区所、螺山所、小港所、瞿家湾所、黄家口所、新滩所、大沙所、龙口所等1站9所。

2007年是实现"十一五"洪湖市水运规划目标的关键年,也是深入贯彻"三个服务"指导思想,促进港航、海事事业又好又快发展的"服务创新年"。围绕"服务创优"竞赛活动,全年完成规费360万元,占年计划100%;完成港口吞吐量250万吨,水上安全四项指数均为零,行政诉讼案件为零。

局　长　陈安法
地　址　洪湖市复兴路15号
邮　编　433200
电　话　(0716)2422220

(洪湖市局)

【洪湖港通达实业总公司(简称洪湖港)】 洪湖港下属4个企业,即船舶修造厂、金帆旅行社、长运公司、代理公司。全港共有职工55人,总资产1000万元。

2007年,洪湖港一是实现了各项经济指标持续平稳增长。港口吞吐量200万吨,比去年同期增长9.3%,总收入300万元,同比增长1.8%。二是港口运输业增长速度加快。装卸运输总运量30万吨,比上年增加2万吨,货运量完成9万吨,货物周围量500万吨公里,港外代理货运量突破12万吨,均刷新了记录。三是企业管理逐步加强。首先,强化领导责任。对党委分管的工作进行调整,明确职责,强化了党委成员对分管工作和联系单位的责任。其次,突出人、财、物管理重点。在进一步完善管理制度的同时,严格财务一支笔,推行财务公开,增强透明度。再次,切实做好节支工作,严格控制非生产性支出。四是党风廉政建设得到了强化。党委制定切实可行的实施方案,号召和动员机关干部服务企业,服务基层。经常集体深入企业,现场调研,集中解决问题。同时,在党员干部中开展廉政建设和党风建设。五是体制改革圆满完成。按照洪湖市委,市政府"二转一促"的改革精神,采取"宜转则转、宜破则破、宜算则算、试点运作、全面推进"的方式,积极稳妥地推行港口体制改革。到2006年底,企业改制已经完成。洪湖港务管理局机关与洪湖市港航管理处(洪湖市地方海事处)合并,组建新的洪湖市港航管理局(洪湖市地方海事局)。原洪湖港务管理局企业部分依法组建为独立核算,自负盈亏、自主经营的法人实体即洪湖港通达实业总公司。

总经理 高少明

地 址 洪湖市沿江大道200号

邮 编 433200

电 话 (0716)2423925;2494001

传 真 (0716)2423925

(洪湖港)

【巴东长江港口发展有限公司(简称巴东港)】 2007年5月,巴东港原来实行的股东内部承包经营,因为种种原因而解除。随后的两个多月,巴东公司处于管理松散状态,职工人心涣散,消极怠工,公司的生存和发展面临严峻考验。在这种严峻形势下,巴东公司大部分股东强烈要求,于8月召开股东大会,重新选举和产生第二届董事会和监事会,选举王丹阳为公司新的法人代表和董事长,付瑞年为公司监事会主席。

这一年,在水路客运市场萎缩、非法煤炭码头恶性竞争以及受地质灾害影响的情况下,港口积极增收节支,实现收入400万元。按照国家环保要求,煤炭码头投资100余万元,增加环保防尘设施。

董事长(法人代表) 王丹阳

总经理 陈代洪

地 址 湖北省巴东县信陵镇沿江大道132号

邮 编 444300

电 话 (0718)4395136

传 真 (0718)4395136

(巴东港)

【宜昌市港航管理局】 宜昌市港航管理局(宜昌市地方海事局)是宜昌市交通局下属的正县级事业单位,负责全市水路运输管理、港口、航道建设和管理、水上交通安全监督、水路交通规费征稽及船舶检验。市局内设行政办公室、党委办公室、计财科、费收科、工程科技科、运输科、航政科、老干部科等科室,直属猇亭、大公桥、夜明珠三个港航海事处及宜昌市船舶检验处、湖北省地方海事局宜昌检查站。

2007年,宜昌市港航海事系统认真学习贯彻落实党的十七大精神,以科学发展观为统领,以"水上安全、规费征稽、港航建设、服务创优"竞赛活动为载体,以"廉政教育,作风整顿月"活动为契机,紧紧围绕全年工作目标,积极探索、求真务实、抢抓机遇、克难奋进、扎实工作,各项工作取得显著成效。全市完成港航建设投资17629万元;完成港口起运量2026万吨,完成货物周转量113.8亿吨公里;完成渡口达标改造100个;完成四费合计6526.8万元;全市发生辖区水上交通事故1起,死亡1人,直接经济损失43800元,每载重吨直接经济损失0.1元,水上交通安全管理四项指标均在控制范围内,水上安全面达99.86%。

局 长 程家振

地 址 湖北省宜昌市环城东路60号

邮 编 443000

电 话 (0717)6752596

传 真 (0717)6745097

网 址 http://www.ycgh.cn

(宜昌市局)

【宜昌港务集团有限责任公司(简称宜昌港)】 宜昌港由宜昌港务管理局政企分开、企业改制,并与枝城港合并组建而成。宜昌港共有码头泊位57个,其中生产用码头泊位54个,非生产用泊位3个。

2007年,宜昌港年综合通过能力总计达1496万吨。集装箱通过能力5万TEU,客运吞吐能力405万人次。固定资产原值8亿元,宜昌港共有在职职工1700余人。

·全面完成年度生产经营指标 全年客运出口完成79万人次,为年计划的96.1%,同比增加11.5万人次。完成货物吞吐量734.05万吨,为年计划的133.5%,同比增加215.99万吨。货物吞吐量创历史最高水平,同比增长了42%。完成集装箱运输31798TEU,同比增加11041TEU。集装箱仍然保持高速增长的态势,同比增长46.9%,枝城港区铁运公司装车业务突破100万吨。船舶运输全年完成运输181个航次,货运量55.62万吨,周转量32.65万千吨公里,同比分别减少2个航次、增加4.05万吨,减少3.86万千吨公里。转闸共完成了1020闸次,拖带1286艘次。此外,宜昌港务集团顺利完成推漂和汛期坝前海事救助任务。

·配合宜昌市政府进行城区客运资源整合 2007年,是宜昌港务集团客运产业的整合年,市政府作出了整合宜昌港口客运资源的决定。全体员工顾全大局，按照市政府制定的整合方案进行了实施。整合后，坝下新的宜昌港客运旅游发展有限公司在9月份正式挂牌运作，并成立了宜昌市三峡专线旅游服务中心，其统一设计和包装的三峡旅游产品，保证了三峡旅游的完整性。同时避免了宜昌城区港站在三峡旅游中被边缘化的趋势，有力推动了港口旅游客运业的发展，树立了城市形象。对坝下新公司宜昌港务集团占50%的股权，原客运公司下属的归州、三斗坪、黄柏河等站点和部分房地产，划入茅坪公司和商贸公司管理。

·推进港口发展战略的实施，增强港口后续发展能力　一期工程在市政府支持下，于10月30日成功举行了开工奠基。枝城CBF工程及港口配套工程，中港印配煤中心工程有了突破性进展，5月16日举行了开工奠基仪式，11月施工单位已进场，开始了“三通一平”，配煤中心“场平”工作进展较快。港口配套工程总投资1.2亿元，为与CBF工程有效衔接，宜昌港务集团公司审慎地确定了港口码头、铁路的总体布置方案，明确了中港印公司和集团各自的建设原则、范围和内容。2007年，先后完成了配煤中心铁路卸车系统的经济技术论证、建设方案，确定了17—1煤炭进口码头、18—1煤炭出口码头、后方货场的建设总体方案。

·三峡航运中转中心建设工作进一步推进　2007年7月，由宜昌市政府发展研究中心、市交通局、市港航局、港务集团四家单位共同举办“三峡航运中转中心发展论坛”获得圆满成功，港口及集团公司在长江各界及政府的影响进一步加大，为三峡航运中转中心建设建立了良好的舆论氛围。9月，在市政府努力下，省委、省政府领导明确表示建设三峡航运中转中心要纳入湖北省“十一五”、“十二五”建设规划，其重点建设项目列入省重点支持范围。港口与市政府发展研究中心、市交通局、市港航局领导到下游港口进行了学习考察，并形成了《考察报告》和《打造三峡航运中转中心的基本构想》，两份报告均引起了市政府领导的高度重视。

董事长　陈发义
地　址　湖北省宜昌市沿江大道154号
邮　编　443003
电　话　(0717)6493794
传　真　(0717)6491160
邮　箱　webmaster@ycp.com.cn
网　址　http://ycgwjtgs.my.sme.cn

（宜昌港）

【荆州市港航管理局、荆州市地方海事局】　（详见《长江航运年鉴》（2007卷）第五篇“港口”第498页）

2007年，荆州市港航海事系统抢抓机遇、服务创优、创新发展，港航建设、行业管理、水上安全、规费征收、文明创建等各项工作稳中趋好，圆满完成了年度各项目标任务。

·费收目标　2007年，全市完成“四费”裁票收入2170万元（其中航养费618万元、航政费220万元、运管费372万元、港务费960万元），占年计划的103%，比上年同期上升9%。市船检所共检验发证新、改建船舶47艘，检验发证营运船舶745艘次，完成船舶检验费收入135.31万元。

·建设目标　2007年，全市港口货物吞吐量为1560万吨，比上年增长7.5%，集装箱吞吐量5万TEU，比上年增长28.5%。全市水运建设总投资为13132万元，其中水运重点项目有4个，计划总投资1亿元，实际完成11072万元，社会投资港口建设项目2037万元，航道养护工程23万元。

·安全目标　全市乡镇渡口基本落实了四级责任状的签定，全市320处乡镇渡口达标改造任务全面完成，辖区水域仅发生一起“三无”船舶违法渡运引发的水上交通事故，事故造成一名学生死亡。港口经营许可证办证率达95%，危货作业资质认可办证率达100%，港口安全无事故。船闸生产无重大安全责任事故。

·运力目标　全市登记在册船舶运力41.3万载重吨，净增船舶运力2.8万载重吨，水路运输企业的核查面达100%，船舶营运证年审换证率达99%。

·创建目标　市局被省交通厅表彰为全省交通系统法制工作先进单位、全省农村公路建设养护管理先进单位；被省安全生产委员会评选为全省安全生产先进单位；被荆州市爱国卫生运动委员会评定为荆州市卫生先进单位。沙市区港航海事处被命名为省级文明单位，松滋市港航海事处荣获松滋市水上交通安全工作“特别贡献奖”、“鄂海巡0259”执法船被中华人民共和国交通部授予

"全国(海)水上搜救先进集体"称号。

局　长　骆春征

地　址　湖北省沙市区长港路87号

邮　编　434000

电　话　(0716)8563791;13907218386

传　真　(0716)4311319

网　址　http://www.jzghmsa.gov.cn

(荆州市局)

【荆州港务集团公司(简称荆州港)】　荆州港属于国有企业,是荆州市十大企业集团之一,荆州市最大的港口经营企业。

2007年,荆州港总资产4亿元,总收入1亿元,在岗职工413人。多次被交通部长江航务管理局和荆州市委市政府评为"双文明建设先进单位"、"创经济效益标杆单位"、"安全生产先进单位",被湖北省劳动社会保障厅授予"遵守劳动法律法规信得过单位"等荣誉称号。2004年11月8日交通部发布全国主要港口名录公告,荆州港被列为全国53个主要港口之一。2006年8月15日,国家海关总署明确荆州港盐卡口岸纳入国家"十一五"口岸发展规划,并由原二类水运口岸升格为国家一类水运口岸。

荆州港地处荆州市沙市区,位于长江中游荆江段北岸,江汉平原腹地,拥有长江干线自然岸线长度12.1公里,码头15座,总延长1898.5米,泊位23个。水域面积85478米^2,陆域面积416791米^2,码头岸线顺直、水域宽阔、水深良好。在长江中游里程474.9~476.9公里间主航道右岸(长江南岸)一侧水域设有干散货锚地和危险品锚地(玉南锚地)。拥有功率40万千瓦的港作拖轮,具备一级油拖作业资质。拥有仓库面积3.5万米^2,堆场面积16万米^2,装卸运输机械109台(套),最大起重能力45吨,码头核定通过能力274万吨,集装箱吞吐能力10万TEU。

2007年,荆州港完成货物吞吐量207.8万吨,同比增长21.9%;装卸自然吨245万吨,同比增长23.7%;集装箱吞吐量51952TEU,同比增长33%。经营范围包括:港口货物、集装箱装卸、堆存、仓储,配送;水铁中转;水上货物、船舶运输及代理;旅游客运;仓库和设备出租;船舶燃润油料销售等。下属8家全资子公司:荆州港商务调度中心、荆州港第一港埠公司、荆州港客货运输总公司、荆州市港口旅行社有限公司、荆州市港口物业管理中心、荆州港机厂、荆州港口建设工程公司、荆州市公共保税库有限公司;4家控股子公司:荆州港盐卡集装箱有限公司、荆州港集装箱货运站有限公司、荆州中理外轮理货有限责任公司、荆州市兴港汽车运输有限公司;1家参股子公司:荆州市长江物流有限公司。下辖盐卡港区(一期)是交通部"八五"期重点工程,总投资1.58亿元。拥有高桩梁板岸壁直立式码头,可停靠3000吨级江海货轮,有4条铁路进港线直达港区库场,可实现水、铁、公中转联运。盐卡港区设有荆州市及周边区域唯一的海关监管区和公共保税仓库。荆州海关、出入境检验检疫、海事等部门在港区设有现场办公室。

荆州港与世界大船公司建立了良好的战略协作伙伴关系,有至重庆、上海及沿海各港口的集装箱支线班轮定期停靠,有始发班轮定期发班,可办理国际船代、货代和综合物流业务。

荆州港现有五大业务功能。其一,盐卡港区(含观音寺港区)经营集装箱、外贸货物装卸储运、查验通关等口岸业务,水铁联运业务,液体危险化学品装卸储运业务。其二,6~13号码头经营件杂货、散货装卸、仓储、中转业务。其三,3~6号码头港口副食大市场经营商贸、餐饮以及涉外旅游业务。其四,以荆州港商务调度中心和荆州港集装箱货运站有限公司为主体,经营水路货物、集装箱运输代理、船舶代理、集装箱装拆箱、堆存、仓储、装卸、运输业务。其五,以荆州中理外轮理货有限公司为主体,经营外贸集装箱理货业务,在建工程荆州港盐卡(二期)多用途码头工程是交通部、湖北省及荆州市"十一五"期重点交通工程建设项目。工程建设规模为:新建2000吨级(兼顾3000吨级)多用途泊位2个,设计年吞吐能力为90万吨(其中:集装箱10万TEU),工程总概算2.41亿元,占地面积332.6亩,建设工期24个月。工程于2006年12月28日正式拉开建设序幕,到2008年6月底,码头水工建筑工程全部完成。

董事长　范礼建

地　址　湖北省荆州市临江路23号

邮　编　434000

电　话　(0716)8213095

传　真　(0716)8213095

网　址　http:///www.jzgwjt.com

（荆州港）

【湖南省港口概况】 2007年,湖南省年货物吞吐量在1万吨以上的港口有105个,其中年货物吞吐量在100万吨以上的港口有15个;50~99万吨港口3个;20~49万吨港口22个;10~19万吨港口25个;10万吨以下港口40个。全省生产码头岸线总长56963米,同比增长1498米。长沙港和岳阳港已列为全国内河28个主枢纽港,城陵矶港已成为国家一类开放口岸。与此同时,湖南省加强了港口管理。出台《湖南省实施〈中华人民共和国港口法〉办法》,并于10月1日正式实施。这一水路交通地方性法规的颁布实施,将为湖南省依法治港,实现水运事业跨越式发展提供重要的法律保障。特别在港口管理中,重点突出港口安全专项检查工作。年内有31个主要港口通过了安全评价和评审,另对其他23家不合格的单位采取了限期整改措施;强化港区岸线审批和管理,有效地保护了港口岸线资源;在全国第三次港口普查试点工作中,湖南省益阳港被确定为试点港口,目前,该口普查的前期工作已启动。全省港口货物吞吐量12165.9万吨,同比增长4297.79万吨,增幅54.62%;集装箱吞吐量15.41万TEU,同比减少0.88万TEU,下降5.40%;旅客吞吐量824.24万人,同比减少129.41万人,降幅13.57%。

2007年湖南省港口吞吐量(按港口分)一览表,详见表5-41。

（湖南省局　蒋龙平）

【2007年湖南省港口吞吐量(按港口分)一览表】（表5-41）

单位	货物吞吐量		集装箱			旅客吞吐量		利用自然岸坡完成船舶装卸量
	合计（万吨）	其中：出口	箱数（万TEU）	重量（万吨）	货重	（万人）	其中：出港	（万吨）
全省合计	12165.9	3833.8	15.4	178.2	146.6	824.2	418.1	2403.8
长沙港	2038.3	81.8	9.3	114.6	94.7			
株洲港	327.9	22.7	1	10.7	8.5			0.5
岳阳港	4100	1591.4	4.7	47.4	37.9	9	4.9	2051.5
湘潭港	595.5	190.2						
衡阳港	547.2	29.6				51		
湘阴港	170.6	8.6				3	1.5	
常德港	459.2	157.1	0.2	4.8	4.8			
津市港	308.5	232.8						
益阳港	570.4	289.9				8.1	4.1	
茅草街港	155.8	72.2				12.7	6.7	
沅江港	310.8	168.3						
坪塘港								
衡东港	12.1	6.6				12	9	
耒阳港	188.8	108.8						
邵阳港	108.3	1.2						
安乡港	54.4	13.3				21.5	13.3	
东江水库港	120.5	103.6				136.3	82.5	
衡南港	20	7				3.5	3.5	8
衡山港	34.5	7.3						
常宁港	6.9	3.4						
醴溪港	30.1					1.5	0.6	
隆回港	49.6					5.6	1.4	
营田港	104	10						71
华容港	60.5	12.5						42

单位	货物吞吐量		集装箱			旅客吞吐量		利用自然岸坡完成船舶装卸量（万吨）
	合计（万吨）	其中：出口	箱数（万TEU）	重量（万吨）	货重	（万人）	其中：出港	
蒿子港	10	7						
澧县港	23.4	19						
合口港	0.5	0.5						
桃源港	44.5	43.8						
南洲港	56.2	9.3						
桃江港	227.8	134.3						
东坪港	65	55.8				46	25.7	24.2
南大港	21	8						
冷水滩港	35	14				15.9	8	
怀化港	40.6	15.6						14.4
辰溪港	26.2	20.2				29.1	12.7	4.5
安江港	24.1							
新化港	183.2	5.7				76.2	38.1	
铜官港	49.2							
渌口港	16.8	1						
塘渡口港	63.9					12.8	4.4	
新宁港	31.9					7.8	3.8	
鹿角港	134.9	24.7						84.5
推山嘴港	5.1	1						
六门闸港	21.5	3.5						
洪山头港	3.1	1.9						
注滋口港	0.5	0.3						
铁角嘴港	35.6	35.6						
陬市港	44.5	43.8						
草尾港	28.4	15.9						
黄茅洲港	18	10						
黄阳司港	8.7	3.8				5.1	2.7	
祁阳港	54.7	28.4				5.3	4.1	
道县港								
沅陵港	27.6	4.7				62.7	40.7	2.5
泸溪港	43.5	22.2				34.4	17.2	
浦市港	10.2	9.2				11.2	5.6	
保靖港	15.5					21.5	10.7	13.5
易俗河港	56							
祁东港	3.1	0.1				18.1	8.5	
小溪港								
黄桥港	2.4							
洞口港	10.3					1.4	0.5	
高沙港	2.8							
石江港	5.9							
武冈港	2.1					2.4	0.8	
梅田港	0.5	0.4						
白马寺港	1.9	0.6						

单位	货物吞吐量		集装箱			旅客吞吐量		利用自然岸坡完成船舶装卸量（万吨）
	合计（万吨）	其中：出口	箱数(万TEU)	重量		（万人）	其中:出港	
				（万吨）	货重			
南湖港	1	0.3						
临资口港	0.6	0.4						
樟树港	0.7	0.4						
新泉寺港	1	0.8						
汉寿港	39.8	16.8						
石门港	0.5	0.5						
张家界港	20.1	20.1						
慈利港	25.5	25.5				9	6	23
桑植港	7.1	7.1				2	1	6
明山港	6.3	2.6						
江南港	19	5				1.3	0.6	4.6
渠江港	13.8	9.9				2.6	0.8	10.8
小淹港	11	9.6				0.9	0.5	3.5
漉湖港	5	3						
泗湖山港								
塘门口港	3	3						
永兴港	2	0.8				10	4	
双牌港	14.2	9.3				33.5	19	
五强溪港	9.2	1.2				38.2	13.4	1.5
大江口港	4.2	3.3				45.5	24.4	
黔城港	27.3							
洪江港	1.9							
冷水江港	58					2.9	1.4	
罗依溪港	0.6	0.2				5.5	2.7	0.3
王村港						23.5	12	

资料来源：湖南省航务管理局

【岳阳市港口航务(海事、船检)管理局】 （详见《长江航运年鉴》(2007卷)第五篇“港口”第504页）

局　长　刘岳华

地　址　湖南省岳阳市炮台三路120号

邮　编　414000

电　话　(0730)8258879;8213746

传　真　(0730)8217557

（岳阳市局）

【岳阳港】 岳阳港是湖南省唯一拥有长江深水岸线的港口。岳阳港城区主要港区有铁路专用线与京广铁路相连,60米宽的通海公路与107、106两条国道、临长高速公路相通,水陆交通十分便捷。岳阳港是铁、公、水一水陆中转,江、湖、海—水水中转的重要枢纽,是湖南省机械化程度最高、综合中转能力最强的港口。1996年12月28日,国务院正式批准城陵矶港(现岳阳港城陵矶港区)对外籍轮船开放,成为湖南对外开放的贸易口岸。岳阳港共有300吨级以上泊位116个,其中300～1000吨级泊位(不含1000)63个,1000～3000吨级泊位(不含3000)26个,3000～5000吨级(不含5000)25个,5000吨级泊位2个,3000吨级以下泊位27个,非生产性泊位6个,自然岸坡38处,锚地5处。全岳阳港使用陆域面积222.79万米^2(含涉港管理部门),水域面积410.88万米^2(含锚地、涉港管理部门),占用岸线长度24250米(含涉港管理部门)。53个1000吨级以上泊位(含1000吨)

有51个在岳阳市城区港区,300吨级以下泊位和自然岸坡主要分布在各县(市)区港区。2007年,岳阳港吞吐量4100万吨。2007年湖南省岳阳港泊位一览表详见表5-42。

【2007年湖南省岳阳港泊位一览表】 (表5-42)

序号	泊位性质	有设计文件		无设计文件		说明
		泊位数	设计通过能力	泊位数	估算通过能力	
1	企业专用	29	1888万吨	6	31.5万吨	按设计文件
2	社会公用	35	1297万吨、3万TEU、12万人次	73	754.9万吨 52万人次	含长江渡口泊位及旅客吞吐量。除几家较大企业外,社会公用泊位大多为斜坡,且前沿无机械,靠自卸驳输送机械作业散货,设计通过能力靠现场调查估算
合计		64	3185万吨、3万TEU、12万人次	79	786.4万吨 52万人次	

(湖南省局 蒋龙平)

【长沙港】 长沙港位于湘江下游,东经112°58′、北纬28°17′,经湘江与长江、资江、沅江相连。湘江航道条件优越,目前能通航1000吨级内河船舶。长沙港已成为我国中部地区重要的水陆交通枢纽,已列入交通运输部公布的全国内河28个主要港口名录。随着长沙市的扩容提质和湘江风光带的建设,位于主城区的主港区,于2002年开始向霞凝新港区转移。经过三期工程建设,霞凝新港区已建成8个千吨级泊位。目前,长沙港的陆域面积为208.66万米^2,水域面积为92.07万米^2,港口生产已使用岸线15164米。长沙港现有生产用码头泊位124个,全部为300吨级以上泊位。码头泊位总长度为7875米,最大靠泊能力1000吨;各种生产用装卸机械325台;输送机械100台,专用机械15台,库场机械192台;生产用仓库面积41470米^2、容积161111米^3,其中油库容积74311米^3,圆筒仓容积12800米^3;堆场面积899150米^2、容积2481110米^3,其中煤场面积8600米^2、容积55040米^3,集装箱堆场面积51710米^2,堆存能力为14000TEU,矿建材料面积为836840米^2、堆场容量2416670吨。

2007年,长沙港经营单位115家,企业大致可分为三类。一是专门从事砂石销售的砂场达几十家,湘江沿岸新发展专业混凝土公司十来家,砂石装卸及混凝土搅拌业务已成为港口的重要支柱产业。二是专门用来装卸成品油的企业,每年成品油的装卸量达150万吨。三是专门从事集装箱装卸的企业,主要是霞凝港区的国有股份制企业集星股份有限公司。该公司是2004年9月7日由湖南长沙新港有限责任公司、上海国际港务(集团)股份有限公司和上港集箱(澳门)有限公司共同组建的合资企业,承担着长沙及湘中地区60%以上的内支线集装箱装卸任务。公司配置了与国际接轨的码头信息化管理系统,实现了港口监控全程电子化,并与海关、商检、检疫联合办公,为客户提供高效、便捷的专业服务。主要经营范围:集装箱装卸、储存、修理、拼拆、清洗;货物中转、仓储、揽货、订舱;货运代理。

2007年,长沙港货物吞吐量2038.90万吨,集装箱9.32万TEU。

(湖南省局 蒋龙平)

【云南省港口概况】 2007年,云南省有主要港口8个,分别为:水富港、绥江港、景洪港、思茅港、大理港、昆明港、澄江港、江川港。吞吐量1万吨以上的码头72个;泊位132个,岸线长9593米,最大靠泊能力2500吨级。全省各地还建有吞吐量1万吨以下简易码头或渡口码头数百处。

云南省港口、码头规模小,基础设施比较简陋,货物装卸除水富、绥江两港有部分机械外,其他大部分靠人力。

2007年,云南省港口完成货物吞吐量326万吨,同比增长6.5%。出港181万吨,进港145万吨;旅客吞吐量786万人次,出港393万人次。其中澜沧江货物吞吐量43万吨,同比增长2.4%;澜沧江外贸货物吞吐量40万吨,同比增长2.6%。

金沙江—长江完成货物吞吐量202万吨,同比增长12.2%,反映长江经济发展的龙头带动作用日益显现。

2007年云南省港口吞吐量(按港口分)一览表、2007年云南省港口吞吐量(按货物形态、包装及货类分)(内河公用)一览表,详见表5-43、表5-44。

(云南省局　马翠德)

【2007年云南省港口吞吐量(按港口分)一览表】 (表5-43)

港口	货物吞吐量				集装箱吞吐量			滚装汽车吞吐量	旅客吞吐量		利用自然岸坡完成船舶货物装卸量
	合计(万吨)	其中:外贸	出港		箱数(万TEU)	重量		(万辆)	(万人)	出港	
				其中:外贸		(万吨)	(货重)				
A	1	2	3	4	5	6	7	8	9	10	11
全省总计	326.00	40.00	181.00	30.00					786.00	393.00	
一、沿海港口合计											
二、内河港口合计	326.00	40.00	181.00	30.00					786.00	393.00	
1.黑龙江水系小计											
2.淮河水系小计											
3.长江干流小计	140.00		81.00						35.00	18.00	
绥江	80.00		69.00						20.00	10.00	
水富	60.00		12.00						15.00	8.00	
4.长江支流小计	30.00		15.00						210.00	105.00	
昆明	30.00		15.00						210.00	105.00	
5.京杭运河小计											
6.黄河水系小计											
7.珠江水系小计	5.00		2.00						20.00	10.00	
澄江(云)									10.00	5.00	
江川	5.00		2.00						10.00	5.00	
8.其他水系小计	151.00	40.00	83.00	30.00					521.00	260.00	
大理	16.00		8.00						201.00	100.00	
思茅	6.00		2.00						14.00	7.00	
景洪	43.00	40.00	30.00	30.00					16.00	8.00	
云南其他河港	86.00		43.00						290.00	145.00	

【2007年云南省港口吞吐量(按货物形态、包装及货类分)(内河公用)一览表】 (表5-44)

分　类	序号	合　计		出港		进　港	
			外　贸		外　贸		外　贸
A	B	1	2	3	4	5	6
货物吞吐量合计(吨)	1	3260000	400000	1810000	300000	1450000	100000
1. 液体散货	2						
其中:原油	3						
成品油	4						
液化气、天然气及制品	5						
2. 干散货	6	1820000	40000	780000	20000	1040000	20000
其中:煤炭及制品	7	500000		500000			
金属矿石	8	10000	10000	10000	10000		
散水泥	9						
散粮	10						
散化肥	11						
3. 件杂货	12	1440000	360000	1030000	280000	410000	80000
其中:木材	13	10000	10000			10000	10000
粮食	14	490000	10000	240000		250000	10000
化肥	15						
水泥	16	40000				40000	
4. 集装箱(TEU)	17						
重量(吨)	18						
其中:货重	19						
5. 滚装船汽车吞吐量(辆)	20						
重量(吨)	21						

资料来源:云南省交通厅

【水富港】 水富港位于金沙江下游横江河口水富县城,是金沙江—长江干流直达航线的起始港。建设规模年货运量80万吨、年客运量50万人次,有500吨级码头泊位4个,岸线长1.1公里,洪区公路1.7公里,堆场1.83万米^2,停车场2900米^2,以及相应仓库、办公楼、装卸作业等设施。

2007年,水富港完成货场吞吐量60万吨,出港12万吨,旅客吞吐量15万人次,出港8万人次。

地　址　云南省水富县云富镇

邮　编　657800

电　话　(0870)8637839

(云南省局　马翠德)

【绥江港】 绥江港位于绥江县城上游1.5公里处,上距新市镇18公里,下距宜宾88公里,有公路与昭通、永善、水富相连。绥江县城是云南省金沙江下游紧靠江边的重要城镇。绥江港建设规模年货运量30万吨,年客运量65万人次。现有泊位5个,岸线长0.7公里,港区公路1.5公里,堆场1.3万米^2、停车场2819米^2。

2007年,绥江港完成货物吞吐量80万吨,出港69万吨,旅客吞吐量20万人次,出港10万人次。

地　址　云南省绥江县

邮　编　657700

电　话　(0870)7943392

(云南省局　马翠德)

【昆明港】 昆明港位于滇池四周,为内湖港口,由篆塘、海埂、海口、昆阳四个港区组成,有12座码头、22个泊位,均为固定性坡岸码头,最大靠泊能力50吨级,有仓库337米^2,货棚230米^2,堆场

9012 米^2,候船室 2644 米^2。昆明港湖区航线独具旅游特色,昆明至昆阳 54 公里水路,是旅客游览湖光山色的最佳路线。

2007 年,昆明港完成货物吞吐量 30 万吨,出港 15 万吨,旅客吞吐量 210 万吨,出港 105 万人次。

地　址　昆明市环城西路 313 号

邮　编　650032

电　话　(0871)4132687

(云南省局　马翠德)

【景洪港】　景洪港由景洪码头、关累码头组成。关累码头位于景洪下游的关累镇,景洪主码头位于景洪市澜沧江左岸,上距南得坝 190 公里,下距中缅 243 号界桩 70 公里,距昆明市 730 公里。1990 年开通澜沧江—湄公河国际航运以来,景洪作为重要的水路中转地,1994 年 10 月开工建设,2004 年初全部完工,规模为年货运量 10 万吨,客运量 40 万人次。

2007 年,景洪港完成货物吞吐量 43 万吨,出港 30 万吨,旅客吞吐量 16 万人次,出港 8 万人次。

地　址　云南省景洪市

邮　编　666100

电　话　(0691)22103889

(云南省局　马翠德)

【思茅港】　思茅港位于云南省普洱市宁洱县竹林乡的小橄榄坝,港区地处澜沧江—湄公河国际航道国内通航河段中部,上游距南得坝 104 公里,下游距景洪市 86 公里,距国内段航道起点中缅 243 号界桩 156 公里。思茅港由小橄榄坝码头、虎跳石码头、纳撒渡码头、南得坝码头组成。于 1996 年开工,2002 年完工。规模为年货运量 30 万吨,客运量 10 万人次。

2007 年,思茅港完成货物吞吐量 6 万吨。出港 2 万吨;旅客吞吐量 14 万人次,出港 7 万人次。

地　址　思茅市人民东路 11 号

邮　编　665000

电　话　(0879)2133403

(云南省局　马翠德)

【大理港】　大理港是洱海沿岸所有港点的总称,即下关客运码头、桃源码头、大关邑货运码头、龙龛码头、瓦村码头、挖色码头、观音阁码头。除下关码头、桃源码头外,其余均属简易码头。下关码头规模为年客运量 102 万人次,14 个泊位,岸线长 700m。

2007 年,大理港完成货物吞吐量 16 万吨,出港 8 万吨,旅客吞吐量 201 万人次,出港 100 万人次。

地　址　云南省大理市

邮　编　671000

电　话　(0872)2125321

(云南省局　马翠德)

【澄江港】澄江港位于玉溪市澄江县抚仙湖畔,为内湖港口,属珠江水系,港区总面积 17.1 万米^2。

2007 年,澄江港完成旅客吞吐量 10 万人次,出港 5 万人次。

地　址　玉溪市澄江县凤麓镇

邮　编　653100

电　话　(0877)2023533

(云南省局　马翠德)

【江川港】　江川港位于玉溪市江川县抚仙湖畔,为内湖港口,属珠江水系,港区总面积 1.44 万米^2。

2007 年,江川港完成货物吞吐量 5 万吨,出港 2 万吨,旅客吞吐量 10 万人次,出港 5 万人次。

地　址　玉溪市江川县龙街镇

邮　编　652600

电　话　(0877)8011102

(云南省局　马翠德)

【贵州省港口概况】　2007 年,贵州省航务局为认真贯彻实施《港口法》,主要从以下几方面开展工作:第一,加快全省港口管理法规建设步伐。2007 年 9 月 24 日贵州省第十届人民代表大会常务委员会第二十九次会议通过了《贵州省水路交通管理条例》,并于 2008 年 1 月 1 日起施行;同时,抓紧进行《贵州省港口管理办法》的修订工作。进一步确立了全省航务管理机构在港口管理中执法的主体地位,完善了全省港口管理法律法规体系建设。第二,继续开展对全省港口经营者的清理审核发证工作。初步实现了持证经营港口业务,在清理过程中,重点对港口业务经营者的经营资质等进行进一步的审查,切实加强个体码头的管理。

第三,完成货物吞吐量711.2万吨,旅客吞吐量1303.2887万人次。继续推进全省港口(码头)设施建设。为推进全省旅游发展及库区水路运输发展,贵州省建成了天生桥库区红椿、白云、永和、巴结、未罗兰堡等码头设施,同时开工建设了洪家渡电站库区四个码头。第四,全省港口年吞吐能力达到:旅客1225.62万人,货物803.3万吨。积极开展全省港口规划工作。针对全省原港口规划工作开展得不是很好的状况,开始对全省港口规划进行修订,以加快全省港口资源整合进程。

随着全省港口管理各项工作的逐步开展,港口管理方面得到一定加强。随着贵州省水路运输的发展,港口码头建设也得到较快发展。一些港口兴起了社会(特别是个体)投资建码头的热潮,广东、山西等地客商纷纷与贵州省接洽,拟在全省西南出海中线通道——南北盘江及红水河建设码头。

近一段时期以来,贵州省港口业得一定发展,基本适应腹地经济发展对港口业的需要,但由于受主客观条件的制约,在港口管理及建设等方面仍存在一些不足。一是对港口的清理发证工作难度较大,由于贵州省港口(码头)多为国家和省投资兴建,交付航务管理部门管理,在一定程度存在政企不分现象,管理体系不完善,缺乏专业的港口经营管理队伍,这给港口经营发证工作带来了一定难度;二是各港口设施仍较落后,全省多为中小型码头(最大仅为300吨级泊位),码头岸线长度、泊位虽有一定增加,但利用自然岩坡进行港口装卸等作业仍占相当比重。三是港口机械化装卸效率低,各港口多为人力装卸,增加了船舶在港滞留时间。四是各港口配套公路有待进一步改善,在一定程度上影响了港口功能的发挥。

2007年贵州省港口吞吐量情况一览表、2007年贵州省港口吞吐量(按港口分)一览表、2007年贵州省港口吞吐量(按货物形态、包装及货类分)(内河公用)一览表,详见表5-45、表5-46、表5-47。

(贵州省局　杨萍艳)

【2007年贵州省港口吞吐量情况一览表】 (表5-45)

市(州、地)	序号	港口名称	2007年度港口吞吐量					
			货物(万吨)			旅客(万人次)		
			合计	进口	出口	合计	进口	出口
贵阳市	1	花溪港	1	0.5	0.5	20	10	10
	2	乌当港	0.1	0.1	0	14.5	7.5	7
	3	清镇港	0.3	0.2	0.1	43.1	22.1	21
	4	息烽港	26.2	25.1	1	26	13	13
	5	修文港	0	0	0	9	5	4
	6	开阳港	0	0	0	8.5	4.5	4
遵义市	7	赤水港	95	2	93	40		
	8	土城港	18	0	18	23		
	9	茅台港	1.5	1.5	0			
	10	遵义县港	21.5	21.5	0			
	11	余庆港	0	0	0	0	0	0
	12	湄潭港	0	0	0			
铜仁地区	13	沿河港	31.2	15.6	15.6	256.52	125.32	131.2
	14	思南港	6.6	3.3	3.3	178.5	91.9	86.6
	15	德江港	6	3	3	8.1	4	4.1
	16	铜仁港	1	0.5	0.5	11.6	5.8	5.8
	17	玉屏港	0.5	0.25	0.25	0.46	0.23	0.23
	18	石阡港				1.6	0.8	0.8
	19	松桃港	0.6	0.3	0.3	4.28	2.14	2.14

市(州、地)	序号	港口名称	2007年度港口吞吐量					
			货物(万吨)			旅客(万人次)		
			合计	进口	出口	合计	进口	出口
毕节地区	20	金沙港	20.5		20.5	15.5	8	7.5
	21	黔西港				11.647	4.152	7.495
	22	织金港	5	5		9.152	4.022	5.13
	23	大方港				1.8297	0.4154	1.4143
黔东南州	24	天柱港	6.03	2.9	3.13	56	29	27
	25	锦屏港	5.5	2.9	2.6	45.084	23.76	21.324
	26	从江港	8.14	5.2	2.94	82	42	40
	27	镇远港	2.2	1.4	0.8	47.9182	30.2	17.7182
	28	榕江港	1.01	0.6	0.51	11	6	5
	29	凯里港	2.05	1.1	0.95	18.3428	11.3	7.0428
	30	剑河港	9.43	5	4.43	88.755	47	41.755
	31	施秉港	0.64	0.3	0.34	4.9	2.4	2.5
安顺市	32	镇宁港	3.5	1.8	1.7	8	5	3
	33	普定港	3.5	1.5	2	2	1	1
	34	关岭港	5	2	3	7	2.5	4.5
	35	紫云港				18	9	9
	36	平坝港	3	1.2	1.8	1	0.5	0.5
黔南州	37	罗甸港	31.2	15.6	15.6	30	15	15
	38	三都港						
	39	荔波港				40	20	20
	40	长顺港				20	10	10
黔西南州	41	百层港	66	33	33	20	10	10
	42	望谟港	86	43	43	30	15	15
	43	册亨港	96	48	48	21	10.5	10.5
	44	安龙港	44	22	22	7	3.5	3.5
	45	晴隆港	36	18	18	32	16	16
	46	兴义港	72	36	36	30	15	15
六盘水市	47	六枝港						
全省合计			711.2	320.35	400.85	1303.2887	633.5394	606.7493

(贵州省局 李云峰)

【2007年贵州省港口吞吐量(按港口分)一览表】 (表5-46)

港口	货物吞吐量				集装箱吞吐量			滚装汽车吞吐量(万辆)	旅客吞吐量		利用自然岸坡完成船舶货物装卸量
	合计(万吨)	其中:外贸	出港		箱数(万TEU)	重量			(万人)	出港	
				其中:外贸		(万吨)	(货重)				
A	1	2	3	4	5	6	7	8	9	10	11
全省总计	587.38		394.20						1474.90	858.60	14.00
一、沿海港口合计											
二、内河港口合计	587.38		394.20						1474.90	858.60	14.00

港口	货物吞吐量				集装箱吞吐量			滚装汽车吞吐量（万辆）	旅客吞吐量		利用自然岸坡完成船舶货物装卸量
	合计（万吨）	其中：外贸	出港		箱数（万TEU）	重量			（万人）	出港	
				其中：外贸		（万吨）	（货重）				
1.黑龙江水系小计											
2.淮河水系小计											
3.长江干流小计											
4.长江支流小计	509.78		346.40						1381.20	803.10	14.00
茅台	22.30		18.50						11.50	9.20	
土城	4.10		4.00						11.30	8.50	
赤水	155.00		118.00						72.60	51.20	14.00
清镇									90.00	45.00	
贵阳									32.60	16.30	
百花湖									23.00	11.50	
修文									13.00	7.00	
息烽	24.30		19.20						12.00	7.00	
三沙	24.20		10.00						5.00	2.40	
翁井									5.5	3.20	
石矸	24.50		15.50						12.60	6.30	
思南	56.40		34.60						121.60	65.10	
德江	36.50		24.20						56.30	28.20	
沿河	42.20		24.30						178.00	112.60	
重安江	6.20		4.20						26.20	15.30	
凯里	6.20		3.60						60.30	31.20	
剑河	32.60		20.20						120.80	60.80	
锦屏	15.50		12.30						52.60	28.40	
瓮洞	22.60		16.30						110.80	56.30	
施秉	2.38		1.20						43.00	36.00	
镇远	1.10		0.50						145.20	82.40	
玉屏	4.20		2.60						6.60	3.20	
铜仁	8.40		4.60						102.30	67.80	
松桃	6.80		4.20						66.20	46.80	
贵州其他河港	8.20		5.20								
贵州其他河港	6.10		3.20						2.20	1.40	
5.京杭运河小计											
6.黄河水系小计											
7.珠江水系小计	77.60		47.80						93.70	55.50	
坝草	2.50		1.50						3.20	2.50	

港口	货物吞吐量				集装箱吞吐量			滚装汽车吞吐量	旅客吞吐量		利用自然岸坡完成船舶货物装卸量
	合计（万吨）	其中：外贸	出港		箱数（万TEU）	重量		（万辆）	（万人）	出港	
				其中：外贸		（万吨）	（货重）				
百层	22.40		18.20						11.80	7.20	
岩架									8.20	6.50	
坡脚	0.60		0.50						1.60	1.20	
蔗香	26.50		22.40						9.60	6.30	
羊里	0.80		0.20								
榕江	6.40		2.60						3.20	1.60	
从江	18.40		2.40						52.60	28.40	
贵州其他河港									3.50	1.80	
8. 闽江水系小计											
9. 其他水系小计											

【2007年贵州省港口吞吐量（按货物形态、包装及货类分）（内河公用）一览表】　（表5－47）

分类	序号	合计		出港		进港	
			外贸		外贸		外贸
A	B	1	2	3	4	5	6
货物吞吐量合计（吨）	1	5873800		3942000		1931800	
1. 液体散货	2	180000		180000			
其中：原油	3						
成品油	4						
液化气、天然气及制品	5	112000		112000			
2. 干散货	6	2887000		2566200		321000	
其中：煤炭及制品	7	2435600		2312600		123000	
金属矿石	8	451600		253600		198000	
散水泥	9						
散粮	10						
散化肥	11						
3. 件杂货	12	2806600		1195800		1610800	
其中：木材	13	356000		116000		240000	
粮食	14	398300		286300		112000	
化肥	15	1734000		636000		1098000	
水泥	16	318300		157500		160800	
4. 集装箱（TEU）	17						
重量（吨）	18						
其中：货重	19						
5. 滚装船汽车吞吐量（辆）	20						
重量（吨）	21						

资料来源：贵州省交通厅

【四川省港口概况】 2007年底,四川省共有港口64个,其中吞吐量在100万吨以上的港口8个,泸州港、宜宾港、乐山港和南充港是四川省水运的主枢纽港。2007年全省港口共完成货物吞吐量4213万吨,旅客吞吐量4376万人,分别比上年增长6.79%和13.25%。

2007年四川省港口吞吐量(按港口分)一览表、2007年四川省港口吞吐量(按货物形态、包装及货类分)(合计)一览表,详见表5-48、表5-49。

(四川省局 胡 旭 陈春梅)

【2007年四川省港口吞吐量(按港口分)一览表】 (表5-48)

港口	货物吞吐量				集装箱吞吐量			滚装汽车吞吐量	旅客吞吐量		利用自然岸坡完成船舶货物装卸量
	合计(万吨)	其中:外贸	出港		箱数(万TEU)	重量		(万辆)	(万人)	出港	
				其中:外贸		(万吨)	(货重)				
A	1	2	3	4	5	6	7	8	9	10	11
全省总计	4212.84	19.84	1648.15	12.43	5.24	71.51	60.45	0.00	4376.27	1903.60	777.28
一、沿海港口合计	0.00	0.00	0.00	0.00	0.00	0.00	0.00	0.00	0.00	0.00	0.00
二、内河港口合计	4212.84	19.84	1648.15	12.43	5.24	71.51	60.45	0.00	4376.27	1903.60	777.28
1.黑龙江水系小计	0.00	0.00	0.00	0.00	0.00	0.00	0.00	0.00	0.00	0.00	0.00
2.淮河水系小计	0.00	0.00	0.00	0.00	0.00	0.00	0.00	0.00	0.00	0.00	0.00
3.长江干流小计	1504.70	19.84	1051.07	12.43	5.24	71.51	60.45	0.00	400.47	209.74	118.00
宜宾	345.00	0.00	200.10	0.00	0.00	0.00	0.00	0.00	90.00	45.00	71.00
南溪	45.40	0.00	15.40	0.00	0.00	0.00	0.00	0.00	19.00	12.00	20.00
江安	97.00	0.00	88.00	0.00	0.00	0.00	0.00	0.00	60.00	32.00	27.00
泸州	1017.30	19.84	747.57	12.43	5.24	71.51	60.45	0.00	231.47	120.74	0.00
4.长江支流小计	2708.14	0.00	597.08	0.00	0.00	0.00	0.00	0.00	3975.80	1693.86	659.28
新市镇	82.60	0.00	82.60	0.00	0.00	0.00	0.00	0.00	0.00	0.00	70.00
屏山	46.40	0.00	42.90	0.00	0.00	0.00	0.00	0.00	110.00	80.00	40.60
成都	0.00	0.00	0.00	0.00	0.00	0.00	0.00	0.00	22.00	0.00	0.00
龙泉(川)	0.00	0.00	0.00	0.00	0.00	0.00	0.00	0.00	10.00	0.00	0.00
青神	0.50	0.00	0.50	0.00	0.00	0.00	0.00	0.00	50.90	0.00	0.00
乐山	22.49	0.00	21.28	0.00	0.00	0.00	0.00	0.00	351.77	175.75	0.01
五通桥	12.00	0.00	12.00	0.00	0.00	0.00	0.00	0.00	168.93	84.46	0.00
犍为	65.15	0.00	62.23	0.00	0.00	0.00	0.00	0.00	201.20	100.60	0.00
沙湾	0.00	0.00	0.00	0.00	0.00	0.00	0.00	0.00	121.30	60.65	7.59
荣县	17.00	0.00	0.00	0.00	0.00	0.00	0.00	0.00	12.00	6.00	0.00
蒲江	0.00	0.00	0.00	0.00	0.00	0.00	0.00	0.00	15.00	0.00	0.00
夹江	5.73	0.00	2.87	0.00	0.00	0.00	0.00	0.00	61.80	30.90	2.50
洪雅	0.50	0.00	0.50	0.00	0.00	0.00	0.00	0.00	60.00	0.00	0.00
金堂	15.00	0.00	0.00	0.00	0.00	0.00	0.00	0.00	53.00	0.00	0.00
简阳	60.00	0.00	0.00	0.00	0.00	0.00	0.00	0.00	30.00	15.00	0.00
资阳	103.00	0.00	0.00	0.00	0.00	0.00	0.00	0.00	30.00	15.00	0.00

港口	货物吞吐量				集装箱吞吐量			滚装汽车吞吐量	旅客吞吐量		利用自然岸坡完成船舶货物装卸量
	合计(万吨)	其中:外贸	出港		箱数(万TEU)	重量					
				其中:外贸		(万吨)	(货重)	(万辆)	(万人)	出港	
仁寿	0.50	0.00	0.50	0.00	0.00	0.00	0.00	0.00	80.00	0.00	0.00
资中	81.00	0.00	0.00	0.00	0.00	0.00	0.00	0.00	109.00	0.00	0.00
内江	70.00	0.00	0.00	0.00	0.00	0.00	0.00	0.00	70.00	0.00	0.00
富顺	144.00	0.00	3.00	0.00	0.00	0.00	0.00	0.00	70.00	35.00	0.00
自贡	21.00	0.00	0.00	0.00	0.00	0.00	0.00	0.00	17.00	9.00	0.00
东兴	44.00	0.00	0.00	0.00	0.00	0.00	0.00	0.00	62.00	0.00	0.00
白水湖	0.00	0.00	0.00	0.00	0.00	0.00	0.00	0.00	2.30	1.30	0.00
广元	140.00	0.00	0.00	0.00	0.00	0.00	0.00	0.00	132.00	66.00	0.00
昭化	15.00	0.00	0.00	0.00	0.00	0.00	0.00	0.00	0.00	0.00	0.00
苍溪	36.00	0.00	0.00	0.00	0.00	0.00	0.00	0.00	16.00	8.00	0.00
阆中	41.00	0.00	0.00	0.00	0.00	0.00	0.00	0.00	75.00	33.00	0.00
南部	43.70	0.00	20.00	0.00	0.00	0.00	0.00	0.00	62.00	22.00	23.70
蓬安	99.00	0.00	0.00	0.00	0.00	0.00	0.00	0.00	99.80	49.00	30.00
南充	212.10	0.00	108.30	0.00	0.00	0.00	0.00	0.00	198.90	131.40	70.00
嘉陵	49.00	0.00	24.50	0.00	0.00	0.00	0.00	0.00	101.00	101.00	49.00
高坪	49.60	0.00	26.80	0.00	0.00	0.00	0.00	0.00	156.60	79.80	10.00
武胜	59.47	0.00	0.03	0.00	0.00	0.00	0.00	0.00	32.70	15.00	0.00
南江	12.00	0.00	0.00	0.00	0.00	0.00	0.00	0.00	20.00	9.00	12.00
巴中	35.00	0.00	0.00	0.00	0.00	0.00	0.00	0.00	110.00	53.00	35.00
平昌	37.00	0.00	0.00	0.00	0.00	0.00	0.00	0.00	120.00	56.00	37.00
通江	15.00	0.00	0.00	0.00	0.00	0.00	0.00	0.00	30.00	12.00	15.00
宣汉	76.35	0.00	28.03	0.00	0.00	0.00	0.00	0.00	74.46	37.23	17.70
达县	122.10	0.00	43.10	0.00	0.00	0.00	0.00	0.00	63.80	31.90	35.00
三汇	87.55	0.00	33.40	0.00	0.00	0.00	0.00	0.00	152.10	76.05	38.50
渠县	82.40	0.00	30.10	0.00	0.00	0.00	0.00	0.00	130.44	65.22	31.00
广安	200.38	0.00	3.47	0.00	0.00	0.00	0.00	0.00	102.00	45.00	0.00
岳池	128.88	0.00	0.86	0.00	0.00	0.00	0.00	0.00	74.00	30.00	0.00
华蓥	22.70	0.00	6.60	0.00	0.00	0.00	0.00	0.00	13.20	7.00	0.00
江油	0.00	0.00	0.00	0.00	0.00	0.00	0.00	0.00	0.50	0.30	0.00
绵阳	0.00	0.00	0.00	0.00	0.00	0.00	0.00	0.00	12.00	6.00	0.00
三台	26.00	0.00	0.00	0.00	0.00	0.00	0.00	0.00	5.20	2.60	26.00
盐亭	0.00	0.00	0.00	0.00	0.00	0.00	0.00	0.00	6.00	3.50	0.00
射洪	75.00	0.00	0.00	0.00	0.00	0.00	0.00	0.00	54.00	27.00	28.00
蓬溪	50.00	0.00	0.00	0.00	0.00	0.00	0.00	0.00	64.00	32.00	17.00
遂宁	78.00	0.00	0.00	0.00	0.00	0.00	0.00	0.00	77.00	38.00	35.00
大英	72.00	0.00	13.00	0.00	0.00	0.00	0.00	0.00	26.00	13.00	24.00
眉山	0.60	0.00	0.60	0.00	0.00	0.00	0.00	0.00	112.80	0.00	0.00
彭山	0.50	0.00	0.50	0.00	0.00	0.00	0.00	0.00	50.00	0.00	0.00
二滩	16.00	0.00	2.00	0.00	0.00	0.00	0.00	0.00	31.00	16.00	1.00
邻水	7.04	0.00	4.41	0.00	0.00	0.00	0.00	0.00	61.50	12.40	3.68
四川其他河港	27.90	0.00	23.00	0.00	0.00	0.00	0.00	0.00	3.60	1.80	0.00

【2007年四川省港口吞吐量(按货物形态、包装及货类分)(合计)一览表】 (表5-49)

分类	序号	合计		出港		进港	
			外贸		外贸		外贸
A	B	1	2	3	4	5	6
货物吞吐量合计(吨)	1	42128439	198373	16481543	124311	25646896	74062
1.液体散货	2	775978	0	325398	0	450580	0
其中:原油	3	317760	0	0	0	317760	0
成品油	4	35730	0	31850	0	3880	0
液化气、天然气及制品	5	326	0	64	0	262	0
2.干散货	6	38792873	0	14459099	0	24333774	0
其中:煤炭及制品	7	9045730	0	7420506	0	1625224	0
金属矿石	8	391704	0	271134	0	120570	0
散水泥	9	419250	0	199080	0	220170	0
散粮	10	141060	0	73420	0	67640	0
散化肥	11	280003	0	67903	0	212100	0
3.件杂货	12	1844492	0	1252880	0	591612	0
其中:木材	13	27319	0	10860	0	16459	0
粮食	14	181960	0	17784	0	164176	0
化肥	15	1223825	0	1113461	0	110364	0
水泥	16	199508	0	15756	0	183752	0
4.集装箱(TEU)	17	52407	18819	24095	7249	28312	11570
重量(吨)	18	715096	198373	444166	124311	270930	74062
其中:货重	19	604473	160862	392867	108890	211606	51972
5.滚装船汽车吞吐量(辆)	20	0	0	0	0	0	0
重量(吨)	21	0	0	0	0	0	0

资料来源:四川省交通厅

【泸州港】 泸州港是国家确定的28个内河主要港口之一,依托成渝经济区和便捷的铁、公、水及航空网络,辐射四川、重庆、黔北地区,发展迅速。泸州港包括纳溪港区、中心港区、泸县港区、合江港区和古蔺港区。

2007年,泸州港货物吞吐量首次突破1000万吨大关,集装箱吞吐量达近4万TEU。预测至2010年,泸州港货物吞吐量达到1350万吨、20万TEU;2020年,达到2300万吨、50万TEU。泸州港正在建设合江密西沟二期及安达、泰安、永利、神仙桥等码头工程。

(四川省局 胡 旭 陈春梅)

【宜宾港】 宜宾港位于金沙江、岷江与长江汇合处,是长江上游第一个铁、公、水、空联运的交通枢纽港。

宜宾港包括中心港区、江安港区、南溪港区和新市港区。2007年,宜宾港货物吞吐量为748万吨。预测至2010年,宜宾港货物吞吐量将达到1300万吨、20万TEU;2020年将达到2450万吨、49万TEU。

(四川省局 胡 旭 陈春梅)

【南充港】 南充市位于嘉陵江的中游,定位为川东北区域中心城市,已初步形成了以石油化工、机械汽配、丝纺服装、食品医药、建筑建材及能源六大支撑产业,旅游产业发展迅速。

南充港目前主要承担南充市的矿建材料、化肥及农药、水泥、盐、粮食等其他物资运输。2007年,货物吞吐量588万吨,旅客吞吐量779万人次。预测2030年,货物吞吐量将达到1000万吨。

(四川省局 胡 旭 陈春梅)

【乐山港】 乐山市位于岷江、大渡河、青衣江的交汇处,溯岷江而下可直达宜宾进入长江。2001 年,四川省建成起重 550 吨、跨度 39 米、高度 28.5 米的乐山大件码头,是目前国内内河起吊重量最重、跨度最大的桥吊。

2007 年底,乐山大件码头完成吊装 255 批次,5.8 万吨。乐山港是四川省大件运输通道上的重要节点,主要承担乐山市及周边地区煤炭、矿建材料、重大件等物资运输。全年港口货物吞吐量为 82 万吨,旅客吞吐量 744 万人次。预测 2030 年,货物吞吐量将达到 940 万吨、30 万 TEU。

(四川省局 胡 旭 陈春梅)

【广元港】 广元市地处四川盆地北部,位于嘉陵江上中游,是川北、陕南、甘南六地市 20 余县市的物资集散地,素有“川北门户”、“蜀门咽喉”之称。

广元港目前主要承担广元市的矿建材料等物资运输,2006 年港口货物吞吐量 148 万吨,旅客吞吐量 73 万人次。预测 2030 年,货物吞吐量将达到 260 万吨。

(四川省局 胡 旭 陈春梅)

【达州港】 达州港地处四川东部,与重庆市毗邻,是四川省规划的川东北城市群的主要依托城市之一,是成渝经济区 5 大交通枢纽之一,是川渝地区天然气资源的富集地。“十一五”期将初步建成中国西部天然气能源化工基地,最终建成有机化工、合成材料、精细化工、无机化工以及天然气发电相结合的中国西部天然气能源化工园区。

达州港主要承担达州市的煤炭、矿建材料、水泥、粮食等物资运输,2006 年货物吞吐量 470 万吨。预测 2030 年,货物吞吐量将达到 1050 万吨。

(四川省局 胡 旭 陈春梅)

【广安港】 广安港位于四川盆地东部,嘉陵江和渠江中游,境内资源丰富,旅游资源得天独厚,能源、化工、农产品加工、机电配套、建材等优势产业发展前景比较广阔。

广安港主要承担广安市的煤炭、矿建材料、水泥、粮食、化肥及农药等物资运输,2006 年货物吞吐量 393 万吨。预测 2030 年,货物吞吐量将达到 1010 万吨。

(四川省局 胡 旭 陈春梅)

【自贡港】 自贡市地处四川盆地西南部,位于沱江下游,盐化、机械、新材料、化纤纺织和农产品加工五大产业发展较快。

自贡港主要承担自贡市矿建材料、水泥、化肥及农药、盐、粮食等物资运输。2007 年货物吞吐量 181 万吨,预测 2030 年,货物吞吐量将达到 530 万吨。

(四川省局 胡 旭 陈春梅)

【绵阳港】 绵阳市位于四川盆地西北部,地处涪江中上游,是四川省工业经济最发达的城市之一,初步形成了电子信息、食品、冶金、汽车及零部件制造、建材化工、纺织 6 大产业集群。由于涪江不能正常通航,绵阳港目前比较落后。涪江渠化后,绵阳港可望得到较大程度的发展。预测 2030 年,货物吞吐量将达到 350 万吨。

(四川省局 胡 旭 陈春梅)

【遂宁港】 遂宁市位于四川盆地中部,地处涪江中游,化工、食品、纺织、饲料兽药生物制药、汽车机械加工制造、电力等产业比较发达。由于涪江不能正常通航,遂宁港目前比较落后。涪江渠化后,遂宁港可望得到较大程度的发展,预测 2030 年,货物吞吐量将达到 550 万吨。

(四川省局 胡 旭 陈春梅)

【陕西省港口概况】 2007 年,陕西省完成 20 处农村渡口的改造。尤其是各市航运海事部门在资金有限的条件下,坚持抓项目管理、抓工程质量,修建人民群众拍手称道的惠民工程,为服务社会主义新农村建设,作出了积极的贡献。

2007 年陕西省港口吞吐量(按港口分)一览表、2007 年陕西省港口吞吐量(按货物形态、包装及货类分)(内河公用)一览表,详见表 5-50、表 5-51。

(陕西省局 余红梅)

【2007年陕西省港口吞吐量(按港口分)一览表】 (表5-50)

港口	货物吞吐量				集装箱吞吐量			滚装汽车吞吐量	旅客吞吐量		利用自然岸坡完成船舶货物装卸量
	合计(万吨)	其中:外贸	出港		箱数(万TEU)	重量		(万辆)	(万人)	出港	
				其中:外贸		(万吨)	(货重)				
A	1	2	3	4	5	6	7	8	9	10	11
全省总计	198.41		95.56						464.45	233.58	
一、内河港口合计	198.41		95.56						464.45	233.58	
1.黑龙江水系小计											
2.淮河水系小计											
3.长江干流小计											
4.长江支流小计	196.21		93.46						457.05	227.78	
洋县	2.60		2.00								
西乡	5.90		3.00						3.00	1.40	
石泉	0.91		0.42						8.20	3.20	
紫阳	51.90		26.89						92.20	45.90	
岚皋	8.62		1.47						15.66	9.46	
安康	60.16		30.08						190.04	95.02	
汉阴	1.48		1.30						2.30	1.20	
旬阳	54.00		28.30						128.00	62.00	
白河	10.64								17.65	9.60	
5.京杭运河小计											
6.黄河水系小计	2.20		2.10						7.40	5.80	
府谷	0.60		0.60						1.50	1.30	
神木	0.70		0.70						2.60	2.20	
佳县	0.40		0.40						1.80	1.20	
吴堡	0.50		0.40						1.50	1.10	
7.珠江水系小计											
8.闽江水系小计											
9.其他水系小计											

【2007年陕西省港口吞吐量(按货物形态、包装及货类分)(内河公用)一览表】 (表5-51)

分类	序号	合计		出港		进港	
			外贸		外贸		外贸
A	B	1	2	3	4	5	6
货物吞吐量合计(吨)	1	1984100		955600		1028500	
1.液体散货	2						
其中:原油	3						
成品油	4						
液化气、天然气及制品	5						
2.干散货	6	1984100		955600		1028500	
其中:煤炭及制品	7	340000		160000		180000	
金属矿石	8	750000		350000		400000	
散水泥	9	240000		140000		100000	
散粮	10						
散化肥	11	270000		110000		160000	
3.件杂货	12						
其中:木材	13						
粮食	14						
化肥	15						
水泥	16						
4.集装箱(TEU)	17						
重量(吨)	18						
其中:货重	19						
5.滚装船汽车吞吐量(辆)	20						
重量(吨)	21						

补充资料:进出港旅客4644500人,其中出港旅客2335800人。

资料来源:陕西省交通厅航运管理局

【甘肃省港口概况】 2007年甘肃省港口吞吐量(按港口分)一览表、2007年甘肃省港口吞吐量(按货物形态、包装及货类分)(内河公用)一览表,详见表5-52、表5-53。

(甘肃省局 陈长春)

【2007年甘肃省港口吞吐量(按港口分)一览表】 (表5-52)

港口	货物吞吐量				集装箱吞吐量			滚装汽车吞吐量	旅客吞吐量		利用自然岸坡完成船舶货物装卸量
	合计(万吨)	其中:外贸	出港		箱数(万TEU)	重量					
				其中:外贸		(万吨)	(货重)	(万辆)	(万人)	出港	
A	1	2	3	4	5	6	7	8	9	10	11
全省总计	34.31		17.17						104.83	52.43	
一、沿海港口合计											
二、内河港口合计	34.31		17.17						104.83	52.43	

港口	货物吞吐量				集装箱吞吐量			滚装汽车吞吐量	旅客吞吐量		利用自然岸坡完成船舶货物装卸量
	合计（万吨）	其中：外贸	出港		箱数（万TEU）	重量					
				其中：外贸		（万吨）	（货重）	（万辆）	（万人）	出港	
1.黑龙江水系小计											
2.淮河水系小计											
3.长江干流小计											
4.长江支流小计	0.97		0.49						22.80	11.40	
陇南	0.97		0.49						22.80	11.40	
5.京杭运河小计											
6.黄河水系小计	33.34		16.68						82.03	41.03	
临夏	27.34		13.67						36.53	18.27	
兰州									38.50	19.26	
白银	6.00		3.01						7.00	9.50	
7.珠江水系小计											
8.闽江水系小计											

【2007年甘肃省港口吞吐量(按货物形态、包装及货类分)(内河公用)一览表】 （表5－53）

分类	序号	合计		出港		进港	
			外贸		外贸		外贸
A	B	1	2	3	4	5	6
货物吞吐量合计(吨)	1	343100		171700		171400	
1.液体散货	2						
其中:原油	3						
成品油	4						
液化气、天然气及制品	5						
2.干散货	6	220460		110341		110119	
其中:煤炭及制品	7	69000		34500		34500	
金属矿石	8						
散水泥	9						
散粮	10						
散化肥	11	9000		4500		4500	
3.件杂货	12	122640		61359		61281	
其中:木材	13						
粮食	14	29800		14900		14900	
化肥	15	9900		4950		4950	
水泥	16						

分　类	序号	合　计		出　港		进　港	
			外　贸		外　贸		外　贸
A	B	1	2	3	4	5	6
4. 集装箱(TEU)	17						
重量(吨)	18						
其中:货重	19						
5. 滚装船汽车吞吐量(辆)	20						
重量(吨)	21						

资料来源:甘肃省水运管理局

【兰州港】 兰州港位于兰州市城关区黄河南岸边,滨河路东段。该港口是兰州市对外旅游的窗口,以客运和旅游为主。港口水文:最高水位1513.53m、最低水位11511.43米、最大流速3.17米/秒、平均流速1.64米/秒。

2007年,港区完成客运量24万人,旅客周转量52万人公里,货运量16万吨,货运周转量21万吨公里。兰州港现有八盘峡港区、新城港区、中心港区、小峡港区、青城港区5个港区,港区现状面积20.62万米^2,港口生产已使用自然岸线2650米。港区现有19个泊位,泊位长度591米。

(甘肃省局　陈长春)

【临夏港】 位于甘肃省永靖县刘家峡镇以东2公里,刘家峡大坝码头。港口最高水位1735米、最低水位1716米、平均水位1729米,为水库港口。锚地5个、该航道水深75米。

2007年,港区完成客运量73万人,旅客周转量1680万人公里,货运量75万吨,货运周转量305万吨公里。临夏港现有刘家峡港区、盐锅峡港区2个港区,港区现状面积22.5万米^2,港口生产已使用自然岸线2130米。港区现有27个泊位,泊位长度670米。

地　址　临夏州永境县刘家峡镇川东路149号
邮　编　731600
电　话　(0930)8832343
传　真　(0930)8832343

(甘肃省局　陈长春)

【陇南港】 位于陇南市文县,由碧口码头和杜家坝码头组成。碧口码头位于白龙江碧口库区曲水湾,分高、中、低水位码头,码头岸线长90米,有码头管理站房和候船室。杜家坝码头位于白龙江宝珠寺电站白龙湖库区尾部甘川两省交界处,占地面积2400米^2,码头岸线长33米,港站楼640米^2,停车场725米^2,泊位数量5个。

2007年,港区完成客运量26万人,旅客周转量372万人公里,货运量13万吨,货运周转量3万吨公里。陇南港现有白龙湖港区、碧口港区2个港区,港区现状面积6.35万米^2,港口生产已使用自然岸线660米。港区现有24个泊位,泊位长度280米。

地　址　陇南市武都区城关镇旧城路008号
邮　编　746000
电　话　(0939)8251323
传　真　(0939)8251323

(甘肃省局　陈长春)

【白银港】 位于白银区四龙镇,最高水位9米,最低水位4米,平均水位6.5米,最大流速7米/秒,平均流速5米/秒。

2007年,港区内完成客运量78万人,旅客周转量39万人公里,货运量12万吨,货运周转量8万吨公里。白银港现有景泰港区、平川港区、靖远港区、四龙港区、水川港区2个港区,港区现状面积30.63万米^2,港口生产已使用自然岸线3130米。港区现有104个泊位,泊位长度1080米。

地　址　甘肃省白银市新兰包路460号
邮　编　730900
电　话　(0943)8311720
传　真　(0943)8311720

(甘肃省局　陈长春)

【重庆市港口概况】 2007年,重庆市港口由主城、万州、涪陵三个枢纽港区和江津、永川、合川、奉节、武隆五个重点港区及其他20个县级港区组成,共有生产性泊位1344个,年货运通过能力7600万吨、集装箱56万TUE、滚装68万辆,港口企业348家。规模化、大型化、专业化、机械化的生产性泊位有108个,占总数的8%,实际吞吐量达到2800万吨,占总数的37%,主要集中在主城、涪陵、万州、江津等地。

2007年,重庆市总共完成港口货物吞吐量6433.54万吨,同比增长18.69%;外贸吞吐量253.3万吨,同比增长4.08%;集装箱吞吐量43.28万TEU,同比增长28.54%;滚装汽车吞吐量57.05万辆,同比增长19.13%。

2007年重庆市港口吞吐量(按港口分)一览表、2007年重庆市港口吞吐量(按货物形态、包装及货类分)(合计)一览表,详见表5-54、表5-55。

(重庆市局 彭然红)

【2007年重庆市港口吞吐量(按港口分)一览表】 (表5-54)

港口	货物吞吐量				集装箱吞吐量			滚装汽车吞吐量	旅客吞吐量		利用自然岸坡完成船舶货物装卸量
	合计(万吨)	其中:外贸	出港		箱数(万TEU)	重量					
				其中:外贸		(万吨)	(货重)	(万辆)	(万人)	出港	
A	1	2	3	4	5	6	7	8	9	10	11
全市总计	6433.54	253.30	3103.08	166.41	43.28	524.31	416.30	57.05	1616.53	849.98	380.03
一、沿海港口合计											
二、内河港口合计	6433.54	253.30	3103.08	166.41	43.28	524.31	416.30	57.05	1616.53	849.98	380.03
1.黑龙江水系小计											
2.淮河水系小计											
3.长江干流小计	5121.95	251.44	2335.21	166.41	43.28	524.31	416.30	57.05	1046.62	551.57	53.53
松溉	166.06		48.25						18.22	10.33	
江津	657.49		216.99						61.50	31.8	
重庆	1792.70	220.76	750.45	153.94	37.58	448.46	353.18	36.83	78.73	51.82	28.59
木洞	30.22		0.25						12.95	7.16	1.00
洛碛	8.35		5.28						24.14	11.86	8.35
长寿	152.91		95.44								
涪陵	997.40	25.32	469.66	8.15	4.01	50.75	41.39	12.43	15.31	7.73	
丰都	31.90		11.59						95.53	48.31	3.12
石柱	95.06		87.03						30.69	15.94	
忠县	46.04		12.30						36.47	17.82	12.47
万州	832.67	5.36	461.77	4.32	1.69	25.10	21.73	7.79	223.80	120.47	
云阳	21.45		3.83						93.72	52.95	
奉节	158.30		60.27						199.66	97.08	
巫山	131.40		112.10						155.90	78.30	
4.长江支流小计	1311.59	1.86	767.87						569.91	298.41	326.50
重庆	89.22		7.11								2.12
洛碛	30.03		3.54						8.94	4.31	28.95
涪陵	42.19	1.86	18.23								

港口	货物吞吐量				集装箱吞吐量			滚装汽车吞吐量	旅客吞吐量		利用自然岸坡完成船舶货物装卸量
	合计（万吨）	其中：外贸	出港		箱数（万TEU）	重量		（万辆）	（万人）	出港	
				其中：外贸		（万吨）	（货重）				
忠县	26.74		23.50						4.28	2.11	14.35
云阳	53.66		48.59						12.45	6.34	
奉节	280.60		280.60						33.14	16.57	80.60
巫山	9.52		7.06						86.09	45.70	
綦江	38.73								12.65	6.04	
合川	366.60		224.83						79.70	47.60	141.77
北碚	55.82		8.60						3.60	1.74	
潼南	26.35		6.67						173.12	86.51	
安居	33.60								112.67	57.44	11.00
龚滩	0.66		0.06						1.47	0.69	
彭水	159.59		98.30								
武隆	47.97		19.96								
巫溪	2.60								10.40	7.60	
开县	36.36		15.28						6.20	3.36	36.36
重庆其他河港	11.35		5.54						25.20	12.40	11.35

【2007年重庆市港口吞吐量（按货物形态、包装及货类分）（合计）一览表】 （表5－55）

分类	序号	合计		出港		进港	
			外贸		外贸		外贸
A	B	1	2	3	4	5	6
货物吞吐量合计（吨）	1	64335289	2533110	31031049	1664165	33304240	868945
1.液体散货	2	2248335	1000	1060908		1187427	1000
其中：原油	3						
成品油	4	1713473		762342		951131	
液化气、天然气及制品	5						
2.干散货	6	36611797		17320614		19291183	
其中：煤炭及制品	7	17116830		13556563		3560267	
金属矿石	8	5647443		119775		5527668	
散水泥	9						
散粮	10						
散化肥	11						
3.件杂货	12	9329655	92000	3657740		5671915	92000
其中：木材	13	11666		300		11366	
粮食	14	342772	92000	32295		310477	92000
化肥	15	2996432		1061632		1934800	
水泥	16	1717039		512631		1204408	
4.集装箱（TEU）	17	432754	243640	218932	131695	213822	111945
重量（吨）	18	5243052	2439535	3067264	1663590	2175788	775945
其中：货重	19	4162923	1771581	2484947	1295608	1677976	475973
5.滚装船汽车吞吐量（辆）	20	570453	115	324329	115	246124	

分类	序号	合计		出港		进港	
			外贸		外贸		外贸
A	B	1	2	3	4	5	6
重量(吨)	21	10902450	575	5924523	575	4977927	

资料来源:重庆市交通委员会

【重庆市港航管理局】 2007年,重庆市完成水路货运量5904.37万吨,同比增长29.76%;货运周转量699.86亿吨公里,同比增长31.26%;港口货物吞吐量6433.54万吨,同比增长18.69%;外贸吞吐量253.3万吨,同比增长4.08%;集装箱吞吐量43.28万TEU,同比增长28.54%;滚装汽车吞吐量57.05万辆,同比增长19.13%;运输船舶4220艘,船舶总运力达320万吨;水运平均运距1185公里,成为综合运输体系中平均运距最长的运输方式。全市90%以上的外贸物资是通过水路运输完成,水路货运周转量占重庆全社会总量的66.72%,创历史新高。

·加强市场监管,提高水运服务能力。一是加强对水运企业资质的动态监管。结合年审及"两防"工作开展水运企业资质核查和专项检查,对不能保持和降低经营资质的企业限期整改,对205艘不具备营运条件的船舶注销了营运资格。二是加大港口码头安全监管力度。对全市危险化学品、滚装、客运码头开展了专项整治工作,重点对化危品码头进行了排查治理。同时开展重点港口码头的安全预评价和安全评价工作,制定了《重庆市港口安全评价实施细则》,相继对涪陵羊驼背码头、寸滩二期、中石油和中石化万州、涪陵、重庆主城等46个新建货运码头和已建的危化品码头组织开展了安全评价和专家评审工作。三是搭建平台,积极为航运企业服好务。为扩大重庆水运服务半径,进一步增强重庆水运对周边省市的辐射能力,重庆水运服务贵州推介会于8月10日在贵阳成功举行,渝黔两地100多家企业进行了积极沟通和广泛交流,当场达成多个合作意向。继续做好三峡船闸完建期船舶单线运行期间的运输组织协调工作,积极协调海关、商检、三峡通航管理局等相关单位,开通了集装箱快班轮运输,大大提高了运输效率。此外,搭建水运银企沟通、互动、合作平台,组织召开重庆水运银企座谈会,逐步破解水运企业融资难题。

·加大水运结构调整力度,水运结构进一步优化。一是大力发展散化、集装箱运输,水运企业结构进一步完善。二是继续推行公司化经营,水运企业结构不断优化。全市水运企业已发展到400家(其中运输服务企业130家),全年新增企业29家。长江干线90%以上的普通货运实现了公司化经营,公司化经营企业的运力占总运力的93%以上。水运企业经营民营化、专业化趋势明显,企业规模明显增大,抗风险能力和综合竞争力增强。三是广泛推广船型标准化、大型化,船舶运力结构得到改善。全市货运船舶平均载重吨达1100吨,同比增长4.36%,其中长江干线达1300吨以上。四是加强客运旅游化转变,客运服务档次不断提升。结合水路旅游客运市场发展情况,对原有三峡观光游船技术服务标准进行修订,制定出台新的《重庆市内河旅游船服务质量标准》,并报请重庆市质量技术监督局以地方标准的形式予以颁布,鼓励客船进行技术改造,不断提升客船硬件条件。

·水上安全持续稳定。通过认真做好草街航电枢纽等重点工程水域通航安全保障,加大对基层工作督查力度;开展"两防"和渡口渡船专项整治,积极开展船舶污染治理;加强"春运"、"五一"、"十一"等重点时段监管,水运安全持续稳定。全年辖区共发生一般以上等级水上交通事故9起,死亡失踪6人(其中非运输船舶死亡3人),沉船6艘,水上交通安全形势总体依然保持稳定。

·长江上游航运中心建设进展顺利。为贯彻落实好胡锦涛总书记"314"总体部署,牢牢抓住历史性机遇,尽快将重庆市建成长江上游交通枢纽,2007年4月18日市长常务会议审议通过、4月28日市政府正式出台了《充分发挥长江黄金水道作用,进一步加快建设长江上游航运中心的决定》,并于5月11日、6月9日分别召开了"全市加快长江上游航运中心建设动员大会"和市水运发展协调领导小组第一次会议。确定了航运中心建设推进原则、建设目标和推进措施,对航运中心建设涉及的资金安排、岸线使用费征收管理、集装箱高速路通行费、船舶标准化资金安排、航运企业所得税、集装箱港口综合通行费等6项措施确定了具体工作原则。

·大力开展科技创新,提高水运生产力水平。一是完成了交通部西部交通建设科技项目《乌江航运建设关键技术研究》经济运量预测及船闸规模论证课题编写,开展了《小南海枢纽通航建筑物标准与能力前期研究》调研工作。完成了西部项目课题《四川省水上交通安全监管系统关键技术研究》承担部分的研发工作,形成了《船舶避碰预警技术研究报告》、《跨区域船舶交通安全信息共享技术研究报告》;二是加强船舶节能环保新技术以及新船型的研究和推广应用;三是组织开发了"重庆市船检信息管理系统"、"重庆市港口岸线管理系统"、"重庆市港口危险品作业管理系统"开发及试用工作,为实现网上申报、网上受理、网上查询等功能,提高全市航运信息化水平打下坚实的基础。

·依法行政,提高服务发展能力。一是港口立法进程显著加快。2007年9月28日,《重庆市港口管理条例》通过市人大常委会审议,将于2008年1月1日起施行;二是建章立制,规范审批行为,健全和完善行政审批中心有关制度,进一步简化审批程序,对现行15项行政许可的办理流程、当事人应提供的申请材料等进行了统一、规范和对外公示;三是强化执法监督,深入推进依法行政,开展了全市港航系统行政执法监督的对口交叉检查。

局　长　梁雄耀
地　址　重庆市江北区红石路2号
邮　编　400020
电　话　(023)89183586;89183588
传　真　(023)89183587
网　址　http://www.cqshipping.com

(重庆市局　彭然红)

【重庆港务物流集团公司(简称重庆港)】 重庆港是重庆市委、市政府将重庆港务(集团)有限责任公司、重庆物资(集团)有限责任公司、万洲港口(集团)有限责任公司和涪陵港务管理局的国有资产战略重组而成立的大型综合物流集团。

港口现拥有上市公司1个、独资公司7个、分公司9个、国有控股公司11个。资产总额55.8亿元,承担着重庆市港口项目投资、建设、对外招商引资和经营管理任务。

按照"一城一港、港航结合、动推西进、区港联动、综合物流"五大发展战略,重庆港"十一五"发展目标是建成西部最大最有带动力、控制力和影响力的现代综合物流集团和全国有实力有影响的物流集团;成为长江上游最大的综合水运中转港和集装箱枢纽港;成为重庆商贸中心、物流中心、航运中心和临港工业发展的重要支撑;年货物吞吐量达到6000万吨以上,集装箱吞吐量150万TEU,港口物流基础设施投资总额达60亿元以上,总资产、销售收入分别达到100亿元,利润总额上亿元。

2007年,重庆港务物流集团按照"一城一港、港航结合、东推西进、区港联动、综合物流"发展战略,围绕扩张资产规模和销售规模、提高管理水平和经济效益的工作重点,各项工作取得可喜成绩,主要经济指标再创新高。全年完成港口货物吞吐量2372.7万吨,比去年增长17.1%;装卸自然吨1898.6万吨,比去年增长10.6%;集装箱吞吐量40.82万TEU,比去年增长30.4%,占全市集装箱吞吐量的93.6%,在长江内河30个主要港口中排第4位。全年总收入46亿元,比去年增长49%;利润总额同比增长52%;上缴各项税收6401万元,比去年同期增长14.18%;总资产57亿元,同比增长14%,净资产20亿元,资产负债率55%,保持到行业控制水平,在重庆市100强企业中排名第23位。

2007年,重庆市港埠经营实现稳步增长,港口货物吞吐量、装卸自然吨、集装箱吞吐量占全市的比重比去年有所提高。主营业务收入实现4.6亿元,比去年同期增长30%,占集团总收入的10%,利润总额同比增长62.66%,占集团的88.74%。集装箱运输继续发挥创利主力作用,集装箱吞吐量九龙坡港区完成20.49万TEU、寸滩港区完成14.65万TEU、涪陵港完成4.01万TEU、万州港完成1.68万TEU。客运出口仍呈下降趋势,虽完成208.2万人次(主城港区51.8万人次、涪陵港6.2万人次、万州港150.2万人次),为年计划的121.7%,但只为上年的83.4%,下降了16.6%。

"三港合一"后组建的重庆港盛航务公司,重点突出整合后的资源集聚优势，已拥有自有运力20万吨，集装箱运输能力6000TEU，滚装车运输能力2000辆。全年完成货运量246.83万吨，同比增长7.4%；水上船舶运输货运周转量33.66亿吨公里，同比增长16.3%。

2007年重庆港主要经济指标完成情况一览表详见表5-56。

【2007年重庆港主要经济指标完成情况一览表】 （表5-56）

项目	单位	完成量	比上年同期增长	备注
港口货物吞吐量	万吨	2372.7	17.1%	
装卸自然吨	万吨	1898.6	10.6%	
集装箱吞吐量	万TEU	40.82	30.4%	占全市集装箱吞吐量的93.6%，在长江内河30个主要港口中排第4位
总收入	亿元	46	49%	

地　址　重庆市渝中区朝千路3号
邮　编　400011
电　话　(023)63100374
传　真　(023)63100612
网　址　http://www.cqg.com.cn

（重庆港　蔡　红）

【重庆港九股份有限公司 CHONGQING GANGJIU CO.LTD.】 重庆港九股份有限公司是经重庆市人民政府[1998]165号文批准，以重庆港务（集团）有限责任公司（原重庆港口管理局）为主要发起人，联合成都铁路局、重庆铁路分局、重庆长江轮船公司、张家港港务局共同发起的股份有限公司。2000年7月10日，经中国证监会（发行字[2000]101号文）批准，重庆港九股份有限公司向社会公开发行人民币普通股8600万股。7月31日，公司股票在上海证券交易所上市流通，股票简称：重庆港九，股票代码：600279，是全长江第一家港口类上市公司。目前，总股本22839万股，总资产26亿元。

公司拥有三大港区：江津港区、九龙坡港区、朝天门港区，下设六个分公司（九龙坡集装箱码头分公司、大件分公司、仓储分公司、江津港埠分公司、客运总站、锚地分公司）、两个全资子公司（重庆经略实业有限责任公司、重庆港九波顿发展有限责任公司），控股重庆久久物流有限责任公司、重庆化工码头有限公司、重庆国际集装箱码头有限责任公司。公司拥有设施先进、功能完善、管理规范的集装箱专用码头，已与全球60余家海船公司建立了业务关系，集装箱运输实现了快速通关，是长江上游内、外贸集装箱安全、方便、快捷的水路通道，近十年来公司外贸物资集装箱进出口量一直占重庆口岸的90%以上；公司拥有26公里铁路专用线，分别与成渝、襄渝、渝黔等铁路干线相通；拥有一次性起重能力180吨和400吨（长江之最）的两条特重件装卸作业线，中国二重、东电、东汽、东锅、重庆ABB等川西地区和重庆本地的大型设备生产企业生产的大量重件设备经此中转，运往全国乃至世界各地，已成为重庆乃至西南地区最重要的特大重件货物运输通道。

2007年，公司货物吞吐量1030.9万吨，与2006年相比同比增长35.5%；装卸自然吨669.8万吨，同比增长17.7%；集装箱吞吐量351454TEU，同比增长30.9%，出口客运量突破51万人次，总收入实现4.15亿元，比上年增长31.69%，净利润实现5584.04万元，比上年增长57.83%。

董事长　熊维明（法定代表人）
总经理　李毓坚
地　址　重庆市渝中区信义街18号重庆朝天门大酒店15楼
邮　编　400011
电　话　(023)63100700
传　真　(023)63801564
网　址　http://www.cqgj.com.cn

（重庆港）

【重庆市万州区港口航务管理局（简称重庆市万州区港航局）】 （详见《长江航运年鉴》（2007卷）

第五篇“港口”第519页)

2007年,重庆市万州区港航局按照“以港兴城、航运强区、构建三峡库区航运中心”的发展战略,树立和落实科学的发展观,认真抓了水路运输、港口码头、船舶检验、安全稳定等行业管理和行业精神文明建设工作,确保全区水运交通又好又快发展,圆满完成了全年各项任务。

一、主要成绩。

(一)港航基础设施建设进展顺利。全年完成港口码头总投资12920万元,占年计划104%。红溪沟铁水联运港区工程于2007年9月底建成港区所有主体工程,完成投资1520万元,基本形成生产能力。江南沱口作业区一期工程截至10底已完成投资9582万元,占年计划的96%;12月底前,将全部完成年度投资1亿元。索特码头年计划投资300万元,于2007年10已全面完成进出港道路的硬化,完成年计划的100%。青草背作业区淹没复建工程年计划投资200万元,截至10月底完成投资360万元,完成进度的72%,年底将完成进港路的建设任务,完成投资500万元,占年计划的250%。燕山集镇码头等26个停靠点的建设工程全面完工,完成投资335万元,占年计划的103%,并通过验收投入使用。至此,已全面完成乡集镇码头和停靠点的复建任务。21个渡口改造项目已通过验收投入使用,完成投资290万元。

(二)水路运输生产快速增长。全年新开业水运企业3家,另有3家正在筹建,新增船舶12艘,计16610载重吨,172客位,新开业水运服务企业2家,全区70家港航企业(运输37家、港口23家、水运服务10家),实现水运产值87000万元,利税4980万元。全年预计完成水上客运量165万人次,客运周转量34000万人公里,货运量900万吨,货运周转量550000万吨公里,分别为年计划的127%、121%、122%、125%,与去年相比分别增长19%、11%、39%、46%。全年预计完成港口货物吞吐量950万吨,比去年增长17%,旅客吞吐量230万人次,比去年增长6%。全年预计完成汽车滚装吞吐量77355辆,比去年减少21%,集装箱吞吐量16429TEU,比去年增长26%。

(三)船舶检验成绩显著。全年完成各类船舶营运检验540艘次,玻璃钢艇建造检验41艘,改建船舶检验8艘,建造检验12艘。全年共审批图纸20套。

(四)安全生产实现“零”目标。区属航运企业、社会船队、个体经营者及长江支小河流、封闭水域均未发生等级上报事故,“事故次数、死亡人数、经济指标”均为零。

(五)可望完成全年规费征收任务。受高速公路计重收费影响,滚装运输收费下降21%,经过全局职工的共同努力,规费征收预计可望完成年度计划。

(六)精神文明建设卓有成效。巩固保持了市级文明单位、区级爱国卫生红旗单位、区级社会治安综合治理先进单位称号。积极开展创建全国交通文明行业活动,巩固保持了部、市级文明船8艘、区级文明船13艘、区级文明客船6艘、文明货船6艘、文明滚装船3艘,新创市级文明港站1个、“十佳执法人员”1人,“东方王子”、“东方之星”荣获交通部部级文明船称号。

二、主要工作。

(一)强化港口码头建设管理,整顿规范港口秩序。一是加强工程项目与建设质量管理。按照交通部、移民部门复建项目基本建设程序和交通部《水运工程建设市场管理办法》、《港口技术规范》和《港口工程竣工验收标准》,认真抓了青草背货运作业区和红溪沟货运港区及集镇码头在建工程进度、质量管理,确保了工作进度,防止了质量事故发生。二是加强港口码头规划与管理。完成了万州港区港口规划的调整工作,并与规划设计单位对接,形成初步文本;开展了港区码头岸线勘界,完成了25家港口码头单位、37座码头、90个界碑、58个界牌岸线勘界工作;开展了港口普查试点工作,确定万州辖区内80.4公里范围1000吨至3000吨级码头泊位的经纬度定点,完成了港口码头基本情况数据搜集及上报工作。三是加大港口码头规范整治力度。开展了港口码头调查摸底工作,代政府起草了港口码头规范整顿通知和方案,为下一步整顿港口码头建设和经营秩序打下了基础;积极参与了区政府煤炭经营市场专题整治,清理非法码头。积极参与协调登山公司码头经营企业纠纷,维护了社会稳定。四是加强港口码头安全管理。开展了港口企业专业码头的安全评价,完成了5家单位的安全评价工作;开展了港区码头安全检查,检查趸船132艘次、码头68座次,下达整改通知书26份,隐患通知书6份,并已复检;调查处理了万州港口集团2005年违规装卸危化物品一案。

（二）加强水路运输市场管理，确保航运企业健康协调发展。一是强化水运企业资质管理。按照交通部1号令要求，采取定期和不定期审查的方式，从严管理企业资质。全年因资质条件不符合规定被限期整改的企业有27家，整改不合格被取消经营资格的企业2家。二是加强水路运输市场的整顿与培育工作。①加大对万州新兴旅游运输市场的管理和培育力度。开展旅游运输专项整顿工作，引导企业制定自律公约，编班发航，统一运输价格，极大地稳定了旅游运输市场。②开展了货运市场整顿工作。重点查处各类超越经营范围的船舶，较好地规范了经营者的经营行为。③积极认真处理投诉，维护旅客的正当合法权益。全年共处理旅客投诉18件，做到件件有落实，件件有回音。三是继续推广标准化客渡船改造和GPS安装工作。通过大量的宣传引导工作，完成了全区所有客渡船的标准化改造工作。四是全面完成春运和黄金周旅游运输。认真抓了春运及黄金周旅客运输的组织领导，做好旅客流量流向的市场预测分析，实行统一编班、统一票价、滚动发船，提高了船舶实载率，降低了营运成本。五是做好三峡船闸完建期间的运输协调工作。①要求企业根据船闸通过量发运船舶做好数据收集工作。②积极向上级反映船闸碍航给水运企业带来的损失，为企业争取到碍航补偿金1000多万元，受到了三峡船闸协调领导小组的表彰。六是做好水路运输燃油补贴工作。通过调查研究，积极向上级反映情况，得到上级重视，为企业争取到燃油补贴。

（三）加强水上交通安全管理，确保水上安全生产形势稳定。一是落实安全责任制。根据区政府部署和要求，将安全管理责任落实到部门、到船头、人头。二是召开安全例会。解决存在的安全隐患和问题，督促相关部门做好日常水上交通安全工作。三是做好节日安全工作。开展安全检查38次、出动执法人员118人次、执法车22次、执法艇16次，检查企业24家、封闭水域3座、风景旅游区2个、支小河流3条、船舶302艘（其中长江支流船舶235、乡镇自用船舶67艘）。查处事故隐患7项，立即整改事故隐患5项、限期整改事故隐患2项。四是加强船舶、船员管理工作。新办理船舶登记9次，发放船舶所有权证书和国籍证书共18份，完成船舶抵押注销和所有权、国籍证书注销共15次，抵押登记3次，光船租赁1次，船舶变更登记3次，无抵押登记4次，办理临时国籍证书1次。全年办理船舶适任证书驾驶58本、轮机35本，发放船舶服务簿62本，签注服务簿155次，船员有效培训27人次，船员证书档案转移38份。

（四）加强船舶和船用产品检验，努力提高船舶质量。一是继续推行标准化客渡船改造工作。全年完成了7艘船舶的建造，针对船东提出的第二批客渡船存在的安全隐患作了认真细致的调查研究，进行了处理、协调并圆满解决。二是认真开展沙石船整顿工作。为规范沙石船舶整顿，区交委召集区水利局、万州海事处、万州航道处、区水利局、CCS万州办事处召开了沙石船舶整顿会议，形成了会议纪要，对运输沙石的船舶通过宣传及督促，促使其规范化。三是认真做好客船、客渡船的节前安全检查。全年完成春检78艘，节前限期整改5艘。5月黄金周检查69艘，停航1艘。10月黄金周检查69艘，节前限期整改8艘，从源头上保证了客（渡）船的安全营运，为节日期间的稳定、安全提供了保障。四是加强对船厂、航运企业的建造管理。根据今年部分船厂、船东及航运公司违法、违规新建、改建船舶的现象，积极召集船厂、船东及航运企业召开会议。对其进行宣传、教育、监督，从源头上消除了安全隐患，杜绝了违法违规的造船行为。五是认真做好验船人员培训工作。参加各类培训学习，提高业务素质和检验质量，使检验人员检验水平得以很大提高。六是继续深入执行质量体系。对船厂、船东及航运企业宣传、指导，努力让质量体系在船厂、航运企业内有效的运行，为船舶质量及船舶安全把好源头关。七是严格船舶图纸审查，为提高船舶建造质量打下了坚实的基础。严格执行重庆市船舶检验局制定的图纸审查流程，保证图纸审查质量，从而更好地把住了船舶建造质量的首道关口。妥善处理了各型船舶图纸审查中的相关事宜。全年共审批图纸20套。

（五）加强规费征收和财务管理，努力提高规费实征率。一是加大规费征收力度，为航运事业发展提供必备资金保障。①年初将上级下达的规费征收任务分解到各工作站，对各工作站（处）继续实行规费目标责任制考核，严格按文件规定征收规费，加强现场监督检查，努力提高实征率。②

多次与港口集团领导商谈征收港口集团码头货港费事宜,争取他们的支持与配合。③商定了由港口集团客运站代扣旅游客船航养费运管费。④提高了对港口集团船舶运管费的征收标准。⑤统一了对外省籍船舶的征收标准。⑥通过船舶检验办证、船舶营业运输证、许可证年审换证及码头岸线使用审批等工作,促使船主、企业按规定缴纳规费。二是严肃财经纪律,强化财务管理。严格按照《会计法》办事,按照上级要求报送会计报表;实行"收支两条线",及时足额解缴规费,办理结算,无截留、坐支和挪用规费的现象。严格执行《移民资金管理条例》,切实用好移民资金和地灾资金,加强移民资金和渡口专项资金管理,确保收支平衡和移民资金、国有资产的安全完整。三是严格执行票据管理制度。做好各种票据的领发、保管、审核、销号工作;严格执行现金管理制度,全年票据、现金无差错。四是统计工作日益规范。按照《统计法》的要求,做到统计资料完整,按时报送报表,为领导决策提供资料。

(六)加强行政执法工作,为航运事业发展保驾护航。一是认真开展了百日文明执法活动。对辖区各港口码头及船舶业主宣传水上交通相关法律法规,发放宣传资料和宣传书籍,营造了良好的"严格执法、文明服务"氛围。二是认真开展了执法监督和基础工作。①按照法律、法规和相关业务法规,坚持执法四统一的原则(执法依据、执法标准、执法文书、执法程序),防止错案发生。②把行政执法与行政评议、文明单位建设结合起来,按照党风党纪对执法人员的执法行为实施监督,设置了意见箱,公布了投诉电话、电子邮箱,推行政务公开,接受社会监督,防止执法人员在执法过程中徇私枉法,接受业主吃请和钱财而乱执法。③按照交通部和重庆市交委制定的《交通行政执法检查制度》、《交通行政执法错案追究制度》、《交通行政执法监督规定》实施监督,重点对船舶证书、规费缴纳、货物运单等进行查处,规范辖区水上生产经营行为。④层层签订《综合目标考核责任书》,实行"一把手"负总责、分管领导严把关的工作机制,推进行政执法责任制的落实,做到半年有自查、年终有总结。⑤积极与水上公安部门联系配合,采取联合执法方式,严厉查处水上违法违规行为,树立了良好港航执法形象。三是认真抓了现场执法工作。全年执法人员下港上船检查2386人次,出动执法车121辆次,执法艇314艘次,检查船舶1308艘次,查漏补征各种规费33万余元,处罚违章船舶110艘,罚款19万余元。在执法过程中,全局执法人员无违法违纪行为和错案、行政赔偿案件发生。

(七)加强职工教育培训,努力提高职工业务素质。坚持以人为本的思想,采取送培、学历教育等形式,认真抓了职工队伍培训、干部大轮训、职员培训、法制理论培训、行政执法人员培训、专业技术、工人技术等级培训。今年参加干部培训5人,学历教育培训4人,各类业务理论培训20人,船员有效培训27人。

(八)加强精神文明建设,提供强有力的思想政治保证。一是认真抓了职工思想政治教育工作。采取政治学习、播放电教片、邀请区有关部门领导上党课等形式,深入开展了"执政为民、服务发展"学改活动及"千名干部大下访"活动,进一步增强职工公仆意识和服务意识。二是加强基层党组织建设和领导班子建设。①强化党建工作的领导。党总支书记负总责亲自抓,各部门分管领导相互配合共同抓,形成强有力的党建工作领导合力。②落实党风廉政建设分工责任制。将责任落实到科室,落实到基层职工干部,真正形成了一级抓一级,层层有责任,齐抓共管,共创党建先进组织的工作格局。③党建工作机制健全。坚持高标准严要求,加强党组织的制度建设。进一步坚持和完善了党内组织生活制度、党风廉政建设责任制度、支部"三会一课"制度。④局党总支重新改建基层党组织。重新改建了局机关支部,由原局机关一、二支部合并为局机关支部。⑤健全群团工作机制。改选局工会第二届委员会,推选出了新的工会领导班子。三是不断深化干部人事管理。扎实有效地完成了人事劳资各项工作任务。四是认真抓了精神文明细胞建设。保持市级文明单位创建成果,创建工作全面验收合格。按照市交委、市港航管理局安排部署,在我区全面开展创建全国交通文明行业活动,年底将组织全面验收工作。认真抓了社会治安综合治理、爱国卫生与创卫、绿化、环保、依法治运、城乡统筹调研、计划生育、信访维稳等工作,维护了水运行业和谐稳定。五是加强反腐倡廉工作,促进党风廉政建设。六是认真抓了信息、文秘、劳动人事、工资、后勤保障工作。在搞好单位各方面自身建设的同时,还完成了区委、区政府和上级交通主管部门交办的移民帮促及其他工作。七是认真抓了工会工作。

局 长 陈运
地 址 重庆市万州区红花路1号
邮 编 404000
电 话 (023)58982699
传 真 (023)58982699;58983307

(万州区局)

【万州港口集团(简称万州港)】 2007年,万州港全年完成客运吞吐量272.4万人次,较上年增长4.7%;客运量150.2万人次,较上年增长9.2%;旅游船停泊5353艘次,与上年基本持平;完成货运吞吐量713.2万吨,货运量374.3万吨,分别比上年增长11.3%和7.3%;完成装卸自然吨712.8万吨,比上年增长11.5%;完成集装箱吞吐量16505TEU,较上年增长64.2%。全港实现总收入1.42亿元(不含航运及物流收入1.4亿元),比上年增长23%;实现利税758万元(不含航运及物流利税480万元);职工收入比上年增长13%;全年无重大安全事故。

·铁水联运成效显著,港口物流实现新跨越 依靠铁水联运优势,突破港口几十年来传统的经营理念和方式,实行运输—仓储—装卸“一票制”全程服务,港口物流展现出了蓬勃生机。①充分发挥铁水联运优势,散货物流运输成绩显著。紧紧依托红溪沟铁水联运优势,围绕成—达—万铁路运输线,先后与达钢、湖北宜化等有大宗货物资源的企业建立战略合作伙伴关系,精心设计物流运输线,将单一的运输、装卸、仓储等分段服务进行有效串联组合,实行水陆运输、港口装卸全程包干服务,吸引了更多的客户,取得了良好的经济效益。全年通过铁水联运装运货物230万吨,比上年增长42%。其中完成进口矿石运输127.6万吨,比上年增长99.1%,实现产值近亿元。与此同时,充分发挥码头资源优势,根据客户需求精心策划,制定详细的物流方案,改变了过去港口货源分散杂乱、发运量小、不稳定的局面。新引进煤炭货主9家,增加煤炭发运量60万吨,使全年煤炭吞吐量达到321万吨,比上年增长23%;11月份,重庆宜化纯碱、氯化铵进入港口装运,预计年发运量将达到100万吨。此外,还与四川一些大型企业达成意向,力争实现上100万吨的货物通过铁路进入红溪沟港区,实现更大规模的铁水联运。②集装箱物流起步。一是深挖本地适箱货源。通过宣传和组织,昊元生物集团的味精、白猫集团的洗洁净、肥皂、超科纸业和湖北宜化的纯碱等都开始接受通过集装箱运输,使万州本地集装箱量稳步增长。二是搭建平台,开展陆路集装箱物流运输。组建集装箱物流运输公司,大力组织水陆联运集装箱货源,打通四川腹地至万州的集装箱物流运输线,实现集装箱双向对流,全年完成集装箱物流运输2013TEU。三是开通航运专班,实施水路集装箱物流运输。开通万州港至下游的集装箱始发专班,全年共运行22个航次。通过打造集装箱物流运输,港口集装箱业务得到了拓展,集装箱货源由传统的烟叶、榨菜等增加为硫磺、元明粉、聚乙烯、化纤、饲料、纯碱等20余种,集装箱腹地由本地扩张到四川等地,形成了多货种且较为稳定的适箱货源。港口装卸自然吨从5年前的200多万吨增加到2007年的700多万吨,成为长江上成长较快的港口之一。之所以能实现快速发展,一是在于我们准确把握市场,了解客户需求,转变经营理念,从市场的缝隙找到了商机。二是实行“一票制”全程服务,省去了客户货物运输的诸多困难和麻烦,增强了对客户的吸引力,使我们的揽货手段更为丰富和灵活。三是以互利双赢的经营策略为根本,互惠互利,诚信为本,与货主形成了利益共同体,使港口货源更加稳定牢固。四是依托港口集疏、仓储、配送等资源优势,牢牢把握了货运市场的主动权,并依靠港口“点”的优势带动物流运输“线”的发展。五是通过发展港口物流运输,延伸了服务环节,拓展了利润空间。

·强化生产组织管理,港口作业能力显著提高 ①加强协调配合,确保铁水联运顺畅。2007年,万州港推行了“四种工作运行机制”:一是联席沟通协商机制。定期就铁路支线生产中的有关问题与达成公司、车务段以及万州站进行沟通协调,信息共享。各装卸公司也加强日常联系,遇到问题及时协商解决。二是领导现场督导机制。坚持24小时值班和公司领导现场巡查制度,发现问题及时解决。三是班组员工量化考核机制。将职工收入与每日进出港的重车吨位挂钩,充分调动全体职工的工作积极性和主动性,有效解决了班组之间推诿扯皮的现象,大大提高了生产效率。四是设备维修人员跟班作业保障机制。每个生产班组配了设备维修人员,加强设备监管,确保生产机械24小时正常运转。通过实行“四种工作运行机制”,使满负荷运行的铁水联运实现了统一协调,创造了单日装卸车皮182节的最高记录。全年通过铁路专线进出重车共35900节次,确保了铁水联运顺畅。②优化码头资源,扩大生产能力。一是对货场进行规范管理和统筹安排。对发运量相对较大的煤炭货主进行重点关照,并利用货场调配和以量定价的手段促使货主加大发运量。二是合理配备机械设备。对货运通过量大的单位和作业线,调集和增加机械设备,确保好钢用在刀刃上。三是优化人力资源配置。根据生产需要,从人员相对富裕的港发公司调集人员充实到各装卸公司,确保装卸生产的顺利进行;四是采取租赁、联合等经营方式,扩大港口堆场面积,提高货物通过能力,取得了较好效益。③优化作业环节,提高装卸效率。根据进港车皮量大、矿石装运时间紧的状况,充分发挥卸煤机作用,对火车皮煤炭卸载工艺流程进行了调整,同时对煤炭皮带机输送线再次进行了技术改造。红溪沟和龙港装卸公司多次进行专题研究,制定具体措施,优化作业方案,将作业量、安全质量、省耗等指标量化到班组和个人。同时加强码头与船方,装卸作业线与铁路线,装卸公司与劳务公司之间的衔接,编制生产流程图,做到装卸过程环环相扣、有效控制,确保了货物集疏快捷畅通。

·客运市场保持稳定,结构调整步伐加快 ①加强多方合作,维护客运市场。去年,我们在加快实施长江普通客运向旅游客运转变、单一水路客运向水陆水铁客运发展的同时,继续加大规范辖区客运市场力度,维护“统一开放、竞争有序”的市场体系。加大与各轮船公司的协调,推行“滚动发班”的运输方案,使客运量在连续多年下滑后首次出现了增长,收入也首次超过4000万元。②培育旅游客运市场,旅游船停泊保持稳定。做好“平湖游”、“顺道游”和涉外旅游船的停靠,利用“五一”、“十一”旅游黄金周与多家旅行社合作,探索新的旅游线路,促进了旅游客源的增加。共完成旅游客运197万人次,占客运总量的42%。旅游船停泊5353艘次,与去年基本持平。其中万州客运分公司完成1177艘次,为年计划的117.7%;云阳分公司完成842艘次,为年计划的84.2%;奉节分公司完成1685艘次,为年计划的105.3%;巫山分公司完成1649艘次,为年计划的103.1%。③港发公司结构调整迈出新步伐。面对水路普客运输可能在三五年内退出市场的危机。港发各分公司进一步加快结构调整,抢抓机遇,积极拓展货运市场。奉节分公司利用金盆码头的场地资源优势,采取联合经营,取得了较好效益;西沱分公司通过委托经营方式,统一煤炭市场,与地方码头公司联合,全年发运煤炭52.3万吨,实现货运收入503万元;巫山分公司采取股权转让的方式,取得了抱龙河码头的控股地位,预计煤炭发运量将达到30万吨。通过一系列货运码头项目的建设和投产,港发公司将全面实现产业结构调整,生产经营凸现光明前景。

·重点工程进度加快,规划项目前期工作有序推进 ①江南集装箱港区等重点工程积极推进。截至2007年底,码头已累计完成投资2.9亿元,达到总投资的49.8%。其中去年完成投资1.05亿元,为年计划的105%,陆域标段完成总体形象进度的82%,水工结构标段完成总体形象进度的90%;巫山客运港区工程正在抓紧建设,目前主体工程已经完工,正在进行内部装修,将在春运期间投入使用,港口客运缆车于5月竣工并投入使用;鞍子坝客运港区完成了水陆汽车客运站平台、客运广场以及广场与滨江路连接段工程,整个鞍子坝客运港区已全面完工并投入使用。②港口码头扩建工程快速推进。一是对红溪沟七里沟货场进行了扩建。该工程正在加紧施工,已完成181平台,增加货场1.5万米^2,将极大地缓解红溪沟货场紧张的难题。二是基本完成红溪沟港区铁路扩线改造工程。延伸后每趟次可多停靠16列车皮,增加运量1000吨左右,将大大缓解铁路支线能力不足的压力。三是抓好西沱石槽溪码头扩建工程。使货场面积由1.5万米^{2}增加到2.1万米^2,堆存能力由3.5万吨提升到5万吨,提高了港口生产能力。③做好码头项目的前期工作。在抓好重点码头和生产急需工程建设的同时,积极做好新规划码头项目的前期工作。忠县分公司新生码头已完成地勘、环评、方案设计等工作,即将开工建设;云阳分公司的渠马码头已完成设计与预算;巫山分公司的抱龙河码头已完成码头资产转让,码头建设进入了工可阶段。

·安全管理成效显著,节能降耗成绩突出 ①强化基础管理,安全形势良好。通过强化领导责任,大力推进安全质量标准化工作,有效防止了各类安全事故的发生,全年安全事故经济损失25万余元,无较大事故和死亡事故发生,达到了杜绝重大事故的目标要求。②节能降耗成效显著,生产成本控制得力。一是继续抓好船舶节能工作,1至8月,航运公司航次燃油消耗率同比下降3.72%。二是抓好用能设备的能源消耗管理,在控制港机设备的修理材料、配件方面组织做了大量工作,有效控制了成本消耗。三是各单位通过节能降耗活动,形成了良好的成本意识和节约风气。全年整个港口基本实现能耗在2006年基础上再降5%,减少成本支出1000万元的目标。③加强港机设备监管,为生产经营提供保障。一是帮助基层公司细化、完善了设备管理制度。明确了操作者维护、保养设备的责任,建立了目标责任制和考核办法。二是工作重心下移。重点加强对各基层单位设备管理和维护保养工作的检查力度。三是生产设备实行专人负责,对主要生产设备采取了强制的预防性修理。四是定期召开季度机务会。分析总结前期设备管理工作,布置下期设备管理工作重点,确保设备管理完好率达到95.6%,有力地保证了港口生产顺利进行。

·贯彻十七大精神,文明创建取得成效　一是组织干部职工认真学习贯彻党的十七大精神。召开学习贯彻十七大动员大会,党委中心组通过学习,班子成员认真查找在解放思想上和在精神状态上存在的差距,继续转变观念、开拓创新,促进港口的各项工作。二是以创建文明行业为载体,推进港口精神文明建设。为了推动港口服务意识的转变和服务质量的提升,集团机关、港发客运分公司、红溪沟装卸公司、牌楼装卸公司、集装箱公司、龙港公司和货代公司按照文明行业的标准积极开展了文明行业创建活动,促进了服务质量和管理水平的提升。三是树立港口良好形象,积极打造企业文化。全年在《三峡都市报》发表报道20余篇、上报物流集团通讯报道125篇,较好完成了报道任务。重庆直辖十周年之际,编排的舞蹈《再创辉煌》在重庆港务物流集团党委"庆直辖十周年·展港务物流风采"汇演中荣获一等奖。四是认真贯彻落实党风廉政建设责任制。按照重庆港务物流集团和万州区纪委关于实行党风廉政建设责任制的要求,集团党委与基层单位层层签订党风廉政建设责任书,履行"一岗双责";加强廉政警示教育,增强拒腐防变的能力;建立领导干部廉政档案,完善对中层以上负责人的监督制约机制。全年共受理群众信访举报4件,立案查处1件。

董事长　熊维明
地　址　重庆市万州区安子坝港区
邮　编　404000
电　话　(023)58295588
传　真　(023)58812934
网　址　http://www.wzg.com.cn

(万州港　侯树安)

·港口管理·

【上海市完成交通部第三次全国港口普查试点工作】　上海港作为交通部第三次全国港口普查试点单位,认真开展港口普查试点工作。根据交通部的部署,上海市港口管理局首先将上海市内河港口作为普查试点。8月13日,成立了以上海市航务管理处处长李旭东任组长的市内河港口普查领导小组及普查办公室。各区县航管所(署)也相应成立了普查工作机构。8月23日,召开了全市内河港口普查动员布置暨培训会议,对港口普查数据采集系统(试点)操作软件作了讲解和演示,统一普查指标口径,并对难点、疑点问题进行解答。各区县航管所(署)普查工作机构负责对一线普查工作人员进行普查组织方案和普查技术方案的业务培训,并制定了实施计划。与此同时,建立联络员制度、信息制度、工作例会制度等,建立了上海内河港口普查网,并与交通部第三次全国港口普查网链接。10月上旬,完成普查数据的现场采集和录入、审核、汇总工作。

按照第三次全国港口普查试点方案要求,普查办公室制定了普查试点数据质量审核方案。将普查数据质量的抽查办法细化为按规定的比例进行实地复核调查表和复录审核已录入的数据,并将数据质量的验收标准分解为四项指标。

自10月30日起至11月7日,普查办公室先后到各区县开展普查数据质量的抽查和验收,以确保普查数据真实可信。实地复核调查表41户,复录审核已录入的数据67户。经抽查,普查的范围定义和数据项无一遗漏,数据录入无差错。复查出调查表差错共9处,差错率为0.7%。11个内河港区的普查数据质量全部达到合格标准。11月20日内河港口普查汇总的数据正式上报。

2007年上海市内河港口吞吐量分货类汇总一览表、2007年上海市内河港口吞吐量分区县汇总一览表、2007年上海市内河港口基本情况分区县统计一览表，详见表5－57、表5－58、表5－59。

（上海市局　王　涛　曹问全）

【2007年上海市内河港口吞吐量分货类汇总一览表】　（表5－57）

货　类	吞吐量(万吨)			所占比例
	合计	进口	出口	
合计	6918.03	6184.71	733.32	100.00%
煤炭及制品	120.38	114.56	5.82	1.74%
石油、天然气及制品	123.62	51.67	71.95	1.79%
金属矿石	6.23	6.12	0.11	0.09%
钢铁	973.37	631.02	342.35	14.07%
矿建材料	4848.03	4697.17	150.86	70.08%
水泥	561.99	473.20	88.79	8.12%
木材	1.35	0.93	0.42	0.02%
非金属矿石	50.05	49.34	0.71	0.72%
化学肥料及农药	7.01	6.51	0.50	0.10%
盐	2.72	2.72	/	0.04%
粮食	71.01	56.26	14.75	1.03%
机械、设备及电器	1.28	0.87	0.41	0.02%
化学原料及制品	15.79	14.86	0.93	0.23%
有色金属、	0.11	0.10	0.01	0.00%
轻、医药产品	2.14	1.52	0.62	0.03%
农林牧渔业产品	2.11	1.86	0.25	0.03%
其他	130.84	76.00	54.84	1.89%

【2007年上海市内河港口吞吐量分区县汇总一览表】　（表5－58）

区县名称	港口吞吐量(万吨)			所占比例
	合计	进口	出口	
市区所	688.21	677.24	10.97	9.95%
闵行区	926.17	909.79	16.38	13.39%
嘉定区	831.93	803.55	28.38	12.03%
宝山区	1730.34	1286.60	443.74	25.01%
松江区	74.42	74.42	/	1.08%
金山区	628.53	471.11	157.42	9.09%
青浦区	191.16	188.02	3.14	2.76%
奉贤区	272	272.00	/	3.93%
南汇区	569.55	552.60	16.95	8.23%
浦东新区	846.84	821.00	25.84	12.24%
崇明县	158.88	128.38	30.5	2.30%
合计	6918.03	6184.71	733.32	100.00%

【2007 年上海市内河港口基本情况分区县统计一览表】 （表 5－59）

区县名称	企业个数（家）	泊位个数（个）	仓库面积（m²）	堆场面积（m²）	泊位长度（m）	前沿机械			库场机械（台）
						起重机械（台）	输送机械（台）	专用机械（台）	
市区所	48	120	50920	161800	6324	97	9	13	19
闵行所	90	147	261763	496556	6891	142	31	9	255
嘉定所	105	128	61163	672311	6517	129	15	33	116
宝山所	166	343	393198	800119	20772	365	13	21	200
松江所	114	133	52850	466941	4898	130	/	1	287
金山所	151	222	144981	1258940	13279	221	13	12	181
青浦所	60	79	83482	153560	3676	87	17	2	37
奉贤所	124	150	307749	588042	7700	143	56	8	113
南汇所	191	228	70708	758290	11480	233	80	4	235
浦东新区署	155	140	208063	415491	8164	151	41	23	162
崇明所	120	148	34120	318900	5064	154	1	2	64
合计	1324	1838	1668997	6090950	94765	1852	276	128	1669

资料来源：上海市航务处

【嘉兴内河港总体规划获交通部和浙江省人民政府联合批复】 2007 年 10 月，嘉兴内河港总体规划获交通部和浙江省人民政府联合批复。嘉兴内河港作为全国 28 个内河主要港口之一，是嘉兴市经济发展的重要支撑和沿河产业布局、城市建设的重要依托，是区域综合运输的交通枢纽。根据批复，嘉兴内河港口码头将依据地理位置、行政区划、开发利用等现状，结合港口交通条件、城市总体规划、产业布局、运输需求等，将嘉兴内河港划分为城郊港区、海宁港区、海盐内河港区、平湖港区、嘉善港区和桐乡港区共 6 个港区。嘉兴内河港将逐步成为以能源、矿建材料、原材料、工业产品和内外贸集装箱运输为主，相应发展临港工业和现代物流，具备装卸存储、中转换装、临港工业、现代物流等功能的综合性港口。

（浙江省局　陈建光）

【浙江省台州港总体规划经浙江省人民政府批准实施】 2007 年 2 月，浙江省人民政府批准实施台州港总体规划。台州港将形成健跳港区、临海港区、黄岩港区、海门港区、温岭港区和大麦屿港区"一港六区"的新格局。

该规划明确台州港是浙江省沿海地区性重要港口，是浙中南、闽北地区对外交往的重要口岸，是台州城市发展和发展外向型经济的依托，是发展临港产业参与国际竞争的基础，承担腹地经济发展所需能源物资、原材料的中转运输，是集装箱运输的喂给港。将逐步发展为现代化、多功能综合性港口，具备装卸储存、换装中转、临港工业开发、现代物流、综合服务、城市生活等功能，最终将形成各港区功能明确、优势互补、民营化特色明显、各港区联动发展的组合式港口。

（浙江省局　陈建光）

【嘉兴港总体规划获浙江省人民政府批准实施】

2007 年 3 月，嘉兴港总体规划获浙江省人民政府批准实施。嘉兴港总体规划明确嘉兴港由独山、乍浦和海盐三大港区组成。近期重点建设乍浦港区，主要建设液体化工、件杂货、多用途泊位，逐步建设成为装卸储存、保税加工、现代物流、商务信息等多功能的综合性港区。最具开发潜力的独山港区，将以承担煤炭、粮食等大宗干散货、液体化工品、件杂货运输及集装箱中转为主，后方建设煤炭、粮食物流园区，依托港口发展临港工业。海盐港区则主要建设散杂货、多用途泊位，后方建设散杂货物流园区，重点发展临港工业，为浙江海盐经济开发区、大桥新区和腹地生产、生活所需货物的运输及经济发展服务。

随着腹地经济的进一步发展，港口设施、集疏运条件的完善，嘉兴港将逐步发展成为集装箱支线港和现代化、多功能的综合性港口。

（浙江省局　陈建光）

【浙江省港口管理条例10月1日正式实施】

2007年5月25日,《浙江省港口管理条例》(以下简称《条例》)经浙江省十届人大常委会第三十二次会议审议通过,10月1日正式实施。

《条例》是浙江省为加强港口管理,保护和合理开发利用港口资源,维护港口的安全与经营秩序,保障当事人的合法权益,促进港口的建设与发展而制定的。《条例》对浙江省行政区域内港口的规划、建设、维护、经营、管理及其相关活动均进行了规范。《条例》重点突出了港口资源保护、促进港口发展。规定港口所在地县级以上人民政府应当将港口的发展纳入国民经济和社会发展规划,依法保护和合理利用港口资源,鼓励国内外经济组织和个人依法投资建设、经营港口,保护投资者的合法权益。

《条例》不仅明确了省交通行政管理部门和省港航管理机构在全省港口管理中的地位和作用,还对港口规划的制定和修改、港口岸线的管理和使用、港口建设项目的审批和核准、港口安全与监督、从事港口经营活动所应具备的条件、港口经营人的责任义务以及相关法律责任都进行了详细的规定。如:港口规划应体现合理利用港口岸线资源的原则,并与海洋功能区划、产业布局规划、水路运输发展规划等发展规划以及法律、法规规定的其他有关规划相衔接、协调;县级以上人民政府可以按照特许经营方式依法确定港口设施的建设经营单位;港口岸线可以实行有偿使用;临时使用港口岸线的期限一般不得超过两年;港口建设项目的安全设施和环境保护设施,应当与主体工程同时设计、同时施工、同时投入生产和使用;港口经营人应当根据县级以上人民政府的指令优先安排抢险物资、救灾物资、国防建设等急需物资的作业,等等。

另外,《条例》还授权浙江省交通厅细化港口经营市场准入条件。在法律责任中,《条例》还规定将区分沿海、内河不同情况进行处罚。

(浙江省局　陈建光)

【常熟市港口局加强行政审批工作】 2007年,常熟市港口局进一步完善行政审批工作程序。按照"推进行政权力公开透明运行工作"要求,对《港口法》及其配套法规赋予的行政执法权和行政管理权重新进行了梳理,依法编制了"港口管理局行政职权目录",制作了"港口局行政权力运行流程图",并在局网站公示。要求各具体工作部门严格按照规定的流程操作,进一步规范行政审批工作。与此同时,依法核发"港口经营许可证"8起,"临时港口经营许可证"1起,办理港口经营人名称变更手续3起,分别完成长春化工(江苏)有限公司化工和煤炭码头试运行备案。此外,还在港口局网站公示了港口经营人名录以及办理变更、备案、注销手续的港口经营企业情况。

(常熟市港口局)

【常熟港开展防船舶碰撞防泄漏专项整治行动】 2007年,根据交通部《防船舶碰撞防泄漏专项整治活动方案》和《防船舶碰撞防泄漏专项整治活动实施意见》及苏州市交通局《关于开展防船舶碰撞防泄漏专项整治活动的通知》文件要求,常熟市港口局于7月至12月组织开展了常熟港"防船舶碰撞防泄漏"专项整治行动。专门成立了"常熟港防船舶碰撞防泄漏专项整治活动领导小组",由局分管领导任组长,各相关职能科室负责人参加,统一组织领导常熟港"两防"工作。各相关码头单位根据要求,结合各自实际,迅速行动,多措并举,扎实开展整治工作。

常熟市港口局丰富监管手段,严格危险货物港口作业申报审批制度,加强与海事部门的沟通、配合,与常熟海事处政务中心建立业务协作备忘录,沟通港口危险货物作业信息和船舶载运危险货物情况。各码头企业加大硬件投入力度,加强维护保养,确保设施设备工作状态正常,加强从业人员岗位培训,提高业务技能,加强应急管理,落实应急措施。采取日常巡查和专项检查的形式,加大专项整治活动的督查力度,确保专项行动取得实效。

(常熟市港口局)

【南通如皋港区调整港口总体规划】 2007年2月14日,南通如皋港区调整港口总体规划。加强港区公用码头建设,科学合理地开发岸线资源,充分发挥港口的整体功能,使如皋港发展成为集装卸储存、中转换装、现代物流和临港工业等多功能的综合性港区。

如皋港是南通港的一个新兴港区,现建有5

万吨级以上的石化专用泊位6座,年设计通过能力1100万吨,是长江中下游及华东地区著名的石化储运基地。南通港如皋港区总体规划调整中的突出之处,是辟出3200米新岸线为公用码头和船舶工业岸线。新辟岸线上,如皋港区将新建4座5万吨级的公用泊位,预计年货物吞吐量500万吨。其中件杂货300万吨,散货200万吨,总投资为10.29亿元。

(南通市局　孙学明)

【董建华视察南通港】 2007年3月20日,全国政协副主席、前香港特别行政区首任行政长官董建华视察南通港,先后视察了中远川崎、狼山三期码头和洋口港等。出身航运界的董建华在中远川崎公司码头,详细了解了公司的投资规模、生产能力、造船效率等。他在狼山港三期工程码头得知南通港口集团通过与香港保华集团资产重组后,解决了急需的建设资金,企业的活力和生机得到迸发,为南通实现亿吨大港作出重要贡献后,表示赞许。

董建华驱车驶上洋口港黄海大桥,眺望远处的太阳岛工地,为热火朝天的开发场景所打动。连声赞叹:"这个工程很伟大!"陪同董建华来南通视察的还有全国政协常委徐展堂、全国政协港澳局局长乐美真、江苏省政协主席许仲林等。

(南通市局　孙学明)

【南通市开展天生港无序围滩和取沙整治活动】 2007年9月6日,南通市沿江办下发《关于进一步加强沿江岸线管理的通知》,紧急叫停天生港水道内少数企业无序围垦和加速建设现象。

通知指出,未经有权部门组织科学论证,未经法定机构批准,任何企业和单位不得在天生港水道进行无序围滩和取沙活动,擅自开工建设的违规项目,必须立即停工。天生港水道的治理工作由南通市政府授权相关部门统一规划、统一指导研究、统一组织实施,未经程序性、法定性论证和规范审批的项目不得开工建设。

(南通市局　孙学明)

【张家港港召开一届一次理事会】 2007年4月21日,张家港港一届一次理事会在集团公司二楼会议室顺利召开,大会酝酿推选了理事长、副理事长人选。理事长由集团公司总裁赵建华担任,副理事长由集团公司党委书记薛广良、副总裁吴云峰担任。经讨论,大会顺利通过了《大集团建设的若干意见》、《集团理事会工作条例》,并签署了《集团章程》。

(张家港港　颜炳福)

【安徽省港口管理规范有序】 2007年,安徽省开展沿江港口调研活动,提出实施《芜湖、马鞍山组合港战略》和《跨江发展战略》,省政府参事室据此提出《加快我省黄金水道建设的意见》。该《意见》得到省长王金山的充分肯定。协助省人大开展《安徽省实施<中华人民共和国港口法>办法》立法调研,上报《安徽省实施〈中华人民共和国港口法〉办法》,安徽省港口立法工作正式启动。开展全省港口经营企业摸底调查,建立健全企业档案,对不符合条件的港口经营企业,采取限期整改的办法逐步加以规范和淘汰。加大岸线管理力度,编制印发《港口岸线使用合理性分析评估报告编制内容及文本格式》,分别对南京杰来集团有限公司、凤阳玻璃有限公司等30家企业使用港口岸线的合理性进行评估。全年审批港口岸线使用申请25项,安徽省岸线资源使用更趋科学合理。与此同时,完成SOLAS公约年度核验工作,开展全省码头和船闸安全隐患排查工作,编制印发《安徽省港口设施保安年度核验工作考评标准》。港口规划稳步推进。完成全省17个港口总体规划编制工作,其中马鞍山、巢湖、宣城等3个港口总体规划被批准实施,其余都进入政府审批阶段。

(安徽省局　马　栋)

【《马鞍山港口总体规划》获交通部和安徽省人民政府联合审批】 2006年7月,《马鞍山港口总体规划》及环评报告报送交通部审批;2007年2月,交通部环评办在北京主持召开了环评审查会。9月25日,《马鞍山港口总体规划》通过交通部和安徽省人民政府联合审批。成为港口管理体制调整后,全国内河第一个获得交通部审批通过的港口总体规划,为今后该市港口事业科学、有序地发展奠定了坚实基础。

(马鞍山市局　李　强)

【铜陵港加强港口企业安全监管】 2007年,铜陵市港务集团以落实“一法三卡”为重点,深入开展安全督察,坚决落实隐患整改,着力推进安全体系建设。

针对港务企业生产运行的特点,积极做好安全预案的制定、演练与落实工作。与此同时,开展各种形式的安全宣传教育,强化了职工的安全意识,营造出浓厚的安全氛围。做到班组有自查,科队有巡查,每周有小结,月度有考核,确保了安全形势的稳定。

(铜陵港　周三民)

【江西省港口管理扎实有效】 2007年,江西省港口行政部门遵照《港口法》和交通部颁发的《港口经营管理规定》、《港口危险货物管理规定》的要求,认真做好港口经营业户的经营资质审核工作。全省共核查港口经营业户507户,其中港口经营企业124户(其中危险货物港口经营业户27户),个体港口经营业户383户。

·*《江西省港口管理办法》进入最后立法审批阶段*　主动协助江西省人民政府法制办修订和完善《办法(草案)》,并顺利获得江西省人民政府法制办通过。5月份,再次协助省人民政府法制办对省发改委等部门提出的修改意见,进行协调解释,形成一致意见,为《办法(草案)》提交省政府常务会审议通过做好了前期准备工作。年底,《办法(草案)》已经省政府领导审核同意,将于2008年1月份提交省政府常务会审议通过。

·*加强港口规划工作的领导*　2007年,《南昌港总体规划》已通过部省联审。《九江市港口总体规划》规划环评报告已通过部环保办评审,并原则通过了省政府审查,已由九江市人民政府报部审批。庐山区、星子港港口总体规划已通过当地人民政府审批。樟树港、赣州港等区域性重要港口的总体规划正进行环评,万年港、永修港港口总体规划已报当地政府审批,都昌港、武宁港、修水港、湖口港湖区等港口总体规划正在编制。

·*加强岸线使用管理工作*　把关港口建设环节,防止盲目建设。对建设港口设施符合岸线使用条件的业主,港口管理部门为其办理使用港口岸线审批手续,对违规建设码头设施的,坚决予以查处。2007年,南昌富昌石油有限公司、丰城曲江码头有限公司建设码头申请使用港口非深水岸线1222米,已经省交通厅审批同意。中铁大桥局七公司建设码头设施申请使用港口深水岸线100米,已通过交通部审批。九江市港口局对九江顺鑫、鑫丰码头公司在长江永安大堤违规建设码头设施的违法违规行为,进行了认真查处。

(江西省局　涂春如　杨　辉)

【九江港接受水运交通基础设施安全隐患排查省际间交叉复查组检查】 2007年11月8日,由湖南省交通厅副巡视员徐建带队,水运交通基础设施安全隐患排查省际间交叉复查组到九江港检查。江西省交通厅基建处处长袁望京、省航运局副局长徐国荣、徐良,九江市市长助理孙铮陪同。

复查组首先在九江市港口管理局听取了工作总结汇报,然后抽查了九江港口集团公司外贸码头和中石化九江金鸡坡石油公司。复查组在现场检查了码头消防设备、码头夜间灯光标识、码头配套设施等,并调出历史台账和近期台账,仔细询问了码头历史沿革情况。与此同时,在九江港外贸码头公司抽查了该码头一期和二期工程的竣工资料。

(江西省局　蔡联欢　杨　辉)

【九江市港口局全面接管九江长江港政管理】 2007年7月22日,九江长江港口行政管理移交仪式在九江市雅格泰大酒店举行。九江市政府副市长熊永强、市长助理孙铮,九江市委组织部、市国资委、市人事局、市财政局、市审计局、市经贸委、市交通局、市港口局等部门单位领导参加了签字仪式,孙铮主持了签字仪式。

根据《国务院办公厅转发交通部关于深化中央直属和双重领导港口管理体制改革意见的通知》(国发办[2001]91号),交通部《关于贯彻实施港口管理体制深化改革工作意见和建议的函》(交函水[2002]1号)及交通部《关于加快港口政企分开步伐和加强港口行政管理的通知》(交水发[2003]69号)等文件精神,经九江市委、九江市政府研究决定:九江152公里的长江港口行政管理职能由市交通局全部移交九江市港口管理局负责。市交通局郑羡银、市港口局刘道林、市国资委胡国友代表三方在移交仪式上签字。副市长熊永强在移交签字仪多上讲话指出:这次统一九江长江152公里的港口行政管理,就是策应省、市政府对九江进行的沿江开发战略,最大限度地发挥九江港口优势。九江市港口管理局在资产、人员到位后要严格要求，依法行政、依规办事，把长江港口行政管理职能担当起来，为九江乃至全省的经济建设服务。

（江西省局 方 武 杨 辉）

【江西省九江港口建设协调领导小组原则审议通过《九江港口总体规划》】 2007年9月4日，江西省九江港口建设协调领导小组会议在九江远洲国际大酒店召开。会议集体审议并原则通过了《九江港口总体规划》。省委常委、常务副省长凌成兴，协调领导小组成员和九江市领导陈安众、王萍、刘德意、赵东亮、张华、熊永强，以及九江沿江各县(市)主要领导和市相关职能部门负责同志出席会议。

中科院南京地理与湖泊研究所、武汉中交二航院汇报了《九江沿江开发总体规划》。4月以来，九江市认真落实省委、省政府关于九江沿江开发工作的决策部署，把沿江开发作为全市重点实施的"五大战略"中的第一战略。按照"规划先行、项目带动、重点突破、合力推进"的工作思路，呈现出沿江开发规划编制基本完成，重点板块有效突破，项目建设喜报频传，沿江产业加速集聚的良好态势。

江西省委常委、常务副省长凌成兴充分肯定了九江市沿江开发工作所取得的阶段性成绩。他说，九江沿江开发工作规划编制卓有成效，产业招商卓有成效，征地拆迁卓有成效。

九江市委书记陈安众表示，九江将认真领会贯彻落实这次会议重要精神，以港口建设为龙头，以产业集聚为重点，以物流园区为纽带，以临港新城为依托，再鼓干劲、再添措施、再下重力，加紧操作、加快推进沿江开发工作。

（江西省局 王凌云 杨 辉）

【《赣州港总体规划》通过市政府审核】 2007年5月28日，江西省赣州市政府第七次常委会议原则同意了由市交通局代市政府起草编制的《赣州港总体规划》。同时，会议还决定由市城市规划建设局牵头，做好赣州港总体规划与中心城区城市建设总体规划的衔接协调工作；要求加强岸线资源的管理，专门成立由市领导挂帅的市岸线资源审批领导小组；要求港口建设应本着以建公共性、专业性码头为主的原则进行，各部门对港口建设要予以大力支持。

这一系列的政策和举措将为赣州港的建设和发展带来巨大的推动力，为赣州水运事业又好又快发展奠定良好的基础。

（江西省局 彭华明 杨 辉）

【湖北省加强港口经营市场监管】 2007年，湖北省根据实际情况，有计划地推进了港口经营人报港、港口经营行为定期审验、港口装卸作业方案检查等三项制度的实施，进一步加强了港航现场的监管，有力地打击非法经营，确保和谐的水上运输生产经营秩序，加强了港口经营人资质管理。

结合隐患排查治理工作，湖北省港航局对港航企业的持证情况进行了专项治理。截至10月30日，已有684家港口经营人取得《港口经营许可证》，持证率为70.3%，其中有84家港口经营人取得《危险货物港口作业认可证》，持证率为71.2%。

（湖北省局 王彦玲）

【湖北省加强港口岸线资源管理】 2007年，湖北省港航局按照《港口法》、港口布局规划和港口总体规划的要求，强化了港口总体规划区内港口岸线使用许可制度，建立了港口岸线资源统一管理的有效机制。

开展港口岸线使用情况调查核定，通过取缔、减并、调整、优化等手段增加岸线储备，融合岸线资源，合理利用和有效保护港口岸线资源。代拟了《关于做好全省港口岸线管理工作的意见》(初稿)，以进一步明确港口岸线使用的两级审批制度，全面规范港口岸线报批程序，坚持"深水深用、优岸优用、集约开发、开发利用与治理保护相结合"的原则，以合理利用和有效保护湖北省港口岸线资源，加强港口建设的宏观调控，促进港口与城市的协调发展。

（湖北省局 王彦玲）

【湖北省港口管理有措施】 2007年，湖北省港口管理工作从加强规划入手，全面推行现场管理的三项制度，加强了企业资质管理和港口资源的整合。

一是全面推进了全省各港口总体规划的编制工作。全省"四主十九重"23个港口的规划编制及当地市政府的审校工作已全面完成,正按《港口法》规定的程序报审。其中武汉、黄石、宜昌、荆州四个主要港口总体规划已通过了部省联合审查待批。巴东、襄樊等6个重要港口的总体规划已经湖北省人民政府批准实施,公安等8个一般港口的总体规划已经港口所在地人民政府批准并公布实施。二是全面加强了港口经营市场监管。根据实际情况,湖北省港口行政管理部门有计划地推进了港口经营人报港、港口经营行为定期审验、港口装卸作业方案检查等三项制度的实施,进一步加强了港航现场的监管,并结合港口安全隐患排查综合治理工作,对全省港航企业的持证情况进行了专项治理,无证经营得到一定程度的遏制,有力地打击非法经营,确保和谐的水上运输生产经营秩序。截至10月30日,已有684家港口经营人取得《港口经营许可证》,持证率为70.3%,其中有84家港口经营人取得《危险货物港口作业认可证》,持证率为71.2%。三是大力实施区域性大港口战略。黄石港、宜昌港、荆州港等三个区域性组合港口与武汉港的总体规划已通过了部省联合审核,待交通部联合省政府同意后即可付诸实施。

(湖北省局　邢旭东　邱欣年)

【湖北省洪湖市狠抓水上交通安全 确保全市水运安全】 2007年,湖北省洪湖市港航局狠抓水上交通安全,确保全市水运安全。

一是开展渡口、渡船专项整治工作。通过近几年来的努力,全市渡口、渡船专项整治工作取得明显效果。具体表现在:县、乡人民政府对水上交通安全工作重要性的认识得到进一步加强。通过年初签订安全责任,使县—乡—村—渡工四级安全管理责任制得到进一步明确。通过"春运"、"五月安全月"等专项整治,杜绝了渔船、农用船等非法营运船舶非法载客行为;特别是通过渡口达标改造这项惠民工程,提高了全民水上交通安全意识。通过开展以"建设新农村,创建平安渡"为主题的授船活动,树立了港航、海事部门以人为、本立足于服务农村建设的新形象。已验收第一批达标渡口30处,第二批60处达标渡口也已完成达标改造计划。二是开展细致的隐患排查工作。为了认真贯彻落实国务院办公厅《关于在重点行业和领域开展安全生产隐患排查治理专项行动的通知》(国办发明电[2007]16号)精神和省、市政府对隐患排查治理专项行动部署和要求,有效遏制重特大水上交通事故发生,促进全市水路交通安全生产状况根本好转。制定了《洪湖市水上交通安全隐患治理专项行动工作方案》,对危货码头、港口企业、湖区各旅游点、乡镇渡口渡船进行了安全隐患排查治理专项行动。共检查11个交通企业,4条危险品作业囤船,8条装卸作业囤船,60艘旅游船舶以及重点乡镇渡口,现场强制整改隐患2处,限期整改21处。三是认真开展"两防"工作。按照省、市对"两防"工作的部署,结合实际采取分两条线走的思路,即长江片区以安全生产隐患排查和防泄漏安全隐患为主线排查;内河片以现有通航河流内荆河、洪排河、螺山干渠、陶洪河、代电河、全胜河等通航河流的过河建筑物的防碰撞安全隐患为主线进行排查,重点对长江沿线5个危险品作业码头(水上加油站)、2个港口作业企业进行安全隐患排查、防碰撞隐患排查,各科室和基层站所相结合,形成合力,不留死角,圆满完成"两防"工作。四是开展螺山干渠综合治理工作。根据荆州市港航海事局《荆州市螺山干渠综合整治实施方案》统一部署,2007年7月12日至12月30日,洪湖市螺山干渠"三无"船舶整治领导小组通过前期宣传、限期整改、专项整治具体实施三个阶段,采取降低门槛,减少收费等措,规范了螺山干渠水路运输环境。

(洪湖港　余晓帆)

【四川省加强港口管理】 2007年,四川省航务局加强了港口管理。一是进一步明确了港口岸线、竣工验收许可事项与港口经营许可的关系、职责;二是及时办理纳溪永利等4处港口岸线评估及审批事项。

(四川省局　张　健)

【《重庆市港口管理条例》通过市人大审议】 2007年,在相关部门的高度重视下,重庆市港口立法取得重大进展。5月8日,重庆市人民市政府第99次常务会议审议并通过了《重庆市港口管理条例(议案)》(以下简称《条例(议案)》)。5月15日,市大人常委会在听取市交委主任丁纯关于条例立法情况的说明后,对《条例(草案)》进行了第一次分组审议。8月27日上午,市人大常委会对《重庆市港口管理条例》(草案)进行了第二次分组审议。

9月28日,市二届人大常委会第三十三次会议闭幕,会议表决通过了《重庆市港口管理条例(草案)》。

(重庆市局 彭然红)

【重庆市副市长周慕冰督查春运水运安全】 2007年2月15日,重庆市副市长周慕冰到朝天门码头督查春运水运安全。上午9时许,周慕冰登上"海内一趸"检查趸船的安全设施。他详细向船员询问了客运情况和应急措施,查阅了船员的"一对一"监督登记簿。看到有"不合格"记录时,周慕冰马上询问有没有整改,并要求查找整改记录。随后,周慕冰步行至轮渡客运趸船检查了渡口和客运码头的安全。

(重庆市局 彭然红)

【重庆市港口码头经营秩序进一步规范】 2007年,重庆市港航局以《港口法》的实施和《重庆市港口管理条例》制定出台为契机,加强港口码头管理。一是严格执行港口规划,把好岸线资源利用审查关,保证有限的岸线资源得以合理、充分利用;二是加强港口经营企业的资质管理,把好市场准入关,规范港口经营秩序;三是加大港口安全监督管理力度,把好港口码头安全生产关,认真督促各区县港航管理部门加强对港口区域内危险货物、旅客上下集中、货物装卸量较大或者有特殊用途的码头进行定期或不定期的重点督查,对已建码头的安全现状进行评价,确保港口安全生产。

(重庆市局 彭然红)

·生产经营·

【浙江省宁波港务集团斥资6亿元开发温州灵昆码头】 2007年3月7日,浙江省省、宁波市有关专家会聚温州港,对瓯江港区灵昆4个5000吨到万吨级多用途码头工程进行可行性研究审查。

此前,宁波港务集团与龙湾区政府达成投资意向,由宁波港务集团在瓯江港区灵昆作业区建设一批码头,总投资达6.32亿元。该项目一阶段工程的年设计吞吐量为193万吨,其中集装箱吞吐量为16万TEU,二阶段则要达到25万TEU。

(浙江省局 陈建光)

【宁波—舟山港一天装卸超2万集装箱】 2007年3月28日,浙江省北仑第二集装箱公司面对大雾天气的影响和船舶集中到港的压力,一举完成了10艘集装箱船的装卸任务,吞吐量达到20425TEU,再次创下了宁波—舟山港集装箱码头单天装卸量的最高纪录,成为世界上为数不多的单天吞吐量超过2万TEU的码头公司之一。

(浙江省局 陈建光)

【世界最大集装箱船靠泊宁波—舟山港】 2007年4月19日上午10时,世界最大的新型集装箱船——"EMMAMAERSK"轮成功靠泊宁波北仑三期集装箱码头,卸下了634个集装箱,装上1200TEU,于22时驶离该码头。

该船总吨为170794吨,长397.71米,宽56.40米,最大吃水16米,可装载11000TEU,最高船速可达到25.2节,是丹麦马士基航运有限公司开辟的环球航线上最大的集装箱的班轮,其挂靠的都是世界顶级港口。

(浙江省局 陈建光)

【浙江省马迹山港区二期工程投入试运行】 2007年9月5日,3.5万吨级的长航"江洋轮"靠上浙江省马迹山港区二期装船码头,标志着马迹山港区二期投入试运行。马迹山港区二期工程于2005年12月28日开工建设,到目前为止已基本建设完毕。工程主要包括在卸船码头的东侧水域建成30万吨级矿石卸船泊位一个,安装3台2500吨/时卸船能力的桥式抓斗卸船机。另在马迹山岛以南的两侧水域建成5万吨级和1万吨级装船泊位各一个,安装2台5000吨/时装船能力的移动式装船机。同时,扩建容量为212万吨的自动化无人堆场约18万米^2,港区的堆场能力由原来的108万吨增加到现在的320万吨,并安装4台5000吨/时的斗轮堆取料机。二期建成后,马迹山港区设计年吞吐能力达5000万吨。

(浙江省局 陈建光)

【浙江省嘉兴港首次迎来集装箱外轮】 2007年6月8日上午8点,一艘来自日本名古屋的集装箱轮在引航员的指引下缓缓靠上浙江省嘉兴港乍浦港区二期集装箱泊位,这是首艘从国外直航抵达嘉兴港的外籍集装箱轮。

这艘荷兰籍集装箱轮名为“浩兴308号”,英文名为FAIRWIND,总长139米,宽22.6米,可装载1000个标准集装箱,同时也是嘉兴港有史以来靠泊的最大的集装箱轮。该轮此次在嘉兴港共卸768TEU,其中冷藏箱206TEU。

(浙江省局　陈建光)

【常熟港口生产实现新突破】 2007年,常熟港共完成货物吞吐量3314万吨,外贸货物吞吐量758万吨,集装箱吞吐量26.11万TEU,分别完成年计划的120.5%、141.7%、118.7%,分别同比增长28.4%、36.2%和41%,各项生产指标均创下了开港11周年来的最好记录。

(常熟市港口局)

【常熟港揽货组船取得新成效】 2007年,常熟市港口局不断加大揽货组船的工作力度。通过调研走访、上门服务和组揽货工作服务质量征求意见“千里行”活动等多种形式,帮助港口企业组揽货源约217万吨。

与此同时,在口岸联检中心等相关口岸单位和港口企业的共同努力下,成功开辟了常熟港至香港、澳门、欧洲、美洲和中东的近远洋件杂货定期班轮航线4条,累计6条,月到港航行国际航线船舶70多艘次;新辟3条内外贸集装箱班轮支线,累计31条,月到港集装箱班轮达350多艘次,并与53个国家和地区的255个国际港口通航通商。

(常熟市港口局)

【20万吨巨轮停靠南通港】 2007年2月26日下午3时,金斯敦籍外轮“钻石武士”号稳稳停靠南通港江海公司10万吨级散货码头,开始卸货作业。这是迄今为止南通港停靠的载重吨最大的船舶,也是进入长江吨位最大的船舶。

“钻石武士”轮长299.9米,宽50米,载重量197091吨,在浙江马迹山减载后,实载87558吨澳矿停靠南通港。“钻石武士”轮是南通港作业的第191条15万吨以上的巨型海轮,也是南通港狼山三期10万吨级散货码头停靠作业的第50条开普型巨轮。当日,南通港停靠3艘15万吨级以上海轮,一是浙远“杭州号”,载重量148582吨,实载67000吨矿石;二是“水悦号”,载重量171090吨,实载76487吨矿石;第三就是“钻石武士”轮。

(南通市局　孙学明)

【南通港成功接卸15万吨级以上大型船舶200艘次】 2007年3月21日,装载着75951吨铁矿石的16.5万吨级香港籍外轮“宝致”号,缓缓靠泊南通港狼山三期码头,这是南通港接卸的第200艘次15万吨级以上大型船舶。

为顺应长江口航道整治,航道深水化和船舶大型化趋势,南通港开始接卸大型船舶的探索,即15万吨级以上的大船在沿海减载一半以后,再直接到南通港卸货。自2001年11月接卸大型货轮“哥伦比亚”号以来,南通港采取这种模式,已成功接卸了15万吨级以上大型船舶200艘次,其中载重量最大的为19.7万吨,实载最多的为8.78万吨,吃水最深的为11.5米,船舶最长的为305米。

(南通市局　孙学明)

【南通港首个“地主港”码头试生产】 2007年6月7日,装载着4.6万吨煤炭的“畅明海”轮,首次在南通港通吕码头靠泊作业。通吕码头由南通市政府出资,为置换华能煤码头而建设,码头主体建成后整体出售给天生港电厂,并由天生港电厂管理、使用,被国内港口界称为率先按国际惯例建港的“地主港”码头。

通吕码头长345米,5万吨级,天生港电厂接手码头后,又继续投资配备了3台装卸桥吊和一整套机械设备。靠泊作业的“畅明海”轮载重量为6.8万吨,从秦皇岛港驶来,是通吕码头靠泊的第一艘海轮。

(南通市局　孙学明)

【长江上最宽的航行船舶驶离南通港】 2007年12月24日,装载着4台大型桥吊的荷兰籍半潜特种船“雨燕号”,在4名引航员的引领下,安全驶离南通港惠生重工码头。“雨燕”轮装载4台桥吊后水面以上宽度达到128.752米,为长江航行船舶之最。

南通惠生重工的4台桥吊是为美国一家公司专门生产的,由荷兰一家特种运输公司负责承运,目的港是美国。南通惠生重工是南通开发区内的一家著名制造企业,总投资近亿元,曾经多次生产海上石油钻井平台等大型机械设备,南通惠生重工码头也是南通港最大的重件码头。

（南通市局 孙学明）

【南通港加快集装箱运输开发力度】 2007年，南通港完成集装箱吞吐量37万TEU，同比增长15.6%；营运总收入完成1.09亿元，同比增长16.6%；平均作业效率21.4自然箱/艘时，准班率为96.5%，大型机械完好率98.1%。

南通港口集团集装箱分公司进一步加大航线开发力度，确定“稳住近洋航线，抓住洋山支线，盯住内贸航线”的市场策略。全年共新增航线4条，其中洋山航线3条，航班密度达到每周14班，内河航线1条。一是主动接轨上海，快速适应上海洋山港开港的新形势，新开通了南通至洋山集装箱航线；二是立足上海国际航运中心北翼的重要港口，实现了欧美干线与内支线之间的无缝衔接，平均每日航班达到25班，确保了企业进出口货物能及时搭乘内支线班轮至上海中转世界各地；三是开通泉州直达航线，缩短了南通往来南方港口的运输时间；四是开发了每两天一班的盐城内河航线，扩大了南通港对苏北地区经济腹地的辐射力。充分利用集团公司在矿石、硫磺等货种方面的优势，开发了大量的散货进箱业务，增加了箱量和收入。同时，积极拓展件杂货拆装箱业务，全年共完成大宗货物拆装箱5663TEU，比上年增长82%。积极开发重大件、特种货物和特种箱装卸业务，主要作业货种有驳船装大船、舱盖板、设备、卷钢、53’超长箱、JR箱、汽车等，全年共完成特种船舶作业32艘次，共作业各类特种箱、货船舶46艘次。南通港口集团集装箱分公司成为中国内河集装箱码头前五强。

（南通港 王龙华）

【南通港狼山三期工程竣工投产】 2007年9月4日，长江沿线最大码头——南通港狼山三期工程两座15万吨级通用散货泊位通过了交通部的竣工验收，正式投入生产，为南通港新增通过能力1500万吨，远期达到3000万吨。

南通港狼山三期工程是国家交通“十五”重点建设项目，也是江苏省、南通市“沿江开发、江海联动”重点工程，为南通开港以来最大的码头建设工程，也是长江第一座15万吨级深水泊位。该工程总投资9.18亿元，由中交第三航务工程勘察设计院设计，中港第三航务工程局、中国交通建设集团总公司、中交上海航道局等单位施工，于2003年7月正式开工建造，2006年8月完工，建成两座15万吨级通用散货泊位和一座5000吨级长江驳船泊位，码头总长710米。该工程配备两台长江内生产能力最大的卸船机和装船机、两台国内最大回转半径的斗轮机和总长达4335米输送机，整个装卸工艺设备系统代表目前长江沿线诸港最高水平。南通港狼山三期工程是目前长江沿线码头等级最高、现代化程度最高、通过能力最大的散货中转码头。

（南通港 王龙华）

【南通港成为全国最大硫磺集散港】 2007年，南通港口集团接卸进口硫磺210万自然吨，同比增长61%，超过广西防城港，成为全国最大的硫磺集散港。硫磺是南通港口集团近年来新开发的一个货种，2002年以前，每年硫磺作业量仅几万吨。2005年，已超过100万吨，2006年达到131万吨。2007年，抓住硫磺市场需求量大幅上升的有利契机，主动与客户沟通联系，主动为客户提供优质服务，不仅巩固了上海雅仕投资发展有限公司、中化重庆涪陵化工有限公司、苏州市化工物资有限公司等几家硫磺大客户，而且还成功开发了伊朗块粉硫磺、俄罗斯块粉硫磺、乌克兰硫磺等新品种，发展了上海好年国际贸易有限公司等九家硫磺新客户。为降低硫磺装卸运输过程中的损耗，针对中东国家及国内长江下游回空箱多，集装箱运输损耗小的有利条件，积极开辟新的硫磺运输途径，开发了硫磺集装箱内贸装箱及进口业务，保证了硫磺的装卸质量。

（南通港 王龙华）

【南通港首次接卸20万吨级巨轮】 2007年2月26日，金斯敦籍外轮“钻石武士”号巨轮靠上南通港口集团江海港务分公司散货码头上，开始卸货作业。这是南通港有史以来停靠的载重吨位最大的船舶，也是进入长江吨位最大的船舶。

“钻石武士”号巨轮船长299.9米，宽50米，载重量197091吨，在浙江马迹山减载后，实载87000吨铁矿石停靠江海港务分公司码头进行卸载。3月1日下午6时，经过67小时作业，“钻石武士”号巨轮顺利卸载完毕。3月2日，该轮安全驶离南通港。

（南通港　王龙华）

【张家港港名贵木材集散中心正式营运】 2007年8月1日，张家港港成立的名贵木材集散中心正式营运。“木材集散中心”占地面积60000米^2，堆场面积30000米^2，仓库面积20000米^2。集散中心主要经营集装箱原木、板材的拆、装箱业务，并提供仓储、装卸、物流、办公交易、展示、货代、信息、报关等一条龙服务。“木材集散中心”的正式营运是集团公司深化木材市场、建设板材市场，做大做强集装箱拆箱业务的重要标志。

（张家港港　颜炳福）

【南京港集装箱吞吐量突破100万TEU大关】

2007年，南京港把集装箱发展作为重中之重。投入7300万元，打造江北集装箱港区，与龙潭集装箱港区形成南北呼应、资源互补、内外贸兼容的集装箱运输布局。全年集装箱吞吐量完成105.39万TEU，增长31.39%，净增25.18万TEU，实现了历史性跨越。

（南京港　姚卫忠）

【芜湖港生产经营创佳绩】 2007年，是芜湖港“铸造企业文化年”。一年来，芜湖港按照“人无我有，人有我新，人新我奇，人奇我特”的创新理念，准确把握市场规律，克服国家宏观调控、市场恶性竞争等不利因素的影响，生产经营创佳绩。实现到煤756万吨、发煤747万吨，分别占“三口一枝”总量的47%、48%，再度彰显长江煤炭能源输出第一大港的领先地位。实现外贸量159万吨，同比增长58.3%；集装箱量165,008TEU，同比增长64.7%，增幅高于全国和长江平均水平，再度彰显长江集装箱大港风采。

这一年，芜湖港强化信息管理，进一步优化设备设施和人力资源配置，改善生产工艺和工作流程，不断提高劳动效率和车船直装率，车船直装率达到43.9%。

（芜湖港　孙凤山）

【芜湖港外贸、集装箱中转增幅高于全国和长江平均水平】 2007年，芜湖港外贸工作坚持“五大”（大市场、大货主、大外贸、大联合、大通关）经营理念。以芜湖港品牌优势为基础，狠抓长三角经济飞速发展契机，以船、货、港一体化为保障，打造精品航线，提供优质服务，不断开拓外贸生产经营新局面，保持外贸量、集装箱量快速增长势头。全年实现外贸量159万吨，同比增长58.3%；集装箱量165,008TEU，同比增长64.7%，增幅继续领先行业，高于全国和长江平均水平。

（芜湖港　孙凤山）

【南昌与宜春两市港航处携手联合　共同打造沙石运输船舶管理新平台】 2007年4月2日，南昌市交通局和宜春市交通局及其所属的港航管理部门共同协商，达成了南昌与宜春市丰城港航处联合行政执法及征收沙石运输船舶货港费的协议。

南昌与宜春两市港航管理部门本着“尊重历史、面对现实”的原则，结合水上沙石运输市场变化的新情况，就跨行政区域联合达成一致意见，决定共同搭建沙石运输船舶管理的新平台，成立沙石运输船舶行政执法管理联合体。参与此次联合体的共有四家单位：即南昌市港航处、南昌县港航所、新建县港航所、宜春市下属的丰城港航处。

（南昌市港航处　揭任成）

【九江市与上海港《关于九江港口集团公司整体改制合作意向书》在上海签署】 2007年5月16日，在上海虹桥宾馆九江市举办的“上海·九江产业对接恳谈会”上，九江市人民政府与上海国际港务（集团）股份有限公司签署了《关于九江港口集团公司整体改制合作意向书》。九江市国有资产管理委员会主任查太平代表市政府和九江港口集团公司总经理刘道林与上港集团总裁陈戌源在《意向书》上签字。上海市委常委、纪委书记沈德咏、上海市社会工作委员会书记许德明、上海市合作交流办公室主任林湘、上海市经委副主任乐景彭、上海市合作交流办公室副主任陈荣堂，九江市委书记陈安众、市长王萍，上海国际港务（集团）股份有限公司董事长陆海祜、副总裁陈立身、黄兴等出席了签字仪式。陈安众、王萍、陆海祜在签字仪式后发表了讲话。

（江西省局　王凌云　杨　辉）

【九江港与上海洋山深水港实现无缝对接】 2007年5月24日凌晨5:15，“集海之明”轮首次靠上九江港集装箱码头,标志着九江港与上海洋山港成功实现无缝对接。

“集海之明”轮,是上港集团公司在长江干线上新开辟的上海洋山—九江—武汉运载集装箱的专用班轮。该航线的开通,使九江港的集装箱直接到达上海洋山港配载出口,无需再到上海外高桥码头中转,节省了24小时,同时也为客户减少了中转费用。此次,“集海之明”轮在九江港停靠约两个小时,装载38TEU出口到西北欧的货物,7:35起锚顺利直航洋山港。从而,九江港与上海洋山港实现了真正意义的无缝对接。

(江西省局　蔡联欢　杨　辉)

【黄石港节能减排成效显著】 2007年,黄石港通过发展生产,强化管理,“双增双节”,改善了经济发展方式,经济运行质量和效益实现新的提高。装卸工艺流程不断优化,一批以“油改电”、燃油添加剂等为代表的新技术,以及以轻型、高效、变频控制的新设备相继投入港口生产,促进了港口节能减排和增收提效。全年综合能耗为3.66万吨标煤/万吨吞吐量,同比下降9.07%。

(黄石港)

【武汉港左岭、沌口港区开港运行初见成效】 2007年3月6日,武汉港蓝天化学品码头正式投入运行。全年完成装卸自然吨23.7万吨,为年计划的296.4%,发展前景良好。年设计能力13.9万辆的沌口商品汽车滚装码头也于11月28日正式开港,全年完成自然吨76万吨,为年计划的218.3%,它将成为华中地区商品车物流多式联运的重要节点。同时,金口新港区建设拉开序幕。

(武汉港　陈　军)

【武汉港增资扩股为港口发展提供资金保障】 2007年,武港集团完成增资扩股,注册资金由原来6.73亿元变更为9.49亿元。其中武汉国资委以托管土地使用权对集团增资1.23亿元,上海国际港务集团以现金追加出资1.51亿元。

(武汉港　陈　军)

【泸州港集装箱吞吐量继续保持快速增长】 2007年,四川省航务局通过积极指导督促泸州长通港口有限公司配套完善泸州集装箱码头一期工程设备,其吞吐能力达到8~10万TEU。泸州港每周直达上海的内支线集装箱班轮达14班,丹麦马士基、法国达飞、中国远洋等18家世界级海船公司的外贸集装箱在泸州港集散,与四川省建立了密切的业务联系。

截至2007年底,四川省已有4家水运企业取得泸州至上海集装箱班轮内支线航线运输资格。全年泸州港集装箱吞吐首次突破5万TEU,达5.24万TEU,同比增长36.9%。其中外贸箱完成1.9万TEU,为四川省外向型经济发展提供了重要支撑。

(四川省局　林　彩)

【三峡库区两旅游码头复建投产】 2007年7月,三峡库区移民淹没复建项目——巫山龙门、奉节宝塔坪旅游码头建成,并整体移交给重庆交通旅游投资集团有限公司,以实现三峡库区旅游资源总体合理配置,最大限度地发挥码头的社会经济效益。

巫山龙门旅游客运码头新建1000吨级泊位3个、500吨级泊位1个,年客运吞吐能力200万人次,投资4106万元建造。龙门码头是三峡库区唯一一个能够在145~175米之间任意蓄水位顺利实现上下客、船舶自由进出的码头。奉节宝塔坪旅游客运码头位于奉节宝塔坪旅游文化区,下游是白帝城和瞿塘峡等旅游景点。该码头新建500客座旅游客运泊位两个,年客运吞吐能力达150万人次,投资2946万元建造,最大的亮点在于采用了目前全国首创的码头自动扶梯上下游客,使旅游服务更加人性化。

(重庆市局　彭然红)

·体制改革·

【安庆港大力推进企业改制工作】 2007年,安庆港务总公司在安庆市委、市政府领导下,在港口局的指导下,积极推行企业改制工作。

通过安庆市交通投资(集团)有限公司搭建平台,与香港远航集团有限公司、安庆市交通投资(集团)有限公司三方合资,注册成立“安庆港远航集团控股有限公司”。注册资本3亿元,香港远航出资1.65亿元,安庆港务总公司将其下属五里庙港务分公司、安庆港国际集装箱装卸运输公司资产、人员参与合资，并占有25%股份(在总公司内部叫部分企业改制)。部分企业改制工作从2007年6月15日动员，到2008年元月11日总公司召开全体职工代表大会表决通过改制方案，历时近7个月。2008年元月22日，由香港远航集团有限公司、安庆港务总公司、安庆市交通投资有限公司三方合资注册成立的“安庆港远航集团控股有限公司”正式挂牌成立，标志着安庆港务总公司在企业改制工作上取得了历史性的突破。

(安庆港　高锡球)

【湖北省全面推进港口资源融合】 2007年，湖北省大力实施区域性大港口战略。黄石港、宜昌港、荆州港等三个区域性组合港口与武汉港的总体规划通过了部省联合审核待批；此外，武汉港与鄂州港资源融合的思路有了新突破。

武汉港与鄂州港资源融合，由最初的企业间的接触转为在政府主导下的融合，思路变了，力度也加大了，两市交通港航部门已拟定《武汉、鄂州两市港口合作框架协议(修订稿)》，鄂州市政府已基本同意，待两市政府协商同意后即可付诸实施。

(湖北省局　王彦玲)

【武汉港合资改制联大联强促进企业发展】 2007年2月12日，武港集团与民营企业合资组建的武汉港捷汽车客运有限公司挂牌成立。10月，建安公司与上海港工签订了合资意向书。10月26日，港埠医院与汉阳医院(原汉阳铁路中心医院)联营正式对外挂牌，终结了港口企业办社会的职能。11月28日，武港集箱增资扩股暨合资设立武汉中港物流有限公司签字仪式在汉举行，集团与中外运联手，推进了集装箱产业的发展。

(武汉港　陈　军)

·基本建设·

【浙江省宁波市危险货物集装箱港口作业实现网上申报】 经过长达半年时间的电子口岸建设的完善，宁波市于2007年2月份开始对宁波港口装卸作业的危险货物集装箱正式实行网上申报。这是宁波市港航管理局继去年9月港口危险散货实现网上申报后，完善电子口岸建设的又一举措。至此，宁波港域的危险货物作业全部实现了网上申报。

(浙江省局　陈建光)

【“发展集装箱运输　提升宁波—舟山港竞争力”课题研究报告完成】 由宁波—舟山港管理委员会委托上海海事大学所做的《发展集装箱运输 提升宁波—舟山港竞争力》课题研究报告，2007年3月通过专家组评审，完成课题的研究任务。

报告总体研究了宁波—舟山港集装箱运输发展状况，在综合分析港口环境、运输网络、辐射力、口岸、管理等方面的竞争力现状与优劣势的基础上，指出了存在问题，提出港口总体定位和提升港口竞争力的对策建议，可成为企业发展和政府决策的有益借鉴和参考。报告详细分析了港口竞争环境，通过与周边港口在集疏运网络建设与布局，铁、公、水多元运输方式，运输通道的容量与发展空间，港口腹地范围，港口辐射能力，航线、航班开发力度，中转运输方式，船公司及大型物流的支撑与配套，口岸政策与口岸成本等方面的量化和定性比照，指出了存在的问题，提出了对策建议。对策建议主要包括以下八方面内容：

一、积极拓展长江沿线腹地、扩大沿海内支和内贸运输、提高港口辐射力。

二、切实抓住机遇，在运输网络新格局下，认真制定措施，在有效巩固浙南腹地货源的同时积极争取浙北、苏南腹地。

三、加快建设内河集装箱运输通道，改善组织管理，形成江海直转、系统配套、快捷高效的水路集疏运体系。

四、进一步加强运输网络建设，实施铁、公、水并行发展。

五、提高宁波－舟山港综合实力，拓展国际中转运输。

六、进一步加强口岸建设，优化口岸政策和结构，提升口岸竞争力。

七、积极发展与上海港的竞争合作关系，共同推进上海国际航运中心建设。

八、全面发展航运、信息、金融、保险、法律等海事服务业，形成配套齐全的集装箱物流体系。

(浙江省局　陈建光)

【浙江省湖州港与港企投资4亿共建西塞物流码头】 2007年9月，浙江省湖州港与香港保华集团签订了湖州港西塞作业区改建项目合作协议,共同投资4亿元港币,建造湖州地区最大的现代化物流码头。西塞作业区位于湖州经济开发区,附近聚集了生物医药、新材料、机电、汽配、环保设备、电子信息等产业,其中外资企业超过142家,大量外贸货物出口到国外。

该作业区比邻长湖申线航道、宣杭铁路、杭湖宁高速公路、申苏浙皖高速公路,具有得天独厚的交通优势。香港保华集团正是看中内河水运的潜力和优势,主动抛出了"绣球",与湖州港航管理局和湖州港务有限公司联手,成立了湖州港投资开发有限公司,在西塞铁公水中转港新扩建500—1000吨级泊位8个,设计年货物吞吐量达300万吨,集装箱运输量达30万TEU。

(浙江省局　陈建光)

【浙江省嵊泗马迹山港区二期建成投产】 2007年10月27日,浙江省嵊泗马迹山港区二期工程正式建成投产。马迹山港区位于浙江省嵊泗县泗礁岛西南1.5公里的马迹山岛,居于中国南北海岸线的中部和长江出海口,处于中国南北运输必经的黄金水域,濒临国际航线,是距离长江口最近的大型矿石中转基地,具有独特的区位优势。

马迹山二期工程是在一期工程的基础上,新建30万吨级卸船泊位一个;1万吨级、5万吨级装船泊位各一个;围海形成0.32平方公里矿石堆场,设计年吞吐量为3000万吨。二期工程投产后,整个马迹山港区形成了年吞吐5000万吨的能力。马迹山港区在一期工程建成投产后,已先后创造了接靠目前世界上吨位最大、净载重量最大的散装货轮"博格斯坦"号等多项记录。

(浙江省局　陈建光)

【建行授信20亿元支持嘉兴港建设】 2007年11月,嘉兴市港务管理局与建设银行嘉兴市分行举行港口建设项目合作签约仪式。此次合作签约,主要针对嘉兴港码头及基础设施建设方面的5个项目。这五个项目总投资约30亿元,建设银行计划授信20亿元,本次签约由建行提供意向性承诺。这5个项目包括嘉兴港乍浦港区内河航道、乍浦港区F区多用途码头、独山港区D区煤炭专用码头、海盐港区C区通用码头以及乍浦港区三期配套等项目。项目建成后将为嘉兴港新增7个万吨级以上泊位,新增年吞吐能力1500万吨以上。

(浙江省局　陈建光)

【浙江省宁波市投资150亿元建设宁波—舟山港疏港道路】 2007年12月,浙江省宁波—舟山港北仑港区四期进港公路完工,即将交付使用。这是宁波市为打通港口"经脉"而实施的道路工程之一。北仑区交通局近日发布消息:未来4~5年,疏港道路建设投入将在150亿元左右,目标是到2011年前后基本消除疏港交通瓶颈。

近年来,宁波—舟山港货物和集装箱吞吐量连年快速增长,全年突破900万TEU,预计到2011年将提高到1200万TEU。目前北仑疏港交通与城区交通混合,相互干扰,大大降低了快速疏港能力,构建港口腹地交通网络迫在眉睫。今后4~5年,该区将以高速公路为主,着眼解决长远疏港交通问题。连接同三高速与北仑港二、三期码头的大碶疏港高速公路长5公里,投资约12亿元,将于明年年底建成。穿山疏港高速公路连接小港与北仑港区四期码头,长34公里、投资约70亿元,绕城高速东段长8公里、投资约20亿元,这两条路都计划于明年开工建设。

(浙江省局　陈建光)

【阿联酋港口大亨　12亿投资乐清湾】 2007年,浙江省温州市政府与阿联酋迪拜环球港口集团签署意向性协议,合资建设乐清湾港区两个多用途码头。预计2008年底或2009年初即可开工建设,这也是继香港新创建集团、宁波港集团之后,投资温州港口建设的第三个大项目。该项目属于乐清湾港区一期起步区6个5万吨级码头中的2个,目前这2个泊位已经完成预可行性研究报告,概算投资12亿元。

(浙江省局　陈建光)

【江苏皮尔金顿耀皮玻璃有限公司码头工程通过竣工验收】 2007年8月15日至16日,江苏省交通厅组织有关部门及专家组成竣工验收委员会,对江苏皮尔金顿耀皮玻璃有限公司码头工程进行竣工验收。

该项目建设1万吨级散货泊位和5000吨级件杂货泊位各1个,作业平台总长303米、宽20

米。码头平台与陆域之间通过引桥连接,引桥结构采用高桩梁板,引桥长 239.47 米,年设计吞吐能力 118 万吨。工程质量评定为优良工程。

(常熟市港口局)

【常熟港口加强码头建设】 2007 年,常熟港口设施投资共完成 3.55 亿元。其中常熟汇海置业有限公司建设 1 个 2 万吨级及 1 个 500 吨级化工品泊位,陆域建设化工储罐 24 个和相应辅助设施,投资 2.1 亿元;江苏理文造纸有限公司续建 1 个 1 万吨级件杂泊位及码头配备装卸设备,投资 0.39 亿元;长春化工(江苏)有限公司化工及煤炭泊位装卸设备投资 0.3 亿元;常熟泓洋环球仓储有限公司建设陆域堆场、道路、仓库投资 0.76 亿元。江苏理文造纸有限公司 1 个 1 万吨级续建泊位和常熟汇海置业有限公司 1 个 2 万吨级及 1 个 500 吨级化工泊位通过交工验收,工程质量被评定为优良。全年在建(包括前期工作)和建成的码头泊位如下:

1. 江苏理文造纸有限公司续建 1 个 1 万吨级件杂泊位,泊位长 169 米,引桥长 255.9 米,历经 8 个月施工,于 5 月 25 日顺利通过交工验收,工程质量被评定为优良。

2. 常熟汇海置业有限公司码头工程获得国家交通部批准。工程建设 20000 吨级、500 吨级(内档)石化泊位各 1 个、1 条引桥及相关配套设施,泊位长 210 米、引桥长 266.6 米。工程于 2007 年 2 月 18 日开始水上打桩,工程建设严格按照基本程序和设计规范要求,2007 年 9 月 28 日顺利通过交工验收,工程质量评定为优良。

3. 江苏皮尔金顿耀皮玻璃有限公司码头工程顺利通过江苏省港口局组织的竣工验收。工程建设 1 个 5000 吨级(水工结构兼顾 10000 吨级)散货泊位、1 个 5000 吨级件杂货泊位及相关配套设施。2007 年 3 月 13 日通过了由苏州市港口局组织的竣工初步验收,江苏省港口局于 2007 年 8 月 15 日至 16 日组织有关部门及专家,对江苏皮尔金顿耀皮玻璃有限公司码头工程进行竣工验收,同意工程通过验收,工程质量被评定为优良。

4. 长春化工(江苏)有限公司码头工程顺利通过竣工验收。码头工程共建成 5000 吨级煤炭泊位和 5000 吨级液体化工泊位各 1 个及 2 条引桥。2007 年 11 月 1 日,通过了由苏州市港口局组织的竣工初步验收,2007 年 11 月底,江苏省港口局组织了工程竣工验收会,同意工程通过验收,工程质量被评定为优良。

5. 常熟泓洋环球公用码头工程各项前期工作开展顺利。通过反复协调、悉心指导,该公司相关人员按照常熟港口局整编的《港口工程建设审批流程图》,积极做好工程项目建设前期工作。《工可报告》于 2007 年 6 月底完成编制,已分别通过航道、水利、海事、环保、港口等相关部门的审批,各项前期报批工作进展顺利。

6. 常熟发电有限公司煤码头扩建 50000 吨级卸煤泊位 1 个,泊位占用岸线 268m,设计年通过能力 453 万吨,通过多次沟通、协调,于 2007 年 6 月 7 日通过江苏省港口局组织的行业审查,目前项目正在报国家发改委审批中。

(常熟市港口局)

【南通港最大船用重件码头工程通过竣工验收】

2007 年 7 月 13 日,南通港最大的船用重件码头——惠生重工码头通过江苏省港口局组织的验收。

惠生重工码头为 7000 吨级船用重件泊位及相关配套设施,年通过能力 80 万吨。惠生重工是在南通经济技术开发区内设立的外商独资企业,主要从事港口机械及海上石油钻井平台的生产。

(南通市局 孙学明)

【南通港与“南通舰”开展结对共建活动】 2007 年 7 月 30 日,南通港与“南通舰”签订共建协议,以进一步弘扬光荣传统,加强军政团结,密切军民关系,扎实做好新形势下的双拥共建工作。

“南通舰”是东海舰队某部护卫舰,并以南通城市名而命名。三十年来,“南通舰”与南通港结下了深厚友谊。南通市港务管理局代表南通港与“南通舰”结为共建单位,协议以构建和谐社会为目标,坚持“同呼吸、共命运、心连心”,充分发挥各自优势,加强交流协作,实现优势互补、双向服务,进一步加强军民关系。

(南通市局 孙学明)

【南通华能电厂直接输煤工程初步设计通过部级评审】 2007 年 7 月 3 日,南通华能电厂直接输煤码头初步设计通过了交通部组织的专家评审,横港沙外侧将建5万吨级煤炭泊位。

通过专家评审的工程,初步设计在南通天生港水道的横港沙外侧建设3.5万吨级(兼顾5万吨)煤炭进口泊位和4000吨级煤炭水上转运出口泊位各一座,以及相应的配套设施。外侧码头长约275米,平台宽约28米,内侧码头长约96米,设计年吞吐能力520万吨。码头与陆域栈桥相联,栈桥长约1417米,宽度初步确定为9.8米,总投资4.5亿元,施工期约为2年。

(南通市局　孙学明)

【交通部同意筹建南通港沿海港区引航站】 2007年8月16日,南通市港务管理局接到交通部文件,同意筹建南通港沿海港区引航站。南通港沿海港区引航站为事业法人,上级主管部门是南通市港务管理局,具体职责是为进出南通港洋口港区和吕四港区的船舶提供引航服务。

(南通市局　孙学明)

【南通港10万吨级散货泊位通过交通部验收】

2007年9月4日,长江上吨位最大、自动化水平最高、装卸效率最快的码头——南通港狼山三期工程10万吨级散货泊位通过了交通部竣工验收。

南通港狼山三期工程10万吨级散货泊位是国家交通“十五”重点工程,建设规模为2座10万吨级(水工结构按15万吨级设计)散货泊位、1座5000吨级长江泊位和3座3000吨级长江泊位,以及相应的配套设施,总投资9.18亿元。工程2003年12月开工建设,2007年8月基本建成,9月投入试生产。设计年吞吐能力近期为1500万吨,远期可达4000万吨。这两座10万吨级散货泊位已成功靠泊作业15万吨级以上大型海轮100多艘次,装卸矿石1000多万吨。

(南通市局　孙学明)

【南通洋口港液化天然气接收站项目获批】 2007年3月26日,江苏如东液化天然气(LNG)接收站项目获国家发改委批准。

洋口港液化天然气接收站一期工程包括两个容积为16万米^{3}的液化天然气储藏罐和一个10万吨级的专用码头,年接收能力350万吨;二期扩建到600万吨,远期规划为1000万吨。该项目中石油拥有55%的股份,香港太平洋油气35%股份,江苏国信投资集团占股10%。

(南通市局　孙学明)

【南通港客运候船大厅拆除】 2007年2月份,曾经在南通人心目中占据过重要地位的南通港客运码头候船大厅拆除完毕,南通港口集团将在这里建成一座1万米^{2}的钢材仓库。

南通港客运码头候船大厅建于20世纪80年代,这座面积为4000多米^{2}的两层建筑可容纳五六千名旅客同时候船,最高峰时的年客流量达到过711万人次。进入21世纪后,随着公路客运的发展,水路客运逐渐淡出市场。2003年4月,长航大班轮停航;2004年5月,高速客轮停开。至此,南通港客运全部结束。2004年11月,为盘活南通港客运闲置资产,南通港口集团对原客运码头进行了改造,将客运码头改造成货运码头。2007年,为解决钢材仓库堆存能力不足的问题,南通港口集团对原客运候船大厅进行了拆除,在客运大厅内的全国最大的壁画群也一起进行了保护性拆除。

(南通港　王龙华)

【安徽省加强港口基本建设】 2007年,安徽省一是加快前期工作步伐。以省政府名义起草上报《关于加快我省水运基础设施建设的决定》。该《决定》待批。编制上报《省会经济圈交通发展规划研究报告》和《西淝河综合治理交通子规划》,开展“公路水路交通‘十一五’发展规划中期评估以及‘十二五’重大课题遴选”工作。安排2000万元重点水运工程前期费用,开展芜申运河、沙颍河、沱河—浍河、淮河,巢湖港巢城港区、安庆港长风港区、池州港锚地等14个重点项目前期工作。二是重点工程进展顺利。安庆马窝港区主体工程竣工,完成投资1.02亿元;芜湖朱家桥集装箱码头开工建设,完成投资4250万元;马鞍山港改扩建工程正在建设中,完成投资1.97亿元;颍上船闸主体工程基本完成,公路桥建成通车,累计完成投资9410万元;巢湖港巢城港区一期工程、铜陵港件杂货码头改建工程开工建设。三是加强工程质量监管。借鉴营口港治理水运工程质量通病经验,除了预警交通部质监总站提出的30种质量通病外,加强对全省小港站建设项目、航道维护工程进行跟踪检查监督。全年没有发生一起质量事故,受到交通部水运工程质量及施工安全督查组的充分肯定。

(安徽省局　马　栋)

【铜陵港件杂货码头一期改扩建工程开工】 2007年12月29日上午,铜陵港件杂货码头一期改扩建工程开工。安徽省副省长黄海嵩,省政府副秘书长曹勇,省交通厅厅长梅劲,铜陵市委书记、市人大常委会主任沈素利,铜陵市委副书记、市长李明等出席开工典礼。开工典礼由铜陵市政府副市长吴桂和主持。铜陵港件杂货码头一期改扩建工程,是安徽省港航建设投资集团有限公司和铜陵市港务(集团)公司合作建设的省"861"重点建设项目。该工程是在现有铜陵港件杂货码头一期工程的基础上向下游扩建,新增件杂货吞吐能力75万吨,集装箱5万TEU,后方陆域配套建设物流仓储及堆场设施。该项目总投资约1亿元。

(铜陵港　周三民)

【马鞍山港口锚地建设取得进展】 马鞍山港锚地通过能力不足的问题,经过马鞍山市港口局不断努力,已引起相关部门的高度重视。交通部批出860万元的建设资金,省级的建设资金正在努力中。为缓解锚地方面的矛盾,维护港口安全,正协调海事部门设立慈湖临时锚地,以扩大马鞍山港锚地的通过能力。

(马鞍山市局　李　强)

【芜湖港朱家桥集装箱码头一期工程开工】 2007年,投资1.9亿元的芜湖港朱家桥集装箱码头一期工程正式开工建设。

该工程位于芜湖港朱家桥港区外贸码头下游,建设规模为2个5000吨级、兼顾10000吨级集装箱专用泊位,设计年通过能力10万TEU,最大通过能力20万TEU。该工程的建设,为再造一个芜湖港奠定坚实基础。

(芜湖港　孙凤山)

【江西省吉安港石溪头货运码头开工】 2007年1月31日上午,江西省吉安港石溪头货运码头开工仪式在吉安市举行。参加开工仪式的有吉安市委、市政府、市人大、市政协的主要领导,省交通厅、省航运管理局的主要领导,以及媒体记者和社会各界共200余人。

开工仪式隆重而简朴。吉安市交通局局长彭家珉宣布开工仪式开始,副局长廖抗美介绍码头概况,码头建设施工单位广东省航盛建设集团、监理单位省交通工程监理公司代表先后发言,省交通厅副厅长胡琳、吉安市人民政府副市长李庐琦先后讲话。最后,由吉安市委书记黄建盛下达开工令,举行码头工程奠基仪式。

胡琳在讲话中指出,吉安港石溪头货运码头是江西省"十一五"水运规划建设的重点工程之一。它的开工建设,对于开发赣江水运运能,促进吉安市等赣江中游各市、县经济社会发展,意义十分重大。该码头建设在全省首推"国家投资、地方筹资、社会融资、利用外资"的投融资机制改革的有益尝试,向发挥市场配置资源的基础性作用迈出了重要的一步。希望港航管理部门紧紧依靠当地人民政府和相关部门,为项目建设营造良好的外部环境,全力支持和服务于工程建设,确保工程顺利推进。

李庐琦在致辞中指出:吉安港石溪头码头隆重开工,是吉安市交通发展的一件大事、喜事。石溪头货运码头建设,市领导高度重视,吉州工业园区、交通、建设、土地、财政、港航等部门通力合作,做了大量前期工作。工程建设过程中,监理单位、施工单位要认真履行职责,严把工程质量安全关,各有关部门、单位要服从、服务于工程建设大局,全力配合,积极支持,为工程建设营造良好的环境,把吉安港石溪头货运码头建设成为展示我市交通新貌的精品工程。

吉安港石溪头货运码头于2006年4月24日由江西省发展和改革委员会正式批复立项建设,港址位于赣江中游吉安市井冈山大桥下游5公里吉州工业园区内,建设规模为500吨级件杂货码头泊位3个,设计吞吐能力为50万吨/年,港区占地面积约3万米^2,泊位总长185米,投资估算为4468万元。

(江西省局　张　翔)

【《南昌港总体规划环境影响报告书》审查会在南昌召开】 2007年12月3日,由交通部环境保护办公室组织的《南昌港总体规划环境影响报告书》审查会在江西省滨江宾馆召开,会议审查通过了

《南昌港总体规划环境影响报告书》。

（江西省局　彭美娇　杨　辉）

【河南省出台《河南省农村渡口渡船改造实施管理办法》】　2007 年，河南省为了搞好全省农村渡口渡船的改造工作，省交通厅和省财政厅下发了《河南省农村渡口渡船改造实施管理办法》（豫交计[2007]449 号），在原“四有”标准基础上，增加了“有一艘合格渡船”的标准，变为“五有”标准。文件还对渡船改造工作的责任、计划编制批复、改造标准、建设管理、质量验收、资金拨付等进行了严格规定。累计投入 1490 万元用于渡口改造，并安排补助资金 600 万元用于 2006 年已改造完成的 120 道渡口的渡船进行改造。

（河南省局　王守明）

【湖北省加大港口投资力度】　2007 年，湖北省在建港口项目 43 个，共完成投资 8.4173 亿元。其中武汉港汉阳集装箱港区改扩建二期工程完成投资 2.47 亿元，主体水工结构和 1 号、4 号、7 号堆场已全面完工，六台龙门吊安装完成并于 12 月 28 日完成交工验收，2 号、5 号、8 号堆场的施工已进入尾阶段，港口全面投入试运行，港区的吞吐能力达到 50 万 TEU。荆州港盐卡（二期）多用途码头工程完成投资 10350 万元，码头平台已完成钢管桩沉桩工作，正进行后平台横梁浇筑和引桥钻孔灌注桩施工。黄石港外贸码头扩建工程完成投资 4345 万元，基础工程、护岸工程基本完成，正在实施上部结构的预制和现浇。石首港工业综合码头共完成投资 3522 万元，1 号、2 号泊位已基本完工，通港道路基本建成。

（湖北省局　王彦玲）

【武汉港汉阳集装箱港区改扩建二期工程主体及部分堆场道路工程通过交工验收】　2007 年 12 月 28 日，武汉港汉阳集装箱港区扩建二期工程水工码头工程、部分堆场道路、拆装箱库，以及 6 台龙门吊起重机等工程项目通过交工验收，主体工程评定工程质量等级为优良。

武汉港汉阳集装箱港区改扩建二期工程是湖北省“十一五”规划的 5 个集装箱项目之一，也是武汉港的重要组成部分，一直受到交通部和省政府领导的关注，多次莅临指导与检查。该工程建设 2 个 3000 吨级集装箱泊位，设计年吞吐能力 30 万 TEU，工程概算约 3.35 亿元。目前，完工部分将投入试运行，武汉港汉阳集装箱港区的集装箱吞吐能力将达到了 50 万 TEU，达到“十一五”规划目标，二期工程的建成营运将能更好的为武汉乃至整个中部地区的经济发展发挥重要作用。

（湖北省局　王彦玲）

【黄石港建设取得新进展】　2007 年，黄石港作为湖北省和黄石市“十一五”期交通基础设施重点建设项目之一的黄石外贸码头扩建工程，正式开工建设。目前，完成了水工部分和基础工程，护岸、面层梁板安装的建设施工任务。工程建设质量和施工安全得到了交通部、湖北省安全监督组专家的充分肯定，并被列为湖北省工程质量通病治理示范项目。与此同时，港口还积极推进黄石棋盘洲新港区建设的前期工程，注册成立了黄石棋盘洲港口有限责任公司，完成了棋盘洲港区一期工程可行性研究报告和初步设计工作，并与武汉凯迪公司达成合作建设棋盘洲新港区协议。

（黄石港）

【武汉市加快港口建设项目】　2007 年，武汉市加快港口建设。一是杨泗集装箱港区扩建工程。总投资 3.35 亿元，新建 2 个 5000 吨级集装箱专用泊位，建成后年吞吐能力新增 30 万 TEU，达到 50 万 TEU。2007 年完成投资 13616 万元（包括货运站 1306 万元）。该工程的航道分析报告、行洪报告、通航条件评审均已通过；环境影响报告书已通过交通部、国家环保总局评审，4 月份国家发改委已正式下文批准该项目的工可报告。截至 2007 年底，该项目的水工工程已基本完成。二是阳逻集装箱港区工程。总投资 10.8 亿元，新建 4 个 5000 吨级集装箱泊位，建成后年吞吐能力达到 75 万 TEU。2007 年，该项目的安全预评价、航道分析报告、行洪报告、通航条件均已先期通过评审；《武汉港阳逻新港区工程环境影响报告书》分别通过了交通部环保办、国家环保总局评审；项目工程预可行性报告通过了省发改委、交通厅预审，并已上报国家发改委和交通部，通过国家发改委评审，待正式批复。三是沌口商品汽车滚装码头工程。总投资 1.0474 亿元，建设 1 号、2 号、3 号堆场，增加相应设备设施，建设港区内铁路卸车专用线，形成铁水联运港区。2007年完成投资1953万元,工程进入收尾阶段。四是汉江下游航道整治工程(汉川至蔡甸段)。概算总投资1.9516亿元,42公里航道由四级提升为三级,工期三年。该工程的工可报告已通过了省交通厅和省发改委的联合审查。环境影响报告书已取得省环保局的正式批复。防洪报告已取得长江水利委员会的批复。该项目初设的外业勘探工作已全部结束,物模定床报告和数模、物模动床已完成并通过专家审查、工程设计工作全面开展,初步设计已经完成并上报到省交通厅、省港局、市交委。

(武汉市局　喻　慧)

【杨泗港集装箱二期改扩建工程基本完工】 2007年,武港集团固定资产总投资近1.8亿元,为上年的2.4倍,刷新历史记录。

集装箱二期水工码头、堆场等17个单项工程全部交工验收,具备基本投产条件,新增30万箱吞吐能力。

(武汉港　陈　军)

【云南省水富港扩建工程开工建设】 2007年1月25日,云南省水富港扩建工程建设开工。

该工程计划投资1.499亿元,计划工期为2年。

(云南省局　马翠德)

【贵州省第一个水电站库区多功能航运建设工程正式投入使用】 2007年11月28至29日,贵州省发展和改革委员会组织了有关部门在贵州省兴义市对天生桥库区的永和港、巴结、未罗兰堡、白云、红椿等3港5码头群建设工程项目进行验收。

位于滇、黔、桂三省(区)交界的南盘江天生桥库区,是由20世纪90年代修建天生桥一级水电站蓄水形成的大型人工湖泊。水域面积177平方公里,长达140公里库区深水航道和760公里的支流航道。库区岛屿、奇山异峰众多,山中有水、水中有山,与国家风景名胜区——万峰林毗邻,当地又称“万峰湖”。天生桥水电站建成蓄水后,三省区水上船舶运输发展迅猛,但库区的港航基础设施却是一片空白,所有的码头停靠点,都是原始自然岸坡,加之库区水位变幅高达40余米,岸高坡陡,船舶停靠和客货上下船均十分不便,行人及货物上下船存在严重的安全隐患,水上交通安全事故时有发生。为帮助库区周边三省区民族同胞从事水上运输、水上旅游创造条件,贵州省航务局加强水上交通安全监管,建立统一有序的水路运输市场。由交通部和贵州省共同投资3548万元建设天生桥一级水电站库区航运建设工程,并列入贵州省“十五”跨“十一五”水运建设工程,于2005年底开工建设。建成后的3港5码头环境优美,与周边环境浑然一体,码头设施功能齐全。其中永和港建有CCTV监控室,实施对巴结、未罗兰堡、白云、红椿港区的船舶及水面动态监控管理,成为贵州省库区第一多功能航运建设工程。

(贵州省局　杨萍艳)

【贵州省第一个机械化专用煤码头建成投入使用】

2007年11月12日,贵州省沙三货运码头建设工程通过验收并投入使用。这是贵州省第一个机械化装卸煤炭专用码头。工程建设项目总投资299万元,建成100吨级斜坡式码头泊位一个,配备近100米皮带输送机与100吨级趸船,货物堆场面积3425米^2,码头管理站房471米^2,绿化420米^2,港区道路70米,码头设计年货物吞吐量40万吨。

乌江渡库区是20世纪70年代兴建乌江渡水电站而形成的库区,连接贵阳、遵义、毕节三地五县。新建成的沙三码头位于乌江渡库区支流偏岩河右岸,码头距偏岩河河口有15公里水路,具有较强的区位优势。毕节地区的煤炭通过近60公里的水路到达金沙县的沙三码头,转汽运到小寨坝火车站运往全国各地,比公路汽运节省运距近100多公里。新建成的沙三码头机械化程高,设备成龙配套,100吨级趸船配置起重机抓斗与近100米皮带输送机链接,装卸作业不受库区水位的影响,汽车随到随装卸,无需人力装卸,极大地提升了该码头的市场竞争力,成为乌江库区的一个新亮点。

(贵州省局　杨萍艳)

【四川省二滩库区码头通过竣工验收】 四川省雅砻江二滩库区港口工程(凉山州)于2002年3月8日开工,2006年10月20日竣工,2007年5月22日四川航务局组织对其进行了竣工验收。

建设规模为:树河码头客运泊位1个,吞吐量

14万人次/年,散货泊位1个,吞吐量20万吨/年;金河码头客运泊位1个,吞吐量10万人次/年;大桥水库码头客运泊位1个,吞吐量5万人次/年。实际完成总投资562万元。雅砻江二滩库区港口工程(攀枝花市)项目已完成项目竣工验收准备工作。

(四川省局 龚元帅)

【四川省南充港一期工程通过竣工验收】 南充港一期工程(大河坝、客运作业区)于2001年12月18日开工,2004年8月竣工,2007年3月四川航务局组织对其进行了竣工验收。

建设规模为:大河坝作业区设置500吨级泊位4个(前沿线长373.11米),陆域堆场3万米^2,吞吐量120万吨/年;客运作业区设置200客位泊位1个(前沿线长40米),吞吐量50万人次/年。全部建设项目支付使用资金18834476.08元。

(四川省局 龚元帅)

【四川省加快渡改人行桥建设】 2007年,四川省下达渡改人行桥项目计划并完成渡改桥100座。为保证渡改人行桥工作的顺利开展,省交通厅将渡改人行桥项目计划下达到各市(州)交通局,并纳入交通厅对各市(州)交通局年度工作目标考核。各市州交通局为项目管理主体,在渡改人行桥项目的具体管理上实行与农村公路建设相同的政策、措施,充分调动了各市(州)、县交通部门、乡镇政府的积极性。

(四川省局 张 健)

【四川省泸州港多用途码头二期工程开工建设】 2007年12月28日,四川省泸州港多用途码头二期工程正式开工建设。二期工程将新建2个1000吨级(兼靠3000吨级)泊位,设计年吞吐量重件、件杂56万吨,集装箱9万TEU,工程总投资31624万元。二期工程紧邻一期工程,上游距泸州城区14公里,有专用公路与隆纳高速公路衔接,下游距重庆市235公里。到2009年,随着泸州港多用途码头二期工程的建成,泸州港多用途码头年吞吐能力将达40万TEU,成为长江黄金水道的重要节点以及云贵川通江达海的重要门户。

(四川省局 胡 旭)

【四川省小码头建设概况】 2007年,四川省下达并完成乡镇客渡码头建设项目200个。根据小码头建设特点,全省小码头建设以市(州)、县管理为主,四川省航务局实施业务指导,监督管理。资金管理上严格财务管理,按工程进度拨款,并多渠道筹措落实自筹资金;项目管理上各市(州)航务局(处)开展项目审批管理和技术指导、现场监管、检查,并加强了工程质量控制,由各市(州)公路水运质量监督站实施质量监督工作。项目较多的市、州还实行了打包设计、施工招标,统一委托监理,进一步强化、规范了竣工验收手续,落实项目建成后的维护管理主体。与此同时,针对小码头建设加强了监管。将小码头建设纳入了年度工作目标考核,多次派员现场检查、调研,针对出现的问题共同研讨解决措施。

由于措施得力,小码头项目进度、资金、质量得到有效控制,顺利推进了建设工作,取得了明显成效,有力推动了农村交通条件的改善。

(四川省局 张 健)

【甘肃省加快渡口改造步伐】 2007年,甘肃省投资1480万元改造74道农村公路渡口。上半年完成了《甘肃省渡口码头建设技术标准》、《甘肃省渡口码头标准图设计》,并已下发各市州交通局。截至12月,完成37道渡口的改造建设,完成投资1010万元,完成年计划投资的68.24%。

(甘肃省局 陈长春)

【甘肃省地方投资水运建设项目】 2007年,甘肃省新开工建设兰州港客运码头、刘家峡库区吧咪山码头、陇南市碧口库区大坝码头,以及兰州信息搜救中心等项目;计划投资1000万元,省厅补助投资674万元。到年底,刘家峡库区吧咪山等3处码头均已完工,3艘老旧渡船已改造完成,完成投资984.64万元,完成年计划投资的92.54%。2006年续建的黄河刘家峡库区东乡县祁杨码头、海事搜救码头已全部完工,2007年完成投资162.35万元。全年,全省水运建设工程未发生安全事故,未出现工程质量事故。

(甘肃省局 陈长春)

【重庆港加大建设力度】 2007年,是重庆港基建项目最多、投资最大的一年。续建项目有寸滩一期、万州江南沱口集装箱码头、红溪沟改扩建工程、巫山客运港区淹没复建等4个,新开工项目有寸滩二期、长寿化工码头、猫儿沱货场扩建、果园临时码头建设、海关联检大楼等5个,9个项目投资总额达31.4亿元,全年完成投资约5.7亿元。此外,一般建设项目完成投资约1400万元。

寸滩港区是重庆市打造的西部地区综合性集装箱枢纽港区,是建设长江上游航运中心的标志性工程。寸滩港区二期工程占地850亩,计划投资11亿元,工程于9月24日开工,计划2011年建成。二期工程将建设3000吨级多用途泊位3个、滚装泊位1个,设计能力为42万TEU、件杂货80万吨、滚装车辆15万辆。寸滩二期工程2007年完成投资2.89万元。为发挥寸滩港区整体功能,集团对寸滩港区重新进行总体规划,在一、二期5个集装箱泊位的基础上,三期拟再建4个集装箱泊位,使寸滩港区码头前沿设计能力达到126万TEU,实际通过能力将达190万TEU。长寿化工码头工程位于长寿区朱家坝冯家湾,是三峡库区港口三期淹没复建项目之一。工程占地225亩,计划投资2亿元,设计能力为198万吨,工程分为两期,一期工程有散货、多用途、液体化3个3000吨级泊位。2月28日开工,计划2008年12月建成,2007年完成投资1.53万元。

(重庆港　蔡　红)

【重庆市常务副市长黄奇帆专题研究寸滩集装箱码头二期工程项目建设】 2007年6月12日下午,重庆市常务副市长黄奇帆在市政府主持召开了寸滩集装箱码头二期工程项目建设专题会议。副市长远牧、市政府相关部门、江北区政府主要领导,以及重庆港务物流集团公司、重庆市城投公司等单位负责人参加了会议。

会上,重庆港务物流集团就寸滩集装箱码头二期建设工作前期准备情况和目前存在的主要问题,江北区政府对寸滩集装箱码头二期征地、拆迁等情况分别作了汇报。黄奇帆针对相关问题提出具体的解决办法,指出寸滩集装箱码头是重庆建设成为长江上游航运中心的核心工程之一,一定要抓紧抓好,并对具体工作进行了布置。

(重庆市局　王国元)

【重庆建内陆最大集装箱制造基地】 2007年11月8日,中集(重庆)物流装备制造基地在江北港城工业园区奠基,首期投资2100万美元。

该项目建成后重庆市将成为年产10万TEU的内陆最大集装箱制造基地。作为中集集团发展战略的重要布点,中集(重庆)物流装备制造基地项目占地300亩,建设一条年产能力为10万TEU的先进集装箱生产线,并于明年3月建成投产。据重庆市经委主任吴冰介绍,集装箱制造基地有助于优化集装箱物流产业链,提升重庆港的综合竞争能力,发展临港经济。

(重庆市局　彭然红)

【重庆市寸滩港二期工程开工】 2007年9月24日上午9时30分,重庆市寸滩港二期工程举行隆重的开工典礼,重庆市委常委、常务副市长黄奇帆、副市长余远牧出席开工仪式,并挥锹为工程奠基。

寸滩二期工程占地约884亩,建设3000吨级泊位4个及相应配套设施,其中多用途泊位3个,滚装泊位1个,设计年集装箱吞吐能力42万TEU,件杂货80万吨,滚装车辆15万辆,工程概算投资人民币11亿元。2011年上半年建成后,寸滩港集装箱实际吞吐能力可达到100万TEU。

(重庆市局　彭然红)

·对外开放·

【常熟港新开三条件杂货远洋班轮航线】 2007年6月13日,江苏常熟兴华港口有限公司和韩国大宇物流公司牵手合作开通了常熟港至欧洲(比利时的安特卫普港、西班牙的毕堡港和意大利的拉维)航线、常熟港至美洲(美国的休斯顿和新奥尔良港)航线、常熟港至中东(阿联酋的迪拜港和达曼港)航线。常熟市委书记杨升华出席签约仪式并会见大宇公司总裁安勇南一行。

(常熟市港口局)

【美国总统顾问造访洋口港】 2007年7月8日,美国总统顾问李学海访问南通洋口港。李学海先生是美国华商会主席、美国中国总商会理事,并担任美国白宫总统亚太事务顾问。他在美国创办有威特国际集团,拥有10多家跨国公司,在纽约、罗省地区拥有12家大型现代化物流中心,是纽约地区最大的200家私营企业之一。

（南通市局　孙学明）

【海峡两岸港口经济发展高层论坛在南通举行】 2007年9月3日，来自祖国大陆和台湾地区的150多位港口经济专家和港口产业人士集聚江苏南通，举办海峡两岸港口经济发展高层论坛，就经济全球化条件下如何加强两岸港口经济合作等主题，进行了多视角、多方位的深入探讨。中国美旗控股集团战略决策委员会主席谢秉臻先生、清华大学台湾研究所所长刘震涛先生、高雄大学创校校长王仁宏先生、高雄港务局副局长黄国英先生等，围绕运输流通业的出路与对策、立足港口综合优势加强两岸经济合作等内容，进行了精彩的讲演。南通市港务局局长施伯香，以及洋口港、吕四港、如皋港也向论坛作了港口推介。

论坛由南通市政府、中国港口协会等单位组织。海协会副会长、原国台办副主任王在希，江苏省台办主任陈尧，南通市委书记罗一民等到会致词。论坛取得了五大共识：一是早日实现“三通”是加强两岸港口经济发展的共同需要；二是加快整合港口资源，充分发挥港口群体优势是港口城市发展的方向；三是优化港口布局，不断拓展港口服务功能是港口建设和港口城市提升发展战略的迫切要求；四是南通已具备成为区域现代物流中心的基础和条件；五是南通与台湾港口经济合作前景美好，前途无量。

（南通市局　孙学明）

【张家港港与韩国世腾船务合作开通欧洲杂货班轮航线】 2007年1月29日下午，张家港港与韩国世腾船务合作开通欧洲杂货班轮航线的签字仪式在张家港市国贸酒店举行。

这条航线为张家港至安特卫普/毕尔巴鄂及其他沿途欧洲港口、张家港至拉文纳及亚得里亚海内其他意大利港口。该航线的开通实现了张家港口岸远洋航班的突破。

（张家港港　颜炳福）

【张家港港与韩国新晟海运株式会社成功签订班轮航线协议】 2007年11月12日，张家港港与韩国新晟海运株式会社双方经友好协商，就开设每月至韩国各港杂货班轮达成合作协议，并举行了签字仪式。

韩国班轮航线的正式开通，标志着张家港港在通过航线扩大钢材中转份额、巩固港口市场的行动上又迈出了可喜的一步。这也是年初欧洲班轮航线开通后，再一次成功开通的东南亚班轮航线（近洋航线）。

（张家港港　颜炳福）

【台湾经贸考察团到铜陵港考察】 2007年4月15日上午，以台湾青年商会会长、台湾万事达国际集团总裁李玉文为团长的台商考察团来铜陵市港务集团考察。铜陵市港务集团董事长吴照来向客人介绍了港口和横港物流园基本情况。

团长李玉文表示，铜陵港拥有广阔的腹地和优良的岸线资源，发展潜力巨大，前景广阔，希望能在件杂货码头二期工程、横港物流园、台商工业园三个项目上进行合作，实现互利双赢。

（铜陵港　周三民）

【黄石港不断深化改革】 2007年，是黄石港的企业改制实施年。在积极稳妥，分步推进，依法操作，程序到位，公开、公平、公正的原则下，根据黄石市改制办的批复，黄石港采取主辅分离、公开转让部分辅业单位资产、撤销或注销辅业单位等多种形式，改制为国有独资公司。港口原有职工全员转换身份，并通过“竞争上岗一批、解除劳动合同一批、内部退养一批”的办法进行安置。年底前，已完成国有独资新公司注册工作，部分职工已办理相关手续自愿买断离岗。下步将对所属公司和分公司进行全面的产权制度改革，集中港口主业资产，引进战略合作伙伴，不断做强做精主业，提升港口核心竞争力，努力把黄石港打造为鄂东南地区最大的物流集散地。

（黄石港）

·文明创建·

【常熟港口文明创建及其主要成果】 2007年，常熟口岸各单位在江苏省口岸办公室和常熟市委、市政府正确领导下，广泛开展创建“文明口岸”活动。围绕“与国际接轨，让企业满意”这个中心主题，着力建设“安全、高效、廉洁、和谐”口岸。

常熟市港口局把文明口岸创建活动看作落实

科学发展观、增进和谐社会构建力度的重要实践，坚持口岸创建和单位创建相结合、坚持服务经济和依法行政相结合、坚持强化教育和落实监督相结合、坚持全员参与和社会共建相结合，推动文明口岸创建工作不断向纵深发展。文明口岸创建过程中涌现出一批文明单位、文明个人，文明口岸，创建活动取得良好的成绩。3月，常熟口岸系统被常熟市委、市政府命名为“常熟市文明行业”。常熟市港口局获得苏州市级荣誉8次，常熟市级荣誉8次；常熟市港口局有2人次获得江苏省级表彰，16人次获得苏州市级表彰，11人次获得常熟市级表彰。

（常熟市港口局）

【南通港口协会举办沿海港口发展战略高层论坛】 2007年5月17日，南通港口协会组织有关专家学者、港口管理部门和港口企业，共同研究南通沿海港口发展战略。南通市发改委主任江治学、南通洋口港经济开发区管委会主任周建飞、中国港口协会副秘书长、中国港口研究中心主任杜麒栋，分别就南通沿江开发、江海联动发展战略、洋口港开发态势及发展目标、洋口港在上海国际航运中心的地位等课题作了精彩发言。

（南通市局　孙学明）

【张家港港荣获江苏省和谐劳动关系模范企业称号】 2007年11月15日，经江苏省总工会、江苏省劳动和社会保障厅联合评比，并以苏工发[2006]25号《关于表彰江苏省和谐劳动关系模范企业的决定》的形式，授予张家港港2006年度江苏省和谐劳动关系模范企业称号。

（张家港港　颜炳福）

【张家港港喜获中国物流示范基地等称号】 2007年12月7日，在第五届中国物流企业家论坛暨2007年中国物流企业年会上，张家港港喜获“中国物流示范基地”的殊荣。2007年4月，张家港港被苏州市人民政府授予“苏州市重点物流企业”光荣称号；2007年5月，张家港港进入“苏州市大企业成员名录”；2007年12月，张家港港被江苏省现代物流协会授予“江苏省物流企业50强”荣誉称号。

（张家港港　颜炳福）

【中共铜陵市港务集团公司召开第一次代表大会】

2007年7月19日，中国共产党铜陵市港务（集团）公司第一次代表大会在港城大厦3楼会议室隆重召开。董事长吴照来代表集团公司党委向大会作题为《团结务实、与时俱进，努力开创港务集团跨越发展的新局面》的工作报告。梁英军同志代表集团公司纪委向大会作了题为《围绕中心、服务大局，为促进港务集团又好又快发展提供坚强的政治保证》的工作报告。

通过分组讨论和各位代表的认真审议，大会以举手表决的方式，一致通过“两委”工作报告和其他有关事项。大会选举出中国共产党铜陵市港务（集团）公司第一届委员会和中国共产党铜陵市港务（集团）公司第一届纪律检查委员会。大会号召全港广大党员和干部职工，高举邓小平理论和“三个代表”重要是思想伟大旗帜，深入贯彻落实科学发展观，始终做到“四个坚定不移”，在市委市政府的正确领导下，齐心协力、励精图治、开拓创新、扎实苦干，为实现港务集团跨越发展和全面进步而努力奋斗，为铜陵经济社会发展做出新的更大贡献。

（铜陵港　周三民）

【安庆港文明创建喜结硕果】 2007年，安庆港务总公司为推动企业改制工作，保证企业在改制中职工队伍的稳定，及时制订下发了企业改制《宣传提纲》，并利用港报、各种会议向职工进行宣传教育。《安庆港报》以其内容贴近职工群众，版面形式活跃，深爱职工的好评。为此，专门组织《安庆港报》十周年纪念活动。为加强党的建设，在党员中开展了“岗位奉献，共建和谐”党建主题实践活动；全面推进党员“双向承诺制”活动，并将承诺事项公示于群众。与此同时，在全休党员中开展民主评议活动，增强了党员责任意识。“创优争先”活动继续深入，评比表彰了3个先进党组织和7名先进个人。争创“双十佳”活动在职工中深入有效地开展，先后两次组织“双十佳”个人和集体代表去北京、西安疗养。

（安庆港　高锡球）

【武汉市文明创建取得新的成果】 2007年，武汉市港航局先后两次召开以作风建设为主题和以落实科学发展观、促进和谐发展为主题的民主生活会,广泛征求各方面意见,认真制订整改措施。一是深入开展党员示范岗和党员服务明星评选活动,党支部建设和党员先进性建设有了新的拓展。二是认真学习中纪委七次全会、省纪委十一次全会精神,组织党员干部参观洪山监狱,观看《忏悔录》、《公仆》、《暖秋》等警示教育片。开展了廉政教育“九个一”活动,继续开展“禁赌”、“治理商业贿赂”工作,全系统未发现一起违纪违规行为。三是认真组织开展“四城同创”和“迎节会、讲文明、树新风”等系列活动,在省厅组织的“千人体操迎节会”活动、市交委组织的“四城同创”知识答题及迎城运会羽毛球比赛等活动中取得优异成绩。四是深入开展全省港航海事系统“五个十佳”评选和全市交通系统第十四轮精神文明创建活动,努力创建多层次、分布广的示范窗口、服务明星、岗位能手。

(武汉市局 喻 慧)

【武汉港开展第二届优秀人才评选】 2007年,武港集团开展了集团第二届优秀人才的评选表彰活动。来自港口管理、党务工作、设备管理、吊车司机、电工技师、高级工程师、网络管理等岗位的10名同志,荣获“港口优秀人才”光荣称号。

(武汉港 陈 军)

第六篇　海　事

【概 述】 2007年,长江水系各级海事管理机构在交通部和当地政府部门的正确领导下,以科学发展观为统领,按照"三个一"的要求,严格监管、热情服务,切实承担"船舶适航、船员适任、安全畅通、有效监管、优质服务"的责任,履行"执法为民,服务社会"的宗旨,安全形势持续稳定,"三个服务"水平不断提高,各项事业快速发展。

·安全形势持续稳定。长江是我国的第一大河,是交通部海事局重点管辖范围"四区一线"中重要的"一线"。2007年,长江水系实现连续两年未发生一次死亡10人以上的事故和重大船舶污染事故。确保了水系近16亿人次、1亿台次车辆的渡运安全。

·"三个服务"水平不断提高。一是积极服务国民经济和社会发展。主动融入区域经济、文化和社会建设,在东部率先、中部崛起和西部大开发战略实施过程中发挥了日益重要的作用;积极服务于长江黄金水道建设等部党组确定的"十一五"期6项工程,有力保障了三峡工程、荆州长江大桥等重点工程建设;积极服务于抗灾保安全,实行"三优先",畅通煤电油运"绿色通道",有效缓解了沿江20余家大中型电厂的燃眉之急。二是积极服务社会主义新农村建设。对农产品和农用物资船采取"五定"(定船舶、定人员、定时间、定航线、定装卸作业点)服务措施,对到江心洲收种农作物、柑橘农产品出川实施特别维护,开展农民船员技能培训万余人次,推动了农村富余劳动力的转移,促进了沿江"三农"经济发展。三是积极服务人民群众安全便捷出行。深化"渡船平安行动",强化"五小"船舶管理,优化通航环境和秩序,加快巡航救助一体化建设,完善长江水系交通安全长效管理机制,大力推进航路改革。大力推进各级水上搜救协调中心建设,为沿江人民群众安全便捷出行提供了坚实保障。

·各项事业快速发展。随着国家及沿江省市对长江黄金水道建设力度的加大,长江水系各支持保障系统步入了持续快速健康的发展轨道。实现了全航段昼夜通航,五千吨级船舶和万吨级船队可常年通达武汉;三支队伍建设取得明显成效,海事管理水平和执法规范化水平提高明显;培养了一支爱岗敬业、作风扎实、责任心强的海事队伍,涌现出以姚泽炎为代表的一大批爱岗敬业、精益求精、竭诚奉献的先进典型人物。初步构建了重点港(桥)区VTS、重点水域CCTV、重点船舶GPS与海巡艇互为补充的、"153040"全覆盖的现代水上监管救助一体化框架;经过多年探索,形成了以"人和、忧乐、坚韧"的长江海事精神为核心、以"四化三步走"发展战略、对外"442"安全监管规律、对内"1+5"长效管理机制为重点,以"理念文化、安全文化、廉政文化、形象文化"为主要内容的长江海事文化体系;顺利召开了长江水系九省二市海事机构第一次联席会议,海事执法水域联动、区域联动的长效机制基本形成,加强了内河海事机构相互之间、内河海事机构与航运管理机构、航运企业、专业院校之间的沟通与协调,提高了水上运输经济发展质量、水上安全监管和服务水平。有力推动了"全国海事一家人、水上执法一盘棋、行政执法一面旗"理念的落实。

2007年,长江海事工作得到了交通部领导的高度重视,海事工作喜事好事不断。交通部部长李盛霖分别到重庆和甘肃省刘家峡库区慰问海事干部职工、检查交通安全工作。全国海事工作会议也在四川省成都市召开。海事管理普遍得到加强,武汉VTS系统正式开通运行,重庆局成功应对30年最大洪峰困境,长江局组织开展了"6·5"世界环境日宣传活动并圆满完成了长江三峡库区水上联合搜救演习任务。

(总编室 程 杰)

·执法机构·

【长江海事局(简称长江局)】 (详见《长江航运年鉴》(2008卷)第三篇"机构")

2007年,长江局以科学发展观为统领,文明执法,热情服务,圆满完成三大目标六项任务,有力促进了长江水运的安全发展,为沿江经济社会发展和人民群众水上出行安全作出了新贡献。

·安全形势持续稳定 2007年,在辖区渡(客)运量同比增长6.3%、港口货物吞吐量增长25.5%、船舶进出港艘次增长14.7%的情况下,再次实现未发生一次死亡10人以上群死群伤事故和重大船舶污染事故,安全综合指数86.5,安全形势继续改善。一是群死群伤事故有效遏止,"三个服务"措施落实有力。始终牵牢"牛鼻子",渡船管理科学化水平不断提升,公众安全渡运意识不断增强。渡船公司化管理3家,渡船标准化改造64艘,优化渡运线路38条,确保了7865万人次、655

万台次车辆和13万人次学生的渡运安全,有力保障了老百姓的水上出行安全。与此同时,积极做好三峡船闸完建期安全通航保障工作,保障了煤油矿箱等国民经济重点物资的运输安全,确保了重庆朝天门等15座在建大桥的施工、通航两不误;对到江心洲收种农作物、柑橘农产品出川,以及军用船舶实施特别维护。全年对乡镇渡船投入帮扶资金260万元,免费培训渡船船员1.35万人次,开展农民船员技能培训万余人次。二是安全预警全面提升,通航秩序不断改善。“长江海事气象”,为港航企业和广大船民服务;以水上安全信息台和长江海事内外网站群为主渠道,以海巡艇VHF广播、手机短信、电视报刊等为辅助的预警信息服务体系基本形成,实施安全预警244起,有效应对了极端恶劣气况和库区滑坡险情;辖区85%的水域有效实施了船舶定线制和分道航行,全年有效巡航13.2万次,辖区水上交通畅通有序。三是“四船”管理继续加强,危管防污水平稳步提升。强化了辖区交通行业央企的安全监管,全年审核船公司166家、船舶549艘次。与此同时,加强了船舶管理。船舶签证259万艘次(其中航次签证66万艘次),同比增长14.6%;船舶登记量8517艘次,船舶安检量22577艘次,同比增长7%;滞留内河船舶365艘次;培训安检骨干150人;“政府牵头、各方联动、严管真帮、船主自律”的“五小”船舶监管新机制基本形成。此外,加强了船员管理。积极宣贯《船员条例》,有效运行船员考评发证体系,开展了海船船员无纸化考试和内河船员实操模拟器考试试点;举办各类船员考试47087人次,同比增长15.5%;核发各类船员证书72772本,增长21%,海员出境人数增长47%。加强了船检管理,VIMS5.0系统在七省一市省级船检机构全面推行,地市级机构推行面达71%;检查船检发证机构84家,占机构总数的22%;培训验船人员数同比增长84%;查处11起验船工作过错行为,暂停资质2家,吊销证书1人,验船质量监督进一步加强。积极实施交通部11号令,对305艘船舶排污设备实施铅封禁排;油污水接收量、船舶垃圾处理量同比增长63%和13%,危化品集装箱开箱检查数同比增长46%,辖区未发生等级以上船舶污染事故,确保了1922.8万吨危化品的安全运输。四是联合执法全面推进,专项整治与长效机制有机结合。长江水上联合执法全面启动,建成61个统一规范的水上政务中心,受理许可业务567864件(其中海事562949件,通信4819件,航道91件,公安5件),现场检查航道航标、营运证和通信证照等36.8万次,向有关单位通报情况1.2万次,“水上执法一盘棋,政务联合一体化”管理机制基本建立并有效运行。积极开展了“两防”和“三防一禁”等专项整治活动,对48座大桥通航安全风险进行了评估,优化了通航环境,确保了十七大等重点时段辖区的安全稳定。以把握“442”监管规律、牵牢客渡船“牛鼻子”为主线,以深化船员、船舶、船公司管理为基础,以加强危管防污、安全预警、应急救助、执法规范工作为重点的安全管理长效机制日益完善。

2007年,辖区共发生一般以上等级事故43件,死亡失踪62人,沉船30艘,直接经济损失1710万元,四项指标“二降二升”,其中,事故件数、直接经济损失同比分别下降6.5%、14.5%;死亡人数、沉船艘数分别上升37.8%、20%。事故件数为近20年最低。

·“四化”建设成效显著　管理信息化取得新进展。“网上长江海事”有效运行,32种工作报表实现自动生成;电子政务开展试点,内外网站群访问量分别突破400万和100万人次;海船和内河船舶持卡签证率,分别达100%和75%。同时,加强了网络安全保障,建立了数据备份机制;两级机关工作人员、全线50岁以下执法人员计算机一级达标率均达98%,海事处兼职信息员二级达标率57%。反应快速化迈上新台阶。“四级待命三级指挥”机制和118个应急救助站点有效运行,实施了长江水上人命救助奖励制度,救助能力培训3429人次,应急演练1905次,组织搜救行动441次、救助人员7764人(平均每天救21人)、救助船舶617艘,长江局被评为“全国海(水)上搜救先进单位”。执法规范化稳步推进。长江局机关和9个分支局的管理体系全面升级改版并有效运行,48个海事处和115个办事处实现了标准化(规范化);颁布了14项海事管理规范性文件,实施海事行政处罚8145件,未发生执法错案;全面实施《海事行政执法人员行为规范》,文明执法已成为广大执法人员的自觉行为。监管现代化力度加大。5个分支局业务用房主体建设基本完成,新建6个海事处(站)办公用房,新(改)建55艘艇(囤),完成固定资产投资2.7亿元,创历史最高水平;武汉、芜湖交管工程投入使用以来，及时纠正违章1359次；重庆、马鞍山、荆州大桥交管工程积极推进，宜昌、安庆、铜陵交管工程前期工作进展顺利；新增19处移动和固定CCTV，初步建立了统一规范的电视监控系统平台。现代水上监管救助系统建设全面推进。

·内部管理明显加强　一是改革创新持续深化。成功举办第二届内河海事论坛，建立了长江水系海事联席会议机制；修订完善《长江海事工作规则》，进一步统一规范了两级机关领导班子“三重一大”决策程序和方法；以长江局机关直属机构新一轮干部综合考核的完成为标志，全面实行了领导班子任期制、中层干部聘任制、其他人员聘用制、新进人员人事代理制。此外，开展了纪检派驻制试点；办事处(执法大队)由196个整合为160个，建立了船舶管用养修“711”长效机制；职工培训中心加快了“全国海事一流培训中心”的建设步伐。二是人才强局扎实推进。基本形成了新形势下的干部人事管理长效机制，即干部管理以落实局领导干部管理办法为主线、工作人员管理以实施年度考核与考试制度为重点、收入分配管理以执行岗位工资制度为主体；选拔任用处级干部21人、轮岗28人，优秀年轻干部上下、内外交流39人。与此同时，举办各类培训157期、5795人次；深入推进职工3年技能达标活动，组织开展的1个法规政策水平和语言沟通等5个能力的考试考核达标率85.6%；调整充实了110名“115”人才库人选，选派13名拔尖人才到大学授课，组建了32人的职工培训师资库，有36人取得中、高级专业技术职务任职资格。三是节约型单位建设成效明显。实现收入5.97亿元，同比增长24.4%。实现了财务数据集中管理和全过程的实时监控，财务管理信息化取得突破性进展；全线一般日常公用经费同比下降5.8%、会议及招待费下降25.8%，职工收入继续稳中有升，实现了全年财务收支平衡；全年开展专项审计27次，经济复核115项，复核金额1.3亿元；后勤保障服务能力明显提升。四是引航服务日益加强。2007年引领中外籍船舶39435艘次、32197万总吨、引航里程528万公里，同比分别增长18.3%、16.3%和14.5%；实现引航费收1.58亿元，增长13%，引航艘次、费收和安全均创历史最好水平，引航文化建设成效显著，引航服务沿江经济的能力进一步增强，长江引航社会影响力继续扩大。

·党建和精神文明建设取得良好成绩　一是加强了党建和文明创建。广泛开展党的十七大精神学习，坚持两级党委中心组学习制度，组织32名处以上领导干部参加脱产理论培训；开展了“牢记党的宗旨、主动做好服务”主题实践活动，姚泽炎、陈良华、王昌模、孙玉国等11名先进典型人物的巡回报告反响强烈。宜昌、武汉区段被授予“全国文明样板航道”。二是加强了党风廉政建设。“廉政长江海事”建设继续深化；“199”惩防体系稳步推进，基本建立了包括干部任用、资金管理、基本建设、行政审批等重要方面的权力制约制度，廉政谈话1200人次，开设了执法人员廉政教育课，全年处分3人(其中开除1人)，追究领导责任2人；严格执行“两个一律”，强化了政风建设，印发船民服务手册2万份，两级领导接听并处理船员电话647人次；社会满意度91，连续两年突破90。三是加强了海事文化建设和群团工作。积极开展首届长江渡船安全周等“五个一”活动；连续两年获全国直属海事系统“好新闻”一等奖。成功组织了第二届职工运动会、计算机应用大赛等系列活动；组织开展了第二届青年论坛以及青年志愿者安全服务活动。积极落实了老同志政治生活待遇；八件实事基本落实；职工满意度96.5，创近年新高。

(长江局)

【安庆海事局(简称安庆局)】　(详见《长江航运年鉴》(2007卷)第六篇“海事”第570页)

安庆局管辖范围为长江干线北岸马当嘴过河标(长江下游航道里程716公里)与南岸马当山罐形岸标(长江下游航道里程716公里)的联线；下界：长江干线北岸老洲头白灯船(长江下游航道里程559.5公里)与南岸五步沟(长江下游航道里程559.5公里)的联线。辖段内长江干线全长156.5公里；同时还管辖长江干线该区域内的分汊河段(圆水道)81公里，跨江西、安徽两省的彭泽、东至、望江、桐城、枞阳五县和安庆、池州两市。

·执法督察　为加强执法规范化建设，以学习《海事行政执法人员行为规范》为平台，大力开展执法督察，不断促进执法人员的规范意识，切实做到依法行政。在日常执法督察中，通过专项督察和日常抽查相结合的方式，组织了遵守行为规范的专项检查,对执法人员文明执法、依法行政、政务公开、便民利民等各方面的执法情况进行了检查。通过采取的一系列督察工作,有效地防止和纠正了可能出现的不当具体行政行为,维护了当事人的合法权益,促进了海事机构严格执法、公正执法、文明执法。全年共查处海事违法案件661件,其中罚款640件(罚款金额89.5012万元),警告16件,扣留船员适任证书5件(扣证5本)。其中简易程序案件452件,一般程序案件209件。未发生任何行政诉讼改诉、复议机关改变或撤销的行政案件。

·信息化建设　12月中旬,长江海事局下达了长江安庆段水上交通安全视频监管系统建设任务。经专家论证,考虑VTS工程的建设规划,确定香口华泰码头、东流港、安庆液化气码头、文明渡口、局老办公楼、大桥上、下水、五里庙油区,牛头山港、枞阳港、江口外贸码头、池州港12处建设点。经公开招标,选定北京星航联光电技术有限公司、上海琼宇公司为工程施工单位。工程将于2008年3月28日完工并交付使用,工程总投资138万,实现了长江干线安庆段重点水域、重点码头监管可视化,为巡航搜救指挥决策提供强力支持。

·船舶防污　7月、8月,根据统一安排,开展了铅封限排专项活动,对符合铅封条件的14艘港作船的所有排污管系进行了铅封,同时要求这些船舶经备案许可的污染物接收单位签订了污染物定期回收协议。依据长江海事局制定的《长江船舶防污染备案管理办法》,在年底前对辖区内所有危险品码头、船舶修造厂、防污染作业队伍进行防污染备案,提前3个月完成任务。

地　址　安徽省安庆市湖心南路212号
邮　编　246003
电　话　(0556)5217402
传　真　(0556)5568557
网　址　http://www.aqmsa.gov.cn

(安庆局)

【芜湖海事局(简称芜湖局)】 (详见《长江航运年鉴》(2007卷)第六篇“海事”第570页)

芜湖局担负上自长江铜陵五步沟,下至长江马鞍山慈湖河口175公里的水上交通安全监督管理职责,依据国家有关法律法规实施长江干线部分安徽段水上交通安全监督、防止船舶污染和海事行政执法。

2007年,芜湖局坚持安全监管为中心,在提升行政执法水平上,始终突出长江局“442”监管规律,细化“1+5”规律,强抓安全监管六大工程,辖区通航环境进一步优化,船舶航行安全、畅通、有序。全年共发生水上交通事故及险情50件,等级事故8件,大事故7件,一般事故1件,造成死亡(失踪)8人,沉船4艘,直接经济损失约273万元。根据《长江干线安全状况综合评估办法》的判别标准分析,辖区简化安全综合指数为103,安全状况基本稳定。

·航路改革　3月1日,在定线制40米水域正式运行芜湖船舶交管系统,重点监控船舶5862艘次,避免险情67次;优化定线制水域航路设置,采取乌江水道分流措施,划定船舶禁止淌航区段,调整芜湖大桥通航桥孔的船流分布,改善了通航秩序;继续强化铜陵辖区航路调整后的现场管理,组织研究上报定线制向上延伸的可行性报告;定线制社会效益评估效应明显,辖区年货运量突破亿吨大关,达1.17亿吨,同比增长19%。

·安全监管　提高GPS监控运行质量,客渡船GPS上线率90%,海巡艇、执法车GPS上线率100%;船艇快速反应“1530”覆盖率达95%以上,车船结合覆盖率达100%。启动联合执法新机制,稳步推进水上执法一盘棋,政务联合一体化。统一设置6个长江水上政务中心和27个基层站点,成功开展航道航标、船舶消防、水上无线电通信秩序和船员证件等联合执法检查行动;共同签署了《安徽省长江河道采砂管理联动工作机制》协议,形成4家联动机制;探索“五小”船舶管理思路,提炼出监管机制并开展了专项整治活动,铜陵市政府发布了《关于整治水上交通秩序的通告》,长江海事局在铜陵海事处召开了现场推进会。

·渡口管理　渡口“三化”工作有序推进,更新渡船8艘,优化渡线2条,7家公司25艘渡船实现公司化管理;创新渡运安全管理新途径,设置了“曹姑洲渡安全监督岗”,建立了江心乡渡运安全培训教育基地;推行客渡船首末班报备制和20米以下渡船试行乘客强制穿救生衣制度,投资14万元更换69块渡口警示牌,送救生衣、救生圈153件,及时发布恶劣天气预警预报20次,渡运旅客635.6万人次,车辆90.7万车次,农产品6500吨,实现了客渡船零死亡目标。

·安全检查　全年实施船公司审核21次，船舶审核101艘次；办理内河船舶签证13万艘次，海船签证1.3万艘次，持卡、签证率为44%和94%；办理船舶登记1403艘次，签发各类船舶证书1875份，发放船舶IC卡386张；内河船舶安检2575艘次，海船安检333艘次，平均单船缺陷率8.2和9.0，开航前检查11艘次，国外零滞留，PSC检查21艘次，完成年度指标105%，危险化学品船舶专项安检126艘次；开展限制船舶污染物排放专项活动，船舶防污染核查82艘次，铅封船舶39艘，铅封率100%。

·船员管理　积极宣传贯彻《船员条例》，编写船员考试试题、法规选编、实操评估为内容的学习资料；组织船员考试2916人，其中适任理论统考1371人，实操考试953人，海船船员行驶内河航线资格证明考试459人，特殊培训考试133人；启用内河船舶驾驶模拟系统，301名船员、引航员实行模拟器实操考试和雷达培训；组织1525名持证船员和277名客渡船员参加“两防”专项培训考核；核发船员职务适任证书1849本、船员服务簿1374本；实施行政处罚1380件，船员违法记分1660件，计1744分。

·行政执法　2007年，围绕水上交通安全监督管理中心工作，以“两防”专项整治活动为主线，以安全监管规律探索为手段，深入开展了规范“五小”船舶专项整治、专项配员检查、“三防一禁”及季节性专项整治等活动，活动中坚持处罚与教育相结合的原则，加大对突出违法行为的打击力度，有效地遏制了辖区突出违法行为的发生。据统计，全年共实施海事行政处罚1380件，同比下降13.15%。

地　址　芜湖市北京西路1号

邮　编　241000

电　话　(0553)3845072;3845086

（芜湖局）

【九江海事局(简称九江局)】　(详见《长江航运年鉴》(2007卷)第六篇“海事”第571页)

九江局管辖范围为长江干线上起下巢湖口，下至马当罐形岸，水域全长128公里，以及瑞昌市、九江县、彭泽县、浔阳区行政区划内的内湖协议水域。2007年，辖区共发生一般以上事故4件，沉船3艘，死亡失踪10人，直接经济损失157.8万元，安全状况综合指数为110.4，安全形势基本稳定。职工满意度94.99，社会满意度90.76。

·渡船管理　一是解决了新港渡口“万人争渡”的局面。为控制高峰客流，主动作为，积极依靠地方政府，采取政府投入一点，企业自筹一点，监管部门支持一点的方式，在新港渡口建设旅客上下通道钢质护拦网和售票亭，实行岸上售票，控制旅客积聚，实现人员分流。3月29日，新港港口正式实行岸上售票上船，彻底解决了万人争渡的混乱局面。二是建立了以渡船专管人员为主导，现场监管人员为主体的专管、监管、看管相结合的渡船管理模式，实行盯防三级替代，保证了渡船监管到位，实现了安全形势基本稳定。三是制定了渡船航行的“三不”规定。四是继续推行20米以下渡船船员和乘客强制穿救生衣的制度，把这一制度在辖区水域作业的渔船、砂石作业船舶、水工作业船舶、小快艇等“五小”船舶上进行推广和应用，取得了较好的效果。五是开展了首次渡船安全周活动。在新港渡口举行了安全知识咨询和“万人签名”等活动，形成了大家共同关注安全，全社会都来重视安全的良好氛围。

·预防预警　制订了《九江海事局水上交通安全预警制度实施细则》，建立了“四级预警、两级发布”的水上安全预警长效机制。在马当办事处等5个重点监管水域设立船舶动态监控点，24小时对该水域内的过往船只进行不间断监控，定时向船舶播发安全预警信息。马当办事处监控点自3月设立以来，为过往马当的9734艘船舶提供安全信息服务及安全预警信息，赢得了过往船舶的好评，过往船舶通过马当都会自觉报告船舶动态，听从指挥，被船员称为“马当交管站”，为维护航道安全畅通起到了有效作用。

·“百日安全管理”　为扭转辖区水域安全形势恶化的局面，确保全年安全形势基本稳定，实现“争先进位”的目标。自9月23日起组织开展了“百日安全管理”活动，明确活动目标，提出了“苦战一百天，力保辖区不发生一般以上事故”的口号。全体执法人员坚守“一个阵地”、抓好“四个重点”、全面落实“十三项主要工作”活动以来，没有发生一起等级事故，为实现辖区安全形势稳定起到了积极作用。

·船员管理　2007年是船员新版证书大换证

年,全面开展换发新版证书工作,使用了新的船员管理系统办理船员适任证书、服务簿和特殊培训证书。全年共办理新版适任证书526本,船员服务簿76本,特殊培训证书163本;船员技术职称证书16本。加强船员档案管理,接收由原地方海事第二次的划转船员技术档案528份。开展船员适任证书检(协)查专项活动,累计检查船员证书9.2871万本。

·船舶防污　广泛开展限制船舶污染物排放专项行动,对适用船舶实施"铅封"管理,实现船舶油污水的零排放;加强对船舶污染物交付处理的管理,提高船舶污染物接收处理率;强化污染物接收单位管理,杜绝违章接收行为;举办污染接收从业人员培训班,进一步规范污染物接收行为。活动期间,共铅封船舶13艘次,整改污染物接收单位缺陷20项,培训污染物接收作业人员29人,开展船舶防污染核查531次,发放宣传资料1156份,召开宣传贯彻会6次。开展危险货物码头"查隐患、查漏洞、查措施"三查活动,检查危险品码头14座,水上加油站12座,查出缺陷129项,责令停止作业的加油站3个,检查水上修造船厂4处,查出缺陷18项,对危险货物码头作业单位下发整改通知书15份,停止作业通知书3份,安全建议书8份。全年危险品进出港吞吐量为146.5351万吨,其中进港71.5536万吨,出港74.9815万吨。

地　址　江西省九江市庚亮北路一号
邮　编　332000
电　话　(0792)8224950
传　真　(0792)8224950

(九江局)

【黄石海事局(简称黄石局)】　(详见《长江航运年鉴》(2007卷)第六篇"海事"第571页)

黄石局管辖水域上起湖北省鄂州泥矶过河标,下至武穴中洲全长约140公里的长江干线水域。辖区由9个水道组成,有分道横驶区5个,常年单控水域2处,一类监管区1个,桥区2个,采砂区7个。有渡口35个,渡船38艘。共计1000吨级及以上的泊位189座,货物年吞吐量约4120万吨。船舶日平均流量450艘次/天。负责贯彻和执行国家有关水上交通安全、水域环境保护、航行保障等方面的法律、法规和规范。按照授权,负责局辖区内的船舶登记工作及船舶法定配备的操作性手册与文书审核签发工作;负责辖区内外国籍船舶进口岸申请和监督。

·安全监管　2007年度,辖区发生事故险情共计57件,其中一般及以上水上交通事故2件,5项综合评估指标数分别是:碰撞事故1件,自沉1件,沉船2艘,死亡失踪5人,直接经济损失211万元。事故5项指标数与上年同期相比一升三降一平。救助遇险人员512人次,成功救助人员507人次,人命救助成功率99%,救助遇险船舶66艘,船舶救助成功率95.45%。按照长江干线辖区安全状况综合评估办法,辖区安全形势评定为基本稳定。2007年,辖区港口货物吞吐量约1742万吨、旅客渡运量约200万人次、车辆渡运量约9.7万台次。办理船舶签证5.9351万次(其中海船268次),办理船舶登记356件。实施河船安检2117艘次,同比增长52%;实施海船安检57艘次,同比增长28%。

·船舶管理　渡船管理。全年渡运旅客总计204.4057万人次,车辆9.7125万车次。开展渡口渡船专项巡查83查,检查渡船7396艘次,检查渡口4869次,实施渡船安全检查221次。实施渡船禁航423次,规范渡船航路76次。新增渡船公司1家(累计7家),标准化渡船3艘(累计15艘),优化渡线1条(累计9条),下发安全建议书37份,投入帮扶资金6.614万元。强化了恶劣气况下客渡船的禁航制度,全年共实施渡船禁航112次。加强了特殊时段和重点渡船的监管,对戴家洲水道"农忙渡"等实施了阶段性全天候现场维护。查处私渡2艘,确保了渡运安全。大力开展汽渡船专项整治活动,全面推行渡船行为规范。继续实施帮扶制度,发放了首、末班报告话费补贴,为部分渡船配发了VHF电话、蓄电池、救生圈,进一步提高了渡船安全基础。推行了20米以下渡船旅客着救生衣制度,为渡船增配救生衣210件。认真开展了首届"长江渡船安全周"活动。全年基本实现了"渡船无事故、渡工无违章、监管无缝隙"。巡航搜救不断加强,工作质量明显提高。"三船"管理。加强了船舶签证管理工作,重点抓好了枯水期"双超"船签证管理和IC卡签证。开展了船舶报港制课题研究,修订了《船舶进出港报告制实施办法》,开发了船舶报港软件。加强了船舶安检管理,加强了春节、"五一"、"十一"客(汽)渡船上线前安全检查,加强了船舶安检质量评估,组织了船舶安检员知识更新培训。加强了船舶登记管理,进一步规范了登记工作程序。认真运行了“长江海事局船员考试、评估和发证质量体系”,组织船员适任考试3期、油船船员特殊培训1期,办理船员证件662件、培训合格证46份。进一步加大了船员违法记分工作力度,实施记分871件、记932分,同比分别增长36%、19%。加强了船公司管理,组织实施了对辖区两家公司的年审和初审,加强了对其SMS运行的跟踪管理。

·*安全专项活动* 认真组织开展了“三打”、“两防”、“防汛”、“战枯水”等专项活动,在活动中精心组织抓落实、认真总结促长效。在岳阳、武汉、黄石三局“打击船舶超载、配员不足和逃避签证”的联合专项行动中,强化源头管、落实中间查、实施全线追,共检查船舶1616艘(对其中219艘超载船舶实施了减载)、收发协查通报21份,取得较好成果。在上届枯水期,针对戴家洲圆水道出现的新情况,果断采取了单控措施,保证每天一艘海巡艇在现场驻守,对过往船舶实施24小时维护,历时185天,有效保障了该水域的通航安全。

地　址　湖北省黄石市沿江路

邮　编　435000

电　话　(0714)6257036

（*黄石局*）

【武汉海事局(简称武汉局)】 （详见《长江航运年鉴》(2007卷)第六篇“海事”第572页）

武汉局管辖范围为从上界长江中游右岸小清江河口与左岸胡家洲的联线(长江中游里程165公里),到长江下游左岸涨渡湖闸下与右岸泥矶过河标联线(下游里程约984公里处)为下界之间水域,管辖水域全长为224.2公里。

2007年,武汉局设有机关职能部门7个:局办公室、党委办公室、海事监管中心、海事政务科、财务会计科、技术装备科、海事督察室,附属机构1个:海事事务中心。派出机构7个:咸宁海事处、新滩海事处、金口海事处、沌口海事处、港区海事处、青山海事处、阳逻海事处,下设14个执法大队、14个办事处。

·*“五小”船舶管理* 为加强“五小”船舶的安全管理,促进辖区安全形势持续稳定,武汉海事局提出了“五个统一”管理标准。即船舶统一着色、统一船舶标志、统一制作船名标牌、作业人员统一着装和统一挂牌上岗,并在“小危险品船”的船舶残油污水接收船舶中首先实施。同时,总结“五小”船舶管理的规律和特点,及时编制针对“五小”船舶的安全和防污染知识读本,发放到船上工作人员手中,加强对“五小”船舶操作人员进行安全和防污染知识和技能的培训。

·*信息化建设* 12月1日,武汉船舶交通管理系统(VTS)经长江局批准正式开通运行。武汉VTS管理服务区域(VTS水域),自长江干线武汉白沙洲大桥桥区水域上界至武汉长江二桥桥区水域下界之间的水域。管理服务对象为客(渡)船、客滚船、高速客船和旅游船,危险品运输船舶、船队、海船和外国籍船舶。

·*船舶防污* 7月27日,“武汉局船舶污染物限排宣传贯彻会”在汉召开。会议对武汉局2007年限制船舶污染物排放专项行动实施计划、船舶铅封工作程序、船舶铅封管理有关规定和长江海事局辖区经备案船舶污染物接收单位等有关内容进行了宣传贯彻。通过专项活动的开展,针对武汉辖段长江水域环境质量恶化的趋势,采取有效措施,限制船舶污染物的排放,逐步提高武汉地区船舶垃圾、残油及油污水接收处理率。

·*专项整治* 9月12日,针对化学品船舶连续发生安全事故的情况,结合“两防”专项整治活动安全隐患整改阶段的工作要求,武汉局工作督导组到阳逻海事处对危险品管理工作进行了指导。随后乘艇到白浒山水域的化学品装运站、油码头、水上加油站进行现场安全检查,核查“两防”第二阶段“安全隐患整改”工作,检查安全管理责任制执行、落实情况,安全管理体系运行情况,消防、救生安全设备情况,危险品装卸安全操作规程、防污染应急计划、船岸检查表的落实情况等。对检查中存在多处“不符合项”的蓝天化学品、南顺储油码头下达了《海事违法行为整改通知书》。

·*安全管理体系建设* 为深入贯彻落实“116渡船监管机制”,积极探索渡船安全管理的有效途径,按照长江海事局《关于开展客(汽)渡船公司安全管理体系试点工作的指导意见》的要求,选定武汉市轮渡公司作为建立渡船公司安全管理体系试点单位,建立并试运行安全管理体系。两年来,武汉局工作专班多次组织轮渡公司各级人员进行体系培训,对该公司体系文件的建立和运行进行跟踪指导,并建立了周回访、月检查的工作制度,成立了渡船公司安全管理体系评审小组，对武汉市轮渡公司安全管理体系进行了评审。

·船员管理　武汉局分别于4月、8月、11月3次组织辖区船员在武汉长江船员培训中心参加长江干线船舶船员适任证书全国理论统考，有729人参加了一至三等各职务考试。

·专项检查　武汉局为了保障辖区船舶正常的安全管理秩序，针对在现场检查中发现部分船舶未按照规定办理船舶签证和船舶配员与其《船舶最低安全配员证书》要求不符的情况，于4月开展了船舶配员和船舶签证专项检查活动。检查船舶763艘次，发现船舶配员等问题。

·水上搜救演习　10月10日，武汉港区海事处与市轮渡公司举行水上应变联合演习。整个演习过程历时90分钟，设置了5个模拟场景，演习内容包括船舶失控、船舶碰撞、人员受伤、人员落水、乘客疏散等科目。武汉港区海事处、市轮渡公司的百余人、6艘船舶参加了演习。长江局、武汉市交委、武汉局、武汉市公交集团、武汉市轮渡公司及武汉市汽渡管理所等单位观摩了演习。

地　址　武汉市江岸区胜利街75号
邮　编　430014
电　话　(027)82764640
传　真　(027)82764638

（武汉局）

【宜昌海事局(简称宜昌局)】　（详见《长江航运年鉴》(2007卷)第六篇“海事”第572页）

宜昌局管辖范围为三峡库区川鄂省界沟至野猫石、长江中游镇江阁至鸭子口，以及该范围内部分支汊河口水域。干线全长212.5公里范围。派出机构：宜昌巴东海事处、宜昌归州海事处、宜昌港区海事处、宜昌宜都海事处、宜昌枝江海事处。派出机构下设执法大队(办事处)，分别有楠木园、无源洞、泄滩、郭家坝、中水门、大公桥、艾家河、古老背、云池、孙家河、华新、枝城大桥、洋溪、姚港、马店、七星台等办事处，全局共有在职职工218人。

2007年，宜昌局辖区共有渡船101艘，渡船船员331人。为了确保渡口渡船安全，宜昌局在落实长江局恶劣天气禁航、盯防驻守等制度的同时，积极探索渡船安全文化管理。通过这些措施，船主主动禁航、拒绝超载、主动避让的习惯逐步形成，海事安全扶贫、严管真帮，渡船安全脱贫的理念深入人心，渡船管理逐步由制度管理向安全文化管理过渡。

·三峡船闸完建期管理　在为期228天的三峡船闸完建期间，宜昌局按照“突出3个重点监管水域(巴东港区、秭归屈原祠、宜昌港区)、4个重点监管时段(地质灾害活动时段、库区水位回落时段、中游水位落枯时段和蓄水黄金周交叉时段)、5类重点监管船舶(旅游船、客船、客渡船、危险品船和库区清漂船)、强化6种重点监管手段(车船结合巡航、船舶交通管制、一锚到位申报、船舶分段签证、过闸前安全检查和禁止渡船夜航)”的工作思路，实现了船闸完建期辖区水上交通安全、畅通、有序。

·人命搜救　宜昌局认真落实长江水上搜救应急待命站点布局。港区海事处成功施救桥区舵机失灵的“扬江666”轮，宜都海事处成功施救港区主机失灵的“鄂枝江货0075”轮，归州海事处成功施救起偷划龙舟落水的22人，巴东、枝江海事处派艇接送重病乘客(村民)就医等。全年辖区共计遇险457人，获救456人，人命救助成功率达99.8%。

地　址　宜昌市沿江大道119号
邮　编　443000
电　话　(0717)6220202;6220290

（宜昌局）

【三峡海事局】　详见《长江航运年鉴》(2008卷)第三篇“机构”)

三峡海事局管辖范围上起长江干线西陵峡庙河，下至宜昌市中水门，全长59公里水域，是枢纽水域通航的关键区段，包括葛洲坝3座船闸、三峡双线五级船闸、1座大型升船机(待建)、3个港区以及8处大型锚地、104处泊位、4座桥梁、6处水上交通管制区域。

2007年，三峡海事局辖区内未发生一次死亡(失踪)10人以上重特大水上交通事故、水域污染事故、船舶撞坝事故和客渡船安全事故，发生一般以上等级水上交通事故1起。事故五项指标同比，事故件数、沉船数持平，碰撞事故数、死亡人数、直接经济损失分别下降100%、28.6%和60%，辖区安全状况综合指数为78.8，水上安全形势有所改善。全年成功救助遇险船舶16艘，获救遇险人员861人、挽回经济损失约合人民币3000万元,应急反应率100%并全部达到“1530”标准,救助成功率达到99.42%,有力保障了人命财产安全。一是广泛开展安全宣传。昼夜实施守口监控,严格实施过闸检查,主动排解通航难题,有效保障船舶安全航行、有序停泊、便捷通过两坝,夺取了为期228天的三峡船闸完建期通航安全的全面胜利。二是确保了春运、“两会”、“两节一会”等重点时期的一方平安。有效应对了汛期6次洪峰,及时发现和处理了杉木溪滑坡等地质灾害通航安全应急工作。有效推进联合执法,先后开展了整治船舶瞒报和谎报过闸、“两防”等专项活动,严肃查处了210艘违法船舶,通航环境和通航秩序得到极大改善。三是创新船舶安全检查机制。实行总体控制、分工负责,强调安检质量和安检规范,注重船员实操、船体结构和体系运行等重点项目检查。全年安检船舶1147艘,超任务36.6%,船舶开航安全风险得到有效防控。深化客渡船“116”长效管理机制,坚持实施限(禁)航、首末班报告、乘客穿救生衣和安全帮护等制度,“四本台账”规范管理,及时现场预警和航行控制,有效防控了群死群伤恶性事故发生。全年办理船舶进出港签证41984艘次(创十年以来新高),施行滚装船开航前检查“四张照片”影像存查制度。实行载运危险货物船舶集中检查、定时巡查、全程维护,全面开展防污备案制度,有效实施加油船作业管理,监督船舶垃圾接收1520.7吨、油污水接收684.5吨,与2006年相比均上升了11%,确保无污染事故发生。四是全年完成5次高等级警卫维护。五是规费征收创历史新高。发扬“千言万语、千辛万苦、千方百计”的三千精神,开源扩征,挖潜促征,查漏补征,抢抓时机加大航养费现场稽查和普通客船翻坝转运船舶港务费征收,全面实施滚装船规费集中清缴制度。完成各类规费征收共1650万元,返还净值达780万元,创历史最高水平。

地　址　湖北省宜昌市三峡坝河口
邮　编　443133
电　话　(0717)6963228
传　真　(0717)6613077

(三峡局　何　宁)

【**荆州海事局(简称荆州局)**】　(详见《长江航运年鉴》(2007卷)第六篇“海事”第573页)

荆州局管辖范围为长江中游499.3公里(右岸:岩板窝,左岸:鸭子口)—长江中游327公里(右岸:五马口,左岸:兔儿洲尾部),共172.3公里,跨荆州市荆州区、沙市区、公安县、江陵县、石首市五个县(市、区)。主要职责是依据国家法律、法规实施长江干线水上交通安全监督、防止船舶污染水域等。

·*渡口渡船管理*　辖区有渡口41处,其中客渡口33处,汽渡口8处。渡船46艘,其中客渡船28艘,汽渡船9组,渡船船员185人。2007年,实施渡口巡查8514次,现场驻守盯防2381处次,走访政府和相关单位291次,纠正渡船违法行为393次。编印专门培训教材,免费上门培训532人次,赠送安全文化衫200件。提供GPS通讯费、首末班报告通行费补贴、免收安检复查费等共计9.8万元。针对石首三义寺汽渡存在的安全隐患,开展调研并形成专题报告,引起荆州、石首两级政府的重视。全年安全渡运742万人次、90万车次。

·*枯水期船舶管理*　2007年1-4月,长江中游遭遇百年不遇的枯水位,沙市水位较往年同期平均低1.5米,一度降至-2.04米,逼近历史最低枯水位。11月14日,开始禁航施工,全年实施疏浚施工达7个月。面对严峻形势,实施“船舶报告、分段锚泊、单向通航、点名放行、应急减载”等5项措施,重心下移、关口前移,把“海巡31508”固定到偏僻的陈家湾作为临时监控点,疏导维护24小时不间断。

·*安全预警*　按《荆州海事局水上交通安全预警制度》实施细则要求,全年共实施各类安全预警24次,有效避免了各类安全风险。

·*“五小”船舶管理*　贯彻落实水利部、交通部、国家安全监管总局相关指示精神,开展了为期一个月的长江河道采砂整治活动,对砂石运输船舶的超载“顽症”进行重点整治,纠正违法船舶104艘次,对47艘船舶实施了现场减载。

·*船舶登记管理*　对218份船舶档案进行了清理,部分登记船舶特别是客渡船档案补充完善,对辖区内的所有渡船进行了照片的采集;对新登记的船舶采取了实船核查的方式,现场查核登记船舶8次、走访船公司12次;完成船舶安检845艘次;对局属4个海事处43名执法人员进行了船舶持IC卡签证现场签证培训,船舶IC卡持卡签证率稳步提高。

·船员管理　共举办各类船员培训22期，参加培训1147人次，发放各类证件850本。全年共签发船员职务适任证书350本，签发船员服务簿403本，签发船员特殊培训合格证168本。实施船员违法记分724件，记分812分。

·船舶防污　为贯彻落实《2007年度限制船舶污染物排放实施方案》，共铅封船舶14艘。完成辖区危化品码头、水上加油站作业安全与防污染评审4家，签发防污染备案证明23家。到港船舶危险品安全及防污通用设备检查356艘次。

·信息化建设　完成33套终端设备GPS客渡船监管系统的安装调试，4套CCTV工业电视系统安装；无线网桥二期工程的设备安装调试，海事处联网率达100%，执法大队的联网率达100%；江面监控覆盖面积达85%以上。开设了电子政务网，初步完成了局机关电子政务系统的建设。

·反应快速化建设　组织各类应急演练96次；跨区综合演练3次。改革巡航方式，探讨有声巡航、有效巡航、高峰巡航，海巡艇累计巡航4332次、1.4395万小时、10.7245万公里。实施搜救56起，救助遇险船舶79艘次，成功率100%。救助人员640人，成功率达到100%。

·依法行政　2007年，在全面运行海事行政处罚管理系统的同时，不断规范行政处罚文书的填写。全年共实施行政处罚317件，未发现错案，未发生一起行政复议和行政诉讼案件，全面提升了海事文明执法形象。

·联合执法　认真贯彻落实交通部《关于长航系统联合执法工作的指导意见》、长航局《长航系统联合执法实施方案》等文件精神和要求。落实了场地、制定了联合办公管理制度、建立联合政务受理登记制、联系通报制等；编辑了联合执法知识读本，组织对100名海事执法人员、航道、公安、通信部分执法人员进行了联合执法业务培训，多次组织开展水上专项联合执法行动，做到了“坚持巡查出艇勤，处理问题反应快，协调配合力度大，严格执法效果好”。

地　址　荆州市沙市区临江路80号
邮　编　434000
电　话　(0716)8214548
传　真　(0716)8218506

（荆州局）

【岳阳海事局(简称岳阳局)】　(详见《长江航运年鉴》(2007卷)第六篇“海事”第573页)

岳阳局管辖范围为长江干线水域162公里，洞庭湖口城陵矶港区水域3.5公里，岳阳市云溪区、临湘市、华容县行政区划内的支流、水库、湖泊、河汊等通航水域，下设监利、华容、城陵矶、临湘、洪湖5个海事处，其中城陵矶、临湘、洪湖为副处级海事处；2006年6月，建成塔市驿、窑监、洪山头、反咀、尺8口、三江口、陆城、市标8个水上巡航执法与应急动态待命站点。

2007年，岳阳海事局从细化监管措施入手，坚持做到有声巡航、有情巡航和有效巡航。大力推进中游分道航行规则，培训船员3073名，对辖区5个单行控制区和13个横驶区实施了驻点管理。加强了荆岳长江大桥施工区管理，在重点施工期，积极组织进行了48小时不间断维护。积极强化辖区安全预防预警机制，完善了航行通(警)告发布，建立了安全信息短信群发平台、电视专栏滚动播发平台和内外网即时公告平台。努力做到主动服务，不断强化管理，认真组织实施新的签证规则。继续实施了安检创精品工程，抽调安检骨干对辖区客渡船开展了交叉安全检查和船舶安检质量考评。开展了两期船员培训、统考。严格查处船员的违法行为，加大违法记分力度。加强船公司管理，对体系内的3家船公司进行了公司审核和跟踪管理。全年共出动海巡艇累计巡航4833艘次，检查船舶2.1430万艘次、检查渡口7843次，油区1291次、施工区622次、锚地1695次、发现违法1175次，纠正违法1175次，查处违法行为案件129件；共发布航行通(警)告4份、安全信息联播8次、手机群发信息1万余条。办理船舶进出港口签证2.3249万艘次。办理船舶登记117艘次，发放船舶IC卡23张。完成内河船舶安全检查866艘次。培训、考试船员146人，换发船员证书489本(份)，长江中游分道航法培训合格证3073张。实施船违法记分128件，记分191分。辖区安全状况综合评估指数59，安全状况明显好转，未发生一次死亡10人及以上和重大船舶污染事故。

·安全管理　先后开展了“三防一禁”百日安全活动、“两防”专项活动、“四客一危”船舶上线前安全检查等11项专项活动。针对辖区运砂船多、油船多的特点，强化了整顿基地运作，适时组织限制船舶污染物排放专项活动。

·客渡船管理 制定了《岳阳海事局恶劣天气渡船管理应急预案》、《岳阳海事局防止汽渡船搁浅措施》等5项规定。坚持落实渡船首班开航报告、末班收渡报备制度,积极推进20米以下渡船强制穿救生衣制度。开展了渡船安全周活动。对长江干线155名渡船船员进行了培训质量评估。坚持了常规巡查与定期巡查相结合、GPC监控与航前航后报告备案相结合、日常宣传教育与现场盯防相结合、临时通报与定期联系走访相结合、隐患整改与典型表彰相结合、规范管理与“三免一送”相结合,将“116”机制落到了实处。洪湖海事处积极实施内外部有效联动,积极探索科学管理模式,编写了《渡船管理科学化体系手册》,辖段12条客渡船安全渡运行为得到进一步规范。临湘海事处继续坚持与临湘交通局、忠防镇政府、教育部门和学校在节日、假日对“学生渡”的专船维护,持续开展了安全知识进校园活动。城陵矶海事处引导客渡船实行“联合体”管理,渡船由“联合体”统一调度,营运收入由“联合体”统一分配,违章处罚由当事船舶承担,使得超载、冒雾航行等违法行为得到有效的遏制,客渡船公司化管理初见成效。2007年,共免费赠送救生衣306件、组织渡船船员培训93期、培训1078人次。进行渡口渡船专项巡查425次,巡查渡口7575次,检查客渡船9426艘次,下发整改通知书149份。现场驻守1427次,实施封渡18次,禁航190艘次,规范渡船航路2次。专项维护学生过渡260艘次,护送学生4250人次。

·联合执法 3月22日,岳阳区段联合执法工作正式启动,完成了6个水上政务中心、5个执法点建设,培训局执法人员117人次。组织召开了联合执法领导小组成员会议,制定了联合执法工作制度、政务中心工作规范,对联合执法日常工作进行了指导和跟踪管理。现场走访船舶单位7次,走访船员117人次,积极征求对联合执法工作的意见和建议,保证了联合执法工作稳步规范开展。全年共接到险情报告41次,组织搜救行动41次,救助遇险船舶77艘,获救人员707人,人命救助成功率99.7%。

地 址 岳阳市南湖大道236号市委4号楼3楼
邮 编 414002
电 话 (0730)8887130
传 真 (0730)8887133

(岳阳局)

【重庆海事局(简称重庆局)】 (详见《长江航运年鉴》(2007卷)第六篇“海事”第573页)

重庆局负责对重庆段渝鄂交界的鳊鱼溪至渝川交界的界石盘长江干线及干支交汇水域共计723公里的水上安全监督管理、防止船舶污染及航行保障行使管理职能。

2007年,重庆辖区客运量2161万人次、货物量9231万吨、集装箱量36.1万TEU、车辆量61.1万台次,同比分别增长了16.6%、75.6%、16.8%、47.6%。水运在重庆市综合运输体系中成为最主要的运输方式,全市90%以上的外贸物资通过长江完成,货运周转量占重庆市综合运输总量的比例提高到66.7%,创历史新高。全年辖区共发生等级以上水上交通事故18件。其中碰撞事故4件,死亡11人,沉船8艘,经济损失371.5万元。与上年同期相比,事故5项指标“三降一平一升”:分别下降14.2%、20%、15.3%、持平和上升12.2%。死亡人数仅占长江海事局辖区(重庆至安徽)总数的17.7%;辖区安全综合指数66.8,安全状况明显改善。事故件数和死亡人数创历史最低,实现了连续55个月未发生一次死亡10人以上的群死群伤事故。三峡库区水域安全状况明显改善,忠县至奉节航段实现零事故零死亡目标,全年库区水域仅发生等级事故2件,死亡2人。共接到各类水上险情信息63件,采取搜救行动63次,出动海巡艇840艘次,人员4620人次,搜救时间3780小时,救助人员2517人,救助有效率99.56%,获救船舶69艘,救助有效率86.3%,社会救助力量参与236艘次。

·水上搜救演习 5月25日,重庆局、重庆市涪陵区政府在涪陵港联合举办以“建设航运中心,打造平安涪陵”为主题的水上搜救暨船舶溢油应急演习。海事、港航、消防、渔政、公安、武警、卫生、交通、安监、环保、航道、社会企业等20多个单位、20多艘船艇约400多人参加演习,为近年来重庆市水上综合演习之最。救生、消防、溢油清污、列队检阅等4个演习科目圆满完成。

·专项培训 6月,重庆局对大型船舶驾引人员开展实操专项培训。编制了《川江大型船舶安全操作指南》,全局共发放教材2800本,培训大型船舶驾引人员549人。

·信息化建设　7月30日,重庆局与法国速福陆公司在重庆举行了VTS系统工程设备合同签字仪式。三峡库区重庆段VTS系统一期工程,于2006年10月通过交通部的初步设计批复,建设地点在重庆境内的朝天门、万州和巫山3个主要港(桥)区水域,建设规模为新建5个雷达站、1个VTS中心、2个VTS分中心、1个VTS信息浏览站、6个CCTV站和对客船(短途)、客渡船等重点船舶管理的GPS监管系统,工程总概算4900万元,工期为24个月。此次设备采购合同的签定,标志着三峡库区重庆段VTS系统一期工程迈出了实质性步伐,为重庆局监管现代化进程奠定了坚实的基础。

·船舶防污　7月1日至9月30日,组织对辖区83条船籍港汽车滚装船、港内作业船的油污水排污设施实施了铅封管理,达到了上述船舶油污水的"零"排放。

·专项整治　7月1日至12月31日,按上级的统一部署,重庆局开展"两防"专项整治活动,重点整治了客船(含客滚船、客渡船)、危险品船(包括油船、化学品船)、集装箱船和采运砂石船舶,对30座已建(在建)大桥逐一排查安全隐患,切实开展好船舶防泄漏工作,取得了明显成效。

地　址　渝中区陕西路三巷4号
邮　编　400011
电　话　(023)63775736
传　真　(023)63727757

(重庆局)

【长江引航中心】　长江引航中心是国务院确认的独立向航行在长江的船舶提供引航服务的引航机构,集中、统一、归口管理长江引航工作,对外代表国家对进出长江的外国籍船舶实行强制引航,对内为进出长江的中国籍船舶提供引航服务。

主要职责:贯彻中华人民共和国引航管理法规,维护国家主权,规范长江引航管理;统一领导长江引航工作,受理引航申请,组织提供优质的引航服务,征收引航移泊规费;推行现代化管理和科技进步,促进长江引航事业发展。

机构内设党群工作部、办公室、人事教育部、财务部、安全技术部、总调度室6个职能部室,下设武汉、芜湖、南京、镇江、江阴、张家港、南通、常熟、太仓、上海10个引航站和江阴、浏河、宝山3个引航(交接)基地,共有引航员223名(其中高级引航员50名、一级引航员58名),是全国第二大引航机构。

2007年,长江引航中心贯彻落实科学发展观,围绕引航安全中心工作,坚持"三创新",做好"三服务",实现了长江引航事业又好又快发展,为长江黄金水道建设和沿江外向型经济发展作出了积极贡献。全年共引领中外籍各类船舶31703艘次(其中移泊7504艘次),引领总吨3.06亿,净吨1.6亿,引航里程402万公里,同比分别增长12.2%、16.3%、16.1%、10.9%。该中心所属的南通引航站被评为"江苏省五一劳动奖状"和长航局"最佳五好党组织"称号、镇江引航站被评为"江苏省先进单位"、芜湖引航站被评为市级文明单位标兵,3个引航站被评为"江苏省口岸先进单位",4个引航站被评为长江海事局"八个一标准化处站",1名职工被评为长航系统"十大杰出人物"和长江海事局"长江黄金水道服务标兵",3名职工被评为市劳动模范。

·引领艘次突破3万　长江引航中心精心组织、合理调派,充分发挥集中统一管理的整体优势,满足了沿江外向型经济发展对引航服务的需求,全年引领中外籍各类船舶31703艘次,首次突破了3万大关。一是加强生产组织,用"三个平衡"原则指导引航生产,做到了"二个规范",实现了"三个提高"和"四个确保",进一步提高了引航力量的使用效率。二是深挖潜力,在充分发挥一线引航员工作积极性的前提下,规定了持证管理人员每月的引航工作量,保证繁忙的引航生产任务的顺利完成。三是继续深化夜航工作,全年夜航船舶13722艘次,夜航率为56.7%。继续放大进江船舶的引领尺度,提升长江港口的竞争力,全年共引领进出江特种船舶2948艘次,同比增长18.4%。四是做好苏通大桥中跨作业期间交通管制生产组织,成功应对了长江上有史以来最大规模的施工交通管制;出台《长江引航中心恶劣天气船舶疏港应急预案》,保证恶劣气象影响后的生产组织规范有序。

·引航安全零上报事故　长江引航中心坚持安全生命线的工作理念,牢牢牵住引航安全责任意识这个牛鼻子,稳步推进2+4(两个提高、四个重点)引航安全管理机制。完善安全管理体系,实现与质量管理体系的有机融合;强化了责任制,加强了引航技术专家组和引航班组建设,推进了安全防线前移、重心下移。积极探索安全管理规律,针对船舶追越、加长船舶、内贸危险品船舶、引航船舶与客(汽)渡船会让和营船港专用航道船舶引航安全等制定了管理办法;加强技术培训,全年集中组织开展了2次技术交流、1次英语培训和1次靠离泊专项培训,共有100人次参加,完成引航员知识更新92人次;积极开展"两防"专项整治、"百日安全无事故"竞赛、"安全生产月"和"三防一禁"等专项活动,做好"两会、三假、两期"及"寒潮台汛"等突发性恶劣气象下的安全管理;强化安全信息预警和应急处置,全年共发布安全预警信息890条,有效处置主辅机失控险情200余起。建立起安全管理的长效机制,全年没有发生一般以上引航责任事故,安全形势历史最好。

·信息化建设同行领先　长江引航中心继续加强信息化建设,开发了人事管理、行政管理、财务管理、党群管理、安全管理、调度管理、辅助调派、智能决策、数据分析、消息中心和信息中心等11个模块,综合信息管理平台在全线正式运行,初步实现计算机化管理对内部日常工作的全覆盖,向全面实现办公自动化迈出了坚实的一步。完成了全线视频会议系统的标准化改造,实现了全线的视频连接。增配引航员船载单元50套,三级及以上引航员船载单元配备率达到100%,GPS无线上网卡由GPRS卡升级为EDGE卡,稳定度和上网速度显著提高。按国家机房装修及消防设备工程标准改造了计算机中心机房,进行了墙面防火处理、设备防雷及消防检测和防静电地板平整,10M上因特网光纤扩容至100M,提高代理访问速度,累计投入信息化建设资金1200多万元,建成并投入使用了生产调度管理系统、费收结算管理系统、中心内外部网站、代理网上信息服务平台、引航员专用网站、长江GPS助航及监控系统、视频会议系统、IP语音电话系统、OA办公系统、综合信息管理平台等十大系统,信息化工作在全国引航系统中处于领先地位。

地　址　江阴市文化西路40号
邮　编　214431
电　话　(0510)86837898
传　真　(0510)86824250

(长江引航中心　陆志斌　毛永昌)

【长江海事局职工培训中心(简称培训中心)】
培训中心是长江海事局直属的正处级事业单位,2004年组建交通部海事局武汉培训中心,是全国海事系统四家培训机构之一,主要职能是开展交通行业和海事系统职工培训。

2007年,培训中心坚持科学发展观,围绕建设全国一流海事培训中心的发展目标,为长江海事和交通行业的发展发挥积极作用。培训中心完成部海事局安排的3期培训班和长江海事局安排的10期培训班,全年培训学员797人次,成功开办了交通部党校武汉分校春季和秋季干部理论进修班,从专业培训拓展到综合培训,提高了培训层次。

·船员培训工作稳步发展　为配合湖北省人民政府实施扶贫计划,培训中心被湖北省人民政府指定为海船船员外派培训基地,开展了外派海员培训工作。全年共开办了10期值班水手、机工培训班,培训380人次,55期基本安全、艇筏培训班,培训船员2278人次,较上年度增加了17.1%;8期知识更新培训班,较上年度增加了60%;合格率高于武汉市同类培训机构平均水平,学员对培训工作反馈意见满意率达85%以上,基本收到了学有所用、提高素质、上级放心、学员满意的成效。

·基础设施和信息化工作发展迅速　为满足培训需要,培训中心更新了计算机室设备,启动实训中心建设,无纸化电子考场正式投入使用,培训硬件建设已初具规模。按照园林式校区建设标准,改建了中心环境,一个环境优美、集教学、生活、娱乐为一体的培训中心已初步呈现。

中心完善了网络主干建设,全面推行了OA办公系统,实行了办公自动化和网络信息化;开发运行了无纸考试系统和电子考场监控系统,启动了培训收费管理软件系统、教学管理网络平台与后勤服务管理系统的开发。结合实际需求对内网进行升级改版,建立了武汉海事学校外网。

·船员教育和培训质量体系顺利通过交通部海事局审核　为确保质量体系具有持续的有效性、适合性和符合性,培训中心根据教育和培训工作需求,对质量体系进行修改,建立并运行了3.0新版本体系。该体系于2007年顺利通过了交通部海事局外审。

·后勤服务和组织接待能力大幅提升 培训中心全面转换了后勤管理服务机制,开发了后勤管理系统软件,固定资产管理、宿舍、客房管理、公共设施维修管理、餐饮服务开始进行步入标准化的轨道,全年高效快捷地承办了长江海事局第二届职工运动会、交通部党校培训班和长航局、长江海事局专题业务会议9次。

·精神文明建设取得新成果 2007年,培训中心在获得了武汉市江岸区最佳文明单位、武汉市文明市民学校、武汉市文明单位、湖北省创文明行业工作先进单位的基础上,荣获湖北省文明单位称号。

地 址 武汉市黄陂区滠口经济开发区
邮 编 430311
电 话 (027)61863134;61841800

（长江局培训中心）

【上海市地方海事局】 （详见《长江航运年鉴》(2008卷)第三篇“机构”）

2007年,上海市地方海事局坚持以科学发展观为统领,不断创新发展,切实维护内河水上交通安全,各项工作取得了新的成效。

·水上交通安全监管打开新局面 采取安全管理责任指标分解、签订安全管理责任书等积极有效方式,减少人民生命和财产损失。内河交通上报事故数及死亡人数逐年递减,2003年29起、死亡27人;2004年25起、死亡20人;2005年17起、死亡19人;2006年15起、死亡19人;2007年11起、死亡13人,连续3年创历史最低。与此同时,制定、完善应急预案,开展应急演练,提高应对水上交通突发事件处置能力。全年实施紧急遇险救助行动136次,救起落水船民83人,救助成功率达93.3%。此外,在全市辖区深入开展“平安航区”建设主题活动,促进和谐航务(海事)建设。按照交通部统一部署,深入开展“两防”专项整治活动,排摸安全隐患6779项、整改6472项,受到交通部督查组的充分肯定。危险品运输管理实行申报制度,全年办理危险品运输船舶申报许可5987项、申报危险货物140余万吨。

·航运监管与服务更加规范 上海市地方海事局按照市港口局的要求,制定了《贯彻落实全国水运工作会议意见》,初步拟定了“十一五”期间水运发展的总体思路、工作重点和保障措施,提出了在全国率先实现内河交通管理现代化的目标。继续推进航运企业诚信体系建设;积极开展企业安全生产隐患排查与整改活动;加强与企业的沟通与联系,及时掌握、了解企业动态情况,沟通相关信息,把监管融入服务之中;持续开展浦江游览专项整治活动,在节假日及黄金周等重要时段出动百余人次对游览船舶进行明查暗访,推进电子客票的使用,实现了统一价格、统一样式的黄浦江水上游览客票联网出售。

·内河港口规范管理全面推进 内河1324家码头评估、经营许可证发放工作全面启动,金山、嘉定、宝山区的试点工作取得阶段性成果。全面规范危险货物港口作业认可管理,严把危险货物作业港口资质年度审验关,组织全市62家危险品作业单位进行专项安全评价,已有39家企业通过复审和换证。扎实开展内河港口普查工作,完成全市内河1324个港口经营单位、1930个码头泊位以及港口设施设备的数据采集、录入、审核、汇总、上报等工作,受到交通部普查领导机构的肯定。

·船舶质量源头管理成效明显 按照质量管理体系的要求,持续改进内部管理流程,认真开展内部审核,通过了劳氏认证机构的外部审核。低质量船舶专项整治工作扎实有效,顺利通过了国家四部委联合验收组的检查验收。全年共完成船舶检验2138艘次、86万总吨。积极配合市府实事工程项目建设,承担并完成了6艘新渡船、5艘趸船的审图和建造检验工作。

·船员证件管理更加有序 按照《船员考试、评估和发证质量管理体系》要求,严格培训机构资质管理,对船员培训全过程实施有效监管;指导各区县地方海事处落实船证管理要求。组织、安排各类船员考试和培训264期(次),培训各类船员7254名,全年审查、核发并制作各类船员证件5746本。检查船员适任证书22万余本,查实假证5本,船员违法记分处罚393人次,违法记分415分。开展“四客一危”船舶船员实际操作及安全知识检查,检查“四客一危”船舶161艘次,船员886人次。船员培训质量不断提高,船员素质不断提升。

·信息化建设取得新进展 2005年以来,信息化建设从无到有,分期投资920万元,添置电脑等硬件设备,开展了日常监管系统和综合业务系统两个信息体系建设,制定了信息化建设"十一五"规划和三年行动方案。目前,以市财政非税系统推广应用为依托,实现了市与区县共60个站点的有线专网连接,系统网络构架已基本建成。2007年,总投资216万元,在黄浦江上游松江段建设视频监控系统,约9公里的航道上安装8个视频探头,设有2个监控室,实现了该重点航段24小时实时监控。完成了"一卡通"船舶管理系统与非税系统的初步整合和试运行。完成船检管理系统开发,以及与VIMS(威玛斯)5.0系统的整合,并投入使用,实现船舶现场检验数据的实时传递。

·科研能力和水平不断增强　开展了"内河航务与地方海事数字化管理模式的研究"、"内河航务信息化建设与管理标准化体系研究"等3项课题研究,为下一步信息化发展确定了标准与规范。

·依法行政能力不断加强　顺应政府职能转变要求,落实了政务信息公开等便民举措;深化体制改革,内部机构调整为11个科室、3个中心、5个直属单位;海事行政许可业务实现一门式受理,提高了机关办事效率和为民服务水平。政风行风测评群众满意率达96.94%。按照"应征不漏"的要求,征收各类规费1.5亿元,完成了全年规费收入预算。坚持依法行政,受理处罚案件3.7万件,处罚金额1745万元,其中执行一般程序262件,处罚91万元。

·"长三角"区域联动机制不断深化　2006年,与江苏苏州、浙江嘉兴主动对接,制定了《毗邻海事紧密合作联席会议章程》,承办了第一届毗邻海事紧密合作联席会议。全国水运工作会议期间,徐祖远副部长对"小三角"联动机制给予了充分的肯定。2007年,在第二届毗邻海事紧密合作联席会议上,江浙沪三地共同交流了"两防"工作经验,探讨建立长效联动监管机制,交通部"两防"简报专门进行了报道。金山与平湖地方海事处建立了互访制度、定期交流制度和联合执法制度,直属处与昆山地方海事处签订了共建"平安航区"协议书,青浦与昆山地方海事处共同开展了突发水上交通安全事故应急处置演练。江浙沪三地船检部门共同签订了船舶检验互认协议。

·基础管理水平迈上新台阶　大力开展精神文明创建活动,连续4年被评为上海市文明单位。系统中有5个海事处成为全国海事系统文明达标单位,其余5个处也正在申报中。按照交通部海事局要求制定了"规范管理年"活动方案,下发了《工作规范汇编》和《工作制度汇编》;进一步加强固定资产规范管理;统一制作并布设交通标志、警示牌89块;配合渡口渡船实事工程建设设置交通标志牌、名牌26块;为基层海事执法人员配备了事故调查专用设备。更新和维修巡逻艇31艘,更新和增配车辆13辆。投入410万元用于站点建设,建筑面积860米^2;投入195万元资金,维修房屋11处,维修面积1760米^2,更换了全系统所有不符合标准的海事标志、标徽。通过几年来的持续投入,改善了基层执法人员的工作环境,方便了船民报港签证,提升了海事形象。

地　址　上海市中山东一路13号
邮　编　200002
电　话　(021)63236995
传　真　(021)63236508

(上海市局　王　涛　龚申庆)

【浙江省地方海事局(简称浙江省局)】　(详见《长江航运年鉴》(2008卷)第三篇"机构")

地　址　杭州市湖墅南路118号文晖大厦
邮　编　310005
电　话　(0571)88909577
传　真　(0571)88909392

【江苏省地方海事局(简称江苏省局)】　(详见《长江航运年鉴》(2008卷)第三篇"机构")。

2007年,江苏省局在省交通厅党组和各级交通主管部门的领导下,按照"科学创新、规范管理、提高质量"工作思路,正确处理监管与服务的关系,紧扣服务宗旨,年初确立的8个目标和32项主要任务全面完成。全年辖区累计发生水上交通事故21起,死亡17人,沉船8艘,直接经济损失251.5万元,"四项指标"同比分别下降了8.7%、5.6%、11.1%、2.1%。内河交通事故死亡人数占省政府下达指标的56.6%,水上交通安全工作连续3年被省安委会评为先进。因航道水位枯浅、汛期等原因造成堵航或间歇性堵航事件6起,其中连续最长堵航时间为12小时,未发生24小时以上的重大堵航责任事件。全年地方海事执法行为进一步规范,实现行政执法零诉讼,未发生重大行政诉讼和复议败诉案件。共发生危险品运输船舶事故6起,其中发生危化品、油类泄漏事故3起,均被有效控制,未发生船舶污染水域重大责任事故。共接到船民遇险报警6949起,成功救助2033人,救助船舶5619艘次,救助成功率达100%,高出年初确定的最低搜救成功率目标5个百分点。省内河分中心被交通部和省水上搜救中心被评为水上搜救先进单位。

2007年工作,江苏省局有以下几个方面特点:

第一,围绕人命救助,湖区水上搜救能力有新的提高。认真贯彻上级关于加强应急工作的部署,健全机构,完善预案,夯实基础,提高能力,多次成功化解了严重危及人民生命财产安全和危害水域生态环境的险情,在保障航运安全、救助人命财产、防止环境污染、服务经济发展等方面作出了积极贡献。预案制度建设进一步完善。内河湖区水上应急"一案三制"建设取得了重大进展。成立了内河分中心指挥调度科。苏州太湖搜救中心、南京内河搜救中心建成并投入使用,淮安洪泽湖、宿迁骆马湖、徐州骆马湖搜救中心建设取得了实质性进展,南通、泰州、常州、镇江等有条件的市内河搜救中心建设工作也在抓紧进行。结合实际制定完善信息报送、应急值守等一系列工作制度,保证了应急管理工作有效开展。应急处置能力进一步增强。通过建设各级水上预警系统,提高了应急处置能力;出色完成了防抗0303超强温带风暴潮、超强台风"韦帕"、塘湾油库爆炸等重大水上应急救援任务,挽回直接经济损失1900余万元。保障水平进一步提高。初步完成内河分中心应急信息平台体系建设,将应急保障资金纳入预算,全系统共投入6303万元,先后配置了10艘湖区搜救艇和28艘干线航道排挡艇。投入620万元,配备了围油栏4370米、吸油毡12100公斤、冲锋舟25艘等应急设备。开展了经常性的应急教育和演习活动,在洪泽湖组织了一次全国最大规模的湖区水上综合搜救演习活动,其他各市也先后组织了各类专项演习35次,有效提高了湖区和干线航道应急保障水平。

第二,围绕干线航道安全畅通,服务地方经济发展有新的成效。面对超低枯水、超强台风和特大洪水等不利因素影响,全省地方海事机构推广"四项监管"措施,防堵保畅工作取得了明显成效。进一步加大干线航道巡航力度,累计巡航时间达96万小时,巡航里程达251万公里。干线航道新增LED可变情报板18块,及时滚动向船民通报气候、航道秩序和水位变化情况。快速妥善处理了运村大桥、通城河桥等桥梁坍塌造成的碍航事件,主动协助航道部门及时解决京杭运河皂河船闸大量船舶积压待闸问题,积极配合太湖蓝藻整治行动,做好船舶分流工作,全年共引导、分流各类船舶达2.6万艘次,保障8100万吨电煤顺利通过京杭运河江苏段,为区域经济发展提供保障。不断提高地方海事协调力和凝聚力,积极支持船舶工业、水运业和水上旅游业发展。加强水上水下重点工程和重大涉水项目现场秩序维护,全年核发水工作业许可278件,发布航行通告334期,保障苏通大桥、苏北运河两淮段等国家和省重点工程顺利施工。加强重大水上活动的现场维护和管制,成功保障了扬州世界运河名城博览会、苏州国际旅游节水上游览活动,以及溱潼会船节等6项重大涉水活动安全举行,海事监管在经济社会发展中的地位和作用愈加明显。

第三,围绕重点难点,各项专项整治工作有新的成果。根据交通部和部海事局统一部署,先后开展渡口渡船安全管理、船舶载运危险货物安全管理、"两防"专项整治等治理活动。结合江苏省实际,开展了苏北运河挂桨机船禁航、外挂船舶治理、船舶标志标识等专项活动,有效解决了一批水上交通安全管理中重点难点问题。渡口渡船专项整治活动共改造乡镇渡口352道,培训渡工1876名,建桥42座,撤渡46道,达标渡口和渡船分别占总数的98.7%和98.8%。外挂船舶治理活动,办理回归船舶7497艘,达145.6万总吨。"两防"专项整治开展了港口码头设施安全隐患和通航水域桥梁基本情况普查,共排查安全隐患1142处,整改899处,隐患整改率达78.7%。船舶载运危险货物安全专项整治工作不断深化,召开全省危险品运输企业安全生产工作会议,推广危险品船舶安全管理新理念,推动企业建立和完善安全管理体系,推进1033艘危险品运输船舶安装GPS工作。

第四,围绕管理创新,海事科技信息化建设有新的突破。着眼地方海事船检发展,加快科技信息化基础设施建设步伐,整合海事船检基础数据库架构,统一了全省地方海事船检部分信息化建设标准。共投入2320万元,用于海事船检信息化建设。完成内河搜救分中心信息系统工程建设,建成覆盖"省、市、处、所"四级海事专网。完成海事系统车艇GPS设备的安装工作和社会危险品运输船舶、旅游客船GPS监控管理平台开发。全面推行海事现场监督业务管理系统,发放船舶IC卡22728张,安装读卡器490个。推行渡口安全管理系统、人力资源管理系统和财务管理系统等相关业务管理系统,促进了各项海事、船检业务与管理工作效率和质量的提高。

第五,围绕水环境保护,海事履行职责有新的增强。贯彻落实建设"绿色江苏"要求,结合南水北调东线防污、太湖水环境治理等重大工程,主动配合有关部门加大船舶污染水域的防控力度。以省政府名义召开了船舶垃圾收集站移交会。联合省建设厅、环保厅制定出台了《苏北运河船舶垃圾油废水送交管理通告》,出台了《苏北运河船舶垃圾油废水送交管理规定》。结合太湖污染防治工作,代省厅拟定了太湖流域船舶污染防治工作计划及目标、责任,省厅与省政府签订了目标责任书。先后开展两次船舶防污染宣传活动,发放船舶污染宣传手册10万本,出资90万元,购买了4万只垃圾桶和200万个垃圾袋,向船民赠送,船民环保意识进一步增强,正确的防污习惯逐步形成。

第六,围绕管理规范,依法行政建设有新的举措。树立法制观念,增强程序意识,依法行政工作取得了明显成效。建立了船舶签证、船舶安检、事故险情报告工作程序,现场执法行为得到进一步规范。船舶登记和船员培训考试工作进一步加强,完成船舶登记11166艘,船员特殊培训6318人次,船员适任考试4697人次,发放及换发证书46464本。加强企业安全体系审核,共对43家公司和521艘船舶进行审核发证。加强海事船检业务量的统计工作,建立每月海事船检情况快报和分析制度。基层所、艇文明服务窗口管理进一步规范,基层工作流程、文明用语、执法公示内容、检查检验程序、便民措施、内部管理实行了6个统一。加强财务预算执行的监督,实行经费支出全员目标责任化管理。建立了审计整改限期完成制度。全年各项规费总额同比增长0.45%,预算完成率达99.33%,审计整改率达99%。

第七,围绕政风建设,地方海事形象有新的展示。坚持不懈地抓好海事部门自身建设,全系统政风建设、宣传教育、党风廉政建设取得了明显成效。开展省局机关科室与基层海事处(所)、航运企业和船舶修造厂对口联系活动,进一步加强机关和基层海事及行政相对人的沟通联系。健全行风监督网络,完善行风督查机制,开展定期和不定期督查。高度重视人民来信来访接待处理工作,对信访反映的行风、作风和工作质量等问题,向全系统通报,督促落实整改。扩大轻微违法行为免罚范围,落实为民服务办实事措施。加强海事船检反商业贿赂工作,开展验船人员爱岗敬业品质教育,清理海事船检在职人员从事船舶运输经营活动,树立海事船检公平、公正、廉洁形象。深入开展文明创建活动,精神文明建设取得丰硕成果,全系统受到市厅级以上表彰84次。

地　址　南京市石鼓路69号14楼114室
邮　编　210004
电　话　(025)84209358
传　真　(025)84209358

(江苏省局　赵能文)

【安徽省地方海事局(简称安徽省局)】 (详见《长江航运年鉴》(2008卷)第三篇"机构")

2007年,安徽省发生3起属于统计范围内的水上交通事故,全省水上安全状况保持平稳态势。

一是践行"三个服务"。开展农村机动渡船燃油补贴发放工作,发放补贴款161万元。开展向全省义渡船舶捐赠活动,捐赠救生圈1000个、救生衣4000件。开展全省渡口渡船达标验收工作,全省有810道渡口达标、1727艘渡船达标、2766名渡船船员合格。开展全省渡口标准化建设,完成293道渡口建设,尚有63道渡口正在建设。开展"两防"专项整治活动,全省排查整改事故隐患360多处,专项整治成效显著。全省1900道渡口安全渡运农民约7000万人次,水上交通安全形势持续平稳。

二是健全长效管理机制。编制印发《安徽省水路交通突发公共事件应急预案》、《防抗台风等极端天气应急预案》、《安徽省港口危险货物事故应急预案》、《安徽省港口预防自然灾害应急预案》、《安徽省水路重点物资应急运输保障预案》和《安徽省港口重大生产安全事故的旅客紧急疏散和救援预案》,编制上报《安徽省水上搜救预案(草案)》。全省水上突发事件和水域环境污染应急能力不断增强。坚持源头管理与现场监管并重,突出重点"船舶、水域、时段、码头"水上安全监管,确保"春运"、"黄金周"、汛期及冬季水上交通安全。

三是举行巢湖水上搜救演习。巢湖水上搜救演习在巢湖成功举行,是新中国成立以来安徽省举行的最大规模水上搜救演习。此次演习由省交通厅与巢湖市人民政府联合举办,安徽省局具体承办,交通、海事、渔政、公安、卫生等12个单位25艘船艇、300余人参与演习。此次演习充分展示了安徽省水上应急建设成就,得到交通部和省政府的充分肯定。安徽省局被交通部授予全国海(水)上搜救先进单位称号。

四是船员管理成绩显著。认真宣贯《中华人民共和国船员条例》,全年完成12期次船员统考,受理初考、升职、升等船员15701人。开展航行长江干线内河船舶船员远程无纸化考试,在全国尚属首次。全年换发新版证书60830本,安徽省持证船员86538人,普通船员10136人,位居全国第二。

五是船舶管理规范有序。认真开展全省船舶检验、船舶登记大检查,并进行整改复查验收。各单位在台账建立、流程执行、档案整理等方面的基础工作明显加强。加强航运公司安全体系审核,全年对15家航运公司进行了17次审核,对188艘船舶实施SMS审核,发放船舶IC卡23702张,在全国地方海事系统名列第一位。

地　址　合肥市芜湖路27号银环大厦
邮　编　230011
电　话　(0551)2870315
传　真　(0551)2870300
邮　箱　bgs@msa.ah.cn

(安徽省局　马　栋)

【江西省地方海事局(简称江西省局)】 (详见《长江航运年鉴》(2008卷)第三篇"机构")

2007年,江西省水上交通安全形势持续稳定,为构建和谐的水上交通环境作出了积极贡献。

·确保重点时段和重点水域安全　2007年元旦、春运、"两会"、"十七大会议"及"五一"、"十一"黄金周期间,各级海事执法人员深入现场对所有从事旅(游)客运输船舶开展监督检查,严厉打击"三无"、农用船舶等非客船载客行为。节假日时,坚持派出机关业务人员分赴重点水上风景旅游区现场驻守,进行安全督导。确保了重点时段和重点水域无一起水上交通事故发生,被省安委授予2007年度"春运工作先进单位"称号。

·继续打击水上运输超载和"三无"船舶专项整治　制定了《继续开展打击"三无"船舶统一执法行动方案》,将印发的2000份《关于打击水上"三无"运输船舶的通告》发至各运输船舶、砂石工程船舶和装卸作业码头,并在主要工作场所张贴。对辖区内从事运输的"三无"船舶开展统一整治行动。同时,组织力量在鄱阳湖星子水域设立"三无"船舶整治基地,重点打击鄱阳湖区"三无"船舶。全年共查处"三无"运输船舶602艘,现场纠正211艘,限期纠正391艘,经济处罚32.13万元,补征航务规费287.51万元。

·开展渡船更新改造"民心工程"和渡口渡船安全管理专项整治　自省交通厅2003年实施渡船更新改造"民心工程"以来,江西省局认真做好每年度更新改造渡船的图纸、设计、审批、资金审核及其拨付工作。至2007年底,已累计拨付补贴款3656.375万元,完成渡船更新1012艘,撤渡建桥9座。对全省机动渡船予以了特殊培训、考核,核发了船员适任证书或渡工证书,并加盖了特殊培训班合格证章。此外,全省民间渡口守则牌已下发各设区市且安装完毕。自10月始,根据交通部、国家安监局和省政府的统一部署,抽调了海事执法人员参加省交通厅、省安监局组织的验收抽查组,对11个设区市的103道乡镇渡口、17道公路渡口进行了抽查验收。

·开展防船舶碰撞、防泄漏专项整治和隐患排查治理活动　特别在赣江、鄱阳湖、仙女湖、柘林湖和万安库区等主要水域,海事行政执法人员对客船、油船、危险品船、化学品船和砂石料运输船进行了重点整治。针对省交通厅于年初印发的《全省水上交通安全隐患督促整改条目》确定的67个安全隐患(其中省级督办整改的重大安全隐患7个),各海事部门逐一进行了督促整改。至年底,57个已经整改完毕,剩余10个亦已采取措施仍在整改中。

·严把船员从业资质关　根据《船员条例》、《中华人民共和国内河船舶船员适任考核发证规则》,各海事部门认真组织开展了船员适任证书资格考试和油船、高速客船、化学危险品运输船舶船员特殊培训考试。2007年,全省总计2455名船员参加了适任证书考试(其中1023名船员参加了航行长江干线三等及以上船舶的理论统考);950名船员参加了再有效审验,并经考试合格;482 名船员参加各类船舶特殊培训,并经考试合格。

·*加强基础建设 提高执法能力* 为进一步提高海事行政执法能力,江西省地方海事局于 2007 年加强了以下基础工作建设:按照内河水上交通事故调查处理有关规定,修改完善了事故档案,并印制统一格式的事故档案袋发至各海事机构;根据部海事局《关于内河船舶登记工作大检查情况的通报》,组织检查组对 11 个设区市地方海事局的船舶登记工作进行了专项检查,并将检查结果予以通报;对现行船员技术档案进行了改版;将每一项海事行政许可内容印制成便于携带的活页,置于各个服务窗口,为广大船员提供良好的服务;按照《中华人民共和国船舶签证管理规则》(2007 年 10 月 1 日实施),印制了各类船舶签证报告单 2350 份下发各海事机构使用;代省交通厅起草了《江西省船舶污染事故应急预案》并上报。

·*组织开展"安全生产月"活动* 江西省各海事部门结合辖区实际情况和水上交通安全监管工作特点,开展了以"综合治理,保障平安"为主题的安全生产月活动。江西省局编印了《安全生产宣传手册》2000 份向船员免费发放,九江市地方海事局派员参加了市安委会组织的安全文化"六进"活动,对提高社会及各部门关于水上交通安全管理工作的重要性认识起到了促进作用。全省共发生一般以上水上交通事故 10 起,死亡失踪 8 人,沉船 6 艘,直接经济损失 131.8 万元。事故四项指数与上年同期相比全面下降。其中事故件数下降 23.1%,死亡失踪人数下降 20%,沉船艘数下降 25%,直接经济损失下降 57.8%。全年未发生水上重、特大事故,创历史最好成绩。

地 址 南昌市抚江北路 25 号
邮 编 330008
电 话 (0791)6710665
传 真 (0791)6708359

(江西省局 张兆平)

【河南省地方海事局(简称河南省局)】 (详见《长江航运年鉴》(2008 卷)第三篇"机构")

2007 年,河南省局按照省厅《关于认真开展交通行业安全生产隐患排查治理工作的通知》和国家有关安全生产的法律法规,结合本辖区实际,制定本单位开展隐患排查整治活动的具体实施方案。

一是认真开展安全督察。对省内水域进行划片责任承包,实行责任追究制,并结合"四项机制"经常深入到辖区水域、库区、渡口进行督察,采取定期与不定期的形式实施明察暗访,省内各市海事局也将安全督察目标任务层层分解明确到人。按照四项机制的要求,省局和各市海事局都做到了每月至少组织一次明查或暗防。

二是坚持安全生产日报制。克服经费紧张和人员少(一些市地方海事局人员不足 10 人,一些县级海事处拣矿泉水瓶卖钱用于发传真)等方面困难,坚持报送《日报表》,确保水上交通安全信息及时传送到上级机关。

三是落实奖惩机制。拿出 100 万元作为安全奖励基金,用于弥补省局机关、各省辖市工作经费或发奖金。据统计, 在各类整治和重点时段的安全监管工作中,全年共组织开展各类安全督察、检查达 240 多组次,参加人员达 2300 多人次,出动执法车辆 500 多台次,监督艇巡航 210 多艘次。累计检查船舶 6 万艘,排查航运企业 58 家、排查桥梁 36 座。此外,组织船员、从业人员进行知识更新、安全教育培训 1450 多人次 ,排查出安全隐患 170 多起并已全部整改。对于不能立即整改的下发了限期整改通知书共 310 余份。

9 月 20 日至年底,河南省局开展"依法治交,严管 100 天,力争全年红"活动。为实现"全年红"活动目标,省局班子成员分别和所承包市的海事局局(处)长签订了河南省水上交通安全生产责任书。据统计,"严管 100 天"活动中,全省航务海事系统共出动各类检查组 185 组次 1290 人次,检查渡口 401 处,检查库区 128 个,其他水域 80 多处,船舶停靠点 142 处,检查船舶 3857 艘次,发现隐患 179 个并全部进行了整改,有力地保证了全年水上交通形势的稳定,胜利实现了水上交通安全零事故的目标。为提高海事执法能力,提升队伍的形象,省局筹措 400 多万元资金,通过政府招标采购 24 辆价值近 20 万元的越野型辆日产帕拉丁轿车。7 月 16 日,省局在郑州隆重举行航务海事执法车发放仪式。这在河南海事工作的历史上还是第一次,标志着全省航务海事执法装备迈上了一个新台阶。

地 址 河南省郑州市中原路 108 号
邮 编 450052

电　话　(0371)67165912
传　真　(0371)67165908

（河南省局　王守明）

【湖北省地方海事局(简称湖北省局)】 (详见《长江航运年鉴》(2008卷)第三篇“机构”)

2007年,湖北省水上交通安全总体形势可以说“态势基本平稳,但形势不容乐观”。一是全省水上交通安全态势持续稳定。辖区共发生水上交通事故2起、死亡1人,直接经济损失437.8万元。二是严峻形势和薄弱环节依然存在,必须引起各级政府、交通、海事部门高度重视。

一、精心统筹安排,“四重监管”工作部署紧张有序,做到高标准、严要求。一是“一江十六湖”重点水域监管手段进一步提升。在丹江口水库、隔河岩水库、漳河水库、南河水库、香溪河等旅客密集水域开展了水上消防人命救助应急演习,在梁子湖水域试点实施船舶油污水和生活垃圾“零排放”。汉江、清江、巴河等运输船舶密集水域,加强了海事巡航、安全检查。借助部海事局资金扶持,加大了投资力度。二是“四客一危”重点船舶监管力度进一步加大。针对营运船舶存在救生设备短缺、老化、污损等问题,襄樊、咸宁、随州等地结合燃油补贴发放工作,督促辖区客渡船主拿出一部分资金足额配备了救生设施。针对客渡船安全性能较低的现状,各地将渡船维修、更新作为新农村渡口改造的配套措施。省局着手在部分库湖区率先试点,启动实施客渡船船型标准化,为下一步全面开展渡船标准化改造作铺垫。对危险品运输船舶,加大了公司安全管理体系审核力度,创造条件在荆州、潜江、武汉等地举办了数期内河散化船、油船船员特殊培训。三是“四季三节”重点时段监管力度进一步加大。总结出“春季防雾,夏季防汛,秋季防火,冬季防风,严防‘五一’、‘十一’和春节发生群死群伤事故”的水上安全监管工作规律,突出重点加以实施,提高了监管工作的针对性和有效性。四是“三无船舶”重大隐患整改力度进一步加大。省局派出7个“隐患排查和两防整治”督查组,检查发现农用船、“三无”船非法载客现象较为突出,遂分别向沙洋、广水、郧县、郧西、曾都、孝昌、安陆、洪湖、崇阳、通山等县市人民政府通报了相应隐患,提请各地政府按照《中华人民共和国内河交通安全管理条例》的规定,建立、健全内河交通安全管理责任制,切实采取有力措施,消除“三无”船隐患。

二、调动各级力量,“四级责任”目标管理落到实处。为进一步夯实水上交通安全管理领导基础,湖北省政府在宜昌召开了湖北省水上交通安全管理县市长培训会议,夯实了水上安全管理领导基础。此外,省交通厅在宜昌举办了全省交通局长法制科教培训班。

三、细化方案,“三项行动”整治成效明显。按照“统筹兼顾、各有侧重”的工作思路,深入开展了“渡口渡船”、“隐患排查治理”、“防碰撞防泄漏”三项专项整治活动,实现了紧密结合、共同推进的工作目标。

四、完善监管制度,水上安全管理基础呈现新面貌。积极走访相关县市政府,促进各级政府“将水上交通安全管理经费纳入当地财政预算支出,满足水上安全工作需要”,部分县市实现了率先突破。认真贯彻执行新颁布实施的《中华人民共和国船员条例》,加强了对武汉、宜昌、黄冈、荆州4个船员培训机构的监督检查和资质管理,严格船员培训考试发放制度,全面启用新版防伪船员证书,做好内河船员管理信息系统使用和维护,有效遏制不适任者持假证书上岗的行为。与此同时,设立行政服务大厅,带头推行“一站式服务”和“一站式办公”,开展船员适任证书许可网上受理和网上审批等监管业务,推行“限时办结制”,船员考试成绩可在网上直接查询,为船民提供高效、便捷服务。

五、创新工作方法,海事规范执法水平稳步提升。按照“四不放过”原则,依法对长阳“5·13”事故、武汉“9·2”事故、监利县“10·28”事故进行了调查,对责任船员、企业进行吊扣适任证书等相应处罚。

六、广泛宣传培训,齐抓共管安全氛围日益浓厚。为及时传达上级指导意见,反映工作动态,沟通活动信息,推广先进典型,编发“两防”专项整治简报15期,渡口渡船安全管理专项整治26期,水上搜救简报2期,在网上开辟水上交通安全专栏。此外,在《湖北日报》、《楚天都市报》、《中国交通报》、《中国水运报》、《湖北交通报》等中央及省级媒体及时报道水上安全工作动态信息。各类简报、报道的发行范围、发行数量均为历年之最。潜江、巴东等地还主动联系广播电台,制作以“打击三无船舶”、“新农村渡口改造”为题材的专题片，收效甚好。此外各地还在渡口醒目位置公布举报电话，加强群众对超载、冒雾等涉险、违章渡运的监督。

地　址　武汉市沿江大道68号
邮　编　430021
电　话　(027)83465311
传　真　(027)83465318

（湖北省局　罗友稼）

【湖南省地方海事局(简称湖南省局)】（详见《长江航运年鉴》(2008卷)第三篇“机构”）

2007年，湖南省海事系统广大干部职工以“三个代表”重要思想为指导，深入贯彻落实科学发展观，牢固树立“以人为本”、“安全发展”的理念，开拓创新，狠抓实干，海事监管效能、公信力、执行力、社会地位明显提高，水上交通安全形势继续保持稳定。全年全省水上交通共发生一般及以上等级事故25件，死亡26人，沉船18艘，直接经济损失549.1万元，全年未发生一次死亡10人以上的重大恶性事故，各项事故指数均低于省安委下达的控制指标。

·安全整治　以开展季节性、节假日安全检查和多项安全督查活动为重点，加大安全监管力度。深入开展春运、黄金周安全大检查，加强了对重点地区、重点企业、重点码头、重点港口、渡口的安全督查，督促各地采取措施，消除事故隐患，确保了旅客运输安全。渡口渡船专项整治进入验收总结阶段，成立了3个验收小组对各地市整治情况进行验收。开展“水上水下建构筑物安全隐患排查整改”、“整顿非法采砂、确保通航安全”专项整治行动，及时排除整改了安全隐患，稳定了水上交通安全形势。深入开展防船舶碰撞、防泄漏专项整治活动，对危险品码头53座(处)进行了隐患排查，对危险品运输船舶294艘(其中液货危险品船舶188艘)中的237艘船舶进行了检查，共排查出各类隐患125个；对全省七级以上航道涉航桥梁422座进行了隐患排查，共排查出各类桥梁隐患264个，其中重大隐患桥梁7座，倒塌碍航桥梁2座，桥梁助航设施、桥涵标缺损不全的197座，通航孔尺度不满足要求且助航设施、桥涵标缺损不全的桥梁46座，选址不当的桥梁12座，并以此建立了全省通航水域桥梁、闸坝、加油站的台账。

·应急能力　着眼于提高对事故的应急控制能力，完成了《湖南省水路交通突发公共事件应急预案》、《湖南省水上搜救应急预案》、《湖南省船载高危集装箱备案制》、《湖南省关于加强加油船安全管理意见》的起草和发布工作；湖南省局还开发了湖南省地方海事局渡口渡船管理系统软件，该软件的开发应用对促进湖南省乡镇船舶监管水平的提高起到了积极作用。

·船员管理　开展船员安全知识更新和“两防”知识培训，对全省船员技术档案进行检查，全面完成船员适任证书的换发工作及航行长江干线船员适任理论统考，并完成全省水路交通系统内部公务船员理论培训考试，全年共培训船员7600余人。通过举办船舶登记业务培训班、建立船舶登记船名录、印发内河船舶登记档案整理归档试行意见等工作，规范了全省海事系统船舶管理，解决了船舶假证书、一船多证、港务费流失等问题，促进了联合监管，提高了执法效率。按照部海事局的统一部署，湖南省的船舶“一卡通”工程已经完成了省内的调查研究和省外的观摩调研工作，并编制完成了船舶“一卡通”工程计划书。

地　址　湖南省长沙市五一大道982号
邮　编　410005
电　话　(0731)4883888
传　真　(0731)4437896

（湖南省局　蒋龙平）

【云南省地方海事局(简称云南省局)】（详见《长江航运年鉴》(2008卷)第三篇“机构”）

原名云南省港航监督局，2000年6月更名为云南省地方海事局。2003年，成立中华人民共和国澜沧江海事局，与中华人民共和国澜沧江海事局、云南省航务管理局实行“三块牌子，一套班子”的管理机制。2003年已完成了全省16个州、市海事机构更名挂牌工作，成立了地方海事局。云南省海事系统仍为省、州(市)、县各级管理，业务上接受上级海事机构领导。

2007年，澜沧江海事局全面落实科学发展观，按照全国海事工作会提出的“以水上安全监管作为加强交通行业管理的切入点，认真抓好水上交通安全管理中心工作，落实‘三个一’的理念，加强海事自身建设”的要求，围绕建设“三个海事”，认真贯彻执行“安全第一、预防为主、综合治理”的方针,把握水上交通安全规律,加大行业宏观管理力度,加强现场监督管理,落实安全生产各项措施,规范船舶营运行为,建立安全管理长效机制,维护通航秩序,提高海事执法水平和服务经济社会的能力,全面提升海事管理整体水平,加强海事职工队伍建设和海事精神文明建设,较好地完成了年度工作目标。全年共实现澜沧江国际航运货运量53.97万吨,其中出口17.98万吨,进口35.99万吨;旅客运输2.10万人次,国际航行船舶进出港5910航次,四项安全考核指标均为零,促进了澜沧江国际航运又好又快发展。

地　址　昆明市环城北路181号

邮　编　650051

电　话　(0871)5126929

(云南省局　马翠德)

【贵州省地方海事局(简称贵州省局)】 (详见《长江航运年鉴》(2008卷)第三篇“机构”)

2007年,贵州省海事系统干部职工坚持预防为主、突出重点,实施了“关口前移、预防为主、重心下移、现场为主”的监管措施,突出了重点水域、重点船舶、重大隐患和“四季三节”重点时段的监管,开展了管理层、从业层和人民群众“三个层面”宣传教育活动,水上交通安全形势进一步稳定。

·安全管理　坚持工作创新,针对全省“欠发达、欠开发”的基本情况,以实事求是的态度,加强监管。进行“县处管现场、市局管业务”和“县处受理、市局审批”的管理方法和模式的改革;实行船舶分类管理,调整渡口设置与管理标准,加强漂流监管,推荐船主能承受、安全性能好的船型实施技改等一系列适合贵州省经济发展水平和客观条件的新方法、新措施,监管能力不断提高。与此同时,切实加强春运、春游、“十一”黄金周,以及汛期等重要时段的安全监督管理。突出宣传先行,同时积极摸索、总结各时段的规律和特点,提出具有较强针对性和可操作性的措施,保证了重点时段的水上交通安全。

·基本建设　增加安全投入,加大了港航基础设施建设力度,使船舶航行、停泊和作业的环境得到有效的改善。一是加大对渡口建设和渡船改造的投入,极大地减少了乡镇客渡码头和渡船建设滞后对安全带来的不利影响。二是加大海事科技建设,提高了海事运用科技手段解决具体问题的能力。三是加强了船舶技术改造,客货运输船舶的安全技术性能明显提高。

·行政执法　坚持依法行政,不断加强法规建设。健全完善工作制度和工作程序,强化基础资料管理,推广应用海事业务系统软件,推进海事行政许可、审批、处罚文书表册格式化工作,规范海事执法车辆、巡航船艇和办公处所的标识,使海事管理不断向规范化迈进。坚持执法为民,秉持“以人为本、方便群众”的服务理念,积极推行海事政务公开,开展海事行政执法“三公示”活动,加强行政审批受理和初审工作质量建设;实施小型游乐船登记备案制,按方便船员的要求就近举办培训考试;加强政风建设,深化“学建创”活动,执法文明、工作效率和服务水平显著提高。

·抢险搜救　为进一步加强水上交通运输支持保障体系建设,按照应急管理的要求,积极组织开展水上救助,实施水上搜救6次,成功救助30人脱险,不断提高水上应急反应能力。

地　址　贵阳市延安中路48号世贸广场A座26楼

邮　编　550003

电　话　(0851)5952418

传　真　(0851)5957360

(贵州省局　周汝珍)

【四川省地方海事局(简称四川省局)】 (详见《长江航运年鉴》(2008卷)第三篇“机构”)

2007年,四川省局认真贯彻“安全第一、预防为主、综合治理”的安全生产方针,紧紧围绕和服务于“坚持科学发展,构建和谐四川”的总体战略,坚持科学发展的安全理念,落实安全责任,狠抓安全管理,积极倡导“三个为本”的安全文化建设,努力构建安全生产长效管理机制,保障了水上交通安全形势的持续稳定,促进了水上交通又好又快发展。截至年底,全省运输船舶共发生水上交通事故9件,死亡17人,经济损失102.35万元,分别占省控指标的3.91%、8.33%和8.53%。

·安全基础不断夯实　深刻汲取南充“9·27”、广安“3·15”事故教训,深入开展以水上运输安全专项整治为代表的各类专项整治活动。2007年建设农村渡口200座,渡改人行桥100座,为全省236个重点渡口配备便民签单用房。此外,积极推动渡口渡船公益性化工作,推广了绵阳市、古蔺县的试点经验。

·推动水上交通安全监督管理法制化进程 按照省交通厅的部署,省局积极向省人大汇报,推动《四川省水上交通安全管理条例》的出台,将多年来行之有效的作法和经验予以法律化,有效规范了全省水上交通安全管理,促进了水上交通安全监管法制化。11月29日,在成都召开全省航务海事系统贯彻实施条例工作会议。同省安监局、监察厅联合开展乡镇船舶安全管理体系调研,进一步明晰了相关涉水部门水上交通安全管理的责任。

·加强安全监管软硬件建设,改善监管手段 采取“电信建设,海事租用”的模式,大力推广码头视频监控系统建设。省局主动与省电信部门协商,出台了系统运行管理办法,并配套研发运行了全省重点渡口信息系统。目前,建成423个监控点。按省厅的要求,采取“三个一点”的办法,为80个基层海事处配置了执法监督车。这些举措有效解决了水上安全监管点多线长面广、渡口码头位置偏远、监管力量不足的问题,增强了一线人员到岗履责意识,有效地实现了对监管者的监管。

·强力推进“救生衣行动” 省安委会在全省深入开展了“救生衣行动”。省政府和省厅专门列支300万元经费为全省客渡船、旅游船免费赠送了12.4万件救生浮具;与此同时,开发了便于穿戴、清洗方便的新型救生设备;全省各级航务海事机构深入推进“救生衣行动”,开展了多层面的专项检查,细化行政处罚和强制措施,积极运用行政和法律手段,确保救生设备穿戴落实。省局结合汛期安全工作,坚持派出蹲点暗访组到基层督查。通过加强宣传、检查、督查,乘客自我保护安全意识明显增强,上船穿戴救生衣逐步成为群众的自觉行动。

地　址　四川省成都市武侯祠大街180号
邮　编　610041
电　话　(028)85525675
传　真　(028)85525493

(四川省局　唐潇潇)

【泸州市地方海事局】 2007年,泸州市局依靠科技手段强化水上交通安全监管,完成了全年安全工作任务。全市共发生水上交通事故1起,死亡1人,经济损失约20万元,经济损失分别占省市下达控制指标的4.2%、4.2%和5%,比去年同期相比事故件数下降了50%、经济损失下降了58%。主要抓了四项工作:

一是坚持不懈地抓好春运、安全生产月等重大季节性安全活动。加强组织领导,严把市场准入关,先后对长江干线、沱江河、赤水河水域中的“两客一危”船舶、重点渡口、码头进行了全面检查。加大宣传教育力度,开展声势浩大的安全宣传教育活动,营造良好的春运安全氛围。结合“安全生产月”活动的开展,继续深入水上交通安全专项整治活动和“救生衣行动”的开展。

二是切实采取有力措施,抓好汛期客渡运安全。严把船舶检查检验关,保证投入汛期营运的船舶适航。严把船员培训关,保证投入汛期营运的技术船员适任。进入汛期后,把重点摆在落实安全管理措施,强化现场安全监管;充分利用GPS和视频监控系统,强化对客渡运安全的动态监控;坚持早查、督查、巡查相结合,多管齐下,加大汛期水上交通安全现场监管,严厉打击各类违法行为。精心组织开展规模较大的水上突发事件(交通战备)应急联动演练。演练取得了圆满成功,得到省、市领导的充分肯定和好评。全市汛期没有发生一起水上交通事故,三项控制指标为零。

三是认真开展各项水上交通安全专项整治工作。积极开展港区餐饮娱乐囤船、生产作业囤船安全专项整治活动,开展“救生衣行动”。极大地提高了水上交通安全系数,乡镇、企业管船员、签单员对督促乘客上船穿戴救生衣也正在形成一种自觉行动,深化渡口渡船专项整治活动。严厉查处非法载客行为,取缔无证无照船舶。开展“防船舶碰撞防泄漏”专项整治活动。开展汛期采砂作业船舶专项整治活动。严格按照“发现一艘、滞留一艘、整改一艘、放行一艘”的原则,限期进行了整改。严厉打击非法采砂、乱采乱挖和超载运输等违法行为,做到查出一起,整治一起,净化通航环境,确保通航安全。开展“四清四查“工作,即清理海事基础管理工作、清理辖区内的安全隐患、清理行政许可项目、清理乡镇船舶安全管理“四落实”落实情况;查船舶证书证件、查隐患整改结果、查现场安全管理、查宣传教育工作,并认真开展好抽砂采石船、危险品运输船舶和非法载客船舶专项整治活动。

四是认真开展今冬明春防雾抗枯工作。针对

进入枯水期和多雾期后,江河水浅、滩多、漕窄、水势流态较坏,易发生水上交通事故的特点,各县区地方海事处加强了对重点滩、漕、水域的监控,督促船舶认真参照长江航道部门公布的“长江干线航道维护水深”减载航行,防止触礁、搁浅、困边等事故的发生。市局GPS监控中心和各县区地方海事处加强了对气象和江面的观察和监视,一旦发现有浓雾立即采取措施停航封渡,对冒雾航行的客渡船严格按照有关规定予以顶格处罚。强化日常安全监督检查,从严查处各类违法行为。实现对重点时段、重点水域、重点船舶的有效监管,市局及各县区地方海事处都加大了日常安全监督检查力度。

地　址　四川省泸州市新马路宝庆后街26号

邮　编　646000

电　话　(0830)2280168;13982488288

传　真　(0830)2291296

(泸州市局　曹　玲)

【陕西省地方海事局(简称陕西省局)】　(详见《长江航运年鉴》(2008卷)第三篇“机构”)

2007年,陕西省局在部海事局和省厅的直接领导下,加强了安全管理。

·签订目标任务书　省局与各地市、局机关各科室签订了安全目标责任书。将水上安全监督管理责任分解落实到岗位、到具体监管人,采取检查督办的方式,坚决落实各项工作措施。

·专项整治成效显著　开展“两防”专项整治活动,按照“底数清、措施实、要求严”的原则,重点开展了汉江流域通航安全整治。一是对船员加强宣传教育,严肃值班纪律,严格遵守《避碰规则》,加强航行瞭望;二是在跨河建筑物设置航行标志;三是加大海事巡查和违章处罚力度,确保了辖区船舶航行安全和跨河桥梁的安全,保护了水域环境。此外,还开展了水上安全生产隐患排查工作,查出安全隐患5处,制定相应整改措施并督促整改。总结全省渡口渡船安全管理专项整治活动,通过全面检查和复查验收,全省现有合法渡口349处,取缔42处,进一步落实了县、乡政府的管理责任。

·现场监管和安全宣传进一步加强　加强重点时段和重点水域的现场监管力度,全系统一线安全监督员现场监督天数超过180个工作日,安康库区现场监管工作日超过了200天。加大安全宣传力度,营造安全生产氛围。航运海事人员上船舶、下码头、进学校、去社区宣传水上安全知识,提高水运职工和人民群众的安全意识。建立健全安全管理规章制度,落实安全生产责任制,安全形势持续稳定。全年发生1起属于统计范围内的水上交通事故,死亡1人,沉船1艘,直接经济损失8.92万元。

·陕鄂两省联手整治界河船舶航行秩序　汉江水位持续上涨,为确保界河船舶安全,陕西省白河县和湖北省郧西县地方海事处联手强化界河水上安全。一是从安全宣传和落实防汛措施入手,发放船舶防撞、防流失通告,沿江安全巡航。二是要求客渡船要配齐救生消防设备,严格遵守洪水停渡禁令;三是要求货船要检查船体和轮机,按载重线装载,不得超载;采砂船要备齐钢绳和锚泊设备,预备好拖带船,随时可撤离到安全水域;四是强调24小时各船不离人,全天候值班。为期一周的整治,共检查渡口49处,船舶86艘次,发整改通知11份,宣传单120余份。

·加大海事监管力度　为重点水域配备了4艘巡逻艇,极大地提升了基层海事部门的行政管理能力和应急反应能力。突发事件应对能力明显提高,积极参与汉中“3·15”公路交通事故应急救援工作。海事人员能够及时奔赴现场,协助联系救捞部门对事故车辆和落水失踪人员进行打捞,配合公安部门维护事故现场水上交通秩序,为事故应急救援工作的圆满完成作出了贡献。

·全面推行依法行政　印发了《陕西省航运海事系统全面推进依法行政实施意见》、《陕西省水路交通行政许可制度》、《陕西省交通行政执法人员行为规范》和《全省航运海事“十一五”法制教育宣传规划》。在调研的基础上制定了《陕西省地方海事局规范化海事局、处、所(站)建设指导意见》和《陕西省地方海事局基层海事处政务受理大厅建设指导意见》,启动了全省规范化海事机构建设工作。开展了全省水路交通行政执法检查,重点对安康、汉中、宝鸡3市进行了检查,进一步推行和落实行政执法责任制和错案追究制。

地　址　西安市药王洞12号

邮　编　710003

传　真　(029)87342305

电　话　(029)87340116

(陕西省局　余红梅)

【甘肃省地方海事局(简称甘肃省局)】　(详见《长江航运年鉴》(2008卷)第三篇“机构”)

2007年,甘肃省局进一步加大水运市场的宏观管理。全省水路运输平稳有序,服务质量不断提高,未接到旅客投诉,初步实现了“安全、有序、优质、高效”的水路运输管理目标。

·狠抓水上安全监管,全年无重特大水上交通事故　强化源头管理,逐步建立长效管理机制。一是开展“两落实和两加强”工作。“两落实”,即落实县乡政府和交通主管部门水上交通安全管理职责,全年水上安全责任书签订率达到100%;落实海事部门安全监管职责。认真贯彻水上安全一把手负责制,切实执行船舶签证出航制度,做好船舶开航前安全检查的源头管理,并做好船舶返航后的登记。对重点水域、重点时段和重点船舶始终保持严管态势。“两加强”即加强船员培训,确保船员适任。举办6期船员培训班,培训各类船员211人。加强船舶检验,确保船舶适航。全年各地船检机构共计检验船舶876艘,未发生船舶检验责任事故。二是加强搜救建设,进一步提高突发事件应对能力。完善了“甘肃省水上交通事故应急处理预案”,上报了《甘肃省水路交通突发公共事件应急体系建设规划》。4月29日成功举办“2007年兰州水上搜救演练”活动,提高了应急处置能力。海事执法保障能力不断增强,水上搜救任务出色完成。交通、海事部门在刘家峡库区成功实施了2次水上救援行动,解救因风浪遇险船舶27艘,解救旅客561名,极大地提升了海事队伍“服务人民、奉献社会”的良好形象。三是按照“专项整治与长效管理相结合,坚持长效管理”的要求,组织开展水上安全生产隐患排查、河道采石挖砂、“两防”专项整治、渡口渡船和低质量船舶5次较大规模的专项整治活动。9月11日,交通部部长李盛霖带领部海事局等部门对甘肃省“两防”工作进行了检查,对全省水上专项整治活动取得的成绩给予了肯定,并对非水网甘肃水运海事寄予了殷切希望。

依法行政,全面推进法制建设　一是继续推行水路交通行政执法责任制,实施目标管理和考核。12月底,省局按照年初工作计划对4个地方海事局工作进行了全面考核。二是进一步实施行政审批制度改革,完善政务公开制度,省局将8项行政许可审批项目进入省政府政务大厅办理。截至目前,接受群众咨询达1000余人次。三是完成省局、兰州、临夏、陇南《海事公示》4个单位的行政执法公示任务(触摸屏软件),并已安装到位。四是狠抓水路交通执法行为的规范。7月1日至6月30日,全省重点水域进出港船舶24808次,查处违法船舶数83起,行政处罚64起,行政许可72起,接到险情2起,处置2起。全省海事执法人员没有出现服务相对人投诉情形的发生,服务相对人无人提出行政复议和听证申请。

·科研工作取得新进展　一是开展《甘肃省内河水运发展规划》编制工作,已于3月12日在北京通过了交通部及有关单位专家的论证。二是开展“甘肃省高速船、滚装船市场调查及管理对策研究课题”研究工作。课题组在总结、分析研究的基础上,完成了研究报告。三是“甘肃省公路渡口码头建设标准研究”和“甘肃省重点水域船舶控制信息化规划研究”2个项目列入省厅全年科研计划,项目可行性研究报告已完成。

·树立新形象,政风建设稳步推进　一是开展“牢记党的宗旨,主动做好服务”的主体实践活动。二是加强规范化建设。制定实施《甘肃省地方海事局海事工作人员行为规范》,印发《甘肃省水运海事执法人员行政执法手册》。三是创新管理手段。制定实施了《甘肃省地方海事局实名举报制度》,并利用网络等媒体向社会公示。四是实行用人制度的改革。开展科级干部竞聘上岗,实现了干部交流,形成能者上、庸者下的良好用人机制。五是加强机关作风建设和精神文明建设。努力在“学习、效能、创新、服务、节约”5个方面推动机关建设。六是高度重视信访工作和社会治安综合治理工作。全年接待信访事件3起,均已处理完毕。在全国海(水)上搜救电视电话会议上,甘肃省临夏回族自治州地方海事局被评为先进单位、兰州市地方海事局“兰海巡01”执法船被评为先进集体、甘肃省地方海事局陈珂、陇南市地方海事局卢铁娟两同志被评为先进个人。

地　址　兰州市北滨河路406号

邮　编　730046

电　话　(0931)8363804

(甘肃省局　陈长春)

【重庆市地方海事局(简称重庆市局)】 (详见《长江航运年鉴》(2008卷)第三篇“机构”)

2007年,重庆市局辖区共发生一般以上等级水上交通事故9起,死亡失踪6人(其中非运输船舶死亡3人),沉船6艘。连续54个月未发生一次死亡失踪10人以上的特大水上交通事故,全市水上交通安全形势总体保持稳定。2007年,主要抓了6项工作:

一、强化措施,突出重点时段监管。一是在全市范围开展“春运”水上交通安全大检查。对1055艘上线客船实行“春检”,强制取缔了綦河水域非法从事渡运的17艘水泥船,积极采取措施解决巫山境内小快艇非法营运问题。二是“五一”、“十一”黄金周期间,分别组成7个督查组和3个流动巡查组,对全市重点客运码头、船舶和水上旅游景区等重点部位开展督查。对查出有严重安全隐患的“三峡观光2号”、“宏旺”2艘国内旅游船及发生重大险情的“鸿发3号”滚装船,责成停航整改,取消其节日上线营运资格。

二、全力做好草街航电枢纽水域通航安全保障。为确保嘉陵江草街航电枢纽重点工程建设,根据施工进展情况,从禁航组织实施、通航条件论证、实船试航试验、通航秩序维护到企业损失补偿等方面,做了大量积极有效的工作,制定发布了《嘉陵江草街航电枢纽明渠通航安全管理暂行办法》,并以此为依据进一步规范明渠通航安全管理。

三、加大对基层工作督查力度。充分利用巫山、江津检查站,加大了对基层工作的督查力度;在春运、“两会”、“五一”、“十一”和汛期各重点时段,组织人员开展督查工作;结合渡口渡船安全管理专项整治等活动开展了渡口安全管理、防汛检查和重点水工工程检查等专项督查活动。

四、吸取事故教训,部署船舶“两防”专项整治。为吸取广东“6·15”、草街“6·22”事故教训,按照交通部和市交委通知要求,重庆市局部署并开展了防船舶碰撞和防泄漏专项整治活动,全面排查企业、船舶、跨临河水上构筑物安全,对发生安全事故或存在隐患的“腾龙998”轮、“乔泰10”轮进行停航整顿、对合川市海丰船务有限公司进行了停业整顿,专项整顿取得了较好的效果。

五、渡口渡船专项整治有序推进。完成了市交委追加1000万元改造237艘标准客渡船计划的拟定和下达工作。2004年至2007年交通部下达渡口改造计划960个,目前累计完成881个,完成改造计划92%。其中,2007年改造计划210个,已完成141个,完成改造计划67%,完成达标率35%。

六、积极开展船舶污染治理工作。制定了船舶生活污水治理工程启动方案并报市交委批准,在市交委专项资金支持下,跨省运输客船的船舶生活污水治理工作已启动。

地　址　江北区红石路2号东和银都B塔
邮　编　400020
电　话　(023)89183586
传　真　(023)89183587

(重庆市局　彭然红)

·体制改革·

【长江通信管理局委托长江局管理】 为进一步理顺海事职能关系,按照交通部工作部署,长江航务管理局委托长江海事局对长江通信管理局履行管理职能。2007年11月,长江通信管理局党群、行政、业务关系移交长江海事局。

(长江局)

【长江局调整整合执法大队(办事处)】 2007年,长江局为进一步规范长江海事执法大队(办事处)设置,合理布局海事执法和巡航救助站点,在调研的基础上,将全线独立运行的执法大队(办事处)调整为160个。

(长江局)

【长江引航业务实行统一管理】 2007年,长江局为规范长江引航秩序,保障引航安全。按照交通部在长江实行一家引航的要求,长江引航中心进一步深化综合改革,对长江引航业务实行了统一管理。

(长江局)

【安庆局“两改五并”优化执法大队和办事处设置】 2007年,安庆局为更好地开展工作,根据长海人事[2007]239号文件精神,于8月15日对所派出机构进行调整。

主要调整措施是"两改五并",香口由静改动,湖东由动改静,杨湾、大渡口、乌沙、泥洲、桂家坝等5个办事处并入相关办事处。现运行机构中执法大队11个,静态办事处4个。

(安庆局)

【芜湖局完善执法模式改革】 2007年,芜湖局为进一步完善海事管理模式,根据长江局《关于完善海事执法管理模式改革工作的意见》,先后调整机关8个内设机构及政务和事务2个中心。按照"便民利民、快速反应"和"队为基础、整合资源"的原则,整合了执法大队和办事处,执法大队和办事处由原来的28个整合为21个。同时,对2005年10月28日以芜海人[2005]157号文公布的《芜湖海事局岗位管理办法》进行修改完善。对各海事处及机关在岗人员岗位进一步予以明确。至此,芜湖局机构重组、人员调整全部到位,完善海事执法管理模式改革工作圆满结束。

(芜湖局)

【九江局完善长江海事管理模式改革】 根据交通部海事局的机构设置精神,综合九江局辖段内的站点设置、业务工作量实际情况,调整了机关部分部门名称及工作职责,拟定了九江局一、二类办事处重新整合设置方案。

与此同时,开展了局主管及以下人员的交流轮岗工作。本着逐步调整长期在外港或内港工作人员的结构的原则,45人进行了轮岗交流,16人予以岗位晋升。

(九江局)

【武汉局完善海事执法管理模式改革】 2007年6月7日,武汉局按照长江局《关于完善海事执法管理模式改革工作的意见》(长海人教[2007]110号)文件精神,对内设机构及执法管理模式,进行了调整。

调整后局机关内设机构8个,附属机构3个。设置赤壁、石矶头、潘家湾、牌洲、邓家口、纱帽、军山大桥、白沙洲大桥、武汉大桥、武汉二桥、天兴洲大桥、青山工业港、龙口、白浒山等14个执法大队,以及涂家巷、谌家矶、杨泗港、任家路、新港5个办事处。

(武汉局)

·安全管理·

【交通部部长李盛霖亲切慰问重庆海事干部职工】

2007年7月23日,交通部部长李盛霖对重庆百年不遇的洪涝灾害高度关注。

这一天,李盛霖部长亲临重庆视察灾情,在珊瑚大桥慰问了重庆局职工代表,详细了解了重庆海事防汛抗灾情况,并发表了重要讲话。李部长指出,面对百年不遇的洪涝灾害,广大干部职工团结一心,克难奋进,采取积极措施防洪度汛,取得了巨大的成绩。希望大家再接再厉,继续努力,确保抗洪抗灾工作的最后胜利。

(重庆局)

【交通部部长李盛霖视察甘肃省刘家峡库区水上交通安全工作】 2007年9月7日上午,交通部部长李盛霖率领部海事局等有关司(局),在甘肃省委常委、常务副省长杨志明陪同下,视察甘肃省临夏州刘家峡库区"两防"专项整治活动及水上交通安全工作。

李盛霖部长一行实地查看了刘家峡库区大坝码头运输情况,检查了临夏州永靖县地方海事处签证处工作情况和国道213线刘家峡库区祁家渡口渡船的安全设施,与现场海事人员进行了亲切交谈和慰问,并乘坐海事监督艇巡查了库区安全。在听取甘肃省交通厅、甘肃省地方海事局开展的"防碰撞、防泄漏"等水上专项整治活动情况汇报后指出,各级政府和交通海事部门务必高度重视水上交通安全工作,牢固树立忧患意识、防范意识和安全意识,加强领导,加大投入。特别在非水网省份民营企业占多数的情况下,更要加强规范和引导,建立和完善企业安全责任制。及时抓好交通安全专项整治活动,要把水上隐患排查和建立长效机制结合起来,坚持下去,使水上安全在长效体制和机制下得到保障。要高度重视环保问题,防止发生船舶污染水域事件的发生。各水运执法部门要认真做好船舶的准入、检验和运营管理,严格审核、严格监管,把各项安全管理制度落到实处。

(甘肃省局 陈长春)

【全国海事工作会议在四川省成都市召开】 2007

年9月19日至20日,由交通部海事局主办,四川省交通厅承办,四川省地方海事局具体负责会务工作的全国海事工作会在成都市举行。

会议总结了2006年全国海事工作会议后的工作情况,对海事工作面临的形势进行了深入细致的分析,并围绕做好"三个服务",系统树立"三个一"理念,推进实施"十一五"海事发展规划等重点,对全国海事工作进行了部署。交通部副部长徐祖远出席会议并作了重要讲话。徐祖远高度评价近年来四川的水上安全工作,认为四川交通、地方海事部门坚持科学发展观,创新思路、完善措施,以推进渡口渡船纳入公益性设施予以财政投入为抓手,全面夯实安全基础;以健全水上交通安全监管责任体系为基础,全面落实安全监管责任;以加强安全监管硬件建设为保障,努力改进水上交通安全监管方式;以努力解决航务海事队伍经费来源为切入,全面提高海事队伍监管能力;以强力推进"救生衣行动"为保障,全面提高预防预控能力,有效确保了全省水上交通安全工作的平稳态势,成绩明显,所取得的经验具有较高的推广价值。

(四川省局　办公室)

【长江局辖区安全形势持续改善】 2007年,长江局辖区发生一般及以上等级事故43件,造成死亡失踪62人,沉船30艘,直接经济损失1710.3万元,安全综合指数86.5,安全形势继续改善。

尤在辖区渡(客)运量同比增长6.3%、港口货物吞吐量增长25.5%、船舶进出港艘次增长14.7%的情况下,再次实现未发生一次死亡10人以上群死群伤事故和重大船舶污染事故。

(长江局)

【长江局严格落实渡船"116"机制 牵牢"牛鼻子"】 2007年,长江局以开展渡船"116机制"巩固年活动为主线,全面落实客渡船首班报告末班报备制度,全面实施渡船恶劣气况下禁航制度,全面推行20米以下渡船乘客强制穿救生衣制度,强化渡船安检、日常巡查、专项检查和渡船跟船检查等现场监管,渡船安全监管水平进一步增强,渡运安全状况进一步改善。

全线完成渡船安全检查4211艘次,发布安全信息19170次,禁航4008次,安全渡运7865万人次、655万台次车辆(其中学生13万人次)。

(长江局)

【长江局深入开展首届"渡船安全周"活动】 2007年11月6至12日,长江局成功举办了以"安全渡运,平安回家"为主题的首届"渡船安全周"活动。通过扎实开展送安全文化安全用品"到渡口、进校园"、安全知识竞赛、跟船检查、渡船交叉专项检查以及渡船评先表彰等"六个一"活动,营造了"人人关注渡运安全、人人参与渡运安全"的氛围,提升了公众的安全渡运意识。

此次活动,长江局共出动执法人员3500余人次,执法车船1773余台(艘)次,检查船舶1429余艘次,发放宣传材料14534余份,悬挂横幅(条幅)359余副,张贴标语1858余张,发放安全用品("渡运安全周"纪念品)1850余份,举办安全知识竞赛30余次。

(长江局)

【长江局全面实施"四级预警三级发布"水上交通安全预警机制】 2007年,长江局基本形成以水上安全信息台和长江海事内外网站群为主渠道,以海巡艇VHF广播、手机短信、电视报刊等为辅助的预警信息服务体系,全面实施"四级预警、三级发布"水上安全预警长效机制。

全年共实施安全预警244起,有效应对了重庆百年不遇大暴雨等极端恶劣天气和库区滑坡险情等的严峻挑战。

(长江局)

【长江局安全信息服务进一步加强】 2007年,长江局联合国家气象部门打造了《长江海事气象》专题气象栏目。

开通了短信群发平台,为辖区广大船舶、船员免费提供气象、水文等航行安全信息;坚持实施月度水上交通安全状况评估分析和辖区通航环境概况公示制,极大地服务了港航企业和广大船民,获得上级高度评价并在全国海事系统推广。

(长江局)

【长江局积极推进航路规范】 2007年,长江局认真抓好三峡库区船舶定线制、安徽段船舶定线制和长江中、下游分道航行规则的推进、实施工作。

同时积极跟踪定线制实施情况,组织人员对长江安徽段船舶定线制进行了社会经济效应评价,收集整理了《长江中游分道航行规则》的修改意见和建议,成立“船舶定线制在长江干线应用研究”课题组,对长江干线实施船舶定线制的可行性、各类定线措施具体应用的基本条件进行了研究分析,为下一步航路规范工作提供了科学依据和参考。

(长江局)

【长江局强化三峡库区水上安全管理】 2007年,长江局加强三峡船闸完建期和156米水位运行期坝区船舶通航秩序治理工作。

一是积极与沿江有关省市港航部门的沟通与联系,建立应急联动反应工作机制和信息通报制度,严格控制过闸待闸船舶数量,有序控制进出三峡坝区船舶交通流,并在三峡坝下设置船舶转载基地3处,平均每天转载船舶50余艘、有效地扩大了三峡船闸的通过能力,避免了大型船舶不能通过中游浅区的矛盾,维护了中游航道畅通。二是加强了三峡水库144米汛限水位期船舶过闸吃水控制工作和库区大风、大雾天气预警工作,及时拟发通告和相关通知,保证了三峡水库156米第一次水位年的水上交通安全平稳过渡。因工作突出,长江局通航处分别被交通部、长航局评为三峡工程156米蓄水和三峡船闸完建期通航保障工作先进集体。

(长江局)

【长江局行政执法规范有序】 2007年,长江海事局共查处海事行政违法案件8145件,同比下降26.2%。对内加大执法规范化建设,一是改善执法条件。共建成54个标准化海事处(站)和115个规范化办事处,分别占总数85.7%和75%;建成长江水上政务中心61个;100%应用网上长江海事行政处罚模块;试点了危险货物远程申报工作。二是完善执法机制。共颁布《长江水上人命救助奖励制度》等14个海事管理规范性文件,海事管理体系全面修改完善,局机关升级为3.0版,分支局升级为3.0版或4.0版。以长江海事为主体的长江水上联合执法于3月底前全面启动并稳步推进,形成了机关处室随社会船舶现场巡查机制;对岳阳汽渡船险情进行了管理责任调查,通报批评了责任单位。三是提高队伍素质。组织165人参加执法人员适任考试,119人合格,合格率达72%。至年底,共2078人参加适任考试,合格率达98.4%。开展大规模职工培训和职工技能3年达标活动,共举办157期5795人参加的海事管理各类培训,3年技能达标率70%以上。组织海事管理体系内审员培训,69人取得中国质量认证中心颁发的内审员证书。大力推进《长江海事局海事行政执法人员行为规范》的实施。经测评,当年社会满意度为91.23,同比上升0.39个百分点。

(长江局)

【宁波市局采取措施加强安全管理】 2007年,宁波市发生水上交通事故6起,直接经济损失60万元,为去年同期的43%和14%。无人员伤亡,事故发生数、死亡人数和直接经济损失实现零增长,保持了水上安全形势的持续稳定。

主要采取以下措施:一是认真落实安全管理制度,完善安全责任制,实现了“一岗双责”(即岗位管行业、管安全)的管理模式。二是加强宣传教育,企业的安全责任主体观念得到了进一步确立。全年共召开各类安全会议175次,1935人次得到安全教育。三是加强安全监管,重在预防,全年组织4418人次参加1109次安全检查。四是做好服务保障工作,开通安全信息平台并及时通告。全年发送短信33713条,发送消息11333人次,有效地遏制了恶劣气势条件下重、特大事故的发生。

(宁波市局　沈荣进)

【安庆局执法督察做到依法行政】 2007年,安庆局为加强执法规范化建设,以学习《海事行政执法人员行为规范》为平台,大力开展执法督察,不断促进执法人员的规范意识,切实做到依法行政。通过发放学习资料、观看示范光盘等多种方法,使全体执法人员从平时不起眼的一些“小节”之处,切实维护海事执法形象。通过专项督察和日常抽查相结合的方式,组织了遵守行为规范的专项检查,对执法人员文明执法、依法行政、政务公开、便民利民等各方面的执法情况进行了检查。

通过一系列的督察工作,有效防止和纠正了可能出现的不当具体行政行为,维护了当事人的合法权益,促进了海事机构严格执法、公正执法、文明执法。全年共查处海事违法案件661件,其中罚款640件(罚款金额895012元),警告16件,扣留船员适任证书5件(扣证5本)。其中简易程序案件452件,一般程序案件209件,未发生任何行政诉讼败诉、复议机关改变或撤销的行政案件。

(安庆局)

【芜湖局水上高速路成效明显】 2007年3月1日,芜湖局在定线制40公理水域正式运行芜湖船舶交管系统,重点监控船舶5862艘次,避免险情67次。与此同时,优化定线制水域航路设置,采取乌江水道分流措施,划定船舶禁止淌航区段,调整芜湖大桥通航桥孔的船流分布,改善了通航秩序。此外,继续强化铜陵辖区航路调整后的现场管理,组织研究上报定线制向上延伸的可行性报告。

定线制社会效益评估效应明显,呈现出港口吞吐量增长的"蝴蝶效应",辖区年货运量突破亿吨大关,达1.17亿吨,同比增长19%。

(芜湖局)

【芜湖局全力打造平安放心渡】 2007年,芜湖局渡口"三化"工作有序推进,更新渡船8艘,优化渡线2条,7家公司25艘渡船实现公司化管理。创新渡运安全管理新途径,设置了"曹姑洲渡安全监督岗",建立了江心乡渡运安全培训教育基地。推行客渡船首末班报备制和20米以下渡船试行乘客强制穿救生衣制度,投资14万元更换69块渡口警示牌,送救生衣、救生圈153件,及时发布恶劣天气预警预报20次,渡运旅客635.6万人次,车辆90.7万车次,农产品6500吨,实现了客渡船零死亡目标。

(芜湖局)

【芜湖局深入开展专项整治活动】 2007年,芜湖局按照长江局总体部署,围绕水上交通安全监督管理中心工作,以"两防"专项整治活动为主线,以牵牢"牛鼻子"为关键,以安全监管规律探索为手段,深入开展"五小"船舶专项整治、专项配员检查、"三防一禁"及季节性专项整治等活动。

活动中坚持处罚与教育相结合的原则,加大对突出违法行为的打击力度,有效地遏制了辖区突出违法行为的发生。全年共实施海事行政处罚1380件。同比,处罚件数下降13.15%,处罚金额下降5.98%。

(芜湖局)

【九江局渡船管理不断创新】 2007年,九江局不断创新渡船管理。一是解决了新港渡口"万人争渡"的局面。为控制高峰客流,九江局主动作为,积极依靠地方政府,采取政府投入一点、企业自筹一点、监管部门支持一点的方式,在新港渡口建设旅客上下通道钢质护拦网和售票亭,实行岸上售票,控制旅客积聚,实现人员分流。3月29日新港渡口正式实行岸上售票上船,彻底解决了万人争渡的混乱局面。二是建立以渡船专管人员为主导,现场监管人员为主体的专管、监管、看管相结合的渡船管理模式。实行盯防三级替代,开展QC课题攻关,保证了渡船监管到位,实现了安全形势基本稳定。三是针对客渡船航行中发生事故的分析,制定了渡船航行的"三不"规定。即航行过江不抢头,设备正常不失控,恶劣天气不开航,分解"三不"原则的责任主体,有效遏制了渡船航行中的违章现象。四是继续推行20米以下渡船船员和乘客强制穿救生衣的制度。把这一制度在辖区水域作业的渔船、砂石作业船舶、水工作业船舶、小快艇等五小船舶上进行推广和应用,取得较好的效果。五是开展首次"渡船安全周活动"。

九江局在新港渡口举行了安全知识咨询和"万人签名"等活动,武穴、新港和彭泽海事处举行了渡船安全知识竞赛活动,把渡船安全周活动推向了高潮,形成了大家共同关注安全,全社会都来重视安全的良好氛围。

(九江局)

【九江局全面落实安全预防预警机制】 2007年,九江局制订了《九江海事局水上交通安全预警制度实施细则》,建立了"四级预警、两级发布"的水上安全预警长效机制。"3·13"事故发生后,在马当办事处等5个重点监管水域设立船舶动态监控点,24小时对该水域内的过往船只进行不间断监控,定时向船舶播发安全预警信息。

特别是马当办事处监控点自3月份设立以来,为过往马当的9734艘船舶提供安全信息服务及安全预警信息,赢得了过往船舶的好评。过往船舶通过马当都会自觉报告船舶动态,听从指挥,被船员称为"马当交管站",为维护航道安全畅通起到了有效作用。

(九江局)

【黄石局专项活动成效明显】 2007年，黄石局认真组织开展"三打"、"两防"、"防汛"、"战枯"等专项活动。尤其是在岳阳局、武汉局"打击船舶超载、配员不足和逃避签证"联合专项行动中，黄石局通过强化源头管、落实中间查、实施全线追，共检查船舶1616艘（对其中219艘超载船舶实施了减载）、收发协查通报21份，取得较好成果。

上届枯水期，黄石局针对戴家洲圆水道出现的新情况果断采取单控措施，保证每天一艘海巡艇在现场驻守，对过往船舶实施24小时维护，历时185天，有效保障了该水域的通航安全，受到船公司的好评。

（黄石局）

【黄石局强化安全监管】 2007年，黄石局辖区共发生事故险情共计57件。其中一般及以上水上交通事故2件，直接经济损失211万元，事故5项指标数与去年同期相比一升三降一平。救助遇险人员512人次，成功救助人员507人次，人命救助成功率99%；救助遇险船舶66艘，成功救助船舶63艘，船舶救助成功率95.45%。辖区安全状况综合评估指数为$90 < P \leq 120$，安全形势评定为基本稳定。辖区港口货物吞吐量约1742万吨，旅客渡运量约200万人次，车辆渡运量约9.7万台次。办理船舶签证59351次（其中海船268次），办理船舶登记356件。实施河船安检2117艘次，同比增长52%；实施海船安检57艘次，同比增长28%。巡航30681次，完成巡航工作任务53790次。

（黄石局）

【武汉局举办辖区航运公司SMS审核后续跟踪管理培训班】 2007年11月30日，武汉局组织举办了航运公司SMS审核后续跟踪管理培训班。培训班邀请长江局、武汉局和有关航运公司的专家进行授课，培训内容包括《中华人民共和国航运公司安全与防污染管理规定（交通部令2007年第6号）》、《关于加强长江片区航运公司安全管理体系审核后续管理的若干意见（长海船舶［2006］年113号）》、《航运公司安全管理体系不符合规定情况判定指南》等。来自武汉局辖区29家航运公司、从事公司SMS运行的54名公司管理人员参加了本次培训班。

本次培训班主要针对即将生效的《航运公司安全与防污染管理规定》对海事部门和公司日常管理产生的影响，SMS审核结束后不符合规定情况的原因分析、纠正措施和实施验证，SMS审核后续跟踪管理等内容进行了培训，对于航运公司SMS日常运行管理有较强的针对性、实用性，受到了广大学员的欢迎。

（武汉局）

【武汉局预警保安全】 2007年为长江干线少见的枯水，水位大幅下降。武汉局各处在1月11日相继发布枯水四级（蓝色）预警，通报辖段浅情基本情况，提醒船舶掌握航道水浅变化情况。

1月15日晚至16日清晨，武汉地区普降暴雪，武汉局收到武汉市中心气象台发布的雪灾橙色预警信息后，迅速在辖段内全面发布和宣传水上交通气象灾害二级（橙色）安全预警。暴雪期间，辖区未发生一起船舶险情或事故。大雪过后，武汉地区持续大雾，江面能见度不足200米，武汉局根据武汉中心气象台大雾（橙色）预警信息，分别于17日和18日连续两次发布了水上交通气象灾害二级（橙色）安全预警，严格落实恶劣天气下的渡船禁航制。

（武汉局）

【武汉局"五小船舶"管理出新招】 2007年，武汉海事局为加强"五小"船舶的安全管理，提出"五个统一"管理标准，即船舶统一着色、统一船舶标志、统一制作船名标牌、作业人员统一着装和统一挂牌上岗，并在辖区中属于"小危险品船"的船舶残油污水接收船舶中首先实施。

同时，进一步总结"五小"船舶管理的规律和特点，及时编制针对"五小"船舶的安全和防污染知识读本，发放到船上工作人员，加强对"五小"船舶操作人员进行安全和防污染知识和技能的培训。

（武汉局）

【长江局开展渡船安全周活动】 2007年11月6日上午，长江局在武汉启动以"安全渡运、平安回家"为主题的长江"渡船安全周"活动。长江局辖区内共有渡口1043处，渡船1005艘，渡船船员3000人，年渡运量约1亿人次。辖区渡船类型既有钢质机动船又有木质人力船，既有客渡船舶又有汽渡船舶,船舶等级以四、五等为主,渡船的载客量从载运几百人到几人不等。渡船的经营者既有大型股份公司,也有个体经营者。由于历史、体制、经济及地理位置等多方面原因,辖区内渡船存在“船员文化素质差、船况差、效益差、整改难、管理难”的“三差两难”现象。因此,加强对渡口渡船的监管一直是长江海事局工作的重中之重。

此次活动主要做好6件事:①海事与船公司联合举行一个活动仪式,渡口渡船悬挂安全横幅和标语,营造人人关注渡运安全的活动氛围。②开展送安全到渡口、进校园活动,向旅客发送宣传资料,宣传安全知识及救生技能,为学生专门举办安全知识讲座。③组织一次渡船船员渡运安全知识竞赛,进一步增强船员的安全意识和操作技能。④组织当地的县、市政府领导、交通、安监部门及新闻媒体参加的跟船现场调研活动,海事部门主动向当地政府专题汇报渡口渡船安全管理工作状况,争取政府支持。⑤以分支局为单位,各海事处之间开展一次渡口渡船交叉专项检查,相互学习,取长补短。⑥联合地方政府评比表彰一批安全管理先进单位、先进渡船和先进船员、先进管理员。

(武汉局)

【武汉局VTS系统正式开通运行】 2007年12月1日08:00,武汉船舶交通管理系统(VTS)经长江海事局批准正式开通运行。武汉VTS系统规模为两站一中心,即二桥雷达站、大桥雷达站和武汉交管中心。系统设备由雷达子系统、VHF子系统、雷达数据处理子系统、交通显示与控制子系统、信息传输子系统、船舶数据处理子系统、记录子系统、GPS子系统、CCTV子系统和气象子系统及配套设施等组成。雷达站、GPS、CCTV、船舶动态管理系统信息通过传输,集中在武汉VTS中心进行处理、分析和评估,形成交通图像和数据。

武汉VTS中心负责整个系统的运行监控,对VTS区域内船舶实施动态监管,提供信息服务、助航服务、应急服务,组织搜寻救助,必要时进行交通组织与交通控制。武汉VTS管理服务区域(VTS水域),自长江干线武汉白沙洲大桥桥区水域上界至武汉长江二桥桥区水域下界之间的水域。管理服务对象为客(渡)船、客滚船、高速客船和旅游船,危险品运输船舶、船队,海船和外国籍船舶,400总吨和294千瓦及以上的其他船舶。

(武汉局)

【宜昌局实现三峡船闸完建期辖区安全畅通有序】 2007年4月30日,为期228天的三峡船闸完建期全面结束。

在此期间,宜昌局按照“突出3个重点监管水域(巴东港区、秭归屈原祠、宜昌港区)、4个重点监管时段(地质灾害活动时段、库区水位回落时段、中游水位落枯时段和蓄水黄金周交叉时段)、5类重点监管船舶(旅游船、客船、客渡船、危险品船和库区清漂船)、强化6种重点监管手段(车船结合巡航、船舶交通管制、一锚到位申报、船舶分段签证、过闸前安全检查和禁止渡船夜航)”的工作思路,实现了船闸完建期辖区水上交通安全、畅通、有序。

(宜昌局)

【宜昌局渡口渡船由制度管理逐步向文化管理过渡】 2007年,宜昌局辖区共有渡船101艘,渡船船员331人。为了确保渡口渡船“牛鼻子”安全,宜昌局在落实长江海事局恶劣天气禁航、盯防驻守等制度的同时,积极探索渡船安全文化管理。宜昌枝江海事处联系枝江非物质文化遗产楠管传人杨和春,通过“老杨说事”的形式现场解说乘渡安全知识,并在当地电视台播放。

通过这些措施,船主主动禁航、拒绝超载、主动避让的习惯逐步形成,海事安全扶贫、严管真帮,渡船安全脱贫的理念深入人心,渡船管理逐步由制度管理向安全文化管理过渡。

(宜昌局)

【荆州局牵牢“牛鼻子”渡口渡船零伤亡】 2007年,荆州海事局辖区有渡口41处,其中客渡口33处,汽渡口8处,分布于荆州市下属荆州区、沙市区、公安县、江陵县、石首市及监利县等6个县市区;渡船46艘,其中客渡船28艘,汽渡船9艘;渡船船员185人,其中持证船员117人。认真开展“渡船安全周”、“渡船安全警示日”、“安全文明渡口共建”、“共产党员示范渡”活动,推行渡船船员集中培训;通过渡船船员安全知识竞赛、安全文化衫等形式,丰富和拓展了海事安全文化。

全年实施渡口巡查8514次,现场驻守盯防

2381处次,走访政府和相关单位291次,纠正渡船违法行为393次。此外,编印专门培训教材免费上门培训532人次,赠送安全文化衫200件,提供GPS通讯费、首末班报告通行费补贴、免收安检复查费等共计9.8万元;针对石首三义寺汽渡存在的安全隐患开展调研并形成专题报告,引起荆州、石首两级政府的重视。全年安全渡运742万人次、90万车次。

(荆州局)

【荆州局加强“三防一禁”战枯水　确保辖区航运安全有序畅通】 2007年1月至4月,长江中游遭遇百年不遇的枯水位,沙市水位较往年同期平均低1.5米,一度降至-2.04米,逼近历史最低枯水位。随着三峡库区蓄水,辖区水位陡降,太平口水道随即开始航道疏浚施工。11月14日开始禁航施工,全年实施疏浚施工达7个月。面对严峻形势,干部职工停止休假,领导现场指挥,执法大队全员上阵。突出“宣传检查、疏导维护、应急搜救、综合整治”4个重点,建立“与政府相关部门、联合执法成员单位、兄弟局、管理相对人”4个联动机制,实施“船舶报告、分段锚泊、单向通航、点名放行、应急减载”等5项措施,重心下移、关口前移,把“海巡31508”固定到偏僻的陈家湾作为临时监控点,疏导维护24小时不间断。

全年累计投入执法人员5628人次,拦截检查船舶6384艘次,维护上下水船舶29260艘次,未发生一般及以上等级事故,未出现船舶阻航现象,事故险情较上届下降幅度32%。

(荆州局)

【荆州局实施安全预警机制 强化安全信息服务】 2007年,按《荆州海事局水上交通安全预警制度》实施细则要求,及时收集辖区水位、航道、气象等信息,充分利用宣传走访、甚高频电话、水上安全信息台、GPS安全信息服务和手机群发、内外网站等各种有效手段,开展预警、预防和预控,及时、有效发布安全预警信息,为船舶提供及时安全信息服务。

全年共实施各类安全预警24次,有效避免了各类安全风险。

(荆州局)

【荆州局两防专项活动成效显著】 2007年,荆州局认真落实交通部部长李盛霖“底数清、措施实、要求严”的指示精神,摸清辖区基本情况,找出影响辖区安全形势稳定的各类隐患并加强整改。

大桥水域的监管方面,吸取广东“6.15”九江大桥船撞桥梁事故教训,制定了详细的工作方案,先后10次走访业主单位,督促对隐患进行了整改;组织召开了大桥通航安全风险评估会议,确保了荆州长江公路大桥护墩工程及时开工建设。通过调整大桥值班室工作模式,变以往每班工作12小时为6小时,提高了对桥区水域船舶交通流的有效控制,纠正船舶走非通航桥孔的行为40起,强制违章船员学习培训75人。

(荆州局)

【荆州局加大“五小”船舶管理力度】 2007年,荆州局贯彻落实水利部、交通部、国家安全监管总局及湖北省政府办公厅相关指示精神,开展了为期一个月的长江河道采砂整治活动。

一是对砂石运输船舶的超载“顽症”进行重点整治,纠正违法船舶104艘次,对47艘船舶实施现场减载。二是承办长江海事局第四次中游片区联席会,就五小船舶管理进行了研究和探讨。三是针对辖区小型芦苇运输及蛮石运输船舶多、违章装载运输情况普遍的情况,走访芦苇管理、水工施工、运输单位和相关安全管理部门,形成了安全监管的威慑力。四是针对休渔期和大雾渡船停渡时可能出现渔船非法载客的情况,联合长航公安和当地渔政部门开展了“落实禁渔制度,防止渔船非法载运旅客”的执法行动。对可能发生渔船非法载客的渡口和水域,进行调查摸底和宣传,并公布举报电话,遏止非法载客行为。

(荆州局)

【荆州局全力以赴迎战四次洪峰】 2007年,荆州局辖区遭遇了1999年以来的最大洪水,先后有4次洪峰通过辖区水域。荆州局及时启动“六大一变”预警机制,整理典型事故案例向船舶单位通报及广泛宣传。落实值班制度,加强港区、桥区、渡运区、锚地、航道急弯、水流紊乱等通航环境复杂区域的有声巡航。

高洪水位期间,全体工作人员停止休班,局领导深入各重点水域现场办公,在一些重点水域与航段采用了24小时驻守及临时交通管制。洪峰过境期间,及时对一些重点船舶,如200总吨以下货船、小功率渡船等果断采取禁航措施,防止了事故险情的发生。

(荆州局)

【荆州局中游分道航行规则宣贯到位】 2007年,荆州局对习惯航法有较大改变的5处横驶区,派艇现场维护,纠正船舶违章。与此同时,下派工作组到石首、沙市2处指导工作。

中游分道航行规则宣贯过程中,共培训船员1017人次,发放宣传资料1828份,纠正错走航路、违反单向控制河段规定、违反停泊区规定、违反横驶区规定等中游分道航行规则的行为2933项。

(荆州局)

【荆州局加强船舶管理】 2007年,荆州局对218份船舶档案进行清理。针对部分登记船舶特别是客渡船档案相片不完善状况,对辖区内的所有渡船进行了照片的采集;对新登记的船舶采取实船核查的方式,现场查核登记船舶8次、走访船公司12次。此外,完成船舶安检845艘次,突出对船舶航行安全设备、应急计划和船员安全操作技能等进行检查。对局属4个海事处43名执法人员进行船舶持IC卡签证现场培训,船舶IC卡持卡签证率稳步提高。

(荆州局)

【荆州局联合执法成效显著】 2007年,长江荆州区段联合执法工作启动以来,海事、航道、公安、通信等4家区段成员单位,认真贯彻落实交通部《关于长航系统联合执法工作的指导意见》、长航局《长航系统联合执法实施方案》等文件精神和要求,思想统一、配合默契。

一是在基础工作方面,落实场地、制定联合办公管理制度、建立联合政务受理登记制、联系通报制等。二是编辑联合执法知识读本,组织对100名海事执法人员及航道、公安、通信部分执法人员进行联合执法业务培训。三是工作中充分发挥各单位的力量,优势互补,在"三保一创"、战枯水等活动中,针对辖区突出违法行为,多次组织开展水上专项联合执法行动,做到"坚持巡查出艇勤,处理问题反应快,协调配合力度大,严格执法效果好"。

(荆州局)

【岳阳局细化规律 突出科学监管】 2007年,岳阳局从细化监管规律入手,坚持做到有声巡航、有情巡航和有效巡航。大力推进中游分道航行规则,培训船员3073名,对辖区5个单行控制区和13个横驶区实施了驻点管理。加强荆岳长江大桥施工区管理,在重点施工期,积极组织进行了24小时不间断维护。强化辖区安全预防预警机制,完善了航行通(警)告发布,建立了安全信息短信群发平台、电视专栏滚动播发平台和内外网即时公告平台。

全年共出动海巡艇累计巡航4833艘次,检查船舶21430艘次、检查渡口7843次,油区1291次、施工区622次、锚地1695次、发现违法1175次,纠正违法1175次,查处违法行为案件129件。发布航行通(警)告4份、安全信息联播8次、手机群发信息10000余条,办理船舶进出港口签证23249艘次,办理船舶登记117艘次,发放船舶IC卡23张,完成内河船舶安全检查866艘次,培训、考试船员146人、换发船员证书489本(份)、长江中游分道航法培训合格证3073张,实施船员违法记分128件、记分191分。辖区安全状况综合评估指数59,安全状况明显好转,未发生一次死亡10人及以上和重大船舶污染事故。

(岳阳局)

【岳阳局深化"116"机制 探索客渡船科学化管理】

2007年,岳阳局根据辖区渡船管理实际,制定了《岳阳海事局恶劣天气渡船管理应急预案》、《岳阳海事局防止汽渡船搁浅措施》等5项规定,并组织了落实。一是坚持落实渡船首班开航报告、末班收渡报备制度和积极推进20米以下渡船强制穿救生衣制度,开展了渡船安全周活动,对长江干线155名渡船船员进行培训质量评估。二是坚持常规巡查与定期巡查相结合、GPS监控与航前航后报备相结合、日常宣教与现场盯防相结合、临时通报与定期联系走访相结合、隐患整改与典型表彰相结合、规范管理与"三免一送"相结合,将"116"机制落到了实处。三是有效实施客渡船科学监管,辖区海事处各出新招。洪湖海事处积极实施内外部有效联动,积极探索科学管理模式,编写了

《渡船管理科学化体系手册》,辖段12条客渡船安全渡运行为得到进一步规范;临湘海事处继续坚持与临湘交通局、忠防镇政府、教育联组和学校在节日、假日对“学生渡”的专船维护,继续开展安全知识进校园活动;城陵矶海事处引导客渡船实行“联合体”管理,渡船由“联合体”统一调度,营运收入由“联合体”统一分配,违章处罚由当事船舶承担,使得超载、冒雾航行等违法行为得到有效的遏制,客渡船公司化管理初见成效。

全年共免费赠送救生衣306件、组织渡船船员培训93期、培训1078人次,进行渡口渡船专项巡查435次、巡查渡口7575处次、检查客渡船9426艘次、下发整改通知书149份;现场驻守1427次、实施封渡18次、禁航190艘次、规范渡船航路2次,专项维护学生过渡260艘次、护送学生4250人次。

(岳阳局)

【重庆局安全监管取得新成绩】 2007年,重庆局辖区客运量2161万人次、货物量9231万吨、集装箱量36.1万TEU、车辆量61.1万台次,同比分别增长了16.6%、75.6%、16.8%、47.6%。辖区事故件数和死亡人数创历史最低,发生等级以上水上交通事故18件,其中碰撞事故4件,死亡11人,沉船8艘,经济损失371.5万元。与去年同期相比,事故五项指标“三降一平一升”:分别下降了14.2%、20%、15.3%、持平和上升12.2%。死亡人数仅占长江海事局辖区(重庆至安徽)总数的17.7%;辖区安全综合指数66.8,安全状况明显改善。三峡库区水域安全状况明显改善,忠县至奉节航段实现零事故零死亡目标,全年库区水域仅发生等级事故2件,死亡2人。

共接到各类水上险情信息63件,采取搜救行动63次,出动海巡艇840艘次,人员4620人次,搜救时间3780小时,救助人员2517人,救助有效率99.56%,获救船舶69艘,救助有效率86.3%,社会救助力量参与236艘次。

(重庆局)

【“银鲨号”短途客船郭家沱搁浅 全船153人迅速安全转移】 2007年1月18日04:10,重庆丰都银鲨船务有限公司所属船舶“银鲨号”短途客船,自丰都高镇上水航行至郭家沱大背角水域发生搁浅。

重庆局在接警后2小时内,安全转移船上128名乘客及25名工作人员。

(重庆局)

【长江重庆段水位下降到100多年最低值,猪儿碛水域实施交通管制保畅通】 2007年,长江上游重庆水位自2月20日跌破航行基准面零点后,继续大幅下降;到2月27日,已降至-0.74米。这是重庆河段自1892年有水位记录以来的历史最低值,特枯水位对船舶安全航行构成极大的威胁。

2月16日开始,重庆局连续50天对重庆港猪儿碛水域实施交通管制,并成立交通管制工作专班。对重庆港猪儿碛浅区实施24小时昼夜交通管制和每天2小时的禁航施工维护,有力保证了该水域的通航畅通。交通管制期间,共计维护船舶2590艘次,船舶减载128艘次、货物55920吨,指挥船舶助拖236艘次。

(重庆局)

【重庆局成功应对30年最大洪峰过境】 2007年7月4日,嘉陵江北碚水位开始陡涨。5日中午出现洪峰,水位涨幅近9米,嘉陵江、长江两江交汇处水位落差达到了7米。嘉陵江北碚站8日零时出现195.72米的洪峰水位,长江寸滩站8日8时出现176.89米的洪峰水位,嘉陵江、长江出现这一年入汛以来最大洪峰。

重庆局在严峻的考验面前,凭借日常的严格监管以及应对突发事件的强大执行力,对重庆港水域果断实施交通管制,确保了特大洪峰顺利过境,取得了无险情、无事故、无人员伤亡的骄人战绩。在此次抗洪工作中,重庆局的突出表现得到了重庆市政府、长江海事局的通报表扬。

(重庆局)

【长江局培训中心不断扩大影响力】 2007年,长江局培训中心坚持科学发展观,围绕建设全国一流海事培训中心的发展目标,为长江海事和交通行业的发展发挥积极作用。

长江局培训中心完成交通部海事局安排的3期培训班和长江局安排的10期培训班,培训学员797人次,成功开办了交通部党校武汉分校春季和秋季干部理论进修班。从专业培训拓展到综合培训,提高了培训层次。交通部党校领导和学员以“不可思议的速度和质量”来评价培训中心优质的培训服务工作和后勤保障能力,扩大了培训中心在全国海事系统的影响力。

(长江局培训中心)

【上海市局开展“平安航区”建设主题活动】 2007年,上海市局制定开展“平安航区”建设主题活动实施方案,突出海事安全监管中8个主要方面进行专项整治。在防船舶碰撞和防泄漏专项整治中,排摸安全隐患,消除安全监管盲区,落实安全隐患的整改措施。督查“四客一危”船舶161艘,船员886人次,提高了船员的安全意识。根据往年防抗台汛工作的经验和教训,上海市局先期发布了内河辖区防台汛工作通知;针对这一年台汛特点,重新修订了《内河辖区防抗台汛应急预案》。13号台风、16号台风影响上海之际,内河辖区的防范工作有条不紊、信息畅通,各级防台工作指挥有力,确保了辖区水上交通的安全。节假日(黄金周)的水上交通安全监管工作,是海事管理工作的重点。上海市局会同相关监管部门,制定节假日安全监管方案,落实重点区域、重点船舶、重点部位的安全检查和突击抽查,保障了节日期间的水上交通安全。

为保障上海市内河危险品运输安全、平稳、有序进行,上海市局制订了《船舶载运危险货物申报管理工作程序(试行)》,并要求各区县地方海事处、直属海事处根据各自辖区特点,制订应急预案,加大快速反应能力和处置能力。针对水上危险品运输较为繁重的区域,上海市局进行现场指导,布设临时停泊区,落实报港制度,规范申报制度,杜绝危品船带“病”航行;控制危品船集中通行的现象,防止危品船事故发生。全年共办理危险品船舶进出港申报11125艘次,船舶载运危险货物进出港申报2719545吨。

(上海市局 王 涛 龚申庆)

【上海市局实施经营性挂桨机船全面禁航】 2007年1月1日,上海市内河实施经营性挂桨机船全面禁航。与此同时,上海市局着手研究对公益性和部分非经营性挂桨机船进行改造和淘汰。

(上海市局 王 涛 龚申庆)

【交通部督察组对浙江省“两防”工作给予充分肯定】 2007年9月11日至14日,交通部防船舶碰撞、防泄漏(简称“两防”)专项整治工作督查组由交通部海事局常务副局长刘功臣率领,对浙江省“两防”工作情况进行督查。

督查组先后督查了温州、台州、宁波、杭州4地区“两防”专项整治工作开展情况,听取了省交通厅、浙江海事局及4地区交通海事部门工作汇报,现场察看了温州大桥、台州椒江大桥、宁波北仑港、杭州钱江一桥三桥四桥及京杭运河,查阅相关单位工作台账,对浙江省开展两防第一阶段及下阶段工作部署给予充分肯定:一是领导重视,行动迅速,“两防”工作有序开展;二是发动广泛,宣贯及时,“两防”工作氛围良好;三是认真排查,措施具体,“安全”底数基本摸清。部督查组同时要求浙江省个别地区要防止“上游热、下游冷,主管部门积极组织,相关企业消极应对”现象的发生;对发现的安全隐患要进一步落实整改,对河道采砂管理问题、危险品申报、船公司有效监管、危桥改造等工作要深入抓下去,确保“两防”专项整治工作一抓到底。

(浙江省局 陈建光)

【浙江省局500总吨以上货船均安装AIS】 2007年5月,交通部海事局发出通知,所有海上航行客船和500总吨及以上货船,均应按照《船舶与海上设施法定检验规则》的规定,在2008年7月1日之前安装船载自动识别系统(AIS)。4月底前,浙江省沿海航行客船、500总吨及以上油船、危险化学品船和集装箱船,已经按交通部海事局的要求,提前安装了AIS。

浙江省船舶检验系统将结合船舶营运检验,重点落实沿海散货船、干杂货船安装AIS的任务,力争在2008年7月1日之前圆满完成任务。

(浙江省局 陈建光)

【长江中游元月1日起实行分航道航行规则】

2006年3月,长江局为确保长江中游船舶航行的安全,开展了长江中游分航道航行研究,形成《长江中游分航道航行规则(试行)》,并于2007年元月1日起试行。

《规则》采用船舶定线制的基本理念,充分考虑长江中游通航条件和船舶航行习惯,按照“立足现状,兼顾各方,优化航路,规范避让”的原则规划航路,以大多数船舶习惯航路为基础。综合水流、航标配备、船舶性能等因素,对习惯航路予以优化,尽可能减少航路交叉。航路设置以双向通航为主,双向通航段约584.5公里,占总里程的92.8%,在弯、窄航段分水位、分船型设置单向通航航段18处,单向通航航段控制范围约45.5公里。

(江西省局　张　翔)

【九江市局为万吨海轮精心护航】　2007年9月29日,由九江银星造船有限公司建造的“天秤特丽莎”号万吨级海轮在湖北武穴港下水,准备驶往浙江舟山港。

该轮满载吃水最大高度达32.65米(接近九江长江大桥的净空高度),系九江长江大桥建成14年以来首次通过最大吨位级海轮。为防止海轮与大桥发生碰撞事故,九江市地方海事局采取了压载措施,尽量降低船舶水面以上高度,使两者之间留有足够的空间。准备工作就绪后,随即派出海事巡艇和行政执法人员予以全程护航。15时40分,这艘海轮终于安全通过九江长江大桥。

(江西省局　张兆平)

【湖北省海事监管行之有效】　2007年,湖北省水上交通安全生产形势持续稳定。全省辖区共发生水上交通事故2起、死亡1人,直接经济损失437.8万元,同比事故件数下降20%,死亡人数持平,但经济损失有较大幅度上升。

·克难攻坚,圆满完成1000处渡口改造　2007年,是湖北省渡口改造有史以来投资规模最大、建设任务最重、克服困难最多、社会效益最明显的一年。全年投入“以奖代补”资金5000万元,认真落实渡口达标“定改造项目、定建设规模、定质量标准、定工作流程”的要求。各地在1000处渡口改造达标中做了大量细致、艰苦的工作,基本实现了“改造保障强劲有力、改造工作进展顺利、改造效果耳目一新”。与此同时,近60%的县市政府将渡口改造纳入了与乡镇政府目标考核内容。截至年底,近60%(53个)的县市辖区现有渡口全部改造完毕,全省渡口达标率达到66%。

·上下联动,3个专项整治成效明显　2007年,是湖北省水上安全各类专项整治活动最多的一年,在行业内连续开展了“渡口渡船安全管理”、“防船舶碰撞防泄漏”、“水上交通安全隐患排查”等一系列专项整治活动。全年全省累计排查了973家港口企业、375家航运企业、2143处渡口、226座通航桥梁,共排查隐患1579处,整改1455处,整改率达到92%。组织船员、从业人员进行知识更新、安全教育培训3450多人次,在排查中消除了大量事故隐患。省局结合重点时段安全检查和督察发现的情况,向沙洋、广水等12个县市人民政府通报了相应隐患,提出了相关工作建议。

·主动作为,应急处置能力稳定提升　2007年,湖北省局在丹江口水库、隔河岩水库、漳河水库、南河水库、香溪河等旅客密集水域,适时开展了水上消防人命救助应急演习,检验了水上救护能力,积累了搜救工作经验。梁子湖水域作为全省第一个试点,建立起船舶油污水和生活垃圾“零排放”机制,有效推进了节能减排工作的开展。与此同时,在汉江、清江、巴河等运输船舶密集水域,加大了海事巡航和安全检查力度。鄂州梁子湖、荆州危水水库、随州徐家河水库水上搜救分中心一期工程建设陆续启动,王英水库、水布垭水库、汉江部分重点航段等水域增配了一批海巡艇、海事执法专用车,基层海事执法监督力量进一步加强,“一江十六湖”重点水域监管手段进一步提升。特别是水路春运经受住了50年未遇的暴雪考验。汉江、清江等干线航道通航秩序良好,一批批重点物资安全迅速地通过船闸,未发生一起航道堵塞、船舶碰撞、人员伤亡事故。湖北省局恩施“鄂海巡0602”、荆州“鄂海巡0259”,宜昌程家振、荆州骆春征分别荣获国家海上搜救中心授予的全国海上搜救工作先进单位、先进集体和先进个人荣誉称号,为湖北省地方海事争得了荣誉。

·抓好源头,海事规范管理明显加强　2007年,湖北省局以开展海事系统规范管理年活动为载体,切实把好船公司、船舶、船员三道关。对全省辖区建立并保持安全管理体系的3家航运公司、67艘船舶加大了审核力度,累计选派审核组21个,调派审核员68人次、实习审核员11人次,完成船舶审核37艘次、公司审核4次、跟踪审核1次。在16个市州局船舶登记机关启动了为期半年的船舶登记工作检查,开展了3期航行长江干线船员的适任培训考试。此外,组织了近4000名等级船员进行理论统考和实际操作考试,在荆州、潜江、武汉等地举办了数期内河散化船、油船船员特殊培训。到年底,湖北省水路交通四级网络专线建设基本完成,为“船舶一卡通”系统的应用创造了条件。湖北省局设立行政服务大厅,带头推行“一站式服务”和“一站式办公”,开展了船员适任证书许可网上受理和网上审批等监管业务,推行“限时办结制”,船员考试成绩可在网上直接查询,为船民提供高效、便捷服务。

·营造氛围,安全宣传教育形式多样 2007年,湖北省各级海事部门定期或不定期编发“两防”专项整治、渡口渡船安全管理专项整治和水上搜救等相关专题简报,及时反映工作动态。湖北省局充分利用改版后的湖北港航海事网站这一平台,在网上开辟水上交通安全专栏。各类简报所报道的范围、发行数量均为历年之最。

(湖北省局 罗友稼)

【云南省局强化安全管理 确保水上安全稳定】 2007年,云南省局强化安全管理,确保水上安全稳定。一是进一步落实安全管理责任制,继续与航运企业签订安全生产责任状。二是认真部署,强化现场监管,杜绝重特大事故发生。全省未发生水上交通重特大事故,水上交通安全形势继续保持平稳,局机关及直属海事局也逐项落实了内部安全管理责任,较好地完成了与厅签定的《安全生产责任目标》。全年共发生水上安全事故5起,与去年同期相比上升25%;死亡失踪8人,与去年同期相比下降38.5%;沉船5艘,与去年同期相比上升25%。其中运输船2起,非运输船3起。三是认真组织开展安全生产隐患排查治理和防船舶碰撞防泄漏专项整治工作。四是加强全省船员管理,船员考培工作取得成效。五是严把船检关,船检质量稳步提高。

(云南省局 马翠德)

【四川省局开展码头视频监控系统建设】 2007年,四川省局为有效降低海事执法成本,切实改善渡口码头现场监控手段,提高了海事监管效率。

为此,在全省大力推广码头视频监控工作,全省18个市州完成安装码头视频监控点423个。

(四川省局 胡高利)

【甘肃省深入开展水上专项整治活动】 2007年,甘肃省局深入开展水路交通行业安全生产隐患和水上交通基础设施安全隐患排查治理专项行动。查找隐患26条,整改20条,整改率为76.92%。开展为期2个月的河道采砂专项整治行动,共检查采砂船25条,查出安全隐患共9条,已整改7条。

继续开展渡口渡船专项整治活动,制定了《甘肃省渡口渡船标准化工作指导意见》,统一规范了“渡口告示牌”,推荐了7种适合全省渡口实际的渡船标准船型。实施水上“安保工程”,共购置救生衣1000件和救生圈300个,配置到各个渡口和重点航线的船舶上。深入开展全省低质量船舶专项治理活动,接受了国家四部(局、办)验收组的检查验收,但全省现有65艘低标准渡船亟待更新。认真开展了“两防”专项整治工作。加强对从业人员“两防”教育,确定了“两防”工作整治重点。此外,在兰州市区内的7座黄河大桥上设置了信号灯和航行标志,有效提高了船舶通过桥梁的安全系数。

(甘肃省局 陈长春)

【嘉陵江草街明渠水域通航秩序现场工作会召开】 2007年10月23日,重庆市局为加强嘉陵江草街明渠通航安全管理,在草街组织召开了明渠通航秩序现场工作会。

会上,重庆市局通报了近期明渠水域发生的船舶险情事故,并对下一步防雾战枯工作进行了具体部署:决定成立以合川、北碚地方海事处和航运发展有限公司为成员单位的草街工作组,合川人头石监督站和北碚月亮坝监督站负责明渠水域日常安全管理,助拖船“乌江502”的船长蒋禄云为现场技术指导;进一步巩固嘉陵江航行秩序整顿成果,加大砂石船舶超载治理工作和过往船舶安全检查力度,对严重超载、设施设备不全、配员不齐或超员等违法、违章的船舶一律不准通过明渠水域;加强“黑名单”船舶跟踪制度,凡进入“黑名单”的船舶不论上、下水都必须掉头接受检查;各单位协调配合,齐抓共管,加强信息互通,确保了草街明渠水域安全畅通。

(重庆市局 杨 明)

·船员管理·

【长江局强化船员专业特殊培训、考试和发证】

2007年,长江局共举办海船船员专业、特殊培训考试542期。

参加考试人数25741人,签发海船船员专业、特殊培训合格证25159本(份),与2006年同期相比,考试人数上升6.36%,发证量下降10.42%。内河船员特殊培训、考试和发证人数11583人次,与去年同期相比上升165.54%。

(长江局)

【长江局加强内河船舶船员适任培训、考试和发证】 2007年,长江局共举办一至三等内河船舶船员适任证书理论统考3期,参加考试人数为8033人(不含四、五等)。签发内河船员适任证书14200本,与去年同期相比,适任证书考试人数下降13.69%,适任证书签发量下降8.04%。

(长江局)

【长江局强化海员证件管理】 2007年,长江局共签发海员证4303本,办理海员出境证明2666份,出境人数为3406人。与去年同期相比,海员证签发量上升2%,海员出境证明签发量上升54.6%,出境人数上升47.4%。中西部海员发展得到加强,外派规模逐年扩大。

(长江局)

【长江局强化船员注册管理】 2007年,长江局共签发船员服务簿10957本。其中,海船船员3545本,内河船员7412本。与去年同期相比,海船船员发证量上升27.43%,内河船员发证量下降23.06%。

(长江局)

【长江局积极宣贯船员条例】 2007年9月1日起,《中华人民共和国船员条例》正式实行。长江局及时组织船员条例宣贯会和培训班,并通过走访船舶单位和现场讲解等多种形式,向船公司和船员宣传条例有关精神,保证条例得到贯彻实施。

(长江局)

【长江局强化船员现场监督管理】 2007年,长江局实施船员违法记分件数为9865件,记分分值12395分,违法记分满15分的船员共21人。与去年同期相比,违法记分件数和记分分值分别下降8.94%和3.7%。

9月,长江局在全线开展内河船舶船员亲属随船情况的调查工作。共调查船舶766艘,发现有亲属随船的船舶为310艘,占总数的40.5%,随船亲属370人。通过专题统计分析,为制定相应的管理办法提供了第一手资料。

(长江局)

【长江局组织开展"两防"专项活动】 2007年,长江局积极组织开展防船舶碰撞防泄漏专项整治船员安全知识和技能培训活动。及时制定下发了关于做好船员安全知识和技能培训工作的通知,并督促和指导辖区船公司制定了相应的培训计划,组织开展对培训情况的检查和评估以及现场实操测试工作。

活动期间,共培训船员25723人,培训学时计26881小时,现场考核和评估船员13719人次。

(长江局)

【长江局加强船员管理信息化建设】 2007年,长江局加强船员管理信息化建设。

一是长江船员考试中心大楼建成投入使用,海船船员无纸化考试试点工作稳步推进;二是建立了船员管理管理信息查询系统,船员可在网上直接查询考试成绩和船员管理相关信息;三是船员实际操作考试手段不断提高,船员实操模拟器考试试点工作在芜湖局达到预期效果。

(长江局)

【长江局加强船员考试、评估和发证质量体系管理】 2007年,长江局按质量体系管理要求,组织人员对船员考试、评估和发证质量体系进行了内部审核,并对检查中发现的一般不合格项进行整改和验证,对体系文件进行修改和完善。船员考试、评估和发证质量体系,得到持续改进和有效运行。

(长江局)

【芜湖局创新船员管理模式】 2007年,芜湖局积极宣贯《船员条例》。编写船员考试试题、法规选编、实操评估为内容的学习资料,组织船员考试2916人。其中适任理论统考1371人,实操考试953人,海船船员行驶内河航线资格证明考试459

人,特殊培训考试133人。

与此同时,启用内河船舶驾驶模拟系统。301名船员、引航员实行模拟器实操考试和雷达培训,组织1525名持证船员和277名客渡船船员参加"两防"专项培训考核。核发船员职务适任证书1849本,船员服务簿1374本;实施行政处罚1380件,船员违法记分1660件,计1744分。

(芜湖局)

【九江局加大船员管理力度】 2007年是船员新版证书大换证年,九江局全面开展换发新版证书工作。使用了新的船员管理系统办理船员适任证书、服务簿和特殊培训证书,办理新版适任证书526本,船员服务簿76本,特殊培训证书163本,船员技术职称证书16本。

与此同时,强化船员培训,提高船员适任程度。开展客船船员培训班3期,参加学习的船员94名。举办一期油船特培班28人,4月、11月举办了2期长江干线船员统考,共152名船员参加。此外,举办船员适任证书再有效培训班8期,共培训船员365人。此外,加强了船员档案管理,接收由原地方海事第二次的划转船员技术档案528份;开展船员适任证书检(协)查专项活动,累计检查船员证书92871本。

(九江局)

【武汉局认真做好船员延伸航线培训考试工作】 2007年第1期长江干线船员延伸航线考试,武汉局辖区有62名考生报名参加。延伸航段有:重庆至泸州、宜昌至重庆、武汉到宜昌、武汉到上海、南京到上海、江阴到上海等航线。

武汉局地处长江中游,辖区船员航线较复杂,加上南京长江油运武汉公司船员调配人数较多,有近40余名船员需要延伸宜昌到泸州或上海到南京等航线。为了保证企业生产用人需要,做好为企业服务,坚持"三个服务"的海事管理精神,武汉局政务科从多方面筹集力量,多次到武汉船员培训中心和南京长江油运武汉公司进行调研,统一组织协调好培训老师、培训时间和培训设施、场地,认真审核培训老师授课教案,把好船员培训质量关,保证了延伸航线培训质量,得到了船公司和船员的赞扬,协助解决了企业生产的用人需求。

(武汉局)

【武汉局开展船舶配员和船舶签证专项检查】 2007年4月10日至4月20日,武汉局针对在现场检查中发现部分船舶未按照规定办理船舶签证和船舶配员与其《船舶最低安全配员证书》要求不符的情况,开展了船舶配员和船舶签证专项检查活动。共检查了763艘次,发现船舶配员存在问题109艘次、船舶签证存在问题57艘次。

通过专项活动发现,辖区航行作业的部分船舶、船员、船公司,对有关法律、法规的执行仍存在侥幸心理,不按规定办理签证手续和不执行船舶最低安全配员规定的现象仍然存在。

(武汉局)

【武汉局组织宣贯船员条例】 2007年8月24日至25日,武汉局在阳逻山庄组织召开辖区宣贯培训班,主要对《条例》产生的历史背景和重要性,以及《条例》条文作了较深刻的诠释。

武汉局辖区约100家船员服务机构、船公司代表130名学员到会参加了宣贯培训班。培训结束后又到辖区船舶对船员进行宣传,介绍《条例》对船员的职责、权利义务、劳动安全保障所作出的明确规定,维护船员的各项权益。

(武汉局)

【武汉局组织开展长江中游定线制培训】 2007年1月1日,长江中游定线制施行。武汉局为保证辖区通航安全,尽快让船员、海事人员熟悉中游定线制,对局执法人员和辖区3000余名船员进行中游定线制培训,以确保中游定线制的顺利实施。

(武汉局)

【荆州局加强船员管理】 2007年,荆州局共举办各类船员培训22期,参加培训人数计1147人次,发放各类证件850本。

全年共签发船员职务适任证书350本,签发船员服务簿403本,签发船员特殊培训合格证168本。实施船员违法记分件数为724件,记分812分。

(荆州局)

【重庆局对航运公司实施安全诚信差异化管理】 2007年12月12日,重庆局推行航运公司诚信差异化管理。对持有《符合证明》的航运公司安全管理状况进行综合评定,并对安全诚信公司和重点跟踪公司采取不同的管理措施。

(重庆局)

【贵州籍1~2等航行长江干线船员档案移交重庆局】 2007年,按上级要求,贵州省局管辖贵州籍1~2等航行长江干线船员转重庆局管理。2月,重庆局与贵州省局完成交接工作,接收档案373份。

(重庆局)

【长江局培训中心船员教育和培训质量体系通过交通部海事局审核】 为确保质量体系具有持续的有效性、适合性和符合性,长江局培训中心根据教育和培训工作需求,对质量体系进行了修改,建立并运行了3.0新版本体系。该体系于2007年顺利通过了交通部海事局外审。新版体系的运行,大力推动了各项工作的高效运转。

(长江局培训中心)

【上海市局推进船员管理质量体系实施】 2007年,上海市局推进船员管理质量体系的实施。严把考试发证关,加强了船员培训的监督管理,开展内河船舶船员知识更新培训考试,推行内河船舶船员适任证书到期告知便民措施。此外,组织人员编写《内河非自航工程船工程动力装置讲义》、《危包装船船员知识更新培训教材》、《上海港内河船员培训补充教材》,制定危包装船船员特殊培训合格证的知识更新大纲等。

全年审查、核发并制作各类船员证件6737本,为船舶单位组织安排船员适任证书实际操作考试94次、278人,组织安排船员特殊培训合格证实际操作考试18期、907人,安排船员专业培训特殊培训及知识更新培训共79期、3166人,举行船员理论考试82场次,命题、组卷共98份,参加理论考试人数3227名。

(上海市局 王 涛 龚申庆)

【云南省局船员考培工作取得成效】 2007年,云南省局加强了船员管理。一是根据《中华人民共和国内河船舶船员适任考试发证规则》实施办法的规定和《云南省地方海事局关于启用新版船员适任证书的通知》要求,积极开展全省高等级船员新版船员适任证书的换发工作,共换发新版船员适任证书662本。二是开展大理州地方海事局辖区省管船员的升等、升职考试及补考工作。三是开展高速船船员特殊培训考试和发证工作。四是首次开展澜沧江高等级船员统一考试工作。五是认真开展省管船员年度安全学习工作。六是组织船员参加年度第2期航行长江干线内河船员适任证书理论统考。七是指导各州市地方海事局开展船员培训考试工作。八是督促和指导各州市海事局开展新版船员证书换发工作。九是派出骨干人员参加交通部海事局组织的事故调处、安全搜救、防止水体污染、船舶碰撞,水下施工安全管理,港口生产安全等专业培训,促进了海事队伍管理素质的提高,船员规范化管理工作取得积极进展。

(云南省局 马翠德)

【陕西省局加强船员管理】 2007年,陕西省地方海事局一是抓船员管理,严把船员发证关。进一步落实《陕西省船员考试管理办法》和《陕西省船员年审管理办法》,督促各市集中换发新版船员证1048本。同时开展特殊船员培训,重新编写船员考试题,充实完善船员考试题库。二是抓船舶管理,严把船检发证关。开展船检管理专项整治活动,积极推广交通部海事局制定的船检计算机发证系统。三是举办船检人员业务培训班,加强渡船改造管理。全年计划改造的30艘木质渡船全部完工并交付使用。此外,获得交通部海事局颁发的《中华人民共和国船舶检验机构资质认可证书》,全省船检工作进入合法化、规范化轨道。

(陕西省局 余红梅)

·抢险搜救·

【长江局圆满完成长江三峡库区水上联合搜救演习任务】 2007年9月22日,交通部与重庆市人民政府联合举办的“2007年长江三峡库区水上联合搜救演习”在重庆市万州港区举行,演习总指挥由交通部部长李盛霖与重庆市委书记汪洋共同担任。演习的主题是“关爱生命,珍爱长江,共建平安黄金水道”,科目分为人命救助、船舶消防、溢油应急、船舶安保、山体滑坡处置五个。

演习由长航局与重庆市万州区人民政府联合

承办,长江海事局负责演习现场指挥。历时近100天的准备工作中,长江局按照中国海上搜救中心的统一部署和部海事局、长航局的总体要求,集中全局骨干,统筹部署安排,从编制方案、培训预演、后勤保障入手,全力做好演习现场指挥各项筹备工作。出色完成了演习总体方案和38个行动脚本的编制,以及5次综合桌面推演、3次综合预演等演习训练任务。与公安、航道、通信、武警部队等部门,以及各港航企业、社会力量互相协作,密切配合,为演习的成功发挥了关键作用。

(长江局)

【长江局不断完善应急反应机制】 2007年,长江局不断完善应急反应机制。一是不断完善水上险情报警和应急决策机制。建立以"12395"水上专用报警电话为主、船载VHF电话以及移动通讯为辅的报警信息网,以"管理信息化"和"监管现代化"建设为依托,初步形成了以"重点船舶GPS系统、重点港口VTS系统、重点水域CCTV系统,以及长江海事信息网络"组成的长江水上搜救决策指挥系统,为应急搜救远程指挥和科学决策提供平台。二是实施了水上应急搜救奖励制度。对水上救助行动中表现突出的单位、船舶和个人予以奖励,包括作出突出贡献的社会船舶和单位给予适当经济补偿,激励了长江水上人命救助行为,促进了长江水上人命救助水平的提高。对15起成功救助行为进行了通报表彰、对25起有效人命救助行为进行了物质奖励,评选表彰了2006年度十大搜救案例。三是不断完善巡航救助执法大队管理。通过安全巡查和节日期间明查暗访,对全线巡航救助执法大队的运行情况进行了检查、评估,并进一步优化配置,目前有效运转118个。

全年全线共组织救助行动441起,救助遇险人员7764人(平均每天救21人),人命救助成功率99.14%。

(长江局)

【芜湖局巡航救助再创佳绩】 2007年,芜湖局巡救一体化不断完善。建立安全预防预警机制,发布安全预警29次,安全信息联播15期,航行通告11期;实施有效巡航7262航次,开展打击江砂偷采、整治淌航(关闭机器、顺水而淌)联合行动135次,纠正违章1524次,以"晨光昏影时刻表"加强昼夜交替期现场巡航;台风"韦帕"及"罗莎"登陆成功实施禁航达50小时,未发生一起险情;开展防碰撞、防泄漏专项整治活动,排查重大安全及突发事件风险隐患,率先完成大桥通航安全风险评估报告及水上搜救风险隐患分布图;遇险514人,获救506人,人员救助成功率98.4%。

(芜湖局)

【九江局不断提高应急救助能力】 2007年,九江局健全了搜救应急体系。提高快速反应能力,制定了险情信息报告首问负责制,编制了《九江海事局恶劣天气下事故应急预案》,切实加强了大雾、大风等恶劣天气的事故应急救助能力。此外,积极开展"1540"快速反应演练。通过开展不定期的快速反应演练,提高了各救助站点的反应速度。

通过经常性地开展雾航等能见度不良状态下和大风大浪恶劣天气的航行训练,明显加强了海巡艇全天候巡航搜救能力。全年成功救助船舶50艘,救助人员226人,人命救助成功率96%。

(九江局)

【武汉局成功救助"4·2"遇险人员】 2007年3月27日,"湘岳阳机0035"轮在南京肉联厂码头装废纸120吨,由南京开往湖南岳阳。4月2日16:30到达陆溪口水道,选择封闭的陆溪口直港上行至军民界,未在军民界横驶区横驶至左岸,而是继续贪旺沿右岸选择回流上行。当航行至赤壁山矶头水域下游200米(长江中游里程161公里处)时,在江面西北风4~5级、阵风5~6级的情况下,遇紊乱水流造成船舶翻沉,3名船员落水。现场附近巡航的武汉局咸宁处赤壁执法大队发现"湘岳阳机0035"轮遇险后,快速出警,在8分钟内赶到事故现场,并通知过往船舶注意绕开事故船舶安全行驶,在大风大浪中多次靠泊事故船舶未能成功的情况下,采取顶头触靠的方式,将爬至翻覆船舶底板上的3名落水船员救起。4月5日,沉船被成功打捞出水。

(武汉局)

【武汉局成功救助"7·25"遇险人员】 2007年7月25日06:00,"皖宣城货5187"轮装载碳酸钙浆料由安徽南陵开往湖南城陵矶。上行至陆溪口水道赤壁山矶头下200米处时,遇紊乱水流翻沉,船上2名船员落水。06:03,武汉局咸宁处赤壁执法大队接到尾随“皖宣城货5187”轮航行的同行船舶报警后,“海巡31403”艇快速出航,在10分钟内赶到事故现场后,与尾随“皖宣城货5187”轮一同上驶的船舶一起成功将2名落水船员救起。

针对现场情况,通知过往船舶注意避开事故水域,注意落江处于半浮状态罐体对航行船舶的影响,谨慎驾驶,安全航行。当日17:00,经组织施工船将翻沉的皖“宣城货5187”轮及时打捞出水,减少了事故损失。

(武汉局)

【宜昌局搜救成功率达99.8%】 2007年,宜昌局认真落实长江水上搜救应急待命制度,完善辖区5个海事处、11个执法大队、3个办事处的水上搜救应急待命站点布局。

港区海事处成功施救桥区舵机失灵的“扬江666”轮,宜都海事处成功施救港区主机失灵的“鄂枝江货0075”轮,归州海事处成功救起偷划龙舟落水的22人,巴东、枝江海事处派艇接送重病乘客(村民)就医等。全年辖区遇险457人,获救456人,人命救助成功率达99.8%。

(宜昌局)

【荆州局加强反应快速化建设】 2007年,荆州局组织各类应急演练96次,跨区综合演练3次,与岳阳局举办联合演练1次,与管理相对人及相关政府职能部门举办联合演习5次。此外,改革巡航方式。探讨了有声巡航、有效巡航、高峰巡航,海巡艇累计巡航4332次、14395小时、107245公里,检查船舶38168艘次,发现违章并纠正违章2594次。落实社会救助力量并保证24小时有效联系,实施搜救56起,救助遇险船舶79艘次,成功率100%;救助人员640人,成功率达到100%。

(荆州局)

【重庆局救助“鸿发3号”、“乔泰10号”滚装船脱险】 2007年5月1日04:20,重庆市万州区鸿发船务有限公司所属“鸿发3号”轮载车55辆,司乘人员148人,下水航行至鸭子石水域突遇浓雾触礁,造成船体左舷机舱前部防碰压载舱破损进水,经海事部门全力施救得以脱险。

5月13日14:40,重庆乔泰船务公司所属滚装船“乔泰10号”载车40台(船员14人,司乘人员94人),上行至长寿两蟾堆水域触礁,船舶右舷中前部2号、3号舱划破进水。重庆局局长陈勇现场指挥施救,事故船舶得以成功脱险,无人员伤亡,无污染情况发生。

(重庆局)

【重庆局涪陵水上搜救应急演习取得成功】 2007年5月25日,重庆局、重庆市涪陵区政府在涪陵港联合举办以“建设航运中心,打造平安涪陵”为主题的水上搜救暨船舶溢油应急演习。演习规模宏大,海事、港航、消防、渔政、公安、武警、卫生、交通、安监、环保、航道、社会企业等20多个单位、20多艘船艇约400多人参加,演习时间持续1个半小时,救生、消防、溢油清污、列队检阅等4个演习科目圆满完成。

(重庆局)

【宁波市港航局加大执法力度】 2007年5月,浙江省宁波市港航局成立了镇海港航管理所。从而使三大核心港区(宁波市区、北仑、镇海)都有了专职执法机构,港航监管和服务工作得到进一步加强。全年执法人员出航检查7560人次,查处各类违章船舶128艘次;交验进出港船舶单证5050艘次,处理各类行政案件98起;受理危险货物船舶申报8371艘次计6200万吨。为依法行政,制定了《宁波市港航管理局重大行政处罚案件集体讨论制度》,保障各项执法活动在法定框架内展开。为提高执法效果,2007年4月在网上开通了“浙江省水上交通行政许可审批系统”、“浙江省水路交通行政管理系统”,港航执法基本实现网上流转。为此,局港航行政处罚案卷(浙港政-BA(200771)被评为2007年宁波市“十佳行政处罚案卷”。

交通部水运司司长宋德星对宁波市大榭客运站、镇海港区等单位进行考察。对宁波市的港航监管服务工作表示了肯定,全市港航经营市场管理规范运行秩序正常。

(宁波市局 沈荣进)

【交通部海事局行政执法检验组到赣进行对口检查】 根据交通部海事局的工作部署,由福建海事局、浙江海事局、四川省地方海事局组成的部局行政执法监督对口检查第六检查组,于2007年10

月14日至17日对江西省地方海事局进行了检查。

期间,检查组听取了江西省地方海事局关于行政执法工作情况的汇报,并先后赴赣州市地方海事局及赣州市地方海事处,吉安市地方海事局及万安县地方海事处、吉安市地方海事处现场检查工作。

(江西省局　辛循华　刘宝生)

【四川开展水上“救生衣行动”】 2007年4月1日至9月30日,四川省以客渡船舶、旅游船、船员和乘客为对象,“客渡船、旅游船必须按乘客定额100%标准配足救生衣,乘客上船必须100%穿戴救生衣”为目标,开展了为期6个月的“救生衣行动”。省安委会在乐山市举行了四川省水上“救生衣行动”启动仪式,成立了以省政府副秘书长、省安委会副主任陈泓贵任组长,省安监局、交通厅、水利厅、建设厅、旅游局、监察厅分管领导任副组长的四川省“救生衣行动”领导小组。领导小组办公室设在省地方海事局,负责“救生衣行动”的指导、监督、信息资料的收集发布和汇报。

活动期间,全省各级海事机构共派出9241个“救生衣行动”检查组,28667人次参加,共检查码头渡口17627个次,船舶55851艘次,查处隐患158起,船舶停航整顿34起。

(四川省局　蒋大轩)

【交通部海事局第四检查组对甘肃省海事行政执法工作开展对口检查】 2007年10月14日至16日,交通部海事局第四行政执法检查组对甘肃省海事系统海事行政执法工作进行检查。

检查组听取了甘肃省地方海事局、兰州市地方海事局、临夏州地方海事局的工作汇报,观看了甘肃海事系统搜救演习和海事建设成果汇报电视片。实地走访调研了黄河兰州段、刘家峡、盐锅峡库区水上交通工作,深入基层海事处及政务大厅详细询问、了解通航水域海事行政执法工作开展情况,现场帮助指导基层一线的海事工作,代表部局领导亲切看望海事系统干部职工。

(甘肃省局　陈长春)

【甘肃省局在兰州举行搜救演练】 2007年4月29日上午,甘肃省局成功举行了2007年兰州水上搜救演练暨“甘海巡100”首航仪式。兰州水上搜救演练暨“甘海巡100”首航仪式在昂扬、奋进的《海事之歌》声中,圆满完成了大型船舶编队及威风锣鼓、舞狮子表演,“甘海巡100“仪仗队,兰航1、2、3号和工程船1号编队,羊皮筏子编队及表演,快艇编队,落水人员救助演习以及消防自救演习等预定科目。

此次活动是为检验甘肃省《水上交通事故应急救援预案》的实用性和可操作性而举办的。省委常委、副省长杨志明,省人大常委会副主任杨作林,省政协副主席喇敏智,省长助理夏红民,省长助理、甘肃省交通厅厅长杨咏中,兰州市市长张津梁等领导出席了演练仪式。杨志明作了重要讲话。

(甘肃省局　陈长春)

【重庆局施救遇险船舶】 2007年4月17日19时20分,重庆市局直属处汛前安全检查组马成、但小兵等几位同志乘渝“海巡0001号”艇对辖区进行安全检查返航途中,在长江蜘蛛碛水域野驴子滩遇一上行重载船舶“鑫源6号”遇险呼救。该船装载矿石约1000吨,过滩时左机因故障停机,当时滩险水急,遇险船只眼看有失控翻沉的危险。情势危急,“渝海巡0001号”艇见势迅速靠上前去帮助遇险船只顶推。但因该船是重载,又处于险滩之中,“海巡0001号”展开施救后仍不能摆脱困境。当即指挥经过该水域的“长兴118号轮”、“星南18号轮”两船协同参加救助。经过2个多小时战斗,最终将遇险的“鑫源6号”送到了安全水域,保证了船员生命和价值800多万元的财产安全。

(重庆市局　彭然红)

·水运环保·

【全国政协委员、部海事局原副局长刘德洪到甘肃考察环保问题】 2007年4月17日,全国政协委员、交通部海事局原副局长刘德洪率天津船检管理处对甘肃省盐锅峡库区船舶防污染和湿地保护环境进行了考察。他在考察中与甘肃省局、临夏州局就船舶防污染工作开展情况进行了座谈,与船员交谈了解船舶防污染设备配备情况,并对甘肃省在船舶防污染管理方面所做的大量卓有成效的工作,给予充分肯定,并要求全省各级海事、船检机构继续加强船舶防污染管理工作力度,使水域更清洁。考察盐锅峡库区湿地保护情况时,强调要保护好湿地,尽量减少人为破坏,使人与自然和谐相处。

(甘肃省局　陈长春)

【长江局辖区船舶污染事故明显减少】 2007年,长江局辖区共发生2起一般以下船舶污染事故。其中溢油事故1起,共溢油0.001吨;其他污染事故1起,污染物排放量0.0005吨。与2006年同期相比,污染事故数减少8件,污染事故件数大幅下降,污染物排放量减少0.8105吨,污染形势明显好转。

(长江局)

【长江局船舶污染物接收处理量大幅增长】 2007年,长江局辖区共接收船舶垃圾85297艘次,接收垃圾8518吨;与2006年同期相比,辖区接收量增长15.39%。其中三峡库区接收船舶垃圾47419艘次,接收处理量为6246吨,接收艘次和接收量分别占辖区总量的55.6%和73.3%。

全年共接收油污水及残油10597艘次,接收残油及油污水9694吨。其中三峡库区接收船舶残油及油污水1718艘次,接收残油及油污水1082.8吨,接收艘次和接收量分别占辖区总量的16.21%和11.17%;船舶油污水及残油接收艘次和接收量同比分别增长了15.83%和73.5%。

(长江局)

【长江局船舶清污力量得到加强】 2007年,长江局辖区共接收船(点)69个,其中船舶垃圾接收船(点)28个,油污水(残油)接收点19个,垃圾及油污水(残油)接收船(点)19处,清洗舱船(点)3处。

截至年底,辖区配备围油栏共13385米,收油机10台,吸油毡30.2吨,消油剂3.6吨,专业围油栏布设船2艘。其中三峡库区配备围油栏3585米,收油机8台,吸油毡7.2吨,专业围油栏布设船1艘。

(长江局)

【长江局实施开展船舶排污口铅封工作】 2007年7月,长江海事局在辖区开展限制船舶污染物排放专项行动。对五类船舶(长期仅在有油污水接收设施的港口水域范围内航行、作业的主机功率在22千瓦以上的港作船、港内交通船、供应船、加油船;长期仅在三峡大坝以上库区水域航行、作业的一等营运船舶;未按规定配备油水分离器或经检查发现油水分离器达不到规定要求而又不能在指定期限整改的船舶;在所属海事管理机构登记的船舶检验证书中注明为遮蔽航区的海船;其他申请海事部门进行铅封的船舶等五类船舶)的油污水排污口实施了铅封,共铅封船舶305艘。

(长江局)

【三峡库区船舶污染应急能力得到提高】 2007年,长江局积极组织开展三峡库区船舶污染应急一期工程的前期准备工作,工程通过交通部立项。

该工程将在2008年实施,在库区建设2个中型设备库和3个小型设备库,形成100吨溢油应急处理能力。为此,重庆局组织编制的《重庆市长江干线溢油事故灾难应急预案》已经重庆市政府批准颁布实施。

(长江局)

【长江局强化和规范船舶污染物接收工作】 2007年,长江局为切实做到船舶污染物减排,提高船舶污染物接收率,加大了对船舶污染物交付处理的监督管理力度,制定下发了《船舶防污染核查指南》。结合船舶签证工作,加强对船舶污染物交付处理情况的核查;查验船方的污染物交付情况,督促船方按要求主动交付船舶污染物。

对铅封船舶产生的油污水、残油实施跟踪管理,掌握铅封船舶油污水去向,督促铅封船舶与合法污染物接收单位签订接收协议,定期交付船舶污染物。督促码头、港口等单位按规定配备足够的污染物接收设施,并向海事管理部门备案。此外,在芜湖举办了首期长江海事局船舶污染物接收单位管理层培训班,对长江全线船舶污染物接收单位、洗舱单位主要负责人共计60余人进行了培训。

(长江局)

【长江局开展防污染备案工作】 2007年,长江局根据《中华人民共和国防治船舶污染内河水域环境管理规定》和《长江海事局危险货物码头及相关作业防污染能力评审制度》的规定,积极组织开展危险品码头、船舶清污单位、溢油应急设备生产等单位防污染评审及备案工作。共备案危险品码头88座,船舶清污单位69家,溢油应急设备生产单位3家。

(长江局)

【长江局组织开展"6·5"世界环境日宣传活动】2007年,长江局在辖区组织开展了为期一周的"6·5"环境日宣传活动。6月5－11日环境日宣传活动周期间,充分利用悬挂横幅、发放资料、张贴标语、走访等形式,深入港区码头、桥区、油区开展"关爱长江、从我做起,建设环境友好型社会"、"打击非法排污,维护百姓权益"、"保护长江水环境,我们共同的责任"等主题宣传活动,通过报纸、网络、电视台等新闻传媒向社会各界宣传环境保护和船舶污染防治的重要性、必要性。

活动期间,共悬挂宣传横幅97条,发放宣传资料9641份,宣传教育7215人次,宣传船舶793艘次。

(长江局)

【长江局组织开展三峡流动污染源监测工作】2007年,长江局与交通部环保中心共同组织开展了三峡库区流动污染源监测工作。

全年共监测船舶油污水432艘次,监测船舶生活污水40艘次,监测船舶废气40艘次;在2个码头开展了船舶噪音昼夜监测,编制了三峡库区年度流动污染源监测报告并向社会公告。

(长江局)

【长江局组织编写船舶污染事故案例】2007年,长江局组织对2006年调查处理的所有船舶污染事故及涉嫌排污的违法行为案例、2000年以来的一般及以上船舶油污事故、泄漏量0.5吨以上的化学品污染事故案例、1995年以来的重大船舶油污事故、泄漏量10吨以上的化学品污染事故案例进行了编写,共汇编污染事故案例28起并印发成册,供广大船员和海事人员学习参考。

(长江局)

【安庆局开展港作船铅封限排活动】 2007年7月、8月两个月,安庆局根据长江局统一安排,开展铅封限排专项活动。对符合铅封条件的14艘港作船的所有排污管系进行了铅封,同时要求这些船舶同经安庆局备案许可的污染物接收单位签订污染物定期回收协议。

(安庆局)

【芜湖局安全检查创精品】 2007年,芜湖局实施船公司审核21次,船舶审核101艘次。办理内河船舶签证13万艘次,海船签证1.3万艘次,持卡签证率为44%和94%。办理船舶登记1403艘次,签发各类船舶证书1875份,发放船舶IC卡386张。内河船舶安检2575艘次,海船安检333艘次,平均单船缺陷率8.2和9.0,开航前检查11艘次,国外零滞留,PSC检查21艘次,完成年度指标105%,危险化学品船舶专项安检126艘次。开展限制船舶污染物排放专项活动,船舶防污染核查82艘次,铅封船舶39艘,铅封率100%。

(芜湖局)

【九江局"危管防污"工作开展有力】 2007年,九江局广泛开展了限制船舶污染物排放专项行动。一是对适用船舶实施"铅封"管理,实现船舶油污水的零排放。二是加强对船舶污染物交付处理的监督管理,提高船舶污染物接收处理率。三是强化污染物接收单位管理,杜绝违章接收行为。四是举办污染接收从业人员培训,进一步规范污染物接收行为。

活动期间,共铅封船舶13艘次,整改污染物接收单位缺陷20项,培训污染物接收作业人员29人,开展船舶防污染核查531次,发放宣传资料1156份,召开宣贯会6次。与此同时,开展危险货物码头"查隐患、查漏洞、查措施"三查活动。检查危险品码头14座,水上加油站12座,查出缺陷129项,责令停止作业的加油站3个,检查水上修造船厂4处,查出缺陷18项;对危险货物码头作业单位下发整改通知书15份,停止作业通知书3份,安全建议书8份。全年危险品进出港吞吐量为1465351吨(进港715536吨,出港749815吨)。

(九江局)

【武汉局举办船舶排污设备铅封培训班】 2007年,武汉海事局根据限制船舶污染物排放专项行动实施计划,于7月19日举办了一期"船舶排污设备铅封培训班”,武汉局各海事处处长、业务副处长、现场主管、执法大队长等30余人参加了培训。

培训班分为现场实际操作和理论培训两个步骤进行。首先,选取适用铅封要求的武汉港口集团“汉港拖603”轮,组织学员到机舱进行实地学习,在机舱现场对船舶铅封的工作程序、船舶机舱排污管系简介、具体铅封过程等内容进行讲解和实操。然后,对全体学员进行理论培训。按照船舶铅封工作的要求,从铅封原则、铅封程序、启封程序、重新铅封程序和铅封工作中遇到的几个问题进行培训,对参加培训学员的有关问题进行现场解答,并要求参训人员回到本单位后,立即组织对现场执法人员进行培训,确保培训覆盖面达到100%。

(武汉局)

【武汉局加强船舶污染物限排监管力度】 2007年7月27日,武汉局组织召开“武汉海事局船舶污染物限排宣贯会”,武汉地区涉及船舶污染物限排铅封的有关航运公司共计20余位公司代表参加了会议。会议对武汉局限制船舶污染物排放专项行动实施计划、船舶铅封工作程序、船舶铅封管理有关规定和长江局辖区经备案船舶污染物接收单位等有关内容进行了宣贯。

针对武汉辖段长江水域环境质量恶化的趋势采取有效措施,限制船舶污染物的排放,逐步提高武汉地区船舶垃圾、残油及油污水接收处理率。同时,加强对船舶污染物排放的监管力度,有效防止船舶违法排污现象的发生;进一步加强海事执法人员队伍建设,全面规范防治船舶污染监督管理行动。

(武汉局)

【荆州局加强船舶防污染】 2007年,荆州局认真贯彻落实《2007年度限制船舶污染物排放实施方案》,切实做好船舶禁止、限制污染物的排放工作,完成船舶机舱污水排放管路及其替代管路的铅封工作,共铅封对象船舶14艘。荆州港通过“荆长净1”轮回收处理船舶垃圾21.204吨/年,7至12月回收处理船舶机舱污油水39.94吨;全年参与船舶垃圾、船舶机舱污油水回收的船舶共1754艘,占到港船舶总数的17.89%。

全年完成辖区危化品码头、水上加油站作业安全与防污染评审共计4家,签发防污染备案证明23家。到港船舶危险品安全及防污通用设备检查356艘次,因防污设备不符合有关规定而滞留的船舶1艘。

(荆州局)

【重庆局开展限制船舶污染物排放专项行动】 2007年7月1日至9月30日,重庆局对83条船籍港汽车滚装船、港内作业船的油污水排污设施实施了铅封管理,达到上述船舶油污水的“零”排放。

(重庆局)

【重庆局推进环保工作的实施】 2007年,重庆局按照重庆市人民政府的安排,继续推进重庆市环保“四大行动”的实施。

全面完成了一、二级饮用水源保护区内餐饮趸船的搬迁工作,处理船舶噪声扰民投诉案65件,监测住宅密集区船舶噪声22次。

(重庆局)

【重庆局启动库区小型船舶绿色通道】 2007年11月20日至2008年3月20日,万州、云阳、奉节、巫山海事处全面启动库区从事农副产品和日杂货物运输小型船舶绿色通道制度。对从事农副产品和日杂货物运输小型船舶实行五定(定点装卸作业、定船、定员、定线、定时)、一证(水上绿色通行证)、三不(不随意检查、不收费、不罚款)、一通报(各相关海事处对办理绿色通行证的船舶应及时在内网公示,并通报各相关海事处)措施,将保障其航行安全,深化便民利民举措,服务新农村建设。

(重庆局)

【九江港总体规划通过环境影响评价】 2007年12月22日,国家环保总局在九江市主持召开《九江港总体规划环境影响报告书》审查会。与会专家认为,《报告书》的主要环境保护目标识别基本准确,环境影响的预测分析比较全面,提出不良环境影响的预防或减缓对策措施总体可行,得出的评价结论总体可信,可以作为规划修改和进一步实施的依据。23日,在由国家环保总局评估中心主持的《九江港城西港区集装箱码头一期工程环境影响报告书》评估会上，九江市沿江开发重要项目的城西港区集装箱码头一期工程环境影响评价也获通过。

（江西省局　方　武　杨　辉）

·规费征稽·

【长江局规费收入总量大幅增加】 2007年，长江局坚持对内挖潜，积极争取有利政策，深入贯彻执行“收支两条线”规定，收入总量及规费征收持续大幅增长，为安全管理工作、“四化三步走”发展战略的实施和职工队伍的稳定提供财力支持和保障。全年船港费征收19000万元，港监管理费征收4500万元，引航费征收14800万元，全年实现规费征收38300万元，较上年增长23.3%。

（长江局）

【九江局预算管理得到有效加强】 2007年，九江海事局充分发挥财务管理龙头作用。对内推行标准化管理，实现财务工作的制度化转变、基础工作的规范化转变、预算管理的科学化转变、财务工作的公开化转变，制定预算管理相关制度，积极构建全局预算管理体系。首次实行预算归口管理制度，做到预算编制的科学化、预算分配的合理化、预算执行的严格化。与此同时，对外加大现场征收力度。深挖潜力，抢抓费源，保持规费征收的稳步增长，创造历史同期最高水平，促进经费总量的提高。

截至12月底，共征收船港费1715万元，占年计划110%，同比增加15万元，增长0.9%。征收港监管理费实际完成436万元，占年计划106%，同比增加108万元，增长33%。

（九江局）

【武汉局运用费收机打票据管理系统】 2007年，武汉局为进一步加大收费票据的监管力度，自1月1日起推行收费管理系统，在软、硬件条件具备的站点率先实施。通过运行收费管理系统，在很大程度上改变了目前收费票据手工填制、人工管理票据中存在的问题，不仅大大降低错票率，而且实现了由电脑全面监控收费票据从领用、发放、审核、登记、保管及销号的全过程，轻松实现票据机打、票据实时查询、自动汇总、登记台账等功能，大大节约人力成本，提高工作效率。

截至年底，武汉局共开设费收站点33个，开具机打船港费票据20439份、手工船港费7849份、机打行政费票据4475份、手工行政费票据209份。通过运行费收管理软件，使票据管理迈上一个新台阶。

（武汉局）

【荆州局规费征稽增长明显】 2007年，荆州局规费征稽稳中有升。在强化目标管理、自加压力的同时，全局挖掘潜力，规范协议征收，加强现场征管和稽查工作，确保征收的完成。

全年完成港监管理费征收161.68万元，占计划的115%。完成船舶港务费征收370.27万元，占计划的109%，同比增长10%、8%。

（荆州局）

【宁波市局规费征收做到不漏】 2007年，宁波市港航规费收入达12645.8万元，同比增长12.26%，为年计划的119.3%。代征港口建设费1307.60万元，为年计划的145.29%，征收港口设施保安费1764万元。

（宁波市局　沈荣进）

·基本建设·

【长江局发展规划正式出版】 2007年8月，由武汉理工大学、长江局联合编制的《长江海事局发展规划》正式付印出版，并分发至长江海事系统各机构。

2006－2020年是我国步入小康社会的重要建设时期，是交通基础建设、长江黄金水道建设的重要阶段。长江局作为长江航运发展的重要支持保障系统，为进一步明确发展目标，确定重点，加快发展，以《中国海事工作发展纲要》（2005－2020）、《长江干线航运总体布局规划》等为依据，结合实际，进行规划编制。规划内容以实现“四化三步走”和“由大局到强局”为目标，涵盖海事管理业务建设、信息化建设、装备建设、队伍建设、党建和精神文明建设等5个方面。到2020年，要全面实现管理信息化、反应快速化、执法规范化、监管现代化，力争达到国内一流强局和国外发达国家内河海事管理水平。

（长江局）

【长江局巡航救助一体化船舶建设取得重大进展】 2007年，长江局“十一五”期巡航救助船舶建设全面启动，艇趸设备建设进入到关键的批量建造阶段。全年共新建30艘海事艇趸设备，包括13艘40米囤船（一期工程）和27艘巡逻船（14艘7.8米玻璃钢艇、2艘14米玻璃钢艇、10艘17米巡航救助船、1艘30米巡航救助船）。船艇建造过程中，引入工程监理制和首席监造代表委派制，聘请了监理公司对船舶建设情况进行监理，并严格按照局制定的船舶建造贯标程序，把工作做实做细。从开工前技术交底到最后船艇试验，每个关键环节均到现场加强检查，决不放过任何一个小问题，与船厂一道研究制定解决办法，使存在问题得以及时改正，确保新建船舶无遗留问题出厂。新建的巡航救助船在长江三峡库区水上联合搜救演习中发挥重要的作用，各种先进搜救设备得到充分展示，受到上级领导的表扬。

（长江局）

【武汉、芜湖船舶交通管理工程建成】 2007年3月，武汉船舶交通管理工程（VTS）工程建成，通过专家验收，于4月底投入试运行，实现了对武汉港区16公里水域的全天候跟踪、可视化监管。芜湖船舶交通管理工程（VTS）工程于2007年3月正式运行，实现了对芜湖港区23公里水域的全天候跟踪、可视化监管。

武汉、芜湖船舶交通管理工程的建成，为长江海事局后续VTS工程建设提供了宝贵的经验。

（长江局）

【长江局深化“711”船舶管用养修长效管理机制】 2007年，长江局制定下发了《长江海事局船舶管用养修规范化工作指导意见》。意见对建立健全“711”长效机制和开展“5S”活动作了具体部署，倡导推行以“5S”为主要内容的“全员参与、自主维护”维修保养模式，并在重庆召开船舶管用养修推进会。结合重庆局“健全完善装备管用养修长效管理机制”课题结题审查，深入分析长江局船舶管用养修工作中出现的各种矛盾和问题，积极探索船舶管用养修规律。

通过实践运行，“711”长效机制已深入人心。“重建设、轻管理，重使用、轻保养，重眼前、轻长远”的管理行为大为改观，推动船舶管用养修工作的深入开展，使长江局船舶管用养修工作逐步迈入“规范化、制度化、标准化”发展轨道。

（长江局）

【长江局监管工作船码头（40米趸船）一期工程建成】 根据交通部《关于实行长江干线海事巡航与救助一体化管理的通知》（交海发[2004]395号），以及《关于尽快建立长江干线水上巡航与应急动态待命制度的通知》（交海发[2006]155号）精神，长江局承担起新的职责，并在全线设置了118个巡航救助执法大队。

为缓解趸船短缺的矛盾，长江局按照“轻重缓急、突出重点、加强一线、总体规划、分期建设”的指导思想，分三期建造39艘40米趸船。2007年9月，长江局监管的工作船码头（40米趸船）一期工程13艘、40米趸船及配套设施全部建成，分别布设在长江干线的朱沱、巴南、硐村、宜都、盐卡、江陵、华容、天兴洲桥、鄂黄大桥、龙坪、华阳、东流、慈湖海（办）事处辖区内。新趸船设置宽敞的政务大厅，功能齐全、环境优美，大大提高一线执法单位“人命救助、快速反应”的能力。

（长江局）

【长江局培训中心基础设施和信息化工作发展迅速】 2007年，长江海事局培训中心更新计算机设备，启动实训中心建设，无纸化电子考场正式投入使用，培训硬件建设初具规模。按照园林式校区建设标准，改建中心环境。一个环境优美，集教学、生活、娱乐为一体的培训中心已初步呈现。培训中心完善网络主干建设，全面推行OA办公系统，实行办公自动化和网络信息化；开发运行无纸考试系统和电子考场监控系统，启动培训收费管理软件系统、教学管理网络平台与后勤服务管理系统的开发。此外，结合实际需求对内网进行升级改版，建立武汉海事学校外网，内网访问量近5万次，同比增长4倍。

（长江局培训中心）

【安庆海事局业务用房顺利开工建设】 2007年，安庆海事局业务用房为交通部批准建设的工程项目,总投资2980万元。安庆局与安庆弘信房地产有限责任公司达成购房协议,购置安庆湖心南路212号的7号、8号楼部分建筑。经公开招标,合肥建工中标为施工单位,工程于7月16日开工,总工期240天。

(安庆局)

【长江安庆段水上交通安全视频监管系统建成投入使用】 2007年12月中旬,长江局下达长江安庆段水上交通安全视频监管系统建设任务。经专家论证,考虑VTS工程的建设规划,确定香口华泰码头、东流港、安庆液化气码头、文明渡口、局老办公楼、大桥上下水、五里庙油区,牛头山港、枞阳港、江口外贸码头、池州港12处建设点。工程于2008年3月28日完工并交付使用,总投资138万,实现了长江干线安庆段重点水域、重点码头监管可视化,为巡航搜救指挥决策提供了强力支持。

(安庆局)

【九江局稳步推进信息化建设】 2007年,九江局完成无线网桥二期工程建设。已建成覆盖全局5个海事处,7个巡航执法大队、7个办事处和7艘海巡艇无线网络,辖区无线信号覆盖率达到90%以上。全面完成GPS系统建设,新增设备11台,辖区内GPS设备共计30台,其中客渡船安装16台,海巡艇13台,执法车1台,运行情况良好,上线率基本达90%以上。开展CCTV监控系统建设。完成局机关楼顶和湖口海事处3个固定监控点;“海巡31320”、“海巡31220”和“海巡31226”等3个移动监控点。

(九江局)

【九江局有效推行执法规范化】 2007年,九江以深化“执法规范化”工作为主线,以运行海事管理体系为手段,推动全局执法规范化进程。修改颁布《九江海事局海事管理体系4.0版》,分层次、有针对性地开展体系知识培训,共举办6期体系知识培训班,全局226名职工参加新体系文件的学习培训,海事管理体系得到有效运行。此外,行政处罚工作不断规范。改变过去“普遍撒网”的方式,采取“教育为主、重点打击”,一般程序处罚大幅度提高。共对1392件违法行为给予处罚,罚款金额2031100元。

(九江局)

【黄石局联合执法有序开展】 2007年3月2日,黄石区段联合执法成功启动。辖区6个水上政务中心全部投入使用,黄石局全面履行辖区“水上执法一盘棋”各项职责。随后,黄石区段联合执法领导小组多次召开会议,不断完善联合执法的管理制度、运行机制和工作程序,并组织海事执法人员专项培训,加强了成员单位的协调配合。

长航局、长江局调研组先后到黄石区段进行调研检查,分别肯定前阶段的工作并提出下阶段的工作要求。通过积极推进,联合执法“依法行政、整合资源、便民利民”的工作原则得到较好的体现。11月,黄冈联合执法工作组、黄石港区长江水上政务中心被评为长航系统联合执法先进集体。

(黄石局)

【黄石局基本建设推进有力】 2007年12月13日,黄石局业务楼主体工程封顶,完成投资1200余万元;新建海巡艇(海事趸)4艘,新建海事趸接岸坡道3处,新增工作用车2台。

与此同时,完成富池处业务用房征地工作。积极开展黄冈处业务用房项目的相关工作,配合上级开展“巡航搜救一体化”项目一期救助基地附属设施建设等工作。此外,优化无线网桥基站设置,调整、迁移部分设备,确保无线网桥正常运行。

(黄石局)

【长航系统实施执法管理新机制】 2007年3月26日,“长航系统联合执法武汉区段启动仪式”在武汉汉口江滩举行,长航系统海事、航道、公安、通信等部门执法人员共100余人参加了启动仪式。“武汉长江水上政务中心”同时揭牌。启动仪式后,海巡艇在武汉港区水域进行了现场执法巡航。

实施联合执法,建立“水上执法一盘棋、政务联合一体化、水上专项联合执法”管理机制,是交通部积极进行理念创新和体制机制创新的重要举措,是践行“三个服务”、实现便民利民,切实提高长航系统服务长江水运、服务沿江经济发展能力的必然要求。交通部《关于长航系统联合执法工作的指导意见》提出长航系统联合执法应坚持依法行政、资源整合、便民利民的原则,目标是“建立水上执法一盘棋、政务联合一体化、水上专项联合执法管理机制”的管理模式。

（武汉局）

【武汉局两艘新型海巡艇趸投入使用】 2007年9月20日，武汉海事局海事趸31264建成交付青山天兴洲执法大队使用。该趸船型长40米，型宽10米，型深1.65米，吃水0.65米。船上层建筑三层，布置有会议室、办公室、政务大厅、厨房、餐厅和休息室，布局紧凑，设施完备，功能齐全。12月10日，“海巡31235艇”建成交付青山海事处使用。该艇总长17.95米，型宽3.6米，型深1.5米，吃水0.72米，乘员12人，主机功率476千瓦，航速22.5节，主要配备有船舶图像监控系统、抛投救生器、救生扶梯等先进救生设备，具备在夜间、雾天等恶劣天气条件下实施巡航救助能力，并可对被救助人员临时安置和转移。

（武汉局）

【荆州局规范执法行为 切实做到依法行政】

2007年，荆州局全面运行海事行政处罚管理系统的同时，不断规范行政处罚文书的填写。

全年共实施行政处罚317件，未发现错案，未发生一起行政复议和行政诉讼案件，全面提升了海事文明执法形象。

（荆州局）

【岳阳局稳步推进联合执法工作】 2007年3月22日，岳阳局启动岳阳区段联合执法工作。一是完成6个水上政务中心、5个执法点建设，培训执法人员117人次；二是组织召开联合执法领导小组成员会议，制定联合执法工作制度、政务中心工作规范；三是对联合执法日常工作进行指导和跟踪管理，并现场走访船舶单位7次、走访船员117人次，积极征求对联合执法工作的意见和建议，保证联合执法工作稳步规范开展。

（岳阳局）

【长航系统重庆区段联合执法正式启动】 2007年3月23日，长航系统重庆区段联合执法启动仪式在重庆局机关二楼会议室举行。长江航务管理局局长金义华，重庆市交委副主任何昇平，重庆长江轮船公司等35家船舶单位的领导及新闻媒体出席启动仪式。

仪式由长江海事局副局长李玉华主持。重庆区段联合执法领导小组组长、重庆海事局局长陈勇代表重庆区段联合执法工作领导小组作表态发言。长航系统联合执法在重庆区段的正式启动，标志着长航系统长江上游段创新执法模式、整合执法资源、合力建设黄金水道、全面践行“三个服务”进入新的里程碑。

（重庆局）

【重庆局办公及业务用房工程主体结构通过验收】

2007年6月15日，重庆局办公及业务用房工程顺利通过主体结构验收。该工程位于重庆市渝北区五童路重庆市委后勤基地项目用地东南角，规划总建筑面积7260平方米，2006年10月26日开工。主体结构验收的通过，标志着重庆局办公及业务用房的建设进入又一个新的阶段。

（重庆局）

【安徽省认真践行“三个服务”】 2007年，安徽省地方各级海事部门认真践行“三个服务”。一是完成全省农村机动渡船燃油补贴发放工作，两次共计发放补贴款161万元，充分调动渡船经营者的工作积极性。二是向全省义渡船舶捐赠救生圈1000个、救生衣4000件，有效缓解义渡船舶救生设备的老化现象。三是加大渡改桥和渡口标准化改造力度。渡口渡船专项整治达标验收工作全面推进。全省达标渡口810道、达标渡船1727艘、合格渡船船员2766人。渡口标准化建设顺利实施。完成年度建设293道，正在实施63道。全省1900道渡口安全渡运约7000万人次农民兄弟，水上交通安全形势持续平稳。

（安徽省局 马 栋）

【江西省水上搜救中心项目完成各项前期工作】

根据《国家海上搜救应急预案》、《江西省突发公共事件总体应急预案》和《江西省处置水上突发事件应急预案》的要求，江西省发改委于2006年12月6日下发了《关于江西省水上搜救中心项目的批复》（赣交政交运字[2006]1453号）文，同意建设该项目（设在省地方海事局），作为省应急指挥部门工作机构，并承担水上搜救运行管理工作。

江西省水上搜救中心大楼位于南昌市红谷滩

中心区,地上26层,地下2层,高度96.8米的框剪结构大楼,南北立面主要为幕墙,现代造型,总建筑面积11000米^2。与此同时建设的项目,包括港口安全应急调控、航运信息、水路运输服务中心工作用房6000米^2,航务设计院生产用房2982米^2,航道养护管理用房4900米^2,合计总建筑面积24882米^2。项目工程估算总投资为10785.5万元。

(江西省局 张兆平)

【贵州省交通厅向10个基层海事处装备海事执法车】 2007年5月9日,贵州省交通厅举行海事执法车交接仪式。贵州省交通厅向仁怀、松桃、石阡、沿河、锦屏、黎平、黔西、大方、册亨、望谟县(市)基层海事部门授予海事执法车钥匙。

(贵州省局 杨萍艳)

【四川省局为基层配置签单管理用房和执法车】

2007年,四川省局为改善落实重点渡口签单责任制和强化海事一线监管,改善一线监管条件,分别为基层配备了签单管理用房及“12395”海事执法监督车。省交通厅共列支600万元,其中250万元免费对全省236个重点渡口码头配置了签单管理用房,并安装到现场;350万元以“以奖代补”的形式,补助80个区县地方海事处配置了执法监督车。

(四川省局 何 勇)

【陕西省汉江安康瀛湖火石岩客、货运等4码头通过交工验收】 2007年7月28日,汉江(陕境)安康至漩涡航运建设工程的子项目——安康火石岩客运码头、货运码头、岚皋大道镇码头、紫阳金川乡等4个码头建设工程顺利完工,经专家验收正式交工投入使用。

(陕西省局 余红梅)

·文明创建·

【四川省海事系统政风建设工作获交通部海事局高度肯定】 2007年7月12至13日,全国海事系统政风建设现场会在上海市召开,全国各直属和地方海事局共120余名代表参加会议。交通部党组成员、纪检组长杨利民出席会议并讲话。

会议主要围绕海事政风建设进行了交流和探讨,并对上海海事局各基层海事处进行了观摩。部海事局党委书记梁晓安、部海事局常务副局长刘功臣在讲话中,肯定了四川海事系统经费纳入财政部门综合预算的工作。会上,四川省局作了题为“加强精神文明建设,构建良好政风环境,提升海事队伍形象,促进海事中心工作”的交流发言,是唯一一家进行大会发言的地方海事局。

(四川省局 办公室)

第七篇　航　道

【概　述】 2007年是长江航道坚持科学发展观，积极践行“三个服务”，为长江航运和沿江经济发展提供坚强有力的航道服务，积极作出贡献的一年。

·保障工作，体现了三大特征　一是航道服务能力明显增强。航道工作遇到许多困难，长江上游出现百年一遇的枯水，中游遭遇50年一遇秋旱，干线航道水位同比低1～1.5米，超吃水船舶破坏航道事件频发。特别是7月中旬，重庆、四川等地区突降特大暴雨，上游航道航标器材和航道维护设施严重受损，干流水位较往年偏高，三峡库区进行156m调蓄水。面对严峻形势，长江航道局加大航道观测与维护力度，提高疏浚力量，实施非通航高峰期疏浚施工，实现了全年干线航道的畅通、安全、平稳、有序。二是航道服务水平提高。5月，长江航道局正式提高了渝芜线1891.2公里航道维护尺度，运行效果良好，社会反应强烈。9月，顺利完成了娄溪沟至丰都河段187.2公里航标设施更新改造，实现了长江上游航道所有航标的制式标准化、标体大型化、灯光明亮化，提高了助航功能。三是经济能力明显增强。全面完成了“402803”(40亿元的签约额，28亿元产值，3亿元毛利润)的工程经营年度指标。征稽工作突破历史的一年，全年收费达6.3亿元，为年计划的114.5%，提前3年实现了“十一五”期目标。

·领导重视，管理水平上台阶　为落实温家宝总理关于京杭运河水运问题的重要批示精神，5月19日至20日，国家发改委副主任张茅考察了京杭运河江苏段，并提出了重要改进工作的意见。7月28日至29日，交通部部长李盛霖亲临云南省考察澜沧江国际航道，对推动长江航道工作有很大促进作用。长江航道测量中心正式挂牌成立，适应了长江航道建设的发展需要。钱塘江中上游航道列入国家高等级内河航道网。江苏省整治违章装卸点成效显著。管理京杭运河(江苏段以货运为主)的江苏省交通厅与瑞典约塔运河(以旅游为主)的东约特兰省约塔运河公司互派考察团访问，结成友好关系。乌江突击抢险，7月7日重庆武隆、彭水一带遭遇大暴雨引起泥石流将大量泥流带入江中，成为乌江新的险滩。乌江航道管理段立即抽调工程船和设备投入抢险，爆破炸除碍航石头，消除了隐患，确保了航道畅通。

·工程建设机制创新，锐意进取　长江航道局工程建设项目共20项，累计申报完成投资47919.63万元，完成全年“保6亿”目标1000.89%。沿江各省航道建设工作也大有进展。浙江省全国首条30万吨级人工航道——虾峙门口处航道整治工程，疏浚主体工程已于11月底完成，工程实际进度比计划工期缩短4个月。京杭运河两淮段航道整治工程通过交工验收。长江三峡库区香溪河航道建设工程通过竣工验收。乌江夜航助标配布工程正式启动……

·文明创建主题突出，形式多样化　“学习十杰先进，践行三个代表，建设和谐航道”的主题，自始至终得到彰显。长江航道局在全线广泛开展的“文明窗月”活动，交通部“共建设长江黄金水道，共享绿色航运资源”活动，都取得良好效果。多家媒体采访，产生了良好的社会效益。江苏省航道文明创建总结提炼出“和谐领航，服务有道”的新时代航道精神，涌现了不少先进人物和单位。谏壁船闸水上雷锋服务台被全国妇联授予“全国巾帼文明岗”称号，邵伯船闸女子工班获全国交通行业“巾帼文明岗”称号。这些一线女工为确保船舶安全、方便、快捷，热诚地为过往船民服务，急船民所急，想船民所想，树立了良好的社会印象。

(总编室　徐秋敏)

·长江航道·

【长江干流航道概况】 2007年，长江航道局负责维护管理长江干流四川省宜宾市合江门至江苏省太仓市浏河口2628.6公里河段航道(不含宜昌中水门至庙河59公里长江干流航道)。

·上游河段　宜宾至宜昌为上游，俗称川江，长1044.0公里，属山区河流，多为石质河床，航道弯曲狭窄，滩多流急，流态紊乱。目前，宜宾合江门至重庆铜锣峡为山区航道；重庆铜锣峡至重庆丰都为变动回水区航道；重庆丰都至三峡大坝为常年库区航道。三峡成库后，常年库区航道河段航道条件得到较大改善，重庆丰都以下急流滩险消失，可常年通航3000吨级以上船舶，1000吨级船队。航标配布提升至第一类航标配布，航道维护类别为一类航道维护。

·中游河段　宜昌十码头(中游里程626.0公里)至武汉海员文化宫铁塔(中游里程0.0公里，下游里程1043.0公里)为中游，全长626公里,为平原河流,主要碍航浅水道有9处。浅水道有芦家河、枝江、江口、太平口、窑监、武桥等水道。中游历来是枯水期长江航道维护的重中之重。航道技术等级为Ⅱ级,为一类航道维护、一类航标配布。三峡工程蓄水对该段航道的影响比较大,主要表现为清水下泄后河床冲刷,导致航道发生新的冲淤变化。目前,中游段航道维护尺度为:宜昌至城陵矶2.9米×80米×750米,城陵矶至武汉3.2米×80米×1000米。通航船舶吨位:宜昌至城陵矶为1500吨级、城陵矶至武汉最大船队为3000吨级驳船组成的万吨级油运船队。

·下游河段　武汉海员文化宫铁塔(下游里程1043.0公里)至浏河口(下游里程25.4公里)段,长1017.6公里。下游河段浅水道较多,航道技术等级为Ⅰ级,为一类航标配布、一类航道维护。武汉至南京段常年可通航10000~30000吨级船队,中洪水期5000吨级海轮可直达武汉,20000吨级海轮和24000吨级油轮可从长江口直达南京。

武汉至南京河段有汉江、鄱阳湖水系,皖南诸支流汇入,河床宽窄相间,多形成分汊河段;南京至浏河口河段江面进一步展宽,洲滩群生,航道多变,江阴以下为潮汐河段,受潮汐影响较大。

2007年长江干流航道技术等级一览表、2007年长江干流航道维护情况一览表、2007年长江干流主要浅险水道分布及治理情况一览表,详见表7-1、表7-2、表7-3。

【2007年长江干流航道技术等级一览表】　(表7-1)

航道名称	起止区段	现维护等级	技术等级、里程				通航海轮吨级
			Ⅰ	Ⅱ	Ⅲ	Ⅳ	
长江(2742km)	水富—宜宾	Ⅴ			30		
	宜宾—重庆(羊角滩)	Ⅲ			384		
	重庆(羊角滩)—城陵矶	Ⅱ	1055				
	城陵矶—武汉	Ⅱ	228.5				3000
长江(2742km)	武汉—铜陵	Ⅰ	497.5				5000
	铜陵—南京	Ⅰ	210				10000
	南京—石洞口	Ⅰ	322.6				50000
	石洞口—吴淞口	Ⅰ	14.4				100000

注:资料引自——"关于内河航道技术等级的批复"(交水发[1998]659号)

【2007年长江干流航道维护情况一览表】　(表7-2)

河　段	辖区里程(km)	航标配布类别	航道维护类别	航道维护水深(m)	船舶定线制
浏河口—江阴	132.2	一类	一类	10.5	已实施
江阴—南京燕子矶	179.4	一类	一类	10.5	已实施
南京燕子矶—芜湖大桥	101.3	一类	一类	6.5	已实施
芜湖大桥—芜湖高安圩	36.7	一类	一类	5.0	已实施
芜湖高安圩—皖河口	168.0	一类	一类	4.5	
皖河口—武汉大桥	402.5	一类	一类	4.0	
武汉大桥—城陵矶	227.5	一类	一类	3.2	
城陵矶—宜昌(下临江坪)	385	一类	一类	2.9	
宜昌(下临江坪)—三峡大坝	59.7	一类	一类	4.5	
三峡大坝—丰都	434.3	一类	一类	4.5	已实施
丰都—涪陵(李渡大桥)	64.8	一类	一类	4.5	
涪陵(李渡大桥)—羊角滩	112.2	一类	一类	2.9	
羊角滩—兰家沱	83.4	一类	一类	2.7	
兰家沱—合江	99.8	一类	一类	2.0	

河　段	辖区里程(km)	航标配布类别	航道维护类别	航道维护水深(m)	船舶定线制
纳溪—江安	32.0	重点标	二类	2.2	
江安—宜宾	68.0	重点标	二类	1.8	

【2007 年长江干流主要浅险水道分布及治理情况一览表】 (表 7-3)

管辖单位	编号	浅水道	里程(km)	河床底质	碍航特性	整治情况	备　注
长江南京航道局	1	白茆沙水道	37~70	细沙	淤积变迁碍航	专题研究	
	2	通洲沙东水道	70~92	细沙	淤积变迁碍航	专题研究	
	3	福姜沙(中、南)水道	125.5~153.9	细沙	汛后淤积碍航	前期工作	
	4	江阴水道	156.4~178	细中沙	汛后淤积碍航		
	5	泰兴水道	178~200	细中沙	汛后淤积碍航		
	6	口岸直水道	200~240	细中沙	汛后淤积碍航	工可	研究
	7	丹徒直水道	240~257	细中沙	汛后淤积碍航		
	8	焦山水道	257~277	细中沙	汛后淤积碍航	专题	研究
	9	仪征水道	277~370	细、中沙	汛后淤积碍航	专题	研究
长江南京航道局	10	乌江水道	370~393.4	泥	汛后淤积碍航	工可启动	
	11	江心洲水道	399~425	沙质	汛后淤积碍航	工可研究	
	12	黑沙洲水道	475~488.7	沙质	汛后淤积碍航	整治阶段	工程实施阶段
	13	土桥水道	523~547	沙质	汛后淤积碍航	工可研究	
	14	贵池水道	572~594	沙质	汛后淤积碍航		
	15	太子矶水道	594~620	沙质	暗礁碍航	中段炸礁已实施,拦江矶炸礁已批复。	
	16	安庆水道	620~643	沙质	汛后淤积碍航	工可研究	
	17	东流水道	669~700	沙质	汛后淤积碍航	施工完成	2004 年 2 月 20 日整治工程开工,分 4 个枯水期进行,至 2007 年结束
	18	马当水道	716~729.4	沙质	沉船碍航	工可启动	
	19	张家洲水道	763~784.8	沙质	淤积碍航	二期工可研究	
	20	新洲水道	815~828.5	沙质	淤积碍航		
	21	武穴水道	828.5~843	沙质	淤积碍航	正在施工	
长江武汉航道局	22	牯牛沙水道	888~903.5	沙质	汛后淤积碍航	工可研究	
	23	戴家洲水道	917~935	沙质	汛后淤积碍航	工可研究	
	24	湖广水道	983~994	沙质	淤积变迁碍航		
	25	武桥水道	0~7	沙质	枯水淤积成滩碍航	工可已批复	
	26	界牌水道	180~199	沙质	汛后淤积碍航	竣工验收,二期工程专题研究启动	
	27	窑监水道	307.5~324	沙质	枯水淤积变迁碍航	工可研究	
	28	藕池口水道	393~4 00	沙质	江心淤积碍航	工可研究	
	29	太平口水道	475~492.5	沙质	汛后淤积变迁碍航	工可研究	2003—2004 年、2004—2005 年应急清淤工程对三八洲进行了守护工程

管辖单位	编号	浅水道	里程(km)	河床底质	碍航特性	整治情况	备注
长江宜昌航道局	30	江口水道	523～528	沙	新淤淤积变迁碍航	工可研究	
	31	枝江水道	534～544	沙、卵石	礁浅碍航	工可研究	1994—1995 年、2002—2003 年两次对肖家堤拐段实施挖槽施工
长江宜昌航道局	32	芦家河水道	544～555.1	沙、卵石	汛后淤积碍航	工可部审	2002—2003 年应急清淤工程中对石泓实施挖槽施工
	33	宜都水道	588～596	沙、卵石	礁浅碍航		
长江重庆航道局	34	猪儿碛	660.1～661.9	卵石	汛后卵石淤积碍航	专题研究	
	35	三角碛	670.5～671.3	卵石	汛后卵石淤积碍航		
	36	胡家滩	679.6～680.6	卵石	汛后卵石淤积碍航		
	37	车亭子	700.～701.5	卵石	汛后淤积碍航		
	38	飘灯碛	726.5～727.4	卵石	汛后淤积碍航		
长江重庆航道局	39	苦竹碛	728.5～729.8	卵石	汛后卵石淤积碍航	施工	泸渝段
	40	虾子梁	558.5～559.5	卵石	汛后淤积碍航	竣工	泸渝段
	41	青岩子	564.2～565.7	卵石	汛后卵石淤积碍航	施工完成	7250 工程
	42	浅碛子	740.5～741.5	卵石	汛后卵石淤积碍航	施工完成	泸渝段
长江泸洲航道局	43	神背嘴	873.3～873.6	砂卵石	弯、窄、浅碍航	施工完成	泸渝段
	44	铜鼓滩	995.9～996.2	卵石	卵石淤积、浅、险碍航	工可批复	叙泸段二期
	45	筲箕背	1004～1004.3	卵石	卵石淤积、浅、窄碍航	施工	叙泸段一期

(2008 年 4 月统计)

【沿江各省市航道概况】

·上海市内河航道　(详见《长江航运年鉴》(2007 卷)第七篇“航道”第 641 页)

上海市境内天然河网密布,与江浙两省富饶地区毗邻相通,具有发展水运的天然优势。2007 年,上海市内河航道共计 196 条,航道里程 2063 公里。其中Ⅲ级航道里程 28.63 公里、Ⅳ级航道里程 123.45 公里、Ⅴ级航道里程 63.64 公里、Ⅵ级及以下航道里程 1847.91 公里,分别占全市航道总里程的 1.4%、6.0%、3.1%、89.5%。桥梁计 2775 座,船(套)闸 58 座,节制闸 46 座,航标 59 座。黄浦江贯穿全市、沟通 5 条与京杭大运河直接相连的省市干线航道,其支流深入各区形成四通八达的水上运输网,承担着上海城市基础设施建设的物资运输及上海港的集输运任务。

(上海市航道管理中心)

·浙江省内河航道　2007 年,浙江省航道养护共投入资金 7628 万元,改造航道 10.8 公里,疏浚土方 235 米^3,新建护岸 3230 米、管理码头 5 座、航道标志标牌 141 块,打捞沉船沉物 1.8 万吨/1021 处。牢固树立建管养并重的理念,制定了《内河骨干航道经常性养护管理规定》和《浙江省港航养护工程管理办法》,管理制度逐步完善。加强了骨干航道的巡查和经常性养护,杭嘉湖骨干航道养护投入明显增大,同比增长 30%,养护水平逐步提高,保障了内河航道的安全畅通。

(浙江省局　陈建光)

·宁波市内河航道　2007 年,浙江省宁波市内河航道以天然河道为主。市内甬江、余姚江、奉化江将宁波市区与鄞州区、奉化市、余姚市内河航道交汇于一体,形成干支相连的航道网。据 2003 年全国第二次航道普查统计,宁波市拥有内河航道 73 条,航道总里程 934.35 公里。其中七级以上可通航航道 253.38 公里,可通航里程占总里程的27.1%。等外航道 680.97 公里,占总里程的 72.88%。等级航道中,四级以上航道 34.65 公里,五级航道 50.18 公里,六级航道 65.57 公里,七级航道102.98公里。

（宁波市局　沈荣进）

·江苏省内河航道　江苏境内共有天然湖泊近300个，大小河道2900多条，水域面积占全省土地面积的17%，拥有海岸线954公里，长江横惯东西425公里，京杭运河纵惯南北690公里，航道总里程2.48万公里，形成了得天独厚的水运经济。全省水路货运量3.78亿吨、货物周转量2930亿吨公里，分别约占全省社会货运总量的27.9%和80.7%，同比分别增长15.2%和16.5%；完成港口货物吞吐量10.5亿吨，外贸货物吞吐量1.54亿吨，集装箱620万TEU，同比分别增长15.3%和44.6%。2007年全省航道总里程24785.40公里。常年维护里程23953.9公里，水深1米以上里程达22473.33公里，通机动船里程17385.03公里。其中等级航道7625.30公里，四级以上航道1858.97公里，占总里程的7.5%，分别为：一级航道392公里，二级航道226.10公里，三级航道544.46公里，四级航道696.41公里，五级航道1046.97公里，六级航道2199.55公里，七级航道2519.81公里。江苏航道通航保证率达99%，为区域经济发展提供了有力的水运支撑，极大地促进了区域间的经济交流。2007年通航河流上建筑物695座，通航船闸101座，其中交通部门管理41座。跨河桥梁17077座，年增加桥梁40座，其中碍航11348座，碍航桥减少79座。

2007年，航标维护里程5326.38公里，航标总数1189座，其中发光标800座。

2007年江苏省内河航道技术状况一览表、2007年江苏省内河航道主要干线里程一览表，详见表7-4、表7-5。

（江苏省局　徐秋敏）

【2007年江苏省内河航道技术状况一览表】　（表7-4）

项目	里程	通航里程	航道里程（km）								跨河桥梁（座）		备注
单位	（km）	（km）	1级	2级	3级	4级	5级	6级	7级	等外级	共计	其中碍航	
甲	乙	丙	1	2	3	4	5	6	7	8	9	10	11
合计	24785.40	24355.82	392.00	226.10	544.46	696.41	1046.97	2199.55	2519.81	17160.10	17077	11348	
长江航道	369.90	369.90	369.90										
南京市	645.04	645.04						98.65	41.13	505.26	307	161	
镇江市	597.19	579.08				13.41	29.33	46.21	22.35	485.89	626	502	
常州市	1247.06	1171.13					30.46	142.58	98.60	975.44	1162	687	
无锡市	1674.61	1567.42			2.43	99.12	86.26	83.31	86.30	1319.19	1950	1281	
苏州市	2842.12	2825.13			2.	139.37	205.12	75.08	301.52	2121.01	2766	1218	
南通市	3515.90	3515.9			2.	20.	140.75	211.34	409.08	2754.73	2720	2025	
泰州市	2567.53	2567.53			23.72	38.38	2.	206.80	473.89	1824.74	2408	2053	
扬州市	2160.98	2152.94	22.10		12.41	17.45	44.53	241.56	54.61	1768.32	1311	880	
盐城市	4486.53	4342.08		25.08	246.98	69.71	294.50	372.41	494.19	2983.66	2385	1528	
淮安市	1405.13	1405.13		0.00	33.15	74.25	50.37	133.78	144.20	969.38	456	371	
宿迁市	775.64	775.64		0.00	0.00	108.43	0.00	263.86	246.16	157.19	201	116	
徐州市	915.29	890.44		0.00	0.00	0.00	58.49	149.92	114.70	592.18	396	339	
连云港市	1138.48	1106.46			30.13	115.45	107.16	156.17	33.06	696.51	244	154	
苏北处	442.00	442.00		201.02	195.64	20.84	0.00	17.90	0.00	6.60	85	33	

【2007年江苏省内河航道主要干线里程一览表】　（表7-5）

航道	起讫点	合计	航道里程（km）							
			Ⅰ	Ⅱ	Ⅲ	Ⅳ	Ⅴ	Ⅵ	Ⅶ	等外
京杭运河	鸭子坝—大王庙	540.86		201.02	116.98	109.19	85.48	28.19		

航　道	起讫点	合计	航道里程(km)							
			Ⅰ	Ⅱ	Ⅲ	Ⅳ	Ⅴ	Ⅵ	Ⅶ	等外
京杭运河二级坝到大王庙	大王庙—黄道桥(陶沟河口)	13.5+			13.5					
京杭运河二级坝到大王庙(西线)	大王庙—蔺家坝船闸	129.4			65.16	6.84	2.85	22.43	3.93	28.19
淮河航道	运河交汇口—红山头	105.85			23.20	41.95	21.18		19.52	
苏北灌溉总渠	六垛—运河口	125.88					114.03			11.85
长江干流航道		369.9	369.9							
申张线	青阳港南口—长江	84.37					13.04	12.22	45.61	13.50
苏申外港线	则同港—宝带桥	29.92				19.70	10.22			
苏申内港线	三江口—瓜泾口	55.73				7.37	48.36			
锡溧漕河	花渡桥—溧阳轮船厂	89.36				24.98	22.33	38.5	3.55	
长湖申线	新池渡口—南浔	44.94				44.94				
乍嘉苏线	王江泾—草荡南口	14.93						12.66	2.27	
灌河	武障河闸—燕尾港	77.2			46.12	31.08				
滁河	大河口—赵家湾	95.75						30.55	25.38	39.85
通榆运河	海安—北六塘河船闸	212.11			151.62	23.95		1.65	9.29	25.60
泰州引江河	泰州—口岸	23.72			23.72					
泰东线	泰州三角圩—东台朱家村	57.38				30.03		27.35		
太浦河	太湖—省市交界	21.87				21.87				
盐河	盐河桥—平安河桥—杨庄运河口	152.91				3.91		59.55	3.06	86.39
芜太运河	扬家村—朱家桥—丹农砖瓦厂	102.35					9.61	0.95	2.85	88.94
通扬河	泰海界—长江边—夏南—白米竹元	146.19					27.07	4.86	114.26	
徐洪河	顾勒河口—七咀—京杭运河二级坝大王庙西线	187.36				59.22	35.87	51.90	5.67	34.70

资料来源:江苏省交通厅航道局

·安徽省内河航道　2007年,安徽省有通航河流124条,以长江、淮河为主的航运体系,通达全省81%的市、县。内河航道总里程6504公里,其中长江水系3365公里,淮河水系3020公里,新安江水系119公里。内河通航里程5587公里,其中一级航道343公里,三级航道388公里,四级航道350公里,五级航道675公里,六级航道2535公里,七级航道707公里,七级以下航道589公里,航道总里程和通航里程分别居全国第7位和第8位。全省内河航道上设置航标597座,其中发光标113座,设标里程1499公里。航标配布类别除淮河淮南以下为一类配布,合裕线、青弋江、芜太运河、秋浦河、青通河的部分航段为二类配布外,其他设标航段以重点标配布为主。

安徽省境内长江水系湖泊众多,河流密布。通航水库有陈村水库、港口湾水库、花凉亭水库、龙河口水库等;通航的湖泊有巢湖、龙湖、南漪湖等。长江沿线一级支流航道众多,北岸主要有华阳河—泊湖、黄湖、官湖、龙湖,皖河—武昌湖、石门湖,长河—菜子湖、喜子湖,罗昌河—白荡湖,裕溪河,牛屯河,姥下河,得胜河,石跋河,驷马山干渠;南岸主要有尧渡河,黄湓河—升金湖,秋浦河,九华河,青通河,顺安河,黄浒河,漳河,青弋江,姑溪河。截至2004年,罗昌河、得胜河因河口建有节制闸不通航,裕溪河为三级航道,青弋江,姑溪河、秋浦河为五级航道,其余为六级及以下航道。

(安徽省局　马　栋)

·江西省内河航道　江西省境内水域辽阔，河道纵横交错，2400多条大小河流总长约1.84万公里。这些河流绝大部分发源于省界边陲的东、南、西山麓，并依山势渐次向中部和北部汇集为赣、抚、信、饶、修五大干流及其支流。其中赣江纵贯江西南北，抚河、信江、饶河、修河分布赣江两侧，五大干流如叶脉状辏辐全省，分别以西南、东北、西北三面流向总汇鄱阳湖，经湖口注入长江，形成一个完整的以鄱阳湖为中心的向心水系。鄱阳湖水系水运潜力巨大，兼有北依长江主通道达江入海的区域特点和腹地厚实的经济基础，为发展全省水运提供了得天独厚的自然地理条件。

2007年，江西省有通航河流和航线(段)100条，通航里程5559.85公里。其中Ⅲ级航道250公里，Ⅴ级航道151公里，Ⅵ级航道740.7公里，Ⅶ级航道1159.75公里，Ⅷ级航道3288.9公里。全省航道航标配布里程达1794公里，其中一类航标配布343公里。

赣江源于江西省石城县境内的石寮岽，自南向北流经赣州、吉安、宜春、南昌、九江5市，至永修县吴城镇注入鄱阳湖。全长747.2公里(瑞金—吴城)，流域面积8.35万平方公里，集水面积占全省总面积的51%。它既是纵贯省内南北水运交通的大动脉，又为长江第二大支流。

抚河源于闽、赣边界武夷山西麓，流经广昌、南丰、金溪、临川、南昌等市、县，全长339.5公里，流域面积1.735万平方公里。其主要支流有：黎滩河、云山河、宜黄河、崇仁河等。水系通航河流和航线(段)17条，通航里程为828.1公里。抚河干流航道内建有市汊、东方红2个船闸，可通航100吨级船舶。

信江源于浙、赣边境怀玉山的平家源，自东向西流经玉山、上饶、铅山、弋阳、贵溪、鹰潭、余江、余干、波阳等市、县，于余干县新渡万家又分东、西两支：西支为干流，经瑞洪镇至三江口与赣江东支和抚河汇合后入鄱阳湖；东支在波阳县乐安村与乐安河(饶河干流)汇流后经龙口注入鄱阳湖，全长348.6公里，流域面积1.76万平方公里。2002年8月，信江航运工程——界牌枢纽正式蓄水，使之红卫坝至界牌33.4公里航道由Ⅶ级提高为Ⅴ级。其主要支流有铅山河、白塔河、互惠河、九龙河等。水系通航河流和航线(段)9条，通航里程共501.6公里。航道内建有界牌船闸，船舶通过能力为1000吨级。

饶河主支为乐安河(亦称饶河南支)，发源于皖、赣边境的婺源，流经婺源、德兴、乐平、万年、波阳5县(市)，于乐安村与信江东支汇流，至龙口注入鄱阳湖，全长311.8公里，流域面积1.437万平方公里。昌江系饶河北支，源于安徽祁门县砺石镇，流经祁门、浮梁、景德镇、波阳等市、县，至波阳县姚公渡汇入饶河，全长244.5公里，流域面积0.6万平方公里。水系通航河流和航线(段)共4条，通航里程共416.8公里。昌江航道建有鱼山、凰岗2个船闸，通航300吨级船舶。2005年，航务部门投资240万元对乐安河61公里的浅滩进行了疏浚与整治，通航条件得到了改善。

修河源于湘、赣边境黄岗山脉的大伪山，自西向东流经修水、铜鼓、武宁、永修、德安等5县，于永修县吴城镇注入鄱阳湖，全长386.2公里，流域面积1.45万平方公里。其主要支流有山口水、杨柳河、津河、王家河、潦河等。水系通航河流和航线(段)共18条，通航里程共568.9公里。航道内的柘林水电枢纽建有承载力为80吨升船机1座，允许船舶最大通过能力50吨。

渌水河为赣省境内唯一的一条属于湘江水系的河流。它源于江西宜春市水江乡，自东向西流经萍乡市、礼陵市、株州市，于渌口镇注入湘江，全长166公里。其中江西境内河段长80公里，流域面积1277平方公里。萍乡市金鱼石至汪公潭33公里为等外航道。

鄱阳湖为中国最大淡水湖，位于长江中下游南岸，江西省北部。它纳赣、抚、信、饶、修5大干流之水及湖区支流，经调蓄后由湖口注入长江。湖泊面积3960平方公里，水系流域面积为16.22平方公里，相当于长江流域面积的9%。湖区主要支流有进贤4湖，鄱阳湖的东河与西河、博阳河等。其航线(段)共24条，通航里程共734.4公里。

(江西省局　张兆平)

·河南省内河航道　2007年，河南省通航里程1439公里。全年主要做了内河航运工程开发建设的前期工作，安排850万元前期工作经费，积极推进各项工作向前发展，取得明显效果。淮河、涡河、沱浍河这3个重点项目初步设计得到省发改委批准，并报交通部，待列入年度资金计划后即可开工建设。其中淮河航运开发工程已完成招投标,沙颍河周口至漯河段航运开发工程工可研设计工作已经启动,工程情况的调查和设计资料的收集工作基本完成,并完成了对项目工可研进行评审。丹江库区航运开发建设工程完成了库区总体规划编制,工可研编制准备开始。此外,还进一步加强了省内库区航道的维护与管理。

(河南省局　王守明)

·湖北省内河航道　2007年,湖北省有可通航河流229条(含可通航的湖泊16个、水库47座),航道292条。航道里程8988.19公里(含长江航道1037.9公里,下同),通航里程8360.71公里,均居全国第6位。其中等级航道里程5818.31公里,占航道总里程的64.73%(五级以上航道里程为2429.14公里,占航道总里程的27.03%);等外级航道里程2542.4公里,占航道总里程的28.29%;暂不通航航道里程627.48公里,占航道总里程的6.98%。全省通航河流上已建有枢纽169处,其中不具备通航功能的枢纽为111处,占枢纽总量的65.68%。在通航的58处枢纽中,有船闸39座(葛洲坝枢纽按3座船闸计),升船机6座,通航水闸15座。航道上共有跨河、过河建筑物2482座(桥梁649座、电缆及其他1833处),碍航的有517处。其中碍航桥梁为448座,碍航桥梁比例为69%,其它碍航跨河建筑物为69处,碍航比例为2.8%。

(湖北省局　王彦玲)

·湖南省内河航道　2007年,湖南省有通航河流(航线)373条,通航里程11968公里,居全国内河第3位。按等级分,全省通航里程等级航道二级、三级、四级、五级、六级、七级与等外级航道,分别为160.8、449、349、485、1550.2、1221、7752.7公里。按航道自然特性分,全省天然航道及渠化河段航道为10550.79公里,湖区航道423.99公里,库区航道992.92公里。到年底,湖南省内河航道构筑物枢纽数量500处,其中具有通航功能的171处。在通航建筑物数量中,船闸147座,升船机18座,其中正常实用的船闸62座,升船机9座。全年共完成6个航道整治工程,分别为:邵阳新宁崀山航道整治、娄底新化航道整治、常德湖区航道整治、怀化舞水航道整治、岳阳华容航道洋河渡至六门库航道疏浚以及岳阳县新墙河航道疏浚。

(湖南省局　蒋龙平)

·云南省内河航道　云南省河流众多,水资源丰富,全省河流有6大水系,主要干支流68条,湖泊30多个,大中型水库100余座,河流总长约14200公里,这些河流分属长江、珠江、红河、澜沧江—湄公河、萨尔温江、伊洛瓦底江水系。金沙江经省境北部,蜿蜒千里进入云南省水富县后称长江,是我省连接长江中、下游的水路通道,6大水系中4条干流、13条河流与东南亚国家连接,通向太平洋、印度洋,河流走向自西部扇形展开向东、东南、南出境,构成了水路"两出省、四出境"的格局。

2007年,云南省通航里程2764公里,等级航道1993公里,占通航总里程的72%,其中:五级以上航道506公里,占通航里程18%,山区河流航道1854公里,占通航里程的67%,其余为湖库区航道,其中长江水系金沙江通航里程为1091公里。

(云南省局　马翠德)

·贵州省内河航道　贵州省内河航道分属长江和珠江两大水系。赤水河、乌江、清水江、锦江汇入长江,都柳江、南盘江、北盘江、红水河汇入珠江。截至2007年底,全省通航里程达4003.77公里(按交通部省界航道1/2统计,实有通航里程3648.09公里)。水系分布情况,长江水系里程2300.18公里,占总里程的57.45%;珠江水系里程1703.59公里,占总里程的42.55%。2007年贵州省航道里程及等级状况一览表详见表7-6。

【2007年贵州省航道里程及等级状况一览表】(单位:km)　(表7-6)

水　系	通航里程	四级	五级	六级	七级	七级以下
长江水系	2300.18	0	542.5	688.73	245.57	823.38
珠江水系	1703.59	331.26	231.2	95.72	407.8	637.61

水 系	通航里程	四级	五级	六级	七级	七级以下
合 计	4003.77	331.26	773.7	784.45	653.37	1460.99

（贵州省局 周承芳）

·赤水河航道概况 （详见《长江航运年鉴》(2007卷)第七篇“航道”第647页）。

·乌江航道概况 （详见《长江航运年鉴》(2007卷)第七篇“航道”第647页）。

·四川省内河航道概况 2007年底，四川省有通航河流176条，通航水库、湖泊147个。Ⅶ级以上航道4026公里，其中Ⅲ级航道228公里，Ⅳ级航道568公里，Ⅴ级航道652公里，Ⅵ级航道949公里，Ⅶ航道1629公里。主要通航河流有长江、岷江、嘉陵江、涪江、渠江、沱江、金沙江、赤水河。有关四川省通航水域概况详见表7-7。

【四川省第一批认定的通航水域一览表】 （表7-7）

序号	河流名称	分段起、讫点	里程(km)	目前等级	干流
1	长江	宜宾合江门—泸州彩溪口	220	Ⅲ	长江
2	赤水河	泸州合江—泸州鲢鱼溪	49	Ⅵ	
		泸州太平—泸州岔角滩	11	Ⅵ	
3	金沙江	攀枝花干箐沟—攀枝花船房箐	133	Ⅵ	金沙江
		攀枝花船房箐—凉山大田坝	292.47	Ⅵ、Ⅶ	
		溪洛渡大桥—宜宾大岩洞	58.5	Ⅵ	
		宜宾大岩洞—宜宾合江门	126	Ⅴ	
4	雅砻江	攀枝花两江口—二滩大坝	30.5	Ⅵ	
		二滩大坝—攀枝花张门扎河口	50.05	Ⅴ	
		攀枝花张门扎河口—凉山金河大桥	104	Ⅴ	
5	鳡鱼河	攀枝花鳡鱼河口—渔门永兴	39	Ⅴ	
6	嘉陵江	广元对溪—广元昭化	86.1	Ⅶ	嘉陵江
		广元昭化—南充涧溪口	168.9	Ⅵ	
		南充涧溪口—广安河水湾	377	Ⅴ	
7	白龙江	广元昭化—广元三堆	27	Ⅶ	
		广元三堆—广元姚渡	54	Ⅵ	
8	岷江	成都—眉山江口	71	Ⅶ	岷江
		眉山江口—青神断颈佛	78.7	Ⅵ	
		乐山市中区肖公咀九龙滩—宜宾合江门	162	Ⅳ	
9	大渡河	雅安石棉县田湾河口—汉源县乌斯河镇觉托村	170	Ⅶ	
		乐山大件码头—乐山沙湾玉溪河口	35	Ⅴ	
10	涪江	绵阳东方红大桥—遂宁三星水电站	238	Ⅴ、Ⅶ	涪江
11	渠江	达州南门口—广安丹溪口	283	Ⅳ、Ⅶ	渠江
12	沱江	泸州管驿嘴—龙门镇大溪口	151.15	Ⅵ	沱江
		龙门镇大溪口—中华民族园	327.48	Ⅶ	
13	白节子河	自贡河口—自贡高硐石堰	12	Ⅴ	沱江

（四川省局 张 健 张 浩）

·陕西省内河航道 2007年，陕西省航道总里程为1100.38公里，通航里程为1065.66公里；没有增减变化，航道等级也没有变化。全年航道养护里程1100公里，完成投资90万元。

（陕西省局　余红梅）

·甘肃省内河航道　甘肃省航道总里程1294.42公里，黄河干流航道759.80公里，支流洮河航道138.10公里，长江水系嘉陵江支流白龙江及其支流航道186.50公里，其他航道49.60公里。通航里程859.77公里，其中等级航道347.20公里，等外航道512.57公里。

2007年，水运基本建设计划完成投资5000万元，实际完成投资5004.64万元，为年计划的100.09%。

2007年甘肃省内河航道通航里程（按水系分）一览表、2007年甘肃省内河航道通航里程（按水域类型分）一览表，详见表7－8、表7－9。

【2007年甘肃省内河航道通航里程（按水系分）一览表】（表7－8）

指标	序号	内河航道通航里程总计	长江水系	长江干流	珠江水系	黄河水系	黑龙江水系	京杭运河	闽江水系	淮河水系	其他水系
甲	乙	1	2	3	4	5	6	7	8	9	10
一、上年年底到达数	1	873.77	186.50	0.00	0.00	664.67	0.00	0.00	0.00	0.00	22.60
1. 一级航道	2	0.00	0.00	0.00	0.00	0.00	0.00	0.00	0.00	0.00	0.00
2. 二级航道	3	0.00	0.00	0.00	0.00	0.00	0.00	0.00	0.00	0.00	0.00
3. 三级航道	4	0.00	0.00	0.00	0.00	0.00	0.00	0.00	0.00	0.00	0.00
4. 四级航道	5	0.00	0.00	0.00	0.00	0.00	0.00	0.00	0.00	0.00	0.00
5. 五级航道	6	79.40	0.00	0.00	0.00	79.40	0.00	0.00	0.00	0.00	0.00
6. 六级航道	7	13.00	0.00	0.00	0.00	13.00	0.00	0.00	0.00	0.00	0.00
7. 七级航道	8	254.80	84.50	0.00	0.00	170.30	0.00	0.00	0.00	0.00	0.00
8. 八级航道	9	526.57	102.00	0.00	0.00	401.97	0.00	0.00	0.00	0.00	22.60
二、本年新建数	10	0.00	0.00	0.00	0.00	0.00	0.00	0.00	0.00	0.00	0.00
1. 一级航道	11	0.00	0.00	0.00	0.00	0.00	0.00	0.00	0.00	0.00	0.00
2. 二级航道	12	0.00	0.00	0.00	0.00	0.00	0.00	0.00	0.00	0.00	0.00
3. 三级航道	13	0.00	0.00	0.00	0.00	0.00	0.00	0.00	0.00	0.00	0.00
4. 四级航道	14	0.00	0.00	0.00	0.00	0.00	0.00	0.00	0.00	0.00	0.00
5. 五级航道	15	0.00	0.00	0.00	0.00	0.00	0.00	0.00	0.00	0.00	0.00
6. 六级航道	16	0.00	0.00	0.00	0.00	0.00	0.00	0.00	0.00	0.00	0.00
7. 七级航道	17	0.00	0.00	0.00	0.00	0.00	0.00	0.00	0.00	0.00	0.00
8. 等外航道	18	0.00	0.00	0.00	0.00	0.00	0.00	0.00	0.00	0.00	0.00
三、本年改建变更数	19	0.00	0.00	0.00	0.00	0.00	0.00	0.00	0.00	0.00	0.00
1. 一级航道	20	0.00	0.00	0.00	0.00	0.00	0.00	0.00	0.00	0.00	0.00
2. 二级航道	21	0.00	0.00	0.00	0.00	0.00	0.00	0.00	0.00	0.00	0.00
3. 三级航道	22	0.00	0.00	0.00	0.00	0.00	0.00	0.00	0.00	0.00	0.00
4. 四级航道	23	0.00	0.00	0.00	0.00	0.00	0.00	0.00	0.00	0.00	0.00
5. 五级航道	24	0.00	0.00	0.00	0.00	0.00	0.00	0.00	0.00	0.00	0.00
6. 六级航道	25	0.00	0.00	0.00	0.00	0.00	0.00	0.00	0.00	0.00	0.00
7. 七级航道	26	0.00	0.00	0.00	0.00	0.00	0.00	0.00	0.00	0.00	0.00
8. 等外航道	27	0.00	0.00	0.00	0.00	0.00	0.00	0.00	0.00	0.00	0.00
四、本年年底到达数	28	873.77	186.50	0.00	0.00	664.67	0.00	0.00	0.00	0.00	22.60
1. 一级航道	29	0.00	0.00	0.00	0.00	0.00	0.00	0.00	0.00	0.00	0.00
2. 二级航道	30	0.00	0.00	0.00	0.00	0.00	0.00	0.00	0.00	0.00	0.00
3. 三级航道	31	0.00	0.00	0.00	0.00	0.00	0.00	0.00	0.00	0.00	0.00
4. 四级航道	32	0.00	0.00	0.00	0.00	0.00	0.00	0.00	0.00	0.00	0.00
5. 五级航道	33	79.40	0.00	0.00	0.00	79.40	0.00	0.00	0.00	0.00	0.00

指标	序号	内河航道通航里程总计	长江水系		珠江水系	黄河水系	黑龙江水系	京杭运河	闽江水系	淮河水系	其他水系
				长江干流							
甲	乙	1	2	3	4	5	6	7	8	9	10
6.六级航道	34	13.00	0.00	0.00	0.00	13.00	0.00	0.00	0.00	0.00	0.00
7.七级航道	35	254.80	84.50	0.00	0.00	170.30	0.00	0.00	0.00	0.00	0.00
8.等外航道	36	526.57	102.00	0.00	0.00	401.97	0.00	0.00	0.00	0.00	22.60

【2007年甘肃省内河航道通航里程(按水域类型分)一览表】 (表7-9)

指标	序号	内河航道通航里程总计	天然河道及渠化河	限制性航道	宽浅河流航道	山区急流河段航道	湖区航道	库区航道
甲	乙	1	2	3	4	5	6	7
一、上年年底到达数	1	873.77	218.40	0.00	0.00	372.07	0.00	283.30
1.一级航道	2	0.00	0.00	0.00	0.00	0.00	0.00	0.00
2.二级航道	3	0.00	0.00	0.00	0.00	0.00	0.00	0.00
3.三级航道	4	0.00	0.00	0.00	0.00	0.00	0.00	0.00
4.四级航道	5	0.00	0.00	0.00	0.00	0.00	0.00	0.00
5.五级航道	6	79.40	38.40	0.00	0.00	0.00	0.00	41.00
6.六级航道	7	13.00	0.00	0.00	0.00	0.00	0.00	13.00
7.七级航道	8	254.80	76.90	0.00	0.00	0.00	0.00	177.90
8.八级航道	9	526.57	103.10	0.00	0.00	372.07	0.00	51.40
二、本年新建数	10	0.00	0.00	0.00	0.00	0.00	0.00	0.00
1.一级航道	11	0.00	0.00	0.00	0.00	0.00	0.00	0.00
2.二级航道	12	0.00	0.00	0.00	0.00	0.00	0.00	0.00
3.三级航道	13	0.00	0.00	0.00	0.00	0.00	0.00	0.00
4.四级航道	14	0.00	0.00	0.00	0.00	0.00	0.00	0.00
5.五级航道	15	0.00	0.00	0.00	0.00	0.00	0.00	0.00
6.六级航道	16	0.00	0.00	0.00	0.00	0.00	0.00	0.00
7.七级航道	17	0.00	0.00	0.00	0.00	0.00	0.00	0.00
8.等外航道	18	0.00	0.00	0.00	0.00	0.00	0.00	0.00
三、本年改建变更数	19	0.00	0.00	0.00	0.00	0.00	0.00	0.00
1.一级航道	20	0.00	0.00	0.00	0.00	0.00	0.00	0.00
2.二级航道	21	0.00	0.00	0.00	0.00	0.00	0.00	0.00
3.三级航道	22	0.00	0.00	0.00	0.00	0.00	0.00	0.00
4.四级航道	23	0.00	0.00	0.00	0.00	0.00	0.00	0.00
5.五级航道	24	0.00	0.00	0.00	0.00	0.00	0.00	0.00
6.六级航道	25	0.00	0.00	0.00	0.00	0.00	0.00	0.00
7.七级航道	26	0.00	0.00	0.00	0.00	0.00	0.00	0.00
8.等外航道	27	0.00	0.00	0.00	0.00	0.00	0.00	0.00
四、本年年底到达数	28	873.77	218.40	0.00	0.00	372.07	0.00	283.00
1.一级航道	29	0.00	0.00	0.00	0.00	0.00	0.00	0.00
2.二级航道	30	0.00	0.00	0.00	0.00	0.00	0.00	0.00
3.三级航道	31	0.00	0.00	0.00	0.00	0.00	0.00	0.00
4.四级航道	32	0.00	0.00	0.00	0.00	0.00	0.00	0.00
5.五级航道	33	79.40	38.40	0.00	0.00	0.00	0.00	41.00
6.六级航道	34	13.00	0.00	0.00	0.00	0.00	0.00	13.00

指标	序号	内河航道通航里程总计	天然河道及渠化河	限制性航道	宽浅河流航道	山区急流河段航道	湖区航道	库区航道
甲	乙	1	2	3	4	5	6	7
7. 七级航道	35	254.80	76.90	0.00	0.00	0.00	0.00	177.90
8. 等外航道	36	526.57	103.10	0.00	0.00	372.07	0.00	51.40

（甘肃省局　陈长春）

·重庆市内河航道　2007年，重庆市共有航道190条，总里程达4337公里。其中主要通航里程，长江679公里、嘉陵江172公里、乌江231公里，90%以上的货运量通过以上航道完成。

2007年重庆市在航道建设、维护和管理方面，一是加强航道网络建设。6月14日，涪江富金坝航电枢纽全面完工并通过验收，嘉陵江草街航电枢纽工程正紧张进行二期围堰的填筑，嘉陵江梯级渠化利泽航运枢纽准备工程举行了开工仪式，乌江彭水电站工程于年底一期蓄水实现首台机组发电；乌江银盘电航枢纽纵向围堰施工，年内实现大江截流和主体工程开工。二是加强航运支持保障系统建设。开展三峡库区支流航道整治及支持保障系统建设前期工作，编制完成了《长江三峡工程库区重庆市支流航道整治利用方案》，并已报国务院三峡工程建设委员会办公室审查；开展了大宁河分边航行工程调研，初步确定布设航标及航行警示标志位置；组织完成了《重庆市航标遥测遥控系统》开发、试运行工作；进一步完善《重庆市水上交通管理监控系统》，充分发挥其监控、避碰、预警、救援、调度、取证等功能，提高航运服务能力。

（重庆市局　彭然红）

【长江—金沙江航道概况】　长江是我国的第一大江，金沙江是长江的源流，两大江的水能、水量巨大，具有发展水电、航运的条件。全长6300公里，流域面积180多万平方公里。宜宾以上至玉树2308公里河段称金沙江，以下至入海河口一段2318公里称长江。

长江干线上游水富至宜昌长1074公里，中游宜昌至湖口长898公里，下游湖口至长江口865.6公里。长江干线拥有主要通航支流岷江、嘉陵江、乌江、湘江、沅水、汉江、赣江、合裕线及江南水网等骨干航道等数十条；拥有上海、南通、镇江、南京、马鞍山、芜湖、安庆、安庆、九江、黄石、武汉、岳阳、荆州、宜昌、重庆、泸州、宜宾等主要港口和重点港口17个。

金沙江攀枝花至宜宾通航里程长815公里，共分为三段。攀枝花市—新市镇段长707公里，其中攀枝花至务基的599公里河段内平均河面宽150米，有大小滩险360处，峡谷11处。务基至新市镇108公里，有滩险51处。新市镇—水富段长77公里，有碍航滩险28处，95%保证率时的航道尺度为1.5×40×260（米）。有3处设绞滩机助航。150吨级驳船通行近300天，最大通航船队2×300吨+279.3千瓦。水富—宜宾段长30公里，共有滩险12处，95%枯水位保证率时，航道尺度为1.8×45×320（米）。常年通行2×350吨+352.8千瓦船队。长江宜宾—泸州彩溪口长228.5公里，目前中洪水期可通航1000吨级船舶，计划2007年对该段航道按Ⅲ级标准进行整治。

（四川省局　胡　旭　陈春梅）

【嘉陵江水系航道概况】　嘉陵江是长江上游的主要支流，发源于陕西省风县秦岭南麓。由北向南流经甘肃的徽县、陕西的略阳，经阳平关入四川境，再流经广元、昭化、苍溪、阆中、南部、蓬安、南充、武胜等城镇，再入重庆合川，在重庆朝天门汇入长江，全长1119公里，流域面积16万平方公里。对溪至广元63公里为上游，广元至合川（四川省与重庆市交界处）568.3公里为中游，合川至重庆市长江汇入口153公里为下游。沿途主要支流有白龙江、东河、西河、渠江、涪江等。分属广元市、南充市、广安市和重庆市管辖。流域内通航河流10余条，通航里程1373.55公里，其中广元市辖区568.5公里，南充市辖区726.55公里，广安市辖区78.5公里。

嘉陵江流域地理位置为东经102°~109°与北纬29°40′~34°30′，地势由西北向东南倾斜，地形复杂。广元以上为上游，属秦巴山区，海拔高程为1800~4800米，河谷切割亦深，多呈“V”形，相对高差200~500米，台地少，水流急，洲险滩多，比降大,水面宽为 50~200 米,广元至合川段为中游,河谷逐渐开两岸多丘陵平坝,台地多,边滩发育低坦,水面宽度一般在 200~500 米,合川以下至重庆朝天门汇入口为下游,属浅丘陵地形,河床开阔,漫滩多,水流分散,河床质多为砂卵石,水面宽一般在 300~800 米。

嘉陵江川境段共规划 13 个梯级,总装机 270 万千瓦,总投资 281 亿元。至 2010 年基本实现 589 公里全江渠化,达到四级通航标准,可通行 500 吨级船舶。

2006 年在建金银台、新政、青居、金溪、小龙门、沙溪和凤仪场 7 个枢纽,金银台、新政和青居枢纽机组已全部发电,金溪枢纽 2 台机组发电,小龙门枢纽计划 2007 年机组发电,沙溪和凤仪场枢纽正在开展"四通一平"工作。在建 7 个项目中,除青居枢纽为华能控股建设外,其余均为交通控股建设,6 个在建交通控股项目总投资 64.3 亿元,目前已累计完成总投资的 60%。"十一五"拟开工建设苍溪和亭子口航电枢纽。

(四川省局 胡 旭 陈春梅)

【**岷江水系航道概况**】 岷江是长江上游的主要支流,发源于四川省西北部岷山山脉南麓,自西北南流,经松潘、汶川、都江堰、成都、眉山、乐山等 13 个县市于宜宾城东汇入长江,干流全长 745 公里,流域面积 132500 平方公里。岷江通航河道大多属冲积性河流,卵石滩居多,水浅、槽弯急是岷江航道矛盾的主体。近年来,随着水电的开发建设,日调节电站非恒定流对航道的影响非常明显,给船舶运输带来诸多问题。

流域内通航河流 45 条,通航总里程1979.5公里。其中 Ⅳ—Ⅶ级航道 4 条(岷江、大渡河、青衣江、马边河),通航里程 601.87 公里,Ⅶ级以下航道 41 条,通航里程 1377.63 公里。流域内通航水库、湖泊 25 个,通航里程 234.5 公里。

岷江是四川省重大技术装备运输的唯一水运通道,截至 2006 年底,岷江大件运输完成 255 批次,5.8 万吨,2004 年成功运送二重的轧机牌坊 2 件,总重 840 吨重件,创造了岷江单船运输大件 800 吨的记录。

(四川省局 胡 旭 陈春梅)

【**渠江水系航道概况**】 渠江位于四川盆地东北部,发源于南江县大巴山南麓,是嘉陵江左岸最大支流,是省内重要航运干线之一,其上游分渠江主流巴河与州河两大水系,在三汇镇合流后始称渠江。渠江从源头流经南江、巴中、平昌、三汇、渠县、广安、罗渡等城镇,在重庆合川上游 8 公里的渠河咀汇入嘉陵江,渠江干流三汇镇至渠河咀全长 301 公里,天然落差 51 米,平均比降 0.169%,流域面积 3.88 万平方公里。主要支流有大、小通江、恩阳河、巴河、州河、流江河等。分属巴中市、达州市、广安市和重庆市管辖。全流域共有通航里程1646.71公里,其中:广安辖区 131.2 公里,巴中辖区649.71公里(含水库航道 184.88 公里),达州辖区 865.8 公里(含水库航道 104.15 公里)。渠江流域水量丰沛,水力资源蕴藏量为 50 万千瓦,可发电量 11 万千瓦。

渠江干流从达州南门口到重庆合川的渠河咀航道里程 359 公里,规划 6 个梯级,分别为金盘子、舵石鼓、南阳滩、风洞子、梁滩、四九滩。目前,除风洞子梯级未建,其余 5 个均已建成。每座枢纽都建有通航建筑物,共改善航道 321.8 公里,渠江干流航运规划梯级间水位互相衔接,已建枢纽间渠化航道达到国家Ⅳ级航道标准,航道尺度1.8~1.9×80×340(米),梯级船闸一次可通行 2 艘 500 吨级驳船及一艘拖轮组成的船队。因风洞子梯级尚未修建,凉滩梯级回水达不到南阳滩,其间 29 公里为天然航道,航道现状为国家Ⅶ级航道标准,最低通航水位保证率 90%,枯水航道尺度为 0.8×25×180(米)。目前渠江客货运输以短途为主,客船基本为 18 座钢质双机挂浆船,货船主要为1 拖 5 的 500 吨级及 200 吨自卸船。

(四川省局 胡 旭 陈春梅)

【**涪江水系航道概况**】 涪江是嘉陵江右岸最大的支流,是四川省六大水系和水运主要通道之一,对四川交通运输和经济发展起到了重要作用。涪江发源于岷山东麓雪宝顶四川松潘县境内,由北向南经平武、江油进入盆地后,流经绵阳、三台、射洪、遂宁、潼南、铜梁,在合川汇入嘉陵江,全长 721 公里,流域面积 3.66 万平方公里。其绵阳以上 346 公里为上游,绵阳至遂宁 206 公里为中游,遂宁至合川 169 干下游。主要支流有湔江、安昌河、凯江、梓江、郪江、琼江等。分别在江油、绵阳市涪城区、三台、射洪、蓬溪、潼南汇入涪江。

流域内通航河流11条,通航总里程为960.61公里。其中Ⅳ—Ⅶ级航道1条,通航里程为278.49公里,Ⅶ级以下航道10条,通航里程为682.12公里。流域内通航水库、湖泊14个,通航里程168.88公里。

涪江位于东经103°48′~106°20′、北纬29°12′~32°48′之间,四川盆地东北部。地势西北高,东南低,两岸水系发育。涪江干流在江油市武都以上的上游河段,河流流经四川盆地边缘的高原德龙门山区,两岸山势陡峭,河流婉蜒曲折。武都以下河流进入盆地丘陵地区,河谷骤然开阔,沿江两岸为冲积台地及浅丘地形。

涪江水资源丰沛、具有多种综合利用效益。绵阳—米溪石245.66公里河段规划16个梯级,总装机容量达52.5万千瓦,各梯级间正常水位衔接,现已建成三江、明台、文峰、金华、螺丝池、白禅寺6个梯级,吴家渡、吴家街、过军渡3个梯级完成了初步设计,唐家渡、柳树2个梯级完成了可行性研究。

(四川省局　胡　旭　陈春梅)

【沱江水系航道概况】 沱江是长江上游左岸的支流,发源于四川省茂县九顶山南麓,正源为棉远河。上游有石亭江汇入,到金堂纳入岷江水系的毗河、蒲河后称沱江。沿程流经金堂、简阳、资阳、资中、内江、富顺、泸县,于泸州市注入长江。干流全长618公里,流域面积27866平方公里,总落差2354米,平均比降3.74‰。其中金堂赵镇至泸州496.18公里,落差214.1米,平均比降0.43‰。沱江在赵镇以上为上游,赵镇至内江为中游,内江以下为下游。沱江航道,上连川西,下通川南,是成都与长江沟通的第二条水路。

沱江上游以绵竹汉旺至彭县关口为界,西北部地势较陡峻,进入成都平原后,河谷宽阔平坦,谷宽1000~2000米。赵家渡以下的中下游,除在海拔500~1000米的龙泉山山脉等地段形成3处狭窄的V形河谷外(即金堂峡、月亮峡、石灰峡),其余均迂回于海拔250~450米的丘陵地区,河谷开阔,河漫滩发育,枯水期沙洲出露,水面宽200~450米,河床质多为沙卵石,河形曲折多滩。支流众多,主要支流有阳化河、清流河、球溪河、釜溪河、胡市河等。流域内气候温和,雨量丰沛,年降雨量890~1100毫米,径流量149.3亿立方米,是长江总水量的1.5%。沱江干支流,当从高山峡谷进入平川或浅丘陵后,景象迥异,河谷展宽,台地广布,平原浅丘交替,河床宽窄相间,岸滩发育,深槽、浅滩、汊流等随处可见,河床纵坡相对减缓。沱江通航河道大多属冲积性河流,卵石滩居多,部份河段崖盘出露,水浅、槽窄、弯急是沱江航运矛盾的主体。上世纪70年代以来,随着沿江10座梯级水电站的开发建设,日调节电站非恒定流对梯级下游航道的影响声明显,给船舶运输带来诸多问题。

流域内通航河流49条,通航总里程2894.68公里。其中Ⅳ—Ⅶ级航道5条,通航程700.52公里;Ⅶ级以下航道44条,通航里程2194.16公里。

沱江干流规划22级梯级。由于沱江上游不具备建大型龙头水库条件,水电部门在金堂至泸州河段,规划的22级梯级都为低坝枢纽,总装机容量21.64万千瓦,但梯级间有16处不衔接,其中最大水位差10.5米,造成1.2~22公里长度不等的天然河段。现已按此规划相继建成10个梯级,有九龙滩、石桥、猫猫寺、南津驿、王二溪、五里店、石盘滩、黄泥滩、黄葛浩和流滩坝,共改善航道172.6公里,这些枢纽中除最上游九龙滩枢纽未建船闸外,其余枢纽均建有船闸。

(四川省局　胡　旭　陈春梅)

·管理机构·

【长江航道局】 (详见《长江航运年鉴》(2008卷)第三篇“机构”)

2007年,长江航道局坚持以科学发展观为统领,积极践行“三个服务”,为长江水运和沿江经济社会发展提供了坚强有力的航道服务,各项工作成效明显。

·航道服务能力明显提高　2007年,长江干线航道维护保畅工作遇到了前所未有的困难:上届枯水期,长江上游出现百年一遇枯水;洪水期,长江干线水位较往年偏高,特别是7月中旬,重庆、四川等地区突降特大暴雨,上游航道航标器材和航道维护设施受损严重;汛期,三峡库区进行156米调蓄水;本届枯水期,上游来水偏少,中游遭遇50年一遇秋旱,干线航道水位同比低1~1.5米,“超吃水”船舶破坏航道事件频发。面对严峻局面,长江航道局加大航道观测与维护力度,增调疏浚力量,并克服诸多困难,实施非通航高峰期疏浚施工。通过全线干部职工的艰苦努力,实现了全年干线航道的畅通、安全、平稳、有序。

·主动作为,搞好服务　2007年5月,长江航道局正式提高了渝芜段1891.2公里航道维护尺度,运行效果良好,社会反响强烈。9月,顺利完成了娄溪沟—丰都河段187.2公里航标设施更新改造,实现了长江上游航道所有航标的制式标准化、标体大型化、灯光明亮化,提高了助航性能。

·航道行政管理取得突破　荆州长江大桥非设计通航桥孔防撞设施建设得到交通部批复并开始实施,航道部门承担的助航设施建设项目已全部完工。对“超吃水”船舶破坏航道行为索赔工作取得突破,有效维护了航道合法权益。全年共完成航标维护1880689座天,为年计划的108.3%,维护正常率999‰;各河段航道维护尺度保证率均达到计划指标;测量完成32091.8换算平方公里,为年计划的154.9%;疏浚维护工程量为314万米^3。全线未发生任何航道维护责任事故,干线航道总体畅通安全。

·自身经济实力明显增强　工程经营方面,针对国内当前疏浚市场的激烈竞争局面,认真研究、积极应对,从设备、人才、技术、资质、品牌等方面入手,着力培养核心竞争力,增强市场竞争能力。总局成功获得港航工程总承包特级资质,下属武汉工程局、南京工程局总承包一级资质申报工作进展顺利。全面完成了“402803”(40亿的签约额,28亿产值,3亿元的毛利润)的工程经营年度目标。航养费征收方面,2007年是局征稽工作突破历史的一年,在目标高、任务重、压力大、困难多的情况下,全线征稽人员克难攻坚,全年航养费征收达6.3亿元,为年计划的114.5%,为冲刺目标的105%,提前3年实现了“十一五”期征稽目标。另外,通过积极反映,在上级的关心支持下,国家财政对局的事业拨款继续得到增加。

·航道建设稳步推进　一是前期工作成效明显,年内叙泸段二期航道整治工程以及蕲州、荆州处站码头工程、泸州、丰都、武汉综合码头、测量二期工程等8个项目的工可通过交通部审查并批复;太子矶水道拦江矶炸礁、张南上浅区、江乌、戴家洲河段航道整治工程等4个项目工可通过交通部审查;三峡水库铜锣峡以上河段炸礁工程已通过设计审查,即将实施。二是航道建设步伐加快,叙泸段一期、南浏段数字航道、重庆生产业务用房等相继开工建设,叙泸段二期、黑沙洲、瓦口子工程即将开工;马家咀一期、周天、嘉鱼—燕窝、武穴等航道整治工程、太子矶水道中段航道炸礁工程和信息化二期工程等项目主体工程已完工;泸渝段、陆溪口、罗湖洲、东流航道整治等工程组织了交工验收,已进入收尾阶段;碾子湾工程、芜南段航改工程、航标一期等项目已做好竣工验收前的各项准备,待交通部组织验收。三是船舶建造有序推进,8000方自航耙已下水并进入设备调试阶段;下游大型航标船已交付使用;趸船一期工程全部完工,并投入使用,不仅使长江航道局趸船设施面貌焕然一新,而且提升了长江航道的社会形象。此外,工程单位自筹资金建造、购置了50方抓斗、3500方绞吸、3000方斗轮、40米铺排船等多艘疏浚及工程船舶,航道维护和疏浚设备能力大幅提升。面对建设任务重、要求高、施工环境复杂等困难,全年共完成基本建设投资8.1亿元。与此同时,管理机制改革不断深化。表现为:

1.航道系统的内部管理机制进一步理顺。2007年,继续推进航道管理单位综合管理模式改革和工程单位深化企业化管理改革。全面完成了4个航道单位和4个工程单位改革方案的制订工作,批复了部分单位的总体方案和“三定”方案,目前正在抓紧实施之中。为进一步服务西部大开发和“延上游”战略,成立了长江宜宾航道局,研究上报了水富—宜宾段航道接管方案。将长江航道测量中心作为长江航道局局属单位管理,负责长江干线航道测量工作的统一管理和测量数据平台建设。完成黄颡口—上巢湖28公里干线航道维护管理权限的划转工作,调整理顺了管理关系。完成了长航监理公司股权的调整工作。

2.安全态势保持平稳。2007年,认真开展“两防”(防碰撞、防泄漏)专项整治活动。对长江干线66处桥区航道助航设施开展安全隐患排查,敦促桥梁管理单位加大隐患整改力度;积极开展在建工程安全隐患排查,对发现的问题进行深入整改。航道单位全面推行“一法三卡”工作,工程单位认真实施《国内安全管理规则》;全线层层签订安全生产责任状,实施安全风险抵押制度;制定并落实安全投入长效机制;加强航道整治建设、沿海工地施工安全管理,确保了施工安全。按照交通部的统一部署,长江航道局参加了在万州举行的“2007

年长江三峡库区水上联合搜救演习”,圆满完成了所承担的任务。全年无任何等级上报责任事故。

3. 干部人事制度改革得到了深化。在对局属单位领导班子和局机关全体干部集中考核的基础上,坚持“一有四干”的用人导向。2007年5月,对全局尤其是局机关干部进行了大范围的调整交流,共涉及干部187人。

4. 财务管理日趋规范。局与所属单位和局机关各部门全面推行了预算管理,强化了预算执行监督。全局经费支出更加规范合理,资金使用效益明显提高。强化对工程单位的资金监管,规范决策行为,提高了财务风险防范意识。通过全局性的资产清查,摸清了固定资产、流动资产、负债、净资产等情况,理顺了资产管理关系,为进一步深化预算管理打下了坚实基础。

5. 开展制度清理,按照“废、留、改、立”的原则,对局现有各项规章制度性文件进行了全面的梳理。目前,正处于制度完善汇编阶段。

6. 审计监督得到强化。年内完成审计项目22项,对二级单位审计覆盖面达100%;重点对经济中的热点、难点和领导关注、职工关心的问题开展审计监督,维护了财经秩序,促进了廉政建设。

7. 船舶设备管理更加完善。按照“养修结合、以养为主”的原则,通过加强现场管理、及时修复保养,船舶完好率达90%;加大了对工程船舶的技改力度,有效提升了船舶的施工效率,船舶设备的潜力得到有效发挥。

8. 科教创新活力显现。根据《建设创新型长江航道指导意见》的总体部署,修订了《长江航道局“十一五”期科技发展规划实施方案》,制订了《长江航道局人才发展规划》、《院士培养方案》、《专家委员会管理办法》和《专业技术带头人管理办法》。长江三峡水利枢纽施工期变动回水区航道整治工程(“7250”工程)获2007年“国家优质工程银质奖”及交通部“水运工程质量奖”。张家洲南港下浅区航道整治工程设计荣获交通部优秀设计二等奖。1个单位获全国质量管理小组活动优秀企业称号,2项成果获得国家级表彰,26项质量管理成果获得省部级表彰。2项科技成果分别获得“中国航海科技奖”二等奖和三等奖。航道研究院获得水运全行业设计甲级资质。武汉航道学校获海船船员2项专业培训资质。完成了长江宜宾至重庆段航道治理关键技术研究,其成果已应用于叙泸段航道整治工程。实现了中洪水位条件下航道整治施工。按照人才队伍建设的需要,长江航道局召开了人才工作会议,确定了“十一五”期“123456”的人才工作思路,印发了《长江航道局“职工素质达标工程”实施方案》。1人新获国务院政府特殊津贴专家,4人新获教授级高工任职资格,45人新获高级职称任职资格,28人新获硕士学位。大力加强职工素质教育培训,全年共培训职工5000多人次,专业技术干部继续教育面达98%。此外,综合治理加大力度,局与所属单位和机关部门签订社会治安综合治理责任状,严厉打击破坏航道生产和扰乱施工秩序的违法犯罪行为。廉政建设不断深入。局把基础设施廉政建设放在服务工程建设的大局中加以推进、放在落实惩防体系的格局中加以完善、放在满足以人为本的内在要求中加以实施、放在不断创新发展中加以深化,实现了制度设计体系化、制度意识自觉化、制度执行流程化、制度督查网络化、制度考评常态化,形成了“五化四推进”的长江航道制度防腐经验,并被交通部选树为全国交通系统廉政建设三大典型之一,在全国交通系统基础设施建设廉政工作经验交流会上进行大会交流。结合发展需要,进一步完善了《长江航道基础设施建设程序防腐体系文件》。文明创建整体推进。局属重庆航道局荣获“十届全国职工职业道德建设先进单位”称号,泸州航道局荣获“四川省十佳职业道德标兵单位”称号,武汉工程局等7个单位同步跨入省级(最佳)文明单位行列,宜昌、武汉航区新进入全国文明样板航道行列。行业文化建设全面推进。《长江航道局文化建设纲要》推进实施,组织编写了《长江航道职工文化手册》,提炼出“团结、诚信、奉献、卓越”的长江航道精神和“开辟美好生活新航道”的行业使命,建立了较为完善的行业文化体系。与此同时,成功举办建局50周年局庆。交通部李盛霖部长和湖北省罗清泉省长分别发来贺信,对长江航道50年来的成绩给予了高度的评价。庆典活动进一步激发了广大航道干部职工的荣誉感和归宿感,扩大了长江航道局在行业内外和社会各界的影响。

2007年,长江航道局工作会确定的便民利民惠民的5件实事全面完成。全局投入近千万元,圆满完成了“趸船接岸安保工程”,使过去提心吊胆的“扯扯渡”变成了现在安全漂亮的“春风桥”;

完成了离退休干部住房分配货币化补贴兑现前的各项准备工作；事业单位收入分配制度改革的阶段性任务已圆满完成，职工收入稳步增加。

地　址　武汉市解放公园路16号
邮　编　430010
电　话　(027)82767633
传　真　(027)82733794
邮　箱　cjhdjjb@263.net

（长江航道局　茅生斌）

【长江南京航道局】　（详见《长江航运年鉴》(2007卷)第七篇“航道”第659页）

2007年，长江南京航道局(以下简称南京局)完成的各项生产、经济指标为：航道维护尺度保证率100%；航标维护正常率1000‰；航标维护工作量540286座天(截至10月底)，为年计划的111%；测量工作6556.04换算平方公里(截至10月底)，为年计划的136.3%；航养费征收29100万元(截至11月16日)；对外创收4500万元(预计)。

·全面提升辖区航道维护水深　为了更好地做好“三个服务”，在江苏段全面提升航道维护水深后，南京局又根据长江航道局的统一部署，从5月1日起，全面提升芜湖以上长江干线航道维护尺度。通过调整，辖区芜湖至安庆段航道维护水深已提高到最大为7.5米，安庆至黄颡口段航道维护水深提高到了最大为6米。这次水深调整过程中，南京局统一规划，精心组织，落实责任，高标准高质量地完成了任务，圆满地达到了长江干线“提高渝芜航道维护尺度方案”的要求。

·枯洪水期航道维护　2006—2007届枯水期，因2006年洪水季节水位不高，底水不丰，加之三峡156米蓄水等原因，导致辖区航道水位较之往年普遍偏低。为了确保航道畅通，南京局一是通过加强观测和分析，适时掌握水道变化，及时制定战枯水预案；二是充分利用自然水深，及时运用调标、改槽等常规手段，保证航道尺度；三是对重点浅区——张南水道进行疏浚，先后疏浚23天，挖泥246船，确保了维护水深。5月份，芜湖以上航道全面提高水深后，黑沙洲水道一度出浅，南京局对出浅航段实施维护性疏浚，以维护新的航道尺度。8月份，福姜沙南水道出现演变，南京局再次申请动用挖泥船实施疏浚，历时95天，挖泥60米^3，保证了航道段畅通。根据南京局十一五期发展目标，在长江口深水航道2008年达到12.5米以后，又将其延伸至太仓。2007年，南京局在进一步做好巩固南浏段10.5米深水航道建设成果的基础上，加大做好南浏段12.5米深水航道建设可行性研究和方案论证工作，编制了《太仓—浏河口段12.5米深水航道条件及维护措施》，并专题召开会议进行论证。三峡蓄水至156米前，南京局提前策划，专题部署，制定了维护预案。蓄水期间，密切关注水情，加大测量，先后调标66座次，维护了航道畅通。芜湖以上海轮航道开通以后，南京局即时对外发布了《2007年长江下游芜湖高安圩至武汉航段海轮航行办法》。根据水深变化情况，适时调整标志和修改推荐航线，保证了海轮安全通行。全年共对外提供单张蓝图2万余幅，提供新版航行图4千余册，以满足船舶航行的需要。

·确保航道畅通，南京局不断强化航道行政管理，以优质的服务支援地方经济发展　截至2007年11月底，共对外批复水工设施建设文件90余份，满意率100%。6月15日，广东九江大桥撞桥事故发生后，南京局迅速开展专题研究，布置各航道处对辖区桥区航道安全情况展开普查，进一步优化桥区航标配布，进一步落实桥区航道维护管理应急预案。同时，还对非通航桥孔桥墩安全防撞问题进行了研究，提出了非通航桥孔安全保障措施，受到长江航道局的好评。此外，积极参与长航局联合执法。通过联合执法这个有效平台，加大航道法规宣传，充分行使航道行政管理职权，加强航行船舶现场监管，遏制和打击破坏航道及“超吃水”船舶行为。另在航养费征收方面，主要采取了以下措施：一是在辖区开展夏季大稽查；二是开展国际航线择大计征与催款工作，为应对国家实行费改税，加大了对国际航线的催款进度；三是加强各站桥区建设和汽渡航养费征收工作的督促；四是组织规范江苏省籍船舶征收工作；五是组织相关直属站购置办公用房，结束了征稽工作游离、漂泊的工作环境。截至11月16日，南京局辖区共征收航养费29100万元，完成了上级下达全年冲刺目标3.4亿元的85.6%，比2006年全年多征收了3100万元。继续抓紧做好如皋码头工可报告及相关材料的上报工作。芜湖航道处生产用房已完成建筑方案设计，正逐级上报之中。芜湖新港综合码头建设工程继工可报告编制完成后，又完成了征地和水、电、路前期工作。镇江航道处生产用房建设用地已上报地方政府审批，码头搬迁复建工作也在进行中。扬中综合码头建设7月22日开工，年内可实现主体工程基本完工。南浏段10米水深航道向上延伸工程的收尾工作已近尾声。三条景观化趸船4月底前已正式投入使用。五个潮位站建设正在积极落实，其中南通潮位站已经完成建设，扬中潮位站可于年底前完成，南京、江阴、镇江三潮位站建设也正在与地方政府沟通协商中。太平洲捷水道航标建设工程浮标建造和抛设工作已经完成，岸标建设工作正在按计划进行。南浏段数字航道建设是交通部和长江航道局的重点示范工程，也是南京局的"一号工程"。年内认真组织、规范操作，目前已完成工程建设6个标段的公开招标。同时，抓紧进行相关配套设施的建设，局、处机房和办公区装修均基本完工，综合演示室建设现正实施，年底完工。2007年，完成以电子航道图系统和航标遥测遥控系统为主体的工程内容。结合数字航道工程的实施，开展科技项目的攻关和研制，主要进行了4个项目的攻关："电子航道图数据制作与更新关键技术与机制研究"、"AIS航标的研制和应用"、"航标遥测遥控终端蓄电池电量检测系统"、"桥区航标高精度GPS遥测遥控终端的研制和应用"。2007年长江航道局成果发布会，南京局安庆航道处"十米标志船防碰撞电瓶箱的研制"项目获得了一等奖；镇江、上海两处各获得三等奖1个。参加南京市的成果发布会上，南京局获得了南京市成果发布二等奖1个，并被推荐为省优秀QC小组。

·安全工作常抓不懈　2007年5月，南京局推行安全等级分色预警和"一法三卡"工作。经过南京、安庆航道处试点成功后，9—10月全面推广实施分色预警和"一法三卡"管理方式，共制作分色预警图51张，制作卡片522张，投入资金近6万元。6月15日，广东九江大桥事故发生后，南京局第一时间组织各航道处对辖区所有桥区航标进行全面检查。10月18日，南京局"两防"工作通过了长江航务管理局"两防"督查组验收，隐患排查工作受到南京市安监局表彰。另外，为落实科技兴安战略，南京局投入资金210万元为船艇配备雷达14台，望远镜28部，在重点站船安装安全监控系统34套，防止发生船舶碰撞事故和确保甲板作业安全。同时，为加强应急管理工作，南京局在《事故应急预案集》基础上，专门制定了《水路交通突发公共事件应急预案》总预案和9个分预案，基本涵盖了航道生产过程中可能发生重大突发事件的应急处理措施，构建了全局完整的应急救援体系。南京局全年实修船舶64艘，计划完成率100%；大型航标工作船"宁道测501"交付使用，新型长江下游(小型)航标工作船技术设计完成，三艘65米景观化趸船竣工出厂，首期4艘18米测量(巡检)快艇正在建造，第二期造船招投标工作已启动。全年完成的机务管理考核指标为：船舶五好面91.8%；全年修费459.5万元，修费兑现率100%；船员扩大自修额72万元；开展CWBT(船舶维修保养体系)活动船艇23艘；节能指标全面完成；无任何机损事故。

2007年，南京局实现对外经营创收4500万元。

地　址　南京市下关区公共路64号
邮　编　210015
电　话　(025)85077819；85077840
邮　箱　cjnjhdj@126.com
网　址　http://www.cjnjhdj.com

(南京局)

【长江武汉航道局】　(详见《长江航运年鉴》(2007卷)第七篇"航道"第660页)

2007年，长江武汉航道局(以下简称武汉局)紧紧围绕"畅中游"、"强实力"两大主题，开展各项工作。

·确保辖区航道畅通安全　共完成航标维护352459座天，为年计划的109.7%，维护正常率和航道尺度保证率均超过年计划指标。测绘工作3522.5换算平方公里，为年计划的135.5%。2006—2007年枯水期，武汉局针对辖区重点水道变化情况，科学分析，完善措施，精心维护，适时对太平口、界牌、武桥、戴家洲等水道实施改槽、改孔，特别是太平口水道枯水期长达8个月之久，航道职工，克服种种困难，确保了航道安全畅通。针对3月下旬武桥水道突变，汉江河口基本封闭的紧张态势，武汉局采取得力措施，调整通航桥孔，设置桥下标志，引导船舶安全进入桥区。同时，贯彻"三个服务"的精神，主动作为，2次开辟汉江河口新航道，保障了往来船舶安全。中洪水位期，周密筹划,顺利完成三峡水库156米蓄水期航道维护工作,实现了"安全、平稳、有序、畅通"的工作目标。

·积极推进畅中游举措 年内完成长江中游河段航道条件与船舶定线制关系研究,武汉至城陵矶河段海轮航道条件研究通过中间审查。此外,加强观测和资料收集整理,初步建立了各水道演变和维护档案。按照上级统一部署,正式提高了渝芜段航道维护尺度。组织实施了荆州大桥护墩建设工程,积极推动、配合相关部门承办了"三峡工程运行与长江中游水道"论坛会,达到"增进了解、统一认识、相互协调、合力建设、促进发展"的目的。与此同时,加强航道行政管理。通过现场检查,有效打击了"超吃水"船舶。加强涉航审查审批工作,拟发批文30份。大力开展"两防"专项整治活动,对已建和在建桥梁桥区航道航标技术状况进行了彻底检查并进行了全面整改。继续推进联合执法工作,根据实施方案,继荆州区段后,相继实施了黄石、岳阳及武汉区段的联合执法工作,航养费征收额大幅攀升。武汉局依托联合执法平台,及时调整工作思路,扩充征稽队伍,设立办事机构,完善管理制度,加强成本控制,注重沟通协调,有理有利地开展征收工作。截至10月底,共征收航养费5250万元,提前实现了全年力争5000万元的目标。

·做好安全工作 共投入60余万元添置安全设备、整改安全隐患、加强安全教育。制定实施安全生产责任风险抵押奖励办法,强化安全生产责任制的落实。推广安全等级分色预警和"一法三卡"工作法,对事故隐患的有效排查和监控已显现作用。1月至10月,武汉局完成经营创收产值7500余万元,超额完成全年目标。

·加强基建工作 荆州、蕲州处站码头项目获得交通部批复。项目施工图设计、招标文件均已完成并送审,水工码头年底开工建设。武汉综合码头项目外协工作基本完成,工程可行性研究报告获交通部批复。岳阳综合码头项目扎实推进,在码头岸线资源有限,三易其址的情况下继续加强沟通协调,目前已争取到岳阳市政府及相关部门的支持与配合,前期工作正抓紧进行。船舶设备建设取得成效。深入进行了中游航道维护、测量船舶选型研究工作,全局新建2艘趸船和3艘快艇。

·大力做好一体化航标灯申报湖北省科技进步奖和中国航海学会科技奖相关工作 根据长江航道局有关指示和一体化航标灯研制及应用调研会精神,武汉局组成调研组赴长江全线和部分沿海地区进行了推广应用前期调研,基本掌握了不同地区、不同河段对航标灯性能的需求,有望在叙泸段推广应用。

·武汉局成立专班,扎实开展改革调研和方案制定工作 经调研,充分吸收兄弟局经验并结合本局实际情况,加强与上级的沟通协调,完成改革方案编制,获得长江航道局批复,实施细则、机构"三定"方案已上报待批。

·全面加强预算管理 按照《关于进一步加强预算管理工作的通知》要求,2007年度经费拨付坚决实行预算控制。根据工作任务实际,本着向航道生产一线倾斜的原则,科学合理地核定了各基层单位本年收入、基本支出预算。在执行过程中,加强督促指导和监管,资金使用效果有所提高。

2007年,武汉局荣获"湖北省文明单位"称号。

地 址 武汉市江岸区洞庭街50号
邮 编 430014
电 话 (027)82763551
传 真 (027)82767142
网 址 http://www.cjwhhdj.com

(武汉局)

【长江宜昌航道局】 (详见《长江航运年鉴》(2007卷)第七篇"航道"第661页)

2007年,长江宜昌航道局(以下简称宜昌局)辖区航道安全畅通。受三峡工程156米蓄水,以及三峡大坝、葛洲坝、清江等3个水利枢纽下泄流量变化大等影响,宜昌局本着早研究、早部署、早落实的原则,按不同时期、不同河段及时制订完善了多种工作预案。特枯水位时期,航道技术人员驻守现场守槽,及时调标、改槽,增加巡航次数,预防和打击超吃水船舶破坏航道的现象;与此同时,加强与长江宜昌航道工程局的沟通协调,及时疏通浅区,保证通航水深;与三峡、葛洲坝、清江等几个水利枢纽的梯调中心保持联系,在赢得他们理解和支持的基础上,合理调节下泄流量,确保重点水道的安全畅通。

根据长江航道局的统一安排,5月1日正式启动"充分利用自然水深提高渝芜段航道维护尺度"工作。为保证船闸完建期满载船舶过闸后能安全通过中游浅水道,宜昌局积极呼吁并促成了宜昌转载基地的建立。为配合做好此项工作,经现场踏勘分析后,将临江坪到中水门河段的航道维护水深从2.9米提高到3.4米,满足了重载船舶进出转载基地的需要。

在三峡水库进行第二轮156米蓄水的29天中,宜昌局共出航检查231次,航道探测128次,调整航标216座次,测绘工作量为80换算平方公里,移囤船4艘次,保证了辖区航道维护工作的正常完成。在总结139米、156米蓄水期航道维护工作经验的基础上,通过分析研究、实地踏勘,完成并上报了175米蓄水期航道维护预案及部分航标迁建方案。三峡工程156米蓄水后,针对库区滑坡险情频频发生的情况,一方面及时完善库区地质灾害预警预案,加强演练,提高应急处置能力;另方面加强与地质灾害预警部门的密切联系,掌握滑坡地段变化情况,分析预测可能对航道产生的影响,不断完善航道维护方案。多次组织召开船舶定线制研讨会,经现场踏勘,配合有关部门做好了长江干线航道条件与船舶定线制专题研究工作。截至10月底,宜昌局航道维护尺度保证率达到100%;完成航标维护117926座天,为计划142350座天的82.8%,航标维护正常率为1000‰;完成测绘工作量3336.43换算平方公里,其中航道测绘1308换算平方公里,为计划的135.1%。

宜昌局在"数字航道"建设雏形的基础上,再次以文件呈报加快局"数字航道"建设进程的建议方案,得到了长江航道局的高度重视与大力支持,并自筹部分资金于10月上旬完成坝下宜都、枝江两个航道管理处航标遥测监控系统推广应用项目建设工作,实现了局辖区航道航标遥测监控的全面功能性覆盖。11月上旬,完成姚港自动水位站站房建设及设备安装,已进入调试运行阶段。另完成了局辖区首版完整电子航道图的开发,并通过了长江航道局专家组的验收。信息网络建设,完成航道信息系统二期工程机房整修,配合长江航道局完成设备安装、系统集成及调试运行工作;协调联通了7个联合执法进驻点上网,配合完成了航养费征稽管理系统调试运行。11月上旬,宜昌、秭归2处新趸船置换信息设备搬迁、网络调试工作顺利完成,确保了航标遥测监控系统及网络的正常运行。

宜昌局在联合执法中,主动与长航局在宜单位积极合作,制订了《长航系统宜昌区段联合执法实施细则》、《宜昌区段长江水上政务中心工作规范》等文件。执法期间,选派25名执法人员分别进驻到巴东、归洲、宜昌、宜昌港区、宜都、枝江等6个水上政务中心和云池、孙家河、洋溪、马家店、七星台等5个有签证职能的办事窗口开展联合执法。7—8月,组织开展了一次"打击非法采砂活动确保航道畅通安全"专项活动;并多次与宜昌市政府和地方水利部门联系,要求按照有关规定切实加强对非法采砂的管理。积极与长江海事、公安等部门沟通,充分发挥长航局在宜采砂工作领导小组的力量,多次组织现场联合执法行动,有效遏制了非法采砂破坏航道的行为。针对中游"超吃水"情况严重的现象,在宜昌、宜都、枝江成立了3个"超吃水"船舶检查站。对出现4起"超吃水"船舶破坏航道的现象,依据相应法规在宣传教育、严肃制止的同时,进行了索赔,索赔率达100%。特别在航道行政管理中,按照《行政许可法》,严格执行涉水水工工程航道审批程序。截至10月底,已审批宜昌柴油机码头和楚磷化工码头2个涉水工程,受理专设航标行政许可1项,审批率和管理到位率达100%。与此同时,整合征稽力量,巧借联合执法优势,加大征收力度,实现航养费征收工作持续、稳步发展。截至11月17日,宜昌局征收上缴航养费1017万元。其中协议征收557万元;航次征收460万元,提前超过了"确保800万,冲刺1000万"的预期目标。

根据综合管理改革的需要,宜昌局年初重新初始化了会计科目,依最新的机构设置进行分类核算;在全面清理核对的基础上,编制上报了《2006年财务决算》和《2008年财务预算》;接受了交通部审计组和长江航道局审计处对宜昌局的财务审计;落实了原沙市航道处的公积金和售房款的划转;完成资产清查工作,摸清了家底,掌握了现有资产的分布状况、使用效率和管理情况。为加强管理、合理调配、提高使用效率、保证资产安全完整提供依据,严格执行《物资管理办法》和《大宗物资采购办法》,加大了对单船物资消耗的管理和分析力度。此外,完成了离退休职工货币化分房的测算工作;对基层单位进行了财务检查,发挥了财务会计在经济工作中的监督和促进作用。

2007年,宜昌局基建以综合码头建设为重点,加大前期工作力度。目前综合码头的选址、建设规划和工可设计已落实;枝江航道管理处码头选址工作正在进行;配合宜昌海事局完成了宜都航道管理处生产用房的设计工作。为确保三峡库区淹没复建工程——香溪航道码头的质量与廉政,坚持与施工单位签订《廉政合同》,严格落实工程建设项目责任制,使工程得以圆满完成。全年安全态势良好,未发生任何大小事故,安全面达100%。

地 址 宜昌市沿江大道41号
邮 编 443002
电 话 (0717)6744027
传 真 (0717)6744120
网 址 http://www.ychdj.com.cn

(宜昌局)

【三峡航道局】 (详见《长江航运年鉴》(2007卷)第七篇"航道"第662页)

2007年,三峡航道局对庙河—中水门59公里辖区河段实施一类航道维护,航道维护水深保证率达到100%。航标维护54858座天,维护正常率达到1000‰。航道测量1906.79换算平方公里。航道疏浚52.8万米^3。辖区内交通管制区域、一类监管区、定线制水域、船闸通航水域、锚地水域、翻坝转运水域及港口、渡口通航状况良好,航道畅通无阻,提供了优质的水上运输通道。与此同时,辖区航标全面施行"左锥右罐"标体。三峡大坝——葛洲坝水利枢纽两坝间4.8米玻璃钢塔形岸标总数达到54座,航标配布密度达1.7座/公里。辖区航道维护水深提升至4.5米,航标全面实行GPS定位管理,航标遥测遥控系统区域应用成效明显。此外,配合完成两坝间应急停泊区和冲滩区、支汊河测量控制网、自动水位测报系统等工程建设,并参与数字航道建设工程前期工作。圆满完成葛洲坝大江航道大流量级实船试航与维护工作,先后4次在大流量条件下开通、关闭葛洲坝大江航道,为大流量通航维护积累了经验。

一、特枯水位时期实行超常规维护,保障枢纽航道水域通航安全。认真制定工作预案,做好前期各项准备工作。辖区河段位于川江咽喉要道,通过船舶密度大,通航形势较为严峻。根据59公里航道特点,海航局以葛洲坝枢纽航道及三峡船闸航道疏浚及航标维护为重点,对枯水期航道维护工作进行了合理安排和部署,在春运前夕开展了全航段航标灯器、电池电压、航标浮具大检查,统一更换航标电池,对航标灯具进行清洁养护,检查浮标并对受损钢缆进行更换,确保航标时刻处于良好的技术状态。同时,广泛开展内部检查、整改,加强外部宣传。在春运开始前对船艇设备、安全设施、航道情况及现场通航状况进行检查;对辖区锚地水域、航道站点及辖区航标进行检查,及时将发现的问题和隐患予以通报并督促整改。借助长江三峡通航管理局信息联播台,定期或不定期向过往船舶发布辖区航道动态信息。整个枯水期,为确保枢纽航道维护重点水域的安全畅通,及时了解航道变化,采取有力措施,大力加强了枢纽航道及重点水域的水深测报工作,坚持每天观读航道水位,进行航道水深探测,遇水深不足计划维护值时,及时采取措施,进行航标调整。另外,借助硬式扫床架和水下摄影机等设备,在葛洲坝三江下引航道、大江下游航道等水域,进行大范围扫床和水下摄像,探明航道底质,安排潜水员进行水下探摸,借助GPS设备精确定位,及时将沉入江心的碍航物予以打捞,消除安全隐患。

二、圆满完成三峡船闸完建期及156米水位运行期维护工作。一方面积极做好对外宣传,通报三峡船闸完建期及156米运行期间的航道情况,另一方面根据水位变化,制定三峡船闸完建期及156米水位运行期间的航标配布及调整方案。特别是三峡船闸引航道上游隔流堤水域的航标配布,在水位临近150米左右时,隔流堤全部淹没至水下,但其水深又不大,对不熟悉航路的船舶航行安全构成极大威胁。为此,明确规定在临近150米水位时加密航标配布,将原设置的4座红浮增加至13座,并要求办事处加强宣传,提醒船舶避开该危险水域,按规定航路航行,确保了通航安全。

三、提高庙河至中水门59公里航道维护水深。根据长江航道局《转发长航局关于正式提高长江干线重庆至芜湖河段航道维护尺度的批复的通知》(航道航字[2007]166号)、长江航务管理局《关于正式提高长江干线重庆至芜湖河段航道维护尺度的批复》(长航道[2007]157号),以及交通部《关于长江干线重庆至芜湖河段航道维护尺度的批复》(交水发[2007]205号)等文件精神,从2007年5月份开始,全面提升庙河至中水门河段航道维护水深。为此,三峡局提前做了大量工作。查阅近年来相关维护资料,并结合近期航道地形资料对辖区航道可能存在的碍航水域进行核对,指导通航管区对辖区航道水域进行全面探测及航道扫床,对每一次可能存在的碍航水域采取“三准”制度(即碍航高程测准、碍航区域摸准、何水位碍航及应对措施搞准)决不放过,合理制定详细的航道维护实施方案,适当调整航标配布,确保了庙河至中水门辖区航道维护水深由4.0米全面提升至4.5米工作的圆满完成,航道维护尺度保证率为98%。

四、执行上级机关要求,全面推行长江航道干线左锥右罐航标制式。根据长江航道局《航标工作规定》(2006年),为规范长江干线航标外形尺度,统一航标配布标准及其设置,提高航道维护质量,按规范要求制作了锥形、罐形等航标标体,并于2007年6月1日在庙河至中水门河段全面施行“左锥右罐”的航标标体形式,增加了助航标志的鲜明和醒目程度,提高了船舶安全航行的可靠性,进一步规范了航标设置方式,为提高航道维护质量、助航服务质量奠定了较好的基础条件。

五、配合完成葛洲坝大江航道试航观测。葛洲坝大江下游航道河势调整工程完工后,为了提高其通航流量,扩大大江航道通过能力,按照长江航务管理局统一部署,于2007年7月23日至8月7日组织实施了25000米^3/秒、30000米^3/秒、35000米^3/秒流量级实船试航试验。三峡局海事航道局先后4次在大流量条件下开通和关闭葛洲坝大江航道,确保了实船试航试验的顺利实施和圆满完成,创造了汛期停航仅58天的历史。期间,不断研究和优化试航观测期间的航标配布方案,合理调配维护资源,克服大流量条件下设、收航标的恶劣工作环境,较好的完成了航标设置工作任务。为改善和缓解三峡、葛洲坝两枢纽船闸通过能力不匹配的不利局面,提高大江下游航道的运用效率,制定大江航道通航流量标准等工作,收集了丰富的科研材料。

六、搞好测量管理,为保深、保标、保畅通提供详细依据。首先,制定各不同时期的航道测量计划任务,认真贯彻落实实施与管理工作。按照年度辖区测量计划,有计划组织实施和做好重点水域的航道观测工作,结合2007年三峡大坝上游156米蓄水运行期、大江下游实船试航观测、枯水期航道清淤施工、两坝间河段航道科研工作等阶段性通航维护管理工作的需要,有计划地联系观测单位,认真实施葛洲坝枢纽航道和三峡船闸航道等辖区重点河段航道观测工作,丰富和积累原型观测资料。全年共组织开展了三峡船闸引航道全河段、上下游口门区局部水域及两坝间石牌弯道、喜滩、大沙坝等水域的各类原型观测,为航道维护和三峡大坝至葛洲坝水利枢纽两坝间实施船舶分道航行研究提供了决策的参考依据。其次是积极开展航道演变分析。认真检查和审核每一次航道测量成果资料,并通过三峡工程开发总公司有关部门、长江委三峡水文局等有关单位,广泛收集资料,进行比较分析,掌握了辖区航道不同时期的泥沙淤积及演变情况,不同流量级下的航道水流特征,分析辖区航道冲淤变化情况及趋势,为做好航道疏浚、航路调整、航道日常维护和航道科研工作,供领导决策使用。

七、枯水期枢纽航道清淤施工及施工期间的维护。2007年,为确保枯水期的航道畅通,在枯水期到来之前,三峡局精心制定总体疏浚施工计划。工程开工前,组织业主、地方船舶过闸处、施工单位及船舶单位代表,召开施工协调会议,具体讨论和优化施工方案会议,审定施工方案和安全保障措施,合理安排疏浚工作的实施时间和顺序。与此同时,建立协调小组,责任到人,积极督促施工单位做好工程施工相关信息的发布及施工手续的办理工作。施工过程中,发挥综合管理优势,全力以赴做好施工水域安全管理工作,建立安全管理联系协调机制,坚持每天召开通报会,听取施工单位、现场监管部门情况介绍,及时有效协调施工与通航中出现的各种新问题。经常派人员深入现场,调查了解施工进度和施工质量,强调安全工作,确保施工与通航安全。2007年汛期三峡船闸下引航道及口门区清淤工程具有碍航淤积量大、占用航道水域大、历时时间长的特点,三峡船闸引航道、葛洲坝大江航道、葛洲坝三江航道的清淤施工均采用不禁航施工的方式,施工期间最小维护航宽仅为80米,且过船密度大、时间紧、换槽频繁,对施工与通航安全带来极大的影响。由于组织健全,措施有力,协调得当,有关各方步调一致,圆满完成了全年度的清淤施工任务。组织实施葛洲坝枢纽航道疏浚施工19.3万米^3，其中2007年年初葛洲坝三江航道完成10万米^3，2007—2008届枯水期大江航道7.8万米^3，三江下引航道1.5万米^3；2007—2008届枯水期完成三峡船闸下引航道疏浚施工33.5万米^3，共计完成疏浚施工任务52.8万米^3。施工期间，三峡船闸下引航道、葛洲坝枢纽大江航道、三江航道作为主航道，春运工作任务十分繁重。为确保施工期间的航道水深满足通航要求，确保施工与通航安全，海航局加强了航标调整和水深探测等现场维护工作。随时根据施工进展程度实施航标调整，并适时根据需要组织实施航道扫床，最大限度放宽航道宽度。同时在施工水域专门派驻航标艇进行现场守候，加强船舶通航秩序监管，严格执行船舶单向航行控制，指挥船舶安全、有序的通航施工水域，有效杜绝了施工水域船舶安全事故的发生，较好地解决了施工和通航的矛盾，将施工与通航的矛盾降至最低程度，促使施工任务早日完成，保证了辖区枯水期低水位运行及清淤施工期间航道的畅通。

八、全面参与基建项目建设，提升航道基本建设质量。一是配合三峡局基建办在两坝间航道新建了5座塔形岸标。至此，两坝间4.8米玻璃钢塔形岸标总数已达54座，航标配布密度达1.7座/公里，为过往船舶全航行提供了更加优质的服务。二是配合三峡局完成两坝间应急停泊区和冲滩区的工程建设，组织实施了应急停泊区和冲滩区前沿水域的航道扫床工作，为启用功能区、确保各类待闸及航行船舶的停泊安全奠定了基础。三是配合建成了辖区支汊河的测量控制网工程，为开展地形观测和支汊河通航管理研究创造了条件。四是根据航道维护需要，更好摸清枢纽调峰带来的水位波动情况，监测不同水域的水位变化，优选5处站址配合完成自动水位测报系统的建设。五是配合项目组开展数字航道建设工程前期工作，及时提出有关技术要求和合理化建议。

九、启用应急停泊区和应急冲滩区。为最大限度降低船舶在三峡河段发生事故险情的损害程度，防止船舶因事故险情导致漂流撞击枢纽大坝，保障通航安全，三峡局在三峡至葛洲坝两坝间水域设置了船舶遇险应急停泊区和应急冲滩区。工程于2007年4月完工，并由三峡局基建办公室组织，三峡海事航道局、监理单位及施工单位有关人员，进行了全面检查，其后由三峡局组织有关单位进行了交工验收，工程所建系船柱及冲滩区设施符合设计要求。工程在交工验收后移交海航局负责现场维护管理。海航局根据工程建设竣工资料，经审核于7月17日正式公告启用。

十、增强航养费征收力度，取得明显效果。由于庙河至中水门59公里河段起运船舶数量有限，三峡海航局航养费征收方式主要以过境稽查、查漏补征为主，征收费额较少。为此，海航局根据上级专业局关于规费稽查的工作要求和管辖地段的特殊地理位置，以整体提高航养费征收工作人员能力为目的，同时为加大航养费征收工作力度，减少规费流失，专门编制了航养费征收工作要点，组织全体征稽工作人员进行培训学习，促使现场征收人员更好地把握征收尺度，严格实行船舶过坝安全检查和规费检查相关要求，对逃征、漏征、错缴的船舶实施合理收费。2007年，航养费征收工作取得明显成效，全年征收航养费达到152万元。

地　址　湖北省宜昌市三峡坝区八河口
邮　编　443133
电　话　(0717)6963228

（三峡局　何　宁）

【长江重庆航道局】 （详见《长江航运年鉴》(2007卷)第七篇“航道”第662页）

截至2007年11月底，长江重庆航道局（以下简称重庆局）航标维护工作量560758座天，为年计划的100.14%；航道维护水深保证率达100%，航标维护正常率达1000‰；测量工程量3776.26换算平方公里，提前完成上级下达1650换算平方公里的测量工程量指标。通行信号台共指挥行轮220386艘次，信号揭示正常率为1000‰。

·圆满完成枯洪水期航道维护任务　枯水期，重庆出现百年一遇枯水位，为确保航道畅通，重庆局按照本届枯水期航道维护预案，及时采取措施调整航标，确保了枯水期航道畅通。洪水期，全力应对百年一遇特大暴雨，按照防汛应急预案要求，最大限度地挽回了因洪水受到的各种损失。完成三峡水库防洪调度航道维护应急预案编制，督促奉、万、丰、渝4航道处按照预案要求检查所需航标器材。针对今年汛期库尾河段浮标维护实际，修定了浮标的配布水位及维护时间，并下发至丰、渝2处执行。

·完成165米蓄水前有关准备工作 编制三峡水库156米汛末蓄水航道维护工作预案下发至各航道处,要求各处按预案要求严格执行,同时做好三峡水库156米汛末蓄水航行水尺同比降观测工作。拟定165米蓄水期航道维护预案,组织航标技术人员对鳊鱼溪至洛碛河段进行航标定点现场踏勘,确定航标配布及航标维护工作量,及时上报长江航道局。此外,配合重庆航道工程勘察设计院完成《三峡水库175米助航设施复建航标配布》。5月,对娄溪沟至丰都河段航标529座实施改造,结束了长江上游"一条长江两种航标技术性能标准"的历史。

·年内基本建设执行情况 复建项目完成奉万丰房屋、丰都码头、奉节码头竣工验收工作;完成万州航道生产设施维修点初步设计变更、施工图设计、施工招标,并开工建设;完成忠县合建码头工程、航道专用码头复建工程资料整理;新建项目完成重庆航道局生产业务用房建设工程监理招标、场坪施工、施工图设计、施工图报批、施工招标及联系施工用水用电等工作;丰都综合码头已经交通部立项,初步设计招投标批文已下,重庆、万州综合码头及船厂动迁选址正在抓紧落实。

·长航重庆片区联合执法 联合执法工作3月23日启动,重庆局组织126人参与联合执法,已进入水上政务中心12个、海事签证点23个。通过联合执法健全相关管理制度,进一步规范行政管理,提高了行政审批效率。全年对"超吃水"破坏航道船舶索赔率达到80%以上,合法采砂区设置专设航标率达90%以上,对各种与通航有关水工设施的管理到位率为90%以上,对各种上报的与通航有关的水工设施航道审查(审批)率达100%。

·积极开展"全国安全生产月活动" 全年组织安全活动27场,参加班组63个,人员579人,投入安全网120付,手提探照灯60盏,钢缆500米。与此同时,配合长江航道局全面检查局趸船接岸设施。对3艘65米和3艘40米趸船码头地牛设施安保工程进行检查落实。开展"五防及隐患排查"专项工作中,共检查基层单位7个,航道站34个,趸船49艘,机动船舶61艘,信号台14个,排查隐患33处,并分别按要求进行整改和完善。年内,完成一级警卫和二级警卫任务共10次。9月22日,在交通部、重庆市人民政府举行的"2007年长江三峡库区水上联合搜救演习"中,重庆局圆满完成所承担的演习任务,并得到交通部、重庆市人民政府的好评,受到长江航道局通令嘉奖。

2007年,重庆局实现收入总额为2.1亿元。完成了《长江重庆航道局航道综合管理体制改革初步方案》并上报,已经长江航道局批复。2008年度在册职工住房公积金预算工作已完成,并上报职工基础整理数据及核实工作。事业单位收入分配体制改革准备工作就绪。年内信息工作完成了《长江重庆航道局生产信息平台》软件开发,完成长江航道局信息化二期工程中重庆局综合布线工作;人力资源管理系统已完成,现在开始试用。科研双革项目中,"航道码头跳板变幅液压装置的研制"项目基本完成,船舶修造厂的"船舶电站负荷试验平台研制"项目已通过验收并正式投入使用。另在职工综合能力培训方面,完成了21名中层干部参加重庆市机关党校综合理论知识集中培训,完成新增100名行政执法人员的岗前短期培训,完成200名船员及水上作业工人2005-2006年度技术工人等级考核前培训,完成近300名各处航道站职工安全应急应变演习培训。

2007年,重庆局荣获"全国厂务公开工作先进单位"及"重庆直辖10年精神文明创建先进单位"称号,重庆航道处长寿铁路大桥航道站获全国"青年文明号"称号。

地 址 重庆市渝中区新华路245号
邮 编 400010
电 话 (023)63775447
网 址 http://www.cqhdj.com.cn

(重庆局)

【长江泸州航道局】 泸州航道局隶属于长江航道局,担负着重庆江津市兰家沱至四川省宜宾市合江门(简称兰叙段)301.8公里航道维护任务。其主要职责是对辖区内的长江航道及航道设施进行管理、养护和建设,以及航养费征稽和航道行政管理。该段航道维护水深尺度为:宜宾至泸州段1—3月维护水深1.8米,4月1.9米,5月2.0米,6月2.2米,7—11月2.5米,12月2.0米;泸州至合江段1—3月1.8米,4月1.9米,5月2.0米,6月、12月2.2米,7月、11月2.5米,8—11月2.7米;合江至兰家沱段1—3月2.0米,4月2.2米,5月、12月2.4米,6月2.5米,7—11月2.7米。

泸州航道局下属的基层单位:泸州航道处、江津航道处、航道勘测处、船舶修造厂,以及机关直属单位泸州征稽站、机关事务服务中心、离退休职工管理中心,设有15个航道站和15个信号台。全局在册正式职工486人,专业技术人员78人,其中:高级专业技术人员11人,中级专业技术人员28人,从事航道维护工作船艇51艘。根据长江航道局部署,长江宜宾航道局2007年3月18日正式挂牌运作,机构级别为副处级,暂由长江泸州航道局代管。

2007年,泸州航道局积极实践"三个服务",按照分时、分段提高航道维护标准的要求,10月1日起提高了宜宾合江门至泸州纳溪100公里航道维护水深,更好地促进了长江上游航运以及沿江经济快速发展。

通过全局干部职工的共同努力,全面超额完成了各项工作任务。全年完成航标维护202108座天,为年计划的112.91%;信号维护完成3574台天,为年计划的114%;安全指挥行轮157947艘次;测量完成2764.6换算平方公里,为年计划的230%;疏浚完成2170米^3;水位观读365处天。航道尺度保证率100%;航标维护正常率1000‰;信号揭示正常率1000‰。航养费征收350万元,同比增长17%。对外经营创收3018万元,同比增长51%。建造钢质趸船5艘,标志船183条,跳趸12条,完成修船51艘。安全工作实现了全年无一般以上事故的目标。基本建设工作进展顺利,辖区内泸渝段航道建设工程完工,叙泸段航道建设工程于3月18日开工,工程进展顺利,泸州航道专用码头通过长航局组织的竣工验收,泸州综合码头工程初步设计通过交通部审查并批复;科教工作取得较好成绩,"长江信号控制河段可视化系统的研究"在泸州市科技局立项,并通过验收。文明创建取得新成果,继续保持了四川省"最佳文明单位"称号,新获得10多项荣誉(分别是泸州航道站荣获四川省"模范职工小家"称号;烟灯房信号台荣获四川省"五一劳动奖状"、"五一巾帼集体"和"工人先锋号"称号;局团委荣获"四川省五四红旗团委"和长江航道局"五四红旗团委标兵"称号;毕方全同志荣获四川省"五一劳动奖章";泸州局荣获长航系统"创建文明行业先进单位"、长江航道局"文明建设先进单位"、四川省"五一劳动奖状"、"职业道德建设十佳标兵单位"称号)。

地　址　泸州市滨江路二段31号楼
邮　编　646000
电　话　(0830)3625020
传　真　(0830)2289372
网　址　http://www.cjlzhdj.com

(泸州局)

【上海市航道管理中心】 (详见《长江航运年鉴》(2007卷)第七篇"航道"第665页)

2007年,上海市航道管理中心在协调中统一思想,在推进中通力合作,使各项工作得到很好的落实。

一、稳步推进重点工作的实施。

(一)黄浦江航道各工程项目进展顺利。2007年,航道中心组织力量着重开展了导堤的测量与潜摸工程。在黄浦江导堤潜摸工程进展过程中,航道中心技术人员对施工人员进行的导堤砼立方体和扭工体的强度测试抽样,土工编织布强度测试抽样,包括10个重点断面在内的近30个断面的水下潜摸,砼便道裂缝、位置、断裂情况测试抽样等工作进行认真检查,确保工程按合同要求稳步推进。现场工程完成之后,航道中心随即组织工程人员对测量与潜摸的数据资料进行审核,提出进一步完善意见,为相关科研单位开展"吴淞导堤安全评估、维修加固和检测方案"课题研究提供依据。黄浦江航道4年一次的全线测量被列为年度重点工作,为此,航道中心本着控制成本、保证质量、提高效率的原则,积极引入市场竞争机制,至7月中旬测量工作基本结束,航道中心组织相关人员对测量结果进行了认真的审查核对,要求工程单位对相关现场资料进一步补充整理完善。

(二)协调配合推进内河航道建设。2007年,港口局把推进内河航道建设作为年度重点工作之一。随着工程建设的全面铺开和不断深化,航道中心干部职工以高度的责任感和使命感,稳步推进工程项目的进展。首先是抓好重点难点的协调。航道中心积极向交通部反映上海内河建设过程中一些情况,配合做好交通部内河航道建设工程补贴资金的落实工作;配合港口局做好与市有关部门的情况沟通,协助做好2002年赵家沟航道建设资金清理与解冻工作。其次是抓好与建设单位的沟通。航道中心党政领导与业务部门人员多次赴内河航道建设指挥部,共商加快推进内河航道建设事宜，双方围绕工程进展中涉及的项目落实、土地落实、港池同步建设、资金落实与技术规范等方面情况，及时研究解决推进过程中的难点问题。第三是认真开展赵家沟、大芦线等航道建设项目施工图的审核。其间涉及航道、船闸、桥梁、码头、护岸、管线工程等项目的设计标准、设计尺度等内容，有关人员深入一线，实地了解情况，对19个标段的施工图纸进行认真研究并及时提出审核意见，为工程的顺利实施提供了保障。

（三）切实组织好航道的疏浚维护。2007年，上海市内河航道疏浚工作面广分散，工期紧，任务重，涉及宝山、奉贤、青浦、嘉定4个区的5个工程项目。航道中心工程部门同志认真做好工程测量、设计等各项前期工作，按照工程节点要求，深入现场，严格把关，确保各项工程按优质标准实施。这一年的内河航道标牌工程于6月初开工，在金山、松江、奉贤与青浦等区县航管部门的积极配合协调下，工程于9月中旬全部结束，整个工程共完成标牌91块，面积达374.68平方米。

（四）课题研究朝实际运用方面推进。2007年，上海市航道中心积极推进“黄浦江航道水域规划与维护研究报告”课题的研究，并组织筹办“黄浦江深水航道设计”开题报告评审会；组织力量对“上海市内河感潮航道通航水位分析与确定”、“上海市内河感潮航道设计通航水位分析与确定（阶段报告）”等课题进行了专题研究。

二、全力以赴抓好各项工作的落实。

2007年，上海市航道中心干部职工以主人翁的姿态，搞好内部管理，提升工作质量，积极破解难题，主动沟通协调，责任落实到位，措施明确具体，把年度各项工作的推进落到了实处，使计划中的目标任务得到了较好的完成。

（一）分解目标，落实责任。2007年，上海市航道中心把重点工作的推进放到了重要的议事日程，并采取了相应的积极举措。首先，拟定具体的“2007年重点工作落实推进要求表”，内容包括项目名称、项目进度、完成要求、主要责任人、责任部门与责任部门负责人。并将推进要求下发至各部门，让每位员工知晓。其次，推出科室每周工作小结制度，即结合重点工作推进与科室日常工作实际，对一周工作进展情况进行盘点回顾并提出下一周的工作打算。第三，中心领导班子定期召开会议，检查重点工作的整体推进情况，对每阶段的节点进度进行盘点，提出进一步推进的明确要求。

（二）沟通协调，互相配合。如何主动沟通，形成管理合力，提升工作质量，航道中心干部职工为此不断探索与实践。一年来，在航道中心内部科室之间与区县航务所两个层面上都取得了较好的成效。尤在内部的沟通协调中，上海市航道中心不仅对部门与员工有明确的目标分解，而且还要求干部职工在推进过程中加强合作，切实搞好部门间、兄弟单位间的配合。通过沟通协调，形成工作合力，在与区县航务所的协调配合中开了一个好头。在三季度航道中心召开成立以来的第一次航道管理工作研讨会上，区县同志围绕航道养护、沿跨河审批、航道规划与人员培训等工作提出了不少积极建议，航道中心领导、科室负责人也与大家一起探讨了共同关注的话题。与会者希望市与区的交流学习、磋商能形成制度，共同推进内河航道管理工作上一个新台阶。

（三）抓住重点 推进“两防”。按照交通部“两防”专项整治工作的统一部署，上海市航道中心为此做了认真部署安排。首先，落实组织机构，成立了防船舶碰撞、防泄漏专项整治活动工作小组，并在主任办公会议上，对推进“两防”整治工作进行布置研究。其次，领导带队深入区县现场了解隐患排摸工作进展情况，对有关检查整改落实工作提出了具体要求。第三，开展整治工作交流小结。在8月召开的航道管理工作研讨会上，航道中心就把如何进一步推进各区县桥梁、取水口、船（水）闸等沿跨航道建筑物、过船设施安全隐患排查整治工作作为研讨会的重要议题。会上，各区县航务所对整治工作作了认真的阶段性小结交流。第四，重点抓好整改督办。航道中心根据各区县自查排摸及整改落实情况进行了解汇总。

书　记、主　任　於士荣

副主任　陈映彤

主任助理、工程科科长　黄菊仙

地　址　上海市中山东一路13号2楼

邮　编　200002

电　话　（021）63236150

传　真　（021）33130488

（上海市航道管理中心）

【浙江省航道管理局】　（详见《长江航运年鉴》（2008卷）第三篇“机构”）

局　长、党委书记　郑惠明

副局长、副书记　汤修华

副书记、纪委书记　颜献劼

副局长　邵银泉　唐伟明　胡旭铭

（浙江省局　吴永平）

【江苏省交通厅航道局】　（详见《长江航运年鉴》(2008 卷)第三篇“机构”）

【江苏省连云港港疏港航道工程纪检派驻机构挂牌成立】　2007 年 9 月 22 日，江苏省交通重点工程纪检监察领导小组驻连云港港疏港航道工程项目办公室正式揭牌。

江苏省交通重点工程纪检监察领导小组派驻疏港航道工程纪检监察办公室，加强对参建各方进行廉政教育和制度制约，担负疏港航道建设的纪检监督职责，对工程建设全程参与、全程监督，保障工程建设程序合法、依据充分、行为规范。江苏省交通厅航道局局长董文虎指出，要把项目作为“十一五”江苏航道建设工程的重中之重，严格遵循质量从高、管理从优、廉政从严、效益从好的原则，狠抓五大控制，确保实现“建内河优质工程，树勤廉航道形象”的目标。一是立足打造优质廉洁工程，大力加强廉政文化建设，切实强化源头防范；二是立足防范质量、安全、廉政三大风险，大力强化机制监督，严格规范各项权力运作；三是立足主动服务，积极配合纪检派驻办公室做好监督管理工作。

江苏省纪委执法室副主任郑立新和省交通厅党组成员、驻交通厅纪检组组长陈以琳共同为挂牌仪式揭幕。连云港市纪委书记刘月科，江苏省交通厅驻厅纪检组副组长、监察室主任陈志扬等领导参加了揭牌仪式。

（江苏省局　疏港航道项目办　连云港处）

【安徽省港航管理局】　（详见《长江航运年鉴》(2008 卷)第三篇“机构”）

【江西省航道管理机构】　（详见《长江航运年鉴》(2008 卷)第三篇“机构”）

【河南省航道管理机构】　2007 年，河南省航道管理机构分省、省辖市、县三级。省级管理机构为河南省交通厅航务局，负责全省航道的管理、维护、航养费的征稽。省辖市航道管理机构为航务处(地方海事局)，其中信阳市设有全省唯一专业航道管理单位，即信阳市淮河航道管理队。县级管理部门由港航管理站(海事处)负责。

航养费实行全额上缴财政。省局经费根据年度工作需要，列出预算上报省交通厅和财政厅，经批准后执行。省辖市航务处(海事局)经费根据年度工作需要，由省局补助一部分，市交通局补助一部分，自己筹集一部分。

由于长江水系支流丹江、唐河、白河主要在南阳市辖区，因此航道的维护管理由南阳市航务管理处负责。县级管理机构为淅川县航运局(因目前南阳市辖区仅淅川县境内的丹江库区通航)，负责丹江库区航道的管理、维护、航养费的征稽。

（河南省局　计划建设处）

【湖北省航道管理机构】　（详见《长江航运年鉴》(2008 卷)第三篇“机构”）

【湖南省航道管理机构】　2007 年，湖南省地方航道实行省、市(州)两级管理。省负责业务领导、主要经费管理；市(州)负责人事管理。县级航道机构为市(州)派出，其机构无人、财、物管理权限。干线航道为省级管理。由省局直属的 4 个航道管理局负责，这 4 个航道管理局的人、财、物全部由省局直管。

·省局及其直属航道管理局　全省湘、资、沅、澧四水和洞庭湖区的干线航道，由湖南省长沙航道管理局、湖南省衡阳航道管理局、湖南省益阳航道管理局、湖南省常德航道管理局负责管理和养护，4 个航道管理局均为副处级机构。局机关内设机构统一按 5 个职能科室设置，即局办公室、局航道科、局征稽科、局财务室、局党群工作办公室。有中心航道管理站 7 个，站长为正科级；一般航道管理站 30 个，站长为副科级；航道养护费征稽所(队)17 个。

·市(州)及其县(市)航道管理机构　市(州)地方航道由各市(州)政府设置的市(州)地方航道管理机构管理。全省 14 个市(州)中，已按省局“一门三牌”模式对应设置统一水路交通管理机构的，有长沙、岳阳、株洲、邵阳、张家界、郴州、永州、娄底、湘西 9 个市(州)。这 9 个市(州)

的地方海事局(航务管理局、船舶检验局)均设有负责航道管理工作的职能科室。

(湖南省局　蒋龙平)

【云南省航道管理机构】 云南省航务管理局于2005年依照国家公务员制度管理后,设立了航道管理处,职位设置5人。其中:处长1名,副处长1名,航道信息、资料管理1名,内河航道管理1名,内河航道维护管理1名。

主要职责:负责管理全省航道、航道设施。拟订航道技术等级,负责审批与通航有关的栏河、跨河、临河建筑物的通航标准和技术要求;负责航道维护项目的技术审查;管理内河航道通告的发布工作;指导各州、市对航道、航道设施实施保护。

(云南省局　马翠德)

【贵州省赤水河航道管理机构】 贵州省赤水河航道处是从事赤水河航道维护、管理、整治、疏浚、测量、行政执法及航道养护费征收、稽查等工作的公益性事业单位,直属贵州省航务管理局。

2007年,该处拥有职工253人,拥有各类技术先进的航道养护机械设备,内设航道维护、航道行政管理、航道养护费征收等10个职能科室和赤水、习水2个航道段(下辖6个航道站和6个信号台)。主要负责赤水河干流白杨坪至鲢鱼溪199公里省境内通航河段、鲢鱼溪至合江49公里属四川境通航河段共248公里及支流大同河大同至河口4公里范围内的维护、管理、整治、疏浚、测量、行政执法及航道养护费征收、稽查等工作。

受上级管理部门的委托,根据《中华人民共和国航道管理条例》、《中华人民共和国航标管理条例》、《中华人民共和国航道管理条例实施细则》和交通部发布的《内河航标管理办法》、贵州省人民政府发布的《贵州省航道养护费征收管理办法》等法规、规章的规定,该处在行政管理范围内履行如下职责:

(1)负责航道及航道设施的管理和保护,制止偷盗、破坏航道设施及侵占和损坏航道的行为;

(2)审批与航道有关的挖沙、拦河、跨河、临河建筑物的通航标准和施工事宜;

(3)负责征收和管理航道养护费,并按时解缴;

(4)依法查处违反航道行政管理的行为,可根据〈中华人民共和国行政处罚法〉和有关法律、法规、规章的规定做出行政处罚;

(5)法律、法规和规章赋予的其他职责。

地　址　赤水市东门码头

邮　编　564700

电　话　(0852)2865509

(贵州省局　周承芳)

【贵州省乌江航道管理机构】 贵州省乌江航道处是从事乌江航道维护、管理、整治、疏浚、测量、行政执法及航道养护费征收、稽查等工作的公益性事业单位,直属贵州省航务管理局。

2007年,该处职工381人,拥有多台、套技术先进的航道养护施工作业装备,设有生产、航道行政管理、航道养护费征收稽查所等10个职能科室和沿河、思南2个航道段,下辖19个导航信号台和4个绞滩站,维护着东风大坝以下至龚滩526公里干流航道,同时还维护着偏岩河、雨淋河、石阡河等6条支流,共计118公里支流航道。

受上级管理部门的委托,根据《中华人民共和国航道管理条例》、《中华人民共和国航标管理条例》、《中华人民共和国航道管理条例实施细则》和交通部发布的《内河航标管理办法》、贵州省人民政府发布的《贵州省航道养护费征收管理办法》等法规、规章的规定,该处在行政管理范围内履行如下职责:

(1)负责航道及航道设施的管理和保护,制止偷盗、破坏航道设施及侵占和损坏航道的行为;

(2)审批与航道有关的挖沙、拦河、跨河、临河建筑物的通航标准和施工事宜;

(3)负责征收和管理航道养护费,并按时解缴;

(4)依法查处违反航道行政管理的行为,可根据〈中华人民共和国行政处罚法〉和有关法律、法规、规章的规定做出行政处罚;

(5)法律、法规和规章赋予的其他职责。

地　址　贵州省思南县城北街7号

邮　编　565100

电　话　(0856)7221335

(贵州省局　周承芳)

【四川省航道管理机构】 (详见《长江航运年鉴》(2008卷)第三篇“机构”)

【陕西省航道管理机构】 (详见《长江航运年鉴》

(2008卷)第三篇“机构”)

【**甘肃省航道管理机构**】 (详见《长江航运年鉴》(2008卷)第三篇“机构”)

【**重庆市航道管理机构**】 (详见《长江航运年鉴》(2008卷)第三篇“机构”)

·工程机构·

【**长江南京航道工程局**】 (详见《长江航运年鉴》(2007卷)第七篇“航道”第669页)

2007年,长江南京航道工程局(以下简称南工局)认真履行辖区航道维护和保畅通职责,以做“中国疏浚行业最守诚信的企业”为信条,实施品牌经营。2007年南工局,有打捞疏浚设备“航浚8”“航浚22”、“航浚9”,新购置3000米^{3}绞吸挖泥船,8100米^{3}大型耙吸式挖泥船“长鲸1”,3000米^3“长狮9”和“长狮10”绞吸挖泥船;还自筹资金建造一条3500米^{3}绞吸式挖泥船和一条铺排船;对“航浚15”、“航浚11”、“航浚10”挖泥船冲水机系统实施了技术改造。生产能力增大,经济效益显示。2007年,南工局共参与投标95个,中标16个,签订合同额16亿元,完成产值13.89亿元,完成疏浚、吹填方量共6800万米^3,完成测量面积983换算平方公里,完成毛利1.26亿元。

2007年南工局从河海大学、江苏海事职业技术学院等多所大专院校招聘了港口航道专业、航海技术专业、轮机工程等大中专生近90名,确保了人才需求。对于长期租赁绞吸船舶的船干的配备,打破常规,加速人员培养力度,提拔任命船干170人次。

(南工局)

【**长江武汉航道工程局**】 (详见《长江航运年鉴》(2007卷)第七篇“航道”第671页)

长江武汉航道工程局(以下简称武工局)按照以人为本,全面、协调、可持续的科学发展观要求,坚持以提高经济效益为中心,以发展安全生产为基础,深化改革、锐意创新,大力推进规范管理,使单位的生存和竞争能力有所增强,职工生活和工作条件得以改善。2007年,武工局投标27项,中标6项,合同签约额达14.09亿元,完成年计划任务17亿元的83%,工程产值7.75亿元,完成年计划12亿元的65%,竣工工程合格率100%,重点工程优良率100%。船舶安全面达100%;舶五好面达73%;投入2789.44万元对航浚1、2、4、6、12、17、20号,吸扬7、12、16号,1750方/时绞吸式挖泥船,13280立方米耙吸挖泥船等船舶进行修理、技术改造和科研功关。承接航道建设、维护能力不断提高,完成了唐山曹妃甸煤码头通路路基工程、唐山曹妃甸钢铁围海造地工程、首钢京唐钢铁厂成品码头堆场围海造地工程。完成了NSM安全体系认证和质量环境安全一体化体系的审核。

地　址　武汉市沿江大道140号
邮　编　430014
电　话　(027)82763546

(武工局)

【**武汉长江航道救助打捞局(简称救捞局)**】 2007年是救捞局的企业化改革之年,先后制定出台了《工资管理办法》、《劳动力管理办法》、《绩效考核管理办法》等改革制度,为进一步加强内部管理、理顺关系、促进发展奠定了坚实基础。与此同时,工程经营也取得了迅猛发展。通过投标,承接到工程总量2300万元的瓦口子航道整治项目。利用自身优势,积极探索,反复试验,在水下质量检测方面取得突破。救捞局作为一支国家级的专业救助打捞队伍,将在今后的长江航道建设中继续发挥不可替代的特殊作用。

地　址　武汉市汉口洞庭50—2号
邮　编　430014
电　话　(027)82763589

(救捞局)

【**长江宜昌航道工程局**】 (详见《长江航运年鉴》(2007卷)第七篇“航道”第672页)

2007年,长江宜昌航道工程局(以下简称宜工局)在工程经营中稳中求进,取得了较好成绩。

完成的工程主要有:崖门航道疏浚工程、青岛码头工程、连云港疏浚工程,嘉鱼燕子窝、马家咀、周天河等长江航道整治工程主体工程。正在实施的曹妃甸综合服务区围海造地吹填工程、广东阳江核电码头工程、山东海阳港航道疏浚工程、黄骅洛克石油航道维护工程、三峡葛洲坝维护性清淤工程、葛洲坝大江电站上游导沙坎前清淤工程等进展顺利。此外，通过联营，有在建的广东梅江、汀江航道整治工程。与此同时，中标承接天门市汉北河航道整治工程第三合同段、东莞海昌码头工程等。全年宜工局合同签约总价2.3亿元，圆满完成今年签约目标2亿元的工作任务。崖门出海航道整治工程(YM1)标段项目经理部和陆溪口水道航道整治工程一标段项目经理部，被评为2007年度长江航道局优秀项目经理部；崖门出海航道整治工程(YM1)合同段，获得2007年度长江航道局水运工程质量奖。

2007年，宜工局加大船舶改造力度，结合市场需要，改造后的“长狮2号”挖泥船和新购的3000米^{3}斗轮挖泥船“长鳄3号”，以及已完成海船改建工作和办证工作的“长鳄2号”都已投入曹妃甸工程使用。随着新设备的逐步投入使用，市场竞争能力已得到了显著提升。

地　址　宜昌市东山大道273号
邮　编　443003
电　话　(0171)6355841

(宜工局)

【**长江重庆航道工程局**】　(详见《长江航运年鉴》(2007卷)第七篇“航道”第673页)

2007年，长江重庆航道工程局(以下简称重工局)经营和生产形势继续呈现良好发展势头，各项工作稳步发展。截至11月下旬，共计实现工程签约量约7.7亿元，完成施工产值约4.5亿元。在2006—2007届枯水期，重工局对码头碛、下洛碛、猪儿碛、三角碛等共14处浅滩水道进行了汛后观测，对胡家滩、三角碛和猪儿碛进行了重点维护。完成疏浚工程量18814米^3、测量工作量281.9换算平方公里。

这一年，重工局抢抓航道整治、沿海疏浚、重庆区域三大目标市场，从自有资金中投入设备建造、改造等各类费用1700多万元，一定程度上提升了单位的可持续发展能力。共计新签工程合同约7.7亿元，分别是长江下游太子矶航道炸礁工程和叙泸段航道整治工程等项目中标；获得了福建泉州湾深水航道疏浚项目，中标金额1.18亿元。在重庆港航市场不仅承接了重庆航发司的工程项目，而且在重庆寸滩作业区二期工程中一举中标2.45亿元。建立了广东、广西和湖北办事处，经营项目也开始触及环保疏浚等领域。完成产值约4.5亿元。

首个资本经营项目——大足县南环二路工程顺利通过交工验收；历时10年之久的7250工程荣获交通部2006年度“水运工程质量奖”；三峡水库156米蓄水前的航道整治炸礁工程也获得了2006年度重庆市“巴渝杯”质量奖，并通过了交通部2007年度“水运工程质量奖”的初评。

地　址　重庆市渝中区长江滨江路111号
邮　编　400011
电　话　(023)63775472
传　真　(023)63932444
网　址　http://www.cqweb.cn

(重工局)

【**南京市水利建筑工程有限公司**】　(详见《长江航运年鉴》(2007卷)第七篇“航道”第673页)

【**安徽省机械疏浚工程公司**】　(详见《长江航运年鉴》(2007卷)第七篇“航道”第675页)

地　址　安徽省合肥市铜陵路20号
邮　编　230011
电　话　(0551)4482050;4482596
传　真　(0551)4482740
邮　箱　ahjxsjgs@mail.hf.ah.cn

(安徽省局　朱　庆)

【**安徽省路港工程有限责任公司**】　(详见《长江航运年鉴》(2007卷)第七篇“航道”第675页)

地　址　合肥市铜陵路22号
邮　编　230011
电　话　(0551)4477844
传　真　(0551)4477844
邮　箱　bgs@ahlggc.com

(安徽省局　朱　庆)

【**安徽省港航建设投资集团有限公司**】　安徽省港航建设投资集团有限公司是经省人民政府批准、省交通厅出资设立的省属国有独资企业，于2006年12月22日正式挂牌成立。主要从事港口、航道、船闸交通基础设施的投资、建设与运营管理以及综合物流业。

2007年，集团公司内设建设部、资产运营部、财务部、综合部等4个职能部室，有合肥新港、蚌埠新港、池州江口港、六安周集港、颍上船闸等港航基础设施。

2007年,集团公司十分重视自身建设,借鉴成功企业先进管理理念,结合集团公司特点和实际,制定出台30多项基本管理规章制度,初步建立集团公司基础管理平台。制定《集团公司总经理办公会议制度》、《集团公司部门职责》等,明确内部分工和工作职责。制定《集团公司工程项目招标实施办法及项目管理办法》、《集团公司投资管理办法》、《集团公司财务管理制度》等多项制度办法,对项目招投标、工程质量、安全生产、资产运营、资金拨付等方面作出明确规定,确保资金规范使用、国有资产保值增值和工程项目顺利推进。制定《目标考核管理办法》,做到周有安排,月有计划与考核,年有总体评价,确保上传下达、政令畅通、团结协作、规范有序的工作秩序。争取用5~8年的时间,即到2015年,实现资产规模50~60亿元的目标任务。航道建设方面,紧紧围绕"两干三支"国家高等级航道(长江、淮河、合裕线、芜申运河、沙颍河)和"五条地区重要航道"(兆河—西河、涡河、浍河、青弋江、新安江),重点建设芜申运河、沙颍河、沱浍河、合裕线等航道。港口建设方面,以深水泊位、专用泊位为重点,加快建设合肥港综合码头、巢湖港巢城港区、铜陵港横港改扩建、和县郑蒲深水港区等重要港口建设。船闸建设方面,重点推进颍上船闸、蕲县船闸、裕溪复线船闸等工程建设。颍上船闸项目是省"861"计划重点工程,也是集团公司成立后接手的第一个在建项目。工程总概算为14038亿元,截至年底,累计完成工程投资9072万元。集团公司按照现代企业管理模式,确保颍上船闸项目2008年6月底前竣工并试通航。巢湖港巢城港区一期工程于12月28日开工建设,铜陵港横港件杂货码头于12月29日开工建设。芜申运河安徽段航道整治工程预可研报告已编制完成,上报待批。和县郑蒲港,是安徽省境内长江北岸较好的深水岸线港区。集团公司8月份与和县政府签订《和县郑蒲港——综合物流园联合开发建设框架协议》。目前,已委托交通部规划研究院进行规划。一期工程由省港航设计院着手预可研工作。蕲县船闸、裕溪复线船闸、合肥港综合码头前期工作正积极向前推进。针对划转的资产项目,按照"成熟一个,交接一个,运营一个"的原则,较好地实现了平稳交接,持续经营,并取得一定的经济效益。其中全资的池州江口港通过委托管理,实行租赁经营,保持良好的经营局面;全资的合肥新港,在对港口的经营状况、市场情况等调研论证的基础上,通过公开招标、整体打包租赁方式,实现资产平稳交接,持续经营;参股的六安周集港依据公司章程,委派高层管理人员,港口运营良好;控股的蚌埠新港,正着手进行股权结构调整,引进新的经营机制,有效激活国有存量资产。

地　址　合肥市长江东路1157号
邮　编　230011
电　话　(0551)4299767
传　真　(0551)4299928
邮　箱　kyl@ ahjt. gov. cn

(安徽省港航建设投资集团有限公司)

【江西省航务管理局疏浚工程处(简称疏浚工程处)】　疏浚工程处为航道工程专业承包二级企业(2002年获得ISO9001:2000质量国际认证证书),也是江西省最大的水下作业和陆域吹填企业。下辖海汇疏浚工程公司、工程船厂、后勤服务中心。现有在职职工252人,其中各类技术人员61人,高、中级技术工人171人。拥有绞吸式、反铲式、抓斗、链斗等各类挖泥船10艘,辅助船舶24艘,生产能力1740米^3/时,固定资产4130万元。具有承担单项合同额外超过企业资金5倍的沿海5万吨级和内河1千吨级以下航道工程,600万米^{3}及以下疏浚、陆地吹填工程,4万米^{3}及以下炸礁、清礁工程以及相关的测量、航标、渠化工程,水下清障、开挖、清淤等工程的施工能力。所属的工程船厂为一级资质造船企业,可修造各种内河船舶和沿海船舶,同时承接各类航标器材的生产及金属构件的加工等业务。

2007年,完成的工程项目为:赣江(樟树—南昌)Ⅲ级航道整治疏浚后续工程。外接业务有丰城泉港吹填造地工程、南昌洪都大桥疏浚航道工程、大连长兴岛港池开挖工程、厦门同安环东海域等疏浚渔吹填项目。工程船厂完成产值1120万元,其中新造船舶15艘,维修船舶46艘,在建船舶6艘,圆满完成省局下达的造船任务。全年共完成产值5008.9万元,职工人均年收入25732元,较上年人均增长56.5%。

法人代表　黄　卫

地　址　南昌市滨江南路1号
邮　编　330025
电　话　(0791)6520845
传　真　(0791)6520845
（江西省局　黄　卫　张兆平）

【江西省航务管理局港航工程处(简称港航工程处)】 港航工程处为内河打捞三级、测绘乙级、工程质量检测乙级,以及公路、航务、市政、房建工程二级总承包,港口与海岸、航道工程、通航建筑、桥梁工程、路基工程总承包二级资质施工企业。现有在职职工500余人,其中一级建造师20人,高级职称30余人,中级职称60余人。技术力量雄厚,施工设备齐全。拥有各类工程船舶、土石方机械、运输与起重机械、测绘仪器及试验设备等,固定资产1.3亿元。具有内河港口、船厂、码头、水厂、大型港口水工,一级以下公路及其桥梁,工业民用建筑,机电设备安装;航道治理、勘测,水下打捞、爆破、管道铺设诸项工程及其配套工程的施工能力。

2007年,港航工程处共承接各类工程业务23项,合同总额为19596万元,创下历年业务承接额新高。至年底,实际完成产值1.02亿元,职工平均年收入2.86万元,较上年又有提高。

法人代表　彭木根
地　址　南昌市迎宾北大道1191号
邮　编　330043
电　话　(0791)7158909
传　真　(0791)7104999
（江西省局　彭木根　张兆平）

【河南水运工程监理事务所(简称监理事务所)】 (详见《长江航运年鉴》(2007卷)第七篇“航道”第676页)。

【湖北省航道工程公司】 (详见《长江航运年鉴》(2006卷)第七篇“航道”第646页)

地　址　武汉市汉阳区五檀路27号
邮　编　430050
电　话　(027)84594277(传真)
（湖北省局　罗友稼）

【湖北省水运工程咨询监理公司(简称咨询监理公司)】 (详见《长江航运年鉴》(2006卷)第七篇“航道”第650页)

【湖北省振兴港航工程有限公司(简称工程有限公司)】 (详见《长江航运年鉴》(2006卷)第七篇“航道”第651页)

【湖南省航务工程公司】 (详见《长江航运年鉴》(2007卷)第七篇“航道”第676页)

【云南路港工程公司】 该公司是云南省水运工程建设独家国有施工二级企业,也是唯一具有公路、港航双重资质的企业(施工总承包二级)。公司设置2个工程部(水运工程部、公路工程部)、办公室、财务部、经营部。职工人数620人,其中专业技术人员163人。公司拥有一套先进的施工、检测设备和一支高素质的职工队伍。

2007年,云南路港工程公司完成生产产值5900余万元。其中:水运工程完成3000余万元,公路工程完成3000余万元。各项目完成情况如下:1.水运工程完成产值3000余万元。完成了澜沧江五级航道工程、澜沧江橄榄坝养航站基地码头工程项目,并通过交工验收。新开金沙江水富港扩建工程项目。2.公路工程完成产值3000余万元,完成了元江元漠线至东峨农村公路改建工程和景洪农场至景哈乡农村公路改建工程。

地　址　昆明市环城北路181号
邮　编　650051
电　话　(0871)5170075
（云南省局　马翠德）

【云南水运建设监理咨询有限公司】 公司于2001年4月4日正式成立。

2007年,业务涵盖监理(水运工程监理、公路工程监理)及水运勘察设计。所监理的五级航道整治工程、橄榄坝基地码头已交工验收;观音岩电站格观公路、石临公路、右岩下游沿江公路工程、大理港扩建工程、水富港扩建工程进展顺利。水运勘察设计方面,下半年承担了李仙江电站库区航运建设项目5个库区码头的勘察设计任务,是设计工作方面较大的突破。完成监理费产值约135余万元,其中水运工程完成产值60余万元,公路工程完成产值75余万元。形成总资产90多万元,实现了资产的保值增值。

地 址 昆明市护国路8号2楼

邮 编 650021

电 话 (0871)3161591

(云南省局 马翠德)

【甘肃省水运工程质量监督站(简称质监站)】

甘肃省水运工程质量监督站在省交通厅和部质监总站的领导下,根据交通部明传电报《关于开展以桥梁为重点的交通基础设施安全隐患排查治理专项行动的通知》和《关于开展水运交通基础设施安全隐患排查工作的通知》,以及甘肃省交通厅等有关安全隐患排查治理文件精神,结合甘肃省水运基础设施实际,制订了《甘肃省开展水运交通基础设施安全隐患排查工作方案》,具有组织机构、排查重点、排查工作安排、治理措施和有关要求等内容。经过各市州自查、省局督察、省交通厅抽查、治理事故隐患等阶段的工作,甘肃省水运交通基础设施安全隐患排查工作取得了阶段性成效。全省共检查渡口116道,港口4处,码头36个,航道4段270公里,在建大项目3个,小项目74个,营运船舶473艘,水运企业40家。在各市州自查的基础上,进一步确认基础设施安全生产隐患7起,责成立即整改隐患6起,限期整改隐患1起。2007对黄河盐锅峡库区航运建设工程、续建黄河兰州段航道延伸整治建设工程和刘家峡库区东乡县祁杨码头工程3个中型项目,以及全省小型码头和农村公路渡口改造建设工程等进行了监理,跟进度进行现场监督检测。

2007年,质监站进一步加强自身的建设。一是整章建制,制定《甘肃省水运工程质量监督实施细则》、《甘肃省水运工程质量监督站人员职责》及质量监督政务公开事项、主要工作流程、质监站工作纪律等水运工程质量监督相关制度。二是加强质量监督档案管理,按技术档案管理规定对质量监督资料进行整理建档。三是强化监督手段,在省交通厅的大力支持下,质监站购置了水准仪、全站仪、钢筋扫描仪、地基密实度测定仪等检测器材及电脑、打印机等办公设备,为今后的质检工作提供了有力的保障。

地 址 甘肃省兰州市北滨河路406号

邮 编 730046

电 话 (0931)8368633

(甘肃省局质监站)

【兰州水运航道养护有限公司】 兰州水运航道养护有限公司成立于2004年6月29日,是兰州市水运管理局下属的集航道疏浚养护、水运工程建设、水运旅游接待、船舶建造与维修等业务为一体的综合性水路运输服务企业。公司下设船务公司、航道养护疏浚一队、二队、三队4个分支机构。也是兰州市唯一一家具有港口与航道工程总承包三级资质、航道工程专业承包三级资质的航道养护疏浚企业。近几年时间,凭借现代化的公司管理体制和一支业务技术能力强,综合素质高的优秀职工队伍,公司的经营规模和经营业绩连续取得了成倍增长,实现了跨越式快速发展的奋斗目标。曾多次获得“守合同重信用企业”、“甘肃省十佳航运企业”、“水路运输先进单位”等荣誉称号,2008年被交通部授予“社会力量积极参与重特大水上搜救行动先进集体”荣誉称号。

公司现有净资产2100多万元;在册员工共146人,包括各类工程技术人员27人,管理人员22人,具有专业水平较高、施工经验丰富的综合性航道疏浚养护和水上施工作业队伍;共计各类工程船舶20余艘,豪华旅游船舶3艘,水上高速小快艇26艘。拥有目前兰州市最大的两艘航道疏浚工程船舶“兰疏字002号”、“兰疏字003号”和唯一一艘钢质耙船“兰航一号”,三个航道工程队年综合施工能力在15万米^{3}以上。近年来,先后承担了黄河兰州段航道养护(一期、二期、三期)工程、东岗高速公路大桥、天水路黄河大桥、雁滩黄河大桥、小西湖黄河大桥航道疏浚清淤工程、黄河兰州段航道东西延伸开发整治工程、大型船舶的拖带、码头设置安装、跨河电缆的架设,以及水上测量等重点工程项目的施工。上述完工工程均被评为“优良工程”,深受业主和监理单位的好评。与此同时,以“飞天号”游轮为品牌,拥有大型豪华旅游船舶3艘,水上快艇26艘,索道、白塔山、中立桥、十里店、什川(小峡)、通渭路等经营码头8处,趸船6艘,长期运营在兰州市区及什川等黄河经典线路。多次接待中央、省、市领导及宾客,年接待水上游览观光人员达数十万人次。

兰州市作为唯一被九曲黄河穿城而过的城市,乘船游览百里黄河风情线已成为中外宾客兰州旅游的重要内容。兰州水运航道养护有限公司秉承“求真、务实、创新、致远”的企业精神，坚持“做一个项目，创一块品牌，交一批朋友，赢一方市场”的管理理念，精心组织、精心施工、精心服务，努力打造兰州水运航道养护有限公司的企业品牌。

地　址　兰州市中山路55号
邮　编　730030
电　话　(0931)8431349
网　址　http://4324515.71ab.com

（兰州水运航道养护有限公司）

·行政管理·

【长江航道辖区划分】　根据长江航务管理局《关于成立长江宜宾航道局的批复》（长航人[2006]279号）和长江航道局《关于调整长江航道测量中心隶属关系的通知》（航道办人劳字[2007]52号）文件，长江宜宾航道局、长江航道测量中心分别于2007年3月18日和9月30日挂牌成立。长江宜宾航道局成立后，其辖区航道航标由长江泸州航道局代管。2007年长江航道局直接从事航道维护管理的下设机构有南京、武汉、宜昌、重庆、泸州、宜宾6个区域航道局和1个长江航道测量中心，17个航道处，115个航道站（航道管理处），15个勘测处（测量队），37个通行信号台，10个专职雾情观察台，15个兼职雾情观察台。长江干流庙河至中水门59公里河段航道由三峡通航管理局三峡航道局维护管理，下设4个航道站。

·区域航道局、航道处设置情况　长江航道局下设南京、武汉、宜昌、重庆、泸州、宜宾6个区域航道局，17个航道处。长江干流庙河至中水门59公里河段航道由三峡通航管理局三峡航道局维护管理。

2007年区域航道局、航道处设置情况一览表，详见表7－10。

【2007年区域航道局、航道处设置情况一览表】 （表7－10）

单位		所在地	起讫点	起讫点里程(km)	辖区里程(km)		备注
			浏河口	25.4			
	1.上海航道处	上海市			131.0		
			黄田港	156.4			
	2.镇江航道处	镇江市					
	3.扬中航道处	扬中市			136.6		
	2.镇江航道处	镇江市					
南京航道局			新河口	293.0		818.6	下游里程
	4.南京航道处	南京市			97.7		
			慈湖河口	390.7			
	5.芜湖航道处	芜湖市			116.0		
			太阳洲尾	506.7			
	6.安庆航道处	安庆市			193.3		
			香口镇	700.0			
	7.九江航道处	九江市			144		
			上巢湖	844			
			上巢湖	844			
	1.武汉航道处	武汉市			225.0		
			大军山	(1043;0.0)26.0			
	2.洪湖航道处	洪湖市			204.0		
武汉航道局			城陵矶	230.0		715	
	3.监利航道处	监利市			178.0		中游里程
			茅林口	408.0			
	4.沙市航道处	荆州市			108.0		
			大埠街	516.0			
宜昌航道局		宜昌市			113.5		
			中水门	(626;0.0)3.5		196.0(宜昌航道局辖区里程)	
三峡航道局		三峡坝区			59.0		
			庙河	62.5			
宜昌航道局		宜昌市			82.5		
			鳊鱼溪	145.0			上游里程
	1.奉节航道处	奉节县			116.0		
			东洋子	261.0			
	2.万州航道处	万州区			141.0		
重庆航道局			顺溪	402.0		598.4	
	3.丰都航道处	丰都县			134.0		
			涪陵	536.0			
	4.重庆航道处	重庆市			207.4		含嘉陵江口1.2km
	4.重庆航道处	重庆市			207.4		
			兰家沱	742.2			
	1.江津航道处	江津市			99.8		
泸州航道局			合江	842.0		210.8	
	2.泸州航道处	泸州市			111.0		
			王爷庙	953.0			
宜宾航道局		宜宾市	宜宾合江门	1044.0	91.0		

注：1.2007年12月20日，黄颡口至上巢湖28公里航道由南京航道局移交武汉航道局维护管理。

2.2007 年 3 月 18 日,宜宾航道局挂牌成立,其辖区航道由泸州航道局代为维护管理。

(2007 年 12 月 31 日统计)

·航道站设置情况　长江航道局下设 115 个航道站(航道管理处)。三峡航道局下设 4 个航道站。2007 年航道站设置情况一览表,详见表 7-11。

【2007 年长江航道站设置情况一览表】　　(表 7-11)

单位	序号	航道站	辖区起迄里程(km)	管辖里程(km)	站艇	处用船
上海航道处(131.0km)	1	白茆	25.4~92.5	67.1	航辉	工作船:航霞、宁道标 001 测量船:航测 501
	2	南通	92.5~156.4	63.9	航荣	
镇江航道处(136.6km)	1	高港	156.4~240.0	83.6	标 208	工作船:航旭、航润 测量船:航安
	2	润扬大桥	240.0~293.0	53.0	标 205	
南京航道处(97.7km)	1	南京二桥	293.0~340.0	47.0	标 207	工作船:海标 102 测量船:宁道测 2404
	2	南京大桥	340.0~352.2	12.2	绞 11 号	
	3	南京三桥	352.2~390.7	38.5	标 202	
芜湖航道处(116.0km)	1	马鞍山	390.7~425.0	34.3	标 206	测量船:宁道测 2403
	2	芜湖大桥	425.0~449.0	24.0	标 209	
	3	新港	449.0~506.7	57.7	标 201	
安庆航道处(193.3km)	1	铜陵	506.7~547.0	40.3	宁道 1222	工作船:宁道标 2402
	2	铜陵大桥	547.0~558.0	11.0	绞 9 号	工作船:宁道标 2402 测量船:宁道测 2401
	3	太子矶	558.0~620.0	62.0	宁道 1228	
	4	安庆大桥	620.0~650.0	30.0	标 212	
	5	东流	650.0~700.0	50.0	标 203	
九江航道处(172.0km)	1	彭泽	700.0~742.0	42.0	宁道 1227	工作船:宁道标 204 测量船:宁道测 2402
	2	湖口	742.0~782.0	40.0	宁道 1229	
	3	九江大桥	782.0~803.0	21.0	标 211	
	4	武穴	803.0~836.5	33.5	宁道 1102	
	5	田镇	836.5~844.0	7.5	宁道 1223	
扬中航道处	1		维护太平洲捷水道 炮子洲右汊 录安洲右汊	43.9 9.35 5.65	宁道 1101	绞 8 号
武汉航道处(197.0km)	1	蕲州	844.0~888.0	44.0	汉道 1103	工作船:汉道标 201 测量船:航测 201
	2	黄桥	888.0~918.0	30.0	汉道 2403	
	3	鄂黄桥	918.0~949.0	31.0	汉道 1260	
	4	团风	949.0~986.0	37.0	汉道 1114	
	5	阳逻	986.0~1021.5	35.5	汉道 1117	
	6	二桥	1021.5~1042.7	21.2	汉道标 202	
	7	武桥	1042.7~1043;0~10.0	10.5	汉道 2402	
	8	白沙洲	10.0~26.0	16.0	汉道 1109	

单位	序号	航道站	辖区起迄里程（km）	管辖里程（km）	站艇	处用船
洪湖航道处（204.0km）	1	军山大桥	26.0～55.0	29.0	汉道1102	工作船:汉道标2402 测量船:1230
	2	牌洲	55.0～87.0	32.0	汉道1110	
	3	燕窝	87.0～118.0	31.0	汉道1243	
	4	大沙	118.0～150.0	32.0	汉道1255	
	5	新堤	150.0～180.0	30.0	汉道1106	
	6	螺山	180.0～210.0	30.0	汉道1116	
	7	城陵矶	210.0～230.0	20.0	汉道1111	
监利航道处（178.0km）	1	观音洲	230.0～249.7	21.0	汉道1101	工作船:汉道标2401 测量船:1245
	2	反咀	249.7～272.0	21.0	汉道1108	
	3	铁铺	272.0～297.0	25.0	汉道1253	
	4	监利	297.0～318.0	21.5	汉道1113	
	5	塔市驿	318.0～341.0	22.5	汉道1239	
	6	调关	341.0～363.0	22.0	汉道1107	
	7	河口	363.0～387.0	24.0	汉道1250	
	8	石首	387.0～408.0	21.0	汉道1118	
沙市航道处（108km）	1	郝穴	408.0～429.0	21.0	汉道1104	测量船:1257 机动船:1248
	2	公安	429.0～453.0	24.0	汉道1115	
	3	盐卡	453.0～477.0	24.0	汉道2404	
	4	荆州大桥	477.0～495.0	18.0	汉道1241	
	5	宛市	495.0～516.0	21.0	汉道1112	
宜昌航道局（196.0km）	1	枝江航道	516.0～555.0	39.0	宜道1103	测量船:宜道测201 宜道测202
	2	宜都航道	555.0～594.0	39.0	宜道标202	
	3	宜昌航道	594.0～629.5;0.0～3.5	35.5	宜道标201	测量船:宜道测201 宜道测202
	4	秭归航道	62.5～102.0	39.5	宜道1215	
	5	巴东航道	102.0～145.0	43.0	宜道1101	
三峡航道局（59.0km）	1	庙咀	3.5～8.7	5.2	海巡31911	
	2	南津关	8.7～31.5	22.8	海巡31912	
	3	黄陵庙	31.5～46.5	15.0	海巡31909	
	4	茅坪	46.5～62.5	16.0	海巡31910	
奉节航道处（116.0km）	1	碚石	145.0～158.6	13.6	渝道1228	
	2	巫山	158.6～170.9	12.3	渝道1227	工作船:渝道标2403 机动船:渝道1264 渝道1250 供应船:渝道1235 征稽501
	3	东关嘴	170.9～184.0	13.1	渝道1251	
	4	曲尺	184.0～196.5	12.5	渝道1292	
	5	夔峡	196.5～210.0	13.5	渝道1279	
	6	奉节大桥	210.0～222.8	12.8	渝道标301	
	7	安坪	222.8～235.5	12.7	渝道1258	
	8	龙洞	235.5～248.0	12.5	渝道1242	
	9	故陵	248.0～261.0	13.0	渝道1270	

单位	序号	航道站	辖区起迄里程（km）	管辖里程（km）	站艇	处用船
万州航道处（141.0km）	1	鸡扒子	261.0~272.0	11.0	渝道1241	工作船：渝道1104 机动船：渝道1245 机修船：渝道1245 供应船：208 征稽502 征稽516 航驰101
	2	红船湾	272.0~284.0	12.0	渝道1277	
	3	云阳大桥	284.0~294.0	10.0	渝道1247	
	4	双江	294.0~306.0	12.0	渝道1291	
	5	太阳溪	306.0~318.0	12.0	渝道1268	
	6	万州二桥	318.0~330.0	12.0	渝道标302	
	7	万州铁路大桥	330.0~340.0	10.0	渝道1285	
	8	新田	340.0~351.0	11.0	渝道1256	
	9	瀼渡	351.0~362.0	11.0	渝道1273	
	10	武陵	362.0~374.0	12.0	渝道1233	
	11	西沱	374.0~385.0	11.0	渝道1255	
	12	顺溪	385.0~402.0	17.0	渝道1274	
丰都航道处（134.0km）	1	忠县	402.0~423.0	21.0	渝道1262	工作船：渝道1101 机动船：渝道1240 渝道标303 渝道1231 渝道1260 机修船：航剑、渝道1271
	2	康家沱大桥	423.0~434.5	11.5	渝道1246	
	3	新生	434.5~448.0	13.5	渝道1254	
	4	楠竹坝	448.0~462.0	14.0	渝道1288	
	5	高镇	462.0~476.0	14.0	渝道1248	
	6	凤尾坝	476.0~487.3	11.3	渝道1259	
	7	丰都	487.3~500.0	12.7	渝道1102	
	8	南沱	500.0~513.0	13.0	渝道1252	
	9	清溪	513.0~525.5	12.5	渝道1278	
	10	和尚石	525.5~536.0	10.5	渝道1284	
重庆航道处（207.4km）	1	涪陵	536.0~547.2	11.2	渝道1265	工作船：渝道1283 供应船：渝道标240—1 机动船：渝道1226 渝道1234 渝道1239 渝道1261
	2	李渡大桥	547.2~561.1	13.9	渝道1281	
	3	石沱	561.1~576.3	15.2	渝道1276	
	4	长寿	576.3~588.2	11.9	渝道1105	
	5	扇沱大桥	588.2~600.6	12.4	渝道1103	
	6	洛碛	600.6~613.2	12.6	渝道1290	
	7	木洞	613.2~625.4	12.2	渝道1289	
	8	鱼嘴	625.4~637.6	12.2	渝道1267	
	9	大兴场	637.6~650.3	12.7	渝道1266	
	10	寸滩	650.3~661.8	12.7	渝道1280	
			（嘉陵江口1.2km）			
	11	珊瑚坝大桥	661.8~675.0	13.2	渝道1275	工作船：渝道1283 供应船：渝道标240—1 机动船：渝道1226 渝道1234 渝道1239 渝道1261
	12	李家沱	675.0~689.0	14.0	渝道1269	
	13	鱼洞	689.0~702.8	13.8	渝道1253	
	14	白沙沱大桥	702.8~715.0	12.2	渝道1216	
	15	冬笋坝	715.0~728.5	13.5	渝道1249	
	16	江津	728.5~742.2	13.7	渝道1238	

单位	序号	航道站	辖区起迄里程（km）	管辖里程（km）	站艇	处用船
江津航道处（99.8km）	1	龙门	742.2～760.0	17.8	泸道1235	工作船：泸道1208 机动船：航江号
	2	白沙	760.0～775.0	15.0	泸道1229	
		石门	从2007年3月19日与白沙站合并实行大站管理试点			
	3	松溉	790.0～803.5	13.5	泸道1219	工作船：泸道1208 机动船：航江号
	4	朱沱	803.5～817.0	13.5	泸道1102	
	5	榕山	817.0～830.5	13.5	泸道1218	
	6	合江1站	830.5～842.0	11.5	泸道标202	
泸州航道处（202.0km）	1	合江2站	842.0～858.0	16.0	泸道1230	工作船：航泸号 机动船：泸道1220
	2	上白沙	858.0～871.5	13.5	泸道1216	
	3	弥沱	871.5～888.0	16.5	泸道1228	
	4	黄舣	888.0～905.5	17.5	泸道1227	
	5	泸州	905.0～928.2	23.2	泸道标201	
	6	纳溪	928.2～944.0	15.8	泸道1233	
	7	江安	944.0～986.5	42.5	泸道1223	
	8	南溪	986.5～1044.0	57.5	泸道1221	

（2007年12月31日统计）

·通行信号台设置情况　长江航道局在19个控制河段设置通行信号台37个，控制里程36.1公里。2007年通行信号台设置情况一览表，详见表7－12。

【2007年通行信号台设置情况一览表】（表7－12）

序号	控制河段	控制水位	关系水尺	台号	台名	控制范围及里程	备注
1	风箱峡	7.0↑	宜昌	1	老关庙	201.0～204.2（3.2）	
				2	江巴石		
				3	奉节		
2	黄草峡	9↑	羊角堡	4	黄草峡	573.9～574.5（0.6）	
				5	张爷滩		
3	王家滩	9↓	羊角堡	6	小石溪	582.2～587.7（5.5）	
				7	骑马桥		
				8	扇沱		
				9	上洛碛		
4	上洛碛	3↓	太洪江	9	上洛碛	604.0～606.2（2.2）	上洛碛控制水位实际执行3.5米↓开班
				10	上黔滩		
				11	金鸡三背		
5	大兴场	1↓	铜锣峡	12	大背角	639.5～641.5（2.0）	
				13	商王石		
				14	纳溪沟		
6	铜锣峡	全年	铜锣峡	15	莲花背	644.0～645.2（1.2）	
				16	纳溪沟		
7	三角碛	3↓	龙凤溪	17	鹅公岩	669.9～671.3（1.4）	
				18	吕鱼背		

序号	控制河段	控制水位	关系水尺	台号	台名	控制范围及里程	备 注
8	虾子梁	6↑	水银口	19	渔洞溪	690.1~691.0(0.9)	
9	车亭子	5↓	观音背	20	烂井沟	699.8~702.7 (2.9)	
				21	鲁班槽		
10	汤家沱	全年	观音背	22	汤家沱	707.6~708.2(0.6)	重庆航道局20.5km
11	母猪碛	2↓	狗扒岩	23	东海沱	769.5~770.8(1.3)	泸州航道局
12	羊角滩	5↓	羊角滩	24	羊角滩	801.1~801.8(0.7)	
13	东溪口 斗笠子	3.5↓ 3.5↓	羊角滩	25	白脸石	807.8~809.5(1.7)	双控制河段
				26	斗笠子	810.9~812.1(1.2)	
14	莲石滩	4↓	老鹰岩	27	漕房	835.6~837.1 (1.5)	
				28	通路口		
15	神背嘴	全年	小桃竹	29	神背嘴	872.3~873.1(0.8)	
				30	烟灯房	873.1~873.6(0.5)	
16	冰盘碛	3.5↓	小桃竹	31	老鹰岩	879.0~881.5(2.5)	
				32	新路口		
17	香炉滩	2↓	金鸡尾	33	香炉滩	981.4~982.5(1.1)	
				34	石鸡尾		
18	铜鼓滩	2↓	九龙滩	35	九龙滩	994.5~996.5(2.0)	
19	筲箕背	2↓	钉钉石	36	牛卷口	1003.5~1005.8(2.3)	泸州航道局15.6km
				37	筲箕背		
共有19个控制河段,37个信号台,控制里程36.1km。							

(2007年12月31日统计)

·雾情观察台设置情况 长江航道局在川江专职雾情观察台10个,兼职雾情观察台15个。2007年川江雾情观察台设置情况一览表,详见表7-13。

【2007年川江雾情观察台设置情况一览表】 (表7-13)

序号	雾区名称	工作时间	台号	雾台名称	专职	兼职	控制地区	起迄里程(km)	备注
1	丝瓜碛	9:16~4:30	1	土地盘	Δ		和尚石—清溪水位下	499.2~523.5	
			2	鹭鸶盘		O			
			3	千金凼		O			
			4	清溪		O			
2	蔺市	全年	5	李渡	Δ		手扒岩—石家沱	544.6~569.0	
			6	大东溪	Δ				
			7	蔺市		O			
			8	青岩子		O			
			9	石家沱		O			
3	黄草峡	9:16~4:30	10	黄草峡		O	金彩背—张爷滩	573.3~579.6	
			11	瓦罐窑	Δ				
			12	张爷滩	Δ				
4	王家滩	9:16~4:30	12	张爷滩	Δ		张爷滩—鳝鱼尾	579.6~593.2	
			13	羊角堡		O			
			14	小石溪		O			
			15	骑马桥		O			
			16	扇沱		O			

序号	雾区名称	工作时间	台号	雾台名称	专职	兼职	控制地区	起迄里程(km)	备注
5	洛碛	9:16~4:30	17	上洛碛		O	干竹溪下—普岩子	597.3~620.7	
			18	黔滩		O			
			19	普子岩	Δ				
6	明月峡	9:16~4:30	19	普子岩	Δ		普子岩—马儿石	620.7~628.2	
			20	井祠	Δ				
7	广阳坝	全年	21	鱼嘴	Δ		海扒碛—商王石	630.0~642.9	
			22	河口	Δ				
			23	广阳坝	Δ				
			24	大背角		O			
			25	商王石		O			
合计					10	15	共10个专职雾情观察台,15个兼职雾情观察台		

(2007年12月31日统计)

(长江航道局供稿)

【长江航道测绘管理】 2007年,长江航道局有16个测绘单位,即长江南京航道局上海航道处测量队,镇江航道处测量队,南京航道处测量队,芜湖航道处测量队,安庆航道处测量队,九江航道处测量队;长江南京航道工程局安庆航道工程处;长江航道测量中心;长江武汉航道局武汉航道处测量队,洪湖航道处测量队,监利航道处测量队,沙市航道处测量队;长江宜昌航道局勘测处;长江重庆航道局勘测处;长江重庆航运工程勘察设计院;长江泸州航道局航道勘测处。现有航道测绘人员537人,其中高级职称25人,中级职称79人,初级职称96人,其他测绘人员338人。2007年,完成测绘任务3.53万(换算为1:10000)平方公里,为计划指标的170.4%。

长江航道局航道测绘技术和方法的应用,主要表现在控制测量、地形和水深测量、水文观测、施工测量、变形测量及制图等方面。平面控制测量主要采用导线测量、三角(边)测量和边角同测法、电磁波测距和GPS测量等。高程测量则主要采用几何水准测量、三角高程测量、跨水面高程测量和GPS高程测量等。地形和水深的定位测量通常采用极坐标法、交会法和GPS测量法。深度测量主要采用回声测深仪。水下障碍物主要采用加密水深测量、多波束系统扫测、软硬式扫床等。水文观测一般包括比降观测、表面流速和流向观测、流量测验、悬移质测验、推移质测验和底质探测等。表面流速流向的观测主要采用浮标法;流量观测一般采用流速仪常测法,主要仪器为流速仪、流向仪等;悬移质测验包括流量测量、悬移质采样和分析、输沙量计算等,悬移质取样仪器主要有瓶式取样器、横式取样器和抽气式取样器等;底质控测取样器一般采用蚌式采样器和在水铊底面涂以油脂或其他粘接剂,粘取海(河)底表面底质。另在内业成图方面,使用的软件主要为商业软件,其中使用最广的包括中海达SCASS成图软件、南方CASS成图软件、天测WALKFILED成图软件、清华三维成图软件和AutoCAD软件等。先后应用的测绘技术有:GPS测绘技术,载波相位差分技术(GPS—RTK)定位技术,多波束测深的技术,多普勒流速剖面仪(ADCP)测流技术,以及电子海图的研制与应用。

为了更好地适应长江航道的建设发展需要,2007年9月30日,作为长江航道局直属公益性事业单位,长江航道测量中心挂牌成立。其有关测绘方面职能为:贯彻执行国家有关政策、法规和技术规范、标准,参与制定长江航道测绘管理有关规章制度和办法;负责长江航道测绘业务、测绘技术的工作;负责维护管理长江航道测绘数据信息系统,拟定相关的技术规范性文件;统一负责长江航道测绘成果的管理,数据的更新,参与测绘成果审查和验收;负责长河段原型观测、演变观测、航道建设工程测量及重点河道维护性测量工作;负责对长江航道专用测绘设备的管理工作;参与长江航道测绘资质、收费许可资质的申报、年检和测绘人员持证管理及培训工作;组织协调指导全线基层单位的测绘业务工作。

（长江航道局　茅生斌）

【浙江省政府批准何家桥线航道改造工程列入“四自”工程】 2007年6月，浙江省人民政府行文批准海盐县何家桥线内河航道改造工程列入省内河“四自”航道工程。何家桥线内河航道全长5.48公里，改造标准为六级，投资概算1.2亿元。通过航道的改造与内河港区的建设，将进一步沟通嘉兴沿海码头与浙北地区内河航道网，充分发挥海河联运优势，有效地促进嘉兴乃至周边地区经济社会的发展。工程有关的项目公司组建已落实，项目建议书已上报省交通厅，环境评价等前期工作正在进行。工程是嘉兴市嘉于硖线南郊河工程之后，第二条“四自”航道工程。

（浙江省局　陈建光）

【钱塘江中上游航道列入国家高等级内河航道网规划】 2007年6月，经国务院批准公布的《全国内河航道与港口布局规划》中，钱塘江中上游航道正式被列入国家高等级内河航道网。根据规划，在全国1.9万公里内河高等级航道网络中，现有的和规划建设的可通航千吨级船舶的三级及以上航道约为1.43万公里，其余4700公里为可通航500吨级船舶的四级航道。钱塘江中上游规划为四级航道，全长80公里，衢州境内57公里，金华境内23公里，采用6级开发方案，自上而下分别为姚家、游埠、小溪滩、红船豆、安仁铺、塔底6个梯级，项目分衢州段和金华段，整个项目总投资为23亿元。目前，浙江省发改委将该项目列入2007年省重点项目的预备项目。

（浙江省局　陈建光）

【政策法规使航道管理更加规范】 2007年8月中旬，《江苏省政府关于加快水运发展的意见》下发执行。《意见》明确了航道发展的奋斗目标、主要任务及相关政策，决定“按照省市共建、政府主导的原则，加快航道工程建设”，省政府在省财政预算中建立航道专项资金，每年不少于5亿元，为航道全面科学加快发展奠定了坚实基础。同年3月1日起《江苏省航道管理条例》正式施行，与此同时编辑出版了《〈江苏省航道管理条例〉若干问题的指导意见》、《〈江苏省航道管理条例〉释义》。省物价局、省财政厅、省交通厅联合出台了《江苏省航道赔（补）偿试行标准》，于4月1日起实施，以经济手段保护航产航权的目标得以实现。

（江苏省局　徐秋敏）

【精心构建和谐航道增强软实力】 2007年，江苏省交通厅航道局创新工作思路，在行业内广泛开展“江苏航道精神”研究，着力办好“八件实事”。一是完成航道建设投资31亿元，新增船闸1座，完成四级以上航道整治59公里。二是落实干线航道安全畅通应急预案及保障措施，确保不发生因航道部门管理不善导致的24小时以上重大堵航责任事件。三是在重点干线航道上加快规划建设水上服务中心，为船民生产生活补给提供方便。四是将船闸远调站一站式服务扩大到所有设立远调站的船闸，进一步简化过闸程序，缩短船舶待闸时间。五是进一步完善航道规费联网征收网络，方便缴费义务人就近按章缴费；对本市区域内的船舶，可预约上门收取规费；对通过邮局、银行汇款等方式缴纳航道规费的，提供免费邮寄票据服务；在船闸推广POS刷卡机，方便船民在船闸缴纳规费。六是在航道部门职责范围内，积极协助主动回归江苏的外挂船舶办理回归手续，并按照政策规定给予规费缴纳上的优惠。七是贯彻执行《江苏省航道管理条例》，对航道行政许可办理实行预期告知、限期办结，同时进一步扩大轻微违法免予处罚的范围。对漏缴、欠缴航养费，当事人在当月5日前缴清的，免收滞纳金并免予处罚；当月底缴清的按规定只征收滞纳金、免予处罚。八是进一步完善江苏航道网站，及时发布各类航道信息；开通“局长信箱”，为社会公众提供政策咨询、网上投诉等服务，并确保在收到信件后一个月内给予答复。积极构建和谐航道主题文化，总结提炼出了“和谐领航，服务有道”新时期江苏航道精神。用《“十一五”全省航道系统精神文明建设规划》指导精神文明建设，以《全省航道系统建功立业活动考核评比实施办法》检验工作，提高全省航道干部职工的整体素质和道德情操。

（江苏省局　徐秋敏）

【江苏省航道对外交流掀开了历史性一页】 京杭运河（江苏段）与瑞典约塔运河均属人工开凿运河，都具有悠久的历史和灿烂的文化，但两者又有着显著的不同。京杭运河（江苏段）以货物运输为主,约塔运河则以旅游业为主。2006年,瑞典东约特兰省约塔运河公司总经理乌斯特伦一行3人在结束对京杭运河江苏段的考察后提出,希望能与京杭运河(江苏段)正式结为友好运河,以丰富和充实两国两省间的友好关系。尔后,经过相关程序,并经江苏省外办,省交通厅批准,在出席约塔运河通航175周年庆典期间,完成了"结好"协议文本起草。

2007年6月25日,由江苏省交通厅副厅长杨根林,江苏省交通厅航道局局长董文虎率领的江苏航道代表团抵达瑞典开展了为期4天的考察活动,于6月27日在林雪平市布格船闸正式签署京杭运河(江苏段)与约塔运河的结好协议。根据协议,两省运河在多方面展开合作,共同探讨运河的可持续发展战略,建设生态航道、资源节约型航道,研讨新技术、新材料、新工艺等现代科技在运河船闸、航道等建设、养护中的应用,加强运河人才交流合作,探索航道建设与管理创新体系。协议还提出要加强文化交流,通过举办大型旅游活动、运河文化论坛等,为旅游者、旅游从业者和投资者提供良好的服务。28日,代表团出席了约塔运河通航175周年庆典,当日瑞典国家电视台及多家新闻媒体作了专题采访、报道,至此掀开了江苏航道对外交流的历史性一页。

(江苏省局 徐秋敏)

【江苏省淮安市航道处施行《江苏省航道管理条例》,实施首例强拆违章案件】 2007年4月3日,江苏省涟水县法院、公安等部门联合对涟水县境内盐河航道平安段一违章码头吊机进行依法强制拆除,这是《江苏省航道管理条例》实施以来淮安航道系统首例强拆违章案件。

(江苏省局 淮安处)

【江苏省整治违章装卸点成效显著】 2007年,江苏省航道局加强辖区航道现场管理。组织人员专门对违章装卸点进行专项整治,及时拆除了违章装卸设施,制止了准备装卸的违章栈桥。与此同时,积极采取有效措施,进行整治动员,保证了整治效果。一是在实地调研的基础上,及时制定整治方案;二是加大巡航密度和执法力度,分管责任人随船现场指挥;三是展开了"挨门逐户"式调查登记等摸底工作;四是根据掌握的情况,对宝应境内2处违章装卸设施进行了拆除,并对在巡航中发现的未经航道部门批准擅自搭建临时临河设施的行为进行了制止。

(江苏省局 苏北处)

【国家发改委副主任张茅考察京杭运河江苏段】 为落实温家宝总理关于京杭运河水运问题的重要批示精神,2007年5月19至20日,由国家发改委副主任张茅带领的国家发改委、交通部考察组现场考察了京杭运河苏州段、常州市区段改线工程和镇江陵口先导段航道整治工程的建设情况,以及京杭运河苏北段的运行情况。江苏省副省长仇和,省发改委副主任林一峰,省交通厅党组副书记、副厅长杨根林,省交通厅航道局局长董文虎以及地方相关领导陪同考察。

考察期间,张茅指出:一定要充分发挥京杭运河的黄金水道的功能和效用,进一步推动沿线社会经济的发展。他对常州运河工程采取公路与航道联动、实施土方综合利用所取得的成绩表示满意,并对高标准建设国家级水运主通道及首创综合性航道服务区、集中兴建港区等给予肯定。他在镇江听取了苏南运河镇江段的船舶运行及建设情况的汇报,并乘船查看了丹阳陵口先导段建设工地。在淮安察看了苏北运河航闸建设与管理、两淮段航道整治方面的展板,听取了苏北航务处关于苏北运河基本情况和船闸运行、航道建设、船舶通过量增幅等情况的汇报,对苏北运河推动区域经济社会发展所做的贡献给予了肯定,并要求积极营造"便捷、通畅、高效、安全"的通航环境,最大限度地发挥苏北运河在构建江苏综合运输体系中的作用。考察期间仇和指出:水路运输占公路、铁路、水运、航空、管道五种运输方式的一半,国家发改委高度重视发展水运,体现了科学发展的要求。目前江苏省按照科学发展观的要求,加快水运主通道的建设速度,使水运运量大、耗能低、占地少、运费省的优势在江苏得到进一步的发挥。

(江苏省局 徐秋敏)

【"连云港港疏港航道工程现场指挥部项目管理办公室"印章8月18日启用】 根据江苏省交通厅苏交政[2007]98号《关于成立连云港港疏港航道工程建设协调领导小组和现场指挥部》的精神,"连云港港疏港航道工程现场指挥部项目管理办公室”印章自2007年8月18日启用。

（江苏省局　徐秋敏）

【“政风热线”直播解读江苏省航道条例】 2007年10月25日，江苏省交通厅航道局政策法规科有关负责人走进江苏人民广播电台政风热线直播室，直接与听众对话，解读《江苏省航道管理条例》，解答社会各界对条例的疑惑与问题。

自2007年3月1日《江苏省航道管理条例》正式施行后，不少读者、听众希望通过省人民广播电台政风热线栏目，了解条例，解答相关问题。这次节目中，重点解释了条例中航道定义、航道的法律特征、航道行政执法主体、航道的公益性基础设施地位及航道规划控制线等规定的作用与意义。对社会各界尤其是船民、水运企业关心的航道处罚、行政执法等工作进行了详细的说明，列举了6种侵占、损害航道的行为，以及对违法行为的处罚标准，并指出航道部门始终贯穿和谐执法理念。在强化和丰富航道行政执法的手段、形式以及职能的同时，增加了很多航道部门和执法人员行政责任的设定，要求在处罚中贯彻过罚相当的原则，在实际执法中，要求执法人员端正执法动机，变执法与相对人的对立关系为“鱼水关系”。

（江苏省局　徐秋敏）

【交通部综合规划司领导考察赣江南昌至湖口航道】 2007年11月11日，交通部综合规划司任建华一行在江西省交通厅副厅长许润龙，省航务局局长李天碧、副局长杨礼生等陪同下，从南昌港乘船考察赣江南昌至湖口Ⅲ级航道。

沿途，任建华一行查看了航道整治工程建筑物，详尽了解了航道水深、船舶运力及货运量等情况。通过现场考察，任建华充分肯定了南昌至湖口航道经整治后所发挥的作用，特别是在遭遇历史最枯水位的情况下，仍然保证了大吨位船舶的安全畅通，足以见证其产生的通航效果。与此同时，还认真听取了江西内河航道建设情况汇报，重点询问了赣江石虎塘航电枢纽工程、南昌至湖口Ⅱ级航道整治工程项目的前期工作以及赣江东河（南昌—瓢山）Ⅳ级航道整治工程动工建设的准备等情况。任建华对江西内河航道建设所取得的成绩给予了高度评价，并希望做好做实上述几个项目的前期准备工作，进一步加快航道建设步伐，不断提高航道等级及通航能力，充分发挥赣江水运主通道的功能，吸引更多企业沿江设厂，促进沿江产业带的形成和区域经济的更大发展。

（江西省局　许海远）

【江西省景德镇市交通局、港航、航务联合调查昌江航道现状】 2007年8月28日，江西省景德镇市交通局、市港航管理处、景德镇航务分局联合开展昌江航道现状调查。

在调查中，市交通局、港航、航务的主要领导及调查人员乘执法工作艇自市区顺流而下至昌江河与信江、乐安河交汇处，掌握航道走向及现有航道宽度、水深等数据，摸清了无序淘金堆积的砂石阻塞航道的分布情况等第一手资料，为下一步昌江航道疏浚工程可行性报告的编制，景德镇港客、货运码头建设规模及功能的确定打下了良好基础。

（江西省局　黄兴好　杨　辉）

【李盛霖部长考察云南省水运通道建设】 2007年7月28日至29日，交通部部长李盛霖在云南省副省长顾朝曦的陪同下，考察了澜沧江国际航道景洪港至大橄榄坝航段。同时，还考察了云南省红河经济走廊的发展。

（云南省局　马翠德）

【四川省加强跨、临河建筑物建设管理】 四川航务局加强和规范全省跨、拦、临河建筑物通航管理。一是根据交通部《关于进一步做好跨越航道的桥梁通航净空尺度技术要求审批工作的通知》（交水发[2006]388号文）要求，布置各市（州）航务、海事部门对本辖区通航河流上的跨河桥梁进行清理调查。针对出现的问题，加强通航论证审批管理，强化现场监管工作，补办相关手续。二是安排交通设计院组织有关部门和人员编写了《四川省通航河流拦河、临河、跨河建筑物通航论证研究报告编制办法》，目前已完成征求意见稿。

2007年，全年完成沱江、渠江、大渡河、涪江、锦江等通航河流上6座大桥和5处电航枢纽的通航论证评审工作，并对符合审批条件进行了批复。

（四川省局　梁　毅）

【四川省加强航道管理】 2007年，四川省航务局加强航道管理。一是针对岷江上段、沱江等通航河流上拦河建设项目存在的违规建设问题，四川航务局协调省发改委、水利厅等部门，开展了专项清理整顿，提出了整改意见；二是对符合行政许可条件的拦河、跨河项目，及时开展通航论证的审批，进一步理顺、规范了航道管理工作。

（四川省局　张　健）

【“长江黄金水道建设巡礼大型接力活动”重庆市接力仪式在朝天门广场举行】 2007年9月20日上午9:30，由交通部和沿江七省二市共同主办的“长江黄金水道建设巡礼大型接力活动”重庆市接力仪式在朝天门广场举行。参加接力仪式的有交通部台湾事务办公室副主任李建生、重庆市政府办公厅副主任王泰来、四川省代表以及市交委、市港航局、市交通行政执法总队、长航局驻渝单位、部分航运企业的职工、中央及重庆市内媒体记者200余人。9:45，由交通部台湾事务办副主任李建生、重庆市政府办公厅副主任王泰来双手合捧，取自重庆朝天门长江、嘉陵江两江交汇处的江水缓缓注入了接力瓶中，与取自西藏沱沱河的“源头之水”、上海长江口原水，及之前取自江苏、安徽、江西、湖北、湖南的原水在接力瓶中融合。

（重庆市局　彭然红）

·航道养护·

【长江干流航标维护管理】 根据国家标准《内河助航标志》，长江干流航标分为航行标志、信号标志及专用标志三大类。其中航行标志有8种，信号标志有5种，专用标志有2种。按国家标准，岸标有塔型、杆形、锥形及罐形。塔形岸标以玻璃钢、塑料、钢筋混凝土、钢质为材料；杆形岸标以铁杆、木杆、玻璃钢为材料；锥、罐形岸标为铁质、木质、竹质材料。浮标浮具有φ1500、φ1800、φ2400、φ3050、φ5000浮鼓，4米双船浮，6.7米、10米、15米钢质标志船，浮标标体多为铁质、木质材料。其中下游主要为φ1500、φ1800、φ2400、φ3050、φ5000浮鼓、4米双船浮及10米、15米钢质标志船，中上游主要为6.7米和10米钢质标志船。

2007年，长江干线在用及备用航标总计5970座。其中长江航道局5721座，维护航道里程总计3937.5公里，平均设标密度1.36座/公里；全年维护182.5831万座天。航标维护质量考核指标为航标维护正常率，年计划指标为999.9‰，2007年实际考核为1000‰。航标设置与维护由各航道站依据有关规定进行标志的设、撤及调整工作，各区域航道局、航道处进行检查与指导。2007年长江航标数量统计一览表，详见表7－14。

【2007年长江航标数量统计一览表】 （表7－14）

单位	总计	浮标											岸标				
		小计	单船		双船	灯船	柱形						小计	塔形	杆形	锥罐形	框架
			6.7m	10m	4m	15m	1500Φ	1800Φ	2400Φ	3050Φ	5000(6000)Φ						
长江航道局	5721	4309	1886	1510	123	70	3	40	577	93	7		1412	294	462	642	14
南京航道局	1607	1361	7	474	123	42		38	577	93	7		246	200	21	11	14
上海航道处	403	332						14	270	44	4		71	53	4		14
镇江航道处	263	237			6	1		9	181	37	3		26	26			
扬中航道处	85	70	7	39	11				13				15		15		
南京航道处	239	198		72	33	4		5	72	12			41	40	1		
芜湖航道处	202	159		104		10		4	41				43	39	1	3	
安庆航道处	209	184		136	29	13		6					25	23		2	
九江航道处	206	181		123	44	14							25	19		6	
武汉航道局	1208	987	669	288		25	3	2					221	62	121	38	
武汉航道处	329	268	109	138		20	1						61	24	18	19	
洪湖航道处	343	278	258	64		5	1						65	22	33	10	

单位	总计	浮标										岸标				
		小计	单船		双船	灯船	柱形					小计	塔形	杆形	锥罐形	框架
			6.7m	10m	4m	15m	1500 Φ	1800 Φ	2400 Φ	3050 Φ	5000 (6000)Φ					
监利航道处	337	268	231	35				2				69	5	59	5	
沙市航道处	199	173	121	51			1					26	11	11	4	
宜昌航道局	400	224	139	82		3						176	20	76	80	
三峡航道局	249	87	73	10		4						162	80	22	60	
重庆航道局	1613	1004	445	559								609	3	93	513	
奉节航道处	271	86	—	86								185		7	178	
万州航道处	303	192	—	192								111			111	
丰都航道处	356	258	40	218								98		10	88	
重庆航道处	683	468	405	63								215	3	76	136	
泸州航道局	893	733	626	107								160	9	151		
江津航道处	414	317	268	49								97	3	94		
泸州航道处	479	416	358	58								63	6	57		

（2007 年 12 月统计）

2007 年，长江干线在用及备用航标灯总计 7533 盏。其中长江航道局 7339 盏。2007 年长江航标灯数量统计一览表、2007 年长江航道航标设置维护情况一览表，详见表 7－15、表 7－16。

【2007 年长江航标灯数量统计一览表】（表 7－15）

单位	总计	HB—90（盏）	HB—155（盏）	TS—2（盏）	WM—L170A（盏）	Q—155（盏）	双丝灯（盏）	其他（盏）
长江航道局	7339	1602	3489	333	467	1065	15	368
南京航道局	1656	0	653	333	467	0	15	188
上海航道处	403		196		207			
镇江航道处	263		89		78			96
扬中航道处	85		70				15	
南京航道处	289		38		182			69
芜湖航道处	202		67	135				
安庆航道处	208		193					15
九江航道处	206			198				8
武汉航道局	1705	1149	376					180
武汉航道处	381	172	201					8
洪湖航道处	360	266	27					67
监利航道处	531	435	72					24
沙市航道处	433	276	76					81
宜昌航道局	577	230	347					
三峡航道局	194	5	189					
重庆航道局	2597		1532			1065		
奉节航道处	310		310					
万州航道处	380		380					
丰都航道处	517		269			248		
重庆航道处	1390		573			817		

单位	总计	HB—90 (盏)	HB—155 (盏)	TS—2 (盏)	WM—L170A (盏)	Q—155 (盏)	双丝灯 (盏)	其他 (盏)
泸州航道局	804	223	581					
江津航道处	461	161	300					
泸州航道处	343	62	281					

(2007 年 12 月统计)

【2007 年长江航道航标设置维护情况一览表】 (表 7－16)

单位	设站数	年末设标数(座)					维护航道里程(km)	设标密度(座/km)	全年设标座天	航标正常率(‰)	航标维护正常率(‰)	航标失常数(座天)	维护性失常数(座天)	非维护性失常数(座天)
		总计	航行标志		信号标志	专用标志								
			浮标	岸标										
长江航道局	115	5316	3418	1118	184	596	3937.5	1.36	1825831	997.76	1000	4157		4157
南京航道局	21	1607	932	155	6	514	1768	0.91	547336	997.24	1000	1539		1539
上海航道处	2	403	188	8		207	351.6	1.15	140991	997.37	1000	387		387
镇江航道处	2	263	148	22		93	178.3	1.48	89777	997.8	1000	185		185
扬中航道处	1	85	46	15		24	58.9	1.44	25287	998.35	1000	41		41
南京航道处	3	239	116	20	6	97	167.7	1.43	82385	997.91	1000	183		183
芜湖航道处	3	202	111	40		51	229.6	0.88	72306	997.43	1000	204		204
安庆航道处	5	209	184	25		45	439.4	0.48	74560	996.78	1000	240		240
九江航道处	5	206	139	25		42	342.5	0.60	62030	995.18	1000	299		299
武汉航道局	28	1039	766	189	20	64	998.0	1.04	352459	995.01	1000	1757		1757
武汉航道处	8	301	192	54	16	39	272.1	1.11	96278	995.37	1000	446		446
洪湖航道处	7	273	205	47	4	17	275.5	0.99	93908	995.04	1000	466		466
监利航道处	8	282	218	61		3	290.4	0.97	96026	993.71	1000	604		604
沙市航道处	5	183	151	27		5	160.0	1.14	66247	996.27	1000	241		241
宜昌航道局	5	400	213	176	11		271.3	1.47	144709	998.9	1000	165		165
三峡航道局	4	155	51	102		2	66.5	2.30	54858	998.9	1000	57		57
重庆航道局	47	1613	1004	521	88		598.4	2.70	579219	999.69	1000	179		179
奉节航道处	9	271	86	185			116.0	2.33	99582	999.84	1000	16		16
万州航道处	12	303	192	111			141.0	2.31	110595	999.98	1000	2		2
丰都航道处	10	356	258	86	12		134.0	2.66	131540	999.86	1000	18		18
重庆航道处	16	683	468	139	76		207.4	3.29	237502	999.40	1000	143		143
泸州航道局	14	657	503	77	59	18	301.8	2.18	202108	997.44	1000	517		517
江津航道处	6	306	221	46	28	11	99.8	2.96	96059	997.85	1000	265		265
泸州航道处	8	351	282	31	31	7	202.0	1.68	106049	997.63	1000	252		252

注:设标数均指年末设标数

(2007 年 12 月 31 日统计)

2007 年,长江航道局设置维护航道航标 5316 座。其中主航道航标 4589 座,缓流航道航标 262 座,副航道航标 172 座,小轮航道航标 94 座,专用航道航标 199 座。2007 年长江航道航标设置情况一览表详见表 7－17。

【2007年长江航道航标设置情况一览表】 （表7－17）

单位	航道航标（座）	主航道航标（座）	缓流航道航标（座）	副航道航标（座）	小轮航道航标（座）	专用航道航标（座）
长江航道局	5316	4589	262	172	94	199
南京航道局	1607	1066	83	172	94	192
上海航道处	403	217	—	92	4	90
镇江航道处	263	234	—	29	—	—
扬中航道处	85	9	—	—	76	—
南京航道处	239	144	—	18	9	68
芜湖航道处	202	143	5	33	5	16
安庆航道处	209	139	54	—	—	16
九江航道处	206	180	24	—	—	2
武汉航道局	1039	921	118	—	—	—
武汉航道处	301	280	21	—	—	—
洪湖航道处	273	217	56	—	—	—
监利航道处	282	282	0	—	—	—
沙市航道处	183	142	41	—	—	—
宜昌航道局	400	332	61	—	—	7
三峡航道局	155	155	—	—	—	—
重庆航道局	1613	1613	—	—	—	—
奉节航道处	271	271	—	—	—	—
万州航道处	303	303	—	—	—	—
丰都航道处	356	356	—	—	—	—
重庆航道处	683	683	—	—	—	—
泸州航道局	657	657	—	—	—	—
江津航道处	306	306	—	—	—	—
泸州航道处	351	351	—	—	—	—

（2007年12月31日统计）

2007年，长江航道局设置主航道航标4589座。分别为航行标志4016座，信号标志171座，专用标志402座，全年维护1567663座天。三峡航道局设置主航道航标155座，全年维护54858座天。2007年长江主航道航标统计一览表详见表7－18。

【2007年长江主航道航标统计一览表】 （表7－18）

单位	主航道名称（站名）	合计	航行标志（座）		信号标志（座）	专用标志（座）	维护座天	维护里程（km）	备注
			浮标	岸标					
长江航道局	197	4589	2920	1096	171	402	1567663	2686.7	
南京航道局	50	1066	612	133	4	317	356955	865	
上海航道处	7处	217	124	6		87	68715	135.2	
	浏河	20	8			12	7110	11.6	
	白茆沙	61	28	1		32	17330	33	
	通州沙东	41	2			18	10855	22	
	南通	28	18	1		9	8935	18	
	浏海沙	23	13	1		9	7570	15.5	
	福姜沙南	42	32	3		7	15965	32.6	
	江阴	2	2				950	2.5	

单位	主航道名称(站名)	合计	航行标志(座)		信号标志(座)	专用标志(座)	维护座天	维护里程(km)	备注
			浮标	岸标					
镇江航道处	6处	234	126	20		88	79572	136.6	
	江阴	40	20			20	13662	21.6	
	泰兴	24	17	1		6	8260	22	
	口岸直	77	41	6		30	26105	40	
	丹徒直	30	17	3		10	10050	17	
	焦山	43	18	5		20	14195	20	
	仪征	20	13	5		2	7300	16	
扬中航道处	2处	9				9	2745		
	泰兴	7				7	2015		
	口岸直	2				2	730		
南京航道处	6处	144	99	19	4	22	50282	97.7	
	仪征	15	12	1		2	5456	15	
	龙潭	29	16	4		9	10104	22	
	草鞋峡	21	14	1	4	2	7465	11.7	
	南京大桥	8	8				3168	6.1	
	南京	50	37	4		9	16424	22.2	
	凡家矶	21	12	9			7665	20.7	
芜湖航道处	8处	143	69	39		35	52826	116	
	马鞍山	20	3	2		15	7900	8.3	
	江心洲	25	14	11			9725	26	
	西华	27	8	8		11	8895	11	
	芜湖大桥	6	6				2790	4	
	芜湖	13	8	1		4	5418	9	
	白茆	32	18	10		4	99	26	
	黑沙洲南	14	12	1		1	5418	13.7	
	荻港	6		6			2690	18	
安庆航道处	10处	139	81	24		34	49010	198.8	
	太阳洲	7	3	4			2555	16.3	
	土桥	9	2	4		3	3175	24	
	铜陵大桥下水	4	4				1460	5.5	
	铜陵大桥上水	3	3				1095	5.5	
	大通	17	7	1		9	5763	19.5	
	贵池	11	7	2		2	4033	22	
	太子矶	30	21	5		4	10586	26	
	安庆	25	10	2		13	9249	23	
	官洲	8	4	4			2920	26	
	东流	25	20	2		3	8174	31	
九江航道处	13处	180	113	25		42	53805	180.7	
	东流直	6	6				2190	8	
	马当阻塞线	9	5	3		1	2864	8	
	马当南	1	6	4		4	3342	13.4	
	东北横	9	4	5			3073	24.6	
	湖口	12	8			4	2590	9	
	张家洲南	35	24	3	8		10557	21.8	

单位	主航道名称（站名）	合计	航行标志（座）		信号标志（座）	专用标志（座）	维护座天	维护里程（km）	备注
			浮标	岸标					
九江航道处	九江大桥下水	7	6			1	2200	8.7	
	九江大桥上水	10	5			5	3650	8.7	
	九江	21	13			8	5507	21.5	
	新洲	14	14				4861	13.5	
	武穴	20	11	2		7	4847	14.5	
	鲤鱼山	10	4	2		4	3655	13	
	搁排矶	13	7	6			4469	16	
武汉航道局	66 处	921	648	189	20	64	308201	720.2	
武汉航道处	19 处	280	171	54	16	39	88545	230.2	
	鲤鱼山	16	10	2		4	192	13.0	
	搁排矶	13	7	6			156	16.0	
	蕲春	13	4	5		4	4115	16.0	
	牯牛沙	15	7	3		5	6105	15.5	
	黄石	18	11	3	4		7680	13.5	
	黄石大桥上水	4	4				1460	3.3	
	戴家洲	25	16	9			7765	18.0	
	巴河	26	14	2	4	6	8341	10.0	
	沙洲	8	1	7			2920	20.0	
	碛矶港	14	14	0			5110	18.0	
	湖广	10	8	2			3650	11.0	
	牧鹅洲	13	7	3		3	4385	10.0	
	阳逻	26	10	3		13	9015	17.5	
	青山夹	17	13	0		4	5840	14.5	
	汉口	15	8	3	4		5590	7.5	
	武桥	20	12	4	4		6306	7.5	
	武汉大桥上水	3	3				1095	1.5	
	白沙洲	13	11	2			4745	7.0	
	沌口	11	11				4075	12.0	
洪湖航道处	19 处	217	149	47	4	17	74554	204.0	
	金口	29	18	4	4	3	10349	15	
	煤炭洲	3		3			1115	10	
	邓家口	7	3	4			2655	11	
	水洪口	2	1	1			730	10.3	
	牌洲	7	1	6			2655	14.7	
	花口	4	0	4			1460	11.5	
	汉金关	6	3	3			2190	10.9	
	燕子窝	8	4	4			2979	7.6	
	王家渡	5	4	1			1875	6	
	嘉鱼	19	14	5			5335	19	
	龙口	5	3	2			1875	9	
	陆溪口	18	16	2			5770	11	
	石头关	8	7	1			2970	9	
	新堤夹	10	8	1		1	3850	9.5	
	界牌	28	27	1			9772	19	

单位	主航道名称(站名)	合计	航行标志(座)		信号标志(座)	专用标志(座)	维护座天	维护里程(km)	备注
			浮标	岸标					
洪湖航道处	螺山	13	5	4		4	4945	11	
	杨林岩	7	6	1			2655	6.8	
	道人矶	19	15	0		4	5675	5.2	
	仙峰	19	14	0		5	5699	8	
监利航道处	18处	282	218	61		3	93614	178.0	
	观音洲	24	18	3		3	7171	10	
	八仙洲	15	10	5			5369	8	
	尺八口	25	17	8			7868	14	
	熊家洲	11	9	2			3816	7.5	
	反咀	12	10	2			4025	6.5	
	铁铺	17	12	5			5698	12	
	砖桥	15	11	4			5004	9	
	大马洲	16	13	3			5398	10.5	
	监利(乌龟夹)	23	22	1			6832	9.5	
	窑集佬	10	8	2			3207	6.5	
	塔市驿	13	8	5			4510	9	
	莱家铺	16	13	3			5511	12	
	调关	21	15	6			6986	16	
	河口	8	6	2			2775	5	
	碾子湾	22	16	6			7579	17	
	石首	14	14				5257	10	
	藕池口	11	9	2			3824	7	
	天星洲	9	7	2			2952	8	
沙市航道处	10处	142	110	27		5	51488	108.0	
	天星洲	7	7	0			2555	8.9	
	周公堤	16	14	2			5940	10.1	
	郝穴	4	0	4			1460	6.7	
	马家寨	4	0	4			1460	9.8	
	陡湖堤	12	9	3			4015	9.9	
	马家咀	15	14	1			5407	12.5	
	瓦口子	13	8	5			4745	9.1	
	太平口	52	45	2		5	18971	17.5	
	宛市	14	10	4			5110	17.1	
	大布街	5	3	2			1825	6.4	
宜昌航道局	20处	332	153	176		3	121180	201.3	
	大布街	3	3				1095	4.9	
	江口	12	11	1			4380	7.5	
	刘巷	7	6	1			2555	5.6	
	枝江	18	15	2		1	6570	10	
	芦家河	16	16				5840	11.1	
	关洲	8	2	6			2920	10.9	
	枝城	6	3	3			2190	6	
	枝城大桥上水	2	2				730	2.1	
	龙窝	5	2	1		2	1825	8.6	

单位	主航道名称（站名）	合计	航行标志（座）		信号标志（座）	专用标志（座）	维护座天	维护里程（km）	备注
			浮标	岸标					
宜昌航道局	白洋	4	2	2			1460	8.4	
	宜都	11	9	2			4015	8.0	
	云池	6	2	4			2190	8.0	
	古老背	2	1	1			730	5	
	虎牙峡	8	5	3			2920	5.0	
	白沙脑	7	4	3			2555	10.0	
	宜万大桥上水	7	7				2555	1.5	
	宜昌港	9	7	2			3285	4.5	
	宜陵大桥下水	3	3				1095	1.7	
	秭归航道站	96	26	70			35040	39.5	
	巴东航道站	102	27	75			37230	43	
三峡航道局	4	155	51	102		2	54858	66.5	
	庙咀航道站	26	14	12			8940	9.4	
	南津关航道站	61	5	56			21234	26.1	
	黄陵庙航道站	35	17	16		2	12147	15.0	
	茅坪航道站	33	15	18			1097	16.0	
重庆航道局	47	1613	1004	521	88		579219	598.4	
奉节航道处	9	271	86	185			99582	116.0	含通行信号
	碚石航道站	36	1	35			13176	13.6	
	巫山航道站	28	5	23			10248	12.3	
	东关咀航道站	26	14	12			9516	13.1	
	曲尺航道站	26	12	14			9516	12.5	
	夔峡航道站	34	16	18			12838	13.5	
	奉节大桥航道站	34	18	16			12221	12.8	
	安坪航道站	30	13	1			10980	12.7	
	龙洞航道站	31	4	27			11346	12.5	
	故陵航道站	26	3	23			9516	13.0	
万州航道处	12	303	192	111			110595	141.0	
	鸡扒子航道站	24	5	19			8760	11.0	
	红船湾航道站	25	9	16			9125	12.0	
	云阳大桥航道站	25	17	8			9125	10.0	
	双江航道站	27	12	15			9855	12.0	
	太阳溪航道站	26	23	3			9490	12.0	
	万州二桥航道站	31	23	8			11315	12.0	
	万州铁路大桥航道站	31	23	8			11315	10.0	
	新田航道站	25	18	7			9125	11.0	
	瀼渡航道站	23	16	7			8395	11.0	
	武陵航道站	24	18	6			8760	12.0	
	西沱航道站	20	1	7			7300	11.0	
	石宝寨航道站	22	15	7			8030	17.0	
丰都航道处	10	356	258	86	12		131540	134.0	含雾情信号225座天
	忠县航道站	51	41	10			18286	21.0	
	康家沱大桥航道站	40	26	14			14600	11.5	
	新生航道站	35	18	17			12775	13.5	

单位	主航道名称（站名）	合计	航行标志(座)		信号标志（座）	专用标志（座）	维护座天	维护里程(km)	备注
			浮标	岸标					
丰都航道处	楠竹坝航道站	37	32	5			13145	14.0	
	高镇航道站	37	26	11			13505	14.0	
	凤尾坝航道站	29	29				10852	11.3	
	丰都航道站	34	21	10	3		12529	12.7	
	南沱航道站	34	28	4	2		13205	13.0	
	清溪航道站	30	19	8	3		11382	12.5	
	和尚石航道站	29	18	7	4		11009	10.0	
重庆航道处	16	683	468	139	76		237502	207.4	含通行、雾情信号
	涪陵航道站	21	17	4			8534	11.2	
	李渡大桥航道站	37	22	7	8		14639	13.9	
	石沱航道站	51	38	10	3		18905	15.2	
	长寿航道站	61	42	16	3		21390	11.9	
	扇沱大桥航道站	36	22	11	3		13523	12.4	
	洛碛航道站	42	33	10			13875	12.6	
	木洞航道站	39	22	13	4		13894	12.2	
	鱼咀航道站	40	29	11			13421	12.2	
	大兴场航道站	42	19	18	5		15027	12.7	
	寸滩航道站	38	26	10	2		11974	12.7	
	珊瑚坝大桥航道站	42	34	4	4		12121	13.2	
	李家沱航道站	34	29	4	1		11791	14.0	
	鱼洞航道站	44	37	3	4		15051	13.8	
	白沙沱大桥航道站	48	26	14	8		16744	12.2	
	冬笋坝航道站	38	35	3			12819	13.5	
	江津航道站	39	37	2			13194	13.7	
泸州航道局	14	657	503	77	59	18	202108	301.8	
江津航道处	6	306	232	46	28	11	96059	99.8	
	龙门航道站	40	34	6	0		13880	17.8	
	白沙航道站	85	70	9	6		27325	30.0	与石门站合并
	松既航道站	51	36	10	5	6	14774	13.5	
	朱沱航道站	53	35	10	8	3	15243	13.5	
	榕山航道站	39	30	7	2		13073	13.5	
	合江航道站1	38	2	4	7	2	11764	11.5	
泸州航道处	8	351	282	31	31	7	106049	202.0	
	合江航道站2	27	25	2			9622	16.0	
	上白沙航道站	26	23	3			8903	13.5	
	弥沱航道站	49	36	1	12		15636	16.5	
	黄舣航道站	45	37	4	1	3	15925	17.0	
	泸州航道站	62	54	7	1		19420	23.2	
	纳溪航道站	49	36	9		4	15972	15.8	
	江安航道站	42	35	1	6		9271	42.5	
	南溪航道站	51	36	4	11		11300	57.5	

（2007 年 12 月 31 日统计）

2007 年，长江航道局设置缓流航道航标 372 座，全年维护 94262 座天。2007 年长江缓流航道航标统计一览表详见表7－19。

【2007年长江缓流航道航标统计一览表】 （表7－19）

单位	缓流航道名称	合计	航行标志(座)		信号标志(座)	专用标志(座)	维护座天	维护里程(km)	备注
			浮标	岸标					
长江航道局	58处	372	372				94262	499.4	
南京航道局	17	83	83				29030	152.6	
芜湖航道处	1处	5	5				1825	8	
	黄兴圩	5	5				1825	8	
安庆航道处	11处	54	54				19710	104	
	太阳洲	9	9				3285	15.4	
	成德洲	7	7				2555	17.4	
	红杨树	3	3				1095	7.1	
	大通湾	4	4				1460	7.5	
	崇文洲	4	4				1460	6	
	鸭子沟	4	4				1460	6.8	
	安庆	8	8				2920	10.5	
	安庆港	2	2				730	4	
	扬家套	2	2				730	5.2	
	官洲	9	9				3285	18.1	
	陈吉洲	2	2				730	6	
九江航道处	5处	24	24				7495	40.6	
	马当南	3	3				1095	5.7	
	小孤山	2	2				730	2	
	东北横	8	8				2689	15	
	鳊鱼滩	6	6				1501	9.5	
	鲤鱼山	5	5				1480	8.4	
武汉航道局	31处	228	228				44258	277.8	
武汉航道处	5处	23	23				7733	41.9	
	李家洲	3	3				1095	9.0	
	牯牛沙	4	4				1460	13.0	
	黄石	5	5				1825	6.5	
	新淤洲	3	3				540	1.4	5.15—10.31设标
	沙洲	8	8				2813	12.0	
洪湖航道处	9处	63	63				19354	71.5	
	煤炭洲	10	10				3346	11.0	
	水洪口	7	7				2555	7.0	
	大兴洲	8	8				2620	9.0	
	牌洲	6	6				2190	5.0	
	花口	7	7				2555	9.5	
	汉金关	6	6				2190	6.0	
	复兴洲	7	7				862	10.0	6.21—12.4设标
	龙口	9	9				3285	11.0	
	腰口	3	3				1095	3.0	

单位	缓流航道名称	合计	航行标志(座)		信号标志(座)	专用标志(座)	维护座天	维护里程(km)	备注
			浮标	岸标					
监利航道处	13 处	101	101				2412	112.4	
	八仙洲下段	4	4				160	3.0	7.20—8.28 设标
	七弓岭	12	12				380	12.7	7.20—8.28 设标
	尺八口	11	11				385	12.0	7.20—8.23 设标
	反咀	6	6				210	6.0	7.20—8.28 设标
	广兴洲	8	8				220	10.0	7.20—8.28 设标
	洪水港	5	5				200	5.2	7.20—8.28 设标
	洪山头	5	5				200	7.0	7.20—8.28 设标
	沙家边下段	4	4				156	4.0	7.20—8.27 设标
	乌龟洲	8	8				220	7.5	7.20—8.28 设标
	塔市驿	12	12				356	15.5	7.20—8.26 设标
	莱家铺	10	10				260	10.0	7.22—8.26 设标
	调关	11	11				296	12.0	7.22—8.26 设标
	河口	5	5				180	7.5	7.22—8.26 设标
沙市航道处	4 处	41	41				14759	52.0	
	周公堤	5	5				1825	8.0	
	郝穴	10	10				3550	10.0	
	陡湖堤	12	12				4274	13.0	
	涴市	14	14				5110	21.0	
宜昌航道局	10 处	61	61				20974	69	
	江口	5	5				1325	5.0	
	刘巷	5	5				1825	6.0	
	昌门溪	5	5				1325	6.5	
	关洲	11	11				4015	14.0	
	枝城	5	5				1825	5.0	
	龙窝	8	8				2629	8.0	
	白洋	4	4				1460	5.0	
	云池	4	4				1460	3.5	
	古老背	8	8				2920	10.0	
	胭脂坝	6	6				2190	6.0	

(2007 年 12 月 31 日统计)

2007 年,长江航道局设置副航道航标 172 座。其中航行标志 132 座,专用标志 40 座,全年维护 60450 座天。2007 年长江副航道航标统计一览表详见表 7-20。

【2007 年长江副航道航标统计一览表】 (表 7-20)

单位	副航道名称	合计	航行标志(座)		信号标志(座)	专用标志(座)	维护座天	维护里程(km)	备注
			浮标	岸标					
长江航道局	14 处	172	126	6	0	40	60450	207.3	
南京航道局	14 处	172	126	6	0	40	60450	207.3	

单位	副航道名称	合计	航行标志(座)		信号标志(座)	专用标志(座)	维护座天	维护里程(km)	备注
			浮标	岸标					
上海航道处	4 处	92	64	2		26	34425	92.2	
	白茆沙北	27	22			5	11220	32.3	
	福姜沙北	44	31	2		11	14505	34.8	
	福姜沙中	16	11			5	6475	10.2	
	通洲沙中	5				5	2225	14.9	
镇江航道处	3 处	29	22	2		5	10205	41.7	
	鳗鱼沙东槽	9	9				3085	12.5	
	和畅洲北汊							12.5	观测维护
	仪征捷水道	20	13	2		5	7120	16.7	
南京航道处	3 处	18	17	1			6330	21.5	
南京航道处	大桥 4 孔上水航道	5	5				1805	6.8	
	大桥 6 孔下水航道	5	5				1805	6.1	
	乌江水道下段	8	7	1			2720	8.6	
芜湖航道处	3 处	33	23	1		9	9490	23.9	
	芜湖大桥 12 孔下水	5	2	1		2	1825	4	
	芜湖大桥 10 孔上水	5	2			3	730	2	
	乌江水道上段	23	19			4	6935	17.9	
九江航道处	1 处							28	
	张家洲北							28	观测维护

(2007 年 12 月 31 日统计)

2007 年,长江航道局设置小轮航道航标 94 座。其中航行标志 63 座,专用标志 31 座,全年维护 29459 座天。2007 年长江小轮航道航标统计一览表详见表 7－21。

【2007 年长江小轮航道航标统计一览表】 (表 7－21)

单位	小轮航道名称	合计	航行标志(座)		信号标志(座)	专用标志(座)	维护座天	维护里程(km)	备注
			浮标	岸标					
长江航道局	20	94	48	15	0	31	29459	401	
南京航道局	20	94	48	15	0	31	29459	401	
上海航道处	1 处	4				4	1891	58	
	青—三水道	4				4	1891	58	
扬中航道处	3 处	76	46	15		15	22542	58.9	
	太平洲捷水道	62	39	15		8	17352	43.9	
	录安洲右汊	13	7			6	4785	9.35	
	炮子洲右汊	1				1	405	5.65	
南京航道处	2 处	9	2			7	3201	25.5	
	大胜关	9	2			7	3201	16.5	
	凡家矶水道下段							9	观测维护
芜湖航道处	3 处	5				5	1825	64.7	
	太平府	5				5	1825	25	
	黑沙洲北							24	观测维护
	黑沙洲中							15.7	观测维护

单位	小轮航道名称	合计	航行标志(座)		信号标志(座)	专用标志(座)	维护座天	维护里程(km)	备注
			浮标	岸标					
安庆航道处	7处							114.4	
	铜陵小港							25	观测维护
	成德洲港							21.5	观测维护
	大通小港							12.9	观测维护
	贵池北港							12	观测维护
	枞阳小港							13	观测维护
	牛头山小港							15	观测维护
	黄石矶小港							15	观测维护
九江航道处	4处							79.5	
	马当圆							29	观测维护
	东北直							12.5	观测维护
	李英小轮水道							29.5	观测维护
	瓜子号北汊							8.5	观测维护

(2007年12月31日统计)

2007年,长江航道局设置专用航道航标199座,全年维护73997座天。2007年长江专用航道航标统计一览表详见表7-22。

【2007年长江专用航道航标统计一览表】 (表7-22)

单位	专用航道名称	合计	航行标志(座)		信号标志(座)	专用标志(座)	维护座天	维护里程(km)	备注
			浮标	岸标					
长江航道局	16处	199				199	73997	136.6	
南京航道局	15处	192				192	71442	135.6	
上海航道处	7处	90				90	35960	66.2	
	石化专用航道	5				5	2035	1	
	常熟港专用航道	26				26	11090	13.9	
	营船港专用航道	17				17	6805	16.3	
	天生港专用航道	16				16	6040	8	
	天电专用航道	0				0	0	4.4	
	大新专用航道	10				10	3950	8.6	
	永钢专用航道	16				16	6040	14	
南京航道处	3处	68				68	22572	23	
	宝塔水道上口华能专用航道	24				24	7980	9.6	
	南化专用航道	18				18	5481	3.4	
	宝塔水道下口扬子专用航道	26				26	9111	10	
芜湖航道处	2处	16				16	6340	17	
	裕溪口下口华能专用航道	16				16	6340	10.2	
	裕溪口上口进港航道							6.8	
安庆航道处	2处	16				16	5840	22.2	
	贵池南港专用航道	5				5	1825	15.4	
	池州海螺牛头山港专用航道	11				11	4015	6.8	

单位	专用航道名称	合计	航行标志(座)		信号标志(座)	专用标志(座)	维护座天	维护里程(km)	备注
			浮标	岸标					
九江航道处	1处	2				2	730	2.7	
	华阳港专用航道	2				2	730	2.7	
宜昌航道局	1处	7				7	2555	1.0	
	九畹溪旅游专用航道	7				7	2555	1.0	

(2007年12月31日统计)

【长江航道整治建筑物维护管理】 截至2007年9月,长江航道局辖区范围内已竣工交付使用的航道整治建筑物共计81处。其中重庆航道局有11处整治建筑物位于三峡水库常年库区,原整治功能已基本丧失。其余70处航道整治建筑物技术状况分别为:一类建筑物(技术状况良好,功能发挥正常)36处;二类建筑物(有少量变形,但不影响建筑物稳定和功能发挥)13处;三类建筑物(损坏较明显,尚能发挥整治功能但需及时修复)18处;四类建筑物(损坏严重或有明显缺陷,已经或即将失去整治功能)3处。因此,航道整治建筑物的总体情况是:从功能发挥分析,在全部70处航道整治建筑物中,除1处基本完成设计功能外,其余69处目前均在发挥其整治功能;从技术状况分类统计分析,整治建筑物整体良好或仅少量变形的建筑物占70%,损坏较明显需维修的占25%,严重毁损的占5%。2007年长江干线航道整治建筑物基本情况统计一览表详见表7-23。

【2007年长江干线航道整治建筑物基本情况统计一览表】 (表7-23)

序号	辖区	建筑物名称	岸别	航道里程(km)	技术状况评定类别	备注
1	长江泸州航道局	香炉滩顺坝	右	982.0	二	
2		凤波碛潜坝	左	959.0	四	叙泸段工程予以改善
3		秤杆碛潜坝	左	927.5	三	
4		火焰碛丁坝	左	922.8	三	
5		小米滩潜坝	左	906.5	二	
6		瓦窑滩顺坝	左	895.2	二	
7		螃蟹碛导流坝	左	887.0	三	
8		大罐口堵坝	右	873.0	三	
9		红花碛潜坝	左	817.0	二	
10		斗笠子顺坝	左	812.0	三	
11		哑巴碛顺坝	右	800.0	二	
12		哑巴碛潜坝	右	799.4	三	
13	长江重庆航道局	甑柄碛丁顺坝	左	746.0	三	
14		车亭碛顺坝	左	700.8~701.8	三	
15		车亭碛锁坝	左	701.3	三	
16		上洛碛丁坝	右	606.1	一	
17		下洛碛丁坝	右	605.9	一	三峡水库变动回水区
18		上洛碛丁顺坝	右	605.6	一	
19		上洛碛钩头丁坝	右	605.2	一	
20		忠水尾顺坝	左	586.0	一	
21		灶门子丁顺坝	左	585.2	一	
22		青岩子丁顺坝	右	565.3	一	

序号	辖区	建筑物名称		岸别	航道里程（km）	技术状况评定类别	备注
23	长江重庆航道局	蚕背梁		左	484	未评定	三峡水库常年库区
24		铁门坎		左	458		
25		簸箕子丁坝		左	400.4		
26		吊脚楼子丁坝		右	399.8	未评定	三峡水库常年库区
27		折桅子		右	399.0		
28		东洋子顺坝		左	261.1		
29		庙基子		左	255.3		
30		蚂蟥溪		左	249.0		
31		老马滩		左	231.0		
32		宝子滩		左	186.3		以上为上游航道里程
33		下马滩		左	176.4		
34	长江武汉航道局	马家嘴应急清淤工程	南星洲头护岸	左	454.0	一	以下为中游航道里程
35			#1 护滩带		455.0	一	
36			#2 护滩带		455.0	一	
37		周天应急清淤工程	#1 护滩带		419.0	二	
38			#2 护滩带		418.6	一	
39			#3 护滩带		418.2	二	
40			#4 护滩带		417.5	二	
41		碾子湾应急清淤工程	柴码头护岸	左	373.0	四	
42			#1 顺格坝		371.6	一	
43			#2 丁坝		371.4	一	
44			#3 丁坝		371.2	二	
45			4#丁坝		371.0	二	
46			#10 护滩带	右	372.3	一	
47			#11 护滩带		371.7	一	
48			#12 护滩带		371.2	一	
49			右岸护岸		370.0	二	
50		界牌航道整治工程	新淤洲鱼嘴	右	183.0	三	
51			#2 丁坝		198.5	一	
52			#3 丁坝		197.3	一	
53			#4 丁坝		196.2	一	
54			#5 丁坝		195.1	二	
55			#6 丁坝		194.0	三	
56			#7 丁坝		193.0	三	
57			#8 丁坝		192.0	三	
58			#9 丁坝		191.0	三	
59			#10 丁坝		198.9	三	
60			#11 丁坝		188.5	三	
61		界牌航道整治工程	#12 丁坝	右	187.2	三	
62			#13 丁坝		186.2	三	
63			#14 丁坝		185.2	一	
64			#15 丁坝		184.5	一	
65			锁坝	左	178.3	四	目前功能基本完成以上为中游航道里程

序号	辖区	建筑物名称		岸别	航道里程(km)	技术状况评定类别	备注
66		长江航道应急清淤武穴整治工程	#1 丁坝	右	833.0~835.0	一	下游航道里程
67			#2 丁坝			一	
68			#3 丁坝			一	
69			#4 丁坝			一	
70	长江南京航道局	长江航道应急清淤张南整治工程	新洲边滩#5护底带	左	770.0~780.0	一	
71			新洲边滩#6护底带	左		一	
72		长江张家洲南水道(下浅区)航道整治工程	#1 丁坝	左		一	
73			#2 丁坝			二	
74			#3 丁坝			一	
75			#4 丁坝			一	
76			#5 丁坝			一	
77			#6 丁坝			一	
78			R#1 护滩带	右		一	
79			R#2 护滩带	右		一	
80			#3—#4 丁坝间护坡	左		一	
81			官洲尾滩护岸	右		一	

备注:1. 本表专指长江航道局辖区范围内竣工交付使用的航道整治建筑物。

2. 统计时间截止于2007年9月。

【长江桥区航道维护管理】 2007年,长江航道局维护管理长江干线宜宾合江门至江苏浏河口48处桥区航道,配置20个专设航道站,长年设置并维护317~228座航行标志。2007年长江干线桥区航道管理维护情况一览表详见表7-24。

【2007年长江干线桥区航道管理维护情况一览表】 (表7-24)

序号	桥名	开始设标年份	设置助航标志数量(座)	专设航道站	配置工作人员(人)	专设航道站艇功率(KW)	备注
1	润扬长江大桥	2001.3	10	设站	15	220.5	
2	南京长江公路二桥	1997.10	16	设站	1	220.5	
3	南京长江大桥	1969	16	设站	16	220.5	
4	南京长江三桥	2003.5	31	设站	16	220.5	合称为大胜关桥区
5	大胜关长江大桥(在建)	2006.3					
6	芜湖长江大桥	1996.10	18	设站	17	220.5	
7	铜陵长江公路大桥	1992.10	10	设站	14	220.5	
8	安庆长江大桥	2001.11	11	设站	12	220.5	未通车
9	九江长江大桥	1970	8	设站	16	220.5	
10	黄石长江公路大桥	1991.11	13	设站	14	220.5	
11	鄂东长江公路大桥	2006.					
12	鄂黄长江公路大桥	1999.9	8	设站	15	110.0	
13	阳逻长江公路大桥	2003	6				
14	武汉天兴洲长江大桥	2004.9	7				

序号	桥名	开始设标年份	设置助航标志数量（座）	专设航道站	配置工作人员（人）	专设航道站艇功率（KW）	备注
15	武汉长江公路二桥	1989.10	6~8	设站	14	220.5	
16	武汉长江大桥	1955.9	9~11	设站	14	220.5	
17	武汉白沙洲长江公路大桥	1997.12	12	设站	16	110.0	
18	武汉军山长江公路大桥	1998.2	7	设站	15	110.0	
19	荆岳长江公路大桥	2006.11	7				
20	荆州长江公路大桥	1998.3	6~13	设站	15	110.0	
21	枝城长江公路大桥	1971	7	设站	14	176.5	
22	宜昌长江公路大桥	1997.12	无	未			
23	夷陵长江大桥	1998.12	9	设站	12	176.5	
24	巴东长江公路大桥	2001.8	9	未			未通车
25	奉节长江公路大桥	2002	6				通车
26	万州长江铁路大桥	2002	6				
27	忠县长江公路大桥	1998.11	6				
28	丰都长江大桥						未设标
29	涪陵长江公路大桥	1995.10	2	未			
30	长寿长江铁路大桥	2001.8	5	设站	10	110.0	通车
31	重庆大佛寺长江公路大桥	1997.10	2	未			
32	重庆长江公路二桥	1994	7				
33	重庆长江公路大桥	1980	2	未			
34	重庆白沙沱长江大桥	1959	2	未			
35	重庆鹅公岩长江公路大桥	1997.12	6				
36	重庆马桑溪长江公路大桥	1997.10	8	未			
37	重庆菜园坝大桥	2004	5				
38	重庆王家沱大桥	2005	2				
39	重庆石板沟大桥	2005	3				
40	江津长江公路大桥	1994.10	8				
41	泸州长江公路大桥	1982	未	未			
42	泸州隆纳长江公路大桥	1997.10	5	未			
43	泸州长江地方铁路大桥	2001.11	4	未	10	110.0	
44	泸州长江公路三桥	2003	10	未			
45	宜宾长江公路大桥	2003	5	未			
46	江安长江公路大桥	2003	9	未			
47	扬中长江大桥	1994	5	设站	采取“一站两点”18人	88.2	
48	扬中长江二桥	2002	10	设站		220.5	

（2007年12月统计）

【长江航道水位水深】2007年春，由于降雨量较小，长江枯水期上游遭遇百年来同期最低水位，下游遭遇20多年来同期最低水位。其中春节期间上游重庆出现历史以来特枯水位，2月20日重庆水位开始出现负值，2月27日08:00重庆水位退落至－0.74m，是重庆水位站自1892年5月建站115年以来的最低水位值，突破了1937年4月1日－0.73 m的原历史最低水位值。全线水位变化过程特点如下：

一是枯水中、后期与多年同期平均值相比明显偏低，详见表7－25，后期水位仍然较低。

【枯水期水位比较表】

（表 7－25）

港站	1 月份	2 月份	3 月份	备注
重庆	+0.34	-0.09	-0.34	低（－） 高（＋）
沙市	-1.28	-0.83	-0.93	
汉口	-0.61	-0.41	+0.22	
安庆	-0.78	-0.70	+0.19	

二是水位涨落过程总体平稳，变幅不大，总体上没有出现大的水位反复过程。三峡水库下泄流量：2007 年 1 月至 4 月初在 4440～4920 米^3/秒之间。

2007 年底，上游进入枯水期前期水位退落较快，但总体水位高于近 5 年同期平均值。水位总体趋于稳定，除三峡库区外，上游各港埠水位均保持在 0 米以上。三峡水库下泻流量：2007 年 11 月初下降较快，由 12100 米^3/秒锐减到 4840 米^3/秒，12 月在 4410～5170 米^3/秒之间，总体平稳，变幅不大。

中下游水位退落幅度大，低水位持续时间长。中下游水位过程普遍低于近 5 年同期平均值，11 月水位持续下落，其中沙市、监利、汉口、九江和芜湖月退幅分别达 2.29，1.99，2.14，1.75，0.98 米；12 月退幅逐步减小，但水位仍然持续下退，各港埠均保持较低水位。

2007 年春、冬枯水期，由于三峡水库补水运行，在长江干流上游来水较小的情况下，下泄流量变幅不大，因此中下游水位虽普遍低于同期平均值，但变化幅度不大。

汛期水情。2007 年，我国气候异常，降雨分布不均，汛期干旱洪水并发。长江流域汛情基本正常，但降雨时空分布不均，部分支流超历史和保证洪水，暴雨致灾严重。2007 年是三峡枢纽进入初期运行期的第一年，三峡枢纽工程已经具备了 175 米的挡水条件，充分发挥了初期运行期基本防洪作用。

上游汛期水情：6、7、8 月份，长江上游来水量较充沛，重庆水位绝大多数时间在 6 米以上，最高水位 18.15 米出现在 7 月 8 日。7 月 17—19 日，重庆地区遭遇了百年罕见的特大暴雨，重庆水位自 7.14 米陡涨至 13.21 米，日涨幅达 6.07 米。9 月份川江又出现一次秋汛，9 月 2 日重庆水位涨至 15.23米。从以上水情分析，2007 年汛期上游水情呈现三个特点：一是中高水位持续时间长，二是涨落幅度大，三是总体洪峰值低于常年平均值。

中游汛期水情：从中游各站水位过程线来看，2007 年长江属于中水略偏丰年份。汛期来临早、水位上涨速度快、涨幅大。从 6 月 9 日开始，中游各站水位就开始大幅上涨，出现 2007 年第一次涨水过程，至 6 月下旬，长江沙市、监利、城陵矶、汉口水位分别上涨了 6.63，5.35，3.28，5.39 米，平均日涨幅近 0.30 米，其中沙市最大日涨幅达到 2.33米。主汛期水位涨落频繁，高水位持续时间较长，城陵矶最大峰值达 15.07 米。主汛期，各水位站水位变化频繁，出现多次涨落过程。沙市、监利 2 站水位涨落幅度较大；城陵矶、武汉 2 站水位受洞庭湖调洪作用影响变幅相对较小，但始终处于较高水位，高水位持续时间较长。沙市 8 米以上洪水位有 29 天；城陵矶 9 米以上洪水位 112 天，13 米以上高洪水位 24 天；汉口 10 米以上洪水位 102 天，13 米以上高洪水位 17 天。汛末水位持续大幅退落，9 月中上旬，中游各站水位比较平稳。自 9 月 25 日三峡水库蓄水开始，受蓄水影响，各站水位持续大幅退落，至 10 月 22 日，沙市、监利、城陵矶和汉口站分别退落 3.60，4.66，5.71，5.49 米，平均日降幅达 0.17 米，其中沙市最大日降幅达 0.82 米。

下游汛期水情：2007 年下游水位总体变化较正常。6 月 29 日九江水位达 9.64 米，为今年以来第一个洪水位，以后水位小幅退落，但一直都在 9 米以上，7 月中旬水位开始上涨，8 月 7 日涨至 11.91米。此后水位逐步下退，但也保持在 9 米以上。9 月下旬九江水位持续退落，特别是三峡水库 156 米蓄水后，水位退幅加大，至 10 月 14 日九江水位退至 6.02 米，日均退幅约 0.19 米，水位退落较快。

从上述情况看，2007 年汛期长江干线属正常偏丰水位年，主要呈现以下三个特点：一是来水量较充沛，涨落频繁且幅度较大。二是中高水位持续时间长，重庆水位绝大多数时间在 6 米以上；受三峡枢纽调峰作用影响,沙市水位7—9月绝大多数时间均保持在5米以上。三是汛末水位回落快。受三峡水库156米蓄水的影响,坝下河段水位持续大幅退落,日降幅达0.25米。

·航道变化和维护情况 2007年,长江干线航道形势总体稳定。上半年枯水期受百年罕见特枯水位的影响,长江干线航道水位普遍偏低,部分重点浅水道、浅滩出现了较严重浅情。上游猪儿碛出现浅情特别严重,重庆水位退落至-0.74米,是重庆水位站自1892年5月建站115年以来的最低水位值,突破了1937年4月1日-0.73米的原历史最低水位值。汛期,又遭遇百年罕见暴雨的袭击,洪水猛涨,日涨幅达到6.07米,给航道维护工作带来了极大困难。下半年进入枯水前期,由于50年来罕见秋旱影响,水位下退较多,水位均低于近5年平均值,加之"超吃水"船舶违规航行搁浅,破坏航道的情况屡屡发生,致使许多浅水道遭到破坏,尤其中游重点浅水道更甚。窑监水道由于"超吃水"船舶搁浅于航道内,泥沙严重淤积,有3天达不到计划航道维护尺度,导致堵航,数百艘船舶滞留。

上游航道:1月至4月,受百年罕见特枯水的影响,猪儿碛浅滩一度出现严重浅情,但通过疏浚挖泥、调标等维护措施,保证了航道维护尺度。进入汛期受川渝地区115年来特大暴雨的影响,上游浅滩航道淤积量略有增加,如三角碛、胡家滩、猪儿碛。进入下半年枯水期,长江航道局提前对猪儿碛、胡家滩进行了维护性疏浚,加速了航道的冲刷,从而保证了航道水深,猪儿碛、胡家滩等重点浅滩没有出现紧张局面,船舶航行安全有序。泸渝段提高航道维护标准后,试运行正常,船舶通过能力得到了提高;叙泸段航道建设工程进展顺利,并实施了分时分段提高航道维护尺度标准,反映较好。

中游航道:1月至4月各重点浅水道受"超吃水"违规航行的影响,江口、藕池口、界牌、武桥等水道航道遭到破坏,长江航道局投入大量维护力量疏浚,保证了航道畅通。汛期没有出现大起大落水位过程,航道形势较好。汛后受三峡水库156米蓄水及50年罕见秋旱的影响,10月至12月水位持续走低,各重点浅水道相继出现紧张局面。如江口、太平口、窑监、大马洲、牯牛沙等水道,由于水位持续走低,加之"超吃水"船舶航行搁浅破坏航道的影响,窑监水道一度出现十分严峻的形势。11月21日和12月1日,"圣通818"轮和"皖兴仁#1"轮超过航道维护水深航行搁浅于窑监水道航道内,造成窑监水道右槽泥沙严重淤积,堵塞航道,导致数百艘船舶滞留。在这极端严峻的航道形势面前,党中央国务院非常重视,12月10日,交通部李盛霖部长、徐祖远副部长来到窑监视察,召开了"交通部长江窑监水道通航保障现场会"。为了贯彻落实现场会议精神,长江航道局加大航道疏浚力度,在窑监一个水道就投入4艘挖泥船进行昼夜施工,各级领导纷纷驻守航道一线,靠前指挥,检查、落实、督促、指导航道维护工作,保证了各重点水道航道的稳定和安全。

下游航道:1月至4月下游航道各重点浅滩没有出现大的浅情,对戴家洲、张南(上浅区)、福南水道进行疏浚维护后,一直保持稳定状态。进入汛期,福姜沙南水道由于淤积量较大,长江航道局早在8月3日就安排航浚22号开始了疏浚施工,提前为枯水期航道维护工作做好了准备。为了确保枯水期航道畅通,长江航道局在下游航道安排部署了大量疏浚力量,分别对张南(上浅区)、太子矶、宝塔、福南、福中等水道进行了疏浚施工,有效浚深了航道,给船舶提供了安全、可靠、畅通的航道,实现了"安全、平稳、有序、畅通"的工作目标。

·航道维护的新举措 提前开挖枯水航槽,有效缓解枯水后期航道维护的紧张局面。为了使枯水期航道"安全、平稳、有序、畅通",避免因水位下退,航道尺度降低,疏浚施工受限,航道维护困难的被动局面,长江航道局提前组织对猪儿碛、胡家滩、太平口、窑监、张南(上浅区)、福南等水道实施了高水位疏浚施工新举措,加速了航道内泥沙的冲刷,有效缓解了长江航道枯水后期航道条件不良的状态,给枯水期保畅通工作提供了有利条件。

实施夜间航道疏浚施工,提高船舶通过能力。为了把方便让给行轮,长江航道局解放思想、转变观念,把方便让给了行轮,把困难留给了自己,首次在中游(窑监水道)航道维护性疏浚施工中实施了夜间非通航高峰期疏浚作业,提高船舶通过能力,为长江航运事业的发展作出了新的贡献。

整体提升长江航标技术标准,顺利完成三峡库尾河段航标设施更新改造工作。三峡库区航路改革配套设施建设及泸渝段航道建设工程实施后，库区及泸渝段航标设施装备水平大幅提高，但连接这2段的库尾丰都至重庆(娄溪沟)河段航标仍处于80年代技术水平，既影响了长江上游航道设施整体形象，也不利于航行船舶引用。长江航道局及时启动航标改造工程，并指派有关处室到现场研究更新改造的相关技术问题，指导重庆航道局制定实施方案和更新改造后航标启用与运行的相关技术工作。7月1日在重庆隆重举行了新建航标启用仪式，深受长江上游地方政府和港航单位好评。

加强指导督促，推动航道整治建筑物维护管理工作步入正轨。随着长江航道建设的快速发展，航道整治建筑物逐步增多，竣工后航道整治建筑物在改善航道条件的同时，其维护管理工作也提出更高的要求。为切实加强对航道整治建筑物维护管理工作，2007年长江航道局组织修订了《长江航道整治建筑物维护管理办法》。与此同时，下发了“2007年度长江干线航道整治建筑物维护工作方案”，对2007年度航道整治建筑物维护工作进行了全面部署，并加强了对局属相关航道局航道整治建筑物维护工作计划制订、维护管理等工作的指导与督促。同时将航道整治建筑物维护工作纳入航道维护生产计划管理中，通过计划进一步规范管理。

利用法律武器维护航道合法权益。2007年4月11日，南京航道局将长期拖欠桥区航标维护费的芜湖长江大桥有限责任公司告到武汉海事法院，正式通过法律途径追究其法律责任。8月21日，武汉海事法院作出一审判决，判令被告芜湖长江大桥有限责任公司向原告南京航道局支付2年维护费297.3万元。2007年12月12日，武汉航道局把严重破坏航道条件的超吃水船舶“圣通818”轮所属的公司重庆市万州区圣发航务有限公司告到武汉海事法院，法院已受理此案。

开展“两防”活动，加强桥区航标管理。按照交通部统一部署，2007年下半年在全局组织开展“防船舶碰撞、防泄露”专项活动，重点加强对辖区65座桥梁助航标志的安全隐患排查，掌握隐患情况，制定整改措施，向存在隐患的桥梁单位发出隐患整改通知书，责令限期整改，在规定时间内，大部分桥梁都整改到位，极大地消除了安全隐患，保障了桥区通航和桥梁安全。

开展打击非法采砂专项活动。2007年6月30至2007年8月31日，长江航道局开展了为期2个月的“打击非法采砂活动，确保航道畅通安全”专项整治活动，联合海事、公安等部门对非法采砂行为给予有力的打击。

切实加强“超吃水”行为管理。通过公开信等方式加强宣传，提高航行船舶按航道维护水深配载安全航行的自觉性；对加、减载基地加强管理，严防超吃水船舶流失出来；发现超吃水船舶破坏航道后，立即开展调查取证工作，核定航道损失，坚决进行索赔，索赔成功率达89%，其中对“皖兴仁1号”成功索赔4万元。

(长江航道局供稿)

【长江航道生产情况及各类航道管理里程】 2007年，长江航道局航道维护生产计划完成情况：航道维护水深年保证率，除长江中游宜昌至城陵矶航段计划95%，实际达到99%外，其余航段实际达到100%。长江干线各航段航道维护尺度均达到计划指标；航标维护，年计划为1736990座天，实际完成1880689座天，为年计划的108.3%。三峡航道局为满足航行船舶需要，延长葛洲坝大江航道汛期通航时间2个多月，使航标实际维护工作量高于计划指标。测绘工作年计划20710换算平方公里，实际完35298.15换算平方公里，为年计划的170.4%。其中航道维护、科研测绘年计划11101.38换算平方公里，实际完成16425.85换算平方公里，为航道测绘年计划的147.9%；本年度，航道维护疏浚工程量391.92万米^3。

2007年，长江航道局和三峡航道局除维护管理2718.8公里主航道外，还根据需要开辟维护了海轮航道、缓流航道、副航道、小轮航道、专用航道、支流航道，共维护航道里程为4554.0公里；三峡航道局维护航道里程为66.5公里(各类航道的维护管理里程根据具体情况每年会有所调整，此处为2007年度维护里程)。2007年长江航道维护管理里程一览表详见表7-26。

【2007 年长江航道维护管理里程一览表】 （表 7－26）

单位	维护航道总里程（km）	主航道里程（km）	海轮航道（km）	缓流航道里程（km）	副航道里程（km）	小轮航道里程（km）	专用航道里程（km）	支流航道（km）
合　计	4554.0	2718.8	570.5	523.1	207.3	401.0	132.1	1.2
长江航道局	4487.5	2652.3	570.5	523.1	207.3	401.0	132.1	1.2
长江南京航道局	2098	837	369	152.6	207.3	401.0	131.1	
上海航道处	351.6	135.2		——	92.2	58	66.2	
镇江航道处	182.8	136.6		——	41.7	——	——	
扬中航道处	58.9	——		——	——	58.9	——	
南京航道处	190.7	97.7		——	21.5	25.5	23	
芜湖航道处	426.4	174.3	84.5	55.4	23.9	54.7	17	
安庆航道处	498.8	156.5	156.5	56.6	——	114.4	24.9	
九江航道处	426.9	136.7	128	32.2	28	79.5		
长江武汉航道局	1218.2	715.0	201.5	301.5	——	——	——	
武汉航道处	468.6	225.0	201.5	47.6	——	——	——	
洪湖航道处	275.5	204.0		71.5	——	——	——	
监利航道处	290.4	178.0		130.4	——	——	——	
沙市航道处	160.0	108.0		52.0	——	——	——	
长江宜昌航道局	271.3	201.3		69.0	——	——	1.0	
三峡航道局	66.5	66.5			——	——	——	——
长江重庆航道局	598.4	597.2			——	——	——	1.2
奉节航道处	116.0	116.0			——	——	——	——
万州航道处	141.0	141.0			——	——	——	——
丰都航道处	134.0	134.0			——	——	——	——
重庆航道处	207.4	207.4			——	——	——	——
长江泸州航道局	301.8	301.8			——	——	——	——
江津航道处	99.8	99.8			——	——	——	——
泸州航道处	202.0	202.0			——	——	——	——

注：1. 含三峡通航管理局三峡航道局所辖 66.5 公里及嘉陵江口 1.2 公里航道里程。

2. 本次将南京、武汉航道局维护管理的 570.5 公里海轮航道里程纳入统计。

3. 航道维护总里程指年度内各类航道维护最大里程之和。

（2007 年 12 月统计）

·主航道维护管理里程（按调整后的航道里程统计）　2007 年，长江航道局维护管理航道 2718.8 公里（包含三峡航道局维护管理主航道 66.5 公里以及桥区上下行航道里程等）。2007 年长江主航道维护管理里程一览表详见表 7－27。

【2007 年长江主航道维护管理里程一览表】 （表 7－27）

单位	序号	主航道名称（站名）	航道维护起迄点	维护里程（km）	备注
长江航道局	总计		浏河口—合江门	2718.8	含三峡局
长江南京航道局	51 处		浏河口—上巢湖	837.0（25.4～844.0）	下游里程
上海航道处	8 处		浏河口—黄田港	135.2（25.4～156.4）	
	1	浏河	浏河口—七丫口	11.6（25.4～37.0）	
	2	白茆沙	七丫口—徐六径	33.0（37.0～70.0）	
	3	通州沙东	徐六径—龙爪岩	22.0（70.0～92.0）	

单位	序号	主航道名称(站名)	航道维护起迄点	维护里程(km)	备注
上海航道处	4	南通	龙爪岩—十二圩	18.0(92.0~110.0)	
	5	浏海沙	十二圩—段山港	15.5(110.0~125.5)	
	6	福姜沙	段山港—#45 浮	9.3(125.5~134.8)	
	7	福姜沙南	#33 浮—福南上口	17.0(134.8~147.6)	
	8	福姜沙	福南上口—鹅鼻嘴	6.3(147.6~153.9)	
	9	江阴	鹅鼻嘴—黄田港	2.5(153.9~156.4)	
镇江航道处	6 处		黄田港—新河口	136.6(156.4~293.0)	
	10	江阴	黄田港—连成洲	21.6(156.4~178.0)	
	11	泰兴	连成洲—褚港	22.0(178.0~200.0)	
	12	口岸直	褚港—五峰山	40.0(200.0~240.0)	
	13	丹徒直	五峰山—丹徒河口	17.0(240.0~257.0)	
	14	焦山	丹徒河口—世业洲尾	20.0(257.0~277.0)	
	15	仪征	世业洲尾—新河口	16.0(277.0~293.0)	
南京航道处	6 处		新河口—慈湖河口	97.7(293.0~390.7)	
	16	仪征	新河口—张子港	15.0(293.0~308.0)	
	17	龙潭	张子港—八卦洲尾	22.0(308.0~330.0)	
	18	草鞋峡	八卦洲尾—西方角	11.7(330.0~341.7)	
	19	南京大桥	西方角—中山码头	6.1(341.7~347.8)	
	20	南京	中山码头—下三山	22.2(347.8~370.0)	
	21	凡家矶	下三山—慈湖河口	20.7(370.0~390.7)	
芜湖航道处	13 处		慈湖河口—太阳洲尾	174.3(390.7~559.5)	
	22	江心洲	慈湖河口—人头矶	8.3(390.7~399.0)	
	23	马鞍山	人头矶—东梁山	26.0(399.0~425.0)	
	24	西华	东梁山—朱家桥	11.0(425.0~436.0)	
	25	芜湖大桥	朱家桥—南外架	4.0(436.0~440.0)	
	26	芜湖	南外架—山西咀	9.0(440.0~449.0)	
	27	白茆	山西咀—高安圩	26.0(449.0~475.0)	
	28	黑沙洲南	高安圩—板子矶	13.7(475.0~488.7)	
	29	荻港	板子矶—太阳洲尾	18.0(488.7~506.7)	
	30	太阳洲	太阳洲尾—灯笼地	16.3(506.7~523.0)	
	31	土桥	灯笼地—横港码头	24.0(523.0~547.0)	
	32	铜陵大桥	横港码头—和悦洲尾	5.5(547.0~552.5)	
	33	铜陵大桥上水	大通湾缓流#1 白浮—大桥上#1 白浮	5.5(547.0~552.5)	
	34	大通	和悦洲尾—五步沟	7.0(552.5~559.5)	
安庆航道处	8 处		五步沟—马当矶	156.5(559.5~716.0)	
	35	大通	五步沟—五更矶	12.5(559.5~572.0)	
	36	贵池	五更矶—新开沟	22.0(572.0~594.0)	
	37	太子矶	新开沟—钱江嘴	26.0(594.0~620.0)	
	38	安庆	钱江嘴—皖河口	23.0(620.0~643.0)	
	39	官洲	皖河口—吉阳矶	26.0(643.0~669.0)	
	40	东流	吉阳矶—香口镇	31.0(669.0~700.0)	
	41	东流直	香口镇—娘娘庙	8.0(700.0~708.0)	
	42	马当阻塞线	娘娘庙—马当矶	8.0(708.0~716.0)	

单位	序号	主航道名称(站名)	航道维护起迄点	维护里程(km)	备注
九江航道处		9处	香口镇—黄颡口	136.7(716.0~844.0)	
	43	马当南	马当矶—小孤山	13.4(716.0~729.4)	
	44	东北横	小孤山—永和洲	24.6(729.4~754.0)	
	45	湖口	永和洲—张家洲尾	9.0(754.0~763.0)	
	46	张家洲南	张家洲尾—拦江矶	21.8(763.0~784.8)	
	47	九江大桥下水	拦江矶—九江处码头	8.7(784.8~793.5)	
	48	九江大桥上水	拦江矶红浮—浔处囤船	8.7(784.8~793.5)	
	49	九江	九江处码头—徐家湾	21.5(793.5~815.0)	
	50	新洲	徐家湾—葫芦山	13.5(815.0~828.5)	
	51	武穴	葫芦山—上巢湖	15.5(828.5~844.0)	
长江武汉航道局		66处	上巢湖—大埠街	715.0(844~1043.0;0.0~516.0)	0.0为中游里程零点
武汉航道处		19处	上巢湖—大军山	225.0(844~1043.0;0.0~26)	0.0为中游里程零点
	52	鲤鱼山	上巢湖—半边山	12(844~856.0)	
		搁排矶	半边山—黄颡口	16.0(856.0~872.0)	
	53	蕲春	黄颡口—下棋盘洲	16.0(872.0~888.0)	
	54	牯牛沙	下棋盘洲—西塞山	15.5(888.0~903.5)	
	55	黄石	西塞山—回风矶	13.5(903.5~917.0)	
	56	黄石大桥上水		3.3(913.3~916.6)	
	57	戴直	回风矶—燕矶	18.0(917.0~935.0)	
	58	巴河	燕矶—大脚石	10.0(935.0~945.0)	
	59	沙洲	大脚石—三江口	20.0(945.0~965.0)	
	60	罗湖洲	三江口—泥矶	18.0(965.0~983.0)	
	61	湖广	泥矶—白浒镇	11.0(983.0~994.0)	
	62	牧鹅洲	白浒镇—周阳港	10.0(994.0~1004.0)	
	63	阳逻	周阳港—罗家咀	17.5(1004.0~1021.5)	
	64	青山夹	罗家咀—余家头	14.5(1021.5~1036.0)	
	65	汉口	余家头—17码头	6.7(1036.0~1042.7)	
	66	武桥	17码头—省船	7.3(1042.7~1043;0.0~7.00)	0.0为中游里程零点
	67	武汉大桥上水		1.5(2~3.5)	
	68	白沙洲	省船—官闸营	7.0(7.00~14.00)	
	69	沌口	官闸营—大军山	12.0(14.0~26.0)	
洪湖航道处		19处	大军山—城陵矶	204.0(26.0~230.0)	
	70	金口	大军山—杨灯头	15.0(26.0~41.0)	
	71	煤炭洲	杨灯头—大咀	9.0(41.0~50.0)	
	72	邓家口	大咀—大沟	12.0(50.0~62.0)	
	73	水洪口	大沟—水洪口	10.3(62~72.3)	
	74	牌洲	水洪口—牌洲镇	14.7(72.3~87.0)	
	75	花口	牌洲镇—姚湖	11.5(87.0~98.5)	
	76	汉金关	姚湖—东堤角	10.9(98.5~109.4)	
	77	燕子窝	东堤角—天门堤	7.6(109.4~117.0)	
	78	王家渡	天门堤—莫家河	6.0(117.0~123.0)	
	79	嘉鱼	莫家河—上姚家墩	19.0(123.0~142.0)	
	80	龙口	上姚家墩—茅草岭	9.0(142.0~151.0)	

单位	序号	主航道名称(站名)	航道维护起迄点	维护里程(km)	备注
洪湖航道处	81	陆溪口	茅草岭—赤壁山	11.0(151.0~162.0)	
	82	石头关	赤壁山—叶家洲	9.0(162.0~171.0)	
	83	新堤	叶家洲—下蔻洲	9.0(171.0~180.0)	
	84	界牌	下蔻洲—袁家湾	19.0(180.0~199.0)	
	85	螺山	袁家湾—龙头山	11.0(199.0~210.0)	
	86	杨林岩	龙头山—禾场咀	6.8(210.0~216.8)	
	87	道人矶	禾场咀—白尾	5.2(216.8~222.0)	
	88	仙峰	白尾—城陵矶	8.0(222.0~230.0)	
监利航道处	18 处		城陵矶—茅林口	178.0(230.0~408.0)	
	89	观音洲	城陵矶—夏家墩	10.0(230.0~240.0)	
	90	八仙洲	夏家墩—袜子湾	8.0(240.0~248.0)	
	91	尺八口	袜子湾—潘阳	14.0(248.0~262.0)	
	92	熊家洲	潘阳—候家湾	7.5(262.0~269.5)	
	93	反咀	候家湾—新堤子	6.5(269.5~276.0)	
	94	铁铺	新堤子—四十丈	12.0(276.0~288.0)	
	95	砖桥	四十丈—集成	9.0(288.0~297.0)	
	96	大马洲	集成—顺尖村	10.5(297.0~307.5)	
	97	监利	顺尖村—烟家铺	9.5(307.5~317.0)	
	98	窑集佬	烟家铺—西山	7.0(317.0~324.0)	
	99	塔市驿	西山—北湖	9.0(324.0~333.0)	
	100	莱家铺	北湖—八十丈	12.0(333.0~345.0)	
	101	调关	八十丈—南堤上	16.0(345.0~361.0)	
	102	河口	南堤上—鲁家湾	5.0(361.0~366.0)	
	103	碾子湾	鲁家湾—孙家拐	17.0(366.0~383.0)	
	104	石首	孙家拐—鲁家台	10.0(383.0~393.0)	
	105	藕池口	鲁家台—古长堤	7.0(393.0~400.0)	
	106	天星洲	古长堤—茅林口	8.0(400.0~408.0)	
沙市航道处	10 处		茅林口—大埠街	108.0(408.0~516.0)	
	107	天星洲	茅林口—胡汾沟	8.9(408.0~416.9)	
	108	周公堤	胡汾沟—郝穴镇	10.1(416.9~427.0)	
	109	郝穴	郝穴镇—灵官庙	6.7(427.0~433.7)	
	110	马家寨	灵官庙—朱家湾	9.8(433.7~443.5)	
	111	陡湖堤	朱家湾—白家台	9.9(443.5~453.4)	
	112	马家嘴	白家台—冯家台	12.5(453.4~465.9)	
	113	瓦口子	冯家台—柳林洲	9.1(465.9~475.0)	
	114	太平口	柳林洲—腰店子	17.5(475.0~492.5)	
	115	宛市	腰店子—汪家台	17.1(492.5~509.6)	
	116	大布街	汪家台—大布街	6.4(509.6~516.0)	
长江宜昌航道局	28 处		大布街—中水门 庙河—鳊鱼溪	201.3　516.0~626.0; 0.0~3.5 62.5~145.0	0.0 为上游里程零点
	117	大布街	大布街—阮家湾	4.9(516.0~520.9)	
	118	江口	阮家湾—杨家河	7.5(520.9~528.4)	
	119	刘巷	杨家河—马家店	5.6(528.4~534.0)	
	120	枝江	马家店—昌门溪	10.0(534.0~544.0)	
	121	芦家河	昌门溪—跨宝山	11.1(544.0~555.1)	

单位	序号	主航道名称(站名)	航道维护起迄点	维护里程(km)	备注
长江宜昌航道局	122	关洲	跨宝山—石灰窑	10.9(555.1~566.0)	
	123	枝城	石灰窑—白水港	6.0(566.0~572.0)	
	124	枝城大桥上水		2.1(567.7~569.8)	
	125	龙窝	白水港—梅子溪	8.6(572.0~580.6)	
	126	白洋	梅子溪—宜都	8.4(580.6~589.0)	
	127	宜都	宜都—西偏坡	8.0(589.0~597.0)	
	128	云池	西偏坡—红花套	8.0(597.0~605.0)	
	129	古老背	红花套—虎牙	5.0(605.0~610.0)	
	130	虎牙峡	虎牙—孔主溪	5.0(610.0~615.0)	
	131	白沙脑	孔主溪—宝塔河	10.0(615.0~625.0)	
	132	宜万大桥上水		1.5(622.0~623.5)	
	133	宜昌港	宝塔河—中水门	4.5(625~626;0.0~3.5)	0.0 为上游里程零点
	134	宜陵大桥下水		1.7(0.8~2.5)	
		秭归航道站	庙河—章家溪	39.5(62.5~102)	
		巴东航道站	章家溪—鳊鱼溪	43(102~145)	
三峡航道局			中水门—庙河	66.5(3.5~62.5)	
		庙嘴航道站	中水门—葛洲坝枢纽	5.2(3.5~8.7)	
		大江下引航道	卷桥河—葛洲坝枢纽	4.2(4.5~8.7)	
		南津关航道站	葛洲坝枢纽—莲沱	22.8(8.7~31.5)	
		大江上引航道	葛洲坝枢纽—巷子口	3.3(8.7~12.0)	
		黄陵庙航道站	莲沱—三峡枢纽	15.0(31.5~46.5)	
		茅坪航道站	三峡枢纽—庙河	16.0(46.5~62.5)	
长江重庆航道局			鳊鱼溪—兰家沱	597.2(145.0~742.2)	
奉节航道处			鳊鱼溪—东洋子	116.0(145.0~261.0)	
		碚石航道站	鳊鱼溪—碎石滩	13.6(145.0~158.6)	
		巫山航道站	碎石滩—巫山	12.3(158.6~170.9)	
		东关咀航道站	巫山—新家坪	13.1(170.9~184.0)	
		曲尺航道站	新家坪—大溪河	12.5(184.0~196.5)	
		夔峡航道站	大溪河—白马滩	13.5(196.5~210.0)	
		奉节大桥航道站	白马滩—二沱	12.8(210.0~222.8)	
		安坪航道站	二沱—雷劈石	12.7(222.8~235.5)	
		龙洞航道站	雷劈石—铜钱堆	12.5(235.5~248.0)	
		故陵航道站	铜钱堆—东洋子	13.0(248.0~261.0)	
万州航道处			东洋子—财神石	141.0(261.0~402.0)	
		鸡扒子航道站	东洋子—红船湾	11.0(261.0~272.0)	
		红船湾航道站	红船湾—坛子岩	12.0(272.0~284.0)	
		云阳大桥航道站	坛子岩—三角滩	10.0(284.0~294.0)	
		双江航道站	三角滩—程家祠堂	12.0(294.0~306.0)	
		太阳溪航道站	程家祠堂—方子石	12.0(306.0~318.0)	
		万州二桥航道站	方子石—钟鼓楼	12.0(318.0~330.0)	
		万州铁路大桥航道站	钟鼓楼—大磨	10.0(330.0~340.0)	
		新田航道站	大磨—小石盘	11.0(340.0~351.0)	
		瀼渡航道站	小石盘—高舅母	11.0(351.0~362.0)	
		武陵航道站	高舅母—大堰塘	12.0(362.0~374.0)	
		西沱航道站	大堰塘—吴家湾	11.0(374.0~385.0)	
		石宝寨航道站	吴家湾—财神石	17.0(385.0~402.0)	

单位	序号	主航道名称(站名)	航道维护起迄点	维护里程(km)	备注
丰都航道处			财神石—涪陵	134.0(402.0~536.0)	
		忠县航道站	财神石—夜壶石	21.0(402.0~423.0)	
		康家沱大桥航道站	夜壶石—裆门河	11.5(423.0~434.5)	
		新生航道站	裆门河—花岺岩	13.5(434.5~448.0)	
		楠竹坝航道站	花岺岩—范家河	14.0(448.0~462.0)	
		高镇航道站	范家河—宝塔碛	14.0(462.0~476.0)	
		凤尾坝航道站	宝塔碛—丁庄溪	11.3(476.0~487.3)	
		丰都航道站	丁庄溪—和尚石	12.7(487.3~500.0)	
		南沱航道站	和尚石—焦巴滩	13.0(500.0~513.0)	
		清溪航道站	焦巴滩—达牛皮	12.5(513.0~525.5)	
		和尚石航道站	达牛皮—涪陵	10.5(525.5~536.0)	
重庆航道处			涪陵—兰家沱	207.4(536.0~742.2)	含嘉陵江口 1.2km
		涪陵航道站	涪陵—大梁	11.2(536.0~547.2)	
		李渡大桥航道站	大梁—麻雀堆	13.9(547.2~561.1)	
		石沱航道站	麻雀堆—大猪圈	15.2(561.1~576.3)	
		长寿航道站	大猪圈—肖家石盘	11.9(576.3~588.2)	
		扇沱大桥航道站	肖家石盘—荷叶坪	12.4(588.2~600.6)	
		洛碛航道站	荷叶坪—气鼓堆	12.6(600.6~613.2)	
		木洞航道站	气鼓堆—葫芦滩	12.2(613.2~625.4)	
		鱼咀航道站	葫芦滩—飞蛾礁	12.2(625.4~637.6)	
		大兴场航道站	飞蛾礁—白沙沱	12.7(637.6~650.3)	
		寸滩航道站	白沙沱—猪儿碛	11.5(650.3~661.8)	不含嘉陵江口 1.2km
		珊瑚坝大桥航道站	猪儿碛—娄溪沟	13.2(661.8~675.0)	
		李家沱航道站	娄溪沟—大沙坝	14.0(675.0~689.0)	
		鱼洞航道站	大沙坝—烂井沟	13.8(689.0~702.8)	
		白沙沱大桥航道站	烂井沟—东笋坝	12.2(702.8~715.0)	
		冬笋坝航道站	东笋坝—漂灯碛	13.5(715.0~728.5)	
		江津航道站	漂灯碛—兰家沱	13.7(728.5~742.2)	
长江泸州航道局			兰家沱—合江门	301.8(742.2~1044.0)	
江津航道处			兰家沱—合江	99.8(742.2~842.0)	
江津航道处		龙门航道站	兰家沱—燕坝	17.8(742.2~760.0)	
		白沙航道站	燕坝—羊猫碛	30.0(760.0~790.0)	
		石门航道站	碾盘子—羊猫碛	15.0(775.0~790.0)	
		松溉航道站	羊猫碛—缆子梁	13.5(790.0~803.5)	
		朱沱航道站	缆子梁—红花碛	13.5(803.5~817.0)	
		榕山航道站	红花碛—水塔坝	13.5(817.0~830.5)	
		合江航道站(1)	水塔坝—合江	11.5(830.5~842.0)	
		上白沙航道站	牛脑驿—称杆碛	13.5(858.0~871.5)	
		弥沱航道站	称杆碛—关刀碛尾	16.5(871.5~888.0)	
		黄舣航道站	关刀碛尾—关刀碛	17.0(888.0~905.0)	
		泸州航道站	关刀碛—燕丑子	23.2(905.0~928.2)	
		纳溪航道站	燕丑子—赵坝	15.8(928.2~944.0)	
		江安航道站	赵坝—老鹰岩	42.5(944.0~986.5)	
		南溪航道站	老鹰岩—宜宾合江门	57.5(986.5~1044.0)	

(2007 年 12 月统计)

·海轮航道维护管理里程(按调整后的航道里程统计) 2007年,长江航道局维护管理海轮航道共计570.5公里。2007年长江海轮航道维护管理里程一览表详见表7-28。

【2007年长江海轮航道维护管理里程一览表】 (表7-28)

单位	航道维护起迄点	维护里程(km)	备注
长江航道局	高安圩—武汉长江大桥	570.5	
长江南京航道局	高安圩—上巢湖	369(475~844)	
长江武汉航道局	上巢湖—武汉长江大桥	201.5(844~1043+2.5)	

(2008年5月统计)

·缓流航道维护管理里程 2007年,长江航道局维护管理缓流航道61处共计523.1公里。2007年长江缓流航道维护管理里程一览表详见表7-29。

【2007年长江缓流航道维护管理里程一览表】 (表7-29)

单位	序号	缓流航道名称	航道维护起迄点	维护里程(km)	备注
长江航道局	61处			523.1	
南京航道局	17处			152.6	
芜湖航道处	1处			8.0	
	1	黄兴圩	皇公庙对开—太阳洲尾下	8.0	下游里程
安庆航道处	11处			104.0	
	2	太阳洲	铜陵沙尾—成德洲尾	15.4	
	3	成德洲	成德洲尾—成德洲头	17.4	
	4	红杨树	北埂头—大桥上#1白浮	7.1	
	5	大通湾	大通湾缓流#1白浮—老洲头	7.5	
	6	崇文洲	崇文洲尾—崇树	6.0	
	7	鸭子沟	窑过—钱过	6.8	
	8	安庆	江心洲尾—鹅毛洲头	10.5	
	9	安庆港	大渡口—下扬家套对开	4.0	
	10	扬家套	皖河口—新南埂	5.2	
	11	官洲	官洲尾对开—罗家洲对开	18.1	
	12	陈吉洲	沟口—湖东村	6.0	
九江航道处	5处			40.6	
	13	马当南	马当嘴对开—矶后山	5.7	
	14	小孤山	小孤山对开—套口下	2.0	
	15	东北横	下三号洲滩尾—下三号洲头	7.0	
			上三号洲尾—中夹口对开	8.0	
	16	鳊鱼滩	鳊鱼滩尾—洲头	9.5	
	17	鲤鱼山	仙姑山对开—盘塘下对开	8.4	
武汉航道局	34处			301.5	
武汉航道处	6处			47.6	
	18	李家洲	挂河口—肖家渡	9.0(880.0~889.0)	
	19	牯牛沙	肖家渡—团林岸	13.0(889.0~902.0)	
	20	黄石	黄石钢厂—黄石大桥	6.5(906.0~912.5)	
	21	新淤洲	回风矶—寡妇矶	1.4(919.0~920.4)	9月7日封闭
	22	沙洲	鄂黄大桥—路家湾	12.0(946.0~958.0)	
	23	阳逻	龙口—罗家咀	5.7(1009.3~1015.0)	10月28日封闭

单位	序号	缓流航道名称	航道维护起讫点	维护里程(km)	备注
洪湖航道处		9 处		71.5	
	24	煤炭洲	纠埠头—煤炭洲	11.0(37.0~48.0)	中游里程
	25	水洪口	金城坑—水洪口	7.0(64.0~71.0)	
	26	大兴洲	下夹口—上夹口	9.0(73.0~82.0)	
	27	牌洲	下北洲—上北洲	5.0(83.0~88.0)	
	28	花口	刘家堤—月子	9.5(89.5~99.0)	
	29	汉金关	永贴洲—新兴洲	6.0(102.0~108.0)	
	30	复兴洲	嘉鱼下夹—嘉鱼中夹	10.0(120.0~130.0)	8月21日封闭
	31	龙口	杜家洲—宝塔洲	11.0(139.0~150.0)	
	32	腰口	枚家潭—胡家洲	3.0(161.0~164.0)	
监利航道处		15 处		130.4	
	33	八仙洲下	泥滩洲—夏家洲	3.0(233.0~236.0)	8月11日封闭
	34	七弓岭	八仙洲—孙梁洲	12.7(241.0~253.7)	8月6日封闭
	35	尺八口	梁家门—姜介子	12.0(256.0~268.0)	8月11日封闭
	36	反咀	中沙堤—毫子口	6.0(267.0~273.0)	8月11日封闭
	37	广兴洲	毫子口—下板岭	10.0(273.0~283.0)	8月11日封闭
	38	洪水港	上板岭—新堤子	5.2(283.8~289.0)	8月11日封闭
	39	洪山头	新堤子—西堤拐	7.0(289.0~296.0)	8月11日封闭
	40	沙家边	西堤拐—大马洲	4.0(296.0~300.0)	8月11日封闭
	41	乌龟洲	陈家马口—顺尖村	7.5(300.0~307.5)	8月7日封闭
	42	塔市驿	烟家铺—北湖	15.5(317.0~332.5)	8月11日封闭
	43	莱家铺	鹅公凸—莱家铺	10.0(334.0~344.0)	8月11日封闭
	44	调关	黑鱼沟子—沙窝里	12.0(344.0~356.0)	8月11日封闭
	45	河口	下三合垸—毕家台	7.5(356.5~364.0)	8月11日封闭
	46	柴码头	毕家台—柴码头	8.0(364.0~372.0)	8月11日封闭
	47	石首	鱼尾洲—茶铺	10.0(381.0~391.0)	8月11日封闭
沙市航道处		4 处		52.0	
	48	周公堤	草房关—袁家埠头	8.0(410.0~418.0)	
	49	郝穴	杨家场—林家台	10.0(429.0~439.0)	
	50	陡湖堤	白家台—祈家洲	13.0(441.0~454.0)	
	51	宛市	陈家场—狮子碑	21.0(494.0~515.0)	
宜昌航道局		10 处		69	
	52	江口	上曹家河—七星台	5.0(523.0~528.0)	
	53	刘巷	张家桃园—杨家河	6.0(530.0~536.0)	
	54	昌门溪	杨家老—李家渡	6.5(540.0~546.5)	
	55	关洲	礁岩子—鸳鸯港	14.0(552.0~566.0)	
	56	枝城	岩子河—毛家湾	5.0(570.0~575.0)	
	57	龙窝	孙家河—李家溪	8.0(576.0~584.0)	
	58	白洋	白洋—中沙湾	5.0(585~590)	
	59	云池	茶店—周家河	3.5(594~597.5)	
	60	古老背	云池—虎牙	10.0(600~610)	
	61	胭脂坝	刘家棚—窑湾	6.0(619~625)	

(2007 年 12 月统计)

·副航道维护管理里程　2007 年,长江航道　　局维护管理副航道 14 处,共计 207.3 公里。2007

年长江副航道维护管理里程一览表详见表7-30。

【2007年长江副航道维护管理里程一览表】 （表7-30）

单位	副航道名称	航道维护起迄点	维护里程(km)	备注
总计	14处		207.3	
南京航道局	14处		207.3	下游里程
上海航道处	4处		92.2	
	福姜沙北	小桥港—洪北沙	34.8	
	白茆沙北	B#1黑浮—B#12黑浮	32.3	
	通洲沙中	西周—南农闸	14.9	
	福姜沙中	F#1黑浮—F#7黑浮	10.2	
镇江航道处	3处		41.7	
	鳗鱼沙东槽	#79—#82左右通航浮	12.5	
	和畅洲北汊	东还原—人民沙	12.5	
	仪征捷水道	世业洲头—世业洲尾	16.7	
南京航道处	3处		21.5	
	南京大桥4孔上水	西方角—中山码头	6.8	
	南京大桥6孔下水	西方角—中山码头	6.1	
	乌江水道下段	大箭山—乌江河口	8.6	
芜湖航道处	3处		23.9	
	乌江水道上段	乌江河口—和洲下侧面岸标	17.9	
	芜湖大桥10孔上水	10孔#1白浮—大桥上左右通航浮	2.0	
	芜湖大桥12孔下水	朱家桥—南外架	4.0	
九江航道处	1处		28.0	
	张家洲北	张家洲尾—代家营	28.0	

（2007年12月统计）

·小轮航道维护管理里程 2007年，长江航道局维护管理小轮航道20处，共计401.0公里。2007年长江小轮航道维护管理里程一览表详见表7-31。

【2007年长江小轮航道维护管理里程一览表】 （表7-31）

单位	小轮航道名称	航道维护起迄点	维护里程(km)	备注
总计	20处		401.0	
南京航道局	20处		401.0	
上海处	1处		58.0	
	青龙港—三和港	北支口—启东港	58.0	
扬中航道处	3处		58.9	
	太平洲捷水道	上口—下口	43.9	
	录安洲右汊	录安洲上口—录安洲下口	5.65	
	炮子洲右汊	炮子洲上口—炮子洲下口	9.35	
南京航道处	2处		25.5	
	大胜关	中山码头—新秦淮河口	16.5	
	凡家矶水道下段	仙人包对开—下三山	9.0	

单位	小轮航道名称	航道维护起迄点	维护里程(km)	备注
芜湖航道处	3 处		64.7	
	太平府	神农洲—东梁山	25.0	
	黑沙洲北	南埜—泥汊	24.0	
	黑沙洲中	南埜—泥汊	15.7	
安庆航道处	7 处		114.4	
	铜陵小港	金牛渡—新沟	25.0	
	成德洲东港	成德洲尾下—铜陵港对开	21.5	
	大通小港	羊山矶—小港上口	12.9	
	贵池北港	马船沟—同庆圩	12.0	
	枞阳小港	新河闸口—三江口	13.0	
	牛头山小港	仁兴圩—钱江口	15.0	
	黄石矶小港	罗家洲—水池沟	15.0	
九江航道处	4 处		79.5	
	瓜子号北汊	华阳港—老林洲	8.5	
	马当圆	杨湾闸—小姑山	29.0	
	东北直	金鸡山—叶家洲	12.5	
	李英小轮	赤湖闸—武穴	29.5	

(2007 年 12 月统计)

·专用航道维护管理里程　2007 年,长江航道局维护管理专用航道 16 处共计 132.1 公里。2007 年长江专用航道维护管理里程一览表详见表 7－32。

【2007 年长江专用航道维护管理里程一览表】　(表 7－32)

单位	专用航道名称	航道维护起迄点	维护里程(km)	备注
总计	16 处		132.1	
南京航道局	15 处		131.1	
上海航道处	7 处		66.2	
	营船港专用航道	桥#4 双—营#5	16.3	
	天生港专用航道	天#1—天水	8.0	
	天电专用航道	天电#1—天电#2	4.4	
	大新专用航道	#38—大新#4	8.6	
	石化专用航道	石化#1—石化#1	1.0	
	永钢专用航道	西周—芦头沙北	14	
	常熟港专用航道	金泾河口下 1 公里至常浒口	13.9	
南京航道处	3 处		23.0	
	宝塔水道上段	西方角左右通航标—南化#5 码头	9.6	
	宝塔水道中段	南化#5 码头—马汉河口	3.4	
	宝塔水道下段	马汉河口—天河口	10.0	
芜湖航道处	2 处		17.0	
	裕溪口下口华能专用航道	裕溪口下口处—裕港#4 码头	10.2	
	裕溪口上口进港航道	裕港#4 码头—广福矶对开	6.8	
安庆航道处	3 处		22.2	
	贵池南港专用航道	泥洲—新北闸	15.4	
	牛头山海螺专用航道	黄盆闸—钱江口	6.8	

单位	专用航道名称	航道维护起迄点	维护里程(km)	备注
总计九江航道处	华阳港专用航道	华阳口—华阳码头上	2.7	
宜昌航道局	1处		1.0	
	九畹溪旅游专用航道		1.0	

(2007年12月统计)

·支流航道维护里程 2007年长江航道局维护管理支流航道1处共计1.2公里。2007年长江支流航道维护管理里程一览表详见表7-33。

【2007年长江支流航道维护管理里程一览表】

(表7-33)

单位	支流航道名称	航道维护起迄点	维护里程(km)	备注
总计	嘉陵江	嘉陵江口	1.2	
重庆航道局	1处		1.2	

(2007年12月统计)

(长江航道局供稿)

【长江海轮航道维护】 1957年,长江航道局开辟维护长江口至南京的海轮航道;1976年,将海轮航道向上延伸至武汉。2003年4月1日,取消南京燕子矶以下河段海轮推荐航线。"芜南段"航路改革航标工程后,2005年10月1日,取消芜湖以下河段海轮推荐航线,可常年航行海轮。

2007年,长江下游海轮航道的维护现状为:芜湖至武汉采用"海轮推荐航线"的办法,即以推荐的航线为中线,左右各一定范围内维护相应的海轮航道尺度,航道宽度200米。航道水深:中、洪水期维护自然水深,6月至9月可望维护7.0~7.5米,5月、10月可望维护6.5米,11月上半月可望维护6.0米。当维护尺度达不到以上尺度时,以通电报告实际维护尺度。维护期为每年5月1日至11月15日。

(长江航道局)

【江苏省淮河洪泽湖南线航道全线竣工贯通】

2007年,江苏省淮河洪泽湖南线航道疏浚工程全线竣工贯通。经江苏省交通厅航道局组织的专家验收,工程被评为优良工程。疏浚后的航道1000吨级船舶和万吨级船队可常年通航,有效发挥了黄金水道的枢纽作用。

淮河洪泽湖南线航道南起淮河入湖口,北至洪泽高良涧船闸,全长21公里,是沟通苏、皖、鲁、豫、浙等省的重要交通枢纽,每年船舶通过量10万艘以上,货物周转量2千多万吨。自2002年以来,工程被列入江苏省航道养护"十五"规划项目,开始分期疏浚,航道等级为三级标准设计,航道底宽80米,最低通航水位11.5米,有效打通了该段航道的"瓶颈"。

(江苏省局 淮安处)

【江苏省加强航道养护】 2007年,江苏省干线航道通航率达90%以上,船闸通航保证率达95%以上,航标正常率达99%以上,落实干线航道安全畅通应急预案及保障措施,未发生因航道部门管理不善导致的24小时以上重大堵航责任事件。全省航闸养护改善工程完成44项,总投资9900万元,有效地改善了一批重要干线航道的技术状况。

工程内容:航道疏浚土方457万方,新建驳岸106543米^3/40455米,维修驳岸7644米^3/6834米,拆除碍航桥18座,改建4座,对1155.4公里干线航道网航道进行了全面测量。此外,深入开展了"平安航道"、"安全基础管理年"等专项活动,重要干线航道和重点船闸的维护保障扎实有力,有效保障了水运主通道的安全畅通。

(江苏省局 徐秋敏 缪 岩)

【南昌市港航处采取有效措施积极应对赣江最低水位】 2007年11月,赣江航道水位急剧下降,创历史最低水位。赣江航道通过能力大幅降低,南昌市港航处采取有效措施积极应对:1.简化报港程序,减少船舶靠站检查指泊时间。2.对过往船舶发放便民服务卡,方便船民遇浅堵航等困难紧急求助。3. 及时联系码头,保证装卸器材的完好率,对重点物资重点装卸,确保重点物资运输安全畅通、满足人民群众生产生活需求。

(南昌市港航处　揭任成)

【汉江主通道维护管理】 2007 年,汉江流域遭遇了历史罕见枯水。湖北省港航局针对枯水期历时长、水位低、退速快等实际状况,汉江沿线各级航道维护管理单位克服维护工作中的重重困难,认真履行航道维护职责。通过勤巡航、严驻守、强设标、严管理等措施,努力提高维护质量,基本保证了航道安全畅通,汉江沿线航道维护指标均达到了年初制定的年度考核目标。

一是启动应急维护预案,确保航道畅通。春冬季枯水期,汉江沿线水位大幅偏低,部分河段接近历史最低水位,航道维护形势十分严峻。为避免船舶滞航现象的发生,保障航道畅通,省港航局及时启动汉江航道应急维护方案。沿线各航段加强现场巡查,及时发布浅滩航道信息。省航道处接到航道信息,即派疏浚船舶在规定时间内赶赴现场进行疏浚工作。襄樊、钟祥、沙洋等航段共进行近 20 次浅滩航道应急疏浚,确保了航道基本达到维护尺度要求,应急方案成效显著,确保了船舶航行安全畅通。二是践行"三个服务",确保航行安全。钟祥航道段在浅滩、急弯、石堆等险段均设立了双标,提醒过往船舶小心驾驶,巡航中积极引导船舶过险,为航道安全畅通提供了有力保障;同时还联合公安、水利、堤防、交通等有关单位进行 3 次执法检查。襄樊市港航处加强丁坝维修、引导船舶出浅等现场技术指导工作,发布航道浅滩信息,提醒过往船舶严格按照水深适度配载,控制超吃水船舶堵航现象的发生。沙洋航道段针对辖区航道条件相对较差,船舶容易搁浅的情况,加大了碍航浅滩的船舶引航、守滩工作。岳口航道段加强了信息报道工作,共有 4 篇航道信息被省交通厅网站采用。汉口航道段定期对航标进行刷漆保养,及时更换损坏标志,切实开展职工综合素质教育,文明创建工作取得较好成绩。蔡甸航道段做到勤看水位、勤检查、勤探测、勤移标等"四勤"工作,加强了重点浅滩的日常维护。三是克服困难,确保日常维护到位。岳口、仙桃航道段在自身经费紧张的情况下,仍然想办法克服各种困难,自筹资金、自己动手进行标船大修及锚罐加工,确保航道日常维护工作的正常开展。此外,各航道段都积极做好枯水期航道的维护管理工作,对航标艇、标船、岸标等助航设施全部进行了刷漆保养,做到了标志颜色鲜明、规格完整,标位正确率、船艇完好率、设标密度等达到了规定要求。四是规范管理,建立长效机制。省局建立了汉江航道应急维护、航标艇维修和汉江整治建筑物维修的长效机制。各市按照职责分工,抓好航道维护管理工作,逐步使汉江航道维护管理的日常工作规范化、制度化、科学化。各航道段根据自身实际情况,细化管理办法,建立奖惩机制,强化考核制度,从制度上激励人、鼓舞人、鞭策人,充分调动航道职工工作积极性和主观能动性,搞好航道维护本职工作。五是增加投入,确保维护水平提高。省厅、省局领导对汉江航道维护管理工作非常重视,在全局经费相当紧张的情况下仍安排 100 万元解决航道应急维护问题、安排 140 万元对 11 艘航标艇进行了大修或更新、申请 150 万元对 9 座水毁丁坝进行了维修。

(湖北省局　王彦玲)

【湖南省局加强航道养护和管理】 2007 年,湖南省航务局加强了对航道的养护和管理。一是规范行政审批工作,加大现场查勘力度。2007 年,省局与省交通厅航海学会达成合作意向,开创了以论证为基础的航道行政审批工作方式。全年共审批水电枢纽、跨河桥梁、取水设施等涉航建筑物 70 余座,有效地维护了航道通航条件。此外,对全省交通部门建设和管理的 300 余座桥梁进行了反复检查,并由航道部门按航道等级要求配布了水上航标。省交通厅联合水利厅等部门出台了《湖南省水利厅、交通厅、安监局关于加强通航河流采砂淘金管理确保防洪和通航安全的意见》,意见的实施在一定程度上保护了河势和航道稳定,消除了航道和桥梁管线等河道内建筑物所带来的安全隐患。二是努力做好战枯保畅工作,加大对重点浅滩航道的养护力度。2007 年入秋以来,由于久旱无雨,省内的湘、资、沅、澧四水干流及洞庭湖区水位急剧下降,湘江突破历史最低水位。湖南省局及时安排枯水保畅资金 94 万元,各航道单位根据辖区航道水位特点,制订了战枯保通方案,及时发布通航信息公告。另外,通过加大上游航电枢纽下泄流量,保证航道基本畅通。三是加强航道日常维护。2007年,全省航道养护里程11968公里;干线航道养护里程2010公里,设标1900座,完成维护工作量110万座天,航标维护正常率达99.55%,超过了国家规范的要求,通航保证率达到部颁标准。全年未发生因船舶搁浅和航标设置不当等引起的安全事故。省局还在株洲枢纽库区、大源渡库区72座岸标上全部安装了遥控装置。目前,该技术已经通过了交通部组织的成果鉴定及验收,实现湖南省航标全程遥测遥控零的突破。

(湖南省局 蒋龙平)

【四川省局加强航道维护】 2007年,四川省局围绕确保大件运输这一重点,主要抓了以下工作。一是督促,检查乐山市航务局航道经费、人员、设备到位情况,强化岷江航道日常维护;二是开展了"岷江航道枯水期运输方案研究"课题,为枯期大件运输保通提供了理论依据;三是与有关部门协调,配合贯彻落实水利部、交通部、国家安全生产监督管理总局"关于加强河道采砂管理确保防洪和通航安全的紧急通知"。通过专项整治,强化监管,主要通航河流上乱采乱挖砂石现象大为减少,通航环境及条件大为改观。

通过以上工作,基本确保岷江等主要航道的畅通、安全。

(四川省局 张 健)

【重庆市局确保乌江航道畅通】 2007年7月份,重庆市武隆、彭水一带遭遇连续大暴雨,造成乌江沿线多处地段出现山体滑坡。尤在7月17日大暴雨中,受山洪冲刷影响,渝湘高速公路施工便道垮塌,形成泥石流、并将大量的施工弃渣带入乌江,在彭水高谷乌江航道的上鲁居形成扇形堆体,成为乌江新的险滩,使船舶航行困难。

为确保乌江航道畅通和船舶的通行安全,重庆市港航局乌江航道管理段与重庆高速公路发展有限公司东南分公司积极协商,于8月10日正式启动上鲁居滩航道抢险应急工程。整个工程由东南公司出资,乌江航道管理段抽调工程船舶、设备及技术人员协作。工程分中洪水抢险通航、枯水航道整治2次施工,工程量估计3000米^3。中洪水施工期预计为15天,主要解决中洪水流速过大等问题。施工方法主要为水上水下裸露爆破炸除碍航石块,增加航道宽度、降低流速、改变流态,以解决船舶上行困难的问题,消除安全隐患,确保航道畅通。

(重庆市局 吴玉林)

·航道工程·

【长江航道工程建设】 2007年,长江航道工程建设紧紧围绕"保6争7"的建设目标,以加强项目管理为核心,以提高工程质量为重点,以推动管理创新为动力,以完善管理制度为基础,以强化安全生产为前提,以落实制度防腐为保障,创新机制,锐意进取,努力提升工程建设管理水平,不断适应长江航道建设系统化、规模化和快速发展的要求,较好地完成了各项工程建设任务。

2007年,长江航道局管理的长江干线工程建设项目共20项。其中张南工程、丰忠段航改已由交通部组织竣工验收;碾子湾工程、芜南段航改、航标一期工程已做好竣工验收前的各项准备待部组织验收;泸渝段、陆溪口、罗湖州、东流项目组织了交工验收;马家咀、周天、嘉鱼-燕窝、武穴、太子矶、信息化二期等项目主体工程全部完工;三峡库区复建部分工程继续实施;新开工项目叙泸段一期已于3月开工建设,叙泸段二期黑沙洲、瓦口子工程已完成施工、监理招标,12月初将相继开工建设。截至12月底,本年度累计申报完成投资47919.63万元(含周天铺排船3100万元),完成"保6亿"目标的100.89%。

·年内竣工项目

1.长江下游张家洲南港航道整治工程。工程于2002初开工建设,2003年5月主体工程完工,总投资5289万元,2007年2月完成了对工程区域的航拍工作,组织各参建单位进行了工程竣工报告的编写和审定工作,组织了工程竣工验收工作,项目于2007年3月9日在九江顺利通过了交通部组织的竣工验收,工程质量总体评定为优良。

2.长江干线丰都至忠县段航路改革配套设施建设工程。工程于2005年9月20日开工建设,工程概算1620万元。2006年底已做好了竣工前的各项准备工作。2007年2月15日在重庆顺利通过了交通部组织的竣工验收。工程质量总体评定为优良。

3.长江中游碾子湾水道航道整治工程。工程于2002年底开工建设,所有的标段工程于2003年6月底基本完成。2007年3月组织完成了工程实船适航试验工作。2007年组织完成了鲁家湾护岸局部崩坑修复,共完成投资193.44万元。组织完成了工程竣工资料的收集和整理工作,并上报了工程档案资料初验申请。工程概算4338万元,2007年完成投资240万元,累计完成投资3774万元。

4. 长江干线芜湖至南京段航路改革配套设施建设工程。工程于2005年8月18日开工建设,目前已完成全部建设内容。2007年10月23日通过长航局档案信息中心的竣工文件材料的预验收。完成了本工程的中间审计工作,及动用预留费的请示,完成竣工画册及宣传资料。工程概算2854万元,已完成全部投资。

5. 长江干线航道航行标志设施建设一期工程调整方案(南京燕子矶至宜宾段)。工程于2003年11月7日开工建设,至2006年7月18日工程全部完工,2007年元月通过交通部档案馆组织的竣工资料的专项验收。竣工资料及画册资料已准备,待部验收。工程概算1853万元,已完成全部投资。

·交(完)工项目

1. 长江中游罗湖洲水道航道整治工程。工程于2005年1月开工建设,至2006年6月主体工程基本完成。上半年完成了2005—2006届枯水期施工项目即心滩护滩带、Q#1和Q#2潜锁坝的修整工作,整个罗湖洲工程实施内容全部结束。完成工程审计及上报动用项目预留费用工作。目前,正进行竣工验收有关准备工作。工程概算13323万元,累计完成投资13223万元。

2. 长江下游东流水道航道整治工程。工程于2004年2月开工建设,2006年6月主体工程全部完成。上半年完成了老虎滩修复工程,10月、11月分别安排了2次对整治建筑物、全河段的地形观测和水文观测,到2007年整治建筑物总体稳定。同时妥善解决了安徽省地方政府就实施本工程提出的对堤防影响的相关问题,组织完成了向交通部上报东流右岸堤防崩岸原因分析及处理建议,组织完成了护城圩紧急守护工程方案设计、施工图设计审查。经长航局同意,单位工程已直接委托给安徽省河道管理局组织施工管理,工程已于6月初开工,10月完成了水下抛石工程的施工,12月完成了陆上工程的施工。工程概算18021万元,2007年完成投资543万元,累计完成投资17705万元。

3. 长江中游陆溪口水道航道整治工程。工程于2004年11月开工,至2005年6月已完成洲脊顺坝、鱼嘴顺坝、格坝、窜沟锁坝以及中洲护岸等5个单位工程的主体工程施工。上半年主要组织实施了中洲护岸2006年汛后修复工程和新窜沟的封堵及新洲区坝面的整理。7月组织了新洲工程区3个单位工程交工验收。工程概算9960万元,今年完成投资130万元,累计完成投资9443万元。

4. 长江干线泸州纳溪至重庆娄溪沟航道建设工程。工程于2005年3月开工建设,2007年5月主体工程基本完成。截至年底完成了2条航道趸船建造、17把航行水尺建设、莲石滩清渣及疏浚(1.9万米^3)、神背嘴潜坝抛筑(2.3万米^3)及砼铰链排护底、航道图测量外业观测及内业成图、渔洞信号台及汤家沱信号台建设,完成全部信号台征地工作及小南海信号台、滥井沟信号台主体结构建设以及全部信号台配套设施购置等,工程概算12047万元,2007年完成投资1633.46万元,累计完成投资11539.58万元。

·续建项目

1. 长江中游嘉鱼至燕子窝水道航道整治工程。工程于2006年2月8日开工,2006年上半年受水位影响只进行了JR1护摊带部分工程的施工。2006年9月21日组织了2006至2007届枯水期复工,2007年2月完成了防冲墙的297根钻孔灌注桩的施工。上半年主要完成了JR2护滩带完成X型排铺设,完成了水上沉排11.8万米^2,并组织了对710米的水下排体搭接探摸,排体搭接情况良好。至6月底工程全部完成。10月完成本项目工程预决算。工程概算8435万元,2007年完成投资2734万元,累计完成投资7895万元。

2. 长江中游马家咀水道航道整治一期工程。工程于2006年9月30日开工建设。2007年上半年共完成了约50万米^{2}水下沉排,20万米^{2}干滩铺排、17万米^{3}水下抛石等,主体工程基本完成,工程概算8247万元,累计完成投资7854.53万元。

3. 长江中游周天河段航道整治控导工程。工程于2006年12月底正式开工,但开工以来,一直受到郝穴镇码头业主的干扰，施工断断续续。“4·16”干扰施工事件发生后，交通部高度重视，长航局、航道局与湖北省、荆州市各级政府多方协调下，工程于2007年5月21日正式复工。截至2007年底主体工程全部完成，共完成了1.8万米^{3}水下抛枕，47.76万米^{2}水下沉排，13万米^{3}水下抛石。工程概算8956万元，2007年完成投资3995万元，累计完成投资8624万元。

4. 长江下游太子矶水道中段航道炸礁工程。工程于2006年10月经交通部批准实施，年底完成了工程监理及施工的招标工作。2007年初，长江航道局及时组织施工、监理单位进场并积极与海事、河道部门进行了协调，给工程开工营造了良好的作业环境。2007年元月清除了作为临时航槽的太子矶右槽内少量礁石浅点，完成工程量834米^3。2月组织了临时航槽工程扫床验收及航标布设工作和炸礁工程的开工。一年来安全形势稳定，完成炸礁工程量11.5万米^3，清渣11万米^3，炸药使用量近100吨。工程概算3645万元，全年完成投资2763万元，累计完成投资3300万元。

5. 长江航道信息系统二期工程。工程于2007年4月开工建设，截止到年底，主要完成了工程监理、硬件及系统软件购置、应用软件开发招标工作；组织完成工程的施工图设计审查，确定了工程实施方案，组织召开实施协调会议，完成了长江航道局机关及各二级单位机房改造工程以及局机关机房的楼层加固工程；完成了硬件部分的设备购置、安装和调试工作，长江航道广域网的建设基本完成，并着手进行应用软件开发部分的前期工作及需求调研工作。工程概算2755万元，2007年完成投资1903万元。

6. 长江三峡工程库区干流航道专项设施复建工程。复建工程175米蓄水运行期航行标志设计变更方案报交通部同意实施。组织175米蓄水期航行标志浮标建设；进行塔形岸标建设的邀请招标及开工建设；对铝合金塔形岸标标体购置和航标灯器电源进行竞争性合同谈判及供货。工程概算7765万元，全年完成投资101万元，累计完成投资4400万元。

7. 长江中游武穴水道航道整治工程。工程自初步设计以来，拟实施整治工程区域的河床地形发生了较大变化，主要表现为沿长顺坝坝轴线自上而下，上段河床高程急剧降低，下段略有回淤，针对上述情况长江航道局及时组织所属的长江航道规划设计研究院进行了有关模型试验及研究工作；并组织长航系统相关专家召开了武穴水道航道整治工程(施设阶段)方案设计专题研讨会。根据研讨会上专家们的意见，设计单位编制完成了《长江中游武穴水道航道整治工程2006—2007届枯水期工程施工图设计》，并在武汉组织召开审查会。与会专家和代表经认真审查，通过了施工图设计。同时，就工程实施问题向交通部水运司作了专题汇报。2007年2月，长江航道局及时组织了相关单位进场准备，并于2月11日组织了2个标段的开工建设。组织完成了汛期观测和2007—2008届枯水期工程施工图设计测量及施工图设计审查。第二标段工程基本完工，第一标段工程2006—2007届枯水期工程也基本完工。2008—2009届枯水期工程完成了水下沉排、箱体坝制作及部分坝体工程。工程概算10835万元，全年完成投资5800万元，累计完成投资7150万元。

·新开工项目

1. 长江干线宜宾合江门至泸州纳溪航道建设一期工程。2007年3月18日组织完成了工程开工典礼，截止到年底航标工程主要完成了航标制作、标志船建造、航标器材采购、航标布设准备工作及塔标建设的主体工程；航道整治部分完成了筲箕背、吊鱼嘴、金鱼碛疏浚，疏浚完成14万方，占疏浚工程总量的70%；筑坝工程全面开工，抛石完成总量的30%；完成测量控制网选点埋标及观测工作。工程概算12650万元，完成投资5654万元。

2. 长江干线宜宾合江门至泸州纳溪段航道建设二期工程。2007年完成了施工图设计审查及招标工作，航道整治工程的铜鼓滩及香炉碛开工，抛石量完成总抛石量的10%，完成投资2300万元。

3. 长江中游瓦口子水道控导工程。项目于2007年11月经交通部批准实施，11月完成了工程监理及施工的招标工作，以及施工图设计审查。长江航道局积极与海事、河道部门进行了协调，给工程开工营造良好的作业环境。并及时组织施工、监理单位进场施工。工程总概算10789.93万元，本年度完成投资2500万元。

4. 长江下游黑沙洲航道整治工程。项目于2007年11月经交通部批准实施，11月完成了工程监理及施工的招标工作。长江航道局积极与海事、河道部门进行了协调,并及时组织施工、监理单位进场施工。工程总概算18219万元,2007年完成投资1517万元。

(长江航道局)

【浙江省首条千吨级航道湖嘉申线湖州段建成通航】 2007年12月19日,浙江省内河首条按三级通航标准进行改造、可通航1000吨级船舶的高等级航道—湖嘉申线湖州段通过了交工质量鉴定,并于年底通航。

湖嘉申线连接湖州、嘉兴、上海等大中城市,沟通京杭运河、长湖申线、杭湖锡线、东宗线等主干线航道,是浙北内河水运网的重要组成部分,也是长江三角洲高等级航道网规划中的集装箱疏运通道。2005年1月,湖嘉申线湖州段按三级通航标准开工建设,改造里程43.2公里,新建生态护岸65.6公里、桥梁19座、水闸1座、锚泊区1个,并同步配套建设航道标志、视频监控和航道绿化景观等设施。工程核定概算8.57亿元。在工程建设中,广大建设者牢固树立"精品"意识,按照科学发展观的要求,创新航道设计建设理念,结合沿线文物保护和新农村建设,丰富拓展航道功能。引入全寿命周期成本理念,积极探索生态型护岸研究和桥梁顶升技术,充分体现航道的环境友好、资源节约和人文和谐。2006年,工程被交通部确定为全国内河水运建设示范依托项目。

(浙江省局 陈建光)

【全国首条30万吨级人工航道—虾峙门口外航道主体工程完工】 2007年6月18日,全国首条30万吨级人工航道—虾峙门口外航道整治工程开工以来,疏浚主体工程已于11月底完成,工程实际进度比计划工期缩短4个月(原施工计划为10个月)。

12月22日,虾峙门口外航道整治工程指挥部邀请有关单位和专家,对中冶沈堪工程技术有限公司测量的浚后水深检查图进行初步审查。经审查,疏浚后人工挖槽水深达到设计水深要求-22.5m(理论最低潮面),可提交交工验收。浙江省交通质监局于12月26日至27日组织对虾峙门口外航道整治疏浚主体工程进行交工鉴定,指挥部初步定于2008年1月中旬对工程进行交工验收。验收后,我国第一条一次性开挖成槽的30万吨级深水航道可投入使用,将极大地提高区域港口社会效益和经济效益。

(浙江省局 陈建光)

【湖嘉申线航道嘉兴段一期工程初步设计获批复】 2007年10月,湖嘉申线航道嘉兴段一期工程初步设计获得省发改委批复。湖嘉申线航道作为浙江省第一条千吨级航道,是2007年的省重点工程。

湖嘉申线嘉兴段一期工程起自乍嘉苏航道口,终于杨树浜杭申线交界处,全长14.76公里,按三级航道标准改造。工程内容主要包括航道陆上土方开挖120.96万米^3,水下土方疏浚143.78万米^3,新建护岸17.958公里,拆建、新建桥梁11座,水闸9座,配套建设锚泊区、管理用房、航道标志、视频监控等设施及航道绿化工程。工程概算总投资64943.12万元。

(浙江省局 陈建光)

【长湖申线(浙江段)航道扩建工程初步设计通过专家组审查】 2007年11月,长湖申线(浙江段)航道扩建工程初步设计通过专家审查。长湖申线(浙江段)航道扩建工程西起长兴合溪,止于南浔省界,干线全长约75.129公里,另帅家村至长兴铁水中转港区支线航道2.556公里。工程主要包括疏浚航道77.71685公里,新建护岸129.173公里,改建、新建桥梁23座,新建水闸1座,改建船闸1座;同时建设锚泊区、服务区、航道标志、视频监控等设施及航道绿化工程。

长湖申线(浙江段)航道扩建工程是长江三角洲地区高等级航道网规划中的骨干航道之一,是一条集航运、防洪、灌溉于一体的综合性航道,是浙江省、安徽省与江苏省、上海市物资交流的大动脉之一,在区域经济和社会发展中所处地位十分突出。

(浙江省局 陈建光)

【浙江省马岙港区公共航道整治工程正式开工】 2007年11月28日,浙江省马岙港区公共航道整治工程正式开工。马岙港区公共航道是浙江省第一条进行炸礁拓宽的公共航道。本次整治的马岙港区公共航道总长84公里,新建设香炉花瓶礁、秀山东(钓浪北)、秀山西三处大型锚地,面积共

43.3平方公里;新设灯桩、灯浮标13座,新建潮位站1座。整治工程分航道水深测量、扫海、航标建设、锚地建设以及炸礁拓宽整治5个项目,其中炸礁项目是整个航道建设的关键部分。

马岙港区公共航道整治完成后可满足10万吨级+5万吨级双向通航,将为舟山港域创造良好的船舶通航安全环境,并为适应舟山本岛北部区域、高亭港区的港口、临港产业水上集疏运的需求以及港口开发和临港工业的发展奠定坚实的基础。

(浙江省局 陈建光)

【浙江省航道改造工程首次应用圆桶型护岸】 2007年,浙江省嘉于硖线于硖段航道改造工程积极试验建设圆桶型护岸,此举在浙江省航道建设中尚属首次。嘉于硖线航道改造工程属浙江省内河"四自"航道工程项目。其中,于硖段全长11.07公里,按四级航道标准建设,需新建护岸21670米、开挖土方212.28万方、新建桥梁8座、新建锚泊服务区1个,工程总投资约2.22亿元。

为打造高标准的生态航道,该工程首次试验建设475米F形护岸,即由一个个预制好的圆形水泥桶并排斜式插入河道而成。这既削弱了过往船只形成的波浪,又节省了石料,另在"圆桶"中填上泥土,种上植被,还能使护岸更充满生气。

(浙江省局 陈建光)

【浙江省加快杭甬运河整治】 杭甬运河起自杭州三堡,经萧山、绍兴、上虞、余姚等城镇,止于宁波甬江口。西与京杭大运河相连,东接宁波港,全长239公里。2002年始,全线接四级航道标准改造(宁波姚江船闸五级)。其中杭州56.5公里,绍兴88.5公里,宁波94公里。工程概算投资74.26亿元,宁波段18.4亿元。经过近五年建设,于2007年末全线贯通。

杭甬运河宁波段起自上虞市与余姚市交界的安家渡,经余姚市区,顺姚江而下,在 宁波市区与新建姚江船闸沟通甬江,经三江口,终于甬江出海口,全长93.6公里。宁波段工程分三期建设:一期工程,即沟通余姚江与甬江的"姚江船闸"工程。按五级航道(通航300吨级船舶)标准设计,工程于2000年10月开工建设,2004年底完工。二期工程即,余姚安家渡口至宁波市区的姚江航道。按四级航道标准(通航500吨级船舶)改造,于2007年底全线贯通。三期工程,即按500吨级标准规划建设的姚江和甬江二线沟通工程。目前三期工程正处于论证阶段。宁波段一、二期工程总投资18.42亿元。杭甬运河的贯通,使古老的京杭大运河向东延伸了239公里,并首次实现通江达海,与东方大港连接在一起。

(宁波市局 沈荣进)

【江苏省连云港港疏港航道工程开工建设】 2007年,江苏省连云港港疏港航道工程先后完成了工可审查,江苏省环保厅环境影响报告已批复,防洪影响评价完成了江苏省水利行政许可手续,江苏省国土厅对项目用地预审已予批复。江苏省发改委[2007]974号文对连云港港疏港航道整治工程初步设计作了批复。

批复工程建设标准及规模:通榆河北延工程由疏港航道工程和送水工程两总分组成,预计工程总投资46.8亿元,计划2010年底完工。其中疏港航道工程批复总概算322650.67万元,航道按三级标准进行建设,最大设计船舶等级为1000吨级;航道底宽为不小于45米,最小水深为3.2米,航宽不小于60米,最小弯曲半径480米,北起连云港中云台物流园区,利用现有的烧香河、云善河、盐河,穿越善后河、新沂河,连接盐灌船闸引航道,整治航道71.363公里;新建Ⅲ级船闸2座(善后河枢纽1座),新沂河枢纽1座,船闸规模为23米×230米×4米;改、新建桥梁19座,桥梁净空高席不小于7米,核定工程用地540公顷,临时征地1370公顷,拆迁房屋196006米^2。2007年12月28日,连云港疏港航道工程正式开工建设。工程建成后,对进一步提升连云港港口功能,完善江苏省综合交通运输体系将发挥重要作用。

(江苏省局 徐秋敏)

【江苏省京杭运河苏南段四改三全面启动】 京杭运河苏南段全线经苏州、无锡、常州、镇江四市,长度为216.3公里,自1992—1997年全面整治,达四级航道通航标准,并成为交通部树立的全国第一条文明样板航道。全线运量目前已超2亿吨,船舶密度的增大和船舶大型化发展,现有航道条件已不能适应水运发展需求,远超设计通过能力,多次发生碍航堵航事件。2007年3月15日至16

日，由省发展和改革委员会在南京组织审查，通过了《京杭运河苏南段航道整治工程工程可行性研究报告》，苏南运河航道和跨河桥梁按照三级航道标准实施整治，拉开了新一轮全面整治的序幕。到2007年12月31日，先导段的整治工程开工建设。苏州境内有沧浪新城段、无锡洛社段开工建设；镇江境内丹阳陵口先导段开工建设，截至10月25日，实际完成投资1180.06万元，工程累计完成3326.73万元，占总任务的23.32%；无锡境内，起于无锡与常州2市交界的直湖港，止于无锡与苏州2市交界的五七桥，整治里程39.276公里，建设服务区2个、停泊锚地2个、航道管理锚地1个，改建桥梁8座，整治标准为内河三级航道。工程以发展航运为主，同时兼顾农田灌溉、工业及城市给排水、城市规划、水利排洪、旅游等水资源综合利用的各个方面，将进一步发挥国家水运主通道的生态、文化、旅游、休闲等综合功能，全部工程将于2012年建成。

（江苏省局　徐秋敏）

【江苏省连云港港疏港航道工程项目办与中国建设银行连云港分行签定工程资金监管协议】

2007年9月6日下午，连云港港疏港航道工程现场指挥部项目管理办公室与中国建设银行连云港分行在省厅航道局举行工程资金监管协议签约仪式。协议内容为，工程整治航道约71公里，新建船闸4座，改建桥梁19座，总投资约32.65亿元。

项目建成后，对改善连云港地区的社会经济发展环境，提升港口辐射功能，改变地区供水结构，以及完善地区综合运输体系，提升地区整体竞争力和发展后劲都具有十分重要的意义。

（江苏省局　徐秋敏）

【京杭运河湖西航道八一大桥工程开工】 2007年3月26日，江苏省水运重点工程京杭运河湖西航道八一大桥工程开工建设。大桥位于徐州市铜山县柳新镇境内，全长383.64米，主桥上部结构为跨径97米的下承式预应力混凝土系杆拱桥，引桥为14米×20米先张法预应力空心板；下部结构采用肋（柱）式桥台（墩；）基础为钻孔灌注桩。设计荷载等级为公路Ⅱ级，通航净空≥90×7米。引道长503.2米，概算总投资2380万元，计划2008年建成通车。

（江苏省局　徐秋敏）

【京杭运河两淮段航道整治工程通过交工验收】

2007年4月26日，江苏省交通厅航道局在淮安主持召开了京杭运河两淮段航道整治工程交工验收会议。省交通厅党组副书记、副厅长杨根林，淮安市副市长史国君，省交通厅航道局局长董文虎，淮安市政府和省交通厅各有关部门，苏北航务处、淮安市交通局、淮安处以及工程建设、设计、施工、监理单位的领导和代表参加了会议。会议一致同意京杭运河两淮段航道整治工程通过交工验收，并交付使用，工程质量等级被评定优良。

京杭运河两淮段航道整治工程的建成，有效解决了以往的瓶颈制约，极大地提升了苏北运河的整体通航效能，对沿线地区乃至全省经济社会的发展将发挥十分重要的运输保障作用。尤其是引入生态理念，首次采用生态型护坡等结构，天然芦苇与配置植物协调合理，生长繁茂，起到固土护坡作用，达到自然与环境的和谐协调，受到交通部和国内同行业的一致好评，并被交通部确定为全国内河水运建设环境友好型工程的示范工程。

（江苏省局　徐秋敏）

【江苏省苏浏线昆山段航道整治工程三里大桥全线贯通】 2007年10月24日，江苏省苏浏线昆山段航道整治工程三里大桥工程全线贯通。

三里大桥全长546.9米，桥宽26米，主桥跨径组合为95米+150米+95米，采用三跨预应力混凝土变截面单箱双室连续箱梁，两侧引桥为5米×20米钢筋混凝土连续箱梁。三里大桥的开通，分解了昆山市长虹大桥、玉峰大桥车流量，极大缓解了交通压力，使市民出行更加便捷，同时对完善区域路网结构具有重要意义。

（江苏省局　苏州处）

【江苏省通榆河北延工程正式开工建设】 2007年12月9日，江苏省通榆河北延工程在灌南县长茂镇开工建设。江苏省省委书记、省长梁保华出席开工仪式并宣布工程开工，省委副书记张连珍，省委常委、秘书长李云峰，省人大常委会副主任王湛，省政协副主席陈宝田出席开工仪式。副省长黄莉新主持开工仪式。

通榆河工程是江苏省苏北沿海地区一条集送水、排涝和航运等多种功能于一体的骨干河道。为推进新一轮沿海开发,全面提升连云港港口功能,促进苏北加快振兴,省委、省政府决定,建设通榆河北延工程。通榆河北延工程包括疏港航道工程和送水工程2部分,工程总投资46.8亿元,预计2010年建成。

通榆河北延送水工程利用已建成的通榆河中段工程,增建部分调水工程,供水通道自滨海县境内的大套三站引水到赣榆县拓汪工业园区,全长190公里,其中新挖河道12.3公里,整治拓浚老河道103.1公里。工程建成后,将为航道提供航运水位保证,并有效改善沿线地区的供水、排涝和水生态环境。工程与通榆河中段工程、泰东河工程和泰州引江河工程一道,在江苏省东部沿海地区形成又一个江水北调战略性水资源工程体系。

(江苏省局　徐秋敏)

【江苏省京杭运河常州市区段南移改建工程建成通航】 2003年10月21日,江苏省发改委下发《省计委关于京杭运河常州市区段改线工程可行性研究报告(含项目建议书)的批复》(以苏计基础发[2003] 1269号),同意实施京杭运河常州市区段改线工程。2004年12月27日,省发改委下发《省发改委关于京杭运河常州市区段改线工程初步设计的批复》(苏发改交能发[2004]978号),同意京杭运河常州市区段改线工程初步设计方案。为配合312国道工程建设,常州运河改线工程于2003年12月15日率先实施航道开挖,正式实施运河土方综合利用;2004年12月24日第一座大桥——东方大桥正式开钻;2005年6月10日,工程开工典礼隆重举行;到2007年年底,26公里航道和11座新运河大桥等工程全面建成。据统计,工程累计完成土方开挖1853万方,新建护岸51.448公里,新(改)建桥梁11座,绿化面积120万平方,拆迁房屋120万平方米,迁移杆线2495道,工程总投资约29.97亿元。

新改建的京杭运河常州市区段全长26公里,西起连江桥,自西向东穿越钟楼、武进、天宁、戚墅堰4个区的10个街道(乡镇)、43个行政村,东至丁堰横塔村汇入老运河。新运河航道口宽90米,最小水深3.2米,桥梁净高7米,可通行1000吨级船舶,是苏南地区第一条高等级现代化的三级航道。

(江苏省局　常州处)

【江苏省锡北线张泾段航道整治工程开工】 锡北线张泾段航道整治工程是2007年度江苏省航道重点工程项目之一,这次整治的3.9公里航段地处无锡市锡山区张泾镇,现状航道水面宽约40米,深槽狭窄,岸坡除镇区段外绝大部分为自然状态,边坡坍塌比较严重。

工程按照五级航道标准实施、四级标准预留,分为2个施工标(C、D合同段)和1个监理标(JL—2合同段),总投资9250万元,工程6月28日底开工,2008年8月完成。

(江苏省局　无锡处)

【江苏省芜申线高溧段航道整治工程通过工可】 2007年3月,江苏省芜申线高溧段航道整治通过工可;4月,工程勘察设计招标。芜申线高溧段航道整治工程是规划芜申线江苏段航道三段中的首段,上接芜申线安徽起于江苏与安徽交界的南京高淳县丹农砖瓦厂,讫于芜申线航道提前实施的常州市溧阳改线段起点。按三级航道标准建设,整治里程约92公里,新建杨家湾、下坝二线船闸2座,改建桥梁29座,概算总投资33.5亿元,预计2012年全线基本建成。

(江苏省局　徐秋敏)

【南通营船港航道改扩建工程开工】 2007年3月29日,上海航道局航测船在南通营船港航道抛下第一座浮标,营船港航道改扩建工程正式动工。

营船港航道是南通开发区水域的主要航道,航道内已建和拟建的泊位有16座,其中万吨级以上已达8座。当初设置的航道等级明显偏低,不能适应船舶大型化的趋势。为改善投资环境,促进沿江开发,南通港投资223万元改扩建营船港航道。工程将15.7公里的航道分为3段,上段设标水深5米,航宽150米,5000吨级海轮乘潮通航;中段设标水深8米,宽度260米,1万吨级海轮乘潮通航;下段设标水深12米,宽度260米,可满足3万吨级油轮通航,5万吨海轮也可乘潮通航。

(南通市局　孙学明)

**【赣江东河(吉里万家—程家池河段)航道整治工

程河工模型试验成果通过评审】 2007年1月28日至29日，江西省航务局在南京市主持召开了《赣江东河(吉里万家—程家池河段)航道整治工程河工模型试验报告》成果评审会。参加会议的有：长江水利委员会长江科学院，南京水利科学研究院，交通部三峡办，江西省发改委、水利厅、交通厅，南昌市水利局、南昌航务分局，江西省交通设计院、江西省航务勘察设计院以及报告编制单位——河海大学等单位的代表和特邀专家。与会代表、专家听取了河海大学课题组对试验成果的介绍，察看了模型现场演示，经专家组成员认真讨论，形成评审意见：

1. 赣江东河吉里万家至程家池河段位于赣江尾闾，河床平面形态及水流条件复杂，选择该河段进行河工模型试验是必要的。研究采用河床演变分析、一维、二维数学模型和河工模型试验相结合等手段，结合近期的水位观测，研究航道整治工程的整治效果和对河势河段、行洪以及东、西河分流比等方面的影响，技术路线和研究方法正确。

2. 采用的河工模型范围与比尺合理。验证试验表明，模型的水流运动与原型基本相似，其精度符合水利部《河工模型试验规程》(SL99—95)和交通部《内河航道与港口水流泥沙模拟规程》(JTJ/T232—98)的要求。

3. 试验成果表明，修改方案实施后，水流归槽，整治线内流态平顺，流速增加，基本能够维持挖槽的相对稳定，整治工程效果较为明显，同意作为推荐方案。

4. 试验成果表明：在东支流量56米^3/秒条件下，推荐方案既满足调整后的航道设计尺度，且对西河枯水的分流量不产生明显影响。

5. 整治工程实施后，洪水流量下、水位、近岸流速、水流动力轴线位置变化甚小，对河势稳定及行洪不致产生不利影响。

为此，建议在整治工程实施过程中，加强原型观测，进行动态管理，及时调整优化工程方案，以保证整治效果。

(江西省局　张兆平)

【赣江(南昌—湖口)航道整治工程通过竣工验收】 2007年11月7日，江西省交通厅在南昌市主持召开了赣江南昌至湖口Ⅲ级航道整治工程竣工验收会议。省交通厅、省水利厅、省航务局、省交通厅规划办、省交通工程质监站，以及项目建设、设计、监理、施工、管养单位的代表和特邀专家参加了会议，并按交通部《内河航运建设项目(工程)竣工验收办法》的规定组成了竣工验收委员会，对工程项目予以竣工验收。会议期间，与会代表实地踏勘了工程现场。竣工验收委员会成员认真听取了建设、设计、施工、监理、质量监督、审计等单位所作的工程情况汇报，审阅了竣工验收资料并对工程实体进行了现场查验及数据检测，最后认定：此工程已按批准的设计内容竣工，竣工资料齐全，工程质量符合设计要求(核定工程质量等级为优良)，同意竣工验收，正式交付使用。

赣江(南昌—湖口)航道整治工程起自南昌市外洲水文站，经裘家洲左汊进入赣江西支，于吴城入鄱阳湖，至湖口汇入长江，全长156公里。全线按Ⅲ级航道标准整治，航道设计尺度为：设计水深2.2米，航宽60米，弯曲半径不小于480米，通航保证率为95%。其通航的船型队为1000吨级驳船67.5米×10.8米×2.0米，推轮278千瓦、22米×7.6米×1.3米；双排单列船队即278千瓦推轮+2×1000吨级船队，尺度为157米×10.8米×2.0米。工程总投资为1.365亿元。经过3个水文年的试运行，其综合效益特别是航运效益十分明显。它的建成，实现了江西内河高等级航道零的突破，有力地推动了全省船舶大型化和专业化的发展及其水运货运量的大幅上升和船舶运力的快速增长。

(江西省局　张兆平)

【赣江(南昌—樟树)Ⅲ级航道整治工程通过交工验收】 2007年12月28日，比原计划提前3个月全面完工的赣江(南昌—樟树)Ⅲ级航道整治工程顺利通过江西省交通厅组织的交工验收，项目工程质量被交工验收委员会评定等级为优良。

这一工程上起樟树市公路大桥，下迄南昌市外洲水文站，全长94公里。全线采用Ⅲ—3级标准建设，即航道水深2.2米，航宽60米，弯曲半径不小于480米，通航1000吨级船舶，通航保证率为95%。根据“遵循水法，统筹兼顾；因势利导，兴利除弊；束低水归槽，增加航深；固滩护岸，稳定河势；疏浚、整治、护岸相结合，达到综合利用”的整治原则，自2005年12月开工建设以来，已完成筑坝、护岸、疏浚、炸礁、航标及配套设施，环保等6

类工程。其中抛筑丁坝 99 座,长 22010 米;护岸 19 段,抛石 36.91 万米^3;疏浚挖槽 11 条,总长 15745 米,工程量 88.44 万米^3;航标按设计数量和标型均到位。樟树至南昌航道曾于 2000—2002 年按Ⅴ级航道标准进行整治,使之通航条件大会改善。航道等级的再次提高,对于进一步满足赣江中下游水运的需求,形成区域优势互补的水陆综合运输网,促进腹地经济社会的发展将产生重要影响。

(江西省局 张兆平)

【**世行代表团来赣考察江西省赣江石虎塘航电枢纽项目立项情况**】 2007 年 1 月 21 日至 26 日,世行代表团团长约汉·斯卡尔斯率成员一行 10 人到赣,对赣江石虎塘航电枢纽工程建设项目进行立项考察。期间,代表团成员听取了前期工作情况和设计成果介绍,实地踏勘了拟建工程现场,同时就有关本项目的规划、工程、环保、移民安置、经济等方面的问题与建设单位和设计单位进行了详细商讨。代表团认为:项目工程可行性研究、方案选择及经济评价等工作完成良好,为世行着手后续工作创造了条件。26 日,形成了《江西赣江石虎塘航电枢纽项目〈备忘录〉》。25 日下午,江西省副省长凌成兴会见并宴请世行代表团全体成员;会见中,凌成兴简要介绍了江西经济社会发展及综合运输体系情况。他说,江西省水运资源丰富,拥有 156 公里长江干流黄金水道,以及赣江、信江、抚河、饶河、修河 5 大水系和全国最大的淡水湖——鄱阳湖;航道里程居全国第 8 位,达 5716 公里,系水运比较发达的省份之一。江西省政府高度重视全省水运事业的建设和发展,“十五”期间相继建成了赣江至湖口 156 公里Ⅲ级航道和南昌国际集装箱码头等部、省级重点工程项目,年内又将完成赣江樟树到南昌 94 公里Ⅲ级航道建设任务,届时 1000 吨级船舶可从樟树直达鄱阳湖进入长江。与此同时,江西省运输船舶也向大型化、专业化方向发展,船舶运力每年以两位数增长。石虎塘航电枢纽工程的开工建设,将为江西水运业的发展翻开新的篇章。希望省交通厅在建设高速公路利用世行贷款取得成功经验的基础上,为石虎塘航电枢纽利用世行贷款创造一个良好开端。

约汉·斯卡尔斯先生对凌成兴在百忙之中前来看望世行代表团成员及省政府对石虎塘航电枢纽工程项目的高度重视表示感谢,对相关部门所做的各项前期准备工作予以肯定。他说,世行与江西在交通工程建设中已有愉快合作,这次仍将一如既往,共同努力,促成石虎塘航电枢纽工程项目早日通过世行总部的评估认可。

(江西省局 戴梅苓 张兆平)

【**江西省加快航道建设步伐**】 2007 年,江西省航务部门广大干部职工学习落实科学发展观,不断解放思想,开拓创新理念,加快内河航道的建设步伐。

1. 赣江(南昌—湖口)Ⅲ级航道整治工程通过竣工验收;赣江(樟树—南昌)Ⅲ级航道整治工程通过交工验收;赣江东河(南昌—湖口)Ⅳ级航道整治工程开工建设;赣江(南昌—湖口)Ⅱ级航道整治工程完成工可研究报告编制。与此同时,赣江石虎塘航电枢纽项目获国家发改委批准立项,相关前期工作进展顺利,并通过世界银行预评估;此外,江西省水上搜救中心开工建设。

2. 面临 80 年一遇的特枯水情,江西省航务局积极面对。投入近 300 万元资金,在赣江浅滩布设挖泥船实施疏浚,挖泥工程量 35 万方,创下历史记录。并通过驻守重点浅滩、控制源头配载,维护通航秩序,疏导滞留船舶等措施,有效保证了航道的安全畅通,确保了燃油料、外贸物资等重点运输船舶的航行安全。此举,受到省政府、南昌市政府和相关企业、船员的好评。

3. 基础设施建设规模空前。全年列入预算的工作用房达 4390 万元,在建和完工的房屋建设项目 17 个,建设规模共 48080 米^2。投入 2500 多万元进行船舶更新改造,相继建造、购置了 26 艘各类工作船艇,为全面提升海事监管、航道管理、打捞救助和航道维护能力发挥了重要作用。

4. 航道行政管理工作进一步规范。航道部门积极做好涉航项目通航技术标准的审批,严把涉航项目通航标准和技术要求的审批关,临河、跨河涉航项目已基本上纳入了航道行政许可管理,拦河建筑物的管理也有所突破。全年共审批涉航项目 41 件,审查大桥桥涵标设计 12 座,验收大桥桥涵标 5 座,与业主签订的合同金额总计 1274 万元;各涉航项目均成立了通航办,并将其施工期通航安全管理责任认真落到实处,避免了施工水域安全责任事故的发生;严厉打击了采砂船及淘金船乱采滥挖、侵占航道作业或毁损航道的行为,有效地维护了航道整治建筑物及其设施的安全,保证了正常的通航秩序。

(江西省局　张兆平)

【江西省赣江东河(南昌—瓢山)航道整治工程开工建设】 为顺应腹地经济社会发展对水运的需求,配合南昌港口主枢纽即将实施的新建设规划,江西省发改委于2006年11月下达了《关于赣江东河(南昌—瓢山)航道整治工程可行性研究报告的批复》。经过1年紧锣密鼓的前期准备工作,2007年11月28日正式启动了这一工程。

赣江东河(南昌—瓢山)航道整治工程上起南昌市八一桥,下止于鄱阳湖中的瓢山滩尾,在此与信江航运工程的湖区航道相连,全长87公里。全河段按Ⅳ—4级航道标准建设,航道设计尺度为:设计水深1.6米,设计航宽50米,设计最小弯曲半径330米。通航的主要代表船型船队尺度为:货船500吨级,67.5米×10.8米×1.6米;双排单列顶推船队,111.0米×10.8米×1.6米。整个工程由疏浚工程、筑坝工程、护岸工程、航标及配套设施工程、环境保护工程组成。其中疏浚工程:在14个浅滩布置19条挖槽,总长27660米,工程量2967556米^3;筑坝工程:在7个浅滩布置30座永久性堆石丁坝(左岸12座,右岸18座),在1个浅滩非通航支汊布置潜坝1座,筑坝块石工程量11.393万米^3;护岸工程:布置7段护岸(左岸4段,右岸3段),总长8200米(其中干砌块石工程量4.377万米^3,棱体块石工程量5.232万米^3,砼预制块工程量0.19万米^3,卵石料工程量3.018万米^3);航标及配套设施工程:布设航标106座,其中岸标49座(过河标19座,沿岸标8座,泛滥标22座),浮标54座,左右通航浮标3座。备用浮标29座。工程估算总投资为14564万元(资金来源为交通部补助和江西省交通规费)。工程计划2010年底竣工。

(江西省局　张兆平)

【长江三峡库区香溪河航道建设工程通过竣工验收】 2007年1月23日,长江三峡库区香溪河航道建设一期工程竣工验收会议在兴山县召开。湖北省交通厅、湖北省港航局、宜昌市交通局、宜昌市交通基本建设质量监督站、宜昌市港航局、兴山县人民政府等单位领导和专家到会。经过验收委员会的认真评审,建设项目质量等级评定为合格。

工程于2003年4月22日开工,2005年4月19日竣工,工程概算1352.93万元,实际完成工程总投资1079万元。项目建设规模为河口至峡口20公里Ⅲ级航道,通航1000吨级1顶4驳船队;建设峡口至响滩17公里Ⅳ级航道,通航500吨级1顶2驳船队;建设建阳河峡口二桥至建阳坪7公里Ⅳ级航道,通航500吨级机驳。

(湖北省局　罗友稼)

【澜沧江五级航道建设交工验收】 2007年9月1日至4日,澜沧江五级航道建设一期工程,云南省景洪港至中缅243号界碑段71公里航道整治工程交工验收,总体被评为优良工程。

(云南省局　马翠德)

【嘉陵江建设概况】 嘉陵江是四川省"一横两纵"水运主通道之一,也是国家批准的全国高等级航道。嘉陵江渠化开发共规划15级梯级,其中四川段13级、重庆段2级。四川段规划枢纽自上而下依次为亭子口、苍溪、沙溪、金银台、红岩子、新政、金溪、马回、凤仪场、小龙门、青居、东西关、桐子壕,其中省交通部门控股建设8个,地方或企业控股、交通参股5个,总投资263亿元,其中交通份额103亿元,占总投资的39%。嘉陵江川境段全江渠化后,形成534公里的四级航道,总装机239万千瓦,2×500吨级船队将直达长江。

嘉陵江全江渠化自"九五"期启动建设以来,以6年开工9个枢纽的"嘉陵江速度",不断探索创新具有四川特色的水运建设新模式,成为全国内河航运建设的示范工程。继嘉陵江东西关、马回、红岩子、桐子壕枢纽相继建成后,2007年建成金银台、新开工苍溪枢纽,预计2008年基本建成新政、金溪、青居枢纽;力争开工亭子口枢纽,与重庆合建利泽枢纽。争取2010年左右实现苍溪以下全江渠化,达到Ⅳ级航道标准。

(四川省局　胡　旭)

【岷江航道开发情况】 岷江航道是长江连接成都平原经济圈的重要纽带,其下游乐山至宜宾段162公里是国家高等级航道之一,是四川省水上运输大型设备的唯一通道。为综合利用水资源,提高岷江航道通过能力,稳定全省重型工业产业布局,促进流域经济发展,省发改委、交通厅、水利厅共同组织编制了《岷江干流(乐山—宜宾)综合开发研究报告》。

根据四川省政府2007年113次常务会议纪要,确定岷江综合开发按照"统筹规划、综合利用、航电结合、全面整治、多元投资、集中建设"的原则,岷江干流(乐山—宜宾段)综合开发以航运、发电为主,兼有供水、防洪、生态环境保护等功能。该河段拟通过建设老木孔、东风岩、犍为、龙溪口4个枢纽,渠化上游81公里航道,整治下游81公里航道的方式,总装机122万千瓦,总投资180亿元,使岷江(乐山-宜宾段)达到三级航道通航标准。

目前,由四川省交通厅组织编制的《岷江航运发展规划》已完成,待报批。

(四川省局 胡 旭)

【黄河盐锅峡库区航运建设工程开工建设】 2007年3月28日,总投资为1847.9万元,交通部补助投资890万元,地方自筹957.9万元的黄河盐锅峡库区航运建设工程。建设内容为整治建设五级航道31公里,在重点航段布设航标和库区通信设施,建设八卦岛、恐龙湾100客位客运码头和太极湖等4处停靠点、在八卦岛码头建设客运管理站房。现已完成八卦岛、恐龙湾等四处码头的26根混凝土灌注桩6个承台、3跨混凝土T形梁板及部分码头回填工程。

截至12月底,完成投资610万元,完成年计划投资的78.21%,累计完成投资790万元,占总投资的42.8%。

(甘肃省局 陈长春)

【乌江夜航航标配布工程正式启动】 2007年12月15日,为尽早接轨长江"黄金水道",落实重庆市委市政府把重庆市建设成长江上游航运中心的精神,重庆市港航局乌江航道段根据乌江航道实际情况,正式启动了乌江夜航航标配布工程,乌江航段将首次实现夜航。

(重庆市局 吴玉林)

·规费征收·

【长江干线航道养护费征收】 2007年,长江干线航道养护费征收工作紧紧围绕长江航道局工作会议提出的工作目标,加强征收与管理,成绩显著。全年共征收航养费6.3亿元,超额完成了本年度航养费征收工作目标。

为完成2007年工作,长江局航道征稽部门开展的工作主要有:一是积极做好长航集团及各子公司的航养费征收工作。每年航道征稽部门将长航集团的航道养护费作为征收重点,组织力量与长航集团及所属各单位进行协议的洽谈,先后与有关二级公司签订了2007年航养费解缴协议,协议额度较去年同期均有不同程度的增长。同时,妥善解决了南京油运公司在缴费额度上的分歧。二是认真做好各省(市)的代征款的催收工作。2007年各代征省(市)的代征协议缴款额,以及其他协议单位的缴款额都有一定幅度的增长。为争取解缴额每月足额到位,长江航道局征稽处针对主要费源单位及时收集有关数据资料,为洽谈工作做好充分准备,同时坚持以上年的月缴额催收今年的航养费预交款。对有关方面的来电来函,认真处理并积极与代征省(市)航管部门沟通,及时协调和处理征收纠纷,严格按照文件精神进行征收管理,杜绝超范围、超标准收费现象出现。三是组织征稽力量全面参与长航系统水上联合执法工作。长江干线航养费征收是联合执法的重要内容,也是航道征稽部门的工作重点。按照长航系统联合执法工作的《指导意见》和《实施办法》的要求,在芜湖、荆州等区段开展联合执法试点的基础上,上半年联合执法工作相继在各区段全面启动。各区域局充实了征稽队伍,组织征稽人员开展培训工作,保证了征稽人员按要求持证上岗;征稽处、区域局、征稽站等积极开展协调工作。联合执法工作打破了长期以来征稽工作的固有模式,针对出现的新情况、新问题,航道征稽部门组织开展调研工作,收集征稽人员反映的现实问题,及时向长航联合执法办公室汇报情况,反映问题,争取更多的工作支持。各区域局、征稽站根据本区域的具体情况,积极与区段联合执法组织单位协商,组织人员进驻,解决开展征稽工作的难点问题等。与此同时,贯彻"用好新舞台,不丢旧舞台,灵活加机动,有利又有节"的联合执法征稽工作的思路,做好长江联合执法盲点区域和支叉河口的航养费征收工作,保证联合执法工作制度落实,推动联合执法工作顺利开展,促进了航养费征收工作再上新台阶。此外,组织和系统地开展干线航养费征收的政策法规宣传,印制宣传册和工作手册,进一步提高和促进船舶单位和个体经营者的缴费意识。四是努力搞好征稽信息系统的开发与应用工作。随着航养费征稽水平的提高,征稽信息化工作显得越来越重要。航道征稽部门与武汉理工大联合开发了征稽信息系统专用软件,争取全线收费实行动态管理。征稽信息系统的应用和全线推广是征稽管理上水平的重要途径。为此,征稽部门首先抓业务需求方案的制定。同武汉理工大学技术人员一起经过反复分析、讨论、调查、修改,上半年,业务方案基本完成,5月份应用演示,经操作压力测试,11月份在全线试运行。其次协调网络系统方案建设及网络情况的调查、设备选型确定等工作,系统网络的各种设备已在年内全线安装完毕。

(长江航道局)

【浙江省湖州妙湖线航道通行费实行刷卡缴费】 2007年8月起,浙江省妙湖线航道实行刷卡缴费。凡持有建设银行龙卡的船户可直接到指定的郭西湾缴费窗口直接刷卡缴费。

由于湖州郭西湾地理位置偏僻,为方便船户缴费、保证资金安全,湖州港航部门与妙湖线航道建设发展有限公司、建设银行等有关单位协商并在郭西湾安装了POS机设备,实行划卡征费。

(浙江省局　陈建光)

【江苏省提前完成航道规费征收任务】 截至2007年9月31日,江苏省航道规费征收提前完成计划目标。至12月底,全年累计征收航道规费11.06亿元。其中征收航养费5.38亿元、过闸费5.68亿元,比2006年分别增长12.8%和7.6%。

全省307个征稽点实施计算机联网征收,外挂船舶集中治理工作等取得重大成果,有5473艘99.3万吨船舶回归江苏省落户,开拓了航道养护规费征收新的费源增长点。

(江苏省局　徐秋敏)

【江西省规费稽征】 2007年,江西省规费征收又创历史新高。一是创新湖区征费模式。举全局之力,整合11个分局人力、船艇资源,分期分批地到湖区开展水上交通安全巡查与规费统一征收行动,省局创新工作思路,提出调整和完善其征收管理模式。较好地协调、解决了各入湖分局与九江分局往年征收工作中产生的矛盾问题,减少了征费成本。二是狠抓月度航养费补征,提高费收到位率。尤在整顿“三无”运输船舶工作中,各入湖分局加大了月度航养费的补征力度,取得了补征287.5万元的可喜成绩。宜春、南昌分局在省局的协调下,统一了月度航养费征收统一标准。其中南昌分局月度航养费征收额为235.78万元,较上年增长了37.9%。补征工作力度的加大,不仅避免了规费的流失,提高了征收到位率,同时还增强了船主在辖区主动缴费的意识。三是结合辖区特点,创造性地开展征收工作。九江分局根据调整后的工作模式,坚守蛤蟆石过驳点,做到应征不漏,同时把好减载货场关口,为入湖各分局开展工作创造有利条件。截至年底,共征收8005万元。宜春分局组建执法稽查大队,驻守在丰城市同田乡,全年征费收入达430万元,占分局辖区收费总额的83.5%。赣州、吉安分局积极参与地方沙场拍卖,协助水务部门摸底、调查、制订方案,得到当地政府支持。吉安分局在吉州区采砂权拍卖中,政府一次性将2年航务规费158万元划入分局专户。景德镇分局在费源上做文章,主动与当地砂石公司和船民联系,宣传水运优势,促使砂石运输弃陆走水,同时以优势服务促成船民主动缴费意识,首次破凰岗船闸管理站船舶过闸费收入104万元的最好记录。

2007年,江西省航务局规费征收总额为18397.49万元,为年度目标任务的113.56%,较上年同比增长10.71%。其中航养费征收12336.66万元,增长1506.89万元,增长13.9%;月度航养费征收991.11万元,增收387.57万元,增长64.2%;船舶港务费征收5033.13万元,增收289.78万元,增长6.1%;海事规费征收148.2万元,下降3.85%;船检规费征收773.84万元,下降13%;过闸费征收105.66万元,较上年增收97.93万元。

(江西省局　张兆平)

【重庆市港航局推出便民新举措】 2007年12月下旬,重庆市港航局推出又一便民措施,利用POS

机收费,在局政务大厅正式推行。

据银联工作人员介绍,这在重庆市行政事业性收费单位中还是第一家。12 月 27 日,丰都县某船务公司一名工作人员通过 POS 机缴费后,深有感触:通过银行卡缴费系统缴费,既方便,又安全,以后再也不会为缴现金而担心发愁了。

(重庆市局　申榆维)

·文明创建·

【完成《江苏省内河航道建设管理实施办法》编写任务】 2007 年 8 月,江苏省航道局受江苏省交通厅综计处委托,承接了《江苏省内河航道建设管理实施办法》起草编写咨询服务任务,并于 10 月 15 日完成《江苏省航道建设管理实施办法》的初稿,10 月 30 日完成征求意见稿;12 月 11 日完成了讨论稿,2008 年 1 月 9 日完成送审稿。

(江苏省局　徐秋敏)

第八篇　三峡通航·船闸

【概　述】2007年,长江干线水利枢纽主要通航建筑物为三峡水利枢纽三峡船闸和葛洲坝水利枢纽一、二、三号船闸。支流省份通航建筑物,根据不完全统计,浙江省内河有通航建筑物63座;江苏省交通部门管理的船闸共42座;安徽省有内河航道枢纽91处,其中建有船闸38座,正常使用的32座,由交通部门管理的12座;湖北省31条通航河流上建有过船建筑47座,其中船闸41座(含在建1座),升船机6座(含在建2座、报废1座),船闸规模为3000吨级至50吨级以下不等;湖南省有内河航道枢纽通航建筑物146座,其中升船机11座,其余为船闸135座;重庆市地方航道上共有船闸46座(含1座升船机)。

·确保运行,做好畅通　2007年;三峡船闸、葛洲坝船闸稳定运行、匹配运行,船舶过坝衔接有序,船闸通航率、闸室利用率等责任目标完成。三峡船闸和葛洲坝一、二、三号船闸安全运行24311闸次,通过船舶69536艘次。三峡断面货物通过量达到6580万吨,创历史新记录。江苏省船闸通航保证率达95%以上。苏北运河上的船闸,年货运量首次突破1.5亿吨,煤炭运量达8819万吨,保障了煤运主通道的安全畅通,保障了江苏省经济建设稳步发展。安徽省淮河水系现有过船建筑物26座,其中交通部门管理的10座船闸,不能正常使用的5座;水利部门管理的16座船闸,不能正常使用的1座。湖北省地处长江中游,每年汛期船闸封航时间长,船闸通航时间短。随着乡镇公路发展,货物运输弃水走陆,部分船闸通过货物数量逐年减少。其中地方交通部门管理的船闸中,10座船闸有货物通过,货运通过量合计为309万吨。重庆市46座船闸按运行情况可分为运行良好船闸,运行不良船闸,停止运行船闸三类。其中停止运行船闸11座(含莲花寺船闸),占总数的24%;运行不良船闸15座,占总数的33%;运行良好船闸20座,占总数的43%。

·加强建设,改善通航　2007年,长江三峡河段全面推行航标大型化、新型化,两坝间新建塔形岸标5座,大型岸标总数达到54座,密度达到1.7座/公里。开展葛洲坝大江航道实船实验,基本确定了新的通航流量标准,实验成果成功运用在运行实践中,创造了葛洲坝一号船闸汛期20000米^3/秒流量上通航54天的历史记录。完成葛洲坝船闸及航道常规性修理及更新改造工程15项、单列工程3项。葛洲坝二号船闸计划性大修中,实施快速检修,将船闸停航期大修时间控制在50天,改写了以往船闸大修需三个多月的历史;最大限度减少了船闸停航,极力维护了航运企业利益。江苏省新增船闸1座,全省航闸养护改善工程完成44项,总投资9900万元,有效地改善了一批重要干线航道的技术状况。先后完成皂河二线、杨庄船闸大修,以及邵伯一线、张家港、盐邵船闸抢修工程,工程质量优良率达100%。江西省界牌枢纽进一步加大技改检修力度。全面完成2号机组中修、两台主机大修、110kw线路检修、船闸液压系统检修,以及两台机组油系统控制柜、测温柜自动化改造等项工作,切实保证了设备的安全运行。湖北省南水北调工程开始实施,丹江大坝加高,升船机按照300吨级规模进行改建。汉江崔家营航电枢纽工程全年完成投资5.2亿元,主体土建土石方开挖完成260万方,占年计划的113%;与此同时,完成19个标段的招标工作。

·重视安全,加强管理　2007年,长江三峡河段深入开展联合执法,严肃查处违章船舶,净化通航环境。安全渡过长江汛期6次洪峰,全年辖区未发生一次死亡(失踪)10人以上重特大水上交通事故,未发生船舶漂流撞坝事故和船舶污染水域事故。江苏省深入开展“平安航道”、“安全基础管理年”等专项活动,31座船闸实现千天安全生产无事故。江西界牌枢纽管理处狠抓安全,强化监督,夯实安全生产基础。认真开展隐患自查工作,并顺利通过交通部工作组的省际互查。

·文明创建,成效显著　2007年,长江水系通航运行管理单位文明创建成效显著。三峡河段通航管理单位长江三峡通航管理局被评为湖北省最佳文明单位,被湖北省总工会授予“湖北五一劳动奖状”,被交通部授予三峡船闸完建期通航工作先进集体。江苏省淮阴三线船闸、宿迁三线船闸工程荣获交通部水运工程质量奖。四川省航务局运输管理处荣获交通部和长江航务管理局先进集体。

(总编室　何　宁)

·管理机构·

【长江三峡通航管理局(简称三峡局)】 (详见《长江航运年鉴》(2008卷)第三篇"机构")

2007年,三峡局坚持科学发展观,优质高效完成全年工作。

·通航效益 三峡通过能力大幅度提高,三峡断面货物通过量达到6580万吨,创历史新记录。三峡船闸、葛洲坝船闸共通过货物分别为4685.92万吨、4985.53万吨,同比分别上升18.96%、17.82%。滚装翻坝运输转运车辆39.16万车次,折算运量1370.57万吨,同比上升26.54%。

·通航工作 9月15日至12月底,三峡船闸单线运行通过量为同期双线正常运行的112.45%。通过能力几近极限;日均通过煤炭3.96万吨,超过国家发改委核定额度的36.55%。

·船闸运行 三峡船闸、葛洲坝船闸稳定运行、匹配运行,船舶过坝衔接有序,船闸通航率、闸室利用率等责任目标完成。三峡船闸共安全运行8087闸次,通过船舶53312艘次;葛洲坝一、二、三号船闸共安全运行16224闸次,通过船舶58909艘次。

·安全管理 以"四客一危"船舶为重点,深入开展联合执法。强化专项整治,有效解决部分客船晚点现象,消除部分船舶过闸计划申报的随意性等。查处违章船舶210艘次,净化了通航环境,维护了良好的航行秩序、停泊秩序和过闸秩序。安全渡过长江汛期6次洪峰,制定并实施了两坝间大流量情况下船舶控制措施;建成应急停泊区11个,汛期两坝间险情事故频发势头得到有效遏制。制定并实施特殊气象条件下的通航管理办法,在仙人桥、太平溪等4个重点地段配置了气象监控系统,给予通航指挥中心和现场站点的临机处置权,复杂气象条件下的通航安全得到保障。全年辖区未发生一次死亡(失踪)10人以上重特大水上交通事故,未发生船舶漂流撞坝事故和船舶污染水域事故,安全综合指数为78.8。水上交通事故件数、沉船艘数同比持平,碰撞事故数、死亡人数、直接经济损失同比下降100%、28.6%和60%。共组织水上搜救行动13次,成功救助船舶16艘、861人,救助成功率达99.42%,获救财产价值约3000万元,搜救赶赴现场达到"1530"标准。

·航道维护 全面推行航标大型化、新型化,完成航标的更新换代,两坝间新建塔形岸标5座,大型岸标总数达到54座,密度达到1.7座/公里。圆满完成葛洲坝大江航道实船实验任务,基本确定了新的通航流量标准。大江航道实船实验成果成功运用在运行实践中,促使葛洲坝一号船闸创造了汛期20000米^3/秒流量上通航54天的历史记录。启动了数字航道工程,建设完成支汉河口的测量控制网,辖区5处关键部位建成自动水位测报系统。

·船闸检修 完成葛洲坝船闸及航道常规性修理及更新改造工程15项、单列工程3项。全局主要设备完好率99.56%,同比上升0.19%;船闸设备修理计划完成率100%,故障修理及时率100%,三峡船闸、葛洲坝船闸未出现碍航或断航。年内葛洲坝二号船闸计划性大修中,创新了船闸检修模式。大力实施快速检修,将船闸停航期大修时间严格控制在50天内,实现了船闸检修模式重大突破,改写了以往船闸大修需三个多月的历史,最大限度地减少了船闸停航,极力维护了航运企业利益。

·规划建设 完成三峡坝区船舶污染防治一期工程、长江三峡坝区河段数字航道建设工程、三峡坝区监管救助基地工程的工可和初步设计批复。启动了两坝间航道重点滩险通航条件关键技术研究工作,完成"十五"建设项目的竣工验收和2006年开工建设项目,新建巡航搜救快艇4艘。统筹开展信息化工程建设,VTS系统建设基本完成;智能调度系统完成第三次升级换代;GPS入网船舶累计已达1100余艘,实现了与大型航运企业的GPS对接联网。年内超额完成建设投资7600万元。

·科技工作 组织实施了交通部批复立项的科研项目4项,长航局批复的项目1项,三峡局立项15项。自主研发的"大型人字门同步顶升系统"获得国家实用新型发明专利,达到国际同类先进水平。

地　址　湖北省宜昌市三峡坝河口
邮　编　443133
电　话　(0717)6963228
传　真　(0717)6613077

(三峡局　何　宁)

【三峡船闸和葛洲坝船闸运行维护管理单位】 (详见《长江航运年鉴》(2007 卷)第八篇“三峡通航·船闸”第 710 页)

【浙江省船闸】 (详见《长江航运年鉴》(2007 卷)第八篇“三峡通航·船闸”第 710 页)

【浙江省姚江船闸】 浙江省姚江船闸位于宁波市江北区弯头区域,是杭甬运河改造的重点工程之一。工程于 2000 年 10 月开工,2005 年 2 月竣工,总投资 1.4 亿元。

姚江船闸通航标准为 300 吨级船舶,主要工程有:建造上游船道 650 米,上游航道底宽 33 米,面宽 52 米,建造上游引航道 520 米,引航道底宽 12 米,面宽 42 米,建造下游引航道 297.6 米,引航道宽 42.1 米。上下闸首各建有长 16 米、宽 12 米、高 2.5 米的闸室一座,新建 525 米^2 的 5 层框架结构启闭机房 2 座,新建 3138 米^2 的管理及办公用房,443 米^2 的综合用房。改建桥梁 3 座,分别为运河桥,万丰桥和西周桥。新建护岸 680 米^2,修复护岸 500 米。船闸用地 2 万米^2,新建有长 40 米、宽 9 米的 300 吨级浮码头一座。船闸建有多项自动化控制设备,包括运营控制系统,设备控制系统,视频控制系统,广播通讯系统,集中控制系统及自动化操作系统。

(宁波市局　沈荣进)

【浙江省蜀山船闸】 蜀山大闸分为蜀山水闸和闸山船闸,闸址位于余姚市蜀山村,距余姚市区 5 公里。余姚城区原有舜江(姚江)、皇山、竹山、郁浪浦等 4 座节制闸,均建于 20 世纪 60 年代初,分别控制余姚市区上游水位。由于原 4 座水闸闸孔偏小,水草易阻塞导致排洪不畅,又地处市中心,制约了城市发展。2002 年 9 月,经宁波市发展计划委员会批准立项,将原 4 座节制闸拆除合并成一座,以集中控制上游水位,闸址往下游东移至蜀山村的姚江上,截弯取直新建水闸和船闸,统称蜀山大闸。

水闸设计防洪标准为 50 年一遇,工程规模为闸孔总净宽 96 米(8 孔 ×12 米),四联八孔结构,新开河道 814 米,河道面宽 166 米,顺水流方向总长 157 米,垂直水流方向长 126.3 米,防洪墙顶高程 3.63 米,采用缝墩式闸室结构,每两孔为一段。水闸配套设施建有综合管理房,上下闸首收费站,配电房及绿化工程等配套设施,建筑面积共 1789 米^2。船闸通航标准为 500 吨级,船闸长 200 米、宽 12 米。上闸首采用垂直提升平板门,卷扬式启闭机控制下闸首为液压式人字闸门,运用 15 吨液压推杆启闭机控制,上下游引航道各长 465 米,可一次性通航 500 吨级船舶 4 艘。船闸中央控制室配有互切式自动化手动应急操作及自动化操作系统,船闸安装有运河全线信息化管理系统。实行 24 小时全方位电子监控,为杭甬运河首座设施先进的 500 吨级船闸。

(宁波市局　沈荣进)

【江苏省船闸】 2007 年,江苏省新增船闸 1 座。至年底,全省交通部门管理的船闸共计 42 座,船闸通航保证率达 95% 以上。全省航闸养护改善工程完成 44 项,总投资 9900 万元,有效地改善了一批重要干线航道的技术状况。

先后完成了皂河二线、杨庄船闸大修,以及邵伯一线、张家港、盐邵船闸抢修工程,工程质量优良率达 100%。与此同时,深入开展“平安航道”、“安全基础管理年”等专项活动。31 座船闸实现千天安全生产无事故,特别是苏北运河上的船闸,长时间处于超负荷运转,待闸压力超承受能力,并在汛期和枯水期多次实施限航的情况下,通过科学调度、多闸联动,年货运量首次突破 1.5 亿吨。其中煤炭运量达 8819 万吨,保障了煤运主通道的安全畅通,保障了江苏省经济建设稳步发展。

2007 年江苏省交通部门管理的船闸名录一览表、2007 年江苏省交通运营管理的 41 座船闸使用情况一览表,详见表 8-1、表 8-2。

(江苏省局　徐秋敏)

【2007 年江苏省交通部门管理的船闸名录一览表】 (表 8-1)

序号	船闸名称	序号	船闸名称
1	张家港船闸	21	刘老涧船闸(1 线、2 线)

序号	船闸名称	序号	船闸名称
2	虞山船闸(1线、2线)	22	解台船闸(1线、2线)
3	口岸船闸	23	宿迁船闸(1线、2线、3线)
4	泰州船闸	24	皂河船闸(1线、2线、3线)
5	秦淮河船闸	25	刘山船闸(1线、2线)
6	下坝船闸	26	朱码船闸
7	徐洪河沙集船闸	27	杨庄船闸
8	徐洪河刘集东船闸	28	高良涧船闸(1线、2线)
9	徐沙河沙集船闸	29	江阴船闸(1线、2线)
10	谏壁船闸(1线、2线)	30	梁垛船闸
11	南通船闸	31	阜坎南船闸
12	海安船闸	32	射阳港船闸
13	九圩港船闸	33	宝应船闸
14	吕四船闸	34	中港船闸
15	青龙港船闸	35	高邮船闸
16	施桥船闸(1线、2线)	36	高邮运东船闸
17	邵伯船闸(1线、2线)	37	江都船闸
18	淮安船闸(1线、2线、3线)	38	芒稻船闸
19	淮阴船闸(1线、2线、3线)	39	盐邵船闸
20	泗阳船闸(1线、2线)	40	樊川船闸

【2007年江苏省交通运营管理的41座船闸使用情况一览表】 (表8-2)

	单位	汇总		
		合计	上航	下航
		1	2	3
开放闸次	次	668116	333259	334857
1.过闸轮队数量	拖	370408	185001	185407
	驳	2599004	1289077	1309927
	吨	1264229513	582939616	681289897
2.过闸挂机船数	吨/艘	625089328/1547676	304880686/755364	320208642/792312
3.过闸人力船数	吨/艘			
4.过闸客船数量	吨/艘			
5.过闸排筏量	吨/米^3			
6.过闸货物量	吨	1110293049	212337233	897955816
7.过闸船舶吨位	吨	1892055367	889230211	1002825156
8.船闸使用时间	日	19373.64		
9.船闸事故航修时间	日			
10.船闸修理时间	日	347.36		
11.其他停航时间	日	156		
12.开放闸次总数中:优级	次	663987		
良级	次	4116		
次级	次	3		
差级	次			

资料来源:江苏省交通厅航道局

【安徽省船闸】 2007年,安徽省内河航道上有枢纽91处,其中建有船闸38座。航道上主要碍航闸坝,分布在颍河、涡河、西淝河、浍河、罗昌河、得胜河、洲河、窑河等河流上。现有38座船闸中正常使用的有32座,其中由交通部门管理的12座,占全省船闸总数的31.6%。淮河、裕溪河、东淝河航道上的蚌埠、巢湖、裕溪、东淝河4座船闸为1000吨级;茨淮新河航道上的茨河铺、插花、阚疃、上桥4座船闸为300吨级;其余船闸为100吨级。

通航建筑物在各水系航道上分布及管理部门为:淮河水系现有过船建筑物26座,其中交通部门管理的10座船闸,不能正常使用的5座;水利部门管理的16座船闸,不能正常使用的1座;长江水系现有过船建筑物12座,可正常使用,其中由交通部门管理2座。

2007年安徽省过船建筑物基本情况一览表详见表8-3。

【2007年安徽省过船建筑物基本情况一览表】 (表8-3)

序号	船闸名称	航道名称	水系	船闸级别	船舶吨级(DWT)	管理部门	建成时间	使用状况	船闸有效尺度(m)			
									长度	宽度	口门宽度	闸槛水深
1	九里沟船闸	淠淮航道	淮河水系	Ⅵ	100	交通	1990年	正常	200	13.0	10.0	2.0
2	木厂船闸	淠淮航道	淮河水系	Ⅵ	100	交通	1993年	正常	200	13.0	10.0	2.0
3	庙岗船闸	淠淮航道	淮河水系	Ⅵ	100	交通	1993年	正常	200	13.0	10.0	2.0
4	横排头船闸	大潜山干渠	淮河水系	Ⅵ	100	交通	1980年	不正常	100	12.0	7.0	2.0
5	罗管庙船闸	大潜山干渠	淮河水系	Ⅵ	100	交通	1970年	不正常	100	10.3	7.2	2.0
6	将军岭船闸	大潜山干渠	淮河水系	Ⅵ	100	交通	1970年	不正常	100	11.0	7.0	2.0
7	新民坝船闸	瓦东干渠	淮河水系	Ⅵ	100	交通	1976年	不正常	100	12.0	7.4	2.0
8	沱引河船闸	沱河引河	淮河水系	Ⅵ	100	交通	1972年	不正常	100	7.0	7.0	2.0
9	符离集船闸	肖濉新河	淮河水系	Ⅵ	100	交通	1972年	正常	100	7.0	7.0	2.0
10	东淝河船闸	东淝河	淮河水系	Ⅲ	1000	交通	1992年	正常	120	12.4	12.4	3.0
11	蚌埠船闸	淮河	淮河水系	Ⅲ	1000	水利	1961年	正常	195	15.4	15.4	1.6
12	临淮岗船闸	淮河	淮河水系	Ⅳ	500	水利	2005年	正常	130	12.0	12.0	2.3
13	城西湖船闸	沿岗河	淮河水系	Ⅵ	100	水利	1969年	正常	108	8.0	8.0	2.0
14	上桥船闸	茨淮新河	淮河水系	Ⅴ	300	水利	1976年	正常	130	12.0	12.0	2.5
15	阚疃船闸	茨淮新河	淮河水系	Ⅴ	300	水利	1978年	正常	130	12.0	12.0	2.5
16	插花船闸	茨淮新河	淮河水系	Ⅴ	300	水利	1984年	正常	130	12.0	12.0	2.5
17	茨河铺船闸	茨淮新河	淮河水系	Ⅴ	300	水利	1984年	正常	130	12.0	12.0	2.5
18	蒙城船闸	涡河	淮河水系	Ⅵ	100	水利	1971年	正常	108	10.0	10.0	1.5
19	涡阳船闸	涡河	淮河水系	Ⅵ	100	水利	1976年	正常	100	10.0	10.0	2.8
20	大寺船闸	涡河	淮河水系	Ⅵ	100	水利	2006年	正常	100	10.0	10.0	1.6
21	宿县船闸	新汴河	淮河水系	Ⅵ	100	水利	1969年	正常	100	7.0	7.0	2.0
22	灵西船闸	新汴河	淮河水系	Ⅵ	100	水利	1969年	正常	100	7.0	7.0	2.0
23	团结船闸	新汴河	淮河水系	Ⅵ	100	水利	1969年	正常	100	7.0	7.0	2.0
24	杨桥船闸	泉河	淮河水系	Ⅵ	100	水利	1989年	正常	100	7.5	7.5	2.0
25	颍上船闸	沙颍河	淮河水系	Ⅳ	500	交通	2008年	正常	180	12.0	12.0	3.0
26	女山湖船闸	池河	淮河水系	Ⅵ	100	水利	1976年	正常	100	12.0	9.0	2.0
27	固镇船闸	浍河	淮河水系	Ⅵ	100	水利	1996年	正常	80	8.0	8.0	1.5
28	五河船闸	浍河	淮河水系	Ⅵ	100	水利	1974年	正常	100	10.0	10.0	1.8
29	何巷船闸	怀洪新河	淮河水系	Ⅵ	100	水利	2000年	正常	80	8.0	8.0	1.5
30	裕溪船闸	合裕线	长江水系	Ⅲ	1000	水利	1969年	正常	195	15.0	14.4	2.2
31	巢湖船闸	合裕线	长江水系	Ⅲ	1000	水利	1962年	正常	195	15.0	15.0	2.8
32	襄河口船闸	滁河	长江水系	Ⅵ	100	水利	1972年	正常	100	10.4	8.4	2.0

序号	船闸名称	航道名称	水系	船闸级别	船舶吨级(DWT)	管理部门	建成时间	使用状况	船闸有效尺度(m)			
									长度	宽度	口门宽度	闸槛水深
33	乌江船闸	驷马山干渠	长江水系	Ⅵ	100	水利	1972 年	正常	60	8.0	8.0	2.0
34	汊河集船闸	滁河	长江水系	Ⅵ	100	水利	1974 年	正常	100	10.4	8.4	2.0
35	新桥船闸	牛屯河	长江水系	Ⅵ	100	水利	1992 年	正常	110	13.0	8.0	1.5
36	东流船闸	尧渡河	长江水系	Ⅵ	100	水利	1981 年	正常	100	10.0	8.0	2.0
37	马山埠船闸	汪联河	长江水系	Ⅴ	300	水利						
38	华阳船闸	华阳河	长江水系	Ⅵ	100	交通	1993 年	正常	120	14.0	12.0	2.0
39	长河船闸	长河	长江水系	Ⅵ	100	交通	1991 年	正常	120	14.0	12.0	2.0
40	南淝河船闸	南淝河	长江水系	Ⅵ	100	城建	2003 年	正常	50	10.0	10.0	2.0

说明:2008 年新增沙颍河颍上船闸 1 座,500 吨级。

(安徽省局　马　栋)

【江西省界牌枢纽管理处】 界牌枢纽管理处位于江西省鹰潭市余江县中童镇的信江航运工程——界牌枢纽,于 1992 年 11 月开工兴建,1998 年 2 月主体工程完工,系国家“八五”期间的大中型重点工程基本建设项目。其主体工程包括:1000 吨级船闸 1 座(有效尺度为 175 米×14 米×3.5 米),年设计通过能力 586 万吨;装机容量 2 万千瓦电站 1 座(两台单机为 1 万千瓦低头贯流发电机组),年设计发电量 8613 万千瓦时;20 孔泄水闸(净空 12 米,长 290 米);溢流坝(长 150 米);平板坝(长 87 米);613 米×(7+2×1)米公路桥 1 座。工程总投资为 4.96 亿元。

工程筹建过程中,经江西省机构编制委员会批准,于 1996 年元月 1 日设置了界牌枢纽管理处(隶属江西省航务管理局,正县级建制)。由于当时库区淹没损失补偿、防护工程正在协调解决之中,故枢纽完工后未正式投入运行,一直处于静态维护保养状态。2002 年 8 月 18 日,枢纽开始下闸蓄水正式投入运行。8 月 21 日、24 日,两台发电机组分别启动成功,且顺利并网发电。至年底,累计售电 1575 千瓦时;船闸运行 148 闸次,过往船舶 586 艘次。

2007 年,界牌枢纽管理处按照“机制灵活、人员精干、管理科学、服务优质、运转高效”的总体思路,致力于枢纽经济效益和社会效益的不断提高。狠抓安全,强化监督,进一步夯实安全生产基础。建立和完善了《安全培训暂行管理规定》、《电厂正常运行时系统失电应急预案》、《反习惯性违章暂行规定》、《两票三制考核暂行管理规定》等规章制度。根据《江西省水运交通基础设施安全隐患排查工作方案》,认真开展了隐患自查工作,并顺利通过了交通部工作组的省际互查。进一步加大技改检修力度。全面完成 2 号机组中修、两台主机大修、110 千伏线路检修、船闸液压系统检修以及两台机组油系统控制柜、测温柜自动化改造等项工作。水下水工建筑物原形观测设施不断健全,工作手段得到创新。科学管理,合理调度,攻坚克难促发展。协调中璜圩堤施工,110 千伏线路改造施工与本单位蓄水运行之间的矛盾,将发电损失降到最小;继续将汛期蓄水运行列入当地渡汛预案。根据谷、峰电销售差价悬殊和上游具体来水情况,调整运行方式,科学进行水文调度,取得了机组保养和经济效益双丰收。2007 年,界牌枢纽管理处累计售电 3965 万千瓦时,实现收入 1130 万元,创全年最佳效益。船闸通过船舶计 227 艘次,船闸通航保证率达 95% 以上。

地　址　鹰潭市湖西路 40 号
邮　编　335000
电　话　(0701)6224469
传　真　(0701)6272127

(江西省局　祝南胜　张兆平)

【湖北省船闸】 2007 年,湖北省 31 条通航河流上建有过船建筑 47 座。其中船闸 41 座(含在建 1 座),升船机 6 座(含在建 2 座、报废 1 座)。船闸规模:3000 吨级 3 座、500 吨级 1 座、300 吨级 9 座、200 吨级 5 座、100 吨级 18 座、50 吨级以下 5 座。升船机规模:300 吨级 3 座、30 吨级 2 座、30

吨级以下2座。已建船闸中有4座因引航道未开挖,或年久报废等原因,没有投入使用。升船机中,有1座报废、2座20~30吨级船机因各种技术原因未投入使用,清江高坝洲、隔河岩水电站升船机在建。南水北调工程已开始实施,丹江大坝正在加高,升船机按照300吨级规模进行改建。

湖北省内河过船建筑物管理形式有:由交通、港航部门投资建设、管理的船闸18座,分别在荆州、荆门、潜江、孝感、黄冈、武汉市内。由水利水电部门建设管理的船闸23座、升船机6座。由交通、水利部门共同组建的船闸管理所管理的船闸1座(新沟二级船闸)。湖北省地处长江中游,每年汛期船闸封航时间长,加之水利部门对河流、渠道水位未充分考虑航运的需要,致使船闸通航时间短。同时因航道建设资金缺乏,部分航道不畅,未形成航道网络。随着乡镇公路发展造成货物弃水走陆,部分船闸通过货物数量逐年减少。船闸过闸费收入不能维持船闸日常运行,中、大修经费需湖北省港航局每年从航养费、地方货运费中安排解决。地方交通部门管理的船闸中有10座船闸有货运运输通过,合计过闸量为309万吨。

2007年湖北省船闸情况统计一览表详见表8-4。

【2007年湖北省船闸情况统计一览表】 (表8-4)

序号	船闸名称	位置	是否建有枢纽	所属交通部门	所属水利部门	建成时间	年度货运量(万吨)	备注说明
1	新沟船闸	汉北河			是	1971	88.8	
	新沟加级船闸	汉北河		是		1986		
2	螺山船闸	螺山干渠		是		2000	24.8	
3	宦子口船闸	螺山干渠		是		1985	63	
	宦子口二线船闸			是		2006		
4	下新河船闸	下新河		是		1989	7.73	
5	鲁店船闸	江汉航线习新		是		2002		未使用
6	新城船闸	江汉航线习新		是		2001		未使用
7	新滩口船闸	内荆河			是	1960		
8	福田寺船闸	内荆河			是	1983		
9	习家口船闸	内荆河			是	1988		
10	小港船闸	老内荆河		是		1971		基本无运量
11	徐李船闸	四湖东干渠		是		1989		基本无运量
12	高场船闸	四湖东干渠		是		1996		基本无运量
13	刘岭船闸	田关渠			是	1966		不能使用
14	天门船闸	北支河			是	1971		
15	洪湖船闸	内荆河			是	1977		
16	东山头船闸	沦 河			是	1996		
17	安陆解放山船闸	府 河			是	1988		
18	沉湖船闸	沉湖干渠			是	1970		已报停
19	肖李湾船闸	老府河			是	1969		
20	护镇船闸	老府河			是	1979		
21	鲑鱼地船闸	老澴河		是		1993		已报停
22	汉川泵站船闸	东干渠			是	1974		
23	民乐船闸	东干渠		是		1984		已报停
24	肖家湾船闸	通顺河			是	1967		
25	新河口船闸	金 水		是		1974		
26	挖口船闸	索子长河			是	1978		

序号	船闸名称	位置	是否建有枢纽	所属交通部门	所属水利部门	建成时间	年度货运量（万吨）	备注说明
27	龙口船闸	倒水		是				停建
28	江咀航运枢纽	滠水		是				停建
29	砣湖墩船闸	华阳河－广济内河			是	1980		
30	童司牌船闸	华阳河—广济内河		是		1991		基本无运量
31	官桥船闸	华阳河－广济内河		是		1989		基本无运量
32	小港口船闸	黄梅河			是	1986		
33	崇阳四级电站船闸	陆水	是		是	1983		
34	富池口船闸	富水			是	1967		
35	四顾船闸	大冶湖			是	1998		
36	樊口船闸	梁子湖干流			是	1970		
37	磨刀矶船闸	梁子湖干流			是	1978		
38	王甫州船闸	汉江	是		是	1999		
39	葛洲坝1号船闸	长江	是		是	1978		
40	葛洲坝2号船闸	长江	是		是	1978		
41	葛洲坝3号船闸	长江	是		是	1981		
42	丹江口水利枢纽	汉江	是		是	1973		改建中
43	黄龙滩枢纽	堵河	是		是	1974		不正常
44	高坝州枢纽	清江	是		是			未投入使用
45	隔河岩枢纽	清江	是		是			在建
46	陆水桂家畈枢纽	陆水	是		是	1967		不正常
47	富水枢纽	富水	是		是	1962		升船机报废
总计	共47座							

（湖北省局　王彦玲）

【湖南省船闸】 2007年,湖南省通航枢纽一览表,详见表8－5。

【重庆市船闸】 2007年,重庆市地方航道共有船闸46座(含一座升船机),其中綦江、琼江、小安溪均属梯级连续渠化河流。全市各河流上的船闸的分布为:綦江上8座,薄河3座,清溪河2座,笋溪河2座,琼江10座,濑溪河4座,涪江5座,小安溪11座,御临河1座。

重庆市46座船闸按运行情况可分为:运行良好船闸,运行不良船闸,停止运行船闸三类。其中停止运行船闸11座(含莲花寺船闸),占总数的24%;运行不良船闸15座,占总数的33%;运行良好的船闸20座,占总数的43%。以上分析显示,重庆市现有船闸普遍存在碍航闸坝多、病害工程多、船闸等级低、经济效益差等特点。

2007年重庆市船闸基本情况一览表,详见表8－6。

【2007年重庆市船闸基本情况一览表】 (表8－6) (见666页)

【2007年湖南省通航枢纽一览表】

（表8－5）

枢纽名称	枢纽所属航道名称	枢纽管理单位	建成时间（年份）	通航建筑物通航尺度(m)								所在行政区域
				升船机				船闸				
				型式	厢/架长	宽度	水深	长度	宽度	口门宽度	闸槛水深	
渌口枢纽	渌水航道	株洲县水电局	1977					50.00	11.00	6.00	1.30	湖南省株洲市
石亭枢纽	渌水航道	醴陵市航运公司	1977					44.00	11.00	6.00	1.30	湖南省株洲市
铁河口枢纽	渌水航道	醴陵市航运公司	1986					44.50	11.00	6.00	1.30	湖南省株洲市
姜湾枢纽	渌水航道	醴陵市航运公司	1973					44.00	11.00	6.00	1.30	湖南省株洲市
流星潭枢纽	渌水航道	醴陵市航运公司	1976					44.00	11.00	6.00	1.30	湖南省株洲市
青龙庵枢纽	渌水航道	醴陵市航运公司	1975					28.00	12.00	6.00	1.30	湖南省株洲市
牛丫洪枢纽	渌水航道	醴陵市航运公司	1974					28.00	12.00	6.00	1.30	湖南省株洲市
凤滩电站	酉水航道	凤滩电站	1978	干运	25.00	6.50	0.00					湖南省湘西土家族苗族自治州
冷水滩宋家洲水电站	湘江航道	冷区政府与港方合资	2002					80.00	8.00	8.00	2.00	湖南省永州市
株洲航电枢纽	湘江航道	株洲航电枢纽管理处	在建					180.00	23.00	23.00	3.50	湖南省株洲市
大源渡航电枢纽	湘江航道	大源渡航电枢纽管理处	2000					180.00	23.00	23.00	3.50	湖南省衡阳市
近尾洲枢纽	湘江航道	近尾洲水电厂	2002					120.00	12.00	12.00	2.50	湖南省衡阳市
欧阳海大坝	舂陵水航道	湖南省水电局	1970	湿运	10.00	3.00	1.00					湖南省郴州市
亲仁水轮泵水电站	舂陵水航道	常宁市亲仁水轮泵水电站	1979					50.00	9.00	7.00	1.20	湖南省衡阳市
石面坦电站	耒水航道	苏仙区政府	1993	湿运	15.00	4.00	3.00					湖南省郴州市
白渔潭枢纽	耒水航道	衡阳市电力发展有限公司	1961					60.00	7.40	7.40	1.40	湖南省衡阳市
遥田枢纽	耒水航道	耒阳市遥田水电站有限公司	1989					64.00	8.00	7.00	1.50	湖南省衡阳市
耒中电站枢纽	耒水航道	耒阳市耒中水电有限公司	2002					56.00	8.00	8.00	2.00	湖南省衡阳市
攸县苏洲电站	洣水航道	攸县水电局	1977					45.00	8.00	7.40	1.20	湖南省株洲市
茶陵青年电站	洣水航道	龙下灌区管理局	1978	干运	20.00	3.00	1.00					湖南省株洲市
洋塘水轮泵水电站	洣水航道	洋塘水轮泵水电站	1979					60.00	9.00	8.00	1.50	湖南省衡阳市
甘溪水轮泵水电站	洣水航道	甘溪水轮泵水电站	1970					55.00	8.00	7.40	1.90	湖南省衡阳市
荣桓水电站	洣水航道	荣桓水电站	1992					60.00	8.00	7.40	1.50	湖南省衡阳市
渡口水轮坝	永乐江航道	安仁县渡口水电管理站	1968					50.00	4.00	4.00	2.60	湖南省郴州市
望日岩河坝	永乐江航道	望日岩河坝管理所	1972					38.00	8.00	7.00	1.10	湖南省衡阳市
东山坝	涟水航道	湘乡市水利局	1977					42.00	12.00	4.00	1.50	湖南省湘潭市
朝真阁拦河坝	涟水航道	湘乡市水利局	1969					36.00	11.00	4.00	1.00	湖南省湘潭市

枢纽名称	枢纽所属航道名称	枢纽管理单位	建成时间(年份)	通航建筑物通航尺度(m)								所在行政区域
				升船机				船闸				
				型式	厢/架长	宽度	水深	长度	宽度	口门宽度	闸槛水深	
洋潭引水坝	涟水航道	韶山灌区管理局	1966	干运	12.00	3.20	1.90					湖南省湘潭市
水府庙闸坝	涟水航道	工农电厂	1959					56.00	8.40	8.40	1.80	湖南省娄底市
九江庙	靳江河航道	望城县水利局	1964					21.80	8.00	3.00	1.90	湖南省长沙市
新华头船闸	靳江河航道	望城县水利局	1964					32.00	8.00	4.00	1.20	湖南省长沙市
大屯营船闸	靳江河航道	望城县水利局	1964					32.00	8.00	4.00	1.20	湖南省长沙市
马迹塘船闸	资水航道	中国电力投资公司	1979					60.00	8.00	8.00	2.00	湖南省益阳市
柘溪电站	资水航道	湖南省电力公司	1959	干运	20.00	5.60	1.20					湖南省益阳市
临澧青山水轮泵站	澧水航道	监澧县青山水轮泵管理局	1970					80.00	11.60	7.00	1.80	湖南省常德市
慈利城关水电站	澧水航道	慈利县水电局	1973					70.00	11.00	7.00	1.50	湖南省张家界市
茶庵水电站	澧水航道	慈利县水电局	1986					65.00	11.00	7.00	1.50	湖南省张家界市
花岩水电站	澧水航道	花岩水力发电站	1976					60.00	11.00	7.00	1.50	湖南省张家界市
八斗溪水电站	澧水航道	桑植县水电局	1976					60.00	11.00	7.00	1.50	湖南省张家界市
艳洲水电站	澧水航道	艳洲水利水电工程管理局	1998					130.00	12.00	12.00	2.50	湖南省常德市
洪江电站	沅水航道	洪江电站	2002					80.00	12.00	12.00	2.00	湖南省怀化市
凌津滩水电枢纽	沅水航道	凌津滩水力发电厂	2000					120.00	12.00	12.00	2.50	湖南省常德市
五强溪水电枢纽	沅水航道	五强溪水力发电厂	1998					130.00	12.00	12.00	2.50	湖南省怀化市
长田电站	巫水航道	会同县水电局	1980	干运	16.00	5.50	1.00					
百步滩船闸	浏阳河	浏阳市水利局	1966					46.60	10.00	7.00	1.20	湖南省长沙市
宏源船闸	浏阳河	浏阳市水利局	1968					46.90	12.90	7.00	1.20	湖南省长沙市
大栗坪船闸	浏阳河	浏阳市水利局	1978					46.90	12.90	7.00	1.20	湖南省长沙市
发电坝船闸	浏阳河	浏阳市水利局	1966					42.00	10.00	4.00	1.30	湖南省长沙市
水渡河过船闸坝	捞刀河	长沙县水利局	1965					25.70	8.00	4.25	0.80	湖南省长沙市
赤石闸坝	捞刀河	长沙县水利局	1965					25.50	6.00	4.00	0.60	湖南省长沙市
郭公渡闸坝	捞刀河	长沙县水利局	1965					23.20	6.00	3.20	0.70	湖南省长沙市
太阳滩发电坝	捞刀河	长沙县春华镇农电站	1987					23.20	6.00	3.20	0.70	湖南省长沙市
乔口拦河船闸	乔口河	望城县水利局	1964	干运	12.00	3.20						湖南省长沙市
马王滩船闸	大溪河	浏阳市水利局	1969					50.00	10.00	4.00	0.70	湖南省长沙市
上云桥枢纽	攸水航道	上云桥乡政府	1973					30.00	7.00	4.00	1.00	湖南省株洲市
改河山枢纽	攸水航道	攸县航运公司	1976					30.00	7.00	4.00	1.00	湖南省株洲市
新市枢纽	攸水航道	攸县水利局	1973					30.00	7.00	4.00	1.00	湖南省株洲市

枢纽名称	枢纽所属航道名称	枢纽管理单位	建成时间（年份）	通航建筑物通航尺度（m）								所在行政区域
				升船机				船闸				
				型式	厢/架长	宽度	水深	长度	宽度	口门宽度	闸槛水深	
宏市枢纽	攸水航道	攸县水利局	1974					30.00	9.00	4.00	1.00	湖南省株洲市
酒埠江蓄水坝	攸水航道	攸县航运局	1975					30.00	9.00	4.00	1.00	湖南省株洲市
人工湖船闸	攸水航道	湖南省水利厅	1960					27.40	4.00	3.00	1.10	湖南省株洲市
酒埠江枢纽	攸水航道	湖南省水利厅	1960					29.00	9.20	4.00	1.50	湖南省株洲市
西渡河坝水闸	蒸水航道	西渡河坝管理所	1958					60.00	12.00	5.00	1.50	湖南省衡阳市
向家滩坝	邵水航道	邵阳市航道管理处	1959					60.00	12.50	4.25	1.20	湖南省邵阳市
高家桥坝	邵水航道	邵阳市航道管理处	1959					60.00	12.50	4.25	1.20	湖南省邵阳市
云水铺坝	邵水航道	邵阳市航道管理处	1959					60.00	12.50	4.25	1.20	湖南省邵阳市
王家洲坝	邵水航道	邵阳市航道管理处	1959					60.00	12.50	4.25	1.20	湖南省邵阳市
灰仓坝	邵水航道	邵东县邵水管理所	1959					60.00	12.50	4.25	1.20	湖南省邵阳市
封家渡坝	邵水航道	邵东县邵水管理所	1959					60.00	12.50	4.25	1.20	湖南省邵阳市
柿家坝	邵水航道	邵东县邵水管理所	1959					60.00	12.50	4.25	1.20	湖南省邵阳市
马家坝	邵水航道	邵东县邵水管理所	1959					60.00	12.50	4.25	1.20	湖南省邵阳市
渣滩电站	赧水航道	渣滩电站	1978					80.00	11.00	6.00	1.50	湖南省邵阳市
田氹坝	赧水航道	田氹坝水轮泵站	1986					57.00	8.00	6.00	1.30	湖南省邵阳市
英雄坝	赧水航道	黄桥镇水管站	1977					38.00	8.00	6.00	1.20	湖南省邵阳市
红光坝2	赧水航道	武冈市交通局	1978					40.00	8.00	5.00	1.20	湖南省邵阳市
红旗坝	赧水航道	武冈市水利局	1967					39.50	8.00	3.90	1.20	湖南省邵阳市
向阳坝	夫夷水航道	邵阳县水利局	1971					52.00	10.0	5.50	1.50	湖南省邵阳市
东方红坝	夫夷水航道	邵阳县水利局	1967					52.00	10.0	5.50	1.50	湖南省邵阳市
老虎坝	夫夷水航道	新宁县水利局水电局	1971					52.00	10.0	5.50	1.50	湖南省邵阳市
桐梓坝	夫夷水航道	新宁县水利局	1966					40.00	9.00	5.00	1.20	湖南省邵阳市
天花坝	夫夷水航道	新宁县水利局	1966					40.00	9.00	5.00	1.20	湖南省邵阳市
黄雅坝	檀江航道	邵阳市航道管理处	1964					30.00	5.00	3.40	1.00	湖南省邵阳市
檀江坝	檀江航道	邵阳市航道管理处	1964					30.00	7.00	3.40	1.00	湖南省邵阳市
团结坝	平溪水航道	邵阳市交通局	1973					50.00	10.00	5.00	1.50	湖南省邵阳市
胜利坝	平溪水航道	邵阳市交通局	1979					50.00	10.00	5.00	1.50	湖南省邵阳市
乌竹园坝	平溪水航道	邵阳市交通局	1975					50.00	10.00	5.00	1.20	湖南省邵阳市
回澜坝	蓼水航道	洞口县水利局	1973									湖南省邵阳市
青冲电站	汨罗江航道	平江县水利发电有限公司	1965					50.00	7.00	5.00	1.00	湖南省岳阳市

枢纽名称	枢纽所属航道名称	枢纽管理单位	建成时间（年份）	通航建筑物通航尺度(m)								所在行政区域
				升船机				船闸				
				型式	厢/架长	宽度	水深	长度	宽度	口门宽度	闸槛水深	
黄棠电站	汨罗江航道	平江县水利发电有限公司	1986					50.00	7.00	5.00	1.00	湖南省岳阳市
大洲滩电站	汨罗江航道	平江县水利发电有限公司	1972					50.00	8.00	5.00	1.00	湖南省岳阳市
江口电站	汨罗江航道	平江县水利发电有限公司	1966					50.00	8.00	5.00	1.00	湖南省岳阳市
蔡家港通航排水闸	北湖干渠航道	君山区钱粮湖镇水委会	1963					26.00	7.00	5.80	1.00	湖南省岳阳市
六门闸船闸	华容河航道	华容县交通局	1982					56.00	8.50	8.40	2.50	湖南省岳阳市
向东闸	隆西干渠航道	益阳市大通湖水委会	1972									湖南省岳阳市
新泉寺水闸	新西航道	湘阴县水利局	1999	干运	8.00	4.00	1.00					湖南省岳阳市
马家吉船闸	沅澧大垸马凌航线航道	常德市航道管理处	1988					80.00	8.50	8.50	1.50	湖南省常德市
唐家咀船闸	沅澧大垸马凌航线航道	常德市航道管理处	1991					80.00	8.50	8.50	1.50	湖南省常德市
烽火电站	道水航道	常德市临澧水电局	1979					30.00	8.40	5.80	1.00	湖南省常德市
清水电站	道水航道	常德市临澧水电局	1981					28.00	8.00	4.50	1.00	湖南省常德市
金宝滩电站	道水航道	常德市临澧水电局	1978					25.40	7.50	4.50	1.00	湖南省常德市
蒋家咀船闸	汉寿南湖垸主干航道	湖南省水利厅	1976					106.00	10.00	8.00	1.50	湖南省常德市
翻水口船闸	汉寿南湖垸低排区航道Ⅰ	汉寿县水利局	1975					42.00	8.00	6.00	1.00	湖南省常德市
延泉坝	白洋河航道	桃源县水利局	1974					25.00	9.00	7.00	1.50	湖南省常德市
栗林坝	白洋河航道	桃源县水利局	1973					25.00	9.00	7.00	1.50	湖南省常德市
重阳坝	白洋河航道	桃源县水利局	1972					25.00	9.00	7.00	1.50	湖南省常德市
小耶溪坝	白洋河航道	桃源县水电局	1971					25.00	9.00	7.00	1.50	湖南省常德市
九溪坝	白洋河航道	桃源县水电局	1978					25.00	9.00	7.00	1.50	湖南省常德市
竹荆寺船闸	志溪河航道	赫山区水利局	1960					50.00	10.20	3.85	1.00	湖南省益阳市
北峰山船闸	志溪河航道	赫山区水利局	1960					50.00	10.20	3.95	1.00	湖南省益阳市
船形山船闸	志溪河航道	赫山区水利局	1960					50.00	10.10	3.85	1.00	湖南省益阳市
洋溪江船闸	志溪河航道	赫山区水利局	1960					50.30	10.20	4.00	1.00	湖南省益阳市
石笋船闸	志溪河航道	赫山区水利局	1960					50.40	10.00	4.00	1.00	湖南省益阳市
芭蕉船闸	志溪河航道	赫山区水利局	1960					50.30	10.00	3.90	1.00	湖南省益阳市
泡子潭船闸	志溪河航道	赫山区水利局	1960					50.00	10.00	4.00	1.00	湖南省益阳市
泥江口船闸	志溪河航道	赫山区水利局	1960					50.00	10.00	3.90	1.00	湖南省益阳市
石板滩船闸	志溪河航道	赫山区水利局	1960					50.30	10.10	4.00	1.00	湖南省益阳市
鹅公石船闸	志溪河航道	赫山区水利局	1960					50.20	9.90	3.95	1.00	湖南省益阳市
金子滩船闸	志溪河航道	桃江县水利局	1960					50.00	10.00	3.90	1.00	湖南省益阳市

枢纽名称	枢纽所属航道名称	枢纽管理单位	建成时间(年份)	通航建筑物通航尺度(m)								所在行政区域
				升船机				船闸				
				型式	厢/架长	宽度	水深	长度	宽度	口门宽度	闸槛水深	
荞麦隆船闸	志溪河航道	桃江县水利局	1960					50.00	10.00	3.90	1.00	湖南省益阳市
毛家坝船闸	志溪河航道	桃江县水利局	1960					50.00	10.00	3.85	1.00	湖南省益阳市
南峰山船闸	志溪河航道	桃江县水利局	1960					50.20	10.00	4.00	1.00	湖南省益阳市
石板塘船闸	志溪河航道	桃江县水利局	1960					50.00	10.00	4.00	1.00	湖南省益阳市
上游坝船闸	志溪河航道	桃江县水利局	1960					50.20	10.00	4.00	1.00	湖南省益阳市
沱江下坝船闸	志溪河航道	南县县水利局	2002					80.20	7.60	7.60	1.50	湖南省益阳市
茅草街船闸	南茅运河航道	南县县水利局	1979					75.00	10.00	8.00	1.50	湖南省益阳市
南洲泄水北闸	南茅运河航道	南县县水利局	1995					75.00	8.00	8.00	1.50	湖南省益阳市
向阳船闸	尼姑湖航道	南湾湖农场	1973					40.80	7.00	4.00	1.50	湖南省益阳市
五港子船闸	瓦岗湖航道	大通湖区千山红镇	1970					38.00	7.00	5.20	3.50	湖南省益阳市
黄茅洲船闸	大通湖航道	益阳市水利局	1999					150.00	8.00	6.40	1.50	湖南省益阳市
阳罗船闸	大通湖航道	益阳市水利局	1979					60.00	10.00	8.00	1.50	湖南省益阳市
南津渡水电站	潇水航道	南津渡水电站	1991	干运	15.00	4.00						湖南省永州市
双牌水电站	潇水航道	双牌水电站	1962					56.00	8.00	8.00	2.00	湖南省永州市
道县陆洲坝水轮泵水电站	潇水航道	道县陆洲坝水轮泵水电站	1969					27.00	6.00	4.00	1.00	湖南省永州市
道县向阳坝	潇水航道	道县水电站	1969					27.00	6.00	4.00	1.00	湖南省永州市
晏家田大坝	潇水航道	涔天河晏家田水泵站管理所	1970					27.00	6.00	4.00	1.00	湖南省永州市
大林江电站	潇水航道	大林江水轮泵工程管理所	1970					27.00	6.00	4.00	1.00	湖南省永州市
螺蛳滩闸坝	冷水航道	永州市航道管理处	1979					38.00	8.00	4.00	1.00	湖南省永州市
油乡闸坝	冷水航道	永州市航道管理处	1974					28.00	8.00	4.00	1.00	湖南省永州市
刘家坝闸坝	冷水航道	永州市航道管理处	1974					28.00	8.00	4.00	1.00	湖南省永州市
腰滩闸坝	冷水航道	永州市航道管理处	1974					28.00	8.00	4.00	1.00	湖南省永州市
曹家滩闸坝	冷水航道	永州市航道管理处	1974					28.00	8.00	4.00	1.00	湖南省永州市
枫木坝闸坝	冷水航道	永州市航道管理处	1968					26.00	7.00	4.00	1.00	湖南省永州市
新屋地闸坝	冷水航道	永州市航道管理处	1973					28.00	8.00	4.00	1.00	湖南省永州市
仁山庙闸坝	冷水航道	永州市航道管理处	1973					28.00	8.00	4.00	1.00	湖南省永州市
红旗坝闸坝	冷水航道	永州市航道管理处	1965					26.00	6.00	4.00	1.00	湖南省永州市
螺丝塘电站	渠水航道	螺丝塘电站	1979	干运	18.00	4.50	1.50					湖南省怀化市
红岩电站	舞水航道	鹤城区水电局	1978					50.00	9.00	7.00	1.20	湖南省怀化市

【2007 年重庆市船闸基本情况一览表】

（表 8－6）

序号	航道名称	船闸（坝）名称	建设（管理）单位	设计年通过能力（万吨）	设计水级（m）	通航船舶吨级（吨）	回水里程（km）	船闸建成时间（年月）	船闸有效尺度（m）				电站建成时间（年月）	装机容量（kW）	船闸运行情况	碍航原因	解决措施	备注
									长度	宽度	闸槛水深	口门宽度						
1	綦江	羊蹄洞船闸	导淮委员会（重庆市港航局）	10.0	5.5	50	0.5	41.01	60	7.2	1.0	4.0			停止运行	船闸设施失修、报废多年	已作规划，重新选址	
2	綦江	盖石洞船闸	导淮委员会（重庆市港航局）	10.0	10.5	50	0.7	41.02	60	9.0	1.5	4.0	1978	2000	停止运行	船闸设施失修、报废多年	已作规划，重新选址	电站业主为綦江电力公司
3	綦江	石溪口船闸	导淮委员会（重庆市港航局）	30.0	7.0	50	3.4	46.09	66	12	1.5	6.2	1991.4	1080	运行良好		加强船闸设施的日常维修保养	电站业主为綦江县粮食局
4	綦江	桥河船闸	导淮委员会（重庆市港航局）	30.0	5.5	50	9.2	46.09	66	12	1.5	6.2	1947.10	80	运行良好		加强船闸设施的日常维修保养	电站业主为綦江当地乡镇
5	綦江	綦江船闸	导淮委员会（重庆市港航局）	30.0	4.5	50	6.0	46.09	66	12	1.5	6.2	1994	1500	运行不良	运行年限长，顶、底枢磨损	将上、下闸门改为一字型钢闸门	电站业主为綦江齿轮厂
6	綦江	桥溪口船闸	导淮委员会（重庆市港航局）	30.0	6.3	50	12.0	45.03	66	12	1.5	6.2			运行不良	运行年限长，顶、底枢磨损	将上、下闸门改为一字型钢闸门	局拟在此搞航电开发
7	綦江	车滩船闸	导淮委员会（重庆市港航局）	30.0	7.1	50	10.1	44.01	66	12	1.5	6.2	1966.3	5000	运行不良	枯期电站引水过量，运行年限长	与电厂解决枯期合理用水问题，对船闸进行技改	电站业主为江津电力公司
8	綦江	五福船闸	导淮委员会（重庆市港航局）	30.0	5.5	50	8.0	39.11	66	12	1.5	6.2	1963.5	3200	运行不良	枯期电站引水过量，运行年限长	与电厂解决枯期合理用水问题，对船闸进行技改	电站业主为江津电力公司
9	薄河	桃花滩船闸	导淮委员会（重庆市港航局）	10.0	5.5	30	2.8	39.11	66	9	1.2	4	1998	180	停止运行	船闸设施失修、报废多年	已将船闸、拦河坝出售给当地政府修电站	电站业主为当地乡镇
10	薄河	石角船闸	导淮委员会（重庆市港航局）	10.0	5.9	30	8.0	39.11	66	9	1.2	4			运行不良	船闸运行年限长，机械部分失修	重新调整闸坝位置	
11	薄河	三江船闸	导淮委员会（重庆市港航局）	10.0	5.3	30	2.4	39.09	66	9	1.2	4			运行不良	船闸运行年限长，机械部分失修	重新调整闸坝位置	
12	清溪河	鹅公沱船闸	綦江县（重庆市港航局）	10.0	15.2	30	26.0	66.06	28.5	8	1.2	3.8	1980.3	75	运行不良	上、下闸门门叶及疏泄水系统损坏	更换上、下闸门，大修疏泄水系统	电站业主为当地乡镇
13	清溪河	沾滩船闸	綦江县（重庆市港航局）	10.0	5.9	30	8.0	59.05	28.5	8	1.2	3.8	1982.2	75	运行良好		加强船闸设施的日常维修保养	电站业主为当地乡镇
14	笋溪河	班竹滩船闸	四川内河局（重庆市港航局）	10.0	3.3	20	4.0	65.11	36	12	1.2	4			停止运行	船闸设施报废多年	将闸坝交给当地乡镇	
15	笋溪河	沙埂船闸	四川内河局（重庆市港航局）	10.0	2.5	20	15.0	1980	60	12	2.0	4	1984	960	停止运行	船闸建成后，无法正常运行	将闸坝交给当地乡镇	电站业主为当地乡镇

序号	航道名称	船闸(坝)名称	建设(管理)单位	设计年通过能力(万吨)	设计水级(m)	通航船舶吨级(吨)	回水里程(km)	船闸建成时间(年月)	船闸有效尺度(m)				电站建成时间(年月)	装机容量(kW)	船闸运行情况	碍航原因	解决措施	备注
									长度	宽度	闸槛水深	口门宽度						
16	琼江	丛龛船闸	四川省内河局(重庆市港航局)	12.0	9.9	20.0	11.0	76.06	25	8.0	1.0	3.8	1981	320	停止运行	上闸门叶破裂,阀门失修、漏水	在保证船闸安全的前提下,维持现状	电站业主为潼南电力公司
17	琼江	临江船闸	四川省内河局(重庆市港航局)	17.0	5.0	30.0	9.0	69.03	36	8.0	1.0	4			运行不良	行走及运行机械旧损	对行走及运行机械大修	
18	琼江	大滩船闸	四川省内河局(重庆市港航局)	17.0	4.5	30.0	16.0	58.12	36	8.0	1.0	4			运行不良	上、下闸门止水旧损,阀门破坏	更换上、下闸止水,修复阀门	
19	琼江	太安船闸	四川省内河局(重庆市港航局)	17.0	4.5	30.0	19.0	56.06	36	8.0	1.0	4	1998	320	运行良好		加强船闸设施日常维修保养	
20	琼江	二滩船闸	四川省内河局(重庆市港航局)	17.0	5.9	30.0	6.0	56.06	36	8.0	1.0	4			运行良好		加强船闸设施日常维修保养	
21	琼江	高肯船闸	四川省内河局(重庆市港航局)	12.8	16.5	30.0	12.0	71.05	36	8.0	1.0	4	1965	5500	停止运行	拆船闸建升船机不能使用,91年拆除	重建船闸	电站业主为潼南电力公司
22	琼江	观音船闸	四川省内河局(重庆市港航局)	17.0	4.9	30.0	2.0	56.05	36	8.0	1.2	4.0			停止运行	行走及运行机械旧损、失修	货运量极少,维护现状	
23	琼江	牛头船闸	四川省内河局(重庆市港航局)	17.0	3.8	30.0	3.0	56.04	36	8.0	1.2	4.0			停止运行	行走及运行机械旧损、失修	货运量极少,维护现状	
24	琼江	中和船闸	四川省内河局(重庆市港航局)	17.0	9.7	30.0	10.5	56.03	36	8.0	1.4	4.0	1967	960	运行不良	下闸门太重,行走损坏频繁	下闸门更换为一字型钢闸门	电站业主为铜梁电力公司
25	琼江	关溅船闸	四川省内河局(重庆市港航局)	17.0	4.9	30.0	7.5	56.02	36	8.0	1.4	4.0	1984	240	运行不良		加强船闸设施日常维修保养	电站为主为当地乡镇
26	濑溪河	路孔船闸	四川省内河局(重庆市港航局)	15.0	6.2	20.0	9.0	1978	35	10	1.2	4.0			运行不良		加强船闸设施日常维修保养	
27	濑溪河	沙堡船闸	四川省内河局(重庆市港航局)	15.0	8.6	20.0	13.0	1979	40	10	1.2	4.0	1982	640	运行不良		加强船闸设施日常维修保养	
28	濑溪河	高桥船闸	四川省内河局(重庆市港航局)	15.0	6.6	20.0	21.0	1978	35	10	1.2	4.0	1983	375	运行不良		加强船闸设施日常维修保养	
29	濑溪河	邓滩船闸	四川省内河局(重庆市港航局)	15.0	4.6	20.0	18.0	1982	40	10	1.2	4.0			运行不良	行走及运行机械旧损、失修	货运量太少,维持现状	
30	涪江	三块石船闸	交通部 潼南县交通局	80.0	5.4	100.0	5.0	87.10	100	12	2	8			运行良好		加强船闸设施日常维修保养	

序号	航道名称	船闸(坝)名称	建设(管理)单位	设计年通过能力(万吨)	设计水级(m)	通航船舶吨级(吨)	回水里程(km)	船闸建成时间(年月)	船闸有效尺度(m)				电站建成时间(年月)	装机容量(kW)	船闸运行情况	碍航原因	解决措施	备注
									长度	宽度	闸槛水深	口门宽度						
31	涪江	莲花寺船闸	交通部(潼南县交通局)	80.0	16.1	100.0	15.3	87.10	100	12	2	8	1983	14400	停止运行	94年5月船闸左闸墙垮塌	投资1100万元修复船闸	修复工程2001年完工
32		富金坝船闸	重庆航运建设发展有限公司			300.0	30	2007.6	100	12	2.5		2007.6	60000	运行良好			
33		安居船闸	铜梁县(安居水电厂)	80.0	10.5	100.0	23.7	92.04	100	12	2	8	1992.2	30000	运行良好		加强船闸设施的日常维修保养	
34		渭沱船闸	合川市(渭沱水电厂)	80.0	9.9	100.0	16.3	92.09	100	12	2	8	1992.5	30000	运行良好		加强船闸设施的日常维修保养	
35	小安溪	旧县船闸	四川省内河局(重庆市港航局)	10.0	1.6	30.0	10.2	68.04	35	10	1.2	3.3			运行良好		加强船闸设施的日常维修保养	
36		蒲吕船闸	四川省内河局(重庆市港航局)	10.0	4.4	30.0	19.8	59.10	35	10	1.2	3.3	1985.12	250	运行良好		加强船闸设施的日常维修保养	
37		虎峰船闸	四川省内河局(重庆市港航局)	10.0	2.9	30.0	14.0	71.07	35	10	1.2	3.3	1985.1	150	运行良好		加强船闸设施的日常维修保养	
38		大庙船闸	四川省内河局(重庆市港航局)	10.0	6.9	30.0	10.0	59.05	35	10	1.2	3.3	1979.6	455	运行良好		加强船闸设施的日常维修保养	
39		安溪船闸	四川省内河局(重庆市港航局)	10.0	5.2	30.0.	5.4	60.03	35	10	1.2	3.3	1979.6	125	运行良好		加强船闸设施的日常维修保养	
40		永嘉船闸	四川省内河局(重庆市港航局)	10.0	3.2	30.0	11.0	60.04	35	10	1.2	3.3	1979.6	150	运行良好		加强船闸设施的日常维修保养	
41		古佛船闸	四川省内河局(重庆市港航局)	10.0	2.6	30.0	5.8	65.02	35	10	1.2	3.3			运行良好		加强船闸设施的日常维修保养	
42		连丰船闸	四川省内河局(重庆市港航局)	10.0	4.2	30.0	14.2	60.03	35	10	1.2	3.3	2000.10	320	运行良好		加强船闸设施的日常维修保养	
43		永久船闸	四川省内河局(重庆市港航局)	10.0	3.1	30.0	4.3	65.03	35	10	1.2	3.3			运行良好		加强船闸设施的日常维修保养	
44		响水船闸	四川省内河局(重庆市港航局)	10.0	3.3	30.0	1.4	65.05	35	10	1.2	3.3	2000.9	75	运行良好		加强船闸设施的日常维修保养	
45		双石船闸	四川省内河局(重庆市港航局)	10.0	6.8	30.0	0.8	65.05	35	10	1.2	3.3			运行良好		加强船闸设施的日常维修保养	
46	御临河	张家箭船闸	四川省内河局(重庆市港航局)	30.0	4.6	30.0	4.5	79.05	40	8	1.2	4			停止运行	水毁后未修复	三峡水库175米蓄水后拆除	

·通航管理·

【三峡局在三峡船闸完建期实行船舶过闸阳光调度】 2007年,三峡局在三峡船闸完建施工、单线运行期间,增强通航调度工作的透明度,实施全面长期公开。每日公开预计通过能力、船舶到锚时刻、计划顺序和计划简表,实行船舶登录环节与计划编制环节分离、计划编制职能与调度执行职能分离、船舶计划调整与现场调度指挥权力分离。建立了计划调整备查台账,规范了调度计划调整权限和程序。

·充分利用 internet 门户网站、GPS系统、登记站查询终端和大屏幕等网络设备等多种方式,让船方了解三峡通航信息。坚持每天印制信息公告、登记排序、计划简表等信息资料数百份,逐船送达,使过闸船员和船公司做到心中有数,有效杜绝了“暗箱操作”等现象。

·实行奖惩制度,有效遏制船员蓄意拉拢贿赂工作人员或工作人员强行索要、故意刁难等行风问题。对影响阳光通航的有关问题严肃查处,对发现的严重违规或蓄意拉拢贿赂工作人员的船舶,执行“黑名单”制度,实行惩戒;对如实举报船舶违章或局内工作人员违纪的,执行“绿色通道”制度,实行保护;对恶意中伤局内工作人员的举报,及时澄清,极力维护了三峡局良好形象。据不完全统计,仅基层单位水上政务中心就拒绝贿赂52人次,合计现金4万元左右。

(三峡局　何　宁)

【三峡船闸处(含待闸锚地)2006－2007年度日常运行维护通过验收】 2007年12月26日,由三峡开发总公司枢纽管理局运行部、计划发展部、资产财务部、审计室、档案馆等部门组成的验收组,对三峡船闸处和三峡锚地处2006－2007年度日常运行维护管理协议执行情况进行了审查和验收。

验收组认真听取了协议报告内容,对两处设备设施的管理和使用以及管理费开支情况进行了详细的了解。验收组一致认为,三峡船闸处和三峡锚地处在本年度认真履行协议规定的船闸运行维护和锚地管理义务和责任,落实上一期年度协议执行情况验收会提出的工作要求,在三峡船闸完建暨单线运行期积极作为,创造性地开展各项管理工作,实现了三峡船闸和锚地的安全、稳定运行,保障了船舶过闸畅通无阻;以完建检修为契机,进一步改善了设备设施技术状态和使用效能,运行、设备、安全等各项指标达到考核要求,出色地完成了年度运行维护管理任务。验收组一致同意三峡船闸处和三峡锚地处通过协议验收。

(三峡局　何　宁)

【交通基础设施安全检查组到江苏检查】 2007年11月8日至9日,交通部水运交通基础设施安全隐患排查工作检查组在总工程师蒋千的率领下,分别对谏壁、淮安、淮阴船闸基础设施安全工作进行检查。江苏省交通厅副厅长杨根林、厅航道局局长董文虎,以及地方政府有关领导陪同检查。

检查组通过听汇报、查内页资料、看现场等形式对谏壁船闸现有技术状况、基本建设程序执行情况、运营管理情况、事故隐患情况、应急管理情况进行了详细检查,并实地检查了船舶安全通行、船闸监控系统实施、船闸启闭机设备配备等情况。一致认为,谏壁船闸运营管理体系健全,安全监管主体明确,保障安全运营的制度、责任落实,资料健全完善;安全保障措施切实有效,应急预案体系健全,发挥了较好的安全保障作用。镇江市交通局还就谏壁船闸基础设施安全工作作了专题汇报。

检查组在抽查了淮安、淮阴三线船闸后,对两个船闸的安全措施给予了高度评价,要求超期服役的船闸改造要加强安全检测,改造建设时要完善质量管理体系。超限超载的船舶是水上事故的诱因,要联合多部门加强处置手段、减少事故发生的几率。化工危险品船舶全部安装GPS,码头、航道、环保部门要有针对性地采取措施。对于内河码头的管理要更加规范,加强落实安全防范措施。

(江苏省局　徐秋敏)

【交通部水运交通基础设施安全检查组到江西省进行省际互查】 2007年11月6日至9日,由湖南省交通厅副巡视员徐建率队的交通部水运交通基础设施安全检查组到江西省进行省际互查。期间,江西省交通厅副厅长胡琳在南昌主持召开了全省水运交通基础设施安全隐患排查情况汇报会议,厅基建处处长袁望京作了专题汇报。随后,检查组一行在袁望京、省航务局副局长胡敬党等陪同下到位于鹰潭市的界牌枢纽处和景德镇市的鱼山枢纽管理站,对两单位基础设施可能存在的安全隐患进行实地检查。9日下午,检查组于界牌枢纽处召开安全隐患排查省际互查反馈会。省厅副厅长胡琳、省航务局局长李天碧当即赶到鹰潭与会。会上,检查组充分肯定了江西在前一阶段安全隐患排查自查工作中取得的成绩,认为江西省航务局行动迅速,排查全面,整改措施积极有效,航电枢纽基础设施安全状况良好。同时,也对抽查的一些项目提出了建议和要求。

(江西省局　吕一琦　欧阳长松)

【苏北运河“一站式”服务惠及过往船员】　江苏省航道局苏北处坚持以船员满意为价值核心,努力从提高服务态度和质量着手,深入开展为船民办事零距离服务、零缺陷服务和零投诉服务的“三零服务”,进一步简化过闸程序,缩短船舶待闸时间,积极营造优质、宽松的航行环境。利用航道联网规费征收系统的建成运行,及时调整船闸的运行模式,实现“一站式”服务,从根本上变革了船舶过闸流程,过闸船舶只需要在远调站一次性办理完登记、缴费手续,便可直接调度进闸、出闸,不再需要在闸室里上下、在闸区多次往返,加快了船舶周转速度。“一次缴费,全程服务,无缝调度”和诚信登记调度新思路,充分利用闸船沟通信息平台、联网收费平台、GPS船舶调度平台、公共信息服务平台等现代信息技术和网络技术,建立了“综合信息发布栏”,供船员查询苏北运河全线各船闸船舶待闸信息。

近两年,苏北处共推出了50多项便民利民亲民服务措施。在各船闸远调站大厅或休息室配置触摸屏,全面开通收费系统的查询功能,方便船员自己进行查询,为船员提供船闸概况、航道里程、船舶待闸和运行情况、天气预报等查询,满足船员过闸的需求,并为船员免费提供《中国水运报》、茶水、雨伞、休息座椅、手机充电器等。与此同时,开通了POS机银行卡缴纳航道规费,最大限度地方便航运企业和船员。

(江苏省局　苏北处)

【重庆市政府领导慰问驻三峡坝区工作组】　2007年2月9日,重庆市政府顾问甘宇平在市交委副主任何升平、市港航局副局长杨大伦等陪同下,专程到湖北宜昌慰问了重庆驻三峡坝区工作组。甘宇平顾问代表市政府对工作组协调重庆市重点物资过船闸、维护重庆市船舶过闸秩序、组织重庆市旅游客运船舶和重载滚装船舶翻坝运输、沟通重庆市与三峡坝区信息等所做的工作给予了肯定,勉励工作组再接再厉,为减小三峡船闸碍航对重庆市的不利影响继续奋斗。

期间,甘宇平顾问还察看了三峡船闸完建工程,并与三峡工程建设总公司和三峡通航管理局负责人进行了座谈沟通,感谢他们对重庆市工作的大力支持。

(重庆市局　彭然红)

·船闸运行·

【三峡局两枢纽船闸主要运行情况】

·葛洲坝船闸运行时间　1、2、3号船闸和葛洲坝船闸全年通航时数分别为7568.5、7250.4、8625.8、23444.7小时,1号船闸比2006年增加170.8小时,2、3号船闸分别比2006年减少1113.6小时、251.25小时。停航时间:葛洲坝船闸因船闸原因停航年累计总时数为1378.1小时。其中维修停航201.1小时,大修停航1162小时(2号船闸计划性大修),船舶过闸违障碍航0.7小时;其维修年度停航率为0.8%,比去年增加了0.3个百分点;大修年度停航率为4.8%,比去年增加了0.1个百分点;年度故障碍航率为0;年度船舶过闸违障碍航率为0.002%,比去年下降了0.008个百分点。葛洲坝船闸因非船闸原因停航年累计总天数为53天、总时数为1400.4小时,比去年增加了568.15小时,45天。通航率:1、2、3号船闸和葛洲坝船闸全年通航率分别为86.4%、95.48%、95.60%、91.84%,全年总通航率比2006年低2.64个的百分点。

·三峡船闸运行时间　三峡南线船闸共运行7953.09小时。三峡北线船闸共运行6220.39小时。停航时间:三峡南线船闸停航806.91小时,其中完建施工停航614小时,大流量停航57.5小时,例行停航保养18.42小时,天气原因停航97.82小时,其他原因停航19.17小时;三峡北线船闸共停航2539.61小时,其中完建施工2404小时,大流量停航52.75小时,例行停航保养16.25

小时,天气原因停航 65.28 小时,其他原因停航 1.33小时。通航率:南、北线船闸平均通航率分别为 90.79%、71.01%,如不考虑船闸完建工程造成的停航,则南线船闸平均通航率为 97.80%,北线船闸平均通航率为 98.45%,均远远超过设计 91.78%的标准。

(三峡局　何　宁)

【三峡船闸完建期单线运行效益】　2007 年,三峡局根据三峡工程设计文件,三峡工程蓄水至 156 米时,三峡船闸一、二闸首底槛要加高,才能适应高水位通航要求。按照国务院三峡工程建设委员会的批复,三峡船闸采取一线施工一线运行的方式进入完工建设期。2006 年 9 月 15 日 08:00,三峡南线船闸正式停止运行,三峡北线船闸开始单线运行。至 4 月 30 日,三峡船闸完建期单线运行历时 228 天。

三峡船闸单线运行共通过货物 2377.5 万吨,通过量为同期(2005 年 9 月 15 日 08:00 至 2006 年 5 月 1 日 08:00)双线正常运行的 112.45%,比预期提高 44.56%,单线运行通过能力已近极限;共通过煤炭船舶 5235 艘次、903.93 万吨,日均通过煤炭 3.96 万吨,超过国家发改委核定额度的 36.55%,保证了石油、鲜活货农副产品、大型建设物资、矿建等的及时通过。1000 吨级以上的船舶在过闸船舶中所占的艘次比例从同期双线运行的 53.24%上升为 72.81%,过闸船舶平均吨位由同期双线运行的 723.69 吨提高到 1019.81 吨;每闸次平均货运量为 6816.18 吨,比正常运行期的 3991.58 吨提高 70.76%,比 2005 年提高72.65%。

三峡船闸南北两线通航率分别达到 98.7%、99.54%;日均运行 15.30 个闸次,高出预测闸次 1.9 个。南北两线闸室利用率平均达到 77.56%,比双线运行的 69.88% 提高 7.68%,折算运量 182.6 万吨。船闸运行稳定,没有出现断航或碍航现象。

(三峡局　何　宁)

【三峡船闸完建期运行管理】　三峡船闸完建期间,三峡河段始终保持较多待闸船舶,日均待闸 374 艘次,最高达 584 艘次,待闸时间最长 14 天。三峡局在此情况下,严格执行客船过闸限制性规定,减少客船过闸数量,约腾出客船过闸所占面积的 14.39% 用于货运,提高货物通过量约 342 万吨。

·执行国家发改委制定的煤炭运输“一船一证”政策　促使船舶装载吨位大型化,每闸次平均货运量由 3991.58 吨提高到 6816.18 吨,提高 70.76%;每艘次货船平均实载吨位由 723.69 吨提高到 1019.81 吨,提高 40.92%;每闸次平均艘次由 7.04 艘次下降到 6.78 艘次,下降 3.7%。

·大力推广“罗静排挡法”,提高闸室利用率　将罗静等 5 名同志抽调到通航指挥中心,专门负责船舶过闸计划和排挡,并将排挡图及时传输到一线直接执行。

·改变船舶待闸地点,缩短进闸时间　将下行船舶提前安排到一闸室待闸,上行船舶提前安排到下游靠船墩待闸。下行每闸次平均运行时间缩短 14.8 分钟左右,下行日均提高运行闸次 2.28 个,折算提高运量 177.17 万吨。

·开展技术更新,优化船闸运行参数　对三峡船闸二闸首人字门油缸液压系统和南三闸首防撞装置上限位等进行改造和调整,将船闸人字门全程开关运行时间从设计的 6 分钟缩短为 3.5 分钟。

(三峡局　何　宁)

【江苏省航道局采取多种措施疏散皂河待闸船舶】

2007 年 3 月,江苏省皂河船闸待闸船舶数量激增,下水待闸船队已经突破 300 个。下水待闸船队数量激增的主要原因:一是春节过后运价上涨、货源充足,载货船舶纷纷下行。二是皂河船闸水位差持续偏高。三是地理位置特殊,时常受大风等恶劣天气影响。四是徐洪河全线贯通后,上水空船可分别从苏北运河、徐洪河通过,而下水重船仍选择从苏北运河航行,皂河作为首闸压力增大。

为确保航道安全畅通,尽快疏散积压船舶,江苏省航道局苏北处多次派人到皂河船闸,及时掌握船舶动态,灵活调整运调方案,采取一系列有效措施,加强对船舶的源头和入口管理。与此同时,联合宿豫、新沂地方海事处对皂河船闸上游航道进行联合管制,在距该闸 50 公里处设立船舶控制点,实行见船发放船舶停靠证,船闸远调站凭停靠证登记。对船舶控制点以下航道实行统筹管理,每天有计划地向该航段调入待闸船舶,合理控制该航段内船舶数量,防止堵塞航道。为防范船舶提前登记,坚持开小艇上航核对船舶,同时规定黄砂船队上水过闸后下水再次登记的间隔时间。启动泗阳、刘老涧、宿迁等船闸控制上水船,加大皂河船闸下水船的放行数量。科学编排闸次,合理利用闸室容积,在确保安全的前提下,加快放行速度,努力提高船舶通过量。

(江苏省局　苏北处)

【国内最大抬船浮箱安全通过江苏省九圩港船闸】 2007年6月,江苏省通州通海船舶修造有限公司建造的抬船浮箱最后一块通过九圩港船闸。抬船浮箱总长213.2米,宽30.4米,重4000吨,总造价1亿元,是目前国内最大的抬船浮箱,这是九圩港船闸建闸通航以来通过的最大水上浮运物。

江苏省九圩港船闸是浮箱从内河进入长江的唯一通道,按照设计规范,该船闸允许通过的船舶最大宽度为14.9米。为保证浮箱安全顺利过闸,有效保护船闸设施不被损坏,九圩港船闸研究制定了安全可行的过闸方案及应对突发事件的处置措施。一是加强引航道管理,保畅通;二是管理艇护航,保安全;三是调整班组人员,保措施。同时要求厂方在浮箱过闸前做好浮箱的平衡调整,并在浮箱四角焊上防撞圆弧钢板。浮箱安全顺利通过九圩港船闸,为今后船闸安全施放超大型船舶积累了经验。

(江苏省局　南通处)

【重庆市富金坝航电枢纽船闸及上下游引航道进行实船枯水试航】 2007年6月13日,重庆航运建设发展有限公司对富金坝航电枢纽船闸及上下游引航道组织了实船枯水试航。试航当日,涪江富金坝河段流量194米^3/秒,坝上水位228.7米,接近229米的正常挡水位,下游安居船闸也处于正常挡水位位置。上午11时,试航开始,船舶顺利从上游600米处进入引航道,并进入闸室,靠于浮式系船柱后,阀门开始泄水,泄水过程闸室内水流十分平稳,整个试航过程非常顺利。

试航结束后,各位专家和代表提出了一些在船闸正式通航前需要注意的事项和急需完善的工作。项目业主表示将认真按照主管单位和各位专家的意见进行完善,以保证船闸顺利通航。

(重庆市局　高桂景)

·通航维护·

【三峡船闸完建期通航安全管理】 2007年,三峡局认真贯彻交通部"安全、有序、高效"的总体要求,采取各种有效措施,确保辖区通航安全稳定。

·及时划定翻坝区、锚泊区、过闸待闸区以及掉头区　实行船舶分区作业和锚泊,并及时对外公布。加强指泊和现场监管,防止锚地船舶与航行船舶交叉航行。落实上下水域船舶到锚报告制度,实行船舶实船、实时、实地监控和登录,船舶登陆与计划程序环环相扣。

·制止过闸船舶违章行为　在船闸引航道入口等部位设置监控点5个,加强船闸引航道守口监督;另从机关抽调人员51名,在基层相关单位也抽调了一定数量的人员,轮流参与现场值班。加大船名、货物核对力度,实行从调船到出闸的全过程监控,预防和纠正抢闸、抢航或无计划偷渡行为,有效维护调度计划的严肃性。

·对靖江溪码头、太平溪港船舶实行统一调度　采取限制作业时间及现场督察等措施,严防进出港船舶与航行船舶交叉。对辖区渡船全部安装了定位装置。对相继出现的10多个煤炭翻坝码头,认真执行了先安全评估和审批,再投入生产运行的规定。

·执行船舶过闸吃水控制标准　针对三峡船闸门槛水深与上下游干线航道维护水深不相匹配的现状,在取得长航局相关批复后,全力执行船舶过闸吃水控制标准,对接近吃水控制标准的船舶实施过闸检查。及时调整枯水期坝区吃水限制标准,鼓励船舶通过两坝后过驳转载运输,提高船舶装载率,下行船舶装载系数达到0.742,比双线运行同期的0.619提高了0.123。当三峡水库蓄水139米至143米期间,三峡船闸一闸首边墩成为水下障碍物时,对外发布了通告,明确仅允许单船和"一顶一"单列式船队通过三峡船闸。三峡坝上隔流堤被淹没后增设航标10座,保障过闸船舶的航行安全。

·形成联合办公机制　以水上政务中心为平台,有效整合海事、航道、公安、通信资源,形成了联合办公机制。开展整治围船叫卖、"水上超市"、治安消防及水上无线电秩序等方面的专项活动,规范船舶锚泊、待闸、作业秩序,整治农用船、渔船穿档经营和大量船用救生艇穿梭往来等行为,净化通航环境。制度化联合巡航 210 次,专项整治巡航 197 次,出动船艇 4705 艘次,巡查船舶 61453 艘次,纠正违法行为 832 艘次。

·严格实行执法制度　基层管理单位葛洲坝通航管区和三峡通航管区,实行领导带班检查制度、双人执法制度、执法检查单签名制度和现场检查拍照留底备查制度。执行检查者不参与复查、复查者不参与处罚规定,实现了海事执法检查和处罚权限的分离,规范了海事执法,确保了执法的公正、严明。

(三峡局　何　宁)

【重庆市局綦江处加强船闸维护保畅通】　2007 年,重庆市局綦江处为减少船闸维修对船舶通航带来的影响,抽调相关技术人员组成施工突击队,对船闸钢质人字门、横拉门,以及机械设备进行了维护保养施工。

施工人员不计个人得失,放弃了春节和家人团聚的机会,齐心协力、争时间、抢速度,终于按计划圆满完成船闸维护保养施工任务,确保了节后船闸的按时通航。

(重庆市局　高桂景)

·基本建设·

【三峡船闸完工期建设概况】　经国务院三峡工程建设委员会批准,中国长江三峡工程开发总公司于 2006 年 9 月 15 日开始实施三峡船闸第一和第二闸首完建工程(简称三峡船闸完建期),计划工期一年,船闸实施单线运行。2006 年 8 月 11 日,国家发展和改革委员会发布三峡船闸完建期有关客货运输的公告(2006 年第 52 号),2006 年 9 月 6 日,交通部发布《关于长江三峡船闸开始完建工程实施单线运行的公告》(2006 年第 36 号)。

2006 年 9 月 15 日 08:00,三峡南线船闸正式停航开始完建,北线船闸开始单线运行。9 月 15 日 11:20,南线船闸上游第二节叠梁门下放到位,上游封堵挡水;23:00 下游浮式检修门下沉到位,下游封堵挡水。

2007 年 1 月 11 日,南线船闸金属结构、机电安装及单机单闸首调试工作完成,完建施工结束。14 日,南线船闸各闸室开始充水,进入有水调试阶段。15 日至 19 日,受国务院三峡工程验收委员会委托,三峡总公司组织验收组对南线船闸完建工程进行检查验收;19 日工程通过验收,南线船闸 127 天停航完建施工结束。19 日 08:00 至 20:30,南线船闸经过 12 个半小时的试航,取得圆满成功。

1 月 20 日 08:00,南线船闸恢复通航开始单线运行,北线船闸正式停航进入完建施工。08:00 至 15:00,北线船闸一闸首封堵;21 日,下游浮门沉放到位;22 日,各闸室抽水抽干,北线船闸封堵成功。北线船闸完建施工主要进行了一、二闸首人字门底坎浇注,二闸首人字门提升,一、二闸首启闭机安装,水工缺陷修补等完建工程。4 月 24 日,国家发改委、交通部联合下发了《关于三峡船闸恢复双线运行有关问题的通知》(发改[2007]120 号)。26 日,北线船闸完成 1 至 6 闸首有水单机调试;28 日至 29 日,北线船闸经过 100 天的停航完建施工后,进入有水联动调试和实船调试。30 日,继续进行了实船试航。5 月 1 日 08:00,三峡北线船闸正式恢复通航,标志为期 228 天的三峡船闸完建期顺利结束。

(三峡局　何　宁)

【葛洲坝 2 号船闸进行计划性大修】　2007 年,葛洲坝 2 号船闸计划性大修工程立项申报、批复计划 30 项,工程总费用 612 万元。工程分前期、停航期和后期三个阶段进行实施,前期修理项目 13 项,完成 5 项(其中 8 项在前期和停航期存在交叉施工),项目总费用约 33.16 万元,工期 70 天;停航期修理项目 23 项,项目总费用约 494.08 万元;后期修理项目 2 项,项目总费用约 84.76 万元。

2 号船闸计划性大修的 30 个工程项目名称如下:人字门顶底枢修理、人字门门体修理、下人字门近坎冲淤装置修理、人字门启闭机修理、反弧门结构修理、液压启闭机修理、干油润滑系统修理、浮式系船柱修理、深井泵系统修理、金属结构防腐、活动桥启闭机修理、检修平板门修理、事故检修门启闭机及门体修理、变压器修理、低压屏柜修理、闸阀门控制系统及现场传感装置修理、事故门启闭机拖动及控制系统大修、电动机解体修理、照明系统修理、闸面机房检修电源系统修理、调度及通信系统修理、输水廊道及闸室底板破损修补、下游阀门井平板门槽冲坑修理、阀门井交通梯修理、船闸水尺泊位号停靠线及包板修复、观测设施修理、辅助工程、浮门拖运，沉浮工程、载人吊笼检修和运行、淤泥清除工程。

2号船闸计划性大修工程由通航工程技术中心总承修，与三峡局签定总承修合同。总承修项目中，所有葛州坝船闸处、通信中心的项目以工程管理组核定的工程费用为准，通航工程技术中心与分包承修方签定分包承修协议，用协议形式明确分包方的分包项目。大修工程由三峡局指挥部统一领导，指挥部下设安全工作组、工程管理组、招标工作组及大修现场指挥部。通航工程技术中心为总承修单位，总承修单位组建大修现场指挥部，负责大修施工现场的管理、指挥和协调工作。

葛洲坝2号船闸计划性大修工程计划分停航前、停航期（主修期）和复航后三个阶段进行实施。确定前期修理项目14项，工期70天，2006年11月6日开工，2007年1月12日完工。工期68天，实际完成项目11个，竣工项目有5项，按照计划完成施工内容的项目6项；停航期工程于2007年3月1日开始，2007年4月19日完工。工期50天，以水下设备设施及人字门启闭机修理为主；复航后完成剩余修理项目，全部非停航期修理项目于2007年6月底之前完成。

为减轻停航期通航压力，尽可能缩短船闸停航检修时间。按三峡局领导统一部署要求，停航期检修时间按50天控制，这对船闸大修而言是史无前例的，给大修工程管理组和大修现场指挥部提出了严峻的考验。作为大修工程的主管部门，设备技术处精心组织，制定了2号船闸大修工程实施管理办法。明确了大修工程的考核指标，进一步规范了大修工程实施的管理流程和安全管理规定；编制了工程实施节点控制、检验时段和奖惩办法，激励检修人员的工作热情；责成大修现场指挥部制定了周密的施工进度计划；同时还将三峡局近几年来所取得的科技成果应用于本次大修工程；结合检修新工艺和新材料的应用，大大提高了大修工程的质量和效率。整个大修工程严格按照上述办法、质量控制标准规范和计划进度要求进行控制，最终确保了2号船闸计划性大修工程于2007年4月18日圆满完工，比停航期总工期50天提前一天完成任务。2007年8月，长江电力对2007年度葛洲坝2号船闸计划性大修工程进行了竣工验收，整个大修工程30个项目一次性通过验收。2007年9月上旬，三峡局设备技术处组织召开了“船闸大修管理与技术创新研讨会”。大会就船闸大修的管理模式、技术创新和科技成果在大修中的应用等方面进行了探讨。此次大会举办成功，达到预期效果和目的。

（三峡局　何　宁）

【葛洲坝船闸航道常规性大修及更新改造工程】 2006年8月，长江电力股份有限公司“长江电力函[2006]18号”文批复《关于2006年度葛洲坝船闸航道专项支出的复函》中的葛洲坝船闸航道大修及更改工程计划，共计15项。其中大修项目5项，更新改造项目7项，技术装备购置3项，总工程计划费用310万元。

15个单项工程中，由三峡局管理并实施的有13项。其中葛洲坝船闸浮式检修门系泊装置改造是2005年常规性大修及更改工程中的连续项目，其工程内容于2006年已经全部完成并通过2005年度专项工程竣工验收；1号船闸引张线设施更新项目，经与长江电力磋商，在2007年常规性大修及更改工程中更换成右基础廊道引张线无浮托自动化观测改造项目，其项目费用计划调整到2007年中。由于2号船闸计划性大修在2006年11月初至2007年3月底期间实施，2006年常规性大修及更改工程从2006年12月下旬开始实施，至2007年12月上旬，全部项目实施完毕。

常规性大修及更改工程项目严格按照三峡通航局体系文件《设备工程项目管理办法》（SXTH－SB－10）进行项目管理，采取统一计划、分责任单位实施、归口监管、两级检查的验收制度。工程管理上贯彻质量第一和专款专用的原则，确保工程计划的严格执行和质量创优。工程管理中加大项目管理力度，在单项工程上做到：任务书明确、主管责任到人、验收有签证，并进一步强化和细化了重要项目技术方案和施工方案的设计审查及单元工程的中间验收；对合同额在5万元以上的外购外委项目，按三峡局制定的招标管理办法进行；重大项目成立项目组进行管理，确保工程质量。为确保工程的顺利实施，根据项目实施的具体情况，对个别项目计划进行了适当的调整。工程项目通过实施后，使葛洲坝船闸航道部分设备设施在技术性能上得到了提高和改善。

（三峡局　何　宁）

【江苏省杨庄船闸顺利完成大修】 江苏省杨庄船闸是一座沟通大运河和盐河的人字门船闸,口门宽度为10米,坎上水深为2.5米。该闸建成于1961年,杨庄船闸的闸门经历了由木面板改为钢面板,为改善闸门底横梁与坎上的杂物碰撞,将底横梁抬高等改造措施,大修时间为1997年。2007年5月10日停航,该闸再次实施大修。6月17日提前完工,并通过省局组织的竣工验收;21日恢复通航,工程质量优良。这次大修内容主要有:(1)闸门更新:顶枢改造;底枢改造;门轴柱、斜接柱改造;止水修理;限位及缓冲块修理;推拉座修理;门体喷锌、油漆;自动润滑装置修理;(2)阀门工程:主侧滚轮系修理;止水修理;银面板修理;底坎修理;侧、付轨道修理;阀门除锈、喷锌、油漆;(3)电气工程:电气控制系统改造;与启闭机改造配套的船闸控制系统改造;电缆更换、部分改造(共6620米);船闸接地、照明及广播系统;临时通航控制设备一套;(4)土建工程:闸室清瘀估列800方;闸室底板改造,消能格栅破损修复;闸室肋墙增设钢包角,新增20道,已做24道接高至盖梁;闸室挡浪墙及人行道板修复;闸室墙墙面勾缝;铁爬梯除锈油漆;四座机房楼改造;(5)闸况检测等。

本次大修和启闭机改造工程共6个单位工程,44个分项工程全部完成,工程决算经费605万元,大修后恢复了船闸原有设计通航能力和安全运行。

(江苏省局 徐秋敏 淮安处)

【江苏省皂河三线船闸建成通航】 2007年6月13日,京杭运河苏北段皂河三线船闸建成试通航。皂河船闸地处宿迁市宿豫区皂河镇北约3公里处,位于京杭运河苏北段(简称苏北运河,下同)最繁忙的大王庙至淮安航段,是苏北运河自蔺家坝船闸而下的第4座梯级船闸,也是京杭运河东、西线航道交汇后的第一闸。

皂河三线船闸为Ⅱ级通航建筑物,位于皂河一、二线船闸之间。工程概算总投资为24205.8万元,其中船闸工程投资为23573.07万元,桥梁工程投资为632.73万元。工程依据江苏省发展计划委员会《关于苏北运河皂河三线船闸工程项目建议书的批复》(苏计基础发[2002]1151号)、江苏省发展计划委员会《关于京杭运河船闸扩容工程皂河三线船闸工程可行性研究报告的批复》(苏计基础发[2003]259号)、江苏省发展计划委员会《省计委关于京杭运河扩容工程皂河三线船闸工程初步设计的批复》(苏计基础发[2003]1295号)等文件组织实施。工程业主单位为江苏省交通厅航道局;质量监督单位为省交通厅工程质量监督站;设计单位为江苏省交通规划设计院。宿迁市政府成立了宿迁市京杭运河船闸扩容工程指挥部,下设办公室为工程的建设单位。工程采用公开招标确定施工单位和监理单位,中标承建单位分别是:土建工程由山东省筑港总公司承建,总承包价为14176万元人民币;房建工程由江苏弘盛建设工程集团有限公司承建,合同总价为1386.45万元人民币;闸阀门工程由江苏设备成套有限公司承建,总合同价为530.81万元人民币;启闭机工程由常州液压成套设备厂有限公司承建,总合同价为288.75万元人民币;电气工程由北京机械工业自动化研究所承建,总合同价为515.2536万元人民币;绿化工程由江苏经典景观园林工程有限公司承建,总合同价141.03万元;现场监理工作由江苏科兴工程建设监理有限公司承担,监理费242万元。

(江苏省局 王英东 徐秋敏)

【世行贷款项目——赣江石虎塘航电枢纽工程通过预评估】 2007年9月24日,世界银行考察团一行11人抵达江西省;25日至29日,在江西省南昌市召开了赣江石虎塘航电枢纽工程项目预评估会议。江西省发改委、财政厅、交通厅有关部门负责人、代表,以及江西省航务局、石虎塘工程项目办、工程设计单位的领导和工程技术人员共30余人参加了会议。

会议期间,世界银行考察团专家听取了项目前期工作进展和工程设计情况的汇报,并对项目的工程设计、环境保护、大坝安全、工程设备采购、移民安置、财务管理、经济社会评价等进行了全面评估;对项目规划、建设与运营管理等,展开了深入细致的探讨。世行评估团对项目前期工作给予了高度评价,对枢纽工程建设表示给予支持。相关部门和项目参建单位表示:将按世行程序,加快前期工作进度,进一步优化、完善工程设计方案,完善专题报告的报批、审查等项工作,保证项目如期顺利实施,真正把世行贷款项目建成“精品工程”。

(江西省局　许海远)

【《江西省赣江石虎塘航电枢纽工程可行性研究报告》通过评估】 2007年4月23日至25日,江西省工程咨询中心受省发改委委托,在南昌组织召开了《江西省赣江石虎塘航电枢纽工程可行性研究报告》(以下简称《可研报告》)预评估会,省直有关部门、吉安市和当地政府有关部门、工程设计单位及省内外专家等共40余人参加了会议。与会代表踏勘了工程坝址及有关防护工程现场,听取了编制单位关于《可研报告》主要内容的介绍,会议认为,该项目技术方案合理、可行,同意报送国家发改委。

9月10日至13日,受国家发改委的委托,中国国际工程咨询公司组织相关专家共10人,在南昌市主持召开《可研报告》现场调研评估会议。江西省发改委、国土资源厅、水利厅、环保局、移民办、交通厅、吉安市政府、泰和县政府、省航务局、石虎塘航电枢纽工程项目办以及工可编制单位的领导和工程技术人员共40余人员参加了会议。专家组成员考察了拟建工程现场,听取了编制单位关于《可研报告》主要内容的介绍,并提出了评估咨询意见。经过会议评估咨询,与会人员一致认为,该项目是一个以航运为主,兼顾发电、防洪等综合开发利用的枢纽工程。项目工程区内交通运输方便,供水供电条件具备,建筑材料丰富,总体施工条件良好;采取防护工程后将大幅度减少库区淹没,移民拆迁量、用地规模基本合理;工程建设不会对生态环境产生明显影响,项目建设符合国家有关规划。《可研报告》提出的建设方案基本可行。会议对项目工程的技术细节问题也提出了改进完善意见。

(江西省局　王保泉　张兆平)

【赣江石虎塘航电枢纽通过国家环境影响技术评估】 2007年11月15日至16日,国家环境工程评估中心受国家环境保护总局委托,在江西省南昌市主持召开了《江西省赣江石虎塘航电枢纽工程环境影响报告书》技术评估会。国家环境保护总局、江西省环境保护局、省交通厅、省环境工程评估中心、吉安市环保局、泰和县环保局,以及建设单位江西省航务管理局、设计单位江西省水利规划设计院、环评单位中交第二航务工程勘察设计院有限公司的专家和代表参加了这次会议,并由8名专家组成了技术评估专家组。

会议期间,与会代表和专家考察了拟建工程现场和主要环境敏感点,听取了建设单位对工程概况的介绍和环保单位对报告书编制内容的详细汇报。技术评估专家组经过认真讨论和评审,一致认为:石虎塘航电枢纽项目符合国家的产业政策和地方相关规划要求;工程环境影响报告书编制规范,内容较全面,评价重点突出,工程与环境概况介绍清楚,工程分析与环境影响评价总体反映了项目及当地环境特征,提出的环保措施可行,评价结论总体可信;在设计阶段、施工阶段、运行阶段落实报告书及本次评估提出的各项环保措施后,工程建设对环境的不利影响可以得到控制与缓解,从环境保护角度分析,此项工程的建设是可行的。

(江西省局　许海远)

【湖北省汉江崔家营航电枢纽工程】 2007年,湖北省汉江崔家营航电枢纽工程实施机电、金结等设备制造与主体土建工程施工同步,库区淹没复建工程与主体工程同步。全年完成投资5.2亿元,占年计划投资的104%,累计完成10.62亿元,占项目总投资的51.52%。

·工程进度　主体土建土石方开挖完成260万方,占年计划的113%;砼浇完成了42.19万方,占年计划的100.4%,占总量的60.3%。机组尾水管里衬制造完成6套,占年计划的100%,液压启闭机埋件制造14套,占年计划的117%,闸阀门埋件制造完成约1300吨,占年计划的100%。机组尾水管里衬安装完成3套,占年计划的50%。

·工程质量　单位工程、分部工程、分项工程合格率100%,优良率达到精品标准要求,质量通病得到有效防治,未发生重大质量事故。环保绿化方案得到落实,符合工程环保要求。

·招标工作　完成19个标段的招标工作。土建部分除房建工程、环境工程、电站送出系统外全部完成;机电设备招标完成了95%。

·征迁协调　完成了2座城市排水泵站的复建,4座农田排水泵站、1处港区、4.22公里库岸防护的招标;库区淹没土地的勘界、确权及实物指标核实。

(湖北省局　王彦玲)

【重庆市富金坝航电枢纽工程全面完工】 2007年6月14日,重庆市重点工程富金坝航电枢纽工程全面完工。

富金坝航电枢纽工程于2003年11月开工建设,历经3年多建设,较好地完成了工程建设的各项任务,大坝顺利蓄水,船闸试通航成功,3台发电机组投入运行。当日召开了富金坝枢纽工程完工座谈会。

(重庆市局　彭然红)

【重庆市合川区举行利泽航运枢纽准备工程开工仪式】 2007年12月26日,嘉陵江梯级渠化利泽航运枢纽准备工程开工仪式在重庆市合川区举行。重庆市交委及相关部门,合川区、武胜县政府、工程参建单位约300人参加了仪式。

嘉陵江利泽航运枢纽是嘉陵江干流重庆段航运规划的重要梯级,工程位于重庆市合川利泽。其上游梯级为四川境内的桐子壕航电枢纽工程,下游梯级为重庆境内的草街航电枢纽工程。项目总投资估算为21.7亿元,电站装机9.2万千瓦,年发电量3.85亿千瓦时。枢纽设2×500吨级船闸,年通过能力226万吨。工程由重庆航运建设发展有限公司、四川省港航开发有限责任公司、重庆市合川区、四川省武胜县共同投资建设。其中重庆方面出资比例为55%,四川方面出资比例为45%,项目由重庆航运建设发展有限公司控股。

(重庆市局　彭然红)

【四川、重庆签订《联合投资建设嘉陵江利泽航电枢纽协议书》】 2007年4月10日,四川省武胜县人民政府、重庆市合川区人民政府、四川港航建设开发有限责任公司、重庆航运建设发展有限公司四方代表,在武胜县共同签订了《联合投资建设嘉陵江利泽航电枢纽协议书》。

四方同意组建重庆嘉陵江利泽航电开发有限公司,负责项目建设、生产经营、对外融资;在该公司注册成立前,重庆航运建设发展有限公司负责牵头办理该项目前期立项、审批工作。

(重庆市局　彭然红)

· 文明创建 ·

【江苏省淮阴、宿迁三线船闸获交通部水运工程质量奖】 2007年,江苏省利用世界银行贷款建设的淮阴三线船闸、宿迁三线船闸工程荣获交通部水运工程质量奖。据悉,全国共有5个项目获得此项奖。

(江苏省局　徐秋敏)

【四川省局被评为三峡水库156米蓄水及三峡船闸完建期通航保障先进】 2007年,四川省局按照国务院三峡办、交通部的有关要求,做好三峡船闸完建期煤炭运输船舶过闸管理及经济补偿工作,制定了《四川省港航企业三峡船闸完建期碍航经济补偿实施方案》,并配合省交通厅将补偿资金落实到补偿对象手中。

因在三峡水库156米蓄水及三峡船闸完建期通航保障工作中表现突出,四川省航务局运输管理处荣获交通部和交通部长江航务管理局先进集体的表彰。

(四川省局　林　彩)

第九篇 公 安

【概　述】 2007年,长航公安机关以"三个代表"重要思想和党的十六届六中全会精神为指导,以科学发展观为统领,以构建和谐社会和维护长江水域治安稳定为目标,积极践行"三个服务",大力推进"三基" 工程建设,圆满完成了全年各项工作任务。

抓住重点,实现突破,推动"三基"工程建设与公安工作的整体发展。通过加强基层班子建设,一批德才兼备、年富力强、有丰富工作经验和开拓创新精神的民警走上基层领导岗位。按照机关精、基层实的警力布局要求,全线5人以上警力的派出所达92%,一线警力平均达到85%以上。继续推行是否落实基层经费作为"一票否决"的考核制度,使基层所队日常办公、公安业务经费及警务保障工作落到实处。狠抓基础业务信息化建设,初步将涉水单位、船舶、人员、设施等重要基础信息输入数据库内管理,初步实现信息资源共享的功能,提高了网上作战能力;改善基础设施,创优办公环境,加强公安装备建设。

积极深化平安创建,确保水上治安大局和谐稳定。发挥信息工作的先导性作用,落实矛盾纠纷定期排查机制,妥善处置群体性事件。加强水上治安管理,进一步完善长江水域治安防控体系建设。做好春运春节、两会、五一、十一等重点时段的安全保卫工作;开展治安防控体系建设调研,研究提出今后一个时期长江治安防控建设的思路和对策;稳步推进派出所等级评定工作。完成了申报的一级、二级、三级派出所的审核、认定工作,目前,全线已有一级派出所2个,二级派出所15个,三级派出所37个;组织开展了"三保一创"、"打击非法采砂,确保通航安全"、汛期百日安全活动、"防碰撞、防泄露"、安全生产月等一系列专项活动,确保了长江航运的安全、有序和畅通。全面落实"三个必破"要求,组织开展打击物流犯罪专项行动。南通、镇江、上海、南京等分局破获多起特大物流隐案。百日战役及扫除黄赌毒等专项行动取得成效。加强水上消防安全监督。始终坚持"安全第一"的指导思想,全力以赴投入到各项现实任务的筹备和执行工作中,确保了警(保)卫对象的绝对安全和重要活动的顺利进行。

以教育培训和大练兵为手段,增强服务意识和服务能力。深入开展"三个服务"理念的宣贯活动,切实提高了广大民警公正执法、文明执法、热情服务、周到服务的自觉性。以"训练壮警"的思路,开展了"水陆结合,整体联动"的水上联合搜救演习,举办各警种业务知识培训,组织了警务技能和体能大练兵活动,提高民警综合素质、执法水平和服务能力。组建专项工作执法质量服务队为基层服务,通过警务机制改革,长航公安机关初步实现"见警率和群众满意率提升、管理水平和勤务效能提升、打防能力和民警素质提升"的目标。

不断加强三峡水域及两坝船闸安全保卫,组织开展处置突发性事件演练和船舶火灾自救、互救实战演练,圆满完成"交通部2007长江三峡库区水上搜救演习"中消防灭火和安保两个演习科目和警卫、接待工作任务。据不完全统计,共执行一级易燃易爆、化学危险品船舶过闸武装押运任务25批次,维护117艘船舶运载一级危化品106093吨安全通过三峡两坝船闸。

全面贯彻落实联合执法要求,强化执法机关之间的协作配合,组织开展了一系列维护采砂管理秩序和打击非法采砂碍航等专项行动和整治,探索建立了协作长效机制,确保长江航运的安全畅通。中央电视台在《晚间新闻》节目,专题报道了长航公安与长江水利委员会联合开展的打击非法采砂"春雷行动"。

思想政治工作取得实效。建立健全了党建工作的长效机制;加强了领导班子和干部队伍建设;推进队伍管理制度化建设。通过组织民警参加公安法律知识、网络知识、游泳、射击、武装长跑、警容警姿训练、比武竞赛等活动,检验了练兵成果。切实推进党风廉政建设。全年没有发生民警涉嫌违法乱纪案件。长航公安局被湖北省评为2005－2006年度"文明单位",还有一大批单位和个人被授予省市文明单位、公安部一级派出所和全国特级优秀人民警察等称号。

(总编室　桑汉成　冯维佳)

·公安机构·

【长江航运公安局(简称长航公安局)】 (详见《长江航运年鉴》(2008卷)第三篇"机构")

2007年是加快推进长江黄金水道建设的重要一年,也是着力深化公安部"三基"工程建设关键之年。长航公安机关积极践行"三个服务",大力推进"三基"工程建设,圆满完成了全年各项工作任务。

一、抓住重点,实现突破,推动“三基”工程建设与公安工作的整体发展。

(一)抓基层所队建设。一是加强基层班子建设。按照长航公安局《关于加强基层所队领导班子建设的意见》,适时调整选拔了78名科所队长,使一批德才兼备、年富力强、有丰富工作经验和开拓创新精神的民警走上基层领导岗位。二是重视配足基层警力。按照机关精、基层实的警力布局要求,长航公安局积极引导警力下沉,制订了《长江航运公安机关民警下基层活动方案》,选调局机关10名警力到基层锻炼,新招录民警也全部充实到基层所队,目前全线5人以上警力的派出所达92%,一线警力平均达到85%以上。三是确保基层经费和装备需求。在《目标责任状》中,继续把是否落实基层经费作为“一票否决”来考核,确保基层人均公用经费落实到位。在派出所单警装备全部配齐的基础上,又新配警用车辆118辆、电脑535台,使基层所队日常办公、公安业务经费及警务保障工作落到实处。

(二)抓基础业务信息化建设。一是继续修改和完善以电子江图为基础的长航公安警务信息查询系统、“长江干线水域船舶火灾隐患整改跟踪监督系统”、“长江旅游船境外人员信息管理系统”,初步将涉水单位、船舶、人员、设施等重要基础信息输入数据库内管理。二是加快基础实用软件的开发和使用。研发了“长江航运公安机关警察人力资源信息管理系统”、“长航公安机关档案管理系统”和全国在逃人员、全国未知名尸体、全国失踪人员、全国命案、刑事案件管理等系统,初步实现信息资源共享的功能,提高了网上作战能力。三是加大350兆无线通讯和金盾工程两大项目的建设力度,目前已完成前期50个站点的勘查和落实、设备招标和机房改造等工作,设备安装调试正在进行中。

(三)强化警务保障能力。一是基本建设前期工作顺利完成。重庆、芜湖分局业务用房工程、南京分局警用装备及安防监控工程、武昌等六处派出所工作趸船等重点建设项目初步设计相继获得交通部批复。二是改善基础设施,创优办公环境。为12个派出所新建或改造了办公用房;南京、南通分局和13个派出所业务用房正在开工建设中;泸州分局业务用房建设已全部完工,并被泸州市评为“文明样板工地”和“园林式单位”;8个“所趸合一”工程目前已有4艘交付云阳、奉节、巫山、武汉派出所使用。三是加强公安装备建设,开工建设了DNA实验室、火灾物证鉴定室和刑事技术鉴定室等基础设施,并配备了相应的专业技术装备。按标准为刑侦、治安、交警等警种配备了单警装备,购置了警卫前导车、水下机器人等多种先进的安检排爆设备。

二、积极深化平安创建,确保水上治安大局和谐稳定。

(一)全力维护长江水域政治稳定。一是发挥信息工作的先导性作用,加大情报信息的分析研判力度。二是落实矛盾纠纷定期排查机制,妥善处置群体性事件。三是加大了对邪教组织活动的排查及打击。四是进一步规范外管工作。五是落实2008年北京奥运会安保措施。

(二)加强水上治安管理,进一步完善长江水域治安防控体系建设。一是做好春运春节、两会、五一、十一等重点时段的安全保卫工作。针对辖区治安特点,在车站、码头、船舶等重点部位加强治安防范和检查巡逻,大力查缉违禁物品,为旅客出行创造安全环境。二是开展治安防控体系建设调研,收集整理调研报告69篇,研究提出今后一个时期长江治安防控建设的思路和对策。为拓展水上治安管理,建设了面向水域的水上警务室102个。三是稳步推进派出所等级评定工作。完成了全年申报的一级、二级、三级派出所的审核、认定工作,目前,全线已有一级派出所2个,二级派出所15个,三级派出所37个。四是先后组织开展了“三保一创”、“打击非法采砂,确保通航安全”、汛期百日安全活动、“防碰撞、防泄露”、安全生产月等一系列专项活动,确保了长江航运的安全、有序和畅通。五是增加客轮派乘,加强船舶治安管理。完善理顺了客船派乘工作机制,建立了目标责任、重大情况上报、港船交接工作制度。乘警部门共值乘4561航次,安全运送旅客1346502人;做好人好事1417件,收到感谢信28封、锦旗7面,船东满意度达85%。

(三)落实“三个必破”要求,严厉打击水上刑事犯罪。一是针对长江物流犯罪较为突出的下游水域,组织开展打击物流犯罪专项行动。南通、镇江、上海、南京等分局破获多起特大物流隐案。二是百日战役及扫除黄赌毒等专项行动取得成效。

三是加大重特大案件的侦破力度。四是加强了追逃和无名尸体的处置工作。

(四)加强水上消防安全监督。全年共发生火灾15起,较去年减少2起,死3人伤4人,直接经济损失181.48万元。其中船舶火灾13起,死1人伤4人,财产损失147.89万元。事故责任查清率达100%。全年组织开展各类专项行动56次,消防安全检查6124次,检查陆域重点单位(部位)9386个次,检查各类船舶13252艘次,水上加油站(点)、水上设施及危险品码头1056个次。共查出消防隐患12418处(重大火灾隐患19处),责令立即改正9815处,责令限期改正2603处。完成对建筑项目消防设计防火审核79项、竣工验收65项。全线消防机构参加消防监护600余次,监护船舶1200余艘次。开展消防宣传教育活动2200余场次,发放各类宣传资料35000余份,受教育群众近5万人次;开展各类义务培训活动180余期8500余人次,推进了消防工作社会化。

(五)圆满完成警卫保卫任务。始终坚持"安全第一"的指导思想,全力以赴投入到各项现实任务的筹备和执行工作中,确保了警(保)卫对象的绝对安全和重要活动的顺利进行。

三、充分发挥职能作用,提高服务和促进长江黄金水道安全畅通的能力。

(一)以教育培训和大练兵为手段,增强服务意识和服务能力。一是深入开展"三个服务"理念的宣贯活动,在全线组织学习和实践交通部党组提出的"三个服务"理念,开展了"创建学习型所队,争做学习型民警"和"加强作风建设,做好三个服务"两个主题的征文活动,切实提高了广大民警公正执法、文明执法、热情服务、周到服务的自觉性。二是以"训练壮警"的思路,提出具有长江特色的练兵举措。开展了"水陆结合,整体联动"的水上联合搜救演习,举办各警种业务知识培训,组织了警务技能和体能大练兵活动,提高民警综合素质、执法水平和服务能力。三是发挥公安职能作用。组建专项工作执法质量服务队为基层服务,并督导各分局组建基层执法质量服务队,为基层民警提供全面、直观的执法服务。通过警务机制改革,长航公安机关初步实现"见警率和群众满意率提升、管理水平和勤务效能提升、打防能力和民警素质提升"的目标。四是切实为群众办实事、办好事,做实服务型公安机关。为践行"三个服务"理念,服务社会主义农村建设,长航公安机关组织开展了爱心助学捐款活动,共捐款16万余元。

(二)加强三峡水域及两坝船闸安全保卫,提高处置突发事件能力。一是下发《关于大干60天继续加强三峡船闸完建期安全保卫工作的通知》,提出8项工作措施,实行局领导靠前指挥和机关直属实战单位负责人轮流驻三峡工作组制度,共派工作组28批84人,确保了156米蓄水和船闸完建期绝对安全。二是组织开展处置突发性事件演练和船舶火灾自救、互救实战演练。圆满完成"交通部2007长江三峡库区水上搜救演习"中消防灭火和安保两个演习科目和警卫、接待工作任务。三是在三峡两坝水域组建国家安全工作小组、消防中队,物建信息员,建立情报网络,在坝上坝下分设水上消防安全检查点,启用消防船和巡逻艇在坝区水域执勤巡逻,严格实行过闸的危险品船舶100%检查制度。四是制定和细化一级易燃易爆、化学危险品船舶通过三峡船闸实施武装押运的工作方案和流程,出动警力450余人次、公安巡逻艇57艘次,加强对危险品船舶过闸时的闸面监护。据不完全统计,共执行一级易燃易爆、化学危险品船舶过闸武装押运任务25批次,维护117艘船舶运载一级危化品106093吨安全通过三峡两坝船闸。

(三)积极推动联合执法工作,提升水上治安局势驾驭能力。一是提供保障,健全执法机制。全线16个分局配备了专职法制干部43名,兼职法制干部138名,形成了以长航公安局法制处为中心,以分局法制科为依托,以基层所队和实战单位兼职法制员为基点的法制工作网络。二是深入开展社会主义法治理念教育,提升队伍执法服务能力。在全线开展了社会主义法治理念教育,编撰出版了《水上刑事案件争议问题述评》和《长江公安法律一本通》,为指导一线执法民警办案提供了依据。认真组织开展了一系列维护采砂管理秩序和打击非法采砂碍航等专项行动和整治,探索建立了协作长效机制,确保长江航运的安全畅通。中央电视台在《晚间新闻》节目中,专题报道了长航公安与长江水利委员会联合开展的打击非法采砂"春雷行动"。

四、加强思想政治工作,提升队伍整体素质和战斗力。

（一）建立健全党建工作的长效机制。在认真总结先进性教育活动中好的做法和经验的基础上，对党建工作中行之有效的一些制度加以完善，印发了《长江航运公安局保持共产党员先进性长效机制（试行）》，研究制订了党员监督评价机制、党员激励保障机制、党员联系群众机制、党员队伍管理机制、党员教育培训机制，促进长江航运公安局党建工作走上经常化、规范化、制度化的轨道。在开展"以党建促发展"为主题的创建"五好党组织"活动中，充分发挥典型示范作用，激励和鞭策广大民警爱岗、敬业、团结、奉献，表彰了一批在活动中涌现出的先进集体和先进个人。

（二）加强领导班子和干部队伍建设，提高队伍的整体素质。召开2007年长航公安局领导干部民主生活会，向各分局、各处室及相关单位征求了对长航公安局党委领导班子和领导干部思想作风建设、廉政建设等方面的意见和建议；班子成员积极主动查摆自身工作中存在的不足，开展了交心谈心活动，进行了批评与自我批评，针对问题制订切实可行的整改措施。同时参加了各分局的领导干部民主生活会，听取了班子成员查摆自身工作中存在的不足及下一步的工作打算，有力地促进了班子团结及各项工作的开展。

（三）推进队伍管理制度化，加强民警教育培训和交流民警交接工作。通过组织民警参加公安法律知识、网络知识、游泳、射击、武装长跑、警容警姿训练等比武竞赛活动，检验了练兵成果，提升了民警基本功。为合理配置长江航运公安机关现有警力资源，激发队伍活力，建立了民警合理流动的新机制，推动基层队伍正规化建设和队伍长远发展，根据《长江航运公安局民警异地交流管理暂行办法》和《2007年长江航运公安局交流民警工作方案》精神，完成了涉及10个分局205名民警的第一批交流民警回原单位工作和第二批交流民警的派遣工作。

（四）切实推进党风廉政建设。制定下发了《2007年长航公安局反腐败工作计划》，细化分解了反腐倡廉各项工作任务，修订了2007年党风廉政建设责任制目标考核标准，组织广大民警观看警示专题教育片，两节期间通过警务通平台向2300余名民警发送廉政短信，筑牢广大民警拒腐防变的思想道德防线，实现了民警零违纪目标。据不完全统计，全年开展廉政教育276场次，受教育民警11250人次，党员干部拒礼拒贿拒吃请1089次。全年没有发生民警涉嫌违法乱纪案件。

（五）加强对外宣传和文明创建。继续坚持以"三报一台"为重点，广泛开展对外宣传，在中国水运报上开辟了"长江金盾"专版。据不完全统计，全年被各级电台、报刊和一些知名网站等媒体采用的稿件3384篇（条）。其中被中央电视台、中国交通报、人民公安报和中国水运报等新闻单位播发的各类稿件3000余篇。

2007年，长航公安局被湖北省评为2005－2006年度"文明单位"，长航公安机关有1个单位被评为"湖北省创建文明行业先进单位"，2个单位被评为省级文明单位，6个单位被评为所在地地市级"文明单位"，1个派出所连续3年获得"全国青年文明号"称号；1个单位被评为全国交通公安系统"优秀公安局"；2个派出所被公安部授予"一级公安派出所"称号、2个集体被评为"全国优秀公安基层单位"；1名同志被评为"全国特级优秀人民警察"、2名同志被评为"全国优秀人民警察"；25个单位荣立集体二、三等功，66人荣立个人二、三等功。宜昌、武汉航区被授予交通部"文明样板航道"称号。

地　址　武汉市江汉区黄陂街10号
邮　编　430021
电　话　（027）82766806
传　真　（027）85704586

【长江航运人民警察学校、交通公安民警培训中心（简称长航警校）】 长航警校主要负责全国交通公安机关教育训练工作。

2007年长航警校在交通部公安局、长航公安局的正确领导下，以"三个代表"思想为指针，认真贯彻党的十七大精神，严格按照上级指示精神，圆满完成全年的培训任务。全年举办各类培训班11期，培训总人数697人。组织校内外教师37人授课、共计701课时。教学突出实战特色、突出研讨特色、突出交通公安特色，开设了警务技能与战术、警用手枪使用射击技术、体能、新刑事技术与应用、犯罪防控方略、群体性治安事件的处置、心理行为训练、情报信息、特情工作、外国人的管理、案件侦察、网上斗争、宗教等课程。今年完成的培训量较上一年增长了8.4％，课时增长12%，新增课程26门。

2007年,培训学员宿舍楼、食堂全面维修改造,学员的培训环境得到大的改观。2007年出版《交通公安民警培训中心学报》4期,共刊发论文64篇,印刷4000多册,免费发送到交通公安基层所队。《学报》受到交通公安领导的重视和认可,受到民警的关注和积极参与,他们认为《学报》在交通公安系统是一个很好的学习交流"平台",一些论文为民警执法办案提供了理论指导和有益借鉴。

按照上级要求,2007年警校在编写教材方面取得大的进展,《交通港航公安消防监督教程》和《交通港航公安警务技能与战术训练》完成了初稿,《交通港航公安消防监督教程》通过了由交通部公安局、中国消防协会、中国人民武装警察部队学院、中国船级社、港航单位的专家组成的审查委员会的会审。

2007年,警校组织15名教师分别赴广州港公安局、广州市警察学校、汕头港公安局、长航公安直属分局以及有关院校开展调研,对教学、管理、训练课程的设置、群体性事件的处置、反恐演练、警务技能训练、交通公安执法的热点等问题进行了重点调研。

2007年,警校将"三个服务"具体落实在为学员服务、为实战单位服务。警校组织教师积极开展送教上门活动,为基层实战民警上课或提供业务指导。受到了基层单位的好评。

地　址　武汉市江汉区姑嫂树红光路34号
邮　编　430023
电　话　(027)85629139
传　真　(027)85629139

(以上供稿　桑汉成　冯维佳)

【长江航运公安局上海分局(简称上海分局)】
上海分局主要负责管辖上海市行政区域的长江中央管理水域。

2007年,上海分局根据交通部、长航局总体工作部署,紧紧结合长江水运经济发展和社会治安新情况,以提高防控能力为主线,以打击物流犯罪为重点,转变观念,创新机制,狠抓基层基础建设,各项工作都取得了长足进步。

加大"三基"工程建设力度。全年分局投入装备金额100余万元,为基层所队增置车辆4辆,计算机20台,数码相机6台,以及对讲机、金属探测仪等装备。由中央财政投资1600万元用于崇明、长兴两个派出所办公用房建设。改建了分局视频会议室、刑事技术室;完善了宝山派出所五小工程,通过二级派出所验收。加快信息化建设进程,改造了计算机房,更新了分局网页,开通3个派出所金盾网和远程指纹采集系统,实现了信息资源共享。

抓好队伍作风建设,加强"执法为民、热情服务"思想教育,完善监督制约机制,充分发挥中层干部在抓队伍作风建设中的重要作用,努力提高队伍综合素质和水域治安布控查堵能力。圆满完成了非洲发展银行理事会年会和"特奥会"安保任务,受到了市公安局、市水管会表扬。

上海分局坚持"警情主导警务"的警力跟着警情走的工作思路,在派出所警务运作方式上变"被动警务"为"主动警务",提高了百姓见警率。宝山派出所把警力部署在案件高发、防范薄弱,群众需求的重点部位,坚持每天水上巡逻1~2次,增强了船民的安全感。长兴派出所努力拓展业务工作平台,以振华港机长兴基地为重点,向周边辖区派出3个警务组开展业务。崇明派出所将辖区水域分为重点、非重点区域,合理配置警力和科技设施,提高了水域治安防、管、控能力。

地　址　上海市黄浦区中山南路935号
邮　编　200011
电　话　(021)63785110
传　真　(021)63188109

(上海分局)

【长江航运公安局苏州分局(简称苏州分局)】
苏州分局主要负责管辖长江苏州、江阴段(上至江阴长山、下至太仓浏河)的中央管理水域。

2007年,苏州分局在上级公安机关的正确领导下,切实履行公安职能,认真抓好维护政治稳定工作,化解群体性事件。以打击严重刑事犯罪为重点,破获各类刑事案件,查结行政案件。开展消防常规检查293人次,专项检查31次,发现各类火灾隐患194起,责令立即改正169起,责令限期改正25起,发《责令限期改正通知书》10份,《消防监督检查记录》82份,《船舶消防安全现场检查表》58份,建筑工程消防设计审核6起,消防验收3起,消防培训1250人次。处理道路交通事故193起,查处交通违法行为1684起。分局与涉水行政单位共开展联合执法45次,检查船舶700余艘次、船员证书1000余本,配合海事部门查纠水上交通违章30起,协助水利部门查处非法采砂作业的船舶30余艘,督促整改安全隐患110余起。围绕“抓基层、打基础,苦练基本功”的总体目标,继续抓住领导、部署、保障、督查等环节,在精力、警力、保障上切实向一线所队倾斜,以整改、完善薄弱环节为切入点,强化措施,狠抓落实,全力推进“三基”建设。加强队伍正规化建设,坚决杜绝违法违纪现象,深化练兵活动,共举办各类培训班37期、开展各类演练11次,被录用各类稿件76篇。

地　址　张家港市金港镇香山北路2号
邮　编　215633
电　话　(0512)58319110
　　　　(0483)7110(长航内线)
传　真　(0512)58331110
　　　　(0483)7205(长航内线)

(苏州分局)

【长江航运公安局南通分局(简称南通分局)】

南通分局主要负责管辖长江北岸,上至江苏省靖江市江阴水道界河口上游71号黑浮、下至江苏省启东市圆陀角入海口的管理水域。

2007年,南通分局坚持以邓小平理论、“三个代表”重要思想和十七大精神为指导,以科学发展观为统领,努力践行交通部党组提出的“三个服务”,贯彻落实长航公安局提出的“八项意见”,围绕分局全年工作目标,整体推进“三基”工程建设、公安业务基础建设和队伍正规化建设,取得明显成效。全年共查处各类案件1354起,挽回企业和群众经济损失320余万元。为长江经济新一轮发展创造和谐、安全、有序的治安环境作出了积极贡献。

2007年,南通分局紧紧围绕改进机关作风,增强服务效能,大力加强机关作风建设,切实践行“三个服务”。年初,分局召开党委扩大会议,部署开展“打造服务型公安机关、争创全省最佳办事环境”活动。分局党委从自身做起,认真落实民主生活会制度和重大事项集体议事决策等制度,推行分局领导干部下基层“跟班作业”,加强调查研究,加大对联系点各项工作的指导,引导民警增强服务长江经济建设的整体意识,推动工作重心向长江干线水域转移,在队伍正规化建设和“三基”工程建设中充分发挥党委核心、支部战斗堡垒和党员先锋模范三个作用。一是开展创建和谐机关活动。巩固和提升机关内部团结共事、部门之间默契配合、警民之间协调融洽的和谐局面。二是不断优化绩效管理,充分发挥考核的正确导向作用。形成以警务督察、绩效考核、工作记实和船东满意度测评“四位一体”的绩效考核机制。三是开展文明创建活动。建立规范的工作、学习、生活秩序。四是加强廉政建设,打造“无违纪”警队。贯彻廉政目标早定、廉政监督早进、廉政警钟早敲、廉政黄牌早亮、廉政预防针早打的“五早”措施,通过民主评议党员、述职述廉、签订“五条禁令”责任状等活动,实现“无违纪”所队目标。五是开展岗位练兵活动。以提高民警能力素质为切入点,以“三懂四会”为总要求。六是抓好从优待警,提高队伍凝聚力、战斗力。把工会、共青团、妇委会工作纳入党建范畴,从改善办公环境,落实基层民警待遇保障入手,把从优待警真正落到实处。

2007年,南通分局被江苏省人民政府评为江苏省精神文明建设工作先进单位;被南通市委、市政府评为南通市文明单位;被交通部长航局评为年度安全生产工作先进集体;被南通市人民政府评为2007年度服务港口先进部门;被南通市自愿委评为“和谐南通·情暖江海”最具爱心单位;南通派出所被长航公安局记集体三等功。3人被长航公安局记三等功、1人被嘉奖、23人获得各种荣誉称号或受到表彰;分局“5·22”特大盗窃进口大豆专案组被交通部公安局记集体二等功。

地　址　南通市人民西路530号
邮　编　226005
电　话　(0513)83527110
传　真　(0513)85167373

(南通分局)

【长江航运公安局镇江分局(简称镇江分局)】

镇江分局主要负责管理南岸自句容市大道河至常州市得胜港71号红浮、北岸自仪征市泗源沟至泰兴市界河口的管理水域。

2007年,镇江分局以创建“平安港口”为切入点,通过“三保一创”、整治船舶违章、打击非法采砂等专项行动,积极联合海事、航道、通信、水政等部门,强化长江干线水域治安整治,共查处治安案件1582起,查纠交通违章2331起,处置群体性事件20起,有力地维护了航运秩序。通过以“生命至上,平安和谐”为主题的消防宣传和经常性的火灾隐患检查整改,进一步提高水上从业人员的消防安全意识,保障了港航生产安全。在打击水运物流犯罪专项行动中,先后侦破了案值达400多万元的“液碱”、煤炭、重油等重特大盗窃案90余起,打掉了7个犯罪团伙,追缴赃款、赃物折计人民币180余万元。

以实际行动较好地践行了“三个服务”的宗旨。镇江分局被江苏省政府、长航局分别授予“江苏省口岸工作先进集体”、“模范职工之家”、“汛期百日安全活动”先进集体等6项荣誉称号;分局刑侦支队等部门被公安部评为“全国优秀公安基层单位”等7项先进集体;邓玉阳、林青、严培军等17名民警分别被交通部、镇江市政府评选为“交通部直属单位纪检监察系统先进工作者”、“‘十五’期全国内河水运建设先进个人”、“第三届镇江市杰出青年卫士”等。

地　址　镇江市长江路19－8号
邮　编　212001
电　话　(0511)85317529
传　真　(0511)85317520

(镇江分局)

【长江航运公安局南京分局(简称南京分局)】

南京分局主要负责长江南京段干线水域的治安管理工作。

2007年是交通系统大力推进“三个服务”的起步之年,是深化“三基”工程建设的关键之年。一年来,南京分局在上级党委和公安机关的领导下,以服务保障经济建设和社会发展大局为中心,抓认识,抓管理,抓落实,使分局的各项工作取得了新进展,实现了新突破。以“增强基层实力、激发基层活力、提高基层战斗力”为目标,稳步扎实地推进“三基”工程建设,民警的整体素质得到明显提高。先后开展了“六会一树”活动(即“三基”工程建设现场会、“三基”工作座谈会、“三基”工作研讨会、队伍建设研讨会、警务保障现场会、计算机操作达标会以及选树乔乃明先进典型)。切实做到保障下倾,基层一线警力占到总警力的85.5%。2007年先后建立了12个警务工作室,其中有5个是建在囤船上的水上警务室;分局业务用房正式开工建设;多方筹措资金50余万元,对沿江、江宁派出所办公用房进行了重新租赁和装修;为派出所和实战单位购置电脑50台,一级派出所和二级派出所基本实现人均1台电脑;高标准、高起点建成了二级公安刑事技术室;积极整合内外部人力、装备资源,加强与海事、边防、水利、渔政、航道、通信等有关部门的联系和沟通,参与海事部门牵头建立的应急待命机制建设,共享信息装备资源。加强了教育培训工作,全年共开展培训20期,培训民警731人次,组织民警参加上级培训班19个,培训民警57人次。浦口派出所所长乔乃明荣获“全国特级优秀人民警察”和“长航十佳杰出人物”荣誉称号,有1人荣获“全国优秀人民警察”称号,荣获集体二等功1个、集体三等功3个,个人二等功1名、三等功7名。全年通过报纸、电台、电视台宣传民警先进事迹和工作业绩的报道达512篇,其中“三报一台”52篇,树立了长航公安民警的良好形象。

坚持公正文明执法,不断提升执法办案质量。对原有的执法责任制、执法质量考评等9个法制类工作制度进行了重新修订,制作了15种模拟消防法律文书和4种治安法律文书;继续推行零差错案卷评定工作,组建了3支12人基层执法服务队,开展执法服务240人次,提出指导性执法意见68条,现场审核案件30多起,实行“7＋7”个案考评制度;积极部署“三考”法律知识学习,开发的网上考试系统,民警进入系统自测的次数已达到1300多人次。全年共组织法律知识集中抽考11场次,参考民警达600余人次,召开案件研讨会5场次,开展法制讲座1次,组织庭审观摩1次,通过监督、检查、考核和培训等工作,分局的执法质量有了进一步提高。

地　址　南京市下关区江边路24号
邮　编　210011
电　话　(025)58801407
传　真　(025)58801429

(南京分局)

【长江航运公安局安庆分局(简称安庆分局)】

安庆分局主要负责管辖上起安徽宿松下至安徽枞阳的长江干线水域。

2007年,安庆分局相继开展“爱民实践月”、“文明窗口月”、纪律作风集中教育整顿、为期两个月的“忠于使命、立足本职、认真履行公安职责”大讨论、警容警姿专项训练、党的十七大精神专题学习研讨等一系列学习教育活动,积极创建服务型公安机关,使“三个服务”的理念深深根植于每个民警的心中,亲民、爱民、为民蔚然成风,好人好事不断涌现。诸如民警跳入冰冷的江中勇救轻生少女,出警途中救治交通事故伤员,积极施救搁浅船舶和落水船员,帮助固定漂移的船舶,自掏腰包救助外省落难父子返乡,帮助走失的老人返家,民警无偿义务献血,与农村贫困学子结对帮扶,捐资助学等为群众排忧解难、办实事、做好事的事例数不胜数,充分展现长航公安一心为民的良好形象。

在练体能、技能的基础上,突出岗位练兵,采取实战演练、案卷讲评、座谈讨论、撰写心得体会等多种形式,积极开展政治、业务、体能、技能、法制、礼仪大练兵活动,组织进行纪律作风整顿教育和警容警姿专项训练等活动,举办各类培训班12期,组织开展“三基”知识考试,每月进行一次法律基本知识考试。通过练兵,民警的政治、业务、体能、执法和科技素质都有一定提高。在交通公安机关警用手枪射击比赛和“安徽省公安机关、武警部队军用手枪射击比赛”中,分局射击队都勇夺团体冠军。在长航公安机关大练兵综合比武中,分局获得团体第七名,其中警容警姿队列展示第五、计算机理论与操作第七、50米水上救生救护第八。

地　址　安庆市沿江中路1号
邮　编　246003
电　话　(0556)5510133
传　真　(0556)5217171

(安庆分局)

【长江航运公安局芜湖分局(简称芜湖分局)】

芜湖分局主要负责管辖长江南岸池州市青阳县梅垅乡至马鞍山市慈湖乡、北岸安庆市枞阳县老洲镇至巢湖市和县乌江镇的长江干线水域。

2007年,芜湖分局在上级公安机关领导下,大力弘扬“和谐、奉献、务实、创新、发展”精神,以队伍正规化建设为主线,以“三基”工程建设为抓手,以确保一方平安为己任,认真履行长航公安机关职责,有力维护了辖区政治和治安稳定。芜湖分局通过处置辖区长江干线水域未知名尸体,首开长航公安机关破获未知名尸体命案之先河。

以“文化育警”的理念大力加强文化建设,开展了“读一本好书,有一份收获”、纪念建党86周年、《档案法》颁布20周年、《公安机关督察条例》颁布10周年等活动;举办了首届“皖江金盾杯”摄影书法展,组建了男声小合唱队并多次参加演出;在地市级以上媒体发表新闻稿件和文艺作品396篇,其中在国家级媒体发表41篇,被《人民公安报》、《中国交通报》用稿数位于长航公安机关第一。2007年4月,芜湖分局在局网站增设了“民警园地”、“调研理论”、“热点追踪”专栏,截至12月底,局网站发布多种体裁原创文艺作品160余篇,转载调研理论文章80余篇、社会热点新闻350余篇,上述专栏浏览量近6万人次。2007年,芜湖分局所属单位和民警,分别被上级公安机关授予集体二等功1个、集体三等功2个、集体嘉奖1个、个人二等功1个、个人三等功2个、个人嘉奖17个,另有1个单位、7名民警分别受到上级机关表彰奖励。2007年4月,芜湖分局被芜湖市委、市政府评为“芜湖市第十二届文明单位”。2007年9月,在长江航务管理局举办的“网上陈列展制作竞赛”中,芜湖分局参赛作品《历史留下的足迹》获三等奖。2007年12月,在长江航运公安局举行的“大练兵综合比武”中,芜湖分局获团体总分第5名。

地　址　安徽省芜湖市健康二马路1号
邮　编　241000
电　话　(0553)3716375
传　真　(0553)3716332

(芜湖分局)

【长江航运公安局九江分局(简称九江分局)】

九江分局主要负责管辖南起江西瑞昌至彭泽,北起湖北黄梅至安徽华阳的长江干线水域。

2007年,九江分局在上级党委和公安机关的领导下,紧紧围绕维护长江政治社会稳定这一中心任务,积极开展各项公安工作,有力地维护了辖区政治安定和治安稳定。以队伍正规化建设和基层基础建设为抓手,规范管理,夯实基础,不断提高队伍能力水平。

·公安工作取得成效　一是将查处案件与专项整治活动相结合,确保辖区治安形势稳定。全年,各类公安行政案件查处率100%,查处违法人员较上年度同期增长11倍。根据上级部署,结合辖区治安形势,适时开展各类专项整治。全年先后开展了“三保一创”、无线电专项整治、治爆缉枪、扫黄打非、打击非法采砂、防汛安保、清明水上交通安保、高(中)考水上交通安保、夏冬季防火、防碰撞防泄漏以及重要节假日、十七大安全保卫等专项工作。全局共投入警力1812人次;出动车辆831车次、船艇149艘次;检查船舶623艘;与海事、航道、通导等部门开展联合行动46次,圆满完成了既定工作任务,取得了良好效果,有效地维护了辖区水域治安秩序稳定。二是加强破案、追逃力度,做好各项刑侦基础工作。通过加大打击违法犯罪活动力度,辖区水域全年治安形势总体平稳,航运畅通,未发生影响较大的恶性暴力刑事案件和物流案件,船民群众的安全感和船东满意率稳步提升。三是加强消防监督检查和战训,切实夯实消防基础工作。分局将各项消防安全检查列为各基层派出所和消防支队的日常重要工作。在重要节假日、重大活动前夕,都部署相关单位认真开展消防安全检查,强化火灾隐患整改力度,积极开展消防宣传工作,预防和遏制了重特大火灾的发生。全年共检查重点单位102次,检查一般单位50次。查出安全隐患297次(其中当场整改225次,限期整改72次)。组织消防灭火(防污)演练3次,指导组织企业单位开展灭火演练4次。全年,辖区未发生任何火灾事故。通过工作,有力地净化了辖区的安全环境,维护了长江航运畅通。

·深入开展基层基础建设工作　分局制定了三基工作计划并认真组织实施。一是切实抓好了基层所队民警队伍建设,在所队班子搭配上努力做到年龄上互补、业务上互补、管理经验上互补。二是认真抓好了基础装备建设。三是认真抓好了大练兵活动。积极开展水上练兵活动、警容警姿训练和计算机知识培训,组织每月一考的法律知识考试,提高民警法律水平。

·队伍建设得到加强　以党建促发展,强化基层党组织建设。落实党委中心组学习制度、领导干部过双重组织生活制度和"三会一课"等制度,强化党风廉政建设,加强民主监督,继续在加强教育、健全制度、强化监督等方面下功夫,增强了党员干部拒腐防变能力。加强思想政治教育,不断提高民警的思想政治素质,认真开展经常性的政治理论学习,加强和改进思想政治工作。始终将学习教育活动贯穿于思想政治工作和队伍建设。组织开展了以"警民和谐筑平安"为主题的形式多样、内容丰富的爱民实践活动,把爱民实践活动与做好各项公安保卫工作、保障春运及两会期间安全紧密结合起来,取得了明显的社会效果。立足"三个服务",认真开展了以"学习十杰人物、践行三个服务、共建和谐长航公安"为主题的第十一届"文明窗口月"活动,精心组织开展了"六个一"的主题系列活动,把活动与公安工作紧密结合,营造了和谐稳定的长江治安环境。围绕中心工作,加强新闻宣传和警营文化建设。加大新闻宣传力度,大力宣传分局在"三基"工程建设、队伍管理以及案件侦破方面取得的成绩,不断提高稿件质量和数量,加大在主流媒体投稿、用稿的力度,全年在各类媒体发表稿件150篇;其中,《中国交通报》发表稿件5篇、《中国水运报》发表稿件5篇,省级报刊发表稿件48篇,市级报刊发表稿件47篇,各级电视台发表稿件40篇,电台稿件5篇。加强阵地建设,拓宽宣传渠道,积极加强与当地各家新闻媒体的沟通和联系,了解掌握媒体的宣传重点。邀请记者深入一线采访报道,播出反映分局基层工作的稿件。大力推进警营文化建设,利用机关食堂墙壁的有效空间制作民警工作学习宣传园地,设立光荣榜、中心工作、练兵训练、警营文化、绩效考核等五个专栏,反映民警的训练工作情况,营造一个丰富多彩、和谐团结、力争上游的警营氛围;举办丰富多彩的文体活动,组织了爬山、乒乓球比赛、卡拉OK比赛、读一本好书以及摄影比赛等活动,活跃了文化生活;自筹资金和设备,成立分局电子阅览室,配备8台电脑、一套服务器,联接宽带,方便民警在工作之余查阅资料,丰富民警的业余生活。积极落实从优待警各项措施,提高队伍的凝聚力。

地　址　九江市浔阳区龙开河路6号
邮　编　332000
电　话　(0792)8436393
传　真　(0792)8436362

(九江分局)

【长江航运公安局黄石分局(简称黄石分局)】

黄石分局主要负责管辖上起鄂州下至武穴的长江干线水域。

2007年,黄石分局在上级机关党委、行政的正确领导下,以"三基"建设为契机,以科技强警为支撑,以目标管理为手段,以建章立制为保障,狠抓"三基"工程建设,大力优化辖区治安秩序,狠抓队伍建设和管理,开创性地推进各项公安工作健康发展,维护了黄石长江水域的政治稳定和治安稳定。妥善处置各种群体性事件,全年治安案件查处率为99.6%;开展水上巡逻192次,陆上巡逻336次;通过巡逻查处治安案件416起,调解各类纠纷37起。配合海事、航道等部门处理各种水上突发事件32起,救助遇险群众46人。全年共组织消防专项活动6次,开展消防安全检查206次,共发现一般火灾隐患166起,重大火灾隐患1起,均已督促整改完毕,火灾隐患整改率达100%;组织灭火演练6次,水上救助演练1次;组织消防宣传活动5次,悬挂宣传横幅119条,举办消防宣传栏26期;组织消防专题会议6次,消防知识竞赛2场次,消防培训8次。通过我局的工作,有力地净化了辖区的安全环境。

地　址　黄石市交通路7号
邮　编　435000
电　话　(0714)6325952
　　　　(0413)5110(内线)
传　真　(0714)6240078

(黄石分局)

【长江航运公安局武汉分局(简称武汉分局)】

武汉分局主要负责管辖从湖北洪湖螺山至湖北武汉阳逻的长江干线水域。

2007年,武汉分局在上级公安机关的正确领导下,以科学发展观为统领,以队伍正规化建设为载体,牢固树立"三个服务"理念,大力加强"三基"工程建设,强化工作措施,圆满完成了全年各项工作任务。

·*以维护稳定为中心,切实发挥职能作用,圆满完成各项工作任务*　一是强化情报信息工作,确保辖区政治稳定。二是规范警卫基础工作,确保警(保)卫对象绝对安全。三是坚持"严打"方针,严厉打击各类刑事犯罪活动。四是加强治安防范,整治突出治安问题。认真开展水上联合执法,查处了一批治安案件,净化了辖区水域通航环境。先后组织"水上无线电通信秩序专项整治"、"安全生产月"、"三保一创"等专项活动。五是加强消防安全监督,确保辖区一方平安。消防部门先后开展了火灾隐患普查整治、过闸运营船舶消防安全、奥运会等重要敏感时期的消防安全检查,共投入警力3612人次,检查消防重点单位及部位2040个(次),查出一般火灾隐患1665处,责令立即改正1484处、限期改正18111份,安全检查意见书21份。贯彻《消防法》和公安部61号令、73号令,开展消防演习训练262次,举办消防培训139场次,为辖区企事业单位培训消防骨干4449人次。

·*以"三基"工作为主线,巩固公安工作基础,取得了明显成效*　一是"三基"工作目标进一步明确。二是警力下沉得到进一步落实。三是警务保障力度进一步加大。对看守所进行了改造,设置了拘留所,满足了监管工作实际需要。完成了长航警备码头电力改造工程和武昌派出所"所趸合一"可行性调研。为基层派出所制作公安信息网的网页,进一步完善和统一了基层所队的外观标识。积极为基层民警配备单警装备,全年共为基层民警配备警用防护装备31类479件(个)。四是大练兵活动进一步深化。先后举办警用枪支射击训练和考核、游泳救生技能训练、警容警姿训练、体能测试、计算机操作技能培训等大练兵活动。在2007年"三考"基本法律知识考试以及上级组织的警用手枪射击、水上救生、计算机理论与操作等一系列比赛中,我局民警均取得了较好成绩。五是公安业务基础工作进一步加强。

·*以"三个服务"理念为宗旨,加强执法质量工作,推动服务水平取得长足进步*　一是以执法质量考评工作为着力点,全面提高队伍的整体执法水平。二是深入开展执法服务活动,局综合执法服务队下基层工作40个工作日,参与执法办案4起,解决执法疑难问题13个。三是落实"每月一考"制度,加强兼职法制员队伍建设,强化了执法监督,确保了办案质量。四是开展"三个服务"理念的学习和教育,打牢民警服务意识,民警服务能力和水平逐步提升,辖区职工群众满意率保持在95%以上。

·*以正规化建设为载体,落实科学发展观,全面加强队伍管理和党风廉政建设*　一是深入学习贯彻党的"十七大"会议精神,指导公安工作和队伍建设。2007年,武汉分局被评为湖北省"创建文明行业工作先进单位",局党委被长江航务管理局评为"五好党组织",长航公安局给予集体嘉奖1次,一个基层党支部被评为"十佳五好党支部",1名同志荣获"交通公安系统优秀人民警察"称号,1名同志荣获湖北省"杰出青年岗位能手"称号,1

名同志荣获湖北省“三八红旗手”、“百业十佳”女能手称号,6个集体、18名个人立功受奖。二是强化队伍管理和民警考核。继续抓好正规化试点单位的创建,及时总结推广成功经验,推动队伍正规化建设不断深入。2007年,全局有1个派出所达一级、2个派出所达二级、3个派出所达三级,无不合格派出所;继续完善民警绩效考核机制,制定出台了《民警待岗工作实施办法》和《思想政治工作考评办法》,建立队伍长效管理的机制。三是强化民警教育和苦练基本功。结合爱民实践月、文明窗口月、纪律作风整顿、社会主义法治理念教育、学习“十七大”会议精神等主题教育,强化对民警的政治思想教育,突出抓好“三考”工作、水上巡逻民警业务技能和民警计算机操作技能培训。四是加强党风廉政建设和反腐败工作。以贯彻长江航运公安局党委《关于贯彻落实〈建立健全教育、制度、监督并重的惩治和预防腐败体系实施纲要〉的具体意见》为主线,强化领导干部作风建设和警风警纪教育,全面落实党风廉政建设责任制。一年来,全局民警在工作中廉洁自律、依法行政,拒吃请296人次,拒收礼品、礼金36人次,折合人民币24100余元。五是加强对外宣传和爱民实践。一年来,分局在各类新闻媒体上发表新闻稿件325篇,其中中央媒体62篇、省级媒体160篇;全年为受灾群众捐款2万余元,收到人民群众的感谢信36封、锦旗13面、牌匾1块,树立了长航公安新形象。

地　址　武汉市江汉区沿江大道82号
邮　编　430021
电　话　(027)85670009
传　真　(027)82765110

(武汉分局)

【长江航运公安局宜昌分局(简称宜昌分局)】宜昌分局主要负责管辖上至湖北省恩施自治州巴东县鳊鱼溪,下至湖北省荆州松滋市涴市的长江水域。

2007年,宜昌分局在长航公安局和宜昌市委政法委的领导下,以维护三峡两坝船闸、水域安全为目标,夯实公安工作基础,加强船闸完建和156米蓄水期安全保卫工作;积极开展武装押运一级易燃易爆、化学危险品船舶通过三峡船闸工作;完成2007年长江三峡库区水上联合搜救演习中分局承担的各项任务;有效处置各类群体性和突发性事件,切实加强公安业务和队伍建设,较好地完成了全年工作任务。

(一)顺利完成三峡水库蓄水156米和三峡船闸完建期的安全保卫工作。2006年9月15日至2007年5月,三峡水库蓄水156米和三峡船闸进行完建期施工。分局按照上级工作要求,周密部署、认真组织开展蓄水和完建期安全保卫工作。成立领导小组,及时制定工作方案,在三峡船闸完建前期、中期和后期分别召开了誓师大会和工作会议,分局领导在三峡坝区轮流带班,机关整体前移至三峡坝区办公,分别在秭归、三斗坪、宜昌派出所设立3个消防中队,加强现场警力。适时调整工作部署,加强现场秩序维护,强化水上治安消防监管,积极开展联合执法,严厉打击危害船闸完建期航运安全的违法犯罪。

(二)积极开展“三保一创”活动。2006年12月10日至2007年3月20日,分局按照长航局和长航公安局的统一部署,分宣传发动、实施、总结三个阶段开展了“三保一创”活动。

(三)圆满完成春运安全保卫工作。2月3日至3月14日,分局圆满完成春运安全保卫任务,共投入警力6360余人次;接、处警166起;协助有关部门安全接送客船4202艘次,旅客90.4212万人次。其中三峡坝区共接送客船2984艘次,转运旅客54.668万人次,车辆14532台次;接送滚装船2216艘次,转运车辆32133台次;维护两坝船闸安全运行1739闸次,通过船舶8766艘。

(四)积极开展长江水上无线电通信秩序专项整治活动。专项整治活动中,参加联合执法民警共300余人次,出动车辆100余台次,出动船艇50余艘次,检查船舶246艘次。

(五)推行“战训合一、轮值轮训”的工作机制。成立由张虹局长任组长的轮值轮训工作领导小组,下设办公室、警令指挥组、后勤保障组、勤务大队。分局民警分5批次从各部门抽调组建三峡坝区勤务大队,每批次期限为2个月。

(六)正规化建设和文明创建。认真贯彻落实队伍正规化建设规划,完善队伍管理规范和制度,从严治警,从优待警,不断提高队伍的政治业务素质,推动各项公安工作。一是加强党建工作,分局党委以“五好党组织”创建工作为重心,调整了基层党组织,配强了基层党支部领导班子,提拔8名中层干部充实到7个派出所担任副所长、副教导员职务。二是积极开展岗位练兵。全年分局组织开展法制、消防、治安、出入境管理、公文、计算机等业务知识培训班22次、培训人员520余人次。共选派民警19人次参加上级单位组织的培训活动。组织水上救生比赛和警容警姿等大练兵活动。三是加强廉政工作。制定了廉政工作计划,加强日常监督,聘请了党风党纪监督员,定期召开座谈会,听取港航单位对分局公安工作的意见和建议,辖区群众满意率提升。组织开展了为期一个月的纪律作风整训活动。加强队伍内务管理和行风建设,督促民警严格遵守党纪、政纪和"五条禁令"。四是发挥工会、群团组织作用。工会、团总支在党委的领导下,关心民警及离退休同志生活,为基层单位服务。积极组织游泳、篮球比赛等警营活动,邀请宜昌市词、曲作家谱写分局局歌。五是加强宣传报道工作。全年完成宣传报道稿件360余篇,其中中央电视台2篇、"三报一台"20篇。

地　址　宜昌市夷陵区三峡坝区20小区
邮　编　443003
电　话　(0717)6966413
传　真　(0717)6491787

(宜昌分局)

【长江航运公安局荆州分局(简称荆州分局)】 荆州分局主要负责管辖自松滋市沈市镇至湖南省华容县洪山头镇的长江干线水域。

2007年,荆州分局深入贯彻落实公安部、交通公安"三基"工程建设现场会精神,全力推动分局"321"工程,即:紧扣"三基"工程主题,狠抓特勤队伍和特情耳目建设两个重点,切实增强执法质量这一关键,着力加强基层所队正规化建设、业务基础建设、公安信息化建设、警务机制改革、警务区建设、执法能力建设、警务保障等七个方面工作,努力推进队伍正规化、执法规范化、警务信息化、勤务实战化、保障标准化,圆满完成全年各项重点工作。

(一)业务工作上台阶。

服务长江,狠抓大要案件侦破。2007年荆州分局业务工作的主线是:严厉打击地方恶势力,服务国家重点航道整治工程。今年4月16日,江陵周天航道整治工程施工现场遭到地方恶势力破坏,致使现场施工一度中断并造成财物损失。此案惊动高层,案发后,分局迅速行动,组成了由局领导挂帅,派出所、刑侦、治安、法制等部门组成的专案组驻所办案,连续奋战45天,7名犯罪嫌疑人被全部抓获,并被判处有期以上徒刑。交通部、长航局、长航公安局以及地方省市等上级领导多次作出重要批示,对分局工作予以了充分肯定。

联合执法,狠抓水域安全保卫。先后组织开展了"保春运安全"、"太平口疏浚安全保卫"、"窑监水道整治"、"三保一创"、"打击非法采砂"、"水上通信无线电整治"和"国家重点航道建设工程安全保卫"等专项整治活动7次,水域联合行动46次,开展荆州水域联合搜救演习1次,消防灭火演习2次,并以此为契机,将专项行动与长效管理相结合,与长航支持保障系统紧密联动,形成了富有特色的荆州水域水上联合执法模式,得到了上级交通管理部门的充分肯定。在工作中,分局提出了"三靠前,三保证"和"四加强、四提高"的要求,即:指挥靠前、工作靠前、服务靠前;保证警力、保证时间、保证装备;加强值勤执法、提高水域见警率,加强协同作战、提高事故查处力,加强综合治理、提高船民安全感,加强队伍建设、提高工作责任心。通过与海事、航道、通信部门的密切配合和全体民警的不懈努力,各疏浚水域治安稳定,秩序良好,较为圆满地完成了阶段性安全保卫工作任务。

落实责任,狠抓执法办案质量。把执法质量作为"321"工程的关键,纳入年度工作重点。一是严格落实"一案一评"和主办侦查员、法制员、部门负责人、法制科四级审核制度,严堵执法漏洞,实现事前、事中、事后全程审核,从制度机制上把好质量关。二是与绩效考核同步,将执法质量季度考评工作抓紧抓实,每次检查,均由局长或分管局长带队,法制及各职能部门参与,现场办公、现场通报结果、现场提出整改意见,及时纠正存在的漏洞,并开展季度、半年、全年执法质量分析会,通报成绩、分析原因、找准问题、对症下药。三是建立个人执法档案,对部门和执法民警分别考核,落实奖惩。通过一系列制度措施的落实,使民警执法素质得到切实加强,年度执法质量工作切实提升,全年未发生执法过错和行政诉讼,执法自评情况良好。

立足水上,狠抓社会治安综合治理。战枯水、保畅通,创平安水道。在交通部确定的长江14个浅险航道4个重点航道中,荆州水域占2个重点航道。分局充分发挥水上安全管理职能,强化荆州太平口、监利窑监水道枯水期间水域巡逻、救助、案件受理和查处工作,配合海事航道部门加强通航秩序管理,提高锚泊船舶治安防范能力,加强禁航法律知识宣传,有效维护了航道通行安全。一年来,辖区航道未发生重大安全事故、未发生重大治安事件、群体性事件和船舶火灾事故,营造了良好的水上营运环境。抓服务、便出行,创平安渡口。一年来,分局各派出所落实各项利民便民措施,打击敲诈司机旅客违法犯罪,配合相关部门整顿超载行为,净化渡口治安秩序,水域渡口全年无事故,安全运送旅客上百万人次,确保了人民群众安全出行。严防范、保建设,创平安工程。抓宣传,融管理于服务之中,寓教育于防范之中,形成了地方政府支持、沿江群众理解、防控措施齐全、沟通渠道畅通的良性循环,真正实现了"上级领导满意、人民群众满意、施工单位满意"的目标。勤检查、促整改,创平安港区。一年来,着力加强涉水单位安全防控,健全治保组织16个、义务消防队2个、夜巡队2个,发展治安积极分子80余人;在工作中,检查重点单位102次、重点部位330处、危险品运输船舶61艘次,发现并整改安全隐患148项,组织开展涉水安全教育4场次,培训重点工种及各类从业人员260人,发放各类宣传资料1100份,受教育群众达5000人次,有效提高了涉水单位自防能力和辖区综合安全指数。12月,荆州市政法委组织的全市社会治安综合治理考核检查中,分局综治工作名列前茅,得到了检查组和市综治办的高度评价。

(二)"三基"工程建设取得实效。

一是警力下沉,形成大基层格局。为解决警力不足困难,分局采取合署办公措施,整合相近业务,形成内部合力。

二是保障基层,实现装备标准化。分局将有限装备优先配备基层,9个基层所队共有业务用车12台,占全局警用车辆的55%;其中5个派出所占全局警用车辆的36%;6艘巡逻艇也全部配置到基层所队。5个派出所配置电脑33台,3个派出所开通了金盾网;单警装备按规定配发到位,保障了基层所队办公及执法办案需求。

三是配强班子,实现干部队伍年轻化、知识化。分局将基层所队班子定位在"能干事、会干事、干成事",将基层工作经验丰富、年富力强、有责任心的5名同志提拔到所队领导岗位上,有效促进全局业务工作上台阶,所队综合实战、创新发展能力不断增强。

四是驻所办公,实现工作重心前移。分局将驻所工作制度化,在局领导带动下,分局警力资源进一步整合、基层实战能力进一步增强,有效缓解了基层警力严重不足,基本实现了"警力跟着警情走"的警务理念。

五是深化练兵,强化执法基本功。以"三考"促"三基",按上级、分局和所队三个层次,以月考制度为模式,着力加强政治理论、法律知识和技术技能的训练,全年培训民警800人次,组织民警考试6次。做到了人员、标准"两到位",内容、时间、进度"三统一",有练必考,有考必评,一人一档,动态管理。分局坚持每周三天的训练和治安特勤队处突演练,加强警容警姿和警体技能,并在水上巡逻中开展民警船艇驾驶训练。

(三)队伍正规化建设。

以派出所等级达标为契机,抢抓机遇,推进队伍正规化建设,在全局形成了局领导牵头抓、实战部门驻所抓、派出所具体抓的上下一盘棋格局。分局以"狠抓重点、培植亮点"为突破口,首先,抓住荆州派出所创建二级所契机,在人、财、物等硬件上加大投入,在警力上满员配置,在软件上加强管理,在全所范围内形成了讲奉献、看作为、比实绩、论成效的良好工作氛围,使所容所貌发生了巨大变化。其次,充分发挥荆州派出所示范作用,推动其他各派出所达标工作,并带动机关正规化建设。各部门通过自查和学习,积极作为、求实创新、创造条件,抓建设、谋发展、夯基础、强管理的风气初步形成,外在形象、内务管理、基础工作等方面均迈上新的台阶,等级达标与正规化建设同步提升、健康发展。通过一年来努力,分局已实现了1个二级派出所、3个三级派出所的年度目标。

地　址　湖北省荆州市沙市区柳林洲
邮　编　434000
电　话　(0716)8105110
传　真　(0716)8105116

(荆州分局)

【长江航运公安局岳阳分局(简称岳阳分局)】

岳阳分局主要负责长江岳阳段的中央管理水域的公安管理事权。

2007年,岳阳分局紧紧围绕长航公安局提出的八项重点目标任务,结合岳阳分局实际提出了"稳定队伍、抓住重点、突出亮点、打牢基础、落实制度、全方位上台阶"的总体思路。一年来,全局上下共同努力,积极践行"三个服务",大力深化"三基"工程建设,有效推进队伍正规化管理,较圆满地完成了全年目标任务。苦练基本功,扎实推进岗位练兵。一是有计划地组织开展培训教育活动,先后有针对性地在局内举办各类培训班10次,轮训人员300余人次,24人次参加了上级组织的各类培训,投入培训经费7.1万元。二是组织开展了警容警姿专项训练,民警体能训练和达标测试。三是组织水上救助演练3次,救火灭火演练7次,提高了各岗位民警适应工作能力。认真落实《目标责任状》的各项工作指标,成功侦破刘酒一诈骗岳阳市水运总公司180万元货物特大案,追回赃物价值152万元和钢质自航驳1艘。5月份又成功破获道仁矶、儒溪汽渡以带艾滋病血注射器作恐吓的系列抢劫案。通过加强治安、消防行政管理,维护了长江岳阳段水域的治安稳定,较好地完成了各项公安工作。

分局机关办公楼土建工程主体结构已实现封顶,工程预计2008年上半年完工。城陵矶派出所用房已完成划转和补偿,正在进行装修设计。陆城派出所已完成购买、装修改造招投标,装修工程即将竣工。

地　址　湖南省岳阳市求索东路228号
邮　编　414002
电　话　(0730)8597176
传　真　(0730)8597175

(岳阳分局)

【长江航运公安局万州分局(简称万州分局)】

万州分局主要管辖渝东段忠县大山溪至巫山县鳊鱼溪的长江干线水域。

2007年,万州分局在长航公安局党委的正确领导下,以党的十六届六中全会精神为指引,以贯彻落实长航局工作会议精神和长航公安局"五个推进"为重点,以做强基层、做实一线为目标,坚持用科学发展观统领公安工作和队伍建设,坚持理念创新和措施创新,持续深入推进"三基"工程建设,着力解决制约分局发展的瓶颈性问题,在基层基础工作、队伍建设等方面实现了新的突破,维护水域稳定方面取得了新的成效。

·交通部2007年长江三峡库区水上联合搜救演习在万州成功举行　9月22日,为检验长江水上搜救应急预案的实用性和可操作性,以增进水上搜救成员单位业务交流、协调配合能力和不断完善长江水上搜救应急预案,进一步提高长江水上搜救组织、指挥和应急处置能力,按照《国家突发公共事件总体应急预案》相关要求,由交通部、重庆市人民政府主办,长航局、重庆市万州区政府协办的2007年交通部三峡库区联合搜救演习在长江万州港区隆重举行。

交通部部长李盛霖担任演习现场总指挥,重庆市委书记汪洋主持搜救演仪式,交通部副部长徐祖远、重庆市副市长余远牧、中国海上搜捕救中心常务副主任刘功臣共同担任演习副总指挥,农业部、信息产业部等部委领导、沿江江西、湖北、重庆、四川等7省市地方政府领导及长航系统、湖北省和重庆市公安局、武警总队、各区县部门负责人共400余人出席和观摩演习,韩国、香港海上搜救专家应邀到场观摩。

搜救演习主题为"关爱长江 珍爱生命 共建平安黄金水道",分为人命救助、船舶救援、船舶灭火、船舶安保、溢油应急处置和山体滑坡应急处置等5个演习科目;参演单位包括长航公安、海事、航道、通信、武警、万州港口集团、社会团体等共22个,出动搜救直升机、公安巡逻艇、海事巡逻艇等演习交通工具68艘次,参演人员达500余人。新华社、中央人民广播电台、中央电视台、《人民日报》、《法制日报》、《中国交通报》、《重庆日报》、湖北电视台等中央、地方主流媒体派出强大的采访队伍参与报道演习情况。

·长江万州水域联合执法工作正式启动　根据交通部、长江航务管理局"水上执法一盘棋、政务联合一体化"的管理机制总体要求,3月23日,长江渝东水域联合执法工作正式启动。

·"趸所合一"工程　10月24日,长江干线首艘"趸所合一"公安趸船正式落户万州分局云阳派出所。趸船长65米,建筑总面积为720米^2,设计采用为业务用房与趸船合并建设的方式,将公安业务用房建设于趸船上,共三层甲板。主甲板为办公区域,设办公室,接待室,以及值班室等;二层甲板以上是民警生活区,供备勤民警生活用;三层甲板上是民警休息娱乐区,配备了电脑、书报杂志、健身器材等休闲娱乐设施。

地 址 重庆市万州区龙宝岩上村金港路
邮 编 404000
电 话 (023)58295110
传 真 (023)58296110

(万州分局)

【长江航运公安局重庆分局(简称重庆分局)】

重庆分局行使长江干线江津至丰都段375·7公里中央管理水域的公安管理事权。

2007年,重庆分局在上级公安机关的正确领导下,坚持以十七大精神、"三个代表"重要思想和科学发展观为统领,紧紧围绕构建社会主义和谐社会的总体目标和"三个最大限度"的总要求,努力实践"三个服务",建立完善"五大机制",扎实推进"六项建设",较好地完成了全年公安工作任务和责任目标,确保了辖区水域政治和治安秩序的持续稳定。

一、服务航运经济发展的能力增强。分局按照"三个服务"的基本要求,进一步强化做负责任行业、负责任部门的意识,牢固树立"面向全长江,服务全行业"的管理理念,紧密贴近辖区实际,开展了以"践行三个服务,立足岗位奉献"为主题的实践活动,积极为长江航运新一轮发展创造和谐、安全、有序的治安环境。

二、"三基"工程建设稳步推进。坚持"人往基层走,物往基层流,钱往基层用"的警务保障思路,按照制度完善、运行有效、保障有力的要求,建立并落实了基层基础经费、装备、警力等各方面的保障制度。一是坚持警力下沉,确保基层所队实力。基层一线警力占分局总警力的86%。二是公安保障水平明显增强。三是水上社区警务战略不断深入。四是信息化应用格局初步形成。五是深化民警基本功训练,队伍战斗力不断提升。

三、执法责任监督机制更加完善。分局结合执法工作实际,进一步完善了执法制度体系建设,加大了平时执法监督检查力度,严格一案一评,全年批捕率、案件起诉率达到100%。

四、辖区治安局势持续平稳。分局注重情报信息的搜集、研判,实行多部门、多警种定期会商研判制度,加强处置突发事件的工作力度,健全和落实了国保工作例会制度和矛盾纠纷排查机制,更好地服务实战。加强与长江重庆段警卫接待领导小组各成员单位的协调,进一步完善了警卫工作机制。圆满完成警卫、保卫任务30批4930人次,确保了党和国家领导人、重要外宾"两江游"和乘船过境的绝对安全。

五、水上治安防控能力明显提高。积极探索治安防控体系建设;破案打击和案件深挖工作保持了较高水平;联合执法工作机制初步形成;水上未知名尸体得到妥善处置;消防监督管理基本落实到位。全年开展消防安全检查778次,检查船舶1699艘次,重点部位609处,查出火灾隐患710起,当场整改609起,限期整改101起。辖区未发生一起火灾事故。

六、队伍素质进一步得到提高。一是加强领导班子建设,提高执政能力。二是加强思想政治工作,积极务实地推进队伍正规化建设。三是大力开展文明创建活动,提升长航公安品牌。四是唱响主旋律,认真抓好公安宣传工作。五是大力加强党风廉政建设和反腐败工作。

2005年、2006年,重庆分局连续两年被评为全国交通公安系统"优秀公安局",并顺利通过重庆市"文明单位"复查验收;2005-2007年上级公安机关组织的执法质量考评中,重庆分局均被评为执法质量优秀单位,并连续两年名列长江全线前茅;2007年10月,重庆分局被交通部公安局推荐为"全国县级公安机关执法示范单位"。重庆分局刑事科学技术室荣获长江航务管理局"青年文明号"称号。

近年来,重庆分局连续两次被评为全国交通公安系统"优秀公安局";连续四年保持"重庆市级文明单位"称号;先后被评为"长航系统理论教育工作先进集体"、"创建文明行业先进单位"、"模范职工之家";2人先后被评为全国优秀人民警察,2人被评为交通公安系统优秀人民警察,1人被评为重庆市优秀共产党员,1人当选为重庆市渝中区十五届人大代表,21人次先后受到上级机关记功或嘉奖。

地 址 重庆市渝中区道门口88号
邮 编 400011
电 话 (023)63770012
传 真 (023)63775880

(重庆分局)

【长江航运公安局泸州分局(简称泸州分局)】

泸州分局主要管辖西起四川省宜宾市合江门,东至泸州市合江县羊石镇的长江干线中央管理水域。

2007年里,泸州分局认真贯彻落实全国交通公安工作会和长航公安工作会精神,严格实行目标责任管理,不断提高队伍的执法水平,开拓创新、扎实工作,圆满地完成了上级机关赋予的各项工作任务,有力地保障了长江四川段水域航运生产安全,促进了社会的稳定发展。为打造平安港航,构建和谐长江,做出了积极努力。规范执法行为,严格、公正、文明执法。完善和落实行政执法责任制,建立民警个人执法档案,促进公正文明执法。开展执法监督,加强对案件审核工作。加强基础调查,认真开展水上治安防控体系建设。合理布建信息员网络,广泛收集各类情报信息。按照《水上巡逻机制建设指导意见》的要求,认真开展水上治安巡逻的调研工作。并指导基层派出所开展调查摸底,摸清辖区水域情况,确定辖区水域重点、要害部位。

加强联合执法,积极配合当地水利、海事、航道部门开展联合执法整治行动。开展联合执法20余次。合江派出所与合江水利局水政监察支队及榕山航道站组成联合执法检查组,从11月9日开始进行为期一个月的专项整治,重点整治合江县榕山镇川天化水厂码头附近水域。联合执法行动中,查获非法采砂船“兴旺2号”(船主赵福能)、与“合江川货30030”(船主朱全石),联合执法组依照相关法律进行了处罚,有力地打击震慑了长江非法采砂活动,维护了通航安全。

地　址　泸州市龙马潭区蜀泸大道5号
邮　编　646100
电　话　(0830)3625157
传　真　(0830)3625139

(泸州公安分局)

·治安管理·

【深入开展汛期百日安全活动】　根据长航局关于开展汛期百日安全活动的通知和部公安局关于做好防汛工作的要求,长航公安局认真研究部署,强化责任,狠抓各项防范措施落实。

2007年6月10日至9月30日,经各级公安机关广大民警的共同努力,圆满完成了夏季防汛安全保卫任务,维护了港航治安秩序的稳定,保障了运输生产顺利进行。据统计,活动期间全线出动警力13967人次,检查防汛重点部位1948处,发现防汛不安全隐患336处,督促排除不安全隐患336处;参加救助遇险船舶25艘,救助遇险人员82人;查处扰乱防汛治安秩序案件365起,处罚扰乱防汛治安秩序违法人员364人。

【深入开展“安全生产月”活动】　根据长航局《2007年“安全生产月”活动方案》要求,长航公安机关于2007年6月1日至30日组织开展了以“综合治理、保障平安”为主题的“安全生产月”活动。活动中,各分局以务实的态度狠抓各项措施落实,并积极组织警力深入辖区港航企业、码头、渡口、渡船和涉水单位等重点场所、部位认真查找治安、消防隐患,督促落实整改,并积极开展专项整治,取得实效。

据统计,全线公安民警共出动船艇435艘次,出动车辆463台次,悬挂标语横幅224条(幅),发放宣传品3087份;检查船舶总数3196艘次,其中检查危险品船180艘次,查获违规船舶455艘次,查获违禁物品4件;查处治安案件372起,查处违法人员371人,侦破刑事案件74起,抓获犯罪嫌疑人165人。

【“打击非法采砂,确保通航安全”专项活动】　根据水利部、交通部、国家安全监管总局《关于加强河道采砂管理确保防洪和通航安全的紧急通知》精神和长航局统一部署,长航公安局于2007年6月30日至8月31日,组织全线公安机关开展了“打击非法采砂,确保通航安全”专项活动。

活动期间,各分局在区段联合执法领导小组的领导下,与海事、航道、通信等部门加强联系和沟通,发挥公安职能作用,依法打击危害航道和运输安全的非法采砂活动,取得明显成效,确保了汛期长江船舶运输安全畅通。据统计:活动开展以来全线出动警力3368人次,出动船艇439艘次,组织专项行动111次,其中开展联合行动88次,现场宣传842次,发放宣传品1815份,受到报刊、电视媒体报道16次,检查船舶1931艘次,查处非法采砂船124条,排查(取缔)非法采砂点32个,驱逐非法采砂船517条,查处治安案件1105起,处罚违法人员1125人,查破刑事案件112起,抓获犯罪嫌疑人 64 人。

【长江水上无线电通信秩序整治工作】 根据长航局、长江无委领导小组关于开展水上无线电通信秩序专项整治活动的部署,长航公安局结合实际认真组织实施。成立了整治领导小组,转发方案并下发通知,组织各分局开展了为期 1 个月的专项整治活动。各单位在区段通信整治领导小组领导下,结合"安全生产月"活动,强化服务管理,加强协作配合,通过广泛宣传和专项整治,净化了长江无线电通信管理环境,增强了职工群众、船员遵守无线电管理法律、法规方面的意识,收到了良好效果。

2007 年 6 月 1 日至 6 月 30 日,全线公安民警参加执法行动 1795 人次,出动船艇 435 艘次,出动车辆 463 台次,悬挂标语横幅 224 条,发宣传品 3087 份;检查船舶 3196 艘次,其中检查危险品船 180 艘次,查获违规船舶 455 艘次,查获违禁设备 4 件;查处治安案件 372 起,查处违法人员 371 人,侦破刑事案件 74 起,抓获犯罪嫌疑人 165 人。

【"三保一创"通航管理专项活动】 按照长航局关于开展"三保一创"通航管理专项活动的通知要求,为做好枯水期通航管理、春运、和两会期间的安全保卫工作,长航公安局于 2006 年 12 月 10 日至 2007 年 3 月 20 日,组织全线公安机关开展了"三保一创"专项活动。各分局牢固树立"三个服务"理念,突出重点,注重实效,坚持发扬吃苦耐劳连续作战的精神,切实做好船舶通航管理、客运及干线水域治安秩序的维护和侦察破案工作,圆满完成了工作任务,专项活动取得了显著成效。

据统计,专项活动期间,全线共投入警力 13872 人次,出动车辆 4107 台次,船艇 1062 艘次;拉宣传横幅、标语 174 条,现场宣传 3227 次,发放宣传品 5775 份,通过各种新闻媒体宣传报道 68 次;开展联合整治行动 238 次;检查各类船舶 8906 艘次,其中配合检查超载运输船舶 509 艘次,检查其他问题船舶 1088 艘次,检查船员证书 2824 本,配合协查证书 168 本,查破假证刑事案件 8 起;破刑事案件 213 起,其中破重特大刑事案件 34 起,共抓获犯罪嫌疑人 138 人;查处治安案件 2219 起,处罚违法人员 2220 人。

【保障春运客货运输】 为保障春运客货运输安全、有序、畅通,本着抓早、抓好、抓落实,实现无重大事故的目标,长航公安局提前下发了春运安全保卫工作通知,各分局结合辖区客运实际,制定重点保障措施,全力抓好措施落实。

春运期间,长航公安机关共接处警 1396 起,查处治安案件 372 起,治安拘留 12 人,行政处罚 349 人,治安警告 35 人;抓获网上逃犯 7 人,协破地方刑案 2 起;处置群体性事件 37 起,确保了春运安全畅通。

【长江治安防控体系建设调研工作】 2007 年,长航公安局按照部公安局要求,认真组织全线开展了"长江治安防控体系建设调研"工作。

各分局积极参与,精心策划,周密部署,群策群力,通过调研,把握了形势,了解的现状、找准了问题,明确了目标,理清了思路。

(以上供稿 马 林)

【南通分局破获特大非法经营案,涉案总价值 823 万余元】 南通分局在开展"净江百日会战"专项行动中,深挖线索,紧盯不放,破获特大非法经营系列案件,涉案总价值 823 万余元,抓获犯罪嫌疑人 1 名,摧毁销赃窝点 1 个,追缴赃款 30 万元,与工商部门联合查处非法经营危险化学品企业数家。

南通分局部署"净江百日会战"专项行动后,分局刑侦(经侦)支队民警仔细梳理已破长江水运物流案件中的线索,通过布控守候,于 2006 年 12 月 11 日抓获收赃犯罪嫌疑人崔建辉(男,41 岁,江苏省启东市人,南通市某化工有限公司法人代表)。经查,2006 年 6 月 7 日夜,犯罪嫌疑人崔建辉经事先与童某(因非法经营被南通分局抓获,已判刑)合谋,由其派出槽罐车在长江干线水域南通段节制闸码头,向童某非法收购赃物苯乙烯 7.15 吨(价值 92950 元),后分批销售给江苏省海门市某织布有限公司,非法获利 8400 元。犯罪嫌疑人崔建辉所经营的南通市某化工有限公司虽取得了国家安全生产监督部门颁发的《危险化学品经营许可证》,但违反国务院《危险化学品安全管理条例》有关规定,从未取得危险化学品经营许可证且情节严重,其行为已涉嫌非法经营罪。2006 年 12 月 14 日,犯罪嫌疑人崔建辉被取保候审。

侦查此案中发现,该公司自2004年至2006年期间,多次在长江码头收购赃物化工原料,且未经国家安全生产监督部门许可,超范围经营危险化学品,情节特别严重。经聘请会计师事务所专门鉴定,犯罪嫌疑人崔建辉在近两年内,非法收购和超范围经营危险化学品970余吨,非法销售给上海、杭州、南京、苏州、南通等地的数十家企业,非法经营282次,经营额达823.09万余元,共非法获利66.96万元。

【岳阳分局破获一起特大抢劫案】 2006年4月17日至9月5日,岳阳分局辖区道仁矶汽渡先后发生多起抢劫外地货车司机钱物案件。经调查发现,家住岳阳市君山区广兴洲镇的吸毒人员李刚(男,23岁)和丁忠红(男,33岁)有重大作案嫌疑,我局对其网上追逃。

2006年10月1日,刑侦支队通过网上串并案件发现,道仁矶系列抢劫案犯罪嫌疑人李刚和丁忠红还在其他地方结伙抢劫作案多起。因犯罪嫌疑人李刚和丁忠红主要犯罪地在岳阳分局辖区,2006年10月9日,岳阳市公安局君山分局将"杜加兵被抢劫案"移交岳阳分局管辖(2006年6月29日,丁忠红被岳阳市公安局君山分局抓获后逃跑)。2007年1月16日上午刑侦支队民警获悉,有一名叫李刚的吸毒人员在临湘劳教所劳教。支队民警迅速赶往临湘劳教所进行核实,经工作发现,叫李刚的劳教人员系岳阳分局网上在逃人员。通过审讯,李刚供认了伙同丁忠红多次在长江道仁矶汽渡、城陵矶通海路、华岳公路建新收费站附近等地多次抢劫过往货车司机的犯罪事实。

【苏州分局破获一起重大物流诈骗案件】 2007年2月10日,苏州分局接到张家港港务集团公司报案:张家港港务集团公司港埠分公司货场少了一根"58-250"的红花梨木材,而编号为"65-2"的木材发货记录中已发出,却还在场地,怀疑被调包从港内运走,直接损失约25000余元。

接报后,苏州分局立即成立专案组,从查明赃物去向入手,迅速开展侦查工作。经工作了解到,在该批木材提货时,负责出港运输任务的车辆为港内短驳车,根据这一线索,专案组一方面派员到张家港港务集团公司周边木材堆场查找,另一方面发动张家港港务集团公司和相关单位人员及特勤进行活动,力求发现赃物。2月10日下午,负责张家港港务集团公司木材检尺的张家港检尺站检尺人员张新建向分局报告:2月10日上午,其在张家港市金港镇杉友锯木厂发现一根"65-2"的木材,但能隐约发现有"58-250"的字样,明显被人为涂改。民警与张新建再次到杉友锯木厂场地时发现场地上的几根木材两端标注木材编号的部位已被人为涂黑。根据上述情况,专案组领导果断决定立为诈骗案侦查,并立即将杉友锯木厂场地上的涉案红花梨木材进行了扣押。

根据木材流向,专案组顺藤摸瓜,迅速查明:2007年2月7日,木材中间商邵忠厚向张家港诚信木业公司老板张成义出售张家港港务集团公司港埠分公司货场上65号堆1-14号14根木材,在其中一根编号为"65-2"(实际编号为"58-250")的红花梨木材尺码明显与张家港检尺站的码单尺寸不符的情况下,邵忠厚、张成义为将该木材占为己有赚取差价,偷梁换柱,隐瞒真相,将木材出售。经检测,被运出的"58-250"号木材长10米,直径1.14米,体积为11.61米^3,而实际"65-2"号木材在张家港检尺站的码单上为长12米,直径0.64米,体积4.704米^3,两者差6.906米^3,价值约24000元。犯罪嫌疑人张成义男,1963年3月1日生,已被刑事拘留。

【上海分局破获一起特大物流诈骗案】 2007年1月16日19时30分,上海分局宝山派出所接上海西本物流有限公司宝杨路1号仓库孟庆海电话报案称:2007年1月16日18时30分,上海宝立实业有限公司到西本物流有限公司对账时发现,宝立公司储存在西本公司仓库的一批螺纹钢,于2007年1月12日被人用伪造的提货单冒领,这批被冒领的螺纹钢总价值10万余元人民币。经初步调查,犯罪嫌疑人极为狡猾,智能犯罪明显。此案除了一个联系电话,几乎没有留下任何破案线索。侦查员们由此分析,这可能是一起团伙案件,犯罪分子曾事先详细地策划过整个作案过程。依照伪造的提货单,通过数天的调摸,查到"鲁R35018车"的驾驶员王文新及车主王天群,并在其上海暂住地将其抓获。

据"鲁R35018"车主王天群称:2007年1月12日,其接到一自称是上海励宁企业发展有限公司副总经理张林灿的男子电话,要其安排一车辆,到西本物流有限公司宝杨路1号仓库提运一批螺纹钢，对方称需提供提货的车牌号，然后会在发往西本物流有限公司的提货传真件上注明，到时直接凭车辆行驶证提货即可。于是，2007年1月12日下午，王天群安排驾驶员王文新驾驶“鲁R35018车”到西本物流有限公司宝杨路1号仓库提货。提货后，王文新按照对方的指示，将货物运往浦东康桥康安路一丁字路口的工地大门外，经老板与对方确认将货物卸下后即离开。据查，此电话号码是无主号码，也就是这个电话号码，为破案留下了突破口。了解情况后，刑侦支队兵分两路，一路前往上海励宁企业发展有限公司了解情况，一路前往浦东康桥康安路的工地查看。侦查员们在一个多月的时间内，跑遍了上海大大小小的钢材交易市场，以期查到该批螺纹钢的下落。综合信息汇总后，四名犯罪嫌疑人进入侦查员的视线，他们分别是上海宝立实业有限公司的职员侯凤杰、刘光跃，上海联琪昌信物资有限公司的职员李朝辉和李竟成。此时，春节临近，四名对象流动性大，且有的对象已提前离沪。专案组决定，按兵不动，密切注意嫌疑人动向，以期将该团伙一网打尽。春节过后，嫌疑人相继返沪工作。根据情报，嫌疑人分散活动明显。2007年3月22日，刑侦支队采取抓捕行动，四名犯罪嫌疑人相继落网。

【镇江分局侦破一起重大物流盗窃案】 2007年3月23日，镇江分局根据特情反映的线索迅速展开工作，于3月24日立案，对装有大量“低硫180重油”的泰州通源船务公司“通源油6696号”船开展侦查。

通过工作，犯罪嫌疑人吴建荣被抓获并交代：2007年3月2日和3月17日，吴本人和徐国祥(在逃)在泰州水域事先与承运“低硫180重油”的黄俊兵(在逃)联系，双方谈好以每吨2050元价格出售重油。联系后，犯罪嫌疑人吴建荣等人驾船从泰州港出发，来到南通如皋港水域，犯罪嫌疑人黄俊兵先后多次将自己所承运的“低硫180重油”约70余吨卖给了吴建荣等人。3月24日，犯罪嫌疑人吴建荣因涉嫌盗窃罪被镇江分局依法刑事拘留。

【芜湖分局破获故意杀人案】 2007年2月25日，长江安徽省马鞍山水域发现一无名女尸，因尸体高度腐败，死因难以认定。芜湖分局根据尸体双脚被捆绑的异常现象，立为疑似被侵害尸体进行侦查，经专案组40天的尸源查找，查实死者系舞厅坐台女邵怀芳。4月4日，专案组经排查抓获犯罪嫌疑人马明慧、王兵、徐峰。

经广泛取证查明，马明慧等人于春节前分别杀害邵怀芳、邢治玲后抛尸江中。4月10日，专案组打捞出另一名被害人邢治玲的尸体，一举破获马明慧等人抢劫杀人抛尸长江案2起。并破获两起绑架案和一起抢劫案件。

【荆州“4·16”破坏生产经营案成功告破】 2008年5月18日，荆州分局专案民警深入江陵一线，对犯罪嫌疑人刘应彬的社会关系人员(荆江村干部及刘应彬家属)展开强大的政策宣传攻势。下午4时，迫于强大政策压力，犯罪嫌疑人刘应彬主动到公安机关投案自首。

经审讯，刘应彬(男，58岁，荆江装卸运输公司经理，江陵郝穴镇荆江村人，“4·16”案的组织指挥者)对其于4月16日14时10分，组织纠集10余名社会闲散人员乘海巡艇对周天航道整治工程“渝工排1号”施工船实施打砸的犯罪事实供认不讳。

【南京分局打掉一涉水“盗销一条龙”团伙】 2007年6月5日8时许，南京分局刑侦支队与仪征派出所根据前期摸排掌握的线索迅速出击，在南京长江油运公司紫金山船厂二号码头附近水域，将涉嫌收赃的3条“三无”船截获，抓获涉嫌收赃的“三无”船主朱顺宝、樊红春、陈斌，缴获废旧金属500多公斤，并一举抓获7名涉嫌盗窃的江苏省仪征市真州镇籍犯罪嫌疑人杨猛(男，38岁)、葛自安(男，50岁)、陶维金(男，50岁)、陈家禄(男，49岁)、袁宏林(男，28岁)、陆良才(男，42岁)、陈家福(男，51岁)。

经查，该团伙共有作案嫌疑人13人，其中仪征市滨江村长江船舶修理厂工人杨猛、陈家禄、袁宏林、葛自安、陶维金、陆良才、陈家福7人负责盗窃，陈开宝等另6人专门负责销赃。现查明，从2007年3月份起，该团伙利用上夜班、早班之机，从紫金山船厂修船码头盗窃废旧船用金属达33次，并与长江上的“三无”船主勾结，将涉案赃物从水上转移，以掩人耳目。目前，犯罪嫌疑人杨猛、葛自安、陶维金三人于6月7日被取保候审。

【南京分局侦破一起特大物流盗窃隐案】 2007年4月初,南京分局破获一起盗窃"抓斗"案,3名盗窃嫌疑人刘强、刘学虎、杨本义被下关区人民检察院批准逮捕,办案民警抓住前期提审中发现的疑点不放,继续开展深挖工作,发现刘学虎等人还有盗窃矿粉的重大嫌疑。4月底办案民警又抓获一名盗窃嫌疑人(黄潮勇,男,33岁,已移送起诉)。通过对黄潮勇的审讯,证实了刘学虎等人盗窃矿粉的嫌疑,还牵出了又一同伙人。侦查人员通过历时近3个月的外围调查和走访,7月下旬确定了该名嫌疑人叫林善伟,本市无业人员,并对其网上追逃。7月26日,林善伟到案。

现已初步查明,犯罪嫌疑人林善伟伙同刘学虎、黄潮勇等人多次盗窃南京钢铁联合有限公司在南京港二公司中转的矿粉共计70余吨,价值人民币4万余元。

【8月16日泸州分局破获一起杀人案】 2007年7月31日,长江干线四川宜宾水域发现一无名女尸,法医检验发现死者不符合溺水死亡特征。

8月1日,泸州分局通过广泛张贴寻尸启事获得线索,从而查明死者系徐克芳,通过对死者徐克芳手机通话清单分析排查,8月14日确定犯罪嫌疑人黄明高,8月16日黄明高到案后供述伙同他人对徐克芳实施抢劫杀害后抛尸长江的犯罪事实。

【万州分局破获一起杀人案】 2007年8月20日,长江重庆万州水域发现一高度腐败女尸,尸体腰部被尼龙绳捆绑,另一段系在破损的渔网上。万州分局立案侦查后,办案人员通过公安部疑似被侵害失踪人员信息系统,查实系重庆万州连续发生的3起发廊小姐被绑架杀害案中的失踪人员杨永丽,并成功与重庆市万州区公安分局"8·24"绑架杀害案串并案。9月26日,贾玉林被抓获后交待伙同他人绑架杨永丽,威逼人质给其家人打电话,让其家人按指定银行账号打现金5万未果后,用过量麻醉药品将杨永丽杀害,在其腰部系上尼龙绳放入装有石块的渔网内,在重庆市云阳老县城乌羊溪大桥抛尸长江。

【重庆分局破获一起杀人案】 2007年8月29日12时许,重庆分局在江北区寸滩长江朝阳河水域发现一被肢解的未知名尸块,尸块为躯干上半部,上端从颈部、下端至腰部离断,双上肢自肩关节处离断;经尸检,确认死者为成年女性,身高约1.5~1.6米,系他杀。重庆分局经60天的艰苦侦查确定死者系35岁的女性刘定珍,犯罪嫌疑人是其前夫颜艳,10月27日,专案组民警在颜艳住处将其抓获,成功破获该案。

【南京分局破获涉水特大合同诈骗案】 2007年7月9日,"中南59号"货船船主王恒水到南京报案称:其停泊在长江南京水域胜利圩锚地的"中南59号"货船今天发现没有了,价值约60万元。

接警后,南京分局迅速组织开展调查工作。辗转安徽省、上海市、江西省,行程上万公里,历时两个多月。9月18日专案组根据侦控信息获悉犯罪嫌疑人夏家友将潜回老家芜湖,专案组立即赶赴芜湖市,对其暂住地、火车站、汽车站进行蹲点守候,在当地公安机关的大力协助下,于9月20日在安徽省芜湖市中山南路将其抓获。

经查:2006年4月被害人王恒水与任东林签定租船协议后,将"中南59号"货船租给任东林,1个月后,任东林又将该船转租给犯罪嫌疑人夏家友。4个月后,由于夏家友经营不善、亏损严重,夏遂在上海将该船以14万元价格变卖。犯罪嫌疑人夏家友对其犯罪事实供认不讳。9月20日犯罪嫌疑人夏家友被押解回南京,9月21日南京分局将其刑事拘留。

【重庆分局成功破获"11·3"水上交通肇事逃逸案】 2007年11月3日凌晨1时30分许,重庆丰都河记船务有限公司"淮河轮",下水在长江长寿茅树碛水域与一上行货船(船名未知)发生碰撞,当即造成"淮河"轮二楼尾部5个房间被损坏,一名女乘客严重受伤抢救无效后死亡,一名男子失踪。货船在发生事故后逃逸。重庆分局立即成立了以局长为组长的专案组,组织治安、刑侦、消防、乘警及7个派出所的民警会同重庆海事局全力投入查缉工作中。调查中发现,由于事发之时在凌晨,肇事货船未开船名灯和探照灯,也不理会甚高频呼叫,无法得知肇事货船的具体情况。办案民警凭着船员的记忆和海事局的通报得知:与淮河轮发生碰撞的是一艘机驳船,大约1000吨,平头船首,驾驶台在船尾,2~3层,船长70米左右;船首及右舷有明显碰撞痕迹。

据此,重庆分局与重庆海事局迅速行动,对整个江岸展开搜寻,对在辖区船舶进行了全面走访调查和摸排。通过摸排,确定停泊在渔洞水域的空载机驳“安泰2号”和停泊在莱元坝水域的重载机驳“国电508”。11月3日18时,专案人员分别对“安泰2号”和“国电508”进行初步检查,发现均无明显碰撞痕迹,两船工作人员均矢口否认。23时,专案人员再次上两船检查,认为“国电508”有重大嫌疑,但由于无明显碰撞痕迹,且工作人员矢口否认,侦查工作一度受阻。11月4日凌晨1时30分,经再次带领侦查人员到“国电508”进行勘验,对每名船员进行了取证和法制教育,提取了部分证物。凌晨3时许,“国电508”船主之一李光贵到重庆分局陈述了碰撞事实,分局立即将“国电508”船长贾利和抓获。

【武汉分局刑侦支队破获一起特大诈骗案】 2006年8月4日,受害人张某来到武汉分局刑侦支队报案称:自己在2006年2月28日至4月21日期间被一个叫刘玉梅(网名叫“宝玉梅花”)的女子骗走现金共计72万元,和该女子同行的还有另一女子名叫柯霞。该刘于2006年5月6日将手机停机,随后失去联系。专班民警开展了艰苦细致的案前调查工作,通过调查得知:网名叫“宝玉梅花”的女子真名叫刘玉梅,湖北大冶人,在当地欠很多人债务,为了躲避债务,长期不在家。通过民警在同名的户籍人口网调取资料中让受害人张某辨认,确认当事人柯霞为湖北大冶人,经查,柯霞也长期也不在家。

2007年10月29日,武汉分局刑侦支队在江苏省常州警方的大力协助下,在常州一辆出城的出租车上查获犯罪嫌疑人刘玉梅,随身查缴现金8万余元。专案民警迅速赶至当地,于11月3日将其押解回汉,将其刑事拘留。

【武汉分局破获一起非法捕捞中华鲟案】 2007年1月,武汉分局簰洲派出所辖区发生一起非法捕捞中华鲟(国家一级保护动物)并致死的案件。武汉分局组织民警通过大量调查取证,根据线索抓获犯罪嫌疑人袁善国、何家祥、夏红群。3人对非法捕捞中华鲟并致死的犯罪事实供认不讳,同时交待了自2006年下半年至2007年1月,在长江白鳍豚国家级自然保护区水域非法捕捞长江水产品,每人非法牟利近2000元的犯罪事实。

(以上供稿 谢 丰)

·消防管理·

【在修船舶“米娜号”发生火灾】 2007年1月6日8时20分,在修船舶“米娜号”(载重吨为6万吨的油轮,希腊船,船籍为巴哈马)在上海澄西船舶有限公司4码头,因焊割工陆健在该轮左舷5-6舱处的起货机平台动用明火拆除起货机油马达液压管法兰螺丝导致液压油外泄,喷溅至陆某身上,遇焊割枪明火导致火灾,焊割工死亡。由于扑救及时,火灾燃烧未蔓延,故无其他火灾经济损失。

【“江达168号”油船发生火灾】 2007年1月8日13时许,“江达168号”油船(湖南省益阳中石油运输有限公司所有)在武穴港1码头上游的武穴石油公司油库码头,通过一根直径为16.5厘米的软管与石油码头趸船管线连接,由“江达168号”起用油泵向武穴石油公司油库输油。输油约30分钟后,“江达168号”轮机长李德军突然发现油船与趸船连接软油管破裂,停止向上泵油并组织船员将破裂软管接头卸开。在拆卸时,该船下方约100米处一修船码头起火,随即动车解缆离开石油码头。在“江达168号”油船向武穴石油公司石油码头趸船输油时,该码头下游约100米处的个体修船人员吴有春和徒弟吴天华,正在对“汉川0127”吸砂船左外舷焊接滑轮作业。发现吸砂船与修船水泥趸船间水面起火,将吸砂船和水泥趸船引燃。火沿泄漏在江面的汽油向上游蔓延,先后将停靠在石油码头趸船后方的装运柴油的三级危险品船“黄冈供油4号”(100吨)和石油码头趸船引燃。

本次火灾毁损情况:个体修船点水泥趸船上的简易工棚的木质结构被焚,“汉川0127”船外舷的吸砂管被烧毁;“黄冈供油4号”驾驶室及生活区被烧毁,石油公司码头趸船生活区部分过火。“江达168号”油船水手陈冬华落水失踪,此次火灾经济损失为18.5249万元。

【"长交706"轮发生火灾】 2007年1月20日21时40分,长江南京油运公司位于南京市栖霞区栖霞镇附近的摄山基地水域,隶属于南京油运公司船舶服务分公司船舶管理公司的"长交706"轮发生火灾,当日22时30分火被扑灭,无人员伤亡。2007年1月1日该船停航封存后靠泊在公司摄山基地2号码头内档,其外档靠泊"长交702"轮。发生火灾时"长交706"轮上没有人,当班船员张栋19时许在"长交702"轮吃饭,另一名当班船员仇芳柱请假回家吃饭未归。当晚21时40分左右,"长交702"轮船员从船舱到厨房洗碗时发现浓烟从"长交706"轮中部的船员舱舱门冒出,随即呼救,并与"长交706"轮船员张栋以及其他船员携灭火器灭火,由于舱内浓烟呛人,且温度很高,无法取得灭火效果。期间,靠泊同码头的"长交707"轮大管轮马卫国听到呼救后,即先后向消防中队和基地调度室电话报警,基地消防中队接到报警后出动消防车一辆、8名战斗员赶赴2号码头,消防队员启动"长交702"轮消防水泵,配戴空气呼吸器深入着火舱室灭火,于22时20分左右将火控制,22时30分将火彻底扑灭。火灾烧毁船员舱内的1.5匹空调内挂机、21英寸彩电、DVD机各一台以及船员床铺、床上用品、船员个人物品、船舱内装饰等,经初步测算,直接财产损失0.8078万元。

经现场勘查,起火点位于船员舱入口处下方的分体空调机内挂机部位,据此初步认定火灾系分体空调内挂机故障发生燃烧,由于没有及时发现予以消除,进而引燃其他可燃物导致的。

【"万港65-3趸"发生火灾】 2007年1月23日17时55分,长江云阳水域"万港65-3趸"发生火灾。万州分局接到报警后,出动"长江14-02"巡逻艇赶赴现场组织实施灭火救援,在云阳县消防中队及"凯帝"、"云鑫"、"云鹏"等船舶的协助下,于18时35分将火扑灭。

经万州分局消防支队现场勘查情况和调查询问,起火趸船所属重庆市万州区港口集团公司,火灾起火点为二楼208房间,起火原因为船员用火不慎,引发火灾。火灾造成此趸船二楼8个船员房间全部烧毁,无人员伤亡,直接财产损失2.2641万元。

【"振华13号"轮发生火灾】 2007年4月27日上午9时,"振华13号"轮航行至长江上海段长兴水道(D307浮筒)时机舱起火。经该轮船员自救,及"港拖2号"和"港拖5号"拖轮的协助,采取高倍数泡沫灌舱的方式进行灭火,于11时50分将火扑灭。经上海分局消防支队现场勘查和调查询问,该失火船系港口桥吊运输船舶,由上海振华船运有限公司负责管理,起火时该轮装载桥吊运往阿联酋,起火部位为该轮机舱间下平台右后部。起火原因为机舱壹号副机第3缸活塞曲轴箱连杆螺栓断裂,导致第3缸活塞曲轴箱爆裂并扩大成灾。火灾造成机舱内部分设备烧损,过火面积约15米^2,无人员伤亡,直接财产损失0.8万元。

【"富强2号"采砂船发生火灾】 2007年5月6日16时,泸州纳溪籍"富强2号"采砂船船在宜宾市江安县境内长江河采砂作业时,二楼船员房间发生火灾,经船员自救,于19时将火扑灭。

经泸州分局消防支队现场勘查和调查询问,该失火船系个体船舶,船长45米、船宽8米、型深2.5米,总吨位300吨。火灾原因是船员房间的电源插座接触不良,通电后触点间出现放电和发热,插座部位热量骤增,引起周围可燃材料发生燃烧所致。火灾造成机舱、驾驶室、驾引设施和船员生活区的机器设备、船员生活设施被烧损,无人员伤亡,直接财产损失26.7868万元。

【"蔡五江河鱼庄"发生火灾】 5月7日0时,泸州市纳溪区城区长江边"蔡五江河鱼庄"发生火灾,经泸天化消防队扑救,于1时将火灾扑灭。经泸州分局消防支队现场勘查和调查,该鱼庄属个体性质水上餐食经营场所,主要经营长江鱼类食品,2003年9月建造,2004年12月开始营业,船长20.8米、船宽7.4米,主甲以上船二层高5米。

火灾原因是点蚊香不慎,引燃可燃物造成火灾。火灾造成该鱼庄二楼餐饮场所、船员房间、空调、冰箱、照明灯具等电器设备及厨房内建筑装修材料、船员生活物品、服务设施烧损,过火面积133米^2,无人员伤亡,直接财产损失5.5315万元。

【南京港化工罐区C111萘罐发生爆炸引起燃烧】 2007年5月17日15时16分,位于仪征市胥浦江边的南京港股份有限公司化工罐区C111萘罐发生爆炸引起燃烧。接警后，南京分局消防支队仪征中队立即出动4台消防车、30名消防指战员，15时22分迅速赶到事故现场进行火灾的扑救，5分钟后控制火势，15时29分明火被扑灭。

南京分局消防支队立即展开现场勘查和事故调查，C111储罐的容量为1000米^3，装有约300吨萘，建造于2002年、造价200万元。当日，江苏华东工业设备安装股份有限公司三名施工人员在进行电焊作业，加固罐顶的护栏。爆炸原因为施工人员(王永军)对C111萘罐罐顶栏杆气割施工中，割穿罐顶引起罐内可燃气体爆炸所致。爆炸将罐顶向东南侧掀翻，罐体呈5°~8°东北方向倾斜、上部变形，管道损坏，2名在罐顶施工的人员(王永军、男、24岁，王凡、男、14岁)当场被炸死，直接财产损失28.0603万元。

【“豫周口货5558”轮油舱爆炸起火】 2007年5月20日16时43分，停靠在中石化长燃白浒山水上加油站加油的“豫周口货5558”轮油舱爆炸起火，经白浒山水上加油站专职消防队、武汉消防支队青山中队、武汉石化拖消两用船1903轮共同扑救，于17时20分将明火扑灭。经现场勘查和调查，“豫周口货5558”轮载重1500吨，共有船员6名，系私营船舶，挂靠河南省鹿邑县风顺水运有限公司。火灾原因是“豫周口货5558”轮油舱内余留有不合格燃油(抽样检验闪点为26℃)，在气温条件下蒸发和空气混合形成爆炸性可燃气体积聚，加油时直接从油舱口灌装，从而产生静电积聚导致放电，引起舱内可燃气体爆炸而引发火灾。

此次爆炸现场该船主甲板上层生活区及驾驶区烧毁，长燃26003油趸二楼监控室外侧及监控设备烧损，重伤2人，轻伤2人。过火面积319米^2，直接经济损失24.872万元(其中豫周口货5558轮24.4592万元、长燃26003油趸0.4128万元)。

【“豫周口货2999”货轮发生火灾】 2007年5月25日13时许，停靠在宜昌市中水门锚地水域的“豫周口货2999”货轮发生火灾，经该轮及相邻船舶船员的奋力扑救，于14时40分将火扑灭。经宜昌分局消防支队现场勘查和调查访问，该失火船系河南周口港籍货运自航船舶，为三层结构。火灾原因是该轮二楼前部电缆通道内电气线路短路产生火花，引燃可燃物，导致火灾事故的发生。

火灾造成该船三楼船员房间、二楼部分船员房间、驾驶室设备及部分船员生活用品烧毁，过火面积97.16米^2，无人员伤亡，直财产济损失5.444万元。

【“金发88号”货驳发生火灾】 2007年7月5日13时30分，停靠在荆州市荆州区学堂州水域的“金发88号”货驳二楼发生火灾。接到报警后，荆州分局立即出警赶赴火灾现场组织施救，在“荆采68号”挖砂工程船、“金发88号”货驳船员的共同努力下，于14时10分将火扑灭。

经荆州分局消防支队现场勘查和调查询问，该失火船系荆州籍个体自航货驳，火灾原因是“金发88号”货驳和“荆采68号”挖砂工程船上的船员，在“金发88号”货驳二楼生活区走道吸烟后未将烟蒂熄灭，致使未灭烟头引燃“金发88号”货驳右弦二楼尾部房间内可燃物品造成火灾。火灾造成该船驾驶室、二楼生活区的6个房间被烧毁，无人员伤亡，直接财产损失1.8467万元。

【“神通78号”货轮发生火灾】 2007年7月28日1时，停靠在宜昌市中水门锚地水域的“神通78号”货轮发生火灾，经该轮及相邻船舶，海事、公安、航道等部门人员的奋力扑救，于3时30分将火扑灭。

经宜昌分局消防支队现场勘查和调查询问，该失火船系四川开县港籍货运船舶，为二层结构。火灾原因是该轮运载的小麦因在长达11天的待闸期间，高温高湿而发热发生自燃，引燃了上层塑料包装袋、暖水瓶包装纸盒等物品，导致火灾发生。此次火灾造成露天货舱部分货物和二楼驾驶室设备、船员房间生活用品、电气线路等物品被烧毁，过火面积62.72米^2，无人员伤亡，直接财产损失5.7万元。

【“泰轮机2008号”散货船发生火灾】 2007年9月23日22时50分，航行至芜湖弋矶山附近水域的“泰轮机2008“号散货船机舱发生火灾，船员自救无效，火势蔓延。芜湖分局接警后，出动消防艇于23时15分到达火灾现场，经扑救，于24日0时10分将火扑灭。

经芜湖分局消防支队现场勘查和调查询问，

该起火船舶挂靠于泰州市轮船运输总公司，起火时装载3000余吨铜精砂。火灾原因是该轮机舱右主机机油冷却器机油进口管与机油冷却器连接法兰高压纸质垫片老化，致使冷却器内的机油（润滑油泵工作压力为0.6MPa）喷溅到右主机排气管上，引起雾化燃烧，并迅速蔓延，导致火灾事故发生。此次火灾造成驾驶室和主甲板以上的生活设施全部烧毁，无人员伤亡，直接财产损失19.1232万元。

【“航工驳1”施工驳船发生火灾】 2007年9月30日4时30分，“航工驳1”施工驳船在忠县巫阳镇水域一在建长江公路大桥桥墩下施工时发生火灾，经自救扑灭火灾。

经万州分局消防支队现场勘查和询问施工作业人员，该船属于中港二航局石忠高速公路B18合同段项目经理部的工程用船，火灾原因是施工人员（唐振伟，男，37岁）在进行氧气切割作业时，熔渣溅落在停靠于桥墩下的驳船船舱，引燃驳船上运载的钢缆塑料保护层，引发火灾。火灾造成主甲板24根化纤钢缆烧损，过火面积211.32米^2，无人员伤亡，直接财产损失28.4314万元。

【芦苇船失火】 2007年12月5日11时30分，停靠在长江武汉沌口水域晨鸣纸业码头附近江边的芦苇船失火，经自救无效火势蔓延，船员逃生。武汉分局支队立即出动长公消1201消防艇，赶赴现场灭火救援，由于芦苇出现复燃，武汉分局支队在现场不断进行灭火，直至12月9日9时将火彻底扑灭。

火灾原因是运输芦苇的机驳船主在启动锚机柴油机时，使用火把烘烤柴油机，不慎引燃船上芦苇，从而引发火灾。此次火灾未造成人员伤亡，直接财产损失13.296万元。

（以上供稿 陈度岚）

·乘警工作·

【乘警工作协调暨春运会议在汉召开】 2007年1月16日，长航公安局在武汉召开乘警工作协调暨春运会议，大会总结了乘警部门三年来工作取得的成绩和存在的主要问题，交流基层工作和队伍建设的经验，部署全年工作思路和春运工作。

【重庆分局乘警支队创新工作受媒体关注】 2007年4月28日，重庆电视台新闻频道、公共频道、移动数字频道和重庆卫视等台先后播出了重庆分局乘警支队积极备战“五一”黄金周安全保卫工作实况录像。

5月3日晚19时，中央电视台《新闻联播》对重庆分局乘警支队“五一”黄金周期间为确保旅客安全、便捷出行，全力打造和谐客运环境进行了详细报道，引起了社会的关注，展示了长江乘警良好的业务素质和精神风貌。

【“汾河”轮乘警队及时安全转移该轮海损事故的旅客】 2007年5月31日零时40分，“汾河”轮上水航行至柳林碛水域时，与“豫驻货1816”机轮发生碰撞，致该轮一楼中部大厅等处严重受损。

该轮乘警赶到现场，积极组织船舶客服人员维持现场秩序，及时将旅客疏散转移到安全楼层，并加强对现场和客舱的巡查。凌晨4时20分，乘警队民警协助将旅客安全有序地转送到“三峡观光5号”轮。

（以上供稿 鄢振华）

·基本建设·

【武汉分局公安专用码头建设工程】
总投资：300万元
规　模：改造建设公安专用码头1个，对码头防洪闸口及300米^{2}门楼进行改造装修，相应建设必要的配套设备。
开工时间：2005年10月
竣工时间：2007年03月
设计单位：长江航运规划设计院
施工单位：武汉市威胜涂料装饰有限公司。

【泸州分局业务用房建设工程】
总投资：2340万元
规　模：征地18.78亩，建设业务用房主体6层1幢，主体2层的副楼2幢，总建筑面积4420.37米^2，购置必要的办公设备及公安装备。
开工时间：2005年12月
交付时间：2007年10月
设计单位：长江航运规划设计院

施工单位:重庆一建

【九江分局办公及业务用房配套工程】

总投资:300万元

规　模:购置地处九江市浔阳区九龙街5号三兴花园A栋第二至第四层,建筑面积941.14米^2,建设相应的配套设施,购置必要公安技术装备,对原办公用房和新购置的办公用房进行必要装修。

开工时间:2006年06月

竣工时间:2007年11月

设计单位:长江航运规划设计院

施工单位:九江市三兴房地产开发有限公司

【黄石分局办公及业务用房配套工程】

总投资:600万元

规　模:建设公安业务用房建筑面积3140米^{2}及配套工程。

开工时间:2004年03月

竣工时间:2007年11月

设计单位:长江航运规划设计院

施工单位:浙江省二建建设集团有限公司

【芜湖分局马鞍山、当涂派出所业务用房工程】

总投资:300万元

规　模:分别购置两处房屋建设马鞍山、当涂派出所,建筑面积共1750.23米^2,并购置必要的配套设备。

开工时间:2004年03月

竣工时间:2007年11月

设计单位:长江航运规划设计院

施工单位:芜湖市宝成建筑装饰有限公司

(以上供稿　刘东力)

·表彰奖励·

【集体二等功5个】

1.重庆分局"8·29"杀人碎尸案专案组。2007年8月29日,重庆市江北区朝阳河长江水域发现一尸块。重庆分局接警后,分管局长迅速带领侦查员及刑侦技术人员奔赴现场,并成立专案组开展工作。根据法医学鉴定推断出死者的基本情况及抛尸地点后,利用新闻媒体与民警调查走访相结合的方式,查找尸源。最终通过DNA鉴定查清了死者,并在死者住所提取到作案用的菜刀等有关物证。随后民警抓获犯罪嫌疑人颜某,通过审讯使其如实供述了自己的犯罪事实。

2.荆州分局"4·16"破坏生产经营案专案组。2007年4月16日,10余名社会闲散人员手持砍刀、太平斧等凶器,对地处长江荆州江陵水域的周天航道国家控导整治工程施工船舶实施打砸,造成工程被迫停工,损失巨大。案件发生后,由于性质严重,影响恶劣,引起上层各级领导的高度关注。交通部和湖北省等领导先后作出重要批示,交通部公安局局长张玉胜要求一查到底,依法严肃处理。荆州分局"4·16"专案组深入调查走访、明确侦查方向、落实侦查措施并与地方有关部门紧密联系,成功抓获了以刘应彬、张衡为首的7名犯罪嫌疑人,7名犯罪嫌疑人均受到了刑事处罚。办案过程中,长航公安机关广泛进行法制宣传,化解矛盾纠纷,取得了良好的社会效益。

3.武汉分局汉阳派出所。该所以等级评定工作为主线,不断夯实公安基础工作,强化治安管理和安全防范,采取多种措施加强对辖区内违法犯罪活动的打击力度,协助辖区单位加强了安全管理,确保了一方平安,赢得了辖区单位、群众好评和上级公安机关的认可。2007年9月,该所被公安部评定为"全国一级公安派出所"。

4.镇江分局"5·19"特大盗窃重质原油案专案组。2007年5-8月,镇江分局"5·19"专案组全体民警忘我工作,经过连续100余天的缜密侦查,辗转2省6市,行程2万余公里,历尽艰辛,一举摧毁了一个自2006年4月以来疯狂盗窃船运重质原油的犯罪团伙。缴获被盗原油1073吨,抓获犯罪嫌疑人21名,为企业挽回直接经济损失近300万元,维护了港航生产单位的利益,有力地震慑了辖区水域的刑事犯罪,净化了运输生产秩序,树立了负责任的交通公安机关形象。2008年2月,中央电视台法治在线栏目播出的专题片《鬼船之谜》,详细反映了侦办该案的情况。

5.南通分局"5·22"特大物流盗窃案专案组。2007年5月,南通分局刑侦民警从辖区粮油市场出现国内禁止流通的进口转基因大豆这一线索着手,进行深入调查,通过远程监控,在长江海门段水域发现了犯罪事实。专案组通过巧妙安排、分段布控、张网以待等方法,开展隐蔽侦查和围捕。

自5月27日至7月27日,共抓获犯罪嫌疑人63名,打掉犯罪团伙8个,查扣嫌疑船舶9艘,摧毁销赃窝点6个,起获赃物大豆近300吨,涉案总价值达450余万元,同时追缴赃款133.8万元,破获了以张美财、陈青标等人为首的犯罪团伙,充分保障了沿江企业的合法利益。此案得到了交通部公安局、地方党委政府和人民群众的一致好评,《中国交通报》等近30家新闻媒体进行了广泛宣传报道。

【个人二等功2个】

1.李斌,武汉分局汉阳派出所所长。该同志带领全所民警脚踏实地辛苦工作,努力营造“发案少,秩序好,辖区社会稳定,群众满意”的良好水域环境,实现“五无三升一降”(无火灾、无恶性刑事案件、无重大治安灾害事故发生、警无违法违纪行为发生,无群众投诉;群众满意度上升,辖区安全防范措施技术含量上升,民警综合素质上升;重点单位可防性案件发案数下降)。武汉分局汉阳派出所在派出所等级评定工作中,一年上一级台阶,2007年9月,被评定为全国一级公安派出所。

2.严培军,镇江分局刑侦支队副支队长。2007年,该同志狠抓特情耳目建设,先后根据特情提供的信息破获了“5·19”特大盗窃重质原油案、“3·24”特大盗窃重油案等系列盗油案件,追缴被盗原油1400余吨,为企业挽回经济损失300余万元。2007年来,刑侦支队在他的直接带领和参与下,累计破获刑事案件79余起,打击处理40余人,有效震慑、惩治了辖区违法犯罪,净化了长江水域治安环境。

【全国警务督察工作先进个人】 刘晶洲,长江航运公安局警务督察处处长。为长江航运公安16个分局2006年度实现零违纪发挥了较好的督促和促进作用;其负责主抓长江航运公安“创最佳长江船东满意度指数”工作三年多来,通过组织实施各项得力有效的工作措施,使得长江航运公安的“长江船东满意度指数”年年都有提高;在带头模范遵守“五条禁令”的同时,持续采取教育、警示、督促、检查的方式开展各项工作,确保了长江航运公安队伍中近年来没有发生民警违反“五条禁令”案件。

(以上供稿 崔军鸿)

·文明创建·

【2007年长航公安文化建设纪实】

·3月18日至26日,根据交通部“交通文化建设研究”总课题组安排,“交通公安文化建设研究”课题组6名成员到北京交通管理干部学院参加了“交通文化建设研究培训班”,系统地接受了一次“交通文化建设”课题研究培训。

·4月16日,长航公安局正式成立了以长航公安局党委书记、局长王茹军为组长,党委副书记、政委陈汉发为副组长的交通公安文化建设研究课题领导小组,负责交通公安文化建设课题研究的组织领导工作。

·4月18日,“交通公安文化建设研究”课题组起草完毕《交通公安文化建设研究写作大纲》,对各章节的起草编撰任务进行了人员分工,明确了起草要求和时间进度。

·6月25日,交通部体法司法制与文明处黄克清处长、“交通文化建设研究”总课题组执行负责人王先进教授到长航公安局检查、指导交通公安文化建设课题研究工作。

·7月10日至20日,“交通公安文化建设研究”课题组组成调研专班,分赴大连、天津、青岛、烟台、上海、宁波、广州港公安局和上海海事公安局等8个“交通公安文化建设研究”课题协作单位开展调研活动。

·7至8月,在长航公安机关和全体民警中开展了交通公安工作使命、宗旨、精神及共同愿景表述语的征集活动,为开展交通公安核心价值理念的研究、提炼工作打下了广泛的群众基础。

·8月25日,“交通公安文化建设研究”课题组在中国人民公安大学召开交通公安文化课题研究座谈会,听取公安大学教授、公安文化研究所所长曹凤等专家的指导意见,进一步明晰研究思路。

·10月12日,形成交通公安文化建设研究书稿第一稿。

·11月13日,长航局在长航公安局召开长江航运文化建设座谈会,同时举行《扬帆奋进——长江航运文化建设成果集锦》一书首发式。会上,长航局党委书记黄强对长航公安机关近年来在公安文化建设上取得的成果表示肯定和赞扬。

·11月20日,形成交通公安文化建设研究书稿第二稿。

·12月20日,形成交通公安文化建设研究书稿第三稿,书稿约25万字,暂定名为《江海鉴忠诚》。

·12月22日,交通部公安局在武汉组织召开交通公安文化建设课题研究座谈会,交通部公安局局长张玉胜,交通部精神文明建设办公室主任谷秀英,天津、大连、青岛、宁波、上海、广州等港公安局局长和长航公安局领导参加了座谈会。会上,领导们听取了“交通公安文化建设研究课题组”有关课题研究工作开展情况的汇报,对交通公安核心价值理念、研究书稿框架结构等进行了深入讨论,张玉胜局长对课题研究工作取得的初步成果给予了充分肯定,并对下步工作进行了部署。

(长航公安局　桑汉成)

【开展交通公安文化建设课题研究】 交通部为加强交通文化建设,在全国交通行业组织开展交通文化建设课题研究工作,交通公安文化作为22个子课题组之一,指定由长航公安局承担课题研究工作。为加强交通公安文化建设课题研究工作的组织领导,先后成立了以王茹军局长为组长的课题领导小组,成立了以陈汉发政委为组长、政治部副主任徐其涛为副组长、宣传教育处副处长胡建华为联系人的课题组。在长航公安全线先后选调了8名有一定文化功底和写作能力的同志作为课题组成员;确定了天津港公安局等8个协作单位;聘请了中国人民公安大学长期从事公安文化研究的教授作为课题组研究顾问;落实了课题组专门办公场所和研究经费。

2007年3月,课题组组织6名研究骨干成员到北京交通管理干部学院参加了“交通文化建设研究培训班”,系统地接受了一次“交通文化建设”总课题组专家和中国社会科学院企业文化专家的培训。4月,课题组在专家指导的基础上,形成《交通公安文化建设研究写作大纲》,并对各章节的起草编撰任务进行了人员分工,明确了起草要求和时间进度。6月,课题组在交通部公安局指导下,在全国交通公安机关和广大民警中开展了交通公安工作使命、宗旨、精神及共同愿景表述语的征集活动,所征集到的各种表述语,为开展核心价值理论的研究、提炼工作打下了广泛的群众基础。6月25日,交通部体法司黄克清处长、交通文化建设研究课题组负责人王先进教授专程到长航公安局听取交通公安文化建设研究课题前期工作的情况汇报,并对课题组研究工作提出了指导性意见。7月上、中旬,课题组组织调研专班,分赴大连、天津、青岛、烟台、上海、宁波、广州港公安局和上海海事公安局等8个“交通公安文化建设研究”课题协作单位开展调研活动,实地调查了解海港、海事等交通公安机关文化建设的历史、现状和发展趋势,基本摸清了交通公安机关文化建设的主要做法、成功经验和障碍因素,收集了一些研究素材和原始资料,对海港、海事公安局的文化建设情况有了感性认识。12月,课题组经过大半年的集中研究和写作,形成了“交通公安文化建设研究”专著第三稿。书稿暂定名为《江海警魂》。全书稿共分导论、一至十章和两个附录三个部分,约25万字,取得了阶段性研究成果。

【芜湖分局的文艺节目在“长江之歌”迎新春文艺晚会上获好评】 2007年2月5日晚,由长航系统公安、海事、航道、通信以及芜湖市港航管理局、芜湖港等6家单位共同承办的“长江之歌”迎新春大型文艺晚会在芜湖市广电中心演播厅隆重举行。芜湖市委、市政府及有关单位的部分领导应邀出席了晚会,芜湖分局党委成员及30余名民警组成方阵观看了演出。期间,芜湖分局男声小合唱《瓦西里之歌》、特勤队散打表演《神采飞扬》取得了圆满成功,赢得了现场观众的一致好评。

【长航公安局在汉举行迎春联欢会】 2007年2月12日,长航公安局在汉举办以“平安长江,和谐公安”为主题的迎春联欢会。长航局党委书记黄强、副局长但乃越、军代处王政委、工会副主席郭玲与在家局领导、离退休老领导、老同志、在汉单位民警共300余人观看了演出。节目形式多样、内容丰富,舞蹈、独唱、大合唱、小品、乐器演奏等精彩的表演不时赢来阵阵掌声,营造出浓烈的节日喜庆气氛和警营文化氛围。

【长航公安局乒乓球队“通航杯”赛夺冠】 2007年4月13日至15日,长航体协在长江三峡管理局俱乐部举办“长航系统‘通航杯’职工乒乓球邀请赛”,长航公安局乒乓球队参加了比赛。全线共有12个球队参赛,经过激烈的争夺,长航公安局乒乓球队夺取长航系统“通航杯”职工乒乓球邀请赛冠军。

【万州分局民警王清林的书法作品获全国书法大赛金奖】 2007年8月9日,由中国文化出版社、中国当代名家书画大观编委会、奥运杯书画摄影大展赛组委会等5家单位联合举办的“2007年奥运杯中国当代名家书画大观全国书画摄影大展赛”揭晓,长航公安局万州分局民警王清林同志创作的书画、摄影参赛作品,荣获大赛金奖,并获得《中国当代名家书画大观》精品集入编资格。王清林同志从事书法、摄影已20余年,他克服重症困难,坚持利用业余时间,刻苦钻研书画、摄影,在书画、摄影方面具有相当造诣,现为重庆市书画家协会会员、万州区书画家协会副主席,其作品屡获交通部、长航局及重庆市各类书画大赛大奖。

【长航公安局荣获“湖北省文明单位”称号】 2007年5月28日,中共湖北省委省直机关工委召开命名表彰大会,会上宣读了《关于省直机关2005-2006年度创建省级文明单位情况通报》(鄂直工[2007]32号),授予长江航运公安局湖北省2005-2006年度“省级文明单位”称号。

【武汉分局荣获湖北省“创建文明行业工作先进单位”称号】 2007年5月28日,湖北省委、省人民政府召开命名表彰大会,会上宣读了《关于命名表彰全省文明创建工作先进单位的决定》(鄂文[2007]42号),授予武汉分局湖北省2005-2006年度“创建文明行业工作先进单位”。

【万州分局廉政文化建设获地方纪委好评】 2007年11月10,重庆市万州区委召开“万州区廉政文化建设经验交流会”,万州分局作为廉政文化先进机关的示范单位参加了会议。会上,万州分局汇报了积极开展廉政文化建设的具体措施、主要成效及相关体会,播放了民警集体创作的廉政文化建设工作纪实片《在水一方》,得到了市纪委、区纪委及其他示范单位的一致好评。

【长航公安局举行2007年大练兵综合比武】 2007年12月22日至24日,长航公安局在汉圆满举行了2007年大练兵综合比武。22日下午,警容警姿队列录像片展示评比在第二炮兵雷达学院进行,三位军队教官和一名电视台资深记者担任评委,16个分局局长作为嘉宾列席评比会。万州分局、南京分局、宜昌分局、芜湖分局、安庆分局、镇江分局获得警容警姿队列展示前六名。24日上午,50米水上救生救护比武在湖北省英东体育馆进行,经过激烈的角逐,武汉分局、芜湖分局、镇江分局、南京分局、南通分局、宜昌分局分别获得比赛团体前六名。下午,计算机理论与操作在长航警校进行,宜昌分局、南京分局、万州分局、南通分局、武汉分局、重庆分局分别获得计算机理论与操作团体前六名。最终,南京分局、宜昌分局、万州分局、武汉分局、芜湖分局、镇江分局获得了长航公安机关2007年大练兵综合比武总团体前六名。24日下午,长航公安机关2007年大练兵综合比武在长航警校胜利闭幕,长航公安局党委班子成员分别为获奖的单位和个人颁发了奖状和证书。

(以上供稿　郑　纲)

第十篇　通　信

【概　述】 2007年,通信局以科学发展观为统领,突出重点、主动作为、锐意进取、扎实工作,完成了全年各项工作任务,安全通信保障、行政执法能力和服务水平跃上新台阶,基本建设和机制改革取得新进展,经济总量实现新增长,党建和行业文明建设取得新成果,为长江通信实现又好又快发展打下了坚实的基础。

·安全通信保障水平跃上新台阶　全面完成通信质量和服务质量指标,安全通信保障正常率100%,船东满意度指数达86分。联播长江水上安全信息18703份/2464166分钟,同比增长3.4%;接转海事救助电话769次/2516分钟;接转水上"110"联动电话38050次/84151分钟,同比增长0.3%。

·行政执法工作开创了新局面　全年共检查各类船舶128259艘,同比增长5%;核发、代发船舶电台执照15605份;办理船舶进网、年审38092艘,同比增长2.12%;维修、检测船台设备8079台(套),维修检测率达21.2%;对违规船舶下发整改通知书1246份,同比下降26.5%;船舶进网累计近6万艘。

·基本建设取得新进展　基本建设计划投资4528万元,在各参建单位的共同努力下,全局累计完成投资8594万元。

·改革和理顺经费渠道工作有了新推进　顺利完成通信局管理关系调整的移交工作;组建了长江通信技术服务中心,明确其职责、工作范围等,已办理事业法人登记手续;用活用足政策,积极筹措资金,稳妥地完成了全局职工工资套改和增资补发工作。加大汇报协调力度,促成财政部预算司、经建司和交通部财务司领导于5月底对长江通信公益性经费问题进行了专题调研。

·科技创新和职工教育取得新成效　共投入科研经费45万元,实施科技项目12项,"网络视频会议的开发和应用"、"长江通信网上电话号码查询系统"等项目成果明显。编写了全线办公网的互联互通方案,实现了与长航一级办公网的信息共享和邮件互访,建立外网邮件系统,外网完成了改版,内网完成了开发,利用联通CDMA网络实现了移动办公。全局共举办各种培训班363个,培训4550人次,达3957学时。

·经营工作出现新亮点　全局实现总收入1.17亿元,创历史新高。自筹收入4768.4万元,同比增长19%,职工收入有明显增加。

·党建和行业文明创建工作取得新成果　狠抓了文明创建21项具体工作,有效推动了创建工作向纵深发展。长江水上安全信息台先后荣获全国"巾帼文明岗"和全国"青年文明号"的光荣称号,通信局和重庆局分别被命名为湖北省、重庆市文明单位。稳步推进"两基"、"两化"工作,基础管理水平得到提升。文化建设"六个一"取得成效。

2007年通信业务工作量一览表,2007年长江通信管理局船舶进网、年审一览表,2007年长江水上无线电专项整顿活动一览表详见表10-1、表10-2、表10-3。

【2007年通信业务工作量一览表】　(表10-1)

长途电话	甚高频电话	电报	信息联播	区播	遇险通信	110联动电话
1401151次 3490219分钟	514545次 1401622分钟	126274份 5435211字	18703份 2464166分钟	22001次 56437分	235起	38050次 84151分钟

(通信保障处)

【2007年长江通信管理局船舶进网、年审一览表】　(表10-2)

单位 内容	重庆局	宜昌局	武汉局	芜湖局	南京局	上海局	合计
进网船舶(艘)	449	194	390	803	1347	3791	6974
年审船舶(艘)	2036	869	2172	9095	4734	12212	31118
合计(艘)	2485	1063	2562	9898	6081	16003	38092

(通信稽查与无线电管理处)

【2007年长江水上无线电专项整顿活动一览表】 （表10－3）

整顿项目	时间	联合参加单位	参加执法人员（人/次）	检查船舶（艘/次）	处理违规船舶（艘）	处理违规配置大功率VHF电台（艘）	核发船舶电台执照（份）	办理船舶安全通信进网登记、年审（艘）	全线联播与行动有关信息（次/分钟）
长江水上无线电通信秩序专项整顿活动	6月1日至30日	长江海事局、三峡局、长航公安局、沿江省市无委	1785	808	38	438	970	99/323	

（通信稽查与无线电管理处）

·管理机构·

【长江通信管理局（简称通信局）】 通信局为交通部所属的长江干线水上安全通信管理的主管部门，负责泸州至上海2800余公里长江干线水上安全通信的行政管理和保障工作。长江通信管理局实行局、直属局、处三级管理体制，下辖重庆、宜昌、武汉、芜湖、南京、上海6个通信管理局和重庆、涪陵、万州、巴东、宜昌等24个通信管理处。

长江安全通信专网是长江船舶安全航行的重要保证，是长江航运实现可持续发展战略的基础和前提。它在为航运的安全监督、遇险救助、航道维护、调度指挥及管理决策等方面发挥着极其重要的作用。全局拥有固定资产近6亿元。

面向水系、面向用户、面向市场，创一流服务和效益，质量第一，用户至上，诚信服务是通信局的工作宗旨。我们期待长江水系各港航客户及沿江企、事业单位进入长江航运通信网。通信局将以准确、迅速、安全、方便的通信服务，为促进长江航运事业的发展作出积极的贡献。

地　址　武汉市江岸区合作路16号
邮　编　430014
电　话　（027）82763944；82767510
传　真　内线：（0310）3631
　　　　外线：（027）82761598

（通信局党委工作部）

【长江重庆通信管理局（简称重庆局）】 重庆局隶属通信局，是长江安全通信的二级管理机构和汇接中心，是为长江航运各港航单位提供安全通信保障服务的公益性为主的事业单位。下设重庆、涪陵、万州、泸州4个通信管理处，以及长寿、丰都、忠县、云阳、奉节、巫山6个通信管理站。2007年末，全局共有职工452人，其中具有高级技术职称的5人，初、中级技术职称的105人。通信管理范围上自四川宜宾，下至渝鄂交界的巫山碚石镇，全长1100多公里。

长江上游通信专网的主要功能有语言、数据传输和交换、船岸VHF通信、港口通信、航道通信、航行安全信息联播等多项功能。全局有交换机11部，与当地公网电信实现全自动互联，专网用户可方便地与公网用户实施语言、数据交换。根据交通部有关法规，实施辖区机动船舶安全通信管理，管理船舶电台2400多台。全局现维护长途光缆630皮长公里、微波干线基站3个、支线站1个、VHF台站14个、450兆用户167部。

地　址　重庆市渝中区朝天门信义街28号
邮　编　400011
电　话　（023）63775702；63775226
传　真　（023）63775226

（重庆局办公室）

【长江宜昌通信管理局（简称宜昌局）】 长江宜昌通信管理局为通信局所属的长江干线宜昌段水上安全通信管理主管部门，主要负责长江鄂西江段460公里水上安全通信的行政管理和保障工作，具有通信行政管理、公益性通信保障和通信信息服务职能。局下设4个基层通信管理处，拥有4座甚高频无线基地台等船岸移动通信设施及400多公里长途光缆传输干线通信设施，共有职工314人，固定资产总额5000多万元。主要服务对象为交通部长江航务管理局属各支持保障系统、长江鄂西各港航单位和长江机动船舶。

宜昌局大力加强长江通信网络建设、维护和管理,致力于为船舶用户提供优质的服务,三个文明建设取得丰硕成果,先后荣获湖北省"文明单位"、湖北省"创建文明行业工作先进单位"和全国交通通信系统"创建文明行业先进单位"荣誉称号。

地　址　宜昌市沿江大道174号
邮　编　443003
电　话　内线:(0340)66125
　　　　外线:(0717)6966125
传　真　(0717)6965704

(宜昌局办公室)

【长江武汉通信管理局(简称武汉局)】　武汉局隶属通信局,是长江安全通信的二级管理机构和一级汇接中心,是为长江航运各港航单位提供安全通信保障服务的公益性为主的事业单位。下设长江水上安全信息台及武汉、黄石、邓家口、洪湖、城陵矶6个通信管理处(台)。2007年,全局共有职工436人,其中具有专业技术职称的技术人员61人。通信管辖范围上至湖南城陵矶,下至湖北黄石,全长367.5公里。

武汉局目前已开通长江专用长途通信网、长江船岸电报网、长江船岸甚高频无线电话网、单边带无线电话网、长江可视电话会议网、武汉地区7000线数字程控电话通信网等多渠道、多功能的通信网络,昼夜24小时不间断地为各港航单位及长江航行船舶提供安全通信保障。武汉局拥有的主要通信设施有:程控交换机4套(总容量近8000线)、干线长途光缆184公里、联播及会议电话汇接机2台、可视电话会议系统1套、安全信息语音编播设施1套。截至2007年底,拥有固定资产3742万元。

地　址　武汉市汉口沿江大道134号
邮　编　430014
电　话　(027)82766730;82763664

(武汉局办公室)

【长江芜湖通信管理局(简称芜湖局)】　芜湖局隶属通信局,是长江安全通信专网的二级汇接中心,是为长江三角洲航运各港航单位提供安全通信保障服务的公益性为主的事业单位。下辖九江、安庆、池州、铜陵、芜湖5个通信管理处。

2007年,芜湖局共有职工253人,其中离退休职工87人。辖区横跨沿江两省五市,主要担负着九江至芜湖长江区段的有、无线通信网络的规划建设、维护、保障任务。截至2007年底,全局固定资产达2639.62万元。

地　址　芜湖市镜湖区北京西路5号
邮　编　241000
电　话　内线:(0310)6296
　　　　外线:(0553)3716296

(芜湖局办公室)

【长江南京通信管理局(简称南京局)】　南京局隶属通信局,是长江安全通信专网的二级汇接中心,主要为航运港航单位和航行船舶提供公益性通信和为进江外轮提供甚高频无线电话通信服务及其他通信服务,是为长江航运各港航单位及外轮进江提供安全通信保障服务的公益性为主的事业单位。下属单位有:镇江和马鞍山通信管理处。

南京局主要负责长江当涂境内东西梁山至高岗嘶马镇太平洲300余公里长江干线水上安全通信的行政管理和保障工作,同时受江苏省无线电管理委员会和交通部长江无线电管理委员会委托,行使长江水上通信行业管理职能和对船舶电台的管理职能。

地　址　南京市下关区大马路95号
邮　编　210011
电　话　内线:(0370)7656
　　　　外线:(025)85077656
传　真　(025)85077642

(南京局办公室)

【长江上海通信管理局(简称上海局)】　上海局隶属通信局,是长江安全通信专网的二级汇接中心,主要为航运港航单位和航行船舶提供公益性通信和为进江外轮提供甚高频无线电话通信服务及其他通信服务,是为长江航运各港航单位及外轮进江提供安全通信保障服务的公益性为主的事业单位。下辖泰州、江阴、张家港、南通、上海5个通信管理处。2007年共有职工115人,本科以上学历23人,专业技术人员41人,其中具有高级专业技术人员4人,中级专业技术人员15人。通信管辖范围上自泰州,下至上海,全长247公里。

上海局经过几十年的发展建设,现已建成长

途通信、船岸通信和港口地区通信三大现代化通信网络;拥有甚高频无线电话岸台5座、程控交换机6套,以及AIS、铁路道口400兆无线电通信等其它相关通信设施。截至2007年底,有固定资产4000余万元。

地　址　上海市复兴东路248号15楼
邮　编　200010
电　话　(021)51185285;51185286
传　真　内线:(0380)5281
　　　　外线:(021)51185281

(上海局办公室)

·通信管理·

【交通部副部长徐祖远莅临通信局视察】 2007年元月11日下午,交通部副部长徐祖远一行莅临通信局视察。随同视察的有部水运司司长宋德星、体改法规司副司长柯林春、交通部海事局副局长郑和平及长江航务管理局党委书记黄强等。

徐副部长一行亲切接见了通信局机关和长江水上安全信息台的部分职工,视察了长江通信信息维护中心,仔细询问了长江通信网络运行及维护情况,观看了长江通信与艾维集团合作的Wimax试验演示,了解了Wimax技术对长江航运安全的应用前景。随后,徐副部长在听取通信局的工作汇报后,对长江通信工作作出了重要指示:新的班子在原来的基础上工作有了新起色,在内部调整和发展上做了不少工作,为长江黄金水道的建设和长江黄金水道规范化的管理作出了贡献。

(陶竞成)

【通信局局长陈俊参加长江航运国际论坛】 2007年1月11-12日,由交通部水运科学研究院、交通部长江航务管理局承办的长江航运国际论坛在武汉召开。交通部部长李盛霖与会并作主题发言,来自莱茵河、多瑙河、密西西比河、长江等世界主要内河航运方面的专家受邀亲临现场,通信局局长陈俊参加了会议。

这次论坛全面展现世界主要河流航运的现状与发展前景,并就内河航运政策法规、港口建设与航道维护技术、危险货物运输与航运安全、内河船型标准化、航运信息化等议题开展研讨,为与会人员提供广泛交流平台和相互学习借鉴的机会,促进彼此间的了解与合作。

(陶竞成)

【通信局工作会暨政工会在武汉召开】 2007年1月17-18日,通信局工作会暨政工会在武汉召开。长航局党委书记黄强、副局长阮瑞文出席大会并作了重要讲话,长航局相关业务部门领导应邀到会指导工作,来自通信局94名代表参加了会议。

通信局局长陈俊作了题为《主动作为、真抓实干、促进长江通信事业又好又快发展》的工作报告,党委副书记杨行初作了题为《围绕中心、强化服务、构建长江通信和谐发展新环境》的政工报告,副局长汪平成传达了交通部、长航局创新会议精神。最后,党委书记周云霞对会议作了总结。

会议期间,通信局党委对2006年度创文明行业先进单位(集体)和先进个人及直属局"五好领导班子"、"优秀班长"和模范带头人进行了表彰,与直属局签定了2007年目标责任书、党风廉政建设目标责任书和安全综合治理目标责任状。

(陶竞成)

【长江通信"五五"普法规划出台】 根据《长江航务管理局法制宣传教育第五个五年规划》的要求,为进一步提高长江通信系统干部职工的法律意识和法律素质,提高长江通信行政管理能力,结合本单位实际,制定下发了《长江通信管理局法制宣传教育第五个五年规划》。

通信局"五五"普法的主要任务包括三个方面:一是组织全局职工深入学习宣传宪法,学习宣传与长江通信相关法律法规,提高职工依法行使权利、履行义务,依法表达自己的利益诉求,依法解决矛盾和纠纷。二是坚持普法与法治实践相结合。加强行政执法,严格执法程序,强化执法监督。完善行政执法责任制、行政执法公示制、行政执法过错追究制,做到依法行政、文明执法。三是组织开展法制宣传教育主题活动,重点搞好法制宣传教育进机关、进单位、进管理对象工作。普法内容包括:基本理论知识、通用法律知识和水运专业法律、规章知识,如《中华人民共和国无线电管理条例》、《长江机动船舶安全通信管理规定》、《长江机动船舶安全通信进网登记管理办法》、《代管船舶管理办法》等。

(汤光云)

【全国政协委员金义华为通信局作“两会”精神辅导报告】 2007年3月27日下午，通信局召开全线电视电话会议，邀请全国政协委员、长航局局长金义华作传达学习“两会”精神辅导报告。

金义华在报告会上，从五个方面传达了“两会”精神：一是介绍了“两会”盛况；二是传达了胡锦涛总书记在“两会”党员代表会上的重要讲话和在工青妇分组讨论会上的重要讲话；三是传达了温家宝总理所作的政府工作报告；四是和大家共同探讨了“两会”上的一些热门话题；五是介绍他本人参加“两会”的体会，特别重点介绍了社会各界关注和重视的长江航运的发展情况。

就如何学习贯彻“两会”精神，通信局局长陈俊提出四个方面要求：一要与贯彻全国交通工作会议、长江航务管理工作会议以及长江通信工作会议精神紧密结合起来；二要与当前开展的“加强作风建设、做好三个服务”主题活动紧密结合起来；三要与强化目标管理，推进全年各项工作任务的全面完成紧密结合起来；四要与加强工青妇工作，构建和谐长江通信紧密结合起来。

（王玉慧）

【交通部水运司领导到通信局调研】 为了进一步了解长江航运信息化发展状况，交通部水运司彭付平处长于2007年4月19日下午在长航局相关人员的陪同下，到通信局进行信息化调研，副局长汪平成和通信技术处、计划基建处相关人员参加了调研座谈会。

通信技术处副处长孙鹏就通信局信息化现状、各类信息化系统使用情况、内外网隔离情况作了汇报。作为信息化基础，彭付平很关心通信局通信网络现状，汪平成就通信网络情况，分别介绍了干线传输网络、船岸VHF通信系统、数据网络、语音交换网络等通信系统，并就长江航运通信发展存在的一些问题与彭付平进行了交流，希望能够更多获得上级帮助。

（黄建辉）

【重庆局举办新增执法人员培训班】 2007年4月4日至6日，为适应长航局联合执法的需要，按照对新增执法人员上岗前的培训要求，重庆局在万州处云阳站举行新增执法人员培训班。

通信局稽查处李涛主任及办公室副主任汤光云亲赴云阳并为学员们授课，共计20余名执法人员参加了此次培训。

（李　玲　付　晓）

【通信局基本建设工作会在汉召开】 2007年5月17－18日，通信局基建工作会在武汉召开。长航局局长金义华、规划基建处处长沈友竹、副处长殷红莅临大会指导并作重要讲话，来自全局46名代表参加了会议。

会议由通信局计划基建处处长王九庆主持，副局长余龙泉作了题为《践行“三个服务”，转变建设理念，又快又好地搞好长江通信基本建设工作》的主题报告。长航局局长金义华在会上作了重要讲话，指出：“长江通信基建工作要在建设中促发展、找准位置，要在干中学，在干中提高，要前仆后继加强廉政建设；要克难奋进，勇于创新，扎实干好基本建设工作。”

会议期间，重庆局、宜昌局、武汉局、南京局和通信局计划基建处分别交流了工作经验，各参会代表就主题报告及报告涉及的重点工程进行了分组讨论。会议还对2006年各直属局基建工作目标责任制情况进行了通报，对2006年基建工作先进单位和个人进行了表彰。最后，通信局与各直属局签订了2007年基建工作目标责任书。

（陶竞成）

【交通部水运司领导到宜昌局调研】 2007年4月25日，交通部水运司王建斌副处长一行在通信局局长陈俊的陪同下，到宜昌局巡访调研通信建设及保障工作。王建斌副处长一行在宜昌处交换中心、网络公司巡访时，不断询问当班人员的工作、安全信息保障服务和通信网络情况，对宜昌局开发的远程视频监控系统特别感兴趣，对长江通信的建设和发展给予了肯定。

（宜昌局　谭大学）

【财政部调研长江通信经费问题】 2007年5月23日，财政部派调研组在交通部财务司相关人员的陪同下，对长江通信经费问题进行了调研。调研组分别在重庆局、海事工作船和宜昌局召开了3个座谈会，听取了长江通信工作汇报，并深入到通信局重庆处、万州处、奉节站、巫山站、三峡库区青石无人基站和宜昌处进行了现场视察,了解第一手资料。

经过深入调研,调研组认为长江通信在经费不足的情况下,发挥了公益性专网为长江航运提供安全通信等支持保障作用,为长江黄金水道建设作出了较大贡献。调研组表示长江通信具有很强的公益性且具有行政管理职能,经费应予以保障,调研后将如实向财政部有关领导进行汇报并提出相关建议,努力理顺长江通信的经费渠道,争取能有较大突破。

交通部财务司副司长徐文兴专程到宜昌参加座谈会,向调研组分析经费问题对长江通信的影响,部财务司卢尚艇副处长全程陪同调研组。长航局金义华局长、黄强书记、但乃越副局长为解决长江通信经费问题提出了相关建议。

(王向荣)

【通信局科技信息化工作会议在汉召开】 2007年6月5日,通信局科技信息化工作会议在汉召开,长航局科技与通信信息管理处处长杨大鸣出席会议。通信局领导、各直属局科技信息化工作分管领导及部门负责人共40人参加了会议。

会上,通信局副局长汪平成作了题为《充分发挥科技和信息化的引领作用,推动长江通信事业又好又快发展》的主题报告。局长陈俊希望与会代表总结经验,加强学习,完善和改进今年科技信息化工作。他希望大家统一认识,充分认识科技工作的重要性;形成合力,构建长江通信科技创新体系;抓好研发,提高通信科技含量;加强应用,提高信息化管理水平。

杨大鸣处长在会上作了重要讲话。他指出,科技信息化工作高度重视理念创新、体制机制创新、管理方法创新、拓展科技投入渠道、新知识业务学习和人才培养。杨处长肯定了通信局为长航信息化工作作出的贡献,并希望通信局进一步结合通信实际,在行业信息化上发挥特色和"生力军"作用。

(陶竞成)

【通信局通信稽查与无线电管理工作会在重庆召开】 通信局通信稽查与无线电管理工作会议于2007年7月7日在重庆市隆重召开,通信局领导及各直属局分管无线电和船岸工作的领导共计30余人参加了会议。

局长陈俊在会上作了题为《增强服务意识,加大管理力度,稳步推进船岸无委管理工作》的讲话。无委办副主任李涛在会上作了主题报告。大会就围绕如何整治大功率电台、如何实施统一标准、怎样强化服务、树立窗口形象,如何努力寻求联合管理格局等问题等进行了讨论。与会代表认为,今后要从以下几方面努力:一是要积极向上反映情况,争取管理事权;二是加大沟通协调力度,争取地方管理部门的大力支持;三是要加大整治力度,净化电磁环境;四是要加大内部管理力度,规范执法行为。

(陶竞成)

【李盛霖部长亲切慰问长航系统在渝职工】 2007年7月24日,交通部部长李盛霖在长航局局长金义华的陪同下亲临重庆,看望长航系统在渝各单位职工,并代表交通部党组和部机关各司、局,向经受了暴雨洗礼的广大一线工作人员致以诚挚的问候,向遭受了财产损失的职工家庭表示亲切的慰问。李部长对长航在渝职工在抗洪抢险、力保航运安全的过程中表现出的不惧危险、迎难而上、爱岗敬业的精神予以高度赞扬,称赞长航在重庆的队伍非常了不起,是一支值得信赖的队伍。同时,李部长也希望各级领导干部要学习贯彻好胡锦涛总书记视察重庆抗洪救灾工作时的指示精神,发扬过去好的精神和作风,在重庆市委、市政府的统一领导下,继续克服困难,和重庆市全体市民一起,夺取抗洪救灾工作的最后胜利。

长航局局长金义华代表长航局表达了对广大在渝一线职工的问候和感谢。交通部相关司局领导和重庆市副市长余远牧陪同李盛霖部长参加了慰问。

(王向荣)

【长江无委第十一次协调会在滇召开】 2007年11月7日,第十一次长江无线电管理工作协调会在云南省召开。国家无线电管理局副局长谢远生、调研员周春英,交通部无管办副主任刘英,江苏、江西、湖北、湖南、四川、上海、重庆等省市无线电管理机构,长江无委成员单位、长江无委各办事处应邀出席了会议。会议由长江无委副主任、通信局局长陈俊主持,与会代表共48人。

国家无线电管理局副局长谢远生在会议上作了重要讲话。他充分肯定了长江无线电联合管理工作,对下步长江无线电管理提出了依法严格管理,将长江无线电联合管理继续下大力做好的要求。他提出,要以国家无线电管理条例和有关法律法规为依据,依法处理无照电台、乱用频率等扰乱秩序危害安全的违法违规行为;充分利用监测技术手段加强水上通信秩序的联合监控;要不断总结联合管理的做法,逐步形成长江全线联合管理的基本模式。交通部无管办副主任刘英在讲话中强调了水上无线电管理对航运安全的重要作用,介绍了国际海事组织加强水上无线电管理的新近动态。

长江无委主任、长航局副局长阮瑞文对会议进行了总结。对近年来国家无委、交通部和沿江省市无委对长江无线电管理工作的支持、关心、指导和配合表示了衷心感谢;对如何加快建立长江无线电管理手段,以适应长江黄金水道建设和航运安全管理需要,向长江无线电管理部门提出了具体要求。

(汤光云)

【通信局举办学习十七大精神培训班】 2007年11月20日,通信局学习党十七大精神培训班开班。

武汉大学政治与公共管理学院政治理论系主任、专业博士生导师,党的十七大精神宣讲团主讲师袁银传教授,为培训学员作了十七大精神辅导报告。

(陈山青)

【部人劳司领导赴芜指导执法工作】 2007年11月14日,交通部人劳司副司长沈宏光、副处长时俊、长航局法规处处长王乔贵一行到芜湖调研联合执法工作。调研组分别到朱家桥执法现场、芜湖区段政务中心进行了现场调研,在政务中心长江通信窗口,沈宏光热情地与窗口执法人员握手、交谈,了解长江通信芜湖区段执法工作的基本情况。

调研会上,芜湖局副局长刘忠宝向调研组汇报了芜湖局的基本情况及开展联合执法工作所取得的成绩,包括船户对安全通信认识有提高,无线电通信秩序好转,办证率明显提高,通信保障作用更加增强,并就相关问题提出了建议。沈宏光就联合执法工作的落实强调要结合十七大报告精神,在2007年工作的基础上,2008年要提出新思路,要进一步完善、巩固、提高、规范联合执法工作。

(鲍宗勤)

【通信局召开基层党建工作经验交流会】 2007年12月8日,通信局基层党建工作经验交流暨干部人事工作座谈会在汉召开。局领导、机关及各直属局代表共计60余人参加了会议。长江海事局党委书记刘开智亲临会议指导。

会上,党委书记周云霞作了《大力加强基层党组织建设,为长江通信科学和谐发展提供坚强保证》的报告,回顾了两年来长江通信党建工作取得的成绩,指出在五个方面得到了加强:一是加强了党员的思想建设和理论武装。二是加强了党支部领导班子建设。三是基层党组织的凝聚力、战斗力得到加强。四是制度建设得到加强。五是党建工作创新得到加强。周云霞强调,在肯定成绩的同时也应清醒地认识到党建工作的薄弱环节和问题,提出了"三化两围绕"的工作思路,即"经常化、制度化、标准化"和"围绕中心、服务大局,围绕发展、促进和谐"的工作思路,确定了下一步党建工作目标:一是党支部领导能力进一步增强;二是党员队伍进一步壮大,党员素质进一步提高;三是党支部工作活力进一步迸发,战斗堡垒作用进一步发挥;四是党支部工作制度进一步完善;五是党支部工作方法进一步创新。

(陶竞成)

·通信保障·

【江阴港区电缆遭火灾 通信抢通受好评】 2007年1月7日,上海局江阴处技术人员以娴熟的技术和优质服务,紧急抢修苏南集装箱港区通信故障,受到用户好评。

当日上午10点,江阴处接到苏南集装箱码头港区工程部求援电话,某公司在港区施工时不慎用挖掘机将港区电缆挖断,引起大火,导致附近的通信光电缆烧断及部分通信设备被电流击坏,造成全线通信信号中断,请速派人抢修。

江阴处领导急用户所急,立即组织抢修人员

于10时30分赶到事故现场进行勘察。经过察看，需要复接4个30对通信电缆接头及更换2套PCM话路复用设备，工作量很大。施工人员顾不得休息，迅速布置抢修方案。一方面急向厂家定购PCM设备；另一方面组织抢修人员就地抢修。线务班的同志们冒着长江边上刺骨的寒风，查线、锯断、制作、包扎、热缩，有条不紊地进行。到下午1点半，部分通信已畅通；到8日上午10点，2套PCM话路复用设备也及时得到更换，港区通信得到全面恢复。

现场指挥抢修的港区领导及各支持保障单位对江阴处抢修工作十分满意，对江阴处顾全大局、诚信协作、认真负责、勇挑重担的工作作风和抢修人员高超娴熟的接续技术给予较高评价。

（上海局江阴处）

【偷盗通信电缆的犯罪分子被抓获】 2007年4月28日，一伙从重庆巫山流窜到荆州市，多次盗窃长江通信电缆的3名犯罪嫌疑人落入法网。

4月14日凌晨，3名犯罪嫌疑人在荆州市郊窑湾作案时，被当地派出所抓获。经过窑湾派出所民警的现场勘察，发现3人的作案手法与长期偷盗长江通信位于6码头电厂巷内通信电缆的手法相似。为此，长航荆州公安分局的同志经过与窑湾派出所交涉，对现场留下的鞋印进行了对比，确认6码头电厂巷内通信电缆的偷盗就是犯罪嫌疑人3人所为。在提审过程中，犯罪嫌疑人拒不承认，但在铁的事实面前，他们供认了3次盗窃行为。

（荆州处　姜　燚）

【宜昌局为三峡国际龙舟赛提供通信保障】 2007年5月20日12时30分，第五届中国宜昌长江三峡国际龙舟拉力赛暨宜昌市第二届龙舟锦标赛落下帷幕，宜昌局为这次三峡国际盛事提供通信保障。

此次三峡国际龙舟赛也是全民健身与奥运同行全国龙舟月的重要赛事，锦标赛及开幕式于5月19日在葛洲坝船闸下游三江航道举行。拉力赛全程35公里，在三峡船闸和葛洲坝船闸之间的西陵峡河段，起点为黄陵庙旅游码头，终点为葛洲坝上游二号船闸与大江间的隔流堤头。参加这次三峡国际龙舟赛的有美国、澳大利亚、港台龙舟队26支。

担任这次无线通信保障任务的宜昌局，组织精干的技术人员，采用先进的通信科技设备，组成甚高频通信网，开通甚高频无线专网电话。整个赛事圆满结束，通信畅通优质，为赛程提供了强有力的通信保障服务，深受组委会的好评。

（谭大学）

【城陵矶处又添新亮点】 2007年5月21日下午5时，华能岳阳电厂至枝城10兆电路顺利开通，标志着武汉局城陵矶处对外跨局域出租电路迈出了可喜的一步。届时，华能岳阳电厂的数据传输和视频监控在此电路上实现了城－枝互联。

自2006年底城陵矶处与华能岳阳电厂签订租赁电路合同以来，由于该电路线长、点多、涉及宜昌局和枝城港处，且线路完善程度不够。为了城陵矶处的经济发展，通信局和武汉局、宜昌局领导和各局技术人员给与了极大的支持，通过协调和周密部署，克服重重困难，使得该电路顺利交付用户使用。

（彭华波　黄润清）

【葛洲坝至上海微波通信系统退出历史舞台】 2007年7月1日起，交通部与能源部合资建设的葛沪数字微波通信系统将停止运行。

据国家电网公司调通[2007]101号文，葛洲坝—上海微波通信系统自2007年7月1日起停止运行，通信局也下发通知，全面关闭宜申微波传输系统。该系统于1989年建成，能源部用于电力调度通信，交通部用于组建长途自动交换网及专用通信网，主要设备从意大利TELETTRA电信公司引进。整个网络沿长江干流走向，西起宜昌东至上海全长1159.16公里，跨越湖北、江西、安徽、江苏、上海四省一市。葛沪全网共70个微波站，交通部管辖16个微波站。宜申微波传输系统曾作为长江通信宜昌至上海间16个传输站的长途语音、数据传输通道，曾是宜申段各港航单位重要的信息传输渠道，为长江航运业的发展发挥过重要作用。随着通信技术的飞速发展，微波传输系统的传输容量小、传输不稳定等缺点已不能满足长江航运发展的需要。

宜申微波传输系统退出历史舞台，标志着长江通信已迈入数字化、智能化。取而代之的是先进的光纤通信传输系统，能传输语音、数据、视频、多媒体等,成为"数字航运"重要的组成部分。

(鲍宗勤)

【长江通信引进应急通信指挥车】 2007年7月22日,通信局将新引进的一台价值283万元的多功能应急通信指挥车开赴万州,在长江三峡库区水上联合搜救演习中投入使用。

应急通信指挥车具备完善的视频、数据和话音通信等功能,是利用了现代通信信息技术,针对长江航运战备应急需求而设计,结合了长江通信网络现状,综合运用各种通信技术提高应急指挥处理能力,保障长江应急通信的先进性、安全性、互通性、灵活性、机动性。

(陶竞成)

【长江通信圆满完成三峡库区水上联合搜救演习任务】 2007年9月22日上午9时30分,"长江三峡库区水上联合搜救演习"在万州港水域成功举行。这次演习是我国内河史上规模最大的水陆综合搜救演习,通信局圆满完成了演习的通信保障工作,受到上级领导的好评。演习以"关爱生命、珍爱长江、共建平安黄金水道"为主题,由交通部与重庆市人民政府联合举办,长江航务管理局与重庆市万州区人民政府共同承办。演习历时90分钟,内容包括人命救助和船舶救援、船舶消防灭火、溢油应急处置、船舶安保演练、山体滑坡应急处置5个科目。

通信局在演习中承担了现场通信指挥和网络通信传输以及通信保障服务。为了保障演习顺利进行,长江应急战备指挥通信车开赴现场投入使用,给演习提供了集群通信、卫星通信、图像采集、数据处理等多功能集成服务。长江通信人各就各位,全力以赴,发扬了"把通信当工作、把工作当事业、把事业当追求"的精神,为整个搜救演习提供了一系列现代通信服务手段,确保了整个演习过程在演习现场和交通部部中心现场观摩的通信质量,为共建平安黄金水道贡献出自己的力量。

(刘 婷)

·基本建设·

【交通部规划院专家到武汉局调研】 2007年1月26-28日,交通部规划研究院相关领导及技术人员一行3人,在通信局基建处和科技处领导的陪同下,到武汉局洪湖和城陵矶处进行了调研。此次调研,是为了完善长江通信各直属局局域网建设和基层通信处局域网新建项目而进行的。

武汉局各基层通信处针对此次调研作了充分的准备,从目前数据通信设备配置及使用情况、长江安全通信保障、网络数据通信的发展、新电信通信业务的开展等方面进行了汇报。

为配合调研工作,通信局科技处负责人就基层通信处科技发展的情况听取了汇报,并对武汉局基层通信处在设备配置不全、档次不高的情况下,能保质保量完成长江安全通信保障任务作了肯定,同时也对此次调研的认真准备和翔实的汇报进行了表扬。为了给专家调研工作提供翔实的材料,1月31日,武汉局就交通部规划研究院专家在此次调研中提出的12个方面问题,进行了书面答复。

(王 飙)

【渝宜155M光电路开通】 为了使重庆至宜昌、武汉的各类电路在光缆出现中断时能保证通信畅通,重庆、武汉、宜昌局的电信工程技术人员共同努力下,克服设备单、多模接口转换,数据配置等困难,多次调测,终于在2007年2月7日上午11:30时,调通了租用中国电信重庆至宜昌的155Mbit/s光电路,为完善重庆至宜昌沿线长途传输提供了可靠保障。

(胡昌松)

【武汉局宽带传输网工程应用软件得到专家认可】 2007年3月30日,武汉局受通信局计划基建处的委托,在武汉召开了长航武汉地区宽带传输网工程应用软件专家评审会。参加会议的专家有长航局信息中心、通信局及武汉局的高级工程师,长航局工程建设质量中心站的领导也参加了会议。

与会专家详细听取了厂家技术人员对长航武汉地区宽带传输网工程应用软件作的报告和演示,部分专家还就自己关心的软件平台的构架、软件的实际操作应用、软件的后期维护等情况进行了详细的了解和咨询。专家评审会对武汉局信息化建设的提高进行了高度评价,对应用软件的使用功能、操作的实用性等给予了充分的肯定,并一致通过了对3个应用软件的评审。

（基建科　王　飙）

【南浏段 AIS 建设技术论证会在南京召开】 2007 年 4 月 17 日，交通部水运司为保证长江数字航道与智能航运建设示范工程 AIS 建设取得实效，在南京组织召开了长江数字航道与智能航运建设示范工程（南京至浏河口段）AIS 建设技术论证会。副处长郭青松主持会议，副司长曹德胜到会并作重要讲话。参加会议的有长航局、上海海事局、江苏海事局、长江海事局、长江航道局、长江通信管理局、长江南京航道局、长江南京通信管理局、长江上海通信管理局，以及咨询单位上海绅宝星导电工有限公司和设计单位运航规划设计院等单位的代表和特邀专家共 28 人。

与会专家和代表听取了建设单位对 AIS 建设情况的汇报、设计单位对《长江南京至浏河口段数字航道航运建设示范工程船舶动态监控系统招标文件技术规格书》的介绍，以及技术咨询单位的意见，本着实事求是的态度，认真讨论了 AIS 建设的有关技术问题，以及长江干线 AIS 规划与本工程 AIS 的关系，并对《规格书》进行了审查，形成了 3 点意见：一是建设长江南京至浏河口段数字航道与智能航示范工程，需要各相关单位的配合支持，共同努力，为推动长江黄金水道建设提供示范经验借鉴。二是根据交通部关于本工程建设 4 个 AIS 岸台和 1 个网络管理中心的批复意见，充分利用长江口和江苏段 AIS 系统、南通 VTS 系统的资源，尽可能一网运行，进一步完善数字航道服务功能。三是设计单位要会同相关单位，根据本次会议形成的意见，在符合 AIS 相关国际标准、功能定位等方面，抓紧进行修改完善，以促进本工程尽快组织实施。

（通信局　基建处）

【通信局召开科技项目立项审查会】 2007 年 4 月 4 日，通信局年度科技项目立项审查会在局机关召开。副局长汪平成主持会议，局长陈俊、副局长余龙泉、副总工周宝成及有关部门负责人和通信技术处全体人员参加了会议。

会上，通信技术处对 2007 年度科技项目征集情况和立项前期准备工作作了汇报，对各单位和部门上报的 29 个科技项目逐一进行了介绍和说明，并提出立项建议。与会代表踊跃发言，围绕申报的科技项目以及科技管理工作提出了宝贵意见和建议，对立项建议一致表示认可。局长陈俊对科技项目的组织管理给予了充分肯定。他指出，这是通信局首次召开科技项目立项审查会，体现了科技项目立项的民主决策，同时也使机关各部门能够通过科技项目的上报了解基层目前亟待解决的问题。他希望通过科技项目，促进提高广大干部职工的科研意识，培养高素质的人才队伍。他鼓励大家特别是青年职工能结合本职工作，坚持树立学习意识、思考意识，通过科技项目解决生产和管理中的实际问题，不断提高业务能力，为长江通信发展贡献力量。

（通信局　基建处）

【长航局对通信局基建目标责任制完成情况进行检查】 2007 年 3 月 22 日下午，长航局规划基建处、财务处、监察处、质量监督中心站、档案中心等相关处室组成的检查小组一行 10 人，来通信局对 2006 年基本建设目标责任制完成情况进行检查考核。

会议由长航局规划基建处副处长殷红主持。检查组首先检查了汉宜工程中的武汉传输设备和汉口通信业务用房建设现场。随后，通信局基建处副处长王忠对 2006 年通信局建设工作作了全面详细的汇报，并结合年度目标责任书内容逐项汇报了自查自评情况。会上，长航质监站唐晒华、规划基建处王洪峰、档案中心曹江玲、规划基建处熊小元分别发言，客观地对通信局建设工作和目标执行情况提出建议。殷红代表检查小组最后发言，对通信局 2006 年的建设成绩表示肯定，并提出了中肯意见。希望通信局能在新的一年中积极转变理念，增强服务意识，抓住重点，加强管理，取得更大成绩。

副局长余龙泉代表通信局表态发言。他强调，要正确面对 2007 年繁重的基建任务，化压力为动力，认真总结 2006 年建设工作的不足，吸取经验教训，按上级要求抓住重点，明确目标，调动全局上下，努力完成新一年的建设任务。

（通信局　基建处）

【长江通信 3 工程项目工可审查会在渝召开】 2007 年 5 月 11 - 12 日，交通部综合规划司在重庆主持召开了长江重庆至水富船岸 VHF 通信系统工程、长江重庆至宜宾数字传输系统工程及宜昌至南京通信用户接入网工程等3项工程的“工可”审查会。交通部综合规划司刘昕副处长、李颖工程师、交通部水运司郭青松主任、长江航务管理局规划处张若妮副处长、长江通信管理局陈俊局长等出席会议。同时应邀出席的有交通部规划研究院高晖副所长、赵星高级工程师,中国交通通信中心刘英处长,重庆市建筑设计院李林茂高级工程师等专家,以及长江泸州航道局、长江泸州海事局、长航泸州公安分局、四川省航务管理局、长航规划设计院的会议代表等共计38人。与会领导和专家代表认真听取了长航规划设计院所作的“工程可行性报告”编制情况汇报,专家组进行讨论审查,并形成审查意见。与会专家一致认为“工可”报告符合编制要求,建设的必要性和需求预测分析明确,功能定位合理,符合航段有关遇险安全和航运管理的要求,同意“工可报告”提出的建设方案和建设规模。

长江通信“延上游”工程是贯彻落实交通部、长航局决策,解决长江泸州海事、航道、长航公安等支持保障单位内部和专网长途语言交换需求的重要举措。随着“延上游”工程部署进一步实施,沿江经济和长江航运事业的快速发展,对长江干线的通信支持保障和服务能力提出了新的、更高的要求。因此,建设功能齐全、覆盖完善的长江重庆-宜宾水运通信网成为长航在泸州、宜宾各家支持保障单位及船舶用户的迫切需要,工程建设的必要性和紧迫性也得到了专家的一致认同。

(王向荣)

【长江无线宽带试验网武汉段开通仪式在汉举行】 2007年7月4日,通信局与艾维通信集团在武汉联合举行长江无线宽带试验网(武汉段)开通仪式,这是双方加强技术合作的成功尝试。

为满足长江航运对无线宽带通信技术的迫切需求,增强长江通信对航运安全在技术上的支持保障力度,2006年,通信局和艾维通信集团就共同建设覆盖长江全线的无线宽带通信网络达成共识。目前已初步形成了覆盖长江武汉段30公里范围的长江无线宽带网络。经过技术人员现场演示及与会代表试用,该系统无线上网和视频监控功能均运行正常。该系统是一个业务专网,具有无线视频监控、视频会议、VOIP语音通话和无线宽带数据接入等功能。它作为当今一种领先的无线接入技术,已成为现代通信技术行业关注的焦点,将是现代通信网络的有益补充。尤在合力建设黄金水道、打造数字长江的今天,以WiMAX无线宽带技术结合地理信息系统,建立智能导航、安防监控、应急指挥、航标信息采集、抢险救援等航运服务智能系统,能全面提升长江航运的通信保障能力,为完善长江通信服务功能,实现长江航运现代化管理做出积极贡献。

湖北省政府办公厅副秘书长杨朝中代表湖北省人民政府、长江航务管理局局长金义华代表交通部参加了开通仪式,并作了重要讲话。长航系统各兄弟单位以及湖北省信息产业厅、中国长航集团、韩国三星电子株式会社、英特尔公司等单位的领导和代表共40人参加了开通仪式。

(陶竞成)

【宜昌局完成航道局6个站点的用户接入】 2007年8月9日,宜昌局宜昌处圆满解决了艾家河、云池、姚港、宜都、洋溪等6个联合执法政务大厅的航道用户数据接入。

7月下旬,宜昌局、宜昌处上门征求宜昌航道局对通信保障服务意见及通信需求情况,航道局提出联合执法政务中心数据接入、航道巡逻艇移动数据接入以及航标遥测监控数据接入等3项通信需求。宜昌局在克服资金困难的情况下,自筹资金采购设备和材料,解决了航道局联合执法政务中心数据接入问题。

(刘建成)

【长江航运干线信息高速通道全线贯通】 2007年9月27日,长江武汉—南京—上海(简称“汉宁沪”)光传输系统在武汉正式开通。至此,长江干线重庆至上海水上信息高速通道实现了全线贯通,此举也意味着长江通信告别了载波、微波通信时代,进入了光通信时代。

长江通信专网是服务于长江航务管理局及各支持保障系统、长江沿线各港航单位及长江机动船舶的专业通信网络,具有安全、遇险、紧急、特殊通信保障和通信信息服务等功能。经过多年特别是“九五”、“十五”期建设,目前已初具规模,形成了船岸通信网、电话交换网、数据通信网、电视电话会议网和长途传输网五大网络。此次开通的长江汉宁沪光传输系统工程是交通部重点工程项目之一,总投资9628万元。光缆干线全长2425.1公里,全程相应配备了26个光传输站的光传输设备、通信电源设备和维护设备。该工程的建成,将彻底解决长江下游传输瓶颈问题,使长江干线武汉至上海传输系统高速、宽带、大容量、数字化,而长江干线重庆–上海水上信息高速通道的全线贯通,将为长江干线提供高速的信息传输通道,实现信息资源共享、交流,不断满足各种数据传输需求,对确保长江航运安全,提高航运综合经济效益,促进沿江社会经济发展,将发挥重要作用。

(陶竞成)

【《长江干线数字航道建设工程质量检验评定标准》通过评审】 2007年9月10日,长江航务管理局在南京组织召开了《长江干线数字航道建设工程质量检验评定标准》(以下简称《标准》)评审会,参加会议的有交通部水运司、质监总站及相关单位的领导、专家和代表共33人。与会专家和代表在听取了编写组的情况介绍后,本着科学求实的态度,对《标准》进行了认真审阅。

《标准》的编制由长航质监站牵头,长江航道局、长江通信管理局参加。长江通信管理局负责编制AIS及船舶监控、导航等章节。

评审会议对《标准》编制工作给予了充分肯定,认为《标准》的编制填补了国内数字航道建设质量控制的空白,是一项开创性的工作。编制思路清晰,结构合理,内容完整,符合国家标准编制的有关规定。涵盖了长江干线数字航道建设工程的基本内容,质量控制的重点突出,质量控制要求及方法具有可操作性,经修改完善后可作为长江干线数字航道建设工程质量检验评定的控制标准。

《长江干线数字航道建设工程质量检验评定标准》是长江通信管理局继去年完成《长江通信工程质量检验评定标准》的编制后,参与完成的又一工程建设质量检验评定标准,体现了通信管理局重视工程建设质量管理的基础建设。《标准》通过评审,对规范通信管理局基本建设的质量管理,提高工程建设,特别是南浏数字航道与智能航运建设示范工程的建设质量有重要意义。

(危应华)

【武汉局城陵矶处旧貌换新颜】 2007年9月17日,武汉局副局长王毅陪同长江航务工程质量监督中心站、北京兴通交通工程监理有限公司和通信局基建处有关领导,对城陵矶处装修改造工程进行了验收。

城陵矶处办公楼建造于20世纪70年代末期,办公用房陈旧,各种设施老化,墙面漏水,办公条件较差。武汉局以改善办公环境、提高工作效率、树立长江通信人形象为出发点,本着合理、节约、实用、美观相结合的原则,对原办公楼屋面及楼层设施等进行了检修和改造,对城陵矶处机关现有的办公场所进行了简单装修,增设了不同内容的、宣传长江通信文化的文化墙等配套设施,使整个办公环境焕然一新,办公氛围和文化气息也更加浓郁。同时,为使干部职工保持强健体魄和身心健康,整理花坛、扩大广场并铺设广场砖、添加运动设施,使整个办公环境焕然一新,充分体现了以人为本的特色。

验收组经过仔细查看现场,查阅资料,听取了施工方的施工总结后,大家一致通过验收。

(武汉局 康 明)

·文化建设·

【武汉局通信科科长王璇荣获“长航十大杰出人物”称号】 2007年,长航局党办、组织部、长江港口协会、长江船东协会联合开展了“长航十大杰出人物”评选活动。经过严格推荐、评选和考核,王璇顺利当选。

此次长航十大杰出人物评选活动是为推动长航系统“学先进、树新风、创一流”活动的深入开展,表彰、宣传在长江航运生产建设管理实践中作出突出业绩和较大贡献的典型,充分展示长航职工的良好形象,激励广大职工刻苦学习,勤奋工作,服务社会,建功成才,用榜样的力量推动长江航运新一轮的快速发展。评选活动经过非常严格的程序,按照“业绩突出、德才双馨”的标准和“公开、公正、公平”的原则,首先由各直属局推荐,长航局确定候选人,再进行候选人公示,公众网上投票和评委会综合评审,最后由长航局党委、行政、工会研究决定长航系统十大杰出人物名单。

此外,长航局团委和长航青年联合会也联合开展了评选长航十大杰出青年活动。此次活动中,宜昌处副主任刘建成被评为“长航十大杰出青年”。

(陶竞成)

【南京局荣获省级无线电台站管理先进单位称号】 2007年,南京局被江苏省无线电管理委员会授予“2005-2006年度江苏省无线电台站管理先进单位”的荣誉称号。

多年来,南京局在无线电管理工作中始终坚持“认清形势,高效务实,加强宣传,多方协调,规范管理”的工作方针,在实际工作中采取“联合管理”的工作模式。在长江无委和江苏省无管局的领导下,结合水域辖区船舶无线电使用情况,针对出现的一些有损和扰乱水上无线电通信秩序的现象,有针对性地大力开展整顿水上无线电通信秩序。通过对危险物品运输船舶无线电设备配置的检查、各类船舶大功率电台整治,适时开展宣传相关的法律、法规,为船东提供一些无偿的为民服务等富有成效的工作,取得了明显实效。不仅净化了辖区水上无线电通信秩序,同时把送“法”上船作为常效管理的重要手段纳入和贯穿于日常的工作之中,确保了水上安全通信的规范。

(南京局无委办)

【镇江处连续六年荣获“镇江市文明单位”称号】 2007年1月24日,镇江市委、市政府隆重集会,授予62个系统、23个镇、82个村、79个社区、536个单位文明称号,长江镇江通信管理处榜上有名。

至此,镇江处已连续三届6年荣获“镇江市文明单位”荣誉称号。

(陶竞成)

【通信局机关举办迎春文体活动】 2007年春节前夕,通信局为丰富职工业余文化生活,局机关工会组织职工开展了一系列文体活动。

此次活动包括打双升、打乒乓球、拔河、跳绳,以及下象棋比赛等5个项目。局机关几乎每个人都参加了一至两个项目的比赛,活动气氛十分活跃。

2月6日,在隆隆的鼓声和鞭炮声中,局机关和直属单位100多人在东湖“农家乐”饭庄举行了春节团拜活动。大家举杯共庆长江通信2006年取得的突出成绩,共祝长江通信的明天更美好。

(陶竞成)

【丰都站荣获县“最佳文明单位”称号】 2006年12月19日下午,丰都县精神文明办到丰都站,对丰都站创建丰都县“最佳文明单位”工作进行了检查验收。检查组参观了丰都站机房和办公室,仔细查看丰都站创建工作台账,听取了站长陈茂琦的工作汇报。丰都县文明办对丰都站创建工作的意识、措施、效果、基础资料等表示满意,尤其是对丰都站VHF救助通信很感兴趣。当听说在几次海事救助中,因为丰都站VHF话台把监听到的遇险信息及时通知海事、公安、航道等有关部门,使得遇险船舶得到及时施救,把人员伤亡和财产损失减少到最低程度的情况后,文明办对丰都站职工默默无闻地工作,为长江航运安全保驾护航的精神表示高度赞赏。

这一年,丰都站完成市话安装及在网电话987部,ADSL在网227部,内部宽带14部,登记进网船舶23艘,年审船舶83艘,较好地完成上级下达的经济指标,全年自创收入40多万元。根据检查情况,2006年12月23日,丰都县精神文明办代表县委、县府授予丰都站“2006年丰都县最佳文明单位”称号。

(刘亚伟)

【重庆处喜获创建学习型城区示范单位】 2007年2月下旬,重庆处被授予“渝中区创建学习型城区示范单位”的称号。

为适应长江通信信息化的要求和长江通信的跨越式发展,重庆处在文明创建中,将创建“学习型组织”列入重要议事日程。旨在通过创建,加大学习力度,不断提升员工文化素质和业务技能。

重庆处依据五年学习规划,制订并落实年度学习计划,在学习培训和提升素质工作中取得了良好进展,涌现了一批爱学、善学的班组和职工。重庆处主要抓了以下几项工作:一是从提高思想认识入手,加强教育引导,增强职工对创建学习型组织的重要性和紧迫性。二是从健全机制入手,强化制度保证,增强职工的学习积极性,确保学习经常化。三是从整体上把握,调整职工知识结构,努力适应工作岗位的需求和新技术的需要。四是改善学习条件,营造良好的学习氛围,将创争活动不断引向深入。

学习型组织创建工作是重庆处文明创建的重要内容,它将丰富重庆处创建市级文明单位的内涵,促进三个文明建设的协调发展。

(胡昌松)

【南京局职工挺身擒贼受表扬】 2007年元旦,《南京电视台》、《南京有线电视台》、《南京教科频道》、《南京教育频道》等多家新闻媒体分别报道了南京局职工庞智慧协助公安机关擒获扒手的见义勇为事迹。

当日,庞智慧同志与爱人携爱女一同去家乐福超市休闲购物。在购物中,其爱人发现一小偷正在偷窃一路人的钱物,便立即告诉了小庞。见此情况,小庞看见一保安正在附近,就立即大声喊道:"抓小偷!抓小偷!"此声一出,立刻引起保安和路人的注意。此时的小偷更是慌了手脚,夺路而逃。在保安及超市购物人群的共同协助下,不出3分钟,小偷很快陷入了捉贼的人群之中。为了协助警方取证,小庞面对多家新闻媒体的现场采访,详细地讲述了小偷作案的全过程,证实小偷的偷窃行为,路人们在唾骂小偷的同时,都赞扬小庞同志见义勇为的英雄壮举。

(杨小薇)

【宜昌局举办职工技术比赛】 2007年2月9日,宜昌局工程公司为了搞好春季技术练兵活动,举行了一次光缆技术比赛,比赛分为吊线终结制作和光缆熔接两个项目。这次比赛共有7名选手参加,经过两个小时20分钟的角逐,按比赛标准评出了前三名。

这次光缆技能比赛,是春季技术大练兵的第一次活动,春节过后还将进行野外操练比赛。

(谭大学)

【张家港处荣获市文明单位称号】 春节前夕,从中国共产党张家港市委员会张委发[2007]1号文获悉,长江张家港通信管理处被中共张家港市委、市人民政府授予"2006年度文明单位"称号,并于2月15日从市委文明办捧回荣誉奖牌和证书。

近两年,张家港处全体员工围绕"三个文明"的建设,把长江安全责任通信作为中心工作来抓,以人为本,坚持树立"敬业、创新、服务、畅通"的长江通信精神,加强内部管理,努力提高服务水平,全心全意为用户服务,其服务水准得到了广大港航单位的好评,年年完成或超额完成各项目标责任指标,连续两年被授予张家港市文明单位称号。

(张家港处)

【南通处获市无线电管理先进单位称号】 2007年3月21日,从南通市无线电管理工作会议上获悉,南通处被评为2005-2006年度南通市无线电台站管理先进单位,吕雄同志被评为无线电管理台站先进个人。

(南通处)

【江阴处获省级无线电台站管理先进单位称号】

2007年3月6日,在无锡召开的全市无线电管理工作会议上,江阴处荣获江苏省无线电管理委员会授予的"2005-2006年度江苏省无线电台站管理先进单位"的荣誉称号。

(江阴处)

【通信局召开第十一届文明窗口月活动电视电话会议】 2007年4月6日下午3时,通信局在汉召开长江通信系统第十一届"文明窗口月"活动电视电话会议。

党委书记周云霞在会上作了动员讲话。她说,长江通信系统第十一届"文明窗口月"活动总体要求是,一要强化"一个学习",要大力开展向长航系统十大杰出人物学习活动。二要突出"三个重点",要突出机关建设,特别是机关作风建设,强化通信服务窗口建设,进一步强化行政执法窗口建设。三要做好"五个结合",一是要把窗口月活动与努力践行三个服务结合起来;二是要把窗口月活动与加强职工思想教育结合起来;三是要把窗口月活动与大力开展新技术培训和岗位练兵结合起来;四是要把窗口月活动与全年文明创建总体目标结合起来;五是要把窗口月活动与行业文化建设任务落实结合起来。

(刘 婷)

【长江水上安全信息台荣获全国巾帼文明岗殊荣】

2007年,长江水上安全信息台在被交通部授予全国交通行业"巾帼文明岗"荣誉称号的同时,还被全国妇联、中宣部等27家全国妇女"巾帼建功”活动领导小组成员单位共同授予“全国巾帼文明岗”荣誉称号。

（郭若云）

【通信局对十大文明示范窗口作出调整】 2007年,通信局为进一步深入开展行业文明创建工作,有效发挥文明示范窗口的积极作用,根据各直属局申报,局机关相关部门考核,局党委对长江通信系统十大文明示范窗口进行了调整。

调整后的十大文明示范窗口是:长江重庆通信管理处市话维修班、长江重庆通信管理局光缆维护中心、长江宜昌通信管理处交换中心、长江武汉通信管理处甚高频话台、长江水上安全信息台、长江安庆通信管理处甚高频话台、马鞍山船舶通信执法检查站、长江南京通信管理处甚高频话台、长江镇江通信管理处甚高频话台、长江南通通信管理处甚高频话台。

（陶竟成）

【湖北省文明办主任蒋南平对通信局文明创建工作给予高度评价】 2007年4月4日上午,湖北省文明办对通信局创建湖北省文明单位工作进行检查。检查组由省文明办主任蒋南平、调研员陈晓东、处长王中生及省直工委部长龚龙、处长胡振刚等一行5人组成,先后参观了局机关各楼层办公设施,观看了长江通信专题片,听取了局党委的汇报。

蒋南平在参观完局容局貌后对通信局工作给与高度评价。认为机房环境井然有序,办公环境干净整洁。听完汇报后,认为通信局在长江黄金水道建设中做出了重要贡献,创建成效明显,三个文明建设协调发展。同时,蒋南平也对通信局创建工作提出三点要求:一是创建要紧紧围绕长江航运的发展和通信的业务工作来进行;二是要把队伍建设和提高职工素质作为创建的重中之重,不断提高职工的技术水平,单位的管理水平;三是要进一步健全完善创建机制。文明创建工作是一个长期的过程,只有逗号,没有句号。希望通信局发挥好标杆作用,要总结经验,培养典型,打造品牌,继续努力,成为创建活动的排头兵。

（陶竟成）

【通信局举办礼仪讲座】 2007年4月3日下午,通信局机关在12楼大会议室举办了公务礼仪讲座。武汉礼仪文化研究会常务副会长、武汉大学教授李荣建先生及武汉礼仪文化研究会秘书长余忠艳女士进行了公务礼仪方面的讲授,通信局领导、机关各部门同志及武汉局中层以上领导干部共60余人参加了讲座。

这次公务礼仪讲座是机关规范管理系列培训的一部分,旨在通过系列讲座、培训,规范机关工作程序、提高机关职工素质、树立机关良好形象、增强机关服务水平。李荣建先生、余忠艳女士在两个多小时的时间里,讲授了礼仪的概念、发展历史、公务礼仪、服务礼仪及沟通艺术方面的知识。讲座中引用了通信局很多信息和图片,使人倍感亲切;列举了大量的事例,通俗易懂;采用了一些互动环节,使人印象深刻。大家在轻松、愉快的气氛中得到了很好的启迪和教益。

（陈晓华）

【通信局工会全委会廉政文化建设交流会在南通召开】 2007年4月17日,由通信局工会组织召开的三届八次全委会及局纪委召开的廉政文化建设现场经验交流会在南通召开。局党委副书记、工会主席、纪委书记杨行初,副局长徐作义,各直属局工会主席、纪委书记及局机关相关部门负责人参加了会议。

工会全委会上,党工部副部长郭若云传达了长航局工会全委会精神,杨主席对局工会上年度工作进行了总结,对今年工会各项工作进行了部署,会议以举手表决的方式,选出了新一届全委会委员。

纪委会议上,局廉政文化示范单位南通处介绍了他们的工作经验。南通处积极营造“以廉为荣、以贪为耻、团结拼搏、甘于奉献”的廉政文化氛围,通过开展形式多样、内涵丰富、寓意深刻的文化建设活动,不断创新和丰富文化载体,已初步构建出富有“时代特点、行业特点、基层特色”的廉政文化体系。在创建基础上,他们注重资料的收集和经验的积累,结合实际编制了《南通处廉政文化建设材料汇编》,受到与会代表一致好评。随后,各直属局纪委书记就如何开展好本单位廉政文化建设进行了交流探讨。

（赵利超）

【芜湖局再次荣获市级文明单位标兵称号】 2007年4月19日下午，中共芜湖市委、芜湖市人民政府在镜湖区政府大礼堂召开会议，对第八届市级文明单位标兵和第十二届市级文明单位进行表彰。长江芜湖通信管理局再次荣获“芜湖市文明单位标兵”称号。

（鲍宗勤）

【通信局获得湖北省文明单位授牌】 2007年5月28日上午，湖北省直机关工委召开文明创建表彰暨现场观摩会，省直机关工委副书记陈水国宣读了湖北省文明单位创建先进单位的决定。长江通信管理局被正式授予2005－2006年度湖北省文明单位称号。

这次会议共命名表彰了40个省级最佳文明单位、67个省级文明单位和24个委级文明单位。其中，有11个单位为新命名的省级最佳文明单位，交通部长江航务管理局、长江海事局、武汉海事局和长江航道局等29个单位被继续确认为新一届省级最佳文明单位；通信局和长航公安局等24个单位为新命名的省级文明单位，武汉航道工程局等43个单位被继续确认为新一届省级文明单位。

（陶竞成）

【上海局组织党员参观张闻天故居】 2007年5月25日，上海局机关党支部组织党员到张闻天故居，缅怀和学习杰出的无产阶级革命家和理论家张闻天，接受共产主义和爱国主义教育。

活动中，两名预备党员在张闻天同志雕像前进行了入党宣誓。

（张华峰）

【重庆局被授予重庆市文明单位称号】 2007年6月22日，重庆市精神文明建设委员会正式命名长江重庆通信管理局为重庆市文明单位，并授予文明单位牌匾。

至此，重庆局机关及所属三个处、六个站已经全部成为当地市（县）级文明单位，万州处和丰都站均多年保持最佳文明单位称号。

（重庆局　王向荣）

【宜昌局获“三峡国际龙舟赛先进集体”称号】 2007年6月18日，“黄鹤楼”杯第五届长江三峡国际龙舟拉力赛组委会召开总结大会，宜昌局在会上荣获先进集体光荣称号，电信服务公司张明珠被评为先进个人。

为确保大赛调度指挥通信畅通无阻，电信服务公司先后为大赛通信设备保养维修32台次，架设中转台3台次，转移两个赛点，全赛程派专业技术人员日夜在通信联络第一线，坚守通信设备，始终保证通信联络有条不紊，整个赛事圆满结束，通信畅通优质，深受组委好评，为赛程提供了强有力的通信保障服务。

（胡彪儒）

【长航局领导看望通信劳模刘必喜】 2007年7月13日，长航局党委书记黄强在通信局党委书记周云霞、《中国水运报》社社长施华等陪同下，冒雨看望并慰问了新滩滑坡报警人、全国五一劳动奖章获得者刘必喜，带去了长航局党委对老一辈先进典型的关爱之情。

黄强书记在刘必喜家中，紧紧握住他的双手，关切地询问了他退休后的生活和身体情况，并与老劳模进行了热情的交谈。

（通信局）

【通信局召开纪念中国共产党成立86周年暨表彰大会】 2007年6月29日，通信局召开全线电视电话会议，隆重纪念中国共产党成立86周年暨表彰大会。

大会在庄严的国歌声中开幕，余龙泉副局长宣读了《关于表彰“五好党组织”、优秀共产党员和优秀党务工作者的决定》并主持了颁奖仪式，南通处党支部书记吕雄、铜陵处党支部书记夏保顺分别介绍了基层党支部建设经验和党务工作经验；由徐作义副局长领誓，全体共产党员重温了入党誓词。

会上，党委书记周云霞作了题为《固本强基，增强活力，围绕中心抓党建，抓好党建促发展》的讲话，重点对通信局下一步基层党建工作提出了工作要求：在指导思想上，基层党支部建设必须紧紧围绕长江通信的中心任务，即保障长江航运的通信安全，为港航单位提供快捷、高效的通信服务；在工作重点上，根据各党支部工作的不同情况，抓好“先进支部典型经验的总结推广及‘松散软’后进支部的整治”两个环节；转变思想观念，转变活动方式,转变作风;加强各级党委对支部建设的指导,加强学习和培训,加强制度建设,加强基层党员的发展,成为长江通信事业的政治核心。

(王玉慧)

【武汉局举办长江通信执法知识竞赛】 为进一步提高武汉局行政执法人员的业务素质,展示执法人员的精神面貌,8月3日,武汉局举办了长江通信执法知识竞赛活动。

这次活动共有4个代表队参加,武汉队、黄石队、洪湖队、城陵矶队,活动要求每个代表队都有一名处领导。

经过紧张的比赛,武汉处代表队获得了本次竞赛的一等奖,洪湖处代表队获得二等奖,黄石和城陵矶代表队获得了三等奖。竞赛结束后,大家聚在一起座谈,每个处都介绍了自己的工作经验,大家互相交流、互相学习,执法人员还向李涛主任、汤光云副主任就有关执法问题进行了沟通,通过活动达到了事半功倍的效果。

(船安科 黄 玲)

【奉节站连续五年获县级最佳文明单位称号】 2007年8月24日,奉节县文明委组织全县60余个文明单位在兴隆镇举办2006年度县级最佳文明单位和文明单位命名暨培训会。会上,奉节站连续5年保持了县级最佳文明单位称号。

(李成奎)

【武汉局召开文明创建暨文化建设推进会】 2007年10月23日,武汉局文明创建暨文化建设推进会在城陵矶处成功召开。党委书记储沪生作了题为《加快文明创建步伐,积极推进文化建设》的报告。在报告中,储沪生回顾了近年来文明创建及文化建设工作的情况,畅谈了有关文明创建的六点体会,最后就进一步推进武汉局文明创建及文化建设提出了五点意见:一是提高认识,增强抓好创建工作的紧迫感;二是抓住重点,巩固和扩大文明行业创建成果;三是巩固成果,深化行业精神文明建设的内涵;四是加强宣传,充分调动职工干事创业积极性;五是培养人才,为精神文明建设提供人才保证。

会议由武汉局局长欧阳林主持,通信局周云霞书记和党工部高正武部长,岳阳市(区)文明办等负责人出席了会议。

(王 青 李 涓)

第十一篇　船　检

【概　述】 2007年,长江各船检机构坚持以科学发展观为统领,保障了船检事业平稳、安全、健康、和谐发展。抓船舶安全质量,保证了长江航运安全和人民安全方便出行;抓人员培训和科研规范,保证了长江船检事业的人才储备和技术支持;抓党群工作和文明创建,保证了各项工作的顺利开展、促进了健康良好氛围的形成。

·狠抓安全质量,扎实推进船检稳步发展

交通部海事局武汉船检处认真贯彻落实"管理、协调、服务"的职能,在加强检验法规专题宣贯的同时,积极开展船检机构资质检查。从完成对辖区七省一市84家分支检验机构及其检验的175艘船舶发证情况的检查来看,发现问题180个;对发现的质量问题及时进行整改,保证了船舶航行安全。中国船级社武汉分社认真贯彻交通部和中国船级社总部的要求,精心组织,抓好落实,确保各类安全整治专项工作有序进行。武汉分社在广泛调研的基础上,加强与武汉规范所协作,做好辖区内川江滚装船和长江旅游船的检验工作;进行了199艘"四客一危"船舶的安全隐患排查工作,促进长江航运安全协调发展。与此同时,在"2·27"事故遇险船舶的救助活动中,指派有经验人员深入现场,制定方案,对船舶的成功施救起到关键性作用,受到长江干线水上搜救协调中心通报表彰。重庆分社加强安全质量工作,提高检验能力和技术。湖北省为了加强船检行业管理,进一步提高船检质量,船检处组织开展了多项全省专项整顿活动。加强全省客渡船专项整顿,加强船舶吨位和载重线专项复查,有效制止了部分船舶"大船小证"和干舷不满足规范和"跨等船舶"等问题,取得了良好效果。贵州省船检部门加强了对船舶生产企业的建造及检验程序管理,提高了船舶的建造质量,加强了全省水上交通安全的源头管理。

·加强规范科研,提高检验人员素质　武汉规范所加大对长江船舶规范的制定和研发,全年共完成中国船级社下达的课题12项,完成交通部海事局委托的课题3项,完成跨年度项目11项,通过评审的项目9项,完成项目评审准备,拟定近期评审的项目8项。武汉规范所扎实有效的科研工作,为长江航运安全、节能、环保、健康持续发展提供了有力保障。浙江省船检机构加大对科研的投入,投入140余万元,从中国船级社上海规范研究所购买了全套"海船规范计算系统(COMPASS)",彻底解决了全省船检机构在海船设计图纸审查过程中缺乏相应计算校核软件的难题,对进一步规范浙江省船检审图工作,提高海船审图工作的质量和效率具有重要的意义。武汉分社注重员工的工作素养和专业能力,举办各种专题培训班,同时加快国际化人才的培养。武汉规范所连续派出4位业务技术骨干赴英国、韩国和波兰参加国际会议,通过参与国际交流,极大丰富了武汉规范所的国际经验。武汉规范所与多思国际英语培训学校签订了培训协议,有效地提高了单位人员参与国际交流的能力。6月,国家海事局在兰州举办全国非水网地区验船人员培训班,来自全国12个省、区船检机构的50名验船人员参加了培训。极大地提高了验船人员的业务水平。

·加强文明创建,营造良好氛围　各船检机构大力开展文明创建活动,以文化建设为核心,以党群工作为载体,营造和谐环境,树立质量船检、诚信船检的良好形象。武汉分社进一步创新思想政治工作的内容和方式,对文化建设经验和文化理念沉淀,认真进行规范整理、总结升华,形成具有武汉分社特色的企业文化理念,将质量体系引入分社党群工作。中国船级社重庆分社和重庆市船检局两家船舶检验机构,继续开展和谐共建活动。召开技术研讨座谈会,交流各自的经验和体会;为加强三峡库区船舶的污染治理,共同举办了"船舶防污系统技术培训会";加强了两个单位的联谊,举办了一系列活动,加深了友谊,促进了辖区船检工作的开展。

(总编室　曹树槐)

·船检机构·

【中华人民共和国海事局武汉船舶检验管理处(简称武汉船检处)】 (详见《长江航运年鉴》(2007卷)第十一篇“船检”第810页)

2007年,武汉船检处一是加强了检验法规专题宣贯。3月,武汉船检处组织召开了《船检机构执业道德准则》等4个规定的宣贯会;4月,承办了全国《内河船舶法定检验技术规则》(2007修改通报)和《内河小型船舶法定检验技术规则》(2007)颁布实施的宣贯会。同时,认真贯彻落实“管理、协调、服务”的职能,对检验法规的执行信息认真搜集、及时向部局反馈。针对4个规定执行过程中存在的问题,形成专题意见书向部局汇报。二是开展船检机构资质检查。武汉船检处全面开展辖区船检机构资质认可的不定期检查工作。共抽查分支船检机构25家,发现问题44项,开出不合格13项;其中严重不合格2项,并责成船检机构对发现的问题和开出的不合格项按要求认真整改。不定期检查发现的不合格项目,主要表现在管理职责履行不到位、检验程序不到位、检验设施和人员配备不齐的问题。通过整改,使船检机构检验资质得到有效保持。三是强化验船人员培训。武汉船检处为提高船检管理人员的专业技能,分别在成都、武汉举办一期辖区地(市)级船检局长培训班,对辖区地(市)级船检机构及来自上海、山东船检机构主管业务的领导进行了管理业务培训。同时指导辖区船检机构进行未持证人员培训工作,并派员进行授课,四川、安徽、湖北3省共有158名未持证人员进行了上岗培训。通过一系列的培训和专业技术法规的宣贯,使辖区船检机构的负责人及验船人员进一步强化了责任意识,更新了船检业务专业知识,对船检机构的管理水平提高及加强验船质量管理起到了积极的促进作用。四是严格验船质量问题查处。武汉船检处已受理验船质量问题举报与投诉15起。其中部局批转3起,协助水上安全事故调查3起,受理调查率100%,调查属实的举报投诉11起,占举报投诉数量的73.3%,正在调查之中的有1起。与此同时,严格责任追究。对存在工作过错的9家船检机构、6名验船人员和45艘船舶进行了处理,并督促落实整改措施;发出检验过错通知书5份,对发现严重验船质量问题的船检机构进行质询,并提出了验船质量问题处理“三个一律”的原则。通过对验船质量问题的调查处理,对维护片区船舶检验秩序,搞好片区船检管理工作起到了积极的促进作用。五是开展验船质量专项检查。武汉船检处对辖区开展检验发证业务的船舶检验机构及其所属分支机构的发证管理情况进行了检查。共完成对辖区七省一市84家分支检验机构及其检验的175艘船舶发证情况的检查,发现问题180个。组织开展川江船型标准化执行情况检查,检验发现自2003年10月1日至2007年4月底,辖区船检机构共检验发证新建改建的765艘船舶中符合交通部要求的标准船595艘,占船舶总数的77.78%;非标准船170艘,非标准率22.22%,并形成向部局的专题报告。8月,组织开展长江安徽段船舶避碰和防污染设备的验船质量检查。共检查包括油船、化学品液货船在内的各类船舶93艘,查出23艘船舶(占检查总数的24%)存在验船质量问题。主要表现在航行、无线电、信号、防污染设备未按要求进行安装和调试检验。六是加强船检管理信息系统的推广运用。武汉船检处按部局要求,积极推广船检发证系统VIMS5.0在辖区船检机构的应用。协助部局做好VIMS5.0在辖区船检机构的安装工作及培训、使用工作,并适时督促、跟踪系统软件的应用情况,促进船舶检验、发证工作进入程序化管理。七是认真总结和谋划船检管理工作。9月,武汉船检处组织召开片区船检管理工作例会。对近两年船检工作情况进行了总结分析,对工作中存在的问题及难点和下一阶段工作重点进行探讨、部署。通过会议,明确了建立片区“1+5”船检管理长效机制的工作思路,以及对于今后发生的验船质量问题严格按“三个一律”进行处理的原则。

地　址　武汉市解放大道1525号
邮　编　430016
电　话　(027)82413879

(武汉船检处　徐厚仁)

【中国船级社南京分社(简称南京分社)】 2007年,中国船级社南京分社共完成各类船舶检验1772艘次,其中入级营运船舶检验175艘次,国内营运船舶检验1108艘次,入级建造船舶26艘,国内建造船舶66艘,审核(包括ISM、ISPS、NSM、SSP)157艘次,其他类检验240艘次。此外,对26

家船厂的焊接工艺进行了认可。完成工厂认可67家,型式认可184个,发放产品证书52500张;完成产品审图1300余套,船舶审图23套。

南京分社与江苏省经贸委、交通厅、劳动和社会保障厅、总工会和江苏省船舶工业行业协会6家单位联合举办了江苏省船舶行业电焊工技能大赛,并对大赛提供了全方位的技术支持。大赛历时6个月,来自江苏省行政辖区范围内10个市、9大船舶企业,以及各类职业院校上千人参加了大赛的选拔。

地　址　南京市姜家园12号船检大厦
邮　编　210011
电　话　(025)58838006转7242
传　真　(025)58818565

(南京分社　魏　巍)

【中国船级社武汉分社(简称武汉分社)】　(详见《长江航运年鉴》(2008卷)第三篇"机构")

【中国船级社武汉规范研究所(简称武汉规范研究所)】　(详见《长江航运年鉴》(2008卷)第三篇"机构")

【中国船级社武汉培训中心(简称武汉培训中心)】　(详见《长江航运年鉴》(2008卷)第三篇"机构")

【中国船级社重庆分社(简称重庆分社)】　重庆分社是中国船级社(CCS)的直属机构,下辖万州办事处、涪陵办事处、成都办事处等单位。

2007年,重庆分社围绕中国船级社整体发展目标和中心任务,结合单位实际,以和谐发展为总体工作思路,着力管理创新和服务创新,推进各项工作的科学化和精细化,确保了各项任务落到实处。一是确立"和谐发展"的总体工作思路。重庆分社在确保安全质量的基础上谋求发展,严格执行总部各项工作部署,以人为本,增强员工凝聚力,把各项工作融入服务西部经济发展和建立重庆长江上游航运中心、城乡统筹发展试验区的大潮之中,实现了由单纯的检验把关向服务于相关行业发展转变的突破。根据总部"十一五"计划,结合重庆分社实际,编制了"十一五"子计划;加强"两个文明"建设,成功创建市级文明单位;严格执行客船(含涉外旅游船)加强检验和川滚船跳板改造和"非标"改造检验,促进库区船舶航行安全;抓住市政府把船舶工业作为重庆市三大支柱产业之一的机遇,引导相关行业健康有序发展,尤其对中小造船企业从技术层面给予积极引导;与客户的沟通、合作更加紧密,社会影响向广度和深度延伸,建立了"CCS服务长江上游航运中心与众不同"的社会映像(《中国水运报》),进一步树立了船级社在西部地区的品牌形象。二是坚持"两个创新"。重庆分社实现了由事务管理、按部就班向科学管理、优质服务转变的突破。以"管理创新,服务创新"为切入点,通过碰头会、处务会、周工作检查与安排、定期质量稽查、对三级单位业务督察等活动的实施,强化了主动管理,优化了工作程序,建立了相关制度,管理扁平化已见雏形。通过研究、学习、引进先进服务理念,对重点客户采取了更有针对性的个性化服务方案,优化了客户服务,扩大了重庆分社检验市场占有率。三是紧紧抓住"三个重点"。重庆分社实现了安全质量、检验技术、和谐氛围由量变到质变的突破:以安全质量为重点,注重安全文化宣贯及正确理解,加强了对入级建造和"四客一危"船舶检验的质量控制,加强了对中小船厂检验质量控制和技术指导;以实施一级多档改革为重点,按总部部署进行薪酬调整,在员工中开展凝心聚力、强身健体(体检、健康疗养、家属子女消暑活动、伙食标准的提高)等以人为本的举措,使员工身心愉快地投入到检验事业中去;以创市级文明单位为重点,扎实开展"学树创"活动,抓关键、抓要领、抓核心、抓特色,以此打造质量船检品牌,建设和谐船检队伍,高分通过了市(省、部级)级文明单位验收。四是做到"四个达到"。重庆分社通过抓市场开拓,检验收入达到2770万元,超额完成收入指标;通过抓安全质量,达到检验质量责任事故、所检船舶PSC滞留率零指标;通过抓党风、行风、职业道德建设,达到干部员工队伍无违法违纪行为发生;通过优质把关服务,达到检验服务重大投诉零记录。

2007年重庆分社业务主要数据统计一览表详见表11-1。

【2007年重庆分社业务主要数据统计一览表】 （表11-1）

		2006年	2007年	增长幅度
建造检验（国内航行）	艘数（已完工）	33	47	42.42%
	总吨位	120500	111325	-7.61%
营运检验	艘数	950	1004	5.68%
	总吨位	1599145	2010125	25.70%
建造检验（国际航行）	艘数（已完工）	6	5	-16.67%
	总吨位	23466	13606	-42.02%
产品检验	船用钢板及型钢（万吨）	19.5	16.5	-15.38%
	铸锻件（吨）	3430	4041	17.81%
	柴油机（台）	1380	1884	36.52%
	柴油机零部件（台）	32500	32619	0.37%
	增压器及零部件（台）	1134	892	-21.34%
	船用齿轮箱及联轴节（台）	270	368	36.30%

地 址 重庆市渝中区陕西路三巷6号
邮 编 400011
电 话 （023）63827124
传 真 （023）63842535

（重庆分社 办公室）

【上海市船舶检验】 2007年，上海市船舶检验处严格贯彻体系文件，按照船检质量体系体系文件规范业务流程，确保质量方针和质量目标的顺利实现。3月和9月，劳氏认证公司对上海市船舶检验处和各分支机构船检业务的体系符合性给予充分肯定。针对《船检机构执业道德准则》、《国内航行船舶船体建造检验管理暂行规定》、《国内航行船舶图纸审核管理规定》、《国内航行船舶变更船舶检验机构管理规定》等4个规定在江浙沪片区执行不一致的状况，为有利于4个规定在片区全面、正确、统一执行，上海市船舶检验处积极加强与江浙两省船检机构沟通，出台江浙沪3省市船检机构船检质量互认协议。全年完成新建船舶设计审图51套，检验船舶3154艘；产品检验完成84项。

·推进船检业务信息系统运用 5月，交通部海事局及VIMS5.0船检系统开发公司到上海市船舶检验处，视察VIMS5.0系统建设情况，并对区县分支机构进行VIMS5.0系统培训。7月，上海市船舶检验处启用VIMS5.0。8月，分支机构试运行VIMS5.0。10月，分支机构正式运行VIMS5.0发证系统。11月，上海市船舶检验处完成无线上网连通船检业务系统及VIMS5.0系统。船舶检验受理、检验流程控制、检验报告及证书制作、审图意见书、检验计费都通过信息系统完成，检验任务通过系统发布，检验流程由系统进行提示及约束，检验过程中的时间节点，系统进行记录，证书数据大部分进入系统，供相关人员查阅，保存每一条船舶的检验记录和证书，并制作成电子文档。通过系统，可随时调取10个区（县）船舶检验情况、检验资料。

·为黄浦江游船进行专项附加检验 7月20日至8月20日，上海市船舶检验处对从事黄浦江水上游览的10家船舶公司、32艘浦江游览船舶进行了为期一个月的附加检验。从船体结构、船舶性能、救生消防、通讯导航及防污染设备等方面进行检查，排摸和整改船舶安全隐患，保障船舶适航。

·为乡镇渡口、渡船改造输送“放心”渡船 上海市乡镇渡口渡船改造是市政府实事项目之一，上海市船舶检验处承担了客渡船、趸船的图纸审查和建造检验。为此，上海市船舶检验处主动提前介入船舶方案讨论和图纸设计过程，与船舶设计单位、船舶修造厂、用船单位、船舶所在地管理部门协调，推进船舶设计方案的尽快明确和图纸设计尽快完善。8-9月，验船师多次冒高温全面检查建造施工期的80客对江渡轮船舶结构装配、焊接质量等船体施工质量。发现问题即时要求船厂采取措施加以整改。10月初，客渡船基本建造完成，验船师严格按照船舶建造的检验规程对“沪松客10”(80客对江渡轮)进行倾斜试验和航行试验等验收工作,要求船厂在认真整改,解决有关缺陷后再交付用船单位,确保渡船的安全运行。10月中旬,80客位客渡船和配套的码头囤船正式交付用船单位投入使用。

(上海市局　王　涛　龚申庆)

【浙江省船舶检验】　为适应我国国内航运市场的发展、促进国内海船航行的安全,中国船级社从国内实际情况出发,专门制定独立的《国内航行海船建造规范》,涉及船体结构、强度、布置、材料、构件尺寸、主辅机械、锅炉与受压容器、电气设备等方面的要求,是国内航行钢质海船设计和建造的技术标准,为《国内航行海船法定检验技术规则》的组成部分,规范已于2006年12月1日生效。

2007年,浙江省船检部门为使全体海船验船师对新规范有较全面的了解,于2月28日至3月2日举办了一期验船人员《国内航行海船建造规范》(2006)培训。培训由省局3位资深验船师结合自己的实际经验和对规范的理解,较系统地讲解该规范产生的背景、编写原则、章节设置,以及与以前规范的区别等内容,使全体验船师对新规范有个总体了解。同时,省局要求验船师在实践过程中认真学习规范、执行规范和理解规范。全省8个检验处近80名船检人员参加了培训。省交通厅科教处副处长唐锡军在培训典礼上作了重要讲话,希望船检人员树立船检工作的责任感和荣誉感,在实践中持续学习不断提高业务水平。

截至2007年12月底,浙江船舶检验局共完成建造检验1217艘、128万总吨(其中海船602艘、119万总吨,河船615艘89万总吨);营运船舶检验27979艘、1054万总吨(其中海船8046艘、840万总吨,河船19933艘、214万总吨);船用产品认可100家(种),船用产品检验20527台(次);船舶审图932套。

(浙江省局　林　勇)

【浙江省宁波市船舶检验】　宁波检验处的主要职责为受理国内营运船舶的建造检验和营运检验,500总吨和单机功率750千瓦以下船舶的设计图纸审查,辖区内船用产品的出厂检验和船舶焊工考试监督工作,以及1000~3000吨的营运船舶检验。

2007年,浙江省宁波市检验登记的沿海船舶789艘、91.52万总吨,内河船128艘、2513总吨。受理51家船厂的建造和修理检验,受理全市5家船舶设计公司的船舶设计图纸审查申请。检验船舶1369艘、296.63万总吨。其中建造检验136艘、51.40万总吨,审检船舶图纸124套,分别为上年的71.70%、124.24%、101.5%、176.6%、75.1%。宁波市船检处根据省局要求及全市工作实际,自1月1日起,将10个检验所整合成3个签证点,分别设在鄞州区,宁海县,象山县。签证点工作进展顺利,实现了全市船检技术力量的优化配置,提高了船检效率和质量,得到省局表扬,船检ISO质量管理体系运行正常有效;贯彻实施交通部海事局的“四个规定”,加强对新造船舶开工前检验和造船过程质量控制,保障船舶建造质量;做好引导服务,对有关船厂进行船舶焊接工艺认可试验,并开展船检师驻厂试点工作;加强技术服务,实现实时动态监管,促进全市船舶修造业发展。此外,加强船检廉政建设,初步建立船检廉政保障体系,为船检工作有效开展建立了“安全网”。

(宁波市局　沈荣进)

【江苏省船舶检验】　2007年,江苏省船检部门围绕质量管理体系运行,规范船检行为有新的手段。一是不断完善船舶法定检验质量管理体系,完成了体系内审。在此基础上,对体系文件进行了优化,完成了体系文件的换版。二是强化“船舶检验业务与管理系统”监控功能,严格建造船舶开工前审查,强化过程控制,规范图纸审查和船用产品检验工作。三是进一步巩固低质量船舶专项整治成果,加强对船舶修造厂、船用产品厂、船舶设计单位的监管。四是联合省经贸委、中国船级社南京分社成功举办了全省船厂电焊工技能比赛。积极协助地方政府推动造船工业园区建设。五是狠抓重点船舶的建造检验,尤其加强对海船、大吨位船舶、危险品船舶检验的过程控制。

围绕管理规范,依法行政建设有新的举措。一是树立法制观念,增强程序意识,依法行政工作取得了明显成效。二是建立船舶签证、船舶安检、事故险情报告工作程序,现场执法行为得到进一步规范。三是船舶登记和船员培训考试工作进一步加强。四是加强海事船检业务量的统计工作,建立每月海事船检情况快报和分析制度。五是基层所、艇文明服务窗口管理进一步规范，内部管理实行六个统一。即①加强财务预算执行监督，实行经费支出全员目标责任化管理；②建立审计整改限期完成制度，坚持不懈地抓好自身建设，党风廉政建设取得了明显成效；③开展省局机关科室与基层海事处（所）、航运企业和船舶修造厂对口联系活动，进一步加强机关和基层海事及行政相对人的沟通联系；④健全行风监督网络，完善行风督查机制，开展定期和不定期督查；⑤高度重视人民来信来访接待处理工作，加强海事船检反商业贿赂工作，开展验船人员爱岗敬业品质教育，树立海事船检公平、公正、廉洁形象；⑥深入开展文明创建活动，精神文明建设取得丰硕成果，全系统受到市厅级以上表彰84次。

（江苏省局　冯　磊）

【安徽省船舶检验】　2007年，安徽省船舶检验管理逐步规范。一是开展低质量船舶专项治理活动。安徽省专项治理工作受到国家四部委检查验收组的充分肯定。二是开展全省船舶检验质量检查活动。安徽省船检工作水平在制度建立、流程执行、档案整理等方面明显提高。三是全省完成船舶营运检验29379艘，建造检验353艘，审图394套，产品检验16批次。四是印发了《安徽省船检机构和验船人员违规行为责任追究暂行办法》。各级船检机构及验船人员正确履行法定检验职责，船检行为不断规范。五是自5月1日起，在皖江、淮河和江淮船检局正式使用VIMS5.0船舶检验管理系统。六是举办1期宣贯《内河船舶法定检验技术规则》和《内河小型船舶法定检验技术规则》等规章培训班，培训人员50人；举办2期验船人员焊接质量检验培训班，培训人员80人；举办1期未持证验船人员培训班，培训人员22人。

（安徽省局　马　栋）

【江西省船舶检验】　2007年，江西省船检部门在船舶向大型化和多种类快速发展的新形势下，以科学发展观为统领，以船检质量体系建设和信息化建设为载体，通过加大船检硬件的投入，强化验船师的教育培训，开展各项专项治理活动等举措，进一步提高了验船人员依法履行职责的能力与水平，提升了船检整体工作质量、效能和声誉，从而为促进水运事业又好又快发展提供安全保障。主要做了以下工作：

·继续推进船检质量体系建设和信息化建设

按照交通部海事局的要求，完成了船检质量管理体系文件的修订及其实施，同时组织各船检机构业务负责人观摩了南昌市船检局首次质管体系评审会；根据部海事局关于启用“船舶检验发证管理系统（VIMS5.0）信息化建设的部署，举办了宣贯暨应用培训班，完成了这一系统的安装试用，并进行了船舶检验数据的初步录入和整理工作。

·根据部海事局“四个规定”的要求，编制了江西省变更船舶检验机构船舶初步检验的指导意见　修订了相关的审阅、转籍检验、船体建造检验等工作程序和记录表格，初步建立了检验登记船名录。此外，做到跨省转籍船舶省级机构相互沟通，图纸初审、复审与现场检验分别由不同验船师完成。

·完成了为期3年“民间渡船更新改造工程”的图纸审批及新建渡船的建造检验工作　全省渡口渡船专项治理验收合格率达到97%，夯实了良好的安全保障基础。

·低质量船舶专项治理通过验收　省内低质量船舶专项治理工作顺利通过了由交通部、国家安监总局、国防科工委、农业部四部委组成的验收小组的验收，治理工作所取得的成效得到了充分肯定。

·加大对船检软硬件的投入　购置了一大批船检专用软件以及电脑、激光彩色双面打印机等硬件设备。

2007年，江西省船检机构共检验新建（改建）船舶142艘（其中海船2艘，河船140艘），47933总吨（其中海船2336吨，河船45597吨）；检验营运船舶3789艘（其中海船57艘，河船3732艘），811601总吨（其中海船94004吨，河船717597吨）。累计登记的船舶为：海船61艘，95368总吨，主机功率56059.8千瓦（其中油船16艘，42162总吨，主机功率26713.8千瓦；散装化学品船2艘，1084总吨，主机功率736千瓦；其他机动运输船舶33艘，44423总吨，主机功率28610千瓦。非机动海船10艘，7699总吨）。内河机动船舶4790艘，906846总吨，主机功率385507.02千瓦，43390客位，24车位（其中客滚船4艘，596总吨，主机功率335.16千瓦，24车位；高速客船52艘，503总吨，主机功率5095.48千瓦，1112客位；客渡船804

艘,10521总吨,主机功率7846.15千瓦,31035客位;其他客船269艘,8711总吨,主机功率10499.79千瓦,11243客位;油船140艘,25666总吨,主机功率20103.27千瓦;散装化学品船242艘,59960总吨,主机功率39949.48千瓦;其他运输船舶3279艘,800889总吨,主机功率301677.69千瓦)。非机动船舶578艘,51303总吨,2017客位(其中客船69艘,2869总吨,2017客位;油船109艘,11923总吨;其他船舶400艘,36511总吨)。挂桨机船673艘,17696总吨,主机功率13805.07千瓦。

(江西省局　张兆平)

【河南省船舶检验】 (详见《长江航运年鉴》(2007卷)第十一篇"船检"第813页)

2007年,河南省进行船舶检验5486艘,其中年度营运船舶检验5383艘,建造船舶检验103艘。

(河南省局　王守明)

【湖北省船舶检验】 2007年,湖北省船检坚持"建体系、抓基础、强素质、保质量"的工作方针,紧紧围绕船检质量中心,以质量体系建设为切入点,强化基层管理,探索建立全省船检高效管理机制,以船检信息化建设带动船检队伍的全面发展。据统计,全省共有船舶8469艘,2144125总吨,2551052载货吨,89201客位。全年共审图350套,营运船舶检验6989艘,建造船舶检验321艘,112547总吨,产品检验419台套。

·管理创新,船舶质量管理体系推行有了新进展　按照交通部海事局四个管理规定要求,加强船检体系文件修改。省船检处集中时间组织专人专班,修改了船舶检验质量管理体系文件,制定了船舶图纸审查、建造检验和船舶变更机构等方面的实施办法。加大力度,加强全省船检质量体系推行。与此同时,专门发文要求各级船检部门进一步加强船检质量管理体系的运行工作。督促各级船检机构加快船检质量管理体系的建设,完善相关检验记录和表格,全面完成全省体系建设两个"百分百"的年度目标。到年底,全省16个市、州船检所已建立质量体系并运行,部分县船检站建立质量体系并运行。孝感船检所2005年9月11日建立和试运行以来,克服人手少、工作量大的困难,自觉加班加点,按照"体系"的具体要求切实抓好船检各项基础工作,在较短时间内做到了"体系"与检验的有机融合,检验发证等涉及验船质量的各个环节得到有效的质量控制,实现了检验全过程的规范管理。

·专项整顿,船检行业管理有了新加强　为了加强船检行业管理,进一步提高船检质量,省船检处组织开展了多项全省专项整顿活动,取得了一定效果。一是加强全省客渡船专项整顿。为了消除客渡船存在的图纸资料不全,技术状况不良,持证率不高等安全隐患,组织开展了客渡船专项整顿活动。据统计,全省共普查乡镇客渡船2125艘,其中持证客渡船数1302,纳入整顿客渡船1096艘。专项整顿活动开展以来,全省乡镇客渡船共补充图纸497套,停航整改270艘,整改发证86艘。荆州、孝感船检所积极配合客渡船整顿工作,自主开发了多种乡镇客渡船的标准船型,并在辖区内进行了推广;宜昌船检处、恩施船检所积极组织船厂、设计单位,共补充客渡船图纸194艘。二是加强船舶吨位和载重线专项复查。针对部分船舶"大船小证"和干舷不满足规范等问题。省船检处年初部署开展了船舶吨位和载重线专项复查工作,有效地制止了"跨等船舶"问题。全省共复核船长大于40米船舶吨位1463艘,补充完善吨位计算书420份,换发船舶吨位证书123份、载重线证书148份。荆州市港航海事局召开各县市一把手会议,强调跨等船舶不论任何理由必须更正,荆州船检所克服船多人少的困难,对船长≥40米船舶吨位逐一进行了清理、复核、登记。十堰船检所不仅对≥40米的船舶进行了复核,而且还对船长小于40米的船舶也进行了吨位复核,并登记造册,建立了吨位复查台账。三是认真开展全省船检综合质量检查。8月份,省船检处组织开展全省船检综合质量检查。共检查市(州)船检所16个,县(市)船检站18个,抽查复核吨位船舶76艘、客渡船档案134份和船用产品档案25份,并结合检查情况下发了全省质量检查通报。四是加强机构资质管理。配合武汉船检管理处对黄冈、武汉、黄石等市船检所进行不定期的资质检查。按照部海事局要求,督促、指导仙桃船检所停业整改。指定荆州船检所代管仙桃船检所整顿期间的船舶检验工作。举一反三,对汉江片船检机构实施为期3个月的专项整顿活动,取得了良好效果。

·学教并举,队伍整体素质有了新提高　根据部海事局文件要求,结合湖北省船检工作实际安排,10月份举办了一期未持证验船人员船检业务培训班。全省55名未持验船人员参加,缓解了验船人员不足的压力。与此同时,认真学习船检法规,积极反馈规范执行情况。全年共8次收集反馈武汉河规所《规范》征求意见。

·加大投入,船检信息化建设有了新成绩　按照部海事局的总体要求,省船检处全力推进VIMS5.0船检发证管理系统的应用工作。积极派人参加部海事局北海培训,并主办了市、州船检所VIMS5.0船检发证系统师资培训班。省港航海事局投入近百万元为16个市、州船检所买了专用数据服务器,并组织专门力量,逐个市州安装VIMS5.0系统软件。针对发证系统可能发生的故障,制定了相应的VIMS5.0发证系统管理制度,有效地保障了全省发证系统从单机版过渡到网络版。及时完成全省VIMS4.0发证系统的数据清理上报工作,从2008年元月1日起,各市级船检机构将启用VIMS5.0。

·立足职能,船舶节能减排有了新举措　认真组织开展船舶配备防污染装置专项调查。全省共普查各类营运船舶4331艘,总吨位1511989,总功率734255.18千瓦。全省新建船舶100%达到了规定的要求,对存在问题营运船舶提出了整改要求。此外,积极探索船舶节能减排的新方法,初步开展进汉江重油船技术研究,同步完成武汉交发公司设计800吨重油船等图纸审查。

·拓宽领域,船检技术指导有了新突破　为指导咸宁库区三无客渡船舶检验工作,省船检处召开专题会议,成立技术指导小组,指导咸宁船检所对通山富水水库,崇阳、通城青山水库库区156艘无证客渡船进行摸底调查、统计造册,为下一步实施船的型线测量和倾斜实验打基础。与此同时,加强大中型船舶检验工作的指导。抽调技术人员,对宜昌、鄂州船检承接的大中型船舶的建造检验给予积极支持。

·突出重点,船舶安全有了新保障　省船检处巩固四部委连续2年组织开展低质量船舶专项治理的成果。4月份,顺利通过全国低质量专项治理整顿办公室对湖北省的验收,得到较高评价。到3月底,全省共需附加检验运输船舶526艘,实际完成460艘,占总数87.5%,在全省完成治理船舶附加检验中,共补充完善图纸资料151套,补充了60多艘船舶大开口强度校核。连续6年坚持做好元旦、春节、"五一"、"十一"等重要节假日前对"四客一危"重点船舶的专项检验,保障重点船舶在客流量高峰时段具备安全适航条件。

(湖北省局　罗友稼)

【湖南省船舶检验】　2007年,湖南省船检局完成新建船舶图纸审查112套;完成建造船舶检验(含高速艇)642艘、153568总吨,营运船舶检验9987艘、1014147总吨。

与此同时,深化"大船小证"清理整治,基本完成30米以上2360条船舶的"大船小证"的清理整治。此外,继续推进船舶法定检验质量管理体系的应用;全面推行《湖南省小型客船检验办法》,促进了全省乡镇客渡船的规范化管理,加快了更新改造步伐。全面推行VIMS5.0船检系统,VIMS5.0系统将检验流程控制纳入了系统,并集成了检验计费和检验数据统计汇总等功能。

(湖南省局　蒋龙平)

【云南省船舶检验】　2007年,云南省受理完成了"洱海二号"大型双体旅游船等50套船舶设计图纸审查,受理船舶建造检验140艘,年度检验804艘,中间检验20艘,特别检验21艘,附加检验82艘。

与此同时,完成全省25个船检机构的资质认可上报工作和年度审核;完成全省低质量船舶专项治理和附加检验工作。此外,认真开展天生桥库区船舶专项整治。完成船舶检验发证系统(MVIS5.0)培训、启用及船舶法定检验质量管理体系建立工作。

(云南省局　马翠德)

【贵州省船舶检验】　2007年,贵州省船舶检验经全省船检人员共同努力,取得较好的成效。

·巩固低质量船舶专项治理活动成果　贵州省船检部门及时对全省低质量船舶专项治理活动的开展情况进行总结,肯定了活动取得的成绩和经验,提出了下一步保证船舶建造和检验质量的具体措施和办法。4月27日至29日,由交通部、国家科工委、农业部、国家安全监督总局组成的低质量船舶专项治理工作检查组到贵州省对全省开展低质量船舶专项治理活动工作进行验收。验收组通过查阅了相关资料，深入对造船企业和通航水域进行实地核查，与管理人员、工人、船员交谈，对贵州省低质量船舶专项治理工作给予较高的评价。为巩固低质量船舶专项治理成果，贵州省继续保持对无图造船、无证造船的高压态势，发现一起，取缔一起。全省共取缔4个无证滩涂造船点，有效地防止了低质量造船现象的反弹。

·提高船舶生产企业生产技术条件 考虑地方船舶工业管理工作的稳定性和连续性，经过协商并报省政府同意，明确了"贵州省船舶建造质量安全监管的职责由贵州省交通厅负责"。贵州省船检部门加强了对船舶生产企业的建造及检验程序管理，督促造船企业在合法经营的前提下，建立和完善内部管理制度，改善船舶生产条件。要求造船企业规范船舶建造行为，严格按照国家已出台的船舶建造标准和规范进行生产，禁止无图施工、图纸未经检验部门审查或不按审查图纸建造船舶。与此同时，举办船舶焊工考试。大力宣传和贯彻《船舶生产企业生产条件基本要求（试行）》和《船舶生产企业生产条件基本要求及评价方法》，并按其评价标准，开展对船舶生产企业生产条件的核查和评价；对基本符合要求的船舶生产企业，发放相应级别和类别的证明文件。2006年对全省13家船舶生产企业的生产条件进行核查和评价，对其中11家船舶生产企业发放了《钢质一般船舶生产企业资质证书》，1家船舶生产企业正在核查中，1家船舶生产企业由于未能达到相应标准条件，做出不予发放证书的处理。这些措施，有效地营造了良好的船舶建造和检验的外部环境，提高了船舶的建造质量，加强了全省水上交通安全的源头管理。

·船检发证管理系统（VIMS5.0）的启用工作 贵州省船检部门非常重视"船舶检验发证管理系统（VIMS5.0）"的启用工作。成立由主要领导任组长、分管领导任副组长的"VIMS 5.0 系统启用推广小组"，拟定工作计划，全面开展 VIMS 5.0 系统的启用工作。3月，按部海事局的统一部署，省局派员参加了在北海举办的 VIMS 5.0 系统师资培训班。随后，省局在贵阳市举办两期系统安装和操作培训班，对全省船检机构的 VIMS5.0 系统管理员、验船师、分管领导、内务管理人员共100余人进行了系统安装和使用的培训。为使用 VIMS 5.0 系统启用工作的顺利进行，省局在省厅的支持下，争取设备资金30万，省财政部门为设备购买开通了绿色通道，及时为全省26个船检机构配置了服务器；各基层为 VIMS5.0 系统的顺利启用设置了局域网、开通了英特网，部分船检部门增配客户机。据初步统计，共投入设备购置资金和工作经费共60余万元。至年底，全省9个市（地、州）海事局及其所属的6个海事处已使用 VIMS5.0 系统进行发证。

·全省船检机构资质年度审查 贵州省十分重视船检机构资质保持工作。以开展船舶检验机构资质认可工作为契机，推进全省船检工作的规范管理，不断提高船检工作质量。年初，将机构资质年审工作作为各级船检部门目标考核内容，年终进行目标考核。9月至10月，省局组织人员对全省9个市（地、州）局及其12个基层的船检机构资质的保持情况进行了检查，找出各单位船检工作中存在的问题和缺陷，要求进行相应的整改。11月，武汉船检管理处对贵州省船检机构资质保持情况进行了年度审查，并对铜仁地区、黔南州、黔东南州船检机构的资质保持情况进行了抽查。检查工作结束后，贵州省局针对提出的问题及整改意见，及时组织相关人员研究，提出整改措施。与此同时，积极争取资金，对现有船检机构运行规定、流程进行清理，与华中科技大学就船检机构质量体系文件的编写进行磋商，积极推进了全省船检质量体系的建立。

·全省船检新法规宣贯工作 4月，贵州省派员参加了武汉船检管理处组织的新法规宣贯会，听取了法规和规范编写单位对《内河船舶法定检验技术规则（2007年修改通报）》、《内河小船建造规范（2006）》、《内河小型船舶法定检验技术规则（2007年）》编写思想和主要条款的讲解。尔后，贵州省编制了《小船免除稳性计算程序》、《小船干舷计算程序》、《小船吨位丈量计算程序》和《小船结构计算程序》，于5月举行新法规宣贯会，全省60名验船人员参加对新法规的学习和讨论；宣贯会上发放了各小船计算程序，并就程序使用进行了培训。

·船检工作上新台阶 针对有的地区"三无"船舶有所抬头的倾向，为建立有序的船舶修造市场，消除事故隐患，各级船检部门从源头抓起，取缔和关停无证、无图造船厂（点）14家，确定了13

家船舶建造企业的合法身份,维护了造船市场正常秩序。船检部门在满足国家标准的前提下,根据省内航道实际和特点,因地制宜,因材施检,对“标准”外的船舶开展了附加检验,使这些船舶得以“准出”。按照交通部海事局的统一部署,举办了两期船舶检验发证管理系统(VIMS5.0)培训班,使全省船检工作跨上新台阶。

2007年贵州省船舶检验登记数量统计一览表、2007年贵州省船舶检验业务量统计一览表,详见表11-2、表11-3。

【2007年贵州省船舶检验登记数量统计一览表】 (表11-2)

类别		计算单位	序号	合计				国际航行船舶				国内航行船舶				其中:国内航行小船			
				海船		河船		海船		河船		海船		河船		海船		河船	
				入级	非入级	入级	非入级	入级	非入级	入级	非入级	入级	非入级	入级	非入级	入级	非入级	入级	非入级
甲		乙	丙	1	2	3	4	5	6	7	8	9	10	11	12	13	14	15	16
总计	艘数	艘	1				4067								4067				3797
	总吨	吨位	2				41755								41755				18070
建造检验	艘数	艘	3				204								204				185
	总吨	吨位	4				3183								3183				843
初次检验	艘数	艘	5				674								674				672
	总吨	吨位	6				1790								1790				1037
定期检验	艘数	艘	7				83								83				58
	总吨	吨位	8				3560								3560				388
中间检验	艘数	艘	9				98								98				52
	总吨	吨位	10				3701								3701				821
年度检验	艘数	艘	11				2874								2874				2717
	总吨	吨位	12				27531								27531				13971
临时检验	艘数	艘	13				134								134				113
	总吨	吨位	14				1990								1990				1010
坞内检验	艘数	艘	15																
	总吨	吨位	16																

【2007年贵州省船舶检验业务量统计一览表】 (表11-3)

类别			序号	所有认可数量(家/种)	本年检验业务量(次)
甲			丙	1	2
合计		国外	1		
		国内	2		
工厂认可		国外	3		
		国内	4		
型式认可		国外	5		
		国内	6		
认可后检验	制造检验	国外	7		
		国内	8		
	出厂检验	国外	9		
		国内	10		6
	不定期抽检	国外	11		
		国内	12		

类别		序号	所有认可数量（家/种）	本年检验业务量（次）
甲		丙	1	2
个别检验	国外	13		
	国内	14		20

资料来源：贵州省船舶检验局

（贵州省局 杨萍艳）

【四川省船舶检验】 2007年，四川省船舶检验局围绕"以确保船舶质量为中心，以提高验船人员业务素质，规范各种验船行为为基础，把好设计资质关、图纸审查关、生产条件关、建造检验关，实现'船舶适航'目标"的指导思想。

这一年，加强了对"两客一危"等重点船舶的检验和船检质量动态跟踪管理。通过开展全省船检质量管理体系建立工作、完善管理制度、免收、减半征收义渡和半义渡船船舶检验费等措施，为实现全省水上交通安全各项目标作出了重要贡献。全年全省共完成船舶检验14623艘，753864总吨，394416千瓦，209103客位，完成图纸审查306套，组织船检业务培训一期，考试合格船检人员93名。

（四川省局 万 军）

【陕西省船舶检验】 （详见《长江航运年鉴》(2006卷)第十一篇"船检"）

【甘肃省船舶检验】 甘肃省船舶检验机构是甘肃省船舶检验处(详见《长江航运年鉴》(2008卷)第三篇"机构")。

2007年，甘肃省船检部门严格按照船检法规和船舶检验管理系统的规范要求开展船舶入籍检验工作，加强对船舶修造厂的业务管理与监督，深入一线进行技术指导和现场监督，并对建造船舶逐条登记，确保无一艘船舶逃检、漏检。

为做好新版船检发证管理系统的使用、推广工作，选派5名骨干验船人员参加了交通部海事局举办的船检机构发证管理系统(VIMS5.0)师资培训，通过了培训考核。2007年，各地船检机构共计检验船舶876艘，未发生船舶检验责任事故。7月承办了部海事局在兰州举办的全国非水网地区船检培训班，解决了多年来困扰非水网地区验船人员业务知识更新难的实际问题。9月接受了部海事局、天津船检管理处对甘肃船检机构的不定期抽查和审核，甘肃省船舶检验处及4个分支船检机构取得了交通部颁发的船检机构资质认可证书。

（甘肃省局 陈长春）

【甘肃省船舶检验处成立审图中心】 2007年，甘肃省水运局为规范我省的船舶图纸审核工作，强化船检管理，保障船检工作质量，按照交通局海事局《关于印发〈船检机构职业道德准则〉等四个规定的通知》(海船检[2006]307号)文件要求，于11月5日成立了甘肃省地方海事局船舶检验处审图中心。

审图中心从整章建制入手，依据《中华人民共和国船舶和海上设施检验条例》、《内河船舶法定检验技术规则》、《国内航行船舶图纸审核管理规定》和甘肃省的相关规定，制定了中心工作职责和人员岗位职责。对已上报送审的船舶设计文件和技术图纸，制定了严格的审图工作计划，组织安排充分的人力资源实施审图，认真遵守船舶图纸预审、初审和复审要求，使船舶图纸审核工作得到有序进行，切实保障了全省船舶图纸的审核质量。

（甘肃省局 陈长春）

【重庆市船舶检验】 重庆市船舶检验由重庆市船舶检验局(详见《长江航运年鉴》(2008卷)第三篇"机构")负责。

2007年，重庆市共有船检分支机构28个，持证验船师133名，其中高级验船师占10%、中级验船师占35%，其余55%为初级验船师。全年共审查各类图纸153套次，评审改建船舶41艘次；检验各类船舶5106艘，检验船用产品63496件(套)。其中产品检验大幅增长，表明重庆市船检已开始拓展新的业务。4月6日，重庆市船检工作会在重庆市蓝箭宾馆召开，全市29个船检分支机构分管领导及部门负责人共计100余人参加了会议。会议由重庆市港航局党委书记刘治军主持,副局长党志胜作船检工作报告,纪委书记杨根川作了廉政建设讲话,市交委副主任何升平、市港航局局长梁雄耀出席会议并作重要讲话,并对2006年度船检先进集体和先进个人进行了表彰。

(重庆市局　张胜鹏)

·船检业务·

【武汉船检处加强船检管理】 2007年,武汉船检处组织开展验船人员及验船管理人员培训,共培训人员203人,与2006年相比增加了84%。开展船检机构资质认可不定期检查25家,召开审核会议24次,抽查船舶110艘,开出一般不合格11项、严重不合格2项。开展船检机构发证情况检查84家,检查面达22%,共对175艘船舶发证情况进行了检查,查出缺陷数180个。组织开展验船质量调查15起,案件调查处理率100%,对存在工作过错的9家船检机构、6名验船人员和45艘船舶进行了处理。其中暂停船检机构资质2家,通报批评2家,吊销1名验船人员检验资质,2名验船人员调离船检岗位,对4名验船人员进行通报批评,其余责成省级船检机构进行处理。坚持对辖区各船检机构船检质量体系建设情况进行跟踪,指导各船舶检验机构根据"四个规定"的内容和要求,修改完善船检质量管理体系文件,并在机构内部试运行和管理评审。通过体系的建立、运行,进一步规范各类工作台账和工作流程,完善各类船舶检验技术档案的管理。

(长江局)

【武汉分社加强沟通　营造良好外部环境】 2007年,武汉分社业务拓展坚持以发展为前提,树立自主品牌,服务相关行业发展。

一是与长航局、长江海事局建立定期、不定期的沟通联系制度。针对长江水域的特殊要求,武汉分社组织有经验的验船师对宜昌、岳阳、沙市海事局相关人员进行培训3次;派专人担任地方海事局局长培训班教员,参与对低质量船治理的复核,对海事局加强地方船检的管理提供技术支持。二是做好与湖北省国防科工办的战略合作,开展系列合作活动。积极参与国防科工办对20余家中小船厂的评估,争取政府在船舶配套产品、船籍港注册、税收、融资等方面给予优惠政策,为大力开拓产品检验和营运船舶检验业务创造有利条件,共同促进湖北省造船技术进步、市场规范和行业发展。

(武汉分社　曹树槐)

【武汉分社做好重点客户维护】 2007年,武汉分社深化战略协议,做好重点客户维护。

·抓住"十一五"期中国长航集团运力结构调整机遇　以中国船级社与中国长航集团签署的战略合作协议为蓝图,在船舶制造、船队经营、船舶产品工业园区开发,以及船舶科研等领域加强双方合作。充分发挥武汉分社的地域优势,在中国船级社与中国长航集团的强强联合中,为巩固加深双方长期战略合作伙伴关系,做好基础性工作。武汉分社起草了中国船级社、长航集团战略合作协议的附件,从协调机制、信息交流、技术支持与培训及检验协调等方面,对双方开展合作的内容与模式,予以细化、固化,促进了合作顺利开展。

·积极落实总部与七二五所战略合作的各项工作　武汉分社策划在洛阳地区成立船用产品协会,整合洛阳地区生产资源,强化与以七二五所为龙头的洛阳客户群的联系和协作,共同促进洛阳乃至中原地区船用产品产业更好更快发展。

(武汉分社　曹树槐)

【武汉分社参与武汉地区造船基地建设】 2007年,武汉分社参与武汉地区造船基地建设,不断树立信誉,得到用户的好评。

一是培育宜昌地区以宜昌船厂为核心的造船工业带。充分发挥该地区的营运船舶集散中心作用,同步开拓船舶修造、营运检验业务市场,取得明显成效。二是培育九江地区新兴造船基地。加强沟通与联系,发挥技术优势和品牌优势,参与、渗透、帮助、扶持船东和造船企业,积极策划,帮助船东实现资源整合,优势互补,提升了CCS在九江地区的造船份额。通过对银星船厂的技术支持、管理支持,船厂造船能力显著提升,造船订单有了很大提高,在九江地区树立了CCS的品牌形象。三是加强对阳逻、江北、鄂州、武穴一线造船基地的培育和扶持。尤在船厂规划、技术、管理等层面加强前期渗透,实现了武昌船厂和武穴船厂的合作,实现了武船在建造万吨船上的突破。同时,正在筹划南华船厂和江北船厂的合作,提升船厂的产能,以服务赢得了用户。

(武汉分社　曹树槐)

【武汉分社认真抓好产品检验和认证工作】 2007年,武汉分社认真贯彻“以钢为纲”的指导思想,抓好产品检验和认证工作。

一是参与大型LPG船罐相关钢材研发与大罐生产全过程研究,形成一套控制产品质量的检验技术与方法。开展了秦皇岛、浙江、广东、重庆等地LPG船罐检验业务,树立了在LPG船罐检验中的技术领先地位。二是对武汉钢铁集团公司船用钢板、集装箱钢板开展检验的业务量稳步增长。此外,积极开拓了湘潭钢铁厂、新余钢厂船用钢板检验等新的业务阵地,保持了武汉分社船用材料检验在系统内第一的地位。三是坚持“走出去、请进来”的方式,抓住市场发展有利时机,开拓了江西江联公司、南阳起重机厂、洛阳兴荣公司、摩根凯龙公司、邵阳液压件厂、江西景程公司、湖南浦沅有限公司、河南新乡活塞厂、湘潭电机厂等新的检验业务阵地。四是抓好工业产品的检验、认证工作。经过多方努力,与武钢签订桥梁钢产品认证合同,并在年底颁发认证证书,实现了认证业务在金属材料领域的突破。

(武汉分社　曹树槐)

【武汉分社建立客户维护机制　加强业务拓展的效率和效果】 2007年,武汉分社建立客户维护机制,加强了业务拓展。

一是建立客户维护机制。总工程师作为市场经理,统一协调、掌握分社的客户资源,做好武钢、长航集团等重点客户的维护工作;对新客户的拓展进行统筹规划,积极支持各处室、三级单位的业务拓展。各处室、三级单位负责人作为部门客户经理,对辖区内的客户资源进行定期、不定期维护,积极拓展辖区内忠诚客户的数量和质量,充分发挥岗位人员市场拓展的能动性。岗位人员加强对所管辖客户的沟通和维护,遇到重大的市场信息第一时间上报,形成市场拓展层层抓落实的机制,杜绝因市场拓展信息滞后或疏漏造成分社市场拓展被动的现象发生。二是进一步完善业务辖区内的客户经理网络和系统。以现有客户信息数据库为基础,建立客户信息平台,把客户信息维护工作逐级分解,责任到处室、三级单位直至岗位。三是落实“市场动态信息报告制度”。加强客户信息沟通和信息反馈力度,各三级单位、业务处室负责客户信息的搜集和报告,办公室负责客户信息的归口管理、统计、汇总、上报,利用信息网建立快捷的信息沟通机制,实现了信息共享。

(武汉分社　曹树槐)

【武汉分社加强业界联系　提升中国船级社品牌和形象】 2007年,武汉分社成功召开了CCS长江地区委员会2007年年会,来自长江地区航运、造船、产品制造及相关业界41家单位的代表参加。围绕“抓住机遇,加强合作,促进长江地区造船、航运及相关制造业又好又快发展”的会议主题,进行深入探讨和广泛交流,达到了加强沟通、共谋发展的目的。

武汉分社作为协办单位,参加了第八届中国国际机电产品博览会。利用这个载体,大力宣传CCS品牌和形象,体现CCS社会责任,扩大CCS在中部地区影响力。

(武汉分社　曹树槐)

【武汉分社树立“安全质量是生命线、是社会责任”的思想意识】 2007年,武汉分社把安全质量和维护和谐作为一切工作的出发点和落脚点,落实安全质量责任制,强化内部管理,推进了安全质量的巩固提高,保证了分社各项工作有序进行。

一是和武汉规范所密切配合,积极开展川滚船有关封闭工作、非标型川滚船改造工作、长江旅游船、客船专项整治工作,对大量技术问题做到“即时解决、就地解决、从实际出发解决”。二是做好川江三峡库区船舶、“四客一危”船舶的安全质量工作。根据“摸清情况、标识风险、采取措施”的工作思路,对于重点水域的重点船舶加强监控,未发生因检验责任造成船舶安全事故。三是认真做好国际航行船的营运检验,按总部的规定要求,注重对PSC检查项目的核查,注意工程船ISM、ISPS的持证情况,继续保持分社CSA船滞留率为零的记录。四是学习贯彻交通部、CCS总部关于开展“两防”专项整治活动的相关精神,结合实际,制定计划和措施,对两防船舶逐一检查,按要求落实。

(武汉分社　曹树槐)

【武汉分社落实责任制 巩固和提高安全质量】 2007年,武汉分社落实责任制,提高安全质量。

一是针对辖区内安全形势的实际,提出在今后乃至一段时间内的安全质量工作中要坚决贯彻一个思路,即进一步提高安全质量意识,进一步提高安全质量技能,进一步落实好安全质量工作作风,把安全质量作为一切工作的出发点和落脚点。结合各自检验的实际,加强对规范、须知、通函的学习;养成良好的习惯,抓好基础工作。二是结合自身工作特点,修订完善武汉分社《关于加强建造、重大改建船舶质量监督及检验控制的规定》。严格按规定的要求对分社辖区内的建造、重大改建船舶的实施有效的监督检查。全年共检查新建船舶23艘次,初次检验船舶1艘。结合程序文件的规定,制定了《武汉分社检验工作质量考核暂行规定》,并按规定的要求严格实施考核。通过考核,使分社各检验单位、处室自觉严格执行程序文件的要求,提升了分社的整体检验质量水平,检验案卷的正确性、及时性有了明显改善,执行力得到了有效的强化。此外,抓好垂直合同审核(简称VCA),增加了审核频次。开展VCA12次,审核面覆盖检验的全过程,使运用VCA查找问题与不足的预警功能和作用得到了充分发挥。三是武汉分社认真贯彻中国船级社"安全质量会议精神",结合实际,制定了《武汉分社落实总部2007年安全质量工作会议决定事项任务表》。明确安全质量责任,确保会议精神和要求真正落实到实际工作中。四是继续加强对宜昌分社的管理,充实现场检验力量。对黄石办事处调整检验管理模式,对九江"希腊"船项目,成立专门检验组派驻现场,确保检验到位和检验质量,对本部检验业务管理处充实力量。这些措施的落实,优化了检验现场的人力资源配置,为安全质量工作的深化提供了组织保证。五是武汉分社各业务处室、三级单位认真把住检验、审图申请评审关,杜绝了不良客户和潜藏有安全隐患的业务进入分社。通过检验监督和定期安全质量分析,有针对性地采取改进措施,把监督效果落到了实处。六是进一步改善检验工作的外部环境,以中小船厂"资质评估认可"为切入点,帮助辖区内中小船厂解决安全意识低、管理水平低、人员技能低、工艺质量低和设备条件低的"五个低"问题,使船厂安全质量基础得到有效加强,从源头上促进了船舶安全工作的改善提高。七是及时学习和贯彻中国船级社新版的质量体系文件,梳理工作流程,做到"职责明确、接口清楚、流程顺畅、简捷高效",保持了分社质量体系的有效运行。

(武汉分社 曹树槐)

【武汉分社加强内部管理 确保工作有序进行】 2007年,武汉分社加强内部管理,以制度为保证,强调执行力的效率和效果,保障全年工作有序进行。

武汉分社根据"分社考核处室、三级单位,各处室、三级单位考核岗位人员"的二级考核机制,强化"执行力"工作小组在明确职责与分工上狠下功夫。突出"相关职能处室负责分头抓落实"这个重点,使强化"执行力"的工作开展更充分,效率得到了提高。各处室、三级单位在考核岗位人员上狠下功夫,促使内部管理更科学化,达到充分调动职工积极性、主动性、创造性的目的。

武汉分社办公室、党办、人事处、财务处、检验业务处等职能处室的作用得到进一步发挥。主要体现在:一是执行反馈及时,根据实际情况改进执行方式、保证执行落实,起到了积极作用。二是针对执行中存在的带有共性的问题,从完善制度入手加以解决,使强化"执行力"的效果更具稳定性、长期性。

武汉分社加大监督检查力度,对强化"执行力"的检查监督情况定期整理汇总,纳入月度、半年度、年终绩效考核。奖惩兑现,维护了分社"令行禁止、政令畅通"的良好局面,保障了各项工作的有序进行。

(武汉分社 曹树槐)

【武汉分社确保各类安全整治专项工作有序进行】 2007年,武汉分社精心组织,抓好落实,确保各类安全整治专项工作有序进行。

一是认真贯彻交通部、总部的要求,落实"两防"工作。武汉分社在调研的基础上,加强对用船单位的宣传沟通,依据船舶适用的法规、规范等相关技术标准全面排查船舶存在的安全技术隐患。结合船舶定期检验或川滚船改造的机会,各业务部门及三级单位共进行了199艘"四客一危"船舶的安全隐患排查工作(14艘长江涉外旅游船、23艘普通客船、7艘化学品船、89艘油船(驳)、10艘液化气船以及56艘川江汽车滚装船)。尤在“两防”的专项检查中,所检查的船舶安全质量良好,未发生因分社检验责任而导致的安全事故。二是认真履行武汉分社片区管理责任,在CCS百分之百执行国家“船舶标准化政策”的工作中,严格执行上级要求,出色工作。在交通部水运司和长航局组织的川江标准船型政策落实情况调查活动中,协助制定了川江标准船型的认定标准,派员全程参与了长江上游地区的现场核查,并就调查活动的总结报告与相关部门积极沟通,推进了国家船舶标准化工作,提高了CCS在相关业界中的影响力,树立了CCS的良好形象。三是按照总部要求,进一步做好长江涉外旅游船的安全质量工作。年初,认真开展长江旅游船消防专项整治,分社对辖区内旅游船100%进行了加强检验,保证了春运期间船舶的安全运营。针对规范和业界对旅游船安全状况越来越高的要求,会同武汉规范所对长江涉外旅游船检验中发现的难处理问题进行专题研究,并提出了相关的处理建议。四是认真贯彻交通部、中国船级社的要求,落实非标型川滚船改造工作。大力配合规范所进行方案调研,为改造方案的制订打好了基础。召开非标船改造宣贯会,向船东深入宣传解释改造方案,得到船东的全力配合。根据检验实际,组织专班,加班加点,在规定时间内完成了非标型川滚船改造工作,为三峡库区的船舶安全作出了贡献。五是积极参与航运管理部门的协作,促进长江航运安全协调发展。武汉分社在“2·27”事故遇险船舶的救助活动中,指派有经验人员深入现场,制定方案,对船舶的成功施救起到关键性作用。为此,长江干线水上搜救协调中心发出明文传真《关于表彰中国船级社武汉分社成功施救“2·27”事故遇险船舶的通报》,对CCS精湛的专业技术、扎实的工作作风予以高度赞扬。此次事件的处理,提高了CCS的声望,树立了CCS的形象,也为内河突发事件的应急处理提供了有益尝试。六是根据中央国家机关、交通部文件的精神,武汉分社周密部署,认真开展“安全生产月”活动,把活动与提高安全意识、抓好安全质量工作紧密结合起来,使活动的效果落到实处。在此期间,武汉分社累计检验各类船舶200次、产品50000余台(套、件),未发生安全责任事故。

(武汉分社　曹树槐)

【南京分社采取措施加强检验工作】 2007年,南京分社对船用产品厂的质量控制作为全年安全质量工作的重点,并积极探索创新,摸索出一套行之有效的检验工作模式。

南京分社采取的主要措施,一是全面开展对现有产品厂的评估工作。对新申请本社检验的工厂实施“门槛准入”制度,严格控制那些技术力量、质量控制等各方面较差的产品厂进入我分社。二是在重大的认可和检验活动中引入CSQA(中国船级社质量认证公司)专家。确保工厂认可和形式认可的质量,同时引入CSQA对遭到投诉的企业进行质量体系全面审核制度。三是建立客户电子档案,内容包括工厂信息、认可信息、检验计划、收费规定等。用于指导日常检验工作,实现精细化管理。四是狠抓分包方控制。对机电产品的可靠性从元器件、部件抓起,在检验计划中明确原材料、元器件的牌号、型号及供货方,通过详细的检验计划对产品检验进行指导,关注出厂资料的审查。五是推荐了百家产品质量信得过厂家,供船厂船东选择。对国际航行和国内航行船舶的配套产品进行区分,优先对国际航行船舶的配套产品质量进行全面控制。

(南京分社　魏　巍)

【浙江省船舶建造质量再上新台阶】 2007年一季度,浙江省船检局组织验船师对沿海温州、舟山、台州和宁波地区在建海船建造质量进行了专项检查。

检查结果表明,新建海船质量又上新台阶。省局又于4月15日至21日会同湖州、嘉兴检验处对内河船厂在建船舶建造质量进行了专项检查。结果表明,内河船舶建造质量正在逐步提高。主要表现在:新建船舶均先有船检批准图纸后开工;船舶的建造钢材采用了船用材料,主要安全设备均具有船用产品证书;实船建造主要尺度和主要结构基本符合批准图纸要求。但在设计更改、放样下料、安装精度、焊接工艺等方面仍存在不足,有待改进。

(浙江省局　林　勇)

【浙江省开展万吨级货船建造检验垂直审核】

2007年6月26日至29日,浙江省船检局为提高船舶检验的质量,保障船舶特别是万吨级以上船舶的建造质量,抽调舟山、宁波、温州、嘉兴的资深验船师组成联合审核组,对台州检验处万吨级货船建造检验程序和检验质量进行了垂直审核,审核组现场抽取了分属4家设计单位、4家船舶制造厂、处于不同建造阶段的4艘万吨级货船。对照船检质量体系的规定,检查了台州检验处在这4艘船舶建造检验过程中的开工前检查、建造检验项目确定、检验程序和检验记录,以及发现问题的处置情况;同时审核人员登船检查了实船与图纸、实船与法规、规范的符合性,并邀请了第三方无损检测机构,当场对2艘船舶的焊缝随机进行X射线拍片检查。通过检查,发现台州检验处万吨级货船建造检验程序基本符合要求,船舶检验质量良好,中介机构的检测结果基本真实,但也存在检验纪录不规范、焊工资质检查不严格等问题。对于发现的问题,及时要求台州检验处提出纠正措施,并落实到位。

这次万吨级货船建造检验垂直审核,不仅使省局掌握了船舶设计质量、建造质量和中介机构的检测质量情况,而且加强了各检验处之间的交流和相互学习,有利于验船师检验水平的提高,有利于船舶检验质量和建造质量的提高。

(浙江省局　林　勇)

【浙江省船检开展质量体系内审】 2007年12月12日至20日,浙江省局船检局组织内审员,分沿海、内河两组对11个检验处的体系运行情况进行年度内部审核。审核结果表明,船检质量管理体系在全省船检系统的运行是有效的,船舶检验质量控制、档案管理水平有了明显提高;从领导到验船师的质量意识进一步增强,检验工作更加规范。同时,也存在着对质量体系理解不全面、执行有偏差等问题。

通过内审,既发现并纠正船检工作中存在的问题,又交流了各检验处好的做法,同时也为全省船检系统更充分运行并持续改进质量管理体系指明了方向。

(浙江省局　林　勇)

【江浙沪签订《船舶检验机构法定检验质量互认协议》】 2007年10月,江浙沪船检机构签订了《船舶检验机构法定检验质量互认协议》(以下简称《互认协议》)。这是贯彻交通部海事局"全国海事一家人,水上监管一盘棋"理念,促进船检事业科学、和谐发展的一项新举措。

《互认协议》包括船舶检验机构间审图工作的互认范围、互认限制和期限等条件,转港时的检验质量互认,以及检验质量问题责任的划分。《互认协议》签订后,本着"谁检验谁负责"的原则,转入地船检机构结合船舶实际状况对其实施附加检验,确保船舶及其设备适用,如发现转入船舶不符合要求,可拒绝该船转入。如船户有需要,转出地船检机构应接受其重新检验申请,在重新检验完毕前,原船检证书自动失效。为加强签署机构间的协调,监督协议的贯彻执行,签署机构设立了秘书长和秘书处,浙江作为首届秘书处单位。

(浙江省局　陈建光)

【安徽省加强企业船舶年度核查】 2007年,安徽省加强了对企业船舶的年度核查。

核查企业477家,核查通过率为96.6%;核查船舶30159艘,核查通过率100%。同时,将加强企业和船舶年度核查及资质评估工作与水路运输市场监管相结合,严格审查企业经营资质,规范经营行为,维护市场秩序,打击非法经营。首次建立重点水运企业联系制度,确定安徽省腾达航运有限公司等23家水运企业作为省局重点联系企业。

(安徽省局　马　栋)

【安徽省推进船型标准化】 2007年,安徽省船舶检验局完成挂桨机船舶拆解改造567艘,发放政府补贴资金2070万元。

示范工程实施以来,累计完成拆改船舶1648艘,发放政府补贴资金6015万元。与此同时,积极推广标准船型。完成安徽省京杭运河标准化推荐船型38.8米、43.8米、48.8米货船及42米驳船的设计方案,作为标准船型过渡性图纸下发并免费提供给船东。

(安徽省局　马　栋)

【安徽省不断规范船检管理】 2007年,安徽省船检局开展低质量船舶专项治理活动,受到国家四部委检查验收组的充分肯定。

安徽省船检工作水平,在制度建立、流程执行、档案整理等方面明显提高。全省完成船舶营运检验29379艘、建造检验353艘,审图394套,产品检验16批次,印发了《安徽省船检机构和验船人员违规行为责任追究暂行办法》。各级船检机构及验船人员正确履行法定检验职责,船检行为不断规范。VIMS5.0船舶检验管理系统自5月1日起,在皖江、淮河和江淮船检局正式使用。此外,举办1期宣贯《内河船舶法定检验技术规则》和《内河小型船舶法定检验技术规则》等规章培训班,培训人员50人;举办2期验船人员焊接质量检验培训班,培训人员80人;举办1期未持证验船人员培训班,培训人员22人。

(安徽省局　马　栋)

【国家四部委验收组赴赣检查验收低质量船舶专项治理工作】 2007年4月23日至27日,由交通部、国防科工委、农业部和国家安监总局组成的全国低质量船舶专项治理赴赣联合验收组,就江西省工作的开展情况进行检查验收。

联合验收组在赣期间,听取了江西省低质量船舶专项治理领导小组组长、交通厅副厅长胡琳的专题汇报和九江市有关部门的专题汇报;在查看专项治理工作各成员单位有关台账记录之后,又深入南昌、九江两市和南昌县、湖口县、永修县等地,现场检查了南昌月华船舶修造厂、九江船厂和南昌市船舶检验局、九江市船舶检验局、永修县渔政管理分局3个船检机构。

联合验收组组长周镇在反馈检查情况时,对江西省开展此项工作所取得的成绩给予高度评价:江西省在专项治理工作中,省委、省政府、相关厅办乃至地方海事(船检)局各级领导高度重视,态度极为可贵,取得的成效亦是有目共睹。这项活动,建立了完善的组织机构,明确了各部门的任务;设在省航务局的省专项治理领导小组办公室,工作得力、很有特色,对全省造船企业摸排到位,数字准确;重点治理船舶的附加检验工作细致、扎实;各部门通力配合,船厂治理成效比较显著;海事、渔政加大现场安全检查力度,尤其是海事、船检部门整合资源,把低质量船舶专项治理活动与开展整顿"三无"船舶,打击水上运输超载统一执法行动有机结合;以对重点治理船舶的高压态势,有力地促进了专项治理工作的深入开展。取得了很好的经验,值得借鉴。

江西省专项治理活动开展两年来,不断加强领导,交通、国防科工办、农业、安监等部门密切配合,大造声势。期间,共投入船检、海事、渔检,安监专业人员500余名,资金约600万元;召开专题会议近50次,组织督查30余次;开展各类宣传活动50余次,发放宣传材料8000余份;与此同时,培训船检人员、船厂法人代表和技术负责人等200余人次。此外,省专项治理领导小组组织了5次联合督查,12家造船企业纳入清理整顿对象,船检部门完成了234艘专项治理船舶的附加检验。全省已初步形成全行业高度重视船舶建造质量,非法违规造船现象得到有效遏制;船厂的生产技术条件和船舶修造质量得到进一步提高,夯实了全省水上交通安全持续稳定的局面。

(江西省局　张兆平)

【云南省局严把船检关 船检质量稳步提高】

2007年,云南省船检部门严把船检关,使船检质量得到提高。

一是加强法规宣贯培训工作。按照部海事局的统一要求,积极宣贯学习《船舶检验机构道德准则》、《国内航行船舶船体建造检验管理规定》、《国内航行船舶图纸审核管理规定》、《国内航行船舶变更船舶检验机构管理规定》等"四个规定";与此同时,开展了《内河船舶法定检验技术规则》(2007修改通报)及《内河小型船舶法定检验技术规则》(2007)等法规宣贯培训,积极推进《船舶法定检验质量管理体系建立与运行》工作。二是认真完成和受理船检业务。本着一检二帮三把关的检验原则,严格执法,廉洁自律,受理完成了"洱海二号"大型双体旅游船等50套船舶设计图纸的审查,受理船舶建造检验140艘,年度检验804艘,中间检验20艘,特别检验21艘,附加检验82艘,为保证检验质量,船检人员始终把注重质量,船舶适航放在首位,严把船舶审图关,并对各船检所审查的图纸进行抽查,加强现场检验督查力度,严把源头关,逐步提高受检船舶适航率。三是认真完成全省低质量船舶专项治理。对全省18个船舶修造厂(点)进行了治理整顿,关停造船厂点4家,处理违章造船4起,拆解低质量船舶一艘。四是完成船检机构的资质认可审核工作。五是完成船舶检验发证系统(MVIS5.0)培训、启用工作。六是开展船舶法定检验质量管理体系建立工作。七是积极开展验船人员培训,加强检验业务管理。

通过加大培训力度,已有近150人拥有验船资格证书,实现云南船检人员资质的历史性跨越。八是加强对船检所、站的检查和业务指导。九是规范造船市场,严格源头管理。

(云南省局　马翠德)

【四川省船检部门对义渡半义渡船舶免征检验费】

2007年,四川省船舶检验局根据中央、四川省委有关服务"三农",为老百姓办实事的指示精神,对义渡客船免收船舶检验费,对半义渡船舶减半征收船舶检验费。

此项工作纳入2007年省交通厅提出的深化行业服务的八条便民措施之一,也是省交通厅、四川航务局年内工作目标任务之一。据统计,此项工作的开展使1200艘客渡船受益。

(四川省局　李湘燕)

【四川省低质量船舶专项治理活动获得"四部委"检查组好评】 四川省在低质量船舶专项治理中,对渔船、乡镇客渡船、自用船分别进行着色区分管理。与此同时,制定了《四川省乡镇自用船检测暂行办法》,明确了乡镇自用船的管理责任主体为乡镇人民政府。

2007年,四川省在由交通部、国防科工委、农业部和国家安监总局联合组成的"四部委专项治理检查小组"低质量船舶专项治理工作验收检查工作中获得好评,部分船厂生产工艺、船厂质检员日记记录详细等工作得到了检查小组的好评。通过此次"四部委"验收检查,进一步巩固了治理成果,为下一步规范船舶生产、交易管理打下良好的基础。

(四川省局　李重毅)

【四川省局建立船舶检验管理体系】 2007年,四川省航务局根据交通部海事局要求,于2005年开始启动船舶检验管理体系建设工作。到目前为止,已建立了省船舶检验局、泸州市船舶检验处和攀枝花船舶检验处三个体系,绵阳、达州、乐山、遂宁和南充等船舶检验机构也启动船舶检验质量体系的建立工作。

质量体系的建立,必将使四川省船舶检验工作的管理上一个台阶,提高船舶检验的质量和规范船舶检验行为,为航运发展和水上交通安全把好关、服好务作出贡献。

(四川省局　李湘燕)

【贵州省低质量船舶专项治理通过国家四部委联合检查组验收】 2007年4月27至4月29日,贵州省低质量船舶专项治理工作通过了由交通部、国家科工委、农业部、国家安监总局组成的全国低质量船舶专项治理工作检查组的验收。

检查组在黔期间,分别到贵阳、清镇等地通过看、听、问、查、阅,对两家造船企业进行检查;赴安顺市辖的通航水域查看治理后的船舶使用状况,与船舶使用人交谈了解情况后,对贵州省低质量船舶专项治理工作给予较高的评价。认为贵州省对20米以上的客船、30米以上的货船开展附加检验,有效地消除了治理工作的盲区和空白点。海事部门与造船企业建立互动机制,采取"一对一"帮扶,提高了船舶建造质量,这一举措值得推广。

(贵州省局　杨萍艳)

【陕西省低质量船舶专项治理通过国家验收组检查】 2007年6月11日至14日,全国低质量船舶专项治理活动验收小组对陕西省低质量船舶专项活动开展情况进行了检查验收。

验收小组认为,陕西省海事、渔业管理部门,积极探索,集思广益,在打击低质量船舶和滩涂造船过程中,创造了不少切实可行的办法和经验,有些办法在全国处于领先。希望陕西省继续保持对低质量船舶治理的高压态势,发扬治理活动的经验,充分利用治理活动中建立的平台,加强海事、渔业、国防科工委和安监部门的协作,积极探索建立全省船舶监管长效机制,进一步提升水上运输和渔业生产安全管理工作的责任意识,为稳定水上安全生产形势,促进陕西省水上运输和渔业生产的健康发展,起到保驾护航的作用。

(陕西省局　余红梅)

【甘肃省低质量船舶专项治理活动通过国家验收】

2007年6月11日至14日,由交通部海事局曹雪军处长任组长,农业部高级工程师陈龙、国防科工委高级工程师李军及国家安全生产监督管理总局高级工程师王子介等同志组成的国家低质量船舶专项治理验收组,对甘肃省低质量船舶专项治理活动情况进行检查验收。

验收组一行先后听取了甘肃省地方海事局、兰州市地方海事局、临夏州地方海事局专项治理工作汇报，对兰州、临夏已治理船舶进行现场验收，对西北造船厂、希达船舶修造厂进行了现场检查。曹雪军在验收通报会上，充分肯定了甘肃省低质量船舶专项治理活动所取得的成绩，并就甘肃省船舶检验及船厂管理方面存在的问题，提出了意见和建议。通报会上，甘肃省交通厅厅党组成员、总工李睿表示将进一步做好验船人员管理工作，提高验船人员素质，加强水网地区部门和人员的交流和联系，吸取先进经验和先进管理手段，提升管理水平。

（甘肃省局　陈长春）

【甘肃省船检机构资质认可证书颁发仪式在兰州市举行】 2007年4月17日，甘肃省船检机构资质认可证书颁发仪式在甘肃省地方海事局二楼会议室举行。交通部海事局原副局长刘德洪率天津船舶检验管理处有关人员代表部海事局、天津船检管理处，为甘肃省船舶检验处及分支机构颁发了船检机构资质认可证书。

从2003年起，甘肃省船检机构认真按照部海事局、天津船检管理处的要求，在建立健全船检规章制度、规范船检业务工作程序和船舶检测设备的投入上狠下功夫。部海事局、天津船检管理处对甘肃省的船检机构进行了初次审核和不定期抽查，认为已经符合了船检机构资质认可的要求，对甘肃省上报的甘肃省船舶检验处及下属的4个船检分支机构按程序颁发了船检机构资质认可证书。

（甘肃省局　陈长春）

【重庆市局船检质量管理体系运行良好】 2007年，重庆市船检局为贯彻船检质量管理体系，规范其检验行为，提高工作效率和验船质量，增强船检机构的竞争力和生命力，根据《中华人民共和国船舶法定检验质量管理办法》和ISO9001标准的要求，年初审定了局质量管理体系1.0版的《质量手册》和《程序文件》，并分别在市局机关和万州、涪陵局率先运行质量体系。经过一年的试运行，状况良好。

（重庆市局　彭然红）

【重庆市局节前对旅游船和客(渡)船临时附加检验】 2007年，重庆市各级船检机构加强了“春运”、“五一”和“国庆”节前对旅游船和客(渡)船的临时检验工作。

为此，不少验船师放弃节日休假，为确保船舶处于良好的适航状态、保证三个黄金周期间游客和民工顺利安全出行，作出了应有的贡献。全市三节期间共船检3261艘(次)旅游船和客(渡)船，其中检验不合格停航82艘(次)，限期整改284艘(次)，保障了节日期间的水上安全形势。

（重庆市局　彭然红）

【重庆市局船舶检验质量进一步得到提高】 2007年，重庆市港航局努力推进ISO9000质量管理体系认证，在检验中严格执行检验规范，坚决杜绝大船小证。一是严把图纸审查关，从源头上杜绝低质量船舶的审批。二是对“四客一危”船舶，在检验中重点核查船舶的结构、稳性、安全设施配备和技术资料的正确性及完整性。三是大力开展低质量船舶专项治理活动，对564艘砂石船舶进行了附加检验，淘汰砂石船8艘，专项治理工作顺利通过了国家四部委的检查验收。

（重庆市局　彭然红）

【长航局检查重庆市船舶标准化推进工作】 2007年6月11日至14日，长航局根据交通部要求，组织专项检查小组对重庆市川江及三峡库区新建、改进船舶情况进行了重点抽查。

检查组由长江海事局牵头，交通部水运司、长航局运输处参与了抽查活动。检查小组在渝期间，听取了重庆市港航局对船型标准化政策执行情况的汇报，并于6月12日在召开了船公司、船厂、设计人员参加的船型标准化工作座谈会，收集各方意见；此外，抽查了“川维6号”、“广运77”等6艘船舶的设计批准图纸、检验资料等相关技术资料。

（重庆市局　张胜鹏）

【重庆市局加强标准客渡船的检验工作】 2007年，重庆市船舶检验局针对“五一”节前检查中发现的部分客渡船存在擅自增加舱室、救生衣存放位置不当、船舶油漆涂装质量差等问题，采取切实措施，加强客渡船的检验管理。一是船舶建造检验中严格按图施工,加强监督和检验;二是统一船舶色度,严格按照《2005年重庆市标准客渡船为官油漆和涂装公布方案》要求进行油漆涂装;三是船舶营运检验中加强对油漆涂装和船容、船貌的检验;四是加强船舶对救生衣及其存放位置的检验;五是按照《小型船舶船名标志管理暂行规定》要求制作标准客渡船船名标志牌、标志灯箱等;六是加强对船舶舵系的检验。

(重庆市局　周日兴)

【重庆市船舶检验局业务指导工作正式启动】

2007年5月24日,重庆市船舶检验局船技处首次指派相关专业人员参加了"2000吨级油化船"的批量建造开工会,标志着船检局对重点船舶检验业务的指导工作正式启动。涪陵船检局受理并执行建造检验的6艘"2000吨级油化船",由重庆市平台船舶制造有限公司承建。

根据"2000吨级油化船"建造数量多且工艺复杂、检验要求高等特点,为确保船舶检验质量,做到检验工作万无一失,经重庆市船检局领导研究决定,由市局派员协助并指导这批油化船的全过程建造检验工作。开工会上,指导小组就现场摆墩要求、船体基准线、施工工艺文件编制、施工人员资质、质检制度及人员配置、材料设备进货检验等方面,向船检部门、建造厂、船东监造代表等提出了具体要求。

(重庆市局　付代均)

【20~40吨双体浮式起重机船通过验收】 2007年1月20日,由重庆长江轮船公司投资超过1000万、重庆东风船舶设计所设计、东风船舶工业公司建造的20~40吨双体浮式起重机船顺利通过船检部门验收。20~40吨双体浮式起重机船,为重庆市首次建造和检验的大型设备,

一年多的时间内,验船师与船厂、船东、设计院工程技术人员一起,认真学习相关专业知识,共同努力、解决建造中出现的问题,确保了建造工作按时保质完成。

(重庆市局　林建军)

【重庆市低质量船舶专项治理工作通过国家四部委验收】 2007年4月19日至21日,由交通部海事局、国防科工委、农业部渔检局和国家安监总局组成的全国低质量船舶专项治理验收小组,对重庆市低质量船舶专项治理工作进行了全面、细致的验收。

验收小组通过为期3天的认真核查,认为重庆市低质量船舶专项治理活动的组织机构健全、方案制定周密、任务分工明确、监督检查落实到位、相关单位及部门协调配合密切、治理工作开展有力、成效明显,达到了预期的目的。同时希望巩固来之不易的治理成果,继续加强各部门之间的协调与配合,共同提高船舶质量,确保船舶航行安全。

(重庆市局　彭然红)

·人员培训·

【武汉分社全面实施中国船级社目标型培训体系】

2007年,武汉分社注重员工的素质修养和专业能力,以满足业务发展的需要。

一是结合人力资源现状,制订年度培训计划。采取集中学习和现场岗位培训相结合、走出去和请进来相结合等方式,认真组织各种类型培训班。全年举办各种专题培训18期,参加人员577人次;安排人员出去参加各类培训班21期,参加人员为132人次;现场实践培训10人,每人离岗培训时间超过5天。通过培训,促进了武汉分社人员的全面发展,满足了越来越高的岗位适任要求,为各项工作的顺利开展奠定了坚实基础。二是围绕重点工作,举办相关专题培训,促进工作的顺利开展。例如,审图管理系统应用及维护培训、大型吊机、LPG船罐及铸钢件检验要求培训、内河船舶法定检验技术规则培训、国内验船师安全管理知识培训及巴拿马、苏伊士运河吨位丈量要求培训等,促进各岗位人员业务素质的提高,适应了开展业务工作的需要。三是按照程序文件要求,开展人员资质管理工作。对人事数据库随时跟踪完善,及时率和信息准确率都达到100%。按规定做好人事管理信息系统的维护工作,及时上报了各类数据和统计报表。四是及时了解人力资源需求,合理配置人力资源。对人力资源实行动态管理,加强调查研究,先后完成了"关于武汉分社新聘人员有关问题处理的建议"、"关于武汉分社近期现场检验人员情况的报告"等调研材料,为领导决策提供了充分依据。五是完成专业技术职务评

审工作,副高级任职资格1人,档案专业副研究馆员任职资格1人,中级任职资格1人,助理工程师任职资格6人,技术员任职资格1人。六是加强人力资源建设,做好人才储备。加强对新进人员(4人)的培训,保证各项工作的顺利开展。七是完善干部和人才引进、培养、选拔、使用、交流、考核和监督制度建设。严格执行干部选拔、任用、管理规定,建立健全了干部管理制度。

(武汉分社　曹树槐)

【武汉规范所召开国际会议情况报告会】 2007年4月至5月,武汉规范所连续派出4位业务技术骨干赴英国、韩国和波兰参加国际会议。这是科研体制改革以来武汉规范所第一次派员参加国际会议,充分体现总部对武汉所工作的重视和支持,极大地鼓舞了干部职工借鉴国际经验,全面提升内河船舶的规范技术标准决心和信心。

为积极贯彻落实总部走科研技术为先导的道路的战略方针,拓宽干部职工的国际视野,掌握国际上船舶规范技术发展的最新动态,努力实现内河规范科研工作的转型,武汉规范所于5月21日召开了由全体职工参加的国际会议情况报告会。徐建勇、程远忠、潘文欢等同志报告了参加会议的情况和体会。会上,所长郑荣军对本次报告会予以充分肯定,认为形式新颖、内容丰富。他指出,这次学习、交流,让我们的专业技术人员开阔了眼界,提高了思想意识。同时,也谈了自己听完报告后的三点体会:一是感到紧迫感、差距感。要求大家围绕提升内河船舶安全技术标准工作,与国际前沿理念接轨,在课题研究深度上下苦功,做出一番成绩;二是各岗位人员要加强专业知识的学习。尤其是对SOLAS、MAPOL等国际公约的学习,将其理念转化运用到内河船舶规范上;三是全所职工要立足做好本职工作。明确工作重点,突出工作亮点,以创新谋求武汉所的又好又快发展。

(武汉规范所　熊　军)

【武汉规范所举办节能减排知识讲座】 2007年8月24日,武汉规范所邀请武汉理工大学教授吕林对武汉规范所专业技术人员进行国外节能减排知识讲座。他从船用柴油机现状与未来、IMO对船舶排放控制的要求及其修订、船用柴油机降低排放的方法及实船应用、SCR技术基础、柴油机掺烧重油、电控气缸注油系统研究等6个方面进行了讲解。由于船舶,特别是集装箱船舶的大型化和航速的需求,推动了柴油机的大型化。为了商业的竞争,对柴油机的效率和对燃油品质的适应性提出了要求,而且高新技术正在改变传统柴油机的面貌。吕林教授针对IMO柴油机排放控制招标测试试验模式、加权系数及合理性进行了系统的分析。他介绍了IMO关于NOX排放的TireⅡ和TireⅢ标准,分析了将对未来排放控制技术的影响和各国提案的差别,同时对控制排放技术EGR、SCR的有效性及特点进行了分析比较,武汉规范所相关人员还与吕林教授在内河船舶排放标准及合理控制等方面进行了讨论。

通过这次培训,使武汉规范所专业技术人员对目前国外节能减排技术有了一定的了解,提高了要借鉴国际先进技术并与国际化接轨的思想认识。拓宽了视野,为引导和促进内河节能环保船型的发展打下了基础。

(武汉规范所　熊　军)

【武汉规范所举办英语培训班】 2007年7月6日,武汉规范所经过调研,与多思国际英语培训学校签订了培训协议,并在培训楼多媒体教室正式开班。武汉规范所书记陈豫到场作了重要讲话。他结合目前形势发展,从三方面阐述了提升英语能力刻不容缓,一是从CCS整体发展,武汉规范所定位出发。CCS是国际一流性组织,而目前所从事的规范梳理、对比研究必须与国际接轨,因此从发展考虑,迫切需要一支更加专业的队伍。二是交通部自参加国际海事组织后,对CCS提出要在IMO组织中广泛吸纳意见,在总部的关心和支持下,武汉规范所4位同志参加了国际会议;从会后汇报情况来看,需要扎实地掌握英语。三是CCS与国外大学建立了奖学金制度,武汉规范所已有2位同志赴海外进行了学习、深造,希望大家能打牢基础,抓住将来机会,学习国外先进技术。因此,武汉规范所为大家提供了一个学习平台,希望大家认真学习,把学习热情转化为工作动力,把这种热情与个人职业生涯规划、岗位工作、规范所发展紧密联系起来,使大家学有所成。

(武汉规范所　熊　军)

【武汉审图中心赴江北源汉船厂跟踪交流】 2007

年4月10日,武汉审图中心为加强审图与现场检验的沟通与交流,切实为现场检验提供更好的服务,赴江北源汉船厂进行现场考察和质量跟踪,收集用户意见。

由武汉审图中心审图,江北源汉船厂正在施工或即将开工的新建船舶项目逐步增加。例如,3600 米^3 全压式 LPG 近海运输船、2500 米^3 全压式 LPG 近海运输船、300 客位旅游船、7800 吨油船。这次审图中心人员着重了解 3600 米^3 全压式 LPG 近海运输船,重点对船舶总体布置、液货罐鞍座、液货系统、液货检测报警系统等逐一查看。同时,现场验船师也对审图意见的可操作性、实施规范技术要求方式等问题提出意见。这次调研学习,提高了审图人员的安全质量意识,增强了对 LPG 船舶建造和工艺,审图意见可操作性的认识,达到预期目的。

(武汉规范所　熊　军)

【中国船级社武汉培训中心为山东省培训内河验船人员】 2007 年 4 月 7 日至 4 月 12 日,武汉培训中心根据中国船级社总部的指示,积极为"山东省内河验船人员培训班"提供技术支持。按照山东地方船检部门提出的培训需求,武汉培训中心进行认真的策划和准备,组织武汉培训中心和武汉规范研究所张怀建、严忠、张晖、黄克闪等 4 人,分船体、轮机和电气 3 个专业进行授课。

培训过程中,授课教师还安排了适当时间与学员交流沟通,以达到更好的培训效果。来自山东省和河北省从事内河船舶检验的 60 余位学员,经过 7 天的培训和考试,在 CCS 授课教师和学员们的共同努力下,取得了较好的培训效果。武汉培训中心发挥了中国船级社国家船检主力军作用,受到山东省航务管理局的高度评价。

(武汉培训中心　熊　军)

【《内河船舶法定检验技术规则修改通报》(2007)、《内河小型船舶法定检验技术规则》(2007)培训班在武汉举办】 2007 年 4 月 24 日,在武汉举办了一期《内河船舶法定检验技术规则修改通报》(2007)和《内河小型船舶法定检验技术规则》(2007)培训班。

培训班由武汉规范研究所的肖曙明、张晖、黄克闪 3 位同志授课,来自武汉分社、武汉规范研究所和武汉审图中心的 40 位学员参加了培训学习。经过考试,全体学员均取得了优良的成绩,培训取得了预期的效果。

(武汉培训中心　熊　军)

【武汉培训中心召开庆祝教师节座谈会】 2007 年 9 月 7 日,武汉培训中心召开庆祝教师节座谈会,来自武汉地区的外聘和兼职教师,武汉规范所的领导,以及武汉培训中心的教职人员 10 余人参加了会议。

会议由培训部副主任顾航明主持。武汉培训中心主任陈豫代表总部人事处和武汉培训中心致辞,对教师们予以节日的祝贺和亲切的慰问,对教师们一年来为中国船级社人才培养和在职教育付出的辛勤劳动和对武汉培训中心工作的支持表示衷心的感谢。他还介绍了中国船级社的发展形势和目标型培训体系构建和工作要求,同时对下步教师们在培训工作改革创新、加强培训教学积累、完善和提高自身素质和教学水平等方面提出了建议和希望。武汉培训中心高级培训师刘厚安,外聘教师武汉理工大学教授王承权等同志对改进培训教学工作提出很好的意见和建议。会上,武汉培训中心还向各位教师发了教师节贺卡,以表示对教师们的感谢和祝贺。

(武汉培训中心　熊　军)

【浙江省船检举办"船舶检验管理信息系统培训班"】 2007 年 12 月 4 日至 12 月 11 日,"浙江省船舶检验管理信息系统(Ver 2.0)操作培训班"在浙江省交通干部学校举办,来自全省船检系统以及信息部门的 223 人参加了培训。培训班共分 4 期,每两天一期,滚动进行。

通过两天的理论学习和上机操作,学员们基本掌握信息系统的基本构架以及其操作方法,为下一步信息系统在全省的推广应用打下了坚实的基础。

(浙江省局　林　勇)

【江西省船检局举办发证管理系统宣贯应用培训班】 交通部海事局为进一步规范全国各船检机构对船检的发证管理,提升检验技术水平,组织开发了船舶检验发证管理系统(VIMS5.0),决定自 2007 年 6 月 1 日起在全国推广使用。6 月 5 日至

10日,江西省船检局在井冈山江西海事培训中心举办了一期由全省各船检机构负责人、骨干验船师、船检业务人员参加的船检发证管理系统宣贯暨应用培训班。按照交通部海事局的统一部署,培训班由该系统研发课题组成员以及编程单位——北京宝锐亿韬科技发展有限公司的专家担任师资,通过课程讲解、视频演示、业务流程实践操作等方式授课。

为增强教学效果,老师在培训期间采取边授课边实践的办法,帮助学员在学习过程中加深理解和强化记忆,及时解答学员在软件使用过程中遇到的各种细节问题,并就检验、发证等工作进行了讨论和交流。培训期间,学员们参加了上机操作考试,由授课老师对学员操作记录进行验收。经这次培训考核,参培人员掌握了该系统的安装和使用功能,为今后正式启用船检发证管理系统(VIMS5.0)打下了良好基础。

(江西省局　许海远)

【全国非水网地区验船人员培训班在兰州市举办】 2007年6月21日至28日,交通部海事局在兰州举办全国非水网地区验船人员培训班,来自全国12个省、区船检机构的50名验船人员参加了培训。甘肃省交通厅厅长杨咏中、交通部海事局船检管理处处长杨新宅、调研员黄宛青、天津海事局副局长李国祥出席开班仪式。培训班邀请了国内长期从事船舶检验及理论研究的资深船检师授课。整个培训工作计划周密,组织有序,课程设置合理,针对性强。学员通过学习、交流、沟通,加深了对船舶检验的专业知识、法律、法规、规范的理解,极大地提高了验船人员的业务水平。

此次非水网地区验船人员培训班的举办,充分体现了交通部海事局、天津海事局领导的高度重视,是海事船检工作"三个服务"、"全国海事一家人,水上监管一盘棋,行政执法一面旗"的重要落实,解决了多年来困扰非水网地区验船人员业务知识更新难的实际问题。通过培训,为验船人员把好船舶检验源头关,切实保障水上交通安全起到了积极推动作用。

(甘肃省局　陈长春)

【四川省加强对船检人员培训】 2007年11月中旬,四川省船舶检验局根据交通部海事局《关于采取临时性措施缓解验船人员短缺压力的通知》,对全省未持证验船人员进行了为期一个月的业务培训,全省18个市州及西藏自治区共95人参加了培训。

通过对综合业务、船体工程、轮机工程、船舶电气等专业的培训考试,94人取得相关专业结业证书。其中船舶工程94人,轮机工程77人,船舶电气85人。

(四川省局　胡宛华)

【甘肃省局船员培训工作成效显著】 2007年,甘肃省地方海事局为规范船员管理,确保船员适任,在兰州、临夏、白银、陇南举办6期船员培训班。共培训船员93人,漂流工89人,水手14人,渡工15人,换发新版船员证书327本。此外,认真执行交通部《船员违法记分管理办法》中的有关规定和实操技能检查,严格执法。

通过不断强化动态管理,船员的安全意识不断增强,不安全行为逐渐减少。

(甘肃省局　陈长春)

【重庆市局举行《船员条例》宣贯培训】 2007年6月28日至29日,为期2天的重庆市地方海事局《船员条例》宣贯暨内河交通事故处理培训会在北碚举行。相关交通局(委)、各区县地方海事处和水上执法机构部门负责人参加了培训。

(重庆市局　杨　明)

【重庆市局向美国船级社取经】 2007年2月14日,重庆市船舶检验局船检处到重庆东风船舶工业公司观摩和学习ABS(美国船级社)验船师如何开展船舶现场检验。ABS验船师精益求精的工作态度、严谨的工作作风和卓越的专业技能,给大家留下了极为深刻印象。

美国船级社到东风厂是对希腊5500吨成品油船进行检验。这也是重庆市造船业首次向国外知名船检机构申请检验,对提高重庆市造船质量和造船水平具有积极的推动作用。

(重庆市局　张胜鹏)

·科研规范·

【武汉规范所认真贯彻落实系统工作会议精神】

2007年2月27日,武汉规范所在2月14日传达学习、贯彻落实系统工作会议精神的基础上,再次召开全体职工大会,结合规范科研工作实际,有针对性地传达学习了系统工作会议精神,并对贯彻落实系统工作会议精神作出了部署和要求。

所长郑荣军首先将李总裁、莫副总裁对武汉规范所规范、审图的相关要求与指示进行了传达。他说,全体干部职工通过此次学习,首先要达到五个思想统一、提高认识的目的,即将思想统一到科学发展观、建立和谐社会的高度,统一到技术立社、走以科研为先导的道路上,统一到船级社"十一五"总体发展目标上,统一到船级社2007年工作思路上,统一到武汉规范所2007年工作思路上。其次要把握好三个工作大局,即把握住国家政治大局、船级社大局、安全大局。同时还应看清工作中存在的问题与不足,找准改进方向,明确工作重点,并结合工作实际,切实把系统工作会部署的工作任务逐项分解到各部门、各岗位,确保全年各项工作任务顺利完成。就如何贯彻落实各项工作,他作出了具体要求:一是转变观念,树立敢于负责、大胆创新、努力求变的思想观念。二是大力加强技术基础、技术能力建设和品牌建设。要在规范编制、履职等方面下功夫,加大硬件、软件等方面的投入,对资源进行重新整合,切实解决信息不畅、资源不全等问题,增强核心竞争力。三是提高服务职能,尽力满足政府、业界、用户的需求。充分发挥CCS国内船舶检验、陆上船级社建设,以及"黄金水道"建设中的技术支持保障作用。四是建立灵活的工作体制、激励机制,创造良好、和谐的科研氛围。积极探索研发模式,引进高新技术,完善项目制管理办法,加强对科技人才的优化组合与关键人才的引进。五是加大对审图质量控制力度,加强现场验船师与审图人员的交流与合作,加大对现场检验的技术交底和用户的技术支持力度。最后,强调全面提升内河船舶,尤其是"四客一危"船舶的安全技术标准。陈豫书记传达了孙书记的报告,并对武汉规范所下一步学习贯彻系统工作会议精神提出了要求:一是各部门结合各自的实际,组织部门人员进行专题学习讨论研究。二是根据系统工作会议精神,制定和修订全所行政和党的思路和工作计划和落实措施。三是采取多种形式进行学习和宣传,将会议的主要文件印发至各部门。编辑相关的学习材料,在干部职工中开展以"转变观念、发挥先导作用"的读书笔谈活动。同时,强调全所职工要充分认识以科技技术为先导的战略方针,增强荣誉感、使命感和责任感,并转化成主动积极、目标明确的行动;抓住全面提升长江船舶安全标准的难得发展机遇,推动内河规范科研工作的全面转型,构建新的规范标准技术平台;要加强人才队伍建设和企业文化建设,进一步调动干部职工的积极性、主动性、发挥团队精神,营造以规范科研为核心、以安全质量为重心、自觉主动创新的企业文化氛围。

(武汉规范所　熊　军)

【武汉规范所年度规范科研项目】

·2007年,中国船级社下达的科研项目12项:(1)《内河船舶技术标准提升及规范转型研究》;(2)《双壳油船、化学品船安全标准提升研究规范科研项目》;(3)《内河客船(含旅游船、川滚船)消防技术要求提升的评估分析》;(4)《川滚船超重车运输与航线延伸至长江中下游(B级航区)的技术要求指南》;(5)《内河船舶海损后技术评估研究》;(6)《内河及三峡库区客船抗沉性研究》;(7)《特定航线大吨位、浅吃水江海通航船舶结构强度研究》;(8)《三峡库区成库后航区划分的跟踪研究》;(9)《浮油回收船补充规定》;(10)《内河消防船检验暂行规定》改版;(11)《内河船舶入级规则》换版;(12)《气体燃料动力船检验指南》。

·2007年,交通部海事局委托的科研项目3项:(1)《内河船舶法定检验技术规则》换版;(2)《内河高速船法定检验技术规则》;(3)"三峡库区156米蓄水对航区的影响研究"等3个项目。

·跨年度科研项目11项:(1)内河船舶计算软件开发与整合;(2)SCLOS程序系统改进与升级;(3)GPS在内河船舶应用技术条件的研究;(4)载货汽车滚装船安全装载手册编写指南;(5)江海通航顶推船—驳船组合体指南;(6)《内河包装运输危险货物积载和系固手册编制指南》;(7)《钢质内河船舶船体结构直接计算指南》维护;(8)《内河船舶法定检验技术规则》修改通报(2007);(9)《江海通航船舶法定检验补充规定》;(10)《澜沧江-湄公河船舶法定检验技术规则》;(11)《钢质内河船舶建造规范》改版。

·2007年,通过评审的科研项目9项:(1)

“三峡库区156米蓄水对航区的影响研究”;(2)《内河航区等级标准划分暂行规定》;(3)《内河船舶法定检验规则》(2008)修改通报;(4)《内河船舶入级规则》换版;(5)《江海通航顶推船—驳船组合体检验指南》;(6)《钢质内河船舶船体结构直接计算指南》维护;(7)《钢质内河船舶建造规范》改版(报批稿)完善;(8)《川滚船超重车运输与航线延伸至长江中下游(B级航区)的技术要求》;(9)《载货汽车滚装船安全装载手册编写指南》。

·已完成项目评审准备,拟评审的科研项目8项:(1)《内河包装运输危险货物积载和系固手册编制指南》;(2)《浮油回收船补充规定》;(3)《气体燃料动力船检验指南》;(4)“内河及三峡库区客船抗沉性研究”;(5)《内河消防船检验暂行规定》改版;(6)《内河公务船(艇)法定检验技术规则》;(7)《江海通航船舶法定检验补充规定》;(8)“GPS在内河船舶应用技术条件的研究”。

(武汉规范所　熊　军)

【武汉规范研究所通过中国船级社第七次质量体系内审】 2007年7月12日至13日,中国船级社派出由朱义程、毛欣伟、周子强3位同志组成的审核组,对武汉规范研究所进行了为期2天的第七次内部质量体系审核。审核组成员按照中国船级社质量手册、质量体系管理文件以及中国船级社规范、规则和国际公约、指南等技术文件要求,对武汉规范所、武汉审图中心、武汉培训中心所从事的具体质量活动和质量要素、船舶审图活动实施情况进行了严格审核,并对武汉规范所第六次内审发现项的纠正措施执行情况进行了跟踪检查。

通过审核,审核组对武汉规范所质量体系运行情况表示了肯定,认为武汉规范所领导高度重视质量体系建设。审核期间,被审核部门均能毫无保留、开诚布公地与审核组成员交换意见。虽然还存在不足,但从质量目标的完成情况看,与过去相比已取得较大进步,认为武汉规范所的质量体系得到有效运行并持续改进。

(武汉规范所　熊　军)

【“三峡库区156米水位航区划分”、《内河航区等级标准划分暂行规定》评审会在武汉召开】 2007年4月24日至25日,“三峡库区156米水位航区划分”及《内河航区等级标准划分暂行规定》评审会在武汉召开。会议由交通部海事局张志刚处长主持,来自交通部海事局、中国船级社、长江航务管理局、长江航运(集团)总公司、长江海事局、长江三峡通航管理局、省(市)船检、大专院校、科研、设计、航道、航运等单位的专家31人出席了会议。

课题组对“三峡库区156米水位航区划分”研究报告、《川江及三峡库区航行船舶检验补充规定》修改通报(初稿),以及《内河航区等级标准划分暂行规定》(初稿)作了详细的介绍,与会专家代表进行了认真的评审并提出了相应建议。

(武汉规范所　熊　军)

【“长江至洋山深水港集装箱船检验研究”子课题6“船体结构强度评估”验证会在武汉召开】 根据“长江至洋山深水港集装箱船检验研究”课题进度总体安排,武汉规范所承担的其子课题6“船体结构强度评估”于2007年8月23日在武汉召开了内部验证会,CCS总工办章伟星博士、上海规范所副所长余金生、副主任彭文科、高工朱永峨及武汉规范所等所内外专家参了会议。会上,武汉规范所课题组首先介绍了子课题6“船体结构强度评估”的研究情况。

与会专家经过1天的认真评审,对课题研究报告给予了充分肯定。一致认为:“船体结构强度评估”子课题项目组做了大量的研究分析工作,报告内容翔实、全面,思路清晰,技术路线正确,研究提出的现有内河敞口集装箱船直航洋山港的结构强度的评估方法和技术要求,针对性强,具有可操作性。同时还就下一步完善改进工作提出了宝贵的建议和意见。

(武汉规范所　熊　军)

【《内河船舶法定检验技术规则》2008年修改通报通过评审】 2007年9月27日至28日,《内河船舶法定检验技术规则》2008年修改通报专家评审会在武汉召开,来自海事、船检、航运、设计、院校、船厂等37家单位的44名代表和专家出席了会议。会议由交通部海事局张志刚处长主持。

与会代表和专家听取了武汉规范研究所《内河船舶法定检验技术规则》修改通报编写组的介绍,并进行了认真的审议。一致认为,修改通报的制定是贯彻交通部党组关于保障船舶及人命安全、防止船舶造成水域污染及“两防”的指示精神；体现了各级主管部门落实科学发展观和构建和谐航运的工作理念；适应了我国内河航运事业的快速发展和内河水域航行条件的变化，圆满完成计划任务书的要求，编排合理、满足需求、内容适用。经过一天半的讨论和完善，与会代表通过了会议纪要。

（武汉规范所　熊　军）

【武汉规范所和长江船舶设计院签定合作协议书】

2007年3月30日，武汉规范所为积极落实CCS与CSC战略合作协议，盘活中国长航集团存量资产，与长江船舶设计院签定了合作协议书。武汉规范研究所所长郑荣军和长江船舶设计院院长肖丹分别在协议书上签字。

这一举措是双方共同为航运造船业提供安全、高效、先进的服务，抓住内河航运市场，拓展沿海船运战略机遇期的共识选择，对于促进航运发展增加区域整体实力和竞争力，充分发挥各自的地位优势、产业优势和资源优势，提升双方品牌优势，具有重要的现实意义和战略意义。

（武汉规范所　熊　军）

【《中国船级社技术咨询中心方案（草案）》评审会在武汉召开】　2007年4月6日，中国船级社在武汉召开《中国船级社技术咨询中心方案（草案）》评审会。总部信息处和上海、武汉规范所及武汉分社的主要领导和相关人员参加了会议。会上，徐立主任介绍了IACS CSR规范维护和DNV规范咨询的工作和管理模式，分析了中国船级社目前的规范咨询管理机制和要求。

成立中国船级社技术咨询中心，将更好地为客户提供准确、及时、统一的技术咨询服务。会议对《中国船级社技术咨询中心方案（草案）》从机构框架、职责、工作质量及流程控制、技术平台等方面进行了认真的讨论。与会同志一致认为：通过技术咨询中心建设，进一步贯彻落实规范科研工作必须“满足需求”、关键技术领域要“适度超前”的总体要求，进一步加强规范科研组织建设和能力建设，建立合同前服务（含船型评估）、规范使用经验、事故处理等输入信息的渠道，搭建CCS规范咨询技术平台和数据库管理，提高规范标准应用的正确性和及时性，创新工作模式，促进规范进步，更好地服务于社会、航运业及相关行业。

（武汉规范所　熊　军）

【浙江省船检率先引进海船审图COMPASS软件】

2007年1月，浙江省船检机构斥巨资140余万元，从中国船级社上海规范研究所购买了全套“海船规范计算系统（COMPASS）”，彻底解决了全省船检机构在海船设计图纸审查过程中缺乏相应计算校核软件的难题。目前该软件已经在省局船检处及宁波、温州、台州和舟山4个沿海检验处安装试用，相关的审图电算人员培训工作已落实，预计不久即可正式投入使用。

该系统投入使用后，将极大提升浙江船检的综合审图实力，对进一步规范浙江省船检审图工作，提高海船审图工作的质量和效率具有重要的意义。

（浙江省局　林　勇）

·文明创建·

【重庆市船检局积极开展文明创建活动】　2007年，重庆市船检局与中国船级社重庆分社两家船舶法定检验机构，继续开展和谐共建活动。一是召开技术研讨座谈会。分别介绍了船检质量管理体系的运行情况、客渡船标准化改造工程的实施进展，以及将船用GPS记入船检证书的相关要求等，实施ISO9001质量管理体系的心得体会和改进措施。二是根据重庆市交委、市环保局《关于加快三峡库区船舶流动污染源治理的通告》文件精神，为落实省际运输客船生活污水处理装置安装项目实施工作，共同举办了“船舶防污系统技术培训会”。全市客船公司的机务人员、安装污水处理设备船厂的施工和检验人员、两家船检机构的验船师等共41人参加了培训会，取得了良好的效果。三是以提高验船师身体素质为目的，开展了“迎奥运新春乒乓球羽毛球友谊赛”，大大地推动了船检系统职工满怀激情迎奥运，健身健心奔小康的群众性体育活动的开展。

（重庆市局　彭然红）

第十二篇　法　院

【概　述】 2007年,武汉海事法院在湖北省高级人民法院党组领导下,坚持以邓小平理论和"三个代表"重要思想为指导,以科学发展观统领法院工作,认真践行"司法为民"方针和"公正与效率"主题,积极开展海事审判,为规范长江航运经济秩序,促进长江流域的社会稳定作出了积极贡献。全年共受理各类案件1035件(不含上年结转236件),立案标的总额为8.82亿元,与上年相比受案数下降7.75%,标的额下降7.54%;审结、执行976件,结案标的总额8.16亿元,与上年相比结案数下降20.84%,标的额下降42.35%;结案率为76.78%(含上年结转数),与上年相比受案数下降7.75%(含上年结转数),结案率下降7.15个百分点。

2007年,法院管理工作上了新台阶。法院建设有起色;审判工作加大办案力度,严格办案程序,狠抓审判效率,加强审判监督和检查;同时加强文化建设,积极开展文明创建活动。例如,常熟法庭制订的《常熟法庭管理规定》,是武汉海事法院制订的第一部成文的管理规定。南京法庭全年立案144件,结案137件,居武汉海事法院所属单位前列。武汉海事法院张瑜的论文《论一部终决判决》获全国法院系统一等奖、省法院特等奖。

(武汉海事法院　许新荣)

·机构建设·

【武汉海事法院】 武汉海事法院成立于1984年5月,为湖北省直机关,由湖北省委委托湖北省高级人民法院管理,受湖北省人大常委会监督。武汉海事法院管辖范围西起四川宜宾合江门,东至江苏浏河口的长江干线水域发生的海事、海商及其他案件。管辖地域跨越四川、重庆、湖北、湖南、江西、安徽、江苏等六省一市;管辖宜宾、重庆、涪陵、万州、宜昌、荆州、武汉、黄石、九江、安庆、芜湖、马鞍山、南京、镇江、江阴、高港、张家港、南通、浏河口等主要港口,上诉审法院为湖北省高级人民法院。现有海事审判庭、海商审判庭、立案监督庭、执行庭、办公室、政治部、研究室、纪检组监察室、司法警察支队等9个内设机构和常熟、南通、南京、宜昌、重庆5个派出法庭及万州巡回法庭。

2007年,武汉海事法院党组成员:胡兆满、饶中享、张新民、徐少林。

(武汉海事法院)

【常熟法庭】 常熟法庭是武汉海事法院设立最晚的法庭,但也是硬件设备最优良的法庭。2003年12月28日,湖北省高级人民法院、武汉海事法院在常熟市设立了常熟巡回法庭。湖北省政府、省高院、武汉海事法院于2005年7月8日将常熟巡回法庭正式升格为常熟法庭,并开始筹建常熟法庭审判综合楼,进一步加强法庭规范化、现代化建设,以便更好地为促进长江下游包括常熟在内的经济发展和社会稳定提供有力的司法保障。经过近一年时间的准备和筹划,常熟法庭在江苏省常熟市梅李镇购得了1700米^{2}的土地用于建造法庭办公楼和干警宿舍楼。2006年,法庭各项基建工作进展顺利。2007年4月,新审判大楼全面竣工并投入使用,并于4月19日举行了新办公楼落成典礼。期间,法庭基建工作丝毫没有影响干警们的工作。

2007年,常熟法庭立案93件,结案80件,出色地完成了全年审判任务。

常熟法庭将继续用热情服务、秉公办案的服务宗旨,更好地为江苏经济发展,为长江流域经济秩序的稳定,为长三角地区经济的腾飞而努力。

地　址　江苏省常熟市梅李镇镇变电站旁
邮　编　215111
电　话　(0512)52262997
传　真　(0512)52262996

(常熟法庭)

【南通法庭】 南通法庭是武汉海事法院的第一个派出法庭,也是全国海事法院系统设立的第一个派出法庭。

南通法庭主要管辖扬州港以下、武汉海事法

院管辖范围内的长江干线以北发生的海商合同纠纷案件,其他海商纠纷案件及海事侵权和海商合同纠纷引起的特别程序案件;审理扬州港以下、武汉海事法院管辖范围内与长江干线以北相通的支流水域发生的涉外海商合同纠纷案件,其他海商纠纷案件及海事侵权和海商合同纠纷引起的特别程序案件。

2007年南通法庭立案134件,结案107件。

地　址　南通市人民西路鸿运城市花园一栋108室

邮　编　226001

电　话　(0513)83510119

传　真　(0513)83520997

(南通法庭)

【南京法庭】　武汉海事法院南京法庭成立于1995年9月,坐落在江苏省省会城市——南京市。

2007年,南京法庭坚持以邓小平理论和"三个代表"重要思想为指导,深入贯彻落实科学发展观,牢固树立社会主义法治理念,充分发挥审判职能,努力促进社会和谐,求真务实,锐意进取,圆满完成了预定工作计划,开创了法庭工作新局面。一年来,南京法庭共立案144件,立案标的额18649万元;结案137件,结案标的额18368万元;并被湖北省高级人民法院授予先进调解集体称号。3月,在最高人民法院、湖北省高级人民法院的大力支持和武汉海事法院党组的不懈努力下,南京法庭正式迁入新址办公。新办公区建筑面积达800米^2,设有立案室一间、调解室一间、法庭一间、会议室一间、办公室两间,功能齐全、布局合理,并配备了现代化办公系统,法庭的整体面貌焕然一新。

南京法庭一直把加强队伍建设放在各项工作的首位。首先,把政治理论学习作为新时期的一项重要任务来抓。其次,强化法官职业道德教育,在廉政建设上下功夫。其三,重点加强业务学习,着力提高法官的业务水平,努力把南京法庭建设成为学习型法庭。

南京法庭一直将审判工作作为法庭的主要工作来抓,力争多办案、快办案、办好案,最大限度地增加社会和谐因素、减少社会不和谐因素。在抓好立、结案的同时,南京法庭着重从以下两个方面进行了努力:一是加强诉讼调解工作,贯彻执行"能调则调,当判则判,调判结合,案结事了"的审判工作指导方针,将诉讼调解工作作为司法为民的切入点,不断更新理念,探索规律,创新机制,努力把调解工作做深、做细、做实。二是提升庭审驾驭能力,提高文书写作水平,使审判质量再上台阶。

南京法庭在日常工作之余,十分注重总结审判经验、推进宣传调研。干警完成的一篇题为《海事强制令制度法律分析及完善的思考》的论文,被选送参加第十六届全国海事审判研讨会;同时还完成了简报9篇、新闻稿件6篇,及时展示了海事法官的工作风采,丰富了全院的网站内容。

南京法庭将进一步全面提高审判质量和效率,为把我国建设成为亚太地区的海事司法中心而努力奋斗。

地　址　南京市建邺区奥体大街128号宋都奥体名座

邮　编　210012

电　话　(025)58800611

传　真　(025)58824891

(南京法庭)

【宜昌法庭】 2007年,宜昌法庭按照年初武汉海事法院党组制定的"工作要点"的精神,始终坚持以邓小平理论和"三个代表"重要思想为指导,全面落实科学发展观,坚持"公正司法,一心为民"的指导方针,在具体办案中将构建和谐社会的工作落实在每件案件中去,力争在辖区内有限的案件中,做到"案结事了",不留后患,为创造良好的司法环境尽一份应有的职责。

2007 年,宜昌庭立案加 2006 年转存的案件和执行案件共计 51 件,结案 47 件(其中 5 件执行案件),判决 13 件,调解 9 件,撤诉 6 件,保全 13 件,证据保全 1 件,执行 5 件,结案标的 23614082 元,立案标的 30768296 元。结案率达到 92.2%,调解、撤诉率 33%,执行率 100%。

2007 年,是武汉海事法院党组推行部分派出庭实行"审执合一"试点工作的一年。执行工作的好坏,直接影响到法院立、结案件数和法律的权威性。宜昌法庭全年所立的 5 件执行案件,通过协调工作,分别以自动履行和执行和解等方式全部予以结案,以实际行动支持了法院执行工作。

地　址　宜昌市沿江大道 9 号
邮　编　443002
电　话　(0717)6722482
传　真　(0717)6724129

(宜昌法庭)

【重庆法庭】 2007 年,重庆法庭坚持以邓小平理论和江泽民"三个代表"的重要思想为指导,深入学习贯彻党的十七大精神,紧紧围绕法院"公正与效率"的世纪工作主题,与时俱进,努力创新,积极开展海事审判工作,切实加强法庭的办案质量、办案效率和办案社会效果,努力提高法庭人员的政治素质、业务素质和道德素质,牢固树立服务观念,不断强化廉政意识,为促进我国西部航运市场经济的发展,维护长江航运市场经济秩序和广大当事人的合法权益作出了努力。

2007 年,重庆法庭共立案 130 件,标的额 3605.075 万元;结案 123 件,标的额 7755.0509 万元。本着一手抓审判,一手抓队伍的原则,努力做好庭内各项工作,依法公正维护诉讼当事人的合法权益,为我国西部经济大开发服务。一是强化司法管理,确保司法公正。加强审判流程管理,提高审执效果。强化调解,消除矛盾。转变工作作风,提高服务水平。正确适用实体法和程序法,防止重实体、轻程序。二是加强队伍建设,提升队伍素质。把政治理论学习作为新时期的一项重要任务来抓,把学习十七大等文件精神与深入开展的社会主义法治理念教育活动相结合,着力提高法官的政治思想修养和业务素质。三是加强制度建设,做好廉政监督。四是强化庭务管理,确保服务审判。加强法庭人员的思想管理,严格法庭的行政管理,严格劳动纪律。

地　址　重庆市渝北区华园路 5 号(天宫殿街道)
邮　编　400021
电　话　(023)67646919
传　真　(023)67646911

(重庆法庭)

·工作概况·

【法庭建设】 在国家发改委、湖北省委、省政府、省法院等各级领导的支持下,经过近 2 年的建设,重庆、南京、常熟法庭先后建成迁入新址办公。新法庭的落成标志着法庭的物质建设进入一个新的发展阶段,给审判工作的开展带来了有利条件,也改善了法庭干警生活条件,提升了法院对外形象。南通法庭、宜昌法庭的建设工作也进入施工阶段。在法庭硬件设施得到改善的同时,常熟法庭还制定了《常熟法庭管理规定》,涉及法庭管理的多方面内容,是武汉海事法院法庭制定的第一部成文的管理规定,为法庭管理作了积极有益的探索。

武汉海事法院党组一直将法庭工作作为全院审判工作的重中之重,着力打造海事法院的对外窗口形象。法庭干警积极工作,努力开拓,取得良好成绩。2007 年,武汉海事法院 5 个法庭共受理审判案件 538 件,占全院的 73.29%,标的额 55717.89 万元,占全院的 71.61%;审结 483 件,占全院的 71.23%,标的额 52797.51 万元,占全院的近 71.38%。其中涉外案件立案 75 件,结案 62 件,分别占全院涉外案件的 93.75% 和 88.57%。5 个法庭工作也各有特点:南京法庭全年立案 144 件,结案 137 件,立、结案数均居全院前列;常熟法庭立案标的额过 2 亿元,涉外、涉港澳台案件 41 件,均居全院之首;南通法庭在重点抓好涉外审判工作的同时,大力开展走访宣传调研活动,进一步提升了武汉海事法院的形象和地位;重庆法庭立足长江上游,立、结案数持续保持稳定态势,进一步扩大了海事审判服务在长江上游地区的辐射作用;宜昌法庭结案率达到 92.20%,公正高效司法,及时化解社会矛盾。

武汉海事法院 5 个派出法庭因地制宜,在各自的辖区内发挥自身优势,广开案源,注重对新型案件的研究和审理,坚持快审快结,为维护长江航运、外贸经济秩序和促进当地经济发展发挥着积极作用。

【审判工作】 案件审理方面,全面履行海事审判职能,努力践行司法为民,为维护长江航运及贸易经济秩序提供良好司法保障。

·加强审判管理工作,落实司法为民措施 2007年,武汉海事法院共受理海事海商案件459件,海事特别程序案件275件。从案件源头上把好案件管辖关,对属于本院管辖的海事案件,坚持专门管辖;对不属于本院管辖的,裁定不予受理或移送。关于管辖案件的裁定均由立案监督庭签发,严格审查把关。全年管辖上诉11件,二审裁定维持管辖的10件,裁定移送1件。发现地方法院受理海事案件的,积极协商移送本院,较好地坚持了海事法院的专门管辖。完善案件催办、督办和每月审判执行案件情况通报制度。全年共发审判管理通报14期,先后对近100件“三期”案件进行催办、督办,对近60件财产保全案件保全财产追踪监督管理,有效遏制了案件超审限现象,杜绝了保全财产失控及意外损失的情况发生。2007年,武汉海事法院无超审限案件。认真落实司法为民措施,严格执行国务院《诉讼费交纳办法》,严禁收取《诉讼费交纳办法》规定以外的任何费用,同时对经济确有困难的当事人实施司法救助,解决好经济困难的群众“打官司难”问题。武汉海事法院依法减、免、缓交诉讼费案件16件,减免缓交金额113,737元。其中免交诉讼费案件1件,免交金额24,120元;缓交诉讼费案件15件,缓交金额89,617元。对当事人经济困难或出行不便的,实行巡回审判,就近开庭审理,方便当事人诉讼,减轻当事人负担。同时积极申报设立以政府投入为主的司法救助基金,对100余名急需得到救助的“特困”执行人申请给予了救济。

·严格办案程序,促进公正司法 武汉海事法院严格执行办案规范,抓程序公正,促实体公正,审判质量进一步提高。2007年武汉海事法院上诉案件二审退卷69件,维持27件(含管辖10件),调解23件,改判8件,发回重审1件(系二审出现新证据),撤诉8件,移送1件,其他1件。二审改发率为15.2%,较上年同期下降1个百分点。为做到实体与程序并重,院领导及庭长层层把关,从证据审查、事实认定等环节入手,严防差错发生。2007年,武汉海事法院未发生程序错误导致重审的案件。

·狠抓审判效率,保证高效司法 通过层层抓落实,切实解决案件审判效率问题。2007年审判案件的实际审理期间(包括处理管辖权争议、鉴定、中止、公告、请示期间)为89天,较2006年的105天缩短16天。其中国内案件为84天,较2006年的95天缩短11天,涉外案件为141天,较2006年的176天缩短35天。通过狠抓审限管理,未发现超审限案件。海商庭全年立案141件,上年结转20件,总计161件,结案145件,结案率达90.06%。目前跨年度案件数量24件,多数是涉外案件,与往年基本持平。适用简易程序,大力推行独任审判。2007年审结海事海商诉讼案件398件,其中以简易程序审结案件190件,占审理案件数的47.70%。在各庭审判人员工作、学习任务都较繁重的情况下,尽量采用简易程序,便于案件得以及时开庭审理,尽快结案。对复杂、疑难案件需适用普通程序审理的,及时转为普通程序审理,避免拖延审限。简易程序案件文书仍由庭长审核签发,在事实查明和法律适用方面严格把关,保证案件质量。

·加强执行工作,努力化解执行难 2007年,武汉海事法院改革执行模式,提高执行效率。为了解决法院“执行难”问题,院长胡兆满同志亲自分管执行工作,着力进行执行机制改革。一是针对法院管辖区域线长点多的特点,尝试由南通、常熟、宜昌法庭办理由本庭审结的被执行人属于其辖区的执行案件,同时在重庆、常熟法庭派驻执行人员驻法庭办案。从近一年的试行效果来看,这种模式增强了案件执行的连续性,执行效率明显提高。特别是涉及长江上游的执行案件,结案数明显增多,缓解了长江上游执行案件的压力。二是进一步理顺执行局与执行庭的关系,执行局内组成一个合议庭,行使执行中有关争议的听证、裁决权;负责组织协调对复杂、疑难案件的集中执行;加强与沿江有关部门的联系和兄弟法院之间的联系与配合等。执行庭专门负责行使执行案件的实施权。三是法警独立行使执行案件的实施权。院党组经过反复研究,从去年11月份开始,决定将法警纳入执行队伍,直接行使执行案件的实施权。这一做法充分调动了法警的积极性,有力地缓解了执行人员不足的矛盾。

·加大执行力度,最大限度保护当事人合法权利　武汉海事法院集中开展强制执行,依法惩戒拒不执行生效裁判者,提高了执行到位率。2007年执行扣押了8艘船舶,组织拍卖了"黄鹤号"轮,及时执结了涉及该轮的执行案件105件。执行局组织较大规模的执行行动6次,与地方公安、法院联系协助执行5次,组织研究疑难案件和问题17次,基本保证了执行工作顺利进行。同时,执行人员常年在执行一线,全身心投入到执行工作,特别是派驻在法庭的执行人员为执行工作取得较好成绩,付出了辛勤汗水。

·完善执行案件信息管理系统,促进执行威慑机制建设　为建立从根本上解决"执行难"问题的执行威慑机制,执行局成立了执行案件信息管理运行办公室,将执行案件从立案到终结的每一个步骤、程序、措施都及时录入执行案件信息管理系统的数据库,有利于科学决策和对执行工作的指导监督,促进了执行工作的公开公正,提高了执行工作的公信力。目前,执行案件入网率达到99.50%,得到了省法院的充分肯定。同时,积极参与国家执行威慑机制建设。法院未执结案件均输入全国法院执行信息管理系统。该系统启动后,拖延执行者将在贷款、投资、出境、高消费等方面受限,有利于法院执行工作的开展。全年执行立案301件,较2006年上升10.66%。立案标的额10351.9411万元,较2006年下降30.16%。结案298件,结案率较2006年上升17.32%。结案标的总额7661.84万元,较2006年下降63.45%。结案方式:强制140件,终结118件,和解30件,自动履行6件,其他4件。执结率73.76%,较2006年提高2.62个百分点。执行和解及当事人自动履行36件,执行和解率12.08%。通过将法警纳入执行员、执行员派驻法庭、集中优势力量统一执行等方式,加强执行力量,提高执行效率,进一步化解了"执行难"。

·继续抓好涉外审判,平等保护中外当事人的合法权益　2007年,武汉海事法院受理涉外71件、涉港澳7件、涉台案件3件,总数较2006年减少30件,下降27%。审结涉外62件、涉港澳台12件,总数较2006年减少80件,下降56.34%。扣押外轮7艘。总体上涉外案件的事实认定、法律适用、裁判文书等方面质量较高,无二审改判、发回重审情况。外国当事人主动选择到武汉海事法院保全、诉讼的案件也愈来愈多,涉外案件和解率也呈上升趋势。如南通法庭受理新加坡·屈高酷海上油漆(新加坡)有限公司申请诉前保全印度·萨尔高卡矿业有限公司所属"日升"(SUNRISE)轮一案;常熟法庭受理的德国格宁保险公司诉丹沙中福货运有限公司、丹马运输股份有限公司保险代位求偿纠纷一案;南京法庭受理马来西亚籍"卡莉莎"(CLARISSA)轮保全一案,法庭与海事、公安、边防等部门密切配合,高效、公正地执法,及时妥善解决了当事人之间的纠纷,平等保护了中外当事人的合法权益,树立了中国法院和法官的良好形象。

·大力开展案件评查检查,加强审判监督与指导　2007年下半年,由立案监督庭、办公室、研究室、监察室的同志组成案件质量评查小组,对2007年上半年审执结的案件和二审退卷案件进行了质量评查。范围涉及案卷归档,裁判文书制作,管辖及法律适用,案件审批程序等方面。通过评查,总体上案件质量处于较高水平,审判程序规范,保全措施得当,事实认定清楚,法律适用准确,裁判文书条理清晰,论据论理充分,未发现重大案件质量问题,特别是涉外案件质量较好。对存在的问题,逐一作了列举,反馈到了个人,及时进行了改正和补救。院领导和各业务庭负责人都切实抓了监督落实,最高法院民四庭案件检查组到武汉海事法院检查、调研涉外案件情况,肯定了武汉海事法院取得的成绩,也指出了不足。

与此同时,武汉海事法院进一步转变思想、改进工作机制和作风,加强诉讼调解,促进社会和谐。2007年,武汉海事法院审结诉讼案件398件,其中调解结案的113件,和解撤诉的106件,调解、撤诉率55.03%。执结案件298件,和解方式结案31件。特别是针对当事人矛盾突出,有严重影响社会不稳定因素的案件,加大了调解力度,尽量促使当事人达成调解或者和解撤诉,避免矛盾进一步激化,维护社会稳定。全年诉讼调解率超过50%的有:海事庭、海商庭、南通法庭、南京法庭、常熟法庭、宜昌法庭。

武汉海事法院2006年与2007年立结案件情况对比表详见表12-1。

【2006年与2007年立结案件情况对比表】 （表12-1）

	案件类型	2006年	2007年
立案情况	海事案件	22	38
	海商案件	585	419
	海事特别程序案件	243	275
	执行案件	272	301
	其他海事海商纠纷案件	0	2
结案情况	海事海商案件	736	398
	执行案件	254	298
	海事特别程序案件	243	280

【管理工作】

·最高人民法院检查组莅临武汉海事法院视察指导工作 2007年9月11-13日，由最高人民法院民四庭王彦君副庭长、王淑梅审判长、胡芳法官和山东高级人民法院民四庭庭长组成的检查组一行，在3天时间里通过走访派出法庭、观摩庭审、评查案件，于9月14日在武汉海事法院召开总结座谈会。会上，副院长饶中享对近几年加强规范化管理、落实专属管辖等突出问题作了专题汇报，同时对法院在审判实践中广泛涉及的船员人身伤害、海事赔偿责任限制、人民陪审员的选任和船舶优先权的适用等问题进行了详细介绍。检查组一行抽查了派出法庭办理的33件案件，案件性质涉及船舶建造合同纠纷、船舶打捞合同纠纷等，其中涉外案件17件。王淑梅审判长充分肯定了武汉海事法院的审判工作成绩，认为与去年相比较，武汉海事法院今年的案件质量又有进一步提高。裁判文书中的错别字明显减少，文书用语进一步规范。涉外案件中，对管辖和法律适用阐述得很清楚，是涉外裁判文书的亮点。对于案情简单、标的额小的案件也做到了“案小质量高”，体现了法官们在案件审理过程中高度的责任心和事业心。同时，王审判长也指出了存在的问题和不足。副庭长王彦君要求武汉海事法院充分发挥“长臂管辖”的有利条件，坚持专属管辖原则，提高案件质量，严把裁判文书出口关，增强文书说理性。针对出现的新问题和新情况，不断加强调研力度，充分发挥海事审判职能。同时，要加强法庭审判人员的配备，充分发挥老法官的传帮带作用，“老法官带新法官”，争取审判工作一年上一个台阶。胡兆满院长表示，武汉海事法院一定会把检查组提出的问题落实到人，认真改进。下一步主要做好以下几个方面的工作：(1)搞好法庭建设，争取今年春节前把宜昌法庭、南通法庭建设好；(2)年内解决院本部和派出法庭同网办公和远程签章问题，提高办案质量和效率；(3)加强书记员培训工作，逐步建立稳定的书记员队伍，提高书记员素质；(4)在加强法官队伍建设的同时，摸索出一套与法院审判工作相适应的的人民陪审员制度。

·积极搭建“服务平台”，强化服务意识 武汉海事法院按照湖北省高院的统一规划和湖北省委、省政府关于电子政务和政法系统信息化建设的要求，克服经费紧张的困难，因地制宜，积极进行网络工作平台的搭建。2007年院本部审判管理和自动化办公软件系统建设基本完工并投入使用，为实现全省法院审判和办公信息的传输和共享，在网络办公平台基础上的视频、音频和数据等多种业务应用奠定了物质和技术基础。同时完成了大法庭建筑声学改造和科技法庭建设，以及法院的门户网站建设。另外派出法庭弱电建设已正式展开。南京、南通、宜昌、重庆法庭已经和本部联通，常熟法庭也即将联通。

湖北省高级人民法院验收武汉海事法院网络技术工作。

·注重审判调研,促进审判执行工作　武汉海事法院党组重视调研工作,分管院领导饶中享副院长亲自部署、督促调研,取得良好成绩。调研部门和审判人员积极努力,大力开展调查研究,不断提高调研水平,促进审判执行工作。全年向全省法院系统第十七届学术研讨会组织、编排和报送论文6篇,并有重点、有针对性地提出修改建议,其中张瑜同志撰写的《论一部终局判决》一文被选送到最高法院参加评比,并被评为全国法院系统优秀论文一等奖,被省法院评为特等奖,为湖北法院、海事法院争得了荣誉。其他3篇选送的论文被省法院评为优秀奖。因论文组织工作突出,武汉海事法院被评为"全省法院论文组织先进单位"。龚文静参加全国海事法院海事审判研讨会,并在大会宣读论文。2007年武汉海事法院还完成了7个方面相关司法解释(征求意见稿)意见和裁判文书的收集、整理和反馈工作。特别是武汉海事法院协助湖北省委政策研究室开展的"武汉航运中心,东山再起待何时"的调研工作,法院领导和调研部门同志多次到长江流域相关单位进行实地调研,形成了书面调研报告,引起中央政治局委员、时任湖北省委书记俞正声、省委副书记杨松等领导同志的高度重视,专门听取了武汉海事法院专题汇报,并由有关部门解决了法院正副院长的职级、编制等问题。在2006年工作的基础上,进一步组织完成了《<关于长江流域水污染纠纷适用法律若干问题的意见>立法建议讨论稿》,并提交相关单位讨论修改意见。2007年武汉海事法院向《人民法院案例选》报送案例5篇,第1期已采用2篇,另向最高人民法院民四庭报送以前的案例22篇。

·学习贯彻十七大精神　武汉海事法院党组把学习十七大作为一项重要的政治任务来抓。全院组织收看了十七大召开的实况转播,要求各部门干警以集中学习与自学相结合,深入学习报告精神,撰写学习体会;邀请湖北省委党校教授来法院作专题辅导报告,4位党组成员结合法院工作实际,在全院干警大会上分4个专题谈学习体会,中心学习小组集中学习讨论十七大精神等,帮助干警理解十七大报告的重要意义和精神实质。同时法院党组重视十七大精神的贯彻落实,以科学发展观统领法院工作,全力围绕稳定抓落实,围绕宗旨抓服务,认真践行司法为民措施,取得显著成果。通过学习,全院干警进一步坚定了政治方向,强化了大局意识和宗旨意识,自觉增强了政治观念和司法为民服务理念,为全院工作的顺利开展提供了思想保证。

全体干警收看党的十七大开幕式现场直播。

·认真落实党风廉政责任制,狠抓队伍廉政建设　2007年,武汉海事法院认真贯彻落实中纪委七次全会、省纪委十一次全会和全国法院纪检监察工作会议精神,根据《建立健全教育、制度、监督并重的惩治和预防腐败体系实施纲要》,围绕法院工作主题,结合海事审判工作实际,把教育放在首位,狠抓党风廉政建设责任制的贯彻落实,着力提高干警廉洁自律意识,全力推进武汉海事法院反腐倡廉工作的深入开展。

·案例分析·

【原告江苏海外集团海通国际贸易有限公司诉被告宝威仓储(上海)有限公司、被告江苏江阴港港口集团股份有限公司、第三人东方国际集团上海市对外贸易有限公司港口货物提货纠纷案】

·要点提示

提货单的法律属性与提单和票据本质不同,持有人提货的权利与货物所有权在一定条件下是可以分开的。提货单的转让体现的是普通债权的转让,受让人不能根据提单或票据的法律属性对提货单下货物权利人进行抗辩。

·案例索引

一审:武汉海事法院(2005)武海法商字第538号民事判决书(2006年4月17日)

二审:湖北省高级人民法院(2006)鄂民四终字第46号民事判决书(2007年3月28日)

·案情

原告江苏海外集团海通国际贸易有限公司(以下简称海通公司)

被告宝威仓储(上海)有限公司(以下简称宝威公司)

被告江苏江阴港港口集团股份有限公司(以下简称港口公司)

第三人东方国际集团上海市对外贸易有限公司(以下简称东方公司)

2005 年 4 月 20 日,海通公司与宝威公司签订《代理进口委托协议》约定,宝威公司委托海通公司代理进口球团矿;协议签订之日起 2 个工作日内,宝威公司须付给海通公司合同金额的 15% 作为履约保证金,该保证金在宝威公司向海通公司最后一次付清货款时冲抵;货物抵达目的地后,宝威公司按付多少款(以款到海通公司指定账户为准)提多少货的原则提货,未支付货款的货物所有权归海通公司,且宝威公司必须在银行规定的对外付汇日期前 7 个工作日内付清全部货款。当日,海通公司与香港宝威物料供应有限公司(简称香港宝威公司)签订销售合同约定:海通公司向香港宝威公司购买原产地为乌克兰的球团矿,单价为 156.5 美元/吨, CIF TO 中国江阴,总数量为 67400MT(+/-10%)。该批货物实际重量为 73863 吨,由"AGIOS RAPHAEL"轮从乌克兰运抵中国江阴港。4 月 21 日、27 日,宝威公司向海通公司支付履约保证金共计 1310 万元。5 月 8 日,海通公司、港口公司及宝威公司三方签订协议书(以下简称海通公司等三方协议),约定海通公司将进口乌克兰产 74000 吨球团矿委托港口公司负责卸货/仓储/短驳运输;港口公司凭海通公司书面放货委托通知书发货给宝威公司。协议签订后,由"AGIOS RAPHAEL"轮上卸下的上述 73863 吨球团矿全部存放于港口公司仓库内。8 月 23 日,海通公司与宝威公司签订《补充协议》约定海通公司将其存放在港口公司的 2 万吨球团矿的提货单签发给宝威公司;宝威公司必须在本《补充协议》签订后 5 个工作日内将 2 万吨球团矿的货款 2535.3 万元支付给海通公司;海通公司向宝威公司签发的 2 万吨球团矿的提货单在宝威公司支付该笔货款之前,并不意味海通公司放弃货物的所有权;若宝威公司未能在本协议签订后 5 个工作日内支付 2 万吨球团矿货款,海通公司有权收回 2 万吨球团矿的提货单。24 日,海通公司向宝威公司签发了编号为 JSHT/BL-100701 的进口货物提货单(以下简称 100701 提货单)。此提货单签发后宝威公司至今未向海通公司支付货款。

2005 年 3 月 7 日,东方公司与宝威贸易公司签订《委托代理进口合同》约定:宝威贸易公司委托东方公司进口 5 万吨球团矿,总价款为 800 万美元;宝威贸易公司在进口合同对外付款日 3 个工作日内支付全部货款及代理手续费,逾期付款应承担每日万分之五罚息。合同签订以后,东方公司按约定向外方进口了 49912 吨球团矿,并对外支付了货款。但宝威贸易公司未向东方公司支付货款。8 月 24 日,宝威公司向港口公司出具介绍信将 2 万吨球团矿的货权转交给宝威贸易公司,并告知港口公司请凭宝威贸易公司的指令发货。次日,东方公司、宝威贸易公司和港口公司三方签订一份《协议》(简称东方公司等三方协议)约定:宝威贸易公司同意将存放在港口公司的 2 万吨球团矿之货权抵押给东方公司;港口公司同意凭东方公司的书面指令发货;考虑到球团矿价格在回升,如在抵押期间东方公司转卖货物,其价格需得到宝威贸易公司的书面确认。

2005 年 9 月 29 日,海通公司向一审法院提出诉前财产保全申请,请求查封了堆存于港口公司仓库内的"AGIOS RAPHAEL"轮提单(编号 1-7)项下的 2 万吨球团矿(即 100701 提货单项下货物)。

原告海通公司诉称:海通公司与宝威公司签订《代理进口委托协议》约定,宝威公司委托海通公司代理进口球团矿。海通公司进口的 73863 吨球团矿全部卸载于港口公司仓库内。海通公司、宝威公司、港口公司三方约定港口公司凭海通公司的书面放货通知书放货给宝威公司。海通公司依约将 2 万吨球团矿的提货单签发给宝威公司,但宝威公司未依约向海通公司支付货款,并拒绝返还提货单。港口公司亦拒绝向海通公司交付该提货单项下的货物。为此,诉请判令宝威公司返还提货单或者判令该提货单无效;判令港口公司将提货单项下的货物交付给海通公司;由宝威公司承担本案诉讼费及诉前财产保全费。

被告宝威公司未予答辩。

被告港口公司辩称:海通公司通知港口公司将 2 万吨球团矿发给宝威公司。宝威公司出具介绍信明确其存放于港口的球团矿债权已转交给宝威贸易公司。宝威贸易公司与东方公司、港口公司约定宝威贸易公司同意将此球团矿的货权抵押给东方公司。因此,海通公司要求交付货物已不是其所有的货物,应驳回海通公司的诉讼请求。

第三人东方公司诉称：东方公司与宝威贸易公司签订合同约定宝威贸易公司委托东方公司代理进口50000吨球团矿。宝威贸易公司未能按约付款，同意以其合法所有的提货单项下货物提供物权担保，赋予东方公司前述提货单项下货物的优先受偿权。海通公司已就系争提货单提起诉讼。鉴于该案审理涉及东方公司自身利益，申请以有独立请求权的第三人身份参加诉讼。请求确认编号为JSHT/BL－100701的提货单合法有效；请求确认该提货单项下货物设立的担保物权合法、有效。

·审判

武汉海事法院认为：该案系港口货物提货纠纷。海通公司与宝威公司就2万吨球团矿所有权的约定符合我国《民法通则》第七十二条关于财产所有权转移的规定，该案进口委托协议及其补充协议合法有效。海通公司以宝威公司支付货款为条件将2万吨球团矿的提货单签发给宝威公司，但宝威公司未按约定支付货款已构成违约，故货物所有权不发生转移，海通公司仍依法有权保留该批货物的所有权，并有权收回提货单。

按照海通公司等三方协议的约定，港口公司凭海通公司的书面放货通知书即提货单发货。虽然海通公司将已签发的提货单交付给宝威公司，宝威公司又以介绍信的形式将货权转交给宝威贸易公司，但因宝威公司并不拥有2万吨球团矿的所有权，因此宝威公司将货权转让给宝威贸易公司属于无权处分，该转让行为无效，该货物所有权仍属于海通公司。港口公司和东方公司主张2万吨球团矿的所有权已经转移给宝威贸易公司的理由不能成立。

宝威贸易公司在不拥有2万吨球团矿所有权的情况下，以2万吨球团矿设立抵押，其行为不符合《中华人民共和国担保法》关于抵押的规定，亦属无权处分行为，故东方公司、港口公司、宝威贸易公司三方签订的抵押协议无效。东方公司主张其为善意第三人，其诉请要求确认100701提货单合法有效以及100701提货单项下货物设立的担保物权合法有效于法无据，本院不予支持。

根据《中华人民共和国民法通则》第七十一条、第七十二条，《中华人民共和国合同法》第八条，《中华人民共和国担保法》第三十四条，《中华人民共和国民事诉讼法》第一百二十八条，第一百三十条的规定判决：一、被告宝威公司于本判决生效之日起十日内将100701提货单返还给原告海通公司。如宝威公司在上述期限内不予返还，则100701提货单无效；二、被告港口公司于本判决之日起十日内将100701提货单项下（价值2535.3万元）的2万吨球团矿交付给原告海通公司；三、驳回第三人东方公司要求确认其对100701提货单合法有效以及以提货单项下货物设立的担保物权合法有效的诉讼请求。

一审宣判后，东方公司不服，提出上诉称：海通公司提出的诉讼请求第一项为："请求法院判令第一被告返还提货单或者判令该提货单无效。"在同一诉讼中是不可能对两者进行决断的。一审法院对其诉讼请求全面支持违反法律程序；100701提货单是由海运提单换取而来，具有货权凭证的功能，是本案唯一可以提取货物的物权凭证，交付提货单当然是转移货物所有权的行为。海通公司已收取宝威公司1000多万元的货款，所请求的是与宝威公司之间的欠款问题，只能向宝威公司行使相应的债权，不能对抗上诉人拥有的担保物权；海通公司在补充协议中关于所有权约定保留是无效的约定，实际上是自身疏忽造成货权失控的，不能对抗依法取得权利的第三人；东方公司等三方协议是一份质押担保合同。作为动产质押合同不以拥有货物所有权而是以实际占有作为生效要件，应该适用《担保法》有关质押担保的规定进行判决认定。一审法院在货物所有权已经多次合法转移的情况下，判定第一次的转移没有生效，并宣布其后所有转移也相应无效，没有事实和法律依据。请求依法撤销原判，改判确认100701提货单合法有效；确认上诉人、港口公司以及案外人宝威贸易公司之间就100701提货单项下货物设立的担保物权合法有效。

二审另查明，100701提货单及项下2万吨球团矿至今仍存放在港口公司。

湖北省高级人民法院认为：

一、海通公司的第一项请求并非同时主张给付之诉和确认之诉，而是主张其中一项。一审判决主文第一项内容支持了原审原告两项诉求，实际超出了一审原告诉讼请求的范围。100701提货单已不在宝威公司而在港口公司，判决宝威公司返还提货单与事实不符，无法执行。海通公司签发100701提货单合法有效。一审支持海通公司第一项诉讼请求不当。

二、宝威贸易公司正是以经宝威公司在其介绍信上批注转让100701提货单项下的货物与东方公司订立抵押协议的。宝威公司一方面在收到100701提货单的当日即在其介绍信上作出批注,另一方面,不支付依约应支付的涉案货物款项。由此足以证明宝威公司的行为属恶意的无权处分。因此,东方公司要求确认宝威公司在其介绍信上的批注有效的理由不成立。

三、海通公司签发了2万吨球团矿提货单是海通公司根据补充协议的约定签发,与海运提单没有任何关系。由于宝威公司未付款,没有取得提货单项下货物的所有权。因此,100701提货单只是宝威公司向港口公司提取货物以及港口公司按海通公司授权放货给宝威公司的提、放货凭证,不具有物权凭证的功能。《中华人民共和国合同法》第一百三十四条规定,"当事人可以在买卖合同中约定买受人未履行支付价款或者其他义务的,标的物的所有权属于出卖人。"宝威公司未按约定支付货款,已构成违约,当然不能取得该提货单项下货物的所有权。东方公司关于交付提货单即转移货物所有权的上诉理由不成立。

四、宝威公司和宝威贸易公司之间仅由宝威公司单方在交给港口公司的介绍信上批注,将2万吨球团矿的货权转交给宝威贸易公司。宝威公司经一审法院传票传唤无正当理由拒不到庭应诉,原判送达后宝威公司又不上诉,应视为宝威公司处分了其诉讼权利和实体权利,接受了一审判决确认的事实和判决结果。而且,没有证据表明宝威贸易公司支付了涉案货物的合理价款。故无论相对于海通公司等三方协议,还是相对于海通公司与宝威公司的《补充协议》,宝威贸易公司皆非善意第三人。100701提货单项下的2万吨货物所有权并未转移至宝威贸易公司,仍属海通公司所有。

五、东方公司等三方合同不止一处写明是"抵押",而无一处提及质押,东方公司上诉主张质押没有事实依据。"抵押"是三方当事人的合意,另两方当事人均不上诉,应视为认可一审判决,东方公司一方要求改变协议的性质没有合同依据。宝威贸易公司因未支付涉案货物的价款而非善意第三人,故不能善意取得涉案提货单项下货物所有权,依法无权将本案所涉的2万吨球团矿作抵押。因此,一审关于宝威贸易公司以2万吨球团矿设立抵押属无权处分行为,东方公司等三方签订的抵押协议无效的认定无误。一审支持海通公司关于返还货物请求的判决亦无不当。

六、港口公司放货的依据是海通公司签发的提货单和宝威公司的介绍信,放货对象是宝威公司。本案证据证明,补充协议是海通公司与宝威公司双方签订,港口公司并未参加,现无证据证明港口公司对补充协议是知情的,也无证据证明港口公司对宝威公司未支付货款是知情的。港口公司依宝威公司持有的提货单和介绍信发货给宝威公司,其行为符合合同约定。但是,现在100701提货单及其项下货物至今仍在港口公司。海通公司亦仍为涉案货物的所有权人,依法有权对其合法所有的货物进行处分,包括直接向港口公司主张提货,行使货物占有权。原判支持了海通公司的这一诉讼请求。港口公司没有提出上诉,视为对一审判决的认可。一审这一判决并无不当。

根据《中华人民共和国民事诉讼法》第一百三十条和第一百五十三条第一款第(一)项和第(二)项的规定,判决:1. 维持一审民事判决主文第二、三项;2. 撤销一审民事判决第一项;3. 驳回江苏海外集团海通国际贸易有限公司其他诉讼请求;4. 驳回东方国际集团上海市对外贸易有限公司的上诉请求。

·评析

该案涉及的当事人和法律问题较多,但核心问题是围绕提货单的属性及相关法律问题展开的,其中有些问题法律已有明文规定,二审法院也论述得比较清楚,不必赘述。下面对提货单与提单和票据法律特征和属性作简要对比分析:

一般而言,提货单是指卖方或承运人出具给买方或提货人,用于到指定的货物保管人处提货的单据。提货单、提单、票据,因同属于以一定格式,证明某种法律事实,持有人用于主张某种权利的文件,三者之间存在相似之处,以致人们容易混淆它们的法律属性,特别是提单、提货单仅一字之差,航运实务中通常称提货单为小提单,权利均指向货物,更易混淆。

一、提单作为物权凭证的基本法律特征。

最典型的物权凭证是提单。其主要法律特征为:(1)单据代表货物,转让单据即转让货物所有权,单据与权利是不可分的;(2)受让人持有单据即享有对货物实施占有的权利,即具有排他性;

(3)单据的物权效力和转让方式经法律确认或贸易、航运习惯确认,即物权法定。提单为物权凭证已为美、英等许多国家的法律所确认。理论界对我国海商法是否已明文规定提单为物权凭证虽有争议,但目前多倾向于是物权凭证。最高人民法院和各海事法院海事司法实践中案例也倾向于认为提单为物权凭证。

二、作为债权凭证票据的基本法律特征。

最典型的债权凭证是汇票、支票等票据。其主要法律特征为:(1)单据代表特定的债权,这种权利通常表现为付款请求权;(2)持有单据即享有单据上记载的权利,持有人可据此请求债务人(或付款义务人)为单据上所载义务,从而实现其享有经济上的权利;(3)债权凭证都具有可转让性,不记名的单据经交付即转让,记名的单据须经背书转让,转让方式是法定的。

三、提货单与提单和票据在法律属性方面的区别。

1.提货单所记载的权利与提单和票据不同。提单是在货物交付承运人、卖方或托运人已经丧失对货物实际占有的情况下由承运人或其代理人签发的单据。提单代表的是海上运输中货物所有权,合法持有提单即意味着拥有货物所有权,并行使因所有权而产生的其他支配权利。海运贸易中,提货单通常是货物到港后以提单换取后到货物保管人处提货的一种业务操作凭证,并不能代替提单,仅凭提单也可提取货物。提货单上所记载的货物,一般由承运人在目的港的代理人(船代)控制,港口经营人保管,货物所有权的权属取决于提单持有人。提货单也不同于票据,票据代表的是付款请求权,而提货单代表的则是提货请求权,权利指向不同。

提货的权利可与货物所有权发生分离。宝威公司虽持有海通公司(卖方)签发的提货单,有到港口公司提货的权利,但其与海通公司约定了取得提货单上载明货物所有权的前提是付清余款。宝威公司因没按合同约定履行付款义务,海通公司并未将货物所有权转让给宝威公司,可依约收回提货单。

2.提货单与提单和票据流转的依据不同。提单和票据类型多样,都可以依法在市场上自由流通转让。海商法和票据法等法规,甚至是有关国际公约对其形式和内容有明文规定,单据的制作、签发和流转方式须按规定或惯例进行。法律对提货单的内容和流转方式则没有作出明确规定,主要根据当事人约定制作和流转,因此,提货单不具有提单和票据的流转功能。

海通公司向宝威公司签发的提货单并非法律规定的形式,内容和流转方式完全依赖于双方的约定,宝威公司因没有按约定支付货款,合同约定的条件不具备,并不能将此提货单自由流转到宝威贸易公司。

3.提货单与提单和票据灭失后的处理方式不同。提单或票据丢失或灭失后,必须通过我国民事诉讼法或海事诉讼特别程序法规定的公示催告程序后才能除权,否则不能再重新获得单据上记载的权利。提货单则不同,提货单即使丢失或灭失,只要权利人能够提供其他相关证据(特别是合同)证明其享有权利,仍然能够直接实现其权利,没有法定的除权程序。

宝威公司没有支付约定的货款,提货单持有人与货物权利人分离,海通公司可根据与宝威公司的补充协议等证据证明其对提货单上载明的货物享有所有权,可直接实现其权利,不必经过公示催告程序。

4.提货单与提单和票据具有的可转让性不同。由于提单和票据与权利紧密结合,不可分离,单据即视为权利,因此转让单据即视为转让权利。根据我国海商法规定,指示提单可背书转让,不记名提单可交付转让;而我国票据法也规定,记名票据可背书转让,不记名票据可交付转让。这种转让无须通知相关义务人。提货单仅仅是证明合同关系与普通债权存在的证据之一,它与其记载的权利是可分的。普通债权的债务人转让合同权利应债权人同意,否则对债权人不发生法律效力。

海通公司将提货单签发给宝威公司是履行补充协议,宝威公司没有按约定履行提货单下货款的付款义务,是债务人,其转让提货单没取得债权人海通公司的同意,对海通公司不发生法律效力。

5.提货单不具备提单和票据的不可抗辩性。提单或票据在依法转让后,相关义务人不享有对单据善意持有人的抗辩权,货物占有人在见到符合法律规定的提单时必须无条件将货物交付提单持有人,票据付款人在见到符合法律规定的票据时亦须无条件向持票人支付票据上记载的金额。提货单是普通债权凭证,当债权转让时,债权人对于出让人享有的抗辩权可以向受让人主张。因此提货单不具有提单和票据所特有的不可抗辩性。

提货单出让人宝威公司在履行合同时存在未付提货单下货款的瑕疵,海通公司对出让人宝威公司抗辩的权利可向受让人主张。

综上,提货单是海通公司签发给宝威公司到货物保管人港口公司处的提货凭证。海通公司签发和交付提货单并不意味着货物所有权当然转移,仅仅意味着宝威公司享有在一定条件下请求港口公司交付货物的权利。物权的适用范围是严格法定的,具有独特的法律特征和属性。东方公司主张按提单的性质来推断提货单的法律性质没有法律依据。

二审法院在裁判技巧方面对一审法院的判决部分进行了改判,但对提货单法律属性的认识是一致的,因而形成了前述判决结论。

【原告舜天正宏有限公司诉被告江苏开元国际集团畜产进出口股份有限公司多式联运代理合同纠纷案】

·要点提示

主体和行为混同是公司与股东人格混同的主要特点,股东履行了与公司的共同义务,公司有依约追偿的主体资格。运输代理与外贸是两个不同的法律关系,托运人在合同中自主设定义务的后果自行承担。

·案例索引

一审:武汉海事法院(2006)武海法商第247号民事判决书(2006年12月20日)

二审:湖北省高级人民法院(2007)鄂高法民立上字第049号民事裁定书(2007年5月15日)

·案情

原告舜天正宏有限公司(以下简称正宏公司)。

被告江苏开元国际集团畜产进出口股份有限公司(以下简称开元公司)。

2001年6月1日,原告正宏公司与江苏省畜产进出口集团股份有限公司(开元公司前身)、中国外运江苏公司所属的陆运分公司(下称外运公司)共同签订多式联运合同。原告正宏公司为合同托运人,外运公司为合同承运人,被告开元公司为运输代理人。合同约定了路线、运价等条款。合同约定,货物出运后,原告正宏公司委托被告开元公司在30天内将运费付至承运人外运公司账户上。被告开元公司若未按约定支付费用,外运公司有权向正宏公司直接索取运费,进而留置提单或者货物,并依法处理货物以补偿损失。7月25日,美国休斯顿公司以被告开元公司为受益人开具有效期至2001年10月1日的即期可转让信用证,信用证编号为ILCSPFI00428。信用证记载的价格条款为CFR GARDERA,加利福尼亚。总价为176077.98美元。11月19日,中国银行江苏省分行通知被告开元公司,编号为ILCSPFI00428信用证的议付金额为105626.02美元。该行已将94795.77美元汇入开元公司账户。

外运公司因未收到多式联运合同项下的运费,遂于2001年12月28日将原告正宏公司和被告开元公司诉至武汉海事法院。审理过程中,该院追加陈东作为被告参加诉讼。2003年9月2日,作出(2002)武海法宁商字第6号民事判决。陈东不服该判决,提起上诉。2004年12月23日,湖北高院作出(2004)鄂民四终字第7号民事判决,认为陈东和原告正宏公司人格混同,应由正宏公司和陈东共同承担作为托运人的民事责任。判决由正宏公司和陈东向外运公司支付下欠运费和空箱调运费、集装箱超期使用费共计68525.565美元并承担违约金。对于7只滞留在阿拉木图的集装箱,判决送达15日内不归还的,按每只4000美元赔偿。该判决生效后,外运公司向武汉海事院申请对正宏公司和陈东强制执行。在执行中达成和解,陈东向外运公司支付了804052.52元。2006年6月15日,该院裁定终结该案的执行。

因被告开元公司与案外人常州三木装饰织造有限公司(下称三木公司)就定作涉案运输的货物存在欠款纠纷,三木公司向常州市中级人民法院起诉开元公司,请求判令开元公司给付定作物价款2231840元。开元公司辩称,与三木公司形成法律关系的是正宏公司,其系代正宏公司办理出口事宜。经审理,常州市中级人民法院作出一审判决。开元公司不服判决提起上诉。江苏高院二审以漏列主体为由裁定将该案发回重审。因漏列的主体正宏公司系一家在香港注册的公司,常州市中级人民法院遂依当时的有关规定将案件移送至南京中院审理。该院受理后,依法追加正宏公司作为该案第三人参加诉讼。庭审时,正宏公司当庭做出如下陈述:开元公司辩称的关于其系我司代理商的说法无任何证据可以证明,本案纠纷所涉加工承揽合同签订、履行于三木公司和开元公司之间,与我司无涉,我司与开元公司没有代理协议。南京中院作出的一审判决认定,三木公司与开元公司签订订货合同,约定了产品名称、数量、价格、交货期限等事项。三木公司交付货物后,均由开元公司报关出口。开元公司向三木公司先后支付货款 4565222.32 元、代付运费 18981 元。后三木公司批量制作了枕头,并由开元公司报关出口,开元公司汇给三木公司 60 万元。南京中院认定,涉案合同主体为三木公司与开元公司,现有证据不能认定开元公司与正宏公司之间存在外贸(出口)代理合同法律关系。判决由开元公司给付三木公司定作款 2231840 元及利息。南京中院一审判决后,开元公司不服提起上诉。江苏高院审理过程中,开元公司与三木公司达成调解协议,由开元公司给付三木公司 1850000 元,其他关系另行处理。

正宏公司系南京居民陈东与香港居民陈炳雄以港币 10000 元在香港登记设立。陈东占全部股份的 99.99%,陈炳雄占 0.01%。2001 年 6 月 4 日,江苏省对外贸易经济合作厅批复同意江苏省畜产进出口集团股份有限公司更名为江苏开元国际集团畜产进出口股份有限公司。

原告正宏公司诉称:2001 年 6 月 1 日,原、被告及外运公司签订了一份多式联运合同,合同约定原告委托外运公司运货至美国休斯顿公司。正宏公司委托开元公司在 30 天内将运费付至外运公司账户。货物出运后,原告依据合同约定向被告给付了运费,被告却违反合同约定,未将该款项给付外运公司,致使外运公司将原告诉至法院。法院判决该款项由陈东个人承担责任,给原告及原告董事造成巨大损失。特诉请法院判令被告给付运费和其他费用 68525.565 美元及其利息,并承担本案诉讼费用。在诉讼过程中,原告正宏公司向法院申请增加诉讼请求,即增加集装箱损失 28000 美元、诉讼费损失人民币(以下如无指明,均为人民币)37099 元。庭审中,被告同意对原告增加的诉讼请求一并审理,并不要求另行给予答辩和举证期间,一审法院决定当庭合并审理。

被告开元公司辩称:1. 在原告证明自己损失的判决中,即所依据的湖北省高级人民法院(下称湖北高院)鄂民四终字第 7 号民事判决书,是由原告正宏公司和陈东共同承担责任,而本案中仅仅正宏公司提起损失诉讼,没有证据证明该项法律责任已经实际发生及是否都是正宏公司承担,因此原告缺乏主体资格;2. 原告正宏公司并未向被告给付其所诉请的特定运费;3. 陈东和原告正宏公司的损失,缺乏有效证据。请求驳回原告正宏公司的诉讼请求。

·审判

武汉海事法院认为:本案系多式联运代理合同纠纷。涉案主体和法律事实含有涉外涉港因素,本案属涉外案件。在正宏公司与外运公司、开元公司签订的多式联运合同中约定了本案应适用中华人民共和国法律,该约定符合中国法律有关冲突规范的规定,因此本案应适用中华人民共和国法律。结合当事人的诉辩主张,本案争议的焦点有:原告正宏公司在本案的诉讼主体地位是否成立;原告正宏公司请求被告开元公司给付运费等诉讼请求有无事实和法律依据。

在湖北高院审理的联运合同纠纷案中,本应由正宏公司承担责任,因陈东与正宏公司的人格严重混同,法院追加陈东作为被告参加诉讼并判决与正宏公司共同承担责任。在执行中,正宏公司因陈东支付款项的行为而使其债务终结,根据陈东承担责任的原因,很难区分陈东的行为系个人行为还是公司行为,因此正宏公司可以向其认为真正的责任人主张权利。在本案判决前,陈东已履行了义务。正宏公司作为原告的主体地位不违反法律规定,本院予以确认。

在诉状及庭审过程中,原告认为其依约向被告支付运费的依据有信用证、被告的收款发票、被告自己也认可收到部分信用证款项。根据本院认定的事实,涉案信用证的开证人为美国休斯顿公司,受益人为被告开元公司。信用证记载的价格条款为成本加运费,总价为 176077.98 美元。原告并非该信用证项下的当事人,因此,该信用证并不能证明原告已直接向被告支付运费。鉴于原告并无证据证明其直接向被告支付运费,本院对其诉称已依约向被告给付了运费这一事实不能认定。就本案而言,原告在湖北高院审结的案件中承担给付运费的义务后,能否就被告从案外人收到货款(含运费)这一事实向被告主张权利,也是本案的焦点。

根据认定的事实,与本案有关联的法律关系

有:开元公司与三木公司形成的定作合同法律关系、开元公司与国外公司形成的外贸法律关系及其项下的信用证法律关系。在正宏公司与开元公司的运输代理关系中,正宏公司为运输委托人,开元公司为运输代理人,负责办理有关手续,代委托人转付运费。从以上各个法律关系中可以看出,无论是定作法律关系还是外贸法律关系,正宏公司都不是合同当事人。江苏高院的调解书隐含着开元公司与正宏公司就涉案货物的加工、出口可能存在关联,但正宏公司无论在南京中院还是在本案诉讼中,均明确表示其与涉案货物没有关系,否认与开元公司之间存在外贸代理协议。

正宏公司不是两个法律关系中的合同当事人,当然不能主张该法律关系中的任何权利。其认为开元公司收到信用证项下货款与自己有关的主张没有事实依据且自相矛盾,本院不予支持。基于原告的主张以及上述法律关系的认定,开元公司作为出口货物的所有人,享有收取外贸合同项下货物对价(包括运费)的权利。在外贸合同CFR价格条件下,出口人理应安排货物运输并支付运费,但如何实现,则应通过运输合同或代理运输的法律关系来体现。

外贸关系与运输关系是两种不同的法律关系。承运人不能依据外贸合同直接向出口人或进口人主张运费。同理,在没有合同依据的前提下,正宏公司也无权向开元公司主张运费及集装箱超期使用费。湖北高院判决正宏公司承担给付运费系基于其与外运公司之间的多式联运法律关系。《中华人民共和国海商法》第六十九条规定支付运费是托运人的法定义务。该法并未规定出口人有支付运费的义务,而出口人并非当然就是托运人。正宏公司在联运合同中是作为托运人的身份承担给付运费义务的。开元公司在该合同中明确为托运人的代理人,因而不存在给付运费的义务,湖北高院的终审判决也证明了这一点。因此正宏公司在自认与涉案货物没有关系的情况下,自愿签订合同将自己作为托运人的地位从而支付运费,是自主设定义务的行为,其后果应自行承担。这一义务的承担源于多式联运合同的约定和法律规定,并非因开元公司的违约或侵权行为导致,与开元公司没有关系。因此,其在履行义务之后不存在向他人追偿的问题。开元公司依外贸合同获得货物对价符合法律规定,不属不当得利,因而不负有向他人返还的义务。

综上,本案原告正宏公司没有证据证明被告开元公司存在违约行为。开元公司也无侵权事实,其获得货款也不构成不当得利。原告所诉没有事实基础和法律依据,本院不予保护。依据《中华人民共和国民事诉讼法》第一百三十八条的规定,判决如下:驳回原告舜天正宏有限公司对被告江苏开元国际集团畜产进出口股份有限公司的诉讼请求。

原告正宏公司不服,向湖北省高级人民法院提起上诉。因原告正宏公司没有按期交纳上诉费,又未提出司法救助申请,湖北省高级人民法院裁定按自动撤回上诉处理,一审判决即发生法律效力。

·评析

本案的事实较复杂,涉及外贸、代理、信用证和公司法的相关理论,具有一定的典型性。下面根据本案的两个焦点进行评析。

一、主体和行为混同是正宏公司与股东陈东人格混同的主要特点,股东履行了与公司的共同义务,公司有依约追偿的主体资格

司法实践表明,以下两个方面是公司与股东人格混同的主要特点:1. 主体混同:公司人格的混同者通常是该公司握有实质控制能力的股东。本案中,陈东拥有正宏公司股份的99.9%,几乎是公司全部股份,对公司握有实际控制能力;2. 行为混同:股东行为与公司行为混同,两者之间没有明显界线。本案中,陈东履行了湖北高院(2004)鄂民四终字第7号民事判决确定与正宏公司共同的义务,该案即执行终结,行为混同。

司法实践中,财产混同和业务混同是公司与股东人格混同主要表现形式。财产混同主要表现为,股东的营业场所或住所完全一致,公司账簿与股东账簿不分或合一,公司与股东的资本或其他财产混合等;业务混同主要表现为,公司与股东从事同一业务活动,公司业务以股东名义进行,交易对方分不清究竟是与公司本身还是与股东发生交易。财产的独立化程度与权利义务归属点不对称,法人独立存在的根据丧失,故视公司与股东为一体。另案中,二省法院认为正宏公司与陈东人格混同,判决共同承担向外运公司支付运费的义务。权利和义务是对等的,在陈东已履行义务,且与公司人格混同的情况下,正宏公司与本案存在

利害关系,当然有权依据多式联运代理合同的约定,起诉开元公司,其主体资格合法。

二、运输代理和外贸是不同的法律关系,正宏公司根据开元公司基于外贸关系取得运费而主张权利于法无据。

通常,当事人承担民事责任原因为违约、侵权、无因管理和不当得利四种形态。本案中,正宏公司诉请开元公司承担责任的证据主要为多式联运代理合同、信用证、开元公司的收款发票等证据,显然是以合同纠纷为由起诉开元公司。正宏公司并未直接向开元公司支付运费,其要求支付运费的主要理由为开元公司收到了含运费在内的信用证项下的货款,但没向外运公司支付运费,而本公司却因合同约定被判令向外运公司支付运费。对本案而言,正宏公司能否根据开元公司从案外人收到含运费在内的货款而主张权利是核心问题所在,下面对相关问题作简要分析。

1. 从价格条件来看,CFR(Cost and Freight)术语中的译名为成本加运费(... 指定目的港)。此术语是指卖方必须负担货物运至约定目的港所需的成本和运费,这里的成本相当于 FOB 价,即在 FOB 价的基础上加装运港至目的港的通常运费。本案中,开元公司为信用证受益人,出口货物价格条件为 CFR,有权收取含运费在内的货款。

2. 从查明事实来看,正宏公司明确表示与涉案货物没有关系,证明既非货物出口发货人,也非货物所有权人。开元公司与正宏公司和外运公司签订的合同中为货运代理人身份。货运代理人通常是指接受进出口货物收货人、发货人的委托,以委托人的名义或以自己的名义,为委托人办理国际货物运输及相关业务并收取服务报酬的人。实际上,根据本案证据证明的事实,开元公司为本案实际出口货物的定作人和发货人,并未显示履行的是受正宏公司委托的运输代理人义务。

3. 从运输代理合同的约定来看,正宏公司并未履行支付运费义务。正宏公司要求开元公司支付运费的前提应该是先向开元公司支付运费,开元公司才向外运公司支付。实际上,正宏公司并没有证明其向开元公司支付了运费,这就涉及到开元公司从案外人收取的运费能否视为正宏公司的支付运费。综观本案事实,开元公司是基于外贸法律关系而收到案外人支付的运费,是符合法律规定的,至于该运费是否应支付外运公司,则取决于合同约定和法律规定。合同约定的是外运公司直接向正宏公司收取运费,而非向开元公司收取运费。正宏公司是基于多式联运代理合同的约定而被判令向外运公司支付运费。外贸与运输代理是两个不同的法律关系,除非正宏公司能证明案外人是代替其支付运费的,否则,正宏公司根据外贸合同的履行结果要求开元公司向其支付运费没有合同和法律依据。

4. 从不当得利的法律特征来看,正宏公司的诉讼请求也不成立。不当得利是一方当事人没有法律和合同依据取得利益,而使令一方当事人利益受损,得利与损失之间应有法律上的因果关系。开元公司从案外人收取运费是有外贸法律依据的,正宏公司被判令向外运公司支付运费,而使利益受损是合同自主约定义务的结果,与开元公司从案外人收取运费没有法律上的因果关系,故开元公司收取运费不构成不当得利。

综上,正宏公司起诉开元公司有程序上的主体资格。从实体上看,请求判令开元公司支付运费和集装箱超期使用费都没有事实基础,也无法律依据,一审的判决结论是正确的。

·文化建设·

【法院物质文化建设跃上新台阶】 物质文化建设是法院的一项基础工程,是法院文化的物质载体,它彰显法院的司法价值理念,宣扬法治文明,凸显法院的文化底蕴,增强公众对法院司法裁判的认同感和满意度。(1)不断加强审判场所建设。武汉海事法院担负重要涉外审判职责,涉外审判场所是向各国当事人彰显中国法院司法权威、司法理念,宣扬中国法治的阵地。以前武汉海事法院在简陋、狭窄的审判庭进行重大涉外案件开庭,尽管法官驾驭庭审的能力以及平等、公正、规范的庭审操作,文明、得体的司法礼仪让外国当事人称赞,但审判庭缺乏庄重、威严使庭审的社会效果大打折扣,影响了中国法院的对外形象。近年来,武汉海事法院不断加强审判场所建设,在院本部、派出法庭逐步建设高标准、功能全、科技含量高的审判法庭,设立充满和谐、平等氛围的圆桌调解室等,既显示了庄重、威严,又展现了亲民、便民和人性化格调,给诉讼参与人传递了一种公正、平等、严肃、和谐的理念,也给法官形成了一种自律、中立、严格、公正的警示。(2)信息文化建设。近年来,通过加强信息平台建设,利用信息化技术,建立连通院本部与长江全线5个派出法庭的广域网和局域网,建立网上思想舆论阵地,努力打造富有思想文化特色、积极向上的精神家园,开设法官论坛、法官文苑等文化阵地,促进了法官之间的文化交流。

【法院行为文化建设日臻成熟】 法院行为文化包括裁判行为规范、审判管理规范、生活规范,职业规范等。武汉海事法院不断加强法官职业规范、管理制度建设,不断提高法官司法能力,提升法院管理水平。通过狠抓司法流程管理,开展案件监督评查,强化合议庭职责,规范庭审程序,严格文书质量等措施,进一步促进审判公开,确保审判公正,提高审判质量和效率,当事人服判息诉增多,上诉案件二审维持率保持在85%以上,特别是涉外、重大、疑难和新型案件的成功审理充分显示审判水平的提升。同时,努力实践司法为民,积极落实利民、便民、惠民措施,开展司法救助,竭尽全力满足人民群众日益增长的诉讼需求。在管理制度建设上,围绕法院审判工作、队伍建设、保障管理方面,制定了《武汉海事法院管理规范》,为法院管理提供理论依据和操作范本。在法官职业规范方面,不断加强法官职业道德教育,增强法官职业荣誉感、责任感,法官的司法礼仪、言谈举止、精神面貌等都发生重大变化,树立起中国法官公正、严谨、自律、敬业的良好形象。适时组织开展丰富多彩、生动活泼、喜闻乐见的文化活动,丰富法官业余文化生活,陶冶法官情操,提高法官修养,帮助法官树立良好的职业道德和文化品位。

【法院精神文化建设积极创新】 法院精神文化是法院先进文化的核心和精髓,它包括司法理念、价值取向、思维方式等。近年来,武汉海事法院牢固树立服务大局、服务人民、服务社会的宗旨,进一步明确党的利益至上,人民利益至上,宪法法律至上的指导思想,为国家经济社会和谐稳定发展提供有效地法律保障,为推进国家法治进程发挥了积极作用。并通过涉外海事审判,将中国法院平等、中立、公正、高效的司法理念融入世界先进的法律文化中。武汉海事法院先后开展了旨在加强法官大局意识、宗旨意识、法律意识、服务意识、责任意识等一系列教育活动,不断增强法官政治敏锐性,提高法官思想觉悟、精神境界、作风操守。同时,积极开展“争优创模”活动,弘扬正气,表彰先进,推动法院精神文化的纵深发展。法官精神智力成果显著,开展海事审判学术交流,加强审判调研,丰富研究成果;狠抓法官学历教育和职业培训,全院法官全部达到本科以上学历,为实现法院工作上台阶的目标提供智力支持。

【法院廉政文化建设成果显著】 廉政文化是社会主义先进文化的重要组成部分,也是法院文化建设不可或缺的重要内容。近年来,武汉海事法院加强以建设社会主义核心价值体系为重点,以树立社会主义荣辱观为主要内容的廉政文化建设,既注重教育法官培养廉洁自律的思想意识,又注重引导法官树立公平、正义、廉洁、为民的思想观念,营造“以廉为荣、以贪为耻”的氛围。加强组织领导,由党组统一领导,纪检监察部门组织协调,相关部门、干部积极参与,共同推动法院廉政文化建设开展。加强制度保障建设,制定了廉洁、公开审判制度,进一步加强对审判权、执行权的制约、监督;建立廉政监督员制度,完善内部监督体系建设,加大了内部监督力度。以各种形式为载体,如讲党风廉政建设课、宣传报道、图片展览、专题报告会、观看反腐倡廉影视专题片,广泛深入开展反腐倡廉教育主题实践活动。同时,大力弘扬廉洁公正的先进典型,借鉴反面典型事例警示教育法官,帮助法官树立正确的荣辱观,增强防腐拒变能力。近年来,武汉海事法院保持了廉政投诉和廉政举报为零的良好记录。

【精心组织活动丰富干警业余文化生活】 2007年12月29日,院机关党委组织了“武汉海事法院颂歌献党”歌咏比赛,全院干警踊跃参加,活动获得圆满成功。

“颂歌献党”歌咏比赛

(武汉海事法院研究室)

第十三篇　科　教

【概 述】 2007年,长江航运科技工作,以科学发展观统领,服务于长江航运,服务流域经济,服务航运各单位各部门生产需求,加大科技创新,全力推进通信信息化建设,各个科研项目顺利完成,科技工作有新的进展。

科研成果丰硕是2007年长航科技的显著特点。中国长航集团的快速发展,得益于科技工作的支撑,长航科研所截至"十五"期,共完成重要科研成果30余项,其中获全国科技大会奖和部级科研成果奖12项,具有代表性的成果有国家科技部下达的"船舶设计技术数据库"、"扩大三峡库区船队通航能力关键技术",以及"江海直达顶推船组船型与系结技术试验研究"等研究项目。中国长航集团所属的长江航运规划设计院的"内河大水位差新型斜坡式码头成套技术"等项目获交通部科技进步、科技攻关奖。重庆交通学院是西部交通建设科技创新重要基地,在承担的100余项国家级科研项目中获国家科技进步一等奖等奖项多项。

重点科研项目和技术创新有长足发展,是2007年科技进步的重要特征。长航局承担或参加的2007年科技项目共获得"中国航海学会科技进步奖"二等奖1项,三等奖5项。长江船舶设计院自主研发的国内最大的5000立方米全压式液化气船船型,进一步提升了长江船舶设计院核心竞争力;2007年是该院建院近60年来实现新的技术和产品优势最为集中的一年。长江航运规划设计院的科研项目"MZP93滚装可调平台"、"利用直立式码头重装备滚装工艺研究"获中国人民解放军总后勤部进步奖。江苏省"南通市地主型港口模式研究"获中国港口科技进步奖。安徽省航海学会研制的"船舶超载报警器"获国家级专利证书。

2007年长江航运科技管理工作上了新台阶。主要表现在:科技任务圆满完成:长航局完成了"长江散货运输组织方式研究"等3个交通部西部交通建设科技项目招标工作。积极服务主业:长江船舶设计院积极主动加强与中国长航集团各部门的联系和沟通,为长江海外进行了"蓝鲸号"游船方案改造设计等15个项目的技术设计工作。加强通信信息化工作:长航局完善网站建设,加快通信网络基础设计建设和信息系统工程建设。加大知识创新力度:中国长航集团上海公司发明的"顶推船队铰接装置"获国家知识产权局的国家发明专利,江苏省"航道巡航数字监视系统"成功通过测试,四川省船舶标准化工作稳步进行,标准船型在全省逐步统一。效益显著提高:长江船舶设计院是交通系统最大的船舶设计研究单位,该院年度经营中参与投标,中标率高达90%,主业合同额和实收均创历史最好水平,合同额同比增长40%以上,其中合同额中海船合同额占95%。科技办学发展趋势良好:上海海事大学与美国加利福尼亚海运学院等多国海运大学合作办学,进行重要科研项目研究,发展了学科优势。

(总编室)

·科研机构·

【中国长航集团技术中心、长江航运科学研究所】

长航科研所是中国长航集团下属二级单位。

·研究机构

下设船舶工程研究部、港口工程研究部、船舶产品研究部、信息与自动化研究部 、航运经济研究部、航运技术研究部 、造船工艺研究部、能源技术研究部、"武汉水运行业能源利用监测中心"和"武汉船舶运输节能技术服务中心"。

水运行业能源利用监测中心是通过国家认证认可监督管理委员会计量认证的单位,承担柴油机节能产品的台架及实船检测,向社会出具公证数据和分析报告。其拥有160米×9.5米×3.4米的船模试验水池、露台操纵水池和由德国进口的W230发动机全自动试验台等各种科研仪器设备200多台套,具有较强的科研能力和比较完善的试验测试手段。

·科研成果

截至"十五"期,长航科研所共完成重要科研成果30余项。其中获全国科技大会奖和省、部级科技成果奖12项,获长航系统科技成果奖16项。具有代表性的成果有:承担国家科技部的"船舶设计技术数据库"、"扩大三峡库区船队通航能力关键技术",以及"江海直达顶推船组船型与系结技术试验研究"等研究项目。通过关键技术的研究,取得多项科研成果。承接的5000吨散装水泥自航自卸船,3000吨和1500吨散装水泥驳,以及部署在长江中下游许多港口的各式散货装船机等一系列专业运输船、港口机械的设计,在特种运输船船和港口装卸机械设计方面独树一帜。承接的江海直达运输方式研究、海运干散货发展规划、原油运输船的可行性研究,物流系统设计和船型优选,投资决策的可行性论证,为企业发展战略提供了科学咨询服务。承接的湖南常德船厂的船台滑道改造设计、珠江航道整治规划中的实船测试、三峡船闸实船测试、福州港码头的技术改造等项目为客户大规模的投资决策和服务建设提供了科学依据,节约了建设投资。承担的一系列船舶技术改造,机电产品更新,船舶性能试验、节能产品验证、产品研发试验等项目,为企业提供技术服务,推动了企业的技术进步。

长航科研所在科技创新的伟大时代,将以"船用产品研发,水运行业技术经济研究,交通行业能源技术研发与检测,水运行业应用技术研发"为发展方向,"立足长江,服务行业",用科学的发展观,先进的技术,推动长江航运的科技进步。

地　址　武汉市解放大道2749号
邮　编　430011
电　话　(027)82311588
传　真　(027)82314819

(长航科研所)

【长江船舶设计院】　长江船舶设计院(简称CSDI)是交通系统最大的船舶设计研究单位。主要从事各类海洋及内河的民用船舶、军辅船舶和港口起重机械的研究与设计,以及水运工程大型设备制造安装的监理、船舶自动化控制设备的开发与生产,并从事船舶通用机械、环保工程及设备、计算机应用技术的开发与研究。全院有职工300余名,其中国家级和省部级专家、高级工程师、工程师等各类专业技术人员240余名。

CSDI是全国内河船舶标准化委员会常务副主任委员及秘书处所在单位,经国家技术监督局认证的船舶质量检测站、国家投资兴建的全国内河江海船舶计算机辅助设计中心所在单位。CSDI通过了ISO9000标准的认证,被湖北省委和省政府评为省级文明单位。

2007年,是长江船舶设计院实施"十一五"期发展规划并加快发展重要的一年。CSDI坚持科学发展观,面对市场,团结拼搏、克难奋进,各项工作取得显著进步。

·*设计主业实现快速发展*　2007年,长江船舶设计院面对市场机遇和挑战,确定主攻方向和重点任务,积极采取有效措施努力抓国内、国际经营市场的拓展,发展步伐加快。立足国内市场,开拓国际市场,巩固老客户,发展新客户。加强了对交通支持保障系统市场的拓展,加强了对长航集团内部市场的提供技术支持和服务工作,加强了对沿江海船市场的拓展,加强了对国外市场的拓展,加强了科研产品的开发和技术储备工作的力度,并全面提升主业产品的质量和科技含量,以适应市场的发展需求。年度经营中参与投标中标率高达90%,主业合同额和实收均创历史最好水平;合同额的同比增长40%以上,其中合同额中海船合同额占95%。

·*产品结构进一步优化*　2007年,长江船舶设计院承接任务中LPG运输船、工程船和海上干散货船型仍是主打船型。通过努力,在沿海及沿江的船型、机型等市场领域拓展工作成效明显,提高了产品的市场占有率。设计的LPG运输船从3500米^3、3600米^3、5000米^{3}等已具规模效应,形成系列化,并占领国内市场且份额领先,形成了品牌效应;设计的12400吨、19350吨、30000吨干散货船在吨位的大型化上有较大突破,设计水平迈上新台阶;公务船及高性能船具有特定的产品优势,工程船、推拖船在设计市场领域拓宽方面也有新的进展。如承接开发的27方、30方大型抓斗式挖泥船项目,填补了我国大方量抓斗式挖泥船自行设计建造的空白。

·*市场开拓力度加大*　2007年,长江船舶设计院在市场拓展和科技创新方面实现产品从江船到海船,客户从国内走向国外,打进欧洲市场,实现转变升级快速发展。一是抓住国内市场投资热点,对曹妃甸开发区、中石油、中海油市场成功地进行了有效开发拓展,重点对溢油回收船市场进行了开发,承接开发的溢油清污船系列产品为国家海事系统、石化系统提供了环保新船型,并填补了国内同类产品空白,且技术领先。二是成功拓展并第一次进入广州航道局,承接在国内具有创新性的30方抓斗式沿海挖泥船、4400kW远洋大功率拖轮2个项目;三是积极拓展国外市场,承接了3500米^{3}LPG设计订单及BV和NK项目,均为历史上首次。四是承接并签订了(斐济、圭亚那、安哥拉)船舶设计项目。

·*积极服务长航集团*　2007年,长江船舶设计院积极主动加强与长航集团各部门的联系和沟通,加强了提前介入长航集团投资计划和投资项目。先后为长航集团所属企业开展了15个项目的技术设计工作,主要为芜湖公司进行了4500吨浮船坞的改造和新造两型船的设计工作;为武汉公司进行了4500吨举力浮船坞设计工作;为长江海外进行了"蓝鲸号"游船方案改造设计;为南京油运公司进行了5000吨油驳改造旧囤船设计工作;为重庆公司进行了120吨、150吨、200吨系列龙门吊设计工作;为凤凰公司进行了5000吨散货船设计工作,并从技术上确保5000吨散货船在技术设计上做好其综合技术经济指标高于现有同类船型,其快速性较同类船型提高5%以上,为长航集团产品结构调整、升级转型作出了贡献。

·技术创新和科研项目　2007年,长江船舶设计院积极承接并完成交通部、长航集团、长航局等单位的科研项目。先后完成川江及三峡库区5000吨干散货船标准船型开发,川江及三峡库区集散两用船标准船型开发2项交通部课题;申报立项长江水系分节驳船型尺度系列,江海直达货船船型尺度系列等9项国家标准修订工作;承担了长航集团重点科研项目——江海直达超浅吃水肥大船型研发,完成了长航集团下达的科技创新项目400TEU江海无舱口盖集装箱船船型优化设计。与此同时,还结合市场需求开发了30000DWT、80000DWT级散货船船型,自主研发了国内最大的5000米^{3}全压式液化气船船型,进一步提升了长江船舶设计院核心竞争力,成为建院近60年来实现新的技术和产品优势最为集中的一年。

地　址　武汉市武昌临江大道387号
邮　编　430062
电　话　(027)88223525;88210815
传　真　(027)88223528
网　址　http://www.csdi.com.cn
邮　箱　csdi@csdi.com.cn

(长江船舶设计院)

【长江航运规划设计院】　长江航运规划设计院建于1965年,隶属于中国长航集团。主要从事水运工程、建筑工程(含建筑装饰专项工程)、通信工程设计、咨询、监理、项目管理及总承包,工程地质勘察及工程测量等业务,是中国水运建设行业协会、长江港口协会、湖北省及武汉市勘察设计协会、湖北省及武汉市工程咨询协会等协会的理事单位。设计院具有水运行业工程设计、咨询、监理和总承包甲级资质,建筑工程设计、咨询、监理和总承包甲级资质,建筑装饰工程专项设计甲级资质,通信工程设计、咨询、监理和总承包乙级资质,水利工程咨询乙级资质,工程勘察乙级资质。拥有国家突出贡献的专家、教授级高级工程师、交通部成绩优异高级工程师等各类高级人才,技术力量雄厚,专业配套齐全。建院以来,完成的勘察设计和咨询业务涉及到集装箱、散货,多用途件杂、滚装、客运、旅游、渔业、原油、化学品,成品油,液化气码头及防波堤,护岸,引堤等各类港口工程;船坞、船台滑道、舾装码头等各类修造船厂水工工程;渠化枢纽、船闸等各类通航建筑工程;各类航道工程和水上交通管制工程;客运站房、厂房、医院、学校、住宅小区、人防工程等各类建筑工程;有线通信、无线通信、通信铁塔等各类通信工程。业务范围遍及全国,主要分布于沿江和沿海。设计院按照ISO9001标准建立了质量管理体系,于1999年12月通过了北京中设质量体系认证中心对院贯彻ISO9001国际质量标准体系的认证工作,并取得了ISO9001国际质量管理体系认证证书。2002年9月通过了北京中设质量体系认证中心对设计院ISO9001标准2000版换版认证。

设计院获交通部科技进步、科技攻关奖的成果主要有:"内河大水位差新型斜坡式码头成套技术"、"三联脚架电磁波测距三维导线测量新技术"、"长江水系港口、航道、运输方式及交通管制系统综合开发的研究";获部级优秀勘察、设计、咨询奖的工程项目有:"长航生产调度大楼"、"宜昌港客运设施工程"、"长航科研所船模试验水池精密工程测量"、"九江港客运设施工程"、"重庆港猫儿沱港区改扩建工程"、"武汉市第十一中学改造工程"、"芜湖港裕溪口32#煤码头重建工程"、"马鞍山港外贸码头建设工程"、"茅坪港客运设施复建工程可行性研究"、"长江三峡库区万州-重庆水运通信设施淹没复建工程工程可行性研究"、"武汉港汉阳集装箱港区改扩建工程可行性研究报告"、"江阴市长江港埠有限公司万吨级码头工程可行性研究报告"、"人头矶港区建设工程项目建议书"、"三峡枢纽坝区航运配套设施通航调度及锚地工程工程可行性研究(135米水位运行期)”等;获中国人民解放军总后勤部科技进步奖的项目:“MZp93 滚装可调平台”、“利用直立式码头重装备滚装工艺研究”等。

地　址　武汉市硚口区利北一村44号
邮　编　430030
电　话　(027)83752204;83752206
传　真　(027)83785990
网　址　http://www.cpdi.com.cn
邮　箱　cgy@cpdi.com.cn

(长江航运规划设计院)

【长江航道规划设计研究院(简称规划设计研究院)】 (详见《长江航运年鉴》(2007卷)第十三篇“科教”第863页)

2007年,规划设计研究院各项工作均取得了显著成绩。一是通过多年的努力,年初获得水运全行业设计甲级资质,为下一步参与市场竞争提供有力保障。二是承担的张家洲南港下浅区航道整治工程设计荣获交通部优秀设计二等奖。这是“十一五”期规划设计研究院获得的第一个设计奖,“江苏如皋码头工程可行性研究”获得湖北省优秀咨询成果二等奖。三是在研究和设计过程中不断创新,在武穴航道整治工程设计中采用大重力预制件沉箱筑坝,丰富了航道整治工程结构。四是在航标新技术、新材料应用中,推广运用新能源、灯器、光源、雷达信标等新技术,匹配色艳、寿长、抗恶劣环境的新材料,提高长江干线航标的技术水平,航标遥测监控获国家专利。五是规划设计研究院QC小组成果“护滩带边缘结构设计的改进”、“钢质浮标聚脲弹性体喷涂技术应用研究”在湖北省QC小组成果发布会上获得湖北省勘察设计协会优秀QC小组二、三等奖,工程检测中心QC小组获全国质量信得过班组。六是规划设计研究院获得湖北省级文明单位称号。

2007年,长江航道规划设计研究院完成科研项目情况一览表详见表13-1。

【2007年长江航道规划设计研究院完成科研项目情况一览表】 (表13-1)

序号	项目名称
1	三峡水库172米蓄水对大坝下游航道的影响及航道维护措施研究
2	长江中游界牌河段演变研究
3	长江天兴洲、湖广、鲤鱼山、东北四水道航道演变趋势研究
4	长江下游马当河段航道整治工程工可研究(含物模、数模、演变关系专题及工可报告)
5	常州港海轮锚地调整工程航道影响论证
6	常熟市常熟边滩整治工程及常熟港进港航道疏浚工程对航道影响论证
7	江苏博龙生物燃料有限公司码头工程工程可行性研究
8	长江上海地区内河信息化骨干网基础互通工程可行性研究
9	长江航道规划设计研究院重点实验室建设工程可行性研究
10	南京港新生圩液体化工码头工程航道影响论证报告
11	南京港龙潭港区四期码头工程航道影响论证报告
12	宁德市南阳件杂货码头工程设计
13	长江下游安庆水道航道整治工程河床演变分析专题研究
14	长江苏州至南通500KV高压输电线路跨越工程通航论证研究
15	泰州口岸船舶有限公司生产线(永安区)技术改造工程场地平整吹填采砂对航道影响论证
16	太仓港浏河海轮锚地建设工程通航论证
17	九江港口岸214码头改扩建工程航道影响论证
18	太仓港浏河海轮锚地建设工程可行性研究
19	南通港2#甲锚地扩建工程工程可行性研究
20	南通港2#甲锚地扩建工程设计
21	丹江口水库大坝上游500M警戒线安全标识设计施工总承包
22	武汉南顺物流有限公司阳逻码头工程航道影响补充论证
23	长江城陵矶—安庆河段中长期航道尺度发展可能性分析

序号	项目名称
24	长江下游安庆－－南京河段中长期航道尺度发展可能性分析
25	常熟港进港航道工程设计
26	武钢港务公司阳逻港区工程航道影响论证
27	长江南京航道局芜湖综合码头工程工程可行性研究
28	长江航运应急指挥船建设工程工程可行性研究
29	常熟港海轮锚地建设工程工程可行性研究及设计
30	长江中游瓦口子水道航道整治控导工程设计阶段模型试验
31	长江三峡工程航道泥沙原型观测 2006－2007 年度分析
32	南通天生港专用航道向上延伸工程初步设计和施工图设计
33	南通港北支口锚地工程初步设计和施工图设计
34	长江中游沙市河段三八滩应急守护工程护滩(底)整治建筑物结构技术总结
35	芜湖核电站一期工程航道影响论证
36	武穴开阳星造船有限公司船厂工可及设计(海铭星)
37	芜湖江东船厂 3 万吨级船台滑道及舾装码头改造工程航道影响论证
38	黄冈亚东专用码头工程航道影响论证报告
39	长江下游东流水道右岸崩岸影响分析及工程方案研究
40	长江下游东流护城圩紧急护工程施工图设计
41	长江扬中河段夹江公用航道一期工程数学模型研究
42	长江扬中河段夹江公用航道一期工程工可研究及施工图设计
43	九江港官湖散、杂货码头工程航道影响论证
44	长江干线航标建设现状及发展趋势研究
45	九江市城西区集装箱码头工程航道影响论证
46	长江三峡坝区河段数字航道建设工程三维虚拟现实数字航道开发系统
47	马鞍山长江港口有限公司公共码头工程航道影响报告
48	三峡坝区河段数字航道建设工程初步设计审查
49	武穴市海铭星(集团)开阳星造船有限公司 5.7 万吨级船坞及舾装码头工程航道影响论证
50	长江中游周天河段航道整治控导新结构新工艺试验研究
51	扬州港 5 号泊位工程航道影响论证
52	长江黑沙洲水道航道整治工程设计
53	长江中游瓦口子水道航道整治控导工程设计
54	(西 07)长江中游心滩守护工程关键技术研究
55	长江中游枝江至江口河段航道整治控导工程可行性研究(含工可报告、物模试验)
56	长江南京航道局镇江航道处码头工程工程可行性研究
57	长江中游沙市河段航道整治工程三八滩头部抗冲结构专题研究
58	长江南京航道局马鞍山航道站码头工程工程可行性研究
59	长江南京航道局太子矶码头工程工程可行性研究
60	镇江港定易洲锚地建设工程技术设计
61	扬州港仪征港区裕洋码头工程航道影响论证
62	泰州口岸船舶有限公司出口船舶生产线(永安厂区)技术改造工程航道影响论证
63	汉江上游航道整治工程(白河至丹江口段)初步设计技术审查咨询报告
64	长江中游周天河段航道整治控导新结构新工艺试验研究
65	荆洲长江公路大桥桥墩防接助航设施施工图设计
66	九江市码头工业城公用港口一期码头工程航道影响报告
67	长江干线航标灯同步技术专题研究
68	武穴港区件杂货码头工程设计
69	长江武汉航道局荆洲和蕲洲航道站码头工程施工图设计审查

序号	项目名称
70	百色隆林县天生桥水库革步码头施工图设计、审查百色西林县天生桥水库八大河码头施工图设计、审查百色港隆林板坝作业区工程可行性研究报告、审查百色西林县天生桥水库鲁维码头工程可行性研究报告
71	“乐清市中瑞船业有限公司3万吨级船坞施工图设计、浙江华顺船舶制造有限公司总平及船台设计方案、浙江华顺船舶制造有限公司施工图设计”审查
72	安徽无为甲醇项目厂区吹填采砂工程航道影响论证报告
73	长江干线航道整治建筑物水下检测技术研究
74	巴东长江公路大桥非通航孔水域禁航设施设计
75	镇江港谏壁港区索普散货码头工程施工图设计审查
76	苏州港常熟港区海轮锚地工程可行性研究
77	扬中亚钢金属有限公司5万方吨级钢杂码头航道影响论证
78	长江干线航道发展规划实施情况及效果分析
79	南通天生港发电有限公司上大下小工程配套码头及取排水口设施航道影响论证

地　址　武汉市江岸区汉黄路17号
邮　编　430011
电　话　(027)82312976
传　真　(027)82347040

(长江航道规划设计研究院)

【江苏省交通规划设计院】 江苏省交通规划设计院为具有公路全行业(公路、特大桥梁、特大隧道、交通工程)设计甲级资质、水运全行业设计甲级资质、建筑行业建筑工程设计甲级资质、工程勘察综合类甲级资质、工程咨询甲级资质、公路工程及机电工程监理甲级资质、公路工程试验检测综合甲级资质的综合性规划勘察设计研究院。主要从事道路、桥梁、隧道、轨道交通、港口、航道、船闸、工业与民用建筑、环境、景观、智能交通的规划、勘察、设计、咨询、科研、试验检测、监理和项目管理。2007年获江苏省高新技术企业称号。

江苏省交通规划设计院以雄厚的技术实力、先进的装备手段和员工饱满的工作激情,恪守“团结、刻苦、求实、创新”的院风,遵循“科技创新、质量取胜、信守合同、优质服务”的质量方针,面向国内外承接工程勘察设计项目,开展技术交流、技术咨询与技术服务。

历年成就如下。

·“七五”、“八五”期

高良涧复线船闸、九圩港船闸、京杭运河苏北段10座复线船闸、京杭运河苏南、苏北段整治工程、宁镇一级公路、沪宁高速公路江苏段(丹阳、常州段)、南京新机场高速公路、宁连一级公路、沭阳汽车站、江阴汽车站,参加了江阴长江公路大桥设计。

·“九五”期

同三国道汾灌高速公路、京沪国道广靖、锡澄、沂淮江高速公路、宁宿徐高速公路(盱眙、宿靳段)、润扬长江公路大桥及南北接线高速公路、宁杭高速公路江苏段、沿江高速公路、淮安三线船闸、淮阴三线船闸、解台二线船闸、谏壁二线船闸、苏南骨干航道网(锡北线、申张线)整治工程、江苏交通大厦、翠屏山宾馆、仪征服务区。

·“十五”初期

同三国道连盐通高速公路、常澄高速公路、宁常高速公路、镇溧高速公路、南京三桥南北接线高速公路、宁淮高速公路(雍马、马武段)、苏州绕城高速公路、宿迁三线船闸、泗阳三线船闸、宿迁航道大厦、太湖服务区。

·“十一五”初期

润扬长江公路大桥、苏通长江公路大桥、徐济高速公路、连临高速公路、江海高速公路、常州西绕城高速公路、溧马高速公路、溧广高速公路、连云港疏港高速公路、刘老涧三线船闸、施桥、邵伯三线船闸、广深沿江高速公路深圳段扩建工程。

地　址　江苏省南京市中山南路342号
邮　编　210005
电　话　(025)84202066
传　真　(025)84405744
网　址　http://www.jsjty.com

(江苏省交通规划设计院)

【安徽省港航勘测设计院】 安徽省港航勘测设计院是具有水运行业设计和咨询甲级,公路行业(道路)设计和咨询甲级,市政工程设计乙级,工程地质勘察和工程测量甲级,公路、水运和特大桥工程建设监理甲级,设计施工总承包乙级等资质的综合性勘测设计单位。主要从事港口、船闸、航道、公路与城市道路、桥梁等工程建设项目的规划、设计、勘察,以及相应的工程监理、咨询、检测、设计施工总承包等业务。

2007年底,全院在岗职工348人。其中各类专业技术人员占86%,本科以上学历超过半数,教授级高工、高级工程师占41%,拥有省勘察设计大师1人,各类注册工程师达38人,形成一支素质高、结构合理、团结敬业、勇于拼搏的职工队伍。全年主营业务收入4820万元,同比增长13%;实现利润766万元,同比增长38%;净资产1900万元,同比增长28%;收入利润率16%,同比增长22%,实现了年度目标。

·水运工程 2007年,安徽省港航勘测设计院根据水运行业发展情况,开展了五个方面工作。一是按照省厅、省局和港航投资集团对水运基础设施建设的总体部署,切实保障全省水运基础设施建设工程规划、设计、勘察等任务的圆满完成。尤其是芜申运河、颍上船闸、淮河干流航道整治、各地市港口总体规划、合肥港综合港区等交通重点工程建设项目,院领导亲自挂帅,院副总工把关审核,对每个设计方案都多次与相关部门和单位交换看法,优化改进,精益求精,有效保证工期和设计质量。二是继续拓展水运工程前期工作总承包业务。针对一些中小企业对投资码头项目申报程序不熟悉,自己操作费时、费力、效率低等情况,主动耐心向业主介绍和宣传项目前期工作总承包的优越性,利用院专业人才优势,取得了东盾木业集团公司和升华碳酸钙公司、巢湖华星集团等企业建设专用码头的前期工作总承包业务。三是积极争取大集团、大公司投资的码头项目。通过调整对大企业投资港区的经营思路,反复与大企业交流沟通。设计院挤入了马钢和海螺2个特大型企业的水运市场,分别取得了马钢合肥公司港区码头、芜湖三山海螺物流码头等设计项目。四是利用资质资源,采取合作、设立分支机构等形式,进入外省水运市场,重点在广东、山东、河南、江苏等省寻找商机。河南省沱浍河航道整治工程的规划设计、江苏省南通焦岗船闸工程监理等项目进展良好。五是加强与一流科研院所合作,学习先进技术和有益经验,开阔视野,更新理念。通过与合肥水泥设计院合作,搭船出海,走出国门,完成对澳大利亚布里斯班水泥专用码头、中美州格林拉达综合性码头的方案设计和选址工作。虽然合作项目规模不大,但设计院看重的是国际大市场和经营市场的思想与方法。

·工程建设监理与检测 2007年,安徽省港航勘测设计院监理续监、新监27个项目。因业务主要限于省内高速公路市场,新增项目受到一定影响。为此,积极寻找合作伙伴,拓展外省公路、水运市场和省内市政市场。合肥市当涂路桥改建、江苏南通焦岗船闸等市政和外省监理项目的取得,以及独立特大桥专项监理资质取得,增强了监理员工持续发展的信心。通过竞标,设计院检测试验中心成为省交通系统唯一一家进入合肥市第三方见证试验检测市场的单位,连续取得合肥市重点工程徽州大道、包河大道第三方见证试验检测、合肥市一环改造工程路基路面数据采集等项目,工作成果得到各方业主肯定。

·资质申报 2007年,安徽省港航勘测设计院重新申报确认水运行业咨询甲级资质,办理公路道路设计甲级和市政工程设计乙级换证,取得公路道路咨询甲级资质,申报勘测设计单位诚信等级,收集整理市政工程设计甲级的申报材料,监理所收集整理隧道专项监理的申报材料。为应对国家执业资格制度实施,设计院选派62人次参加工程造价、工程结构、工程总承包项目经理等培训,组织65人次参加各类注册工程师考试,有8人通过交通部组织的试验、造价工程师考试,3人分别通过建设部注册造价、注册结构、注册港航工程师考试,推荐15人参加公路道路注册工程师的考核认定。

·内部管理 2007年,安徽省港航勘测设计院优化组织结构、专业结构。撤销水运设计所,组建水运设计一所、水运设计二所,增强水运设计力量。与此同时,设置港口、航道、船闸、规划、大件运输、公路与城市道路、桥梁、给排水、园林景观、环保、概预算、工程地质、工程测量、工程检测、工程监理等20多个专业室。专业配套齐全,协同能力强。培养选拔青年人才,组建人才梯队,优化人才结构。按照选拔、竞岗程序,设计院自下而上层层推荐管理人才和专业技术人才,共推荐选拔29名各类后备人才。充实排水、环保、园林景观等专业人才,拓展专业空间。邀请河海大学教授来院作主题为“资源节约、环境友好”、“港区建设现状及发展趋势”等工程建设新理念、新技术讲座。选派技术骨干参加学术交流活动,及时了解、掌握专业前沿的科技动态。实行技术质量例会制,通报新情况,研究新问题,明确改进方向。成立内河航道生态型护坡和内河散货装船工艺2个课题组,专题研究,集体攻关。“芜湖三山海螺码头可行性研究”获2007年安徽省优秀工程咨询成果三等奖,“城市道路沥青路面典型结构及施工工艺研究”获2007年安徽省科学技术研究成果三等奖。建立完善适合设计院发展要求的管理制度。2007年,设计院对《生产经营目标管理办法》、《投标管理办法》、《勘测设计产品质量考评细则》、《注册工程师管理暂行规定》、《员工购房帮扶办法》等制度进行了修订,使其与政策、院情更贴切,体现激励约束、公平竞争的理念。用制度管人管事,该院各项工作运行有序。

·精神文明建设　2007年,安徽省港航勘测设计院认真学习贯彻十七大精神。用十七大精神武装头脑,指导实践,推动工作;联系单位实际,运用不同载体,抓好理论学习和党性教育,增强党员骨干意识和宗旨意识,保持先进性;围绕设计院生产经营工作,做好保障、支持、服务,发挥“两个作用”;坚持以人为本,为职工排忧解难,帮助解决实际问题,形成互助友爱风尚;对职工思想状况进行梳理,引导职工保持锐意进取、奋发有为的精神状态;实行院务公开、民主决策,广开言路,发挥职工的主观能动性。

法人代表　吴立人
地　址　安徽省合肥市合裕路1098号
邮　编　230011
电　话　(0551)4469314;4482879
传　真　(0551)4482520
邮　箱　xueyousen@sohu.com
网　址　http://www.ghsj.cn
(安徽省港航勘测设计院)

【江西省航务勘察设计院(简称勘察设计院)】 江西省航务勘察设计院原名江西省航务设计所,成立于1984年。2004年2月,经省编委批准更名为现名,从事水运行业的勘察、设计、咨询及监理业务,具有水运工程监理甲级,水运行业(港口、航道)甲级设计,水运工程咨询、水运工程测量乙级资质。下设航道设计室、港口与水工设计室、测量队、综合管理办公室及江西星海监理咨询所、江西航务勘察设计院广州分院等机构。

2007年,勘测设计院行业内的项目进展顺利。对外承接业务势头强劲,相继完成了多项测设任务,经济效益又攀新高。全年合同营业收入达920万元,为上年的138.3%。

·完成测设项目　《赣江(南昌-瓢山)Ⅳ级航道整治工程初步设计》及《第一期施工图设计》;《赣江石虎塘航电枢纽工程可行性研究-航道工程》报告的编制,并通过交通部及中咨公司的评审;《赣江(南昌-湖口)Ⅱ级航道整治工程可行性研究报告》报送稿的编制;《江西省水上搜救中心鄱阳湖分中心工程项目可行性研究报告》的编制等。

·完成承接测设业务　丰城港曲江码头的勘测、设计及通航论证;江门海大饲料有限公司码头工程的设计;深圳市深沙角B电厂脱硫石灰石码头工程设计文件的审查;星子县蓼南乡新池矽砂厂专用航道开挖工程设计;鄱阳湖国际水产码头设计;洪都大桥东河桥区航道疏浚工程设计;铁路向蒲线东新赣江特大桥通航论证;石吉高速公路泰和赣江特大桥通航论证;江西新昌电厂取排水工程通航论证;南昌市下正街水厂取水源头改造工程通航论证;南昌市洪都大桥桥涵标设计;赣瑞高速公路跨河大桥桥涵标工程设计等项目。此外,还承接了一批港口设计业务,创收约200万元。

地　址　南昌市蓼洲街62号
邮　编　330009
电　话　(0791)6616332
传　真　(0791)6616332
(江西省局　罗　春　张兆平)

【江西省港航设计院】 江西省港航设计院是一家具有港口设计乙级、船舶设计甲级、工程咨询丙级资质的全民所有制单位,隶属于江西省交通厅航运管理局。

2007年,港航设计院主要承担的“南昌港集装箱码头工程施工图设计”和“上犹陡水湖旅游码头工程施工图设计”分别获年度江西省勘察设计交通行业“四优”优秀设计二等奖、三等奖；交通厅优秀设计一等奖、三等奖。完成的《南昌港总体规划》获得交通部和省政府联合审查通过，工程咨询资质由丙级升为乙级。

2007年，港航设计院完成了《赣州港总体规划》、《樟树港总体规划》、《九江港官湖货运码头工程可行性研究报告》、《吉安港河东综合码头工程可行性研究报告》、《樟树港七码头工程可行性研究报告》、《大唐化学货运码头工程可行性研究报告》、《万年港综合码头工程可行性研究报告》、《赛得利(江西)化纤有限公司酸碱卸货专用码头工程可行性研究报告》的编制工作。完成以上项目的咨询、设计的基础上，安排施工现场设计代表派驻工作，还完成了省内中小型码头的咨询、设计工作20余项。

地 址 南昌市沿江北路18号
邮 编 330008
电 话 (0791)6626560;6630747
传 真 (0791)6626560

(江西省局 阳伟明 杨 辉)

【河南省交通厅港航勘测设计队】 (详见《长江航运年鉴》(2007卷)第十三篇“科教”第868页)

2007年9月，经河南省编制委员会办公室批准(豫编[2007]162号)，河南省交通厅港航勘测设计队予以撤销，人员分流，事业编制予以收回。

地 址 郑州市市区兴华南街20号
邮 编 450000
电 话 (0371)68880076

(河南省局 王守明)

【湖北省港路勘测设计咨询公司】 湖北省港路勘测设计咨询公司成立于1987年，是一家从事水运及公路工程的专业勘察、设计单位，具有水运行业乙级、水运行业(航道)甲级、工程勘察专业类(工程测量)甲级、公路工程(工程设计)乙级、工程测绘乙级等多项资质证书。凭借自身技术与人才的优势，公司已能快捷、优质地完成交通工程项目的各种设计任务。业务范围包括：港口、航道、水运枢纽、通航建筑物、公路、桥梁等交通工程的规划，可行性研究，勘察设计，工程咨询，工程造价，工程建设管理等。拥有与承担工程任务相适应的资金、人才和设备，具有高中初级专业职称的技术人员及经营管理人员占公司现有总人数的85%，拥有企业局域网、CAD系统、GPS全球卫星定位系统、全站仪、数码工程扫描仪等勘测设计装备。

2007年，湖北省港路勘测设计咨询公司设有办公室、财务室、档案室、勘测设计一室、勘测设计二室、勘测设计三室、勘测设计四室。主要完成业务有：黄州港唐家渡码头工程、三宁化工公司专用码头工可、石首工业港综合码头二期工程初设、华新水泥码头安全评估、汉川港城关区新河散货码头工程安全评估、平邑口货运码头安全评估、巴河航道整治、清江水布垭至恩施段航道工程、童庄河航道整治、陆水航道整治、三峡库区湖北省支流航道整治、汉江水毁坝测量、崔家营航电枢纽工程导流明渠运行期原型观测等。随着以科技信息为主导的21世纪的到来，公司顺应潮流，紧抓机遇，遵循“精心设计、热忱服务、质量优化、持续改进”的质量方针，与时俱进，稳健发展。

负责人 彭长征
地 址 武汉市汉阳区五檀路27号
邮 编 430050
电 话 (027)84841907

(湖北省港路勘测设计咨询公司)

【湖南省航务勘察设计研究院】 湖南省航务勘察设计研究院为为国家甲级勘察设计单位。多年来，设计院艰苦创业，现已成为集工程勘察、设计、监理、咨询、科研于一体的现代化设计单位。设计院拥有工程勘察船舶、地质钻探设备、岩土工程施工设备、GPS卫星定位系统、全站仪等设备。普及运用计算机、各专业软件配套完善，应用广泛。设计院下设设计咨询公司、三湘交通建设监理事务所、工程勘察公司、公路设计公司、船舶设计研究所。主要从事：航道整治、港口码头、通航建筑物等水运工程设计与咨询，公路工程设计、工程勘察、水运和公路工程岩土、岩土工程、船舶设计及科研。多年来，设计院完成湖南湘、资、沅、澧、洞庭湖区港口码头、航道整治、通航建筑等工程的勘察、设计、咨询、监理等任务。设计院本着“严格管理、尊重科学、讲求信誉、用户至上”的原则对外开展业务。

2007年，设计院完成生产总值2112.57万元，新增固定资产80万元，其下属的三湘交通建设监理事务所荣获“全省交通系统优秀监理企业”称号。

地　址　长沙市五一西路286号湘江明珠大厦

邮　编　410005

电　话　(0731)4883385

传　真　(0731)4881027

（湖南省局　蒋龙平）

【云南水运规划勘察设计院】　云南水运规划勘察设计院成立于1956年。拥有水运行业(港口、航道工程)设计乙级资质、工程勘察乙级资质，是云南省具有丰富设计经验、专业配套、设备先进、技术力量雄厚的唯一一家从事水运工程规划、勘察、设计的综合性企业。现有职工22人，中级以上技术职称的有12人，拥有一批经验丰富的土木工程、港口与航道等专业的工程师。近几年，完成的设计项目有澜沧江景洪港、思茅港、大理港及澜沧江曼厅大沙坝整治工程等。所承担的设计项目“澜沧江五级航道工程可行性研究”获得了交通部2003年度优秀水运工程咨询成果二等奖。

50多年来，勘察设计院积累了丰富的内河山区港口、航道、库湖区航运设施设计经验，为云南水运基础设施建设做出了贡献。2007年，承接水运勘察设计项目12个，完成产值130万元。

地　址　昆明市环城北路181号

邮　编　650051

电　话　(0871)5128392

（云南水运规划勘察设计院）

【贵州顺达水运规划勘察设计所(简称贵州省水规所)】　2007年，贵州顺达水规所围绕目标任务，完成以下工作。

·重点工程　一是天生桥库区港口建设工程。主要为设计后期服务工作及设计总结工作，项目11月29日已通过竣工验收。二是乌江渡库区金沙县沙三码头工程。主要为设计后期服务工作及设计总结工作，项目已通过竣工验收。三是洪家渡库区航运建设工程。依据省发改委5月28日对项目工可研的批复，初步设计及施工图设计均已完成，现项目已进入实施阶段，主要工作转入后期服务阶段。四是西南水运出海中线通道南、北盘江、红水河(贵州段)航运建设工程。预可研省发改委已批复，工可经过多次调整完成并报批。同时，完成从2006年12月开始的南、北盘江100多公里航道外业测量工作；完成初步设计并通过审批，现已转入施工图阶段。已完成蔗香、羊里两码头施工图，百层二作业区施工图也基本完成；航道整治工程，完成南盘江八渡以下、北盘江除模型试验滩险外的全部、蒙江全部航道整治施工图设计。五是完成乌江航运建设工程可行性研究报告，根据新的地方及企业需求调整工可报告。六是完成130个乡镇渡口的设计工作。

·其他工作　一是完成松桃牛行口初步设计及施工图设计。二是完成六枝毛口码头工可、初设、及施工图设计。三是完成增加的黔西大船等10道渡口设计工作。四是完成铜仁五显庙码头初步设计。五是完成思南二桥、赤水河通航论证。

法人代表　刘润刚

地　址　贵阳市中华北路109号众厦大楼25楼1号

邮　编　550004

电　话　(0851)6850760

（贵州顺达水规所）

【贵州省成立路港交通工程试验检测有限公司】　2007年2月13日，贵州省第一家具有水运工程试验检测资质的单位“贵州路港交通工程试验检测有限公司”正式成立，并于2007年12月取得水运工程材料、结构检测乙级和公路工程综合丙级证书。

公司成立进一步完善了贵州省水运建设市场，对规范水运工程试验检测有积极促进作用。

（贵州省局　黄　强）

·科技成果·

【交通部长江航务管理局科技】　2007年，长航局以科学发展观为统领，立足“三个服务”，加大科技创新，全力推进信息化建设，各项工作按要求顺利完成。

·科技工作

1. 加强科技工作，加大重大科技项目研发力度，规范科技管理。重新修订《长航局科技项目管理办法》，建立和实施了项目申报审核制度、项目实施联系制度、项目统计报表制度和项目创新奖励制度。

实施项目研发，提供技术支撑。按合同要求顺利完成交通部科技项目“长江电子航道图制作标准研究”的研究任务。围绕航道整治、安全监管和三峡通航等重大关键技术问题，实施科技项目研发，安排下达了长航局2007年度重点科技项目计划12项，资助科研经费100万元，加强了项目的中间进程检查。“大型人字门同步顶升系统开发”、“长江干线水域船舶火灾隐患整改跟踪监督系统”等一批重点项目通过验收，并在各单位管理和和产中提供了技术支撑，发挥了重要作用。局属各单位也自主安排了一批科技项目并组织实施。

科技奖励再结硕果。积极组织做好“中国航海学会科技进步奖”的项目申报工作并取得良好成绩。11月，中国航海学会公布年度科技项目获奖情况。长航局共获“中国航海科技奖”二等奖1项，项目是“长江航道整治建筑物稳定关键技术研究”；获“中国航海科技奖”三等奖5项，项目依次为“1750方/时绞吸挖泥船(“吸扬12号”)加大挖深技术改造”、“三峡库区船舶污染防治关键技术研究”、“三峡库区航运安全监管系统建设关键技术研究”、“全国内河船型标准化发展纲要”、“长江干线水域船舶火灾隐患整改跟踪监督系统”。此外，还获得湖北省科技进步三等奖1项，项目是“HD100型太阳能一体化航标的研制及应用”。

2. 推动科技创新体系建设。构建创新体系，凝聚行业智慧。加强与交通部系统各科研院所、高等学校的联系，吸收和凝聚行业智慧，在重大科技项目申报、联合攻关等方面开展了深入交流与合作。首次与大连海事大学就技术与人才工作建立了密切联系，签订了合作框架协议，长航局局长金义华、长江航道局局长唐冠军受聘为大连海事大学客座教授。

3. 优化管理机制，整合科技资源。组织研究并开发“长航科技项目管理信息查询系统”，提供科技法规政策查询，对科技项目实施情况进行管理，统计查询科技成果。不断优化管理机制，集中统一组织申报和实施交通部科技项目，改变了过去局属各单位分散自主实施的局面，实现了一个头对部，整合全局科技资源，增强了科技合力。2007年由各局提交，经长航局审核通过后共申报交通部西部项目12项。

圆满完成交通部西部交通建设科技项目招标工作。2007年，交通部西部项目管理中心首次委托长航局对已列入2007年度西部交通建设科技项目计划的3个项目进行招标，长航局严格遵照执行上级要求，按照《西部交通建设科技项目招投标管理暂行办法》规定，以认真、严谨、负责的态度，经过精心组织和周密安排，圆满完成了“长江散货运输组织方式研究”等3个项目的招标工作。

做好西部交通建设科技项目中期检查汇报工作。积极组织各承担单位做好检查汇报工作，撰写了长航局实施西部项目总体情况汇报材料，组织召开了高质量的检查汇报会，受到西部中心领导的好评，对保证项目的研究质量和进度起到了积极的推动作用。

关注长江航运及国内外科技、通信、信息化发展动向，及时掌握信息，并将搜集的信息进行整理，发布长航局科技通信信息化动态12期。

·信息化工作

1. 完善网站建设，搭建统一平台。加快长航局信息资源整合，建成长航局办公网，为长航局系统内部办公搭建统一平台。对长航局政府网站进行技术升级，实现政务信息公开、服务企业和社会公众、互动交流，充分发挥长航局政府门户网站作用，提高工作效率。制定《长航局办公网管理办法》，规范了信息采集、审核、发布、更新机制。组织制定了《长航局计算机信息系统安全保护管理规定》、《长航局局域网计算机系统安全管理办法》，加强因特网的防护措施，为做好计算机信息系统安全保护工作提供制度保障。

2. 加快通信网络基础设施建设和信息系统工程建设。通信传输系统总体贯通。汉宁沪光传输系统已于9月1日顺利开通，至此，长江干线数字传输系统重庆至上海段光纤电路实现全线贯通，已建光纤总里程达到2425.1公里，配套建设光传输基站26个，宜宾至重庆段也正在建设筹备之中。积极进行通信接入网建设，长江通信数据宽带网络覆盖各直属局二级以上单位，接入1/3以上基层站点，并将不断扩充加大。修改完善《长江航运信息化标准体系编制说明》和《长江航运信息化标准体系标准明细表》，组织完成“长江电子航道图制作标准研究”课题的研究工作，为信息化标准体系建设打下坚实基础。指导局属单位完成长江航道信息系统二期工程施工图设计和长江三峡坝区河段数字航道建设工程初步设计审查工作。长江南浏段数字航道与智能航运建设示范工程进展顺利,预计明年初基本建成。

3.总结信息化工作成果,推进"十一五"期工作。分析形势,明确目标,谋划新一轮长江航运信息化发展。组织召开长航局信息化工作座谈会,回顾总结了长江航运信息化工作,分析了当前形势,提出了下一阶段长江航运信息发展的总体目标、近期目标与主要任务。开展长航局信息化推进方案研究,研究制定推进思路和措施。开展长航局电子政务工作检查。对局机关、7个局直属单位和8个机关直属单位的电子政务工作认真进行检查。重点检查了推进电子政务的组织领导、建设与应用及实际效果等方面,并形成自查报告报交通部。完成2006－2007年度长航局信息化发展报告,总结2006年信息化发展总体情况,重点介绍了长江航运信息网络工程和长江海事信息系统二期工程建设情况。切实做好网站的内容保障和栏目建设工作,信息发布数量多、时效性强。在2007年1月至6月网站共建工作情况通报中,长航局名列部直属单位共建考评综合得分和信息发布得分两项第一,获得交通部政府网站共建工作先进单位荣誉称号。

·创新工作成果

1.真抓实干,落实管理办法要求,搞好长航局系统科技项目管理。2007年正式修订印发了《长航局科技项目管理办法》,明确规定长航局系统科技项目统一归口管理问题。交通部非常支持这一规定,并在西部科技项目网上申报系统中做出了明确界定,对长航局系统2007年立项的3个西部科技项目委托长航局进行招投标。与此同时,在日常管理中做到规范、透明、按章办事。交通部开展的中期西部科技项目检查中,对长航局所进行的科技项目管理工作给予高度评价。

2.积极思考,站在行业管理高度,提出建立长江航运综合服务信息系统的设想。总体目标是:利用5年左右时间,着力搭建集行业管理、运输组织及运输服务于一体的、面向全行业及社会公众的信息服务体系架构,构筑长江航运综合服务信息系统平台,为长江航运向现代服务业转型、实现现代化提供强有力的技术支撑。经过广泛调研论证,形成《长江航运综合服务信息系统建设构想》报告报交通部,并将此设想在长江黄金水道领导协调小组办公室会议上提出,引起了沿江各省市港航单位的强烈反响,各单位充分肯定了此系统建设的必要性和迫切性。

3.主动作为,凝聚多方力量,为搭建长江航运综合服务信息系统平台奠定基础。主动组织实施《长航局信息化推进方案》研究课题,研究长江航运综合服务信息系统技术方案和建设项目序列。主动与大连海事大学联系,希望联合申报国家科技支撑计划项目;主动与交通部水运院沟通,交流荷兰RIS系统对长江航运综合服务信息系统的借鉴性以及合作的可能性;主动与交通部规划研究院联系,力争开展长江航运信息化规划实施方案研究;主动向交通部科教司领导及有关处室汇报,得到部有关领导的关心和支持。目前这些工作还在进行中,为搭建长江航运综合服务信息系统平台奠定了较好的基础。

4.夯实基础,规范管理行为,为科技、通信、信息化管理科学化创造条件。为夯实工作基础,规范管理行为,组织专班对科技、通信、信息化管理工作进行了研究,结合实际需要,制定了适应长江航运科技、通信、信息化发展需要的统计报表制度,目前已下发执行。与此同时,还发文规定各直属单位在每年底向长航局报送当年工作总结和下一年度工作计划,要求总结当年工作成绩和存在问题,提出下一年度重点工作,以便在进行重点科技项目检查的同时,还可进行重点工作检查。建立一整套计划、统计、总结制度,结合定期不定期的检查、调研,为进行科技、通信、信息化工作科学化管理创造了条件。

有关科研成果详见表13－2至表13－8。

(长航局　科教处)

【2007年长江航务管理局承担交通部科技项目一览表】 （表13-2）

序号	年度	项目名称	研究领域	经费(万元)部拨/自筹/配套/其他/总计	承担单位	参加人数	获奖	进展
1	2007年	长江中游航道整治参数关键技术研究	航道整治	150/80/0/0/230	长江航道局			在研
2	2007年	长江散货运输组织方式研究	管理	150/0/0/0/150	武汉理工大学			在研
3	2007年	长江中游心滩守护工程关键技术研究	航道整治	200/70/0/0/270	航道院			在研
4	2007年	三峡-葛洲坝枢纽河段航运条件及航运调度规程技术研究	三峡通航	60/10/0/0/70	三峡办	16		在研
5	2007年	长江三峡船闸通航运量分析分析体系研究	三峡通航	66/70/0/0/136	三峡办	11		在研
6	2007年	三峡船闸通航安全应急反应系统关键技术研究	三峡通航	150/20/0/0/170	三峡局	6		在研
7	2007年	三峡船闸快速检修关键技术研究	三峡通航	180/60/0/0/240	三峡局	16		在研

【2007年长航局系统科技计划项目情况一览表】 （表13-3）

序号	立项年度	项目名称	主要研究内容	承担单位及主要参加单位	研究状态	参加课题人时数
1	2007年	长江航务管理局交通安全预警管理机制建设研究	通过对长江航运安全事故及其预警机理的研究，来提示整个长江航运如何“安全”运行的机理，为长江航运事故防范与安全管理提供统一的理论与方法指导	长航局安全处/武汉理工大学	在研	8人*1年
2	2007年	长江干线航路改革通航技术标准研究	研究提出符合航道实际与航运需求，兼顾今后发展的航路改革通航技术标准，进一步提出航道整治标准和实施进度的调整建议	长航局航道与通航管理处	在研	9人*1年
3	2007年	长江航务管理局科技项目管理办法研究	长航局科技项目管理职责及科技项目范围；前期工作管理、组织与实施管理、验收管理、成果管理和奖励管理	长航局科技处	结题	7人*0.5年
4	2007年	长航局数字档案馆建设工作研究	分析档案事业发展面临的形势和需求，结合数字档案馆的研究，确定长航系统档案信息化指导思想、发展目标和基本原则，确定档案信息化主要任务、实施策略和分阶段推进目标	长航局档案中心	在研	7人*1年
5	2007年	提高葛洲坝大江航道通航流量研究	研究制定葛洲坝大江航道实船试验方案。在此基础上提出葛洲坝大江航道最高通航流量标准	长航局三峡办	在研	6人*1.5年
6	2007年	长航局一级办公网协同办公实时通讯平台研究	平台定位于降低单位通信费用，增强单位内部沟通能力，改善不同部门人员之间的沟通渠道，营造长航网络文化氛围，进一步提高办公效率，平台主要解决内网网络办公中沟通不畅、文件传输不便等问题	长航信息中心	在研	3人*1.5年

序号	立项年度	项目名称	主要研究内容	承担单位及主要参加单位	研究状态	参加课题人时数
7	2007年	长江水路联合执法信息网络资源共享模式研究	分析研究长江水路联合执法信息网络资源共享基本架构和联合执法所需的数据资源,研究长江水路联合执法信息网络资源共享模式	长航信息中心	在研	7人*1.5年
8	2007年	长航局信息化推进方案研究	分析长江航运信息化发展的现状,找出存在的问题,进行对策分析,提出信息化建设目标,制订实施方案和资源分配方案提出信息化发展建议	长航信息中心	在研	22人*2年

【2007年长江航道局科技计划项目情况一览表】 (表13-4)

序号	立项年度	项目名称	主要研究内容	承担单位及主要参加单位	研究状态	参加课题人时数
1	2007年	长江上游水利枢纽下泄流量对兰叙段航道水位影响的研究	对长江上游四川宜宾-重庆河段主要支流在建、已建水利枢纽相关日下泄流量、设计下泄流量资料及泸州二郎滩历史水位资料收集与分析,采用数模计算方法,研究分析水利枢纽下泄流量对航道水位的影响;根据相关浅滩河段的水沙、地形、河床组成、护岸及河势控制情况、历史及近期演变,利用河演理论分析方法和数学模型计算揭示研究典型碍航水道河道特性与碍航特征、浅滩演变规律	长江泸州航道局	在研	7人*1年
2	2007年	航道码头跳板液压变幅装置研制	跳板材料要求具有强度和刚度好、材质性价比高、重量轻、抗腐蚀性能好、易于保养和加工的优点;跳板结构要求外形美观简洁、抗变形能力强、易于现场安装和维修。根据长江航道码头囤船大型化发展趋势,以适应40米和65米航道囤船配套的8米跳船作为系统平台	长江重庆航道局	结题	5人*1年
3	2007年	宜昌近坝河段水位遥测遥报系统	根据我局所辖近坝航道维护管理工作需要,针对中游航道河床、地形及气候特点,研究水位采集传感器、无线数据传输方式的搭配选型,研究水位信息与航标遥测监控系统的集成共享,提交完整研究建设方案,在中游河段建设试验性遥测水位站,为今后中游航道水位遥测系统的推广建设提供方案,探索建设经验	长江宜昌航道局	结题	9人*1年

序号	立项年度	项目名称	主要研究内容	承担单位及主要参加单位	研究状态	参加课题人时数
4	2007年	1500方耙吸挖泥船主机报警系统国产化	目前国内微电子产品而言,技术日趋成熟、性能日趋稳定,使得寻求该主机报警系统的国产替代品已完全成为可能,并具备以下优点:(1)维修周期短,利用施工间隙即可更换部件并排除技术故障;(2)价格便宜,仅为进口件的1/3;(3)货源充足,供货充足及时;(4)将电路模块化,便于故障诊断及维修;(5)工作可靠、故障率极低,方便机舱管理等	长江武汉航道工程局	结题	7人*1年
5	2007年	物模断面制作自动化开发及应用	有针对性地开发一些相关软件,直接在外业实测的原始数据上进行数据采集和处理,减小人为成图、出图和读图误差,直接转换为断面数据,并在计算机内成图及编辑,最后一次性输出到雕刻机中,自动进行断面控制数据的雕刻及断面切割,所建立的断面绘制图形可长期保存在计算机中,便于重复利用,起到事半功倍的作用。此套技术若研究、试验成功,可广泛应用于各类物理模型试验的初始地形的断面制作	航道规划设计研究院	结题	5人*1年
6	2007年	长江航道局人力资源规划研究	长江航道局现有人力资源的现状;"十一五"期长江航道发展对人力资源的需求;结合长江航道的实际情况和航道生产需要,制定长江航道系统的人力资源规划;提出与规划相配套的人力资源培养措施,并进行可行性分析;配置"十一五"期长江航道发展所需的人力资源	长江航道局	结题	7人*1年
7	2007年	航浚10号高压冲水系统技术改造	当高压冲水压力达到1200千帕时,完全可击碎5类土质,使其颗粒化或块状化而易于装舱。考虑到耙头高压水嘴的形状为圆形,水柱对土的冲击理论上只能形成几道沟槽,若改喷嘴为细长型,则高压水将形成一刀状,随着船舶的前进对泥土形成切削作用,这样有助于分层切割泥土,从而提高挖泥浓度	长江南京航道工程局	结题	4人*1年
8	2007年	长江航道科技进步贡献率研究	长江航道科技进步的主要内容、评价指标的设计;长江航道科技进步现状调查;长江航道科技进步贡献率的测算方法研究;长江航道科技进步贡献率评价体系研究	长江航运经济技术研究所	结题	5人*1年
9	2007年	长江中下游航道整治X型砼块自动砌块成型机研究	X型砼块自动砌块成型机生产工艺研究;X型砼块自动砌块成型机自动预埋系结条和机械自动二次布料研究;X型砼块自动砌块成型机自动切割系结条研究	长江航道局	在研	7人*1.5

【2007年长江海事局科技计划项目情况一览表】

（表13-5）

序号	立项年度	项目名称	主要研究内容	承担单位及主要参加单位	研究状态	参加课题人时数
1	2007年	长江安徽段船舶定线制社会经济评价	对长江安徽段船舶定线制实施一年多来的社会效益、经济效益进行评估	通航处、武汉理工大学	已结题	10人*1年

【2007年长江三峡通航管理局科技计划项目情况一览表】

（表13-6）

序号	立项年度	项目名称	主要研究内容	承担单位及主要参加单位	研究状态	参加课题人时数
1	2007年	三峡枢纽过坝运输扩能对策研究（长航局项目）	研究过坝运量的演变特征；研究分析煤炭翻坝运输的可能性、经济性和安全性及船舶过闸优先政策和实施条件研究	承担单位：三峡局 参加单位：武汉理工大学	在研	10人*1年
2	2007年	《三峡船闸快速检修关键技术研究》（部科教司项目）	研究重点检修工艺、快速检修标准化预案及其计算机辅助生成系统、专用装备及备件策略	承担单位：三峡局 参加单位：水科院	在研	8人*2.5年

【2007年长江航运公安局科技计划项目情况一览表】

（表13-7）

序号	立项年度	项目名称	主要研究内容	承担单位及主要参加单位	研究状态	参加课题人时数
1	2007年	长江航运公安机关主要行政执法办案规范	在执法地理环境不同的情况下研究一套统一行政案件办案规范	长江航运公安局	在研	11人*1.5年

【2007年长江通信管理局科技计划项目情况一览表】

（表13-8）

序号	立项年度	项目名称	主要研究内容	承担单位及主要参加单位	研究状态	参加课题人时数
1	2007年	长航政务办公短信平台系统	建立短信平台和短信网址服务器，定制开发长航政务办公短信管理软件	长江武汉通信管理局	在研	11*1年
2	2007年	长江通信无人值守站的远程监控系统方案研究	无人值守站远程监控研究	长江重庆通信管理局	结题	5人*0.5年
3	2007年	长江通信桌面网络视频会议系统应用研究	桌面网络视频会议方案研究	长江宜昌通信管理局	结题	4人*0.5年
4	2007年	长江通信基础台帐电子管理及日汇报呈报系统	基础台账的电子化管理	长江芜湖通信管理局	结题	5人*0.5年
5	2007年	长江通信运维中心VHF备件管理系统	VHF备管系统电子化管理	长江通信管理局运行维护中心 长江武汉通信管理局	结题	6人*0.5年

序号	立项年度	项目名称	主要研究内容	承担单位及主要参加单位	研究状态	参加课题人时数
6	2007年	基于WIMAX技术的长江无线移动宽带系统的开发与应用	WIMAX技术开发与应用	长江通信技术服务中心市场部	结题	6人*0.5年
7	2007年	长江通信管理局内部政务网站建设	政务网站建设	长江通信管理局通信技术处	结题	5人*0.5年
8	2007年	长江通信科技信息化规划	科技信息规划	长江通信管理局	结题	7人*0.5年
9	2007年	通信工程招标文件范本的研究	招标文件范本的研究	长江通信管理局计划基建处	结题	5人*0.5年
10	2007年	长江通信组织人事管理系统	组织人事管理系统开发	长江通信管理局人事组织处	结题	5人*0.5年
11	2007年	长江通信网上电话号码查询系统	网上电话号码查询系统开发	长江通信管理局通信技术处	结题	5人*0.5年
12	2007年	建立长江通信管理局通信安全保障制度体系	研究通信安全保障制度体系	长江通信管理局通信保障处	结题	4人*0.5年

【中国长江航运(集团)总公司科技】 2007年,长航集团科技创新成果显著。开展的“船舶轮机安全管理指南研究”、“长江干线渡口通航水域环境分析研究及安全操作方法”、“长江干线大桥过桥操作方法及注意事项”等研究课题,紧扣船舶运输安全生产主题,强调以人为本的安全理念,贴近长航集团船舶轮机管理和驾驶人员的技能培训,着力安全操作规程的宣贯,对保障船舶的机务和驾引安全起到了很好的推动作用。

·节能减排降耗 着力开展“长江自航船纯烧30号重油节能技术研究”、“库区游船机桨匹配及运行参数优化研究”、“蓝鲸游船主机技术改造研究”、“内河船舶优化编队技术的推广应用”、“炮台湾水域风力发电研究”、“长江游船20/27发电机组燃用重质油研究”、“长江船舶轴带发电机研究”、“船舶运行节能智能装置研究”等节能降耗课题的研究。这些课题围绕建设绿色长航,推动集团可持续发展,紧扣节能降耗主题展开,项目研究成果取得了很好的经济和社会效益。其中“库区游船机桨匹配及运行参数优化研究”课题,使改造后的船舶在同等条件下每公里油耗降低了4%~6%;“蓝鲸游船主机技术改造研究”解决了蓝鲸轮长期冒黑烟的技术难题;“炮台湾水域风力发电研究”项目,基本实现了船舶24小时的生产、生活供电,在降低生产生活用油成本的同时,也减少了烟气的排放,同时还有效地改善了船员的工作和生活条件,项目得到上海市节能办公室的高度重视和大力支持。此外,由长航集团组织研发的“内河船舶优化编队技术的推广应用”等三个节能科技项目,被交通部评选为交通行业第一、二批节能典型示范项目在全国交通行业推广。通过大力开展技术节能、营运节能和管理节能创新工作,在降本增效方面取得了实效。

·新船型开发 以优化运力结构、推进船型标准化、提高运输主业核心竞争力为主攻方向,着力开展了新船型和新型运输方式的创新,始终把新船型开发作为科技创新的重要内容之一。先后研发和引进消化再创新了具有当代先进水平的系列船型10余种,涵盖了具有当代国际先进水平的30万吨VLCC到经过特殊改造的上海闽浦二桥钢箱梁专用驳船。其中8000吨无限航区杂货船首创了长航集团自主知识产权,创新项目完成后,已先后承接了4家船东共10艘8000吨干货船的设计,创造设计合同产值350万元。其中4艘由东风公司建造,为东风公司创造产值3亿元,率先开创了集团造船业从卖船台走向卖产品的尝试,创造了较好的经济和社会效益。长江4000吨、5000吨散货船填补了长江标准船型的空白、400TEU敞口集装箱船正在申请交通部标准船型系列;长航凤凰创新了5000吨散货船“一顶一”、散货船拖带驳船的运输方式,显著提高了船效、降低了成本。此外,提前开展了半冷半压大方量LNG等船型的研发,特别是组织开展的“武汉至北仑江海直达航线新型超浅吃水肥大经济船型开发与研究”课题,集中了长航集团内部的科研院所和外部的上海船研所、CCS、武汉理工大学等科技资源,从适应武汉新港建设发展规划及满足武钢进口矿石“三程变二程”运输的需要出发,结合长江航道的整治规划,大胆创新,突破了CCS现有规范宽深比不得大于2.5的限制。通过采用大宽深比(达3.08)、尺度和型线优化、有限元计算和结构优化、母型船实船测试等措施,有效解决了肥大型江海直达船舶的海上适航性、快速性、长江上的操纵性等多项技术难题;在减轻船舶自重的同时,保证了船舶的强度和刚度。该船最大的载重量达11280吨,年平均载量达9561吨,较现有江海直达船的最大年平均载量提高了10%以上,可大大降低在长江枯水季节的减载量,有效提高船舶效率。

·新产品开发　主要以新产品开发和传统产品提高科技含量为重点内容的创新工作,成功开发出大功率变频电机、变极调速电机、大功率电磁搅拌器、全数字直流调速D2L轮胎起重机、单臂架全回转起重机等新产品;投入研发的长江船舶轴带发电机正在进行最后攻关、船舶运行节能智能装置即将上船安装调试。这些新产品培育了工业新的经济增长点,显著提高了长航集团工业产品的市场占有率。随着世界造船工业向我国的转移,造船工业已经成为长航集团的重要支柱产业。不断加大支持运用现代信息技术、先进制造技术改造传统制造业的力度,是科技创新的主攻方向。特别是造船工业面临着要做大做强,迅速提升核心竞争力的关键时期,迫切需要通过科技创新为造船工业扩能技改和向现代造船模式转换提供强大的支撑和技术保障。先后完成了青山船厂蓄水坝、外江码头、10万吨级船台滑道、800吨斜船架、200吨船台小车、40吨绞车以及同步控制系统;金陵船厂10万吨、20万吨干船坞;江东船厂3万吨级船台滑道;东风船厂系列造船门机、400吨斜船架、万吨级船台滑道和控制系统的研究设计与工程施工。科技创新工作为造船工业实现跨越式发展提供了强大的支撑和技术保障,“二院一所”也通过创新工作培养了人才、锻炼了队伍、提高了水平、增强了实力。其中青山船厂蓄水坝的建设有效解决了长江中游造船不能长年下水的瓶颈、梳式滑道船舶下水偏斜检测与斜船架同步控制系统解决了大型船舶下水的业界难题,从而使青山船厂建造10万吨级船舶成为可能,为青山船厂加快实施“2111”工程提供了技术保障;10万吨、20万吨干船坞的建设投产,大大提升了金陵船厂的造船能力,对提升船舶工业的核心竞争力发挥重要作用;东风船厂万吨级船台滑道和控制系统的建设投产,彻底改变了东风船厂的生产面貌。

·造船模式转换　长航集团积极支持船舶重工各厂开展转换造船模式研究。其中宜昌船厂结合9000吨杂货船建造从上层建筑开始了积极探索,青山船厂结合舱口盖的生产先易后难取得了初步突破。这两个转换模项目在材料利用率、建造质量不断提高的同时,建造周期均有不同程度的下降,初步显示了按现代造船模式组织生产的较好效果,同时也更加坚定了职工转模的信心,为下一步深化转模工作积累了经验。

(长航集团　宋　颖)

【中国长航集团召开科技创新大会】　2007年2月8日至9日,长航集团在汉隆重召开科技创新大会,总结交流“十五”期以来集团科技创新工作成绩和经验,研究科技创新思路,部署集团“十一五”期科技创新任务,营造创新环境,促进升级转型,建设创新型企业集团。副总经理姚荣建做工作报告、集团党委副书记、工会主席肖汉良宣读表彰决定。国务院国资委领导陈义兵、高喜伟出席了大会,长航集团全体领导及所属各单位党政领导和分管科技工作的领导和科技进步奖获奖代表共108人参加了会议。

会议对“十五”期以来科技创新工作作了充分肯定。会议认为,“十五”期以来,广大科研工作者在集团资金困难,各方面支持有限的情况下,克服重重困难,服务于集团主业战略发展大方向,作出了较大贡献。一是服务并推动了主业发展。围绕航运产业出现的新船型、新机型、新队形等“五新”变化,重点开展了科技研发和推广运用,尤其是在船型研发方面,开发出江海直达散货船、新一代旅游船等10多种新船型,消化吸收了一批先进船型,许多已成为当前生产经营中的主力船型。二是支持并推动了节能降耗。以重油掺烧技术为核心的系列研究取得明显效益。“十五”期,集团运输船舶综合燃油单耗比“九五”期末降低了28%,重质燃料油使用比例达到58%,提高了25%,“十五”期共使用重质燃料油97万吨。通过各种技术节能措施,“十五”期共节约燃料费约10亿元。三是为提高并改善集团品牌形象发挥了重要作用。开展了达标认证工作;参与了部委科研课题研发;参与了行业标准制定;参与了军品研制等。与此同时,对“十一五”期科技创新工作面临的形势和科技工作的重要性进行了分析和强调。当今世界,跨国公司把争夺科技制高点作为企业发展的重点战略。通过进一步巩固其在科技创新方面的主导和强势地位,控制核心技术,形成垄断利益和竞争优势。因此,一个企业不管现在处于何种地位,如果不重视科技创新,都有可能面临被边缘化的威胁。面对国际航运技术呈现出的运输管理系统化、信息化、智能化、安全化,运输船舶标准化、专业化、高速化、大型化、节能化、环保化,造船技术数字化、模块集成化趋势;对照党中央、国务院及国资委关于中央企业是我国参与国际竞争的主导力量,有责任有义务做自主创新的表率,成为具有国际竞争力的大公司、大集团的要求,实现“世界内河第一、江海物流领先”的愿景目标。科技创新面临严峻的形势:公司的老旧船、小吨位船、经济性能较差的船还比较多,不少运力不适港、不适货的问题还比较严重;管理的系统化、信息化、智能化水平还比较低;造船技术还比较传统,落后装备、落后工艺还在广泛使用,设计、施工工艺、材料利用水平与先进企业尚有较大距离;高附加值产品不多,技术储备还很少,核心竞争力相对还比较弱。因此科技创新工作任务还十分繁重。广大科技创新工作者要牢记职责,不辱使命,创新理念,勇于开拓,为企业跨越式发展做出应有的贡献。

会议提出了“十一五”期集团科技创新工作的目标。总体目标是:基本建立符合“世界内河第一、江海物流领先”要求和适应集团科技发展规律的创新体系,紧密结合集团产业发展实际,健全科技创新体制机制,优化配置企业科技资源,构建集团节能和船型数字化研究实验基地,努力突破一批重大关键技术、重大装备技术、重大瓶颈技术问题,强化企业内外科技创新成果的转化、引进和应用,全面提升企业主营产业的科技含量,提高科技进步对集团经济增长的贡献率。

“十一五”期集团科技创新工作的具体目标是:

①长江船型开发达到国际内河先进水平,江海直达散货、沿海散货及集装箱、商品车滚装及化危品等船型具有领先优势;国际原油、国际散货、远洋商品车滚装等船型与发达国家同步。

②企业新产品开发、新技术的引进消化吸收再创新成果,自主知识产权及专利技术有重大突破,企业技术改造,技术进步达到行业领先水平。

③企业万元生产总值能耗不超过0.98吨标煤。其中运输船舶燃油综合单耗在3.60千克/千吨千米以下,工业万元生产总值能耗降至0.56吨标煤以下,工业企业资源的有效利用率达到85%以上。

④安全保障技术、一体化运输技术适应企业生产经营需要且有较强的应变能力。

⑤集团信息化系统及广域网初步建成,集团及其全资、控股企业完成财务管理、人力资源管理和办公自动化系统建设,集团决策管理、风险防范等技术有显著提高。

(长航集团　宋　颖)

【长航局全面推进科技工作】 2007年,长航局科技工作按照“需求引导、科学统筹、全面推进、重点突破”的基本方针,以构建长江航运科技创新体系为方向,以实施重大科技项目为突破,以建设创新型长江航运为目的,积极推进全局的科技工作。一是贯彻实施《建设创新型长江航运实施意见》。二是加强科技项目管理工作,规范管理行为。三是组织重大科技项目开发。四是整合科技资源,形成行业合力。五是加大对外合作与交流。

(长航局科教处　张红琼)

【长航局信息化采用渐进发展模式】 2007年,长航局信息化工作采用渐进发展模式。一是制定长江航运“十一五”规划实施方案,指导完成全年阶段任务。指导航运通信基础设施的建设,积极推进长江干线宽带高速数字传输网建设;加强指导协调,规范建设管理,建立完善各直属局电子政务网络,加快形成全长江干线统一的电子政务网络平台,以满足公文交换、政务交换、政务公开和公共服务需要;完善全局电子政务网络安全体系建设,加强对因特网的防护措施的建设;统一标准规范,开展长江电子航道图制作标准研究。二是加强管理,强化信息办职能。做好信息化“两基”工作,进一步完善长航局信息化工作统计分析报表制度;引导开展国内外信息化技术和管理交流活动,形成行业信息化工作联系和交流协调机制;推动长航局政府信息公开工作,建立健全信息公开制度,进行长航局综合门户网站群的筹建工作。三是整合资源,推进航运监管政务系统建设。加速公共基础数据资源整合,做好长航局信息资源规划的前期工作;统筹规划,做好长航局“长江干线水路管理和应急指挥信息系统平台”的前期准备工作。

(长航局科教处　张红琼)

【三峡局举办三峡船闸完建期主题征文活动】 2007年2月28日,为认真总结三峡船闸完建期通航管理工作取得的各项成绩,三峡局开展了一次以三峡船闸完建期工作为主题的征文活动。

征文内容主要围绕三峡船闸完建期通航管理重大事件的纪实回顾;典型人物特别是一线职工的先进事迹;管理问题的研究、思考和探讨;完建期各个阶段、各个方面工作的感想、体会;服务船方的做法及体会等6个方面。征文要求各处室、各单位领导要高度重视,精心组织,及早研究、布置工作。征文字数不限,体裁不限,标题自定。本次征文活动将邀请有关人员担任评委,评奖办法根据投稿情况制订。5月14日,三峡船闸完建期征文活动评选结束,并公布了获奖名单。

此次征文共收到各种类型征文85篇。经评委会评审,评出一等奖4名,二等奖8名,三等奖12名,优秀奖60名。征文分为管理与技术、人物与纪实、诗歌与散文三个类别,其中技术与管理类高雄撰写的《葛洲坝船闸计划性大修的创新问题》,陈冬元、冯小检、施惠丽、肖玉华等合写的《三峡船闸完建期通过能力专题》,人物与纪实类刘敏撰写的《“10·13”事故,新闻小组在行动——一次成功的新闻应急反应纪实》,诗歌与散文类徐祖亮撰写的《三峡船闸单线运行叙事》等4篇获得一等奖;计玉健、陈冬元、冯小检合写的《三峡船闸完建期通过能力分析》,彭新颜撰写的《“心中有船自然手中无权”——记身边的共产党员袁德荣》、余家胜撰写的《我们的目的一定能够达到——写在三峡船闸完建期通航结束之际》等8篇获得二等奖;吴冰撰写的《三峡156蓄水及三峡船闸完建期通航秩序保障的启示与思考》,肖一、刘 敏合写的《为过坝船舶营建一个安全港湾》,王晓春撰写的《母亲的电话》等12篇获得三等奖。

(三峡局　何　宁)

【中长燃国内水上首套油料库存管理监测系统通过验收】 2007年6月,国内水上首套油料库存监测系统在中长燃镇江公司仪征加油站通过验收。这套系统是中长燃公司与武汉东方金太阳科技发展公司共同开发的。交通部科教司副司长李祖平、湖北省质检局副局长卢其源、湖北省质监局测试中心主任游建军、长航集团副总经理姚荣建等参加了验收。监测管理软件系统分为两大部分:现场自动计量程序和联网监控程序。即在船舱开一孔,安装一磁质伸缩液位仪。通过液位传感器发出信号,实现计算机无线上网,不间断扫描,实现精确的无人值守自动测量或人工设定自动报警,以实现物流配送的智能化。其主要功能是,可实时测量各舱的油位、温度、吃水差,同时统计出各舱总的体积、质量,以直观的图形方式显示于界面。油位波动曲线,可以查看各舱位的进出油情况,将以前与客户共同测舱由原来的半小时缩短为5分钟,用户经授权可随时查询库存数。

这套库存检测系统经过两年多的应用,运行情况比较稳定,已在中长燃所属芜湖、武汉、重庆分公司推广,被中国长航集团授予科技进步二等奖。

(中长燃公司　洪向荣)

【上海公司获得“ATB铰接装置”发明专利证书】 2007年1月23日,上海公司收到国家知识产权局下发的关于“顶推船队铰接装置”的授权通知。该项具有自主知识产权的国家发明专利获批准,标志着作为上海市“科教兴市”首批29个启动项目之一的ATB项目,在产业化道路上有了重大进展。

2005年11月底,上海公司开辟洋山港“穿梭巴士”航线以来,先后投入了2组共4艘ATB船舶。经过一年多的营运,ATB船舶技术的先进性和实用性都得到了广泛好评。“顶推船队铰接装置”作为ATB的关键技术,使得推轮和驳船间的连接十分便捷,成为了洋山港的一道独特"风景线"。

上海公司于2005年3月3日向国家知识产权局申请了铰接装置的发明专利,同年5月20日得到国家知识产权局初步审查合格通知书。由于专利审查有一整套审批程序,一般发明专利从申请开始到获得批准一般需要3年以上。公司领导十分重视,通过科技中心全体人员的共同努力,仅用了1年多时间就顺利获得了专利。由于ATB的铰接装置不仅可以应用在集装箱推驳运输上,而且可以推广到石油、化学品、矿石、煤炭的推驳运输上,因此运输行业对ATB的铰接装置的需求量相当大。随着铰接装置的不断推广应用,将为ATB项目进入产业化阶段奠定坚实的基础,必定会给公司带来更多的经济效益和社会效益。

(上海公司　宣传部)

【上海市航务处科技工作主要成果】 2007年,上海市航务处(上海市地方海事局)加大科技研发力度,主要成果有:

·与上海海事大学共同完成"上海内河航务与地方海事数字化管理研究"课题。该课题提出基于上海市港口管理局安全日常监管与应急指挥平台框架下以航务管理和海事管理为重点的"一个数据中心和两个综合系统"的架构方案和详细的需求分析,对RFID技术和移动政务技术在上海内河航务与地方海事管理中的应用模式进行了探索性的研究,并开发出原型系统。专家组认为,课题研究调研充分,设计思路清晰,技术路线合理,功能目标具体,实施操作性强,紧扣当前上海内河航务与地方海事迫切需要解决的问题,对下一步上海内河航务与地方海事的信息化建设具有现实的指导意义。

·与上海海事大学共同完成《上海市航务管理处(地方海事局)内河航务信息化建设与管理标准体系研究》。为规范海事信息资源的开发利用,促进内河航务信息系统间及与外部信息系统在统一数据规范和交换标准下的互通互联,更好地实现信息资源的整合与共享。该课题提出解决方案,制定海事信息基础数据元标准。标准规定了海事信息管理中的通用性数据元,共分为区县、规费、运输、通航、装备、船员、船检7个业务领域,共有基础数据元1504项。与此同时,广泛参考了相关规范、标准和文件,制订了科学、合理的数据元标准和规范;所有数据都经过认真调研后获得,充分考虑了数据的来源、准确性、完整性和冗余性,分类科学、合理。课题研究为今后规范海事信息资源的开发利用,促进内河航务信息系统间及与外部信息系统在统一数据规范和交换标准下的互通互联,更好地实现信息资源的整合与共享提供了基本保证,减少二次开发成本。

·完成"上海市内河岸线使用费征收模式研究"课题。该课题对内河岸线的现状、特点、趋势、以及存在的困难等方面进行较全面的研究,提出对策措施,制订政策框架,同时对内河岸线使用费调整的必要性、目的、现实收费标准预期及企业承受能力等诸多方面进行分析论证。旨在为加强上海市内河岸线资源的管理和配置,利用经济手段调节岸线稀缺资源的市场供求关系,促进内河航道岸线的合理有效使用。课题对上海市内河航道岸线使用费的征收方案作如下调整:费率标准由两部分构成:(1)基准价格;(2)所核定使用岸线的加权系数(依据航道等级系数α和岸线功能系数β来确定)。岸线使用费每年计征标准为:

基准价格×加权系数×岸线使用长度

岸线使用费P(年)=基准价格$P_0*(\alpha+\beta)*$岸线长度

专家组认为,研究报告达到了研究规划的要求,课题资料翔实、充分,逻辑严密。研究报告对内河岸线的现状、特点、趋势、以及存在的困难等方面进行了较为全面的研究,提出了对策措施,制订了政策框架,对内河岸线资源的有效利用有积极的作用。同时对内河岸线费调整的必要性、调价的目的、现实收费标准预期及企业承受能力等诸多方面进行了分析论证,内容翔实,实际操作性较强,对行政管理部门制定相关收费政策具有一定的参考价值。

(上海市局　王　涛　龚申庆)

【"浙江省水路交通综合执法研究"课题通过验收】 2007年10月9日,《浙江省水路交通综合执法研究》课题通过省交通厅验收。课题基于地方海事、港口行政、水路运政、航道航政、船舶检验五合一管理体制下,研究如何理顺管理体制,有效整合执法资源,逐步建立法规授权的执法体系。

课题报告在深入分析浙江省水路交通管理现

状的基础上,借鉴国外交通执法实践和城管、税务、农业以及重庆、广东、湖北交通综合执法的实践经验,提出浙江省水路交通综合执法的模式选择,并按照改革的深度、广度的不同,提出了2个方案。同时,分内河和沿海提出了推行水路交通综合执法模式的保障措施及对策建议。

(浙江省局 陈建光)

【《江苏省航道债务风险、负债能力及投融资对策研究》通过评审】 2007年8月9日下午,江苏省交通厅航道局在南京召开"江苏省航道债务风险、负债能力及投融资对策研究"课题评审会,就目前江苏航道在加快建设、加速发展的大背景下,如何有效降低债务风险、增强负债能力、解决资金不足等问题进行了深入探讨和研究。省交通厅党组书记、厅长潘永和,厅党组副书记、副厅长杨根林,省物价局副局长李春林,以及省财政厅和省物价局等部门的负责同志出席会议,省交通厅航道局局长董文虎主持会议。

与会代表对由省交通厅航道局组织、江苏苏盛工程咨询有限公司具体承担的"江苏省航道债务风险、负债能力及投融资对策研究"课题成果给予了高度评价。认为课题研究的思路和目标不仅仅是解决航道投融资的问题,更重要的是体现了江苏交通在新一轮发展中贯彻落实科学发展观的自觉性和坚定性,对今后解决航道建设资金不足、推动航道事业大跨越、实现江苏各种交通运输方式的协调将会发挥重要作用。同时还就下一阶段如何充分结合江苏的省情,进一步深化研究水运的优越性、经济性、重要性及加快发展的紧迫性,进一步加大力度深层次思考创新融资方式、提升工程功能、加强社会宣传等问题提出了建议。潘永和在会上作了重要讲话,指出课题必须使用好并真正发挥好作用,重点在进一步加大力度争取省级财政投入、争取国家对江苏水运建设的支持、调动地方政府建设航道的积极性、调整航道规费征收标准、优化银行贷款结构、创新航道投融资方式、吸引社会资金进入等方面取得突破,使软课题发挥硬作用,为到2020年在全省全面实现建成"两纵四横"3455公里高等级干线航道网提供强力支撑。

(江苏省局 徐秋敏)

【江苏省"航道巡航数字监视系统"成功通过测试】 2007年,江苏省航道局常州处"航道巡航数字监视系统"(以下简称系统)接受了验收(评审)委员会专家组的测试。专家组按测试大纲要求对其主要功能、性能、技术数据等方面详细进行了测试,测试结果符合设计要求。自系统试运行一年多来,常州市航政管理人员已利用系统进行了航道巡航管理2万余公里,发现处理各类违章60余起,发现驳岸坍塌、栏杆断裂、标志标牌损坏等各类情况80余起,为科学管理航道提供了第一手资料。

(江苏省局 常州处)

【江苏省"南通市地主型港口模式研究"获中国港口科技进步奖】 2007年12月11日,从中国港口协会获悉,"南通市地主型港口模式研究"成果获中国港口科技进步二等奖。中国港口科技进步奖是经国家科技部批准的全国性奖项,主要用以奖励港口领域在科学研究、技术创新开发、科技成果推广应用、实现高新技术产业化等方面取得成果或做出贡献的个人、组织。

"南通市地主型港口模式研究"自2002年开始,经过多年探索,特别是通吕码头建设,开全国地主型码头建设实践之先河,为地主港研究提供了具体成果。通吕码头成功建设以后,南通又把地主型港口研究成果推广到洋口港开发建设和横港沙整治之中,在全国港口界产生了很大影响。这次评选的科技进步奖是我国港口科技界的最高奖项,参加评审会的有工程院院士和全国港口系统资深专家29人,评审委员会主任由著名劳模包起帆担任。"南通市实行地主型港口模式研究"由施伯香等人撰写,经过申报、评审、答辩等严格程序后,最终获奖。

(南通市局 孙学明)

【安徽省航海学会研制的"船舶超载报警器"获国家级专利证书】 列入《安徽861计划·交通科技通达计划》的"船舶超载报警器"课题,是由安徽省航海学会组织专家承担研制的。经过"理论探讨、设计制作、反复调试、安装动作"4个阶段,经安徽省交通厅组织专家验收通过。

2006年,产品进行专利申报。依照中华人民共和国专利法规定,经过申报、审查和验核等一系列程序,于2007年上半年由中华人民共和国国家知识产权局授予专利权,发放《实用新型专利证书》,其证书号为第860551号。

(安徽省航海学会)

【江西省航务局提升科技管理水平】 2007年,江西省航务局加大科技投入力度,积极运用先进支撑手段努力创新航务管理工作,并由此取得了良好成效。一是建成航道水文测报系统。对赣江水位变化情况进行实时测报,为迎战特枯水位年确保安全通航提供了重要的决策信息。二是开展《航电枢纽坝下非衔接河段通航技术问题》等重要课题的研究。三是研发了地理信息系统(CIS),已在赣江航道整治规划、设计与管理维护等项工作中得到运用,进而为江西“数字航道”建设起到了示范推动作用。四是完成江西航务局域网建设,并以此为依托积极推动实施船舶“一卡通”为重点的信息化工程。五是进行以省水上搜救中心、鄱阳湖分中心、赣江樟树至湖口VHF安全通讯和CCTV视频监控系统工程的可行性研究。六是自主研发更适合内河航行的6.8米铝质高速执法艇。

(江西省局　张兆平)

【江西省交通厅领导视察106TEU集装箱船建造现场】 2007年5月29日上午,江西省交通厅科教处处长喻雪峰在省航运局科技科同志的陪同下,到江西造船有限责任公司106TEU集装箱船建造现场进行视察。江西省首艘在江西造船有限责任公司建造的106TEU集装箱船已在船台上展露雄姿,并于6月初下水。此船根据江西省集装箱标准船型图册建造,为省交通科技项目。

这次省厅科教处喻处长一行到船厂视察,详细询问和了解了船舶建造情况,并提出了指导意见。江西造船有限责任公司表示,要把这艘集装箱船建造成样板船,为今后建造更多更好的标准船型集装箱船积累经验,为发展江西水上集装箱运输出力。

(江西省局　平关正　杨　辉)

【南昌市港航处加强信息化建设】 2007年,南昌市港航处加大港航管理信息化建设力度。一是开展信息化调研及其他工作,收集、整理港航信息化工作经验材料。二是对“南昌港航信息网”进行改版,修订完善《南昌港航信息管理办法》。三是对管理人员进行技能操作培训,提高计算机运用水平,着力建设一支懂技术、懂业务、懂管理的信息化管理队伍。四是实现港航信息化的管理,进一步提高港航管理部门和服务水平,推动全市港航事业发展。

(江西省局　熊晓燕　杨　辉)

【湖北省港航科技工作】 2007年,湖北港航围绕“三个服务”开展科技工作,充分发挥水运运距长、成本低、运量大、污染小的优势,在运力需求不断增长的情况下,努力探索节能降耗、环境保护的新途径,为构建湖北“和谐水运”作出了贡献。全年共承担8项科技项目,其中6项是跨转项目,2项是新立项目。

·续研项目　①“三峡库区港口高边坡稳定性研究与防护新方法”项目已于2006年完成全部研究及现场观测工作,2007年上半年主要是对结题资料进行整理。②由省港航局和武汉理工大学共同承担的“湖北省水运振兴工程实施战略规划研究”课题,于2007年6月份完成了最后定稿。③“汉江丹江口至襄樊段航道整治技术研究”项目,2007年内主要是进行后期资料整理,准备鉴定资料。④由航道处承担的“现代管理信息技术在项目群管理中的应用研究”课题,在开发过程中航道处结合施工中出现的问题,对合同进行了一些修改,使项目研究成果更贴近工程。⑤继续开展“天然气燃料在湖北省三峡库区标准船型上应用研究”工作。课题2007年完成了省内调研及在武汉理工大学实验室的全部工作,将于2008年上半年结题。⑥协助宜昌新高湖造船有限公司、华中科技大学开展“三峡库区旅游滚装船研制”工作。课题在2006年年底就完成了全部施工设计。

·新立项目　①“湖北省现役船舶绿色指标体系建立和实施建议”。课题合作单位为武汉理工大学。研究内容:如何评价船舶的环境性能,从而采取有效措施减小船舶污染,指导新船设计,是当今急需解决的问题。课题以湖北省现役船舶为对象,分析绿色船舶基本要素,建立绿色船舶评价指标体系,客观地评价现役船舶的环保性能,同时也为绿色指标体系在现役船舶中的实施提出建议。②“三峡库区运输船综合节能技术研究”。课题合作单位为华中科技大学。研究内容:包括低阻高效节能船型的研发,船体节能技术的综合作用,中高速柴油机应用低质燃油、多种燃料研究,全船热能集中控管的节能技术研究。课题主要用于内河货物运输船舶以及类似的内河中小型客滚船。

两个课题均符合国家"十一五"规划中提出的节能减排目标要求。若研发成功,对湖北省的水路交通运输企业的节能减排工作将起到推动作用。但2007年科研经费没有批准,两个课题均未正式启动。

·鉴定项目①"三峡库区港口高边坡稳定性研究与防护新方法"课题于2007年4月29日通过湖北省科技厅组织成果鉴定会。与会专家一致认为:项目的研究成果总体上达到了国际先进水平;香根草植被与加筋土相结合的边坡防护技术在港口边坡实践应用中经济和社会效益显著,具有良好的推广应用前景。并建议对试验工程进行连续观测,对香根草的长期生存条件开展进一步的研究。②2007年6月11日,省交通厅主持召开了"湖北省'水运振兴工程'实施战略规划研究"软科学研究成果验收会。与会专家认为课题在分析湖北省水运振兴工程实施的外部环境和内部条件的基础上,借鉴国内外水运发展的经验,对湖北省水运振兴工程的内涵和具体工作内容进行了解析,从航道、港口、运力、市场结构、支持保障体系和武汉航运中心建设等6个方面,对湖北省水运振兴工程实施的战略规划进行了系统的研究,研究成果可供相关决策部门参考。并建议:进一步深化湖北省水运发展的软环境研究和进一步加强研究环保要求与航运决策之间的关系。③"汉江丹江口至襄樊段航道整治技术研究"项目于2007年12月8日通过了交通部科教司在武汉组织的技术鉴定。与会专家一致同意项目提出的五个创新点:一是提出来沙量、径流过程和河床形态是影响枢纽下游河段河流再造床过程最重要的特征因子,提出了不同类型坝下河段中河道纵横向调整的特点与规律;二是通过对近坝河段泥沙输移规律的分析,结合本河段实测资料,建立了适用于宽级配冲刷过程的推移质输沙率公式;三是针对枢纽下游过坝径流调节段日调节不稳定流的影响,提出近坝段采用波谷水位保证率法推求设计最低通航水位的新方法;四是在对比分析不同整治线宽度计算方法的基础上,结合实测资料,建立了整治线宽度半经验半理论计算公式和经验公式;五是采用原型试验方法,结合丘陵河段河床组成特点,提出了卵石河床航道整治建筑物新坝体结构。

专家们同时认为,项目的研究成果总体上达到了国内领先水平,丰富了航道整治的相关理论,实践应用中经济和社会效益显著,具有良好的推广应用前景。最后专家建议:继续对依托工程跟踪观测,进一步深化研究。

(湖北省船舶检验处)

【武汉市局行政效能和基础管理有了进一步提高】 2007年,武汉市港航局建立行政效能电子监察系统,实行高效、统一的行政审批模式,变"事后监督"为"过程监督",进一步提高行政效能。

一是依法清理公布水路交通行政审批(许可)事项和纳入并联审批范围的行政许可项目,实现所有水路交通行政审批(许可)项目一个"窗口"统一受理。二是进一步理顺和优化行政审批内部流转程序,重新修改制作了行政审批(许可)流转单。三是全面清理港口、航道、航运、海事、船检等执法依据,对带有自由裁量权的行政处罚项目进行细分量化,规范了实施权限和程序。四是全面推进财务管理、票据管理电算化,编制出台了应用会计分录规范。五是积极探索和尝试科学办事的新路子,初步搭建了法律、技术、商务3个智力支持系统,取得了良好效果。

(武汉市局　喻　慧)

【湖南省局加大对科技项目投入】 2007年,湖南省航务局承担、参与部厅级科技项目4个,共投入225万元。

"沅水航运开发技术研究"和"地理信息系统在湖南干线航道管理中的应用研究",已通过西部中心和省厅的鉴定验收,这2个项目的研究成果均达到国际先进水平。此外,重点开展了GPS在湖南省干线航道上的推广应用。完成了重要干线航道GPS控制网的布设,并继续开展省局自行研制开发的"内河新型单船标"推广工作。

(湖南省局　蒋龙平)

【云南省局加大水运交通建设科研项目的投入】 2007年,云南省航务局水运科技工作按照"云南省水运科技'十一五'规划及信息化规划"的要求,加大水运科教投入。

全年共新增项目3项,总经费为806万元,共落实科研经费1076万元。信息化建设方面,集中力量优化已建项目。完成了财务R9、卡巴斯基、船检管理系统的建设,并保证其正常运转;继续开发、改进、完善澜沧江船舶监管系统的建设,保证其在下一步项目实施时的正常使用。同时,积极研发符合云南省实际的全省船员管理系统、船舶管理系统、通航管理系统等,逐步建设、完善覆盖云南省的航务、海事网络业务系统。

(云南省局 马翠德)

【云南省局"科教兴水"取得好成绩】 2007年,云南省按照"云南省水运科技'十一五'规划及信息化规划"的要求,把握机遇,想方设法筹集资金,增加科技投入。

一是结合水运建设重点,积极组织水运科研项目的申报、立项及经费筹措。二是信息化建设发展迅速。集中精力、优化已建项目,与基础网络硬件平台建设,实现了正常运转。并且继续开发、完善了澜沧江船舶监管系统、船舶管理系统、通航管理系统,航务、海事网络业务系统的建设,保障了航行安全。三是教育培训取得较好成绩。从实际出发,申报教育培训项目14个,其中11个已获得立项。全年培训各类人员378人次。首批完成了免费为郑和家乡培养10名优秀学生的招生入学工作。

(云南省局 马翠德)

【贵州省水规所完成的主要科研项目】 2007年,贵州顺达水规所完成的项目主要有:

·天生桥库区港口建设工程勘察设计合同,修建永和、巴结、白云、未罗兰、红椿五个码头、七个泊位。

·大乌江桥区水下地形测量。

·铜仁地区航运发展规划。

·乡镇渡口勘察设计。

·泸州港古蔺港区财湾作业区航道影响论证研究报告。

·赤水市葫市、丙安、复兴、陛诏四座大桥桥梁通航净空尺度及技术要求论证研究报告。

·息烽县顺江码头可行性研究报告及测量。

·沙三货运码头建设工程测量、设计。

·遵义县乌江镇客运码头、铁厂镇三星货运码头工程。

·修文县、金沙县海马大桥桥梁通航净空尺度及技术要求论证研究报告。

·六枝毛口码头建设工程测量设计。

·西南水运出海中线通道南盘江、北盘江、红水河航运建设工程勘察测量及初步设计和施工图设计,建设500吨级港口码头8个,共15个泊位。

(贵州省局 蒋 恒)

【贵州省"龙滩库区航运建设工程关键技术研究"立项】 研究项目依托工程为"西南水运出海中线通道南盘江、北盘江、红水河(贵州段)航运建设工程",工程是西南地区水运出海的中线通道。红水河龙滩水电枢纽为我国目前在建的仅次于长江三峡的大型水电工程,是一座以发电为主,兼有防洪和航运等综合效益,并且远期具有多年调节能力水利枢纽。

枢纽于2001年开工,其下游碍航闸坝过船设施的建设也全面展开,2009年将实现红水河全面复航的目标,从而使西南水运出海通道中线成为贵州连接两广最便捷的水上通道。它的建成将极大地改善贵州省的交通运输环境,并有力地推动流域资源开发及经济发展。龙滩枢纽的建设,为发展枢纽上游"两江一河"航运创造了有利条件。通过利用库区常年回水区,整治枢纽变动回水区,可以提高龙滩库区航道等级,实现国家规划。贵州省交通厅开展的"两江一河(贵州段)航运建设工程"前期工作中,存在较为棘手的技术问题,至今还没有很好地解决。为适应工程建设的需要,针对设计和建设部门急需解决关键技术问题,贵州省交通厅为此向交通部申请西部项目"龙滩库区航运建设工程关键技术研究"进行研究,予以解决。交通部西部交通建设科技项目管理中心将上述科研项目列入2008年度计划,选择合适的科研单位进行研究,为工程建设提供技术支持。

(贵州省局 肖 敏)

【西部交通建设科技项目"乌江构皮滩枢纽通航关键技术研究"的可行性研究报告】 乌江发源于贵州乌蒙山区,横穿贵州省中部,在东北出境入重庆市,在涪陵汇入长江,全长1037公里,总落差2124

米,流域面积 87920 米^2。多年平均流量为 1693 米^3/秒,多年平均径流量 534×108 米^3。贵州是资源性经济省份,境内煤、磷等矿产资源需大量外运至长江中下游经济发达地区,沿江两岸的生产生活资料也需通过乌江运入,迫切需要打通乌江航道。现在水电部门选择升船机作为通航建筑物,构皮滩拟采用三级提升,第一和第二级为 75 米,第三级为 50 米,较大的提升高度且采用多级,对升船机的设备、管理等提出了很高的要求。特别是各级之间的连接问题(水力学问题),如何在设备选型、设计、管理等诸多方面提出航运部门的要求,以确保建成的升船机能够正常的运行,是一个迫切需要解决的问题。同时,现在的通航建筑物平面布置能否确保船舶顺利进、出升船机机箱也是一项极为重要的研究课题,因为工程已经开工,所以需尽快开展工作,抓紧研究,提出解决方案。

本项目研究是依托“乌江构皮滩枢纽通航建筑物建设工程”,为解决西部地区水运工程建设中的技术难题开展,具有广阔的市场前景。其形成的科技成果直接为工程建设和航道维护管理服务。通过本项目的研究,取得创新性的研究成果,仅为解决乌江构皮滩枢纽通航建筑物建设发挥积极作用;同时通过研究成果的推广应用,为解决我国通航河流航道梯级开发作出贡献。

(贵州省局　肖　敏)

【贵州省《乌江构皮滩水电站通航建筑物水运量预测报告》】 乌江是贵州省规划的北上入长江水运出省通道,也是国家规划的“两横一纵两网十八支线”内河高等级航道之一。随着乌江干流水电梯级的全面开发建设,为建设乌江四级航道提供了基本条件;与此同时,水电梯级通航建筑物的通过能力也成为能否支撑航运发展的至关因素。科学合理地确定各水电梯级通航建筑物的设计通过能力,将对航运发展起到积极的促进作用,从而带动流域经济持续发展,使乌江成为一条连接黔渝、通长江达东海的黄金水运通道。受天然陡滩阻断,构皮滩建设前乌江航道只能抵达马洛渡(构皮滩上 10 余公里处)。但乌江流域丰富的矿产资源,多集中分布在构皮滩水电站以上腹地;只有构皮滩水电站建设通航设施才能使Ⅳ级航道向上伸入连接,发挥出乌江航运的优势。自构皮滩水电站启动前期工作和开工建设以来,其通航设施一直处于缓建状态,相关的勘察设计工作没有同步进行;至 2005 年 11 月国家发改委要求同步建设通航建筑物后,通航建筑物的勘察设计工作才得以全面开展。

贵州省航务局为科学准确的预测乌江构皮滩水路运量过坝需求,成立专题组对构皮滩过坝运量的研究预测。课题组从 2006 年 7 月开展研究工作,多次深入构皮滩库区所涉及的各市(州)、县和乡镇调查,了解企业生产运输和发展规划,广泛收集各种最新的情况和资料。通过一年时间的调查研究,作出较符合客观实际和发展方向的构皮滩水电站过坝水路运量需求预测,供有关部门和设计单位参考。

(贵州省局　肖　敏)

【四川省船舶标准化工作稳步进行】 2007 年,四川省航务局为进一步提高全省客渡船安全技术性能,组织研发了 20、40、60 客位标准船型;并根据全省江河较多、航道等级差别较大的特点,开发出 10 种简统船型,并将图纸免费发放给各市、州。乐山、宜宾、泸州船检处等单位设计了 200、300、500、800、1000、1500、2000 吨级干散货船,泸州船检处设计的 200、300、400、500、600、800 吨级自卸船通过评审。标准船型是为全省逐步统一和规范自卸船的标准而推出的。

(四川省局　李重毅)

【西部交通建设科技项目“电子数据交换技术在西部地区的推广和应用”通过验收】 2007 年 5 月 18 日,西部交通建设科技项目“电子数据交换技术在西部地区的推广和应用”项目顺利通过验收。

项目分为 4 个专题,陕西省航运局负责专题二(暨海←→公集装箱联运 EDI(示范)系统研究和开发)。经过工程可行性研究、初步设计和系统集成建设、运行环境测试等工作,网络运行平台(一期)已于 2006 年初建成,目前已和天津港 EDI 实现了信息传输交换。系统的建成打通了西部内陆省份与沿海开放口岸之间集装箱运输的信息通道,对于改善陕西的投资环境和口岸环境,吸引客户,促进经济发展,有着积极的意义。

(陕西省局　余红梅)

【陕西省局航运科技成果】 2007 年,陕西省航运局科技结硕果。一是在《全省“十一五”水路交通发展规划》的基础上开展了专项规划的编写,完成了《陕西省海事发展纲要》、《陕西航运海事“十一五”信息化发展规划》和《陕西省“十一五”水运科技发展规划》等3项专项规划。对安康、汉中、商洛、榆林、延安、渭南、宝鸡等7市的渡口分布和基本情况进行全面调查,形成了2008年至2010年渡口改造规划。二是重点完成西部交通科研项目“汉江(陕西段)航运关键技术研究”的项目登记和申报评奖工作。项目总课题获中国航海学会科技三等奖,子课题“汉江通航建筑物选型及平面布置研究”获陕西省人民政府科学技术二等奖。参与研究的西部交通建设科技项目“电子数据交换技术在西部地区的推广和应用”,通过专家组验收。“紫阳港初步设计”和“安康瀛湖库区船型主尺度系列研究”已顺利完成。三是稳步推进航运海事信息化工作。在安康瀛湖库区开展“汉江航行安全保障综合信息系统”推广应用的前期调研工作,初步开发完成省局机关办公自动化系统,相关技术应用培训工作已全面展开。与此同时,航运海事网站管理得到加强。信息化设备不断更新和完善,利用信息化手段进行沟通交流的能力逐步增强。四是由陕西省航运局承担的西部交通科技项目“汉江(陕西段)航运关键技术研究”,获中国航海学会科学技术三等奖。

(陕西省局 余红梅)

【甘肃省局开展以水路交通行业信息化为重点的科研项目】 2007年,甘肃省水路交通科研坚持以科学发展观为指导,落实“三个服务”,贯彻省交通厅《甘肃省交通信息化中期发展规划》精神,本着“统筹协调、分步实施、需求导向、面向服务、整合资源、强化创新”的原则,加强组织领导和规划指导,加大信息化基础设施建设,有效利用和整合现有资源,加快人员培训,为全省水路交通发展服务。为此,甘肃省水运局成立了信息中心,编写了《甘肃省水路交通信息化发展规划》、《全省水路交通信息化建设方案与资金预算》等,修改了《甘肃省交通信息化中期发展规划(征求意见稿)》,完成了《甘肃省重点水域船舶控制信息化规划研究》可行性研究报告。此外,开展了《甘肃省内河水运发展规划》、“甘肃省高速船、滚装船市场调查及管理对策研究课题”和“甘肃省公路渡口码头建设标准研究”等科研项目,在“科技兴安”的道路上迈出坚实步伐。

(甘肃省局 陈长春)

【“三峡库区通航支流船舶定线制应用研究”通过验收】 2007年12月28日,重庆市交委就重庆市港航局承担的“三峡库区通航支流船舶定线制应用研究”项目召开了验收会。项目总结了国内外船舶定线制的建立和运用情况,研究了三峡库区通航支流船舶定线制应用的必要性和可行性;按照国际海事组织关于船舶定线制的设计规范和标准,对三峡库区通航支流船舶定线制的设计原则和基本方法进行了探索和研究;提出了三峡库区通航支流船舶定线制应用具体方案《大宁河分边航行规则》。

经过审查,与会专家一致认为,该项目的研究成果填补了国内支小河流船舶定线制应用研究的一项空白,对乌江、嘉陵江等主要通航支流实施船舶定线制具有一定的指导意义和推广价值,同意验收。

(重庆市局 杨 明)

【“内河标准电子航道图生成技术及显示处理引擎研究”通过验收】 2007年10月11日,重庆市交委组织召开会议,对市港航局承担的“内河标准电子航道图生成技术及显示处理引擎研究”项目进行验收。会议由市交委科技处处长蒙华主持,参加会议的有市交委、市港航局、大连海事大学等单位的领导和代表,并特邀了上海海事局海测大队、海军出版社、交通部科学研究院、长江航务管理局、长江航道局等单位的专家。

与会专家经过认真评议,认为项目取得了多方面的创新性成果,实用性强,功能完善,所开展的研究工作具有重要的理论意义和应用价值,项目成果达到了国际先进水平,并一致同意通过验收。

(重庆市局 余荣华)

【《重庆市航运信息化发展规划》通过审查】 2007年7月12日,重庆市交委组织对交通部规划研究院编制的《重庆市航运信息化发展规划》(以下简称“规划”)进行了审查。会议由市交委计划处副处长李建明主持。参加会议的有市交委、市港航局、交规院等单位的领导和代表,以及重庆交通大学、重庆大学、交通部水运科学研究院、上海市地方海事局等单位的7位专家。

经过评议,与会专家认为《规划》内容全面,资料翔实,论证充分,方案合理可行,能够满足重庆航运信息化发展的需要,可作为今后一段时期重庆航运信息化发展、建设和管理的指导性文件,一致通过《规划》的评审。

(重庆市局　余荣华)

【重庆市局科技创新能力得到新提高】 2007年,重庆市港航局科技创新能力得到不断提高。一是积极申报、承担交通部西部交通建设科技项目,完成了“乌江航运建设关键技术研究”,其成果已应用于乌江银盘航电枢纽工程。积极参与“西部内河电子航道图标准技术研究”、“川江及三峡库区水上交通安全应急指挥系统关键技术研究”、“‘北斗二号’交通综合应用示范工程船舶应用示范系统”等6项重大科技研究。二是积极申报、承担地方交通建设科技项目,完成了“重庆市水上交通管理监控系统”、“重庆市港航综合信息管理系统”等6项开发研究及应用。正在推广“重庆市航标遥测遥控系统”、“重庆市船舶检验管理信息系统”、“重庆市港口危险品作业申报管理系统”等4项应用系统。三是积极开展船舶节能环保新技术以及新船型的研究和推广应用,建立了航运电子政务门户网站——重庆航运网,为实现网上申报、网上受理、网上查询等功能,提高全市航运信息化水平打下了坚实的基础。

(重庆市局　彭然红)

【重庆市局水上交通管理监控系统获重庆市交通科技一等奖】 2007年3月2日,重庆市公路学会公布了2006年度重庆市交通科技奖获奖名单,由重庆市港航局组织建设的重庆市水上交通管理监控系统获得了一等奖。

(重庆市局　彭然红)

【重庆市封闭水域人力木质标准客渡船评审会在江津召开】 2007年5月30日,重庆市封闭水域人力木质标准客渡船评审会在江津召开。人力木质客渡船标准化是重庆市港航局在总结3年多来客渡船标准化改造工作的基础上,着手实施的又一项便民工程。

该项工程从2006年开始实施,经过调查摸底、认真分析,组织开发了8、16、18、20、28客位5种人力木质客渡船船型,并于2007年2月底开始在巴南、江津两地投放了2艘试验船舶,使用情况良好。专家组在认真听取了有关汇报,并现场参观和了解了试验船舶使用情况后,一致对开发的5种船型给予了肯定,并建议完善后作为重庆市封闭水域人力木质标准客渡船船型予以公布。

(重庆市局　周日兴)

·院校概况·

【上海海事大学】 上海事大学是一所以航运技术、经济与管理为特色,具有工学、管理学、经济学、法学、文学和理学等学科门类的多科性大学。

学校设有2个博士后科研流动站,1个一级学科博士点,7个二级学科博士点,2个一级学科硕士学位授权点,28个二级学科硕士学位授权点,3个专业硕士点(MBA、EMBA;工程硕士,包括8个工程硕士专业学位授权领域;法律硕士),42个本科专业,15个高职专业。拥有集装箱供应链技术教育部工程研究中心、航运技术与控制工程交通行业重点实验室、教育部科技查新工作站、上海市普通高校人文社会科学重点研究基地-上海海事大学海商法研究中心、上海航运物流信息工程技术研究中心、上海市社会科学创新研究基地等省部级重点研究基地。上海国际航运研究中心挂靠学校。现有1个国家重点(培育)学科(交通运输规划与管理),3个国家级特色专业(航海技术、物流管理、机械设计制造及其自动化),6个部市级重点学科(交通运输规划与管理、载运工具运用工程、轮机工程、港航电力传动与控制工程、物流工程与管理、管理科学与工程),10个上海市本科教育高地。设有水上训练中心,拥有万吨级“育锋”教学实习船,“天鹰”、“天琴”两艘无限航区远洋训练帆艇及29艘水上训练艇。实行校、院二级管理体制,现设有商船学院、交通运输学院、经济管理学院、物流工程学院、信息工程学院、外国语学院、海洋环境与工程学院、法学院、中荷机电工程学院、文理学院和徐悲鸿艺术学院等二级办学部门。在近900名专任教师中,有教授110余名,具有博士学位的教师比例超过35%。学校致力于培养国家航运业所需要的各级各类专门人才,已向全国港航企事业单位及政府部门输送了5万余名毕业生,被誉为“高级航运人才的摇篮”。

上海海事大学与世界海事大学、西澳大利亚大学、荷兰马斯特里赫特管理学院和荷兰泽兰德大学及美国圣马丁大学等院校进行合作办学。与荷兰鹿特丹伊拉斯穆斯大学、波兰格丁尼亚海事大学、新加坡理工学院、日本东京海洋大学、日本神户大学、韩国海洋大学、埃及阿拉伯科技与海运学院、美国加利福尼亚海运学院、美国缅因海运学院、美国麻省海运学院、加拿大纽芬兰纪念大学海运学院、英国利物浦?摩尔斯大学等院校签署了合作协议。此外,学校还与英国剑桥大学、英国卡迪夫大学、德国汉堡应用技术大学、美国纽约州立大学海运学院、波罗的海国际航运工会、日本邮船株式会社、丹麦诺登轮船公司、意大利船级社、法国布雷斯特科技园区、美国福茂集团等建立了密切的合作关系。

学校将立足航运,依托上海,服务全国,面向世界,充分发挥自身的专业特色和学科优势,为建成世界高水平的海事大学而努力奋斗。

地　址　上海市浦东大道1550号
邮　编　200135
电　话　(021)58855200
网　址　http://www.shmtu.edu.cn
邮　箱　smupo@shmtu.edu.cn

(上海海事大学)

【河海大学】 河海大学是一所拥有94年办学历史,以水利为特色,工科为主,多学科协调发展的教育部直属全国重点大学,是国家“211工程”重点建设和国家重点支持开展“国家级优势学科创新平台”建设,以及设有研究生院的学校之一。学校下设水文水资源学院、水利水电工程学院、交通学院、海洋学院、土木工程学院、环境科学与工程学院、电气工程学院、机电工程学院、计算机及信息工程学院、商学院、公共管理学院、外国语学院、理学院、农业工程学院、材料科学与工程学院、法学院、体育系等专业院系。拥有1个一级学科国家重点学科(水利工程),7个二级学科国家重点学科,9个省级重点学科;10个国家级以及省部级重点实验室,7个国家级以及省部级工程研究中心;7个博士后流动站;38个博士点,124个硕士点,18个工程硕士专业学位领域及工商管理硕士(MBA)专业学位授权点,24个高等学校教师在职攻读硕士学位专业,49个本科专业。其中水利工程、土木工程两学科综合实力处于全国领先位置,尤其是水利工程学科总体实力最强,支撑及相关学科门类较多,水利及支撑学科人才梯队的综合实力处于国内一流地位。

河海大学现有教职工3200名,其中中国工程院院士1名,长江学者4名;具有高级职称的教师923名;博士生导师239名,有12名院士受聘担任学校的教授、博士生导师。近十年来,本科毕业生就业率保持在90%以上。2005年,以优秀的成绩通过教育部本科教学工作水平评估。研究生教育规模快速发展,研究生培养质量持续提高,已建成具有水利特色的高层次人才培养和知识创新的基地。

河海大学开展广泛的国际交流和合作,是国家首批授权可授予外国留学生博士、硕士、学士学位的学校,已为40多个国家和地区培养了近千名博士、硕士与学士,与20多个国家和地区的51所大学建立了校际协作关系。

河海大学的发展得到了党和国家的重视和关怀。1985年70周年校庆,邓小平同志亲笔题写校名;1995年80周年校庆,江泽民同志为学校题词:“面向未来,开拓进取,进一步发展水利教育事业”,李鹏、李岚清、钱正英等党和国家领导人也为学校题词;2005年90周年校庆,温家宝总理视察学校,以“献身、求实、负责”的水利精神对学校寄予了殷切期望。

新的时期,新的起点,河海大学将不负党和国家的重托和厚望,锐意改革,开拓进取,为把河海大学建成具有国际一流水利学科与若干优势学科,多学科综合发展,具有广泛国际影响的高水平研究型大学而努力奋斗。

地　址　江苏省南京市西康路1号
邮　编　210098
电　话　(025)83723124
传　真　(025)83735375
网　址　http://www.hhu.edu.cn
邮　箱　hohai@hhu.edu.cn

(河海大学)

【南通大学医学院】 南通大学医学院是南通大学

规模最大的二级学院,前身为南通医学院,至今已有90多年的办学历史。南通医学院的前身是私立南通医学专门学校,1912年3月由清末状元张謇及其兄创办,是我国最早创办的高等医学院校之一。学院设有人体解剖学教研室、组织学与胚胎学教研室、生理学教研室、病理学教研室等11个基础医学教研室,设有诊断学教研室、外科学总论教研室、内科学教研室、外科学教研室、妇产科学教研室、儿科学教研室等20个临床医学教研室及医学信息学、医学人文学教研室,设有基础医学教学实验中心(人体解剖学实验室、机能学实验室、生命化学实验室、形态学实验室、药学实验室)及临床医学教学实验中心(诊断学实验室、外科学总论实验室、临床教学综合实验室、HIS模拟实验室),设有12个研究所和研究室(眼科研究所、骨科研究所、消化病研究所、肾脏病研究室、医学遗传与生殖研究室、皮肤性病学研究室、基础医学研究中心、神经生物学研究所、神经免疫学研究所、食品药品毒理药理研究室、免疫学研究室、南通大学数字医学研究所)。

学院现有江苏省高校国家重点学科培育点1个、省级重点学科3个、江苏省高校建设重点学科1个、省级"十大临床医学中心"1个、省级"135"医学重点学科3个、省级"135"医学重点建设学科2个、江苏省临床医学重点专科9个、江苏省优秀学科梯队2个、江苏省优秀科技创新团队1个。有1个联合培养博士点、2个一级学科硕士学位授权点、27个二级学科硕士学位授权点。

改革开放以来,学院开展了广泛的对外交流与合作。学院已与美国、日本、德国、澳大利亚、印度、巴基斯坦等国家的医学教育、医疗卫生和科研机构建立了双边合作、学术交流关系,聘请了一批知名专家、学者担任学院名誉教授、客座教授。

学院有一支教学经验丰富、医疗技术精湛、学术水平较高的师资队伍。学院在编教师253人,其中,教授50人,副教授103人,中级及以下职称100人,高级职称教师占教师总人数60.47%;具有博士学位35人,硕士学位150人。此外,学院还有一个稳定的兼职教师队伍。学院现有博士研究生导师8人、硕士研究生导师162人(含非直属附属医院硕士研究生导师36人)。

学院现有临床医学(含眼耳鼻喉科学、儿科学、临床病理学)、口腔医学、医学影像学、医学信息学、康复治疗学、药学等9个本科专业和专业方向。学院的毕业生素以基础扎实、实践能力强、勤奋实干而著称。毕业生遍及全国各省市,为我国的医疗卫生事业作出了贡献,受到了社会的肯定和广泛的赞誉,他们中的一大批人已成为医疗、科研、教学和管理的中坚。

地　址　江苏省南通市启秀路19号
邮　编　226001
电　话　(0513)5051568
网　址　http://yxy.ntu.edu.cn

(南通大学医学院)

【重庆交通学院】 重庆交通大学创建于1951年,是一所具有博士、硕士、学士学位授予权,以工为主,工、管、理、经、文等学科协调发展的多科性大学。学校学科专业覆盖面广,拥有3个博士点、4个一级学科硕士点、27个二级学科硕士点、6个工程硕士学位培养领域、3个高师硕士专业学位、46个普通本科专业、28个高职(专科)专业,并具有授予同等学力人员硕士学位、推荐优秀本科生免试攻读硕士学位资格。教学科研平台实力强,教学科研仪器设备总值逾1.4亿元,建成了2个国家级素质教育基地、7个省部级重点学科、17个省部级重点实验室(工程技术中心、教学示范中心),基础及专业实验室(中心)达30余个。师资力量雄厚,1800余人教职员工中,有专任教师1100余人,其中"百千万人才工程" 国家级人选6人,享受国务院政府津贴等省部级及以上专家教授120余人,教授、副教授等高级职称人员500余人;中国工程院郑皆连院士、韩其为院士、梁应辰院士等140多名国内外知名学者担任学校特聘教授或兼职教授,定期到校授课(讲学)。

学校是国家特别是西部交通建设科技创新的重要基地,为国家特别是西南地区的交通建设做出了重要贡献。在西部高原、山区、库区的大跨径桥梁设计理论与建设关键技术,长大隧道设计与施工监控,内河港口建设与航道治理,高等级公路路基路面材料与修筑关键技术等领域具有鲜明的研究特色和显著优势。近五年来,承担了国家科技攻关计划等国家级科研项目100余项,省部级科研项目500余项;2000年以来,获得国家科技进步一等奖1项、二等奖2项、三等奖2项,国家教学成果二等奖1项,国家发明四等奖1项;获省部级科技奖励200余项。学校主办3种学术期刊,主办的《应用数学和力学》由中国科学院钱伟长院士任主编,是SCI和EI的收录刊源,以中、英文版向世界50余个国家和地区公开发行;《重庆交通大学学报(自然科学版)》是中国科技核心期刊和美国《剑桥科学文摘社》(CSA)、《乌利希期刊指南》(UPD)、波兰《哥白尼索引》(IC)等国际检索机构的收录源刊。

学校发展取得的显著成效得到了党和政府及社会的充分肯定,温家宝、李岚清、贺国强、钱伟长、陈至立等领导同志先后到校视察。近年来,学校先后获得"全国先进基层党组织"、"全国毕业生就业工作先进集体"、"全国精神文明建设先进单位"等6项国家级荣誉称号。面向未来,重庆交通大学将坚持以人才培养为中心,遵循教育规律,适应社会需求,立足重庆,面向西部,突出交通特色,充分发挥学科专业优势,为国家及区域经济社会发展尤其是交通行业提供强有力的人才支持和智力支撑,努力把学校建成国内知名、国际上有一定影响、优势突出、特色鲜明、多学科协调发展的教学研究型大学。

法人代表　唐伯明
地　址　重庆市南岸学府大道66号
邮　编　400074
总　机　(023)62651999
党办电话　(023)62652333;62652334
党办传真　(023)62650561
学校通讯服务部传真　(023)62650387
网　址　http://www.cquc.edu.cn

(重庆交通学院)

【武汉理工大学交通学院】 武汉理工大学交通学院的历史源于1946年成立的国立海事职业学校的造船科。1949年武汉解放,在海事职业学校的基础上,创办了中南交通学院,设置造船专业。1952年全国高等院校院系调整,造船专业调至上海交通大学。1958年随着国民经济发展的需要,武汉理工大学恢复并重建船舶工程专业,1963年交通部部属院校进行专业调整时,将大连海运学院的船舶工程系整体调整到武汉,与武汉理工大学的船舶工程系合并,成立船舶工程系。1978年以后,为了适应船舶工业发展的需要,先后开办了船舶设计与制造、船舶工艺与设备、船舶结构力学、船舶流体力学、船舶贸易、船舶检验等本科专业。学院所设专业涉及船舶与海洋工程、土木工程、力学、交通运输工程4个一级学科,有船舶与海洋工程、交通运输、交通工程、工程结构分析以及道路桥梁与渡河工程5个本科专业。学院经过60余年的发展,教学、科研以及社会服务等成绩斐然,拥有船舶与海洋结构物设计制造、水声工程、海洋工程结构、水上运动装备工程、流体力学、工程力学、一般力学与力学基础、交通运输规划与管理、结构工程、道路与铁道工程、公路桥梁与渡河工程、物流管理、智能交通工程等13个博士点和硕士点;船舶与海洋工程、力学和交通运输工程3个一级学科博士后流动站。其中船舶与海洋工程为一级学科国家重点学科、"211工程"建设学科,交通运输规划与管理为湖北省重点学科。构建了高速船舶工程教育部重点实验室、船舶与海洋工程设计研究所、造船工艺及设备研究所、结构工程设计研究所、工程流体力学研究所、土木工程设计研究所、交通运输与物流规划研究所、造船史研究中心等科研平台,以及服务于教学、科研及社会的实验中心、中交船舶与桥梁工程质量监督检验测试中心、武汉交科交通工程咨询监理中心、桥梁与道路健康维护工程中心。形成了围绕交通领域的水陆并举、软硬结合、基础与应用相结合的多学科发展格局。

地　址　武汉市和平大道1040号
邮　编　430063
电　话　(027)86551193

(武汉理工大学交通学院)

【安徽交通职业技术学院】 安徽交通职业技术学院成立于2001年6月,由原安徽大学交通分校和安徽交通学校合并组建。学院教学机构设有土木工程系、汽车与机械工程系、信息工程系、管理工程系、水运工程系、文理科学系、基础系、成教部等7系1部;研究机构设有教育研究室、道路与桥梁工程研究所、管理工程研究所等3个;职业技能鉴定机构设有交通部所属的交通行业职业技能培训工作站、劳动和社会保障厅直属的职业技能鉴定所等4个;产业实体设有安徽交院公路设计事务所、安徽交院公路工程监理咨询有限公司、安徽交院工程试验检测有限公司、安徽交院交通标牌锚具厂、安徽交院经济技术开发公司、安徽交院驾驶员培训中心等6个。现有专兼职教师396人,其中专任教师225人、正高职称教师2人、副高以上职称教师49人。

2007年,学院设有交通运输、土建、制造、电子信息、财经、旅游、文化教育等7大类29个专业,全日制在校生6158人。有"国家高职高专教育专业教学改革试点专业"2个:道路桥梁工程技术、高等级公路维护与管理专业;"国家产学研合作教育示范专业"1个:道路桥梁工程技术专业;"安徽省高职高专教育专业教学改革试点专业"1个:汽车运用与维修专业;"安徽省高职高专教育精品专业"1个:物流管理专业。现有教育部技能型紧缺人才培养培训基地1个:汽车运用与维修专业;中央财政重点支持建设的实训基地1个:汽车维修技术实训基地;安徽省教育厅双师素质培训基地1个:建筑工程双师素质培训基地。现有交通部精品课程1门:公路施工技术;安徽省精品课程1门:汽车典型电控系统构造与维修。

·学院对外实行合作交流办学 计算机网络技术专业与印度国家信息技术学院开展NIIT合作交流项目;土木工程类专业与澳大利亚墨尔本皇家理工大学开展"3+2"专接本合作交流项目;汽车类专业与一汽丰田公司开展"T-TEP"合作项目。学院还与韩国加图立上智大学结成姊妹学校,进行"3+1"双专科职业教育合作办学。学院在办好普通高等职业技术教育的基础上,还积极为行业职工再教育服务。学院与浙江大学、长安大学、北京交通大学、长沙理工大学、黑龙江工程科技学院等高等院校建立了密切的合作办学关系,大力发展成人学历教育。

·学院秉承"经世致用、实学报国"的办学理念 坚持"立足交通、服务行业、面向社会"的办学定位,走产学研结合的道路,自强不息、开拓进取,树立"勤奋、通达、敬业、乐群"的优良校风,为安徽经济发展和交通行业培养、培训近4万名高素质的应用型人才,享有"安徽交通黄埔"的美誉。学院曾先后被交通部授予"全国交通职业教育先进单位"称号,被省委、省政府授予省直系统"三优文明单位"称号,被省交通厅授予"全省交通系统文明单位"称号,被省教育厅、省发改委、省人事厅、省劳动和社会保障厅、省农委、省扶贫办授予"全省职业教育先进单位"称号。

·水运工程系建设规划

1.目标定位。一期目标:四小证,两小证,水手、机工适任证书,并通过质量体系验收。师资和实验室建设按照这个目标准备。二期目标:三副、三管轮培训。社会培训、非航海类专业培训和全日制教育,涵盖内河培训。师资和实验室建设按照这个目标准备。

2.实验、实训室建设。根据交通部海事局对航海类专业办学资质的要求,特制定本规划。实验、实训室建设一期目标:水手工艺陈列室、水手工艺实训基地、熟悉与基本安全陈列室、高级消防实训室、精通艇筏陈列室、水上实训基地、精通急救实训室、金工实验室、船舶电工工艺和电气测试实训室、海图作业实训室、雷达模拟实训室、航海仪器实训室、G证实训室、积载与系固实训室、船舶动力实训室、船舶动力拆装实训室、船舶辅机实训室、船舶电站实训室。实验、实训室建设二期目标:大型航海模拟实训室、大型轮机模拟实训室、实习船。

地 址 安徽省合肥市太湖东路19号
邮 编 230051
电 话 (0551)3428186;3428801
邮 箱 zhaosheng@ahctc.com
网 址 http://zsxxw.ahctc.com

(安徽交通职业技术学院)

【安徽省航运技工学校】 安徽省航运技工学校成立于1978年,隶属于安徽省地方海事局,是安徽省最早的唯一一所培养内河水运专业技术人才的职业技术学校。学校开办之初主要培养内河航运技术工人,开设船舶驾驶、船舶轮机和船舶修理等专业。之后,随着社会需求的扩展,陆续开设水运管理、水运财会、会计电算化、机制与焊接、汽驾与修理、宾馆服务、法学、会计学等专业,并和省内外多所高等学校成功开办大专证书和大专班等成人教育。从2000年开始,学校转向各类培训,全方位承接各级各类培训和会议,并与中国港口协会、安徽大学、安徽财贸学院、武汉理工大学、蚌埠市交通局等单位长期合作,开办各类行政执法培训班及法律、财会、船检、水(公)路监理、危险货物运输作业和管理人员等专业培训。学校坚持"以人为本、质量至上、服务船员、振兴水运"的办学宗旨,以科学的管理、完善的设施、先进的手段为社会和广大学员提供一流的环境、一流的管理、一流的服务、一流的师资和一流的质量。学校教学设施、生活设施、文体活动设施一应俱全。拥有各种教室18间,招待所1个,能满足200人学习与生活。此外,还拥有笔记本电脑、投影仪、标准化微机室等现代化教学设备。学员上课全部采用电化教学,教学手段先进、方式新颖、效果良好。全校现有职工总数93人(在职34人、离退休59人),大专以上学历占75%以上,专业教师13人,其中高级讲师3人,讲师5人。

2007年,学校共完成长江干线三等及以上船员全国理论统考培训班3期,培训船员189人;特种船舶船员培训班4期,培训船员297人;“等效”职业培训3期,培训船员285人。与安庆地方海事局、阜阳地方海事局联合开办长江干线三等级以上船员全国理论统考培训班各2期,培训船员106人。在黄山开办非长江干线三等级理论统考培训班1期,培训船员39人。另在芜湖开办特种船舶培训班2期,培训船员112人;在杭州开办油船培训班1期,培训船员57人;在黄山开办特种船培训1期,培训船员51人;在铜陵开办散化船培训班1期,培训船员44人。合计培训三等级以上船员334人,特种船舶船员561人,等效职业培训285人。与此同时,积极完成全省海事系统内各类干部职工培训。全年共开展各类培训班20期,培训1200人。全年共完成经济收入220万元,占省局下达目标150万元的146.7%。

·*船员培训* 2007年11月,学校建立了全国第一个内河船员远程考试系统,并通过交通部海事局验收。12月26日,进行了第一期无纸化考试,取得圆满成功。2007年8月,学校申请成立交通部水运职业技能鉴定站获得交通部职业鉴定中心批准并挂牌。此外,学校受安徽省地方海事局船员考试处委托,编写内河四等级船员、特种船舶员考试教材、题库及软件开发等任务,为进行四等级船员和特种船舶船员考试节省大量人力、物力。

·*干部职工培训* 2007年6月、9月和11月,由安徽省地方海事局举办的海事系统副局长培训班和两期海事处长培训班在学校顺利举行。11月10-12日,安徽省海事系统职工计算机技能竞赛在学校举行。

·*基本建设* 学校在基本建设中,认真执行《基建工程维修管理办法》,成立由纪检监察、工程技术人员组成的议标小组。工程造价、施工队的选定由议标小组通过发标函,公开议标。对设备购置、小型维修等不属于招投标范围的维修工程,校纪检监察、政秘、财务等部门积极介入,全过程监控。2007年12月,由安徽省地方海事局拨款新建的海事培训中心装修完毕并投入使用。此外,该处教学大楼外墙维修及办公区改造前期工作有条不紊地进行。

地　址　安徽省蚌埠市珠城路31号
邮　编　233000
电　话　(0552)3013178
传　真　(0552)3013178

(*安徽省航运技工学校*)

【武汉船舶职业技术学院】 武汉船舶职业技术学院是一所中央与地方共建、由湖北省人民政府管理的全日制普通高等学校,全国职业教育先进单位,湖北省最佳文明单位。学院设有机械工程系、动力工程系、船舶工程系、电子电气工程系、经济管理系和公共课部、成人教育学院、自修学院、计算机中心校园网络中心、现代教育技术中心、高等职业教育研究中心,现有30个本、专科专业,其中有国家级教学改革试点专业2个、国家级精品专业1个、湖北省高校优势专业与特色领域1个、有国防科工委重点支持的军工专业3个、有省级重点建设专业4个。学院建有舰船中心、现代制造中心、机械基础训练中心、电子基础实验中心、商务中心、网络信息中心、数控加工中心、计算机中心等8大综合实践教学中心,拥有船舶建造、船舶装焊、内燃机装调与维修、船舶动力装置装调、数控加工、数控编程、CNC仿真、PLC及自动控制、电子技术应用、现代办公设备拆装、电子产品生产模拟、计算机网络、会计电算化、酒店实务以及内燃机性能测试、机床、技术测量、工程力学、机械设计、电工、电子、电机拖动、晶闸管等68个实验实训室。学院还拥有一具中型企业规模的实习工厂,工厂技术力量雄厚,加工手段完备,是船舶工业生产柴油机配套产品的定点厂家和美国石油学会(API)在国内独家认可的厂家,为培养学生的实际动手能力提供了得天独厚的条件。

地　址　武汉市汉阳区月湖街
邮　编　430050
电　话　(027)84804551
邮　箱　webmaster@ mail. wspc. edu. cn

（武汉船舶职业技术学院）

【武汉航海职业技术学院】 武汉航海职业技术学院是华中地区唯一一所经湖北省人民政府批准、国家教育部备案、中国海事局审核的航海类普通高职院校，吴邦国委员长亲笔题名的“中国长航国际海员员培训中心”，湖北省人民政府指定的富民工程教育培训基地，武汉市旅游专业定点院校。

学院秉承就业为先、能力为主、富民为本的办学理念，铸就了走向世界的黄金通道，筑起了脱贫致富的理想港湾，形成了就业国际化的浩瀚气派，赢得了交通部，湖北省省长罗清泉、副省长辜胜阻及省教育厅等的高度称赞，受到了湖北电视台等新闻媒体的广泛褒奖。

学院市场定位准确，所开专业均按需设置，已形成了以航海类和旅游管理类专业为品牌，以船舶制造、汽车技术、商务英语、现代物流、市场营销和计算机应用技术专业为特色的核心竞争力。

学院技能训练扎实，中国长江航运集团上至重庆，中联武汉、南京，下抵上海的九大轮船公司、五大船厂、六家星级宾馆、三家专业汽车服务公司，是学院“漂浮的校园”，实训的基地。1000多台（套）国内一流的大型船舶操纵模拟器、GMDSS模拟器等实验仪器设备，是学生“学技练能”的基础平台。

学院校纪学风严明，学院严格遵照国际海事公约确定的质量方针和管理体系依法治校、从严治教、从严治学、从严治考，始终把学校教学、管理、服务等各个方面均纳入国际质量认证体系之中，每年开展一次内部质量审核，每两年接受一次国家海事局中间审核，每四年接受一次国家海事局再有效评审，严格执行“一日生活制度”，实行半军事化管理，加强教学督导，形成了良好的校纪校风、教纪教风、学纪学风、考纪考风。学院航海类专业考证合格率连续两年位居上海考区同类院校前茅，先后被交通部、湖北省人民政府授予“职业教育先进单位”和“文明单位”光荣称号。

2007年，学院开设有航海技术、轮机工程技术、船舶工程技术（设计与制造）、船舶工程技术（动力装置设计与制造）、国际航运业务管理、旅游管理（海上酒店方向）、旅游管理（客运方向）、商务英语、现代物流管理、市场营销、汽车技术、汽车服务与管理、计算机网络与软件应用、计算机网络技术、电子商务等15个专业。

地　址　武汉市和平大道1040号
邮　编　430063
电　话　（027）86716339
传　真　（027）86811446
网　址　http://www.whhhxy.com
邮　箱　hhxyzb168@163.com

（武汉航海职业技术学院）

【湖北省交通职业技术学院】 湖北交通职业技术学院是经湖北省人民政府批准、教育部备案的省属公办全日制普通高等专科院校。2007年，学院确定为湖北省示范性高等职业院校建设单位。

学院拥有一支专业理论水平高、实践教学经验丰富的“双师型”教学团队。现有教职工587名，其中湖北名师1名，全国交通职业教育专业带头人2名，湖北省“楚天技能名师”1名，设立“楚天技能名师”教学岗位3个，42%的专任教师具有副高级以上专业技术职称，76.16%的专业教师具备“双师型”素质，80%的专业教师参加过交通重点工程建设或企业一线顶岗实践。近几年，30多名教师被选派到境外参加相关专业和职业教育培训。

学院以重德、励志、笃学、尚能为校训，坚持依托行业、面向社会、以服务为宗旨、以就业为导向的办学指导思想和“育人为本、德育为先，质量为本、技能为先，以人为本、服务为先”的教育、教学和管理理念，不断深化高职教育教学改革，努力培养适应交通与社会生产、建设、管理、服务第一线需要的高技能专门人才。

推行弹性学制，开展订单式教学和职业能力证书培训。通过“双挂牌、双基地”建设、“双证书”制度、强化学生职业能力的培养。现设有7个系部（道路与桥梁工程系、机电工程系、计算机与信息工程系、管理工程系、港口与航运系、设计艺术系、公共课部），37个高职专业，其中道路桥梁工程技术、汽车运用技术、物流管理专业为省级教学改革试点专业，学院是教育部等六部委确定的汽车运用与维修技能型紧缺人才培养基地和二年制试点院校，是世界银行资助成立的国内首家“道路培训中心”和“道路安全培训中心”所在地，是省人事厅公务员培训基地、省劳动和社会保障厅职业技能培训和鉴定基地。同时，学院积极引进国外先进教学教育资源,与丰田汽车(中国)有限公司合作开办 T-TEP 项目、与联想集团开设“联想班”、与湖北省消防总队合作开办了“消防安全管理班”、与鼎衡船务公司合作设立了“鼎衡班”、与青海交通职业技术学院开展校级交流开设了“青海班”,并与澳大利亚博士山学院联合开展中外合作办学。

学院以科教兴国、科教兴交为己任,50 多年来,学院共培养毕业生 3 万余名,为湖北交通、社会经济乃至中部地区交通建设和发展提供了重要的人才保障,被誉为“湖北交通人才的摇篮”。2006 年 9 月,时任中共中央政治局委员、湖北省委书记俞正声视察我院,亲切慰问师生,对我院工作给予了充分肯定。“全国交通工程技术人员的楷模”、党的十七大代表我院 1986 届毕业生陈刚毅、被中宣部授予“全国见义勇为英雄”称号的 2003 届毕业生蒋雪峰、被团中央授予的“中国青年志愿服务金奖”的 2004 届毕业生徐壬,是我院毕业生的杰出代表。学院被省委、省政府命名为“省级最佳文明单位”;是全国交通职业教育和全省职业教育先进集体,湖北省职业技能鉴定先进单位,并荣获“湖北五一劳动奖状”。

地　址　武汉市洪山区雄楚大街 455 号
邮　编　430079
电　话　(027)87424984;87423714
网　址　http://www.hbctc.edu.cn
邮　箱　zjzhaijuan@sina.com

(湖北省交通职业技术学院)

【武汉航道学校】 武汉航道学校是全国内河航道唯一的一所培养水上技术“蓝领”的中等职业技术学校,隶属于长江航道局。

学校现有教职工 87 人,拥有一支理论功底扎实,实践经验丰富,学历、年龄结构合理的双师型教师队伍,有专、兼职教师 60 人,其中高级职称占 30%,航海技术专业和轮机工程专业教师 23 人,高级实习指导老师和持有高级技师证书 5 人,还聘请了一批国内著名的高级技术专家、高级船员、轮机长担任授课任务,为提高教学质量和培养优秀的海上专业人才提供了保证。

学校为提高教学质量,与许多航运企业建立了长期的用人合作意向。一批有丰富航海经验、具有高级适任证书的管理级船员在学校担任专业课程的讲授,同时学校还注重利用周边的航海教育资源,邀请其他院校的航海教师来校教学。

学校是湖北省政府指定的外派海员培训基地,从事水上专业教学 30 余年,积累了丰富的教学经验及资源。学校秉承“就业为先、能力为主,富民为本”的办学理念,已逐步发展成为以航海教育和培训为主的培训基地,也是国家海事局指定的船员教育和培训机构。根据《中华人民共和国船员教育和培训质量管理规则》等相关文件,学校于 2007 年 2 月建立并运行船员教育和培训质量体系;9 月,质量体系通过了国家海事局授权的审核机构上海海事局审核专家组的审核,并于 2007 年 12 月获得中华人民共和国和海事局颁发的船员教育和培训质量体系证书。

学校经过 30 余年的励精图治,形成了富有航道特色的校园文化,本着为社会、为航道事业培养合格人才的办学宗旨,以教书育人为根本,强化办学功能,学校先后荣膺全国交通职业教育工作先进集体、湖北省驻外劳动培训输出基地先进单位、湖北省文明单位等光荣称号。

地　址　武汉市江岸区汉黄路 19 号
邮　编　430011
电　话　(027)82319166
传　真　(027)51769408

(武汉航道学校)

【武汉工交职业学院】 武汉工交职业学院是经湖北省人民政府批准建立,由武汉市人民政府领导为主、教学业务接受湖北省教育行政部门管理和指导的具有高等学历招生资格的全日制普通高等学校。

学院师资力量雄厚,在数百名专任教师中,有高级职称的“双师型”的教师;也有教学科研开发水平较高的中青年骨干教师;有市级学科带头人及优秀青年教师;也有国家和省级职业技能鉴定考评员。同时学院周边的 40 余所高等院校、国家级科研院所和高新技术企业也为学院提供了理论技术和师资的支撑。学院聘有华中科技大学、武汉理工大学等高校的著名学者、教授以及一大批在武汉东湖新技术企业任职的专家任教。他们的渊博知识和前沿技术将使学生更快、更好地成才。

学院有图书近 24 万册,配有标准的语音室、多媒体教室、计算机中心、信息中心、实验室及实训工厂。由于学院地处“武汉·中国光谷”中心，其5000余家高新技术企业也将成为学院重要的实训基地、高级技能教师的来源地，也为广大高职毕业生提供施展才干的舞台。

学院现设有基础教学部、计算机系、光电子与通讯工程系、汽车运用工程系、机电技术应用工程系、纺织与服饰工程系、化工与环保工程系、管理工程系，同时还设有中专部。学院现开设有光电子技术应用、汽车电子技术、汽车检测与维修、汽车商务、机电技术应用、化工工艺、工业分析、服装设计与制作工艺、计算机及应用、航空与高速客运服务、物流管理等专业以及近20个专业方向。

学院将本着“以人为本，以德为先”，“以创新为魂，以务实为基”，“以质量求生存，以特色求发展”的办学理念，努力培养高素质、高技能的应用型、实用型人才。

地　址　武汉东湖新技术开发区关凤路特1号
邮　编　430000
电　话　(027)87996666;87996600
传　真　(027)87941990
网　址　http://www.whgjxy.edu.cn
邮　箱　whgjxyzb@21cn.com

（武汉工交职业学院）

【武汉交通职业学院】　武汉交通职业学院是经湖北省人民政府批准独立设置的省属公办高等职业学院，直属湖北省教育厅领导。

学院是交通教育研究会船舶技术专业委员会、港口与物流管理专业委员会等多个行业协会、组织的主任委员、会长单位；1997年以来先后3次被省委省政府授予“湖北省最佳文明单位”称号。

学院建有各类校内实验实训室73个，其中现代物流职业教育实训基地和船舶工程技术职业教育实训基地列入中央财政支持的职业教育实训基地建设项目；汽车工程实训基地、先进机电技术实训基地列入湖北省高等职业教育实训基地建设项目；学院建有校外实训基地142个。

学院现有专任教师414人，其中具有副教授以上职称126人、双师素质教师171人、研究生学历或硕士以上学位的126人。其中教授8人，享受省级以上政府津贴的专家9人，交通部专业带头人2人，楚天职业技能名师3人。

学院设有船舶与轮机工程系、汽车工程系、机电工程系、电子与计算机系、交通与物流管理系、财经系、人文与社会科学系、船员培训中心、实践教学中心、继续教育学院等10个教学单位和高职教育研究所等6个科研单位，开设40个专业，面向全国招生，现有全日制高职学生10746人。

地　址　武汉市洪山区黄家湖西路6号
邮　编　430065
西校区电话　(027)88221634
东校区电话　(027)88756181
传　真　(027)88756077
网　址　http://www.whjzy.net
邮　箱　whjzynet@126.com

【芜湖河运学校】　芜湖河运学校作为安徽省唯一的一所培养船舶运输专门人才的中专学校，已经逐步构建了以船舶驾驶、船舶轮机为主干专业，机电、电子、旅游等为骨干专业的稳定的专业体系。1998年，开始在学生中实行中技、中专双学历教育。由于毕业生专业适应面宽，学校先后向中国长航集团、芜湖经济技术开发区，以及外地诸多企业输送了数千名专业技术人才。

地　址　芜湖市长江路156号
邮　编　241001
电　话　(0553)2250238
网　址　http://www.whhy-school.com
邮　箱　whhxesb@126.com

（芜湖公司　何根林）

【武汉港监职工中等专业学校】　（详见《长江航运年鉴》(2008卷)第六篇“海事”）

【长江航运人民警察学校、交通公安民警培训中心（简称长航警校）】　（详见《长江航运年鉴》(2008卷)第九篇“公安”）

·教育培训·

【长航局教育工作有重点】　2007年，长航局重点抓好公务员队伍、执法人员队伍和专业技术人员队伍的教育培训，在干部队伍中开展公共事业管理(MPA)核心课程培训，不断强化干部的行政水平。与此同时，加强公务员主任科员、副主任科员任职培训,以提高其工作技能和服务水平。此外,广泛开展多种形式的技能培训,在局系统中切实加强技术工人的培训。逐步提高高、中级技师所占比重。

通过开展联合办学的模式,继续开展适合长江航运建设与发展的高层次、高学历人才培养工作;逐步拓展教育培训和科研资源,形成一个有更多科研、院所参加的支持体系,为长江航运发展提供强有力的人才保障。

(长航局科教处　张红琼)

【长航凤凰武汉船务分公司开办第一期安全体系培训班】 2007年3月,长航凤凰武汉船务分公司举办了为期2天的安全管理体系培训班,共有60多名船岸员工参加了培训,为体系的推进和实施工作奠定了良好基础。

为了确保安全体系能够在拖轮船舶规范运行,总经理刘卫华专门对体系的培训和推进工作提出了具体要求。

授课老师针对培训的人员素质高、基础好的特点,分别将《安全管理手册》、《须知手册》、《应急手册》、《机动船管理手册》、《驾驶手册》、《轮机手册》等相关知识进行了全面讲解,并与受训人员相互讨论。特别是结合船舶实际工作中的问题,重点讲解了船舶轮驾两部所建案卷记录的具体内容以及体系在实际工作的执行操作办法,为确保体系在船舶得到有效执行起到了积极的促进作用。最后,公司还对参加培训的人员进行了体系知识的书面测试,测试合格率达100%、成绩优秀者达90%。

(长航凤凰)

【武汉公司举办安全管理干部培训班】 2007年6月12日,为配合全国安全生产月活动的开展,武汉公司在教育中心三楼大教室举办了安全管理干部培训班,公司二级单位行政"一把手"、分管安全工作的领导共计60多人参加了培训。武汉市安监局高级工程师程慧华系统讲解了有关安全生产相关法律法规知识。

通过此次安全知识培训,推动了公司安全生产月活动的开展,也进一步增强了全员安全意识。

(武汉公司　杨新安)

【长航重工举办"现代造船管理培训班"】 2007年2月4日,"长航重工现代造船管理"培训班在江苏省南京市顺利开班。这是长航重工首次举办以车间主任、项目经理为主要对象的培训班,主要讲授现代造船工程管理理论与实践。

培训班邀请江苏科技大学教授,以及荷兰达门造船集团等专家授课,安排厂际管理经验交流,并将安排学员参观金陵船厂、中远川琦等造船企业。

(长航重工党工部)

【青山船厂开办新提拔中管人员培训班】 2007年3月24日至25日,青山船厂开办了为期2天的新提拔中管人员培训班,旨在提高其抗腐拒变和管理能力。培训班的对象是青山船厂年初以来新提拔的38名中管人员。培训课程分为党纪、廉政、招投标、成本管理及造船转模等方面内容,分别由厂内相关部门的资深管理者进行授课。

课程结束后,培训学员撰写学习体会,纷纷表示这次培训受益匪浅,对其今后的工作具有借鉴意义和指导作用。

(青山船厂)

【江苏省南通市成立船舶工业人才联盟】 2007年9月17日,国内船舶工程领域的20余座知名院校、科研院所,与江苏南通的船舶修造企业紧密合作,成立南通船舶工业人才联盟。

联盟由南通市委组织部、南通市人事局和港闸区政府共同发起,江苏省内外高校、科研院所、行业协会及船舶工业企业56家单位成为首批成员。南通市委常委、组织部长郭腊军和国内著名舰船工程专家、中国工程院院士张炳炎共同为联盟揭牌。张炳炎等10位专家同时受聘组成联盟专家咨询委员会。

(南通市局　孙学明)

【安徽省局加强法制培训】 2007年,安徽省地方海事局认真贯彻《安徽省交通行政执法规范(试行)》,将其作为执法人员年度法制培训的主要内容,采取多种形式开展学习、宣传活动。召开了全省海事行政执法现场会议,组织现场观摩淮南市地方海事局行政执法监督工作,对行政执法政务公开的统一推行、行政执法监督制度的建立健全、行政执法队伍的建设管理等进行了规范。

全年完成全省1622名水上执法人员年度培训考核和167名新增执法人员培训任务。此外，举办事故调查、危险品管理、船舶检验、法制员培训各1期。

（安徽省局　马　栋）

【芜湖港技工持证上岗率达100%】　2007年，芜湖港加大员工培训力度。

举办各类培训班30期，内部培训员工920人次，送外培训10批次327人次。同时，强化工程师、项目经理责任制，着力提高技工技能，524人获得技工技能等级证书，持证上岗率达100%。

（芜湖港　孙凤山）

【江西省局举办政策法规人员培训班】　2007年5月14日至18日，江西省航务局为提高政策法规人员行政执法监督能力，在井冈山海事培训中心首次举办了政策法规人员业务培训班，来自11个设区市航务分局法规负责人、科员及46个海事处兼职政法员共59人参加了为期5天的业务培训。培训班开设了海事行政处罚、行政程序及执法监督、海事行政管理、航道行政管理、船舶法定检验等课程，分别由原省交通厅法规处副处长和省航务局法规科、航道科、船检科负责人或高级工程师授课。培训结束后，对学员进行了理论考试并现场制作法律文书。

此次业务培训内容丰富，针对性强，受到学员的普遍欢迎。大家认为，培训既有海事、航道、船检等方面的业务知识，又有对执法监督工作中遇到的实际问题和细节问题的讲解，对于政策法规人员在今后的工作中有效减少和防范违法违规行为的发生，提高执法监督水平有着良好效果。

（江西省局　许海远）

【江西省局对行政执法人员进行岗位培训】　2007年10月29日至11月2日，江西省航务局为落实《"十一五"江西交通教育培训规划》，进一步提高航务行政执法人员的综合素质，在省交通干部学校举办了行政执法人员岗位培训班，对近年来执法岗位变动的人员和新进入执法岗位的大学毕业生共54人进行了培训。

此次培训结合单位实际和交通部关于执法人员岗位培训的有关规定，开设了交通法规、水上安全监督法规、航道基础知识、稽征实用法规、职业道德等课程，分别由省局法规、海事、航道稽征部门负责人和省交通职业技术学院的老师授课。他们结合航务实际和学员的需求，注重加深学员对理论的认识，在实际工作中如何正确应用的理解，因此受到学员的普遍欢迎。学员们认为：这次培训内容丰富，节奏紧凑，注重实效，收获甚大，既全面准确地掌握了专业法规和业务知识，又接受了一次生动的局情教育，对大家尽快熟悉业务，进入角色，搞好本职工作有着积极的促进作用。

（江西省局　许海远）

【江西省局举办首期全省水运信息技术与管理培训班】　2007年11月27日至29日，江西省航运局在九江市举办首期全省水运信息技术与管理培训班，各设区市、县港航管理部门、九江市港口局共计50名信息化工作者参加了培训。培训班内容有，《江西交通信息化规划与发展》、《航运信息规划与发展》、《江西省航运管理局OA系统使用介绍》、《江西省船舶动态管理系统安装与使用》、《计算机及网络技术》和《交通信息基础数据元标准宣贯》。培训班上，九江、南昌港航管理处作了信息化建设经验交流。

通过学习，提高了学员们的业务知识水平和应用能力，对推动全省水运信息化建设将起到积极的作用。

（江西省局　赖招权　杨　辉）

【江西省局举办水运执法人员培训班】　2007年12月6日至10日，江西省航运局在南昌市举办了全省水运执法人员培训班，各设区市、县港航管理部门、九江市港口局共计58名水运执法人员参加了培训。培训班针对港航管理实用的法律法规、港航行政处罚依据、程序、调查取证和制作法律文书等知识进行了培训。同时，通过案例分析对执法中遇到的问题进行详细的解答。

通过培训，学员们进一步熟悉和掌握了水运执法相关法律知识，提高了业务能力水平。

（江西省局　赖招权　杨　辉）

【九江交通港航希望小学揭牌】　2007年9月11日上午，九江市港航处应九江县丁家山小学邀请，参加“九江交通港航希望小学”的揭牌仪式。

2005年11月26日的一场地震,使九江县港口镇丁家山小学严重损坏,学校重建遇到资金困难,影响正常教学。九江市港航处得知这一消息后决定给予资助,并于2006年2月将20万元捐款送到九江县政府,县政府领导当即表示要将此笔捐款用于丁家山小学重建。丁家山小学重建后,为感谢港航处资助援建,九江县政府决定将学校重新命名为“九江交通港航希望小学”。

九江市交通局副局长喻小明、九江市港航处总支书记丁芳华及处机关科室负责人参加揭牌仪式,同时还为学校的孩子们送去276套书包和文具。希望工程是一项功在当代、利在千秋的社会公益事业,事关国家和民族的未来。捐建学校、奉献爱心,是九江港航处实施希望工程的一次有益尝试,也是付诸实施的一项具体行动。九江港航处领导在揭牌仪式上表示:将一如既往地加强对学校的关心和支持,与当地政府和校方一起共同努力,把这项利国利民的事业做得更好。捐赠仪式上,当地政府及校方对九江港航处的无私援助表示深深的感谢。学生们也纷纷表示不辜负期望,刻苦学习,立志成才,回报社会。

(江西省局　余昭林　杨　辉)

【首批郑和故乡优秀学子赴大连海事大学深造】 根据交通部委托大连海事大学在“十一五”期间免费为郑和家乡培养60名远洋船员的协议,2007年云南省局配合省招考办顺利完成了首批10名优秀学生的招生入学工作。

(云南省局　马翠德)

【四川省局开展行政执法人员适任资格培训】 2007年,四川省航务局为改善执法人员专业结构,联合交通职业技术学院开展了对全省航务海事行政执法人员的适任资格培训。

培训期间的教育和管理,由四川交通职业技术学院负责,四川省航务局负责教育培训规划和指导,改变了过去以航务局为主、学校为辅,时间较短的教学模式。全年共举办了2期全省航务海事行政执法人员适任资格培训班,培训172人。

(四川省局　人教处)

【重庆市局加强港口安全培训】 2007年4月至五月,重庆市港航局在加强港口管理的同时,狠抓港口安全管理的基础工作。共举办港口安全培训班4期,培训港口安全管理人员512人,为港口安全运行打下良好的基础。

重庆市港航局在培训中,本着便民利民的精神,改变过去集中在主城区培训的方式,联合市安监局到港口企业较多的地区办培训班,方便企业参加学习。原计划在合川、涪陵、万州等地举办3期培训班,后来根据情况在长寿增办了1期。参加培训的人员主要为来自港口经营企业生产一线的负责人及安全生产管理人员,有关区县的港口行政管理人员。通过培训,大家普遍感到对港口安全认识有所提高,初步解决了港口安全管理工作中为什么要管、管什么、怎么管的问题。部分学员对港口安全管理提出了很多有益的见解和思路,有助于进一步推进港口安全管理工作。

(重庆市局　周永觉)

【重庆市局举办港航系统岗位培训】 2007年10月29日至11月2日,重庆市港航局举办了港航系统岗位培训班。

参加此次培训的有部分区县(自治县)港航管理局、处、所长,海事、船检部门负责人,机关新进人员共37人。

(重庆市局　周　如)

第十四篇 文卫

【概　述】 2007年,长江航运文教、卫生工作有很大进展,起到了保障健康、陶冶情操的作用。长江水系各省市港航、海事、航道等单位,以党的十七大精神为指导,全面贯彻落实科学发展观,以服务沿江经济为出发点,组织广大职工开展形式多样、内容丰富、健康活泼的群众性文体活动,将重大节日的庆祝活动与基层班组的日常小型活动相结合,倡导文明健康生活方式。通过举办庆“五一”职工羽毛球赛、庆“国庆”职工乒乓球赛,开展了纪念“三八”妇女节活动,提高干部职工政治思想素质,增强行业的凝聚力。

江西省航务局积极支持地方文化建设活动,采取财政扶持的办法投资约15万元,建设麦园村“宣传文化活动中心”,丰富了该地村民业余文化生活。

九江港口集团有200多名农民工长年在九江集团公司码头工作。2007年该港农民工分会正式成立,100多位农民工自愿加入了工会组织,同时建立了全省首家港口农民工俱乐部。

7月11日是世界“海事日”,也是我国第三个“航海日”。交通部7月11日在青岛举行了盛大的纪念活动,仪式中重要内容之一就是“聚八地水源和谐归大海”,要求采集国内长江三峡、黄河壶口、澜沧江、西沙及国外太平洋国际日期变更线、印度洋郑和下西洋航路、大西洋鲸鱼保护区、南极科考长城站等世界八个有象征意义的代表地之水各60升,汇聚在一个小青岛灯塔状名为“和谐”的容器内,重新送回大海,长江三峡通航管理局参加了“采集长江三峡水源”的任务。纪念仪式上,三名三峡局职工身着局服,打着局徽与航海日标志的引导旗,抬着长江三峡之水,将“圣水”缓缓注入“和谐”容器内。充分体现了“热爱祖国,睦邻友好,科学航海”的主题。

各医疗机构认真开展行业文明创建,加强医院精神文明建设,开展了“构建和谐医患关系,创建平安医院”及“医院管理年”的活动,把经济技术创新活动与医院管理年活动结合起来,在职工中开展了以提高职业技能为主题的劳动竞赛活动,强调立足岗位、立足本职。

2007年医疗卫生服务长江航运取得新成绩,一是制订了长江干线突发公共卫生事件应急预案。二是长江航运总院组织医疗队深入到长江中下游战枯水工地,为航道、海事、公安部门一线职工送医送药和体检工作。三是配合长航局工会赴汉阳、黄石为农民工体检,完成长航系统职工血吸虫病普查,检查出的阳性患者,均得到及时治疗;为疫区的基层单位配发血防药箱;种植血防植被7500米^2,开展易感地带预防性灭螺12600米^2,完成部分血吸虫病调查电子档案,减少或避免了长航系统职工感染血吸虫病,全线无血吸虫病“急感”发生,有利地保证了职工身体健康。四是深入航道工地、车船码头向施工人员和过往旅客开展艾兹病免费咨询、宣传工作。参加湖北省疾控中心组织的HIV-抗体初筛实验室质量考核,取得优异成绩。五是对辖区重点人群免费开展艾滋病抗体初筛检测,完成狂犬病、乙肝等疾病疫苗接种1123人次;对系统内有关单位进行消毒灭害达36000米^2。六是认真做好春运、黄金周、汛期、两会等重点时段的卫生监督保障工作,受到湖北省、武汉市主管部门好评;完成所辖58个单位的卫生监督288次,并发放卫生许可证。七是完成或部分完成长江航道整治以及天兴洲输油管道等8项工程的环境监测评价工作,二项环评已通过省级环保部门的评审验收。

(总编室　王春兰)

·文体活动·

【三峡局组织参加第三个“中国航海日”纪念活动】 2007年6月初,交通部“中国航海日”纪念活动组委会(以下简称组委会)为更好地体现爱护地球、珍惜水源、资源节约、环境友好、和谐发展的寓意,决定在青岛举行第三个“中国航海日”纪念活动。活动的重要内容之一,就是“聚八地水源和谐归大海”,要求采集国内长江三峡、黄河壶口、澜沧江、西沙及国外太平洋国际日期变更线、印度洋郑和下西洋航路、大西洋鲸鱼保护区、南极科考长城站等世界八个有象征意义的代表地之水各60升,汇聚在一个小青岛灯塔状名为“和谐”的容器内,重新送回大海。

组委会将“采集长江三峡水源”的任务交给三峡局。为此,三峡局成立了“航海日活动领导小组”、制定了活动方案。6月11日、12日,分别由土家族少女在长江三峡工程所在地的下游西陵峡、南津关、三峡人家,海事人员在上游三峡船闸上口门各取水30升,并依次在旅游景区、船闸集控室、管线廊道、三峡工程泄洪坝段等具有代表意义的地点，经众多游客、船闸工作人员、三峡移民之手传递；14日，在三峡双线五级船闸坝前公园的高地上汇聚了采自长江三峡工程坝上坝下的两地之水；16日，青岛组委会派员专程到宜昌接水。三峡局全程组织采水和拍摄工作，将采水过程与三峡工程巍峨壮观的背景、屈原、昭君等深厚的文化底蕴融为一体，制作了《长江之水天上来》电视专题片，并于20日送寄组委会。

7月11日青岛举行的纪念仪式上，3名三峡局职工身着局服，打着局徽与航海日标志的引导旗，抬着长江三峡之水，在主持人简短介绍与专题片音乐声中，将“圣水”缓缓注入“和谐”容器内。赢得到会的全国人大委员会副委员长乌云其木格，交通部部长李盛霖、副部长徐祖远，参加纪念活动的山东省和青岛市的领导及各界代表、中外媒体记者的阵阵掌声。

（三峡局 何 宁）

【通信局荣获长航系统足球比赛第一名】 2007年6月23日上午，由长航局主办、通信局承办的“长江通信杯”足球邀请赛在武汉举行，来自长航局机关、长江海事局、通信局、长航总医院、长航军代处和武汉港共6支代表队参加了比赛。

这次比赛共进行了8场，经过激烈角逐，通信局代表队荣获第一名，武汉港代表队荣获第二名，长江海事局代表队获得第三名。

（陶竟成）

【通信局机关举办迎春长跑活动】 2007年1月4日上午10点，通信局机关迎春长跑活动在汉口江滩展开，局长陈俊、党委书记周云霞及局机关80多名干部职工参加了这次活动。

这次长跑路线是从汉口江滩合作路入口至粤汉码头，再沿途返回，全程2公里。活动前，局机关举行了简短仪式，局党委副书记杨行初在仪式上作了热情洋溢的讲话。他说，这次活动是通信局迎接2007年到来举办的第一次群众性体育活动。希望大家以这次活动为契机，加强体育锻炼，增强体质素质，以健康的体魄投入到工作、学习和生活之中。同时也希望大家在比赛活动中赛出风格，赛出水平。比赛分别设男女老中青三个小组。经过一个多小时的比赛，最后组织人事处郭华、设计所杨慧红分别获得男女青年组第一名。

（刘 婷）

【芜湖等6家单位联袂举办大型文艺晚会】 2007年2月5日晚，由长江芜湖海事局牵头，长航芜湖公安分局、长江芜湖航道处、长江芜湖通信管理局、芜湖市地方海事局、芜湖港储公司6家涉水单位，在芜湖电视台演播大厅联袂举办了大型迎春晚会《长江之歌》。芜湖局职工表演的2个舞蹈节目深受观众好评。晚会以构建和谐长江、服务地方经济为主题，6家港航单位同台献艺，演出的15个各具特色的节目，展示了长江航运和谐发展的整体面貌。整台晚会格调高雅，主题鲜明，体现了“长江一家人，行业一盘棋”的和谐发展理念。

正在芜湖参加会议的长江海事局党委书记刘开智、芜湖市委副书记臧国寅、市政府副市长赵馨群，以及市委宣传部、市人大、市政协、空军驻芜部队领导观看了精彩演出。

（鲍宗勤）

【通信局首届职工运动会在渝举办】 2007年10月15日–17日，长江通信管理局第一届职工运动会在重庆举行，这是长江通信管理局建局20多年来首次开展的全线综合性职工体育盛会。

运动会由局机关、6个直属局共7个代表队、裁判员、教练员、工作人员共120余人组成。进行大型职工体操表演及田径（女子100米、男子100米、女子800米、男子1000米、4×100米接力）、乒乓球、篮球、拔河。运动员以“友谊第一、比赛第二、安全第一，名次第二”为目标，秉承“赛出水平、赛出风采”的宗旨，在细雨霏霏的运动场上奋勇拼搏、释放体能，赛出了通信人团结协作的高昂士气、与时俱进的蓬勃朝气、勇夺胜利的冲天豪气。

（陶竟成）

【长航集团工会绘制漫画扑克宣传安全知识】 2007年6月，长航集团工会为配合“安全生产月”活动，组织了美术人员创作、设计、印发了6000张“落实责任反违章 夯实基础保安全”宣传画和10000副“安全知识扑克”，发至全线各级机关、基层船舶、车间。

安全知识扑克牌汇集了船舶航行、用电安全、起重、焊割、高空作业和消防等安全百科知识。这种扑克牌采用漫画形式,更加生动、形象地宣传安全生产月活动主题,寓教于乐,使广大职工在娱乐活动中受到安全教育。

(长航集团)

【中央电视台《国家行动》在"江山"轮开拍】 2007年1月12日至13日,中央电视台《国家行动》拍摄三峡移民告别故土、乘船外迁的大场面重头戏,在中国长航集团"江山3号"轮、"江山7号"轮、"江山9号"轮上开拍。三艘轮船上的船员全力协助参与了拍摄。

(长航集团宣传部)

【芜湖公司积极开展文体活动】 2007年,芜湖公司坚持将重大节日的庆祝活动与基层班组的日常小型活动相结合,倡导文明健康生活方式,改变职工心智模式。

举办了庆"五一"职工羽毛球赛、庆"国庆"职工乒乓球赛,组队参加了中国长航集团职工游泳邀请赛、职工乒乓球赛。开展了纪念"三八"妇女节活动,组织女职工到南京参观大屠杀纪念馆;节日期间,还组织举行职工扑克牌友谊赛等。

(芜湖公司 何根林)

【江苏省交通厅启动"黄金水道·新江苏"大型采访活动】 2007年8月21日至25日,江苏省交通厅组织为期5天的"黄金水道·新江苏"集中采访活动。由《中国交通报》、《中国水运报》、新华社、新华网,以及《新华日报》、《扬子晚报》等12家中央和省级以上媒体组成的报道团16名记者亲历镇江、常州、无锡、盐城、连云港5市,深入苏南运河"四改三"整治工程丹阳陵口先导段和常州绕城段,以及芜太运河宜兴绕城段、连申线盐城市通榆运河文明样板航道段、连云港港疏港航道灌云县段等水运重点工程工地,现场采访了无锡市政府副市长吴建选、常州市政府副秘书长孙勇、宜兴市政府常务副市长董平、连云港市灌云县常务副县长李大祥等地方政府领导,走访了多家中外合资企业,并邀请部分人大代表和政协委员与交通航道部门领导广泛座谈。

集中采访活动结合江苏省政府出台的《关于加快水运发展的意见》,大力宣传省委、省政府贯彻落实科学发展观,加快发展水运事业的战略思路和重要举措,及当地政府重视水运发展、支持水运发展的措施和经验,集中展示了全省航道事业取得的巨大成就;重点宣传水运的作用、加快水运发展的重大意义、江苏水运的独特优势和建设"水运强省"的战略部署;展示"江苏航道正在变成黄金水道"的社会共识和发展成就;展望全省航道事业的美好发展前景。与此同时,还结合《江苏省航道管理条例》的贯彻实施,在盐城市邀请部分人大代表和政协委员座谈,大力宣传江苏水运优势以及水运在构建大交通、服务"全面达小康,建设新江苏"中的重要作用,探讨加强航道立法保护,加快水运发展的措施。

(江苏省局 政工科)

【江西省航务局投资麦园村"宣传文化活动中心"建设】 2007年1月5日上午10时许,江西省航务局党委书记王凯林、副书记刘水生,南昌市文明办,以及当地镇、村负责人来到南昌蛟桥镇麦园村,为这里新落成的"宣传文化活动中心"举行揭牌仪式。

2006年,江西省航务局采取财政扶持的办法投入约15万元,为活动中心购买了电脑、电视机、书籍、电教设备,以及配件、体育健身器材、室处宣传标志等办公设备和文化体育设施。在此期间,江西省局还特邀房建工程的专家出谋献策,优化设计方案,使得村民可以在农闲、工余时间来到环境优雅的文化活动中心享受下象棋、打乒乓球、看书阅报、上网、体育锻炼等丰富的业余文化生活。

(江西省局 张兆平)

【江西省航务局举办首届职工综合知识竞赛活动】 2007年12月12日,江西省航务局在南昌首次举办了职工综合知识竞赛活动,所属单位14支代表队参加了这次比赛。

比赛分预赛、决赛,采用笔试和现场问答两种形式进行。竞赛题涵盖十七大报告、海事管理、道政管理、船舶检验、安全生产等方面的内容,经过激烈角逐,最终九江分局代表队高分胜出,获得大赛冠军;上饶分局及南昌分局代表队并列第2名;界牌枢纽管理处、宜春分局、港航工程处代表队并列第3名。

(江西省局 熊 芬)

【江西省港航系统第一个农民工工会基层组织在九江港成立】 2007年1月28日,九江港口集团工会农民工分会正式成立,同时建立了全省首家港口农民工俱乐部。

九江港有200多名农民工长年在九江集团公司码头工作,因农民工特殊身份未能开展有组织性的活动,有困难无法诉求,难以维护自身合法权益。九江港口集团工会充分考虑并重视农民工这一特殊群体的要求,按照自愿的办法,以工会组织形式把农民工纳入管理。100多位农民工自愿加入了工会组织,按照工会组织法一致推选农民工魏良成任农民工工会主席。与此同时,港口集团公司工会为农民工建立起俱乐部,让农民工有了开展工会活动、彼此交流的地方。九江港口集团公司工会农民工分会是九江市第一个农民工工会组织,也是江西省港航系统首个农民工的工会组织。

(江西省局 蔡联欢 张 翔)

【南昌市港航处庆祝我国第三个"航海日"】 2007年7月11日是世界"海事日",也是我国第三个"航海日"。今年"航海日"的活动主题是以"热爱祖国,睦邻友好,科学航海"为宗旨。南昌市港航管理处在上午9时,所有船舶统一挂旗并鸣笛一分钟,为营造良好的庆祝氛围,并在趸船等张贴宣传标语,以多种形式来以庆祝我国"航海日"三周年。

为纪念郑和下西洋这一伟大创举和普及"航海日",该处还举办"我为港航添风采"演讲比赛,以及公文写作比赛等系列活动,进一步提高港航干部职工的新形象,以及文化水平和业务素质。

(南昌市港航处 揭任成)

【云南省局举行演讲比赛】 2007年4月28日至29日,云南省航务管理局举行"青年爱岗敬业"演讲比赛,比赛评出一等奖1人,二等奖2人,三等奖3人和鼓励奖6人。

(云南省局 马翠德)

【云南省航海日"和谐"采水仪式在景洪港举行】 2007年6月18日,全国航海日庆祝活动云南澜沧江"和谐"采水仪式在澜沧江边国家一类开放口岸景洪港举行。云南省"航海日"活动,从此拉开序幕。

(云南省局 马翠德)

【重庆市船员船东代表座谈共庆航海日】 2007年7月11日上午9时,重庆市数千艘船舶挂满旗,号笛齐鸣,共同庆贺全国第三个"航海日"。

2005年7月11日国务院批准首个"航海日"活动以来,重庆市政府部门高度重视航海日纪念活动。"航海日"是由政府主导、全民参与的全国性法定节日,更是水运行业及其从业人员的共同节日。

为庆祝"航海日",重庆市地方海事局特地邀请了嘉陵江部分航运企业的船东代表、船员在合川共商大计、共谋发展,共庆航运人的节日。

(重庆市局 阳 斌)

·医疗机构·

【长江航运总医院、武汉脑科医院】 (详见《长江航运年鉴》(2008卷)第三篇"机构")

截至2007年底,长江航运总医院有在职职工776人,卫生专业人员593人,其中高级职称74人,中级职称259人,初级职称260人。行管工勤人员183人。病床设置为552张,设17个临床科室,42个医疗专业、14个医技科室;下设卫生所4个,社区医疗站及医务室7个,开设专家门诊28个。新增主要医疗设备有:1.5T磁共振(MR)、介入数字血管造影机(DSA)、螺旋CT、彩超、腹腔镜、肾透析机、动脉硬化诊疗仪、数字X光机(DR)、前列腺电切设备、碎石机、高压氧设备等一系列现代化的医疗设备及设施。医院占地面积3万余米^2,建筑面积4万多米^2。

·门诊与医疗 全年门诊工作量为185558人次,住院病人收治量近4600人次。医疗工作质量:甲级病案率为90.70%,处方合格率为97.7%。医疗事业收入保持了大于5%的增长,医疗服务范围开发工作取得了新成绩。

·分配制度改革 顺利完成事业单位职工收入分配制度改革的工资套改和工资补发工作,这是20余年来医院涉及资金总量最大的一次工改和工资调整,补发工资计800余万元。

·增挂武汉脑科医院 2006年10月经武汉市卫生局申报,湖北省卫生厅批准同意,长江航运总医院增挂“武汉脑科医院”院牌，于2007年6月8日举行隆重的挂牌仪式。中国医院协会曹荣桂会长和湖北省卫生厅、长航局领导、天坛医院王忠诚院士和院领导，湖北省市各大医院领导参加脑科医院接牌仪式，这标志着该院专科建设发展迈入新的里程碑。2007年，神经内、外科病人收治率均有增加，神经外科在专家的指导下，开展手术150余例，同比增长25%，成功开展了微创手术切除椎管内外哑铃型肿瘤及颈前入路人工颈椎间盘置换术，手术技术达到国内先进水平。神经内科有12位专家来院参加疑难病门诊、教学查房及院内会诊达500多人次；开展了脑血管病的高同型半胱氨酸血症的监测及干预，脑梗塞的二级预防之三联疗法等多项新业务。此外，神经内、外专科还先后选派了10名技术骨干外出学习培训。对重点专科建设发展、设施设备的购进，以及组建神经介入科和神经康复科、ICU病房等作了进一步的规划。

·新技术与新业务　全院各专科开展了适合本专业实际的创新活动。神经外科在创新方面力度很大，通过引进先进的医疗技术，反复实践，攻克技术难关，一次次冲破手术禁区，取得了可喜的成绩。神经外科开展的手术，肿瘤手术占85%以上，肿瘤全切率90%以上，手术致残率低于1%，提高了患者的生存质量，使许多以往无法实施的手术禁区的肿瘤得到了治疗。成功开展了微创手术切除椎管内外哑铃型肿瘤及颈前入路人工颈椎间盘置换术新技术项目，达到国内先进水平。神经内科开展了同型半胱氨酸血症的筛选和干预、DWI诊断急性缺血性脑血管病的探讨。骨外科开展了前路颈椎体、颈椎融合术。放射科开展了冠状动脉CTA的影像研究、头颈部血管CTA的影像研究等新技术，提高了疾病诊断的阳性率。这些新技术项目均是目前国内、省内比较先进的技术。全年医院各科室共申报开展新技术、新项目45项(有5项是2006年续项)，内科开展了血液透析治疗，骨科开展了关节镜检查和手术治疗，泌尿外科开展了输尿管镜弹道碎石取石等技术，妇产科开展了TCT检查等4项新业务；非临床部开展了彩色多普勒超声在四肢血管的应用，开展了冠状动脉成型术(CTA)等4项新业务；医院办公室、保健科合作课题“武汉市居民健康状况评估的相关研究”获武汉市科技局立项。

技术创新工作是医院生存发展的需要，是发展医疗卫生事业的需要。医院在开展技术创新工作中，一是把创新工作的重点放在提高医疗质量上，注重医疗技术成果创新、医疗服务功能创新和管理模式的创新；二是完善制度，进一步规范创新工作的申报和确认办法；以科室为单位制定创新方案，避免随意性，保证服务安全，使创新工作做到有计划、有目标、有成果。三是进一步明确创新的范围，就是尚未在本院开展的医疗技术均视为创新，比如新业务、新技术、新理念和新手段，促进创新的广泛性。四是做到“四结合”，即创新与岗位结合，创新与专业结合，创新与职能结合，创新与责任结合，使创新工作更具有立足本职的责任感。通过开展技术创新工作，培养了职工爱院敬业精神，医务人员素质得到了提高，医疗服务质量得到了提升。学业务、学技术的风气越来越浓，越来越多的青年医师成为业务骨干和技术能手。

·医疗与护理　长航总医院根据卫生部及省市厅局开展“医院管理年”活动的要求，进一步完善了医院长效管理机制，重新制订了管理年活动实施方案，重点强调依法执业、依法管理，规范了执业行为，禁止未取得执业资格的医、药、护、技人员独立从事医疗活动；加强了首诊制度、三级医师查房制度、分级护理制度等12项核心制度的落实；加大了医疗文书的检查力度，改变院长查房模式，形成常规“自查－督察－整改”，将管理年的要求和规定逐步转入常规管理之中。此外，医院建立药品使用情况月通报制度。对药品采购、使用等管理环节严格把关，全年在武汉市药监局及相关部门14次发出的伪劣药品通报中，该院均未涉及。

·医疗服务水平　以病人为中心，强调病人第一，为了方便病人就医，病房大楼改造维修，对大部分临床科室进行了调整；同时，也对各项服务设施也作了调整，例如，电子显示屏、公示栏、橱窗、服务手册等。坚持提供住院“一日清单”。开展了“服务质量管理月”活动，实行服务质量情况“日报制”，每周进行一次分析、讲评，月底集中通报。医护人员热情服务、主动服务、规范服务、安全服务得到体现，服务水平显著提高，全年受到病人表扬49次，病人投诉明显减少。

·护理工作　建立健全了护理三级质控网，形成护理质量持续改进的管理机制。基础护理合格率95%，专科护理合格率96%，全院护理单元消毒隔离合格率100%，急救药械完好率100%，健康教育覆盖率100%，病人对护士工作满意率≥95%，护理文书书写评分≥95分，护理操作合格率100%，“三基”理论考核合格率100%。

加强护理“三基三严”训练，对全院护理人员进行“三基”操作培训考核，并且通过开展全院护士长培训工作，使护理人员业务素质明显提高。2007年参加省、市“5.12”优秀护士的评选活动，长航总医院李力、李敏被评为“武汉市百名优秀护士”，陈宾获“湖北省优秀护士”称号，向双琼获“湖北省三级医院护士岗位技能竞赛优秀选手奖”称号。

·人才培养与教学　长航总医院坚持院内培养与院外培训相结合的方针，加强了对各专业技术骨干和重点专科技术梯队人员的培养。全年成功举办了省级继续教育项目暨神经内科、外科学术活动，举办了各级各类学术活动26次。选送技术骨干外出进修学习13人次，接受实习生、见习生1500余人次；加强对初中级医务人员基本功训练，完成医、药、护、技人员“三基”技能考核；开展了岗位技术练兵和6项技能竞赛活动，重点解决基本功不扎实、服务不规范、作风不严谨三个方面的问题。

·社会公益活动　服务长江取得新成绩，为长江水系广大职工做好医疗卫生服务，是长航总医院的重要职能之一。一是制订了长江干线突发公共卫生事件应急预案，参加了交通部举办的三峡库区水上联合搜救演习的医疗救护工作。二是组织医疗队深入到长江中下游战枯水工地，为航道、海事、公安部门2000余名一线职工送医送药，并且完成1500余人次的体检工作。配合长航局工会赴汉阳、黄石为农民工体检149人次。三是完成长航系统职工血吸虫病检查2060人次，检查44名阳性患者，均得到及时治疗。为疫区的基层单位配发血防药箱22个，种植血防植被7500米^2，开展易感地带预防性灭螺12600米^2，完成部分血吸虫病调查电子档案，减少或避免了长航系统职工感染血吸虫病。全线无血吸虫病“急感”发生，有利地保证了职工身体健康。与此同时，深入航道工地、车船码头向施工人员和过往旅客开展艾滋病免费咨询、宣传工作。参加湖北省疾控中心组织的HIV－抗体初筛实验室质量考核，取得优异成绩；对辖区重点人群免费开展艾滋病抗体初筛检测182人次，完成狂犬病、乙肝等疾病疫苗接种1123人次，对系统内有关单位进行消毒灭害达36000米^2。此外，认真做好春运、黄金周、汛期、两会等重点时段的卫生监督保障工作，受到湖北省、武汉市主管部门好评。完成所辖58个单位的卫生监督288次，并发放卫生许可证。完成或部分完成长江航道整治以及天兴洲输油管道等8项工程的环境监测评价工作，二项环评已通过省级环保部门的评审验收。

·加快基本建设　交通部投资3000多万元病房大楼改造工程，于4月下旬正式开工。为保证病房改造工程顺利实施，医院进行了充分准备，完成建院50多年来最大范围的维修和科室布局调整、维修改造工作。将病房大楼于3月底全部腾空，临床科室均有调整，病床适当压缩，外科、手术室、麻醉科都迁至门诊楼，病人也都得到妥善安置，确保了医疗工作正常进行。利用有限空间腾出最大的医疗区域。

·安全生产管理　全院以“安全生产、隐患排查专项治理”等活动为契机，加强了对医疗活动的监督检查，加强了全体医护人员的“自我保护意识”教育，并且加强了安全保卫力量，定期进行综合治理检查。开展了消防知识讲座，严格落实“一法三卡”制度；加强了对高压、易燃、易爆品的管理，促进了医院安定和谐的发展，全院无医疗事故发生，无因“三违”造成的意外事故和人员伤亡。

地　址　武汉市惠济路1号
邮　编　430010
电　话　(027)82451091
传　真　(027)82451091

(长航总医院　王春兰)

【长江航务管理局疾病预防控制中心】　始创于1975年的长江航务管理局长航职业病防治所，1985年1月经交通部长江航务管理局批准，组建长江航务管理局卫生防疫站；2003年12月，更名为长江航务管理局疾病预防控制中心(简称长航疾控中心)。

长航疾控中心走过了一条由小到大、由弱变强、开拓创新的发展道路。现在的疾控中心，与交通部长江航务卫生监督所和交通部长江航务管理局环境监测中心站一门三牌，成为长航系统集卫生检测、环境监测、评价、推广、健康教育、健康体检、处理突发公共卫生事件等为一体的综合性疾病预防控制机构，呈现出前所未有的可喜局面。疾控中心做了大量工作：一是积极拓展环境监测评价业务，大胆走多元化发展的路子。中心经申请考核，获得环境监测资质。近年来，根据长江航道整治目标——“延上游、畅中游、深下游”，中心抢抓契机，依靠科技进步与创新，主动拓宽服务长江领域，先后承担和完成东流、涪陵至铜锣峡航道整治工程以及港口、桥梁、公路共40余项环境监测及验收工作。为交通事业的发展提供有力的环保技术支持，也增加了经济收入。二是加强公共卫生体系建设和环境监测站建设，夯实硬件设施基础。为保证中心的可持续发展，中心的硬件建设被提上日程。2002－2005年，建成工作用房1800米^2，配备局域网，先后购置了离子色谱仪、基因扩增仪、彩超、全自动生化分析仪等大中型设备近80多台（套）。这一系列建设举措，提高了长航疾控中心信息化应用水平，增强了卫生监督与疾病控制的手段和能力，提高了长航系统公共卫生突发事件的应急处理能力。三是加强软实力建设，提升资质认定水平。长江航务管理局疾病预防控制中心、交通部长江航务管理局环境监测中心站双双获得湖北省质量技术监督局颁发的计量认证资质证书。长航疾控中心门诊部取得武汉市卫生局《医疗机构执业许可证》、湖北省“艾滋病抗体初筛实验室”的资质认定、交通运输部批准的《交通运输行业环境监测资质证书》。四是全方位展开业务工作。重点开展了血吸虫病综合防治，开展艾滋病防治。尤在2002年冬2003年春那场全国性的抗击“非典”的战斗中，长航系统各单位及长江沿线港航单位实现了“非典”零感染、零传播，中心成为交通部长航局、武汉市防“非典”阻击战斗不可缺少的重要组成部分，体现出极强的应急处理能力，承担了卫生监督保障任务。湖北省、武汉市举行“中国科协年会”、“全国林业推进新农村建设现场会”、“中国中部投资贸易博览会”等多项大型会议期间，疾控中心承担卫生保障工作，成为武汉市卫生保障体系的重要组成部分。职业病防治工作成绩斐然，2000年疾控中心被卫生部评为“全国职业卫生工作先进集体”。

地　址　武汉市汉口解放大道1262号
邮　编　430019
电　话　（027）51762081
传　真　（027）51762082

（长航疾控中心　胡廷皓　胡悦君）

【长江航运集团武汉卫生中心（简称武汉卫生中心）】　武汉卫生中心是一个集卫生行政管理、卫生防疫监督、医疗保健服务于一体的新型卫生机构，是长航集团为了合理使用在汉地区卫生资源，增强医疗卫生机构市场竞争力，为长航集团进行主辅分离实施产权制度改革作准备，于2004年7月将当时的集团卫生中心与武汉公司医疗中心整合而组成。武汉卫生中心下辖2个直属单位，即长航集团总公司医院和长航集团中心防疫站。截至2007年12月31日，武汉卫生中心共有职工229人，其中在岗职工116人，非在岗职工113人。相比2006年，绝对减员31人。

2007年，武汉公司下达武汉卫生中心的年度经济指标为－185万元。1－12月，卫生中心收入总计为1142万元。全年实际完成目标利润－185万元，与2006年同期相比，减亏43万元。

地　址　武汉市汉口民生路4号
邮　编　430014
电　话　（027）82763217
传　真　（027）82763809

（武汉卫生中心　余平英）

【中国长航集团总公司医院（简称长航集团医院）】　长航集团医院是一所集医疗、保健、预防、教学的医院。现有武汉市一级甲等医院、花楼街社区卫生服务中心（江汉区最大的一家社区卫生服务中心，也是江汉区仅有的由企业承办的社区卫生服务中心）、武汉市医疗保险定点医院、医疗保险重症疾病诊疗及结算定点医院资质。

2007年，医院有卫生技术人员100人。其中卫生技术高级职称8人，中级职称62人；设有干部病房、普通病房共50张床位，设有家庭病床40余张。全院有17个医技科室，其中口腔科、蛇疗科、正骨推拿科为重点的特色专科。内设4个职能部门，即综合办公室、医务部、社区部、财务处，另在江岸、江汉、武昌3个区设有蔡家田、荷花苑、杨汉湖、喻家湖4个社区服务站点。

1－12月，完成门诊医疗65240人次，与上年同期相比增加1.7%；住院372人次，同比增加68

人次;家庭病床巡诊2356人次,与去年同期相比增加52人次;此外,健康体检4886人次。社区宣传24次,社区建档3464份,上门服务1800次。

·加大社区投入力度,改善社区经营环境 长航集团医院先后投入5万元对4个社区站点进行了装修改造,提升社区卫生服务竞争力,社区创收快速增加。推出各种体检套餐,2007-2008年由员工联系的体检就有2000多人次。此外,调整药价,实惠病人。武汉医院多次到武汉市药品市场调查了解药价情况,及时调整了药品采购进货渠道,减少中间环节,并通过药事委员会招标筛选药品供应商,有效控制了药品成本。根据政府规定对240种常规药品进行价格调整,其中有40种药品降价幅度为40%,真正让利于病员。人工成本过高,一直困扰着卫生中心的经营发展。按照公司的人员控制指标的要求,武汉卫生中心减员52人,超额完成任务指标,缓解了部分人工成本的压力。

·抓好特色专科建设 蛇疗专科是长航集团医院的一个特色专科,在治疗疑难杂症中有独特的疗效。为了更好地发挥其作用,医院为其建立网站,在金锚网、有问必答网、《长航报》、《长江商报》等媒体宣传名医白老先生;通过广泛宣传介绍,蛇疗专科就医病员逐年上升。医院在医疗和行政安全上采取五大措施:一是定期组织职工学习培训消防知识和"医疗纠纷处理条例",以增强职工的防火意识和医疗安全责任意识;二是严格执行医疗操作规程及重点预控方案,结合创群众满意社区机遇,狠抓医疗技术和服务质量,不断完善医疗管理制度;三是落实逐级防火责任制,完善消防预案,开展安全生产月活动;四是严格执行隐患检查制度,每周科室自查,每月中心组织一次安全大检查,查出隐患严格执行"三不放过"原则。全年共隐患整改18起,并逐一整改。五是开展对出租车、出租房的清理整顿,清除安全隐患,防范法纪风险。通过严格的安全控制,全年无安全事故,无医疗事故。2007年,被武汉公司评为安全生产先进单位。

·做好稳定工作 长航集团医院面临的压力有:一是庞大的岗下职工队伍,过高的人工成本和不断上涨的费用压力;二是医疗市场急剧萎缩,收入明显下降,岗上职工收入水平长期低于社会平均的压力;三是部分军转干部要求解决住房,频繁到上级上访的压力;四是医院拆迁,职工思想波动,带来医疗安全的压力。针对这些压力,长航集团医院积极面对,先后多次召开专题会,制定稳定预控措施。年初,岗下职工因生活费及社保基金缴费基数问题多次到卫生中心集体上访,并做出过激行动。长航集团医院紧急启动稳定预案,耐心做上访职工的思想工作。院长、副书记、副院长多次上职工家门做工作,对确实困难的岗下职工实行特困补助,同时要求岗上职工保持冷静,动之以情,晓之以理,控制矛盾的激化。为加强对岗下职工的管理,成立了岗下职工管理的办公室,意收集岗下职工信息,进行动态跟踪,及时预警;在武汉公司的大力支持下,解决了调高养老金基数等问题。拆迁问题上,长航集团医院积极引导职工,分析拆迁带来的机遇,把中心的发展思路交给职工反复讨论,让职工自己作主,争取职工的理解和支持。通过系列运作,职工已经形成共识:只有医院稳定发展,才能解决好拆迁中遗留的问题。这两年,长航集团医院稳定工作机制得到完善,对稳定工作的预见性和超前性有了突破,劳动关系紧张的局面得到有效化解

地　址　武汉市汉口民生路4号
邮　编　430014
电　话　(027)82763217
传　真　(027)82763809

(长航集团医院　余平英)

【中国长航集团中心防疫站(简称长航集团中心防疫站)】 (详见《长江航运年鉴》(2008卷)第十四篇"文卫"中"卫生防疫"类目)

地　址　武汉市汉口民生路4号
邮　编　430014
电　话　(027)82763217
传　真　(027)82763809

(武汉卫生中心　余平英)

【中国长航集团庐山疗养院】 庐山疗养院隶属中国长航集团,始建于1976年,占地12万米^2,南倚庐山,北面长江,东临古道好汉坡,西傍名刹古寺,环境优美,气候宜人。装修一新的庐山疗养院拥有中、高档床位200张,休闲娱乐设施齐全,是接待疗休养、会议、培训、渡假、旅游理想之所。

庐山疗养院秉诚"信誉第一、宾客至上"的经

营理念,竭诚为社会各界服务,热诚欢迎旅客的光临!

院 长 童昌明

地 址 江西省九江市莲花洞

邮 编 332008

电 话 (0792)8903400;8901088

传 真 (0792)8903400

(庐山疗养院)

【南京长江油运医院(简称南京油运医院)】 南京油运医院隶属南京长江油运公司,是一所综合性"一级甲等"医疗机构。医院设院办、医务科、防疫站、财务科等部门,并下设4个医疗点,分别是:摄山卫生所、仪征卫生所、四平路医疗点、大楼医务室。医院本部开设的门诊科室有:内科、外科、妇科、中医科、口腔科、五官科、理疗针灸科、肝炎门诊;医技科室有:放射科、化验室、B超心电室、胃镜室等。

地 址 南京市江东北路330号

邮 编 210000

电 话 (0257)86212610转8205

(南京油运医院)

【南京油运公司卫生防疫站暨南京长江航运交通卫生监督所】 该站所主要承担长江航运交通南京地区的卫生防疫工作,基本任务是以船舶交通卫生为主体的职业病危害因素、船舶卫生、食品卫生、环境卫生、消毒杀虫,健康教育,以及卫生监督和监测、卫生评价及疾病预防控制等工作。管辖船舶329艘、食品与公共场所单位18个,幼托机构3个,工厂2个。

(南京油运公司)

【铜陵港口医院】 (详见《长江航运年鉴》(2004卷)第十四篇"文卫"第853页)

【九江港职工医院(简称九江港医院)】 九江港医院隶属九江港务管理局。医院设置有内科、外科、中医科、妇产科、眼科、五官科、口腔科及住院部(有病床30张);辅助科室有:药房、化验科、X光科、心电图室、B超室;行政、后勤科室有:财务科、收费、挂号室。该院有副主任医师2名,主治医师7名,医师2名;主管护师4名、护师4名、护士2名;药剂师3名;X光医师1名,X光技术员1名;检验医师1名;助理会计师1名,会计员2名;工人3名。

(九江港医院)

【枝城港口医院】 2007年,是枝城港口医院面临市场重大变化、经受严峻考验的一年。然而,在全体职工的努力下,仍取得可喜的成绩,特别是住院病人和总业务收入创造了历史最好水平。一是门诊量11099人次,较上年度减少417人次,为年计划10000人次的110.9%。住院量817人次,较上年度增加65人次,为年计划750人次的108.2%。辅检人次15925,同比减少1125人次。二是总收入1921534.06元,较上年度增加125771.14元,增长6.9%,为年计划168万元的114%。总支出192.23万元,收支相抵,亏780.45元。

(枝城港口医院)

【万州港口医院】 万州港口医院原隶属重庆万州港口(集团)有限责任公司(以下简称万港集团)。2004年,万港集团在实施整体改制后,按照"主辅分离、产权多元、职工身份置换"的思路,积极推进港口内部产权制度改革,对港口医院等辅业单位有计划分步骤地实施改制;万港集团退出了绝对控股地位,引入管理者、职工入股,对职工身份进行置换,身份置换后职工与改制公司重新签订劳动合同。现万州港口医院成为独立的法人企业,受万州区卫生局主管。

2007年,万州港口医院有职工37人,其中业务技术人员32人,副主任医师2人,中级职称9人。

2007-2008年,门诊总诊疗数62105人次,住院437人次,实现业务总收入413万元。其中医疗收入141万元,药品收入265万元,其他收入7万元;总支出423万元,其中医疗支出84万元,药品支出231万元,人员支出108万元。

(万州港口医院)

【宜昌长航医院】 宜昌长航医院于1954年4月建立,1955年5月更名为"长江航运管理局宜昌港务局职工医院",隶属于长江航运管理局,经费由长江航运管理局卫生处统一下拨。对长航系统职工、退休人员实行免费医疗服务,对职工家属实行半费医疗服务,属系统内单纯福利型医院。

随着长江航运的发展,宜昌长航医院医疗设备及设施逐年完善。1956年,内科病床增加到25张,增设外科病床15张,建立门诊手术室,还增设了中医科、理疗科。1957年,住院部设立了化验室。1958年,成立了妇产科、放射科。至此,医院建设初具规模,各项管理制度不断完善。1972年扩建住院部,新建一栋1350米^{2}三层楼的内科大楼和150米^{2}的手术室。病床数增加到100张,并成立了宜昌长航卫生防疫站,医疗业务技术水平也逐渐提高。1974年10月,外科为一妇女摘除重达22.5公斤重的卵巢囊肿,并成功地开展了指骨代掌骨,食指再造手术;内科开展了有机磷农药中毒抢救,急性心力衰竭等危、急、重症病人的抢救及治疗。1984年,长航实行体制改革,港航分家,该院下放给宜昌港务局。传统的医疗经费来源中断,实行医疗经费自提自用。在确保为港口服务的同时,对外开放30%的医疗服务,改变了传统的经营方式,面向社会,从单纯福利型医院转为经营福利型医院;业务工作接受宜昌市卫生局的行业管理,更名为宜昌长航医院。1988年医院提出了"科技兴院"的发展策略,大力开展小改小革、科技进步活动,促进了效益提高。1985－1999年,医院固定资产113.4万元,1999年业务收入达到227.42万元。1996年,创立宜昌市第一家老年医学关怀中心。该中心创立时,床位数10张,专业技术人员7人,是宜昌市率先开创唯一一家的老年医疗关怀专科。老年医学关怀中心经宜昌市卫生局评审验收,为市级重点专科。中央电视台夕阳红节目进行了专访,省、市各级领导多次来中心视察,接受外来医疗单位的参观学习,访问达180人次。同年,医院升级为国家二级乙等医院,机构性质为非营利性医院。通过创等升级,医院内涵建设,硬件设备,诊疗技术都得到了进一步的提升,病床数增加到120张,在册职工168人,固定资产由1984年的85万元上升到600万元,业务收入由1984年120万元上升到433万元。2000年,制定并贯彻了《宜昌长航医院2000－2005年五年业务发展规划》、《加强内涵建设实施细则》,促进了医院班组管理规范化,职工队伍的整体素质得到了提高。医疗质量年的各项措施得以落实,确保医疗技术、医疗质量的同步提升。社区卫生服务功能的完善,入户建档建卡,辖区健康宣教均占领了医疗市场。年业务收入达到650万元,超计划68万元,与上年同期相比上升35%被评为交通部"双文明先进单位",湖北省"巾帼文明示范岗",宜昌市卫生系统先进单位,宜昌市交委战线先进基层党组织,宜昌市创安文明先进单位。2001年,是卫生工作"三项"制度改革全面推进的一年。为提升现代管理水平,投资20多万元建立了微机信息网络,是第一批进入市医保定点医院,并与人寿保险公司,宜昌吉联纸业有限公司签定了医疗技术合作协议。医院在硬件建设方面,一是投资了3万元对药检室、制剂室装修改造,规范了药剂科操作程序,本年度被宜昌市授予"放心药房"荣誉称号。二是投资3万元对港务社区内环境进行了改造,改善了社区居民就医就诊环境。三是投资14万元添置了血凝仪等设备,提高了检验手段,还开展了一次病历展示周活动,有效地促进了病历书写质量的提高。2002年,医院在港务局的支持下,自筹资金150万元,对住院综合大楼、门诊部及社区进行了扩建、维修,住院部扩420米^2,为患者提供优良的住院条件。后勤支持保障系统投资21万元,新建了发电房,更新一台250kV/A变压器和一台75kV发电机组,对电梯也进行了升级改造,满足了临床所需。本年度业务收入达774.32万元,比去年同期增收60.5万元,荣获了"宜昌市卫生系统行业作风建设先进单位"称号。

2003年,宜昌长航医院在防治"非典"的疫情控制工作中,充分履行了医疗机构和港口卫生监督部门的职能,医院被评为宜昌市防非工作先进集体。本年度还开展了送医下乡活动,同时扶复帮困,大力推进医院改制。该院于2004年6月8日,由宜昌港务集团与上海和尔仕医院咨询管理公司正式签定了委托管理经营五年的合同。至此,宜昌长航医院职工身份全部转换,国有企业经营医院的体制就此结束,医院实行全民营化经营体制。

(宜昌长航医院)

【上海长航医院】 上海长航医院前身系长江航运管理局上海分局卫生所,始建于1952年,发展至今已有56年。1960年改名为"上海长江航运医院"。医院行政隶属于长江航运管理局上海分局,业务接受上海市卫生局的领导。医院拥有骨关节专科等特色品牌,医院的医疗业务比合作前翻了一番,并连续三次被上海市人民政府授予“上海市文明单位”称号。

80 年代中期,随着医疗水平的发展,开设了病理科、B 超室、内窥镜室(购置了包括胃镜肠镜支气管镜在内的系列纤维内窥镜)。医院仍隶属于长江航运管理局上海分局(现改为上海长江轮船公司),主要担负长航系统在沪地区船岸万余名职工及其家属、长航全线到港船舶船员的医疗保健工作。由于长航的运输特点,医院不但在基层设立了 6 个医疗点、3 个家庭服务点,还派出巡回医疗队到长江沿线各港口为运输船舶送医送药,为申汉客轮派出船医,在春节客运繁忙时,医生们随船为旅客和船员服务。

20 世纪 90 年代初期,上海长航医院迁至浦东。医技楼 6 层,核定床位数为 204 张,规模在原来基础上进行扩大。医院培养并引进了一批学科带头人及其他医技人员,添置了先进医疗设备。1993 年,著名小儿心胸外科专家丁文祥教授与上海长航医院合作,开办了浦东小儿心胸外科医院,同时还与上海市 B 超会诊中心合作。这些合作项目不但给医院带来可观的经济效益,也使医务人员的医疗技术得到了很大提高,为医院日后的发展奠定了基础。1995 年在等级评审中被上海市卫生局评为二级乙等医院,并更名为上海长航医院。上海长航医院实行所有权与经营权的分离,医院的资产仍归上海长江轮船公司所有,而经营权则交给中南公司医院,实行院长负责制,按市场化运作自主经营、自负盈亏、自我管理、自我约束。医院的发展战略定位为大专科、小综合,以骨关节科为特色,培育骨科市场,形成医院的核心竞争力来带动常规科室的发展。近年来,在长航医院置换的膝关节病人成功率为 99%,病人的满意率达到 90% 以上。上海的诸多新闻媒体现场采访,进行宣传报道。到长航医院接受膝关节的病人除上海地区外,还遍及祖国大江南北,就连东南亚地区的患者也慕名而来,大专科、小综合的发展战略目标初步显现。

大专科品牌日渐形成,小专科也得到同步发展。内科、肿瘤科、神经康复科、口腔科、门诊等科室业务量逐年提高。与合作经营前相比,2008 年医院业务收入是 3 年前的2.16倍,门诊人次为1.75倍,住院人数为1.78倍,手术人术次为4.84倍。

上海长航医院党委积极参与社区建设,与街道、居委会同创共建,医院定期为周边居民提供免费医疗咨询、义诊服务。医院党委还与其所在地——潍坊街道阳光驿站党总支联手,共同推出“健康进楼寓”活动,每月派出一支医疗服务队,利用午餐后休息时间,为商务楼的工作人员提供免费医疗服务,医院连续三届获得“上海市文明单位”称号。

地　址　上海市浦东新区浦东峣山路 523 号
邮　编　200122
电　话　(021)58354870;5835026

(上海长航医院)

【芜湖长航医院】 芜湖长航医院于 20 世纪 70 年代初由芜湖公司卫生所等医疗机构合并组建而成,承担着中国长航集团系统各企业职工、家属及乘客的医疗、卫生防疫、保健等多项职能。尤其在船员的健康检查、血吸虫病普查普治、船舶卫生、自制饮用水检测及食品卫生监测方面更是他人难以取代,同时履行地方卫生行政部门部署的计划免疫、辖区学校卫生、放射卫生、食品及公共场所卫生监督、传染病管理等社会职能。尤其在 2003 年抗击“非典”的战斗中,全院职工克服人员少、任务重的困难,舍弃休息时间,忘我工作,圆满完成各项任务,医院党支部被芜湖市委授予“先进基层党支部”。

2006 年 5 月,芜湖市滨江景观公园建设工程启动,对芜湖长航医院作整体搬迁。医院经历了由单纯服务于企业到逐步走向社会的艰辛创业,对市场有着积极的认识。过去医院服务单一,只管看“病”,如今延伸开展“病”前体检咨询,“病”后跟踪随访,医疗服务市场不断扩大。

地　址　芜湖市北京西路采乐园 5 号
邮　编　241000
电　话　(0553)3806358;3806159

(芜湖长航医院)

【重庆长航医院】 重庆长航医院始建于 1956 年,已有 50 年的建院历史,经过几代人几十年的努力,医院发生了很大的变化。近年来,在院领导班子的带领下,医院紧紧把握“发展是第一要务”的工作思路,坚持科学的发展观,视质量、服务为医院发展的生命线,注重品牌建设,提高综合实力,强化内部管理,医院现已发展成为一所集医疗、教学、科研、预防保健、社区卫生服务为一体的多功能综合性医院。

医院建筑面积2.2万米^2,开放病床位222张,设有13个临床和医技科室,拥有各类专业技术人员239人。其中高、中级职称专业人员102人。近年来医院先后引进专业技术人员40多名,并且重医附二院成为了我院的指导医院,为医院的可持续发展奠定了基础。

医院的医技科室拥有一支经验丰富的专业队伍,医疗设备较为齐全,拥有进口日立TV-41型X光机、日本欧林巴斯胃镜、纤维支气管镜、美国产24小时动态心电监护仪、24小时动态血压监护仪、心室晚电位、心脏运动平板、半自动生化分析仪、多参数心电监护仪、法国康强彩色B超诊断仪、EMS-9经颅多普勒仪、十六导数字脑电图地形图仪、新生儿监护仪等仪器设备。随着医院建设和发展的需要,医院正在加大医疗仪器设备的投入。

在激烈的市场竞争中,医院始终坚持"以病人为中心",视质量、服务为医院的生命,把病人方便不方便、需要不需要、满意不满意作为医院工作的出发点和落脚点,先后被评为"爱婴医院"、"医保定点医院"、"市文明单位"、"规范化社区卫生服务中心"等,医院正以崭新的面貌,沿着医疗资源的改革之路,做大做强,努力让医院再上一个新台阶。

地　址　重庆市渝中区大坪正街162号
电　话　(023)68590014
传　真　(023)68588194
邮　箱　cqchhos@163.com
网　址　http://www.cqchyy.com

(重庆长航医院)

【重庆东风船舶工业公司东风职工医院(简称东风职工医院)】　东风职工医院隶属中国长江航运集团,并接受地方卫生行政部门-重庆市江北卫生局领导。全民所有制、非盈利性综合医院,是重庆医科大学附属第二医院指导医院,重庆市"规范化社区卫生服务站","城镇职工基本医疗保险定点医疗机构",重庆市首批"工伤保险医疗服务机构","重庆市预防接种规范门诊"。

(东风职工医院)

·卫生防疫·

【长航疾控中心】　2007年,长航疾控中心在长航局、长航总医院领导下,在湖北省、武汉市卫生厅局下发的疾病预防控制工作要点的指导下,坚持与时俱进、开拓创新的思想,进一步加强党的作风建设,扎实开展各项综合防病措施,做好艾滋病、血吸虫病等重点传染病的防治工作。

·疾病预防控制工作　一是血防工作。①"急感"疫情管理。继续执行血吸虫病疫情报告制,督促长航局系统各疫报单位坚持"有疫情及时报,无疫情每月定时报"的报告制度,维护疫情报告网络的良好运行,认真收集各单位"急感"发生情况并及时上报。2007年至目前,本系统无"急感"发生。②血吸虫病检查。继续为长航局系统职工提供血吸虫病血清学检查服务。本中心主动联系,热情服务,充实检查内容,及时反馈检查结果,不断提高血吸虫病检查工作质量,受到了广大受检单位好评,各单位职工参检积极性有所提高。截至11月16日,共完成长江重庆航道工程局、长江南京航道工程局、长江航道救助打捞局、长江安庆海事局、长江岳阳海事局、长江通信管理局、长江武汉通信管理局、长江芜湖通信管理局、长航公安局黄石分局、长航公安局武汉分局等10个单位职工血吸虫病检查1799人次,共检出阳性20人,及时发现受感染的职工,维护了职工身体健康。③抓好个体防护。以配备"血防药箱"的方式向基层单位职工提供血防防护药品和用品,共为长航局系统基层单位以及航道建设工地配备血防药箱212个,保证了职工在接触疫水时或接触疫水后能够采取有效的防护,减少或避免了血吸虫病感染。④血吸虫病生态防制,种植吉祥草。结合基层单位环境改造和航道建设工程植被恢复的需要,开展血防相关植物(吉祥草)的种植工作。本中心选择草种,并制订种植方案,共完成长江通信管理局监利、铜陵等处的职工生活区改造和嘉鱼长江航道建设工地4000米^{2}的吉祥草种植工作,改善了环境,消除了钉螺的栖息繁殖场所。⑤开展易感地带灭螺,消除钉螺孳生环境。将航道建设工地和基层单位堤外作业场所等极易滋生钉螺地带作为灭螺重点对象,开展预防性灭螺工作,2007年对易感地带灭螺8600米^2。二是艾滋病防治工作。

①积极参与第20个世界艾滋病日宣传活动。参与长航局第20个世界艾滋病日宣传活动方案的制订,负责相关宣传资料的收集、制作和发放,为各单位提供宣传画300张,宣传册700份,知识读本20册,光盘20张。组织武汉港客运站、巴东太平溪客运站以及武穴航道工地的宣传活动。②开展艾滋病自愿咨询和免费检测工作。中心常年开展艾滋病自愿免费咨询和免费抗体初筛工作,截至11月16日,共进行了艾滋病抗体免费初筛182人次,结果均阴性。三是预防接种。根据国家有关预防接种的规范要求,对接种场所进行合理布局,完善预防接种制度,培训考核接种工作人员,补充接种应急设施设备,不断提高预防接种水平。截至目前,共完成长航局系统职工及周边社会人群流感疫苗接种463人份,狂犬病疫苗接种341人份,乙肝疫苗接种222人份。

·卫生监督监测工作　一是经常性及预防性卫生监督。根据卫生监督量化分级管理要求和餐饮业卫生许可审查量化要求,全年对辖区内58个经营单位及学校进行了288次卫生监督,监督覆盖率100%。二是卫生监测。对辖区内各经营单位的饮用水微生物学、化学性指标,餐具、食品的微生物学、农药等指标,公共场所的空气质量等项目进行监测,共采样100件,合格率达97%。体检各类从业人员1495人,体检率达98%以上。检查中发现各类职业禁忌症17人,检出率1.33%,根据有关规定均已调离食品餐饮和直接为顾客服务的工作,调离率100%,健康持证率达标。三是对娱乐场所重点人群进行艾滋病抗体初筛,共采样176人次,均阴性。四是卫生许可证和个人健康证的发放与管理。基于卫生监督监测情况,全年对所辖从事餐饮、食品、公共场所行业的单位陆续发放卫生许可证58个,发放从业人员健康证1198个。卫生许可证和个人健康证全部实行电子档案管理。五是卫生保障工作。在春运、高考、两个黄金周、两会两江游及汛期期间,根据省市政府有关要求,成立了相应的卫生保障领导小组和卫生监督宣传专班,制订了相应的工作预案。开展广泛的卫生监督检查和卫生宣传工作,发放宣传册2400余份,对各单位分管卫生工作的负责人培训卫生知识12次,发放各类卫生制度和卫生标准56份。六是航道整治工地卫生调查和指导工作。对长江中游武穴、沙市段9个标段的18个食堂、16个居住环境和8个施工船舶进行了卫生现状调查。根据不同的卫生条件,有针对性地对餐饮、供水人员进行了卫生知识培训,向单位负责人发放了建筑工地集体食堂卫生管理制度和卫生要求,对调查中发现的问题及时提出了改进意见。

·环境监测工作　中心立足做好建设项目环境影响评价现场监测的基础工作,在建设项目环境影响评价现场监测方面亦取得了较好的社会效益和经济效益。中心几乎承揽了所有的长江航道整治工程施工期环境影响监测调查及工程竣工环保验收调查工作。为认真贯彻落实建设项目的"三同时",全年共完成:①红莲湖大道改(扩)建工程环境影响预评价、噪声、大气监测。②汉江中游(汉川-兴隆段)航道整治环境影响预评价、噪声、水质监测。③长江中游周天河段航道整治工程施工期环境影响监测调查工作大纲编写及监测、施工工地调查。④长江中游马家嘴航道整治一期工程施工期环境影响监测、施工工地调查工作及大纲编写。⑤长江下游太子矶水道中段航道炸礁工程施工期环境影响监测、调查工作大纲编写及监测、施工工地调查。⑥长江中游武穴航道整治工程施工期环境调查。⑦长江中游嘉鱼-燕窝航道整治工程施工期环境监测调查。⑧长江中游陆溪口航道整治工程施工期环境监测调查。⑨长江干流宜宾合江门-泸州纳溪航道整治工程施工期环境监测调查。⑩武汉市博览中心汉阳四新大道建设工程环境噪声监测。

(长航疾控中心　胡悦君)

【长航集团中心防疫站】 长航集团中心防疫站对外称长江航运交通卫生监督所、长江航运疾病控制中心,取得了"预防医学门诊部"许可证和湖北省计量论证资格,具备交通行业卫生执法监督权。其业务范围主要是为集团所属相关单位提供媒介生物控制、传染病防治、食品卫生监督、环境卫生监督等服务。

开展公开卫生监督检查526个单位,2007-2008年对1246名从业人员进行健康体检,检出五病人员36名,调离率为100%,办理健康证1241人;审核换发卫生许可证86个单位,对所辖单位监督卫生检测856次,对船舶水质抽样监测2560件;完成三峡库区船舶生活用水水质调查,完成长航集体船员艾滋病同伴教育实践项目。

【南京公司职工医院进军社区卫生服务】 2007年，南京公司职工医院通过南京市鼓楼区卫生局的验收，被正式批准为南京市鼓楼区江东街道社区服务中心，标志着南京公司职工医院向市场开拓经营迈出了可喜的一步。

面对南京公司辅业重组改制的压力，医院进一步转变观念，深化改革，开拓经营，诊疗服务向社区拓展。为了能顺利通过南京市鼓楼区卫生局对社区服务中心的验收，医院在房屋少、设备少、人员少的情况下，做了大量的准备工作。医院成立了社区服务医疗小组，通过对医院周边居民进行走访、摸底，了解到医院周边居民约有4万人可以通过双向转诊的方式，就近来南京公司职工医院就诊，市场前景较为广阔。同时，医院选派专人到南京市白下区社区服务中心学习，选派技术骨干到南京医科大学培训学习，切实提高医务人员的诊疗服务水平。此外，医院还对内部环境进行了改造。

（南京公司 周 勇 曹 钢）

【铜陵港口医院移交铜陵市卫生局管理】 2007年11月30日，铜陵市港务（集团）公司港口医院移交仪式在港城大厦举行。标志着铜陵市港务集团在企业分离办社会的改革中又迈出成功的一步。铜陵港口医院的前身是原铜陵港务管理局卫生所，始建于1958年。经过近50年的发展壮大，医院现已成为一级甲等综合医院，为港区及周边居民提供较好的医疗及疾病防治条件，医疗和服务功能逐渐由单一向多元化方向发展。随着经济体制改革的不断深化，企业办社会越来越不适应市场经济发展的要求。为认真贯彻中央和省、市有关文件精神，铜陵市港务（集团）公司自2003年成立以来，紧紧围绕“精干主体、主辅分离、逐步实施改制”的要求，加快企业分离办社会职能。先后分离移交了通讯、公安、供水、供电、环卫等社会职能。港口医院的分离移交，既有利于政府及卫生行政管理部门对辖区卫生医疗资源的统筹管理，也有利于港务集团轻装上阵，集中财力、物力和精力，抓好主业发展。

（铜陵港 阎新荣）

【宜昌港对长航医院资产进行转让】 2007年，按照宜昌港务集团的战略发展思路，经宜昌市国资委同意，将宜昌长航医院资产转让给上海和尔仕医疗管理咨询有限公司。4月份，在宜昌市产权交易中心完成了挂牌转让交易。8月份，注销了长航医院的行业经营许可证。

（宜昌港）

·文明创建·

【武汉卫生中心“三创一争”工作】 2007年，武汉卫生中心深入开展了“三创一争”活动，制定了“三创一争”活动规划，明确了活动目标，落实了活动责任，突出了活动重点，保证了活动达标。总体思路：加强和创新党建工作，为实现“三个加快”提供有力的保证。

·加强自身建设，构建团结氛围，积极开展创“四好班子”活动 2007年元月12日，卫生中心新一届领导班子组建，其成员来自不同单位。班子成员上任后，倍加重视领导班子之间和干群之间的团结，把团结作为班子建设重要内容。在医院拆迁，加快转型，职工思想急剧动荡的关键时刻，班子的团结无疑就是一面旗帜，是带领职工迎接拆迁重大历史机遇挑战，实现医院转型，谋求生存发展的组织保证。所以班子要求成员宽以待人、诚信待人，遇事公正无私，工作中要多支持，少摩擦，不埋怨，从而以自身团结增进企业和谐。一年来，党委坚持中心组学习制度，不断提高领导人员的自身素质和领导水平，坚持集体领导和个人分工负责相结合的原则，做到科学决策和集体决策，认真开好领导干部民主生活会，在工作中互相补台，由于班子无“缝隙”可钻，工作合力及执行力得到有效维护，班子在职工的威信得到有效提升。

·加强党员干部队伍建设 通过“五破五立、解放思想、改进作风”教育实践活动、民主评议党员、庆祝建党八十五周年系列活动、重点推荐支部建设，通过党员连心卡的建立，使党员与职工更能促进了解，相互沟通，把中心的重点工作传达到每个党员和职工，真正起到桥梁作用，通过活动的开展，增强党组织的凝聚力和提高各级干部执行力。使得中心政令畅通，步调一致，确保中心各项工作落实到位。2007年卫生中心有5名预备党员如期转正，为党员队伍增加了新的血液。

·加强廉政教育，提高防腐能力 近2年，在治理商业贿赂中，卫生行业是重灾区，为了提高防腐能力,卫生中心党委认真组织学习中纪委第七次全会和胡锦涛同志在全会上的重要讲话精神,大力推进廉政文化建设和倡导领导干部树立8个方面的良好风气,使党员干部牢固树立艰苦奋斗的道德观念。武汉卫生中心党委书记讲廉政党课,用身边的教训告诫干部,廉洁自律。组织党员干部观看警示录,参观武汉市主办的医疗行业反商业贿赂图片展,进一步筑牢了党员领导干部拒腐防变思想道德防线,增强自我约束意识。

·掀起学习十七大精神高潮,切实把干部职工的思想统一到党的十七大精神上来　根据武汉公司《关于深入学习宣传贯彻党的十七大精神的通知》要求,组织领导班子集中收看大会实况、购进十七大学习资料下发到各支部,要求抓好各部门的学习。

·抓好共青团和工会工作　关心职工生活,卫生中心岗下职工多,单亲女职工多,部分岗下职工就业能力差,还有精神障碍职工。对此中心工会开展送温暖活动,先后开展了"连心卡扶贫活动"、"节日慰问活动"和"爱心捐款捐物"活动。2007－2008年共慰问特困职工32人、岗下职工和住院职工48人次,扶贫资金1.5万元。组织共青团全体青年团员郊游,体现了中心对青年职工的关怀。5.12汶川大地震发生后,工会积极组织职工向灾区捐款捐物活动,卫生中心共捐款8140元,捐棉被26床,捐棉衣56件,向灾区群众传递了长航医务工作者的爱心。

·加强民主管理,促进和谐企业构建　在卫生中心党委的领导下,工会在医院转型进程中,积极组织职工参与三个文明建设,切实深化"建功杯"劳动竞赛,促切实推进院务公开工作,从职工最关心、最直接、最现实的利益问题入手,在职工广泛开展合理化建议活动,充分发挥组织职能作用。组织职工到武汉会展中心进行乒乓球、羽毛球、台球迎春文体活动,丰富职工业余生活。纪委根据国家反商业贿赂工作的总体要求,以腐败易发的药品采购环节为重点,强化效能监察,全年节约药品采购成本6万元。与此同时做好设施设备维修、工程维修、资产清理的效能监察工作,通过制度规范经营行为,促进和谐企业构建。

(余平英)

【长江重庆通信局涪陵处获区"爱国卫生先进单位"称号】　2007年,在涪陵区第十九个"爱国卫生月"活动中,涪陵处全体干部职工积极响应地方号召,主动投入到以"讲卫生、庆直辖、促和谐"为主题的爱国卫生月活动中;在全民健康教育、环境卫生综合治理、防病除害等方面做了扎实有效的工作,为创建涪陵卫生文明城区作出了贡献。

经涪陵区爱卫会检查评比,涪陵处再次荣获涪陵区"爱国卫生先进单位"荣誉称号,文明创建工作迈上新的台阶。

(范华明)

第十五篇　工　贸

【概 述】 2007年,是世界经济发展较快的一年。这一年,不仅为世界经济和我国经济快速增长提供了大环境,而且为航运业发展提供了良好机遇。针对这一形势,长江流域各省市以及中国长航集团所属企事业单位抓住机遇,大力发展生产和经营,使得流域的工业贸易发展保持了良好向上增长的势头,并再次跨上新的台阶。其中中国长航重工完成的工业总产值与2006年同比,增长了38.85%。

近年来,造船市场竞争日趋激烈。面对这一情况,长航重工通过外拓市场、多接订单,全面增加企业的收入,以及内强管理、加快修造船的速度,进一步节约成本,全面降低能耗的多种措施,要求所属各单位精心组织生产。至年底,各工程进度喜人,其江苏金陵一号10万吨船坞已经完工,二期工程也迅速开工;青山船厂运河水坝、380米舾装码头也已竣工投产,实现了船舶全年下水的条件;江东船厂3万吨级船台滑道及舾装码头技术改造工程随之开工;还有宜昌船厂的分段场地、船台升级等技改工程,也在稳步推进;其他如长航电机厂的一期设备更新改造工程已基本完成。与此同时,红光港机厂的“3个100吨项目”已经完成“2个100吨”。这些成绩,全面刷新了在长江工业指标。与此同时,长江沿江各省市水运工贸都有大幅度增长,工贸企业发展很快。浙江舟山中远首次迎来30万吨级油轮,江苏熔盛重工入围世界造船50强,国内首艘升降式驾驶室船在湖州下水。武汉航运企业造出特大“ATB”船,武汉汽服荣登湖北省行业排头兵……总之,改革开放加速了企业发展的步伐。

(总编室 陈昌慧)

·工贸企业·

【中国长航集团船舶重工总公司(简称长航重工)】 2007年,长航重工完成工业总产值与2006年同比增长38.85%。其中全年造船开工50艘,下水44艘,交船37艘,共计54.4万载重吨,出口创汇7.6亿美元,港机产品完成77台套,电机完成45.3万千瓦,各项经济指标大幅度刷新历史记录。同时,长航重工经营取得了历史性的突破,所接订单批量大、附加值较高。截至年底,长航重工手持船舶订单共计200艘、672.6万载重吨,金陵船厂、青山船厂跻身2007年世界造船企业手持船舶订单50强排行榜。

2007年,长航重工抓住船舶市场机遇,审时承接订单,利用新接订单同类型船舶数量多的有利时机,由重工牵头,组织船厂、外经公司商务人员联合开展统一采购,比分散采购减少成本3600万美元;既锁定了设备价格,避免了价格上涨导致的成本增加,又有效地降低了因主要设备资源紧张带来的履约风险。与此同时,长航重工开展了远期和超远期结汇业务,分6批锁定远期和超远期汇率,规避了人民币升值的压力。此外,还充分利用所有出口船舶收入集中于外经总公司这个平台,打通内部融资渠道,降低资金成本,使资金发挥了较好的效益。

2007年,长航重工所属各单位精心组织生产,加快推进技改扩能。江苏金陵1号10万吨船坞已经完工,二期工程开工;青山船厂运河水坝、380米舾装码头竣工投产,实现了船舶全年下水条件;江东船厂3万吨级船台滑道及舾装码头技术改造工程开工;宜昌船厂分段场地、船台升级等技改工程正在稳步推进;长航电机厂一期设备更新改造基本完成;红光港机厂“3个100吨项目”已完成“2个100吨”。长航重工为进一步提高管理水平,与国际一流企业对标,计划用3年的时间开展系列“管理年”活动。

地 址 武汉市沿江大道69号
邮 编 430020
电 话 (027)82767455
传 真 (027)82763631

(长航重工 张 强)

【中国长航船舶重工总公司青山船厂(简称青山船厂)】 青山船厂隶属长航集团船舶重工总公司,是我国中部地区最大的综合性造船企业。现有员工3356人,协力工5000人,具有高中级职称的各类工程技术人员480人。厂区面积100万米^2,水域岸线2200米,船台9座,300吨、120吨等大型门吊26座。工厂现有生产能力为年16万综合吨,固定资产合计4.31亿元,是湖北武汉地区出口船舶基地。

2007年,青山船厂实现船舶接单31艘、161.5万载重吨,合同金额折合人民币94.97亿元,同比增长119%。完成工业总产值27.05亿元,同比增长35%。出口交货值3.17亿美元,同比增长83%,完工交船15艘、22.99万载重吨。截止年底,船厂手持船舶订单63艘、240万载重吨,合同金额折合人民币169亿元,生产任务排至2011年。

根据英国克拉克松研究公司数据整理,青山船厂在造船完工、承接新船订单、手持船舶订单三大造船指标统计排名上,同时进入世界造船50强;在国内船厂分别排名第14、19、20,在世界船厂排名第50、41、47。同时,青山船厂被武汉市经委评为武汉市年度工业经济运行先进企业。

法人代表　易崇锡
地　址　武汉市青山区青山镇船厂村
邮　编　430082
电　话　(027)86514342
传　真　(027)86515393
网　址　qscc@china-csc.com

(青山船厂)

【重庆长航东风船舶工业公司(简称东风公司)】

东风公司隶属长航集团重庆公司,其总体布局为"一线三点",在重庆至万洲沿江布设东风本部、江渝船厂、川江船厂、江万船厂,是重庆市出口船建造基地、特种船建造基地、万吨船建造基地及出口创汇基地,被列为重庆市发展船舶工业的"两个基地、一个走廊"规划范围。

东风公司投资近3亿的扩能计改工程,将于2008年底投入使用。届时,东风公司将拥有长530米、宽64米,具备8个万吨级船舶建造台位的西南地区最大的现代化船台。拥有长244米、宽136米的机械式下水滑道及设施,实现万吨级船舶常年下水;拥有先进的钢材预处理、分段焊装、舾装件集配及分段涂装等现代化的造船配套设施,满足国际造船规范的要求。至"十一五"期末,东风公司将达到年产24万载重吨,实现工业产值25亿元,年产船舶20~30艘的能力。

结合国际造船形势及东风公司扩能计改工程,目前的业务主要围绕船型在5000~15000吨级油轮、化学品船、客滚船、高附加值的大型旅游船和多用途工作船、全回转拖轮等特种船,与沿海和长江中下游船厂形成错位竞争的格局。在建的产品,主要有希腊5500吨系列成品游船、化学品船,香港的7800吨、8000吨多用途干散货船,以及瑞士的700吨系列沥青船等。

法人代表　何喜云
地　址　重庆市江北区东风一村一号
邮　编　400026
电　话　(023)67781007
传　真　(023)67782332
邮　箱　office@cscdfship.com

(东风公司　办公室)

【中石化长江燃料有限公司】 (详见《长江航运年鉴》(2008卷)第三篇"机构")

【中海工业有限公司荻港船厂(简称荻港船厂)】

荻港船厂坐落于长江中下游芜湖和铜陵两市之间,素有"渡江第一船登陆点"美誉的板子矶畔,是1971年创建的国有大中型企业,现隶属中国海运(集团)总公司中海工业有限公司。全厂占地总面积412565.8米^2,岸线长1700余米,并拥有608米长的修船码头1座、起运码头1座、浮船坞码头2座。为贯彻落实中海工业"修造并举"发展战略,船厂通过不断深化企业改革,对产业结构作了适当调整。建厂30多年来,从原先单一修船行业逐渐发展成为集修船、造船、拆船、船舶配件加工、钢结构制造、船舶运输以及商贸超市等为一体的多元化经济结构。截至2007年底,船厂在册职工总人数865人,其中在岗职工386人,下岗职工479人。在岗职工中管理人员112人,均为专业技术人员。另有3名离休干部和841名退休人员。至2007年底,资产总额为9191.92万元;在岗人员年人均工资2.9万元。船厂主要产业生产能力包括——修船:设计能力为修理、改造15000吨以下的船舶,年修船能力70艘以上;拆船:年拆船能力达4万轻吨;配件:制造加工各类船舶柴油机配件、水泥机械配件和钢结构模具等200多品种规格的定型产品;商贸:在芜湖市开有4家连锁超市门店和1个批发配送中心;运输:原2号轮5月份停航报废后,新购进的5000吨级的"向禹1号"轮从事江海散货运输。

2007年,完成销售收入8379.5万元,占年计划的97%。其中配件销售收入1054.5万元,与上年同期相比增长20%;江海运输收入1253.12万元,与上年同期相比增长64%;超市销售收入1847.2万元,与上年同期相比增长6%;其他方面收入437.38万元,与上年同期相比减少85%。

厂　长　陈阿明

党委书记　赵振鹏

地　址　安徽省繁昌县荻港镇

邮　编　241227

电　话　(0553)7362410

传　真　(0553)7362026

邮　箱　dgsy@cegcic.com

(安徽省局　马　栋)

【芜湖新联造船有限公司】　芜湖新联造船有限公司由国营芜湖造船厂改制而来,其前身是创办于1900年的福记恒机器厂,是国家"一五"期间苏联援建的156项重点工程之一。现为安徽省境内最大的造船企业,同时也是国家大型一档造船企业。公司生产用地面积33万米^2,码头岸线630米,固定舾装码头1座,浮码头1座。拥有3万吨级斜船台1座,固定下水变坡滑道1座。船台起重能力配备100吨、80吨高吊各1台,40吨高吊2台;造船平台1.79万米^2,配备10~25吨门吊10台。公司形成了3~5万吨级船舶、1~3万吨级工程船、铝合金船和快艇等3条船舶生产线。公司现有员工800多人,其中中高级管理人才和技术人才150多人。公司通过了ISO9002:2000质量体系认证,取得了二级保密单位资格证书。自行研制的数控放样、套料程序已在国内许多大型船厂推广使用。目前正大力推行生产设计、高效焊接等先进的生产、设计工艺。船舶预舾装率已在国内造船行业中处于较为领先地位。为了拓展发展空间,新的船舶工业园正在规划和筹建中,2010年全部生产能力将达产达标。预计新工厂年造船总吨位50万载重吨,年造船规模不低于40亿元。

2007年二季度企业重组方案确立,策划新的组织架构和运营模式。三季度建立新的法人治理结构,明确公司高管,选聘新公司的员工,承接新产品并组织新产品开工,同时逐步做实新公司运营管理。

总经理　肖　军

地　址　芜湖市长江南路53号

邮　编　241001

电　话　(0553)3935206

传　真　(0553)3845708

邮　箱　zccjyc@mail:ahwhptt.Net.

xinlianship@163.com

网　址　http://www.wuhu.com

(安徽省局　马　栋)

【江西造船有限责任公司】　江西造船有限责任公司是江西省最大的地方国有造船企业,具有"壹级船舶制造"和"甲级船舶设计"双重资源。

2007年,全年完成工业总产值2342万元,比上年增长19.3%。其中造船产值1728万元,修船产值58万元,工程机械产值110万元,钢结构产值185万元,机械产值71万元,其他产值190万元。

地　址　南昌市西湖区沿江南大道162号

邮　编　330025

电　话　(0791)6530945;6513621

传　真　(0791)6505835

(江西省局　平关正)

【武汉长航所属南通驳船厂移交上海公司管理】

2007年4月28日中午,中国长航武汉公司与上海公司在南通驳船厂现场举行了南通驳船厂的交接仪式。此次武汉公司所属南通驳船厂成建制划归上海公司管理,是长航集团深化改革,实行内部产业结构调整,建立和谐长航集团的一项举措。

南通驳船厂建于1972年,是长航集团地处长江下游唯一具备修造条件的修造船工业企业。2003年货运结构调整后,南通驳船厂由上海轮驳公司转入武汉公司管辖,当时的船厂年工业总产值仅为500多万元,年利润为负数;经过2年的努力,到2005年末南通驳船厂年工业总产值已突破1000万元,实现利润9万元。

(武汉公司　徐卫红)

【上海公司与南京公司合资组建上海长航吴淞船舶工程有限公司】　2007年11月30日,中国长航所属上海公司与南京公司举行合资组建上海长航吴淞船舶工程有限公司(以下简称"吴淞船舶公司")签约仪式。新组建的"吴淞船舶公司"投资总额达1亿元人民币,将形成可承修5万载重吨船舶,修造并举的规模型企业。

新组建的"吴淞船舶公司"除了提供船舶修理、制造,金属结构件加工、制造,集装箱及附件制造修理等服务外,还将提供上述领域内的技术咨询、技术服务、技术转让等配套服务。通过对吴淞船厂的技术改造,在维持现有可承造1万载重吨船舶生产能力的同时,将增添一艘举力1.6万吨浮船坞及配套设施建设,预计年修船产值将达到3.5亿元人民币。

(上海公司　宣传部)

·物流管理·

【世界航运巨头青睐“长航品牌”】 2007年1月30日下午,由中国长航重工金陵船厂为马士基集团建造的1100TEU快速集装箱船,在江苏金陵船舶有限责任公司举行隆重的命名仪式。

作为中国长航的工业品牌产品,金陵船厂通过建造该系列船,产品的建造周期和建造质量不断提升,在国际船舶市场上赢得了较高声誉,产品远销德国、俄罗斯、丹麦、孟加拉等国家,吸引了包括马士基集团在内的众多国际知名航运企业的订单。

(金陵船厂　李文宝)

【湖北省委书记罗清泉两次到青山船厂考察调研】 2007年3月23日、12月11日,时任湖北省省长罗清泉率省市及部门领导到中国长航重工青山船厂调研。听取企业生产经营、技改情况的汇报,鼓励企业抓住机遇,加快发展,着力推进科技进步,创新品牌,着力提升市场竞争力。要求省市政府部门要加大对造船业、装备制造业的整合力度,延伸产业链,实现工业经济又好又快发展。

青山船厂提出的“2111”发展目标,具备年生产能力200万载重吨、工业总产值100亿、建造10万吨级船舶、出口交货值10亿美元以上。

(青山船厂)

【重庆长航船舶工业加快迈向国际市场】 2007年3月,中国长航重庆船舶工业与德国、希腊船东先后签订了8艘出口船舶建造合同。至此,重庆船舶工业出口船建造全年在手经营订单超过了1.3亿美元,正在洽谈的出口船建造合同共有10亿美元。这表明,重庆船舶工业进入了加快与国际造船接轨的新时期。

重庆船舶工业与德国船东签订的4艘8000吨级干散货船,是重庆船舶工业在成功建造了香港7800吨1、2号船基础上的又一次合作。同希腊签订的4艘5500吨成品油船,系2006年重庆船舶工业签订2艘5500吨成品油船的后续船。此次与德国和希腊船东签订的出口船建造合同,是重庆长航做大做强船舶工业,进一步拓展船舶工业空间,打造中国长航西部出口船建造基地的重要举措,标志着中国长航西部船舶工业的崛起。

2007年重庆市外经贸和口岸工作会议上,重庆长航船舶工业被重庆市政府授予“重庆市船舶出口基地”称号。

(重庆公司)

【深圳长航打造4+2艘滚装船 朝“沿海第一”进发】 2007年3月23日,深圳长航实业发展有限公司4+2艘2000车位汽车滚装船建造合同签字仪式在中国长航金陵船厂仪征分厂隆重举行。

此次新造船合同金额和规模是中国长航深圳公司历史之最,是深圳公司调整滚装船队结构,进一步巩固和扩大在中国滚装运输领域优势的重要战略性举措。这批较大车位滚装船的建造,将极大提升中国长航滚装运输实力和服务水平,不仅为长航滚装“沿海第一”的发展目标奠定了坚实基础,同时也为中国长航集团加快企业升级转型、着力实施“国内领先战略”注入了强劲的动力。

根据中国长航滚装“十一五”滚装船队发展规划,深圳公司在未来几年内将进一步增加江、海、洋各类滚装船20余艘。这次订造的4+2艘2000车位汽车滚装船,是中国长航滚装船队结构调整的一个重要、良好的开端,将为中国汽车工业的发展和出口提供强有力的运输支撑。

深圳长航此次建造的2000车位汽车滚装船,为单机单桨柴油机驱动远洋型滚装船。总长140.50米、型宽24.40米,型深22米,吃水6.0米,拥有9层载车甲板,一次可最大装载中型轿车约2200辆,在静水深海时航速不少于16节。这批滚装船舶将于2009年初交付使用,计划投入到天津丰田、广州丰田以及海马汽车沿海南北航线运输服务。

(中国长航集团)

【重庆长航船舶工业亮相全球采购会】 2007年4月18日,第11届中国重庆投资贸易暨全球采购会(简称渝洽会)在重庆国际会展中心隆重开幕,中国长航重庆公司船舶工业参加了展出。

渝洽会是西部地区举办的一项重要的贸易投资促进活动,为西部地区参与经济全球化进程,开展多种形式的经贸合作搭建了良好的平台。

重庆公司船舶工业展台推出了重庆公司船舶工业在旅游船、特种船、无限航区出口船以及备件出口等方面的成果。

(重庆公司 李惠兰 李崇伦)

【长航电机厂与武汉港迪电气公司签订战略合作协议】 2007年4月18日,中国长航电机厂和武汉港迪电气公司正式签订《战略合作协议》,这标志着双方的合作迈上了新的台阶,预示着双方将把合作提升到更高的层次,扩展到港口起重更广阔的领域。

武汉港迪电气有限公司是中国目前主要的起重设备电气控制系统制造商之一,是集设计、制造、安装、调试起重设备电气控制系统及高、低压产品并提供相关技术咨询与培训于一体的新型高科技企业。长航电机厂作为武汉港迪电气公司配套厂家,主要为公司在港口起重设备上配套YZ、YZR及YZP电机。

(长航电机厂 谢 玲)

【南通如皋港与江苏沙钢共建大型钢材物流中心】

2007年4月27日,南通如皋港与江苏沙钢集团签订合作意向书,共建5000万吨的大型钢材物流中心。江苏沙钢集团是省重点企业,国家特大型企业,现有总资产116亿元,是目前国内最大的电炉钢和优质棒、线材生产基地。年生产能力炼铁100万吨、炼钢400万吨、轧材500万吨、不锈钢板14万吨、热镀锌钢板12万吨。拥有国际先进水平的超高功率电炉炼钢,连铸生产线5条和高速线材生产线3条。

如皋港与沙钢隔江相望,拥有深水岸线30多公里,现建有5万吨级以上码头6座,是南通港沿江发展最快前景最看好的港区。沙钢十分看好如皋港的岸线、交通、土地等资源优势,决定在如皋港建设一个集原材料和钢材仓储、交易、加工、包装、配送的大型钢材物流中心,地址选在如皋港泓北沙岛。中心建成后,年钢材吞吐量可达5000万吨。

(南通市局 孙学明)

【中国长航最具现代化的工厂比老厂扩大生产能力3~5倍】 2007年5月18日,中国长航电机厂举行位于武汉市江夏区藏龙岛科技工业园的长航电机厂新厂落成典礼。

长航电机厂始建于1970年5月,起初只是原武汉河运学校的一个实习工厂,搬迁至武汉关山后进行了由计划经济向市场经济的艰难转变。进入2000年以来,长航电机厂开始了较高速度的发展,年产电机从2001年的3422台、5万多千瓦、2600多万元产值,到2006年的14000多台、27万多千瓦,1.26亿元产值,2007年1-4月份与去年同期比,产值又增长了35%。产品由过去内配为主的单一小型直流电机,发展到今天用于冶金、起重、建筑、港口、水利电力和化工机械等领域的15大系列、3500多个规格品种的电机,并拥有YZRD变极电机和YMDZ电磁制动器2项国家发明专利,其中,YZRD变极电机获得国家第七届发明专利金奖。现在,长航电机厂的电机产品已经为葛洲坝工程、三峡大坝建设、宝钢、首钢、武钢等钢铁企业的发展,为北京奥运工程、世贸大厦等工程作出了重要贡献。近几年,长航电机厂的产品随冶金设备、港机等配套出口到了中东、欧洲、俄罗斯、蒙古、越南、印度等国家。当时间跨进21世纪,长航电机厂原关山老厂场地狭小、设备老化陈旧、生产能力不足等不利因素,极大地限制了事业的发展。长航电机厂上下同心,抢抓机遇,在中国长航集团的积极支持下,新厂区于2005年10月动工兴建,只用了一年时间,一座比原来生产能力扩大了3~5倍的、崭新的现代化工厂屹立在武汉江夏藏龙岛工业园。

目前长航电机厂在全国电机行业综合排名由2001年的25位上升为2006年的第15位。在"十一五"期还将取得更大的发展。

(中国长航集团 张 弛)

【深圳长航公司亮相首届中国物博会】 2007年7月17日,中国长航深圳公司亮相首届中国(深圳)国际物流博览会。

此次物博会是继"高交会"、"文博会"之后由深圳市政府主办的第三个大型、高规格博览会,规模位居同行业展会第一,云集了荷兰邮政集团、美国总统轮船有限公司、汉堡港、中海集团物流、中国电信等国际知名企业。中国长航深圳公司经过近几年的发展,已由单纯的海运企业初步发展成为海运、仓储、配送一条龙的专业整车物流企业。此次应承办单位的邀请,中国长航深圳公司在会上展示了企业形象,并与来自国内外的行业参观者进行了交流洽谈。数百名参观者对中国汽车出口滚装运输事宜进行了咨询。

(深圳长航　黄　菊)

【上海公司迈出集运整合的实质性步伐】 2007年8月18日,中国长航上海公司召开长江集装箱运输整合工作会,迈出了集装箱集约化经营的实质性步伐。

上海公司为推进"两强四支"战略实施,加快航运物流发展,根据中国长航集团"统一品牌、统一经营"的原则要求和"长江战略"的部署,成立了集装箱运输事业部(以下简称集运部)。

集运部成立后,进一步加快了集装箱集约化经营的步伐,改变了上海公司长江集装箱运输经营分散的格局。到年底,集运部工作总体进展顺利,集装箱运输系统的体制改建实施方案形成,集运部的人员、机构基本启动。11月16日开通了太仓–洋山班轮航线。整个集装箱系统全年的营运水平有较大提高,全年合计自营集装箱量约44.5万TEU,同比增加70%。

(上海公司　宣传部)

【重庆长航投资3亿元建设重庆市船舶建造"四个基地"】 2007年,经中国长航集团批准,决定投资近3亿元对所属重庆长航东风船舶工业公司实施扩能技改,将其打造为重庆市的出口船建造基地、万吨船建造基地、特种船建造基地和出口创汇基地。

此次扩能技改工程项目是中国长航集团"十一五"期重庆地区重点项目之一,分别由上海中船九院完成规划设计、长江航运规划设计院完成工程可行性论证及施工设计。规划按照"一主三支"的产业架构进行布局,即以万吨船、出口船、特种船建造为核心主业,以钢结构制造、船舶修理、铸锻机加工为支柱产业。与此同时,新建长530米、宽64米、西南地区最大的现代化船台,实现拥有万吨级船舶建造台位8个;扩建长244米、宽136米的机械式下水滑道及设施,实现万吨级船舶常年下水;新增分段装焊平台等造船生产场地18万米^2;新配20吨至200吨的龙门式起重机等大型设施100余台套,实现大型构件及船体分段的加工、装配、吊运及船台合拢流水线作业等,使船舶工业形成年造船总量近30万载重吨、造船产值近30亿元的规模能力。

钢结构产业以船用舱口盖、水工、桥梁、建筑钢结构、工程机械配套、船舶舾装件等钢结构为产品定位,扩建生产场地,配置门式起重机、剪板机、折边机、型材校直机等设备,形成年2万吨钢材加工能力和2亿元的产值规模。

修船产业巩固库区修船市场的主导地位,新建2艘4000吨举力船坞,拓展大型船舶、特种船舶和大型水上浮体的修理及改建,形成年产值超亿元的能力。

铸锻机加工着力提升国内外船用柴油机备件、配套件及非标设备的制造能力,添置千吨级压力机,改造电液锤,购置造型混砂系统、中频炉等关键设备,形成年产值0.5亿元的能力。

工程工期一年,到2009年即可达到设计能力。届时造船产能可望由2006年的4.5万载重吨提升到30万载重吨,新增就业岗位5000个。

(东风公司　罗　旭)

【中国长航芜湖区域造船工业盘活西华基地岸线、水域和滩涂资源】 2007年,根据芜湖市船舶工业产业布局和中国长航在芜湖的船舶工业发展规划,长航集团在充分盘活、利用、开发与拓展现有的西华船舶基地的岸线、水域和滩涂资源时,使造船产业尽快呈现产业集群效应和规模效益。此次江东船厂租赁的西华基地位于芜湖鸠江区龙山办事处境内的双沟闸下游的黄泥滩附近,为有效开发西华基地的资源,中国长航决定整合集团内的资源优势,将芜湖公司和江东船厂资源合二为一,进一步挖掘江东船厂的船舶建造潜力,提升造船能力;利用西华的岸基、水域、滩地的优势,使江东船厂形成造、修互动的发展效应,充分开发长江滩涂资源的潜在价值和利用空间。西华基地将逐步形成综合性的船舶修造生产基地,成为皖江最大的船舶坞修基地、最大的船舶修理专业化基地和船舶建造配套舾装基地。

西华基地综合开发与利用,按照"一次性规划,分阶段建设,逐步完善,整体到位"的建设思路,一期完成2座浮船坞的建设,预计2008年3月建成;建设船舶造、修船台各1座,并分别安装门吊各1台,及与之相配套的设施建设与设备配置,计划2008年初着手实施,预计建设期为6个月。二期建设船舶造、修船台各2座,现场配套建筑物建设和与之相配套的设施建设与设备配置,计划2009年初着手实施,预计建设期为10个月。三期建成300~400米岸壁式码头1座及辅助配套设施和其他基础设施的完善,计划2009年底着手实施,预计建设期为10个月。所有项目建成后,西华基地将形成年新增造船能力6万吨,船舶舾装与装潢8万吨,船舶坞修20万吨和各类长江驳船修理6万吨,年实现船舶工业增加值3亿元左右。其中造船及配套2.5亿元,船舶修理5000万元左右。

(中国长航集团　刘国山　张远琴　杨莉莉)

【安徽省巢湖市沿江船舶工业园区】

一、无为县船舶工业园区

·刘渡镇船舶工业园　刘渡镇船舶工业园坐落在无为大堤脚下、木材市场东头的滩地上。规划面积100公顷,岸线总长约4公里。已有两家企业落户园区,分别是:安徽省五洲船舶制造有限公司。公司于2007年11月份投产,总投资约2个亿,一期工程投资9000万元,年生产能力30艘(1000~4000吨),征地34公顷,使用岸线850米,建造厂房3000米^2,招收员工1000余人,拥有水上航修部和制造、修理、加工4条生产线。公司的环保、发改委批文、省河道管理局等相关部门手续基本齐全,生产指日可待。另一公司是无为县航运总公司刘渡船舶修造分公司。公司将于2008年1月动工。项目总投资6000万元,年造修船5万吨,租赁土地8公顷,使用岸线约350米,建造生产厂房2000米^2,招收员工200余人。公司的环保、发改委批文、与省河道管理局等相关部门手续基本办齐,不日将投入生产。

·高沟镇船舶工业园　无为县金牛船舶修造有限责任公司位于无为县高沟工业园区(高沟镇古城村金牛滩)。公司建于2007年6月,年维修2000~3000吨船舶20条、年制造2000~3000吨船舶20条的能力,占用长江岸线长度100米。

·汤沟镇三坝船舶工业园　经县政府批准的位于汤沟镇红旗村三坝船舶工业园,已进驻的是安徽大洋造船有限公司。公司建设时间是2007年8月,年生产能力为年造7.5万吨,从业人员200人,占用岸线长度1100米。公司已经安徽省环境科学研究院、长江河道管理局等部门批准。

·二坝船舶工业园　二坝船舶工业园利用长江岸线长8.5公里,规划面积3平方公里,分为南北两区,可入驻3000~20000吨的船舶修造企业30余家,年造修船综合吨位约280万吨。工业园已清理平整沿江滩地67公顷,引进船舶修造企业10家,正在修造的船舶76艘,其中万吨级以上的12艘,修造吨位55万吨,带动就业3500人。2007年,园区共完成船舶修造综合吨位45万吨,实现工业产值12亿元,上交税金360万元。

二、和县船舶工业园

和县船舶工业园已有楚江、中洋、金付等数家造船企业落户并开工建设,总投资将达8亿元,规划面积近200公顷,建造万吨级以上船台10个,5000吨级船台20个。

·巢湖金付船舶修造厂　巢湖金付船舶修造厂利用和县历阳镇金河口长江外滩,占地面积2公顷,使用岸线长270米。建设5000吨级船台2座,2000~3000吨级船台4座以及相关配套设施。具备年产3万吨船舶的能力。

·中洋船舶工业建造基地　中洋船舶工业建造基地利用该处300米的外滩地兴建造船厂,对现有滩地按沿水流长300米、垂直水流方向宽150米范围内进行平整、压实。新建4个1.5万吨级船台、4个2万吨级船台、4个3万吨级船台和2.4万米^{2}标准化厂房以及相关配套设施。

(安徽省局　马　栋)

【武汉市政府召开专题会支持青山船厂加快发展】

2007年4月13日上午,武汉市市长李宪生召开武汉装备制造业重点企业协调会,讨论支持和解决青山船厂等重点企业在发展中需要解决的问题,青山船厂和武重、武锅、长动、461、471厂领导参加了会议。

李宪生强调企业要增强改革发展意识,瞄准国际市场,着力提升企业综合竞争力。相关职能部门要进一步完善对大企业服务的工作机制,加快研究落实企业在发展中需要解决的问题,为企业创造良好的发展环境。

(青山船厂)

·生产经营·

【中长燃公司采取多项举措应对高油价、短供给等挑战】 2007年,中长燃公司强化集约经营,突出整体竞争,采取多项举措扭转不利局面:一是开展春季大促销。开展了"金猪贺岁,长燃有礼"全线集中大促销活动,当月燃油销售量一举达到13万吨,实现了"开门红"。二是进行资源大采购。一方面努力扩大配置资源总量,在确保配置资源计划按时兑现、足额到位的基础上,力争追加资源配置,减缓资源短缺压力;另一方面为弥补配置资源的不足,充分发挥总部与分公司两个积极性,全力筹措资源。全年共外采油品52.68万吨,同比增幅17%。三是缓解保供大压力。通过采取停批保零、接力加油、迂回调拨、控量销售的举措,竭尽全力保市场供应,保航道畅通,保社会稳定。四是组织市场大调研。采取"内外结合、上下结合、点面结合、虚实结合"的方式,进行了长达3个多月的市场大调查,最后形成了得到业内各方面高度认同的具有准确性、权威性的市场调研报告。通过调查,中长燃公司对长江水上燃油市场容量,竞争环境,发展趋势以及自身位置,努力方向有了全新的认识。五是开展经营大动员。中长燃公司审时度势,于8月份召开了年中工作会议,认真分析形势,研究应对举措,进行动员部署。各分公司积极贯彻会议精神,层层发动,全面出击,抢抓机遇,奋起直追,大战后4个月,打了一场过硬的经营"翻身仗",为公司最终实现年度经营目标,赢得了时间,争取了主动。

(中长燃公司　洪向荣)

【中长燃公司通过与国内外先进企业对标接轨 提升管理】 2007年,中长燃公司积极与国内外同行业先进企业对标接轨,加快建立现代企业管理制度。一是汇总公司5年经营业绩指标。不断完善自我,缩小比较差距。二是着手推行企业内控制度。为内控制度今年在公司全面试行创造了必要条件。三是加快企业信息化建设。并进一步与移动运营商协调,就短信平台全网开放确定了初步解决方案。四是加强加油站管理。为巩固加油站规范化、标准化管理工作成果,提高加油站整体竞争能力,公司分别出台了《中长燃公司加油站督察管理办法》、《中长燃公司加油站督察奖惩实施细则》、《中长燃公司关于加强企业"三基"管理工作的意见》等重要文件,以指导和促进加油站基础管理走上经常、稳定、持久的轨道。

此外,公司还组织了达标创星活动年度检查考评,结果表明加油站管理水平与上年相比普遍得到提高,又有一批加油站达到星级加油站标准。

(中长燃公司　洪向荣)

【中长燃公司投入资金改善"硬环境"】 2007年,中长燃公司通过连续稳定的资金投入,建造完工3艘75米新型油囤,分别配置到武汉新五里、上海炮台湾和黄石棋盘洲加油站;开工建造上海分公司300吨双底双壳供油轮,全面完成2000吨海上保税油送供船设计方案和船检审核;改造升级"长燃7号"油轮,并已调至深圳中长燃公司开展海上燃油供应;正式启动重庆廖家凼加油站建设,提前展开重庆区外市场陆上加油站选址工作。同时,创新工程陆续上马。公司拥有自主知识产权的船舶油仓液位监测系统经过试运行后,开始在各主要加油站推广;加油站大型公益广告信息电子显示屏已推出试用,开辟了公司形象展示和品牌宣传的新渠道;加油站标识新型材料的选择和使用进入试点阶段,目前初步反映良好,基本具备铺开条件;为客户加油安全投保,体现人文关怀的服务创新已付诸行动;绿色加油,环保船舶,自助消费等创新项目计划被提上议事日程,经调研和效果评估,就可全新"闪亮"登场。

(中长燃公司　洪向荣)

【南通"长航地中海花苑"销售火爆】 2007年2月13日,上海公司所属南通长轮房屋开发公司顺利领到了南通市建设局核发的"长航地中海花园"一期《建设工程施工许可证》,项目一期由前期开发阶段转入全面施工建设阶段。

7月28日"长航地中海花苑"一期正式开盘,当日即有超过千人参与开盘典礼及优惠互动活动。公开销售1小时,首批131套房源即全部售罄。9月22日,"长航地中海花苑"一期第2次开盘。截至12月,总共143套房源已售出126套,销售状况基本良好。

(上海公司　宣传部)

【南通承建全球首艘圆筒形海洋钻井平台】 2007

年3月22日,南通中远船务与挪威赛文海洋工程公司在上海签订总额1.7亿美元的海洋工程大单。全球首艘圆筒形海洋钻井平台——赛文650圆筒形海洋钻井平台由南通中远船务工程有限公司建造。

赛文650圆筒形海洋钻井平台直径85米,高135米,能够适应各种海域环境,可用于1万英尺深海作业,并拥有15万桶原油的存储能力,具有很高的技术和生产难度。

(南通市局 孙学明)

【中长燃公司保税油供应首战告捷】 2007年4月3日,中长燃有限公司在南通成功为15万吨级巴拿马籍远洋货轮“浙远杭州”号供应60吨保税柴油,标志着中长燃公司正式吹响了进军国际船舶燃油市场的号角,开启了中长燃业务发展的新篇章。

目前,中长燃公司陆续完成了对长江下游的上海等分公司经营证照的工商变更工作,在长江中下游的南京等港口升级改造和租赁保税油库并已报海关备案,进口的第一批保税油已进入保税油库接受海关监管,投入保税油运输和供应的船舶已达10余艘,基本满足目前保税经营供应的需要。中长燃将在后期加大硬件投入,不断适应日益增长的保税油供应规模,力争实现保税油经营的良好开局和持续增长。

(中长燃公司)

【东风公司与德客户签定4艘8000吨多用途船舶的建造合同】 2007年4月5日,东风公司与德国施银舸船舶技术有限公司,签定了4艘8000吨多用途船舶的建造合同。

德国施银舸船舶技术有限公司,2006年从香港恒联公司购买了由东风公司建造的7800吨多用途“智慧轮”船,由于船舶的建造工艺、质量要求得到德国施银舸船舶技术有限公司高层美誉,即委派工程技术人员到东风公司进行实地考察。经过双方洽谈协商,初步签定4艘船舶的建造合同。

东风公司与德国施银舸船舶技术有限公司建造合同的签定,标志着双方的合作将上新的平台。

(东风公司)

【青山船厂运河蓄水坝正式启用成功下船】 2007年5月25日,中国长航重工青山船厂正式启用运河蓄水坝,浮闸门下沉成功,开始蓄水。26日下午1时,运河水位蓄至17.4米(黄海高程),出口德国1100TEU-7号船安全下水。至此,青山船厂结束了50年来在长江枯水期(每年长达6个月)不能下船的历史。

青山船厂蓄水坝于2005年12月30日开工建设,蓄水坝坝项高程17.9米(黄海高程),坝轴线总长196.55米,由闸门、闸墩、左右岸非溢流坝组成。其中可移动浮体闸门长60米、宽10米、高10米,中部设有8个1.25米直径的泄水孔。

工程由上海船舶九院、长江委长江勘测规划设计研究院、长江航运规划设计院设计,葛洲坝集团六公司施工,是青山船厂“十一五”期规模提升和加快打造船舶出口基地建设的标志性工程。与此同时,青山船厂其他技改项目,如长江舾装码头、江滩综合治理工程已经长江委、省水利厅等批复,300吨2号龙门吊总装完工,喷涂中心厂房进入主体施工期。

(青山船厂)

【浙江舟山中远船务首次迎来30万吨级油轮】

2007年7月,30万吨级超大油轮“赛特芬马”号驶进了位于六横西浪嘴的浙江舟山中远船务工程有限公司30万吨级的干船坞里。这是公司30万吨干船坞建成以来首次接纳修理超大油轮,为六横打造世界一流、中国第一的船舶修理奠定了坚实的基础。承修30万吨级的船坞是多功能组合型船坞,可容纳VLCC超大油轮,或大型集装箱船舶搭配巴拿马型船舶以及其他类型的船舶多船并坞修理。

这次承接修理的阿联酋籍30万吨级超大油轮“赛特苏马号”,船长332米,宽58米。主要是对该船进行修理和改装,新装货油加热系统,新加油舱呼吸阀,压载水舱改货油舱,增加“货油装卸系统”、“惰性气体系统”,以及“货油舱透气系统”,工程难度和技术要求比以往船舶修理要求更高。

(浙江省局 陈建光)

【亿元船舶出口订单落户宁波】 2007年,浙江省宁波恒富船业集团蓝天造船公司与德国一公司接下浙江省最大的一张出口船舶订单。订单包括4

艘5.7万吨系列散货船,总吨位22.8万吨,合同金额约1.35亿美元。这是迄今为止浙江省造船行业中,单笔订单金额最高、总吨位最大的一项造船合同。首制船2009年3月交船,2010年3月4艘船将全部建成。

(浙江省局　陈建光)

【江苏熔盛重工入围世界造船50强】 2007年8月22日,由国际造船权威咨询机构——英国克拉克松研究公司发布的6月底世界造船企业手持船舶订单50强新近出炉。我国有19家造船企业名列其中,位于如皋港的江苏熔盛重工占据一席,并居我国民营造船企业首位。

熔盛重工是上海阳光集团在如皋港投资兴建的大型造船企业,总投资49.6亿元。2003年启动,2006年10月28日首制船成功点火,2007年4月28日首制船顺利下坞,11月28日首制船命名下水。目前,熔盛重工已签有韩国、挪威、希腊等11个国家和地区著名船东64条船的订单,总造船量达930万载重吨,新船承接量为全球第七,其中核心产品苏伊士型油轮市场占有率全球第一。

(南通市局　孙学明)

【四川省局加强船舶修造管理】 2007年,四川省局为强化行业监督管理,规范船舶建造市场秩序。根据国防科学技术工业委员会《船舶生产企业生产条件基本要求及评价方法》的要求和《四川省水上交通安全管理条例》,制定了《四川省船舶生产资质管理(暂行)规定》和《四川省船舶设计资质管理(暂行)规定》。

(四川省局　胡宛华)

【华中地区最大吨位57000吨散货船开工】 2007年8月28日上午11时45分,在青山船厂内业车间,希腊驻中国地区总经理乔治·斯塔梅洛斯先生为57000吨散货船启动了数控点火下料,标志着我国华中地区最大吨位船舶在青山船厂正式开工。

青山船厂为适应国际造船市场的需要,抢抓新一轮的发展机遇,把目标瞄向了57000吨系列船,先后与希腊、法国、俄罗斯多家船东公司签订了32艘57000吨散货船的建造合同。57000吨散货船型由上海船舶设计院设计,全船总长189.99米,宽32.26米,高18米,吃水深度11.3米。

(青山船厂)

【上海长江汽检公司8月份汽车销售量创新高】

2007年8月,上海长江汽车检测维修有限公司所属汽车销售服务有限公司销售汽车达71辆,同比增长73.2%,创出了公司成立以来的最高月销售量。截至8月底,公司共销售汽车474辆,同比增长40.7%;为上海大众公司下达年度目标的86.2%;为企业下达年奋斗目标的72.9%。

2007年上海大众公司的DSSA考评中,公司取得了698分(去年630分)的好成绩,公司综合管理工作上又上了一个新台阶。

(上海长江汽检公司　王钦良)

【上海公司第一艘400TEU集装箱船正式投入运营】 2007年8月31日12点30分,上海公司吴淞船厂建造的第一艘400TEU江海两用的“长航洋山1号”船离开吴淞船厂码头正式投入航线运营。

“长航洋山1号”是上海公司建造的436箱位集装箱船,是目前长江最大箱位量的江海联运疏运船型。船长122.8米,自重3000多吨,采用“浅吃水肥大型”技术,具有无舱盖、双尾鳍的设计特点,可载全年通航于武汉－洋山沿途各港,将改变目前集装箱船单船成本高、航速慢、装箱量少的状况。

9月22日晚8点05分,上海吴淞船厂又传捷报,400箱集装箱船“长航洋山1号”的姐妹船“长航洋山2号”顺利下水。

(上海公司　宣传部)

【长航阿拉旺斯首批产品成功下线】 2007年9月,武汉长航阿拉旺斯船用系统有限公司为出口荷兰的6000DWT多用途船生产的配电板完工。这是长航阿拉旺斯成立以来生产的首批产品,产值108万元,产品各项技术指标均满足法国船级社BV标准要求,并通过了船厂的检验。

荷兰Alewijnse公司是世界电机承包市场上的一家顶尖机构。2006年8月,经多次考察和洽谈,荷兰Alewijnse与中国长航重工电机厂就生产销售船用电气系统达成合作意向,正式签约组建武汉长航阿拉旺斯船用系统有限公司。合资公司于

2007年4月正式营运。目前长航阿拉旺斯已有2个项目订单,合同金额达1000多万元。

(长航电机厂 谢 玲 杨宇飞)

【上海振华港机再度增资南通】 2007年9月19日,上海振华港机在江苏南通投资9985万美元的重型钢结构设备制造项目举行奠基仪式。这已是一年多时间内振华港机第3次向南通投资。

上海振华港机是业内公认的著名企业,占世界集装箱装卸机械制造市场60%份额,全国重型机械行业排行第二,其大型集装箱机械品牌产品已经进入世界49个国家和地区。2007年3月,振华港机首次在南通投资,年生产岸边集装箱起重机(岸桥)100台,轮胎式集装箱起重机(场桥)200台,产值100亿元人民币。首次投资取得成功后,振华港机更看重南通滨江临海的区位优势和投资环境,决定继续增资,在南通新设立重型钢结构设备制造项目,打造以集装箱桥吊生产为主的港机制造基地。重型钢结构项目建成后,将形成年生产150台集装箱场桥、2万吨特种桥梁钢结构、1万吨海上重型装备的生产能力,产值可达30亿元人民币,是目前南通经济技术开发区引进的科技含量最高的机械制造项目。

(南通市局 孙学明)

【江苏省如皋船舶产业发展总体规划通过专家评审】 2007年10月26日,江苏省如皋船舶产业发展总体规划在南京通过了专家评审,船舶产业发展规划确定了如皋近、中、远期三个阶段的发展目标。近期(至2010年),熔盛重工建设全面完成,中小船厂整合达标,基本建立紧密型船舶配套产业体系。初步形成800万载重吨造船能力,船舶工业总产值达到400亿元,力争实现500亿元。中期(2015年),为全面提升配套阶段,力争在核心配套技术方面有所突破,优化船舶产业结构,提升层次。造船产能在保持总量的基础上,船型结构逐步向"三高"(高船价、高技术、高附加值)船舶转变,船舶工业总产值达到600亿元,力争实现800亿。远期(2020年),船舶产业发展在新的结构平衡方面实现质的提升和量的扩张,年造船能力在新的技术平台上突破800万载重吨,力争实现1000万载重吨,船舶工业总产值达到800亿元,力争实现1000亿元。

(南通市局 孙学明)

【南通港"无水码头"直抵四川内陆】 2007年11月28日,位于四川德阳的中国二重集团和江苏南通联手合作,成功签订重大技术装备出口制造基地投资合约。

二重集团将在长江边建立82亿元规模的出口制造基地,南通港口"无水码头"直抵西部内陆。二重集团是我国最大的重型机械制造企业和重大技术装备国产化基地,为船舶、冶金、电力、水利、汽车、航空航天、交通运输等提供了大量具有世界先进水平的成套设备和各种优质大型铸锻件、型锻件,产品行销世界五大洲。二重集团经过多方比选、反复研究,决定在长江和黄海边的南通建立出口基地。二重出口基地项目总投资达到82亿元人民币,工程分三期建成。一期投资18亿元,建设年产重型成套产品3万吨,核电产品1000吨,石化装备2万吨,炼油设备1万吨等。预计三期工程全部建成后,年产值可达150亿元。

(南通市局 孙学明)

【江东船厂3万吨级纵向船台滑道及舾装码头工程开工建造】 2007年11月,中国长航重工江东船厂与中交二航四公司签订的总投资1.86亿元的3万吨级纵向船台滑道及舾装码头建造合同项目正式开工建造。项目建成后将极大地促进船厂跨越式发展和"二次创业"奋斗目标的实现。预计项目将于2008年6月份完工。

(江东船厂)

【南京港口机械厂保持全国同行前列】 2007年,南京港口机械厂生产的港口门座式起重机台数始终保持全国同行之首。全年出厂产品76台套,比上年增加21台套,实现总产值5.5亿元、销售收入4.5亿元,同比分别净增1.4亿元和1亿元。

(南京港 姚卫忠)

【江西省鄱阳县江海船舶修造厂保持稳定发展势头】 2007年,江西省局上饶分局所属的鄱阳县江海船舶修造厂在市场竞争激烈的形势下,根据需要适时引进社会上的技术人员,努力拓宽发展空间,保证了年度各项经济目标的实现。

一年来,船舶修造厂积极参与政府采购的招

投标竞争,中标3次,共承接了7个单项船舶建造项目。其中300HP海巡艇1艘,150HP、90HP道政艇各1艘,150HP、120HP航标艇各1艘,1.5方抓斗式挖泥船2艘,合同总金额为993万元。同时还承接了九江湖口铜九铁路大桥、景鹰高速公路昌江大桥、徐家信江大桥、梓埠乐安河大桥、余江白塔河大桥的航标工程,合同总金额为106.3万元;船舶修理业务合同金额26.5万元。至年底,先后完成的项目有:上年度承建的90HP海巡艇1艘,37米减载船1艘、100方自卸泥驳2艘、32米水泥趸船1艘、40米水泥趸船3艘等船舶的续建;5座大桥的航标工程;6艘船舶的修理;50只600型浮鼓的建造。其他承接船舶均在建造之中。此外,还研制成功6.8米全铝质高速快艇,为提高水上交通执法提供了一种新的执法交通工具。2007年,累计完成产值1277万元。由于连续5年无安全生产责任事故,荣获了交通部"2007年全国水运系统安全生产优秀班组"称号。

(江西省局　张兆平)

【重庆神溪船业有限公司新建船坞投入使用】 重庆神溪船业有限公司2006年投资4千万人民币新建的浮船坞于2007年3月11日正式投入使用。浮船坞长116米、宽38米、型深2.8米,最大排水量可达万吨,是重庆市目前最大的浮船坞。重庆至武汉船长129.15米。"仙娜号"五星级豪华游船于当日顺利上坞进行修理。船坞的建成使用,将对重庆市航运业的发展提供有力保障。

(重庆市局　陈　胜)

【重庆市南岸区与重庆船舶工业公司共同打造重庆市特种船舶制造基地】 2007年5月22日,重庆市南岸区与重庆船舶工业公司签署合作协议,在原重庆造船厂所在区域创建重庆南岸东港船舶产业园,打造重庆市特种船舶制造基地。

(重庆市局　彭然红)

·船舶修造·

【长江水系最大拖消两用轮落户南通港】 2007年1月28日,由浙江凯灵船厂耗时18个月建造的"通港拖18号"拖消两用轮正式交付南通港口集团使用,这是长江沿线最大的同时具备拖驳和消防功能的船舶。

南通港口集团投资2400多万元建造的"通港拖18号"轮,采用日产野马主机和芬兰舵桨装置,主机马力2942千瓦,船长36.2米,型宽10米,型深4.4米,吃水3.3米,并配有专业水上消防设施。"通港拖18号"轮的投入使用,可满足包括20万吨巨轮在内的所有进入长江水域的海轮的作业需要。

(南通港　王龙华)

【安徽省加快造船工业发展】 2007年,安徽省已初步建成和县、无为、池州、当涂、枞阳、望江工业园,船舶建造呈现出量的扩张和质的提升态势。

皖江各地开工建造115艘海船中,5000吨级以上的约占三分之一,海船建造规模空前繁荣。

(安徽省局　马　栋)

【江西省鄱阳县江海船厂研制成功首艘全铝质高速执法艇】 2007年,江西省局江海船厂针对原装配的钢质或玻璃钢质高速执法艇所存在的自重大、耗能高、单船续航能力低,以及防碰能力和稳定性较差等缺陷,协同设计部门着手6.8米全铝质高速执法艇研制工作。

船厂在派出技术、施工人员到浙江、江苏等地的大型船厂学习铝质船舶施工工艺和焊接技术,购置相应的仪器设备的基础上,从6月份开始了首艘6.8米全铝质高速执法艇的施工建造。11月,船艇建造完毕下水。经反复试验,各项测试数据及性能指标均达到设计要求。船艇具有船体自重轻、高速反应能力灵敏、节能、耐锈蚀、单船续航能力大、自身消浪功能强等优点,可克服原玻璃钢艇因防碰能力低而带来的使用寿命短及原有钢质艇因锈蚀而造成的保养和续航等问题。同时,由于全铝质船舶以其自身良好的消浪功能,还可克服高速航行中产生的波浪对其他过往船舶、岸边设施形成的安全隐患。

(江西省局　付知拾　张兆平)

【浙江省承建的最大吨位船舶开工建造】 2007年1月,浙江造船有限公司为德国船东建造的首艘53100吨散货船开工建造。

船全长189.9米,型宽32.26米,型深17.2米,设计吃水10.7米,是目前浙江省承建的最大吨位船舶。

(浙江省局　陈建光)

【浙江省温州市优化组合提升造船能力】 2007年初,浙江省温州市通过企业的优化整合,组建成立了3家船舶制造集团公司。船舶制造能力从原来的7000吨级多用途货船和3000吨级油船,发展到现在的建造2.3万吨级多用途货船和1.4万吨级油船。

造船企业的国际竞争力得到全面的提升,迎来了海内外的新客户;现已有6家船舶制造企业顺利进入国际市场,欣顺船业集团有限公司等企业现持有国外订单60余万吨。温州市计划到2010年使造船业通过兼并整合,最终形成几家具有较强竞争力的造船企业集团。届时,温州市造船能力可达3万吨级,年生产能力预计由现在的95万吨上升到125万吨,年产值有望达到86亿元。

(浙江省局　陈建光)

【江西省西河站60米钢质趸船开工建设】 江西省西河水路运政检查站,是省政府批准的2个水路运政检查站之一。为改善检查站的执法环境和办公条件,经江西省交通厅批准建设,交通部内河建设资金投资建设的西河站60米钢质趸船,经过招标审批程序,最后由江西造船有限责任公司中标。项目工程造价251万元,2007年3月22日正式开工。

(南昌市港航处　揭任成)

【国内首艘升降式驾驶室船在湖州下水】 2007年4月,一艘升降式驾驶室船在湖州兴达船厂建造下水。船主一边驾驶船舶,一边轻点电动按钮,在5秒种内,整个驾驶室下沉到船头里,几乎与甲板面持平,一点也不影响船舶操作航行。

作为目前国内第一家建造的升降式驾驶室船舶的湖州兴达船厂,现已建造的9艘500吨标准化船全部采用了这一技术。一些安徽、江苏籍船民也纷纷赶来建造船舶,造船订单排到了8月份。这项技术利用船舶驾驶舵的2个液压泵,整体推动驾驶室顶升或下降,上下自由升降幅度为0.8米,这项一举两用的技术革新,节约资金近万元。这项新技术也可推广应用到其他营运船舶上,每艘船改装升降式驾驶室的成本约1万元。

(浙江省局　陈建光)

【宜昌船厂万吨级“勇敢号”顺利下水】 2007年4月25日,中国长航重工宜昌船厂为香港恒联海运公司建造的万吨级“勇敢号”多用途船顺利下水。船总长116.23米,型宽18米,型深10.40米,总高28.30米。

宜昌船厂已为香港船东共建造这类船型2艘。由于宜昌船厂求真务实的合作态度感染了香港船东,最近,香港恒联海运公司又与宜昌船厂签订了4艘万吨级多用途船。宜昌船厂半月内还将有2艘万吨级多用途出口船舶下水。

(宜昌船厂　鄢　文)

【江东船厂9#12000吨船顺利下水】 2007年5月3日,中国长航重工江东船厂为德国博克斯迪克公司建造的9#12000吨多用途船“阿拉巴马州号”顺利下水。船总长138米、型宽21米、型深11米、设计吃水7.5米、主机功率5400千瓦,配备了两台150吨重吊。

(江东船厂　杨莉莉)

【“长航第一吊”吊装成功】 2007年5月18日23时58分,中国长航重工金陵船厂江苏金陵船舶有限责任公司10万吨船坞配套设施——起吊能力达500吨的龙门吊大梁吊装落位。这是中国长航起吊能力最大的吊车,同时也是长江沿线下至镇江、上至重庆起吊能力最大的吊车。

由金陵船厂和江苏象王起重机械厂联合建造500吨的龙门吊跨度106米,高60米,是江苏金陵船舶有限责任公司10万吨船坞的关键配套设施。吊车于2月底正式开工,在全体施工人员的共同努力下,5月6日吊车的柔性腿吊装成功;5月14日,吊车的刚性腿吊装成功;5月18日,吊车的大梁吊装成功。这种三部吊车联动吊装的方式,在国内还是第一次。

目前,江苏金陵船舶有限责任公司10万吨船坞扩建工程各项工程进展顺利。就在500吨吊车大梁吊装落位的同一天,初现雏形的10万吨船坞开始浇铸第一块底板。预计在10月底,10万吨船坞将按期交付使用,中国长航集团的船舶工业将由此进入一个新纪元。

（金陵船厂）

【江东船厂与德国尤根汉斯公司续签4艘集装箱船合同】 2007年5月31日，中国长航重工江东船厂与德国尤根汉斯公司正式签订了后续4艘1000箱集装箱船建造合同。至此，船厂已持有同类型船舶订单8艘，加上在建的12000吨系列多用途重吊船，船厂出口船舶订单合同金额已超过4.8亿美元，生产任务已延续到2010年。

（江东船厂　莉　莉）

【南京公司又一艘VLCC在渤船重工开工建造】

2007年7月27日，中国长航南京公司与中船重工订造的4艘VLCC举行首船开工建造仪式。这也是南京公司在中船集团江南船厂开工1艘VLCC之后，年内开工建造的第2艘VLCC。这两艘船舶的相继开工建设，标志着南京油运建立远洋进口原油运输船队的步伐正在明显加快。

南京公司积极落实“国油国运”战略，在履行保障国家石油运输安全的同时，努力实现自身跨越式发展。“十五”期末，南京公司分别在国内两大造船集团订造了8艘VLCC油轮。此次在渤船重工建造的第一条VLCC，载重量为297000DWT，双底双壳，科技含量高，具有环保、安全性好、效率高等特点，颇受国际航运界青睐，入级中国船级社和挪威船级社，并将于2008年12月交付使用。

（南京公司　邢煌辉）

【46000吨油轮“长航吉祥号”顺利下水】 2007年8月29日，中国长航重工金陵船厂为南京公司建造的46000吨油轮“长航吉祥号”顺利下水。“长航吉祥号”是金陵船厂为南京公司建造的10艘MR型油轮中的第6艘。根据计划安排，此船将在2008年4月22日交付。

（金陵船厂　李文宝）

【川江船厂为香港建造的多用途3船顺利下水】

2007年8月31日下午，东风公司川江船厂建造的第一艘大船——香港7800吨多用途3船，在船台斜架车新扩能技改工程后的强力支撑下顺利下水。

香港7800吨多用途3船，总长116.23米，型宽18米，型深10.4米，主机功率为2500千瓦，设计吃水7米，设计航速12公里/时。

（重庆公司　邹光明）

【芜湖公司增强船舶修造综合实力】 中国长航芜湖公司主要从事长江流域的船舶修造业务。近年来，长江修造船市场呈现出快速发展的态势，作为芜湖公司未来发展的主要产业——修造船业面临着良好的发展机遇。

2007年，公司投资4000余万元，将4艘3000吨油驳改建为5300吨举力浮船坞，增强了芜湖公司船舶坞修产业的综合实力。

（芜湖公司　何根林）

【浙江省最大集装箱船顺利下水】 2007年9月12日，由浙江造船有限公司为德国船东CONTI公司建造首艘可装载4250TEU的8万吨级集装箱船，在奉化湖头渡造船基地顺利下水。这是目前浙江省最大吨位的集装箱出口船，也是浙江省最大的8万吨级船台建成后所建造的第一艘大吨位船舶，总长为265米，型宽32.25米，型深19.3米，设计航速24.5节。这条船具有先进的全球卫星导航系统、无人机舱、一人驾驶技术等，其设计水平和航行性能均达到国际先进水平，是世界航运市场上主流的货运船型，首次打破韩国在新型集装箱船设计领域的垄断地位。

（浙江省局　陈建光）

【南京公司投资建造2+2艘5500吨Ⅱ型不锈钢化学品船】 2007年9月14日，中国长航南京公司与中船重工川东船厂在重庆签订了2+2艘5500吨Ⅱ型不锈钢化学品船建造合同。这批不锈钢化学品船的开工建造，标志着南京油运在高品质不锈钢化学品运力发展上又迈出重要的步伐。为解决国内高品质不锈钢化学品运力紧缺的矛盾，南京公司在已有国内最大化学品船队的基础上，从2004年开始先后投资建造了4艘3000吨不锈钢化学品船，目前已全部投入市场。

（南京公司　邢煌辉）

【江东船厂11#12000吨船顺利下水】 2007年10月8日，中国长航重工江东船厂为德国博克斯迪克公司建造的11#12000吨多用途船“BBC－科罗拉多”号顺利下水。

11#12000吨船从第一个分段上胎定位建造到全船贯通,仅用了30天,创造了同类型船舶上胎建造周期最短的好成绩,比原先50天周期又提前了20天。该船长138米、型宽21米、型深11米、设计吃水7.5米、主机功率5400千瓦,配备两台150吨重吊。

(江东船厂　杨莉莉)

【江东船厂再签4艘1000箱出口船舶订单】

2007年10月30日,中国长航重工江东船厂与德国船东签订了4艘1000箱冰区加强型集装箱船,单价超过原先签订的8艘已生效订单价格,合同总标的超过1.12亿美元,交货期从2009年跨越到2011年。

1000箱船长151.72米、型宽23.40米、型深11.7米、设计(货舱内装箱)吃水7.6米,共可载1036(257个冷藏箱)。分球首、方艉、单机单浆、全平横舵;适合在货舱内和舱口盖甲板上装运多种规格的集装箱(含非TEU及欧美TEU),无限航区,适用于北波罗的海等严寒地区,冰区等级较高。

1000箱船是继1100TEU快速集装箱船之后,又一在国内首制的拳头产品。11月1日是江东船厂厂庆62周年纪念日,船厂为建造的第一条1000箱船举行了开工点火仪式。

(江东船厂　杨莉莉)

【长江海事局3艘40米趸船在南昌建造出厂】

2007年,江西造船有限责任公司为长江海事局建造的第一期3艘40米趸船(长海趸31269号、31268号、31267号),分别于10月20日、11月21日和11月23日在南昌顺利完工出厂。公司将在一期工程完工的基础上,陆续开工建造二期3艘40米趸船,集中力量保证船舶建造的质量和工期。

(江西省局　平关正)

【武汉航运企业造出特大“ATB船”】　2007年12月,武汉国裕物流产业集团公司下属的扬州国裕船舶制造有限公司首制船——约4.5万吨级的顶推船队ATB(即铰接式推轮和驳船)正式交付使用。“ATB”轮是全球“ATB船”中最大的平底江海直达船之一,在船型一体化、船舶性能、船舶结构研究、大吨位级顶推连接装置方面取得突破,填补了多项国内技术空白。

“ATB”船船东为武汉国裕物流产业集团下属的武汉江裕海运发展有限公司。此次交付的ATB船,是在充分考虑国内水域、码头等各航行条件基础上,按照可常年航行于国内沿海及长江安徽安庆以下段的特定营运目标专项设计的船型。投入营运后,可实现长江中下游和国内沿海的煤炭、铁矿石、钢材、水泥熟料等大宗干散货的江海无缝转运,最大的优点是在点对点运输时,一艘推船可以与两艘以上的驳船组成运输船队,充分利用港口码头装卸货物的时间,缩短运输时间,降低运输成本,提高效益,对长江现有货运物流方式将产生深远影响。

(武汉市局　喻　慧)

【“凯珍号”邮轮在重庆东风船舶工业有限公司开工建造】　2007年11月19日,“凯珍号”邮轮在重庆东风船舶工业有限公司开工建造。

“凯珍号”邮轮是三峡成库和国家最新标准船型出台后,由重庆市东江实业有限公司投资8500万元,重庆东风船舶工业有限公司设计建造的目前世界内河第一艘吨位最大、技术要求最高、工艺最复杂的豪华邮船。邮轮长133.8米,型宽18.8米,型深4米,甲板宽18.8米,设计吃水2.6米,航速26公里/时,主机功率2×1350千瓦,载客426人,船员181人,可常年航行于重庆至上海长江干线水域。雍容华贵的“凯珍号”邮轮,将在2008年北京奥运会后、2010年上海世博会前的黄金旅游高峰期投入营运。“凯珍号”的姐妹船“凯丽号”,也将在重庆东风船舶工业有限公司建造。

(重庆市局　彭然红)

·文明创建·

【长航国际船舶管理公司荣膺中国最佳船公司及船员劳务公司】　2007年3月,由航运在线(WWW.SOL.COM.CN)主办的“首届中国最佳船公司及船员劳务公司”评选已经揭晓,“2006年度中国十佳船公司”及“2006年度中国十佳船员劳务公司”两份榜单已于3月6日正式出炉。长航国际船舶管理公司榜上有名。共有103家船公司及船员劳务公司获得了船员的提名,并对两个奖项的前十佳进行了激烈的角逐。

为了保证评选活动的权威性和公证性,评选活动的各个阶段采取了非常严格的控制措施。比如由本公司承担全部活动费用而谢绝参评企业的赞助,限定投票群体必须输入真实有效的船员证或适任证号码,利用技术手段限制同一公司的重复投票,对有效投票进行电话抽样核对,等等。同时,为了提高评选结果的价值性,在评选的依据上,也充分参照了各方面意见引导船员从不同角度尽量客观的对公司进行评价。

(长航国际船舶管理公司)

【金陵船厂入围世界50强】 英国克拉克松研究公司日前公布了世界造船企业手持船舶订单50强排行榜,中国长航重工金陵船厂排名世界第21位,在入围50强的19家国内船厂中列第6位。

截至2007年6月底,长航重工金陵船厂手持船舶订单90艘、377万载重吨。这些船舶订单中,既有为印度船东、台塑集团、南京公司建造的46000吨、47000吨、49000吨成品油轮,为希腊船东、长航凤凰建造的92500吨散货船,为深圳公司建造的2000车滚装船,又有为德国客户建造的30000吨多用途重吊船。目前,船厂的生产任务已安排到2011年。

2007年以来,随着金陵船厂所属江苏金陵10万吨船坞的兴建、500米舾装码头的竣工,以及其它硬件设施的改善,金陵船厂赢得越来越多国内外客户的青睐。

成立于1852年的英国克拉克松研究公司是国际造船业知名的咨询机构,由克拉克松发布的世界新造船统计,以其综合性、准确性和权威性受到业内人士的普遍关注。

(金陵船厂 李文宝)

【青山船厂罗军当选湖北十佳农民工】 2007年9月通过短信和网上投票,湖北省首届海选出的10位"建功湖北十佳农民工"结果正式揭晓,中国长航重工青山船厂工人罗军名列其中。

1997年,罗军来到青山船厂务工,从事油管酸洗工作。2003年,一位外国船东提出要求:"往油管里放进白纱布,抽出来,不准有任何污迹。"罗军接了这一任务几天后,船东检查完全合格,对他刮目相看。现在,外国专家看到他,都会主动打招呼,伸出大拇指,连连说"OK"。如今,他可以自豪的说:"我就是标杆"。

(长航集团 陈 桓)

【江东船厂被评为"中国人保芜湖分公司荣誉客户"】 2007年10月,中国长航重工江东船厂在"中国人保财险芜湖市分公司首届荣誉客户"评选项目中,以良好的企业信誉成功入选该项目。

(江东船厂)

【中长燃公司荣获"全国五一劳动奖状"】 2007年4月29日上午,湖北省庆祝五一国际劳动节暨五一劳动奖状奖章表彰大会在湖北省总工会举行。中石化长江燃料有限公司被中华全国总工会授予"全国五一劳动奖状"。这是中石化长江燃料有限公司近年来获得的国家级最高荣誉奖项。

(中长燃公司 胡华伟)

【芜湖公司规范物业管理】 芜湖长航物业公司成立于1998年,注册资金100万元,独立法人,是隶属于芜湖公司的国有企业。

2007年,主要从事办公楼、写字楼、住宅小区及企事业单位的物业管理。由于规范的管理和优质的服务,得到了上级部门和业主单位的一致肯定,曾被评为芜湖市创建文明行业达标单位和长航集团系统先进单位。

(芜湖公司 何根林)

【武汉汽服荣登湖北省行业排头企业】 2007年10月,根据湖北省政府第一次经济普查资料,湖北省统计局信息中心发布简报,公布湖北省分行业排头企业单位。中国长航上海大众汽车(武汉)长江销售服务有限公司荣登排头企业榜。这是湖北省唯一从事汽车销售和修理的企业荣登此榜。

公司1-9月维修车辆15857台次,较去年同期相比增加1247台次,完成年计划81.32%。销售整车1404辆,与去年同期相比增加386辆,完成年计划140.40%。有望全面实现年度奋斗目标。

(武汉汽服 杨汉保)

【武汉汽服被评为质检优秀单位】 2007年12月,由武汉市公路运输管理处、武汉市道路运输协会、武汉晨报联合举办的为期4个月的“2007年度武汉市机动车维修行业质量检评活动”圆满结束。全市600余家一、二类维修企业踊跃参与了投票。27日,投票结果在《武汉晨报》上刊登,上海大众汽车武汉长江销售服务有限公司等20家企业被评为“2007年度全市机动车维修企业质量检评优秀单位”。

(武汉汽服　肖　婕)

第十六篇　社团报刊

·社 团·

【中国航海史研究会长江片委员会、湖北省长江航海史研究会(简称长江航海史研究会)】 (详见《长江航运年鉴》(2007 卷)第十六篇“社团报刊”第955 页)

2007 年,长江航海史研究会在湖北省社会科学联合会和交通部长江航务管理局领导的支持和帮助下,仍以编纂出版《长江航运年鉴》为工作突破口,深入开展学术研讨。

这一年,长江航海史研究会主要做了以下工作:

一、继续完成《长江航运年鉴》(2006 卷)的编辑出版、发行工作。《长江航运年鉴》(2006 卷)是专业性年鉴,主要反映长江航运几大要素和支持保障系统方方面面的工作情况、业绩和存在的问题,共分设 18 个篇目,有 160 余万字,主要分发长江航运系统。

二、研究会在武汉东湖客舍组织召开了“《长江航运年鉴》(2007 卷)组稿会暨(2006 卷)部分篇目审稿会”,来自长江航运系统各单位的 30 余位领导和研究工作者参加了会议。会议主要内容,一是进一步明确为提高年鉴质量,搞好组稿工作的重要性;二是以(2006 卷)部分篇目为例,研究如何做好组稿、撰稿工作;三是对工作认真、完成任务好的单位和个人颁奖。

三、研究会在长航局的大力帮助和支持下,在长航局 8 楼会议室召开了有长航局、长航集团片及局内有关处室,包括中游片的湖北省港航局、华航集团、中长燃总公司、武汉长江轮船公司等 35 个单位的领导和研究工作者参加的片会。长航局党委书记黄强、工会主席向恢平莅临会议并作重要讲话,并向与会同志颁发已出版的《长江航运年鉴》(2006 卷)。

四、按照上级领导和湖北省社会科学联合会及省民政厅的要求,研究会完成 2007 年的年检工作。此外,长江航海史研究会还召开了数次小型座谈会、研讨会。

地　址　武汉市汉口沿江大道 134 号
邮　编　430014
电　话　(027)82766972
传　真　(027)82776972
邮　箱　wlh61264584@163.com

(秘书处)

【中国港口协会长江港口分会】 (详见《长江航运年鉴》(2007 卷)第十六篇“社团报刊”第 955 页)

2007 年,中国港口协会长江分会坚持以科学发展观为统领,紧密围绕行业发展中心工作,坚持为广大会员单位服务宗旨,在加强行业管理、为基层排忧解难、推动行业文化建设和协会组织自身建设方面做好相关工作:

一、积极参与行业管理,推动长江航运市场健康有序发展。在长航局的指导下,成立了长江航运指数办公室,做到了机构、人员、办公设备三落实。同时落实制定长江运价指数编制实施办法,使长江运价指数于 3 季度投入试运行。同时,定期组织召开了年度、季度长江航运景气调查分析总结工作,使该项工作制度化、规范化。

二、组织开展长江港口行业相关课题研究。与有关科研院校合作,开展长江干线港口基础数据库课题研究。受中国港口协会委托,开展长江中上游港口内贸价格课题研究;进一步摸清港口业港口收费价格现状,找出抑制港口企业之间刹价竞争的措施和办法。

三、积极配合做好三峡水库蓄水期通航安全管理工作。三峡水库 156 米蓄水及三峡船闸完建施工期,以及三峡水库汛期及汛末蓄水期间通航管理工作期间,加强信息上下互通,及时向上级反映三峡库区港口完建期关于中转翻坝工作建议。与此同时,宣传贯彻交通部、长航局关于在全国开展防船舶碰撞防泄漏专项整治活动,落实“两防一治”工作部署,为创建水上安全环境发挥作用。

四、积极推进长江航运节能减排工作。在云南水富组织了“共建长江黄金水道,共享绿色航运资源”大型接力宣传活动的注水仪式和长江航运“节能减排,净化长江”座谈会工作。

五、推进港口企业投入长江航运行业文化建设。一是抓好行业文化建设示范点典型经验。二是配合有关部门开展港口文化建设调研工作。为构建和谐航运起到积极推动作用。

六、配合做好行业管理相关工作。一是参与了《中国水运杂志》社组织的长江海事论坛工作;二是参加局搜救演习材料审稿工作,协助完成湖北省内港口地方志编撰工作。

七、积极开展招商引资活动。在上海成功组织召开了长江港口首届招商投资洽谈会,为12家港口企业洽谈招商投资合作项目。同时积极引进外商赴九江、宜昌、安庆等港洽谈招商项目,有效地扩大了长江港口对外交流影响。

八、认真做好干线港口企业信息引导发布工作。坚持定期组织发布长江港口会员单位生产动态,组织年度信息统计工作会议。

九、深入开展调研和服务工作。一是组织开展了长江干线上中下游港口企业的调研,及时反映了目前港口企业所面临的主要问题和建议要求,并向上级主管部门提交港口企业调查报告。二是及时总结长江港口生产发展状况。三是举办有针对性的长江航运专业知识培训班。

十、加强协会自身建设,不断提高协会发展素质。一是不断完善内部管理制度,加强基础工作建设。二是按照章程组织开展好协会各项活动。三是按上级文件精神,认真完成固定资产清理工作。四是加强作风建设,完善相关制度。

地　址　武汉市汉口沿江大道134号
邮　编　430014
电　话　(027)82767621
传　真　(027)82776226

(长江港口协会)

【中国船东协会长江分会(简称长江船东协会)】

2007年,船东协会秘书处在中国船东协会和长航局的领导下,紧紧围绕"服务船东,辐射行业"的宗旨,按照年初制定的2007年工作目标,协会全体人员对各项工作"早计划、早实施",努力创一流的工作品牌,圆满完成了全年工作目标。

一、创新满意度测评工作,完善了测评实施办法,顺利推进测评工作。

(一)组织召开了长江船东满意度测评宣贯暨2006年度优秀联络员表彰会。近50名长江沿线船公司代表和长江船东满意度测评领导小组及办公室成员参加了会议,会议听取了测评办关于2006年度满意度测评情况的工作报告,宣贯了测评工作的目的与意义,介绍了测评方案与成果,表彰了26名2006年度测评工作优秀联络员。

(二)修改完善《长江船东满意度测评工作办法》。根据船公司和局直属单位提出的各种意见和建议,结合测评工作实际,对原《长江船东满意度测评实施方案(试行)》进行了修订,形成《长江船东满意度测评工作办法》(审议稿),提交长江船东满意度测评领导小组会议审议,依据审议意见我会作了进一步修改完善,以局文形式发布实施。此外,针对协会及机关处室调整人事变动的情况,调整充实了满意度测评领导小组及办公室成员。

(三)完成开展了测评指标体系再完善的课题研究工作。针对一级指标存在行政职能交叉,部分二级指标不能涵盖相关单位的管理职能,划分指标的标准不统一等问题,在长江船东满意度测评领导小组会议上测评办提交了尽快对测评指标体系进行充实与调整的建议,得到领导小组成员的一致认同。5月,协会到长江三峡通航管理局就指标体系调整进行调研,征得很好的建议与意见。6月,协会及时到长航局有关部门协商办理了调整指标项目的科研课题立项工作,8月,与武汉理工大学合作成立课题组,对现行指标体系进行调整研究,在广泛收集资料、详细调研、认真总结过去经验的基础上重新构建指标体系,主要在指标的选择、指标结构、指标权重、调查方式四个方面进行了完善。12月初形成初步研究成果后,组织召开了测评指标完善工作中期评估会议。

(四)按时开展全年两次测评,圆满完成上半年测评工作。上半年调查工作于6月初按时向相关船公司发送130份满意度调查问卷,下半年调查工作于12初及时开展,上半年测评工作报告于7月24日测评结果分析会上得到测评领导小组的认可。

二、积极推动长江安全诚信船舶评价工作,完成年度审定工作。

开展长江船公司、船舶诚信评价体系建设。12月12日,12月20日分别召开专家评审会和长江航务管理局诚信评价领导小组会议,与会专家,领导组成员对13艘船舶申报材料进行了认真审核,同意民生轮船公司:"民俗"、"民众"、"民武"轮,重庆长江轮船公司:"长航江山4号"、"长航江山7号"、"长航江山11号"轮,长江轮船海外旅游总公司:"蓝鲸"、"维多利亚5号"、"长江天使"、"神州"轮,荆州鸿兴船务公司:"鸿兴111"、"鸿兴333"轮,为2007年度长江安全诚信船舶。

三、广泛征求各方意见,圆满完成协会换届工作。

年初,协会秘书处负责人进行了调整,按照

《中国船东协会长江分会章程》的要求和上级领导指示精神,协会于9月在武汉组织召开第一届九次常务理事扩大会。会议审议原则通过了《中国船东协会长江分会第二届理事会改革和发展规则》《中国船东协会长江分会第二届理事大会选举办法》、《中国船东协会长江分会第二届理事会常务理事,理事长、副理事长、名誉理事长候选人名单》,研究确定了会议经费、开会时间、地点及相关事项,为理事大会的顺利召开奠定了坚实基础。

11月22日,中国船东协会长江分会第二次理事大会在厦门隆重召开,会议选举产生了新一届协会领导班子。长江分会60多个会员单位近90名代表参加了会议。会议讨论通过了《第一届理事会工作报告》和《第二届理事会改革和发展规划》,并根据《中国船东协会长江分会章程》和《长江分会第二届理事大会和二届一次常务理事会选举办法》经民主选举产生新一届常务理事单位、常务理事、理事长、秘书长和副秘书长。

四、认真落实交通部副部长徐祖远批示精神,成立“长江载货汽车滚装运输专业委员会”。

(一)根据长航局领导的要求,协会3次派员深入重庆、万州、宜昌等地与滚装企业座谈,共走访了19家滚装运输企业,宣传各级领导的批示精神,征询各公司对成立专业委员会的意向,进行必要的沟通和协调。

(二)协会组织人员制定了《长江载货汽车滚装运输专业委员会管理办法》、《专业委员会选举办法》等规范性文件,明确专业委员会必须依据国家法律、法规和政策维护滚装企业、船舶所有人和经营人的合法权益,理顺企业反映问题的渠道,规定统一由长江分会向政府管理部门反映企业的要求和建议。

(三)组织召开中国船东协会长江分会载货汽车滚装运输专业委员会成立大会。8月28日在汉召开了专业委员会成立大会,万州,宜昌等地方航管部门派员参加会议,19家滚装企业主要领导、长航局有关部门负责人及新闻媒体50多人到会。专业委员会按照《选举办法》民主选举产生了第一届主任委员、副主任委员,专业委员会已完成建章建制工作,第二次主任委员会会议确定了明年的工作目标和任务,主要是开展行业运价自律和延伸下游航线。

五、开展调研活动,努力服务好船东。

上半年,协会对船东关注的三峡船闸完建期碍航问题;乱收费、乱罚款问题,行风建设问题,燃料涨价问题,长江航道维护水深等问题,进行了深入的研究,电话调查收集整理船东关注和希望解决的问题要点,并拟定了《长江船东关注和希望解决的问题要点》报长航局。

六、积极参与、配合长航局开展行业管理工作。

1.积极参与长航局水运运输企业审批例会,严格按照交通部有关法规对过会企业相关申报事项进行审核。全年共参与会议25次,审核申报企业136家。

2.利用信息宣传长航局重点工作,共向长江船东编发4期信息。

3.配合党办向旅游船公司船舶发放“提升中国公民旅游文明素质行动计划”指南及标牌,计40余套。组织船公司撰写了3篇行业文化建设论文参加内河海事论坛,并分别获得一、二等奖。

4.配合管理部门完成三峡船闸完建期工作总结。

5.及时转发长航局副局长阮瑞文在长江干线春运电视电话会议上的讲话,派员参加了局春运办公室的值班工作。

6.参与“长江航务座谈会”的筹备工作,落实参会船东单位和人员,配合完成会议表彰的3个专项工作先进单位的申报和评定工作。

7.参与云南水富“节能减排发布会”的组织及宣言的修改工作。受交通部科学院、中国船东协会和长江船舶设计院的委托,组织船东对GB/T16890《水路客运服务质量》(征求意见稿)、《长江标准船型》和《液压舵机》三个国家级技术标准征求有关船公司的意见。

8. 积极参与长航局各项行业管理,出谋划策。8月,对长航局信息工作提出行政部门信息化工作主要在于信息传播硬件设施建设、行政事务信息公开、市场信息的收集发布三方面,行业信息化工作坚持服务市场主体原则和科学规划、规范建设原则,并提出如下建议:①加快信息人才培养;②准确及时全面提供信息,避免步入“重硬件建设、轻信息提供”误区;③充分利用局域网开辟有关“市场信息”栏目或BBS栏目,设立“船舶租赁买卖”、“船货动态”、“船员需求”等子栏目,及时在网上发布行业政策、行业研究信息、国际交流信息、航道尺度和里程等船公司关注的信息。

地　址　武汉市汉口沿江大道134号
邮　编　430014
电　话　(027)82766338
传　真　(027)82766322

(长江船东协会)

【中国航海学会内河海事专业委员会】　(详见《长江航运年鉴》(2007卷)第十六篇“社团报刊”第959页)

地　址　武汉市解放大道1525号
邮　编　430016
电　话　(027)82765481
传　真　(027)82448079

(中国航海学会内河海事专业委员会)

【中国水运建设行业协会内河航道分会】　中国水运建设行业协会内河航道分会(简称全国内河航道协会),成立于2002年5月14日。其前身为长江水系航道协会,成立于1988年。中国水运建设行业协会内河航道分会是经民政部批准成立的,社团分支机构登记证第4654－7号。分会上级单位:中国水运建设行业协会。中国水运建设行业协会内河航道分会挂靠长江航道局。协会秘书处与长江航运研究杂志社合署办公。

中国水运建设行业协会内河航道分会是涉及全国20多个省市自治区内河航道管理与维护、勘察设计、工程施工等单位部门及科研院校自愿组成的自律性群众性团体,目前有会员78家。下设政策研究、航道管理、航道规划勘测设计、航道工程、评审培训等5个专业小组,共建有275位各类航道人才组成的专家库。

内河航道分会顾问:梁应辰、李悟洲、何建中、宋德星、孙国庆、任建华、金义华、黄强、张永泰;名誉主任委员:周冠伦;主任委员:唐冠军;副主任委员:董文虎、高玉玲、黄祥光、柯长洁、蒋同富、任忠、魏志刚、张小勇;委员93人;秘书长:江德敏;副秘书长:罗鹰、杨明远、王军、徐启明、陶维号。

(内河航道分会)

【长航局纪检监察工作学会】　(详见《长江航运年鉴》(2007卷)第十六篇“社团报刊”第960页)

地　址　武汉市汉口沿江大道134号
邮　编　430014
电　话　(027)82767163
传　真　(027)82846464

(长航纪检学会)

【武汉造船工程学会】　(详见《长江航运年鉴》(2003卷)第十六篇“社团报刊”第818页)

【安徽省造船工程学会】　2007年,安徽省造船工程学会共有团体会员91个,个人会员320人。省学会秘书处现有兼职工作人员3人,秘书处设在省船舶办。

2007年,安徽省造船工程学会主要做了以下工作:

一是参与国家四部委对安徽省专项治理船厂工作的验收。4月,国家四部委专项治理验收组来安徽省进行了全面验收。组织有关专家与省船舶办领导陪同国家四部委专项治理验收组到现场抽查了巢湖市无为县船舶工业园区船厂的治理情况。

二是参与起草了《安徽省专项治理合格船厂和新建船厂监管评价办法(试行)》。省学会会同省学会副理事长单位、省地方海事局、省渔检局等单位共同起草了《安徽省专项治理合格船厂和新建船厂监管评价办法(试行)》,并由省船舶办、省船检局、省渔检局联合行文下发到各市有关部门执行。

三是国防科工委于2007年3月23日颁布了《船舶生产企业生产条件基本要求及评价方法》。该《办法》自2007年10月2日起实施。为做好国家标准的宣贯和培训工作,与省船舶办在合肥市共同举办了国家标准培训班。各市船舶行业主管部门、各市造船学会和船舶企业的领导和技术人员近100人参加了培训。

四是按照《安徽省专项治理合格船厂和新建船厂监管评价办法(试行)》的规定,会同省船检、渔检等部门组织专家,依据国家《船舶生产企业生产条件基本要求及评价方法》标准,对全省新建船厂级(类)别进行了审核评价,共有7家新建船厂通过等级的审核评价。

五是省学会组织专家和省船舶办共同对巢湖市、芜湖市和马鞍山市的船舶工业发展情况进行了现场调研,听取了各市船舶工业行业主管部门的汇报,现场查看了部分船厂,并向省国防科工办提交了调研报告。

六是按照省科协和民政厅的要求,完成了省学会2007年的年检工作。根据工作需要,增补了安徽华夏船舶制造有限公司总经理吕志刚为省学会第四届理事会常务理事。组织会员单位参加了第14届中国国际海事会展,完成了《安徽航运年鉴》的参编工作。

地　址　合肥市徽州大道461号

邮　编　230001

电　话　(0551)4671446;5271930

传　真　(0551)4654700

(安徽省造船工程学会)

【安徽省航海学会】 (详见《长江航运年鉴》(2007卷)第十六篇"社团报刊"第960页)

2007年,安徽省航海学会共有团体会员单位58家、个人会员2388人,其中持有中国航海学会新会员证的有244人。会员中科学家和工程师占66%,业务骨干和中级职称者占24%,有丰富经验并热心学会工作的领导干部占10%。

2007年,安徽省航海学会主要做了以下工作:一是2007年6月5日在安徽省合肥市召开第四次会员代表大会暨四届一次理事会。出席会议的应到代表102人。特邀代表15人,以及第三届理事会领导班子成员等共117人。会议经过民主协商,选举产生仇力等66人组成的安徽省航海学会第四届理事会,并推选周明等25人组成常务理事会。选举周明为理事长,蒋同富为常务副理事长,李颇凡、李家俊、张阳、吴志忠、徐启明、王贤泰、李祎茂、颜以庆、谢业庆为副理事长;李颇凡兼任秘书长。大会聘请季昆森、金明生、于千为名誉理事长,马茂棠为顾问,并向他们颁发聘任证书。二是2007年11月8日至9日,在马鞍山市举办"第六届航海论坛暨秘书长会议"。出席会议的有各市级学会的理事长、秘书长,省属各专业委员会的主任,各市海事局、船检局、长江五港等有关单位的负责同志及论文作者共60余人。此外,省学会研制的"船舶超载报警器"获国家级专利证书,列入《安徽861计划·交通科技通达计划》的"船舶超载报警器"课题。2007年上半年由中华人民共和国国家知识产权局授予专利权,发放《实用新型专利证书》,其证书号:第860551号。三是2007年8月28日,在合肥市召开2006期航运年鉴发行会议,同时对2007期进行组稿。7月11日,省会与省地方海事局联合举办第三个"中国航海日"座谈会。参加座谈会的有省地方海事局、港航企事业单位有关领导和中层干部及交通院校的师生等共20多人。四是受安徽省交通厅委托,2007年11月4日在池州市组织召开《池州港泥洲锚地工程初步设计》(以下简称《初步设计》)评审会。出席会议的有安徽省交通厅、安徽省港航管理局、长江南京航道局、长江安庆航道处、长江安庆海事局、安庆市港口管理局、池州市发改委、池州市港口管理局等单位的代表和设计单位长江航运规划设计院及特邀专家。与会代表从行业管理方面发表意见,专家对设计文件进行认真评审。五是省学会及各专业委员会和安庆、滁州、蚌埠、六安、亳州等各市级学会举办科普讲座、各类技能、安全知识和执法人员培训班共78期,参加人员计6602人次。

地　址　安徽省合肥市窑湾路6号省交通厅宿舍大院综合楼

邮　编　230011

电　话　(0551)4294363;4292440;4293920

传　真　(0551)4293112

邮　箱　hanghaixuehui@sohu.com

(安徽省航海学会)

【池州市港口协会】 2007年11月18日,池州市港口协会成立。参加成立大会的有池州市政府、安徽省港航管理局、池州市港口管理局、池州市交通局、池州市民政局、池州市工商局等单位的领导和全市各港口企业代表共70余人。

池州市港口协会承担行业自律、协调、监督职能,依照协会章程,在港口业务培训、货源调查、价格协调、港口政策与企业标准制定等方面开展工作。共有30个单位会员、29名个人会员。协会邀请市委常委、副市长方志恒担任名誉会长,池州市港务总公司党委书记、总经理章刘发当选为会长。

(池州市港口局)

【浙江省船舶行业协会】 (详见《长江航运年鉴》(2006卷)第十六篇"社团报刊"第930页)

【江苏省航道协会】 (详见《长江航运年鉴》(2007卷)第十六篇"社团报刊"第963页)

2007年,江苏省航道协会在上级协会的领导下,较好地完成了全年工作,取得了可喜的成绩。

·《京杭运河志(苏南段)》编写工作 《京杭运河志(苏南段)》编写工作于2005年5月正式启动,分三个阶段进行,第一阶段班子组建资料搜集于2005年完成,第二阶段为初稿编写时期,用了一年多的时间,至2006年底,在各有关市处的支持下,经编写组全体人员的共同努力,完成了《京杭运河志(苏南段)》一至十二章书稿初稿工作,计80万字。2007年为第三阶段(攻坚战阶段),工作重点是编写组内部初稿进行初审修改完善,形成送审稿。先后召开五次审稿研讨会,并于9月将书稿下发沿线四市组织审查。根据新修订的"编目"和"凡例",统一书稿内容编排,进一步修改完成三稿征求意见稿。至年底,全书统稿及图片编辑顺利进行。

·做好长江航海史研究会下游片工作 继续做好中国航海史研究会长江片委员会下游片的片长工作,积极参与研究会的《长江航运年鉴》编写工作及学术研讨活动。航道协会对编写《长江航运年鉴》工作十分重视和支持,把编写年鉴工作纳入常规工作,人员也相对稳定。江苏省航道局2006年被"中国航海史研究会长江片委员会"、"长江航运年鉴总编室"、"湖北省长江航海史研究会"邀请为第五篇"航道"篇的责任编辑。认真完成了2007卷的编辑工作,受到研究会的认可和好评,在昆明召开的研究会工作总结表彰大会上代表先进单位作了典型发言,单位被评为先进集体,个人也被评为先进工作者。

·完成《江苏省内河航道建设管理实施办法》编写任务 2007年8月,协会受江苏省交通厅综计处委托,承接了《江苏省内河航道建设管理实施办法》起草编写咨询服务任务。当接到《江苏省航道建设管理实施办法》编写任务时,由省厅航道局主笔编写的《江苏省内河干线航道建设管理办法》已以苏交法[2007] 58号通知印发执行。因此,现在所要编写的《江苏省航道建设管理实施办法》既要涵盖其全部内容,又不能硬搬其条文,既要具有较强的可操作性,又不能与其有任何抵触。鉴于此种特殊性,相关参写人员查阅了大量法律、法规、条例、办法、意见等法规性文献资料,在做了不少的准备工作之后,于10月15日完成《江苏省航道建设管理实施办法》初稿,共十一章,62款。经多次征求相关部门意见,按照返馈意见先后三次进行修改,于10月30日完成征求意见稿;12月11日,完成了讨论稿。

·组织工程技术人员先后赴湖南、黑龙江省参观学习 2007年7月2-8日,由周世忠会长亲自带队,赴湖南省交通厅航务局参观学习。他们的经验对我们很有启发。8月29日至9月5日,由孙宝林副会长带队,组织江苏航道系统有关领导和工程技术人员赴黑龙江航道局参观学习。东道主热情接待了江苏航道的同行,介绍了黑龙江水运的基本情况,安排参观了松花江航道和在建的松花江大顶子山航电枢纽工程。

·协会第四届二次会议成功召开 2007年4月12日至13日,在江苏宿迁市召开了江苏省航道协会第四届二次常务理事、理事会议。周世忠会长向代表作了2006年协会工作报告;商讨并明确了协会2007年工作,重点是抓紧完成《京杭运河志(苏南段)》书稿,进一步开展技术咨询服务工作,继续组织与外省同行业间的交流考察活动等。会间,组织代表在宿迁参观了省水运建设重点项目——泗阳三线、刘老涧三线、皂河三线三个船闸工程。

·其他工作 完成了每年的协会工作年检,协会财务审计工作,协会会费收缴工作等日常事务性工作;向会员单位提供相关行业协会、学会、研究会举办的学术交流考察等活动信息,较好地完成了纽带作用。

(江苏省航道协会 徐秋敏)

【云南省航海学会】 (详见《长江航运年鉴》(2007卷)第十六篇"社团报刊"第963页)

2007年,云南省航海学会在中国航海学会、省科协及交通厅、民政厅、省航务局的领导和关怀下,紧密联系全省航运工作实际,开展了一系列富有成效的工作。

·重视学术建设,搞好学术交流。船舶专业委员会举办了云南省"2007年船型及船舶防污染研讨会"。会议研讨了云南省内河船舶污染、危险化学品运输污染防治和应急措施。

·积极开展航海科普工作,充分发挥科普主要社会力量作用。①配合云南省"航海日"组委会,积极开展和参与了"和谐"取水、聚水等主题活动。②举办了内容丰富、主题鲜明的云南省航海科技夏令营活动,全省30多名青少年参加。

·加强交流与合作。为促进全省交通运输企业在东南亚、南亚国家的发展空间,推动全省物流业健康快速发展,将联合云南省交通运输行业协会共同组织相关人员分批赴澜沧江—湄公河区域进行物流与贸易商务考察。考察前期工作进展顺利。

地　址　昆明市环城北路181号
邮　编　650051
电　话　(0871)5124828
传　真　(0871)5127025

(云南省局　马翠德)

【贵州省航海学会】(详见《长江航运年鉴》(2007卷)第十六篇"社团报刊"第964页)

2007年,贵州航海学会的主要活动:一是按照贵州省民政厅《关于对社会团体开展2006年度检查的通知》要求,按年检时间和分阶段年检工作的内容,对照检查,认真如实填报有关材料,自觉接受年检,按规定要求完成了年度检查工作及财务审计工作。二是按照贵州省科协黔科协发学字[2004]120号"关于印发《贵州省科学技术协会学会会员证管理办法》的通知"要求,结合学会实际情况,再次完成了换发省科学技术协会学会会员证28个。三是完成新增补常务理事提名名单,待会员代表大会通过。四是完成黔西南州交通局委托贵州航海学会请专家修改并咨询"龙滩库区滚装船舶运输工程可行性研究",并请专家提出书面修改意见。完成了《贵阳市乌江至长江出海通道研究》,《万峰湖库区乡镇民用船型研究》,《渡口船型方案、选型设计研究》的研究工作,待通过审查验收。五是组织各专业委员会编制《铜仁航运规划(2010－2020年)》报告,并组织专家技术咨询。六是根据中国航海学会的有关文件要求,开展第三届"航海日"的宣传活动。

地　址　贵阳市延安中路48号世贸广场A座26楼
邮　编　550002
电　话　(0851)5973132
传　真　(0851)5957360;5973135

(贵州省航海学会　秘书处)

【重庆市水运协会货运专业委员会】(详见《长江航运年鉴》(2007卷)第十六篇"社团报刊"第932页)

【重庆市水路运输行业协会】

一、组织概况

根据重庆市民政局要求重新报批,批文的名称、业务范围均不变,新的法人为冯地禄,地址为江北区建新西路2号特1号中冶大厦11楼。2005年11月24日发新的登记证书,时间有效期为2004年10月9日至2009年10月9日;又于2007年年审换发新的登记证书,发证日期是2007年8月23日,有效期限为2007年1月1日至2011年12月31日。

二、组织机构:本协会的最高权力机构是会员代表大会每届四年,下设理事会是会员代表大会的执行机构,在闭会期间领导本协会开展工作;又设立常务理事会,并由理事会选举产生;会长为本协会法定代表人,秘书长主持协会办事机构的工作,并监督、指导、协调各分支机构的工作。协会的分支机构是协会的组成部分,不具有法人资格,在本协会的领导下,按协会授权范围内开展活动、发展会员。

现有分支机构如下:

重庆市水路运输行业协会客运分会。

重庆市水路运输行业协会集装箱专委会。

重庆市水路运输行业协会滚装运输专委会。

三、2007年的工作概况

1. 协会客运分会,坚持贯彻分会制定的《行业自律行为实施细则》,对6月初出现个别客船公司违反《细则》,擅自通过重庆的几家旅行社,在重庆朝天门拉旅客,乘车到云阳再上船,搞云宜(宜昌)三峡游航班的违约行为进行坚决制止,并通过重庆市港航局的行政手段和协会做工作,在8月13日取缔了搞乱市场非法的云阳—宜昌旅游航班,维护了三峡旅游市场秩序。

2. 在三季度燃油价格大幅度上涨的情况下,为稳定水路运输集装箱市场秩序,遏制水路运输企业进一步亏损,2007年11月2日,协会集装箱专委会召开了"关于征收内支线集装箱运输燃油附加费"的会议。经过多次反复研讨,最后形成了《收取支线集装箱运输燃油附加费公约》。为更好地执行《公约》,协会会同8家集装箱运输公司逐一与5家摩托车企业进行了沟通协调，取得了较好效果。

3. 为了充分发挥长江黄金水道作用，加快实现把重庆建设成为长江上游航运中心的精神，协会积级配合市港航局，8月10日在贵阳市举办了重庆市水运服务贵州省推介会。

4. 积极配合协作，抓好信息沟通。协会分别转发了市交协《关于高等教育自学考试物流管理专业（专科、独立本科）和中国物流职业经济师资格证书培训开考的通知》、《中国交通运输协会培训中心〈关于举办内河交通事故调查处理规定〉培训班的通知》等5个通知。

5. 按市民政局（渝民管[2007]32号）要求，认真办好2006年度年审检查工作。

（重庆市水路运输行业协会）

·报　刊·

【中国水运报刊社】 2007年，中国水运报刊社主要做了以下工作：

一、新闻宣传亮点不断涌现

2007年，完成出报149期，1216个版面，评选出甲等版面87个，四星级稿件102篇，出版《中国水运》杂志12期，出版《第二届中国内河海事论坛》专辑一期，其他专刊5期，中国水运网发布各类新闻信息11500多条，其中长江航运信息2100多条，超额完成出版任务，质量标准达到国家新闻出版总署的要求。徐祖远副部长还在4月16日的《中国水运报》上作了三处重要批示，对报道思想和报纸质量给予了肯定。在今年的湖北省好新闻评选中，中国水运报共有22篇作品获奖，其中一等奖4篇，二等奖18篇，连续3年蝉联全省30多家专业报榜首。

1. 坚持正确的舆论导向，对全国水运工作会议和大陆港口集装箱运输首次突破1亿TEU进行了前所未有的报道创新，两次将报纸增扩到28个版，还隆重推出了“盛世中国，魅力水运”特别珍藏版和“盛世中国，经典水运”特刊，形式新颖，内容丰富，受到了部领导和水运行业的肯定和称赞。

2. 推出了《喜迎十七大，辉煌看水运》、《省市领导话水运》专栏，先后有20多位省委书记和省长发表了关于“加快水运建设，促进经济发展”的重要访谈，这种高层次的连续集中访谈报道，在本报还是第一次，引起了有关方面的高度关注，反响强烈。

3. 精心策划，抓好重点报道。先后在报纸上开辟了《聚焦“两会”》、《春运连线》、《专家访谈》、《聚焦156m蓄水》、《新闻观察》、《两防督查在行动》等一批专栏，并派出了10多批次记者对“四区一线”的春运和黄金周安全，尤其是对长江三峡坝区的安全进行了全方位报道，较好地反映了长江海事、航道、公安、通信等合力确保长江安全畅通所作出的贡献。此外，还成功报道了中国—东盟博览会、中国—东盟港口发展与合作论坛和在武汉举行的长江航运国际论坛，并首次推出了《中国水运报》长江航运国际论坛英文版，受到了出席会议的国外政府部门要员和专家学者以及国际友人的热烈欢迎，中国—东盟博览会秘书处专程发来了感谢信，对本报的宣传给予充分肯定。

4. 圆满完成三峡联合搜救演习的对外宣传工作。9月22日，长江三峡首次联合搜救演习在三峡库区隆重举行。我们按照交通部和长航局的统一部署，集中精兵强将对搜救演习进行全方位的报道。先后有中央主要媒体和全国60多家主流媒体对三峡搜救演习进行了大规模的报道，影响范围广泛，受到了部领导和行业的一致好评。

5. 充分发挥网站的信息功能，提升对行业的引导作用。

2007年以来，中国水运网发布信息11500多条，其中有关长江航运信息就有2100多条，全国各大知名网站纷纷转载中国水运网站的信息和文章。访问次数不断攀升，浏览范围不断扩大，美国、日本、澳大利亚、欧洲等国家和地区的网民纷纷访问中国水运网站，为行业信息共享、信息交流、信息服务提供了理想平台。

二、经营创收和报刊发行稳步增长

今年以来，狠抓经营创收的结构调整，加大市场开发力度，经营创收和报刊发行分别比去年增长9%和12%。

1. 经营创收截止到目前，已超额完成全年目标责任制指标15%，广告品种结构进一步改善，呈现多元化态势。今年，还与金融、石化、钢铁生产等大型企业结成广告联盟，一次拿到单笔广告订单突破20万元，实现了报刊社广告经营上的新突破。

2. 报刊发行持续保持增长态势，今年在长江沿线水上加油站、政务大厅和沿海海事局政务大厅免费为船民赠阅报纸的基础上,又开展了对沿海水运发达省市扩大报刊发行,打破了过去三季度不抓报刊发行的传统工作模式,使报刊发行的覆盖面进一步扩大,发行量进一步提升。

地 址 武汉市青岛路7号青年大厦15楼
邮 编 430014
电 话 (027)82767375
传 真 (027)82805539

(中国水运报刊社)

【《长江航运报》社】 2007年,《长江航运报》共出版报纸100期,其中9篇获湖北企业报新闻奖,二等以上奖8篇,名列湖北省企业报前茅。报社再一次荣获"全国企业报二十佳"称号。主要做了三项工作:

一是紧紧围绕中国长航集团党委、行政制定的经营发展目标组织报道,积极主动配合集团中心工作,为集团又好又快发展营造良好的舆论环境。围绕学习贯彻十七大、科技创新、安全生产、节能减排等集团重点工作,加大宣传力度,努力营造舆论强势,形成舆论热点,及时传递中心工作新情况、新信息,为集团中心工作营造良好的舆论氛围。及时报道基层职工贯彻集团精神的实践活动,跟踪报道来自一线的动态,不断传递来自基层的新思想、新观念、新成果,以职工自身的实践引导广大职工振奋精神,多作贡献,为集团又好又快发展努力奋进。

二是全方位组织集团成就报道,增加成就报道热点亮点,充分展示集团成果,激发职工的自信心、自豪感,唱响中国长航品牌。党的十六大以来的五年,是中国长航货物运输、造船工业和燃油贸易等各条战线快速发展、重振雄风的五年。为了宣传好中国长航十六大以来取得的巨大成就,增强职工的自豪感和坚定不移谋发展的信心,从2007年元旦版开始精心设计,浓墨重彩宣传集团辉煌成就。一版发消息"中国长航十大新闻"、"高奏凯歌开局好,抖擞精神更向前——中国长航'十一五第一年圆满收官",四版整版彩照,集中反映集团新面貌、新形象、新境界。收到较好的宣传效果。接着,我们在头版头条推出《亮点回放》专栏,系统宣传集团散货、油运、工业、燃贸的喜人成就,宣传职工工作环境的变化。读者反映看了这些报道令人振奋,对企业的前途充满信心。从10月底至12月,又一次掀起成就报道高潮,在头版头条位置隆重推出了《看成就 谋发展》系列深度报道专栏。全面宣传中国长航改革、经营、发展等全局性的重大成果,反映职工看得见、摸得着的重大成就。"长航就在你身边"从沿江国民经济和人民生活需要,反映长航为社会作出的巨大贡献。"五指攥拳合力大"从工业造船由亏损大户到盈利大户的真切变化,反映中国长航抢抓机遇,整合资源,走出国门,打造品牌,规避风险,高速发展的骄人业绩。"华丽转身 风姿再现",反映油运变对抗为对话、变危机为转机、加快战略转型、从长江成功走向海上,硬实力和软实力大幅提升的喜人成果。"水上'高速公路'提速",反映改造旧客船为滚装船,盘活闲置资产,开辟新市场,深圳公司通过低成本进入和高效优质服务,展示了国家队的风采,打造了一片"蓝海"。十多篇深度报道,从不同角度、不同侧面、全方位反映集团成果,系统深度报道了集团各条战线瞩目成就。同时,还通过突出报道企业大事,大力展示集团成果,唱响集团品牌。如长航凤凰与渤海重工签订6艘5.73万吨散货船建造合同"、"中国企业排行榜宣布——中国长航居500强第184位"、"'长江轮'安全护送'西安舰'顺利抵汉——中国长航军运纪录簿又添漂亮一笔"等,这些报道经过精心策划,重点组织,强力推出,有力宣传了长航集团形象,激发了职工的自信心、自豪感。

三是多层次报道各条战线先进和模范,以平民视角宣传典型,以真实性和感染力打动读者,让典型示范收到实效。从大局出发寻找典型,针对普通问题发现典型,从平凡事物中提炼典型,力求报道有启发性,有感染力。宣传了陈建设、李泽宏等一批为企业呕心沥血、对职工体贴关心的基层好领导;汤延明、任剑等十大勤勉、严谨的科技英才;匡治国等十大杰出青年和技术竞赛能手;船舶技术监造师、家属服务队、农民工等一批特殊岗位作贡献的人物;一批名不见经传默默奉献的小人物;宣传了"大庆417"轮等安全航行典型和深圳公司、上海长江物流公司等一批开辟市场、成功经营的典型群体等,多层次、多角度地报道了大量先进单位和人物,给职工提供形形色色的学习榜样。同时,宣传了在升级转型中表现突出的典型。如在头版头条大篇幅报道了打造三支主力船队的监造技术人员,“为战略转型造好船”,反映南京油运战略转型中投资160亿人民币,建造42艘新船背后的故事。展示了企业快速发展中油运职工忘我工作、无私奉献、确保公司利益和造船质量的精神风貌。脱贫解困是集团2007年重点工作之一,为了宣传脱贫解困工作中的先进,发表了“贫困没有借口”等典型报道,反映武汉公司、重庆公司等困难单位变压力为动力,转变观念,拓展思路,提高效率,战略转型,打造支柱,减亏增盈的事迹。

(《长江航运报》社)

【《长江航道》报】　2007年,《长江航道》报共出报34期,发增刊8期,彩版6个;共采用稿件1200多篇,图片300多幅。

一、围绕中心工作报道,内容更加全面,宣传效果更好。

2007年,《长江航道》报紧紧围绕全局的中心工作,时刻关注每个时期的热点问题,对重要会议、重大活动、重点工作都及时进行了宣传报道。一是重要会议的宣传有声有色。2007年,长江航道局召开了3个重要会议,一是年初的工作会,二是9月份的党建工作会,三是年末的学习贯彻十七大精神务虚会。这三次重要会议召开后,我们都及时在报纸的头版头条发布了消息。为了宣传好十七大精神,专门开辟了《学习贯彻十七大精神专栏》,全面报道了各单位学习贯彻十七大精神的情况。二是重大活动的宣传精彩纷呈。2007年,为迎接建局50周年,专门开辟了《建局50周年征文》专栏。还编辑了一期《长江航道50年》珍藏版,全面报道了50周年庆典大会盛况。进入去冬今春的枯水期后,长江航道的通航问题引起党和国家领导人的关注,交通部部长李盛霖、副部长徐祖远专程赶到窑监战枯水现场检查工作,并登上“航浚4号”挖泥船看望慰问一线职工。为此,《长江航道报》以《交通部长亲临长江航道》为题,在头版头条全面作了报道。此外,为了更好地服务长江水运,我局主动作为,去年上半年提高了渝芜段的维护尺度,下半年又启用了娄溪沟至丰都河段新航标。这是我局贯彻落实交通部“三个服务”的重要举措,具有重要意义,《长江航道》报对此都做了大篇幅报道。与此同时,长江航道局制度防腐工作被交通部选定为交通系统的优秀典型,在全国范围内进行宣传。为此,《长江航道》报对各大媒体上的系列报道全部进行转载。三是重点工作的宣传及时准确。2007年,长江航道局的亮点特别多,有战胜年初的百年枯水、年末的罕见秋旱,有打赢芜湖大桥航标维护费官司,有工程经营和航养费征收双双突破历史记录,有叙泸段开工、泸渝段完工、张南竣工,以及中下游一批整治工程上马,还有趸船接岸工程圆满完成,六个一人才工程深入推进。对此,《长江航道》都进行了及时有效的报道,起到了凝聚人心、鼓舞士气的作用。2007年,长江航道局在文明创建和航道文化建设方面都取得了可喜成绩。新成立的测量中心以及武汉航道局沙市、监利、洪湖等三个航道处成功进入委级文明单位。对此,报社也及时予以报道。

二、努力提高办报水平,形式更加专业,航道特色更加鲜明。

根据全局的中心工作,提前策划,精心组织。全年共制作了8个专版,开辟了5个专栏,发了8期增刊。一年中,以专版的形式,先后报道了南京航道局下游航道提档升级、武汉工程局局长周祥恕事迹、芜湖大桥航标维护费官司、重庆局战胜百年罕见暴雨、长江航道奋战枯水及武汉两局、宜昌两局十年建设成就,取得了很好的宣传效果。此外,还策划了《建局50周年征文》、《学习贯彻十七大精神》、《和谐航道大家谈》等专栏。此外,根据加大宣传的需要,制作了2007年工作会、劳模特刊、局庆纪念刊、党建会、学习贯彻十七大精神务虚会等8个增刊。另在报纸的版面编排上,形成了一种清新悦目的风格,版式更加成熟。

三、加强通联网络建设,通讯员队伍进一步壮大,稿件质量明显提高。

举办了一期《新闻业务知识》培训班,全线50多名骨干通讯员参加了此次培训。另在报纸的采编过程中,通过《长江航道》报QQ群传递稿件。经过几年的运行,取得很好的效果,入群人数达到200多名,大大方便了基层通讯员投稿,也架起了编辑与通讯员、通讯员与通讯员之间沟通的桥梁。

地　址　湖北省武汉市解放公园路16号

邮　编　430010

电　话　(027)82767659

传　真　(027)82767659

(《长江航道》报)

【《民生人》报】　《民生人》报是经重庆市新闻出

版局批准的民生实业(集团)有限公司内部报纸,刊号为“渝内字(07)—004号”。《民生人》报创办于1988年3月,创办之初为《简讯》,沿用于卢作孚先生1925年创办的民生实业股份有限公司的内部资料《简讯》,后改为《民生人》。

《民生人》报为四开四版,半月刊,设有“职工教育”、“公司发展”、“安全生产”、“江海涛声”、“历史回眸”、“文化生活”等栏目,主要报道公司职工教育、公司发展、经营管理、安全生产、公司历史、好人好事及职工的文化生活。主要在公司内部发放,对外免费交流,起到指导工作、交流经验、传递信息的作用。

2007年,《民生人》报被重庆市新闻出版局评为优秀连续性内部资料。

地　址　重庆市渝中区新华路83号民生大厦
邮　编　400011
电　话　(023)89039671
传　真　(023)63832359

(民生公司　陈茂云)

【《长江通信报》】　(详见《长江航运年鉴》(2007卷)第十六篇“社团报刊”第971页)

2007年,《长江通信报》发刊24期,共刊登各类文稿672篇,刊发图片200多张。主要内容包括长江三峡库区水上联合搜救演习通信保障、汉－宁－沪光传输系统全线贯通、长江通信延上游工程进展情况、文化建设“六个一”工程以及长江通信管理局管理关系移交等等。对宣传长江通信职能、地位和作用,为推进长江通信体制改革工作发挥了积极作用。

地　址　武汉市江岸区合作路16号
邮　编　430014
电　话　(027)82767734
传　真　(027)82767631

(《长江通信报》编辑部)

【《铜港集团》报创刊十周年】　《铜港集团》报是1997年6月创刊的。十年来,她以笔墨记录铜陵港发展的历程,以镜头见证铜陵港历史的变迁,并紧紧围绕港口各个时期、各个阶段的中心工作,以舆论宣传和企业文化的特有力量推波助澜,凝聚力量,为促进港口的改革发展稳定发挥积极作用。

《铜港集团》报创刊十周年座谈会上,铜陵市港务集团党委书记、董事长吴照来勉励编辑人员“再接再厉,再攀新高,谱写企业发展新曲,弹奏港口崛起强音”。市委宣传部、《铜陵日报》社、铜陵人民广播电台、铜陵电视台等有关领导参加座谈会,并对办好企业报提出宝贵意见和建议。

(铜陵港　阎新荣)

【《江西航运信息》改版】　《江西航运信息》从2007年起实行网刊改版,进一步遵循办刊宗旨和办刊方向,齐心协力办好新时期的《江西航运信息》网刊。

一、规范简报版式。实行作者、编辑、校对、领导签发人实名制,使各项职责显性落实,报头左上标明办刊宗旨,右方留出空白便于领导批示,报尾双横线左方标明办刊方向。在港航科办证中心、老干部活动室、局办公大楼前厅各设置一个《江西航运信息》栏,将政务信息向业户、离退休老干部和局机关广大干部职工公开告示。二季度起,《江西航运信息》实行网上公布,让社会各界及时了解江西航运发展动态。

二、《江西航运信息》改版。初步设置了政策法规、政务调研、重要会议、安全运输、港口建设、科技教育、企业管理、文明建设8个栏目,内参式信息设置政务调研,突发事件处置2个栏目,不定期发刊。

三、精减公文,节约费用,降低成本。从2007年第一季度起,停止编发网络活动季度通报,用信息形式通报网成员单位来稿和网刊采用情况公示。

(《江西航运信息》编辑部)

【《中国水运》杂志】　《中国水运》杂志是交通部主管、中国水运报刊社主办,面向国内外公开发行的水运行业综合性期刊、全国优秀科技期刊。杂志创刊于1979年11月,为交通部首批创办期刊,也是交通部唯一获得“全国优秀科技期刊”荣誉的期刊。2007年,《中国水运》杂志在主管、主办单位的领导下,继续遵循正确的舆论导向,严格遵守《出版管理条例》、《期刊出版管理规定》等国家出版法律法规和湖北省新闻出版局有关规定,积极办好期刊。一是坚持正确的舆论导向和办刊方针。按照年初已确定的研讨重点,发挥刊物优势,紧紧围绕交通水运中心工作,解读国家、交通部发展水运的最新政策法规,研讨推介行业发展的最新理念与创新实践,服务水运行业及读者;二是加强了杂志选题策划、专题研讨和约稿力度。首先,结合水运发展形势、交通水运中心工作和杂志办刊宗旨,精心构思,精心策划,确立了全年的研讨重点、栏目设置和组稿意图。其次,每期杂志策划一个选题,专题研讨,提高杂志的权威性。例如,水运结构调整、水运规划发展、长江黄金水道的发展、海事防污染监管、内河船舶标准化的进展与经验、水运工程技术创新、环渤海港口间的竞争与合作、"两防"专项整治、中资方便旗的深化管理、船员条例、码头作业费、船舶物权、交通产业转型、长三角一体化等进行了组约稿研讨,体现了杂志研讨的意图。每期首页文章结合当月交通水运重点选稿组稿。三是栏目调整取得一定效果。为将杂志办得更好,年初对栏目进行了调整。充实了"海事"、"行业管理"、"港口经济"等主干栏目,进一步为核心读者群服务。四是着力提高杂志质量。通过严把选稿关和审稿关,强化杂志复审,进一步提高杂志编前预备会质量,杜绝低质量、低层次文章见刊,共同把好杂志出版关。经过努力,全年12期杂志文字差错率控制在国家标准以内。此外,在杂志经营工作中,我们严格执行国家期刊发行、广告有关规定,做好杂志经营工作,至今未发生一起违规违纪事情。

《中国水运》杂志通过值班编辑制,培养编辑对整期杂志出版流程的把握、管理和协调能力;给年轻编辑逐步压担子,增加栏目,给指标;通过严格要求,提高编辑选好稿、编好稿的能力;组织安排编辑参加科技期刊研讨会学习等等。

地　址　武汉市青岛路7号青年大厦15楼
邮　编　430014
电　话　(027)82767375
传　真　(027)82805539

(中国水运杂志社)

【《长江航运研究》杂志】　《长江航运研究》杂志由交通部长江航务管理局主管,长江航道局、长江航运研究编辑出版委员会、中国水运建设行业协会内河航道分会主办。

成立于1992年7月1日的《长江航运研究》编辑出版委员会,是由长江水系港航单位和有关科研院校的领导、专家、学者、管理干部及科技工作者自愿组成的学术性群众团体。

《长江航运研究》杂志为双月刊。编委会主任唐冠军,副主任委员:袁宗祥、李维太、王茹军、肖汉良、魏志刚;秘书长:江德敏。编委会有顾问:梁应辰、钱永昌、刘国光、李清、林祖乙、蒋千、金义华、王镭、傅波华、唐国英、张永泰;名誉主任:宋德星、黄强、刘锡汉、李伟红;委员56人,联络员56人。

2007年,《长江航运研究》杂志社、中国水运建设行业协会内河航道分会秘书处围绕杂志社的工作目标,扎实工作,较好地完成全年工作目标和任务。杂志社被湖北省科技期刊学会评为先进单位。

2007年主要做以下工作:

一、坚持办刊宗旨,服务长江航运。

1. 精心策划,完成杂志改版。2007年杂志社对杂志进行了改版,将原全黑的版面改为有32页的彩页版,使杂志更能以图文并茂的形式反映长江航运的成果,改版后的杂志给读者耳目一新的感觉,受到读者的普遍好评。

2. 认真组织,落实办刊宗旨。2007年我们坚持"影响有影响力的人"的办刊理念,组织编辑出版了《长江航运研究》杂志1~6期;编辑、出版了《长江航道局局庆50周年专辑》和《航道情怀》一书;编撰出版《三峡工程运行与长江中游水道研讨会论文汇编》以及《中国水运建设行业协会内河航道分会第二届会员大会暨二届一次委员会交流材料汇编》;编辑出版《合力建设长江黄金水道工作动态》3期,同时,又配合局综合规划处组织编辑了"十五"期长江航道建设成果论文汇编。

3. 接受委托,出版发行《动态》。2007年,杂志社受交通部水运司委托,定期编辑出版《合力建设长江黄金水道工作动态》,及时反映交通部和沿江各省市推进黄金水道建设的重大政策与措施、重点建设项目阶段性成果及水运重大科研工作情况等。

4. 规范编辑程序,强化责任意识。规范了编辑程序,严格三审三校制度,确保了编辑工序质量。实行至今的"责编制"运行良好,做到期期有重点,栏目有新意,使每个编辑在实际工作中不断完善自己,提高业务素质,增强责任意识。

5. 严格合同,提高印刷质量。杂志社每年与印刷厂签订严谨详细的印刷合同，在印刷出版过程中，我们严把质量关，发现错误要求对方全部返工并承担经济损失，使杂志的印刷质量一期好于一期。许多业内人士反映杂志的编辑出版质量已达到专业出版水平，刊发的文章受到有关领导、相关单位和广大读者好评。北京中管科书刊中心将《长江航运研究》杂志作为室藏刊物。

6.加强互动，完善通联队伍。根据编委单位人员变动情况，先后完成了18个编委单位编委或联络员的调整充实工作。

二、抓住发展机遇，发挥协会职能。

1.2007年9月25日，组织举办了“三峡工程运行与长江中游水道”研讨会，国务院三峡办、交通部、长江水利委员会、国家发改委综合运输研究所、交通部长江航务管理局、长江中游地区有关政府部门、沿江大型企业及港航企业、有关高等院校及科研院所等单位的领导、专家及代表近150人莅临会议。梁应辰、文伏波院士、长江航道局局长唐冠军等25名专家、领导分别发表了演讲。《人民日报》、新华社湖北分社、《中国交通报》、《中国水运报》、《人民长江报》、《水利报》、《湖北日报》、湖北电视台等11家新闻媒体的记者应邀参加会议并进行报道。杂志社在研讨会后及时向交通部书面呈报了会议情况，为领导决策提供参考。

2.为进一步掌握长江上游四川宜宾至云南水富金沙江的航道资源，2007年7月，由内河航道分会秘书处组织，对宜宾至水富31公里的航道资源情况进行了深入的调研，并形成了详细的调研报告，向交通部提供了该航道的航道基础数据，为领导决策提供了依据。

3.根据《中国水运建设行业协会内河航道分会工作条例》和中国水运建设行业协会第二届会员代表大会的精神，内河航道分会于2007年7月在浙江省宁波市召开主任委员扩大会议。根据主任扩大会会议精神，内河航道分会于2007年11月28－30日在安徽省合肥市召开第二届会员大会暨二届一次委员会会议，审议通过内河航道分会第一届委员会的工作报告；选举产生内河航道分会第二届委员会及其常务委员会委员和副主任委员；审议通过修改后的《内河航道分会工作条例》；表彰先进联络员；交流内河航道建设、管理、维护等工作经验。此次参会领导和代表达150人。

4.受交通部水运司委托，内河航道分会承担了全国航道维护管理统计工作，在规定的时间内，按要求完成了全国航道维护管理统计报表汇总和撰写了2006年度全国航道维护管理统计报表分析报告及时上报交通部水运司。与此同时，内河航道分会于2007年10月26日在宁夏银川召开了2007年度航道维护管理年报统计工作会议。《中国水运报》对会议进行了报道。

地　址　武汉市汉口解放公园路16号
电　话　(027)82766773
传　真　(027)82767691
邮　编　430010
邮　箱　cjhyyj@163.com cjhyyj@sohu.com
网　址　www.cjhdj.com.cn

（《长江航运研究》杂志社）

【《长江航运》杂志】　（详见《长江航运年鉴》(2007卷)第十六篇“社团报刊”第974页）

2007年，《长江航运》共编辑出版6期，编发文字稿件70余万字，新闻图片250余幅。杂志主要栏目有《党的建设》、《政工研究》、《反腐倡廉》、《理论纵横》、《行政管理》、《行业管理》、《港口轮坛》、《船东之家》、《水上安全》、《水运建设》、《航运研究》、《航运管理》、《水上通信》、《水上治安》、《医疗卫生》、《科教兴航》、《航运公示》、《大江之子》、《案例选萃》、《交通视点》、《热点话题》、《信息广角》等，每期滚动推出13～14个栏目。

·围绕充分发挥黄金水道作用，积极做好宣传报道　编辑部根据全国交通工作会议精神和长江航务工作会议的部署，将局工作会议确定的重要工作任务，细化成20项工作，开辟专栏进行重点宣传报道。

·制定新闻宣传工作准则　为了随时把握正确的舆论导向，编辑部按照局新闻宣传工作领导小组的要求，研究制定了《长江航运编辑部新闻宣传守则》。用12条准则来规范编辑工作。杂志创办6年，未发生负面报道的情况。

·配合相关部门做好对外宣传工作　编辑部配合局办、党办等部门编印了长江航运邮册、《青春的航程》等书籍，配合《长江航运年鉴》做了一些编辑排版设计工作。此外，还配合长航局主办有关大型会议、库区搜救演习、知识竞赛、演讲比赛、专项活动等，设计、制作会标、彩页、背景墙、宣传栏。

·举办长航系统首届报刊编辑工作研讨会和《长江航运》杂志通讯员会议　经请示长航局党委领导同意,长江航运编辑部在5月举办长航系统首届报刊编辑工作研讨会。11月,为了认真学习贯彻党的十七大精神,研究杂志的宣传报道重点,部署今后一个时期学习宣传贯彻党的十七大精神的写作、摄影、组稿任务,在湖北鄂州召开了《长江航运》杂志通讯员工作会。交流了经验,部署了任务。

地　址　武汉市沿江大道134号
邮　编　430014
电　话　(027)82767873;82766486
传　真　(027)82767873
邮　箱　cjhyzz@163.com;cjhyzz@sina.com

(《长江航运》杂志)

【《内河海事》杂志】　2007年,《内河海事》编辑部按照法规所制定的“07年的方针目标图”开展工作,较好地完成了全年的各项目标任务。

·为进一步提高杂志整体质量,对杂志进行了第3次改版。一是4月中旬,根据改版方案到深圳请专业公司对杂志版面进行了设计,基本达到了专业刊物的水准;二是从第2期起,就开始采用全彩印刷;三是封面和图片新闻的版式有了新的变化,杂志的艺术性、学术品位逐渐增强,达到了预期效果。

·编辑工作坚持以宣传国家水上交通安全管理政策和法规、交流海事管理新方法、探讨新思路、研究新理论的办刊方向,为内河海事建设出谋划策。2007年,《内河海事》编辑部被评选为“湖北省科学技术期刊编辑学会2005-2006年度先进集体”。这是刊物近10年来第一次获此荣誉。全年收到稿件284篇,使用113篇,使用率39.8%;信息1424条,使用176条,使用率12.4%;图片及说明1936张,使用93张,使用率4.8%。审稿质量也有了新的提高。

2007年9月10日,编辑部在天津召开的中国航海学会内河海事专业委员会年会上,征求了各参会代表对《内河海事》杂志办刊的意见。会上发放《内河海事》杂志征求意见表42份,面对面听取了会议代表对杂志的意见和建议。代表们在分组讨论会上,对《内河海事》杂志给予了较高的评价。

刊　号　湖北省内部资料准印证2033/ZY号
地　址　武汉市解放大道1525号
邮　编　430000
电　话　(027)82765479
邮　箱　nhhs2005@sohu.com

(《内河海事》杂志)

【《卢作孚研究》杂志】　《卢作孚研究》是经重庆市新闻出版局批准,由民生实业(集团)有限公司主管,西南师范大学卢作孚研究中心和民生实业(集团)有限公司研究室联合办的内部刊物。刊号为“渝内字(07)—369号”。

卢作孚先生是我国著名爱国实业家、教育家、社会改革家、中国航运业先驱、民生公司创始人、北碚的开拓者,20世纪50年代,被毛泽东同志誉为我国近代工业发展史上四个不能忘记的实业界人士之一。他的爱国精神和丰功伟业以及他在政治、经济、教育、企业管理、乡村建设等方面的远见卓识和实践活动,为我们留下了宝贵的财富,在我国现代化建设、西部大开发和社会改革中有十分重要的借鉴作用。为进一步全面、科学地宣传、研究、弘扬卢作孚先生的思想,系统整理有关卢作孚先生的论著及档案材料,集中展示海内外学者的相关研究成果,促进学习与交流而创刊。

办刊宗旨:以“三个代表”重要思想为指导,坚持“四项基本原则”,研究、宣传、弘扬卢作孚先生的爱国精神、丰功伟业以及在政治、教育、经济、企业管理、乡村建设等思想,为中国现代化建设、西部大开发服务和中国民族企业的发展提供有益的借鉴。

《卢作孚研究》设有“名人论坛”、“卢作孚文选选登”、“专题研究”、“历史现场”、“史料发掘”、“人物档案”等栏目,主要刊载有关卢作孚先生的生平、事业及思想的研究成果和珍贵史料。

《卢作孚研究》为季刊,正16开,64页,2007年出刊4期,主要发放民生公司内部职工,免费赠送有关研究单位和专家学者。

地　址　重庆市渝中区新华路83号民生大厦
邮　编　400011
电　话　(023)63842014
传　真　(023)63832359

(民生公司　陈茂云)

【《上海长航报》】 《上海长航报》由上海长江轮船公司主办,每半月出版一期,每期印数为1000份。当公司两会或其他重大宣传报道时,出版专刊彩版。

报纸为对开大报,每期四版。头版为要闻版,报道公司近期主要的生产经营成就,不定期开设"企业论坛"栏目,围绕企业阶段性中心工作发表议论,引发共鸣;二版报道以各单位的生产经营、典型宣传为主,设《公司简讯》《新闻特写》等固定栏目;三版以专版为特色,报道主题为公司党建工作所取得的新成就、新经验,以及各二级单位、公司团委所举办的文体活动等,常设栏目有《党建专栏》、《经纬走笔》、《图片新闻》等;四版为副刊,刊登公司员工的文学、摄影、书法等作品,常设《人在旅途》、《诗苑》、《新语林》等栏目。

《上海长航报》采取直接分发和邮寄的方式将报纸送至机关各部门和各二级单位。

2007年,《上海长航报》出版18期,并首次被评为上海市优秀企业报。在内容上,报纸紧紧围绕上海公司经济建设和党建工作的中心,报道公司党委、行政的重要决策;报道公司建设与发展的重要成果;报道公司各单位改革和发展的最新动态;报道公司各单位安全生产和党建的创新举措;发表重要新闻评论;报道公司各个阶段的重点工作部署,让公司的工作目标和工作成效通过报纸传播到公司每个员工,形成了不断的宣传教育高潮,以及良好正确的舆论导向和宣传氛围。起到了企业报在企业中应该发挥的作用。

主要工作有:(1)抓先进典型宣传。突出宣传了"衢海"轮、史晓夫、孙小鹏、南通地中海花园项目、长江号等先进集体、个人。(2)抓对外宣传策划。《长江航运报》全线新闻工作会议在上海召开。集团总经理刘锡汉、党委书记王镭等集团主要领导都参加这次会议,集团党委书记王镭在会议中表扬了上海公司扬子江公司广州办事处的宣传报道。(3)举办《船长杯》征文比赛。《长江航运报》全线新闻工作会议期间,报社以展现宣传上海公司近年来卓有成效的改革发展业绩为指导思想、精心策划了《船长杯》征文比赛,邀请全线新闻宣传工作者游浦江、写浦江、摄浦江,比赛受到了来自长航全线新闻宣传工作者热烈响应,收到应征作品近100篇,《长江航运报》也拿出了两个整版的版面选择优秀稿件予以刊登。通过这次征文比赛,公司浦江游船业务的知名度和美誉度得到了有力提升,公司旅游事业部的"船长"品牌也得到了一定程度的推广。

(《上海长航报》　刘　波)

【《长燃之友》报】 中石化长燃公司《长燃之友》2005年8月28日正式创刊,是一份立足于客户需要,服务船友、服务员工的信息报。该报的办报宗旨是延续"诚信服务、关爱客户"的经营理念,宣传中石化长燃的品牌、反映广大船友的呼声、推介加油站的优质服务,介绍加油站的服务明星,是架设在广大船友与中石化长燃之间的一座相互联系的桥梁,一个沟通信息的平台,一条交流情感的纽带。

《长燃之友》目前为全彩色四开四版,每月两期,面向来中石化长燃加油的广大船友免费发送。《长燃之友》开设有《企业重大新闻》、《政策展望》、《管理之道》、《海事法规》、《走近一线》、《船友风采》、《每月一星》、《水上人家》、《美文赏析》、《文学天地》等栏目。这些栏目的设置将帮助船友解读国家重大政策法规,为船友提供先进的管理经验,帮助船友了解航道信息,伴船友走出知识和精神文化的孤岛,度过水上闲暇时光。《长燃之友》的问世,极大地满足了广大船友的精神需求,客户参与市场竞争的信息需求,全体员工的文化需求,市场的服务需求,企业的发展需要。她是中石化长燃服务的新窗口,船友精神生活的文化港湾。

(《长燃之友》报)

【《求实与创新》杂志】 该杂志由中国长江航运(集团)总公司主办(双月刊)的理论与实践综合性刊物。主编李国胜、副主编钱英。杂志主要栏目有:《战略研究》、《改革漫笔》、《经营之道》、《管理创新》,《安全生产》,《长江港口及党建政工探讨》等。发放范围为长航系统,湖北省内部资料准印证第2017号。

地　址　武汉市汉口沿江大道69号

邮　编　430014

电　话　(027)82766279

邮　箱　CSC QS@163.net CSC QS@Sohu.com

(《求实与创新》杂志)

【《海员文艺》杂志】　该杂志由中国长江航运(集团)总公司主办(双月刊),主编:汪润涛,副主编:陈登远。《海员文艺》是企业文化的园地,长江船员的知音,海员作家的摇篮。经常刊登海员职工创作的中短篇小说,散文,诗歌与评论等。准印证号:鄂内字第2014/XY号。

地　址　武汉市汉口沿江大道69号
邮　编　430014
电　话　(027)82815443

(《海员文艺》杂志)

【《船舶设计技术交流》杂志】　该杂志由长江船舶设计院主办(季刊),总编辑徐伟,执行主编彭新南。《船舶设计技术交流》主要刊载船舶设计与制造技术专业文章,面向全国水运行业,为广大技术人员提供船舶工程技术交流平台。准印证号:湖北省内部资料准印第2003号。

地　址　武汉市武昌临江大道387号
邮　编　430062
电　话　(027)88223526
传　真　(027)88217254

(《船舶设计技术交流》杂志)

【《船海工程》杂志】　《船海工程》创刊于1972年,面向国内外公开发行,技术类双月刊,全国中文核心期刊,中国科协精品科技期刊工程资助项目,湖北省优秀期刊。

《船海工程》严格贯彻执行国家和行业政策、法规,注重实用理论和实用技术的宣传报道,面向船舶工业,主要刊载船舶与海洋工程领域中生产、科研、教学、管理等方面的研究成果及先进技术应用型论文,国内外船舶与海洋工程学科的发展动态。

主要栏目有《船舶设计》、《结构工程》、《造船工艺及设备》、《轮机工程》、《海洋工程》、《航运技术》、《舰船专项技术》、《船舶动装》、《自动控制》、《计算机技术与应用》、《海事法规》、《船检技术》、《交通企业管理》。

读者对象:从事船舶与海洋工程科研、教学和管理的科研人员、师生以及企业工程技术人员。

《船海工程》杂志今后将更好地服务于船舶工业企事业单位,提供业界最新的科技动态和成果,更好地为造船企事业单位、船舶与海洋工程技术部门、科研院所、大专院校服务。

主管单位　湖北省科学技术协会
主办单位　武汉造船工程学会 武汉理工大学
编辑出版　船海工程编辑部
主　　编　刘祖源
国内统一刊号　CN42-1645/U
国际标准刊号　ISSN 1671-7953
邮发代号　38-500
地　址　武汉市武昌区和平大道1040号
邮　编　430063
邮　箱　chgc8@126.com
编　务　QQ 309325897

(《船海工程》杂志)

【《交通与计算机》杂志】　《交通与计算机》创刊于1983年,双月刊,大16开本,国内外公开发行(CN42-1114/U,ISSN1000-8837)。

创刊20余年来,《交通与计算机》杂志紧密结合交通行业实际,刊载了交通行业在交通信息化建设、管理信息系统(MIS)、地理信息系统(GIS)、全球定位系统(GPS)、智能运输系统(ITS)、计算机辅助设计(CAD)、电子数据交换(EDI)、企业网(Intranet)等领域计算机应用的学术论文、研究成果、经验总结、专题讲座等方面的大量文章,介绍了国内外计算机硬件、软件技术的新成果、新产品、应用动态和发展趋势,为指导、促进交通行业计算机应用的普及与提高作出了显著成绩。

《交通与计算机》杂志社1989年被评为湖北省优秀科技期刊,1992年以来多次被评为交通部优秀科技期刊,1997年获交通部优秀科技期刊二等奖。

《交通与计算机》杂志是中国科技论文统计源期刊,中国科技核心期刊,现已收入到中国学术综合评价数据库、《中国期刊网》、《中国学术期刊(光盘版)》。

《交通与计算机》杂志主要刊载有关智能运输系统,交通规划、交通工程、交通安全、交通管理、交通标准化建设、交通基础设施建设(道路、桥梁的规划设计、建造、维护等),交通信息化建设(公路、水路、铁路、航空等),智能仿真,港航计算机应用等方面的内容。

《交通与计算机》杂志面向广大的交通工程及与有关的计算机、通信、电子技术、信息技术科技人员、大专院校师生以及公路、水运、铁路交通相关行业的领导、专业技术人员等。

地　址　武汉市武昌余家头武汉理工大学《交通与计算机》杂志社

邮　编　430063

（《交通与计算机》杂志）

【《江阴港报》】　2007年，《江阴港报》取得了较好的成绩。全年共出《江阴港报》12期，报纸为8K四版胶印，共收到来稿（包括照片）396篇（幅），采用稿件366篇（幅）；基本上做到了图文并茂，受到了广大员工的一致认可和欢迎。全年被上级及新闻单位刊用稿件85篇（幅），其中地市级63篇（幅），省部级22篇（幅），出色地完成了全年任务，为树立港口形象，振奋企业精神，促进经济发展起到了积极的作用。其原因，一是领导重视。分管宣传的党委副书记缪尔根对通讯报道工作十分重视，每期《港讯》出版之前他都细细斟酌、校对，把好港报质量的最后一道关，各支部书记带头写稿，而且质量很高，很好地带动和激发了通讯员以及广大员工的写稿热情。二是突出重点。2007年的通讯报道工作，始终围绕公司的中心，突出公司的重点工作，进行广泛而深入的宣传。紧紧围绕经济建设这个中心，抓好企业改革、发展与稳定的关系，大力宣传公司改革、建设和发展中的丰硕成果；宣传在各项工作中涌现出来的先进典型、动人事迹和创优创新做法；宣传一线中的新人、新事、新风尚和工作中的闪光点。围绕企业重大活动，进行及时而有效的宣传，扩大了企业的知名度。三是更新迅速，信息量增大。2007年，港报保持每月1期，稿件刊登总量又有了一定幅度增加，港口动态和各类新闻报道的更新速度加快，时效性和新闻性加强，更具有阅读价值。各版面分工趋于稳定，变得成熟和完善。四是队伍稳定。全公司20余人组成的通讯报道网络中，有一些比较有事业心和责任感的通讯员积极写稿，成为公司通讯报道的骨干力量。

地　址　江阴市通江北路581号

邮　编　214433

电　话　（0510）86847659；86847651

传　真　（0510）86021238

（《江阴港报》）

第十七篇　英模专家

·英　模·

【2007年长江水系荣获全国及各省市"五一"劳动奖状名录一览表】 （表17-1）

单　位	荣誉称号
上海长江轮船公司"衢海"轮	全国"五一"劳动奖状
中石化长江燃料有限公司	全国"五一"劳动奖状
长江三峡通航管理局	湖北省"五一"劳动奖状
长江泸州航道局烟灯信号台	四川省"五一"劳动奖状

【2007年长江水系荣获全国劳动模范、先进工作(生产)者名录一览表】 （表17-2）

姓　名	单位与职务	荣誉称号
万志群	江西省交通厅航务管理局南昌分局	全国"五一"劳动奖章

【2007年长江水系荣获省部级劳动模范、先进工作(生产)者名录一览表】 （表17-3）

姓　名	单位与职务	荣誉称号
吴家浩	重庆市航运建设发展公司	全国内河水运建设先进个人
李鸣亮	万州区港口航务管理局	全国内河水运建设先进个人
刘永忠	重庆市国际集装箱码头有限责任公司	全国内河水运建设先进个人
袁跃群	江津市港政管理所	全国内河水运建设先进个人
文传平	重庆市港航管理局	全国内河水运建设先进个人
蒋江松	重庆市交通委员会	全国内河水运建设先进个人
向　虹	重庆市交委质监站	全国内河水运建设先进个人
龚　文	奉节县港航监督管理所	全国内河水运建设先进个人
陶义刚	上海市航务管理处	"九五"和"十五"期全国内河水运建设先进个人
孙　戎	上海市航务管理处	"九五"和"十五"期全国内河水运建设先进个人
郎　强	池州市港口管理局	"九五"和"十五"期全国内河水运建设先进个人
于　萍	东风公司造船厂焊工技师	全国交通行业文明职工标兵
张克平	泸州市航务局船员管理科副科长	全国交通行业巾帼建功标兵
于　萍	东风公司造船厂焊工技师	全国交通行业巾帼建功标兵
游晓霞	重庆市港航管理局	全国交通系统巾帼建功标兵
况雪艳	长江海外"长江号"餐厅主管	全国交通行业巾帼建功标兵
石娇萍	青山船厂经营部主管	全国交通行业巾帼建功标兵
颜可向	重庆金满水路运输客货代理有限公司	全国物流行业劳动模范
杨大伦	重庆市港航管理局	交通部三峡船闸完建期通航保障工作先进个人
曾　毅	重庆市港航管理局	交通部三峡船闸完建期通航保障工作先进个人
秦　舸	重庆市港航管理局	交通部三峡船闸完建期通航保障工作先进个人
杨汉保	原中国长航集团工会副主席	全国先进女职工之友
张新伦	重庆市港航管理局船闸管理所	全国交通行业青年岗位能手
周和林	上海长江轮船公司远洋船长	上海市劳动模范
翟　华	上海长江轮船公司长航医院副院长	上海市"三八"红旗手
蔡年生	泰州港务集团有限公司	江苏省交通系统劳动模范
葛天正	马鞍山港口集团	安徽省劳动模范
程　武	湖北省汉江崔家营航电枢纽工程建设指挥部	湖北省"五一"巾帼奖
吴　红	武汉汽服上海大众汽车(武汉)长江销售服务有限公司副总、销售经理	湖北省女职工建功立业标兵

姓　名	单位与职务	荣誉称号
王锡斌	长江武汉航道局	湖北省“五一”劳动奖章
罗　军	青山船厂管加车间生产主管(班组长)	建功湖北十佳农民工
李　锋	湖北省港航管理局、地方海事局	湖北省交通系统先进个人
程百顺	襄樊市襄城港航管理所、地方海事处	湖北省交通系统先进个人
罗　静	长江三峡通航管理局职工	湖北省技术能手
李仲发	云南路港公司总经理	云南省交通系统劳动模范
杨永林	西双版纳海事局局长	云南省交通系统先进工作者
唐安慧	云南省航务管理局	云南省交通系统“十佳技术创新能手”
张世昌	达州市航道管理段	四川省“五一”劳动奖章
毕方全	长江泸州航道局局长	四川省“五一”劳动奖章
王嘉玲	重庆长江轮船公司总船长	重庆市首届“十大女杰”特别奖
王嘉玲	重庆长江轮船公司总船长	重庆直辖十年建设功臣
凯娜号	重庆市东江实业有限公司	重庆市交通系统十佳文明示范窗口
衡德法	重庆市交通行政执法总队直属支队水上大队	重庆市交通系统十佳执法队员
柴伟成	万州区港航局	重庆市交通系统十佳执法队员
李洪兵	重庆航运建设发展有限公司	重庆市交通系统十佳建设标兵
万红丹	重庆长江轮船公司“江山8”轮	重庆市交通系统十佳客运服务明星
王　艳	重庆长江观光游船有限公司	重庆市交通系统十佳客运服务明星
卢晓钟	民生轮船有限公司	重庆市2006年度“振兴重庆争光贡献奖”
唐兴跃	重庆长江轮船公司“渝集10”轮船长	重庆市“五一”劳动奖章
唐应谦	重庆港务物流集团指导船长	重庆市“五一”劳动奖章
胡伟才	重庆航道工程局第七工程处副处长	重庆市“五一”劳动奖章
秦德发	长江重庆航道工程局	重庆市“五一”劳动奖章
于　萍	重庆长江轮船公司东风公司造船厂焊工技师	重庆市百日立功竞赛优胜个人

【2007年长江水系荣获第十一届“金锚奖”名录一览表】 (表17-4)

姓　名	单位与职务	荣誉称号
应国华	上海浦江游览有限公司船长	第十一届“金锚奖”
陈智勇	浙江省台州市港航管理局工会工作委员会主任	第十一届“金锚奖”
周加平	浙江省海运集团有限公司台州海运有限公司船长	第十一届“金锚奖”
季延合	江苏省刘山船闸管理所所长	第十一届“金锚奖”
黄元桂	江苏省宿迁市航道管理处副处长	第十一届“金锚奖”
颜书裕	苏州市地方海事局太湖海事所所长	第十一届“金锚奖”
蒋同富	安徽省地方海事局局长	第十一届“金锚奖”
童　韬	安徽远洋运输有限公司	第十一届“金锚奖”
王群辉	江西远洋运输公司船长	第十一届“金锚奖”
熊武勇	江西省交通厅航务管理局港航工程处打捞队队长	第十一届“金锚奖”
高　军	山东省筑港总公司工会主席	第十一届“金锚奖”
陶维号	湖北省交通厅港航管理局、地方海事局副局长	第十一届“金锚奖”
彭长征	湖北省港路勘测设计咨询有限公司经理	第十一届“金锚奖”
谢善忠	湖南远洋运输公司船长	第十一届“金锚奖”
蔡涤澄	湖南省益阳航道管理局沅江航养费征稽所征稽员	第十一届“金锚奖”
刘大川	重庆航运建设发展有限公司工程管理负责人	第十一届“金锚奖”
姚　勇	长江重庆航道工程局高级工程师	第十一届“金锚奖”
王德镜	四川省广元市航务管理局元坝区航务管理处处长	第十一届“金锚奖”

姓　名	单位与职务	荣誉称号
冯　俊	四川省南充市地方海事局嘉陵区地方海事处副处长	第十一届“金锚奖”
侯俊光	四川省宜宾市航务局江安县航务(海事)处处长	第十一届“金锚奖”
沈生富	贵州省乌江航道处沿河航道段副段长	第十一届“金锚奖”
罗登仑	贵州省遵义市地方海事局副局长	第十一届“金锚奖”
邓明文	云南省航务管理局澜沧江航道工程建设指挥部处长	第十一届“金锚奖”
杨永林	思茅海事局局长	第十一届“金锚奖”
胡宣春	浙江海事局台州椒江海事处船长	第十一届“金锚奖”
钟　锋	上海海事局洋山港海事处科长	第十一届“金锚奖”
于　萍	重庆长江轮船公司东风船舶工业公司电焊工	第十一届“金锚奖”
方卫建	长航凤凰股份有限公司党委书记	第十一届“金锚奖”
王　雄	中国长江航运集团宜昌船厂装配工	第十一届“金锚奖”
邓利明	南京长江油运公司轮机长	第十一届“金锚奖”
刘延木	中石化长江燃料有限公司党委书记	第十一届“金锚奖”
李文德	长江航运集团船舶重工总公司(武汉)总经理	第十一届“金锚奖”
周和林	上海长江轮船公司船长	第十一届“金锚奖”
谢长德	长航凤凰股份有限公司船长	第十一届“金锚奖”
廖　琪	长江轮船海外旅游总公司大副	第十一届“金锚奖”
王　俊	重庆中港朝天门长江大桥项目建设有限公司总经理	第十一届“金锚奖”
秦宗平	中交二航局第二工程有限公司副经理	第十一届“金锚奖”
童小飞	中交三航局第二工程有限公司项目总工程师	第十一届“金锚奖”
刘　莉	南京港口集团公司工会副主席	第十一届“金锚奖”
朱业汉	长江航务管理局信息中心主任	第十一届“金锚奖”
许崇福	黄石港口集团有限责任公司工会主席	第十一届“金锚奖”
张东宁	长江南京通信管理处主任	第十一届“金锚奖”
陆　新	长江南京航道局船长	第十一届“金锚奖”
陈良华	宜昌海事局局长	第十一届“金锚奖”
洪为成	重庆港务物流集团有限公司万州港船长	第十一届“金锚奖”
赵　虎	中国水运报社副主任	第十一届“金锚奖”
蒋寿银	武汉港务集团轮驳分公司江阴分公司经理	第十一届“金锚奖”
吴军华	上海国际港务(集团)股份有限公司宝山分公司调度值班主任	第十一届“金锚奖”
柴刚强	上海国际港务(集团)股份有限公司上海港务工程公司项目总工程师	第十一届“金锚奖”
程海明	上海明东集装箱码头有限公司营运操作部副经理	第十一届“金锚奖”
李令红	宁波港集团有限公司集团总裁	第十一届“金锚奖”
陈景翔	宁波港北仑第二集装箱有限公司班长	第十一届“金锚奖”
郑亚俊	宁波港集团油港轮驳有限公司工会主席	第十一届“金锚奖”
王　英	南通港口集团有限公司工会主席	第十一届“金锚奖”
杨建如	南通港口集团有限公司狼山港务公司工会主席	第十一届“金锚奖”
黄　强	张家港港务集团有限公司港埠分公司技师	第十一届“金锚奖”
糜德顺	镇江国际海员俱乐部主任	第十一届“金锚奖”

【2007年长江水系荣获其他类奖项名录一览表】 (表17－5)

单　位	荣誉称号
襄樊市港航处樊城港航管理所海巡艇0801号	全国安全优秀船舶
湖北省秭归县港航管理局鄂海巡0001号	全国安全优秀船舶
黄石市地方海事局阳新县地方海事处王英海事所	全国优秀班组

单　　位	荣誉称号
重庆市港航管理局	全国内河水运建设先进集体
万州港口(集团)有限责任公司港口建设办公室	全国内河水运建设先进集体
中国长江航运(集团)总公司	全国"安康杯"竞赛优胜企业
鄱阳县江海船舶修造厂	全国水运系统安全生产优秀班组
崇明县地方海事处	全国海事系统文明达标单位
奉贤区地方海事处	全国海事系统文明达标单位
浦东新区地方海事处	全国海事系统文明达标单位
湖北省地方海事局	全国海事系统文明达标单位
黄石市地方海事局	全国海事系统文明达标单位
黄冈市地方海事局	全国海事系统文明达标单位
上海市航务管理处	"九五"和"十五"期全国内河水运建设先进集体
湖北省港航管理局、地方海事局	"九五"和"十五"期全国内河水运建设先进集体
重庆市港航管理局	全国交通行业文明单位
湖北省汉江崔家营航电枢纽工程建设指挥部工程技术处	全国交通建设系统工人先锋号
重庆市港航管理局计划财务处	全国交通行业巾帼文明岗
重庆长江轮船公司江万船厂修船分厂焊工班	全国交通行业巾帼文明岗
宜昌船厂后勤管理中心幼儿园	全国交通行业巾帼文明岗
长江船舶设计院资料档案室	全国交通行业巾帼文明岗
重庆市港航管理局	交通部三峡船闸完建期通航保障工作先进集体
上海长江轮船公司"衢海"轮	上海市劳动模范集体
上海市航务管理处	上海市文明单位
上海长江轮船公司"船长号"客舱服务部	上海市"三八"红旗集体
江西省地方海事局	春运工作先进单位
贵池港口管理处	安徽省交通系统先进集体
安庆港务总公司	安徽省劳动保障诚信示范企业
鄂州市港航管理处、地方海事局	湖北省创建文明行业工作先进单位
黄冈市港航管理局、地方海事局	湖北省创建文明行业工作先进单位
恩施州港航管理局、地方海事局	湖北省创建文明行业工作先进单位
宜昌市港航管理局、地方海事局	湖北省文明单位
宜昌市夷陵区港航管理处、地方海事处	湖北省文明单位
武汉市港航管理局、地方海事局	湖北省文明单位
黄石市港航管理局、地方海事局	湖北省文明单位
荆州市沙市区港航管理处区、地方海事处	湖北省文明单位
湖北省交通厅港航管理局、地方海事局	湖北省最佳文明单位
黄石市港航管理局、地方海事局	湖北省交通系统先进集体
天门市港航管理局、地方海事局	湖北省交通系统先进集体
孝感市应城港航管理所、地方海事处	湖北省交通系统先进集体
湖北省汉江崔家营航电枢纽工程建设指挥部	湖北省交通系统先进集体
中国长江航运(集团)总公司工会女职工委员会	湖北省工会女职工工作先进集体
保山市地方海事局	云南省文明达标单位
昆明市禄劝县地方海事处	云南省文明达标单位
楚雄州元谋县地方海事处	云南省文明达标单位
昭通市水富县地方海事处	云南省文明达标单位
昭通市绥江县地方海事处	云南省文明达标单位
临沧市凤庆县地方海事处	云南省文明达标单位
玉溪市通海县地方海事处	云南省文明达标单位

单 位	荣誉称号
红河州河口县地方海事处	云南省文明达标单位
大理州洱源县地方海事处	云南省文明达标单位
重庆市港航管理局	重庆市市级文明单位标兵
重庆长江轮船公司东风公司造船厂焊工八组	重庆市女职工建功立业标兵岗

·先进名录·

【2007年长航系统创建文明行业先进单位】

长江海事局
重庆海事局
长江通信管理局
长江重庆通信管理局
长江南京通信管理局
长江航道局
长江重庆航道局
长江南京航道工程局
长江航运公安局
长江航运公安局芜湖分局
长江航运公安局南京分局
长江航运总医院
中国水运报刊社
万州港口集团有限责任公司
宜昌港务集团有限责任公司
武汉港务集团公司
池州市港务总公司
铜陵市港务有限责任公司
芜湖港口有限责任公司
南京港口集团公司
镇江港务集团有限公司

【2007年长航系统创建文明行业先进集体】

长江武汉航道工程局"航浚4号"
黄石海事局黄冈海事处
安庆海事局牛头山海事处
长江上海通信管理局南通通信管理处
长江武汉通信管理局城陵矶通信管理处
长江宜昌航道局巴东航道管理处
长江三峡通航管理局通航工程技术中心
长江三峡通航管理局葛洲坝船闸管理处
长江航运公安局人民警察学校
长江航运公安局南京分局水上消防支队
中国水运报社水运网站
重庆港九股份有限公司九龙坡集装箱码头分公司
重庆港务物流集团重庆石棉制品总厂
荆州港务集团第一港埠公司
洪湖港务管理局长运船务有限公司
武汉港务集团建筑安装工程公司集装箱项目部
黄石港口集团二公司
九江港口集团金鸡坡港务公司
安庆港务总公司轮驳公司
南京港中国外轮理货公司南京分公司
镇江港务集团有限公司轮驳分公司
长江航务管理局机关服务中心
长江航务管理局办公室

【2007年长航系统先进生产(工作)者标兵】

姚泽炎 长江引航中心南通引航站引航员
彭建军 长江武汉通信管理局黄石处助理工程师
越庆波 长江武汉航道局监利航道站站长
胡 刚 长江三峡通航管理局葛洲坝船闸处高级技师
张高平 长江航运公安局武汉分局汉阳派出所教导员
方燕萍(女) 长江航运总医院基建办公室主任、统计师
余德斌 中国船级社宜昌分社副总经理
刘永忠 重庆港务物流集团集装箱码头公司高级经济师
王智全 宜昌港务集团船舶运输有限责任公司"809"轮船长
徐正诚 武汉港务集团集装箱公司党委书记兼副总经理
刘长林 九江港口集团外贸码头公司内燃机械队队长
朱 燚 黄石港口集团二公司党委工作部部长
程 庆 安庆港务总公司港机制造有限责任公司技师
郑 凯 芜湖港口有限责任公司企化部总经理

崔　勇　南京港口集团惠宁码头有限公司装卸二队队长

黄克艰　长江航务管理局副总工程师

【2007年长航系统优秀班组长】

陈国新　南京港股份有限公司码头装卸队609班班长

李　江　重庆海事局指挥中心主任

黎　明九江海事局彭泽海事处宿松执法大队队长

张　杰　长江宜昌通信管理局监利处运维部部长

孙玲俐(女)　长江芜湖通信管理局芜湖处船舶安全管理组组长

陈　涛　长江宜昌航道工程局"吸盘一号"船长

裴金林　长江航道规划设计研究院研究设计一室班长

童　燕(女)　长江三峡通航管理局通航安全指挥中心班长

望开智　长江三峡通航管理局三峡通航管区班长

相荣林　长江航运公安局镇江分局刑侦支队支队长

顾玲玲(女)　长江航运公安局南通分局法制科长

陈玉华(女)　长江航运总医院神经内科主任

钟荫华　重庆港务物流集团公司金材物流公司装备部主任

何胜利(女)　涪陵港务管理局港埠公司绞车班班长

王长岭　宜昌港务集团汇洋港埠有限公司皮带机班班长

邱兴初　荆州港务集团第一港埠公司第四分公司维修班班长

刘　英(女)　洪湖港务管理局通达实业总公司人事科科长

张燕伟　武汉港务集团汉口港埠分公司钳工班组长

李小华　武汉港务集团汉阳港埠分公司生产安全部调度长

王正全　黄石港口集团四公司勤杂班班长

伍和安　九江港口集团龙开河港务公司修理班班长

方凤莲　池州市港务总公司客运站客运工班班长

班友良　安庆港务总公司轮驳公司"1008轮"轮机长

潘继林　铜陵市港务有限公司港埠二公司维修队副队长

李　刚　芜湖港口有限责任公司朱家桥分公司班长

胡小军　马鞍山港口集团第一港务公司装运甲组组长

张益民　南京港口建设指挥部龙潭项目负责人

吴　祥　镇江港务集团龙门分公司电动队门机班班长

刘　青(女)　长江航运信息中心项目开发科副科长

余汉文　长江航务管理局档案中心文印室班长

【2006年第一届长航十大杰出人物名录】

姚泽炎　长江引航中心南通引航站高级引航员

乔乃明　长江航运公安局治安总队副调研员、南京分局浦口派出所所长

孙新华　芜湖港口有限责任公司党委书记、总裁，芜湖港储运股份有限公司党委书记、董事长

陈国仿　长江三峡通航管理局通航工程技术中心总工程师

周祥恕　长江武汉航道工程局局长

王　璇(女)　长江武汉通信管理局通信科科长

周荣安　民生轮船有限公司机务处经理、民生实业(集团)有限公司总工程师

严汉圣　南通港口集团有限公司姚港港务分公司维修队队长、党支部书记

陈良华　宜昌海事局局长

吴华方　中国船级社武汉分社产品检验处处长

【2007年中国长航集团劳动模范名录】

李文德　中国长航船舶重工公司总经理

李云龙　长航凤凰"长江22015"轮船长

杜永葵　长江海外"维多利亚2号"轮船长

周建林　长航油运"大庆454"轮轮机长

严　锴　深圳长航"长鲲"轮船长

曾启东　重庆公司东风船厂电工

姚文海　上海公司吴淞船厂厂长

秦志强　中长燃宁波分公司总经理

刘　浩　船舶设计院水工公司副总经理

蒋科文　金陵船厂农民电焊工

【"衢海轮"获"全国五一劳动奖状"】　2007年5

月19日,上海公司党委书记徐挺惠、副总经理李胜等领导赶往张华浜码头,为获得“全国五一劳动奖状”和“上海市劳模集体”称号的“衢海轮”授牌,并对奋战在“衢海轮”运输一线的船员表示慰问。

近几年来,“衢海轮”始终以“学习型、安全型、和谐型、管理型、效益型”为船舶管理理念,外抓船期、内抓管理,不断为货主提供了优质、高效、安全的运输服务。2000－2005年,实现了安全生产五周年,安全航行188073.6海里的骄人成绩。2006年,“衢海轮”获得了上海市五一劳动奖状、国资委“学习型红旗标杆班组”等荣誉称号,为公司船舶建设树立了先进典型。

(上海公司　宣传部)

【长航集团在安全竞赛中受到全国级表彰】 中国海员建设工会、交通部交通安全委员会联合表彰2007年全国水运系统船舶、班组安全竞赛优秀集体,中国长航荣获全国水运系统船舶、班组安全竞赛“优秀组织奖”,12艘船舶、6个班组分别被授予全国水运系统安全优秀船舶、安全优秀班组称号。

长航集团深入贯彻落实科学发展观和安全生产的各项法规,结合防船舶碰撞、防泄漏专项整治活动,认真查除安全隐患,确保安全生产责任落到实处,为全国水运系统交通安全做出了积极贡献。此次获得安全优秀船舶、班组的集体为:长航凤凰“长江41002”轮、长航凤凰“长江21015”轮、长航凤凰“长航江洋”轮、上海公司“长英”轮、长江海外“长江号”轮、南京公司“长江62036”轮、长航油运“翠洲”轮、长航油运“广兴洲”轮、重庆公司“江山11”轮、重庆公司“朝天宫”轮、中长燃公司“长燃15号”轮、深圳公司“长忠”轮、武汉公司坞修公司综合车间、金陵船厂船体二车间装配20组、青山船厂内业车间冷加工一组、江东船厂总装分厂起重工段、中长燃公司官牌夹加油站、芜湖公司船舶工业部800吨浮船坞坞修班组。

(长航集团)

【长航集团荣获“全国推动厂务公开民主管理工作先进单位”荣誉称号】 2007年,中国长航集团荣获“全国推动厂务公开民主管理工作先进单位”荣誉称号。

长航集团始终坚持全局一盘棋指导思想,围绕发展中心,加强组织领导。把厂务公开纳入党政重要职责,党委主要负责人亲自抓,并纳入党建工作和政治思想工作机制中,定期听取汇报,研究部署工作。行政领导高度重视,主动实施公开。纪检把厂务公开纳入到党风廉政建设和“惩防体系”建设之中,认真加强检查。各级工会积极担负起厂务公开工作组织协调的重要职责,主动向党委汇报工作,主动与行政沟通。形成党政领导主抓、行政公开、纪委监督、工会协调组织、职工积极参与的新格局。

长航集团高度重视厂务公开民主管理机制体系的建设,先后制定了长航集团厂务公开“目标责任、工作汇报、职工评议、监督检查和考核奖惩”五项制度等二十多项有关工作制度和实施办法,制度体系不断健全,机制不断完善。各级职代会不断规范,成为引导职工正确认识和理解改革,维护企业大局利益和职工切身利益的平台;平等协商和三方协调机制日臻完善;集体合同朝着数据化、标准化和专业化方向发展;以民主议事为主要形式的对话渠道更加畅通,职工提案落实率不断提高;职工巡察内容向企业安全生产和经营管理各领域不断延伸,全集团公开率达100%。ISO9000进一步促进了长航集团厂务公开民主管理工作朝着制度化、规范化、标准化、程序化方向健康发展,质量管理标准目前正在全线深入推进。

(仲义京)

【交通部通报表彰“九五”和“十五”期全国内河水运建设优秀项目与先进集体及先进个人】 交通部以交水发[2007]187号文件下发了《关于表彰“九五”和“十五”期全国内河水运建设优秀项目与先进集体及先进个人的通报》,共有14个项目、32个单位和116名个人分别获得荣誉称号。其中江苏省的京杭运河淮安三线船闸、解台二线船闸和谏壁二线船闸等3个项目被授予“九五”和“十五”期全国内河水运建设优秀项目的称号,淮安市航道处和镇江市航道处等2个单位被授予“九五”和“十五”期全国内河水运建设先进集体的称号;江苏省航道系统的丁志农、葛光、宋端军、薛宏、张兆波等5位同志被授予“九五”和“十五”期全国内河水运建设先进个人的称号。

“通报”指出,“九五”期以来的十年,是我国内河水运建设历史上完成投资最大、发展最快、社会关注度最高、取得社会效益最好、成效凸显的十年。共完成建设投资557亿元,改善航道里程8413公里,新增港口吞吐能力9119万吨,为内河水运实现快速发展奠定了坚实基础,全国内河水运货运量和港口吞吐量均连续多年快速增长,长江干线、京杭运河已成为世界上运量最大的通航河流和运河。在此期间,涌现出一批荣获国家优质工程奖、詹天佑奖、鲁班奖等知名奖项的优秀项目,一批艰苦创业、强化管理、开拓进取、成绩突出的先进集体,以及一批无私奉献、勇于拼搏、做出突出贡献的先进个人。希望全国内河水运建设工作者要以先进典型为学习榜样,牢固树立"百年大计、质量第一"的理念,努力做好"三个服务",为实现内河水运建设又好又快发展做出新的贡献。

(江苏省局　徐秋敏)

【江苏省邵伯船闸被评为"全国实施用户满意工程先进单位"】 2007年11月14日,从中国质量协会用户委员会获悉,江苏省苏北运河邵伯船闸管理所被评为"2007年全国实施用户满意工程先进单位"。该奖项集中体现了该所在服务船员、实施质量管理体系、完成目标任务方面的突出表现,也是该所继1月被江苏省经贸委、省总工会等六家联合表彰为"江苏省用户满意服务明星单位"后获得的全国性大奖。这一殊荣,也是该所荣获"全国文明单位"、"全国精神建设先进单位"获得的又一全国性荣誉。

(江苏省局　苏北处)

【江西省航务局退休职工龚九印荣获全省环保先进个人奖】 2007年1月9日,在南昌市召开的全省环境保护资源节约暨人口计生大会上,江西省委书记孟建柱亲自向江西省航务局退休职工龚九印颁发了"2006年度江西省环境保护先进个人"荣誉证书,成为30名此项殊荣获得者中的唯一一位编外人员。

龚九印是江西省航务局吉安分局一名退休老工人,2003年来到鹰潭市女儿家居住。当他第一次来到东湖,见湖面漂浮着各种垃圾且散发出恶臭时,即萌生了要让东湖水变得清亮起来的念头。于是,他买来雨衣雨鞋,自制打捞工具,每天清晨赶往东湖,撑着一叶小舟不停地捞起湖中的瓜果纸屑、枯枝败叶及生活垃圾,然后又进行转运,直至傍晚才归。在长达三年的时间里,他日复一日,不畏酷暑严寒,不惧刮风下雨,终于以其"心系一湖清水,热衷环境保护"的爱心之举,换回东湖美丽的湖光水色,使得过去避而远之如今前来散步游玩的人愈来愈多。龚九印不辞劳苦甘当东湖义务清洁工和资助5名贫困学生的感人事迹,被各家媒体争相报导。2007年1月23日,鹰潭市委、市政府续又授予他"鹰潭市爱心人物特别奖"。为了将龚九印爱护家园、保护环境、服务社会的精神转化为一种动力,市委、市政府决定从3月份开始,集中3个月时间,在全市范围内开展以"受护家园,保护环境,共建和谐新鹰潭"为主题的大讨论活动。

(江西省局　张　黎　卢　欣)

【江西省航运局行业文明协调发展】 2007年,江西省航运局深入开展"学树创"一系列活动,认真开展民主评议政风行风工作。高工罗淑青被评为"全省交通系统女职工建功立业标兵",省局被授予"2007年度春运工作先进单位"、"2006年度交通工会重点工作先进单位"称号,连续五年荣获"社区计生工作先进单位"称号。南昌港集装箱码头、上犹陡水湖旅游码头工程分别获得2007年度江西省优秀设计成果二、三等奖。省交通科技大楼物业管理中心和省港航设计院一并荣获南昌市和东湖区两级文明单位。

(江西省局　杨　辉)

【河南省濮阳等4市地方海事局获得交通部行业文明单位荣誉称号】 2007年,根据交通运输《关于海事系统深入开展创建文明行业活动实施意见》的要求,省4个省辖市地方海事局申报达标单位。经过部创建文明行业指导委员会组织的复查、评审、验收、公示等程序,南阳、濮阳、洛阳和安阳市地方海事局最终获得交通运输部命名的第八批"全国海事系统文明达标单位"荣誉称号。

(河南省局　王守明)

【武港集团荣获多项表彰】 2007年,武港集团荣获"长江航运最佳水运建设奖",被全国总工会、国家安全总局授予2006年度"安康标"组织奖,被武汉市授予2005－2006年度"优秀企业"、"武汉市信用企业"以及"武汉市劳动关系和谐企业"称号。

(武汉港　陈　军)

【重庆市文明创建水平得到新的提高】 2007年，重庆市港航局始终坚持物质文明和精神文明两手抓、两手都要硬的方针，经过五年的努力，行业文明建设硕果累累。全市水运系统32个管理单位全部是各级文明单位，其中有6个“区县级最佳文明单位”，7个“市级文明单位”，1个“市级文明单位标兵，18个“区县级文明单位”；局机关先后被授予“交通部‘十五’内河建设先进集体”、“重庆市交通系统党建思想政治工作研究先进集体”、“重庆市交通系统安全工作先进”、“重庆市交通系统信访工作先进集体”等40余项荣誉称号；“长江王子号”等33艘船舶、重庆港九客运站等2个港站分别被授予部级、委级文明船港站称号；北碚区港航管理处等5家单位、巫山大宁河旅游航线、合川航道段唐明学等29人分别被授予委级文明执法队伍、文明航线、文明信号员、文明服务员、文明售票员、文明航道工、十佳执法队员称号，嘉陵江磁器口至河口段创建为委级文明样板航道。

2007年，全市港航系统已建成委级“文明行业”，同时通过了部级文明行业验收。

（重庆市局　彭然红）

【王嘉玲荣获重庆直辖十年建设功臣荣誉称号】 2007年6月18日上午，中共重庆重庆市委、重庆市人民政府隆重举行庆祝重庆直辖十周年大会。会上宣读了《关于表彰重庆十年建设功臣的决定》，并对获得重庆市直辖十年建设功臣殊荣的128名同志进行了表彰，重庆公司总船长王嘉玲作为重庆长江航运界的代表，接受了市委书记汪洋同志的颁奖。汪洋书记亲切地鼓励道：“希望你再接再厉，继续努力，加快建设，再创佳绩。”

王嘉玲获此殊荣，是重庆市委、市政府和重庆市民对重庆公司作为长江航运的重庆市龙头企业，近年来积极参与建设长江上游航运中心作出重要贡献的充分肯定，也是中国长航集团的骄傲。

（罗　旭）

·专　家·

详见《长江航运年鉴》（2000卷）、（2003卷）、（2004卷）、（2005卷）、（2006卷）、（2007卷）

第十八篇　统计资料

长江集装箱综合运价指数走势
1080
1060
1040
1020
1000
980
960
940
920
900
880
860
840
820
2008年1月 2月 3月 4月 5月 6月 7月 8月 9月 10月 11月 12月
2009年1月 2月 3月 4月 5月 6月 7月 8月 9月 10月 11月 12月

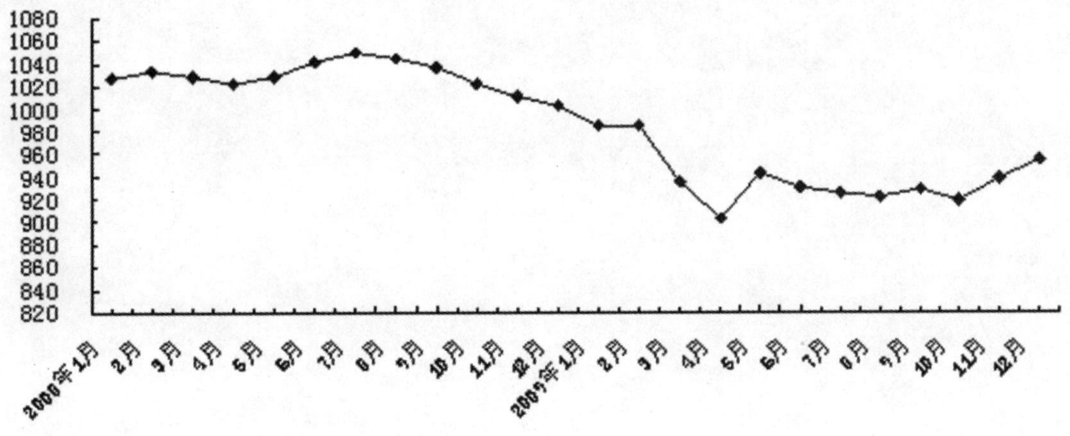

·调查研究·

【2007年长江水系航运分析报告】 2007年，长江水系航运业在各级交通主管部门的正确领导下，坚持以科学发展观为统领，认真贯彻落实国家宏观调控的各项政策措施，加快运力结构调整，优化运输生产组织方式，运输保障能力有了新的提高，服务经济社会发展、新农村建设和人民群众安全便捷出行的能力显著增强，实现了水路运输货运量、货物周转量、港口货物吞吐量较快增长。

1.运输船舶

2007年底，长江水系14省(市)拥有运输船舶16.18万艘，比上年末减少1%；船舶的净载重量8472.1万吨，比上年末增长9.7%；载客量71.98万客位，比上年末减少4.1%；标准箱位84.56万TEU，比上年末增长8.7%；总功率2967.3万千瓦，比上年末增长4%。其中：内河运输船舶155852艘，比上年末减少1.3%，净载重量4757.26万吨，比上年末增长6.1%；沿海运输船舶5365艘，比上年末增长3.8%，净载重量1593.32万吨，比上年末增长14.3%；远洋运输船舶571艘，比上年末增长6.7%，净载重量2121.52万吨，比上年末增长15.2%。

1.1 运输船舶的发展特点

2007年长江水系14省(市)运输船舶数量总体减少，运力总量有所增加，但增幅同比明显趋缓。船舶运力结构调整步伐加快，货运船舶呈现大型化、标准化、专业化；客运船舶朝向旅游化、舒适化；个体运输船舶经营人向公司化发展。

1.1.1 货运船舶大型化

2007年底，长江水系14省(市)拥有货物运输船舶14.29万艘，净载重量8444万吨，平均净载重量590.9吨/艘，分别比上年末减少1.2%、增长9.8%和11.3%。其中：内河货船平均净载重量为344.7吨/艘、沿海货船平均净载重量为3226.8吨/艘、远洋货船平均净载重量为37682.5吨/艘，分别比上年末增长7.5%、10.3%和8.4%。重庆市内河货运船舶大型化趋势明显，是货运船舶平均吨位最高的地区，其平均净载重量达1017.6吨/艘，比上年末增长4.5%。2003-2007年长江水系14省(市)运输船舶数总量减少了7.2%，而船舶运输能力增长84.3%，平均年增长率达18.9%。货运船舶大型化的主要原因：一是长江干线及支流航道通航条件逐步改善，航道等级提高，使通航船舶吨级提高；二是航运经营人为提高经济效益，新建大吨位的船舶，增加单船运输量，提高运输生产效率；三是各级交通主管部门积极引导航运经营人推进船舶运力结构调整，通过政策引导和行政强制相结合等措施，促使航运经营人淘汰了的水泥船和挂桨机船，处置了一批老旧船舶。

2003-2007年长江水系14省(市)货运船舶平均净载重量的变化情况如图18-1所示。

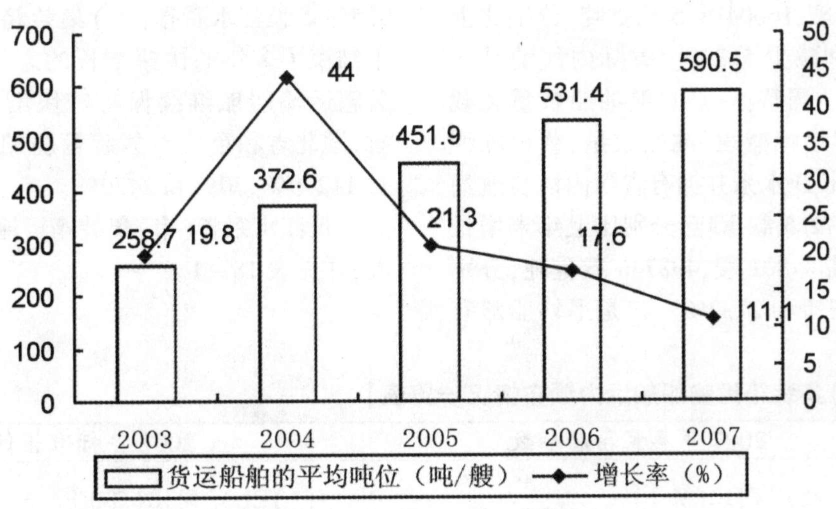

图18-1

1.1.2 积极推进船型标准化

自2004年国家对京杭运河、川江及三峡库区实施船型标准化工程以来，各地交通主管部门纷纷采取措施积极推进船型标准化。在京杭运河，内河船型标准化取得了良好成果。截至2007年底，江苏省共拆改挂桨机船22956艘，881098总吨，发放补贴资金6.88亿元；浙江省共淘汰了挂桨机船14000多艘，发放补贴资金8083万元；山东、安徽、河南省和上海市也按交通部的要求顺利地完成了对挂桨机船的拆改以及在京杭运河的禁航工作，华东五省一市实现了第一阶段船型标准化工程的工作目标。在川江及三峡库区，重庆市和湖北省港航管理部门通过加强市场准入管理，在坚决禁止新建或改造非标准船型进入川江及三峡库区航运市场的同时，按照交通部公布的标准船型主尺度系列，一方面加大了新标准船型的研发，如四川省、湖北省、重庆市分别组织船东自筹资金开展了80TEU集装箱船、500吨级干支直达散装化学品船、1500吨级干散货船、5000吨级干散货船等标准型船舶技术方案的研发工作；另一方面通过出台一些经济政策，引导航运经营人加快新建标准船的步伐，如重庆市交委补贴3000多万元用来鼓励新建标准客渡船，促使客渡船标准化率的提高。

1.1.3 货运船舶专业化

1.1.3.1 省际内河油品运输船舶呈现结构性调整

2007年底，长江水系省(市)拥有省际内河油品运输船舶3227艘，1600418.5载重吨，分别比上年末增长3.9%和减少5.3%。省际内河油品运输船舶呈现结构性调整：一是自航油船数量和载重吨同步增长，但增幅减缓；油驳数量、载重吨继续减少。2007年长江水系共拥有省际内河自航油船2426艘，1101672.5载重吨，分别比上年末增长6.2%和9.6%；油驳801艘，498746载重吨，分别比上年末减少2.3%和27.2%。二是平均船龄有升有降。省际内河自航油船平均船龄为8年、油驳17年，分别比上年末上升1年和下降5年。三是自航油船的平均吨位提高，油驳平均吨位下降。自航油船的平均吨位454吨，油驳的平均吨位623吨，分别比上年末增长3.2%和减少34%。四是2007年强制报废自航油船3艘，1324载重吨；油驳20艘，57250载重吨。

1.1.3.2 省际内河散装化学品运输船舶继续增长

2007年底，长江水系省(市)拥有省际内河散装化学品运输船舶2386艘，911287.5载重吨，分别比上年末增长9.1%和21.8%；平均船龄为7年，比上年末上升1年；平均吨位382吨，比上年末增长11.6%。2007年新增散装化学品运输船舶(含油品、化学品两用船)131艘，125880载重吨，其中标准散装化学品运输船舶18艘，57692载重吨。

1.1.3.3 省际内河液化气运输船舶有所增长

2007年底，长江水系省际液化气运输船舶12艘，载气量15284米^3，与上年末相比增加船舶1艘和载气量650米^3。目前从事长江干线液化气运输船舶的船龄均在16年以下。

1.1.3.4 集装箱运输船舶有增有减

2007年底，长江水系省(市)共拥有集装箱运输船舶916艘，箱位580524TEU，分别同比增加1.9%和减少24%。其中内河集装箱运输船舶498艘，箱位49313TEU，分别同比增加6%和9.5%。长江水系省(市)集装箱船舶的运力总体上结束了多年的快速增长的态势，但长江干线集装箱运输船舶继续保持较快增长。2007年江西省、湖北省和重庆市集装箱船舶运输能力分别增长112.9%、30%和24.9%。

长江水系省(市)集装箱运输船舶运力分布情况，详见表18-1。

【长江水系省(市)集装箱运输船舶运力颁布情况一览表】 (表18-1)

单位	2007年集装箱船舶数				2007年标准箱位数			
	合计(艘)	同比(%)	其中		合计(TEU)	同比(%)	其中	
			内河	同比(%)			内河	同比(%)
总计	916	1.9	498	6	580524	-24	49313	9.5

单位	2007 年集装箱船舶数				2007 年标准箱位数			
	合计(艘)	同比(%)	其中		合计(TEU)	同比(%)	其中	
			内河	同比(%)			内河	同比(%)
云南省	1	-	1	-	10	66.7	10	66.7
四川省	23	-	23	-	1662	-	1662	-
湖北省	19	26.7	19	26.7	2693	30	2693	30
湖南省	41	-2.3	41	-2.3	4378	-2.4	4378	-2.4
江西省	22	46.7	22	57.1	1305	94	1305	112.9
安徽省	27	3.8	24	-	2439	-12.6	1929	-15.4
江苏省	216	-4	187	5	18900	-23.2	12425	5.8
浙江省	20	25	-	-	8319	41.1	-	-
山东省	29	31.8	-	-	15766	54.4	-	-
上海市	398	-3.2	67	-11.8	505244	-27.3	7775	-7.7
重庆市	120	16.5	114	17.5	19808	20.8	17136	24.9

1.1.3.5 川江载货汽车滚装运输船舶运力有序发展

2007 年底,重庆市和湖北省共有川江载货汽车滚装运输企业 19 家,船舶 118 艘,6117 车位,分别比上年末减少 5.2%、4%、3.2%。川江载货汽车滚装运输企业和船舶,详见表 18-2。

【川江载货汽车滚装运输企业和船舶一览表】 (表 18-2)

省市	企业数(家)		船舶数(艘)		车位(台)	
	2007 年	同比(%)	2007 年	同比(%)	2007 年	同比(%)
总计	19	-5.2	118	-4	6117	-3.2
重庆市	11	-5	63	-3	3254	-2.5
湖北省	8	0	55	-5.2	2863	-4

由于川江段独特的地理环境,加上川江载货汽车滚装运输在节能、环保这两个重要指标上同公路运输相比具有明显的优势,使这一新型运输方式发展迅猛,一度出现运力严重过剩现象,为确保川江载货汽车滚装运输市场健康有序发展,2006 年长航局根据市场情况及时下发了《关于暂停川江载货汽车滚装船运输市场准入审批的通告》,决定自2006 年 5 月 23 日起停止川江载货汽车滚装船运输市场准入审批工作。

2007 年川江载货汽车滚装船运力发展得到了控制,为确保滚装运输安全、有序发展,长航局下发了《关于开通长江中下游载货汽车滚装船运输航线有关事项的通知》,要求相关港航管理部门、海事和船级社等单位按照职责分工做好滚装船中下游航线开通的相关工作。

1.1.4 客运船舶趋向旅游化

2007 年底,长江水系 14 省(市)拥有旅客运输船舶 1.46 万艘,70.17 万客位,分别同上年末持平和减少 2.8%。在客运船舶中:内河船舶 1.42 万艘,63.1 万客位;沿海船舶 362 艘,6.63 万客位;远洋船舶 9 艘,0.397 万客位。

2007 年底,长江干线从事省际运输的普通客运企业 22 家、船舶 97 艘、54456 客位;高速客船企业 3 家、船舶 22 艘、2779 客位;涉外旅游船企业 15 家、船舶 47 艘、8582 客位。在客运船舶中,2007 年新增高速客船 2 艘,172 客位。目前长江干线的客运主要集中在川江及三峡库区,其中从事高速客船运输主要经营宜万航线;普通客船运输分为班轮运输和旅游包船运输,其中班轮运输集中在宜渝段,主要经营航线有宜渝、宜万、奉宜等航线。旅游包船运输主要经营航线有渝申、渝汉、渝浔、渝宁等航线;涉外旅游船运输主要经营航线包括渝宜线、渝沙线、渝汉线和渝申线等。

近年来,随着沿江省(市)公路、铁路和航空运输的快速发展,对传统的水路长途旅客运输带来了较大的冲击,导致长江客运市场逐年萎缩,同时随着人民生活水平的不断提高,客运呈旅游化、舒适化发展趋势。

1.1.5　个体船舶经营呈现公司化

2007年底,长江水系14省(市)拥有个体运输船舶6.14万艘,1186.72万载重吨,分别比上年末减少1%和增加7%。近年来个体运输船舶经营户呈现减少的趋势,其运力占总运力的比例逐年下降(见下图)。为引导水运企业做大、做强,探索个体运输船舶公司化管理、集约化经营的具体模式和规律,2007年8月交通部水运司在杭州召开了全国内河个体运输船舶公司化管理现场会,根据交通部的指示精神,各级交通主管部门认真贯彻落实会议精神,加大宣传力度,积极争取地方政府和相关部门的政策支持,努力转变内河运输发展方式,积极引导个体运输船舶公司化经营工作进程,内河运输组织化程度低的问题正在逐步得到解决。2007年,长航局共受理从事省际运输的个体船舶筹建企业194家,开业企业181家,较好地提高了水运企业的竞争力和抗风险能力。

个体船舶经营户运力状况如图18－2所示。

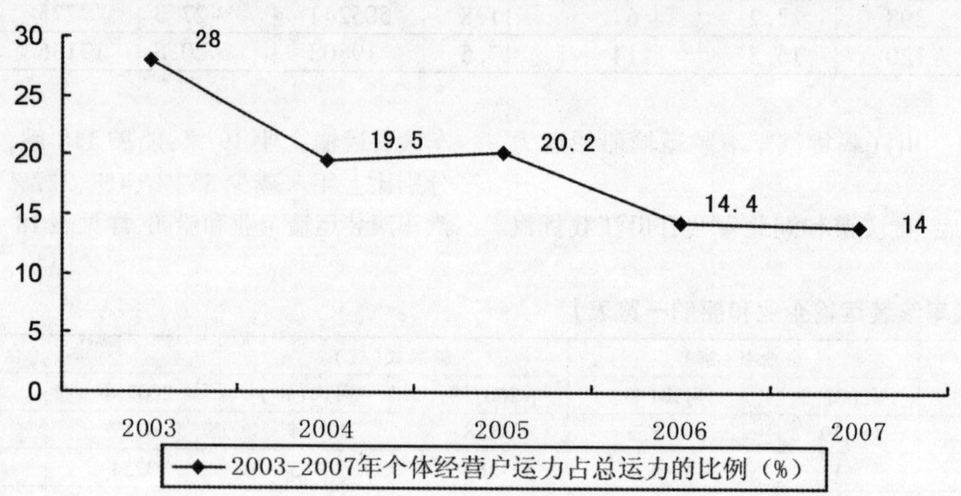

图18－2

1.2　存在的薄弱环节

1.2.1　运力相对过剩,运价下跌

长江水系省(市)船舶运力的发展主要靠市场来配置资源,在发展中存在一定的盲目性,运力与运量之间难以保持总量的大体平衡。据统计:2003年至2007年长江水系14省(市)货运船舶运力的增长率分别是27.4%、26.7%、22.7%、8%和9.7%,但从2005年下半年以来运力与运量供求关系失衡情况显现,大部分货运企业为了争取货源,采取了压价竞争,导致水运运价大幅下降,同时以燃油、人力资源为主的经营成本总体上升,企业获取的利润空间进一步压缩,造成企业的发展后劲不足。

1.2.2　运输结构需要进一步调整

一是当前运力规模在1万吨以下的省际水运企业占70%,这些小企业在发展过程中,一般容易走实行简单扩大再生产路子,影响到推进运力结构调整工作;二是新进入市场的普通货运企业多数是由原个体经营者采取粗犷型联合组建起来的,管理水平低,经营粗放。有的单船运输企业运输能力偏低,缺乏规模化经营,并且效益差,无法向大型化、专业化方向发展;三是长江水系省际运力中还有相当一部分老旧船舶,这些船舶技术状况整体不高,一些能耗高、对水资源和噪声污染大的船型依然存在;四是自2003年在三峡库区实行船型标准化以来,尽管新建了一批标准船舶,但船型标准化率还不高。

1.2.3　市场秩序有待进一步规范

随着长江水系航运市场竞争加剧,经营人在管理水平和经营资质上参差不齐,在市场经营中存在低价格或降低服务质量竞争,在安全管理上存在投入不足,加之航运主管部门监管手段缺欠,不规范经营行为现象屡见不鲜,这些问题在一定程度上干扰了长江水系航运市场的正常秩序。

1.2.4　经营资质管理需要进一步加强

水运企业经交通主管部门批准进入市场后,

由于诸多原因,难以保持开业时的资质条件。交通主管部门在市场监管上也存在薄弱环节,导致部分企业的经营资质不能有效维持的现象。

在经营上,部分船舶所有人和经营人发生变更后,未及时办理相关营运变更手续;光租或委托经营船舶合同关系不清晰,法律关系和安全责任不明确,相关手续不规范等。

2. 水路客货运输量

2.1 水路货物运输量

2007 年长江水系 14 省(市)完成水路货运量 18.88 亿吨、货物周转量 29080.7 亿吨公里,分别同比增长 13.2% 和 12.4%,占全国水路货运量、货物周转量的比重分别为 67.1% 和 45.2%。其中:完成内河货运量 10.42 亿吨、货物周转量 3188.8 亿吨公里,分别同比增长 11.9% 和 18.5%;完成沿海运输货运量 6.16 亿吨、货物周转量 7555.12 亿吨公里,分别同比增长 17.5% 和 21.7%;完成远洋货运量 2.29 亿吨、货物周转量 18336.8 亿吨公里,分别同比增长 6.5% 和 8%。湖北省和重庆市共完成川江载货汽车滚装运输车 39.04 万辆,同比增长 24.5%。

2003 - 2007 年长江水系 14 省(市)水路货物运输量的变化情况如图 18 - 3 所示。

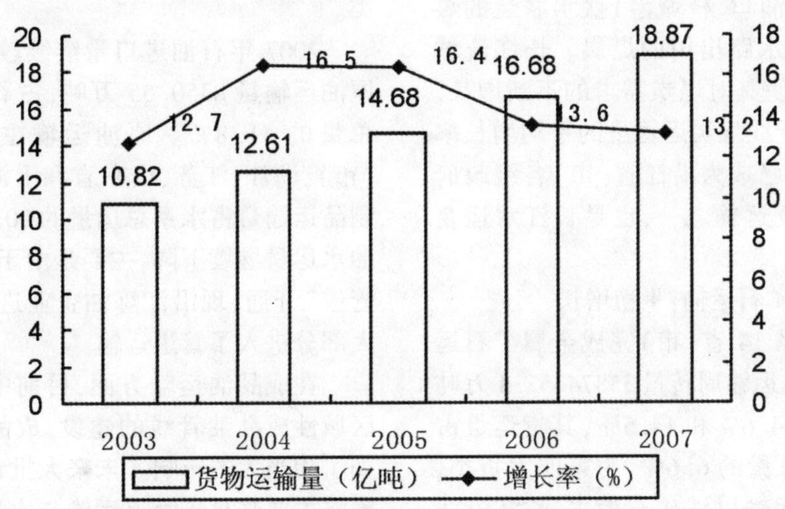

图 18 - 3

水路货物运输的主要特点:

2.1.1 大宗散货运输量总体保持增长

2007 年,长江流域经济继续保持较快增长,带来了对能源和交通运输的旺盛需求,也给长江水运生产带来了充足的货源和发展机遇,长江水路运输在关系国计民生的大宗物资运输中正发挥着重要作用。2007 年长江水系 14 省(市)分货类运输量及周转量同比增减幅度,详见表 18 - 3。

【2007 年长江水系 14 省(市)分货类运输量及周转量同比增减幅度一览表】计量单位:(万吨) (表 18 - 3)

指标	货运量	同比(%)	货物周转量	同比(%)
合计	188773.51	13.2	290807534	11.9
煤炭	42430.91	22.8	46135163.83	24.7
石油天然气及制品	16114.83	-3.5	33957336.59	10.1
金属矿石	12394.98	4.6	35874452.4	14.5
钢铁	6491.84	16.4	7624579.31	10.9
矿建材料	47088	15.2	10707844.74	33.1
水泥	7422.81	17.4	4089645.47	44.2
木材	1250.69	8	924458.36	9.3
非金属矿石	4146.8	19.7	2630519.51	15.61
化肥及农药	2061.59	22.6	3089185.3	50.7

指标	货运量	同比(%)	货物周转量	同比(%)
盐	1842.75	53.6	881266.8	39.6
粮食	3279.13	8.7	6051466.88	32.7
其他	44249.18	14.5	138841614.8	5.7

2.1.1.1　煤炭运输:稳步增长

2007年长江水系14省(市)煤炭运输总体呈现平稳增长的良好态势,全年完成货运量4.24亿吨、货物周转量4613.5亿吨公里,分别同比增长22.8%和24.7%,其货运量占长江水系货物运输总量的22.5%,为第二大货类。长江干线的煤炭运输的线路主要是海进江煤炭;“三口一枝”四个港口(汉口、裕溪口、浦口、枝城港)铁水联运的煤炭;云、贵、川地区经水路出川的煤炭。长江流域经济的稳步增长,促使其对煤炭需求的不断增长,2005-2007年长江干线煤炭运输量的平均增长率达17.6%,煤炭运输已成为沿江省(市)各级政府最为关注的重点物资运输之一,也是长江水运企业的重要货源。

2.1.1.2　金属矿石运输:平稳增长

2007年长江水系14省(市)完成金属矿石运输量12394.98万吨,运输周转量35874452.4万吨公里,分别同比增长4.6%和14.5%,其货运量占长江水系货物运输总量的6.6%,为第四大货类。长江干线金属矿石运输以铁矿石为主,长江沿线是我国冶金工业较集中的地区,主要钢铁企业有:宝钢、沙钢、南钢、马钢、武钢、重钢等,其钢铁产量市场占有率高,而该地区铁矿石主要靠外贸进口,2007年长江干线港口完成铁矿石进港11524.8万吨、出港为4611.1万吨,其运输组织方式除沿用过去的“三程运输二次中转”外(即外贸进口矿石主要由远洋散货船运抵宁波北仑港区卸载,再由沿海散货船运抵上海、南京、南通、镇江等长江下游港口后,由长江推驳船队运抵各钢厂,需经三程运输、两次中转),现正向着江海直达运输方式转变。

2.1.1.3　矿建材料运输:持续增长

2007年长江水系14省(市)完成矿建材料运输量为4.7亿吨,运输周转量为1070.8亿吨公里,分别同比增长15.2%和33.1%,其货运量占长江水系货物运量总量的24.9%,为第一大货类。近年来,由于国家加大基础建设投资规模力度,以及沿江省(市)城市扩建、旧城改造、房地产开发等项目的持续升温等,促使矿建材料的需求量持续增长。

2.1.1.4　石油及其制品运输:水运总量下降

2007年长江水系14省(市)完成石油及其制品运输量为1.61亿吨,同比减少3.5%,运输周转量为3395.7亿吨公里,同比增长10.1%,其货运量占长江水系货物运输总量的8.5%,为第三大货类。

2007年石油进口量继续较快增长,全年完成原油运输量8350.55万吨,占石油及其制品运输总量的51.8%。原油运输主要集中在沿海省(市),浙江、江苏、山东省和上海市完成石油及其制品运输量占水系总运量的90.7%。长江干线原油水运量继续下降,主要是由于中石化集团“仪长管道”开通,现沿江炼油企业进厂原油运输中,绝大部分进入了管道运输。

在成品油运输方面,目前中石化已完成多个区域性成品油管线的建设,成品油的水运总量受到了相当大的影响。未来大批量的长江成品油运输将主要来自于管道运输与水运之间的竞争。地区内的流量较大,流向稳定的成品油运输将会由目前的水运方式为主而转变为以管道运输为主;小批量运输或流向不稳定的运输仍将会以水运或其他运输形式为主;沿江石化企业生产的非标产品将会以管输外的运输方式为主;中石油北方调运长江市场的油品近期内仍将以水运方式为主。

2.1.2　川江载货汽车滚装运输量增长明显

2007年湖北省和重庆市完成川江载货汽车滚装运输车39.04万辆,同比增长24.5%。其中:宜昌至万州航线共完成85157辆、宜昌至涪陵航线共完成124319辆、宜昌至重庆航线共完成180895辆,分别同比下降19.3%、增长69.9%和34.2%。2007年川江载货汽车滚装运输增长的主要原因如下:一是沿江经济的快速增长和国家西部大开发战略的实施,为川江载货汽车滚装运输提供了良好的市场资源;二是川江载货汽车滚装运输的经济、安全及综合比较优势,确立了其在各种运输方式中有着较强的竞争力;三是2007年位于川江北面西安段和南面贵州段维修高速公路,迫使一部分载货汽车到重庆和宜昌来乘坐滚装船。

2003－2007 年川江载货汽车滚装运输车辆走势图如图 18－4 所示。

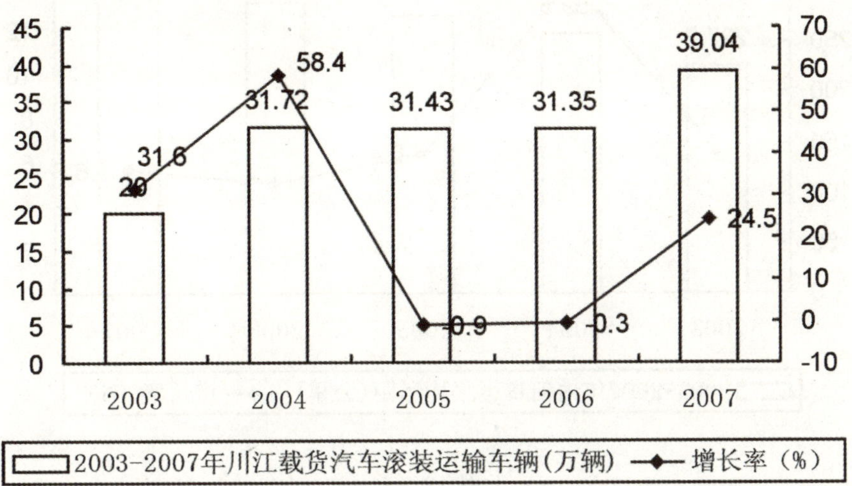

图 18－4

2.1.3 水路集装箱运输量保持快速增长

2007 年长江水系省(市)完成水路集装箱运输量 2123.4 万 TEU,货运量 25310.6 万吨,分别同比增长 26.8% 和 38.1%。其中长江干线四川、湖北、江西、安徽、江苏省和重庆市完成水路集装箱运输量 2160TEU、172134 TEU、43116 TEU、448727 TEU、2112838 TEU 和 649006 TEU,分别同比增长 483.8%、61.4%、85.5%、21.9%、221% 和 20.9%。长江干线集装箱运输量保持快速增长的主要原因:一是外贸集装箱稳步增长。2007 年长江干线港口完成外贸集装箱进口 132.2 万 TEU、出口 158.5 万 TEU,分别同比增长 25.8% 和 38.9%。我国加入世贸组织后,外贸进出口均有较大幅度的增长,其中产成品、高新技术产品、特种原材料及成套设备进出口明显增加,外贸商品结构进一步改善,促使适箱货源增多;二是内贸集装箱运输呈现快速增长。2007 年长江干线港口完成内贸集装箱进口 131.8 万 TEU、出口 131.5 万 TEU,分别同比增长 58% 和 32.2%。随着沿江产业结构和产品结构的不断调整,地区间贸易与交流将不断增加,制成品及高附加值产品的货物运输量扩大,适箱货源比重不断上升,促使内贸集装箱运输较快增长;三是多式联运的快速发展。长江干线横贯东西,支流沟通南北,长江具备干支相联、通江达海的条件,是一条天然完备的集疏运通道,能与国际干线班轮有效衔接。长江集装箱联运主要是水路与公路的联运、水路与铁路联运以及水路与水路之间的转运,集装箱一体化运输方式以经济、快速、便捷的优点赢得了市场和货主们的青睐,从而推动了长江集装箱运输方式的快速发展。

2.1.4 货物运输的平均运距不断延长

2007 年长江水系 14 省(市)水路货物运输平均运距 1540.5 公里,同比持平。其中:内河货运平均运距 306 公里、沿海货运平均运距 1226.3 公里、远洋货运平均运距 7991.6 公里,分别同比增加 5.6%、3.5% 和 1.1%。长江水系 14 省(市)内河货物长途运输比重继续保持增长,水路运输的优势得到发挥。

2003－2007 长江水系 14 省(市)内河货物平均运距变化情况如图 18－5 所示。

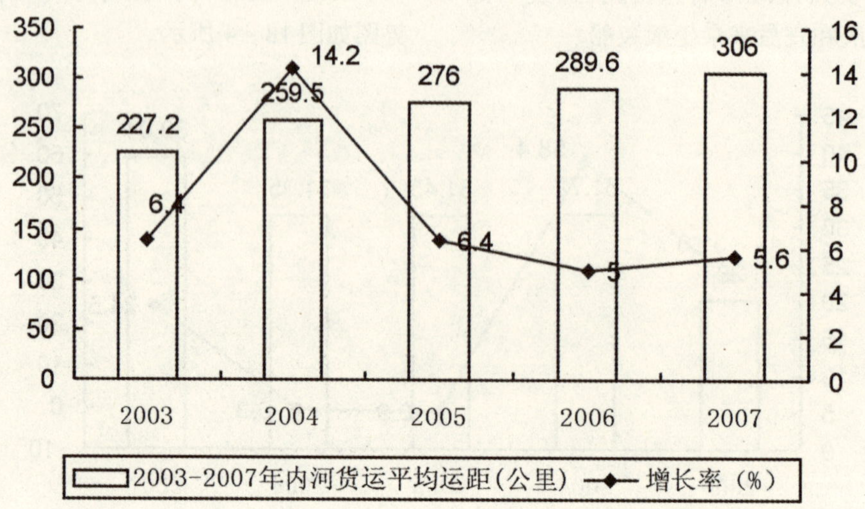

图 18 -5

2.2　水路旅客运输量

2007 年长江水系 14 省(市)完成水路旅客运输量 15610.14 万人、旅客周转量 494880.9 万人公里,分别同比增长 6.8% 和 12.3%,占全国水路旅客运输量的比重分别为 68.4% 和 63.6%。其中:完成内河旅客运输量 9920.14 万人、旅客周转量 287140.9 万人公里,分别同比增长 4.01% 和 6.8%;完成沿海旅客运输量 5635 万人、旅客周转量 183573 万人公里,分别同比增长 11.8% 和 23.9%;完成远洋旅客运输量 55 万人、旅客周转量24167万人公里,分别同比增长19.5% 和2.4%。

旅客运输的主要特点:

2.2.1　旅游客运继续增长

长江水系省(市)旅游客运得到快速发展。内陆地区的旅游客运主要在封闭水域开展,2007 年云南、贵州、河南和安徽省内旅客运输量达 599 万人、864 万人、160 万人和 418 万人,分别同比增长 10.1%、19.5%、52.4% 和 54.8%。沿海地区的旅游客运主要是开发陆岛旅游资源,以及提高水上服务软环境来吸引游客,2007 年具有沿海陆岛旅游资源的浙江省完成沿海客运量 2738 万人,同比增长 13.8%;山东省完成沿海客运量 1474 万人,同比增长 7.8%;上海市完成沿海客运量 1417 万人,同比增长 12.3%。

2.2.2　长江干线旅客运输继续萎缩

长江干线旅客运输存在兼容性,即:日常客运以旅游为主,游客需要高等级舱位,而春运以民工、学生为主,旅客需要低等级舱位。2007 年长江干线旅客运输继续萎缩。主要原因是沿江公路和铁路运输快速发展,冲击了水上运输业。如万州至深圳的火车全面运行,并加开班次,导致部分从宜昌转运的旅客进一步减少,随着宜—万铁路即将开通,长江干线客运最终将以旅游客运为主。

3. 港口码头泊位

2007 年,长江水系 14 省(市)港口拥有生产用码头泊位数 30101 个,码头总长度 1425817 米。年综合通过能力:货物 319953.97 万吨,集装箱 3366.41 万 TEU,旅客 31144.23 万人,汽车 2046 万辆。

其中:长江干线生产用码头泊位数 4640 个,码头总长度 361134 米,分别比上年末增长 3.2% 和 4.4%。年综合通过能力:货物 103261.07 万吨,比上年末增长 21%;集装箱 706.74 万 TEU,比上年末增长 50.6%;旅客 12520.07 万人,比上年末减少 5.2%;汽车 376 万辆,与上年末持平。

2007 年长江干线生产用码头泊位和年综合通过能力,详见表 18 -4。

【2007 年长江干线生产用码头泊位和年综合通过能力情况一览表】（表 18－4）

单位	长江干线生产用码头泊位		综合通过能力			
	码头泊位数（个）	码头总延长（m）	货物（万吨）	集装箱（万 TEU）	旅客（万人）	汽车（万辆）
总计	4640	361134	103261.07	706.74	12520.07	376
云南省	4	800	40			
四川省	212	13508	1177	3	1782	
湖北省	1328	98361	17226	79	3192	272
湖南省	90	5687	4100.07	4.74	9.07	
江西省	127	6748	2432	5	588	
安徽省	390	28331	15077	13	516	
江苏省	1583	129224	56427	546		
重庆市	906	78475	6782	56	6433	104

随着《十一五期长江黄金水道建设总体推进方案》的落实，航道治理、船型标准化、三峡过坝运输扩能、水运保障、港口建设和干支联动六大工程有力推进，长江干线港口码头泊位具备向大型化、专业化方向发展的条件。2007 年分布在长江干流港口万吨级泊位有 255 个，比上年末增长 18%；湖北、江苏省境内的港口新增集装箱吞吐能力 45 万 TEU 和 195 万 TEU，分别同比上年末增长 132.3% 和 55.5%。

4. 港口吞吐量

2007 年，长江水系 14 省（市）港口完成货物吞吐量 39.16 亿吨，同比增长 15.1%，其中：内河港口完成 21.83 亿吨，同比增长 16.67%，沿海港口完成 17.33 亿吨，同比增长 13.3%。

在内河港口货物吞吐量中：长江干线港口（包括沿江云南、四川、湖北、湖南、江西、安徽、江苏省和重庆市境内所有港站）完成货物吞吐量 10.72 亿吨，同比增长 20.4%，其中完成外贸货物吞吐量 1.17 亿吨，同比增长 20.6%；完成集装箱吞吐量 556.55 万 TEU，同比增长 37.5%；完成旅客吞吐量 2004.84 万人，同比减少 10%。

2007 年长江主要支流港口完成货物吞吐量：

嘉陵江干流港口完成货物吞吐量 1456.89 万吨，同比增长 31.6 %；

湘江干流港口完成货物吞吐量 7609.1 万吨，同比增长 54.7%；

汉江干流港口完成货物吞吐量 1593.49 万吨，同比减少 8.9%；

赣江干流港口完成货物吞吐量 9072.37 万吨，同比减少 3.1%；

京杭运河港口完成货物吞吐量 5.2 亿吨，同比增长 21.8%。

淮河水系完成货物吞吐量 3455.23 万吨，同比增长 42.8%。

长江水系省（市）内河港口完成货物吞吐量分布图如图 18－6 所示。

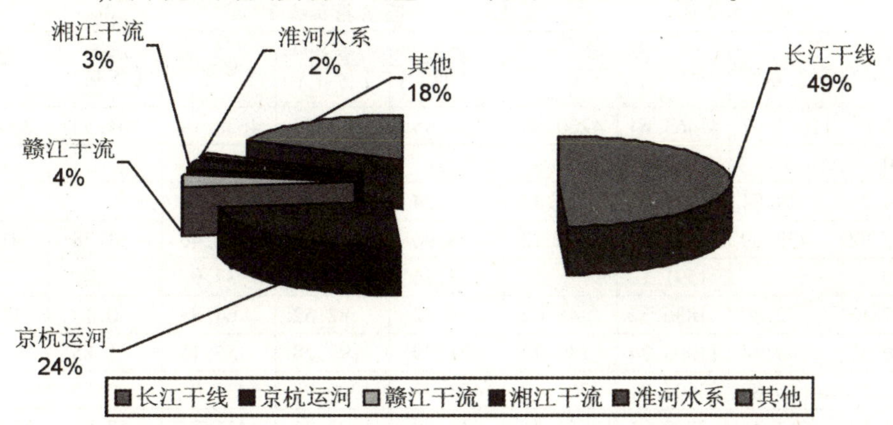

图 18－6

4.1 内河港口货物吞吐量情况分析(按货物的形态、包装及货类)

4.1.1 港口液体散货吞吐量

2007年长江水系内河港口完成液体散货吞吐量1.18亿吨,同比下降2.5%。其中完成主要货类有:原油2851.4万吨,同比下降29.2%;成品油3734.7亿吨,同比增长6.4%;液化气、天然气及制品344.4万吨,同比减少20%。

4.1.2 港口干散货吞吐量

2007年长江水系内河港口完成干散货吞吐量15.86亿吨,同比增长14.6%。其中完成主要货类有:煤炭及制品3.81亿吨,同比增长23.3%;金属矿石2.48亿吨,同比增长34%;散装水泥0.75亿吨,同比增长36.4%;散装粮食840万吨,同比增长88.6%;散装化肥571.4万吨,同比增长28.3%。

4.1.3 港口件杂货吞吐量

2007年长江水系内河港口完成件杂货吞吐量3.93亿吨,同比增长30.1%。其中完成主要货类有:木材2047.7万吨,同比减少8%;粮食3510万吨,同比增长44%;化肥1962.8万吨,同比增长9%;水泥6095万吨,同比增长4.2%。

各种货物类型所占的比例如图18-7所示。

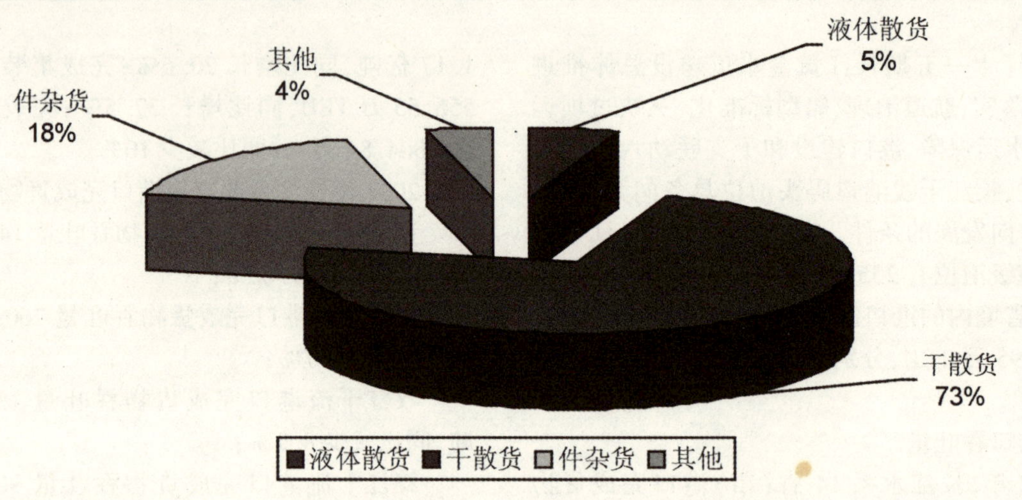

图18-7

4.2 长江干线港口吞吐量情况分析(按省市)

2007年云南、四川、湖北、湖南、江西、安徽、江苏省和重庆市完成长江干线港口吞吐量,详见表18-5。

【2007年八省市完成长江干线港口吞吐量一览表】 (表18-5)

单位	货物吞吐量				集装箱吞吐量			滚装汽车(万辆)	旅客吞吐量	
	合计(万吨)	外贸	出港	外贸	箱数(万TEU)	重量(万吨)	货重		合计(万人)	出港
总计	107171.6	11662.67	47463.64	4260.89	556.55	5836.55	4628.19	104.53	2005.84	1093.08
云南省	60		12						15	8
四川省	1504.7	19.84	1051.07	12.43	5.24	71.51	60.45		400.47	209.74
湖北省	13105.92	433.69	6024.69	202.12	48.96	602.58	462.46	44.78	415.89	248.69
湖南省	4100		1591.1		4.74	47.4	37.9		9.07	4.97
江西省	2517.15	72.37	1836.32	48.02	8.82	82.52	64.88	0.1	117.67	69.06
安徽省	17106.35	249.44	11008.34	130.72	21.79	198.28	155.15	1.85	1	1
江苏省	63655.5	10635.89	23604.91	3701.19	423.72	4309.95	3431.05	0.75	0.12	0.05
重庆市	5121.95	251.44	2335.21	166.41	43.28	524.31	416.3	57.05	1046.62	551.57

长江干线云南省水富港完成货物吞吐量60万吨,同比下降6.3%;完成旅客吞吐量15万人,同比下降16.7%。

长江干线四川省境内有4个港(站)完成货物吞吐量1504.7万吨,同比增长0.5%,占长江干线港口货物吞吐量的1.4%;完成集装箱吞吐量5.24万TEU,同比增长36.8%,占长江干线港口集装箱吞吐量的0.94%;完成旅客吞吐量400.47万人,同比下降7%,占长江干线旅客吞吐量的20%。

长江干线重庆市境内有14个港(站)完成货物吞吐量5121.95万吨,同比增长16.3%,占长江干线港口货物吞吐量的4.8%;完成集装箱吞吐量43.28万TEU,同比增长28.5%,占长江干线港口集装箱吞吐量的7.78%;完成旅客吞吐量1046.62万人,同比下降5%,占长江干线旅客吞吐量的52.2%。

长江干线湖北省境内52个港(站)完成货物吞吐量13105.92万吨,同比增长5.74%,占长江干线港口货物吞吐量的12.2%;完成集装箱吞吐量48.96万TEU,同比增长16.8%,占长江干线港口集装箱吞吐量的8.8%;完成旅客吞吐量415.89万人,同比下降16%,占长江干线旅客吞吐量的20.7%。

长江干线湖南省岳阳港完成货物吞吐量4100万吨,同比增长104.6%,占长江干线港口货物吞吐量的3.8%;完成集装箱吞吐量4.74万TEU,同比下降7.8%,占长江干线港口集装箱吞吐量的0.85%。

长江干线江西省境内6个港(站)完成货物吞吐量2517.15万吨,同比增长28.2%,占长江干线港口货物吞吐量的2.3%;完成集装箱吞吐量8.82万TEU,同比增长12.6%,占长江干线港口集装箱吞吐量的1.58%;完成旅客吞吐量117.67万人,同比减少24.3%,占长江干线旅客吞吐量的5.8%。

长江干线安徽省境内8个港(站)完成货物吞吐量17106.35万吨,同比增长20.3%,占长江干线港口货物吞吐量的15.96%;完成集装箱吞吐量21.79万TEU,同比增长34.8%,占长江干线港口集装箱吞吐量的3.92%。

长江干线江苏省境内完成货物吞吐量63655.5万吨,同比增长18.1%,占长江干线港口货物吞吐量的59.4%;完成集装箱吞吐量423.72万TEU,同比增长42.4%,占长江干线港口集装箱吞吐量的76.13%。

4.3 上海市港口吞吐量情况分析

2007年上海港各项主要经济指标继续保持健康、持续、良好的增长势头,货物吞吐量继续保持全球第一,集装箱吞吐量已超过香港跃居全球第二。全港完成货物吞吐量5.61亿吨,同比增长4.5%,其中完成海港货物吞吐量4.92亿吨,完成内河货物吞吐量0.69亿吨。完成外贸货物吞吐量2.56亿吨,同比增长20.2%。其中:完成外贸出口1.27亿吨,同比增长23.7%;完成外贸进口1.29亿吨,同比增长17.1%。

4.3.1 从分货类情况来分析。2007年完成液体散货吞吐量2886.1万吨,同比增长1%。其中:完成原油398.9万吨,同比减少15.7%;成品油1563万吨,同比增长9.3%;液化气、天然气及制品48万吨,同比增长224.3%。

完成干散货吞吐量20283.6万吨,同比减少10.7%。其中:完成煤矿及制品8639.4万吨,同比增长6.3%;金属矿石3580.1万吨,同比增长4.2%;散装水泥187.6万吨,同比减少39.5%;散粮54.5万吨,同比减少41.8%;散化肥222.6万吨,同比增长25.1%。

完成件杂货吞吐量8913.3万吨,同比增长50.7%。其中:完成木材173.4万吨,同比减少12.2%;粮食102.5万吨,同比减少1.4%;化肥95.7万吨,同比增长76.9%;水泥547万吨,同比增长18.4%。

4.3.2 从分航线情况来分析。2007年干散货(特别是金属矿石)运输的远程化,造成南美航线运量大幅增长,全年完成0.14亿吨,同比增长25%;全年出口欧洲的外贸货运量大幅增长,欧洲航线运量首次超过美国,完成欧洲航线0.37亿吨,美国航线0.33亿吨,同比分别增长35%和12%,其中欧洲航线出口0.26亿吨,同比增长41%。

4.3.3 集装箱运量突破2600万标箱,跃居全球第二。2007年上海港完成集装箱吞吐量2615.2万TEU,同比增长20.4%。全年完成国际出口航线1038.4万TEU,同比增长20.2%,完成国际进口航线948.6万TEU,同比增长19.8%;完成内支线287.3万TEU,内贸航线340.9万TEU,分别同比增长41.8%和8.7%。

4.3.4 洋山港中转枢纽显现。2007年12月洋山三期投入试运行，当月即完成10万TEU。洋山深水港区下半年日平均完成1.78万TEU，昼夜集装箱吞吐量已达2.64万TEU，桥吊平均台时量已提升至35自然箱，船舶准班率达到99.5%以上，全年完成610.8万TEU。目前洋山共有28家中外船公司投入干线运力，航班密度增至每周36个航班。

5. 内河航道

2007年，长江水系14省（市）内河航道通航里程为87803.59（不包括长江干线），比上年末减少813.52公里。其中：等级航道39260.47公里，等外航道48543.12公里，分别比上年末减少35.41公里和减少778.11公里。等级航道中：一、二、三、四、五、六、七级航道分别是90.1公里、398.94公里、2151.01公里、4245.84公里、5933.81公里、14018.17公里、12422.6公里。三、四、六级航道分别比上年末增加157.9公里、33.32公里、43.84公里，五、七级航道比上年末减少72.66公里和197.81公里。

2007年，长江水系14省（市）内河航道构筑物中，枢纽数量2700处，其中具有通航功能的1432处。拥有船闸615座、升降机49座，其中正常使用的船闸427座，升降机24座。

长江干流自云南水富至长江口全长2837.6公里。目前长江干线已建成的船闸有葛洲坝船闸和三峡船闸。

2007年长江干线航道治理工程加快推进。随着"深下游、畅中游、延上游"的全面推进，一批航道整治工程相继完工和开工，重庆以上建成三级航道298公里，改善中下游重点滩段航道136公里，枯水期通航紧张局面有效缓解。南京以下继续开展三沙治理和12.5米深水航道上延前期工作；南京至安庆段基本完成太子矶水道中段炸礁工程；安庆至武汉段完成东流、罗湖洲航道整治工程；武汉至宜昌段完成陆溪口水道整治，基本完成嘉鱼—燕子窝、马家咀航道整治工程；重庆至水富段基本完成泸渝段航道建设并实现全面夜航。

6. 2008年航运展望

近年来，长江黄金水道建设进一步得到国家、交通部的高度重视。2006年11月21日，长江水运发展协调领导小组正式成立，交通部与沿江七省二市人民政府共同签署了《"十一五"期长江黄金水道建设总体推进方案》。2007年全国水运工作会议提出了到2020年总体实现水路交通现代化的宏伟目标，并明确提出要大力发展内河航运，加快以长江黄金水道为重点的内河航运建设。2008年全国交通工作会议全面贯彻党的十七大精神，明确提出要不断提高三个服务的能力和水平，加快现代交通业发展，这对于加快水路运输业结构调整，促进行业转型，规范行业管理，推进长江航运科学发展，具有极其重要的指导意义。预计2008年完成长江干线港口货物吞吐量将达12亿吨，干线集装箱吞吐量将超过700万TEU；长江水系14省（市）完成水路客运量16000万人、旅客周转量530000万人公里，完成水路货运量20.8亿吨、货物周转量31900亿吨公里。

备注：

1. 本报告数据来源为长江水系14省（市）交通主管部门统计年报。

2. 省际内河客船、液货危险品运输船舶数据来自长航局运政信息系统。

3. 本年度增加了长江水系的山东省交通主管部门统计年报。

（长航局运输处）

·领导名录·

【交通部长江航务管理局系统】

单位	姓名	性别	职务	职称	文化程度	备注
长江航务管理局	金义华	男	局长	研究员	研究生	
长江航务管理局	黄强	男	党委书记	研究员	研究生	
长江航务管理局	李伟红	女	党委副书记、纪委书记	副研究员	大学	4月离职
长江航务管理局	张燕峰	男	党委副书记、纪委书记			4月任职

单 位	姓名	性别	职务	职称	文化程度	备 注
长江航务管理局	阮瑞文	男	副局长	高工	硕士	
长江航务管理局	但乃越	男	副局长	高级会计师	大学	
长江航务管理局	张永泰	男	巡视员	高级工程师	大学	
长江航务管理局	陈大铮	男	助理巡视员	高级工程师	大学	
长江航务管理局	向恢平	男	助理巡视员、工会主席	高级政工师	大学	8月离职
长江航务管理局	张燕峰	男	党委副书记、纪委书记			8月任职
长江航道局	唐冠军	男	局长、党委副书记	高级工程师	大学	
长江航道局	李伟红	女	党委书记、副局长	副研究员	大学	
长江航道局	陈晓云	女	副局长	优高	大普	
长江航道局	郭晓浩	男	副局长	高工	大普	
长江航道局	魏志刚	男	副局长	工程师	大学	
长江航道局	李国祥	男	副局长、总工程师	高工	大学	
长江航道局	付绪银	男	副局长、总会计师		大学	
长江海事局	袁宗祥	男	局长	高工	大学	
长江海事局	刘开智	男	党委书记	副研究员	党校研究生	
长江海事局	刘富华	男	副局长	高经	大学	
长江海事局	熊学斌	男	副局长兼总会计师	会计师	大学	
长江海事局	李玉华	男	副局长	政工师	党校研究生	
长江海事局	闻新祥	男	副书记兼纪委书记	助理研究员	党校研究生	
长江海事局	朱汝明	男	副局长	工程师	大学	
长江三峡通航管理局	李维太	男	局长	助理会计师	大学	
长江三峡通航管理局	俞国斌	男	党委书记、纪委书记（主持党委工作）	高级工程师	大学	
长江三峡通航管理局	高 雄	男	副局长	正高级工程师	大学	
长江三峡通航管理局	计玉健	男	副局长	高级工程师	大学	
长江三峡通航管理局	邱建华	男	副局长	高级工程师	大学	
长江三峡通航管理局	齐俊麟	男	副局长	高级工程师	大学	
长江航运公安局	王茹军	男	局长、党委书记	消防工程师、二监	研究生	
长江航运公安局	陈汉发	男	政委、党委副书记	二监	大学	
长江航运公安局	罗心发	男	副局长	三监	大专	
长江航运公安局	侯 勇	男	副局长	消防高级工程师、社科副研究员、三监	研究生	
长江航运公安局	刘红宁	男	副局长	三监	大学	
长江航运公安局	马耀昆	男	副局长	三监	大学	
长江航运公安局	南初明	男	纪委书记	高级政工师、三监	大学	
长江通信管理局	陈 俊	男	局长、党委副书记	高级工程师	博士研究生	
长江通信管理局	周云霞	女	党委书记、副局长	副研究员	大学	
长江通信管理局	余龙泉	男	副局长			
长江通信管理局	徐作义	男	副局长			
长江通信管理局	杨行初	男	党委副书记兼纪委书记			
长江通信管理局	汪平成	男	副局长			
长江航运总医院	任广志	男	党委书记	政工师	大学	
长江航运总医院	陈 实	男	院长	主任医师	大学	
中国水运报刊社	施 华	男	社长、党委书记	助理研究员	党校研究生	
长江泸州航道局	毕方全	男	局长	高级工程师		

单　位	姓名	性别	职务	职称	文化程度	备　注
长江泸州航道局	李芳五	男	党委书记	高级政工师	大专	5月离职
长江泸州航道局	蔡先良	男	党委副书记(主持工作)			5月任职
长江重庆航道局	陈立新	男	局长	高级工程师	大本	
长江重庆航道局	秦德发	男	党委书记	高级政工师	大专	
长江宜昌航道局	李新书	男	局长		大专	
长江宜昌航道局	望运江	男	党委书记	政工师	高中	
长江宜宾航道局	毕方全	男	局长、党委书记			
长江航道局上海办事处	葛志明	男	主任			
长江武汉航道局	王先登	男	局长			
长江武汉航道局	孙志红	男	党委书记			
长江南京航道局	曹　成	男	局长	工程师	大专	
长江南京航道局	张银生	男	党委副书记(主持工作)			
长江重庆航道工程局	姚　勇	男	局长	助理研究员	大本	
长江重庆航道工程局	张　洪	男	党委副书记			
长江宜昌航道工程局	张柏松	男	局长	工程师	大专	
长江宜昌航道工程局	严家福	男	党委副书记兼纪委书记	政工师	大本	
长江武汉航道工程局	周祥恕	男	局长	高级工程师	大本	
长江武汉航道工程局	冯启山	男	党委书记	助理研究员	大本	
长江南京航道工程局	袁亚康	男	局长	工程师	大专	
长江南京航道工程局	陈　哲	男	党委书记			
长江航道救助打捞局	邓　勇	男	局长			
长江航道救助打捞局	曾令福	男	党委书记	政工师	大专	5月离职
长江航道救助打捞局	林七贞	男	党委书记			5月任职
长江航道规划设计研究院	杨瑞庆	男	院长	高级工程师	大本	
长江航道规划设计研究院	王毅川	男	党委书记			
长江航道测量中心	张有平	男	主任			9月变为直属单位
长江航道测量中心	张国平	男	党委书记			9月变为直属单位
武汉航道学校	王吉春	男	校长			
武汉航道学校	杨清华	男	党委副书记兼纪委书记(主持工作)			5月离职
武汉航道学校	李德州	男	党委书记			5月任职
长江海事局重庆局	陈　勇	男	局长	工程师	本科	
长江海事局重庆局	何爱平	男	党委书记	工程师	专科	
长江海事局重庆局	李禄文	男	副局长			
长江海事局重庆局	谭孝福	男	副局长			
长江海事局重庆局	司太生	男	副局长			
长江海事局重庆局	李三峡	男	党委副书记兼纪委书记			
长江海事局宜昌局	陈良华	男	局长	高级工程师	本科	
长江海事局宜昌局	黄应府	男	党委书记	高级经济师	本科	
长江海事局宜昌局	陶吉明	男	副局长			
长江海事局宜昌局	周　韧	男	副局长			
长江海事局宜昌局	向　军	男	副局长			
长江海事局岳阳局	龚德平	男	局长	高级政工师	专科	
长江海事局岳阳局	汪阳生	男	党委书记		专科	
长江海事局岳阳局	夏乐群	男	副局长、党委副书记兼纪委书记			4月离职

单位	姓名	性别	职务	职称	文化程度	备注
长江海事局岳阳局	夏乐群	男	副局长			4月任职
长江海事局岳阳局	杜国平	男	副局长			
长江海事局岳阳局	朱远志	男	驻岳阳局纪检组组长兼党委副书记			4月任职
长江海事局岳阳局	朱学斌	男	局长助理			4月任职
长江海事局岳阳局	罗胜祥	男	副局长			4月离职
长江海事局武汉局	高江峻	男	局长	高级会计师	本科	3月离职
长江海事局武汉局	高江峻	男	党委书记	高级会计师	本科	3月任职
长江海事局武汉局	姚光建	男	党委书记		大专	3月离职
长江海事局武汉局	章少平	男	副局长			
长江海事局武汉局	李明成	男	副局长			
长江海事局武汉局	胡为权	男	副局长			
长江海事局武汉局	应文敏	男	党委副书记兼纪委书记			
长江海事局九江局	李文农	男	局长	高级工程师	本科	
长江海事局九江局	温盛章	男	党委书记		本科	
长江海事局九江局	龙营华	男	副局长			
长江海事局九江局	贯继南	男	副局长			
长江海事局九江局	刘小平	男	党委副书记兼纪委书记			
长江海事局芜湖局	王　潮	男	局长	工程师	专科	
长江海事局芜湖局	陈友生	男	党委书记	助理工程师	专科	
长江海事局芜湖局	林建成	男	副局长			
长江海事局芜湖局	齐继保	男	副局长			
长江海事局芜湖局	陈仕祥	男	副局长			4月离职
长江海事局芜湖局	李应武	男	副局长			4月任职
长江海事局芜湖局	王天华	男	党委副书记兼纪律书记			
长江海事局荆州局	杨少鹏	男	局长	工程师	专科	
长江海事局荆州局	姜恩平	男	党委副书记			
长江海事局荆州局	张继杰	男	副局长	助工	专科	
长江海事局荆州局	熊新文	男	副局长	工程师	本科	
长江海事局荆州局	李富新	男	党委副书记兼纪委书记	高工	大本	
长江海事局黄石局	樊哲斌	男	局长	高级工程师	研究生	
长江海事局黄石局	李南光	男	党委书记	工程师	大普	
长江海事局黄石局	王能宽	男	副局长	经济师	大专	
长江海事局黄石局	邓华祥	男	副局长	工程师	本科	
长江海事局黄石局	李学锋	男	党委副书记兼纪委书记		本科	
长江海事局安庆局	胡一经	男	局长	政工师	本科	
长江海事局安庆局	高春泉	男	党委书记	政工师	本科	
长江海事局安庆局	史继东	男	副局长			
长江海事局安庆局	裴　伟	男	副局长			
长江海事局安庆局	宋礽国	男	党委副书记兼纪委书记			
长江海事局长江引航中心	汪吉发	男	主任	工程师	本科	
长江海事局长江引航中心	沈祥法	男	党委书记	工程师	研究生	
长江海事局长江引航中心	张铜宁	男	副主任			
长江海事局长江引航中心	许崇标	男	副主任			
长江海事局长江引航中心	鲁　刚	男	党委副书记兼纪委书记			4月离职
长江海事局长江引航中心	孙琪琳	男	党委副书记兼纪委书记			4月任职

单位	姓名	性别	职务	职称	文化程度	备注
长江海事局培训中心	薛建明	男	党委书记	政工师	专科	
长江海事局培训中心	孙春阳	女	主任			4月离职
长江海事局培训中心	邓跃进	男	主任			4月任职
长江海事局培训中心	李新明	男	副主任			4月离职
长江海事局培训中心	孙琪琳	男	副主任			4月离职
长江海事局培训中心	蔡其全	男	副主任			4月离职
长江海事局培训中心	刘新友	男	副主任			4月任职
长江海事局培训中心	吴轶	男	副主任			4月任职
长江海事局培训中心	林承志	男	副主任			4月任职
长江航运公安局泸州分局	杨玉良	男	局长、党委书记	三监	大专	
长江航运公安局泸州分局	荣庆余	男	副政委、纪委书记	一督	大专	
长江航运公安局重庆分局	夏祥麟	男	局长、党委书记	助理刑侦工程师、三监	大专	
长江航运公安局重庆分局	李传华	男	政委、党委副书记	三监	大学	
长江航运公安局万州分局	黄河	男	局长、党委书记	三监	大学	
长江航运公安局万州分局	向鸣	女	副政委、党委副书记	一督	大专	
长江航运公安局岳阳分局	吴骏	男	局长、党委书记	三监	大学	
长江航运公安局岳阳分局	邓建桥	男	政委、党委副书记	政工师、一督	大学	
长江航运公安局宜昌分局	张虹	男	局长、党委书记	三监	大学	
长江航运公安局宜昌分局	赵世宏	男	政委、党委副书记	三监	中专	
长江航运公安局荆州分局	梁源	男	局长、党委书记	高级政工师、三监	大学	
长江航运公安局荆州分局	姜守洲	男	政委、党委副书记	政工师、三监	大专	
长江航运公安局武汉分局	郑学胜	男	局长、党委书记	政工师、三监	大学	
长江航运公安局武汉分局	林祖巽	男	政委、党委副书记	政工师、三监	大学	
长江航运公安局黄石分局	张才安	男	局长、党委书记	三监	大学	
长江航运公安局黄石分局	陈新生	男	政委、党委副书记	一督	大学	
长江航运公安局九江分局	段亚利	男	局长、党委书记	交通助理工程师、三监	大专	
长江航运公安局九江分局	蒋永沸	男	政委、党委副书记	副研究员、三监	大专	
长江航运公安局安庆分局	刘海青	男	局长、党委书记	一督	大专	
长江航运公安局安庆分局	汪姚章	男	政委、党委副书记	政工师、一督	大专	
长江航运公安局芜湖分局	回国庆	男	局长、党委书记	三监	大学	
长江航运公安局芜湖分局	岑秉飞	男	政委、党委副书记	三监	大学	
长江航运公安局南京分局	娄马华	男	局长、党委书记	高级政工师、三监	大学	
长江航运公安局南京分局	朱道荣	男	政委、党委副书记	高级政工师、三监	大学	
长江航运公安局镇江分局	蒋健	男	局长、党委书记	一督	大学	
长江航运公安局镇江分局	邓玉阳	男	政委、党委副书记	政工师、一督	大学	
长江航运公安局苏州分局	张早生	男	局长、党委书记	三监	大学	
长江航运公安局苏州分局	沈征一	男	政委、党委副书记	三监	大专	
长江航运公安局南通分局	朱俊	男	局长、党委书记	助理研究员、一督	研究生	
长江航运公安局南通分局	李永华	男	政委、党委副书记	三监	大专	
长江航运公安局上海分局	刘红宁	男	局长、党委书记	三监	大学	
长江航运公安局上海分局	宣金和	男	政委、党委副书记	三监	大专	
长江航运人民警察学校	肖少华	男	校长、党委书记	高级政工师、三监	大学	
长江航运人民警察学校	胡芳英	女	政委、党委副书记	政工师、三监	大专	
长江重庆通信管理局	欧阳林	男	党委书记	高级政工师	大学	

单　位	姓 名	性别	职　务	职 称	文化程度	备　注
长江重庆通信管理局	刘立彬	男	局长	经济师	大学	
长江宜昌通信管理局	艾务农	男	局长	工程师	大学	
长江宜昌通信管理局	张明进	男	党委书记	助理工程师	大专	
长江武汉通信管理局	储沪生	男	党委书记	经济师	大学	
长江武汉通信管理局	欧阳林	男	局长	高级政工师	大学	
长江芜湖通信管理局	吴宗保	男	党委书记	政工师	大专	
长江芜湖通信管理局	王　俊	男	局长	工程师	大专	
长江南京通信管理局	严文革	男	党委书记	副研究员	大专	6月离职
长江南京通信管理局	陈　杰	男	党委书记	助理研究员	大学	6月任职
长江南京通信管理局	高黎明	男	局长	高级工程师	大学	
长江上海通信管理局	金忠明	男	党委书记	助理经济师	大专	7月离职
长江上海通信管理局	陈雨龙	男	局长	工程师	大专	7月离职
长江上海通信管理局	吕　雄	男	局长、党委副书记（主持党委工作）	工程师	大学	7月任职
中国船级社武汉规范研究所	陈　豫	男	党总支书记、武汉培训中心主任	政工师	在职研究生	
武汉海事法院	胡兆满	男	党组书记、院长	二高	大学	
武汉海事法院	饶中享	男	副院长		法律硕士	
中国船级社武汉分社	王志刚	男	总经理	高级工程师	大学	
中国船级社武汉分社	郑荣军	男	党委书记	高级工程师	大学	
中国船级社南京分社	张　凯		党委书记（主持工作）			
中国船级社重庆分社	敬　勇	男	副总经理（主持工作）	高级工程师	大学本科	
中国船级社重庆分社	李永猷	男	党委书记、副总经理	工程师	大学	

【中国长江航运（集团）总公司系统】

单　位	姓 名	性别	职　务	职 称	文化程度	备注
中国长江航运（集团）总公司	刘锡汉	男	总经理、党委副书记	高级经济师	硕士研究生	
中国长江航运（集团）总公司	王　镭	男	党委书记、副总经理	高级政工师	大专	
中国长江航运（集团）总公司	沈光汉	男	副总经理	高级经济师	大学	
中国长江航运（集团）总公司	朱　宁	男	副总经理	高级经济师	硕士	
中国长江航运（集团）总公司	徐　楠	男	副总经理	高级经济师	研究生	
中国长江航运（集团）总公司	姚荣建	男	副总经理	高级工程师	大学	
中国长江航运（集团）总公司	姚　平	男	副总经理	高级工程师	大学	
中国长江航运（集团）总公司	肖汉良	男	党委副书记、工会主席	高级政工师	大专	
中国长江航运（集团）总公司	黄国栋	男	纪委书记	高级政工师	大专	
中国长江航运（集团）总公司	彭晋鸿	男	总会计师	高级会计师	硕士研究生	
中国长江航运（集团）总公司	俞光耀	男	安全总监	高级工程师、高级船长	大专	
中国长江航运（集团）总公司	赵玉阜	男	总法律顾问	高级经济师	硕士研究生	
长航凤凰股份有限公司	叶生威	男	副董事长、总经理	高级工程师	研究生	
长航凤凰股份有限公司	方卫建	男	党委书记	经济师	大专	
长航凤凰股份有限公司	王　涛	男	副总经理	高级经济师	研究生	
长航凤凰股份有限公司	王和平	男	副总经理	工程师	大普	
长航凤凰股份有限公司	陈启亨	男	副总经理	助　会	大专	
长航凤凰股份有限公司	毛永德	男	副总经理	工程师	研究生	

单　位	姓名	性别	职务	职称	文化程度	备注
长航凤凰股份有限公司	杨德祥	男	副总经理	高级经济师、注册安全工程师	研究生	
长航凤凰股份有限公司	邢申生	男	副总经理	高级工程师	大学	
长航凤凰股份有限公司	唐祖鹏	男	党委副书记兼纪委书记	高级政工师	大专	
长航凤凰股份有限公司	张传智	男	工会代主席	经济师	大专	
长航集团重庆公司	徐　楠	男	总经理(兼)	高级经济师	研究生	
长航集团重庆公司	王　华	男	党委书记	高级政工师	大专	
长航集团重庆公司	陈胜军	男	副总经理兼党委副书记	高级经济师	硕士	
长航集团重庆公司	王道华	男	副总经理	高级经济师	大学	
长航集团重庆公司	黄　勇	男	副总经理	高级经济师	研究生	
长航集团重庆公司	范　平	男	纪委书记、工会主席	政工师	大专	
长航集团重庆公司	王嘉玲	女	总船长	高级船长	高中	
长航集团武汉公司	蔺光龙	男	总经理、党委副书记	政工师	研究生	
长航集团武汉公司	李　俊	男	党委书记、副总经理	高级政工师	大专	
长航集团武汉公司	梅家荣	男	副总经理	政工师	大学	
长航集团武汉公司	常骏野	男	副总经理	高级工程师	大学	
长航集团武汉公司	姜　涛	男	纪委书记、工会主席	政工师	大学	
长航集团芜胡公司	艾　湖	男	总经理	工程师	大学	
长航集团芜湖公司	黄兆华	男	党委书记、纪委书记、工会主席	高级政工师	中专	
长航集团芜湖公司	石开春	男	副总经理	经济师	中专	
长航集团芜湖公司	鲍小强	男	副总经理	助理经济师	大专	
长航集团南京公司	王　涛	男	总经理	高级经济师	研究生	
长航集团南京公司	徐瑞新	男	党委书记	高级政工师	大学	
长航集团南京公司	冯春明	男	副总经理	助理经济师	大专	
长航集团南京公司	余　俊	男	副总经理	经济师	大学	
长航集团南京公司	胡继山	男	副总经理	高级经济师	大学	
长航集团南京公司	姜洪友	男	党委副书记兼纪委书记、工会主席	政工师	大专	
长航集团南京公司	蒋根荣	男	总船长	高级船长	大学	
长航油运股份有限公司	李万锦	男	总经理、党委副书记	高　政	研究生	
长航油运股份有限公司	王　涛	男	党委书记	高　经	研究生	
长航油运股份有限公司	丁文锦	男	副总经理	高　经	大　学	
长航油运股份有限公司	姜庭贵	男	副总经理	高　经	研究生	
长航油运股份有限公司	彭永和	男	副总经理	高级轮机长	大　学	
长航油运股份有限公司	刘毅彬	男	副总经理、总会计师	高　会	研究生	
长航油运股份有限公司	查选中	男	副总经理	经济师	研究生	
长航油运股份有限公司	曾善柱	男	董事会秘书	高　政	大　学	
长航油运股份有限公司	何国新	男	党委副书记兼纪委书记、工会主席	经济师	研究生	
长航集团上海公司	张　路	男	总经理、党委副书记	记者	大专	
长航集团上海公司	徐挺惠	男	党委书记、副总经理	高级政工师	硕士	
长航集团上海公司	李　胜	男	副总经理	高级经济师	硕士研究生	
长航集团上海公司	孙　洋	男	副总经理	经济师	大学	
长航集团上海公司	徐志梅	男	副总经理	高级政工师	大学	
长航集团上海公司	高　峰	男	党委副书记兼工会主席	高级政工师	研究生	

单　位	姓名	性别	职务	职称	文化程度	备注
长航集团上海公司	严美兰	女	党委副书记	经济师	硕士研究生	
长航集团上海公司	周宝骏	男	纪委书记	政工师	大专	
长航集团上海公司	屠启豪	男	总会计师	高级会计师	硕士研究生	
中石化长燃	刘炎木	男	党委书记	高级政工师	大专	
中石化长燃	姚京汉	男	总经理	助理经济师	大专	
中石化长燃	余华荣	男	副总经理	高级政工师	大专	
中石化长燃	王大发	男	副总经理	高级政工师	大学	
中石化长燃	刘国胜	男	副总经理		大学	
中石化长燃	崔承良	男	副总经理		大专	
中石化长燃	严茂荣	男	纪委书记	高级政工师	大学	
中石化长燃	丁彩芹	男	工会主席	经济师	大学	
中石化长燃	诸　凡	男	副总经理兼总会计师	会计师	研究生	
中石化长燃	宋宝林	男	副总经理		大专	
长航集团船舶重工总公司	李文德	男	总经理	翻译	中技	
长航集团船舶重工总公司	董家兴	男	党委书记	中学高级	大学	
长航集团船舶重工总公司	吴振雄	男	党委副书记兼 纪委书记、工会主席	记者	大专	
长航集团船舶重工总公司	马必海	男	总工程师	高级经济师	中专	
长江轮船海外旅游总公司	张　阳	男	总经理	高级工程师	硕士	
长江轮船海外旅游总公司	阮　宁	男	党委书记	高级工程师	硕士研究生	
长航集团深圳公司	王人地	男	总经理、党委书记	经济师	大专	
长航集团深圳公司	张宗福	男	副总经理	经济师	大专	
长航集团深圳公司	蔡　辉	男	副总经理	助理经济师	大学	
长航集团深圳公司	汪培海	男	副总经理	经济师	硕士研究生	
长航集团深圳公司	罗建波	男	党委副书记兼 纪委书记、工会主席	工程师	大学	
长航集团置业公司	常骏野	男	总经理、党委书记	高级工程师	大学	
长航集团工程公司	罗海宁	男	总经理	高级工程师	研究生	
长航集团物资公司	梅国旗	男	总经理	高级经营师	本科	
长航集团物资公司	孙　莉	女	党委书记、纪委书记	高级政工师	研究生	
长航集团工贸公司	柳发权	男	总经理		大学	
长航集团工贸公司	饶青萍	男	党委书记	政工师	大普	
长航集团长江汽车服务公司	马克捷	男	总经理	助理经济师	大专	
长航集团长江汽车服务公司	杨汉保	男	党委书记、纪委书记、工会主席	高级政工师	大学	
长航集团生活服务公司	万忠亚	男	总经理	政工师	大专	
长航集团航海学院	胡耀兵	男	校长	大学讲师	大学	
长航集团航海学院	李祖平	男	党委书记	副研究馆员	大学	
长航集团科研所	徐　伟	男	所长	高级工程师	硕士	
长航集团科研所	姚汉平	男	党委书记	高级政工师	大学	
长航集团船舶设计院	徐　伟	男	院长	高级工程师	硕士	
长航集团船舶设计院	肖　丹	男	党委书记	高级工程师	大学	
长江规划设计院	张群杰	男	院长、党委书记	高级工程师	大学	
长航集团红光港机厂	王旺生	男	厂长	高级工程师	大学	
长航集团红光港机厂	李宏远	男	党委书记	政工师	大专	
长航集团宜昌船厂	陈建设	男	厂长、党委副书记	政工师	大专	
长航集团宜昌船厂	唐国唐	男	党委书记	政工师	研究生	

单 位	姓 名	性别	职 务	职 称	文化程度	备注
长航集团青山船厂	易崇锡	男	厂长(法人)	经济师	大专	
长航集团青山船厂	刘友法	男	党委书记	政工师	大专	
长航集团江东船厂	张 明	男	党委书记	工程师	大学	
长航集团江东船厂	艾 湖	男	厂长	工程师	大学	
长航集团金陵船厂	蒿 标	男	厂长、党委书记	政工师	大专	
长航集团电机厂	吴临元	男	厂长、党委书记	助理经济师	大学	

【沿江各省市(直辖市)航务航运航道地方海事局系统】

单 位	姓 名	性别	职 务	职 称	文化程度	备注
上海市航务管理处	李旭东	男	处长、党委副书记	高级经济师高级政工师	大学	
上海市航务管理处	梁兵农	男	党委书记、副处长	高级政工师	大学	
上海市地方海事局	李旭东	男	局长、党委副书记	高级经济师高级政工师	大学	
上海市地方海事局	梁兵农	男	党委书记、副局长	高级政工师	大学	
浙江省港航管理局	郑惠明	男	局长、党委书记	高级工程师	大学	
浙江省地方海事局	郑惠明	男	局长、党委书记	高级工程师	大学	
江苏省交通厅运输管理局	梅正荣	男	局长、党总支书记	高级工程师	硕士研究生	
江苏省交通厅航道局	董文虎	男	党总支书记、局长	高级工程师	大学	
江苏省交通厅港口管理局	王昌保	男	局长	政工师	大学	
江苏省交通厅港口管理局	王元春	男	副局长	高级工程师	大学	
江苏省地方海事局	童小田	男	局长、党总支书记	政工师	大专	
安徽省港航管理局	蒋同富	男	局长	高级工程师	研究生	
安徽省港航管理局	丁庆领	男	安徽省交通厅副厅长 兼局党委书记		本科	
安徽省地方海事局	丁庆领	男	安徽省交通厅副厅长 兼局党委书记		本科	
安徽省地方海事局	蒋同富	男	局长	高级工程师	研究生	
江西省交通厅航务管理局	李天碧	男	局长	高级工程师	大学	
江西省交通厅航务管理局	王凯林	男	党委书记	高级经济师	大学	
江西省地方海事局	李天碧	男	局长	高级工程师	大学	
江西省地方海事局	王凯林	男	党委书记	高级经济师	大学	
江西省交通厅航运管理局	王大双	男	局长	经济师	中专	6月免职
江西省交通厅航运管理局	熊海清	男	党委书记	高级政工师	大学	
湖北省交通厅港航管理局	高玉玲	女	局长、党委书记	高级会计师	研究生	
湖北省地方海事局	高玉玲	女	局长、党委书记	高级会计师	研究生	
河南省交通厅航务局	张克亚	男	局长			
河南省交通厅航务局	王通林	男	党委书记	政工师	大专	
河南省地方海事局	张克亚	男	局长			
河南省地方海事局	王通林	男	党委书记	政工师	大专	
湖南省交通厅航务局	胡铁牛	男	党委书记、局长	教授级政工师	大学	
湖南省地方海事局	胡铁牛	男	党委书记、局长	教授级政工师	大学	
云南省交通厅航务管理局	乔新民	男	局长	工程师	大学	
云南省交通厅航务管理局	傅志明	男	党委书记		大学	
云南省地方海事局	乔新民	男	局长	工程师	大学	
云南省地方海事局	傅志明	男	党委书记		大学	
贵州省交通厅航务局	韩剑波	男	局长			

单　位	姓名	性别	职务	职称	文化程度	备注
贵州省交通厅航务局	唐金安	男	党委书记			
贵州省地方海事局	韩剑波	男	局长			
贵州省地方海事局	唐金安	男	党委书记			
四川省交通厅航务局	贺晓春	男	局长、分党组书记	高级工程师	研究生	
四川省地方海事局	贺晓春	男	局长、分党组书记	高级工程师	研究生	
陕西省交通厅航运管理局	余茂华	男	局长	高级经济师	大学	
陕西省交通厅航运管理局	庄建伟	男	党委书记			
陕西省地方海事局	余茂华	男	局长	高级经济师	大学	
陕西省地方海事局	庄建伟	男	党委书记			
甘肃省水运管理局	范志鹏	男	局长	高级工程师	大学	
甘肃省水运管理局	石革军	男	党委书记		本科	
甘肃省地方海事局	范志鹏	男	局长	高级工程师	大学	
甘肃省地方海事局	石革军	男	党委书记		本科	
重庆市港航管理局	梁雄耀	男	局长	高级工程师	硕士研究生	
重庆市港航管理局	刘治军	男	党委书记		大学	
重庆市地方海事局	梁雄耀	男	局长	高级工程师	硕士研究生	
重庆市地方海事局	刘治军	男	党委书记		大学	
宜宾市航务管理处	游　翟	男	党组书记、副局长	工程师	大学	
宜宾市航务管理处	李　力	男	局长	经济师	大学	
泸州市航务管理局	邹　强	男	党总支书记、局长			

【长江干线主要港口和水运企业】

单　位	姓名	性别	职务	职称	文化程度	备注
重庆港务集团	梁丛友	男	董事长、党委书记	高级经济师	研究生	
重庆港务集团	孙万发	男	副总经理(主持工作)	高级经济师	研究生	
涪陵港务管理局	潘　志	男	局长、党委书记	经济师	大专	
重庆市万州区港口航务管理局	陈　运	男	局长			
万州港口(集团)有限公司	熊维明	男	董事长、总经理	高级经济师	大学	
万州港口(集团)有限公司	谢世贵	男	党委副书记	高级政工师	大专	
泸州市港口管理局	邹　强	男	局长			
岳阳市港口航务管理局	刘岳华	男	党委书记、局长	助工	大专	
岳阳城陵矶港务有限公司	徐忠诚	男	总经理			
荆州市港航管理局	骆春征	男	党委书记、局长			
荆州港务集团公司	范礼建	男	党委书记、董事长	高级工程师	大学	
荆州港务集团公司	李德贵	男	副书记、总经理	高级政工师	大专	
宜昌市港航管理局	程家振	男	局长、党委副书记	高级工程师	大学	
宜昌港务集团有限责任公司	陈发义	男	董事长、总经理	高级经济师	中专	
宜昌港务集团有限责任公司	陈新国	男	党委书记、副董事长	高级政工师	大学	
宜昌港务集团枝城港有限责任公司	黄体斌	男	董事长、党委书记	工程师	大学	
巴东长江港口发展有限公司	王联勇	男	董事长、法人	经济师	大专	
洪湖港航管理局	陈安法	男	局长			
洪湖港通达实业总公司	高少明	男	总经理			
监利县港务管理局	陈正国	男	局长			
武穴港务管理局	董友法	男	局长	经济师	大专	
武汉市港航管理局	王长青	男	局长、党委副书记	初级工程师	大学	

单　位	姓 名	性别	职 务	职 称	文化程度	备注
武汉市港航管理局	杨录声	男	党委书记		本科	
武汉港口集团	何跃明	男	党委书记、董事长	高级经济师	大学	
武汉港口集团	钱建湘	男	董事、总经理	政工师	大专	
黄石市港航管理局	郑治发	男	局长、党委副书记			
黄石港口集团有限责任公司	陈尚华	男	董事长	助理经济师	大专	
九江市港口管理局	刘道林	男	局长、党组书记		大学	
九江港口集团公司	刘道林	男	总经理		大学	
芜湖市港航管理局	谢业庆	男	党委书记		本科	
芜湖市港航管理局	李祎茂	男	局长	经济师	本科	
芜湖港口有限责任公司	孙新华	男	党委书记、总裁	高级经济师	大学	
池州市港口管理局	刘晓惺	男	局长、党组书记	工程师	本科	
池州市港务总公司	章刘发	男	总经理	工程师	大学	
安庆市港口管理局	姚尚福	男	局长、党组书记	高级政工师	大专	
安庆港务总公司	程　庆	男	总经理、党委副书记（主持工作）	工程师	大专	
马鞍山市港口管理局	杨子华	男	局长、党支部书记	副高级政工师	本科	
马鞍山港口(集团)有限责任公司	张荣祥	男	党委书记	工程师	大学	
马鞍山港口(集团)有限责任公司	惠志刚	男	董事长	高级经济师	大学	
铜陵市港口管理局	李中东	男	局长、党组书记		硕士	
铜陵港务集团公司	吴照来	男	董事长、党委书记、总经理	经济师	大学	
南京市港口管理局	庞顺根	男	局长		大专	
南京市港口管理局	刘少青	男	党委书记		大专	
南京港口集团公司	孙子健	男	总经理、党委副书记	副研究员、高级政工师	大专	
镇江市口岸和港口管理局	高国成	男	局长			
镇江港务集团有限公司	戴永胜	男	总裁			
张家港市港口管理局	钱德华	男	局长、党组书记		大学	
张家港港务集团有限公司	赵建华	男	总裁			
张家港港务集团有限公司	黄建林	男	董事长		大学	7月任职
南通市港务管理局	施伯香	男	局长、党组书记	工程师	大学	
南通港口集团有限责任公司	尹健炉	男	董事长		研究生	
南通港口集团有限责任公司	王卫国	男	总经理	经济师	大专	
南通港口集团有限责任公司	徐惠香	男	党委书记	高级政工师	研究生	
泰州市港口管理局	潘　俊	男	局长		本科	
泰州港务有限公司	蔡年生	男	董事长、党委书记	助理政工师	大学	
常州市港口管理局	常　青	男	局长			
常熟市港口管理局	程忠民	男	局长、党组书记		本科	
江阴市港口管理局	修华林	男	局长、党委书记		大专	
江阴港务集团公司	陈　乐	男	党委书记、董事长、总裁	工程师	大专	
扬州市港口管理局	朱国林	男	局长		大专	
江苏太仓港口管理委员会	梅正荣	男	主任		研究生	
浙江省宁波市港航管理局	冯　华	男	局长、党委副书记		大学	
浙江省宁波市港航管理局	薛殿华	男	党委书记、副局长	高级政工师	大学	
宁波港集团有限公司	李令红	男	总裁			
宁波港集团有限公司	闻建耀	男	党委书记			
华中航运集团	张照建	男	党委书记、董事长、	高级政工师	研究生	
民生实业(集团)有限公司	卢国纪	男	董事长	教授级高级工程师	大学	

单　位	姓 名	性别	职务	职称	文化程度	备注
民生实业(集团)有限公司	卢晓钟	男	总裁		大学	
江西水运集团有限公司	胡同福	男	董事长	经济师	大学	
江西水运集团有限公司	谢 卫	男	党委书记	政工师	大专	

·附　录·

【2007 年长江水系各省(市)水路运输工具拥有量一览表】　　(表 18－6)

单位	合计(艘数)	机动船(艘数)	驳船(艘数)	载客量(客位)	净载重量(吨位)	标准箱位(TEU)	总功率(千瓦)
总计	161788	128400	33388	719811	84720964	845620	29673442
云南省	1198	1088	110	23796	66969	10	87226
贵州省	1483	1358	125	24429	99673		89825
四川省	10332	8190	2142	159300	573249	1662	304262
陕西省	937	769	168	15902	15506		19138
河南省	5150	4957	193	11672	2578902		1063663
湖北省	5241	4338	903	36779	3410780	2693	979479
湖南省	8904	8774	130	78687	1059773	4432	525478
江西省	5253	5169	84	14789	1380604	1641	530432
安徽省	27393	25139	2254	15862	14225411	2439	4747926
江苏省	48700	34472	14228	38440	16647907	27647	5101453
浙江省	24874	23290	1584	70690	12038208	9678	4612813
山东省	15325	4917	10408	24550	8778961	17062	1618001
上海市	2778	2347	431	85471	20648422	758308	8974543
重庆市	4220	3592	628	119444	3196599	20048	1019203

总计中：	内河	沿海	远洋
机动船(艘数)	122516	5313	571
驳船(艘数)	33336	52	
载客量(客位)	649485	66356	3970
净载重吨(吨位)	47572597	15933198	21215169
集装箱(TEU)	50567	56569	738484
总功率(千瓦)	15896438	5399711	8377293

【2007 年长江水系各省(市)水路集装箱运输船舶拥有量一览表】 (表 18-7)

单 位	合 计(艘数)	内 河	标准箱位(TEU)	内 河	净载重量(吨位)	内 河	总功率(千瓦)	内 河
总计	916	498	580524	49313	10872115	799934	6797005	249227
云南省	1	1	10	10	240	240	367	367
贵州省								
四川省	23	23	1662	1662	30956	30956	8756	8756
陕西省								
河南省								
湖北省	19	19	2693	2693	50326	50326	14862	14862
湖南省	41	41	4378	4378	55941	55941	24973	24973
江西省	22	22	1305	1305	26435	26435	7518	7518
安徽省	27	24	2439	1929	46766	36351	13473	10243
江苏省	216	187	18900	12425	364100	232506	137809	73189
浙江省	20		8319		128516		61337	
山东省	29		15766		212307		143662	
上海市	398	67	505244	7775	9673961	122712	6288679	38110
重庆市	120	114	19808	17136	282567	244467	95569	71209

注:仅统计机动集装箱运输船舶

【2007 年长江水系各省(市)个体(联户)水上运力运量一览表】 (表 18-8)

单位	运力							运输量			
	船舶合计(艘)	机动船(艘)	驳船(艘)	载客量(客位)	净载重量(吨位)	标准箱位(TEU)	功率(千瓦)	客运量(万人)	旅客周转量(万人公里)	货运量(万吨)	货物周转量(万吨公里)
总计	61410	53873	7537	329970	11867153	3775	4448697	6418.24	93811.08	44732.6	9315850.47
云南省	1032	922	110	18354	36749		45280	386	6536	203	24705
贵州省	1339	1318	21	24029	72361		81454	847	18289	455	80347
四川省	9354	7565	1789	140066	323793		220358	3477	24792	3183	216861
陕西省	856	688	168	14075	14484		15908	295	5248	102	2900
湖北省	2634	2437	197	16750	710939		248901	189	10614	2755	714867
湖南省	7917	7873	44	70530	892343	2433	453397	411.24	8276.08	5763.6	1270700.47
江西省	2936	2936		6152	480994	104	188639	150	2708	2133	141956
安徽省	6911	6899	12	2401	3273050		941163	48	629	1920	924945
江苏省	6475	4205	2270	7336	1312210	676	402360			796	101773
浙江省	17306	16714	592	432	2584339	562	1574571	31	267	21452	2866770
山东省	3234	938	2296		1972247		182914			5204	2640951
重庆市	1416	1378	38	29845	193644		93752	584	16452	766	329075

【2007 年长江水系各省(市)全社会水路旅客运输量一览表】 (表 18-9)

单位	合计	客运量(万人)			合计	旅客周转量(万人公里)		
		内河	沿海	远洋		内河	沿海	远洋
总计	15610.14	9920.14	5635	55	494880.9	287140.9	183573	24167
云南省	599	599			12145	12145		
贵州省	864	864			19119	19119		

单位	合计	客运量(万人)			合计	旅客周转量(万人公里)		
		内河	沿海	远洋		内河	沿海	远洋
四川省	4113	4113			28968	28968		
陕西省	335	335			6097	6097		
河南省	160	160			7757	7757		
湖北省	727	727			53004	53004		
湖南省	525.14	525.14			11897.9	11897.9		
江西省	366	366			5896	5896		
安徽省	418	418			8152	8152		
江苏省	27	21	6		3294	671	2623	
浙江省	3164	426	2738		69099	7123	61976	
山东省	1527		1474	53	81809		61110	20699
上海市	1419		1417	2	61332		57864	3468
重庆市	1366	1366			126311	126311		

【2007 年长江水系各省(市)全社会水路货物运输量一览表】　　(表 18－10)

单位	合计	货运量(万吨)			合计	货物周转量(万吨公里)		
		内河	沿海	远洋		内河	沿海	远洋
总计	188773.51	104222.51	61606	22945	290807534.1	31888400.14	75551189	183367945
云南省	262	262			45921	45921		
贵州省	497	497			88255	88255		
四川省	3642	3642			559813	559813		
陕西省	113	113			3198	3198		
河南省	1858	1858			839514	839514		
湖北省	9027	7765	1262		4577642	3619317	958325	
湖南省	8159.51	8159.51			1867553.14	1867553.14		
江西省	4328	4043	285		896829	591118	305711	
安徽省	9828	9007	774	47	4486127	3926274	403177	156676
江苏省	37858	29567	5159	3132	29300838	6346517	4503716	18450605
浙江省	51129	24957	25209	963	41326799	3366009	29265626	8695164
山东省	14625	5521	3111	5993	40477660	2811392	2707902	34958366
上海市	41543	3043	25806	12694	159338748	975888	37406732	120956128
重庆市	5904	5788		116	6998637	6847631		151006

【2007 年长江水系各省(市)全社会水路分货类运输周转量一览表】计算单位:(万吨)　　(表 18－11)

【2007 年长江水系各省(市)全社会水路分货类运输周转量一览表】　　计算单位:(万吨)　　(表 18－11)

单位	合计	煤炭	石油天然气及制品	金属矿石	钢铁	矿建材料	水泥	木材	非金属矿石	化肥及农药	盐	粮食	其它
总计	290807534	46135163.83	33957336.59	35874452.4	7624579.31	10707844.74	4089645.47	924458.36	2630519.51	3089185.3	881266.8	6051466.88	138841615
云南省	45921	20360		326		1760	1230	215	10426			785	10819
贵州省	88254.9	59486.86			145.11	2400.03	957	2.86	130.21	21696.32	26.22	150.01	3260.28
四川省	559813	242081	43630	25162	5844	64526	5013	1955	27149	28407	6049	6662	103335
陕西省	3198	349		90		1516				544			699
河南省	839514	244101		49455	91887	245109	21011		47934	9139	28833	31868	70177
湖北省	4577642	1014442	163817	1005264	279073	731111	262756	119730	244228	113344	10037	147077	486763
湖南省	1867553.1	96482.97	134850.59	104225.4	122766.2	640731.71	11461.47	111245.5	110537.3	18562.98	6241.59	22313.87	488133.52
江西省	896829	15312	282243	6698	19275	371758	20682	55330	8958	4419	1333	9841	100980
安徽省	4486127	686132	76667	530515	167942	1667961	724734	9389	391329	14165	3916	28954	184423
江苏省	29300838	2765599	13708002	1311590	1457711	1290351	599760	263973	188556	1072414	406208	886734	5349940
浙江省	41326799	15249755	3297828	5606575	2469222	4505791	1265920	266317	547439	231094	203440	1224688	6458730
上海市	40477660	6758153	397472	22728501	991572	666112	482252	79401	594336	740279	143769	1916714	4979099
重庆市	159338748	16737140	15774889	3764323	1451341	372095	588055	12462	347176	564159	53392	1721844	117951872

【2007 年长江水系各省(市)全社会水路集装箱运输量一览表】 (表 18-12)

单位	箱运量(个)	远洋	货运量(吨)	远洋
总计	21233967	12299710	253106253	129656865
云南省				
贵州省				
四川省	2160		20550	
陕西省				
河南省				
湖北省	172134		1544619	
湖南省	84774	34032	1305721	683000
江西省	43116		561120	
安徽省	448727		3294385	
江苏省	2112838	185024	18617787	2077640
浙江省	484072		8623223	
山东省	1310060	1310060	16642001	16642001
上海市	15927080	10631013	194199547	109094224
重庆市	649006	139581	8297300	1160000

【2007 年长江水系各省(市)水路货运船舶拥有量一览表】 (表 18-13)

单位	合计		其中					
			内河		沿海		远洋	
	艘数(艘)	净载重吨(吨位)	艘数(艘)	净载重吨(吨位)	艘数(艘)	净载重吨(吨位)	艘数(艘)	净载重吨(吨位)
总计	142981	84439931	137502	47395801	4917	15866550	562	21177580
云南省	307	56571	307	56571				
贵州省	698	99673	698	99673				
四川省	5919	573221	5919	573221				
陕西省	236	10538	236	10538				
河南省	4514	2578027	4514	2578027				
湖北省	4141	3410756	3937	2801739	204	609017		
湖南省	6127	1059743	6127	1059743				
江西省	4763	1380603	4721	1230108	42	150495		
安徽省	26722	14225403	26574	13844686	144	349064	4	31653
江苏省	46234	16595875	45594	12835577	559	1681754	81	2078544
浙江省	23487	12025406	20122	3062439	3347	7795924	18	1167043
山东省	14302	8724044	13978	5755239	247	677730	77	2291075
上海市	2453	20535745	1703	362014	374	4602566	376	15571165
重庆市	3078	3164326	3072	3126226			6	38100

【2007 年长江水系各省(市)水路客运船舶拥有量一览表】　　（表 18－14）

单位	合计		其中					
			内河		沿海		远洋	
	艘数（艘）	载客量（客位）	艘数（艘）	载客量（客位）	艘数（艘）	载客量（客位）	艘数（艘）	载客量（客位）
总计	14635	701698	14264	631372	362	66356	9	3970
云南省	889	23796	889	23796				
贵州省	769	24429	769	24429				
四川省	4270	144368	4270	144368				
陕西省	525	13973	525	13973				
河南省	612	11672	612	11672				
湖北省	747	36779	747	36779				
湖南省	2706	78640	2706	78640				
江西省	456	14789	456	14789				
安徽省	437	15862	437	15862				
江苏省	733	37235	707	36745	26	490		
浙江省	1147	70690	918	30149	229	40541		
山东省	103	24550			100	22461	3	2089
上海市	185	85471	172	80726	7	2864	6	1881
重庆市	1056	119444	1056	119444				

注:包含客船、客货船,不含客运驳船。

【2007 年内河航道构筑物年底到达数一览表】　　（表 18－15）

单位	枢纽数量		通航建筑物数量			
					正常使用	
		具有通航功能	船闸	升船机	船闸	升降机
	（处）	（处）	（座）	（座）	（座）	（座）
合计	2700	1432	615	49	427	24
云南省	3	1	1		1	
贵州省	83	5	1	2		
四川省	374	85	90		49	
陕西省	2	1		1		
河南省	38	6	6		2	
湖北省	173	56	38	6	33	2
湖南省	498	171	147	18	62	9
江西省	86	23	19	2	11	1
安徽省	99	50	43		34	
江苏省	695	581	101	1	99	1
浙江省	315	287	46	19	41	11
山东省	69	28	22		14	
上海市	102	94	58		51	
重庆市	163	44	43		30	

【2007年内河航道通航里程年到达数一览表】　　（表18－16）

单位	内河航道通航里程总计(km)	其中							
		一级航道	二级航道	三级航道	四级航道	五级航道	六级航道	七级航道	等外航道
合计	87803.59	90.1	398.94	2151.01	4245.84	5933.81	14018.17	12422.6	48543.12
云南省	2764.16				347.81	158.3	707.03	780.43	770.59
贵州省	2100					281	679	320	820
四川省	10401.4				568.3	634.6	801.14	1553.42	6843.94
陕西省	738						287	248	203
河南省	1439				132	452	460	278	117
湖北省	7262.82			52.49	622.7	1013.6	1797.95	1283.68	2492.4
湖南省	11967.7		160.8	449	349	485	1550.2	1221	7752.7
江西省	5559.85			250		271.5	589.7	1159.75	3288.9
安徽省	5282.07			411.73	349.73	651.7	2586.67	707.92	574.32
江苏省	23985.92	22.1	226.1	544.46	696.41	1046.97	2160.07	2443.72	16846.09
浙江省	9666.94	14.36	12.04	147.09	938.24	572.22	1583.46	1505.66	4893.87
山东省	1012.2			253.21	27.4	57.08	370.89	210.9	92.72
上海市	2109.8	53.64		43.03	119.25	63.84	318.86	127.98	1383.2
重庆市	3513.73				95	246	126.2	582.14	2464.39

备注：长江干线除外。

以上资料来源：交通部长江航务管理局